I0042065

Fundamentos de los sistemas de implementación de protección social: Libro de referencia

Fundamentos de los sistemas de implementación de protección social: Libro de referencia

Kathy Lindert,

Tina George Karippacheril,

Inés Rodríguez Caillava y

Kenichi Nishikawa Chávez,

Editores

GRUPO BANCO MUNDIAL

© 2022 Banco Internacional de Reconstrucción y Fomento/Banco Mundial
1818 H Street NW, Washington, DC 20433
Teléfono: 202-473-1000; Internet: www.worldbank.org

Algunos derechos reservados

1 2 3 4 25 24 23 22

La presente obra fue publicada originalmente por el Banco Mundial en inglés en 2020, con el título *Sourcebook on the Foundations of Social Protection Delivery Systems*. En caso de discrepancias, prevalecerá el idioma original.

El presente documento ha sido realizado por el personal del Banco Mundial, con aportaciones externas. Las opiniones, las interpretaciones y las conclusiones aquí expresadas no son necesariamente reflejo de la opinión del Banco Mundial, de su Directorio Ejecutivo ni de los países representados por este. El Banco Mundial no garantiza la exactitud, exhaustividad ni la vigencia de los datos incluidos en este trabajo. Tampoco asume la responsabilidad por los errores, omisiones o discrepancias en la información aquí contenida ni otro tipo de obligación con respecto al uso o a la falta de uso de los datos, los métodos, los procesos o las conclusiones aquí presentados. Las fronteras, los colores, las denominaciones y demás datos que aparecen en los mapas de este documento no implican juicio alguno, por parte del Banco Mundial, sobre la condición jurídica de ninguno de los territorios, ni la aprobación o aceptación de tales fronteras.

Nada de lo que figura en el presente documento constituirá ni podrá considerarse una limitación ni una renuncia a los privilegios y las inmunidades del Banco Mundial, todos los cuales quedan reservados específicamente, ni podrá interpretarse como tal.

Derechos y autorizaciones

Esta publicación está disponible bajo la licencia Creative Commons Reconocimiento 3.0 IGO (CC BY 3.0 IGO): http://creativecommons.org/licenses/by/3.0/igo. La licencia Creative Commons Reconocimiento permite copiar, distribuir, comunicar y adaptar la presente obra, incluso para fines comerciales, con las siguientes condiciones:

Cita de la fuente. La obra debe citarse de la siguiente manera: Lindert, Kathy, Tina George Karippacheril, Inés Rodríguez Caillava y Kenichi Nishikawa Chávez, editores. 2022. *Fundamentos de los sistemas de implementación de protección social: Libro de referencia.* Washington, DC: Banco Mundial. doi:10.1596/978-1-4648-1883-7. Licencia: Creative Commons Reconocimiento CC BY 3.0 IGO.

Traducciones. En caso de traducirse la presente obra, la cita de la fuente deberá ir acompañada de la siguiente nota de exención de responsabilidad: «La presente traducción no es obra del Banco Mundial y no deberá considerarse traducción oficial de este. El Banco Mundial no responderá por el contenido ni los errores de la traducción».

Adaptaciones. En caso de que se haga una adaptación de la presente publicación, la cita de la fuente deberá ir acompañada de la siguiente nota de exención de responsabilidad: «Esta es una adaptación de un documento original del Banco Mundial. Las opiniones y los puntos de vista expresados en esta adaptación son exclusiva responsabilidad de su autor o de sus autores y no son avalados por el Banco Mundial».

Contenido de terceros. Téngase presente que el Banco Mundial no necesariamente es propietario de todos los componentes de la obra, por lo que no garantiza que el uso de dichos componentes o de las partes del documento que son propiedad de terceros no violará los derechos de estos. El riesgo de reclamación derivado de dicha violación correrá por exclusiva cuenta del usuario. Si se desea reutilizar algún componente de esta obra, es responsabilidad del usuario determinar si debe solicitar autorización y obtener dicho permiso del propietario de los derechos de autor. Como ejemplos de componentes se puede mencionar los cuadros, los gráficos y las imágenes, entre otros.

Toda consulta sobre derechos y licencias deberá enviarse a la siguiente dirección: World Bank Publications, The World Bank Group, 1818 H Street NW, Washington, DC 20433, EE. UU.; correo electrónico: pubrights@worldbank.org.

ISBN (papel): 978-1-4648-1883-7
ISBN (electrónico): 978-1-4648-1884-4
DOI: 10.1596/978-1-4648-1883-7

Imágenes de portada: Todas las imágenes han sido obtenidas de Shutterstock.com y de los siguientes ilustradores: Tasty Cat, Unitone Vector, Marina Solva, GoodStudio, Antonov Maxim, Gvardgraph, Atto Stock, Tartila, Anny Murcia, Shirokuma Design y NotionPic. Todas las imágenes se utilizan con permiso; su reutilización requerirá autorizaciones adicionales.
Diseño de portada: Andrés de la Roche, A.DELAROCHE DESIGNS; Bill Pragluski, Critical Stages, Inc.
Diseño del interior: Andrés de la Roche, A.DELAROCHE DESIGNS; Kirsten Dennison; Nita Congress.
Diseño de gráficos: Andrés de la Roche, A.DELAROCHE DESIGNS.

Número de control de la Biblioteca del Congreso: 2022921076

Índice

Capítulo 1   Objetivos, enfoque y hoja de ruta   1

El Grupo de Soluciones Globales sobre Sistemas de implementación de la protección social del Banco Mundial

Capítulo 2   Panorama del marco de los sistemas de implementación   9

Kathy Lindert, Tina George Karippacheril, Kenichi Nishikawa Chávez e Inés Rodríguez Caillava

Capítulo 3   Difusión   69

Surat Nsour, Vasumathi Anandan, Kathy Lindert y Tina George Karippacheril

Capítulo 4   Recepción, registro y evaluación de las necesidades y condiciones   91

Kathy Lindert, Phillippe Leite, Tina George Karippacheril e Inés Rodríguez Caillava

Capítulo 5   Elegibilidad e inscripción   163

Kathy Lindert, Phillippe Leite, Tina George Karippacheril, Kenichi Nishikawa Chávez, Inés Rodríguez Caillava y Anita Mittal

Capítulo 6   Pago de beneficios en efectivo   233

Tina George Karippacheril, Luz Stella Rodríguez, Ana Verónica López Murillo y Laura B. Rawlings

Capítulo 7   Provisión de servicios sociales y laborales   287

Lucía Solbes Castro, Verónica Silva Villalobos, Sara Giannozzi, María Cecilia Dedios y Kathy Lindert

Capítulo 8   Gestión de las operaciones de los beneficiarios   325

*Kenichi Nishikawa Chávez, Kathy Lindert, Inés Rodríguez Caillava, John Blomquist, Saki Kumagai,
Emil Tesliuc, Vasumathi Anandan, Alex Kamurase, Ahmet Fatih Ortakaya y Juul Pinxten*

Capítulo 9   Evaluación del desempeño de los sistemas de implementación de protección social   427

Estelle Raimondo, Briana Wilson, Inés Rodríguez Caillava y Kathy Lindert

Capítulo 10   Un recorrido continuo   477

Margaret Grosh, Tina George Karippacheril e Inés Rodríguez Caillava

Glosario   485

Recuadros

Gráficos

Tablas

Prólogo

Los sistemas de implementación de protección social son importantes. El diseño de políticas y los sistemas de implementación siempre han ido de la mano para generar programas e impactos significativos. Los países ofrecen miles de programas sociales, tales como transferencias monetarias, subvenciones, programas de cuidado infantil, formación para el trabajo o servicios laborales, para los cuales la implementación suele estar fragmentada y el recorrido no resulta sencillo para los beneficiarios. Simplificar los procesos fragmentados e innovar mediante un enfoque de sistemas de implementación coloca a las personas y a las familias en el centro, reduce la complejidad, mejora la inclusión, el alcance y la cobertura, y contribuye a la eficacia, la calidad y la transparencia de los gobiernos. Estos beneficios, a su vez, ayudan a optimizar y automatizar los complejos procesos de decisión de elegibilidad, facilitan la retroalimentación frecuente sobre la provisión de servicios para mejorar su calidad y, en última instancia, contribuyen a desarrollar una relación de confianza entre el Estado y las personas.

El poder de los sistemas de implementación puede ilustrarse a través de algunos ejemplos: En Turquía, por decreto del Primer Ministro, se decidió que serían los funcionarios públicos quienes se encargarían de recopilar los documentos necesarios para registrar a la población en la asistencia social y otros servicios públicos, y así quitaron la carga de los ciudadanos. Fue el inicio de una serie de reformas administrativas de mayor alcance que contribuyeron a optimizar los procesos de asistencia social utilizando tecnología y coordinando entre 24 agencias diferentes para reducir el tiempo de solicitud de 15 o 20 días a apenas unos minutos. En Ghana, un programa de *cash-for-work* ('dinero por trabajo') permitió ahorrar trece millones de horas/persona de trabajo administrativo al realizar el registro, la inscripción y la verificación de beneficiarios mediante un proceso automatizado que redujo el plazo de pago a los trabajadores de cuatro meses a una semana una vez finalizado el trabajo. En Pakistán, los métodos participativos de comunicación y seguimiento de los programas a través de «madres líderes» de los grupos beneficiarios facilitó la inscripción de los niños en la escuela primaria. Chile cuenta con consejeros familiares que trabajan con personas vulnerables, familias en situación de extrema pobreza, personas mayores que viven solas, personas sin hogar y niños con padres en prisión, para determinar el tipo de servicio social y transferencias monetarias que necesitan, y garantizar su acceso.

Desde que empezó a trabajar en temas de protección social, el Banco Mundial ha apoyado a los gobiernos en la implementación de sus programas y políticas. Con el tiempo, la atención y las capacidades del personal dedicado a esta labor han ido aumentando. Hace cinco años, y para profundizar aún más en el tema, la Práctica Global de Protección Social y Empleo logró poner a los sistemas de implementación como el objetivo de un Grupo de Soluciones Globales incluyendo una gran cantidad de compromisos con los países, productos de conocimiento y actividades de aprendizaje. De cierta forma, este enfoque en los sistemas de implementación ante la falta de políticas es, en cierta medida, artificial, pero hace que se le preste mayor atención. Es similar al efecto que tiene transformar una imagen a color en una a blanco y negro para realzar las formas. Entender las formas permite conocer más profundamente la composición y la eficacia del arte.

El Grupo de Soluciones Globales de los Sistemas de Implementación ha trabajado en diferentes tipos de programas, entre ellos, programas categóricos, transferencias para mitigar la pobreza, programas de mercado laboral, asistencia por desempleo, asistencia para personas en condición de discapacidad, servicios laborales y sociales, y las relaciones entre ellos. Se ha llegado a importantes conclusiones, como el hecho de que en muchos programas se aplica la misma cadena básica de implementación, lo que facilita que los programas individuales aprendan de otros, y que se compartan o integren funciones a lo largo de numerosos programas.

Este libro de referencia es el producto de un camino de aprendizajes y la codificación del conocimiento sobre los sistemas de implementación, enriquecido por la solución práctica de los problemas que enfrentan las personas, programas y países. El trabajo ha involucrado a un equipo excepcionalmente grande de autores y a un grupo aún mayor de personas que participaron en sesiones de lluvia de ideas, consultas, misiones y seminarios, que fueron los primeros campos de prueba de las ideas que se han incorporado. Uno de los objetivos del equipo fue hacer accesibles las lecciones y las técnicas con el fin de fomentar la discusión sobre los dilemas más habituales en los sistemas de implementación y para motivar a los directores de programas a seguir mejorando la calidad de su trabajo, inspirados por alguno de los ejemplos incluidos en estas páginas.

Este libro de referencia surge en medio de una situación de una demanda incremental por la implementación de soluciones de protección social adaptativa a los choques. A raíz de la pandemia de COVID-19, los gobiernos de todo el mundo han respondido a los impactos socioeconómicos con redes de asistencia social para millones de hogares. Cerca de 200 países han incorporado diferentes formas de protección social para compensar a los trabajadores por los ingresos perdidos como resultado de los largos confinamientos y la enorme crisis económica, y para mitigar los impactos negativos sobre las personas más pobres y vulnerables. La implementación digital punta a punta de los programas, con seguridad y agilidad, ha permitido cumplir con los requerimientos de distanciamiento social.

Además, mientras los países trabajan en pos de una protección social universal, incluida en muchas estrategias nacionales de protección social y recogida en los Objetivos de Desarrollo Sostenible, la cobertura y complejidad de su programación hará cada vez más necesario contar con buenos sistemas de implementación. Se enfrentarán a las dificultades asociadas a garantizar la inclusión de las personas excluidas y de coordinar entre diferentes programas para mejorar la experiencia para el beneficiario y lograr un marco de programas más eficiente. Este crecimiento de las políticas puede basarse en conocimientos prácticos sobre los sistemas de implementación y contribuir a su desarrollo.

Michal Rutkowski
Director Global de Protección Social y Empleo
Banco Mundial

Introducción

Este libro de referencia sintetiza la experiencia y los conocimientos prácticos sobre los sistemas de implementación de protección social en países de todo el mundo, centrado especialmente en servicios y beneficios sociales y laborales. El libro aborda preguntas sobre procedimientos, en concreto, ¿cómo distribuyen los países los beneficios y servicios sociales? ¿Cómo logran hacerlo de forma eficaz y eficiente? ¿Cómo garantizan la inclusión dinámica para que las personas accedan a ellos cuando los necesitan? ¿Cómo promueven una mejor coordinación e integración no solo entre los programas de protección social, sino también entre programas de otros sectores gubernamentales? ¿Cómo responden a las necesidades de sus poblaciones objetivo y proporcionan una mejor experiencia a sus beneficiarios?

Los sistemas de implementación de protección social abordan todas estas preguntas fundamentales. ¿Qué son los sistemas de implementación? La respuesta corta es que los sistemas de implementación son la ejecución. La respuesta más larga es que son el entorno operativo para poner en marcha beneficios y servicios de protección social, y que están sujetos a fases de ejecución esenciales a lo largo de la cadena de implementación. Estas fases son comunes en la mayor parte de los programas e incluyen la difusión, la recepción y el registro de solicitudes, la evaluación de necesidades y condiciones, elegibilidad e inscripción, el pago de beneficios y la provisión de servicios, y el control y gestión, incluida la salida del beneficiario. Las personas y las instituciones interactúan a lo largo de la cadena de implementación, interacciones que se ven facilitadas por las comunicaciones, los sistemas de información y la tecnología, entre otros factores.

El libro muestra una perspectiva general de la protección social y cubre diversas poblaciones objetivo, como distintos grupos demográficos, familias pobres o de bajos ingresos, trabajadores en situación de desempleo, personas en condición de discapacidad y personas en situación de riesgo social. Analiza diferentes tipos de intervenciones de los gobiernos para ayudar a las personas, familias u hogares, entre las que se incluyen beneficios, como programas categóricos (por ejemplo, asignaciones por hijos y pensiones sociales); transferencias monetarias condicionadas o no condicionadas para las personas pobres, y beneficios y seguros de desempleo y por discapacidad. También incluyen servicios laborales y sociales, como bolsas de empleo, capacitación para mejorar la empleabilidad y servicios sociales (entre ellos, servicios de trabajo social, de asistencia social, y especializados), así como también servicios prestados como medidas complementarias a las transferencias monetarias no condicionadas (especialmente en desarrollo humano e inclusión productiva).

El libro adopta una perspectiva global de los sistemas de implementación de protección social con ejemplos de todas las regiones: África, Asia Oriental y el Pacífico, Europa y Asia Central, América Latina y el Caribe, Oriente Medio y África de Norte, y el Sur de Asia, y de países de ingresos bajos, medios y altos.

Si bien el libro recopila lecciones aprendidas a partir de las buenas prácticas y las dificultades encontradas, no debe entenderse como una receta única. En su lugar, el marco de sistemas de implementación es una forma práctica de organizar el debate sobre la puesta en marcha de los programas de protección social. El libro subraya ocho principios claves que enmarcan el concepto de los sistemas de implementación:

1. Los sistemas de implementación evolucionan a lo largo del tiempo de forma no lineal, y sus puntos de partida son fundamentales.
2. Es necesario «hacer bien lo sencillo» antes de añadir funciones complicadas a los programas o sistemas.
3. La calidad de la implementación es importante, y la debilidad en alguno de los elementos principales afectará negativamente a todo el sistema.
4. La «primera milla» de la interfaz con el cliente es esencial, pero suele ser el eslabón más débil en los sistemas de implementación.
5. Los programas de protección social no operan en el vacío, por lo que sus sistemas de implementación no deberían desarrollarse de forma aislada.
6. Los sistemas de implementación de protección social contribuyen a la capacidad del gobierno para ayudar en otros sectores, por ejemplo, subvenciones para seguros de salud, becas, tarifas energéticas sociales, ayudas para la vivienda y servicios legales.
7. No hay un modelo único para los sistemas de implementación, pero existen puntos en común que constituyen el núcleo del marco de los sistemas de implementación.
8. Los desafíos asociados a la inclusión y a la coordinación son amplios y perennes, y contribuyen a los objetivos de eficacia y eficiencia.

Reconocimientos

Este libro ha sido posible gracias al trabajo de un equipo liderado por Kathy Lindert, Tina George e Inés Rodríguez Caillava. Participaron también Kenichi Nishikawa Chávez, Lucía Solbes Castro, Estelle Raimondo, Briana Wilson, Phillippe Leite, Verónica Silva Villalobos, Sara Giannozzi, Surat Nsour, Vasumathi Anandan, Laura Rawlings, Luz Stella Rodríguez, Ana Verónica López Murillo, John Blomquist, Ahmet Fatih Ortakaya, Saki Kumagai, Alex Kamurase, Emil Tesliuc, Juul Pinxten, Conrad Daly, Anita Mittal, Karen Peffley y Helena Makarenko. Elizabeth Schwinn y Nita Congress brindaron asistencia editorial. Proporcionaron su orientación general Michal Rutkowski (Director Global), Margaret Grosh (Asesora Principal), Lynne Sherburne-Benz (Directora Regional) y Anush Bezhanyan (Gerente de la Práctica), todos integrantes de la Práctica Global de Protección Social y Empleo.

El libro sintetiza la experiencia, el conocimiento y las contribuciones sobre los sistemas de implementación de protección social recopilados por el Banco Mundial durante los últimos veinte años. La creación del Grupo de Soluciones Global (GSG) de Sistemas de Implementación en la Práctica Global de Protección Social y Empleo, en junio de 2015, dio la oportunidad de organizar y vincular décadas de experiencia y compromiso del Banco Mundial en este campo. Las contribuciones de quienes integran el GSG se basan en la relación directa con sus contrapartes en el gobierno y otras partes interesadas que tienen a su cargo la implementación de los programas de protección social en países de todo el mundo.

Quisiéramos también agradecer a nuestros revisores expertos y a los puntos focales regionales por sus aportes y opiniones en las diferentes fases de la preparación del presente libro: Benedicte de la Briere (África), Changqing Sun (Asia Oriental y el Pacífico), Marina Petrovic (Europa y Asia Central) y Melis Guven (África). Otros puntos focales regionales que también integraron el equipo de trabajo del libro fueron: Kenichi Nishikawa Chávez (Sur de Asia), Lucía Solbes Castro (América Latina y el Caribe), Phillippe Leite (Sur de Asia), Surat Nsour (Oriente Medio y África del Norte) y Verónica Silva Villalobos (América Latina y el Caribe). Adicionalmente, participaron como parte del equipo y son puntos focales regionales Alessandra Marini (Europa y Asia Central), Elena Glinskaya (Asia Oriental y el Pacífico) y Khalid Ahmed Moheyddeen (Oriente Medio y África del Norte).

El equipo quiere también expresar su sincero agradecimiento a la gran cantidad de colegas que han aportado ideas y opiniones a lo largo del proceso: Aleksandra Posarac, Amjad Zafar Khan, Anand Raman, Anita Kumari, Asha Williams, Ashiq Aziz, Aylin Isik-Dikmelik, Boban Varghese Paul, Bojana Naceva, Cem Mete, Chipo Msowoya, Christabel Dadzie, Claudia P. Rodríguez Alas, Colin Andrews, Craig Kilfoil, David Ian Walker, Dominik Koehler, Elena Bardasi, Emily Weedon Chapman, Gisela García, Gregory Chen, Gustavo Demarco, Hana Brixi, Harish Natarajan, Heba Elgazzar, Iffath Sharif, Indhira Vanessa Santos, Jehan Arulpragasam, Jimena Garrote, Johannes Koettl, Josefina Posadas, Julieta Trias, Junko Onishi, Karol Karpinksi, Laura Ripani (IDB), Mahamane Maliki Amadou, Mariana Novikova, Matteo Morgandi, Mina Zamand, Mitchell Weiner, Muderis Abdulahi Mohammed, Nahla Zeitoun, Natalia Millán, Nina Rosas Raffo, Oleksiy Ivaschenko, Oleksiy Sluchynskyy, Pablo Ariel Acosta, Pablo Gottret, Philip O'Keefe, Quanita Khan,

Raiden C. Dillard, Rashiel Velarde, Rasmus Heltberg, Rebecca Riso, René Antonio León Solano, Richon Mattis Nembhard, Robert Chase, Rovane Battaglin Schwengber, Ruslan Yemtsov, Samira Ahmed Hillis, Samantha Zaldívar, Sandor Sipos, Stefano Paternostro, Sylvia Baur, Ubah Thomas Ubah, Ugo Gentilini, Vlad Alexandru Grigoras, Yasuhiko Matsuda, Yasuhiro Kawasoe, Yoonyoung Cho, Yuliya Smolyar y Zachary Green.

También agradecemos la colaboración del Grupo de Evaluación Independiente (GEI) del Banco Mundial que, en el marco del acuerdo de aprendizaje del GEI, brindó su apoyo para la realización del capítulo 9, «Evaluación del desempeño de los sistemas de implementación de protección social». Finalmente, el equipo quiere agradecer la generosa donación del Fondo de Respuesta Social Rápida (*Rapid Social Response Trust Fund*), financiado por Australia, Dinamarca, Noruega, la Federación Rusa, Suecia y el Reino Unido, sin el cual este trabajo no habría sido posible. La subvención nos ha permitido sistematizar el conocimiento sobre los sistemas de información social integrados, información que fue utilizada en el contenido de varios capítulos. Se espera que el libro contribuya en los debates futuros con cooperantes y agencias para el desarrollo dentro de la iniciativa Interagencial de Diagnósticos de Protección Social (*Interagency Social Protection Assessment, ISPA*).

La traducción al español fue llevada a cabo por JPD Systems. Además, el equipo quisiera extender su agradecimiento al grupo de colegas que prestaron su apoyo para la traducción al español de este Libro de referencia: María Caridad Gutiérrez Córdoba, Verónica López, Kenichi Nishikawa Chávez, Mateo Prada, Claudia P. Rodríguez Alas, Luz Stella Rodríguez-Novoa, Verónica Silva Villalobos y Lucía Solbes Castro. Helena Makarenko (Asistente de Programa) coordinó el proceso de traducción, y Stephen Pazdan (Editor de Producción) estuvo a cargo de la maquetación.

Acerca de los editores, autores y colaboradores

Editores

Tina George Karippacheril es Especialista Sénior en Protección Social para la región de África del Banco Mundial. Dirige una operación regional en seis países (el Programa Regional de Identificación Única de África Occidental para la Integración y la Inclusión Regional), que fue galardonada con el Premio a la Excelencia por el Presidente del Banco Mundial. Anteriormente, fue Co-directora Global del Grupo de Sistemas de Implementación. Su trabajo abarca temas como la gobernanza digital, los sistemas de implementación de protección social, los registros sociales, los sistemas básicos de identificación, los pagos de protección social y las plataformas para las personas pobres. Entre sus más recientes publicaciones se incluyen *Investing in People: Social Protection for Indonesia's 2045 Vision* (2020) y *Social Registries for Social Assistance and Beyond* (2017). Es doctora en Tecnología, Políticas y Gestión por la Technische Universiteit Delft (Países Bajos).

Kathy Lindert es la Líder Global del Grupo de Sistemas de Implementación en la Práctica Global de Protección Social y Empleo del Banco Mundial. Kathy trabajó durante cinco años en las oficinas del Banco Mundial en Brasil, donde dirigía la alianza con el Programa Bolsa Familia. Además, fue Directora Regional de Protección Social para Europa y Asia Central. Ha publicado artículos sobre redes de asistencia social, pobreza, gasto social, redistribución y transferencias, registros sociales,

ejecución descentralizada de transferencias monetarias condicionadas y la reforma del subsidio alimentario. Es graduada en Economía Internacional por la Universidad Americana de París, y tiene un máster y un doctorado en Economía por la Universidad de California en Davis.

Kenichi Nishikawa Chávez es Economista Sénior de Protección Social para la Práctica Global de Protección Social y Empleo del Banco Mundial en el Sur de Asia. Ha trabajado extensamente en el diseño de la implementación de programas y en protección social adaptativa en América Latina y el Sur de Asia. Antes de formar parte de Banco Mundial, Kenich fue Director de Implementación en el Ministerio de Desarrollo Social de México. Tiene un máster en Administración Pública de la Universidad de Cornell y un máster en Desarrollo Internacional de la Universidad de Nagoya (Japón).

Inés Rodríguez Caillava es Especialista en Protección Social para la Práctica Global de Protección Social y Empleo del Banco Mundial. Integra el equipo central del Grupo de Soluciones Globales de Sistemas de Implementación y participa en el programa de conocimiento global sobre sistemas de implementación. Ha trabajado en programas de redes de asistencia social y sistemas de implementación en Angola, Burkina Faso, la República del Congo, Yibuti, Guinea-Bissau y Mozambique. Tiene un grado y un máster en Relaciones Internacionales por la Universidad de San Andrés (Argentina) y un máster en Desarrollo Internacional de la Universidad George Washington.

Autores

Vasumathi Anandan es Especialista en Políticas y Socióloga con más de diez años de experiencia en desarrollo internacional, políticas públicas, investigación y tecnologías de la información y la comunicación. Trabaja en la Práctica Global de Protección Social y Empleo del Banco Mundial desde 2014. Anteriormente, trabajó en el Instituto Indio de Tecnología de Madrás, institución líder en investigación y tecnología en India. Tiene un máster en Salud Pública por la Universidad George Washington, con la especialización de Políticas, y un máster en Sociología Médica por la Facultad Loyola de India.

John Blomquist es el responsable principal del Grupo de Soluciones Globales de Sistemas de Implementación de Protección Social y Empleo del Banco Mundial. Su trabajo se centra en los sistemas de implementación y en el diseño de programas, principalmente para el sector informal y no organizado. Tiene experiencia en el sector privado y, a lo largo de los últimos 25 años, ha trabajado en la mayor parte de las regiones del mundo. John es doctor en Economía por la Universidad de Pensilvania.

María Cecilia Dedios es profesora adjunta en la Universidad de los Andes (Colombia) y directora de investigación en la Escuela de Economía y Ciencias Políticas de Londres. Su trabajo se centra en los procesos de socialización de los jóvenes con sus pares y con la familia en contextos desfavorecidos y en la conciencia social con respecto a la violencia dentro de la misma población.

Sara Giannozzi es Especialista Sénior en Protección Social de la unidad de Asia Oriental y el Pacífico para la Práctica Global de Protección Social y Empleo del Banco Mundial. Ha trabajado ampliamente en sistemas de implementación, servicios de intermediación y redes de asistencia e inclusión económica en África, Asia Oriental, y América Latina y el Caribe. Es graduada en Economía por la Universidad de Florencia (Italia) y tiene un máster en Desarrollo Internacional por la Escuela de Estudios Internacionales Avanzados de la Universidad Johns Hopkins.

Margaret Grosh es Asesora Sénior en la Práctica Global de Protección Social y Empleo del Banco Mundial. Cuenta con una gran cantidad de publicaciones, ha dictado conferencias y brindado asesoría en temas relacionados con la protección social, y especialmente sobre la asistencia social, a nivel global y para América Latina. Tiene amplia experiencia en la protección social, tanto en el ámbito de las respuestas a la crisis como para mejorar la igualdad de oportunidades. Es doctora en Economía por la Universidad Cornell.

Alex Kamurase es Especialista Sénior en Protección Social en el Banco Mundial. Tiene varios años de experiencia en operaciones, trabajo analítico y diálogos sobre políticas que abarcan programas con grandes objetivos de reducción de la pobreza en África, el Caribe y Oriente Medio. Es coautor de artículos e informes sobre redes de asistencia, desarrollo humano y participación ciudadana. Alex tiene un máster en Gestión Pública Económica y Finanzas Públicas por la Universidad de Birmingham (Reino Unido) y un grado en Comercio por la Universidad Makerere (Uganda).

Saki Kumagai es Especialista en Gobernanza en el Banco Mundial. Se centra en dar apoyo a los gobiernos que trabajan para disponer de sistemas más transparentes, responsables y participativos. Saki dirige el trabajo de participación ciudadana y tecnología cívica de la Práctica Global de Gobernanza y colabora con múltiples operaciones de implementación de servicios financiadas por el Banco Mundial en países como la República Árabe de Egipto, Etiopía, Malawi y Somalia.

Phillippe Leite es Economista Sénior de Protección Social en la unidad del Sur de Asia de la Práctica Global de Protección Social y Empleo del Banco Mundial. Ha trabajado ampliamente en el diseño de programas de asistencia social en África y América Latina, y en el grupo de investigación de desarrollo del Banco Mundial sobre los factores determinantes de la pobreza y la desigualdad, una metodología para los mapas de pobreza y modelos de simulación de micro-econometría. Tiene un grado y un máster en Estadística (muestreo y modelaje) de ENCE/Brasil y un máster y un doctorado en Economía por la Escuela de Altos Estudios en Ciencias Sociales (París).

Ana Verónica López Murillo es consultora de la Práctica Global de Protección Social y Empleo del Banco Mundial desde 2012. Es coautora y ha colaborado en la investigación de sistemas de pago, sistemas de información social, focalización y empleo juvenil, entre otros temas de protección social y empleo. Tiene un máster en Economía del Desarrollo por la American University.

Anita Mittal es Experta Sénior en TI y trabaja en el Banco Mundial con el equipo de la Práctica Global de Protección Social y Empleo, en la Iniciativa Identificación para el Desarrollo (ID4D). Trabaja en notas técnicas y arquitecturas de solución, y asesora a países beneficiarios sobre la implantación de la identificación digital y los sistemas de protección social. Tiene amplia experiencia en la puesta en marcha de proyectos de gobernanza electrónica, entre los que se incluye el proyecto Aadhaar de India. Tiene una certificación profesional en gestión de proyectos, y un grado y un máster en Informática e Ingeniería.

Surat Nsour es Especialista Sénior en Protección Social en el Departamento de Desarrollo Humano de África del Banco Mundial. Se incorporó al Banco Mundial en 2002 y ha trabajado ampliamente en la protección social a través de diversas intervenciones, como fondos sociales, redes de asistencia social y mercados laborales. Participó en la Estrategia de Protección Social y dirigió la participación de países y los trabajos regionales sobre la asistencia social en países de ingresos medios y altos, de la Asociación Internacional de Fomento y de países en contextos posconflicto. Tiene un máster en Desarrollo Social y Organizativo por la Universidad George Mason y un grado en Ingeniería de la Edificación por la Jordan University of Science and Technology.

Ahmet Fatih Ortakaya es Especialista Sénior en Protección Social en el Banco Mundial con más de catorce años de experiencia en la implantación, investigación y desarrollo de políticas. Antes de unirse al Banco Mundial, trabajó como asesor en la Organización para la Cooperación y el Desarrollo Económico y como alto funcionario del gobierno de Turquía. Dirigió un proyecto para reformar la orientación de objetivos de los programas de redes de asistencia social, y el diseño y desarrollo del sistema de asistencia social integrado de Turquía. Actualmente, dirige los trabajos para reformar la red de protección social del Banco Mundial en Arabia Saudí. Sus principales intereses son el diseño e implantación de programas, los sistemas de implementación de protección social, los algoritmos de búsqueda de empleo, la orientación de objetivos y los análisis predictivos.

Es doctor en Estadística por la Universidad Técnica de Oriente Medio de Turquía.

Juul Pinxten es Especialista en Protección Social en el Banco Mundial, en Yakarta, Indonesia. Trabajó durante un año en la Práctica Global de Pobreza e Igualdad y cinco años en la Práctica Global de Protección Social y Empleo, ambos trabajos basado en Indonesia. También trabajó extensamente en Indonesia y en Timor-Leste en el diseño y la implantación de transferencias monetarias, sistemas de implementación de asistencia social y metodologías de focalización.

Estelle Raimondo Es la Oficial Sénior de Evaluación en el Grupo de Evaluación Independiente del Banco Mundial. Cuenta con diez años de experiencia en evaluación del desarrollo. Es profesora en el Programa Internacional para la Capacitación en Evaluación del Desarrollo e integra el directorio de la Sociedad Europea de Evaluación. Ha publicado sus investigaciones en varias revistas y manuscritos avalados por revisores. Tiene un doctorado en evaluación de investigaciones por la Universidad George Washington.

Laura B. Rawlings es Economista Líder en el Banco Mundial. Dirigió trabajos de investigación, operativos y de asesoramiento sobre el diseño, la implantación y la evaluación de programas de desarrollo humano. Fue la Directora del equipo y coautora del proyecto *Impact Evaluation in Practice* and for *Resilience, Equity, and Opportunity: The World Bank's Social Protection and Labor Strategy 2012–2022*. Es miembro del equipo del Proyecto de Capital Humano y profesora adjunta en el Programa de Desarrollo Humano Global de la Universidad de Georgetown.

Luz Stella Rodríguez es Especialista en Protección Social en el Banco Mundial y trabaja con gobiernos de América Latina y el Caribe para reforzar el diseño y la implementación de los sistemas de protección social. Luz también participa en la agenda de conocimiento global para mejorar la eficiencia y el impacto de los pagos de los gobiernos a los particulares con una perspectiva centrada en las personas. Antes de unirse al Banco Mundial, Luz fue funcionaria en el Ministerio de Hacienda, en el Departamento Nacional de Planeación y en la Oficina Presidencial de Política Social en Colombia. También ha trabajado con bancos multilaterales y con organizaciones del sistema de las Naciones Unidas.

Verónica Silva Villalobos es Especialista Sénior en Protección Social para la Práctica Global de Protección Social y Empleo del Banco Mundial. Tiene amplia experiencia en intervenciones de los servicios sociales y la asistencia social, tanto en la gestión de políticas y programas sociales a nivel gubernamental como asesorando a gobiernos a nivel global y en América Latina y el Caribe.

Lucía Solbes Castro es Especialista en Protección Social en la Unidad de Europa y Asia Central de la Práctica Global de Protección Social y Empleo del Banco Mundial. Empezó a trabajar en el Banco Mundial en 2010 formando parte del equipo que realizó el *Informe sobre el desarrollo mundial 2012: Igualdad de Género y Desarrollo*. Desde entonces, ha trabajado en programas de redes de asistencia social y en sistemas de implementación de protección social en África, Europa y Asia Central, y América Latina. Es licenciada en Matemáticas por la Universidad Complutense (España) y tiene un máster en Economía por el Instituto Universitario Europeo (Italia).

Emil Tesliuc es Economista Sénior en el Banco Mundial. Es coautor de dos libros sobre el diseño y la implantación de los programas de asistencia social, *For Protection and Promotion: The Design and Implementation of Effective Safety Nets* (2008), e *Income Support for the Poorest: A Review of Experience in Eastern Europe and Central Asia* (2014), y de ADePT SP, una herramienta para estimar la incidencia de los programas de protección social. Es doctor en Economía por la Academia de Estudios Económicos de Bucarest y tiene un máster en Políticas Públicas por la Universidad de Princeton.

Briana Wilson es Especialista Sénior en Protección Social para la Práctica Global de Protección Social y Empleo del Banco Mundial. Está especializada en el seguimiento y la evaluación de las intervenciones de protección social y, desde 2009, participa en el diseño y la evaluación de programas en África, Europa y Asia Central, y América Latina. Previamente, trabajó brindando servicios de asesoría para la Corporación Financiera Internacional. Es graduada por la Universidad Northwestern y tiene

un máster de la Escuela de Estudios Internacionales Avanzados de la Universidad Johns Hopkins.

Colaboradores

Ashiq Aziz, Especialista Sénior en Protección Social, Banco Mundial

Sylvia Baur-Yazbeck, Analista del Sector Financiero, Grupo Consultivo de Ayuda a la Población más Pobre

Greg Chen, Especialista Principal del Sector Financiero, Grupo Consultivo de Ayuda a la Población más Pobre

Christabel Dadzie, Especialista en Protección Social, Banco Mundial

Conrad Daly, Asesor Legal Sénior, Banco Mundial

Gustavo Demarco, Economista Principal, Banco Mundial

Heba Elgazzar, Responsable de Programa, Banco Mundial

Melis Guven, Economista Sénior en Protección Social, Banco Mundial

Karol Karpinski, Especialista del Sector Financiero, Banco Mundial

Amjad Zafar Khan, Especialista Sénior en Protección Social, Banco Mundial

Quanita Khan, Ex-Consultora, Banco Mundial

Craig Kilfoil, Consultor, Banco Mundial

Yasuhiko Matsuda, Líder de Programa, Banco Mundial

Harish Natarajan, Especialista Principal del Sector Financiero, Banco Mundial

Karen Peffley, Analista de Operaciones, Banco Mundial

Anand Raman, Consultant, Banco Mundial

Nina Rosas Raffo, Economista Sénior, Banco Mundial

Ambrish Shahi, Especialista en Protección Social, Banco Mundial

Oleksiy A. Sluchynskyy, Economista Sénior, Banco Mundial

Cornelia Tesliuc, Especialista Sénior en Protección Social, Banco Mundial

Ubah Thomas Ubah, Especialista en Protección Social, Banco Mundial

Nahla Zeitoun, Especialista Sénior en Protección Social, Banco Mundial

Abreviaturas

4P	Programa *Pantawid Pamilyang Pilipino* (Filipinas)		DI	Seguro por discapacidad
AD	Asistencia por desempleo		DIPRES	Dirección de Presupuesto (Chile)
AD	Asistencia por discapacidad		DLE	Departamento de Trabajo y Empleo
ANS	Acuerdo de nivel de servicio		DLP	Desempleados/Desempleo de largo plazo
ASPIRE	Atlas de Indicadores de Protección Social de Resiliencia y Equidad (Banco Mundial)		DSS	Desempleado sin seguro
AUH	Asignación Universal por Hijo		DSWD	Departamento de Bienestar Social y Desarrollo (Filipinas)
AUH-PLUS	Asignación Universal por Hijo PLUS (incluye el suplemento para niños vulnerables)		DTT	Equipo de formación del distrito
			ECEC	Desarrollo, educación y cuidado de la primera infancia
BBC	Comité de beneficiarios del BISP (Pakistán)		EFC	Errores, fraude y corrupción
BISP	Programa de apoyo a los ingresos de Benazir (Pakistán)		e-GOV	Gobernanza electrónica (programa)
			FA	Programa Familias en Acción (Colombia)
BPC	*Benefício de Prestação Continuada* (Brasil)		FC	Focalización comunitaria
			FCV	Fragilidad, conflicto y violencia
BPR	Revisión del proceso comercial		FED	Fondo de Estímulo al Desempeño y Logro de Resultados Sociales (Perú)
BUS	Sistema de actualización de beneficiarios (Filipinas)		G2P	Gobierno a persona (pagos)
CBA	Análisis costo-beneficio		GIS	Sistema de información geográfica
CEA	Análisis de eficacia en función de los costos		GPS	Sistema de posicionamiento global
			H	Hogar
CHM	Comprobación híbrida de los medios de vida		HTTP	Protocolo de transferencia de hipertexto
			IBGE	Instituto Brasileño de Geografía y Estadística
CM	Comprobación de medios de vida			
CPU	Unidad central de procesamiento		ID	Identidad/Identificación
CSM	Comprobación sustitutiva de los medios de vida		IMD	Ingreso mínimo diferenciado
			IMG	Ingreso mínimo garantizado
CUT	Cuenta única de tesorería		ISS	Instituto de la Seguridad Social
CV	Currículum vitae		JSCI	Instrumento de clasificación de solicitantes de empleo (Australia)
D2D	Puerta a puerta			
DCP	Diseño centrado en las personas		LGBTIQ+	Lesbianas, gays, bisexuales, transexuales, intersexuales, *queer* y otras identidades
DEA	Análisis envolvente de datos			
DGAS	Dirección General de Asistencia Social (Turquía)		MAS	Ministerio de Asuntos Sociales (Indonesia)
			MCC	Conexión comunitaria de Maryland
DHHS	Departamento de Salud y Servicios Humanos (EE. UU.)		MdE	Memorando de Entendimiento
			MdE	Ministerio de Educación
DHS	Departamento de Servicios Humanos		MDS	Ministerio de Desarrollo Social (Brasil)

MdS	Ministerio de Sanidad	PTMS	Programa de Transferencia Monetaria Social (Malaui)
MENA	Oriente Medio y África del Norte	RAM	Memoria de acceso aleatorio
MIDIS	Ministerio de Desarrollo e Inclusión Social (Perú)	RCT	Relación costo-transferencia
MQR	Mecanismo de quejas y reclamos	RCTT	Relación costo-transferencia total
MTASIO	Ministerio de Trabajo, Asistencia Social e Igualdad de Oportunidades (Albania)	RGPD	Reglamento General de Protección de Datos (Unión Europea)
MTPS	Ministerio de Trabajo y Protección Social (Rumanía)	RSH	*Registro Social de Hogares* (Chile)
NEIS	Sistema Nacional de Empleo y Seguridad Social	SAGI	Secretaría General de Evaluación e Información (Brasil)
NPMO	Oficina Nacional de Gestión de Proyectos (Filipinas)	SAR	Región administrativa especial
		SD	Seguro de desempleo
NQSF	Marco Nacional de Normas de Calidad (Irlanda)	SETF	Sin estudios, trabajo ni formación
NSER	Registro Socioeconómico Nacional (Pakistán)	SGOB	Sistema(s) de gestión de las operaciones de beneficiarios
NTB	National Trust Bank	SIAS	Sistema integrado de asistencia social (Turquía)
OCDE	Organización para la Cooperación y el Desarrollo Económico	SIBEC	Sistema de gestión de beneficios (Brasil)
OISS	Oficinas del Instituto de la Seguridad Social	SICEC	Sistema de Certificación Electrónica de Corresponsabilidades (México)
OIT	Organización Internacional del Trabajo	SIG	Sistema de información de gestión
ONG	Organización no gubernamental	SIIGF	Sistemas integrados de información de gestión financiera
ORM	Operador de red móvil	SIIOP	Sistema de información de Prospera (México)
OSE	Oficina del Servicio de Empleo		
OSS	Oficina de Servicios Sociales	SIM	Módulo de identidad de abonado
P2G	Persona a gobierno (pagos)	SIMF	Sistema de Información de Medicina Familiar (Turquía)
P2P	Persona a persona (pagos)	SISBEN	Sistema de Selección de Beneficiarios para Programas Sociales (registro social de Colombia)
PAI	Plan de acción individualizado		
PAML	Programa activo del mercado laboral		
PATH	Programa para el Avance de la Salud y la Educación (Jamaica)		
		SMS	Servicio de mensajes cortos (texto)
PBF	*Programa Bolsa Família* (Brasil)	SNE	Servicio Nacional de Empleo
PCD	Personas en condición de discapacidad	SPE	Servicio(s) público(s) de empleo
PDV	Punto(s) de venta	SYDV	Fundación de Asistencia Social y Solidaridad (Turquía)
PIB	Producto interno bruto		
PIN	Número de identificación personal	TGV	Tiempo, gastos y visitas
PKH	Programa *Keluarga Harapan* (programa de transferencias monetarias condicionadas de Indonesia)	TI	Tecnologías de la información
		TMC	Transferencia monetaria condicionada (programa)
PMED	División de Planificación, Seguimiento y Evaluación	TMNC	Transferencia monetaria no condicionada
		UBR	Registro Unificado de Beneficiarios (registro social de Malaui)
PS	Protección social	UDB	Base de datos unificada (Indonesia)
PSP	Proveedor de servicios de pago	VUP	Programa Visión 2020 Umurenge (Ruanda)
PSSN	Red de Asistencia Social Productiva (Tanzania)	WeT	Programa Waseela-e-Taleem (Pakistán)
		ZEE	Zona económica exclusiva

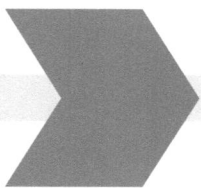

Capítulo 1

Objetivos, enfoque y hoja de ruta

El Grupo de Soluciones Globales sobre Sistemas de implementación de la protección social del Banco Mundial

La mayoría de los países cuentan con sistemas de protección social que buscan construir equidad, oportunidades y resiliencia para su gente. Estos proporcionan apoyo a través de un amplio abanico de beneficios y servicios que redistribuyen ingresos para reducir la pobreza y la desigualdad, apoyan inversiones en el capital humano y contribuyen a proporcionar seguridad ante perturbaciones y riesgos varios, como la pobreza, la pérdida de ingresos a causa de la vejez, las crisis económicas, los desastres naturales, el cambio climático y el desplazamiento forzado. Estas intervenciones normalmente se agrupan en tres «pilares» de protección social: la asistencia social (beneficios y servicios sociales no contributivos), la seguridad social (beneficios contributivos) y el trabajo (beneficios contributivos y no contributivos, así como servicios de empleo).[1]

Si bien se presta mucha atención al diseño de las intervenciones de protección social, el presente libro de referencia aborda otra cuestión clave: el «cómo». Específicamente, ¿cómo los países suministran los beneficios y servicios de protección social? ¿Cómo los varios elementos de los sistemas de implementación se unen/coordinan para ejecutar los programas de la manera prevista? ¿Cómo lo hacen eficaz y eficientemente? ¿Cómo garantizan la inclusión dinámica para que las personas puedan acceder a ellos cuando lo necesiten? ¿Cómo se pueden potenciar los sistemas de implementación para promover una mejor coordinación e integración no solo entre los programas de protección social, sino también con programas de otros sectores de gobierno? ¿Cómo pueden responder a las necesidades de sus poblaciones objetivo y proporcionar una mejor experiencia al cliente? Los sistemas de implementación de protección social abordan estas cruciales preguntas.

Los objetivos de este libro de referencia consisten en sintetizar el conocimiento práctico y la experiencia de los sistemas de implementación de la protección social de países de todo el mundo, con hincapié en los beneficios y servicios sociales y laborales. El propósito es profundizar en la metodología de los sistemas de implementación dando por sentados el financiamiento de la protección social, la política y el diseño de programas, y reconociendo, al mismo tiempo, las interacciones y las posibles tensiones entre la implementación y los objetivos de las políticas. Los principales destinatarios del libro de referencia son especialistas, el personal del Banco Mundial y otros socios para el desarrollo que trabajan en programas y sistemas de protección social en países de todo el mundo.

Los sistemas de implementación constituyen el entorno operativo para desarrollar los beneficios y servicios de la protección social. El marco de los sistemas de implementación detalla los elementos clave de dicho entorno operativo. Este marco se compone de fases esenciales a lo largo de la cadena de implementación, que son comunes a la mayoría de los programas de protección social e incluyen la difusión, la recepción y el registro de solicitudes, la evaluación de necesidades y condiciones, la inscripción (determinación de elegibilidad, decisiones de inscripción y del paquete de beneficios y servicios, e incorporación), la provisión (pago de beneficios y provisión de servicios, según la intervención), y la gestión de las operaciones de los beneficiarios, que incluyen cumplimiento, actualización de datos, reclamos, bajas y resultados de casos. Los actores clave interactúan a lo largo de toda la cadena de implementación, entre ellos, las personas (solicitantes y beneficiarios) y las instituciones (centrales y locales). Estas interacciones se ven facilitadas por las comunicaciones, los sistemas de información y la tecnología, entre otros factores. Este marco se puede aplicar a la implementación de uno o varios programas, y a la implementación de la protección social adaptativa.

El presente libro de referencia adopta una visión amplia de la protección social y cubre un extenso rango de poblaciones objetivo y de intervenciones. Las poblaciones objetivo incluyen grupos demográficos, familias pobres o de bajos ingresos, trabajadores en situación de desempleo, personas en condición de discapacidad y personas en situación de riesgo social (tabla 1.1.). El libro de referencia cubre muchos tipos de intervenciones de protección social que los gobiernos proporcionan a personas, familias u hogares. Estas incluyen beneficios, como programas categóricos (asignaciones por hijo y pensiones sociales), transferencias monetarias condicionadas y no condicionadas para las personas pobres,

asistencia y seguro por desempleo, y asistencia y seguro por discapacidad.[2] También cubre varios servicios laborales y sociales, que incluyen oficinas de empleo para ayudar a las personas a encontrar trabajo, programas activos de mercado laboral para ayudar a las personas a mejorar su empleabilidad (que incluyen servicios de capacitación), servicios sociales (entre ellos, servicios de trabajo social, acompañamiento familiar y servicios especializados) y servicios de medidas complementarias de transferencias monetarias no condicionadas (principalmente en desarrollo humano e inclusión productiva).[3]

Son numerosas las ventajas de esta amplia perspectiva sobre la protección social. En primer lugar, es instructivo ver cómo diferentes tipos de beneficios y servicios se desarrollan en cada fase de la cadena de implementación. En segundo lugar, las intervenciones se suelen agrupar en paquetes de beneficios y servicios. Por ejemplo, los paquetes de activación laboral combinan ayudas monetarias con servicios de búsqueda de empleo, y requieren que sus beneficiarios demuestren que están en búsqueda activa de trabajo. Los servicios sociales también se combinan con beneficios, ya sea a través de planes de acción individualizados o a través de una intervención conjunta con medidas de acompañamiento destinadas a un grupo de beneficiarios. En tercer lugar, esta perspectiva más amplia coincide con la tendencia que vemos en muchos países de avanzar hacia sistemas de protección social integrados. Si bien muchos de los ejemplos de sistemas de implementación del libro de referencia se relacionan con una intervención específica, otros se relacionan con varios programas, porque los países aprovechan cada vez más sus sistemas de implementación para que sirvan como plataformas interoperables para múltiples programas. Las semejanzas dentro del marco destacan oportunidades concretas para integrar los sistemas de implementación, lo que también contribuye con la coordinación y la eficiencia, y se distancia de la visión aislada de construcción de sistemas paralelos, uno por cada programa. De hecho, los sistemas de implementación se suelen utilizar como plataformas para la protección social adaptativa y para brindar intervenciones más allá de la protección social, como seguros de salud, becas y vales preescolares, subsidios para los servicios públicos, asistencia para vivienda y otras formas de apoyo.

Tabla 1.1 Tipología de los grupos de población objetivo y de los programas de protección social usados en este libro.

Grupos de población destinataria		Tipos de programas (ejemplos)
	Grupos demográficos • Niños • Personas mayores	Programas categóricos • Asignaciones por nacimientos/hijos. • Pensiones por vejez.
	Situación socioeconómica • Familias de bajos ingresos • Familias pobres	Programas contra la pobreza • Transferencias monetarias no condicionadas, como un ingreso mínimo garantizado u otras formas de asistencia monetaria. • Transferencias monetarias condicionadas. • Programas de obras públicas. • Más allá de los programas de protección social: subsidios para seguros de salud, becas de estudio, beneficios de vivienda.
	Estado de la fuerza laboral • Desempleados • Desmotivados/inactivos • En búsqueda de trabajo	Beneficios y servicios laborales • Seguro de desempleo y beneficios asistenciales. • Servicios de empleo para ayudar a buscar trabajo: autoadministrados, asistencia para la búsqueda de trabajo, etc. • Programas de activación laboral para ayudar a las personas a mejorar su empleabilidad: capacitación, apoyo para la iniciación, etc.
	Personas en condición de discapacidad • Personas en condición de discapacidad (discapacidad moderada o grave; a corto plazo o largo plazo; daño médico permanente o limitaciones funcionales)	Beneficios y servicios por discapacidad • Seguros y beneficios asistenciales por discapacidad. • Servicios por discapacidad, tales como servicios de asistencia social, servicios de cuidados y especializados.
	Personas en situación de riesgo social • Niños • Jóvenes • Adultos • Personas mayores	Servicios sociales • Servicios de trabajo social: información y concientización; evaluación y recomendaciones; orientación y mediación. • Servicios sociales de cuidado: domiciliario, comunitario, institucional. • Servicios especializados y preventivos.

Fuente: Tabla original para esta publicación.

No obstante, incluso con esta visión amplia de la protección social, el libro de referencia no abarca todos los tipos de intervenciones de forma equitativa. Los tipos de intervención incluidos en todos los capítulos se muestran en la tabla 1.1. Dicho esto, el balance de ejemplos favorece a la asistencia social sobre los beneficios y servicios laborales, y ambos en conjunto sobre los de discapacidad y los servicios sociales.[4]

Además, si bien el libro de referencia aborda la provisión de algunos tipos de seguridad social (principalmente, seguro por desempleo y por discapacidad), no incluye muchos ejemplos de pensiones de seguro social para adultos mayores, y no analiza el aspecto contributivo de ningún tipo de seguro social, ya que nuestro foco está en la implementación, no en el financiamiento.[5]

El libro de referencia adopta una perspectiva global sobre los sistemas de implementación de protección social. La base de conocimiento primaria se ha acumulado, en gran medida, a través de compromisos directos con países de todo el mundo (por parte de autores o colegas). Mediante dichos compromisos, desarrollamos y probamos el marco de los sistemas de implementación en varios países dentro todas las regiones del mundo, y este marco probó ser robusto. Complementamos esa base de conocimiento directo con la literatura existente. Cada capítulo incluye una bibliografía específica para cada tema, para una referencia práctica. Buscamos incluir ejemplos de cada región deliberadamente. Los países tratados en los capítulos se encuentran listados a continuación. Los que están en negrita se analizan en más profundidad en al menos un capítulo:

- **África: Benín**, **Burkina Faso**, **República del Congo**, **Costa de Marfil**, Etiopía, **Ghana**, **Kenia**, Madagascar, **Malaui**, Mali, Mauricio, Níger, **Nigeria**, Ruanda, Senegal, Sierra Leona, Sudáfrica, Sudán del Sur, **Tanzania**, Uganda, **Zambia**.
- **Asia Oriental y el Pacífico:** China, **Indonesia**, República de Corea, **Filipinas**, Singapur, Tailandia, Vietnam.
- **Europa y Asia Central: Albania**, Armenia, Austria, **Bulgaria**, Croacia, **Dinamarca**, **Estonia**, **Finlandia**, Francia, Georgia, **Alemania**, **Grecia**, **Irlanda**, **Italia**, Kosovo, República de Kirguistán, Lituania, **Moldavia**, Mongolia, Países Bajos, **Macedonia del Norte**, **Noruega**, Portugal, Rumania, Federación Rusa, **Serbia**, República Eslovaca, Eslovenia, España, Suecia, Suiza, Tayikistán, **Turquía**, **Reino Unido**, Uzbekistán.
- **América Latina y el Caribe:** Argentina, **Brasil**, **Chile**, **Colombia**, **Costa Rica**, República Dominicana, Honduras, **Jamaica**, **México**, **Nicaragua**, **Perú**.
- **Oriente Medio y África del Norte:** Bahréin, Yibuti, **República Árabe de Egipto**, República Islámica de Irán, **Irak**, Jordania, Kuwait, Líbano, Marruecos, Túnez, Cisjordania y Gaza, **República del Yemen.**
- **Asia del Sur:** Bangladesh, **India**, **Pakistán**, Sri Lanka.
- **Otros países de la Organización para la Cooperación y el Desarrollo Económicos (OCDE): Australia**, **Canadá**, Nueva Zelanda, **Estados Unidos**, y menciones a otros países.

Adicionalmente a la diversidad regional, procuramos incluir ejemplos de países de bajos ingresos, de ingresos medios y de altos ingresos, y algunos provenientes de contextos específicos, tales como países en situación de fragilidad, conflicto y violencia.

El presente libro de referencia cubre varios modelos operativos. Además de adoptar perspectivas sobre los programas de protección social y de utilizar diversos ejemplos de varios países, el libro considera una variedad de modelos operativos. Si bien el marco de los sistemas de implementación es común a todas las intervenciones de protección social, vemos variaciones en los modelos operativos entre países y programas. A lo largo del libro abordamos dos pares de variaciones:

- ***Sistemas de implementación para uno o para varios programas.*** Algunos sistemas operativos se desarrollan para ofrecer un solo programa (sistemas de programa único). Sin embargo, los países normalmente ofrecen múltiples programas, no solo uno. En un creciente número de países, múltiples programas pueden utilizar un sistema de implementación común o una plataforma interoperable para respaldar ciertas funciones (tales como los registros sociales).
- ***Modelos por demanda o dirigidos por la administración.*** Una distinción importante es si el proceso de recepción y registro de solicitudes se lleva a cabo por demanda o si lo impulsan los administradores. Estos modelos operativos se distinguen por tres características clave: Si el proceso lo inician las personas (por demanda) o la administración; si la gente los solicita de forma individual (por demanda) o si se registran como grupo (dirigido por la administración); y si los plazos se adaptan a las personas, de modo que puedan hacer solicitudes cuando lo quieran/dispongan (por demanda), o si deben seguir un calendario grupal (dirigido por la administración). Estos diversos modelos operativos no solo afectan la recepción y el registro de solicitudes, sino que también influyen sobre toda la cadena de implementación.

Estos pares de modelos operativos ilustran dos desafíos clave: la coordinación y la inclusión, dos de los desafíos más comunes que enfrentan los sistemas de protección social.

- ***El desafío de la coordinación.*** La distinción entre crear sistemas de implementación independientes para cada programa o integrar varios programas dentro de un sistema de implementación se relacionan con el desafío de coordinar los esfuerzos de protección social. La fragmentación puede ocurrir cuando numerosos programas se implementan utilizando cada uno su sistema de implementación específico. Para las personas puede ser costoso e ineficiente recorrer por separado cada programa, proporcionar la misma documentación y la misma información una y otra vez, y esperar en largas filas en diferentes oficinas. También puede ser ineficiente para la administración, porque resulta en duplicaciones o fallas en la cobertura, procesos superpuestos, desperdicio de recursos e incapacidad de hacer seguimiento sobre qué beneficiarios recibieron cuáles servicios o de cómo se gasta el dinero de la protección social. Muchos países están integrando varios aspectos de los sistemas de implementación para evitar la fragmentación y promover sinergias entre los programas. Tal integración requiere un alto grado de coordinación entre instituciones, lo que puede suponer un desafío.

- *El desafío de la inclusión dinámica*. La inclusión dinámica es el principio de que cualquiera que necesite asistencia pueda acceder a ella en cualquier momento, y es un fundamento central de la protección social. En relación con los sistemas de implementación, se plantea la cuestión de si son estáticos o dinámicos, en especial en las etapas de recepción y registro de solicitudes. Los sistemas por demanda son más abiertos a la inclusión dinámica porque la gente puede hacer una solicitud o actualizar su información en cualquier momento. En contraste, si es dirigido por la administración, es normalmente más estático, grandes grupos de personas son registradas cada cierta cantidad de años, o en respuesta a impactos covariantes, tales como un desastre natural en una región específica. Otro aspecto de la inclusión dinámica es la portabilidad de los beneficios, que suele ser más factible con enfoques por demanda que con enfoques dirigidos por la administración.

La tarea de este libro de referencia es algo intimidante, dado que intenta cubrir una variada gama de programas de protección social en países y regiones de todo el mundo, así como varios modelos operativos y sus desafíos. Como tal, el libro apunta a cubrir los principios básicos e intermedios, los conceptos y los pasos prácticos de los sistemas de implementación, mientras profundiza de manera selectiva en temas más avanzados. Hay muchos otros aspectos que podrían incluirse y que aquí no se tratan de manera sistemática, simplemente porque el alcance del libro ya es amplio. Algunos ejemplos incluyen asistencia humanitaria para personas refugiadas y solicitantes de asilo, y programas especializados que apuntan a subgrupos muy específicos de una población. Además, no abordamos específicamente la provisión de beneficios y servicios en contextos de fragilidad, conflicto o violencia. Sin embargo, alentamos a los lectores que ejecutan intervenciones especializadas y a otros grupos objetivo a considerar la probabilidad de que el marco de los sistemas de implementación se adapte para cubrir esos programas, y a explorar de qué manera pueden ser relevantes las lecciones presentadas en este libro.

Además, el libro de referencia no está pensado para ser prescriptivo. Si bien extraemos lecciones de las buenas prácticas y de los desafíos que enfrentan los países de todo el mundo, nos abstenemos, en la mayor parte, de hacer recomendaciones prescriptivas. Más bien, el marco de los sistemas de implementación es un modo práctico para organizar el análisis de la implementación de programas de protección social.

A continuación del presente capítulo introductorio, el capítulo 2 presenta un panorama conceptual del marco de los sistemas de implementación, que incluyen las etapas de implementación, los actores clave (personas e instituciones) y los factores habilitadores (comunicaciones, sistemas de información y tecnología). El capítulo 2 también analiza en par distintos modelos operativos y su relación con los dos desafíos de coordinación e inclusión. Por último, ilustra de punta a punta toda la cadena de implementación utilizando un ejemplo integrado hipotético. De este modo, el capítulo ilustra algunos principios fundamentales para tener presentes en relación con los sistemas de implementación de la protección social. No se brindan conclusiones prescriptivas, sino reflexiones que pueden ayudar a fomentar una filosofía acerca de los sistemas de implementación.

Los siguientes capítulos del libro de referencia están organizados en torno a la cadena de implementación, que brinda anclaje al marco de los sistemas de implementación (gráfico 1.1).

Gráfico 1.1 Organización de los capítulos del libro de referencia en torno a la cadena de implementación de la protección social.

CAPÍTULO **1** Introducción: Objetivos, enfoque y hoja de ruta

CAPÍTULO **2** Panorama del marco de los sistemas de implementación

CAPÍTULO **9** Evaluación del desempeño de los sistemas de implementación de protección social

CAPÍTULO **10** Un recorrido continuo

Fuente: Gráfico original para esta publicación

- El Capítulo 3 analiza la difusión, que es crucial, pero a menudo un punto descuidado.
- El Capítulo 4 cubre la recepción, el registro de solicitudes y la evaluación de necesidades y condiciones.
- El Capítulo 5 presenta las etapas de inscripción, que incluyen la decisión de elegibilidad, la toma de decisiones de inscripción, la elección de la combinación de beneficios y servicios por ofrecer, la notificación a los solicitantes y la incorporación de beneficiarios. Los dos capítulos siguientes se ocupan de las etapas de provisión de la cadena de implementación.
- El Capítulo 6 cubre la provisión de beneficios (pagos de la protección social [PS] del gobierno a las personas [G2P]), mientras que el capítulo 7 se ocupa de la provisión de servicios haciendo hincapié en los modelos de servicios integrados.

- El Capítulo 8 se ocupa del amplio tópico de la gestión de las operaciones de los beneficiarios, entre ellos, (1) administración de los datos de los beneficiarios (que incluye la decisión de salida); (2) monitoreo de las condicionalidades de educación y salud de los programas de transferencias monetarias condicionadas; (3) monitoreo de las condicionalidades relacionadas con el trabajo, tales como los requerimientos de búsqueda de empleo para la activación de los paquetes; (4) mecanismos de quejas y reclamos; y (5) monitoreo de errores, fraudes y corrupción.
- El Capítulo 9 reúne estos temas para cubrir la evaluación del desempeño, e incluye los indicadores de desempeño a lo largo de la cadena de implementación y la tipología de herramientas que pueden utilizarse para evaluar los sistemas de implementación.
- Por último, el Capítulo 10 anticipa la agenda futura de los sistemas de implementación.

Finalmente, el libro de referencia no tiene que ser leído en orden de principio a fin. Ciertamente, los capítulos están estrictamente organizados en torno al marco de los sistemas de implementación, y cada uno de los capítulos de la cadena de implementación alimenta al siguiente. Sin embargo, siempre y cuando los lectores comprendan el marco, tal como se presenta en el Capítulo 2, pueden optar por leer temas de interés en diversos capítulos. De hecho, este libro de referencia fue escrito, precisamente, en respuesta a los muchos pedidos de información específica que recibimos durante años sobre las preguntas de «cómo se hace…» que se presentan en estos capítulos. Esperamos que el libro proporcione una referencia útil acerca de los muchos temas que aquí se tratan.

Notas

1. En el presente libro, la protección social se define como aquellos sistemas, políticas y programas que ayudan a los individuos y a las sociedades a gestionar el riesgo y la volatilidad, y a protegerlos de la pobreza y la miseria a través de instrumentos que mejoran la resiliencia, la equidad y las oportunidades. Véase el informe *Social Protection and Labor Strategy 2012–2022* (World Bank 2012). El informe se centra en los beneficios y servicios sociales y laborales, que incluyen algunos tipos de seguros sociales (como seguros de desempleo y de discapacidad).

2. Los beneficios se definen como «algo tangible que los programas de protección social entregan a personas, familias u hogares». Si bien este libro de referencia cubre la provisión de subsidios monetarios (capítulo 6) y de servicios (capítulo 7), no profundizamos en la provisión de beneficios en especie. Las demás etapas de la cadena de implementación que se tratan en los capítulos 3, 4, 5 y 8 corresponden a los beneficios en especie, pero está más allá del propósito del presente libro de referencia tratar la efectiva provisión de estos beneficios (que, adicionalmente a la cadena de implementación, incluye también el aspecto de la compra de los bienes). Además, los beneficios alimentarios fueron ampliamente tratados recientemente en Alderman, Gentilini y Yemtsov (2018). Análogamente, si bien en este libro hacemos referencia a los programas de obra pública, no tratamos el aspecto de la compra (de los proyectos de obra); el tema ha sido tratado ampliamente en Subbarao *et al.* (2013).

3. Los servicios se definen como actos intangibles, actividades u obras proporcionadas a los beneficiarios o en las que éstos participan como una contribución a su bienestar (tales como reducir la pobreza, brindar oportunidades, mejorar la empleabilidad y reducir los riesgos sociales).

4. La amplia disponibilidad de ejemplos de asistencia social refleja los compromisos en asistencia social que asumió en muchos países la Práctica Mundial de Protección Social y Empleo del Banco Mundial, tanto en el presente como en los pasados veinte o treinta años.

5. Desde la perspectiva de los sistemas de implementación, las etapas básicas de provisión de beneficios monetarios de la seguridad social son similares a los de otros tipos de transferencias monetarias. Tal como se analiza en los capítulos 4 y 5, la seguridad social y la historia contributiva se incluyen en la evaluación de las necesidades y condiciones utilizadas para decidir la elegibilidad y para calcular los importes de los beneficios. Si bien analizamos algunos tipos de seguridad social (tales como seguro por desempleo y por discapacidad), no entramos en el tema de las pensiones de seguridad social a la vejez por dos razones: (1) Su estrecho vínculo con las prolongadas historias contributivas (la vida laboral) hace más difícil distinguir los aspectos contributivos y financieros, que están más allá del objetivo de este libro de referencia; y (2) El Banco Mundial y la Asociación Internacional de la Seguridad Social están colaborando actualmente en la elaboración de una nota orientativa y un conjunto de herramientas para gestionar los sistemas de seguridad social (que tratan tanto el financiamiento como la provisión), y no deseamos duplicar dichos esfuerzos [véase *Social Insurance Administrative Diagnostic (SIAD): Guidance Note* (Sluchynsky, 2019)]. Donde se verifican superposiciones en los temas (por ejemplo, mecanismos de quejas y reclamos, detección de errores y fraude, y difusión y comunicación), alineamos mayormente este libro sobre los sistemas de implementación con la nota orientativa del 2019.

Bibliografía

Alderman, Harold, Ugo Gentilini, and Ruslan Yemtsov, eds. 2018. *The 1.5 Billion People Question: Food, Vouchers, or Cash Transfers?* Washington, DC: World Bank.

Grosh, Margaret, Carlo del Ninno, Emil Tesliuc and Azedine Ouerghi. 2008. *For Protection and Promotion: The Design and Implementation of Effective Safety Nets.* Washington, DC: World Bank.

Leite, Phillippe, Tina George, Changqing Sun, Theresa Jones, and Kathy Lindert. 2017. "Social Registries for Social Assistance and Beyond: A Guidance Note and Assessment Tool." Social Protection and Labor Discussion Paper 1704, World Bank, Washington,

DC. http://documents.worldbank.org/curated/en /698441502095248081/Social-registries-for-social -assistance-and-beyond-a-guidance-note-and -assessment-tool.

Sluchynsky, Oleksiy. 2019. "Social Insurance Administrative Diagnostic (SIAD): Guidance Note." World Bank, Washington, DC; International Social Security Association, Geneva, Switzerland.

Subbarao, Kalanidhi, Carlo del Ninno, Colin Andrews, and Claudia Rodriguez-Alas. 2013. *Public Works as a Safety Net: Design, Evidence, and Implementation.* Directions in Development Series. Washington, DC: World Bank.

World Bank. 2012. *Resilience, Equity, and Opportunity.* Washington, DC: World Bank. https://openknowledge .worldbank.org/handle/10986/12648.

World Bank and ILO (International Labour Organization). 2016. "A Shared Mission for Universal Social Protection: Concept Note." World Bank, Washington, DC; ILO, Geneva, Switzerland.

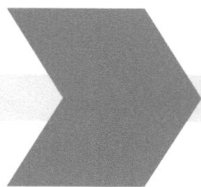

Capítulo 2

Panorama del marco de los sistemas de implementación

Kathy Lindert, Tina George Karippacheril, Kenichi Nishikawa Chávez e Inés Rodríguez Caillava

Con contribuciones de Sara Giannozzi, Surat Nsour, Vasumathi Anandan, Anita Mittal y Yasuhiko Matsuda

Este capítulo ofrece un panorama general del marco de los sistemas de implementación de protección social. El marco se desarrolló a través de experiencias directas en diversos países del mundo. Este panorama presenta principios y conceptos con algunos ejemplos breves para ilustrar puntos específicos. En los capítulos siguientes se exponen ejemplos más detallados de prácticas en países concretos y se examinan los pormenores de cada fase de la cadena de implementación.

La primera sección de este capítulo define el concepto general y los elementos básicos de los sistemas de implementación de protección social, donde se incluyen (1) las fases de la cadena de implementación; (2) los actores clave que interactúan a lo largo de esa cadena de implementación (instituciones y personas); y (3) los factores que facilitan esas interacciones: comunicaciones, sistemas de información y tecnología.

La segunda sección del capítulo se centra en dos problemas comunes que deben superar los sistemas de implementación de protección social: el de la coordinación y el de la inclusión. Los países han adaptado diferentes modelos operativos en respuesta a este doble desafío. En esta sección, y a lo largo de todo el libro, se analizan dos pares de modelos contrastados que se agrupan de esta forma: (1) Si los sistemas de implementación se aplican de forma separada para cada programa o si hay un sistema de implementación integrado (o aspectos integrados en partes de esos sistemas) con el que operan múltiples programas, lo que se enmarca dentro del aspecto de coordinación; y (2) si los modelos operativos se desarrollan desde el enfoque por demanda de las personas o dirigido por la administración. Si bien estas distinciones tienen mayor influencia sobre la recepción y el registro, también afectan los sistemas de implementación a lo largo de toda la cadena.

La tercera sección del capítulo presenta un ejemplo hipotético basado en una combinación de casos reales. El ejemplo cumple varios objetivos:

- Ilustra el marco y las fases de la cadena de implementación de los beneficios y servicios utilizando un ejemplo de asistencia por desempleo, que incluye requisitos de activación y servicios de empleo. Esta perspectiva de punta a punta es valiosa porque los capítulos siguientes profundizarán en cada etapa de la cadena de implementación.
- Demuestra cómo estos sistemas de implementación pueden servir de plataformas integradoras para coordinar programas ajenos a la protección social (como los subsidios del seguro de salud y las tarifas sociales energéticas).
- Ilustra el valor de utilizar mapeos de procesos, mapas de recorrido, indicadores de gestión del desempeño y otras herramientas de diagnóstico para evaluar la eficacia y la eficiencia de los sistemas de implementación desde la perspectiva de la administración y de los beneficiarios.
- Abarca muchos de los mensajes generales de este libro de referencia, que se exponen con más detalle en la cuarta sección de este capítulo.

2.1 CONCEPTOS Y ELEMENTOS BÁSICOS DEL MARCO DE LOS SISTEMAS DE IMPLEMENTACIÓN

Aunque se presta mucha atención al diseño de las intervenciones de protección social, este libro de referencia aborda otra cuestión clave: el «cómo». En concreto, ¿cómo distribuyen los países los beneficios y los servicios de protección social? ¿Cómo se conjugan los distintos elementos de los sistemas de implementación para poner en marcha los programas tal y como fueron concebidos? ¿Cómo logran hacerlo con eficacia y eficiencia? ¿Cómo garantizan una inclusión dinámica para que las personas accedan a ellos cuando los necesiten? ¿Cómo se aprovechan los sistemas de implementación para lograr una mejor coordinación e integración no solo dentro de la protección social, sino también en otros ámbitos? ¿Cómo responden a las necesidades de las poblaciones objetivo para ofrecer una mejor experiencia al cliente? Los sistemas de implementación de protección social abordan todas estas cuestiones fundamentales.

¿Qué son los sistemas de implementación? La respuesta corta es que los sistemas de implementación son la ejecución. La respuesta más larga: los sistemas de implementación son el entorno operativo donde se lleva a cabo la provisión de los beneficios y servicios de protección social. Ese entorno operativo incluye las fases de la cadena de implementación, los principales actores y los factores facilitadores. Otro componente importante del marco de los sistemas de implementación es el desempeño: Es esencial evaluar el desempeño de los sistemas de implementación para garantizar que contribuyan a una provisión eficaz y eficiente de los beneficios y servicios (para un análisis detallado del desempeño, véase el capítulo 9).

La cadena de implementación como ancla para el marco

Prácticamente todos los programas de protección social pasan por fases similares a lo largo de la cadena de implementación. Para desarrollar el marco de los sistemas de implementación, hemos revisado cómo se aplica un amplio espectro de programas de protección social en diversos contextos, que incluyen numerosos tipos de beneficios y servicios sociales y laborales (véase la tabla 1.1 del capítulo 1). Aunque los beneficios y los servicios parecen muy diferentes, casi todos se implementan de forma similar (gráfico 2.1). Los sistemas de implementación para todos los beneficios y servicios tienen estas características:

- Necesitan algún tipo de **difusión** para promover la sensibilización y la comprensión de la población objetivo.
- Implican alguna forma de **recepción y registro** para reunir datos sobre las características, necesidades y condiciones de las personas.

Gráfico 2.1 La cadena de implementación de la protección social

EVALUAR — INSCRIBIR — PROVEER — GESTIONAR

1. Difusión
2. Recepción y registro
3. Evaluación de las necesidades y condiciones
4. Decisiones de elegibilidad e inscripción
5. Determinación del paquete de beneficios y servicios
6. Notificación e incorporación
7. Provisión de beneficios y/o servicios
8. Corresponsabilidades, actualización y reclamos de los beneficiarios
9. Decisiones de salida, notificaciones y resultados de los casos

CICLO RECURRENTE

REEVALUACIÓN PERIÓDICA

Fuente: Gráfico original para esta publicación.

- Llevan a cabo algún tipo de **evaluación** para perfilar esas características, necesidades y condiciones.
- Utilizan esos perfiles para determinar la posible **elegibilidad**, asignar el nivel adecuado de **beneficios y servicios**, tomar **decisiones de inscripción**, y **notificar e incorporar** a los beneficiarios.
- **Proveen** una intervención a los beneficiarios inscritos, que puede implicar el **pago de beneficios monetarios** y/o la **provisión de servicios**, que a su vez, varían en función de la naturaleza del servicio específico.
- **Gestionan** los datos de los beneficiarios para garantizar que su información es exacta y está actualizada, y que se cumplen las corresponsabilidades, las quejas y las apelaciones, así como las reevaluaciones y/o las salidas de los beneficiarios del programa o programas.

Aunque estas fases son comunes entre los sistemas de implementación de protección social, la agudeza y el orden de cada fase pueden variar según las especificidades del programa. Algunas fases pueden ser más exhaustivas, según la naturaleza del programa. Por ejemplo, los servicios pueden ser objeto de un seguimiento más intensivo que los beneficios, y el seguimiento de las transferencias monetarias condicionadas puede ser más complejo que el de las transferencias monetarias no condicionadas. Algunos programas alteran el orden de sus fases, las combinan o las implementan

casi de forma simultánea. Por ejemplo, en el caso de los servicios sociales, un asistente social puede evaluar los riesgos sociales de la persona durante la entrevista de registro. Del mismo modo, para numerosos programas, la decisión de elegibilidad y la determinación del paquete adecuado de beneficios y servicios se pueden dar en un solo paso (por ejemplo, con menús de beneficios que se calculan en función de los ingresos del solicitante con respecto de los umbrales de elegibilidad). Además, los procesos específicos dentro de cada fase variarán según el tipo de programa, la naturaleza de los arreglos institucionales, y la tecnología y los sistemas de información disponibles. No obstante, incluso cuando los procesos específicos difieren, los programas de protección social comparten fases de implementación comunes.

El carácter común de estas fases a lo largo de la cadena de implementación proporciona el anclaje funcional para el marco de los sistemas de implementación. La claridad en torno a estas funciones básicas sirve de marco organizativo, y también contribuye a evitar algunos de los errores en que se suele incurrir con la terminología mal utilizada (recuadro 2.1). Por último, armonizar las funciones clave entre los programas sentaría las bases de un modelo de implementación integrado. Conocer estos aspectos comunes ayuda a evitar la fragmentación de los sistemas de implementación de protección social y a mejorar la eficacia y la eficiencia,

Recuadro 2.1 Aclaración de algunos términos comúnmente mal utilizados: La implementación y las personas a lo largo de la cadena de implementación de protección social

La comunidad de desarrollo utiliza una variedad de términos para describir a las personas y las fases de la cadena de implementación de protección social, lo que, lamentablemente, puede causar confusión. Estos son algunos ejemplos de la terminología que suele adoptar significados múltiples o confusos:

- **«Beneficiarios» frente a «registrados»:** Solemos ver que los profesionales se refieren a las personas registradas como «beneficiarios» cuando aluden a las personas inscritas en los registros sociales como «beneficiarios» o utilizan el término «identificación de beneficiarios» (como se describe a continuación). No todas las personas registradas se convertirán en beneficiarias. Este error de comunicación puede incluso crear una responsabilidad para los programas, ya que las personas registradas pueden creer que ya son beneficiarias, aun cuando en las primeras fases de la cadena de implementación no lo son y no hay garantía de que se conviertan en beneficiarias.[a]

- **«Identificación de los beneficiarios»:** A veces, los profesionales del desarrollo y los administradores de programas se refieren a las fases combinadas de recepción y registro, evaluación de las necesidades y condiciones, y decisiones de elegibilidad como la «identificación de los beneficiarios (potenciales)». Esta terminología puede ser conveniente como abreviatura, pero es importante evitar cualquier confusión en torno a la palabra «identificación» (que podría malinterpretarse como «prueba de identificación», como las identificaciones básicas o funcionales). Además, como ya se dijo, utilizar el término «beneficiarios» para referirse a las personas solicitantes o registradas puede complicar la comunicación.

- **«Focalización»:** Hay profesionales que se refieren a esas mismas fases previas como «focalización», o a los sistemas de registro social que las apoyan como «sistemas de focalización». También utilizan el término «criterios de focalización» para referirse a los criterios de elegibilidad. En general, tratamos de evitar el término «focalización» para referirnos a la implementación por varias razones: (1) no todos los beneficios y servicios de protección social son «focalizados», e incluso los programas universales pasan por fases similares a lo largo de la cadena de implementación; (2) «focalización» (del inglés *targeting* 'objetivo') puede sonar bastante fuerte para ciertas personas (como «estamos aquí para determinar si usted es un foco [u objetivo] del programa x» frente a «estamos aquí para registrarlo para su posible inclusión en el programa x»); y (3) el término «focalización» se utiliza para describir numerosos conceptos, y su uso excesivo puede resultar confuso.[b] En ocasiones, sí utilizamos los términos «grupo objetivo» (para referirnos a la población objetivo) y «mecanismos de focalización», ya que ambos son conceptos de diseño que damos por supuestos. Por último, también utilizamos los términos «precisión de la focalización» o «resultados de la focalización», ya que son conceptos de evaluación.

- **«Registro» frente a «inscripción».** También hay profesionales que intercambian los términos «registro» e «inscripción». Esto resulta confuso para algunas personas porque todos los solicitantes se registran, pero solo las personas beneficiarias quedan inscritas en un programa.

- **«Gestión de casos».** Este término es especialmente polémico, ya que tiene diferentes usos en las distintas profesiones (por ejemplo, para los trabajadores sociales, los sanitarios y los informáticos).[c] Además, algunas personas usan el término «gestión de casos» para referirse a lo que nosotros llamamos la etapa de «gestión de las operaciones de los beneficiarios» de la cadena de implementación. También hay quienes utilizan el término para referirse al trabajo social (que abarca la sensibilización, la intermediación, la derivación y el asesoramiento). Otras personas utilizan el término para referirse a un enfoque integrado de la gestión de los clientes a lo largo de toda la cadena de implementación (o de todo el «ciclo de vida

continuación

del caso», como lo llaman algunos profesionales).
Para evitar confusiones, evitamos el término y, en
su lugar, usaremos «gestión social individualizada»
cuando sea necesario.

■ **«Implementación de servicios» frente a «sistemas
de implementación»:** También se tiende a utilizar
el término «implementación de servicios» para
referirse a los sistemas de implementación. Esto
se debe al uso común del término «indicadores
de implementación de servicios» en desarrollo
humano, o de «servicios públicos» en gobernanza.
Evitamos utilizar el término «implementación
de servicios» para referirnos a los sistemas de
implementación por varias razones, entre ellas:
(1) la protección social ofrece tanto beneficios
como servicios (a modo de «productos»), no solo
servicios; y (2) el elemento «sistemas» de los
sistemas de implementación es importante, pues
reconoce la interacción simultánea de numerosas
partes móviles en este entorno operativo para
implementar la protección social.

■ **«SIG» o «Sistema de información de gestión».**
El término tiene diferentes definiciones dentro
de la comunidad empresarial, la comunidad
de desarrollo internacional y la comunidad de
TI. En el mundo empresarial, el «sistema de
información de gestión» (SIG) es una disciplina
académica o un curso de estudio que se
centra en el arte de gestionar los sistemas de
información de forma eficaz, y donde se incluyen
las personas, las organizaciones y la tecnología.
En las comunidades del desarrollo internacional
y de las organizaciones no gubernamentales,
SIG es un término general que se ha utilizado
para referirse a los sistemas que gestionan la
información en contextos sectoriales específicos.
Por ejemplo, el SIG de Recursos Humanos, el SIG
de Educación, el SIG de Salud. En el ámbito de la
protección social, los profesionales del desarrollo
suelen utilizar el término SIG para referirse a
los sistemas (o aplicaciones informáticas) que
gestionan la información para el funcionamiento
de los sistemas de registro y elegibilidad, o de
programas específicos de provisión de beneficios

y servicios (por ejemplo, transacciones de pago,
monitoreo de las condicionalidades, etc.). Por
otra parte, en el mundo de las TI, la definición
de SIG es un sistema de información que genera
informes necesarios para que la administración
planifique y monitorice procesando la información
recopilada por los sistemas de procesamiento
de transacciones y almacenada en bases de
datos. «Sistema de información de gestión»
es una expresión anticuada en el lenguaje
informático. La terminología contemporánea
para los sistemas de información que generan
informes y paneles de control incluye términos
como «inteligencia empresarial» y «analítica». En
la jerga informática contemporánea, el término
«sistema de información de gestión», tal y como
se concibió en la comunidad de desarrolladores,
se refiere a los sistemas informáticos, en
particular, a las aplicaciones de software y a los
sistemas de gestión de bases de datos. Dada la
confusión en torno al término, preferimos evitar
su uso en este libro. Siempre que sea posible,
nos referiremos a los sistemas de información,
las aplicaciones informáticas y los sistemas de
gestión de bases de datos tal y como se definen
en el lenguaje informático. Cuando se necesite
ser más específicos para identificar un sistema de
información, usaremos términos más explícitos,
como «sistema de gestión de las operaciones de
los beneficiarios» o plataforma de «registro social».

Para minimizar la confusión que se genera cuando
las personas entienden la misma palabra de forma
diferente, este libro de referencia trata de adoptar
una terminología clara y coherente. El glosario de
este libro explica el uso de ciertos términos. Para
las fases a lo largo de la cadena de implementación,
vinculamos la terminología a las funciones básicas
que se ejecutan. Al mismo tiempo, reconocemos que
puede ser necesario adaptar la terminología utilizada
aquí para su uso en entornos específicos. Por
ejemplo, en algunos países, el término «diagnóstico»
puede utilizarse en lugar de «evaluación de las
necesidades y condiciones», mientras que otros

continuación

países pueden utilizar el término para hablar de una revisión inicial (o preselección) que irá seguida de una evaluación más profunda (como las que a veces se realizan para un subconjunto de solicitantes). Otro ejemplo: Aunque el término «registros sociales» es un rótulo común para los sistemas de información que apoyan la difusión, la recepción y el registro, y la evaluación de las necesidades y condiciones, algunos

países pueden no utilizarlo en absoluto y, en su lugar, referirse a «sistemas de focalización», «sistemas automatizados de registro y elegibilidad», etc. Si bien se reconoce que los usuarios individuales pueden tener que adaptar los términos utilizados aquí, este libro se esfuerza por mantener una terminología coherente en sus páginas.

---

a. Por ejemplo, algunos profesionales utilizan el término «identificación de beneficiarios» para referirse a los procesos de difusión, recepción y registro, evaluación de las necesidades y condiciones, y elegibilidad e inscripción. Dado que no conocemos la situación de las personas antes de que presenten su solicitud, se las evalúe y se las considere elegibles, no podemos llamar «beneficiarios» a las poblaciones objetivo ni a los solicitantes. Como mínimo, esa terminología abreviada debería ser «identificación de posibles beneficiarios», pero aun así se corre el riesgo de dar a entender que las personas ya serían beneficiarias (y el término «identificación» también es confuso). En la misma línea, algunos profesionales confunden los términos «registros sociales» y «registros de beneficiarios».

b. Por ejemplo, existen mecanismos de focalización (como los geográficos, los categóricos, los socioeconómicos, etc.); grupos objetivo (poblaciones objetivo); criterios de focalización (criterios de elegibilidad); el acto de «focalizar» (como verbo) para referirse a la implementación (que tratamos de evitar, como se ha señalado anteriormente); «sistemas de focalización» para referirse a los sistemas de información (como los registros sociales) que apoyan las fases previas de difusión, recepción y registro, y evaluación de las necesidades y condiciones; y los resultados de la focalización (como la cobertura, la incidencia absoluta y relativa, y los errores de inclusión y exclusión).

c. Un ejemplo de la confusión en torno al término «gestión de casos» se ilustra en el siguiente texto: «No existe una definición estandarizada o reconocida a nivel nacional y ampliamente aceptada de la gestión de casos. Una búsqueda en Internet de la definición del término "gestión de casos" dará como resultado miles de referencias... A pesar del amplio resultado de la búsqueda, los expertos estarían de acuerdo en que no existen más de una veintena de definiciones que se consideran adecuadas. Estas definiciones están disponibles en la literatura profesional de gestión de casos revisada por pares o en los sitios web de organizaciones, sociedades y agencias de gestión de casos (o relacionadas con la gestión de casos)». https://cmbodyofknowledge.com/content/introduction-case-management-body-knowledge.

---

lo que facilita la coordinación de la administración y las sinergias al agrupar las intervenciones.

Al trazar la cadena de implementación, los resultados de cada fase aportan los elementos de entrada (o «inputs») de la siguiente. Aunque los principales capítulos de este libro de referencia se centran en cada fase individual de la cadena de implementación, es útil conocer los vínculos entre ellas. El gráfico 2.2 muestra los vínculos entre las fases, con inputs y resultados, codificados por colores para destacar su ubicación dentro de la cadena de implementación.[1]

- **Difusión (capítulo 3).** La mayoría de los programas comienzan con la difusión, que suele implicar la

comunicación y la interacción para sensibilizar, informar a las personas (la población objetivo y los grupos vulnerables) sobre los programas y animar a la población objetivo a participar y proporcionar su información para una posible inclusión. Los inputs clave de la difusión son la información sobre el programa, los mensajes centrales y las herramientas de comunicación y «búsqueda activa». Los principales resultados de la difusión serían, entonces, que las poblaciones objetivo y los grupos vulnerables estén informados y conozcan las intervenciones, y se dispongan a participar, solicitar y proporcionar información. Este resultado se convierte en un input para la siguiente fase de la cadena de implementación.

Gráfico 2.2 Inputs y resultados a lo largo de la cadena de implementación de la protección social

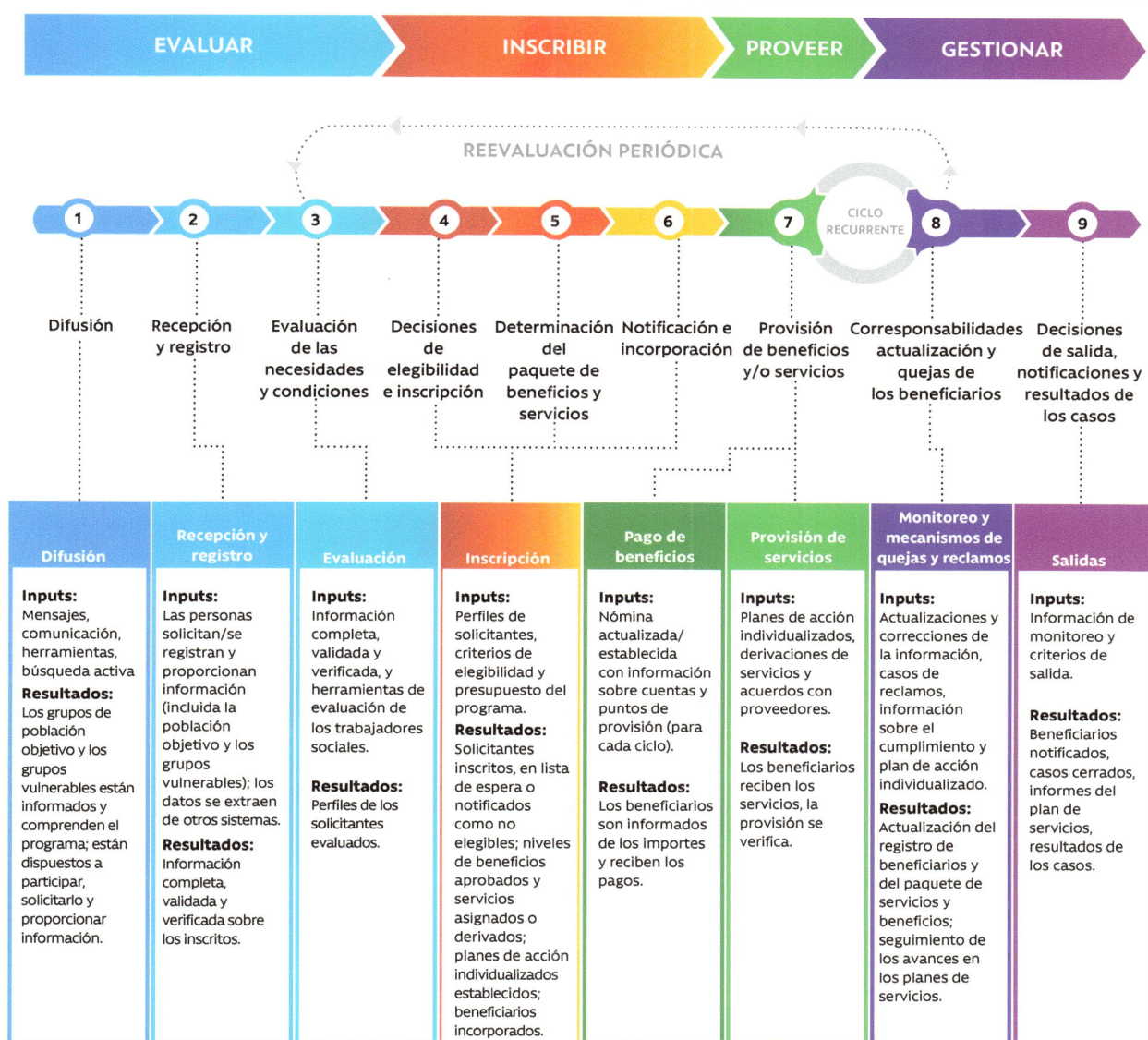

EVALUAR	INSCRIBIR	PROVEER	GESTIONAR

REEVALUACIÓN PERIÓDICA

CICLO RECURRENTE

1	2	3	4	5	6	7	8	9
Difusión	Recepción y registro	Evaluación de las necesidades y condiciones	Decisiones de elegibilidad e inscripción	Determinación del paquete de beneficios y servicios	Notificación e incorporación	Provisión de beneficios y/o servicios	Corresponsabilidades actualización y quejas de los beneficiarios	Decisiones de salida, notificaciones y resultados de los casos

Difusión	Recepción y registro	Evaluación	Inscripción	Pago de beneficios	Provisión de servicios	Monitoreo y mecanismos de quejas y reclamos	Salidas
Inputs: Mensajes, comunicación, herramientas, búsqueda activa **Resultados:** Los grupos de población objetivo y los grupos vulnerables están informados y comprenden el programa; están dispuestos a participar, solicitarlo y proporcionar información.	**Inputs:** Las personas solicitan/se registran y proporcionan información (incluida la población objetivo y los grupos vulnerables); los datos se extraen de otros sistemas. **Resultados:** Información completa, validada y verificada sobre los inscritos.	**Inputs:** Información completa, validada y verificada, y herramientas de evaluación de los trabajadores sociales. **Resultados:** Perfiles de los solicitantes evaluados.	**Inputs:** Perfiles de solicitantes, criterios de elegibilidad y presupuesto del programa. **Resultados:** Solicitantes inscritos, en lista de espera o notificados como no elegibles; niveles de beneficios aprobados y servicios asignados o derivados; planes de acción individualizados establecidos; beneficiarios incorporados.	**Inputs:** Nómina actualizada/ establecida con información sobre cuentas y puntos de provisión (para cada ciclo). **Resultados:** Los beneficiarios son informados de los importes y reciben los pagos.	**Inputs:** Planes de acción individualizados, derivaciones de servicios y acuerdos con proveedores. **Resultados:** Los beneficiarios reciben los servicios, la provisión se verifica.	**Inputs:** Actualizaciones y correcciones de la información, casos de reclamos, información sobre el cumplimiento y plan de acción individualizado. **Resultados:** Actualización del registro de beneficiarios y del paquete de servicios y beneficios; seguimiento de los avances en los planes de servicios.	**Inputs:** Información de monitoreo y criterios de salida. **Resultados:** Beneficiarios notificados, casos cerrados, informes del plan de servicios, resultados de los casos.

Fuente: Gráfico original para esta publicación.

- *Recepción y registro (capítulo 4).* El input para la recepción y el registro son la población objetivo y los grupos vulnerables a los que se llegó e informó durante la fase de difusión, y que estarían dispuestos a participar y proporcionar información. Otra fuente de inputs podría ser la información de otros sistemas administrativos. Los resultados de esta fase incluirían información completa, validada y verificada sobre las personas registradas. Estos resultados son el input para la siguiente fase de la cadena de implementación.

- *Evaluación de las necesidades y condiciones (capítulo 4).* Además de la información verificada, diversas herramientas de evaluación constituirían los inputs para la evaluación de las necesidades y condiciones. Los resultados de esta fase son los perfiles de los solicitantes evaluados.

- *Elegibilidad e inscripción (capítulo 5).* Los perfiles de las personas registradas, junto con los criterios de elegibilidad específicos del programa, son los elementos que se utilizan para determinar la elegibilidad. Las decisiones de inscripción también se informan del presupuesto disponible, así como de los protocolos para poner en lista de espera a personas elegibles cuando no hay suficientes cupos debido a la capacidad o presupuesto limitado. Los perfiles de las personas solicitantes también aportan información para la **determinación del paquete de beneficios/servicios**, de acuerdo con las normas del programa (como los menús de beneficios) y el criterio de los asistentes sociales (para asignar o derivar a los inscritos elegibles a los servicios adecuados). A los solicitantes se les **notifica** su situación (elegible o no elegible, e inscrito o en lista de espera), y los beneficiarios inscritos se **incorporan**, con una explicación sobre las normas, las actividades, las expectativas y sus derechos y responsabilidades. En esta etapa, los trabajadores sociales también analizan con los beneficiarios los planes de acción individualizados (PAI), si se utilizan. De ser necesario, se reúne información adicional durante la incorporación (como la información bancaria para los pagos). Una vez que se notifica y se incorpora a los beneficiarios, el resultado de la inscripción es la información sobre los beneficiarios específicos (o una cohorte de beneficiarios, si se procesan como grupo) que aporta al sistema de gestión de operaciones de los beneficiarios, con la información asociada sobre los beneficios y los servicios.

- **Provisión de beneficios: Pagos de gobierno a persona (G2P) (capítulo 6).** El sistema de gestión de las operaciones de los beneficiarios proporciona los datos de entrada (inputs) para la nómina de provisión de beneficios. Otros inputs son la información de la cuenta bancaria, de dinero móvil, billetera digital o las coordenadas de pago de las personas solicitantes. En el caso de los beneficiarios que ya están en el programa, las entradas adicionales a la nómina para los ciclos de implementación posteriores proceden de la fase de gestión de las operaciones de los beneficiarios, incluido cualquier ajuste en la situación de los beneficiarios o en los importes. Además, otros inputs provienen de la conciliación de los pagos del último ciclo. Los resultados de la fase de pagos serían, entonces, la liberación de los fondos y el desembolso de los beneficios a los destinatarios para el ciclo de implementación en curso. Esta fase alimentaría la etapa de gestión de las operaciones de los beneficiarios (capítulo 8) como parte del ciclo recurrente de implementación.

- **Provisión de servicios (capítulo 7).** Los principales inputs para la provisión de servicios son los datos sobre los beneficiarios, los planes de acción individualizados, las derivaciones de servicios y los acuerdos con los proveedores de servicios (si se subcontrata la provisión). La información también pueden provenir de la etapa de gestión de las operaciones de los beneficiarios del ciclo de implementación anterior, incluida cualquier actualización de los planes de acción individualizados, del paquete de servicios, de la situación de los beneficiarios u otros cambios. El principal resultado es la verificación de la provisión de los servicios. Esta fase alimentaría la etapa de gestión de las operaciones de los beneficiarios (capítulo 8) como parte del ciclo recurrente de implementación. La provisión efectiva de los servicios es la más idiosincrática de todas las fases de la cadena de implementación, ya que los «productos» que se ofrecen suelen ser bastante especializados (servicios laborales y sociales), y las modalidades de provisión varían significativamente (por ejemplo, provisión pública, provisión privada por parte de empresas contratadas o por parte de fundaciones asociadas).

Gestión de las operaciones de los beneficiarios (capítulo 8). Los principales inputs para la gestión de las operaciones de los beneficiarios son (1) la provisión verificada de beneficios (del capítulo 6) y de servicios (del capítulo 7), y (2) los resultados o datos de salida de la fase de inscripción de nuevos beneficiarios (del capítulo 5). Las actividades clave en la etapa de gestión de las operaciones de los beneficiarios incluyen la actualización y corrección de la información sobre los beneficiarios y sus paquetes de beneficios y servicios; el seguimiento de las condiciones impuestas a los beneficiarios en materia de educación, salud o actividades relacionadas con el empleo (según el programa específico); y la presentación, investigación y resolución de quejas y apelaciones. Los resultados generales de esta fase son un sistema de gestión de las operaciones de los beneficiarios actualizado (con los cambios en la información y en la situación de los beneficiarios como resultado de la reevaluación y las decisiones de salida), los cambios en los paquetes de beneficios y servicios, las decisiones sobre cualquier penalización o sanción por incumplimiento de las corresponsabilidades, y la resolución de quejas (que, en algunos casos, conducen a la adición de nuevos beneficiarios o a cambios en los paquetes de beneficios y servicios). Esta fase vuelve como input para la provisión de beneficios (capítulo 6) y de servicios (capítulo 7).

Actores principales: Personas e instituciones

Personas

Las personas son una parte fundamental de los sistemas de implementación y, en última instancia, el elemento más importante de los programas de protección social. Pero no es fácil definirlas. En términos humanos, pueden ser individuos, familias u hogares. Pueden ser jóvenes o ancianas, varones, mujeres o de otra identidad de género. Pueden ser pobres o no, tener o no empleo, o estar inactivas. Pueden tener una discapacidad o ser vulnerables a los riesgos sociales. Pueden haber sufrido crisis económicas, sanitarias o eventos catastróficos, ya sea solas o como parte de un grupo. Pueden vivir en áreas remotas, barrios urbanos marginales y superpoblados, o zonas afectadas por la precariedad, los conflictos y la violencia. O bien pueden haber migrado de otro país o región, ya sea voluntariamente o en condición de desplazadas. Como se mencionó en el capítulo 1, este libro de referencia centra su atención en grupos demográficos (como niños o personas mayores), personas pobres o con bajos ingresos (individuos, familias u hogares), trabajadores sin empleo, personas en condición de discapacidad e individuos con riesgos sociales (ver la tabla 1.1).

Dar con el término adecuado para definir a las «personas» una vez que estas forman parte del sistema de protección social es todo un desafío. Abordamos esta dificultad terminológica de tres maneras (en el glosario se ofrecen las definiciones de estos y de otros términos utilizados en el libro):

- **La primera dificultad es que la situación operativa de las personas cambia a lo largo de la cadena de implementación.** Esta transición se representa en el gráfico 2.3. En la fase de difusión, normalmente nos referimos a ellas como «población objetivo». En las fases de recepción y registro de solicitudes, y de evaluación de necesidades y condiciones, las personas son técnicamente «solicitantes» o «registradas»,

según el tipo de modelo operativo y según si se inscriben activamente en los programas, a través de un enfoque por demanda, o si lo hacen a través de una inscripción masiva, desde un enfoque dirigido por la administración. Para simplificar, en el libro de referencia usamos el término «solicitantes» para referirnos tanto a los solicitantes como a los registrados (a menos que solo se esté hablando sobre el enfoque por demanda, en cuyo caso también usamos «registrados»). Una vez que se determina la elegibilidad y las personas quedan inscritas en un programa, se convierten en «beneficiarios». (Véase el recuadro 2.1 para conocer la confusión que puede surgir si se utilizan mal los términos «registrados» y «beneficiarios»).

- **En segundo lugar, es importante distinguir entre los términos «unidad de asistencia» y «destinatario designado».** La «unidad de asistencia» puede ser una persona, una familia o un hogar, según el objetivo de la intervención. En cuanto a «destinatario designado», en algunos casos, puede tratarse de alguien que no sea el beneficiario en sí (como la madre, el padre o tutor que retira la asignación por hijo en nombre de un niño). En otros casos, incluso cuando la unidad de asistencia es la familia o el hogar, se elige un beneficiario individual del hogar como destinatario designado (la persona que retira los beneficios en nombre de la familia).

- **En tercer lugar, no existe un término técnico universal que incluya a todas estas personas: población objetivo, solicitantes, registrados, beneficiarios, individuos, familias, hogares, unidades de asistencia y destinatarios designados.** En algunos países, se refieren a estas personas como «clientes», en el sentido de que los programas buscan servirles. Otros países usan el término «consumidores», también con una connotación orientada al servicio. Sin embargo, algunos profesionales cuestionan esos términos porque pueden implicar que las personas tienen que pagar por los beneficios o servicios públicos. El término «ciudadanía», que deriva del concepto de administración pública «servicios a la ciudadanía», es igualmente peligroso, porque podría dar a entender que se necesita tener la ciudadanía o la residencia legal para recibir los beneficios o servicios. En este libro de referencia, usaremos el término «personas» en la medida de lo posible, o nos referiremos a ellas con las categorías técnicas pertinentes (población objetivo, solicitantes, registrados, beneficiarios,

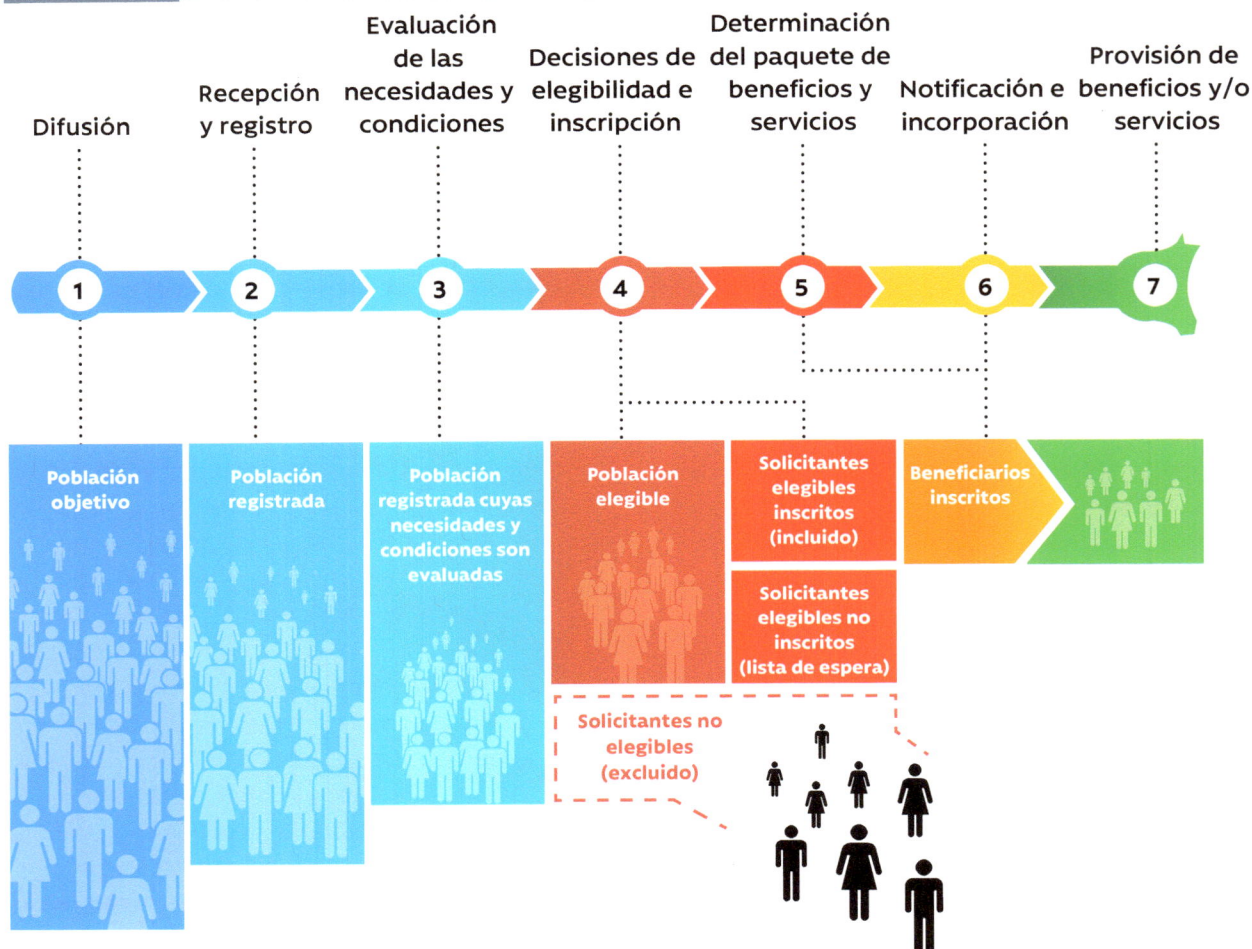

Fuente: Gráfico original para esta publicación.

individuos, familias, hogares, unidades de asistencia o destinatarios designados). En algunas circunstancias, este libro de referencia puede usar el término «cliente», por ejemplo, en «interfaz con el cliente» (dado que «interfaz de personas» podría implicar que los administradores del programa o el personal no son personas).

Instituciones: Centrales, locales y proveedores

Los programas de protección social normalmente brindan una variedad de beneficios y servicios para mejorar y gestionar el bienestar de personas y familias pobres y vulnerables. Los beneficios y servicios son brindados por diferentes instituciones, que pueden incluir agencias gubernamentales, organizaciones no gubernamentales, fundaciones o proveedores privados, como los agentes de pago. Pueden trascender sectores y niveles administrativos (centrales, subnacionales o locales), ya que, en los programas de protección social, generalmente, participan agencias y colaboradores de otros sectores.

No existe un modelo único para el conjunto de arreglos institucionales que respaldan los sistemas de implementación de protección social.[2] Por lo general, hay muchos actores involucrados, y la definición de roles y responsabilidades es específica de cada contexto. Por otro lado, los arreglos institucionales son dinámicos. El punto de partida es importante y, normalmente, ese punto de partida no es una hoja en blanco. Además, los sistemas y arreglos tienden a evolucionar, y los factores que los afectan pueden ser difíciles de controlar. La economía política determina las decisiones, al igual que la disponibilidad de recursos financieros, físicos y humanos, al menos en el corto plazo. En el largo plazo, es posible minimizar estos condicionamientos invirtiendo en capacitación e infraestructura; pero la velocidad y el alcance de esas inversiones también están condicionados por el punto de partida y las restricciones institucionales existentes.

Las características del contexto general del país, como el grado de descentralización, la capacidad de los gobiernos locales y la dinámica política local y central, condicionan y restringen las opciones óptimas, o meramente posibles, de arreglos institucionales para la provisión de beneficios y servicios. Los arreglos institucionales a gran escala están, por naturaleza, «predeterminados» desde el punto de vista de quien implementa el programa, y estos incluyen lo siguiente:

- **Estructura administrativa a nivel nacional.** El grado de autonomía del nivel subnacional tiene importantes repercusiones en el modo en que se estructuran los arreglos institucionales. Los arreglos en los estados unitarios altamente centralizados serán necesariamente diferentes de aquellos de los estados descentralizados. Incluso los países federales pueden tener arreglos muy diversos en cuanto a la división de responsabilidades para la protección social.[3] La constitución misma puede asignar responsabilidades a un nivel específico del gobierno. Mientras que, en México, el desarrollo social es responsabilidad del gobierno central, en Brasil, la reducción de la pobreza y el bienestar social constituyen una responsabilidad conjunta en diferentes niveles. Además, la descentralización política, administrativa y financiera puede avanzar a diferentes ritmos y crear tensiones y compensaciones difíciles de manejar.

- **Dinámica política central-local.** En la medida en que los gobiernos subnacionales que no dependen directamente del organismo ejecutor desempeñen un papel en la implementación, la tarea de estimular su cooperación y garantizar una coordinación eficaz durante la implementación se convertirá en un tema (y una limitación) importante.

- **Evaluación de los recursos locales para apoyar los arreglos existentes.** Además de la capacidad del gobierno central para brindar la estructura adecuada de incentivos, la calidad de la implementación descentralizada depende de las capacidades de los gobiernos subnacionales directamente responsables de proveer beneficios y servicios. Evaluar la capacidad de los recursos humanos existentes; el volumen de trabajo actual y la distribución de tareas; la proporción entre personal de campo, beneficiarios y personal de nivel central; el uso de tecnologías; etc. es fundamental para elegir los arreglos institucionales y los incentivos más adecuados para alcanzar los resultados finales de implementación. Esto debe hacerse a nivel central y local (p. ej., la interfaz con el ciudadano), y con los proveedores de servicio contratados, en el caso de que los hubiera (p. ej., agentes de pago para las transferencias monetarias). Además, debe considerarse qué elementos son «estáticos» (p. ej., dados a corto plazo) y cuáles son modificables.

Existen varios roles institucionales que influyen en los resultados de la protección social. En lo que respecta a la elaboración de políticas, las instituciones son responsables de definir las políticas de protección social, la asignación del presupuesto, la selección de programas y sus parámetros (p. ej., poblaciones objetivo, niveles de beneficios y criterios de elegibilidad). Este rol puede estar a cargo de una sola agencia o ser compartido por diferentes instituciones. El rol de la implementación, tema central de este libro, se refiere a la provisión de beneficios y servicios. En general, los actores en los sistemas de implementación incluyen a las personas responsables de supervisar y gestionar los programas y sistemas de apoyo, y a las responsables de las operaciones cotidianas del programa, como los elementos principales de la interfaz con el cliente.

El rol de elaboración de políticas involucra a aquellas personas responsables de definir las políticas y los programas de protección social. Este rol puede estar a cargo de una sola agencia o puede ser compartido por diferentes agencias. A diferencia de otros sectores, como el de la salud y el de la educación, la protección social es relativamente nueva como «sector», y los arreglos institucionales varían considerablemente. Los programas de protección social suelen ser complejos desde el punto de vista organizativo e involucran a múltiples actores, sistemas y procesos gubernamentales. En muchos países, los programas han evolucionado y crecido con el tiempo; por eso, los sistemas y programas de protección social suelen carecer de una visión estratégica general y una estructura institucional clara. Por lo general, los programas de protección social son multisectoriales y pueden estar bajo la responsabilidad de múltiples ministerios y agencias gubernamentales.

En la mayoría de los casos, los actores centrales cumplen los roles de financiar, elaborar políticas y gestionar los sistemas de implementación. Por lo general, las principales agencias centrales incluyen los ministerios de trabajo y protección social (juntos o separados), y los institutos de seguridad social, aunque los programas de protección social también pueden estar distribuidos entre muchas otras agencias centrales (y algunos pueden ser gestionados por los ministerios de salud, educación o agricultura, entre otros). Los gobiernos centrales (nacionales) suelen ser los financiadores principales de los programas de protección social por su función recaudadora de ingresos (a través de los impuestos generales para programas no contributivos o de la recaudación de cotizaciones para programas de seguridad social) y por su capacidad de redistribuir los fondos para reducir las desigualdades interregionales.[4] Las agencias centrales también suelen establecer políticas y definir los parámetros principales para los programas nacionales. Estas normalmente gestionan y supervisan la aplicación de los sistemas de implementación. Además, las agencias centrales de muchos países gestionan las plataformas de implementación, como los sistemas de información. En muchos casos, hay numerosos actores centrales involucrados, lo que puede requerir mecanismos precisos de coordinación horizontal o integración (ver el ejemplo hipotético en la siguiente sección del capítulo).

Los arreglos institucionales horizontales cumplen un papel fundamental en uno de los dos problemas principales de los sistemas de implementación de protección social: la coordinación. Una cuestión clave es en qué medida los roles y las responsabilidades se distribuyen horizontalmente entre diferentes ministerios o agencias, y necesitan arreglos específicos para cumplir con este rol de coordinación. En algunos casos, puede haber un ministerio central con la misión de establecer políticas, implementarlas y coordinarlas a nivel interinstitucional.

Este es el caso, por ejemplo, de los ministerios centrales consolidados en Brasil, Indonesia, Perú y Filipinas; pero también de ministerios más recientes que todavía están en el proceso de consolidación de su capacidad, como Guatemala. Por otra parte, es posible que la elaboración de políticas de protección social no esté a cargo de un organismo específico, sino de una agencia de planificación multisectorial nacional, como en Nepal. En este último caso, los roles de implementación y elaboración de políticas están efectivamente separados, y la supervisión a nivel del programa tiende a ser deficiente, lo que reduce el posible impacto de la política. Y existen muchos casos que se encuentran entre estos dos, donde a varios ministerios o agencias se les asignan mandatos políticos y carpetas de programas por separado (aunque, a menudo, superpuestos), a veces ayudados por organismos interinstitucionales y otras veces no.[5] Si bien es posible que un programa determinado se implemente de manera eficiente desde un solo ministerio, una coordinación horizontal deficiente debilita el impacto de diversos programas y reduce la eficiencia a nivel sistémico.

El rol de implementación alude a la función de provisión. A diferencia de la educación o la salud, normalmente asignados en su totalidad a un nivel particular del gobierno (p. ej., la educación primaria a nivel municipal, la educación secundaria a nivel provincial, los hospitales a nivel provincial o nacional únicamente, etc.), los programas de protección social más importantes tienden a ser nacionales por definición y, aun así, dependientes de los niveles subnacionales para su implementación.[6] Los arreglos institucionales establecidos para proveer beneficios y servicios al público varían según los programas,[7] al igual que los roles de los niveles locales y centrales de gobierno.

Se recurre a los gobiernos locales para funciones específicas durante la implementación, como la difusión, la recepción y el registro.[8] La ventaja de transferir la responsabilidad de implementar el programa a sectores más cercanos a las personas es que los gobiernos locales están próximos a las comunidades beneficiarias. Esto, a su vez, facilita el contacto directo con la gente y, muy probablemente, permite una mayor respuesta o sensibilidad a las necesidades y preferencias locales, que pueden ser decisivas para fortalecer la rendición de cuentas, especialmente en el caso de los programas sociales destinados a los grupos pobres o vulnerables, que sufren mayor riesgo de exclusión para acceder a los beneficios y servicios debido a los costos y a otras dificultades. Sin embargo, separar las responsabilidades de financiación e implementación entre los niveles de gobierno también implica la necesidad de pensar bien en los incentivos institucionales necesarios para garantizar que los proveedores de servicios se hagan responsables de los resultados del programa. La coordinación vertical se puede complicar debido, entre otras cosas, a la falta de claridad en las funciones y responsabilidades asignadas, al desfase entre roles y recursos, a la ausencia de información compartida, a la dificultad de los gobiernos locales para responder a los requisitos del gobierno central por falta de capacidad, y a los desacuerdos políticos.

Los países adoptan diferentes esquemas en cuanto al conjunto de arreglos institucionales verticales que apoyan la división central-local de responsabilidades en la provisión de beneficios y servicios de protección social, según su contexto institucional y administrativo. En muchos países de bajos y medianos ingresos, donde la protección social es relativamente incipiente (en comparación, por ejemplo, con la salud y la educación), las estructuras institucionales todavía están evolucionando. Una de las principales diferencias entre la provisión de beneficios monetarios y de servicios sociales o laborales son los diferentes niveles de complejidad administrativa necesarios para la implementación. Es posible implementar grandes esquemas de transferencia monetaria o de asistencia social con arreglos institucionales relativamente centralizados; pero, a medida que el sistema de protección social de un país madura y se convierte en un conjunto más complejo de intervenciones adaptadas a las diferentes necesidades de las personas pobres y vulnerables, la estructura institucional también tiende a complejizarse más, especialmente en función de su capacidad de brindar apoyo de manera presencial a la gente.[9] Es importante mencionar que estos arreglos pueden variar entre los programas de un mismo país (por ejemplo, puede haber diferentes arreglos para la seguridad social y la asistencia social) o entre programas similares de diferentes países (existen distintos arreglos para las transferencias monetarias en el mundo). El gráfico 2.4 resume algunas de las variaciones que se suelen encontrar en las

relaciones verticales para los sistemas de implementación de protección social, que incluyen las siguientes:

- **Implementación centralizada con oficinas locales desconcentradas.** Un programa puede ser completamente centralizado en el sentido constitucional, y su implementación puede estar a cargo de oficinas locales desconcentradas que dependen directamente de la agencia central. Ese tipo de arreglos es bastante común en la seguridad social, por ejemplo, donde las agencias locales de seguridad social dependen del instituto central de seguridad social. En los programas de asistencia social, algunos ejemplos de esos arreglos centralizados-desconcentrados son el programa Prospera de México (con oficinas locales desconcentradas que dependen de la agencia central de la Secretaría de Desarrollo Social [SEDESOL]) y el programa de transferencias monetarias condicionadas PKH de Indonesia (que tiene miles de facilitadores contratados por el Ministerio de Asuntos Sociales, aunque están en localidades específicas y se implementan en todo el país).

- **Implementación compartida central-local en contextos descentralizados.** En países donde las funciones más administrativas (especialmente las relacionadas con la toma de decisiones) son descentralizadas hacia los gobiernos locales (p. ej., estados federales, pero también algunos estados nominalmente unitarios con una autonomía política relativamente alta), el ministerio central puede conformar alianzas con gobiernos locales autónomos para asegurar la implementación de programas de protección social. Ese es el caso del programa Bolsa Familia de Brasil o de la Red de Asistencia Social Productiva de Tanzania, donde la financiación y la gestión general de los programas siguen siendo centralizadas, mientras que las funciones en contacto directo con las personas están a cargo de las municipalidades. Estos arreglos han sido formalizados a través de acuerdos de colaboración intergubernamental que, en algunos casos, también incluyen la participación parcial en los costos administrativos. En el caso de Brasil, por ejemplo, el gobierno federal proporciona subsidios administrativos de costos compartidos en función de los índices de desempeño para asegurar una implementación más heterogénea entre las municipalidades.

Gráfico 2.4 — Principales variaciones de los arreglos institucionales verticales para la protección social

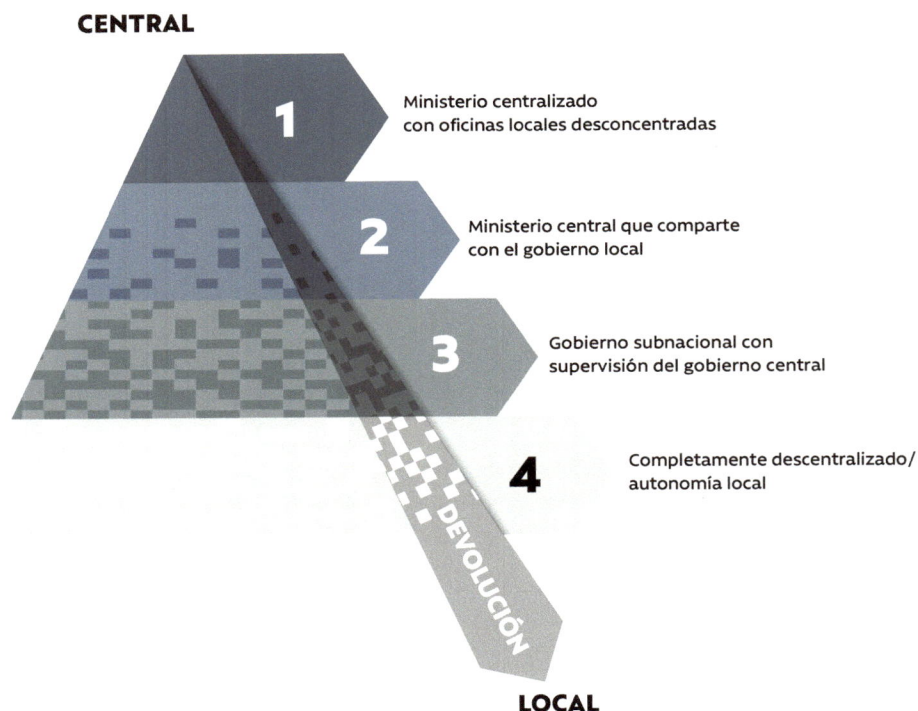

CENTRAL

1. Ministerio centralizado con oficinas locales desconcentradas
2. Ministerio central que comparte con el gobierno local
3. Gobierno subnacional con supervisión del gobierno central
4. Completamente descentralizado/ autonomía local

DEVOLUCIÓN

LOCAL

Fuente: Gráfico original para esta publicación.

Gestión e implementación subnacional con supervisión central. En algunos países, la gestión y la implementación de ciertos programas pueden estar completamente descentralizadas hacia actores subnacionales, ya sea con financiación completamente central o con cofinanciación entre el gobierno central y los gobiernos subnacionales, generalmente, a través de ayudas en bloque o compartidas. Un ejemplo es el programa de Asistencia Temporal para Familias Necesitadas (TANF, por sus siglas en inglés) en Estados Unidos, que está cofinanciado por el gobierno federal y los gobiernos estatales a través de subvenciones en bloque y es implementado por la administración de los estados y condados con supervisión limitada del gobierno federal. Otro ejemplo son las oficinas de servicios públicos de empleo que operan a nivel local en China y en India, pero cuyas regulaciones y pautas están definidas centralmente (Auer *et al.*, 2008).

Completamente descentralizado. Algunos programas operan de manera completamente descentralizada, con poca o ninguna participación del gobierno central. Este arreglo es común para los servicios sociales, que pueden ser «locales» no solo en cuanto a su gestión e implementación, sino también respecto de su financiación. Algunos ejemplos de esos programas son los servicios de cuidado infantil y de protección a la infancia, y los refugios para personas sin hogar. En algunos casos, el organismo central puede tener regulaciones y estándares de calidad establecidos centralmente (a veces con cofinanciación del gobierno central).

Además, muchos programas subcontratan algunos o todos los aspectos de la implementación a agencias asociadas, que incluyen otras agencias públicas, fundaciones, organizaciones sin fines de lucro y firmas especializadas con fines de lucro. La externalización es particularmente común en la etapa de provisión de la cadena de implementación. Por ejemplo, la provisión de beneficios, por lo general, se externaliza a agentes de pago (como los bancos). La provisión de servicios sociales y laborales también se suele externalizar. En estos casos, los gobiernos tienen relaciones contractuales con los proveedores. Estas pueden basarse en la producción (contratos que pagan por la provisión de una cantidad determinada de servicios) o en los resultados (contratos que se pagan según el resultado). Estos últimos transfieren mayor parte del riesgo al proveedor, pero también son difíciles de gestionar. En cualquiera de los casos, la externalización requiere mucha supervisión. Si bien a veces se necesita para compensar la falta de capacidad, exige una gran capacidad de gestión para establecer el contrato y para supervisarlo.

También es crucial definir los respectivos roles de varios actores a lo largo de la cadena de implementación desde una perspectiva práctica y funcional. Como se analiza más adelante, las herramientas de mapeo del proceso pueden ser útiles para gestionar quién desempeña qué tarea a lo largo de la cadena de implementación.

Los mapeos del proceso de la cadena de implementación son herramientas de gestión útiles para trazar la secuencia de los procesos entre los diferentes actores (recuadro 2.2). Identifican quién hace qué y cuándo debe hacerlo dentro de los procesos básicos que respaldan las funciones de las principales fases de implementación, lo cual ayuda a evitar confusiones. La singularidad de las asignaciones de roles es fundamental para los principios de claridad y responsabilidad.

Este tipo de herramientas ayudan a identificar tres funciones principales:

- **Funciones en contacto directo con la persona:** ¿Qué actores cumplen funciones en contacto directo con las personas? La implementación de estas funciones normalmente corresponde a los actores locales o proveedores subcontratados. Los actores subnacionales o locales suelen encontrarse en mejores condiciones que las agencias centrales para implementar funciones en contacto directo con las personas, porque conocen mejor la base de beneficiarios del programa o están en contacto con ellos. Se pueden considerar actores subnacionales las ramas administrativas estatales, regionales o provinciales. Los actores locales incluyen oficinas administrativas municipales, oficinas locales de la agencia central, oficinas locales especializadas y equipos móviles. En algunos casos, para las funciones de contacto directo con las personas, se subcontratan proveedores especializados, como fundaciones u organizaciones no gubernamentales, contratistas privados,

agentes de pago, proveedores de servicios específicos (p. ej., institutos de capacitación, proveedores de cuidado infantil, refugios u otros servicios de protección) y otros actores. La red para la interfaz con el cliente puede adoptar varios formatos. Esta interfaz se describe en detalle más adelante.

- **Funciones de toma de decisiones.** ¿Qué actores toman decisiones operativas a lo largo de la cadena de implementación (por ejemplo, sobre elegibilidad, inscripción, paquetes de beneficios o servicios, sanciones y salidas)? En muchos programas, la responsabilidad de estas decisiones permanece centralizada. Las ventajas de la toma de decisiones centralizada son que las personas en circunstancias similares reciben el mismo tratamiento en todo el país; se reducen las presiones políticas y de la gente sobre los actores locales, y la libertad local para tomar decisiones es limitada. En otros programas, esas decisiones son descentralizadas hacia actores locales (municipalidades, consejos locales, comunidades o, incluso, trabajadores sociales o facilitadores). Esto puede tener la ventaja de considerar las realidades locales para las decisiones, pero la desventaja de que, al haber libertad local, también es posible que las decisiones sean sesgadas.

- **Gestión de los sistemas operativos.** ¿Quién gestiona las plataformas de apoyo para la implementación, como los sistemas informáticos? En muchos casos, estos sistemas se gestionan de forma centralizada (incluso si los datos se almacenan virtualmente). Entre estos sistemas, se encuentran el Sistema Integrado de Asistencia Social de Turquía, el Registro Social de Hogares y el Sistema Integrado de Información de Chile, y los registros sociales de Filipinas y Pakistán. En otros casos, no hay sistemas nacionales; por ejemplo, no existe un sistema nacional para gestionar la asistencia social en Estados Unidos; cada estado es responsable de diseñar, construir (o conseguir) y mantener su propio sistema. En algunos casos, estos sistemas se subcontratan a agentes operativos, como el Cadastro Único (registro social) de Brasil, que se gestiona a través del ministerio social, pero lo opera un banco federal nacional (que también administra el sistema de pago del programa). Otro ejemplo es Centrelink de Australia, agente administrador y sistema operativo para todos los beneficios de protección social.

Recuadro 2.2 Mapeo del proceso de la cadena de implementación de protección social (Diagramas de carriles): Concepción de la organización como sistema

Los mapeos del proceso de la cadena de implementación son herramientas de gestión útiles para trazar la secuencia de los procesos entre los diferentes actores. Se basan en los principios de los diagramas de carriles: herramientas comunes de gestión que distinguen visualmente los roles y responsabilidades para los procesos empresariales. A cada actor se le asigna un carril y, luego, los procesos principales de implementación se correlacionan en secuencias mediante esos carriles. El término «carriles» simboliza la idea de que «cada actor se mantiene en su propia senda» sin cruzarse a otro carril para evitar «colisiones» o confusiones de roles.

Este mapeo ayuda a evaluar la solidez de la cadena de implementación identificando «quién hace qué» y «cuándo» en los procesos básicos que respaldan las funciones de las principales fases de implementación. La singularidad de las asignaciones de roles es fundamental para los principios de claridad y responsabilidad. Los mapeos del proceso de la cadena de implementación pueden trazarse de punta a punta para toda la cadena o para los procesos de las fases de implementación específicas dentro de esa cadena (por ejemplo, trazar un diagrama del proceso para la fase de pagos, sin el resto de las fases). Estas herramientas facilitan la eficiencia, la transparencia y la eficacia de los programas sociales y de los sistemas de implementación.

Idealmente, el mapeo de procesos debe llevarse a cabo de manera participativa con la intervención de los actores principales. Así, cada actor comprende su propio rol y cómo este encaja en el sistema mayor, y puede identificar posibles mejoras y reformas. Además, el enfoque participativo ayuda a generar confianza, consenso, pertenencia y comprensión de los procesos básicos a lo largo de la cadena de implementación. Pueden usarse paquetes comunes de software de oficina para trazar y visualizar estos mapas del proceso de la cadena de implementación (también pueden trazarse de manera inicial y participativa en rotafolios). Los pasos básicos para el mapeo del proceso de la cadena de implementación son los siguientes:

- Identificar a los actores: agencias centrales, otras agencias o proveedores, actores locales y beneficiarios.
- Discutir los roles y las responsabilidades de cada actor a lo largo de la cadena de implementación.
- Asignar un carril para cada actor (normalmente usamos carriles horizontales, con los actores centrales en el carril superior, seguidos de otras agencias o proveedores, luego los niveles subnacionales y locales y, finalmente, las personas).
- Identificar los pasos para llevar adelante las fases de implementación a lo largo de la cadena.
- Mapear los pasos en secuencias a lo largo de los carriles para cada actor.
- Revisar los procesos para evaluar su eficiencia y eficacia. ¿Son necesarios todos los pasos? ¿Cuáles son los pasos con «valor añadido»? ¿Puede eliminarse algún paso que no tenga valor añadido para descartar trámites innecesarios? ¿Puede automatizarse algún paso con sistemas informáticos?

El mapeo del proceso de la cadena de implementación es una parte esencial en el desarrollo y el análisis de la implementación de los programas de protección social. Las herramientas de carriles para el mapeo del proceso de la cadena de implementación reemplazan los diagramas de espagueti que solemos ver en los manuales de operaciones de programas: esos con varios actores, con muchas líneas onduladas y con punto de partida, secuencia o final poco claros. Los mapeos del proceso de la cadena de implementación también ayudan a anclar e identificar los procesos y las funciones que pueden automatizarse mediante sistemas operativos e informáticos.

En este capítulo se presentan ejemplos de mapeos del proceso de la cadena de implementación para dos situaciones hipotéticas. En otras partes de este libro de referencia, hay muchos más ejemplos del mundo real.

Fuentes: Rummler y Brache, 1990; Hammer y Champy, 2003; Karippacheril y Lindert, 2016, 2017, 2018; Karippacheril, Nishikawa Chávez y Rodríguez Caillava, 2019.

Interfaz con el cliente: La interacción entre las personas y las instituciones

Las personas y las instituciones interactúan a lo largo de la cadena de implementación. Desde el punto de vista institucional, los agentes locales o los proveedores subcontratados suelen ser los responsables de la implementación en contacto directo con las personas. Las fases clave son la difusión, la recepción y el registro, la notificación y la incorporación, el pago, la provisión de servicios y algunos aspectos de la gestión de las operaciones de los beneficiarios. Por la parte del destinatario, las personas deben ser capaces de (1) conocer un programa y sus procesos, y saber con quién ponerse en contacto; (2) entender cómo y dónde registrarse, y recorrer los procesos para hacerlo; (3) entender y ser informadas de las decisiones relativas a su estado de elegibilidad, inscripción y el paquete de beneficios o servicios (si están inscritas); (4) participar en las actividades de incorporación (si están inscritas); (5) interactuar con los proveedores de pagos o servicios, y recibir puntualmente los beneficios y los servicios de calidad; y (6) actualizar sus datos, recibir información sobre cualquier cambio en su situación (incluido el incumplimiento de las corresponsabilidades) y presentar quejas.

Existen diversas modalidades o «puntos de contacto» para la interfaz con el cliente. Muchas interacciones se dan en persona con trabajadores de primera línea, como asistentes sociales, funcionarios de empleo, trabajadores sociales, promotores o facilitadores, agentes de extensión y trabajadores sanitarios de la comunidad. El lugar de la interacción puede ser el domicilio de las personas (mediante visitas a domicilio por parte de equipos móviles), sitios comunitarios, oficinas locales, centros de servicio, servicios públicos de empleo o puntos de servicio específicos (incluidos los proveedores de pago). Las interacciones también pueden llevarse a cabo digitalmente, a través de dispositivos móviles, tabletas, computadoras portátiles, computadoras personales, cajeros automáticos, terminales de autoservicio en espacios públicos, chatbots, etc.

La red para la interfaz con el cliente puede ser un eslabón débil en los sistemas de implementación, lo que representa una importante limitación para la inclusión. Una red adecuada para la interacción con la ciudadanía es crucial para el sistema de implementación, y

una red eficiente es lo ideal. Sin embargo, muchos países y programas descuidan lo que se suele denominar la «última milla» de los sistemas de implementación. De hecho, dada la posición centrada en las personas para la eficacia y eficiencia de los programas de protección social, este libro de referencia considera que estas son la «primera milla» del sistema. Un enfoque inadecuado en esa primera milla obstaculiza la capacidad de los programas de protección social para ampliar su escala, lograr un alcance nacional, responder a las crisis y avanzar hacia una inclusión dinámica, para que cualquier persona pueda solicitar beneficios y servicios en cualquier momento.

En numerosos países, la red de interfaz con el cliente es incompleta: Las oficinas solo funcionan en unos pocos distritos, y la difusión en zonas remotas es escasa o nula; la cantidad, la formación o las competencias de los agentes de primera línea son insuficientes para sus tareas; o los equipos móviles solo visitan las comunidades locales cada cierto tiempo. Los programas que dependen de equipos móviles pueden carecer de una presencia local permanente. O pueden dudar en asociarse con gobiernos locales autónomos debido a limitaciones institucionales, falta de capacidad o desconfianza. La tecnología ha ayudado en ocasiones a paliar estas carencias con alternativas digitales o móviles para algunos procesos, pero muchas veces la limitación sigue siendo enorme.

Incluso con una amplia red para la interfaz con el cliente, las interacciones en la «primera milla» pueden ser excesivamente burocráticas. Por lo general, se presta poca atención a las experiencias reales de las personas al navegar por la red. A pesar de sus buenas intenciones, la mayoría de las agencias sociales adoptan y visualizan los procesos y sistemas desde el punto de vista de la administración. Se centran en los procesos organizativos y los requisitos institucionales y hacen suposiciones generales sobre sus destinatarios. En consecuencia, la gente suele sentirse frustrada al relacionarse con los servicios del gobierno. Sienten que la interfaz con el cliente es burocrática y difícil de recorrer, distante o inexistente, o tan fragmentada que deben solicitar varios beneficios y servicios en múltiples lugares, esperar en filas una y otra vez, e incurrir en los gastos de hacer numerosas visitas para buscar ayuda. Esto se traduce en un exceso de tiempo, gastos y visitas, un indicador de la cantidad de tiempo que las personas dedican al proceso, el dinero que gastan para participar (como los gastos de transporte, los gastos de cuidado infantil, las faltas al trabajo y los honorarios notariales) y el número de visitas que deben hacer a la oficina local o a otros organismos. También da lugar a varios puntos problemáticos a lo largo del recorrido de las personas por el sistema (tal como se explica en la sección 2.3 más adelante).

Ya sea en persona o digitalmente, las interacciones con el público pueden mejorarse con técnicas de diseño centrado en las personas. Este diseño consiste en el proceso de comprender y satisfacer continuamente las necesidades de la gente. Existen varias herramientas de diseño centrado en las personas que ayudan a evaluar la calidad de las interacciones (o «experiencias de los usuarios») en los sistemas de protección social, incluidas las hojas de ruta, que tratan de representar las experiencias de los destinatarios a lo largo de la cadena de implementación (véase el recuadro 2.3 y la sección 2.3 más adelante).

El diseño centrado en las personas es especialmente importante para incluir a grupos vulnerables específicos. A menudo, los organismos sociales diseñan las intervenciones pensando en un solicitante o

---

Recuadro 2.3 Hojas de ruta: La experiencia de los beneficiarios con los sistemas de protección social

Las hojas de ruta son una representación compacta de la experiencia del beneficiario de punta a punta. En este sentido, representan las experiencias, las expectativas, los comportamientos y los sentimientos de las personas (momentos positivos, negativos y puntos críticos) a lo largo de este recorrido. Un aspecto clave de la hoja de ruta es la empatía con la propia experiencia y perspectiva del beneficiario, que puede ser muy distinta de la perspectiva del proceso administrativo.

Las hojas de ruta pueden elaborarse acompañando a las personas mientras intentan acceder a los beneficios y servicios de protección social o escuchando el relato de sus experiencias. No tienen por qué ser ejercicios complejos e interminables: Incluso una rápida descripción de las experiencias de las personas desde el principio hasta el final puede ser esclarecedora. Los componentes básicos de las hojas de ruta son los siguientes:

- **«Actividad»:** Representación de las principales actividades, pasos y acciones que lleva a cabo la persona durante las distintas fases, y comprensión de los diferentes puntos de contacto o modalidades a través de los cuales interactúan con el sistema (en persona, en línea, por teléfono, etc.)
- **«TGV»:** Llevar un control de su tiempo, gastos y visitas: (1) cuánto tiempo lleva cada paso (en minutos u horas para cada actividad, más el total de días naturales transcurridos desde el «acontecimiento desencadenante»); (2) la cantidad de dinero o gastos privados necesarios para que la persona lleve a cabo las actividades (billetes de autobús, honorarios notariales, faltas al trabajo, gastos de cuidado infantil, etc.); y (3) el número de visitas a la oficina local u otro punto de servicio, más otros viajes (como a otras agencias o antiguos empleadores para reunir documentos).
- **«Sentimientos»:** Comprender los sentimientos que experimenta la persona durante este recorrido, en las interacciones con los procesos y en los sentimientos y presiones contextuales que pueden estar experimentando debido a su situación y a cualquier retraso (como la preocupación ante la falta de pago de la nómina, el pago de deudas, etc.).

La hoja de ruta también puede evaluar hasta qué punto las métricas de desempeño y las normas de calidad cumplen las expectativas del beneficiario. Por ejemplo, las normas de calidad pueden indicar que una entrevista debe tener lugar dentro de un plazo de 7 a 10 días hábiles desde que la persona presenta una solicitud de provisión, y que una provisión debe pagarse dentro de un plazo de 7 a 10 días hábiles desde que se presenta el pedido. Estas pueden ser normas de calidad perfectamente razonables desde el

continuación

punto de vista de la administración. Sin embargo, no tienen en cuenta las acciones adicionales necesarias para que la persona prepare el paquete de solicitud de beneficios, y el intervalo de días naturales desde su propio acontecimiento desencadenante (como la pérdida del empleo), que es una «bomba de tiempo» para la persona que tiene que pagar deudas y llegar a fin de mes.

Junto con los mapeos de procesos de la cadena de implementación, las hojas de ruta ponen de manifiesto los cuellos de botella reales en los procesos, las ineficiencias, los pasos innecesarios o sin valor añadido, los retrasos (y sus causas

fundamentales), las tensiones entre las expectativas y las realidades, etc. Incluso pueden revelar procesos burocráticos innecesarios que resultan ineficaces no solo para los beneficiarios, sino también para los asistentes sociales y para el sistema en general, como procesos duplicados, documentos que se espera que los beneficiarios proporcionen porque forman parte de la «rutina habitual», aun cuando ya no son necesarios, etc. Las hojas de ruta pueden ser un aporte vital para el «rediseño de los procesos de gestión» y, por supuesto, para la mejora de los servicios a los beneficiarios.

Fuentes: US Digital Services, 2014; IDEO 2015; Solomon, 2017; Karippacheril, 2018.

---

beneficiario medio. No obstante, la población a la que se dirigen la mayoría de los programas puede ser muy diversa: personas que viven en áreas remotas o en zonas de fragilidad, conflicto y violencia; personas en condición de discapacidad; personas de diferentes culturas e idiomas; mujeres; niños y jóvenes; trabajadores informales; personas sin hogar y sin domicilio fijo; y personas migrantes y desplazadas a la fuerza. Es posible que necesiten adaptaciones o ajustes particulares para asegurar su atención. Los enfoques de diseño centrado en las personas contribuyen a garantizar que las intervenciones se adapten a sus necesidades y limitaciones específicas mediante el desarrollo de personas modelo y la puesta a prueba de las intervenciones y los procesos con estos diversos grupos.

Factores facilitadores: Comunicación, sistemas de información y tecnología

La interacción entre las personas y las instituciones se ve facilitada por factores de apoyo, como la comunicación, los sistemas de información y la tecnología. Estos son los otros elementos centrales del marco de los sistemas de implementación. En cierta medida, los sistemas de comunicación e información contribuyen

a facilitar los procesos y el flujo de información entre estos actores. Ambos pueden recibir el apoyo de la tecnología, según las tecnologías disponibles.

Comunicación

Una comunicación estratégica y operativa es fundamental para la eficacia y la eficiencia de las políticas, los programas y los sistemas de implementación de protección social. Una comunicación estratégica ayuda a generar sensibilización, comprensión, apoyo y sentido de pertenencia entre las principales partes interesadas. La comunicación operativa facilita los procesos de implementación y las interacciones entre los actores principales. Al hacerlo, facilita la transparencia, la confianza y la responsabilidad. Existen importantes riesgos de una comunicación deficiente. En el caso de las políticas y los programas, la desinformación puede dar lugar a una espiral negativa de percepciones, a la falta de credibilidad y al fracaso o al retroceso de las reformas. En el caso de los sistemas de implementación, la información errónea puede causar caos y confusión entre los actores, impedir la implementación, desperdiciar recursos, generar ineficiencias y errores, y reducir la eficacia de las intervenciones.

Los sistemas de protección social deben comunicarse con muchas partes interesadas. Evaluar la comunicación ayuda a identificar y cartografiar a las principales partes interesadas en los programas y sistemas de protección social. Las partes interesadas obvias son los actores principales que participan en los sistemas de implementación, como los destinatarios (poblaciones objetivo, solicitantes y beneficiarios) y los actores institucionales principales. Otras partes interesadas pueden ser otros organismos asociados (como los donantes), responsables políticos, líderes de opinión, medios de comunicación y el público en general. Un plan de comunicación debe aclarar los elementos estratégicos y operativos de las comunicaciones con cada parte interesada. Los elementos estratégicos incluyen los objetivos de la comunicación, el comportamiento deseado del receptor, los mensajes y la información (contenido), así como las actividades de comunicación, los riesgos y los resultados esperados. Los elementos operativos incluyen las herramientas de comunicación específicas, los canales, el calendario y las necesidades de recursos, así como la designación de los responsables de las comunicaciones. Las actividades, los canales y las herramientas de comunicación tienen en cuenta al público objetivo (partes interesadas). En el caso de los destinatarios, esto puede implicar la adaptación al idioma preferido o la oferta de comunicaciones en diversas lenguas, la superación de posibles barreras de acceso (como las discapacidades) y la consideración de los niveles de alfabetización, las preferencias de medios de comunicación, la ubicación y otros inconvenientes.

Desde el punto de vista operativo, la comunicación facilita todos los procesos e interacciones a lo largo de la cadena de implementación. Es el «lubricante» que garantiza que los actores comprendan todos los procesos. En cada fase de la cadena de implementación, es importante identificar a las principales partes interesadas, así como los elementos estratégicos y operativos.

La comunicación es intrínseca a la difusión. El público principal de la difusión es la población objetivo y los grupos vulnerables. Un elemento clave de una buena difusión es que llegue a la gente en lugares cercanos a su entorno, de forma que lo comprendan. El capítulo 3 detalla los enfoques de difusión, incluidas las adaptaciones especiales para grupos específicos que pueden enfrentarse a barreras de acceso, como adultos mayores, personas en condición de discapacidad, minorías

lingüísticas y culturales, y otros grupos marginados. También se analizan las dificultades específicas de aplicar la difusión en las zonas de fragilidad, conflicto y violencia. Los mensajes clave en esta fase se centran en informar a la gente sobre los programas de protección social y los procesos de implementación. La difusión explica la intervención (objetivos, población objetivo, normas del programa, criterios de elegibilidad, alcance y contenido), así como aspectos operativos, como los procesos, los procedimientos, los puntos de contacto, el momento y el lugar de registro, y los derechos y responsabilidades de los solicitantes y los beneficiarios. El objetivo de esta comunicación es animar a la población objetivo a comprometerse, solicitar y proporcionar su información como inputs de la fase de recepción y registro. Los principales riesgos de las brechas comunicacionales en esta fase son de no alcanzar a la población objetivo, no lograr que conozcan la existencia de los programas o que no comprendan los programas o cómo registrarse.

Las herramientas de comunicación también facilitan la recepción, el registro y la evaluación de las necesidades y condiciones. La comunicación bidireccional es necesaria en la interfaz con el cliente para (1) notificar a las personas sobre los procedimientos de recepción y registro, los lugares y los puntos de contacto; (2) apoyar la programación de citas, registros o reuniones comunitarias; (3) realizar las entrevistas (posiblemente con listas de comprobación, cuestionarios y herramientas asistidas por tecnología); (4) recopilar información y documentación precisas; (5) responder a las consultas; y (6) facilitar las correcciones o actualizaciones necesarias. Los riesgos de la falta de comunicación en estas fases son numerosos: que la gente no sepa dónde acudir, cómo y dónde registrarse, o qué documentos e información proporcionar. Esta confusión contribuye a la ineficacia del proceso y a la inexactitud de la información. También puede generar obstáculos burocráticos que disuadan a la población objetivo de registrarse, con el resultado de un bajo índice de aceptación entre las personas que probablemente serían elegibles para los programas de protección social (véase el capítulo 4).

En la etapa de inscripción, la comunicación es crucial para la notificación y la incorporación. Se debe notificar a todos los solicitantes si son elegibles o no, y si están inscritos o en lista de espera. Las notificaciones deben explicar claramente la base de tales decisiones, así como los siguientes pasos de la persona inscrita o solicitante. Para los beneficiarios inscritos, las notificaciones y la incorporación aclararían el paquete de beneficios y servicios, las expectativas de derechos y responsabilidades, los puntos de contacto, la documentación adicional necesaria, el calendario y el lugar de las actividades posteriores, etc. En el caso de las personas en lista de espera o consideradas no elegibles, las notificaciones detallarán los fundamentos de tales decisiones y darán instrucciones claras para presentar quejas o apelaciones. Los riesgos que supone la falta de comunicación en esta fase abarcan la no entrega de notificaciones (lo que provoca retrasos o que los solicitantes elegibles no sepan si están inscritos), malentendidos sobre los paquetes de beneficios y servicios (como cuando los cálculos de los beneficios son complejos), retrasos e ineficiencias en la incorporación, y un exceso de quejas y apelaciones que pueden saturar el sistema. El ejemplo hipotético de este capítulo ilustra algunos de estos problemas (véase el capítulo 5).

En el caso de los pagos, las comunicaciones implican a los beneficiarios, al agente de pagos y a las instituciones administradoras. Las comunicaciones suelen incluir notificaciones y alertas de pago y calendarios de pago. Los beneficiarios tienen que conocer el importe de sus beneficios, el calendario y la frecuencia de los pagos, cuándo y dónde cobrar, cómo retirar el dinero (incluidas posibles claves o PIN), qué documentos deben presentar para retirarlo, a quién dirigirse si tienen preguntas o quejas, y otra información. Los agentes de pago y las instituciones administradoras también necesitan saber si los pagos se retrasan o no llegan, y si el importe es erróneo, o el pago no se desembolsa, y la gente tiene que poder comunicar estos hechos e inquietudes. Los riesgos de una mala comunicación en esta fase son serios: retrasos o pagos no realizados, pagos no solicitados, pagos realizados a personas equivocadas, ineficiencias en el proceso de pago, como largas colas o múltiples visitas, y el consiguiente número elevado de quejas y reclamos (véase el capítulo 6).

En la provisión de servicios pueden intervenir múltiples partes interesadas, como beneficiarios, trabajadores sociales y proveedores de servicios. Los beneficiarios deben saber quiénes son los proveedores de servicios, cuándo y dónde participar, etc. Un plan de acción individualizado definido durante la incorporación

puede servir para establecer parámetros y guiar las comunicaciones durante la provisión de servicios. También es fundamental comunicar las normas de calidad (véase el capítulo 7).

La comunicación también es esencial para los numerosos actores y actividades que forman parte de la gestión de las operaciones de los beneficiarios. En la gestión de los datos de los beneficiarios, las principales partes interesadas son los propios beneficiarios y los agentes institucionales locales y centrales. Los mensajes clave para la gestión de los datos de los beneficiarios incluyen alertas sobre errores, brechas o incoherencias en la información, notificaciones sobre la necesidad de que los beneficiarios actualicen su información o sean reevaluados, y notificaciones sobre plazos y salidas de los programas. A la hora de supervisar el cumplimiento de las corresponsabilidades (como requisitos relacionados con la educación, la salud o el trabajo), los beneficiarios deben saber primero lo que se espera de ellos, y el sistema debe alertarlos si se detecta un incumplimiento, emitir advertencias o imponer sanciones. Las comunicaciones desempeñan un papel instrumental en los mecanismos de quejas y reclamos. Estos involucran a los beneficiarios y a las personas que apelan su condición de no beneficiarias. Las personas deben saber dónde y cómo presentar quejas, apelaciones y reclamos, y es necesario mantenerlas al tanto del estado de sus reclamos e informarles la resolución y los pasos posteriores (véase el capítulo 8).

Para la comunicación en los sistemas de implementación se utiliza una amplia gama de tecnologías. La comunicación entre las instituciones y las personas puede darse a través de la interacción directa (en persona), la transmisión boca en boca, el teléfono, el correo electrónico, los textos SMS, otros canales móviles y los chatbots, entre otras vías. Las herramientas de comunicación indirecta incluyen los medios de comunicación masivos, como la radio, la televisión, los sitios web, las redes sociales y los medios impresos. Como se comenta en el capítulo 3, es importante adaptar las herramientas de comunicación a las partes interesadas. Por ejemplo, las personas más jóvenes pueden ser más proclives a utilizar las redes sociales que las personas mayores, a las que se puede llegar mejor a través de medios impresos, mientras que a las poblaciones aisladas se puede llegar a través de las comunicaciones móviles, la programación radiofónica o la televisión. También puede ser necesario adaptar las comunicaciones a las diferencias lingüísticas, a la discapacidad o a otras barreras de acceso.

A pesar de los riesgos de una mala o nula comunicación, los programas de protección social no suelen prestar suficiente atención a este aspecto, que requiere planificación estratégica, presupuesto y recursos humanos. Al contrario, los programas suelen delegar las funciones de comunicación en personal no especializado, dar por sentado que los trabajadores sociales de primera línea se encargan de la comunicación con las personas o tratar la comunicación como una actividad puntual llevada a cabo por consultores u organizaciones no gubernamentales. Los programas con estrategias de comunicación exitosas cuentan con diagnósticos de comunicación, planes, actualizaciones y seguimientos periódicos. También se apoyan en recursos o partidas presupuestarias destinadas a la comunicación y en equipos con el personal adecuado. Un ejemplo de estrategia de comunicación exitosa es la transferencia monetaria condicionada y el registro social del programa 4P (Programa *Pantawid Pamilyang Pilipino*) del Departamento de Bienestar Social y Desarrollo de Filipinas. Otro ejemplo son las comunicaciones del Programa Bolsa Familia y el Cadastro Único de Brasil. Ambos países cuentan con personal y presupuestos dedicados a la comunicación, así como con estrategias y actividades proactivas de difusión y comunicación.

Sistemas y tecnologías de la información

Los sistemas y tecnologías de la información sirven de puente entre las personas y las instituciones a lo largo de toda la cadena de implementación. Ayudan a transformar las operaciones y la administración de los programas de protección social y permiten el flujo de información y la automatización de algunos procesos. Los sistemas de protección social pueden estar diseñados para apoyar un programa (una intervención específica) o múltiples programas. Como se comenta más adelante, los países recurren cada vez más a sistemas de implementación de servicios integrados para asistir múltiples programas en lugar de seguir creando sistemas de información separados e inconexos para cada programa. Estos sistemas pueden diseñarse utilizando un enfoque de arquitectura de servicios modulares, que

apoyan funciones diferenciadas. Consulte en el glosario las definiciones de la terminología de los sistemas de información utilizada en el libro de referencia.

Los sistemas integrados de información social incluyen los registros sociales y los sistemas de gestión de las operaciones de los beneficiarios, o los llamados sistemas de información de gestión (SIG), entre otros módulos. Los registros sociales apoyan el proceso de recepción y registro de información sobre las personas y permiten el procesamiento de la información para evaluar sus necesidades y condiciones. Los sistemas de gestión de las operaciones de los beneficiarios automatizan el procesamiento de la información para la toma de decisiones sobre la elegibilidad y la inscripción, las decisiones sobre el paquete de beneficios y servicios, la provisión de beneficios y servicios, la gestión de las operaciones de los beneficiarios (incluida la gestión de los datos de los beneficiarios, la supervisión del cumplimiento de las corresponsabilidades, los reclamos y las decisiones de salida del programa, como se explica en el capítulo 8). Los datos de los registros sociales y de los sistemas de gestión de las operaciones de los beneficiarios pueden integrarse o hacerse interoperables para formar una plataforma de datos integrada.[10] En el gráfico 2.5 se muestra una visión general de estos elementos básicos, con un código de colores que corresponde a las fases de la cadena de implementación, así como las oportunidades para que los sistemas integrados de información social se vinculen con los sistemas de todo el gobierno y contribuyan a ellos.

El método para crear sistemas de información social integrados incorpora una orientación hacia los procesos empresariales y un enfoque de arquitectura de sistemas. **No siempre se adopta un enfoque sistémico orientado al proceso.** En varios países, los sistemas de información para la gestión y administración de los programas sociales suelen tener un alcance limitado o ser inexistentes. En estos países, las intervenciones se limitan a desarrollar meras bases de datos y a gestionar los datos en forma de listas (registros de clasificación socioeconómica, registros de beneficiarios, registros de pagos, etc.), en lugar de construir sistemas de información completos y automatizados que apoyen las operaciones diarias y la administración de los programas sociales. Las aplicaciones informáticas asociadas se limitan a interfaces visuales para solicitar programas y proporcionar informes básicos. Las aplicaciones

| **Gráfico 2.5** | Sistemas integrados de información social para apoyar la implementación de programas sociales: Panorama de los elementos básicos y los vínculos con los sistemas gubernamentales |

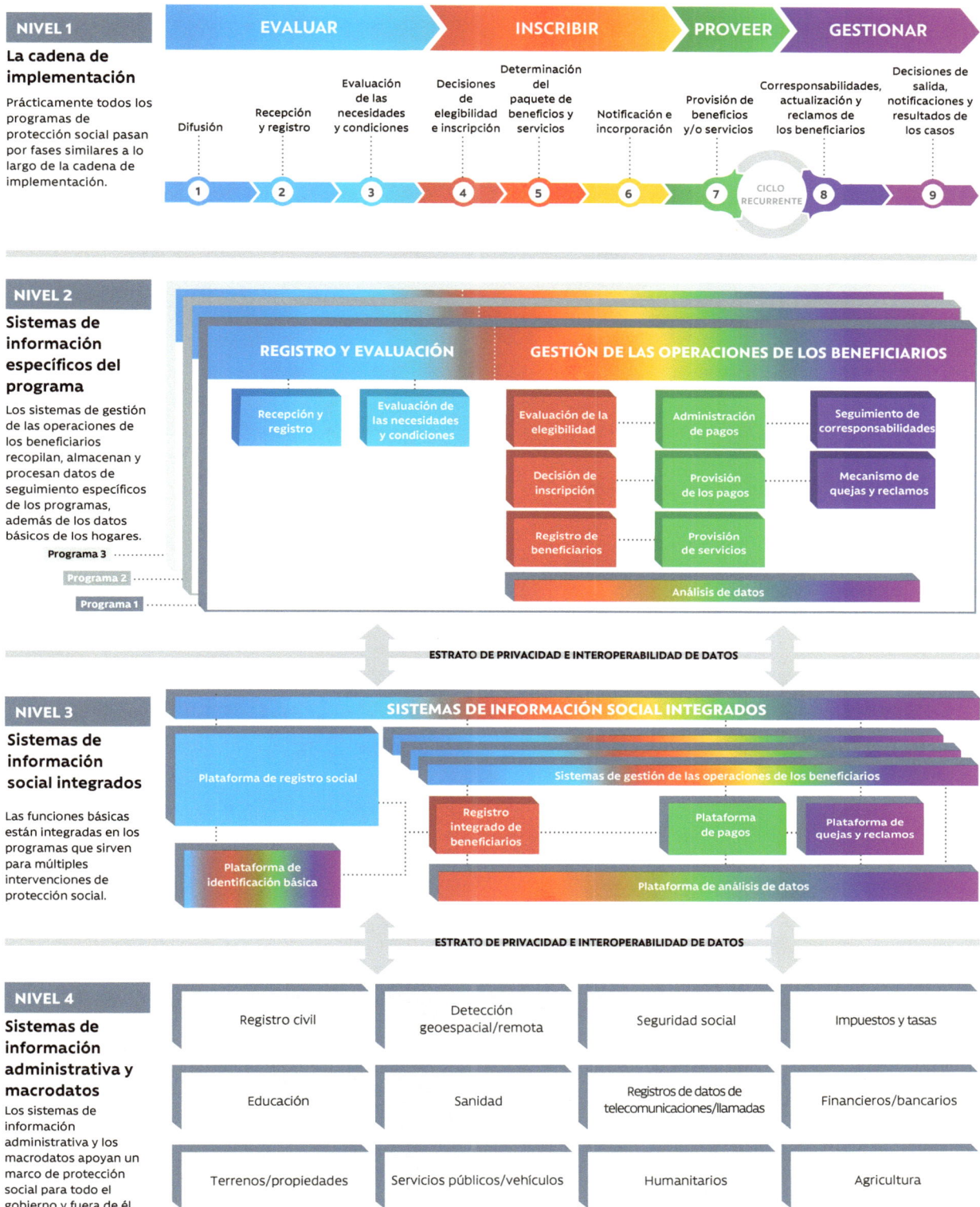

NIVEL 1

La cadena de implementación

Prácticamente todos los programas de protección social pasan por fases similares a lo largo de la cadena de implementación.

EVALUAR — INSCRIBIR — PROVEER — GESTIONAR

1. Difusión
2. Recepción y registro
3. Evaluación de las necesidades y condiciones
4. Decisiones de elegibilidad e inscripción
5. Determinación del paquete de beneficios y servicios
6. Notificación e incorporación
7. Provisión de beneficios y/o servicios
8. Corresponsabilidades, actualización y reclamos de los beneficiarios
9. Decisiones de salida, notificaciones y resultados de los casos

CICLO RECURRENTE

NIVEL 2

Sistemas de información específicos del programa

Los sistemas de gestión de las operaciones de los beneficiarios recopilan, almacenan y procesan datos de seguimiento específicos de los programas, además de los datos básicos de los hogares.

Programa 3
Programa 2
Programa 1

REGISTRO Y EVALUACIÓN
- Recepción y registro
- Evaluación de las necesidades y condiciones

GESTIÓN DE LAS OPERACIONES DE LOS BENEFICIARIOS
- Evaluación de la elegibilidad
- Decisión de inscripción
- Registro de beneficiarios
- Administración de pagos
- Provisión de los pagos
- Provisión de servicios
- Seguimiento de corresponsabilidades
- Mecanismo de quejas y reclamos
- Análisis de datos

ESTRATO DE PRIVACIDAD E INTEROPERABILIDAD DE DATOS

NIVEL 3

Sistemas de información social integrados

Las funciones básicas están integradas en los programas que sirven para múltiples intervenciones de protección social.

SISTEMAS DE INFORMACIÓN SOCIAL INTEGRADOS
- Plataforma de registro social
- Plataforma de identificación básica

Sistemas de gestión de las operaciones de los beneficiarios
- Registro integrado de beneficiarios
- Plataforma de pagos
- Plataforma de quejas y reclamos
- Plataforma de análisis de datos

ESTRATO DE PRIVACIDAD E INTEROPERABILIDAD DE DATOS

NIVEL 4

Sistemas de información administrativa y macrodatos

Los sistemas de información administrativa y los macrodatos apoyan un marco de protección social para todo el gobierno y fuera de él.

Registro civil	Detección geoespacial/remota	Seguridad social	Impuestos y tasas
Educación	Sanidad	Registros de datos de telecomunicaciones/llamadas	Financieros/bancarios
Terrenos/propiedades	Servicios públicos/vehículos	Humanitarios	Agricultura

Fuentes: Tina George Karippacheril; Anita Mittal, consultora, Protección Social y Empleo, Banco Mundial; Inés Rodríguez Caillava; y Kenichi Nishikawa Chávez; con aportaciones de Valentina Barca, consultora, GIZ y DFID.

informáticas que automatizan funciones y procesos clave, como controles cruzados, la validación y la verificación, la administración de los beneficios, la gestión de los datos de los beneficiarios, o incluso las quejas y reclamos, son semimanuales o manuales. Estas aplicaciones informáticas no se crean como parte de un sistema de información o de un sistema global de información social integrado. Con una capacidad limitada, crear sistemas de información desde la perspectiva tradicional de reunir bases de datos en forma de hoja de cálculo o, incluso, un sistema de gestión de bases de datos a pequeña escala puede ser un enfoque aceptable a corto plazo.[11] No obstante, a mediano y largo plazo, los países tienden a desarrollar una orientación hacia procesos empresariales cuando crean sistemas de información para garantizar que se automaticen los procesos de punta a punta de la gestión de los programas sociales, como subproducto de lo cual se generan datos de transacciones oportunos, precisos, completos y de buena calidad (Leite *et al.*, 2017).

La orientación hacia procesos empresariales es fundamental para crear sistemas de información completos. Esto incluye mapeos de procesos completos de la cadena de implementación, con claridad en las funciones y responsabilidades de las diversas instituciones, quién hace qué y cuándo (recuadro 2.2). El siguiente paso importante es conceptualizar la arquitectura global de los sistemas integrados de protección social para el país y cómo secuenciar la aplicación de esos componentes, junto con las reformas legislativas, las reformas de la administración pública y la aplicación de la tecnología en el contexto local. Sin embargo, esto no quiere decir que la creación de sistemas de información sea incremental y que los países estén totalmente desprovistos de riesgo. La agenda política cuando se crean sistemas de información completos para los programas sociales no se limita a un prudente incremento progresivo, sino a aprender de las experiencias de otros países y dar un salto utilizando opciones tecnológicas inteligentes cuando sea apropiado, especialmente cuando los países tienen la capacidad y la habilidad para desarrollar rápidamente procesos de gestión y diseños de sistemas suficientemente buenos. Los gobiernos desarrollan sistemas integrados de información social como parte de sus programas generales para crear confianza en la gente a través de sus interacciones cotidianas y de la provisión de servicios y beneficios.

Los sistemas integrados de información social no se desarrollan de forma aislada y separada de otros sistemas. La fragmentación de los programas de protección social suele dar lugar a que proliferen sistemas de información aislados para cada programa. Esto crea ineficiencias y supone una carga administrativa para los usuarios finales de estos sistemas, incluidos los solicitantes, los beneficiarios, los administradores y los asistentes sociales, así como los responsables políticos que trabajan en la financiación y la planificación. Implica la duplicación de funciones y falta de interoperabilidad entre sistemas, así como múltiples sistemas paralelos que apoyan funciones similares. Cuando cada programa lleva a cabo la recepción y el registro por separado, para los usuarios implica proporcionar la misma información una y otra vez para solicitar más de un programa. Asimismo, cuando cada programa desarrolla su propio sistema de pagos, dan lugar a métodos fragmentados y descoordinados de provisión a los usuarios finales o beneficiarios. Asimismo, la gestión separada de los programas impide la intermediación y las derivaciones para la provisión de servicios, ya que los trabajadores sociales carecen de información sobre los servicios disponibles y otros programas que recibe el beneficiario.

Integrar las funciones de implementación en múltiples programas reduce la fragmentación, mejora la coordinación y promueve la armonización entre los programas de protección y fuera de ellos. La interoperabilidad de los sistemas para apoyar las distintas funciones y procesos a lo largo de la cadena de implementación permite un flujo de información sin fisuras desde el momento en que las personas expresan su interés en un programa hasta el momento en que reciben un beneficio o servicio. Esto garantiza que las personas puedan acceder a los programas y que las necesidades de los hogares se satisfagan de manera oportuna.

Además del estrato de los sistemas de información social integrados, las plataformas tecnológicas básicas apoyan un marco de gobierno completo para la asistencia social y más allá de ella. Los sistemas integrados de información social se basan en diversas plataformas básicas para la protección social y otros programas. El gráfico 2.5 muestra algunas de estas interacciones con las plataformas de toda la administración, y el uso de marcos de interoperabilidad y protección de datos. El registro social en sí mismo es una plataforma básica que apoya las intervenciones dentro y fuera de la protección social. Otras plataformas básicas que pueden utilizar los sistemas de implementación de protección social son las siguientes:

- **Registros civiles** para mantener la información sobre los acontecimientos de la vida. La integración con los registros civiles mantiene los datos de los hogares actualizados en los sistemas.
- **Plataformas de sistemas de información geográfica (SIG)** para enlazar con la información geoespacial de los hogares, los proveedores de servicios, etc. Cuando los datos de los sistemas de información social se superponen a las plataformas SIG, facilitan sistemas de protección social adaptables y con capacidad de respuesta.
- Las **plataformas de identificación básica** apoyan el proceso de asignación de un identificador único a un individuo que establece que es quien dice ser. Los sistemas de identificación son importantes para los sistemas de implementación de protección social de cuatro maneras: (1) para garantizar la naturaleza única, es decir, que una persona se registre y reciba los beneficios de un programa solo una vez; (2) para cumplir los requisitos de «conocimiento del cliente», establecidos por el regulador de los servicios financieros y los proveedores de servicios de pago; (3) para autenticar la identidad de un receptor durante una transacción de pago; y (4) para fomentar la interoperabilidad entre las diferentes bases de datos y, por lo tanto, mejorar la precisión de los objetivos y la provisión de beneficios y servicios. En ausencia de un sistema de identificación que establezca la naturaleza única, podrían existir pruebas de identidad repetidas y emisión de credenciales para cada sistema funcional, como la asistencia social, la seguridad social, la educación, la salud, etc., lo que llevaría a la proliferación de credenciales de identificación funcional y la captura biométrica por cada programa. Esto traería un aumento de los costos administrativos debido a la prueba de identidad, la emisión de credenciales y la gestión.
- Las **plataformas de pago G2P de protección social** apoyan la administración de los pagos y la provisión de servicios de pago, para efectivizar los pagos a los beneficiarios. Como se explica en el capítulo 6, los países utilizan cada vez más plataformas de pago multiprograma y multiproveedor en lugar de simples acuerdos de programa.

- Los **mecanismos de quejas y reclamos** apoyan la presentación de reclamos de elegibilidad, la gestión de quejas, la retroalimentación y el compromiso de los solicitantes, beneficiarios y potenciales beneficiarios de los programas sociales. Los sistemas de gestión de quejas pueden ser específicos de un programa, apoyar a muchos programas o formar parte de un sistema más amplio de gestión de quejas para todo el gobierno.
- Las **plataformas de análisis de datos** permiten transformar, generar, agregar, analizar y visualizar los datos en información significativa y útil para analizar las políticas sociales y apoyar las decisiones estratégicas de los programas sociales. Incluyen técnicas de visualización de datos, minería de datos, elaboración de informes, análisis de series temporales (incluidas las técnicas predictivas), procesamiento analítico en línea, análisis estadístico, elaboración de informes estandarizados, análisis *ad hoc*, consulta y elaboración de informes, análisis no estructurado, análisis de textos, etc.

Una estructura interministerial requiere integración de datos y marcos de interoperabilidad para facilitar el intercambio de datos desde otros sistemas de información administrativa. Algunos ejemplos son la vinculación de los registros sociales con los sistemas de información administrativa, como las bases de datos del registro civil, los catastros de tierras o de propiedades, el registro de vehículos, el sistema fiscal, el sistema de contribuciones a la seguridad social, el sistema de pago de pensiones, el trabajo y el desempleo, la educación y la salud, para crear perfiles de evaluación de las personas y los hogares.

Los marcos de interoperabilidad se sustentan en un contexto político, jurídico, organizativo, semántico y técnico. Desde el punto de vista político, debe haber una necesidad real, respaldada por decisiones políticas y con una base legal. Las organizaciones participantes deben tener una visión y un objetivo común. Desde el punto de vista legal, deben cumplir las leyes que regulan la información, como la protección de datos personales, la firma digital, la seguridad de la información, la información pública y la contratación pública. Desde el punto de vista semántico, el marco debe basarse en que las diferentes organizaciones entiendan el significado de la información por igual. Esto implica la creación de diccionarios de datos comunes (con definiciones comunes de variables, unidades de referencia y periodos de referencia temporal), metadatos, glosarios, taxonomías, ontologías y registros de servicios. Desde el punto de vista técnico, el marco se debe ajustar a las normas de arquitectura informática orientada a los servicios. La interoperabilidad también requiere que se incluya algún tipo de identificador único en los sistemas de información, de modo que los datos sobre las personas puedan cotejarse cuando sea oportuno y esté autorizado.

Dada la complejidad de los programas de protección social que implican grandes flujos de datos y transacciones, la privacidad y la protección de los datos son primordiales. Los organismos prestadores dedican atención y recursos específicos para garantizar que sus sistemas informáticos y sus repositorios de datos estén debidamente gobernados y sean seguros, y que apoyen a los programas de protección social en el cumplimiento de sus mandatos fundamentales. Los datos recogidos y utilizados en los sistemas de implementación de protección social pueden ser sumamente sensibles, e incluyen (1) información sobre la identidad personal; (2) datos personales sensibles; (3) información socioeconómica; (4) información sobre el empleo o el desempleo; (5) información sobre la condición de discapacidad; y (6)

información muy confidencial sobre diversos riesgos sociales para la persona y la familia. Aunque los sistemas integrados de información social requieren que se comparta cierta información entre los actores, deben existir protecciones que garanticen que la información personal se mantenga exacta y segura, y no se ponga a disposición de personas no autorizadas. Consulte la sección sobre protección de datos, privacidad y seguridad en el capítulo 4.

Por último, varios gobiernos están adoptando un enfoque de centro de datos compartido para gestionar el tiempo y el costo de las adquisiciones, las inversiones y las operaciones, y lograr economías de escala para el conjunto de la administración.[12] La fragmentación de los programas ha dado lugar a una duplicación de las inversiones en aplicaciones informáticas, bases de datos e infraestructuras de tecnologías de la información y la comunicación (TIC) entre todos los organismos gubernamentales y dentro de ellos. Cada vez más, los gobiernos están optando por almacenar en la nube (infraestructura como servicio)[13] para minimizar los costos de adquisición, inversión y operaciones, y para aprovechar la capacidad informática potencialmente ilimitada, teniendo en cuenta que este enfoque también implica una pérdida de control, así como otras inquietudes sobre la seguridad.

2.2 ADAPTAR LOS MODELOS OPERATIVOS PARA ENFRENTAR LOS PROBLEMAS DE COORDINACIÓN E INCLUSIÓN

La coordinación y la inclusión son dos dificultades comunes que surgen en torno a los sistemas de protección social de todo el mundo. Los problemas de coordinación surgen por diferentes motivos, que incluyen la diversidad de los actores involucrados en los programas y sistemas de protección social, y también la multiplicidad de programas. La inclusión, por su parte, tiene muchas facetas que pueden presentar dificultades. La primera es la cobertura general: Muchos países tienen la intención de ampliar los programas e, incluso, de alcanzar la cobertura nacional. La segunda es la cobertura de grupos vulnerables específicos, incluidas las personas afectadas por potenciales obstáculos que hacen más difícil llegar a ellas. El tercero es el principio de inclusión dinámica, que sostiene que cualquier persona que necesite protección social puede acceder a ella en cualquier

momento. Esto también se relaciona estrechamente con la protección social adaptativa, en la cual la cobertura puede ampliarse o redireccionarse de un modo flexible para responder a las crisis. Por último, las dificultades asociadas a la inclusión están fuertemente ligadas a las limitaciones en la capacidad administrativa y financiera.

Los países han adaptado sus modelos operativos para que los sistemas de protección social hagan frente a estos desafíos duales de diversas maneras. Si bien no es posible identificar y describir en este libro todas las variaciones posibles en los sistemas de implementación de todo el mundo, señalamos cuatro variaciones que observamos con más frecuencia. Se hallan en dos pares contrastantes de modelos operativos que se tocan en relación con estas dificultades:

- *Sistemas de implementación separados o integrados.* El primer par contrastante es la operación de sistemas de implementación separados para cada programa o sistemas de implementación compartidos (o elementos comunes) para múltiples programas. Esta distinción se enmarca dentro del aspecto de la coordinación. A veces, los sistemas de implementación están diseñados para operar con un solo programa (o con cada programa de manera separada). Aun con muchos programas operando en paralelo, esto puede traer como consecuencia la fragmentación. Por lo tanto, muchos países están avanzando para integrar varios aspectos de sus sistemas de implementación para atender múltiples programas.
- *Enfoques por demanda o dirigidos por la administración.* El segundo par contrastante de modelos operativos es la distinción entre los sistemas a los cuales acceden las personas por demanda y los sistemas dirigidos por la administración, que llevan a cabo procesos de inscripción masivos con poca frecuencia, en general, cada tres a cinco años. Estos modelos operativos diferenciados han surgido en diversos contextos para abordar los problemas de inclusión, en vista de las diferentes capacidades administrativas y las restricciones financieras.

Las dificultades de la coordinación: Sistemas de implementación separados o integrados

La falta de coordinación, o la fragmentación, entre los programas de protección social es un problema común a los programas y sistemas de todo el mundo. Dada la cantidad de actores involucrados en la protección social, se necesita un enorme esfuerzo para coordinar de manera eficaz los beneficios y servicios entre actores que operan en diferentes niveles administrativos (coordinación vertical) o en el mismo nivel administrativo (coordinación horizontal).

La coordinación eficaz de los programas es importante por numerosos motivos. En primer lugar, la coordinación en la elaboración de políticas ayuda a priorizar objetivos, programas y diversos grupos poblacionales. En segundo lugar, muchos programas individuales son de naturaleza multidimensional o multisectorial.

Por ejemplo, las transferencias monetarias condicionadas brindan asistencia económica a familias pobres, con incentivos para que sus hijos vayan a la escuela y reciban atención médica, e incentivos para asegurarse de que lo hagan. En tercer lugar, la coordinación permite agrupar los beneficios y servicios. Un ejemplo del enfoque agrupado es un paquete de activación, en el cual la persona desempleada recibe una ayuda económica y diversos servicios de ayuda para encontrar empleo, accesos a programas de activación laboral, como capacitación, habilidades de preparación para el trabajo y otros servicios, entre otras formas de mejorar su empleabilidad. Muchos países ofrecen múltiples beneficios y servicios, y la fragmentación es un riesgo mucho mayor cuando esos programas se implementan a través de sistemas separados. Esta sección se centra en los problemas que plantea este último tipo de coordinación.

Los países ofrecen innumerables beneficios y servicios. Si bien algunos países ofrecen menos de una decena de programas, otros suelen multiplicar ese número. En muchos casos, se desarrollan sistemas de implementación separados para cada uno de esos programas (gráfico 2.6). Cada sistema lleva adelante los mismos procesos o procesos similares en toda la cadena de implementación, pero para un solo programa. Esos procesos incluyen la difusión, la recepción, el registro y la evaluación de necesidades y condiciones; la inscripción; la provisión de beneficios o servicios, y la gestión de las operaciones de los beneficiarios. Cada sistema de implementación tiene sus propios arreglos institucionales (centrales, locales y con proveedores de servicios), lleva adelante sus propias comunicaciones y opera sus propios sistemas de información y plataformas tecnológicas.

Si bien los diversos programas ayudan a satisfacer las diferentes necesidades de sus poblaciones, operarlos a través de distintos sistemas de implementación plantea un mayor riesgo de fragmentación. Los sistemas separados son ineficientes para las personas porque las obligan a ir a múltiples oficinas o puntos de servicio para los diferentes programas, incurrir en costos de viajes y largas esperas, presentar los mismos documentos muchas veces y sufrir la frustración de atravesar una estructura burocrática compleja. Además, las personas pueden perder oportunidades de acceder a algunos beneficios y servicios por no haber recibido nunca la información de que existen otros programas. Para los administradores de programas, la fragmentación significa que los procesos están duplicados, la carga y los costos de la administración son mayores, y les falta información sobre qué otros beneficios y servicios puede estar recibiendo su población objetivo. Por último, para quienes son responsables de elaborar políticas, la fragmentación significa que carecen de información sobre cuestiones claves de políticas, por ejemplo: ¿Quién se beneficia con cuáles programas? ¿Adónde va el dinero? ¿Cuáles son las deficiencias y duplicaciones en la cobertura entre los distintos programas? ¿Cuáles son las oportunidades para generar sinergias a partir de la provisión de beneficios y servicios agrupados?

Reconociendo los beneficios de la coordinación, algunos países están en transición hacia sistemas integrados o coordinados para implementar múltiples programas en lugar de operar sistemas separados para cada programa. Dado que la mayoría de los programas atraviesan fases similares de la cadena de implementación (gráficos 2.1 y 2.6), estos puntos en común generan oportunidades para fortalecer la coordinación, generalmente, a través de procesos compartidos o coordinados. Algunas de las numerosas vías a través de las cuales los países integran los sistemas de implementación en todos los programas son las siguientes:

- **Coordinación e integración en toda la cadena de implementación.** Algunos procesos son comunes (o pueden hacerse comunes) entre múltiples programas, como la difusión, la recepción y el registro, la evaluación de necesidades y condiciones, los pagos y algunos aspectos de la gestión de las operaciones de los beneficiarios. Las herramientas de mapeo de procesos de la cadena de implementación pueden ayudar a identificar esas oportunidades de coordinación, como así también colaborar en la implementación de procesos coordinados, como se muestra en el siguiente ejemplo hipotético.

- **Interfaz con el cliente compartida en toda la cadena de implementación.** Muchos países combinan recursos para la primera etapa de la implementación. La integración de la primera línea puede ser física, en forma de oficinas locales compartidas o ventanillas únicas/centros de servicios integrados para numerosos beneficios y servicios. En esas oficinas

---

Gráfico 2.6 Los riesgos de la fragmentación: Sistemas de implementación separados para numerosos programas de protección social

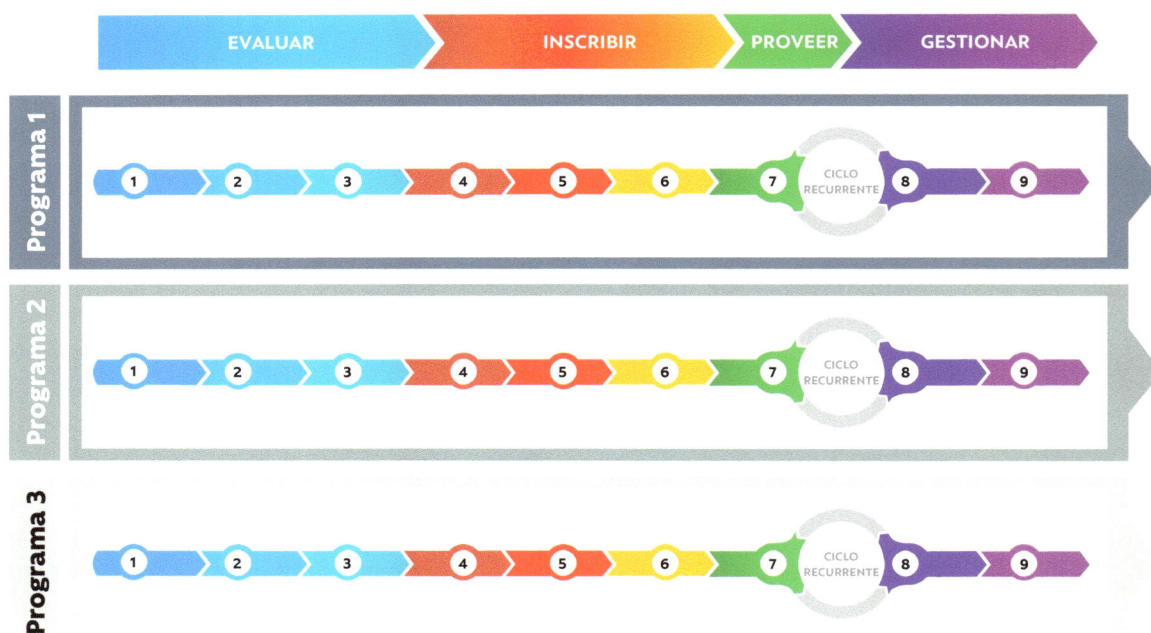

Fuente: Gráfico original para esta publicación.

compartidas, habitualmente, también se comparten los recursos humanos. En zonas remotas, los equipos móviles de facilitadores llegan hasta comunidades dispersas para implementar varios programas en lugar de solo uno. Las ventanas integradas digitales de autoservicio también incluyen un enfoque coordinado en la primera etapa virtual de la implementación.

- **Coordinación entre instituciones.** Los mandatos legales, los acuerdos de cooperación formales, los presupuestos compartidos o los acuerdos para compartir costos administrativos también pueden facilitar la implementación coordinada.
- **Integración/interoperabilidad de los sistemas de información.** La coordinación entre múltiples programas suele requerir que se comparta información entre organismos y actores, ya sea a través de sistemas de información comunes o a través de la interoperabilidad. Si bien ese uso compartido puede facilitar la eficiencia y la eficacia, también entraña riesgos para la protección y la privacidad de los datos personales. Los siguientes son algunos ejemplos de sistemas de información social integrados.
  - **Registros sociales.** Recopilar información y documentación para respaldar la recepción, el registro y la evaluación de necesidades y condiciones tiene un costo elevado. Muchos países usan herramientas compartidas (como formularios de solicitud comunes) y sistemas de información compartidos que dan soporte a esos procesos para múltiples programas en lugar de duplicarlos para cada programa.
  - **Plataformas de análisis de datos.** Son herramientas de planificación y coordinación que relacionan información sobre beneficiarios en los distintos programas, para ayudar a los responsables de elaborar políticas a evaluar y coordinar quién recibe beneficios de qué programas.
- **Las plataformas de pagos comunes** facilitan el pago de beneficios para múltiples programas, al tiempo que ofrecen comodidad y la posibilidad de elegir los proveedores de pagos al canalizar los pagos a través del sistema financiero general.
- **Los enfoques de servicio integrados,** a veces denominados «gestión de casos integrada», ayuda a los trabajadores sociales a brindar apoyo a las personas desde el principio hasta el fin de la cadena de implementación. Estos enfoques comprenden evaluaciones multidimensionales para identificar las necesidades complejas de cada persona, la provisión de un grupo de servicios (y, a veces, también beneficios), y el monitoreo intensivo. El grupo de servicios puede incluir servicios de trabajo social (entre ellos, información, concientización, derivaciones, asesoramiento y mediación), servicios de cuidado social (que pueden ser a domicilio, comunitarios o institucionales), y servicios especializados y preventivos.

La coordinación y la integración entre múltiples programas se extienden mucho más allá de la protección social. Los sistemas de protección social se usan cada vez más para respaldar las intervenciones en otros sectores, vincular a las personas con los seguros de salud, las becas, los subsidios energéticos, beneficios para la vivienda y otros programas.

Las dificultades para la inclusión: Sistemas por demanda o dirigidos por la administración

Han surgido dos modelos operativos diferenciados, en diversos contextos, para abordar los posibles problemas de inclusión teniendo en cuenta las diferencias en la capacidad administrativa y las restricciones financieras. Esta variación proviene de los procesos de recepción y registro, y de si las personas presentan su solicitud cuando quieren, o si solo se inscriben de modo masivo durante determinados períodos. Nos referimos a estos modelos diferenciados como «por demanda» y «dirigido por la administración». El contexto y los objetivos de un programa suelen determinar la elección de modelos. La tabla 2.1 resume las características, los usos y los requisitos principales de los modelos. Según se observa, estos enfoques no solamente afectan la recepción y el registro, sino que también tienen implicaciones para toda la cadena de implementación, como se analiza a más adelante.

En todo el mundo, la mayoría de los programas de protección social adoptan el enfoque por demanda. Esto incluye programas para las categorías demográficas de las personas, muchos programas orientados a personas en situación de pobreza, la mayoría de los beneficios y servicios vinculados con el trabajo para

Tabla 2.1 Principales características, usos y requisitos de los sistemas por demanda en comparación con los enfoques de los programas de protección social dirigidos por la administración.

	Enfoque por demanda		Enfoque dirigido por la administración
Características distintivas	Iniciativa: las personas se acercan al estado. Personas: personas individuales, familias u hogares específicos. Tiempos: en el momento en que lo decidan.		Iniciativa: el estado se acerca a las personas. Personas: grupos de beneficiarios (habitualmente, hogares). Tiempos: determinados por factores administrativos, como la capacidad y el financiamiento.
Poblaciones objetivo y tipos de programas asociados		Personas en categorías demográficas (niños, personas mayores) Programas categóricos	
		Personas, familias u hogares, según la situación socioeconómica Programas orientados a situaciones de pobreza	Familias u hogares según su situación socioeconómica: pobreza transitoria, pobreza crónica o bajos ingresos. Programas orientados a situaciones de pobreza (Los grupos suelen ser más homogéneos en su situación)
		Desempleados, demandantes de empleo, población inactiva Beneficios y servicios laborales	
		Personas en condición de discapacidad Beneficios y servicios por discapacidad	
		Personas en riesgo Servicios sociales	
Respuestas a hechos o crisis 	Se usa con crisis idiosincrásicas o cambios en la situación del beneficiario específico. Se usa con crisis covariables para permitir que los beneficiarios afectados por esta soliciten asistencia.		Se usa con crisis covariables para registrar grupos de hogares afectados por crisis en un proceso de inscripción masiva (punto de partida común). No resulta útil para crisis idiosincrásicas relativas a beneficiarios específicos.
Capacidad de implementación y requisitos financieros			
	Requiere una red permanente y amplia para la interfaz con el cliente (física, móvil o digital). Requiere un presupuesto administrativo continuo. Requiere flexibilidad en el diseño y la implementación.		Requiere de forma temporaria grandes cantidades de equipos móviles, vehículos y otros insumos para procesos de inscripción masiva. Requiere un presupuesto administrativo elevado y variado para los procesos de inscripción.

Fuente: Tabla original para esta publicación.

personas desempleadas, programas de discapacidad y servicios sociales para personas en riesgo[14]. El enfoque por demanda requiere flexibilidad en el diseño, la implementación y los presupuestos de los programas (que permiten aumentar o reducir los costos de los programas de acuerdo con las fluctuaciones de la demanda). El enfoque también requiere una amplia red permanente para la interfaz con el cliente (física, móvil o digital), apoyada por un presupuesto administrativo continuo. Si bien muchos países en desarrollo efectivamente operan sistemas por demanda para los programas de protección social, en otros países, este enfoque aún no ha sido posible debido a la falta de uno o más de estos ingredientes claves.

Dadas las restricciones financieras y de capacidad, muchos países en desarrollo utilizan el enfoque dirigido por la administración, particularmente para programas orientados a situaciones de pobreza. Este enfoque es especialmente común cuando un país crea programas de protección social por primera vez. El enfoque dirigido por la administración tiene sentido como solución práctica a los problemas como la gran cantidad de información asimétrica (o falta de datos), una capacidad administrativa débil (o poca confianza en las instituciones gubernamentales) o poblaciones remotas con escaso acceso a las instituciones o a los servicios gubernamentales. La capacidad financiera también influye: Se suele ver el enfoque dirigido por la administración en países en desarrollo que se apoyan, en gran medida, en el aporte de donantes, dado que este enfoque solo requiere financiamiento ocasional (que suelen ser grandes sumas) para cubrir iniciativas de inscripción masiva en períodos específicos.

La filosofía que subyace a cada uno de los dos enfoques es distinta. En la concepción del enfoque por demanda, las personas se acercan al gobierno para solicitar asistencia. Estas establecen un contacto y solicitan beneficios y servicios, según las necesidades y condiciones que ellas mismas perciben, cuando lo necesitan. El otro enfoque implica que el gobierno se acerca a las personas, inicia el contacto y registra grupos de potenciales beneficiarios (habitualmente, hogares) cuando lo considera oportuno. Se distinguen tres características principales entre estos enfoques (tabla 2.1).

- **Iniciativa.** ¿Quién toma la iniciativa para establecer el contacto? ¿Las personas o el gobierno? Con los enfoques por demanda, la iniciativa proviene de las personas, quienes solicitan ser consideradas para la posible elegibilidad en el programa (o los programas). Con los enfoques dirigidos por la administración, el programa (o incluso el registro social) inicia el proceso para registrar personas a fin de considerar su potencial elegibilidad.

- **Inscripción individual o grupal.** Con el enfoque por demanda, solicitantes específicos (personas, familias, hogares) reciben atención de acuerdo con sus propias circunstancias. Con el enfoque dirigido por la administración, los solicitantes (habitualmente, familias u hogares) se registran y evalúan juntos como cohorte. Esta distinción entre lo personalizado o en cohorte se mantiene en toda la cadena de implementación, como se analiza posteriormente.

- **Tiempos.** Una de las principales diferencias entre los dos enfoques se relaciona con los tiempos. Con el enfoque por demanda, cada persona se rige por sus propios tiempos, particularmente para la recepción y el registro. Esto significa que las personas pueden solicitar ser consideradas para los beneficios y servicios en cualquier momento. Con el enfoque dirigido por la administración, los tiempos no se determinan por necesidades y condiciones idiosincrásicas. Habitualmente, se relacionan con factores administrativos, tales como la capacidad o la disponibilidad financiera para las iniciativas de inscripción o para los programas.

La característica del tiempo señala en qué medida un enfoque puede facilitar el principio de inclusión dinámica. Este principio se encuentra estrechamente relacionado con un principio clave de la protección social, en virtud del cual las personas que necesitan protección social pueden acceder a ella en cualquier momento. En la práctica, esto plantea la cuestión de si los sistemas de implementación son estáticos o dinámicos, particularmente en la etapa de recepción y registro. Con los sistemas por demanda, una red permanente y amplia para la interfaz con el cliente facilita la inclusión dinámica, porque las personas pueden solicitar o actualizar su información en cualquier momento. Los procesos de inscripción masiva propios del enfoque dirigido por la administración suelen ser estáticos, ya que llevan procesos de inscripción esporádicos (en general, cada tres a cinco años) o en respuesta a un hecho específico (como un desastre natural). Esto significa que, en los períodos intermedios, la inscripción suele cerrarse y el sistema queda estático.

En los sistemas estáticos, los riesgos de errores de exclusión e inclusión en el registro se agravan con el transcurso del tiempo. Con el enfoque dirigido por la administración, los hogares recientemente constituidos o aquellos cuyas situaciones se han modificado, tienen que esperar extensos períodos hasta que llegue el siguiente proceso de inscripción masiva. Esos riesgos de exclusión se multiplican cuando los sistemas estáticos integran múltiples programas, porque los hogares no registrados o aquellos cuya situación ha cambiado corren el riesgo de que se cierren todos los programas, no solo uno. Eso no necesariamente significa que los hogares hubieran tenido acceso a todos ellos por separado, pero efectivamente sugiere que, a medida que los sistemas maduran, deben analizar si es factible pasar a un sistema por demanda dinámico, o al menos actualizar y abrir el registro con mayor frecuencia.

La portabilidad de los beneficios también se relaciona con el principio de inclusión dinámica. Si las personas se trasladan a otros lugares, ¿los beneficios se mueven con ellas? O al menos, ¿pueden volver a solicitarlos al llegar al nuevo lugar? Esa portabilidad suele ser más factible con los enfoques por demanda que con los dirigidos por la administración (dado que el registro se lleva a cabo solamente una vez cada varios años).

La capacidad de cada tipo de modelo operativo para responder a las crisis también es diferente. Técnicamente, ambos enfoques pueden usarse (y se usan) para responder a crisis covariables. En muchos países, cuando se produce un desastre natural o una crisis económica, las personas pueden solicitar beneficios y servicios por demanda en oficinas locales (o en línea). Algunos programas, incluso, ofrecen un procesamiento rápido de beneficios para tales situaciones (como los cupones de alimentos inmediatos en los Estados Unidos). El registro masivo puede ser una manera eficaz de responder a una crisis, como un desastre natural, que afecta a la totalidad o a la mayor parte de los hogares en un área geográfica específica al mismo tiempo. No obstante, si la barrida de registros se realizó muchos años antes, es posible que los datos estén bastante desactualizados. Una manera de abordar ese problema es llevar adelante actualizaciones muy frecuentes en las áreas propensas a sufrir crisis o desastres. Sin embargo, en el caso de los eventos idiosincrásicos, solamente el enfoque por demanda resulta compatible con una respuesta inmediata. Tales eventos podrían incluir el nacimiento de un/a hijo/a, que una persona alcance una edad determinada, la pérdida de un empleo, el inicio de una condición de discapacidad, el agravamiento de la situación socioeconómica de una familia, o que surjan vulnerabilidades y riesgos sociales. Con esos eventos, las personas conocen sus propias situaciones y pueden solicitar beneficios y servicios por demanda cuando surge la necesidad.

Las diferencias entre los dos enfoques se extienden más allá de la fase de recepción y registro. La tabla 2.2 resume estas diferencias en varios puntos de la cadena de implementación, y señala también los aspectos de divergencia entre los dos enfoques en relación con los principales parámetros de diseño, como los criterios de elegibilidad o la definición de los beneficios y servicios que se proveerán[15]. Dadas las implicaciones de estos dos modelos en toda la cadena de implementación, este libro profundiza en esas distinciones en los capítulos siguientes.

Las implicaciones del enfoque por demanda se trasladan a muchas etapas de la cadena de implementación. Los enfoques por demanda necesitan difusión, porque las personas deben conocer un programa para saber dónde y cómo solicitarlo. Sin la suficiente difusión, las poblaciones objetivo y vulnerables corren el riesgo de quedar excluidas. Para la fase de recepción y registro, las personas solicitan beneficios y servicios por demanda en cualquier momento en que su propia situación sugiera que existe una necesidad. La evaluación de sus necesidades y condiciones debe determinar si cumplen con criterios de elegibilidad absolutos. Esto significa que su derecho a recibir beneficios y servicios no depende de su posición en el *ranking* en relación con otras personas. Los beneficiarios elegibles reciben un paquete específico de beneficios/servicios que puede o no estar diseñado a la medida de sus necesidades y condiciones específicas.[16] Con los servicios (o los paquetes de beneficios/servicios), los beneficiarios pueden ser derivados a un conjunto de programas diseñados a medida de sus circunstancias, y esto puede estar acompañado por un plan de acción individualizado (PAI). Los pedidos de beneficios pueden pagarse de acuerdo con un cronograma basado en la fecha específica de la solicitud de los beneficiarios, o bien siguiendo un cronograma común para todas las personas que integran la nómina.

Tabla 2.2 Parámetros de diseño y modelos operativos diferenciados: Enfoques de la protección social por demanda o dirigidos por la administración

	Enfoque por demanda	Enfoque dirigido por la administración
Unidad de asistencia (UA)	Personas, familias u hogares	En general, familias u hogares
Enfoque general	Cada UA ingresa y avanza a lo largo de la cadena de implementación en sus propios tiempos. Paquete de intervenciones y referencias diseñado a medida. Amplia red de interfaz permanente con el cliente.	Los grupos (o cohortes) de las UA avanzan de manera conjunta a través de la cadena de implementación, desde la inscripción masiva hasta la provisión de un paquete común de intervenciones.
Difusión	La difusión es esencial para asegurar que las personas tengan información sobre los programas, cómo y dónde solicitarlos, etc.	La difusión suele ser parte del registro masivo inicial.
Recepción y registro	Las UA pueden solicitar en cualquier momento, por demanda. Diferentes UA ingresan en el sistema y comienzan el proceso en diferentes momentos y en distintos lugares. La solicitud (registro) es fluida (inclusión dinámica).	Barridos de registros masivos en el lugar. Todas las UA se inscriben en un momento determinado (durante el proceso de registro). En algunos casos, se usa la focalización comunitaria para priorizar quién se registra. Los procesos de registro suelen llevarse a cabo solo cada 3 a 5 años.
Evaluación de las necesidades y condiciones	Cada UA se evalúa utilizando herramientas de evaluación (CM, CSM, CHM, etc.) La evaluación crea un perfil de su situación específica al momento de la recepción y el registro. Los *rankings* relativos no son pertinentes porque las solicitudes se presentan en distintos momentos.	Cada UA se evalúa utilizando herramientas de evaluación (CM, CSM, CHM, etc.). El grupo de cohorte de las UA se clasifica desde el más rico hasta el más pobre (*rankings* relativos). A veces, la focalización comunitaria se usa para validar los *rankings* relativos.
Decisiones de elegibilidad	Se determina si las UA son elegibles o no de acuerdo con las normas del programa. Habitualmente usan umbrales de elegibilidad absolutos (si su puntuación de ingresos o de la comprobación sustitutiva de medios de vida está por debajo del umbral, reúnen los requisitos: un enfoque basado en derechos). Los *rankings* relativos y umbrales de elegibilidad no son pertinentes, porque las personas presentan sus solicitudes en distintos momentos y diferentes lugares.	La elegibilidad de las UA se determina sobre la base de su *ranking* en relación con el resto del grupo. Los programas suelen usar umbrales de elegibilidad relativa aplicados al *ranking* de UA, de manera tal que el XX% más pobre sea elegible, como un modo de gestionar la demanda teniendo en cuenta las limitaciones presupuestarias y las restricciones de la capacidad (aunque algunos también usan umbrales absolutos).
Decisiones sobre beneficios y servicios	Niveles de beneficios: se determinan de conformidad con las normas de los programas. Paquetes de servicios: pueden estar diseñados a la medida de las necesidades individuales.	A la cohorte de beneficiarios elegibles se le asigna un paquete de beneficios y servicios.

continuación

Tabla 2.2 *(continuación)*

	Enfoque por demanda	Enfoque dirigido por la administración
	Derivaciones: La UA puede ser derivada a otros servicios o programas según su situación o sus características específicas. También pueden usarse planes de acción individualizados para establecer derechos y responsabilidades. Si la capacidad es limitada, es posible que se gestionen listas de espera para servicios específicos (capacitación, servicios de cuidado, etc.).	En algunos programas, la cohorte recibirá una secuencia calibrada de intervenciones o medidas de acompañamiento.
Pagos (provisión de beneficios)	Agregar clientes específicos a la nómina cuando resultan elegibles. Utilizar calendarios de pago individualizados (p. ej., pagar beneficios cuando se procesan sus reclamos en lugar de esperar una nómina grupal o un evento de pago).	Calendario de pagos comunes Eventos de pago grupales (con pagos manuales)
Provisión de servicios	Los beneficiarios reciben un paquete de servicios diseñado a medida de sus necesidades, condiciones y tiempos.	Con algunos programas, la cohorte puede avanzar de manera conjunta a través de fases secuenciadas o un grupo de intervenciones comunes, como con medidas de acompañamiento, sesiones de desarrollo familiar y enfoques de inclusión productiva.
Gestión de las operaciones de los beneficiarios	Actualización: la información se actualiza para cada UA cuando se producen cambios en su situación (p. ej., nacimiento, fallecimiento, cambio de domicilio/localidad, cambio de escuela, etc.). Reevaluación: cada UA se vuelve a evaluar según la fecha de vencimiento establecida en función de su punto de partida (p. ej., menos de dos años desde el ingreso). Portabilidad: si la UA se traslada a otro lugar, puede continuar como beneficiaria o volver a solicitar en una localidad nueva. Salidas: cada UA finaliza cuando se alcanza el propio límite de tiempo, cuando dejan de cumplir los requisitos de elegibilidad para el programa, o al completar el plan de acción individualizado, etc.	Actualización: el programa puede tener que actualizar periódicamente la información demográfica sobre las UA. Reevaluación: toda la cohorte volvería a registrarse y reevaluarse de manera conjunta (con otras AU que no se habían registrado en el barrido inicial). Portabilidad: si la AU se traslada a otra localidad, es poco probable que pueda continuar como beneficiaria o volver a presentar su solicitud, porque la inscripción se instrumenta solamente en procesos masivos cada 3 a 5 años. Salidas: en general, los miembros del grupo ingresan y salen (u obtienen una nueva certificación) juntos; las UA individuales pueden salir si las actualizaciones demográficas dan como resultado cambios de estado, o cuando culmina el plazo.

Fuente: Tabla original para esta publicación.
Nota: UA = unidad de asistencia; CHM = comprobación híbrida de medios de vida; CM = comprobación de medios de vida; CSM = comprobación sustitutiva de medios de vida.

Se pueden prestar servicios a los beneficiarios según su propio cronograma y PAI. Cuando se trata de la gestión de las operaciones de los beneficiarios, estos actualizan su información cuando se producen cambios en sus circunstancias. Los beneficiarios se pueden volver a evaluar según un cronograma establecido en relación con su fecha de ingreso o con los cambios en sus propias circunstancias. Pueden salir en el momento en que lo decidan, al completar el programa o PAI, si superan los límites de tiempo o dejan de cumplir con los requisitos de elegibilidad vigentes.

El enfoque dirigido por la administración también influye en varias etapas de la cadena de implementación. La difusión suele asociarse con procesos de inscripción masiva, lo cual implica que equipos móviles visitan las comunidades para inscribir y evaluar grupos de hogares. El enfoque también determina los estándares de elegibilidad; los hogares se clasifican desde los más ricos hasta los más pobres, y su elegibilidad se determina según su posición en el *ranking*. Por ejemplo, el tercio más pobre de los hogares incluidos en el *ranking* podría ser elegible[17]. El paquete de beneficios/servicios no está individualizado, sino que es común a todos los hogares beneficiarios. Por lo general, los beneficios se pagan según un calendario común, a través de eventos de pago grupales presenciales o por vía digital. En algunos programas, la cohorte de beneficiarios puede avanzar como grupo por las diferentes etapas de las intervenciones secuenciadas. Esas prácticas son comunes con determinadas medidas (como sesiones de desarrollo familiar, que adoptan una planificación secuenciada) o con los enfoques de inclusión y graduación económica productiva. Todos los hogares se monitorean, actualizan y vuelven a evaluar como grupo dentro del mismo marco temporal.

Cada enfoque también se gestiona de manera diferente según las limitaciones presupuestarias. Independientemente de cuál sea el modelo operativo, los países y programas de todo el mundo se plantean cómo gestionar cuando la demanda de programas de protección social supera los recursos disponibles, sea debido a limitaciones financieras o de capacidad. Desde el punto de vista humano, este dilema puede implicar decisiones dolorosas, dado que son muchas las personas que enfrentan tantas necesidades, y los recursos no

están siquiera cerca de poder satisfacerlas[18]. En la etapa de las políticas y su diseño, esto puede implicar el ajuste de parámetros claves de los programas para adecuarse a las limitaciones presupuestarias, como establecer beneficios reducidos, fijar criterios de elegibilidad más estrictos, o introducir y poner en práctica límites temporales. Si bien estas opciones de diseño implican difíciles decisiones de favorecer una opción en desmedro de otra, los parámetros que siguen normas tienen la ventaja de ser más transparentes. Cuando se trata de la implementación, los distintos modelos operativos emplean varias estrategias implícitas y explícitas a lo largo de toda la cadena de implementación para limitar los desembolsos del presupuesto:

● ***Gestionar la demanda con sistemas por demanda.*** Si bien, desde el punto de vista técnico, los enfoques por demanda permiten que cualquier persona presente su solicitud en cualquier momento, los programas tienen diversos recursos para impedir que ingrese esa solicitud, o que llegue a inscribirse. Algunos son implícitos, como la difusión pasiva: Si menos personas tienen información sobre un programa, menos personas lo solicitarán. Esto puede tener sentido desde el punto de vista de la eficiencia práctica: si un programa tiene un exceso de suscriptores, ¿por qué gastar los escasos recursos administrativos para promoverlo? ¿Por qué seguir elevando las expectativas? Por otro lado, la difusión pasiva entraña el riesgo de dejar fuera a las personas que más lo necesitan, que pueden estar menos conectadas o menos informadas sobre los beneficios y los servicios. Las ineficiencias y los procesos de recepción y registro excesivamente burocratizados pueden disuadir a las personas de solicitarlos. Si bien estos obstáculos podrían conllevar menos errores de inclusión al disuadir de participar a personas que probablemente no serían elegibles, también pueden reducir el índice de aprovechamiento para quienes serían elegibles; resultan costosos e ineficientes y carecen de transparencia, tanto para los administradores como para los beneficiarios. En las fases de evaluación y elegibilidad, los trabajadores sociales pueden «dirigir el tráfico» para alejarlo de los programas con un exceso de suscriptores instrumentando evaluaciones rígidas y discrecionales o aplicando estrictos criterios de elegibilidad. Esto nos lleva a uno de los principales instrumentos para gestionar la demanda en los sistemas por demanda: las listas de espera, que se analizan en mayor detalle en el capítulo 5. Otras estrategias de contención de gastos para etapas posteriores de la cadena de implementación incluyen sancionar a los beneficiarios por no cumplir con las corresponsabilidades del programa y aplicar las normas de salida. La tensión entre la presión a favor de la inclusión y las realidades de las limitaciones financieras y de capacidad compensa las elecciones difíciles, incluso en los sistemas por demanda.

- **Controlar los puntos de ingreso en sistemas dirigidos por la administración.** Con el enfoque dirigido por la administración, se usan tres herramientas para limitar el ingreso y gestionar las expectativas de acuerdo con las limitaciones presupuestarias y de capacidad. Las dos primeras están vinculadas con la recepción y el registro, y la tercera se relaciona con la elegibilidad y la inscripción para programas específicos. En primer lugar, con el enfoque dirigido por la administración, las puertas hacia la inclusión no se abren siempre debido a que los procesos de inscripción masivos son menos frecuentes (en general, cada tres a cinco años). En segundo lugar, aun cuando las puertas estén abiertas, no todas las personas tienen la oportunidad de inscribirse, porque muchos programas (o registros sociales) tienen cuotas de registro, como se analiza en el capítulo 4. Por un lado, tiene sentido: ¿Por qué registrar a un gran número de hogares y generar expectativas cuando los programas pueden seleccionar únicamente a una pequeña parte para que se inscriba? Por otro lado, usar cuotas de registro puede hacer que se perciba como una falta de transparencia respecto de quién queda incluido o excluido del registro (particularmente, porque suele haber poca información sobre por qué los hogares se registraron o no), y también la posibilidad de replicar las inequidades locales existentes excluyendo a los hogares más pobres de la posibilidad de registrarse. Además, los errores de exclusión pueden

multiplicarse al limitar la cantidad de personas que pueden inscribirse en registros sociales que sirven a varios programas. El tercer mecanismo es el uso de *rankings* y umbrales relativos para la evaluación y la decisión de elegibilidad para los programas sociales. Dado que la cantidad de hogares se conoce una vez finalizado el registro masivo, seleccionar un porcentaje para la elegibilidad facilita una planificación presupuestaria predecible. Aunque no existen listas de espera oficiales con este enfoque, queda la demanda latente y se pueden introducir sesgos, tal como se analiza en el capítulo 5.

Es difícil priorizar la inclusión cuando hay límites en términos de financiación y capacidad. Tanto con el enfoque por demanda como con el enfoque dirigido por la administración, existen desventajas en los diversos mecanismos utilizados para gestionar la demanda teniendo presentes las limitaciones. No obstante, a medida que mejoran las capacidades, algunos países buscan pasar del sistema dirigido por la administración al sistema por demanda por su dinamismo, particularmente con los enfoques integrados que atienden múltiples programas. Esta opción tiene implicaciones a lo largo de toda la cadena de implementación, tal como se analizó anteriormente y según se muestra en la tabla 2.2.

Aunque los enfoques por demanda y los dirigidos por la administración constituyen dos modelos distintos, operan dentro de un espectro. En la práctica, existen variaciones en todo el espectro entre los dos modelos. Varios países que operan con modelos dirigidos por la administración empiezan a implementar algunas características del enfoque por demanda (ver ejemplos en el capítulo 4), y esta puede ser la base para una transición hacia este enfoque.

Si bien el enfoque por demanda y el principio de inclusión dinámica son ambiciosos, es importante reconocer que existe una tensión con lo que resulta factible en la práctica. Generalmente, la elección de un modelo por sobre el otro depende, en gran medida, de la capacidad administrativa local de cada país y la disponibilidad presupuestaria.

2.3 ILUSTRACIÓN DEL MARCO DE SISTEMAS DE IMPLEMENTACIÓN: UN EJEMPLO INTEGRADO

En esta sección, se ilustra el marco de sistemas de implementación a través de un ejemplo hipotético de un programa de beneficios de asistencia por desempleo combinados con requisitos de activación laboral. El ejemplo es un mosaico de prácticas reales en materia de beneficios y servicios de protección social que hemos observado en distintos países. El ejemplo demuestra (1) cómo convergen los diversos elementos que integran el marco de sistemas de implementación para brindar beneficios y servicios con una perspectiva de punta a punta de la cadena de implementación; (2) el valor de usar mapeos del proceso de la cadena de implementación, mapas de recorrido, indicadores de desempeño y otras herramientas de diagnóstico para evaluar la eficacia y eficiencia de los sistemas de implementación desde la perspectiva de las administraciones y de las personas; y (3) muchos de los mensajes generales de este libro.

Establecemos el escenario: La protección social en la República de Morlandia

Lugar: República de Morlandia. El ejemplo integrado está emplazado en Morlandia, un país dinámico con ingresos medios y una población de 28 millones de habitantes. La economía ha experimentado un fuerte crecimiento en la última década, y está diversificada entre pesca y agronegocios, turismo sustentable, productos textiles, productos electrónicos, energía renovable, servicios financieros y una industria, pequeña pero creciente, de tecnología y servicios tecnológicos que ha atraído inversiones nacionales y extranjeras sustanciales. La economía se organiza en una combinación de empresas privadas y estatales. Por contar con una costa extensa, Morlandia también ha desarrollado zonas económicas exclusivas para promover la economía marina. Además de un marcado crecimiento, Morlandia ha experimentado los efectos adversos del cambio climático, especialmente en las

zonas costeras. También es vulnerable a tormentas tropicales fuertes y a inundaciones.

Gobierno: El gobierno de Morlandia es una democracia constitucional presidencial unitaria con doce regiones administrativas. El Ministerio de Gobierno Local supervisa a las autoridades locales, los consejos municipales y los municipios. En comparación con otros países de la región, Morlandia ha invertido una parte significativa de su PIB en los sectores sociales: 4,3 % en educación; 3,9 % en salud y 6 % en protección social (principalmente para pensiones y seguridad social, pero también 1,3 % por ciento para asistencia social). No obstante, los programas de protección social están distribuidos entre varios organismos y requieren que se instrumenten sistemas de colaboración con más sectores del gobierno.

- *El Ministerio de Asuntos Sociales (MAS)* es responsable de los programas sociales orientados a empoderar y proteger a las personas pobres y vulnerables. Los programas clave incluyen (1) una pequeña Asignación Universal por Hijo (AUH) que se otorga a todos los niños desde el nacimiento hasta los 16 años, con un monto complementario (AUH-PLUS) para niños y niñas huérfanos/as, hijos e hijas de familias pobres o desempleadas, niños y niñas sin hogar y otras categorías vulnerables; (2) el Programa para Familias con Necesidades, una transferencia monetaria para las personas en situación de pobreza crónica; (3) Asistencia por Desempleo (AD) con comprobación de medios de vida para adultos económicamente activos que han perdido un empleo recientemente, pero no cuentan con un seguro de desempleo; y (4) muchos otros pequeños beneficios y servicios sociales adaptados a poblaciones vulnerables específicas. A nivel local, el MAS opera *Oficinas de Servicios Sociales (OSS)* desconcentradas. También opera un registro social denominado UNISO, que brinda los sistemas de registro y decisión de elegibilidad para varios programas sociales, incluida la AUH-PLUS, el Programa para Familias con Necesidades y la AD.

- **El Departamento de Trabajo y Empleo (DTE)** del Ministerio de Trabajo, Industria y Economía supervisa el Fondo de Seguro de Desempleo (FSD) para trabajadores del sector formal y brinda servicios laborales, como información, registro, asesoramiento, ubicaciones laborales, inspecciones de permisos de trabajo y servicios de capacitación. A nivel local, el DTE opera **Oficinas de Servicios de Empleo (OSE)** desconcentradas y el Sistema Nacional de Empleo y Seguridad Social (SNESS), que mantiene información de empleadores y empleados sobre contratos de trabajo y contribuciones mensuales a la seguridad social.

- **El Instituto de la Seguridad Social (ISS)** es un organismo semiautónomo bajo la supervisión general del Ministerio de Trabajo, Industria y Economía, que administra los beneficios de la seguridad social para la jubilación de trabajadores del sector formal, como también una pequeña pensión social para personas pobres, ancianas y en condición de discapacidad. A nivel local, el ISS opera sus propias oficinas desconcentradas (OISS). Su sistema informático de beneficios se conecta con la autoridad impositiva (dado que las contribuciones a la seguridad social obligatoria se recaudan con impuestos).

- **El Registro Civil Central (RCC)** administra el registro civil y el sistema de identificación. Morlandia es uno de los pocos países de la región con una cobertura muy alta de registro e identificación civil. Anteriormente, Morlandia tenía una tarjeta de identificación en papel, pero esta tarjeta salió de circulación y se reemplazó por la nueva tarjeta de identificación con datos biométricos de Morlandia (TIM), que sirve para demostrar la identidad única de una persona y permite realizar transacciones de servicios electrónicos seguras y confiables. La TIM contiene el nombre, la fotografía, el número de identificación, un logotipo «AM» para los adultos mayores, un código de barras electrónicamente legible, la fecha de nacimiento, el domicilio residencial, cuatro plantillas para huellas digitales y un certificado digital que asegura que los datos indicados en la tarjeta puedan leerse solamente a través de la Autoridad de Certificados de la TIM.

- **Otros organismos relevantes para la protección social** incluyen el **Ministerio de Innovación y Tecnología (MIT)**, que ha participado activamente para promover la economía digital cada vez más desarrollada de Morlandia y encabezar un programa de gobernanza electrónica (e-GOV) de gran envergadura a fin de mejorar la prestación de servicios públicos para brindar mayor comodidad a las personas. El programa e-GOV ha implementado proyectos de sistemas informáticos en todos los ministerios competentes, lo que potencia las capacidades de interoperabilidad entre ministerios y apoya el desarrollo de UNISO dentro del MAS. El **Ministerio de Sanidad (MdS)** administra subsidios para seguros de salud con comprobación de medios de vida, y el **Ministerio de Educación (MdE)** administra el programa nacional de alimentación en escuelas, las becas (según las necesidades y el mérito), y los cupones *JumpStart* para que los niños y niñas de familias en situación de pobreza participen en programas de primera infancia.

Dos escenarios y la evolución de los sistemas de protección social: Nuestro ejemplo hipotético integrado se organiza en torno a dos puntos en el tiempo: El escenario 1 tiene lugar «hace algunos años», y el escenario 2 tiene lugar «unos años después». Sería tentador contar la historia de una burocracia negativa y las reformas que condujeron a mejoras, pero esa no suele ser la experiencia de los sistemas de implementación. Por el contrario, la evolución de los sistemas de protección social es continua pero pocas veces lineal: Los errores, el aprendizaje, las correcciones a mitad de camino, los ajustes, los retrocesos, etc., forman parte habitual del crecimiento y la mejora. Por lo tanto, presentamos nuestros dos escenarios como puntos de un camino de evolución continua, y cada escenario es dinámico, con reformas previas, mejoras y dificultades que aún deben abordarse.

- **Escenario 1, que tiene lugar varios años atrás: La digitalización y la TIM preparan el camino para la interoperabilidad de los sistemas informáticos.** El programa de gobernanza electrónica e-GOV del MIT ha hecho una gran inversión en desarrollar la TIM biométrica para asegurar la identificación y autenticación de todos los residentes de Morlandia, lo que ha representado una mejora importante para los servicios públicos y privados, y ha ayudado a vincular distintos sistemas administrativos a través de la interoperabilidad, usando el número único de la TIM en todos los sistemas. Para facilitar estos esfuerzos, el gobierno de Morlandia adoptó una legislación que rige el uso y la protección de datos, además de protocolos estandarizados para compartir datos personales e inversiones adicionales en seguridad. El proyecto de interoperabilidad se implementa entre distintas agencias y con el transcurso del tiempo. Tras superar algunos problemas técnicos iniciales con los sistemas debido a registros duplicados o sin uniformidad entre los distintos organismos, y causados también por datos incompletos y de baja calidad que existían en algunos de los sistemas, la mayoría de los registros para trabajadores del sector formal ahora están vinculados entre el Ministerio de Trabajo, Industria y Economía, el ISS, la autoridad impositiva y varios otros ministerios y departamentos. Más recientemente, el MIT también ha trabajado con el MAS, entre otras formas, apoyando el desarrollo y la operación de UNISO, el registro social y sistema de gestión de las operaciones de los beneficiarios del MAS. UNISO constituyó un paso importante para armonizar la comprobación de los medios de vida para todos los beneficios sociales. Si bien UNISO admite información a nivel de hogares, también tiene cierto grado de interoperabilidad con otros sistemas para datos a nivel individual. Lamentablemente, la mayor parte de estas mejoras de interoperabilidad han sido puramente administrativas, y muchas de las funciones para agentes de primera línea de las OSE, OSS y OISS locales aún no se conectan entre sí.

- *Escenario 2, que se configura unos años después del escenario 1: Los sistemas siguen mejorando, incluidos los de la primera línea.* Morlandia ha logrado mejoras significativas en materia de sistemas. En todo el gobierno, el MIT ha impulsado la rápida digitalización de todos los pagos G2P de protección social (PS), la extensión de su proyecto de interoperabilidad a otros organismos y el desarrollo de una ventana de servicio en línea interactiva denominada «MiMorlandia.gob». El MAS también ha hecho mejoras continuas en los sistemas, entre ellas, varias reformas que aportan ventajas rápidas, simplificación de procesos y otras. Como parte de la estrategia de la política social «Morlandia solidaria» del gobierno, el MAS también ha celebrado acuerdos con varios ministerios para permitirles usar UNISO con el objeto

de facilitar el acceso a otros beneficios con comprobación de medios de vida (como subsidios del seguro de salud del MdS, el programa *JumpStart* del MdE y la tarifa social energética). En la implementación de estas reformas, surgieron algunos problemas técnicos y aún hay dificultades por resolver, pero la eficacia y eficiencia de los programas de protección social ha mejorado en muchos aspectos.

Las destinatarias: Anaïs y Naomi. Nuestros escenarios tienen que ver con dos madres trabajadoras, Anaïs y Naomi. Sus orígenes son muy diferentes, pero ambas han trabajado mucho y logran salir adelante cada mes con el dinero que ganan más las pequeñas asignaciones que reciben por sus hijos. La madre de Anaïs, con condición de discapacidad, también vive con ella y recibe una pequeña pensión por discapacidad otorgada por el ISS. Por motivos ajenos a su control, ambas pierden su trabajo, lo cual representa un fuerte golpe para la situación económica de sus familias. Sigamos sus recorridos mientras avanzan en el proceso para obtener beneficios y servicios que las ayuden a sostenerse ante estas dificultades; primero Anaïs en el escenario 1, y luego Naomi en el escenario 2.

Escenario 1: Recorrido de Anaïs, hace varios años

En el escenario 1, que tiene lugar varios años atrás, vemos a Anaïs, una madre sola que vive con su madre de edad avanzada y dos hijos que asisten a la escuela primaria. La vivienda familiar es una casa pequeña de concreto con cañerías exteriores. Fue construida en la década de 1970 y es propiedad de la madre de Anaïs tras la muerte prematura de su esposo en un accidente. La madre de Anaïs tiene una discapacidad a raíz de ese accidente y recibe una pequeña pensión por discapacidad y viudez por parte del ISS. Anaïs dejó la escuela antes de terminar la secundaria porque necesitaba ayudar a mantener a su familia. Trabaja en una de las pescaderías artesanales en la Zona Económica Exclusiva (ZEE). La empresa es un pequeño emprendimiento dirigido por mujeres que suministra pescado fresco a un complejo de ecoturismo de la zona y promueve la pesca sustentable que evita la destrucción de los arrecifes de coral que rodean la localidad costera. La semana pasada, una tormenta tropical intensa arrasó su municipio costero. Las pequeñas empresas de pesca, incluidas las de la ZEE, se vieron gravemente afectadas, y sufrieron daños en los equipos y barcos pesqueros. Entre ellas está la pequeña empresa para la que Anaïs trabaja. La gerenta se disculpa y asegura que la reconstruirán. Mientras tanto, Anaïs ha perdido su trabajo. No reúne los requisitos para el seguro de desempleo porque trabajó pocos años en la compañía y, además, por tratarse de una empresa pequeña, no estaba obligada a participar en el programa. Anaïs está devastada por haber quedado desempleada y preocupada por cómo sobrevivirá su familia sin ese ingreso, a pesar de contar con la pensión de su madre y las asignaciones de sus hijos. Oye en la radio los anuncios del MAS en los cuales se informa que las personas pueden solicitar beneficios por desempleo en sus OSS locales. Varias amistades cuentan historias terroríficas sobre lo difícil que les resultó obtener los beneficios. Si bien ahora dicen que el sistema funciona mejor, ella no debe tener grandes expectativas de recibir apoyo. Anaïs se pregunta si podrá obtener los beneficios y servicios por desempleo.

Mapeo del proceso de la cadena de implementación con UNISO, interoperabilidad y sistemas de pago manuales

Los procesos «empresariales» para todos los programas del MAS se cartografiaron utilizando mapeos del proceso de la cadena de implementación para poner en claro los roles y facilitar la coordinación (ver recuadro 2.2.). Estos diagramas para los beneficios de asistencia por desempleo se presentan, para el escenario 1, en el gráfico 2.7. Aunque el MAS administra la asistencia por desempleo y la OSS se ocupa de implementarla, las personas también interactúan con las OSE del Ministerio de Trabajo con dos objetivos: (1) deben registrarse como personas desempleadas en las OSE y obtener una declaración certificada de que están desempleadas sin seguro (DSS); y (2) los beneficios de AD tienen requisitos de búsqueda de empleo y servicios, y esas funciones las llevan

Gráfico 2.7 Mapeo del proceso de la cadena de implementación para beneficios y servicios de asistencia por desempleo en Morlandia: Escenario 1.

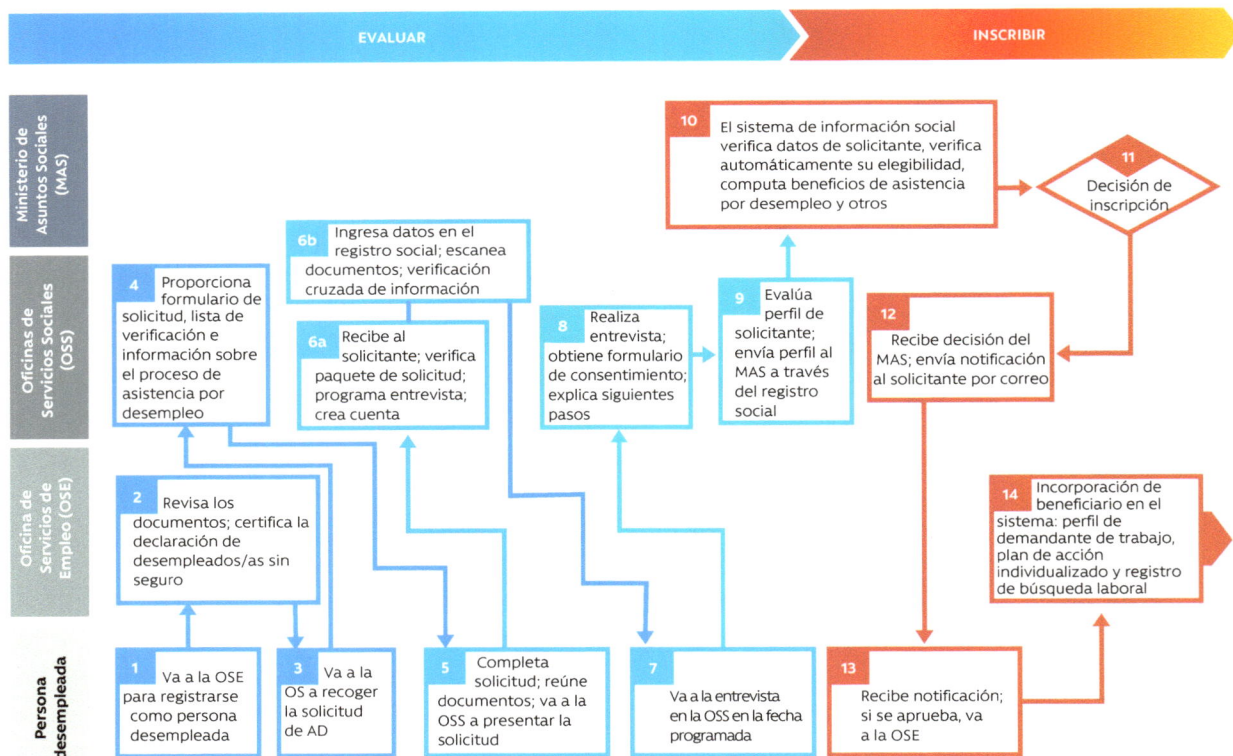

EVALUAR | INSCRIBIR

Ministerio de Asuntos Sociales (MAS)

10 El sistema de información social verifica datos de solicitante, verifica automáticamente su elegibilidad, computa beneficios de asistencia por desempleo y otros

11 Decisión de inscripción

Oficinas de Servicios Sociales (OSS)

4 Proporciona formulario de solicitud, lista de verificación e información sobre el proceso de asistencia por desempleo

6b Ingresa datos en el registro social; escanea documentos; verificación cruzada de información

6a Recibe al solicitante; verifica paquete de solicitud; programa entrevista; crea cuenta

8 Realiza entrevista; obtiene formulario de consentimiento; explica siguientes pasos

9 Evalúa perfil de solicitante; envía perfil al MAS a través del registro social

12 Recibe decisión del MAS; envía notificación al solicitante por correo

Oficina de Servicios de Empleo (OSE)

2 Revisa los documentos; certifica la declaración de desempleados/as sin seguro

14 Incorporación de beneficiario en el sistema: perfil de demandante de trabajo, plan de acción individualizado y registro de búsqueda laboral

Persona desempleada

1 Va a la OSE para registrarse como persona desempleada

3 Va a la OS a recoger la solicitud de AD

5 Completa solicitud; reúne documentos; va a la OSS a presentar la solicitud

7 Va a la entrevista en la OSS en la fecha programada

13 Recibe notificación; si se aprueba, va a la OSE

continuación

a cabo las OSE. Si bien el MAS y el DTE han establecido capacidades de interoperabilidad en sus sectores internos, estas reformas no han llegado a las oficinas de primera línea, donde muchas funciones siguen siendo manuales, sin conexiones automatizadas. Por lo tanto, los principales actores indicados en el gráfico 2.7 son el MAS (primera fila), las OSS (que dependen del MAS, en segunda fila), las OSE (que dependen del DTE, en tercera fila), y los clientes (última fila).

El gráfico 2.7 traza los pasos básicos para el escenario 1 correspondientes a los procesos de recepción, registro y evaluación de las necesidades y condiciones en azul, y para los procesos de inscripción en rojo. Esos pasos básicos son los siguientes:

● **Registro ante la OSE.** Cuando una persona queda desempleada y desea solicitar beneficios de AD, debe ir primero a la OSE para registrarse y certificar su declaración de «desempleada sin seguro», como se muestra en el paso 1 del gráfico 2.7. La persona debe mostrar su TIM y brindar una prueba de que anteriormente había estado empleada, junto con una constancia del despido. La persona responsable de la admisión en la OSE revisa los documentos del solicitante y verifica su historial de empleo y contribuciones en el Sistema Nacional de Empleo y Seguridad Social. Si la persona solicitante no reúne los requisitos para el seguro de desempleo, la OSE emite la declaración de DSS (paso 2 del gráfico 2.7).

● **Contacto inicial con la OSS.** La persona desempleada luego va a la OSS para recoger el formulario de solicitud (paso 3 en el gráfico 2.7). La OSS proporciona el formulario, una lista de verificación de la documentación requerida e información sobre el proceso de solicitud (como los siguientes pasos), una descripción general del proceso, derechos y responsabilidades,

Gráfico 2.7 *(continuación)*

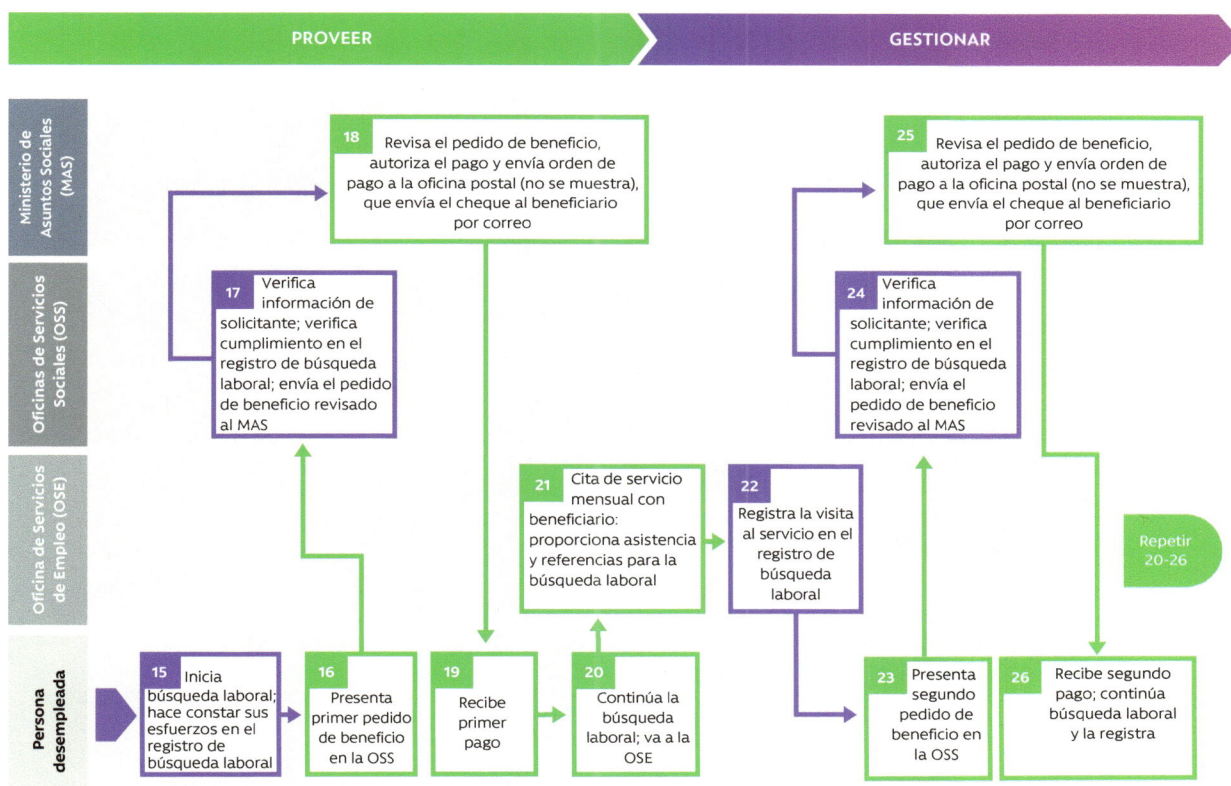

Fuente: Gráfico original para esta publicación, basado en una integración de casos observados.
Nota: OSE = Oficina del Servicio de Empleo; MAS = Ministerio de Asuntos Sociales; OSS = Oficina de Servicios Sociales; AD = asistencia por desempleo.

incluidos requisitos de búsqueda laboral (paso 4 en el gráfico 2.7).

- **Paquete de solicitud.** La persona completa la solicitud, reúne la documentación requerida y regresa a la OSS para presentar el paquete de solicitud (paso 5 en el gráfico 2.7). Aunque la unidad de asistencia para los beneficios de desempleo es la persona, teniendo en cuenta que la asistencia por desempleo incluye comprobar los medios de vida, también se requiere información sobre el hogar. Los requisitos de información y documentación se indican en la tabla 2.3.

(Las capacidades de interoperabilidad han reducido la cantidad de formularios y documentos requeridos, pero solo en cierta medida).

- **Registro del paquete de solicitud e ingreso de datos.** Seguidamente, la persona responsable de la recepción de la OSS recibe el paquete, lo revisa para determinar si está completo, crea una cuenta de solicitante, registra la recepción de la solicitud en el sistema y programa una entrevista (paso 6a en el gráfico 2.7). Este paso activa el seguimiento de cumplimiento del MAS, porque la entrevista debe programarse dentro

Tabla 2.3 Requisitos de información y documentación para beneficios con comprobación de medios de vida en Morlandia: Escenarios 1 y 2

	Escenario 1: Algunos años atrás: Anaïs	Escenario 2: Unos años después: Naomi
Formulario de solicitud con consentimiento de información	✓ Firmado por solicitante y todas las personas en edad laboral	✓ Firmas electrónicas de solicitantes y todas las personas en edad laboral
Tarjeta de identificación de Morlandia (TIM) para acreditar identidad, domicilio, etc.	✓ Todas las personas adultas	✓ Todas las personas adultas
Certificados de nacimiento de hijos menores de 18 años, emitidos por el Registro Civil Central	✓	✓
Niveles de educación alcanzados (para adultos) y situación educativa (para niños)	✓ Declarado por solicitante	✓ Declarado por solicitante
Condición de discapacidad (si corresponde)	IntD con el ISS (registro de discapacidad), con consentimiento	IntD con el ISS (registro de discapacidad), con consentimiento
Declaración certificada de persona desempleada sin seguro (DSS, emitida por la OSE)	✓	Ya no se necesita
Demostración de empleo anterior, despido y motivo de despido	✓	✓
Información sobre empleo e ingresos para todas las personas de la familia en edad laboral, por ejemplo:		
• declaraciones de ingresos de los últimos tres meses	✓	✓
• declaraciones de impuestos correspondientes al año anterior de la autoridad tributaria	✓	IntD con la autoridad tributaria, con consentimiento
• ingresos obtenidos de beneficios sociales	IntD con UNISO, DTE e ISS, con consentimiento	IntD con UNISO, DTE e ISS, con consentimiento

continuación

Tabla 2.3 *(continuación)*

	Escenario 1: Algunos años atrás: Anaïs	Escenario 2: Unos años después: Naomi
Escritura o documento de arrendamiento de vivienda del organismo nacional de tierras e inmuebles	✓	IntD con organismo nacional de tierras e inmuebles, con consentimiento
Ingresos por alquileres, si los hubiere (obtener documentación certificada de la oficina municipal)	✓	✓
Gastos de servicios públicos (energía, agua y saneamiento)	Solicitante presenta facturas de servicios públicos	IntD con empresas de servicios públicos, con consentimiento
Propiedad de vehículos (se puede intercambiar documentación, pero el Departamento de Transporte no tiene datos completos)	✓ (si corresponde)	✓ (si corresponde)
Estados de cuenta bancarios de los últimos tres meses más una certificación de saldos financieros actuales	✓	✓
Otra información sobre cambios recientes en la situación socioeconómica del hogar	✓ (si corresponde)	✓ (si corresponde)
Cantidad de documentos requeridos (si corresponde)	12 (número reducido; eran 17 antes del intercambio de información)	9

Fuente: Tabla original para esta publicación, basada en un integrado de casos observados.

Nota: RCC = Registro Civil Central; DTE = Departamento de Trabajo y Empleo; IntD = intercambio de datos con otros sistemas administrativos; OSE = Oficina del Servicio de Empleo; ISS = Instituto de la Seguridad Social. «UNISO» es el nombre del registro social de Morlandia

de los diez días hábiles posteriores a la recepción del paquete de solicitud. Luego, la persona responsable del ingreso de datos registra la información en UNISO, escanea los documentos para incorporarlos a la carpeta electrónica del solicitante y realiza verificaciones cruzadas internas y externas con otros sistemas (paso 6b).

- **Entrevista.** La persona responsable de la recepción se reúne con el solicitante para analizar las dificultades que ha tenido recientemente y revisar su situación en función del paquete de solicitud (pasos 7 y 8). También identifica datos faltantes, errores o incongruencias. La persona responsable de la recepción explica que la entrevista y la solicitud no garantizan la elegibilidad para ningún beneficio o servicio, y repasa los derechos y las responsabilidades del solicitante, incluidos los requisitos de búsqueda laboral. La persona responsable de la recepción también obtiene el consentimiento del solicitante para usar y compartir sus datos, y explica los siguientes pasos y los plazos previstos.

- **Evaluación de las necesidades y condiciones del solicitante.** La persona responsable de la recepción evalúa las necesidades y condiciones del solicitante utilizando herramientas de comprobación de los medios de vida en UNISO para hacer el cálculo general de la información sobre ingresos y activos correspondiente al hogar. Se crea y envía un perfil de necesidades para el solicitante y el hogar (paso 9).

- **Determinación automática de elegibilidad y cómputo de beneficios.** UNISO verifica, de manera automática, el perfil del solicitante y las verificaciones de elegibilidad, y computa la AD y otros beneficios de asistencia social (paso 10). Si el solicitante cumple con los requisitos de elegibilidad, el MAS autoriza la inscripción y notifica a la OSS sobre la decisión. El MAS centraliza las decisiones de elegibilidad e inscripción para asegurar un trato equitativo y objetivo de los candidatos de todo el país, lo que promueve la redistribución y reduce el potencial de presiones y decisiones discrecionales de funcionarios locales.

- **Notificación a solicitantes.** Posteriormente, la OSS notifica a todas las personas solicitantes las decisiones tomadas respecto de sus solicitudes (paso 12). Las notificaciones formales se envían mediante el servicio de correo postal. Para los beneficiarios aprobados, la carta de notificación también incluye información sobre los montos de sus beneficios, pasos siguientes y formularios para presentar pedidos para el pago de beneficios. Además, contiene instrucciones para dirigirse a la OSE para registrar su perfil de demandante de empleo e iniciar actividades de búsqueda laboral, que son condiciones para recibir los beneficios de AD. La carta de notificación para solicitantes no aprobados incluye instrucciones para presentar quejas y apelaciones.
- **Incorporación en la OSE.** Los beneficiarios inscritos se dirigen a la OSE (paso 13), donde trabajadores sociales realizan la incorporación en el sistema (paso 14). Esto incluye crear sus perfiles de demandantes de empleo y recoger sus registros de búsqueda laboral, dado que deben registrar las actividades de búsqueda como condición para presentar pedidos de beneficios de AD. Después de la inscripción, el beneficiario ingresa en los ciclos de implementación recurrentes de «provisión de beneficios y servicios» y de gestión de las operaciones de los beneficiarios. Estos pasos se ilustran en verde (provisión) y violeta (gestión) en el gráfico 2.7, del siguiente modo:
- **Presentar primer pedido.** Existe un período de espera oficial de siete días para que los beneficiarios puedan presentar su primer pedido. Durante ese tiempo, deben iniciar sus actividades de búsqueda laboral e ingresarlas en sus registros de búsqueda laboral (paso 15). Esas políticas se instrumentan habitualmente en los países para garantizar un abordaje de «el trabajo primero». Los pedidos para recibir los pagos se presentan en la OSS (paso 16).
- **Monitoreo del cumplimiento de las corresponsabilidades.** Cuando los beneficiarios presentan los

pedidos, las OSS verifican su identidad con las TIM. También revisan los registros de búsqueda laboral para verificar el cumplimiento con las corresponsabilidades de búsqueda. Ingresan la información sobre pedidos de beneficios y cumplimiento en la computadora e imprimen un comprobante de recepción del pedido que se entrega a los solicitantes para que puedan hacer un seguimiento de sus pagos (paso 17).
- **Pagos.** El departamento de pagos del MAS revisa la información, agrega al nuevo beneficiario a la nómina y autoriza los pagos con una orden de pago que se envía a la oficina postal (paso 18). Luego, la oficina postal imprime y envía un cheque al beneficiario por correo. Según los estándares de calidad del MAS, la orden de pago debe emitirse dentro de los cinco días hábiles de haber recibido el pedido, y la oficina postal debe enviar y matasellar el cheque dentro de los cinco días hábiles de haber recibido la orden de pago (lo cual suma un total de diez días hábiles desde la recepción del pedido hasta el desembolso del pago).
- **Provisión de servicios y monitoreo del cumplimiento de las corresponsabilidades.** Los beneficiarios deben asistir a citas mensuales del servicio en la OSE. Funcionarios del área de empleo revisan el registro del beneficiario, analizan estrategias de búsqueda laboral, y brindan asistencia y referencias para la búsqueda.

El proceso continúa con los subsiguientes pedidos, monitoreos, pagos, provisión de servicios, etcétera. Los beneficiarios pueden recibir beneficios de AD por hasta doce meses mientras sigan cumpliendo las condiciones del programa. A fin de fomentar la motivación para trabajar, si los beneficiarios encuentran un empleo dentro de esos doce meses, seguirán recibiendo beneficios durante otros tres meses con una reducción gradual durante el periodo de transición (100 % en el primer mes en el trabajo, 50 % en el segundo mes y 30 % en el tercer mes). Si no encuentran empleo, pueden solicitar una prórroga de los beneficios totales de AD por seis meses, hasta llegar a un máximo de dieciocho meses. (Los beneficiarios que reciban la prórroga vuelven al paso 5 del gráfico 2.7).

Hoja de ruta: La experiencia de Anaïs al tramitar los beneficios por desempleo tras la pérdida de su trabajo

Si bien las inversiones en los sistemas han mejorado los flujos de información en los sectores internos, se han agravado las críticas del público debido a los largos plazos de procesamiento y de espera. Mediante debates con grupos focales con personal de atención al público, solicitantes y beneficiarios, se confirman muchas de las dificultades informadas en la prensa. El MAS ha convocado a un equipo para que lleve a cabo una serie de ejercicios profundos para trazar el recorrido, con el objetivo de hacer un seguimiento de la experiencia real de solicitantes y beneficiarios (ver recuadro 2.3. anterior de este capítulo).

Uno de esos recorridos muestra la experiencia de Anaïs (gráfico 2.8). El informe del equipo analiza su experiencia en cada etapa y aporta detalles sobre cada actividad realizada, la cantidad de visitas que debió concretar, el tiempo que insumió cada paso y todos los gastos en que incurrió. El equipo hizo un seguimiento de los estándares de calidad del MAS, incluido el tiempo total necesario para las etapas principales. También calculó la cantidad total de días desde el principio hasta el fin del proceso, desde el día en que perdió su trabajo hasta el día en que recibió su primer pago. Aunque este no fue un indicador de desempeño para el MAS, refleja el recorrido de la solicitante y es, en última instancia, lo que más importa para ella. Por último, el informe detalla sus sentimientos en cada paso del proceso, incluidos los puntos críticos y las experiencias positivas.

El ejercicio de hoja de ruta puso de manifiesto muchos cuellos de botella e ineficiencias. Algunos de los principales puntos del informe resumido incluyeron lo siguiente:

- **Exceso de tiempo, gastos y visitas (TGV).**[19] Anaïs tuvo que hacer nueve visitas a la OSS o a la OSE desde el inicio del proceso hasta el primer pago de beneficios. En su municipio no había OSE. Si bien la OSS tenía una oficina satélite en su localidad, igualmente debió cubrir largas distancias caminando cada vez

que iba, y se vio obligada a atravesar un vecindario que la hacía sentir insegura. Anaïs también tuvo que trasladarse muchas veces hasta otros organismos para reunir documentos (ver abajo). Estos viajes, más los honorarios notariales, sumaron un costo total de M$ 34. Además, Anaïs dedicó un total de 53 horas a avanzar en el proceso.

- **Documentación abrumadora.** Anaïs dedicó varios días y numerosas visitas a recopilar la documentación requerida. Además del viaje inicial a la OSE para obtener la declaración certificada de DSS, Anaïs tuvo que visitar a su exempleadora (en dos oportunidades) para obtener la carta de despido donde constaba el motivo por el cual perdió su trabajo (para demostrar que no había sido por faltas propias, lo cual la hubiera privado de la posibilidad de obtener los beneficios), como así también los extractos de nómina correspondientes a los tres últimos meses. Tuvo que dirigirse a las oficinas de la autoridad tributaria para obtener sus declaraciones de impuestos oficiales. Dado que su madre era propietaria de la casa donde vive la familia, ella y su madre discapacitada debieron viajar al Organismo Nacional de Tierras e Inmuebles (ONTI), lo cual también implicó tener que coordinar para que una persona vecina cuidara a sus hijos. También tuvo que ir al banco (dos veces) para obtener los estados de cuenta bancaria correspondientes a los últimos tres meses y sus saldos financieros a la fecha en que presentó la solicitud. Por último, tuvo que ver a un notario público para certificar todos los documentos y el formulario de solicitud.

- **Demora de la entrevista.** Pasaron dos semanas desde el día en que Anaïs perdió su trabajo hasta el día en que, finalmente, pudo enviar el paquete de la solicitud. Su entrevista se programó dos semanas después de esa presentación. Si bien esto se encuadró dentro del objetivo de diez días hábiles del MAS, los días adicionales de fines de semana se sumaron al tiempo de espera de Anaïs. Además, aunque Anaïs llegó temprano a su entrevista, tuvo que esperar mucho para ser atendida por el trabajador social asignado, lo cual hizo que tuviera que caminar a su casa cuando ya estaba oscuro por un vecindario potencialmente peligroso.

- **Notificación perdida.** Por algún motivo, aunque el MAS envió puntualmente la notificación de inscripción (dentro de los siete días hábiles posteriores a la entrevista), el documento no llegó por correo. Anaïs tuvo que dirigirse dos veces más a la OSS para averiguar, y finalmente le pidieron al MAS que enviara otra notificación. Pasaron, en total, 18 días calendario desde la fecha de la entrevista hasta la fecha en que Anaïs finalmente recibió la notificación de inscripción.

- **Período de espera de siete días.** De conformidad con la política del MAS, Anaïs debió cumplir el período de espera obligatorio de siete días, durante los cuales tuvo que ir a la OSE por segunda vez, esperar a que un empleado la ayudara a registrar su perfil de demandante de empleo en la bolsa de trabajo y esperar en otra fila para el registro de búsqueda laboral.

- **Presentar el pedido y recibir el pago.** Para el momento en que Anaïs presentó el pedido de beneficios, habían pasado 53 días calendario desde la fecha en que perdió su trabajo. Tuvo que ir personalmente a la «caja» de la OSS para presentar el pedido. En la práctica, no se realizan pagos en la caja, pero este sector lleva ese nombre porque allí se realizaban los pagos antiguamente. Ahora, los pagos se envían por correo; entre los tiempos de procesamiento y un feriado nacional, pasaron otros nueve días hasta que Anaïs finalmente recibió el beneficio.

- **Puntos críticos y puntos positivos.** La hoja de ruta hace un seguimiento de los sentimientos que

Gráfico 2.8 Hoja de ruta para la obtención de beneficios y servicios de asistencia por desempleo: Escenario 1, experiencia de Anaïs

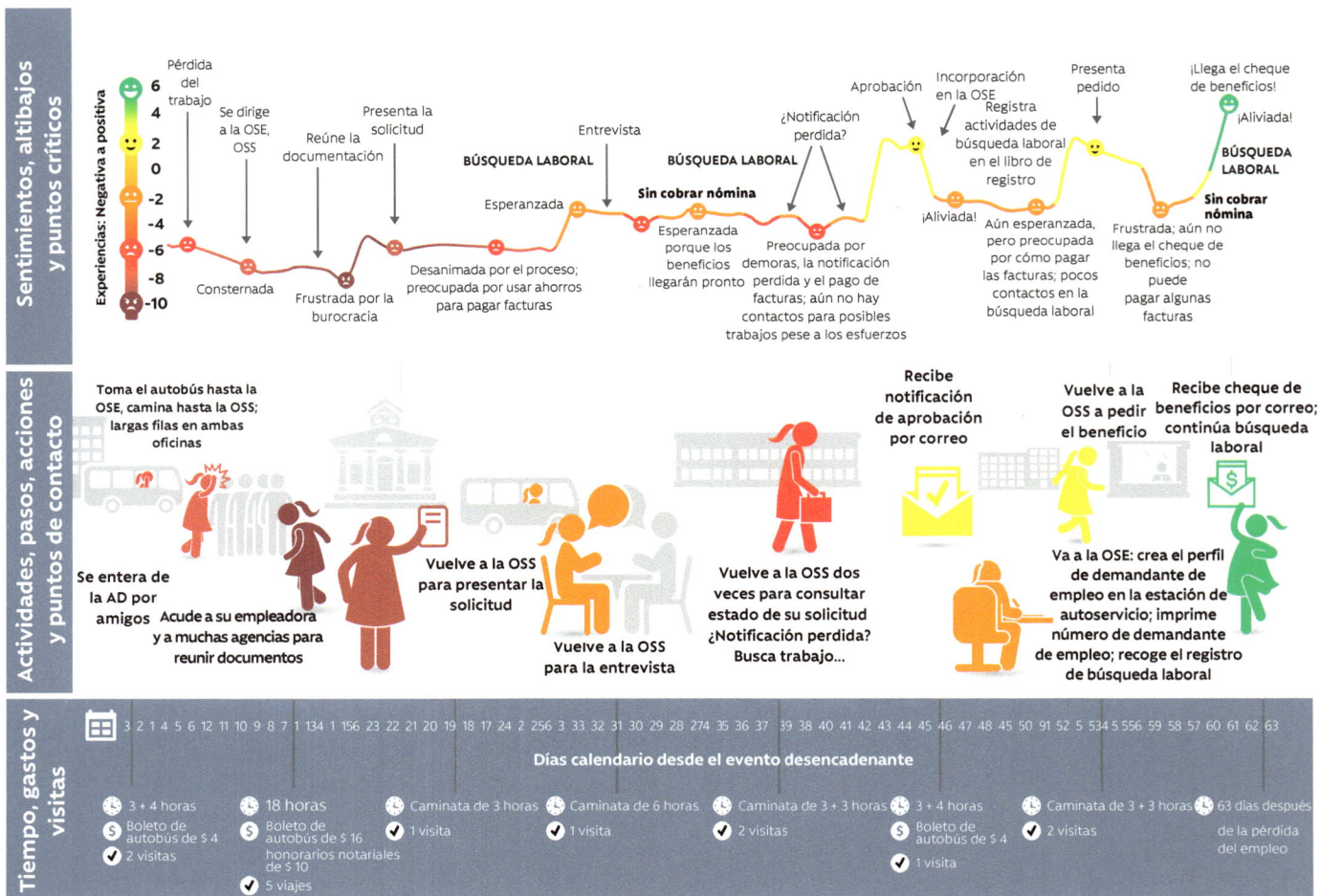

Fuente: Gráfico original para esta publicación, integrado de casos observados.

Nota: OSE = Oficina del Servicio de Empleo; OSS = Oficina de Servicios Sociales; AD = asistencia por desempleo.

experimentó Anaïs durante todo el proceso. Se sintió consternada después de haber perdido su trabajo, frustrada por la burocracia, humillada, desanimada, preocupada, esperanzada y, finalmente, aliviada. Además de los puntos críticos obvios de tener que recorrer muchas oficinas, el proceso abrumador de reunir documentos, la carga de TGV, las notificaciones perdidas y las demoras, Anaïs enfrentó otras dificultades. Cada vez que visitaba la OSS o la OSE, debía hacer largas filas y, a menudo, no tenía ningún lugar donde sentarse. En dos casos, le indicaron que esperara en la fila incorrecta, y luego fue humillada por la persona que atendía en ese sector. En otra ocasión, un hombre se puso delante de Anaïs para que lo atendieran antes, aunque era el turno de ella. El trabajador social no le dio importancia al tema y la hizo esperar. Cuando presentó su formulario de solicitud, le informaron en voz alta que recibiría sanciones penales por hacer declaraciones falsas. También sintió preocupación por las finanzas de su familia y temió por su seguridad cuando iba caminando hasta la OSS. Como aspectos positivos, Anaïs valoró la actitud amigable y alentadora del trabajador social que realizó su entrevista y sintió una enorme sensación de alivio cuando llegaron los beneficios.

- **_Tiempo transcurrido y dificultad económica._** Transcurrieron 63 días calendario desde la fecha en que Anaïs perdió su trabajo hasta el día en que recibió su primer pago. En el medio, perdió dos nóminas, y ella y su familia agotaron sus ahorros durante los meses en que no tuvieron ingresos suficientes. Mientras tanto, sus hijos se enferman, posiblemente debido a la contaminación del agua después de la tormenta tropical, y Anaïs debió hacerse cargo de las facturas médicas. Solicitó subsidios para el seguro de salud, pero eso implicó atravesar otro proceso (con muchos de los mismos documentos que exigía el MAS) y la respuesta no llegó a tiempo para ayudarla a cubrir las facturas médicas de sus hijos. Además, el tiempo adicional que debió dedicar a cuidarlos y llevarlos a la clínica se tradujo en menos tiempo dedicado a buscar trabajo. Para poder vivir con los recursos que tenían, Anaïs y su familia también tuvieron que reducir su consumo de alimentos nutritivos, «agregar más agua a la sopa» y consumir proteínas solo de vez en cuando. Anaïs hizo personalmente la mayor parte de los sacrificios para asegurar que los niños tuvieran comida suficiente. Por último, la familia no pudo realizar las reparaciones necesarias en su pequeña vivienda después de los daños causados por la tormenta.

Es interesante notar que, si bien Anaïs enfrentó numerosas dificultades al atravesar el proceso, el MAS alcanzó sus indicadores de desempeño para cada fase crítica. En primer lugar, se cumplió el estándar de calidad para el tiempo transcurrido desde la presentación del paquete de solicitud hasta la entrevista programada (diez días hábiles). En segundo lugar, la notificación de inscripción estaba matasellada menos de diez días después de la entrevista (se cumplió el estándar de servicio), aunque le llegó a Anaïs casi tres semanas más tarde. En tercer lugar, el cheque de beneficios fue enviado por la oficina postal menos de diez días hábiles después de que Anaïs presentó el pedido (se cumplió el estándar de servicio). También se implementaron otros aspectos procedimentales cualitativos comúnmente considerados buenas prácticas: En el formulario de solicitud se pidió el consentimiento para el uso de la información de la solicitante, y la persona responsable de la recepción de la OSS explicó claramente que, al momento en que Anaïs presentó su solicitud, no estaba garantizado el otorgamiento de los beneficios (lo cual es importante para manejar las expectativas). Una diferencia fundamental entre la experiencia del MAS y de la persona es que los estándares de calidad del MAS se midieron en días hábiles y se basaron en procesos, pero Anaïs, al igual que otras personas con necesidades, corría contra el reloj para sobrevivir con los recursos que tenía. Entonces, para ella, lo más importante era el plazo en días calendario reales; el punto de partida emocional y económico para la persona es el día en que efectivamente pierde su empleo. Por lo tanto, pese a la medición de desempeño positiva del MAS, el número total de días calendario desde el momento en que Anaïs perdió su trabajo hasta la fecha en que recibió un beneficio fue de 63 días (más de dos meses), con un plazo de 50 días calendario desde la fecha en que presentó el paquete de solicitud.

Aun así, los sistemas del MAS en el escenario 1 tuvieron algunas características positivas. Una ventaja estructural enorme es que Anaïs pudo solicitar beneficios de AD por demanda. El hecho de que Morlandia incluso tiene una red para la interfaz con el cliente que permite que las personas soliciten beneficios y servicios por demanda es un logro importante que no se ve en muchos países. Además, las inversiones en interoperabilidad por parte del MIT y del MAS redujeron la cantidad de documentos requeridos para las solicitudes (ver tabla 2.3), aunque aún se puede mejorar. Por ejemplo, Anaïs no necesitó proporcionar documentación sobre los beneficios por la condición de discapacidad de su madre, porque ya habían llegado a UNISO mediante la interoperabilidad con el ISS. Tampoco necesitó proporcionar documentación de gastos por servicios públicos (como su factura de electricidad), porque el intercambio de datos permite que UNISO obtenga esa información con una frecuencia trimestral por parte de la compañía eléctrica de Morlandia. Además, Anaïs pudo calificar para la asignación por hijo complementaria (AUH-PLUS) sin tener que solicitar ese beneficio de manera separada, gracias a los esfuerzos previos del MAS para armonizar su sistema de beneficios. Aunque los beneficios de AD y AUH-PLUS no reemplazan completamente los ingresos que Anaïs obtenía de su trabajo, cuando se combinan con la AD básica y la pensión por discapacidad que recibe su madre, la familia puede sobrevivir mientras Anaïs busca un nuevo empleo. Por último, si bien el plazo de 50 días calendario desde el momento de la solicitud hasta el momento del pago del primer beneficio es extenso para la beneficiaria, no es excepcional entre los programas que operan actualmente en otras partes del mundo. En muchos países, la demora para recibir beneficios puede ser aún mayor. De todas maneras, todavía se pueden introducir mejoras significativas.

Escenario 2: El recorrido de Naomi, unos años después

Unos años después del Escenario 1, vemos a Naomi, una mujer que trabaja en el campo de la tecnología y madre de dos hijos. Naomi es la primera de su familia en terminar la educación secundaria y recibir un título universitario. Vive con sus dos hijos en un pequeño apartamento alquilado en las afueras de la ciudad. Siempre que puede, envía dinero a su familia, que vive en otra parte del país. Durante los últimos años, Naomi ha trabajado como operadora de entrada de datos y, ocasionalmente, en atención al cliente respondiendo consultas de clientes para varios negocios multinacionales en el extranjero.

Sus trabajos son siempre temporales y los consigue a través de una empresa privada de tecnología que se queda con una parte de su sueldo. Últimamente, con los avances en la automatización de los procesos, los trabajos de baja tecnología que implican tareas repetitivas, como la entrada de datos, se están remplazando con la propia tecnología. De forma similar, con la puesta en marcha del procesamiento del lenguaje natural, las empresas están empezando a utilizar asistentes virtuales que pueden responder a los clientes las 24 horas del día por menos de la mitad de los costos que supone la contratación de personal de atención al cliente. La empresa que contrata a Naomi se ha visto afectada por la rápida incorporación de la automatización en los trabajos de baja tecnología y ya ha comunicado a Naomi que debe buscar otro trabajo. Naomi tuvo que esforzarse mucho para finalizar sus estudios, y se sentía muy orgullosa porque era capaz de ser independiente y mantener a su familia. Además, su trabajo le daba la flexibilidad necesaria para cuidar a sus hijos después del colegio. Luego de tanto esfuerzo, está devastada por haber perdido su trabajo y muy preocupada por cómo va a pagar las facturas, especialmente el alquiler, pues su casero es muy estricto con los pagos. Con todo esto, inició su proceso para solicitar los beneficios por desempleo a través del teléfono móvil. Veamos cómo es ese proceso.

En los años inmediatamente anteriores, Morlandia había estado invirtiendo en mejorar sus plataformas para los sistemas de implementación, lo que ha mejorado considerablemente la eficacia y la eficiencia de los programas de protección social, así como otros programas. Algunos de los cambios principales son los siguientes:

- *La adopción de reformas rápidas*. Después de los ejercicios de mapeo de procesos, el MAS realizó un proceso de negocio integral y una revisión de los sistemas de información, una revisión institucional y funcional, y una evaluación de las cargas de trabajo y la capacidad de los recursos humanos en las OSS. Estos diagnósticos permitieron definir una hoja de ruta para las reformas, e incluso, algunos resultados positivos inmediatos como (1) eliminar el periodo de espera de siete días entre la inscripción y el pedido de beneficios, que ha sido tema de fuertes críticas de la prensa y los partidos de la oposición, y (2) simplificar algunos procesos y eliminar pasos innecesarios. Un ejemplo fue haber eliminado el requisito de que los solicitantes se tuvieran que registrar en las OSE y obtener una declaración de DSS. A través de las evaluaciones de diagnóstico, se supo que el manual de operaciones no se había actualizado para reflejar la interoperabilidad, y que las OSS requerían una declaración de DSS de las OSE solo porque era como siempre se había hecho. El MAS envió inmediatamente un boletín oficial a todas las OSS para eliminar esa dificultad innecesaria. Además, ajustó los plazos de los procesos y empezó a computar días naturales en lugar de días hábiles.

- **Cambio de pagos manuales a digitales**. La gestión y procesamiento de los pagos ahora la realiza el National Trust Bank (NTB), un banco semipúblico que también gestiona otros pagos G2P asociados a seguros, salarios de funcionarios y similares. Ahora, los pagos se depositan directamente en las cuentas bancarias de los beneficiarios. El MIT, el MAS y otros ministerios siguen valorando la posibilidad de realizar las tareas asociadas al sistema financiero directamente mediante pagos integrados, para ofrecer a las personas más comodidad, capacidad de elección y opciones para utilizar cuentas bancarias móviles. Sin embargo, esta reforma aún tardará en aplicarse uno o dos años más.

- **Continuación de las mejoras de los sistemas por el MIT y el MAS**. En primer lugar, el MIT continuó con la puesta en marcha de su proyecto de interoperabilidad para incorporar más agencias, como la autoridad fiscal, la Agencia Nacional de la Tierra y la Propiedad, el poder judicial y los ministerios de sanidad, educación y transporte (aunque los problemas de calidad de los datos del Ministerio de Transporte siguen dificultando la utilización de información sobre la propiedad de los vehículos). En segundo lugar, el MAS continúo trabajando para mejorar sus sistemas internos; entre otras cosas, formalizó acuerdos de intercambio de datos con varios ministerios para reducir la cantidad de documentos necesarios para UNISO, simplificó y automatizó varios procesos, y lanzó una nueva plataforma de servicios web más sencilla, asistida por el MIT, para las oficinas que atienden al público.

- **Ampliación del uso de UNISO como plataforma integral para las políticas sociales.** Bajo la estrategia de política social «Morlandia Solidaria», muchas agencias han firmado acuerdos de intercambio de datos con el MAS. Las personas pueden solicitar todo tipo de servicios y beneficios sujetos a comprobación de medios de vida en el MAS y en otras agencias a través de una aplicación común vinculada a UNISO. Por ejemplo, el MdS puede obtener datos directamente de UNISO para determinar la elegibilidad y calcular el nivel de subsidios de los seguros de salud en lugar de tener que recopilar las solicitudes y la documentación por separado. El MdE utiliza datos de UNISO para determinar la elegibilidad para su programa *JumpStart*. La compañía eléctrica de Morlandia también utiliza ya datos de UNISO para calcular las tarifas sociales energéticas. UNISO puede, además, enviar perfiles básicos de beneficiarios al poder judicial para que las personas soliciten servicios legales gratuitos y exenciones en las tasas judiciales. Este uso de UNISO para las políticas sociales de todo el gobierno mejora la eficacia para las personas y para quienes administran todas estas agencias.

- **Lanzamiento de una ventanilla virtual interactiva de atención al cliente**. A través de las evaluaciones de diagnóstico del MAS, se supo que las personas tenían que hacer demasiadas visitas a las OSS y las OSE. Estas visitas suponían una carga para las personas y saturaban al personal de atención al público, que tenía que realizar procesos burocráticos repetitivos en lugar de brindar servicios de mejor calidad a los solicitantes con necesidades más complejas. El Ministerio de Trabajo y Protección Social (MTPS) había iniciado el desarrollo de un servicio de ventanilla virtual, pero cuando el MIT lanzó una plataforma de servicio gubernamental denominada MiMorlandia.gob, el MAS empezó a trabajar con esa plataforma, que ahora está conectada con UNISO. Al principio, la ventanilla virtual del MIT tenía muchos fallos, como tiempos muertos por mantenimiento del sistema, menús desplegables confusos, errores de calendario y una navegación ambigua. Los centros de recepción de llamadas de atención ciudadana estaban desbordados, y las personas, al final, tenían que acudir a entregar las solicitudes y los documentos personalmente en papel por la incompatibilidad del software. Mucha gente omitió directamente el servicio de ventanilla virtual y siguió presentando solicitudes en persona, haciendo fila como siempre lo había hecho. La prensa y la oposición se cebaron con estos problemas y los pusieron en los titulares de las noticias en múltiples ocasiones. Después, el MIT buscó un nuevo proveedor para MiMorlandia.gob, esta vez con el requisito de que los desarrolladores involucraran al menos a cien usuarios en el diseño, el desarrollo y las pruebas del prototipo, que utilizaran herramientas y técnicas de diseño centradas en las personas, y que el sitio web fuera operativo en múltiples dispositivos, incluso en una aplicación móvil. El costo de la nueva aplicación fue muy inferior al de la primera vez, dado que en el contrato se estipulaba que los desarrolladores de la aplicación tenían que utilizar un software de código abierto y estándares abiertos en muchos aspectos del diseño. Con el lanzamiento de la nueva aplicación, ahora son muchas más las personas que están utilizando MiMorlandia.gob con resultados positivos.[20]

- **Lanzamiento de JobMatch.com**. El Departamento de Trabajo y Empleo también se puso en contacto con una empresa privada para colaborar con una plataforma nacional de servicios de empleo denominada «JobMatch.com», que invita activamente a las empresas contratantes a anunciar sus ofertas de empleo y a los trabajadores a tener sus perfiles actualizados por si surgen oportunidades de trabajo. JobMatch.com ha dado resultados positivos en muchos sectores, incluso para empresas y trabajadores de las crecientes industrias del turismo y la tecnología de Morlandia. Se accede a JobMatch.com desde la página de MiMorlandia.gob

Mapeo del proceso de la cadena de implementación con mejoras continuas de los sistemas, pagos digitales y ventanillas de atención virtual

Estas reformas han optimizado los pasos de los programas del MAS. El gráfico 2.9 muestra el mapeo del

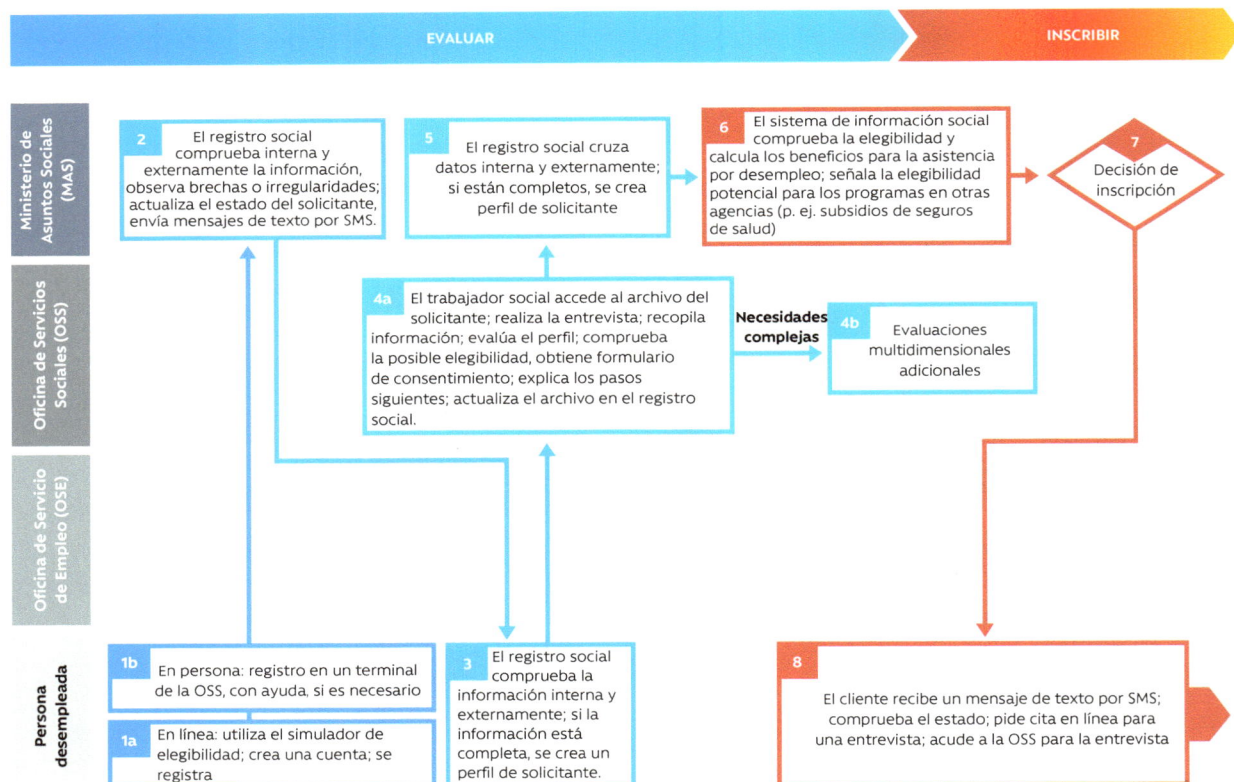

Gráfico 2.9 Mapeo del proceso de la cadena de implementación para los beneficios y servicios de asistencia por desempleo en Morlandia: Escenario 2

continuación

proceso de la cadena de implementación para los beneficios y servicios de asistencia por desempleo en este escenario.

- **Difusión, recepción, registro y evaluación de necesidades y condiciones.** Las personas pueden obtener información y hacer la solicitud en línea o en persona en los terminales de las OSS. También la pueden obtener en áreas de servicios públicos, como hospitales, escuelas y centros comunitarios. Los futuros beneficiarios crean una cuenta en MiMorlandia e introducen el número de su tarjeta TIM e información de identificación básica (pasos 1a y 1b en el gráfico 2.9). UNISO obtiene su información a partir de distintos sistemas administrativos (paso 2). El MAS ha implantado protocolos muy claros para actualizar la información y corregir errores, y el sistema genera una lista con la documentación e información necesarias

para solucionar las deficiencias. La cantidad de documentos requeridos se ha reducido a un máximo de nueve (ver tabla 2.3), y los solicitantes pueden subir a sus cuentas los documentos de forma electrónica. El sistema está programado para enviar actualizaciones de estado de forma automática a las cuentas de los solicitantes y a sus dispositivos móviles a través de un mensaje de texto SMS (paso 3). También permite reservar una hora para la entrevista de recepción a través del calendario en línea (paso 4). Un cuestionario ayuda a los trabajadores sociales a dirigir la entrevista para conocer mejor las necesidades y situaciones de sus entrevistados. Posteriormente, se crea un perfil del solicitante para evaluar su proximidad al mercado laboral y si tiene alguna necesidad más compleja. Sus respuestas pueden disparar otras evaluaciones multidimensionales (paso 4b) y, posiblemente, servicios de apoyo individualizados. UNISO

Gráfico 2.9 *(continuación)*

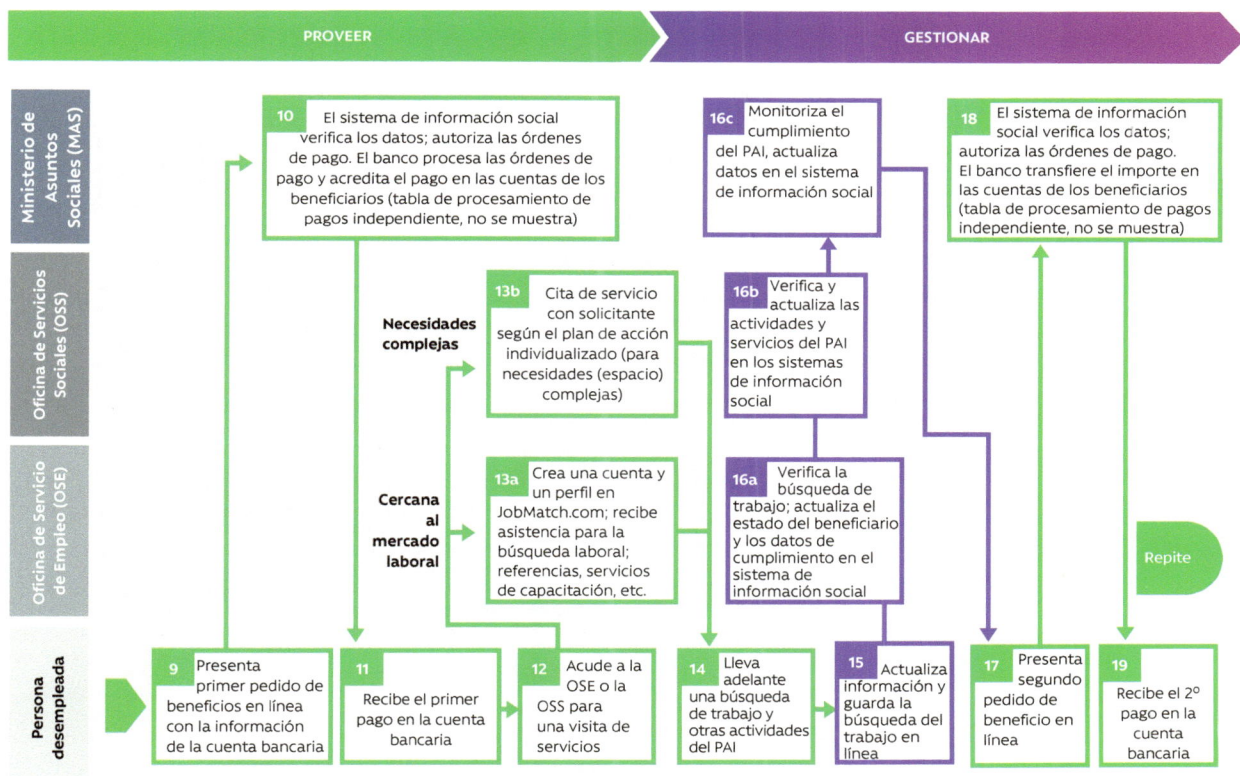

Fuente: Gráfico original para esta publicación, integración de casos observados

Nota: OSE = Oficina del Servicio de Empleo; PAI = Plan de acción individualizado; NTB = National Trust Bank; OSS = Oficina de Servicios Sociales; AD = asistencia por desempleo

verifica automáticamente en sus oficinas la información del solicitante con controles internos y externos (paso 5). Si la información está completa, se genera el perfil del beneficiario, que incluye medidas de bienestar integrales (para comprobaciones de los medios de vida) y evaluaciones por parte de los trabajadores sociales (paso 5).

- **Determinación de la elegibilidad, beneficios y servicios, inscripción e incorporación en el sistema**. UNISO comprueba automáticamente la elegibilidad y calcula los niveles de beneficios para la AD y otros beneficios (paso 6). Ahora, después de las reformas, UNISO establece la posible elegibilidad para beneficios y servicios de otras agencias, como los seguros médicos subsidiados del MdS, bonos preescolares *JumpStart* del MdE, tarifas sociales energéticas, etc.[21] Después, el MTPS autoriza las decisiones de inscripción para los beneficios del MAS (paso 7), y los solicitantes reciben una notificación por SMS para comprobar sus cuentas en línea en MiMorlandia (paso 8). Si la solicitud ha sido aprobada, la notificación en línea incluye una explicación de los beneficios, instrucciones para los pasos siguientes y derivaciones de servicio. Si la solicitud no ha sido aprobada, la notificación incluye el procedimiento para presentar apelaciones y quejas. Los estándares de calidad establecen que las decisiones y notificaciones sobre la inscripción han de emitirse en el plazo de siete días naturales desde la entrevista del solicitante y en un plazo de quince días desde la recepción de la solicitud.

- **Provisión de beneficios**. Al eliminar el periodo de espera de siete días, los beneficiarios pueden presentar los pedidos al NTB por Internet de forma inmediata (paso 9 del gráfico 2.9). Entonces, el MAS verifica la información y procesa las órdenes de pago (paso 10). Después, el NTB procesa las órdenes de pago y deposita el importe en las cuentas bancarias de los beneficiarios (ver el paso 11). El MAS ha modificado sus estándares de calidad reduciendo los plazos de respuesta (ver tabla 2.4), tal y como se muestra en el contrato de desempeño con el NTB.

- **Provisión de servicios**. Los beneficiarios con un perfil «más cercano al mercado laboral» son remitidos a la OSE (paso 12) para las visitas de servicio (paso 13a). Ellos mismos pueden crear sus perfiles en JobMatch.com o pueden hacerlo con la ayuda de los orientadores de empleo de la OSE. Los beneficiarios deben informar en cada visita sobre sus actividades de búsqueda de empleo y participar en una serie de sesiones de formación con vídeos sobre «Estrategias para el éxito» en las OSE. Los orientadores también proporcionan asistencia en la búsqueda laboral y derivaciones a otros servicios, así como cupones para programas de capacitación especializados en función de sus perfiles. En cambio, los beneficiarios en cuyo perfil se indica que tienen necesidades complejas, acuden a la OSE (o a otras agencias de servicios especializados) para evaluaciones de riesgo adicionales (paso 13b) y para elaborar un plan de acción individualizado (PAI) con servicios personalizados y las acciones necesarias para sus situaciones específicas.

- **Actualizaciones de datos y seguimiento de las corresponsabilidades**. Los beneficiarios deben mantener la información actualizada en su perfil en línea (paso 15). Existen protocolos para actualizar y corregir la información. También deben registrar sus actividades de búsqueda de empleo (paso 14) a través de su cuenta en MiMorlandia, la cual está vinculada a sus perfiles de JobMatch.com. Los orientadores de empleo de la OSE y los trabajadores sociales de la OSS también verifican el cumplimiento de los requisitos de búsqueda de empleo o los PAI y añaden notas en UNISO (pasos 16a-c)

El proceso continúa con los siguientes pedidos, seguimientos, pagos, provisión de servicios, etc. Los beneficiarios pueden recibir los beneficios de AD durante un máximo de doce meses, siempre que sigan cumpliendo con los requisitos del programa. A fin de fomentar la motivación para trabajar, si los beneficiarios encuentran un empleo dentro de esos doce meses, seguirán recibiendo beneficios durante otros tres meses con una reducción gradual durante el periodo de transición (100% en el primer mes en el trabajo, 50% en el segundo mes y 30% en el tercer mes). Si no encuentran empleo, pueden solicitar una prórroga de seis meses, hasta un total de dieciocho meses de beneficios de AD (los beneficiarios que reciben la prórroga vuelven al paso 3 del gráfico 2.9), pero entonces pasan a ser clasificados como de «necesidades complejas» y deben trabajar con el personal de la OSS para un PAI.

Hoja de ruta: La experiencia de Naomi con los beneficios de asistencia por desempleo tras perder su trabajo en el cambiante mundo laboral

Las reformas han transformado los procesos empresariales del MAS, pero ¿cómo ha afectado esto a las personas? El MAS recopila continuamente comentarios y registra las experiencias de la gente a través de grupos específicos y mapas de procesos, incluso el caso de Naomi, que perdió sus dos trabajos, el de entrada de datos y el del centro de llamadas (véase la hoja de ruta de Naomi en el gráfico 2.10). El informe sobre la experiencia de Naomi incluía los siguientes puntos:

- **_Transición a los procesos digitales_**. Este paso se ha dado con éxito casi en su totalidad. Aunque Naomi había estado recibiendo asignaciones universales por hijo, no las había transferido a una cuenta digital. Tuvo que aprender el proceso y crear una nueva cuenta en MiMorlandia.gob. El proceso en línea era

Gráfico 2.10 Hoja de ruta para la obtención de beneficios y servicios de asistencia por desempleo: Escenario 2, experiencia de Naomi

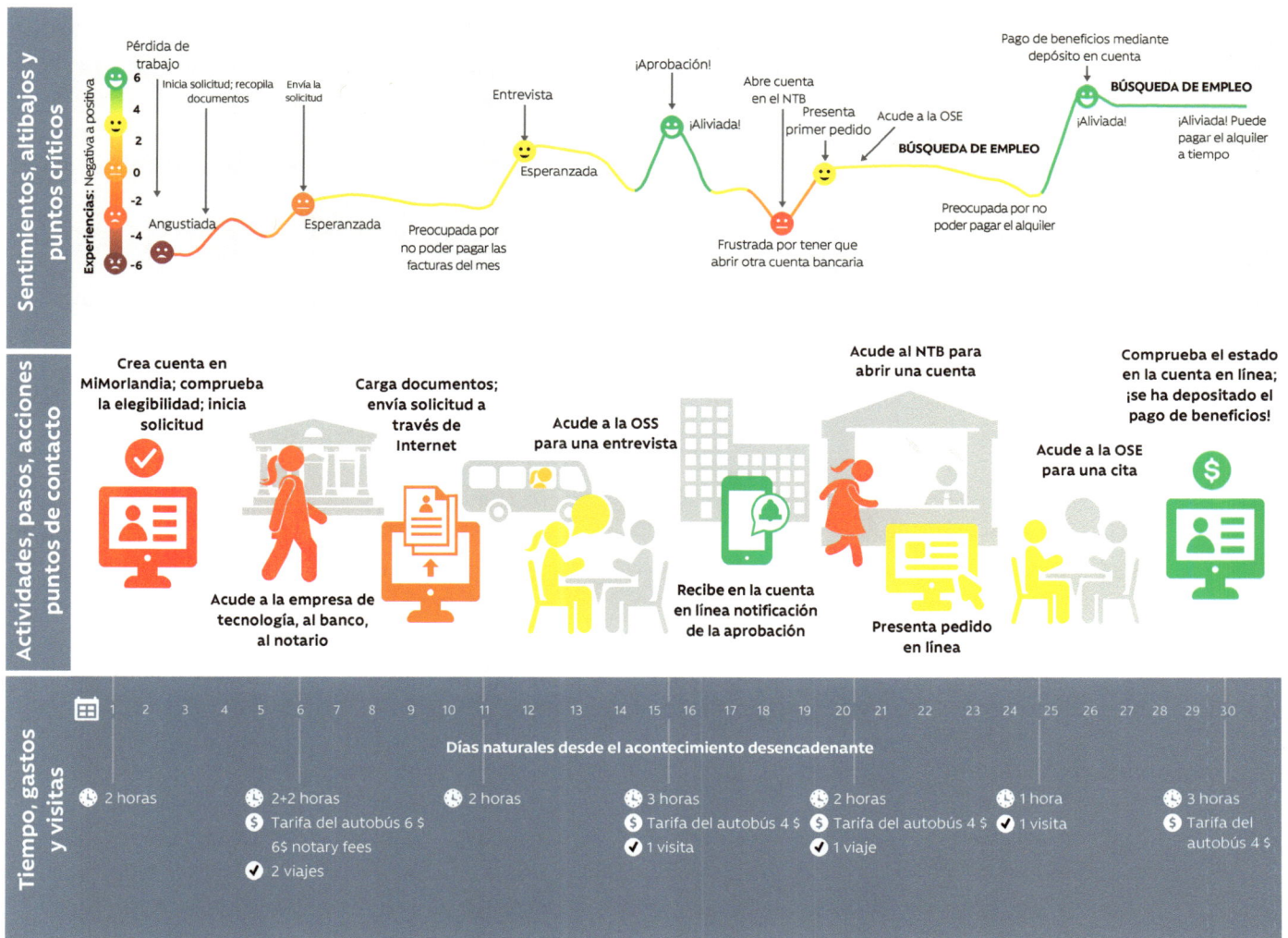

Fuente: Gráfico original para esta publicación, integración de casos observados

sencillo, pero sus beneficios no aparecían de manera inmediata en la cuenta, así que tuvo que llamar al servicio de asistencia telefónica. Estuvo en espera unos 30 minutos, pero al final pudo solucionar el problema. La siguiente vez que inició sesión, los beneficios de AUH aparecían con su información. Observó que algunos de sus datos personales incorporados al sistema eran incorrectos, así que tuvo que seguir varios protocolos para corregirlos. De nuevo, era algo sencillo, pero el sistema tardó un tiempo en reflejar los cambios, lo que hizo que Naomi tuviera que volver a llamar al servicio de asistencia. Con el botón «Comprobar mi elegibilidad»[22], Naomi simuló su posible elegibilidad para diversos beneficios y servicios con una mínima información. En pocos minutos, supo que era potencialmente elegible no solo para los beneficios de desempleo, sino también para el complemento AUH-PLUS, para seguros de salud subsidiados y para la tarifa social de electricidad. ¡Qué alivio! Después, se le pidió iniciar una solicitud, cuyo borrador tenía que guardar mientras recopilaba los documentos necesarios. Una vez que subió todos los documentos, enviar todo el paquete de la solicitud fue sencillo. Inmediatamente recibió un mensaje de texto por SMS confirmando el envío y, ahora, su cuenta en MiMorlandia.gob se actualiza frecuentemente mostrando las novedades de su estado y los procesos que realiza.

- *Recopilación de documentos*. Aunque el MAS y el MIT están trabajando para alcanzar la interoperabilidad, aún había que recopilar ciertos documentos, entre ellos, (1) la carta de despido oficial de la empresa de tecnología donde explicaban su estado contractual previo y el motivo de su despido; (2) las nóminas de los últimos tres meses de su trabajo anterior; (3) recibos bancarios con el saldo actual (por motivos de privacidad, esta información no está disponible a través del intercambio de datos). Después de recopilar todos esos documentos, tuvo que llevarlos a certificar con un notario público.

- *Carga de TGV*. Desde el momento en el que se inició el proceso hasta la fecha del primer pago, Naomi gastó en total 24 M$ de su bolsillo (en transporte y tasas notariales) y empleó 17 horas en el proceso. Esto incluía una visita a la OSS para la entrevista, los viajes para reunir los documentos y una cita en la OSE. Como previamente no tenía una cuenta en el

NTB, tuvo además que hacer un viaje al banco para abrir una e ingresar un depósito mínimo de 50 M$, según se detalla a continuación.

- **Elegibilidad para AD, AUH-PLUS y otros beneficios varios**. Naomi estuvo en encantada de saber que, una vez que fuera apta para la AD y para la AUH-PLUS, con unas pocas acciones más en MiMorlandia.gob también podría optar a un seguro de salud subsidiado y a tarifas sociales energéticas en su factura eléctrica.

- *Pedidos y pagos*. Uno de los motivos de frustración y malestar para Naomi fue el requisito de tener que abrir una cuenta bancaria en el NTB, que no tenía sucursales ni cajeros automáticos cerca de su casa. Naomi ya tenía una cuenta en un banco comercial y había estado recibiendo los pagos de su AUH por correo. Sin embargo, ahora tenía que añadir un nuevo banco para recibir los pagos de beneficios por desempleo y de la AUH y el complemento AUH-PLUS, para lo cual Naomi tenía que tomar varios autobuses y poner un depósito mínimo de 50 M$. Esto retrasaba la presentación del pedido de beneficios hasta que pudiera tener la información de la cuenta.

- *Puntos críticos y positivos*. Al igual que Anaïs, Naomi tuvo muchos sentimientos diferentes a lo largo del proceso. Según el momento, se sintió angustiada, frustrada, preocupada, esperanzada y aliviada. Los momentos clave fueron (1) resolver alguno de los problemas iniciales de información en su cuenta en MiMorlandia.gob; (2) recuperar los documentos necesarios de su banco y de su empresa anterior (aunque la carga no fue tan exigente como en el pasado); y, especialmente, (3) tener que abrir otra cuenta en el NTB. Además, un tema sensible intangible fueron las expectativas, que siempre son más altas con los servicios digitales, por lo que los retrasos suelen acarrear frustración. Sin embargo, hubo muchos aspectos positivos, entre ellos, (1) llevó a cabo gran parte del proceso con su teléfono móvil; (2) los trabajadores sociales fueron amables; (3) calificaba para múltiples beneficios del MAS y de otras agencias; y (4) desde el punto de vista del servicio, obtuvo varias recomendaciones y consejos de JobMatch.com y de su orientador profesional, y pudo inscribirse en varios cursos de capacitación con la ayuda de los cupones de formación de la OSE.

- **Tiempo transcurrido**. En total, transcurrieron 26 días naturales desde la fecha en la que Naomi perdió su trabajo hasta la fecha en la que recibió su primer pago, y 20 días naturales desde la fecha en la que envió su solicitud. De esta manera, pudo recibir los beneficios antes de que venciera el plazo para pagar el alquiler del mes siguiente, lo que evitó problemas a su familia. Aún tuvo que recortar gastos, pero con los beneficios pudo aguantar el mes mientras buscaba un empleo.

No cabe duda de que las reformas han mejorado el proceso para los administradores y las personas. Al comparar las experiencias de Anaïs y Naomi, vemos mejoras significativas en TGV, en el tiempo transcurrido y en los indicadores de desempeño entre los dos casos (tabla 2.4). De hecho, en los dos escenarios, el proceso fue mucho mejor que en muchos de los sistemas que hemos visto en todo el mundo, y los plazos en el caso de Naomi fueron excepcionalmente rápidos (incluso para sistemas más maduros).

La organización de los sistemas nunca está completa, y las dificultades no se terminan. En el mundo digital, las personas se han acostumbrado a obtener respuestas casi inmediatas, lo que se traduce en expectativas más altas, también para los servicios públicos. Incluso con unos plazos de respuesta relativamente rápidos, los retrasos pueden causar frustración. Sin embargo, las comunicaciones automatizadas por mensajes de texto SMS y las actualizaciones del estado

Tabla 2.4 Comparación de las experiencias de Anaïs y Naomi

Desempeño desde la perspectiva del cliente		
	Anaïs (hace varios años)	**Naomi (unos años después)**
Principales puntos críticos	Tener que ir a múltiples agencias muchas veces. Recopilación de documentos. Notificaciones perdidas en el correo. Debe solicitar los subsidios para seguros de salud por separado y no conoce otros beneficios y servicios a los que puede optar.	Expectativas más altas con los servicios digitales, por lo que los retrasos (aunque sean por días festivos) generan frustración. Recopilación de documentos. Tuvo que abrir otra cuenta bancaria en NTB con un depósito mínimo de 50 $, lo que también retrasó la presentación de la solicitud. Algunos problemas iniciales con su cuenta en MiMorlandia.gob.
Aspectos positivos	El cálculo de beneficios fue preciso. El trabajador social en la OSS fue amable. Periodos de espera más cortos que en el pasado. Se requieren menos documentos que en el pasado debido a la interoperabilidad del MAS. Se acoge a los beneficios de AD y al complemento AUH-PLUS con una sola solicitud.	Puede realizar gran parte del proceso desde casa con su dispositivo móvil. Trabajadores sociales amables. Periodos de espera más cortos que los de Anaïs. Muchos menos documentos necesarios que Anaïs. Se acoge a los beneficios de AD, al complemento AUH-PLUS, a los subsidios de seguro de salud y a la tarifa social energética, además de recibir cupones y derivaciones para capacitación.
Tiempo transcurrido	63 días naturales desde la pérdida del trabajo hasta el cobro de los beneficios. 53 días naturales desde la solicitud hasta el cobro de los beneficios.	26 días naturales desde la pérdida del trabajo hasta el cobro de los beneficios. 20 días naturales desde la solicitud hasta el cobro de los beneficios.

continuación

Tabla 2.4 *(continuación)*

Desempeño desde la perspectiva del cliente		
	Anaïs (hace varios años)	**Naomi (unos años después)**
Tiempo, gastos y visitas	53 horas invertidas en el proceso.	17 horas invertidas en el proceso.
	34 $ en gastos de bolsillo.	24 $ en gastos de bolsillo + depósito mínimo de 50 $ para la cuenta del NTB.
	9 visitas a la OSS/OSE + 5 viajes a otras agencias para recopilar documentos.	1 visita a la OSS y 1 visita de servicio a la OSE + 2 viajes para recopilar documentos + 1 viaje para abrir la cuenta bancaria.
Estándares oficiales de la calidad de desempeño (modificado tras las reformas)		
Desde la solicitud hasta la entrevista	≤10 días hábiles (cumplido)	≤7 días naturales (cumplido)
Desde la entrevista hasta la notificación	≤10 días hábiles (cumplido)	≤7 días naturales (cumplido)
Desde la solicitud de beneficios hasta el cobro	≤10 días hábiles (cumplido)	≤8 días naturales (cumplido)
Desde la solicitud hasta el cobro.	(No es un estándar de servicio, pero tomó 53 días naturales).	≤30 días naturales (cumplido)

Fuente: Tabla original para esta publicación.

Nota: OSE = Oficina del Servicio de Empleo NTB = National Trust Bank; OSS = Oficina de Servicios Sociales; AD = asistencia por desempleo; AUH-PLUS = Asignación Universal por Hijo PLUS (incluye el complemento para niños vulnerables).

de las cuentas, al mantener a las personas informadas, ayudan a gestionar esas expectativas. Son buenas prácticas y se pueden replicar en cualquier lugar. Para el futuro, el MAS podría incorporar una única reforma: ofrecer servicios notariales gratuitos en las OSS. Otra alternativa es que el sistema MiMorlandia elimine los requisitos notariales incorporando en todos los procesos certificaciones y firmas electrónicas. Finalmente, el principal motivo de preocupación para Naomi era el hecho de que tenía que abrir otra cuenta bancaria

(en el NTB) y poner un depósito mínimo para poder presentar una solicitud y recibir los beneficios. El MIT está trabajando para mejorar los pagos digitales y permitir a los clientes que, para todas las transacciones G2P y cuentas móviles, elijan la modalidad de pago a través de un portal de pagos integrado, pero aún faltan uno o dos años para que se pueda aplicar esa reforma. El MIT tiene también que seguir invirtiendo en la protección de datos y de la confidencialidad de la información de los usuarios.

2.4 ALGUNAS CONCLUSIONES: PRINCIPIOS FUNDAMENTALES

El ejemplo hipotético anterior y los ejemplos presentados en este libro de referencia ilustran principios fundamentales que deben tenerse en cuenta para los sistemas de implementación de protección social. Estos siete principios no son prescriptivos; son más bien reflexiones que pueden ayudar a construir una filosofía sobre los sistemas de implementación.

1. Los sistemas de implementación evolucionan con el tiempo, y su punto de partida es importante. Esa evolución no es lineal: Los sistemas puede ir en

una dirección, enfrentar dificultades y hacer nuevas inversiones o correcciones para seguir evolucionando. A veces, esas inversiones y correcciones son mejoras marginales del sistema existente. Otras veces, las correcciones requieren un salto cualitativo o una remodelación de los sistemas. O bien, necesitan volver a desarrollar capacidad donde se perdió (por ejemplo, en situaciones de fragilidad, conflictos y violencia, o después de un desastre). Aun cuando la implementación del sistema funciona sin problemas, las políticas y los programas cambian, el contexto y las circunstancias cambian, o la tecnología cambia. Siempre se puede mejorar. Los sistemas de implementación deben evolucionar siempre para estar a la altura.

2. En cuanto al diseño de sistemas de implementación y los programas que estos apoyan, un principio fundamental es «hacerlo de la manera más simple». Hay que intentar «hacer bien lo sencillo» antes de agregar complejidad a los programas o sistemas, especialmente a la hora de diseñar o reformar programas: Lograr que lo básico funcione bien antes de agregar características complejas que podrían complicar la implementación y poner en riesgo el esfuerzo general. Por ejemplo, un programa de transferencia monetaria debe ser capaz de registrar e inscribir personas, y de pagar los beneficios correctamente antes de agregar demasiadas funciones adicionales. Asimismo, los procesos de implementación deben mantenerse lo más simples posible, con iniciativas para reducir o evitar pasos «sin valor añadido», excesos de trámites o procedimientos confusos. Pueden usarse mapeos del proceso de la cadena de implementación para diseñar los pasos de implementación entre los actores, clarificar la secuenciación y los intercambios, y asegurar la singularidad de los roles.

3. La calidad de la implementación es importante, y las deficiencias en cualquiera de los elementos principales afectarán al sistema en su totalidad. La mala implementación trae desventajas, ya que puede resultar en un impacto general más leve, errores de inclusión y exclusión, recursos mal utilizados y mayor cantidad de quejas. Los sistemas de implementación son tan fuertes como su eslabón más débil, porque necesitan la interacción simultánea de muchas partes en movimiento.

4. La «primera milla» en la interfaz con el cliente es esencial, pero suele ser el eslabón más débil en la cadena de implementación. En una situación ideal, las personas pueden solicitar beneficios y servicios de protección social cuando los necesitan. Sin embargo, una inclusión tan dinámica requiere una red permanente y amplia para la interfaz con el cliente, que normalmente no existe en los países en desarrollo. Aun cuando existe una interfaz permanente con el cliente, las barreras burocráticas pueden obstaculizar el uso del sistema. En algunos casos, las mejoras en un extremo del sistema pueden hacer

más difícil para el cliente transitar en el otro extremo. O, cuando dichas mejoras permiten que el uso sea más eficiente para el beneficiario general, no tienen en cuenta las dificultades para los subgrupos específicos (como personas de áreas remotas). Si la interfaz con el cliente es débil, las personas lo sufrirán, habrá deficiencias en el sistema y ni siquiera el programa técnicamente mejor diseñado alcanzará sus objetivos. Además, esas debilidades o fallas en las primeras líneas son muy visibles, y serían atacadas por la prensa o los partidos políticos.

5. Los sistemas de implementación de protección social no funcionan en un vacío y no deben desarrollarse de manera aislada. Por el contrario, forman parte de un sistema gubernamental mucho más amplio y deben diseñarse como tales. Esta perspectiva más amplia puede ser particularmente útil para crear sistemas de información eficientes, con enlaces de interoperabilidad hacia otros sistemas, privacidad de los datos y estándares de protección, como así también sistemas de pago que aprovechen los G2P (sistemas de pagos de gobierno a persona) y el sistema financiero de un país. Además, puede fomentar arreglos institucionales eficientes que aprovechen las capacidades a nivel central y local en lugar de establecer sistemas paralelos.

6. Los sistemas de implementación de protección social podrían contribuir más ampliamente a la capacidad operativa de un gobierno. Los registro sociales, por ejemplo, permiten a las personas obtener beneficios y servicios fuera del sistema de protección social (como subsidios para seguros de salud, becas, tarifas sociales energéticas y servicios jurídicos). Asimismo, los sistemas de derivación de los trabajadores sociales conectan a las personas con una gran variedad de beneficios y servicios. Dado que los beneficios de protección social son generalmente un indicio de la primera transferencia de fondos de un gobierno a las personas más pobres, también pueden impulsar el desarrollo de vías de pago G2P más amplias y la inclusión financiera de estos sectores.

7. No existe un modelo único para los sistemas de implementación, pero sí existen elementos en común. Si bien los contextos, los programas, las personas, las instituciones y los modelos operativos de los sistemas de implementación son diversos, estos comparten muchas características, que

constituyen los elementos principales del marco de los sistemas de implementación, en particular, las fases comunes en la cadena de implementación. El marco descrito en este libro de referencia no pretende ser prescriptivo, sino brindar una manera útil y práctica de organizar nuestro conocimiento sobre cómo se implementan los programas de protección social.

8. Los problemas asociados a la inclusión y a la coordinación son constantes y permanentes, y contribuyen también a los objetivos de eficacia y eficiencia. Los sistemas de implementación eficaces son, por naturaleza, inclusivos; ya que no solo alcanzan a la población objetivo, sino que incluyen poblaciones vulnerables y personas con barreras de acceso específicas. Los sistemas de implementación eficientes operan necesariamente en contextos de gran coordinación, dado que aprovechan al máximo las sinergias dentro de los programas y entre ellos, a fin de minimizar los costos de las administraciones y promover la integración entre todos los programas para reducir los costos para los beneficiarios.

Notas

1. Diferenciamos entre varios niveles de implementación: (1) «Etapa» se refiere a los niveles superiores de «evaluación», «inscripción», «provisión» y «gestión»; (2) dentro de las etapas, hay varias fases de implementación (difusión; recepción y registro; evaluación de las necesidades y condiciones; decisión de elegibilidad; decisiones de inscripción; determinación del paquete de beneficios y servicios; notificación e incorporación; provisión de beneficios; provisión de servicios; cumplimiento de las corresponsabilidades por parte de los beneficiarios, actualización de datos y gestión de quejas; decisiones de salida; notificaciones; y resultados de los casos); (3) dentro de cada fase de implementación, puede haber niveles más detallados, procesos, pasos, etc.

2. Los arreglos institucionales incluyen estructuras organizativas formales (actores), reglas y normas informales.

3. Aquí solo se abordan servicios o programas no contributivos. Consulte Matsuda (2017) para ver ilustraciones de estas variaciones.

4. Hay excepciones, por supuesto, de varios estados o gobiernos subnacionales que financian (o cofinancian) programas de protección social, particularmente en países grandes o federales, como Canadá, India, la Federación Rusa y los Estados Unidos.

5. En todas las situaciones mencionadas, no basta con entender las responsabilidades formales (*de iure*) del organismo que elabora las políticas. Su condición, su nivel de capacidad técnica y su poder financiero o político reales (*de facto*) son los que hacen la diferencia en la práctica.

6. En los estados muy descentralizados, los gobiernos subnacionales suelen asumir responsabilidades menos importantes en la protección social. No obstante, no es frecuente que esta sea la principal responsabilidad de esos gobiernos.

7. Es decir, estructuras organizativas formales, reglas y normas informales.

8. Con el objetivo de alinear mejor los incentivos y aumentar la responsabilidad, algunos países han intentado transferir al nivel local la implementación y la financiación del programa. Sin embargo, los resultados de la financiación han sido variados, en el mejor de los casos, sobre todo en Europa oriental y Asia central. Ver Bassett, Giannozzi, Pop y Ringold (2012), y Grosh *et al.* (2008).

9. Para un análisis detallado de este punto en el contexto de Pakistán, consulte Matsuda (2017).

10. Consulte en el glosario la distinción entre «integración» e «interoperabilidad», dos conceptos que se suelen confundir.

11. Algunos de los llamados «registros sociales» se desarrollan como meras bases de datos, pero no cumplen las funciones de los registros sociales como sistemas de inclusión e información.

12. La República de Corea construyó en 2005 un centro de datos integrado para todo el gobierno con más de 20 000 elementos de hardware y una reducción del 30 % en los costos del centro de datos.

13. Algunas partes del gobierno de Estados Unidos utilizan los servicios web de nube de Amazon.

14. Los programas de obras públicas son una excepción: Tienden a adoptar enfoques por cohortes dirigidos por la administración, pero están orientados a personas desempleadas o subempleadas.

15. Los parámetros de diseño difieren entre el enfoque por demanda y el enfoque dirigido por la administración. Algunos tipos de parámetros de diseño son compatibles con el enfoque por cohortes, pero no con el enfoque por demanda. El ejemplo más obvio es el uso de *rankings* relativos y umbrales de elegibilidad. En el enfoque por demanda, las personas presentan su solicitud e ingresan en momentos diferentes, de manera que no puede usarse el método de los *rankings* relativos. Otra diferencia en el diseño de los dos enfoques es la calibración de la secuencia de las medidas de acompañamiento o

las intervenciones de inclusión económica y productiva para un grupo de beneficiarios, lo cual supone que una cohorte de beneficiarios atravesaría las etapas de la intervención de manera conjunta y en los mismos tiempos. Entonces, si los administradores de programas desean hacer una transición desde el registro masivo hacia un enfoque por demanda para promover la inclusión dinámica, es posible que también deban cambiar los parámetros de diseño, como los criterios de elegibilidad y la secuenciación de las intervenciones.

16. Los regímenes de renta mínima garantizada tipifican el enfoque adaptado porque calculan la diferencia entre los ingresos de una persona en particular y un nivel mínimo establecido.

17. No todos los programas que adoptan un enfoque de cohortes dirigido por la administración usan *rankings* y umbrales relativos para determinar la elegibilidad. Algunos usan umbrales absolutos aplicados a medidas de bienestar para cada hogar de la cohorte.

18. Si bien este análisis se centra en los beneficios, tales límites pueden ser igualmente frustrantes cuando se trata de servicios; por ejemplo, cuando un programa para niños con discapacidad del desarrollo no tiene suficientes vacantes para satisfacer la demanda debido las limitaciones financieras y de capacidad.

19. Ver en el recuadro 2.3 el análisis del indicador de TGV.

20. Las personas sin acceso digital o sin los conocimientos pueden seguir presentando la solicitud en persona en las OSS, donde los empleados los ayudan a realizar el proceso en terminales digitales de autoservicio dispuestas en el vestíbulo. Hasta el momento, cerca del 60% de los beneficiarios del MAS ya han empezado a utilizar las aplicaciones digitales desde sus propios dispositivos, porcentaje que sigue en aumento.

21. Si bien UNISO puede predeterminar las personas potencialmente elegibles para estos programas, el mandato institucional y la jurisdicción para las decisiones de elegibilidad, inscripción y beneficios recae en las otras agencias (como el MdS para las subvenciones para seguros de salud). Cuando alguien ha sido elegido a través de una solicitud habitual del MAS, UNISO envía una notificación al MdS, el cual notifica después a los solicitantes su estado de elegibilidad a través de sus cuentas en MiMorlandia.gob.

22. Estos simuladores de tipo «comprobar mi elegibilidad» son bastante útiles y se pueden usar desde las ventanillas virtuales de servicios, aunque el programa/país no tenga aún la posibilidad de procesar las solicitudes por este medio. Estos simuladores evitan que el sistema se sobresature por la demanda de solicitantes que no son aptos o con la creación innecesaria de cuentas o citas para entrevistas en las oficinas. Esto permite reducir los TGV de las personas que, probablemente, no cumplen los requisitos para optar por los beneficios y servicios, y para el personal que está de cara al público. Es necesario que, al utilizar los simuladores, estos informen que no garantizan la elegibilidad y que solo indican una posibilidad.

Bibliografía

Alderman, Harold, Ugo Gentilini, and Ruslan Yemtsov, eds. 2018. The 1.5 *Billion People Question: Food, Vouchers, or Cash Transfers?* Washington, DC: World Bank.

Auer, Peter, Ümit Efendioglu, and Janine Leschke. 2008. *Active Labour Market Policies around the World: Coping with the Consequences of Globalization.* 2nd ed. Geneva: International Labour Office.

Barca, Valentina, and Richard Chirchir. 2019. *Building an Integrated and Digital Social Protection Information System.* Deutsche Gesellschaft für Internationale Zusammenarbeit (GIZ) GmbH, Bonn, Germany. https:// www.giz.de/de/downloads/giz2019-en-integrated -digital-social-protection-information-system.pdf.

Bassett, Lucy, Sara Giannozzi, Lucian Pop, and Dena Ringold. 2012. *Rules, Roles, and Controls: Governance in Social Protection with an Application to Social Assistance.* Social Protection and Labor Discussion Paper no. SP1206, World Bank, Washington, DC. http://documents.worldbank.org/curated /en/301371468151778608/Rules-roles-and-controls -governance-in-social-protection-with-an -application -to-social-assistance.

Cavoukian, Ann. 2011. *Privacy by Design: The 7 Foundational Principles—Implementation and Mapping of Fair Information Practices.* Information and Privacy Commissioner of Ontario, Canada. https://iab.org/wp-content/IAB-uploads/2011/03 /fred_carter.pdf.

Grosh, Margaret, Carlo del Ninno, Emil Tesliuc, and Azedine Ouerghi. 2008. *For Protection and Promotion: The Design and Implementation of Effective Safety Nets.* Washington, DC: World Bank.

Hammer, Michael, and James Champy. 2003. *Reengineering the Corporation: A Manifesto for Business Revolution.* New York: Harper Business Essentials.

IDEO.org. 2015. The Field Guide to Human-Centered Design. IDEO.org, San Francisco.

Karippacheril, Tina George. 2018. *The First Mile in Delivering Social Protection and Jobs (SPJ): Human-Centered Design.* Presentation at the World Bank's Social Safety Nets and Delivery Systems Core Course, Washington, DC.

Karippacheril, Tina George, and Kathy Lindert. 2016. *Delivery Chain Process Mapping and End-to-End Implementation Planning for Social Safety Net Programs*. Social Protection and Labor Delivery Systems Global Solutions Group. Presentation at the World Bank's Social Safety Nets and Delivery Systems Core Course, Washington, DC.

Karippacheril, Tina George, and Kathy Lindert. 2017. *Delivery Chain Process Mapping and End-to-End Implementation Planning for Social Safety Net Programs*. Social Protection and Labor Delivery Systems Global Solutions Group. Presentation at the World Bank's Social Safety Nets and Delivery Systems Core Course, Washington, DC.

Karippacheril, Tina George, and Kathy Lindert. 2018. *Delivery Chain Process Mapping and End-to- End Implementation Planning for Social Safety Net Programs*. Social Protection and Jobs Delivery Systems Global Solutions Group. Presentation at the World Bank's Social Safety Nets and Delivery Systems Core Course, Washington, DC.

Karippacheril, Tina George, Kenichi Nishikawa Chávez, and Inés Rodríguez Caillava. 2019. *Delivery Chain Process Mapping for Social Programs*. Presentation at SPJ Learning Days, Human Development Week, Washington, DC.

Karippacheril, Tina George, and Inés Rodríguez Caillava. 2019. *Institutions and Coordination: Delivery Chain Process Mapping for Social Programs*. Presentation at the World Bank's Social Safety Nets and Delivery Systems Core Course, Washington, DC.

Leite, Phillippe, Tina George, Changqing Sun, Theresa Jones, and Kathy Lindert. 2017. *Social Registries for Social Assistance and Beyond: A Guidance Note and Assessment Tool*. Social Protection and Labor Discussion Paper 1704, World Bank, Washington, DC. http://documents.worldbank.org/curated/en/698441502095248081/Social-registries-for-social-assistance-and-beyond-a-guidance-note-and -assessment-tool.

Lindert, Kathy, and Tina George Karippacheril. 2017. *A Framework for Social Safety Net Delivery Systems*. Social Protection and Labor Delivery Systems Global Solutions Group. Presentation at the World Bank's Social Safety Nets and Delivery Systems Core Course, Washington, DC.

Lindert, Kathy, and Tina George Karippacheril. 2018. *Social Protection Delivery Systems and the Dual Challenges of Inclusion and Coordination*. Presentation at the World Bank's Social Safety Nets and Delivery Systems Core Course, Washington, DC.

Matsuda, Yasuhiko. 2017. *Organizing Social Protection in Federal States: International Examples of Federalism and Social Protection and Implications for Pakistan*. Washington, DC: World Bank. http://documents.worldbank.org/curated/en/525311532077545572/Organizing-social-protection-in-federal-states-international-examples-of-federalism-and-social-protection-and-implications-for-Pakistan.

Rummler, Geary A., and Alan P. Brache. 1990. *Improving Performance: How to Manage the White Space on the Organization Chart*. 2nd ed. Jossey-Bass Management Series. San Francisco: Jossey-Bass.

Sluchynsky, Oleksiy. 2019. *Social Insurance Administrative Diagnostic (SIAD): Guidance Note*. World Bank, Washington, DC; International Social Security Association, Geneva, Switzerland.

Solomon, Jake. 2017. *Human Centered Design in Social Programs: Direct Experience from the US*. Presentation at the World Bank, Washington, DC.

Subbarao, Kalanidhi, Carlo del Ninno, Colin Andrews, and Claudia Rodríguez-Alas. 2013. *Public Works as a Safety Net: Design, Evidence, and Implementation*. Directions in Development Series. Washington, DC: World Bank.

US Digital Services. 2014. *Digital Services Playbook*. https://playbook.cio.gov/.

World Bank and ILO (International Labour Organization). 2016. *A Shared Mission for Universal Social Protection: Concept Note*. World Bank, Washington, DC; ILO, Geneva, Switzerland.

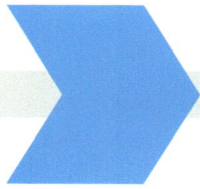

Capítulo 3

Difusión

Surat Nsour, Vasumathi Anandan, Kathy Lindert y
Tina George Karippacheril

¿Cómo conoce la gente los programas de protección social? ¿Cómo descubren los objetivos y las normas de los programas, y los procesos de implementación, como la recepción y el registro? ¿Cómo se aseguran los administradores del programa de llegar a las poblaciones objetivo y los grupos vulnerables? Estas son las cuestiones que se abordan en la fase de difusión de los sistemas de implementación de protección social.

En el proceso de difusión, se realizan interacciones destinadas a informar a las personas sobre los programas y los procesos de implementación de la protección social, además de crear adaptaciones para fomentar la participación en ellos[1]. El objetivo de la difusión es llegar hasta las poblaciones objetivo, entre las que se encuentran, (1) los niños, los jóvenes, las personas mayores u otros grupos demográficos; (2) las personas pobres u otros grupos definidos en función de su nivel socioeconómico; (3) las personas desempleadas u otras demandantes de empleo; (4) las personas en condición de discapacidad; (5) las personas vulnerables y las familias en situación de

riesgos sociales. Además, la difusión activa debe adaptarse para garantizar que la información llegue hasta los grupos vulnerables; por ejemplo, aquellos en los que haya diferencias culturales o lingüísticas, las personas en condición de discapacidad o las personas con otras eventuales barreras para el acceso. Es posible que también sea necesario realizar adaptaciones para llegar a poblaciones marginadas, como las personas sin hogar; los jóvenes pertenecientes al colectivo LGBTIQ+ (lesbianas, gais, bisexuales, transexuales, intersexuales, *queer* y otras identidades); y aquellas personas que viven en lugares remotos o sufren situaciones de fragilidad, conflicto y violencia (FCV). Además de a la población objetivo, las labores de difusión deben involucrar a otras partes interesadas que puedan influir, de forma directa o indirecta, sobre aquellas personas a las que resulta más difícil llegar. Aparte de la población objetivo, el programa debe difundirse entre otros grupos; por ejemplo:

- A nivel de los hogares, los miembros clave que influyen en el comportamiento e incrementan el nivel de motivación y participación del resto; por ejemplo, en Yibuti, las labores de difusión hacen hincapié en la contribución de las abuelas a la hora de promover la nutrición infantil, la salud y la participación de las mujeres.

- A nivel comunitario, los profesionales y los proveedores de servicios de interés que ayudan a facilitar las derivaciones, junto con el personal de otros programas que pueda informar acerca del programa (por ejemplo, líderes comunitarios, docentes y médicos), además de otras personas capaces de generar transformaciones a través de la interacción con padres y cuidadores, así como la interacción individual con poblaciones de niños y jóvenes a los que es difícil acceder.
- A nivel de intermediarios, o aquellos que influyen los cambios en la comunidad, quienes posteriormente se encargan de la difusión entre la población objetivo, como los trabajadores sociales y la sociedad civil.
- A niveles local y nacional, otras partes interesadas clave, como los medios de comunicación, las personalidades políticas, los donantes y los organismos o líderes locales capaces de influir sobre la atmósfera y las actitudes, y generar conocimientos de interés sobre la población objetivo y los programas y servicios disponibles.

La difusión es la primera fase de la cadena de implementación (gráfico 3.1), y resulta fundamental a la hora de determinar la eficacia de los sistemas de implementación en cualquier programa de protección social. Si bien la comunicación y la difusión a lo largo de la cadena de implementación resultan necesarias, esta sección se centra en la difusión inicial, que busca informar sobre los programas a la población objetivo y general para que sus integrantes los conozcan, estén informados, sean capaces de participar en ellos y se animen a hacerlo. Entre los inputs fundamentales de la difusión se encuentran la información sobre los programas y los procesos de implementación, los mensajes básicos y las herramientas de comunicación y búsqueda activa. Los resultados básicos serían que la población objetivo esté informada, entienda la(s) intervención(es) y esté dispuesta a participar, registrarse y proporcionar información sobre sí misma. Estos resultados se emplearán en la siguiente fase de la cadena de implementación: la recepción y el registro (véase el capítulo 4).

El presente capítulo se organiza del siguiente modo:

- En las secciones 3.1 y 3.2 se definen los conceptos y elementos básicos de la difusión, y se analizan las dificultades que plantea.
- En las secciones 3.3 y 3.4 se ofrece una descripción general de las estrategias, las modalidades y los instrumentos de difusión, lo que incluye su adaptación a grupos y contextos concretos.
- En la sección 3.5 se ponen de relieve algunos aspectos institucionales.
- En la sección 3.6 se presenta un resumen y una conclusión.

En este capítulo se recogen ejemplos de distintos países, entre los que se incluyen algunos de cada región:

- **África:** Benín, Kenia, Ruanda
- **Asia Oriental y el Pacífico:** Filipinas
- **Europa y Asia Central:** Bulgaria, Dinamarca, Estonia, Finlandia, Alemania, Portugal, Rumania, República Eslovaca, Eslovenia, Suecia, Reino Unido
- **América Latina y el Caribe:** Brasil
- **Oriente Medio y África del Norte:** Irak, República del Yemen
- **Asia Meridional:** Pakistán
- **Otros países de la Organización de Cooperación y Desarrollo Económicos (OCDE):** Estados Unidos

Gráfico 3.1 La fase de difusión de la cadena de implementación de protección social

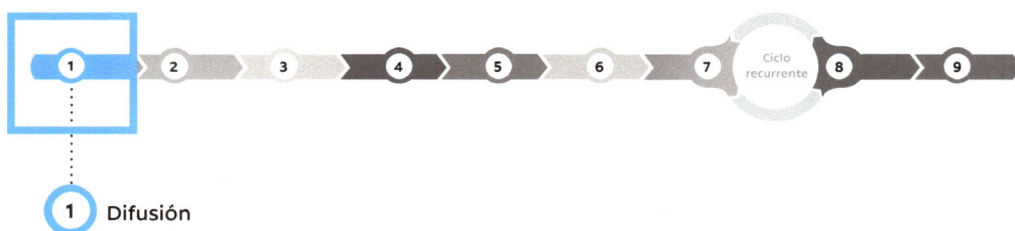

1 Difusión

Fuente: Gráfico original para esta publicación.

3.1 CONCEPTOS Y ELEMENTOS BÁSICOS

Aunque la mayoría de quienes se dedican profesionalmente a la protección social están de acuerdo en que la difusión es fundamental, no existe una definición única para este término. Combinamos muchos de los elementos que se utilizan en la bibliografía y en la práctica para definir la difusión en los sistemas de implementación de protección social como «las labores que se llevan a cabo deliberadamente para alcanzar e informar a las poblaciones objetivo y a los grupos vulnerables sobre los programas y los sistemas de protección social de una forma que les resulte comprensible para que los conozcan, estén informados, tengan la capacidad de participar en ellos y se animen a hacerlo». Esta definición consta de varios elementos: (1) objetivo: informar a las personas sobre los programas y sistemas de implementación de protección social; (2) personas: el eje central es la población objetivo, y se trata de garantizar que se llegue a los grupos más desatendidos o vulnerables; y (3) estrategia proactiva: las labores son deliberadas y se adaptan para asegurarse de llegar a la población objetivo y fomentar la comprensión, el conocimiento y la capacidad de participar.

El objetivo de la difusión es informar a las personas sobre los programas y los sistemas de implementación de protección social para que los conozcan y estén capacitadas y animadas a participar en ellos. Esto implica, en primer lugar, que las personas conozcan los diferentes aspectos que integran los programas de protección social, como sus objetivos, la población objetivo, las normas, los criterios de elegibilidad, el alcance y el contenido; en segundo lugar, facilitar la comprensión de los sistemas de implementación, incluidos los procesos, los agentes institucionales, los puntos de contacto y cómo contactarlos, los plazos y lugares de registro, los derechos y las responsabilidades de personas registradas y posibles beneficiarias, los canales de presentación de reclamos, quejas y apelaciones, etc.; en tercer lugar, facilitar la comprensión, el conocimiento y el acceso a componentes concretos de los sistemas de implementación, como los registros sociales u otros sistemas relacionados, que incluyen los sistemas de pago, el registro civil y los sistemas de identificación básica.

La difusión activa es esencial para impulsar la posible inclusión de los grupos «difíciles de alcanzar» y marginados, de modo que se los tenga en cuenta a la hora de determinar la elegibilidad para los programas sociales. Para que el registro social cumpla su papel de «inclusión», es importante que alcance a tantos beneficiarios potenciales de los programas sociales (u otros «programas para usuarios») como sea posible. Las labores de difusión activa son importantes para la recepción y el registro dinámicos y por demanda. Es posible que las poblaciones vulnerables desconozcan los beneficios que podrían percibir en caso de participar en los programas sociales.

Los datos demuestran que, sin una estrategia de difusión bien razonada, existe el riesgo de que los programas de protección social agudicen los errores de exclusión debido a la falta de información y el escepticismo de que dichos programas ofrezcan un beneficio inmediato o a más largo plazo, especialmente para las personas que viven en lugares remotos y aislados. Unas actividades de difusión proactivas ayudan a gestionar las expectativas, minimizan los reclamos y desarrollan una mejor comprensión mutua, para reducir el riesgo de entrar en una espiral negativa, que fracase el programa, que se produzca una manipulación externa, que se pierda la credibilidad y se politice.

3.2 DIFICULTADES DE LA DIFUSIÓN

Este libro de referencia se centra en las dificultades que enfrentan las poblaciones objetivo. Entre estas poblaciones se encuentran (1) los niños, los jóvenes, las personas mayores u otros grupos demográficos; (2) las personas pobres u otros grupos definidos en función de su nivel socioeconómico; (3) las personas desempleadas u otras demandantes de empleo; (4) las personas en condición de discapacidad; (5) las personas vulnerables y las familias en situación de riesgos sociales. La tabla 3.1 recoge algunas de las dificultades que plantea la difusión para estos grupos. Los capítulos posteriores del libro emplean esta tabla como base para poner

Tabla 3.1 Poblaciones objetivo frecuentes en programas de protección social y dificultades asociadas a la difusión

	Grupos demográficos a lo largo del ciclo de vida	
	Niños	Dependen de los padres y tutores para el acceso.
	Personas mayores	Es posible que su alfabetización, acceso a recursos digitales y movilidad sean limitados, o que tengan dificultades relacionadas con la edad.
	Mujeres	Pueden afrontar problemas de movilidad, violencia doméstica o estigmatización.
	Grupos limitados por el nivel socioeconómico	
	Personas que viven por debajo de la línea de pobreza	Pueden no conocer los programas o tener conceptos equivocados; es posible que se vean desalentadas por procedimientos complejos; quizá no confíen en las instituciones.
		Su nivel de alfabetización o acceso a recursos digitales puede ser limitado.
		Pueden sufrir estigmas o problemas familiares, o sentir vergüenza de su situación económica.
	Personas sin hogar	Pueden ser «invisibles» para los programas o para el sistema; que no conozcan los programas; que sufran estigmas o sientan vergüenza; o que carezcan de una dirección fija, lo que dificultaría sus esfuerzos por conectar con los programas o solicitarlos.
	Personas que viven en lugares aislados y remotos	Puede que carezcan de transporte, movilidad o acceso físico.
		Pueden estar muy dispersas y con dificultades para el acceso físico; o no tener electricidad o acceso a internet.
		La lejanía complica las labores de difusión (y, más en general, la implementación) por la dispersión de las personas, el difícil acceso físico, la falta de electricidad y conexión a internet, etc.
		Pueden no tener una dirección permanente, carecer de credenciales identificativas o que estas resulten insuficientes, o no disponer de documentos públicos oficiales.
		(Es fácil que los programas de protección social pasen por alto a las personas que viven en lugares remotos, ya que son menos visibles).
	Grupos pastoriles, nómadas y seminómadas	Pueden no tener una dirección permanente, carecer de credenciales identificativas o que estas resulten insuficientes, o no disponer de documentos públicos oficiales.
	Grupos indígenas	Pueden tener dificultades relacionadas con las condiciones de vida, los niveles de ingresos, las tasas de empleo, el acceso a agua potable, saneamiento y servicios sanitarios, y la disponibilidad de alimentos; pueden tener problemas asociados a la destrucción de sus tierras, de sus territorios y de recursos esenciales para su supervivencia; puede que sufran las consecuencias adversas del cambio climático y la contaminación ambiental (metales pesados, gases industriales y residuos de efluentes); pueden vivir en condiciones de aislamiento geográfico y pobreza, y carecer de medios para pagar el elevado costo del transporte; además, estas dificultades se agravan por la discriminación, el racismo y la falta de sensibilidad y comprensión cultural, así como las barreras lingüísticas.[a]

continuación

Tabla 3.1 *(continuación)*

	Personas refugiadas, apátridas, inmigrantes, poblaciones internamente desplazadas (PID) y personas que viven en zonas de fragilidad, conflicto y violencia	Pueden estar física y socialmente aisladas, y tener obstáculos para el contacto directo; pueden sufrir diversos peligros y riesgos.
	Minorías étnicas, religiosas, lingüísticas y visibles	Pueden ser víctimas de violencia, ataques, estigmas o miedo. Pueden carecer de credenciales identificativas o de documentos públicos oficiales, o que estos resulten insuficientes. Pueden tener barreras lingüísticas y culturales, sufrir discriminación, no conocer los programas o sus derechos, y vivir con miedo (especialmente si no se formaliza su condición de residentes).
	Condiciones laborales y de trabajo	
	Personas desempleadas	Puede que desconozcan los programas o tengan ideas erróneas sobre ellos; pueden verse desalentadas por los procedimientos complejos; o tener otras barreras, como los estigmas, la vergüenza, la ausencia de necesidad percibida o la desconfianza en las instituciones.
	Trabajadores desmotivados/inactivos	Pueden haber renunciado a encontrar empleo o ayuda. Pueden ser invisibles para el (los) programa(s) o el sistema (ya que no están registrados en los servicios de empleo). (Los subgrupos podrían estar compuestos por mujeres inactivas, trabajadores de edad avanzada inactivos, y trabajadores migrantes o refugiados).
	Trabajadores informales	Puede que la seguridad social, la asistencia sanitaria, la compensación laboral o los ahorros para la jubilación sean escasos.
	Trabajadores forzados o infantiles	Los niños trabajadores suelen sufrir violencia, miedo, desnutrición, malas condiciones laborales, abusos, negligencia o falta de cuidado de sus progenitores. (Sigue siendo un problema frecuente en numerosas industrias, especialmente en los fabricación y costura informal de ropa y el procesamiento del cuero, además de algunas actividades agrícolas, como la cosecha del té y el cacao).
	Discapacidad	
	Personas en condición de discapacidad	Pueden tener barreras para la movilidad, el estado físico o la cognición, o dificultades relacionadas con el idioma o la lectura. Pueden sufrir estigmas o discriminación.

continuación

Tabla 3.1 *(continuación)*

	Personas vulnerables con riesgos sociales concretos	
	Niños en situación de riesgo	Los niños son dependientes y no pueden defenderse sin ayuda. Pueden desconocer sus derechos y los servicios sociales que podrían ayudarlos (especialmente en caso de abuso, negligencia o falta de cuidado por parte de sus progenitores).
	Jóvenes en riesgo	Los adolescentes sin estudios, trabajo ni formación (SETF) pueden ser invisibles para el (los) programa(s) o el sistema; también puede que desconozcan los programas, a los trabajadores sociales o a otros profesionales, o que desconfíen de ellos.
	Personas adultas en riesgo	Puede que sufran relaciones abusivas y no puedan defenderse sin ayuda; puede que carezcan de información sobre los servicios de protección; puede que se enfrenten a estigmas o sientan vergüenza; puede que deban afrontar diversas necesidades complejas y no sepan dónde solicitar ayuda (o ni siquiera que dicha ayuda está disponible).
	LGBTIQ+	Pueden sufrir estigmas, vergüenza o miedo; discriminación; falta de vivienda y rechazo de sus familias; falta de apoyo de la comunidad; riesgos físicos; violencia; dificultades para obtener credenciales o documentos identificativos; dificultades de acceso a la cobertura de los seguros de salud o la atención sanitaria.

Fuente: Tabla original para esta publicación.

Nota: LGBTIQ+ = lesbianas, gais, bisexuales, transexuales, intersexuales, *queer* y otras identidades.

a. Véase el documento de las Naciones Unidas *La situación de los pueblos indígenas del mundo* en https://www.un.org/esa/socdev /unpfii/documents/2016/Docs-updates/SOWIP_Health.pdf (en inglés).

de relieve las adaptaciones necesarias para animar a las personas a participar en las diferentes fases de la cadena de implementación.

Dentro de estas poblaciones, existen varios grupos marginados vulnerables que requieren cierta proactividad y actividades a medida. Si bien es posible que los grupos desconozcan la existencia de programas de protección social o se vean disuadidos por procedimientos complejos y confusos, algunos se enfrentan también a otras dificultades.

Los esfuerzos proactivos constituyen un elemento fundamental de la difusión. Las estrategias centradas en las personas, deliberadas y adaptadas garantizan que se llegue a la población objetivo y que la difusión fomente la comprensión, el conocimiento y la capacidad de participar. La difusión emplea herramientas, instrumentos y plataformas de comunicación para alcanzar a personas en ubicaciones cercanas a su entorno y de formas que les resulten comprensibles. En la siguiente sección se ofrecen ejemplos de estrategias, modalidades e instrumentos de difusión proactiva.

3.3   ESTRATEGIAS, MODALIDADES E INSTRUMENTOS DE DIFUSIÓN

Las estrategias de difusión de los programas de protección social incluyen mensajes dirigidos a la población objetivo y a aquellos actores que tienen influencia sobre ella o desempeñan un determinado papel en sus vidas.

No existe una fórmula única que sirva para todos. Las estrategias de difusión varían en función del contexto, los objetivos y las características de las poblaciones objetivo. La adaptación de las modalidades de difusión a los diferentes grupos vulnerables y poblaciones objetivo mejora la probabilidad de que resulten eficaces. Este capítulo no pretende ser prescriptivo, sino que recoge diferentes estrategias, modalidades e instrumentos que se utilizan en diversos contextos nacionales y para una amplia gama de programas de protección social.

Estrategias de difusión y diagnóstico

Lo ideal es que las estrategias de difusión se moldeen y fundamenten sobre diagnósticos. Aunque dicho diagnóstico se lleve a cabo de antemano, también resultará útil durante la implementación, fase en la cual se ayudará a recopilar opiniones y a hacer correcciones intermedias para mejorar el conocimiento, comprobar que se esté alcanzando a los grupos de población objetivo, y aclarar mitos y percepciones erróneas. La estrategia y la ambición deben adecuarse al tamaño y las características de la población objetivo. Entre las herramientas de diagnóstico se encuentran los análisis de la situación, las evaluaciones de las necesidades de comunicación y las evaluaciones de las partes interesadas. En las evaluaciones de las partes interesadas se llevan a cabo tentativas deliberadas para identificar y comprender diferentes aspectos asociados a las poblaciones objetivo, como sus características (aspectos socioeconómicos, idioma, alfabetización, acceso a ordenadores y otros sistemas, proximidad al programa y a la primera línea de los sistemas de implementación, etc.), sus hábitos de comunicación (por ejemplo, ¿utilizan las redes sociales o los periódicos?) y su ubicación precisa (con ayuda de un GPS, si es necesario).

Las estrategias de difusión se adaptan a los objetivos y a las poblaciones objetivo de los programas. Una vez que se identifican las partes interesadas o las poblaciones objetivo más importantes, se desarrollan estrategias proactivas y adaptadas para llegar hasta ellas. Estas estrategias son inclusivas desde el diseño, y en ellas se realizan adaptaciones para grupos vulnerables concretos. En este sentido, un ejemplo es la estrategia de difusión del Programa de la Red Nacional de Asistencia Inua Jamii de Kenia (recuadro 3.1).

Diferentes modalidades e instrumentos de difusión

Los programas y los sistemas de implementación de protección social emplean diferentes modalidades de difusión que se suelen combinar. Sobre el terreno, encontramos un gran número de modalidades para la difusión en los programas de protección social. Se distinguen cuatro grandes categorías: (1) modalidades directas; (2) difusión comunitaria; (3) difusión a través de intermediarios; y (4) difusión mediante campañas de información y tecnología (que se resumen en la tabla 3.2).

Las modalidades de difusión directa buscan una comunicación directa con las personas, ya sea de forma individual o en grupos. Las labores de comunicación y difusión las llevan a cabo las administraciones de los programas y los sistemas de implementación, y llegan directamente a las poblaciones objetivo. Estas interacciones directas tienen lugar en la sede correspondiente o en el entorno de la población objetivo. Los administradores pueden ser funcionarios o trabajadores sociales especializados en la difusión, y la interacción son por demanda, cuando las personas acuden a las sedes locales, las oficinas satélites o los puntos de información. (En este último caso, es necesario que la población objetivo sepa lo suficiente sobre la existencia de los programas o las sedes locales para buscar ayuda). También existe la posibilidad de que los equipos móviles vayan directamente a los hogares, los vecindarios o las comunidades. Esto presenta la ventaja de que las labores de difusión se dirigen de forma proactiva a las poblaciones objetivo en su propio entorno; sin embargo, suele resultar costoso. En países como Bulgaria, Estonia, Alemania y Rumania, es habitual recurrir a los funcionarios móviles de la oficina del servicio de empleo (Mosely, Scharle y Stefanik, 2018). Normalmente, estos visitan las comunidades locales una o dos veces por mes para dar a conocer las ofertas de empleo y los programas del mercado laboral disponibles, y, en ocasiones, ofrecer servicios de asesoramiento, mediación o capacitación *in situ*.

Las modalidades de difusión comunitaria recurren a agentes locales para llegar a las poblaciones objetivo y

Inua Jamii es un Programa de la Red de Asistencia Social nacional emblemático de Kenia, y abarca cuatro programas principales de transferencia monetaria: (1) la transferencia monetaria a personas mayores; (2) la transferencia monetaria a personas en condición de discapacidad grave; (3) la transferencia monetaria a huérfanos y niños vulnerables; y (4) el programa de redes de asistencia contra el hambre. El Gobierno desarrolló una estrategia de difusión proactiva como subcomponente de la estrategia de comunicaciones existente, y con el fin de llegar a los beneficiarios de transferencias monetarias actuales y potenciales, las partes interesadas y los socios de implementación a nivel de condado y subcondado. El principal objetivo de la estrategia de difusión era mejorar el conocimiento de las características fundamentales del programa Inua Jamii, como los objetivos, los criterios de elegibilidad, los procesos de registro e inscripción, los pagos y los mecanismos de quejas y reclamos de dicho programa. Además, la estrategia buscaba capacitar a las poblaciones objetivo para que se involucraran eficazmente en el programa mediante un conocimiento y una comprensión adecuados de sus derechos, responsabilidades y facultades.

La estrategia de difusión se articuló en torno a tres pilares fundamentales. En primer lugar, el programa trataba de fomentar el desarrollo de la marca y el conocimiento del programa Inua Jamii para comunicar una identidad de marca coherente, creíble y reconocible para la audiencia objetivo. Esto se logró a través de una campaña de visibilidad destinada a involucrar a los agentes locales y al personal del programa para que apoyasen proactivamente la difusión activa. Los foros de partes interesadas, con la difusión de información sobre el programa a través de material (como folletos y trípticos), ayudaron a desarrollar una visión común del programa, y movilizaron a agentes locales de la sociedad civil, a la comunidad y a los medios de comunicación locales. En segundo lugar, se fortalecieron los mecanismos de comunicación interna para sensibilizar al personal y a los socios de implementación con el fin de garantizar la eficiencia en la participación y la comunicación del programa entre la población objetivo. Esto se logró mediante la capacitación de las personas responsables de la implementación a nivel de condado y subcondado, lo que dio lugar a un equipo motivado y bien informado. Por último, las labores de difusión trataron de informar a las poblaciones objetivo sobre las características claves de los procesos de implementación de Inua Jamii y sus posibles derechos, facultades y responsabilidades.

La estrategia de difusión se basó en una mezcla de estrategias adaptadas, entre las que figuraban las siguientes:

- **Estrategia adecuada al contexto, inclusiva y centrada en las personas.** La estrategia centrada en las personas llevó a un diseño coherente desde los puntos de vista estratégico y táctico, y en el que se utilizaron los diagnósticos realizados sobre el terreno para comprender el contexto local, las barreras para la comunicación y los hábitos de consumo de información de la población objetivo. Como resultado, los mensajes integrados en el idioma local y el vocabulario visual dieron lugar a una campaña de difusión fácil de recordar y con la que resultaba sencillo identificarse. Un marco visual de narración y mensajes adecuado a las realidades locales impulsó la fácil entrega de la información, lo que se tradujo en una mejor comprensión del programa.

- **Mensajes bilingües en suajili e inglés.** Se diseñaron e introdujeron como añadido a las ayudas visuales para la población semianalfabeta y la población monolingüe que no hablaba ni leía en inglés.

- **Diseño simple, adecuado y práctico.** La información del programa se presentó de manera simple y concisa para llegar a la población objetivo. Los mensajes incluyeron llamadas a la acción sencillas y claras a través de la movilización de los beneficiarios, la comunicación interpersonal y las herramientas de difusión, como folletos, carteles y tarjetas didácticas.

- **Estrategia colaborativa y complementaria.** Se trató de facilitar el desarrollo de canales de comunicación bidireccionales (cara a cara, oportunidades para expresar sugerencias, satisfacción, quejas, etc., mediante líneas de ayuda gratuitas). La colaboración con socios locales ayudó a garantizar la rendición de cuentas, la cobertura y el uso de una metodología de bajo costo a través de puntos de servicio polivalentes (p. ej., utilización de comités de bienestar de los beneficiarios, clínicas de salud, organizaciones religiosas y ventanillas únicas del Centro Huduma).

- **Implementación por fases y manejable.** Se diseñó un programa por fases de actividades específicas para el contexto, sujetas a limitaciones temporales y manejables, con el fin de informar, formar e involucrar a las poblaciones objetivo y otras partes interesadas claves. Se establecieron mecanismos de retroalimentación para recopilar de forma continua las opiniones de las partes interesadas.

Fuente: Kenia, Ministerio de Trabajo y Protección Social, 2018.

Tabla 3.2 Tipología de las modalidades de difusión empleadas en los programas de protección social

Modalidades de difusión directa	Por demanda con funcionarios encargados de la difusión (en sedes locales, oficinas satélite o puntos de información).
	Equipos móviles que van de puerta en puerta en los vecindarios o comunidades.
Difusión comunitaria	Difusión y orientación entre integrantes de la comunidad.
	Comunitaria, dependiente de la capacidad local para difundir la información y conectar a las personas, incluidos líderes comunitarios, grupos de madres y líderes religiosos.
Difusión mediante intermediarios	Referencias personales de otros profesionales o programas.
	Difusión de la información y promoción de la sensibilización a través de otros servicios: escuelas, clínicas de salud, refugios, cárceles.
	Difusión de la información a través de otros grupos y organizaciones, como las asociaciones patronales o empresariales, las fundaciones y las organizaciones comunitarias.
Difusión indirecta	Medios de comunicación impresos: folletos, boletines, carteles.
	Medios de comunicación masivos: televisión, radio, periódicos, redes sociales.
	Sitios web, ventanas de autoservicio en línea; líneas directas.

Fuentes: Dewson, Davis y Casebourne (2006); Mosley, Scharle y Stefanik (2018); y Scoppetta y Buckenleib (2018).

difundir la información. Estos métodos implican la participación de integrantes de la comunidad con formación que proceden de la población objetivo y actúan en representación del programa. Pueden resultar muy eficaces entre las personas jóvenes, que en ocasiones son más propensas a confiar en sus iguales. Los métodos comunitarios también involucran a líderes locales, grupos de madres, líderes religiosos, organizaciones comunitarias, etc. Estos métodos pueden resultar eficaces para personas que viven en lugares remotos o representantes de comunidades diferentes desde el punto de vista cultural o lingüístico, ya que los compañeros o líderes comunitarios son de los suyos, hablan su mismo idioma y comprenden su situación (aunque se procura evitar que se refuercen las desigualdades o los prejuicios existentes en la comunidad). Un modelo de difusión comunitaria del Fondo de Desarrollo Social de la República del Yemen se centra en el uso de las redes existentes en la comunidad para la difusión. En el recuadro 3.2 se ofrece un ejemplo de difusión comunitaria del Programa de apoyo a los ingresos de Benazir (BISP) de Pakistán, que se elaboró en función de los diagnósticos de comunicaciones y en el que una amplia red de grupos de madres y matriarcas ejercen como agentes de difusión.

La difusión también se promueve a través de intermediarios: Se presenta o publica información sobre los programas de protección social y los puntos de interfaz con el cliente mediante otros servicios, como escuelas, clínicas de salud, refugios, cárceles, oficinas de vivienda, etc. El personal sanitario, los orientadores escolares o los trabajadores sociales de otros programas derivan de forma personalizada a las personas o familias hacia programas sociales en función de sus factores de riesgo o de otros tipos. Otros intermediarios pueden ser las fundaciones, las organizaciones religiosas, las organizaciones benéficas y las asociaciones de trabajadores o empresariales (véase el recuadro 3.3, que incluye un ejemplo de Benín). En el condado de Montgomery, situado en Maryland (EE. UU.), el Departamento de Salud y Servicios Humanos recurrió a las instituciones religiosas, a las organizaciones benéficas y a otras fundaciones para dar a conocer los servicios y programas de asistencia social a las familias desfavorecidas.

Por último, la difusión puede ser menos directa y llevarse a cabo a través de herramientas informativas.

Recuadro 3.2 Difusión comunitaria en el Programa de apoyo a los ingresos Benazir de Pakistán

El Programa de apoyo a los ingresos Benazir (BISP) es el programa nacional emblemático de la red de asistencia social de Pakistán, y ofrece a las familias elegibles una transferencia monetaria no condicionada de entre 5000 y 5500 PKR (unos 36 USD) cada trimestre. Cuando el equipo de comunicación del BISP analizó a los posibles beneficiarios, determinó que la mayoría de ellos (el 96,43 %) eran analfabetos y el 68 % estaban por debajo de la línea de pobreza, eran vulnerables y presentaban una movilidad limitada, además de atravesar barreras culturales y lingüísticas imperantes.

Antes de diseñar el plan de difusión del BISP, se observaron de cerca los hábitos de los beneficiarios con respecto a los medios de comunicación. Un análisis más profundo de los beneficiarios determinó que, aunque más del 52 % tenía acceso a un teléfono, la mayoría recurría principalmente al boca en boca; estaban familiarizados con las herramientas de difusión informal vernáculas (p. ej., los anuncios en las mezquitas); y casi no usaban la radio. También se observó que los beneficiarios empleaban poco material informativo, educativo y de comunicación. La alfabetización era baja, y utilizaban sobre todo material visual no verbal. Asimismo, los beneficiarios mostraron un nivel limitado de conocimientos financieros y sobre el funcionamiento de los sistemas de pago electrónico.

Ante estos contratiempos y dificultades, Pakistán diseñó un modelo de difusión participativo que vinculó a los beneficiarios con los líderes locales y aprovechó los canales de comunicación informal. Se crearon comités de beneficiarios del BISP (BBC, por sus siglas en inglés) locales con las matriarcas de los grupos, y los canales de comunicación tradicionales, como las reuniones en el ayuntamiento, los anuncios en las mezquitas, las llamadas de voz automatizadas para la población analfabeta y semianalfabeta, y el teatro callejero, garantizaron un alto grado de éxito.

Fuente: Sagheer y Khan, 2018.

Recuadro 3.3 Desarrollo de conocimiento y confianza entre trabajadores informales: Colaboración con las asociaciones de Benín

Las pensiones de la seguridad social para personas mayos dependen de la confianza y el apoyo públicos a través de la recaudación de ingresos contributivos y la concesión de beneficios. La confianza también es importante dada la gran cantidad de datos personales que se recopilan y almacenan. Las comunicaciones y la difusión son fundamentales para desarrollar el conocimiento, la comprensión y la confianza en el sistema de pensiones de la seguridad social, tanto para (1) los contribuyentes (para incitar a las personas y a las empresas a unirse y contribuir, y para mantenerlas informadas mientras duren las contribuciones) como para (2) los beneficiarios (para asegurarse de que conocen a cuánto ascienden los posibles beneficios, comprenden los procesos de pago, etc.).

Estos desafíos para la difusión y la comunicación son comunes a todos los planes de pensiones de la seguridad social, pero resultan especialmente importantes cuando estos programas tratan de llegar a los trabajadores del sector informal, que suelen estar fuera de cualquier sistema formal de seguridad social.

En Benín se está elaborando un plan piloto de seguros de pensiones para trabajadores informales, y se está evaluando la posibilidad de trabajar con asociaciones (p. ej., federaciones de trabajadores de sectores informales). La difusión es fundamental para llegar a estos trabajadores, explicar claramente los planes voluntarios de ahorro para la jubilación, fomentar la participación y gestionar las expectativas. Entre las ventajas de colaborar con asociaciones estarían su penetración entre los trabajadores informales y su representación a todos los niveles de la estructura administrativa del país. Los resultados de las encuestas y los grupos de debate dejan entrever que los trabajadores de sectores informales estarían más dispuestos a participar en estos planes si también se involucraran sus asociaciones.

Fuentes: Guven, 2019; Sluchynsky, 2019.

Estas herramientas pueden ser tradicionales; es el caso de la distribución física de material e información impresos. Para difundir la información también se recurre a medios de comunicación masivos, como la televisión, la radio y los periódicos. En el recuadro 3.4 se muestra el uso de los canales de comunicación masivos para promover la difusión del Programa Vision 2020 Umurenge de Ruanda. Las tecnologías en línea se utilizan cada vez más para potenciar la difusión de programas y sistemas de implementación de protección social; por ejemplo, mediante sitios web, ventanas de autoservicio en línea, aplicaciones móviles y avisos en línea en redes sociales para darlos a conocer. Estas tecnologías exigen cierto grado de proactividad de la población objetivo, que debe buscar los sitios y las aplicaciones, recopilar la información y usar las ventanas de autoservicio digitales. También se emplean las líneas directas, que son canales fundamentales para las personas en situación de riesgo social.

Recuadro 3.4 Canales de comunicación masivos: Programa Vision 2020 Umurenge de Ruanda

El Programa Vision 2020 Umurenge de Ruanda es un programa de desarrollo local integrado que tiene como objetivo acelerar la erradicación de la pobreza, el crecimiento rural y la protección social. El Ministerio de Gobierno Local (MINALOC), a través del Organismo de Desarrollo de Entidades Administrativas Locales, se encarga de compartir y explicar el Programa Vision 2020 Umurenge (VUP) de Ruanda a todas las comunidades que se encuentran bajo su amparo, incluidos los hogares sin beneficiarios. Para ello, el MINALOC preparó una estrategia de comunicación con el objetivo de compartir la información sobre el VUP, por ejemplo, los objetivos, la política y los procedimientos. A continuación, se enumeran las estrategias de comunicación masivas utilizadas:

- **Programas de radio y televisión.** Representantes del Gobierno local, el Gobierno central y beneficiarios aparecen con frecuencia en programas de radio y televisión en vivo para explicar el programa. Además, cuentan con números gratuitos a los que pueden llamar los oyentes y los espectadores para plantear sus dudas.

- **Talleres del programa.** Los talleres y eventos de capacitación se dirigen a alcaldes, vicealcaldes y secretarios ejecutivos de distritos y de sectores. Los participantes aprenden a presentar el VUP y a proporcionar directrices para una comunicación eficaz y precisa del VUP ante la comunidad.

- **Folletos informativos del programa.** Se distribuyen folletos con información clave sobre el programa entre las comunidades, que usan el idioma local (kinyarwanda) e ilustraciones sencillas.

- **Sitio web del programa.** La información del programa VUP se publica periódicamente en el sitio web del Ministerio de Gobierno Local.

- **Periódicos y boletines.** Cada cierto tiempo, se publican en los periódicos nacionales artículos que hablan sobre los avances del VUP. Desde noviembre de 2009 se ha venido publicando un boletín electrónico quincenal.

Fuente: Ruanda, Ministerio de Desarrollo Local, 2010.

3.4 MODALIDADES PERSONALIZADAS PARA POBLACIONES ESPECÍFICAS Y GRUPOS VULNERABLES

Las modalidades de difusión se personalizan para grupos de población específicos con el fin de motivar a grupos pobres y vulnerables para que participen en programas sociales creando adaptaciones. Los diagnósticos aclaran los hábitos de comunicación y las capacidades de los grupos de población objetivo para mejorar la personalización de los canales que llegarían a los interesados. En la tabla 3.3 se destacan diversas modalidades que se usan con las poblaciones objetivo, que son comunes para los programas de protección social.

Además, este capítulo analiza más profundamente las modalidades de difusión personalizadas para algunos de estos grupos, entre ellos, (1) personas en condición de discapacidad, (2) personas jóvenes en situación de riesgo, (3) poblaciones remotas o vulnerables, (4) grupos con diversidades étnicas y lingüísticas (entre ellos, personas migrantes y refugiadas), y (5) personas que viven en situaciones de FCV.

Modalidades de difusión personalizada para personas en condición de discapacidad

Más de mil millones de personas viven con alguna forma de discapacidad que afecta su vida cotidiana. Constituyen el 15 % de la población mundial, y la mayoría vive en países en desarrollo.[2] La divulgación para personas en condición de discapacidad debe considerar sus barreras de acceso específicas. Los entornos inaccesibles crean barreras para la participación y la inclusión, por ejemplo, una persona sorda que no tiene un intérprete de lengua de señas, alguien que usa silla de ruedas en una oficina de atención sin rampa, o una persona ciega utilizando un ordenador sin software de lectura de pantalla. Estos escenarios se aplican directamente al diseño de estrategias de difusión inclusivas para personas en condición de discapacidad.

Las modalidades de difusión personalizadas ayudan a superar los obstáculos que afrontan las personas en condición de discapacidad. Solicitar a estas personas que acudan a la oficina es menos eficaz que,

por ejemplo, utilizar estrategias puerta a puerta o comunitarias. La orientación inclusiva también es útil para las barreras de estigma, como adoptar un lenguaje inclusivo centrado en la persona y no en la discapacidad (por ejemplo, «una mujer que usa una silla de ruedas» en vez de «una mujer en silla de ruedas»). Las tecnologías de asistencia también son de gran ayuda. Las modalidades de difusión y los canales de comunicación, como las páginas web, se diseñan para ser inclusivos. Adaptarse a técnicas de asistencia simples —como enviar a un usuario con discapacidad visual un mensaje de voz automatizado sobre los detalles del programa, en vez de enviar un mensaje de texto automatizado— mejora la experiencia del usuario. Asimismo, diseñar páginas web más inclusivas introduciendo un video con lengua de señas que ilustre los detalles del programa o añadiendo subtítulos al video del programa ayuda a las personas con discapacidad auditiva. Introducir un software de lectura de pantalla que lea el texto presentado en el monitor y aumentar el tipo de letra facilita el acceso a personas con dificultades de aprendizaje y también a aquellas que tienen discapacidad visual.

Atención a jóvenes en situación de riesgo

Las modalidades de difusión personalizadas son más eficaces con las personas jóvenes en situación de riesgo, como aquellas que no estudian, no trabajan ni están recibiendo una formación. Las personas jóvenes pueden no participar en programas de protección social (como la formación y el empleo) debido a la falta de información, a ubicaciones inaccesibles y a su escepticismo respecto de que los programas ofrezcan beneficios inmediatos o a más largo plazo. La administración de los programas puede tener dificultades para llegar a los jóvenes debido a la falta de conexión de sus estrategias y modalidades de difusión con los intereses, necesidades y conductas de las personas jóvenes. Los métodos de divulgación personalizados ayudan a establecer contacto con los adolescentes, sensibilizarlos, ayudarlos a superar su escepticismo y motivarlos para

Tabla 3.3 Poblaciones objetivo comunes para programas de protección social y estrategias de difusión asociadas

	Grupos demográficos a lo largo del ciclo de vida	
	Niños	La estrategia de difusión debe incluir a las madres, padres o tutores que serían los beneficiarios designados.
	Personas mayores	Una difusión que se apoye más en comunicaciones directas o medios de comunicación que en herramientas de internet; la divulgación puerta a puerta facilita también la atención a personas con problemas de movilidad.
	Mujeres	Difusión a través de comunicaciones directas, apoyo, asesoramiento, o medios de comunicación; trabajar con grupos y organizaciones de autoayuda para mujeres, otras iniciativas comunitarias, intermediarios y medios de comunicación.
	Grupos limitados por el estatus socioeconómico	
	Personas que viven por debajo de la línea de pobreza	Serían eficaces varias modalidades, entre ellas, la difusión directa, las iniciativas comunitarias y a través de intermediarios, como colegios, clínicas de salud, fundaciones, albergues y demás. (Las personas que viven en zonas remotas o rurales tienen menos acceso a internet, a las redes sociales, etc.; el analfabetismo podría limitar el uso de material impreso).
	Personas sin hogar	Difusión a través de comunicaciones directas, asesoramiento e iniciativas comunitarias, y también a través de organizaciones no gubernamentales y religiosas.
	Personas que viven en zonas remotas y aisladas	Difusión especializada a través de comunicaciones directas, integración con comunidades remotas, difusión puerta a puerta y una sólida red de oficinas locales para la interfaz con los clientes; comunicaciones por radio y a través de dispositivos móviles.
	Grupos pastoriles, nómadas y seminómadas	Normalmente dedicados a la cría de ganado desplazándose en cada estación a otras regiones en busca de agua y pastos. La difusión puede incluir comunicaciones directas, asesoramiento y apoyo mediante equipos móviles y trabajadores sociales; comunicaciones por radio y a través de dispositivos móviles.
	Grupos indígenas	Difusión especializada a través de comunicaciones directas, mensajes culturalmente apropiados, comunicación a través de intermediarios y líderes de la comunidad. Las consideraciones especiales incluirían la adaptación y sensibilidad cultural, así como también la difusión móvil.
	Personas refugiadas, apátridas, inmigrantes, poblaciones desplazadas internamente (PDI), y que viven en zonas de fragilidad, conflictos y violencia	Modalidades habilitadas por la tecnología; asociaciones con comunidades y organizaciones humanitarias, Naciones Unidas, ONG y actores de la sociedad civil.[a]
	Minorías étnicas, religiosas, lingüísticas y visibles	Difusión especializada a través de comunicaciones directas e iniciativas comunitarias.

continuación

Tabla 3.3 *(continuación)*

		Trabajo y condiciones laborales
	Personas desempleadas	Podrían servir muchas modalidades, por ejemplo, la difusión directa, las iniciativas comunitarias o a través de intermediarios, como las asociaciones comerciales y los sindicatos. Para trabajadores calificados y quienes tienen acceso a internet, las herramientas *online* resultan muy útiles; los antiguos empleadores pueden ofrecer información en caso de despido, y las oficinas de empleo informan por demanda a las personas desempleadas.
	Trabajadores desmotivados/ inactivos	Se necesitan esfuerzos proactivos, dado que no se han registrado en las oficinas de empleo; se requieren iniciativas personalizadas para subgrupos, como mujeres que no trabajan, trabajadores mayores inactivos, y trabajadores migrantes o refugiados.[b] Difusión a las mujeres a través de servicios de bienestar social y atención familiar, ONG y grupos de la sociedad civil. Políticas nacionales para aumentar la participación en la fuerza de trabajo femenina. Para las minorías étnicas, la difusión debe tener como meta la inclusión social. Difusión a través de medios de comunicación impresos; internet; intercambio de datos con programas sociales, y servicios de difusión comunitaria en centros comerciales, ferias de empleo y colegios.
	Trabajadores de sectores informales	Juntas de trabajadores establecidas a través del Ministerio de Trabajo: Junta de Bienestar Laboral (frecuentemente, firmas del sector organizadas, pero que pueden dar empleo a trabajadores informales), Junta de Trabajadores Agrícolas, Junta de Trabajadores de la Construcción, Junta de Trabajadores Kretek (Indonesia), y así sucesivamente; difusión a través de asociaciones de trabajadores informales del sector e iniciativas comunitarias (como los grupos de autoayuda en Bangladesh o India); difusión a través de ONG y otras organizaciones que trabajan en comunidades rurales; difusión a través del gobierno local/jefes de aldea; difusión mediante campañas en medios tradicionales, como los periódicos, la radio/TV, y el teatro callejero; y difusión a través de teléfonos móviles.
	Trabajadores forzados o infantiles	Las opciones de difusión generales son similares, pero requieren mayor discreción para obtener información sobre la mano de obra infantil o trabajadores forzados, y se pueda actuar al respecto. La difusión incluiría lograr que las empresas y los fabricantes tomen conciencia de las leyes y sus consecuencias, para apoyar los estándares y ayudar a cumplirlos con otras empresas de la cadena de suministros (por ejemplo, grandes empresas dentro de la cadena de valor del cacao y las marcas de ropa). La difusión también incluiría a asociaciones de recogida de residuos o a vendedores ambulantes. Grupos comunitarios, ONG, y OSC; campañas educativas; y múltiples puntos de acceso para reclamos y acciones.
		Discapacidad
	Personas en condición de discapacidad Trabajadores en condición de discapacidad	Difusión puerta a puerta para personas con problemas de movilidad u otras discapacidades. Mayor accesibilidad a oficinas y centros de servicio, como rampas para sillas de ruedas, zonas de espera y aparcamiento especializadas, intérpretes de lengua de señas y braille. Tecnologías asistidas para divulgación *online*, móviles y otro tipo de difusión apoyada en la tecnología.

continuación

Tabla 3.3 *(continuación)*

	Personas vulnerables en situación de riesgo social específico
Niños en situación de riesgo	Esfuerzos proactivos a través de colegios, clínicas de salud, líneas directas, puerta a puerta y estrategias comunitarias (para llegar tanto a los niños como a sus madres y padres).
Jóvenes en situación de riesgo	Divulgación y tutoría entre pares, captación puerta por puerta y en los vecindarios, y otras iniciativas para llevar la difusión a los jóvenes en su propio entorno; divulgación a través de la tecnología, por ejemplo, redes sociales, páginas web y otras.
Personas adultas en situación de riesgo	Líneas directas, estrategias comunitarias a través de intermediarios, como clínicas de salud y hospitales, organizaciones religiosas, etc.
LGBTIQ+	Difusión a través de ferias comunitarias, campus universitarios, centros sociales locales y eventos LGBTIQ+; redes sociales; tarjetas postales; y asociaciones estratégicas con organizaciones que trabajan en estrecha colaboración con grupos LGBTIQ+.[c]

Fuente: Tabla original para esta publicación.

Nota: OSC = organización de la sociedad civil; LGBTIQ+ = lesbianas, gais, bisexuales, transgénero, intersexuales, *queer* y otros; ONG = organización no gubernamental.

a. https://www.unhcr.org/516d658c9.pdf.

b. https://publications.europa.eu/en/publication-detail/-/publication/ce86219d-2d84-11e8-b5fe-01aa75ed71a1/language-en.

c. https://aspe.hhs.gov/basic-report/outreach-and-enrollment-lgbt-individuals-promising-practices-field

que se involucren. Dichas modalidades incluyen difusión puerta a puerta y tutoría (con jóvenes de su misma edad previamente formados), captación puerta a puerta y en vecindarios, y otros esfuerzos destinados a ofrecer atención a las personas jóvenes en su propio entorno, como centros juveniles, centros comerciales, parques, clínicas de salud, clubes, cines, organizaciones religiosas o comunitarias, albergues y otros. Internet, las redes sociales y otros métodos de atención tecnológicos también resultan eficaces.

Búsqueda activa con poblaciones remotas y marginadas

Las poblaciones vulnerables y quienes viven en zonas geográficas remotas corren el riesgo de quedar excluidas si no se adoptan estrategias de difusión personalizadas y proactivas. Vivir en una zona remota complica los esfuerzos de difusión (y de implementación más generalmente), debido a la dispersión de las personas, la dificultad de acceso físico, y la falta de electricidad y conexiones de internet. Las personas que habitan regiones remotas son fácilmente omitidas por los programas de protección social por ser menos visibles. Algunos países adoptan métodos de «búsqueda activa» (o difusión activa) mediante los cuales la administración de los programas, funcionarios locales, representantes de fundaciones u otros actores atienden, de forma deliberada y proactiva, a las personas que viven en regiones remotas o a las poblaciones vulnerables que, de lo contrario, quedarían desasistidas o ignorarían la existencia de los programas de protección social. Dos ejemplos de esta situación se llevaron a cabo para los registros sociales de múltiples programas en Brasil y Filipinas (recuadro 3.5).

Estrategias diversas para llegar a minorías étnicas y migrantes

Las minorías étnicas y las personas migrantes tienen varias barreras de acceso a los programas y sistemas de implementación de protección social. Dichas barreras

Recuadro 3.5 Búsqueda activa para promover la difusión de registros sociales en Brasil y Filipinas

Muchos países utilizan registros sociales para realizar la recepción y el registro en diversos programas sociales, tal como se explica en el capítulo 4. Los registros sociales pueden ser herramientas rentables para ofrecer un acceso potencial a múltiples programas, pero dependen de la capacidad de los esfuerzos de difusión deliberados y activos para garantizar que la información llegue a las poblaciones objetivo. Esto puede resultar complicado en el caso de poblaciones remotas y marginadas. Los registros sociales de Brasil y Filipinas han adoptado enfoques proactivos, deliberados y personalizados para llegar a dichos grupos y garantizar que se registren.

Busca Ativa **en Brasil.** El registro social de Brasil —el *Cadastro Único* (Cadúnico)— ha funcionado por demanda desde 2007. Cualquier persona puede registrarse y solicitar los beneficios del programa de la *Bolsa Família,* y muchos otros beneficios que utilizan el Cadúnico como una vía integrada en cualquier momento —este proceso se conoce como «inclusión dinámica». En 2012, más de 22 millones de familias se habían registrado en el Cadúnico (cerca del 40 % de la población). No obstante, el Ministerio de Desarrollo y Bienestar Social estaba preocupado porque en el programa no figuraban familias en situación de pobreza extrema, grupos de difícil acceso (como grupos indígenas y otras comunidades étnicas), personas en condición de discapacidad, sin hogar, o que viven y trabajan en vertederos, personas que trabajan en industrias extractivas, pescadores, personas que viven en regiones remotas, entre otros.

El Gobierno de Brasil desarrolló una estrategia de Búsqueda Activa, con la iniciativa *Brasil Sem Miseria* ('Brasil sin pobreza'), destinada a identificar y registrar a todas las familias en situación de extrema pobreza que aún no accedían al Cadúnico. Esta nueva estrategia de *Busca Ativa* se desarrolló e implementó a nivel municipal con la financiación de un plan específico del Gobierno federal. La estrategia siguió un proceso de búsqueda activa sobre la filosofía de que el Estado tenía la responsabilidad de llegar a regiones de mucha pobreza para encontrar a las personas necesitadas que, de lo contrario, podrían quedar omitidas del registro social, en vez de esperar a que las personas solicitaran registrarse. Los esfuerzos se destinaron a poblaciones específicas donde se había identificado un nivel muy bajo de registro en los programas sociales, a través de análisis estadísticos que combinaban mapas de pobreza y datos administrativos del Cadúnico. La estrategia de búsqueda activa incluía la visita puerta a puerta de trabajadores sociales, visitas de furgonetas de «asistencia social» móvil para llegar a localidades remotas, y también asociaciones con el Gobierno y organizaciones de la sociedad civil siguiendo una estrategia de bola de nieve que, en principio, visitaba un hogar registrado en el Cadúnico para preguntar por amistades o familiares no registrados, con el fin de conocer a esas personas excluidas. Los socios incluían trabajadores sanitarios comunitarios e, incluso, concesionarios de energía eléctrica.

Difusión activa en Filipinas. Listahanan es el registro social de Filipinas. El registro en Listahanan se realiza mediante una iniciativa de recolección masiva de datos una vez cada pocos años. Incluso con estos enfoques de «barrido censal», existe el riesgo de exclusión para poblaciones marginadas, remotas o difíciles de atender. Durante la última recopilación de datos a nivel nacional, realizada en 2015, el Departamento de Bienestar Social y Desarrollo generó una estrategia de difusión activa que incluía la colaboración estrecha con gobiernos locales para ayudar a los empadronadores a penetrar poblaciones remotas y de difícil acceso, y que incluyó equipos móviles en pequeños barcos, canoas y otras formas de transporte adaptativo. Se hicieron esfuerzos especiales para llegar a personas que viven en vertederos sin domicilio fijo.

Fuentes: Leite *et al.,* 2017; Departamento de Bienestar Social y Desarrollo de Filipinas; Iniciativa Brasileña de Aprendizaje por un Mundo Sin Pobreza, en http://wwp.org.br/.

incluyen el idioma y las barreras culturales, la discriminación, el miedo (en particular, si todavía no han formalizado su residencia), el aislamiento geográfico y social, la falta de confianza en las instituciones públicas, el desconocimiento de los programas y una escasa autoconfianza para iniciar los procesos burocráticos. Un estudio reciente analizó diferentes estrategias de divulgación que se utilizaban para alentar a romaníes, a otras minorías étnicas y a migrantes para promover la integración al mercado laboral y la participación en los servicios de empleo de diversos países europeos:

- **Atención y tutoría entre pares**. En este enfoque, la oficina de empleo ofrece formación y trabajo a través de integrantes del grupo al cual están destinados los servicios. Dichos métodos aumentan la eficacia de la comunicación con clientes potenciales debido a las adaptaciones culturales y del idioma, la confianza y la motivación. En Bulgaria, por ejemplo, algunas oficinas de empleo han contratado con éxito mediadores romaníes para la difusión. Enfoques similares se han empleado en Eslovaquia (para romaníes), Portugal (para migrantes) y Dinamarca (para otras minorías étnicas).

- **Otras modalidades de difusión comunitarias**. Desde este enfoque, los programas de empleo se apoyan en capacidades locales para divulgar la información sobre servicios laborales. Los ejemplos incluyen iniciativas de difusión en comunidades romaníes en Finlandia, Alemania y el Reino Unido.

- **Equipos móviles de SPE**. Los equipos móviles de los servicios públicos de empleo (SPE) o las oficinas remotas temporales de los SPE facilitan la difusión, por ejemplo, con visitas frecuentes para informar sobre ofertas de empleo o servicios laborales. Los ejemplos de equipos móviles incluyen «caravanas de empleo» para llegar a trabajadores inactivos en comunidades romaníes de Rumania, y oficinas móviles en Bulgaria, Estonia y Alemania.

- **Información online e información impresa**. Se distribuyeron paquetes de integración entre personas migrantes, refugiadas y solicitantes de asilo desempleadas en Eslovenia, y la página web del SPE de Suecia promociona sus servicios para personas refugiadas en sus idiomas nativos.

Aprovechar la tecnología para superar los obstáculos para la difusión en situaciones de fragilidad, conflicto y violencia

La difusión es particularmente difícil —y esencial— en países que están dejando atrás décadas de incertidumbre económica, fragilidad, violencia y conflictos. El uso correcto de la difusión genera confianza y fomenta la fe en el programa que se ha puesto en marcha. La información sobre los detalles fundamentales del programa, como los criterios de participación, la selección de programas, la duración del empleo, la composición en función del género, los beneficios y los paquetes, se divulga de forma clara, coherente e inteligible. La difusión es una parte de la planificación de un programa previo a su lanzamiento, de lo contrario, los programas pueden estar mal encaminados incluso antes de haber comenzado (Subbarao et al., 2013). Esto es particularmente importante cuando se introducen nuevas intervenciones en respuesta a necesidades emergentes y urgentes después de conflictos y violencia. Con el surgimiento de nuevas tecnologías asequibles, las actividades de difusión llegan más fácilmente a las regiones remotas. El recuadro 3.6 ilustra los resultados de una evaluación del panorama tecnológico realizada para Irak y la República del Yemen, con tecnologías adecuadas que fueron recomendadas para la difusión, la recepción y el registro en estos países.

Medir el desempeño de la difusión es fundamental. Los sistemas de implementación de buen rendimiento aseguran la eficacia y la eficiencia de toda la cadena de implementación, desde la difusión hasta la supervisión de rutina, y se apoyan en sistemas de información, interfaces con el cliente e instituciones eficaces y eficientes. Para medir el desempeño del plan y las actividades de difusión, los indicadores claves que se supervisan regularmente para diagnosticar tempranamente atascos en la cadena de implementación contribuyen a identificar alternativas para corregir o prevenir dificultades futuras. Los siguientes indicadores sirven como guía para evaluar la eficacia de la fase de difusión: (1) porcentaje de la población objetivo que comprende el programa, (2) porcentaje de la población objetivo que se presenta al programa, (3) porcentaje de grupos o poblaciones vulnerables con barreras de acceso que se

Irak sufre un conflicto armado prolongado que empezó en 2003, y una insurgencia continua que añade una gran tensión a la capacidad institucional del país para planificar programas sociales. La guerra civil de la República del Yemen empezó en 2015 y ha generado una escalada de crisis humanitaria en el país. Estos dos países tienen recursos limitados, dificultades de campo y dificultades en la capacidad institucional que requieren intervenciones urgentes. Los métodos y enfoques tradicionales para las comunicaciones y la difusión pueden no ser realistas en estos contextos. No obstante, los recientes avances tecnológicos han generado la oportunidad de ofrecer soluciones en tiempo real a estas regiones frágiles y violentas afectadas por conflictos. Fundamentadas en una evaluación del panorama tecnológico, las soluciones tecnológicas recomendadas para Irak y la República del Yemen se enumeran a continuación.

- Las tecnologías móviles y las entrevistas personales asistidas por computadora facilitan las fases de difusión, recepción y registro. Han demostrado ser tecnologías excepcionales para mejorar la inclusión, la transparencia y la responsabilidad en contextos de escasos recursos y bajo presupuesto. La ubicuidad de los dispositivos móviles y la densidad telemática cada vez mayor logran que las soluciones móviles funcionen eficazmente tanto en zonas rurales como urbanas, y también cada vez más en las zonas FCV.
- Encontrar a las poblaciones objetivo es complicado. Las imágenes por satélite, las tecnologías geoespaciales, el geoetiquetado de las poblaciones objetivo y las sedes de los programas ayudan a crear mapas de pobreza realistas que permiten planificar actividades de difusión precisas para poblaciones vulnerables específicas. El geoetiquetado de la localización de las poblaciones objetivo se puede hacer con GPS y otros medios, como fotografías, videos y localización de mensajes de texto SMS. Esto ayuda a ubicar a las poblaciones objetivo y encontrarlas nuevamente en las siguientes fases. A lo largo de la cadena de implementación, las aplicaciones

georreferenciadas vinculan beneficiarios eventuales con distribuidores, puntos de pago, minoristas y otros servicios. También ayudan a supervisar a proveedores y a auditores de terceras partes.
- La incapacidad de acceder físicamente a las regiones supone una dificultad divulgativa que obstaculiza los esfuerzos de difusión. Las tecnologías como la teledetección —adquisición de información sobre un objeto o fenómeno sin tener contacto físico directo con este (la «internet de las cosas»)— utilizan un sensor para capturar y transmitir datos sobre el entorno físico, y vehículos aéreos no tripulados (UAV) o drones para observar, explorar y documentar el estado de las sedes de los programas, y todos ellos ayudan a la labor de difusión.
- Las quejas o reclamos a través de las redes sociales se monitorizan a través de *chatbots* interactivos. Los mecanismos de retroalimentación para las redes sociales interactúan con los beneficiarios para verificar que se ha cumplido con el trabajo, confirmar los pagos y documentar los problemas de reclamos.
- El análisis de datos masivos de las redes sociales se utiliza para hacer un seguimiento de los trabajos altamente visibles que atraen considerable atención, diálogo y debate. Las redes sociales también se utilizan para recoger información sobre las capacitaciones realizadas y gestionar cualquier reclamo o queja.

Al planificar intervenciones tecnológicas para regiones FCV, es importante reconocer las limitaciones de los recursos y también que no todas las soluciones técnicas son eficaces en todos los escenarios. El equipo de difusión puede valerse del panorama tecnológico para identificar características y capacidades específicas de tecnologías potenciales, y articular la relación costo-beneficio que supone implementar tecnologías potenciales. Se puede emplear un análisis cualitativo básico para determinar las necesidades y la idoneidad de las tecnologías seleccionadas.

Fuente: Vital Wave, 2017.
Nota: FCV = fragilidad, conflicto y violencia.

presentaron al programa, y (4) el número de casos de quejas y reclamos que disminuye con el paso del tiempo como resultado de una mejor comprensión y participación. La selección de indicadores varía entre los países, y los objetivos y la naturaleza del programa se pueden personalizar según sea necesario.[3]

3.5 ASPECTOS INSTITUCIONALES

Las disposiciones institucionales para la difusión son diversas debido a que se utilizan muchas modalidades. Algunas de las variaciones incluyen las siguientes:

- *Actores directos frente a actores comunitarios o intermediarios*. La administración de los programas puede realizar esfuerzos directos de difusión o puede trabajar a través de comunidades, pares, u otros intermediarios para implementar la difusión de un programa específico o de varios programas. Estas disposiciones pueden ser informales o formales.
- *Difusión de un programa único frente a difusión de programas múltiples*. En algunas modalidades, los actores específicos del programa (trabajadores sociales, agentes de difusión, equipos móviles) implementan los esfuerzos de difusión de un programa. En otras modalidades, los agentes de divulgación implementan la difusión de múltiples programas o registros sociales. Las estrategias de múltiples programas requieren armonizar los mensajes de difusión, la información sobre todos los programas, la claridad en las normas de cada programa y otros factores.
- *Enfoques por demanda frente a enfoques dirigidos por la administración*. Como ya se ha mencionado en el capítulo 2 y a lo largo del Libro de referencia, existen dos modelos operativos diferentes para los sistemas de implementación. Uno implica los sistemas por demanda y el otro, los enfoques dirigidos por la administración. Los sistemas por demanda dependen, en gran medida, de que las personas reciban suficiente información como para tener la iniciativa de presentarse a un programa (sea en persona o por vía digital). No obstante, el enfoque no debe ser pasivo. Si los esfuerzos de difusión son inadecuados, las poblaciones o los grupos vulnerables objetivo pueden no tener conocimiento ni capacidad para buscar ayuda, y por tanto, quedarían excluidos. Todas las modalidades de difusión se pueden utilizar con métodos por demanda. Los enfoques dirigidos por la administración permiten que las comunidades accedan a la recepción y el registro, e incluso llegan directamente a los hogares. Como tal, la difusión es implícita, pero aun proactiva, e incluye llegar a las comunidades, divulgar información, tomar medidas para adaptarse a las diferencias lingüísticas o culturales, etc.

- *Presupuestos y consideraciones administrativas*. No es infrecuente que la difusión se aborde con negligencia, especialmente cuando se trata de asignar recursos, proporcionar una plantilla calificada y hacer aportes logísticos. Los costos de la difusión incluyen contratar y formar a la plantilla o a otros agentes (equipos móviles, mentores de pares o agentes comunitarios), brindar los aportes logísticos necesarios (que puede volverse obsoletos e inutilizables con el tiempo), materiales de comunicación, desarrollo y mantenimiento de páginas web, transporte, etc.
- *Del lado institucional, los actores locales, entre ellos, actores del Gobierno central o local, o los proveedores contratados, suelen ser responsables de la implementación de cara al cliente en la fase de difusión*. Muchos programas externalizan algunos o todos los aspectos de las implementaciones a organismos asociados, que incluyen a otros organismos públicos, fundaciones, jóvenes profesionales, organizaciones sin fines de lucro y firmas comerciales especializadas. En la difusión, los proveedores de servicios/agentes de difusión identificarán su grupo objetivo y estarán cerca de la población objetivo. La difusión se lleva a cabo en diferentes entornos: calles y otras locaciones exteriores, hogares, comunidades de personas sin hogar, centros juveniles, centros comunitarios rurales, clínicas o colegios. Independientemente del entorno, los funcionarios encargados de la difusión ejercen una escucha activa y tienen la capacidad de identificar las necesidades de la población objetivo. Ellos determinan las opciones de beneficios y servicios más adecuadas, y lo explican de manera que las poblaciones objetivo comprendan la información y se muestren dispuestas a involucrarse en el proceso de inscripción.

3.6 ALGUNAS CONCLUSIONES

La difusión es esencial para que los programas de protección social y los sistemas de implementación sean eficaces y eficientes. Implica un esfuerzo deliberado para llegar hasta las poblaciones objetivo y los grupos vulnerables con el fin de informar sobre los programas de protección social y los sistemas de implementación de forma comprensible, para que cuenten con la información, conozcan los programas y se animen a participar en ellos. El objetivo es garantizar que las personas comprendan tanto el/los programa/s como los sistemas de implementación. La difusión va más allá de divulgar información y crear conciencia: Humaniza a la población objetivo, genera confianza, involucra activamente a los grupos interesados para que lleguen a consensos y promueve la inclusión. El riesgo práctico principal de una difusión inadecuada es la desinformación de la población objetivo, con la consecuencia de que quede excluida, desconozca los programas ofrecidos, sea incapaz de comprenderlos o no sepa cómo registrarse. Otros riesgos incluyen no tener en cuenta a poblaciones objetivo o grupos vulnerables, errores de exclusión e inclusión, confusión, ineficacia y falta de transparencia.

La difusión implica el propósito, las personas y la proactividad. No existe una estrategia que valga para todo. Se necesitan enfoques personalizados, particularmente, debido a la diversidad de contextos, programas de protección social y grupos de población. Las distintas modalidades incluyen: (1) difusión directa; (2) difusión comunitaria; (3) difusión mediante intermediarios; y (4) difusión a través de herramientas y tecnologías de la información. Dichas modalidades deberían adaptarse a los hábitos y contextos comunicativos de los grupos de población específicos, y también a modelos operativos para sistemas de implementación (sistemas de un programa o de múltiples programas, y enfoques por demanda frente a enfoques dirigidos por la administración).

Notas

1. Poblaciones objetivo que aún no se hayan inscrito ni sean beneficiarias. Algunas personas emplean los términos «posibles beneficiarios» o «beneficiarios identificados (posibles)». Puesto que no conocemos las circunstancias de las personas antes de que se registren, se sometan a evaluación o se consideren elegibles, no podemos denominarlas «beneficiarias». También es preferible eludir el apelativo «posibles beneficiarios» para evitar que se sobreentienda que se convertirán en beneficiarios y se creen expectativas en torno a derechos que tal vez no se cumplan.

2. https://www.who.int/disabilities/world_report/2011/report.pdf

3. Más detalles en el capítulo 9: Evaluación del desempeño de los sistemas de implementación de protección social.

Bibliografía

Andersson, Björn. 2013. "Finding Ways to the Hard to Reach—Considerations on the Content and Concept of Outreach Work." *European Journal of Social Work* 16 (2): 171–86.

Andersson, Björn. 2018. "Fringe Work—Street-Level Divergence in Swedish Youth Work." In *The Sage Handbook of Youth Work Practice*, edited by Pam Alldred, Fin Cullen, Kathy Edwards, and Dana Fusco, chapter 21. London: SAGE.

Dewson, Sara, Sara Davis, and Jo Casebourne. 2006. "Maximising the Role of Outreach in Client Engagement." Research Report 326, Department for Work and Pensions, London.

EURoma (European Network on Roma Inclusion under ESI Funds). 2009. "Study Visit to the ACCEDER Programme in Spain." Final report, EURoma, Madrid.

Fox, Charles, and Benjamin Stewart. 2018. "Need Better Maps? Take It to the Crowd!" World Bank Blogs, June 26, 2018. https://blogs.worldbank.org/digital-development/need-better-maps-take-it-crowd.

Guerreo Gamez, Sofia, Ana Rodriguez Coteron, and Guillermo Romero Rodriguez. 2018. "Accessibility and Inclusion: Two Key Factors for Individuals with Disabilities." World Bank Blogs, December 4, 2018. https://blogs.worldbank.org/latinamerica/accessibility-and-inclusion-two-key-factors-individuals-disabilities.

Guven, Melis. 2019. "Extending Pension Coverage to the Informal Sector in Africa." Social Protection and Jobs Discussion Paper 1933, World Bank, Washington, DC.

Iraq, Ministry of Labor and Social Affairs. 2018. "Emergency Social Stabilization and Resilience Project." Paper presented at the knowledge exchange event between South Sudan and Iraq, July 25, 2018.

Kenya, Ministry of Labour and Social Protection. 2018. "Beneficiary Outreach Strategy and Action Plan." State Department of Social Protection, Pensions and Senior Citizens Affairs. Working Paper, Pensions and

Senior Citizens Affairs, State Department of Social Protection, Kenya.

Leite, Phillippe, Tina George, Changqing Sun, Theresa Jones, and Kathy Lindert. 2017. "Social Registries for Social Assistance and Beyond: A Guidance Note and Assessment Tool." Social Protection and Labor Discussion Paper 1704, World Bank, Washington, DC. http://documents.worldbank.org/curated /en/698441502095248081/Social-registries-for -social-assistance-and-beyond-a-guidance-note -and-assessment-tool.

Lindert, Kathy A. 2016. "Communication and Outreach in Social Safety Nets." Slide presentation, World Bank, Washington, DC.

Mikkonen, Mika, Jaana Kauppinen, Minna Huovinen, and Erja Aalto, eds. 2007. "Outreach Work among Marginalised Populations in Europe: Guidelines on Providing Integrated Outreach Services." Foundation Regenboog AMOC, Amsterdam.

Morse, Gary. 1987. "Conceptual Overview of Mobile Outreach for Persons Who Are Homeless and Mentally Ill." Paper presented at the American Public Health Association Annual Convention, New Orleans, October.

Mosley, Hugh, Agota Scharle, and Miroslav Stefanik. 2018. "The Role of PES in Outreach to the Inactive Population." European Commission, Brussels, Belgium; ICON-INSTITUTE, Germany.

Paynter, Ben. 2017. "How Blockchain Could Transform the Way International Aid Is Distributed." Fast Company, September 18, 2017. https://www.fastcompany .com/40457354/how-blockchain-could-transform -the-way-international-aid-is-distributed.

Rhodes, Tim. 1996. "Outreach Work with Drug Users: Principles and Practice." Council of Europe, Strasbourg, France.

Rwanda, Ministry of Local Development. 2010. "VUP Public Awareness Program Summary."

Sagheer, Sumaira, and Quanita Ali Khan. 2018. "Pakistan: Reaching the Poor through the National Social Safety Net System—Role of Communication and Outreach in Stimulating Inclusive Participation." Presentation at the World Bank's Social Safety Nets and Delivery Systems Core Course, Washington, DC.

Scoppetta, Anette, and Arthur Buckenleib. 2018. "Tackling Long-Term Unemployment through Risk Profiling and Outreach." Technical Dossier 6, ESF Transnational Platform, European Commission, Brussels, Belgium.

Sluchynsky, Oleksiy. 2019. "Social Insurance Administrative Diagnostic (SIAD): Guidance Note." World Bank, Washington, DC; International Social Security Association, Geneva, Switzerland.

Subbarao, Kalanidhi, Carlo del Ninno, Colin Andrews, and Claudia Rodriguez-Alas. 2013. Public Works as a Safety Net: Design, Evidence, and Implementation. Directions in Development Series. Washington, DC: World Bank.

Sudan. 2018. "The Safety Net and Skills Development Project (SNSDP)." Slide presentation at the knowledge exchange event between South Sudan and Iraq, July 25, 2018.

United States, National Council on Disability. 2012. "Guiding Principles: Successfully Enrolling People with Disabilities in Managed Care Plans." National Council on Disability, Washington, DC.

Villarreal, Fernando. 2013. "ACCEDER: Programme for the Employment of Roma through the Operational Programme Fight against Discrimination under the European Social Fund: Assessment Report." Fresno Consulting, Madrid. https://www.fresnoconsulting .es/upload/79/47/2013_assessment_report_acceder _fresno-osi.pdf.

Vital Wave. 2017. "Utilizing Technology for Smart Fiduciary Oversight in Fragile, Conflict Affected, and Violent Contexts." Slide presentation, Vital Wave, Palo Alto, CA.

WFP (World Food Programme). 2018. "Blockchain for Zero Hunger." Innovation Accelerator. WFP, Munich, Germany.

WHO (World Health Organization) and World Bank. 2011. World Report on Disability. Geneva, Switzerland: WHO; Washington, DC: World Bank.

WWP (Brazil Learning Initiative for a World Without Poverty). 2015. "Active Search and Targeting: The Importance of the Unified Registry for Brazil without Extreme Poverty Plan." Series No. 4. WWP.

Capítulo 4

Recepción, registro y evaluación de las necesidades y condiciones

Kathy Lindert, Phillippe Leite, Tina George Karippacheril e Inés Rodríguez Caillava

Con contribuciones de Nina Rosas Raffo, Gustavo Demarco, Nahla Zeitoun, Ahmet Fatih Ortakaya, Anita Mittal, Conrad Daly, Vasumathi Anandan y Karen Peffley

¿Cómo se solicita el acceso a los programas de protección social? ¿Cómo se evalúan las necesidades y condiciones para determinar si una persona tiene derecho a beneficios y servicios? Estas son las preguntas que se responden durante los procesos de recepción y registro, y de evaluación de las necesidades y condiciones. En este capítulo se detallan estas fases de entrada en la cadena de implementación (gráfico 4.1).

La recepción y el registro, así como la evaluación de las necesidades y las condiciones, son la segunda y la tercera fase de la cadena de implementación, y sus objetivos son que las poblaciones objetivo se registren de forma eficaz, que su información se ingrese de forma precisa y que se elaboren perfiles exactos. La recepción es el proceso de iniciar el contacto, atraer a las personas y recopilar información, mientras que el registro consiste en registrar y verificar esa información. En algunos sistemas, la información comunicada por los registrados se complementa con datos adicionales procedentes de otros sistemas administrativos. La recepción y el registro

suelen ser simultáneos. Después de los esfuerzos de difusión (analizados en el capítulo 3), los inputs de la recepción y el registro implican a personas (individuos, familias u hogares) que solicitan asistencia, entablan relación con una agencia, y proporcionan información y documentación. El principal resultado de la recepción y el registro es una información completa sobre el solicitante, que se verifica y valida para utilizarla como base para la evaluación de las necesidades y condiciones. La evaluación de las necesidades y condiciones es el proceso de elaboración de un perfil de las personas, familias u hogares registrados según diversas herramientas de evaluación (como medidas de bienestar socioeconómico, perfiles de riesgo y perfiles laborales). Este perfil es el principal resultado de esta fase y sirve para determinar la posibilidad de acogerse a programas específicos y a los beneficios o servicios que pueden concederse (véase el capítulo 5). En un nivel más amplio, un resultado de esta fase es la medición de la necesidad de programas de protección social, lo que puede ayudar a los organismos en la planificación, preparación de presupuestos y coordinación.

Gráfico 4.1 Las fases de la evaluación en la cadena de implementación de protección social

Recepción y registro (2)   (3) Evaluación de las necesidades y condiciones

Fuente: Gráfico original para esta publicación.

Estas dos fases se centran en las personas: individuos, familias u hogares. Pueden pertenecer a diversas poblaciones objetivo (o «grupos objetivo»), como (1) categorías de grupos demográficos en una determinada etapa de la vida (como niños o adultos mayores), (2) grupos definidos en función de su situación socioeconómica, (3) personas en condición de discapacidad, (4) personas con una determinada situación laboral (demandantes de empleo y desempleados), (5) personas vulnerables clasificadas por riesgos sociales o (6) una combinación de estas categorías. En esta fase de la cadena de implementación, nos referimos a las personas como solicitantes o inscritos (no beneficiarios), ya que no han sido considerados elegibles para ningún programa. Es importante recopilar y mantener información sobre todos los solicitantes o inscritos, no solo sobre los que finalmente se convierten en beneficiarios de los programas (como se explica en el capítulo 5).

El presente capítulo se organiza del siguiente modo:

- En la sección 4.1 se ofrece una visión general de la recepción y el registro, que incluye las modalidades de recepción, las modalidades de registro, los instrumentos y las técnicas, así como un análisis de la relación entre el principio de inclusión dinámica y la recepción y el registro.
- En la sección 4.2 se revisan los tipos de información que se recogen durante el proceso de recepción y registro de las poblaciones objetivo. También considera las oportunidades de utilizar enfoques integrados en la recepción y el registro.
- En la sección 4.3 se revisan las herramientas utilizadas para evaluar las necesidades y condiciones de

esos diversos grupos (demográficas, socioeconómicas, de discapacidad, laborales, de riesgos sociales), y se discuten las oportunidades para aprovechar los enfoques integrados.

- La sección 4.4 presenta algunos mapeos de procesos para ilustrar la secuencia de pasos y las funciones institucionales para las fases de recepción, registro y evaluación de las necesidades y condiciones.
- La sección 4.5 examina los aspectos estructurales de esos procesos, como los arreglos institucionales y los sistemas de información que los apoyan.
- Por último, la sección 4.6 resume las características clave de la recepción, el registro y la evaluación de las necesidades y condiciones que pueden servir para apoyar la inclusión y la coordinación dinámicas.

En este capítulo se analizan varios ejemplos de países, incluidos algunos de cada región:

- **África:** Burkina Faso, República del Congo, Malaui, Malí, Mauricio, Senegal, Sierra Leona, Tanzania
- **Asia Oriental y el Pacífico:** China, Indonesia, Filipinas
- **Europa y Asia central:** Albania, Dinamarca, Federación Rusa, Finlandia, Francia, Georgia, Grecia, Italia, Kosovo, la República Kirguisa, Macedonia del Norte, Países Bajos, Reino Unido, Rumania, Serbia, Suecia y Turquía
- **América Latina y el Caribe:** Brasil, Chile, Colombia, República Dominicana, México
- **Oriente Medio y África del Norte:** Yibuti, la República Árabe de Egipto, Jordania, Líbano, Marruecos
- **Asia meridional:** Pakistán
- **Otros países de la Organización de Cooperación y Desarrollo Económicos (OCDE):** Australia, Canadá, Estados Unidos, otros países mencionados

4.1 RECEPCIÓN Y REGISTRO

La recepción y el registro requieren estructuras y procesos para interactuar con las personas, que son la «primera milla» y no la «última milla» (véase el capítulo 2 sobre la interfaz con el cliente y el diseño centrado en las personas). La interfaz con el cliente tiene lugar en el punto de contacto para los solicitantes y los inscritos. Las modalidades de recepción y registro deben tener puntos de contacto claros, idealmente con múltiples canales, como (1) oficina local, ventanilla de servicios o quiosco, (2) a través de equipos móviles, (3) a través de trabajadores sociales, personal de primera línea o encuestadores, y (4) a través de ventanillas de servicios digitales (gráfico 4.2). Pueden ser gestionados por organismos centrales (por ejemplo, personal o contratistas) o por los gobiernos locales.

La interfaz con el cliente también tiene una importante «dimensión temporal»: El punto de contacto para las personas, ¿está disponible de forma permanente o poco frecuente? Otro aspecto relacionado es si este «contacto» (por ejemplo, la recepción y el registro) lo inician los solicitantes (por demanda) o la administración (por ejemplo, a través de la recogida masiva de datos dirigida por los administradores). Por último, un aspecto importante de la interacción con los clientes es la «experiencia de usuario» de las personas, y si el punto de contacto y los procesos asociados están centrados en las personas y orientados al servicio. Una característica clave es si permiten una inclusión dinámica, de manera que cualquiera pueda solicitar programas sociales en cualquier momento. En otras palabras, la inclusión dinámica significa que el acceso a la recepción y el registro es abierto y continuo, normalmente con una ventana de solicitud por demanda para la interfaz con el cliente. Las personas deben poder registrarse para que se considere su posible elegibilidad para los programas sociales cuando lo necesiten o actualizar

---

Gráfico 4.2   Interfaz con el cliente: Modalidades de recepción y registro

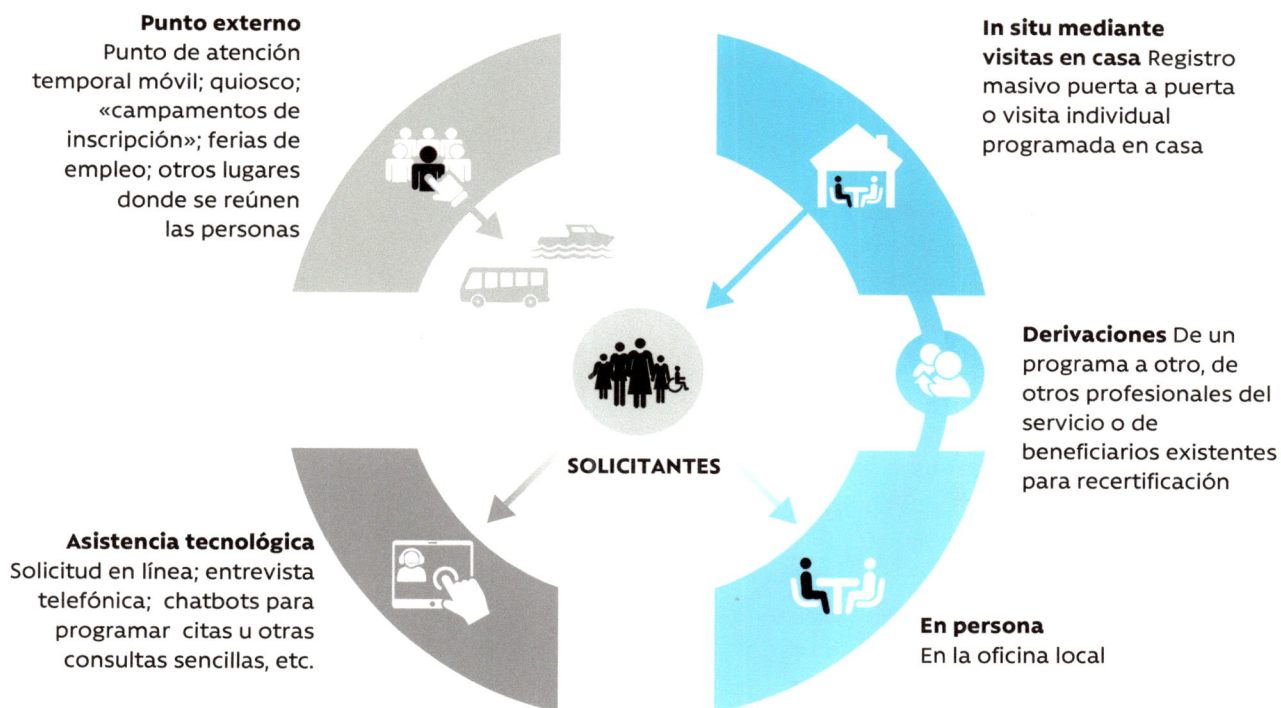

Punto externo
Punto de atención temporal móvil; quiosco; «campamentos de inscripción»; ferias de empleo; otros lugares donde se reúnen las personas

In situ mediante visitas en casa Registro masivo puerta a puerta o visita individual programada en casa

Derivaciones De un programa a otro, de otros profesionales del servicio o de beneficiarios existentes para recertificación

SOLICITANTES

Asistencia tecnológica
Solicitud en línea; entrevista telefónica; chatbots para programar citas u otras consultas sencillas, etc.

En persona
En la oficina local

Fuente: Gráfico original para esta publicación.

la información si su situación cambia. La interfaz con los clientes es especialmente importante a la hora de desarrollar «sistemas de protección social adaptativos» (Leite *et al.*, 2017).

Modalidades de recepción: Enfoques por demanda y dirigidos por la administración

En lo que respecta a la recepción, el hecho de que se utilice el enfoque por demanda o el enfoque dirigido por la administración afecta otras decisiones en la cadena de implementación.[1] Hay tres características clave que distinguen estos enfoques: (1) si el cliente toma la iniciativa de solicitarlo (por demanda) o es el programa o el registro social el que inicia el registro (dirigido por la administración); (2) si los clientes actúan por separado (por demanda) o se registran juntos como grupo (dirigido por la administración); y (3) si los clientes solicitan el registro en el momento que elijan (por demanda) o el calendario depende de la financiación y la capacidad (dirigido por la administración).

Aunque los enfoques dirigidos por la administración y por demanda son dos modelos distintos, funcionan dentro del mismo espectro. Algunos países tienen un enfoque totalmente por demanda, como el Cadastro Único de Brasil, y otros tienen un enfoque totalmente dirigido por el administrador, como Burkina Faso, Malaui y Tanzania. Hay otros casos, como el Registro Socioeconómico Nacional (NSER) de Pakistán, el registro social de la República del Congo y SPRINT de Sierra Leona, que utilizan enfoques dirigidos por la administración e incluyen algunos elementos por demanda.

La gama de programas que utilizan enfoques por demanda y dirigidos por la administración es diferente. Los enfoques por demanda se utilizan para todos los tipos de programas de protección social (véase el capítulo 2). Pueden utilizarse para uno o varios programas a la vez, y en situaciones de crisis idiosincráticas o covariables. Los enfoques impulsados por la administración son más comunes en los programas orientados a la pobreza y en respuesta a crisis covariables en las que todos los miembros del grupo que se busca registrar se enfrentan a la misma crisis. Algunos programas de protección social tienden a ser más por demanda que otros. Por ejemplo, los seguros de salud y las pensiones permiten la recepción y el registro dinámicos, así como

los servicios laborales y sociales. Los programas de asistencia social, en cambio, suelen estar más dirigidos por la administración y se llevan a cabo mediante barridos censales periódicos. No obstante, en los países con mayores ingresos, la mejora de los sistemas de información administrativa permite una inclusión dinámica con respecto a la asistencia social.

El hecho de que el proceso de recepción satisfaga el principio de inclusión dinámica depende de si el enfoque es por demanda o dirigido por la administración. El calendario de entrevistas iniciales es importante. ¿Pueden las personas presentar su solicitud en cualquier momento (por demanda) según su propia situación? Eso facilita la inclusión dinámica. ¿O hay que esperar varios años hasta la siguiente oleada de registros masivos, como ocurre con los enfoques impulsados por la administración? Esto significa que muchas personas no podrán presentar su solicitud en un momento de necesidad, sino que tendrán que esperar a la próxima campaña de registro.

La definición del enfoque de recepción depende del contexto del país y de la capacidad administrativa. Aunque se aspira a un enfoque por demanda y a la garantía de inclusión dinámica, para muchos países, estos solo son factibles en contextos de alta capacidad y disponibilidad de una red permanente para la interacción con los clientes. Cuando la capacidad administrativa es baja, y la red para la interacción con los clientes es limitada, el enfoque dirigido por la administración podría ser más apropiado.

Recepción por demanda

En los enfoques por demanda, las personas solicitan proactivamente uno o varios beneficios y servicios. La unidad de asistencia puede ser una persona, una familia o un hogar. La iniciativa para esta solicitud parte de los propios clientes, aunque también puede ser estimulada por los esfuerzos de difusión o derivaciones de otros programas o profesionales.[2] El momento de realizar la solicitud depende, en gran medida, de sus propias circunstancias. Por ejemplo, una persona puede llegar a una determinada edad (como los 65 años), una familia puede tener un hijo, o sufrir pobreza crónica o una crisis idiosincrática propia de su situación, un trabajador puede ser despedido de su empleo, una persona puede sufrir la aparición de una discapacidad, o puede enfrentar riesgos sociales complejos. El momento de la solicitud desencadena el momento de las demás fases de la cadena de implementación.

La recepción puede tener lugar en casa o en una oficina gubernamental, puede valerse de formularios en papel o digitales (tanto sin conexión como con conexión), y el proceso puede ser llevado a cabo por la administración (como un trabajador social) o puede ser un proceso de autoservicio. En la práctica, la mayoría de los países utilizan una combinación de estas modalidades. Por ejemplo, el proceso puede comenzar con la visita del cliente a una oficina gubernamental seguida de una visita a su casa por parte de un trabajador social, o una solicitud en línea realizada en el domicilio del solicitante seguida de una visita a una oficina gubernamental para una entrevista o para presentar documentos o información adicional.

Probablemente, la modalidad más común por demanda es que la gente presente su solicitud en persona en las oficinas o quioscos locales. En muchos países, las personas acuden a una oficina local para solicitar su participación en programas de protección social. Las solicitudes por demanda pueden presentarse en las oficinas locales de asistencia social, en las agencias de empleo o en las oficinas del Gobierno local.[3]

A menudo, las oficinas locales llevan a cabo la recepción y el registro de forma integrada, de modo que las personas pueden utilizar un solo formulario de solicitud para muchos beneficios y servicios. Un ejemplo es Georgia, donde las agencias regionales y locales de servicios sociales actúan como ventanillas únicas/centros de servicios únicos en los que las personas pueden presentar una solicitud común para ser considerada para múltiples beneficios y servicios. En Brasil y Chile, las personas presentan su solicitud, y son entrevistadas y registradas en los registros sociales. Los inscritos son evaluados para numerosos programas sociales. En Turquía, los ciudadanos solicitan diversos beneficios y servicios sociales y sanitarios en mil Fondos de Solidaridad y Asistencia Social (FSAS) autónomos locales.[4] En Alemania, las oficinas municipales de empleo son el punto de entrada de los servicios de empleo y de las ayudas a la renta (recuadro 4.1).

En algunos condados de Estados Unidos, la sanidad y la asistencia social (a menudo denominadas servicios sanitarios y humanos) se han integrado a nivel de condado. Por ejemplo, en el condado de Montgomery

(Maryland), los ciudadanos pueden acceder a 134 programas sanitarios y sociales en las oficinas locales y satélite del condado. Un innovador sistema de gestión del vestíbulo en tiempo real ayuda a minimizar los tiempos de espera y optimiza la asignación del personal a los distintos mostradores generales o especializados (recuadro 4.2).

Las aplicaciones digitales también son bastante comunes. Algunos pasos del proceso de recepción pueden verse facilitados por la tecnología, como la solicitud en línea (ya sea inicial o completa), las entrevistas por teléfono, y la programación de citas en persona o la respuesta a consultas sencillas a través de chatbots. Las solicitudes en línea de beneficios por desempleo son comunes en los países de la OCDE, aunque el uso de la opción en línea varía desde el 1 o 2 % de los solicitantes en España hasta el 30 % en Nueva Zelanda, el 58 % en Estados Unidos, el 88 % en Reino Unido, el 95 % en Países Bajos y el 100 % en Islandia e Italia (con la opción de solicitar asistencia para ayudar a presentar sus solicitudes) (OCDE, 2015). Algunos países también han introducido solicitudes iniciales de autoservicio en línea para programas sociales, a veces con simuladores para ayudar a las personas a decidir si rellenan una solicitud completa determinando si es probable que tengan derecho a los beneficios. El recuadro 4.3 repasa algunos ejemplos de registro en línea en Grecia, Chile y Estados Unidos (estado de California).

Aunque no haya personas implicadas, las ventanillas digitales de autoservicio son la «cara» de la agencia o el programa para el público. Por lo tanto, los sistemas en línea deben ser fáciles de usar. La dificultad para navegar por el proceso en línea puede disuadir a las personas de presentar una solicitud, incluso si son potencialmente elegibles. En Estados Unidos, por ejemplo, una gran parte de las familias que reúnen los requisitos necesarios en muchos estados no solicitan los cupones de alimentos. Un estudio reciente sobre los bajos índices de utilización en el estado de California reveló que los obstáculos burocráticos —incluida una interfaz en línea complicada y confusa— disuadían a la gente de presentar solicitudes.

Recepción dirigida por la administración

La recepción en los enfoques dirigidos por la administración se lleva a cabo principalmente en los hogares, normalmente mediante campañas de registro puerta

En Mannheim (Alemania), las oficinas municipales de empleo conjuntas gestionan el empleo y los beneficios y servicios sociales. Aunque las personas acuden a las oficinas locales en busca de beneficios de apoyo a los ingresos, también se les evalúa para los servicios relacionados con el empleo. Los carteles en las ventanas de las oficinas destacan que el trabajo es un objetivo primordial. Las oficinas están preparadas para dirigir a las personas a varias estaciones para la entrevista inicial, el registro y la evaluación de los distintos beneficios y servicios (véase el gráfico B4.1.1 a continuación).

1. El Área de Bienvenida recibe a quienes acuden con o sin cita previa. Hay puestos para la asignación rápida y el autoservicio en la parte delantera, y una «regla de los 30 segundos» para

las normas de servicio en la zona de recepción inicial.

2. A continuación, las personas son dirigidas a la Zona de Solicitud Inicial, donde reciben apoyo personalizado para la entrevista inicial y el registro.

3. Según la entrevista inicial y la información proporcionada, se las clasifica según sus perfiles y se las dirige a las «Zonas Protegidas»: (1) servicios de empleo para el asesoramiento, la asistencia con los CV/la preparación para el trabajo, y la asignación de asesores laborales; y/o a (2) servicios de apoyo social y económico, donde se evaluará si cumplen los requisitos para recibir asistencia monetaria y, si es pertinente, el apoyo de otros servicios sociales que se encuentran en el mismo edificio, como asistencia psicosocial, expertos en abuso de sustancias, equipos médicos, consultores

Gráfico B4.1.1 Configuración de la oficina para la clasificación de clientes

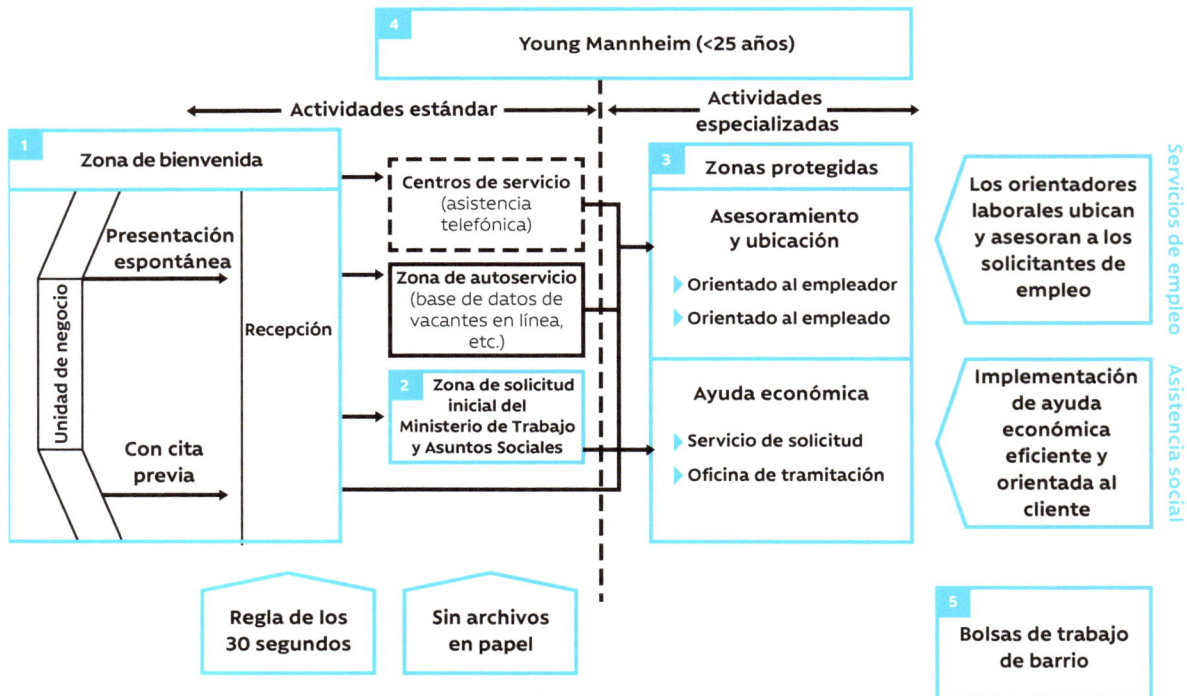

Fuente: Hoerning, 2011.

continuación

de deudas personales, consultas sobre la ley de inmigración, especialistas en manutención infantil, etc.

4. Los jóvenes (menores de 25 años) también se derivan a los servicios especializados para su asignación inmediata en formación, empleo o «jump plus» (un plan de cooperación con las agencias locales de empresas sociales de formación). Reciben apoyo individual y asistencia intensiva, si lo necesitan, así como apoyo cercano por parte de los gestores de casos. También les prestan bicicletas para el transporte hasta los puestos de trabajo/centros de formación, según sea necesario.

5. Cerca de allí, hay bolsas de trabajo en todos los barrios, lo que ayuda a reducir el estigma que podría surgir si estuvieran ubicadas solo en zonas pobres. Cada bolsa de trabajo tiene un líder empresarial/político local (patrocinador). Las bolsas de trabajo ayudan a los solicitantes de empleo a identificar las vacantes en la zona, buscar trabajo, etc.

Recuadro 4.2 **Herramientas innovadoras para optimizar la gestión del vestíbulo en el condado de Montgomery, Maryland (EE. UU.)**

El Departamento de Salud y Servicios Humanos (DHHS) del condado de Montgomery ha estado innovando para ofrecer un enfoque integrado en todas las áreas de servicio. Esto es fundamental, ya que el DHHS debe gestionar, administrar e implementar unos 134 programas federales, estatales y de condado en seis áreas de servicio principales: programas para niños, jóvenes y familias (incluidos los cupones de alimentos, la asistencia monetaria del programa TANF, los servicios sociales, etc.), envejecimiento y discapacidad, servicios de crisis de salud mental, servicios de salud pública (incluidos Medicaid y el seguro médico de la Ley de Atención de Salud Asequible), servicios para personas sin hogar y asuntos comunitarios. Los esfuerzos de integración se han dado a nivel político e institucional, en la práctica del trabajo social integrado, en la gestión del personal y a través de la infraestructura informática. Algunas de estas herramientas innovadoras son «QLess», un sistema para gestionar, clasificar y supervisar los flujos de personas en la oficina principal, y «eICM», un sistema integrado de gestión de casos que apoya las funciones de preselección, recepción y registro, evaluación de necesidades y condiciones, elegibilidad, inscripción, gestión de beneficios/servicios y dispensación de casos.

QLess es un sistema de gestión de vestíbulos que pretende mejorar el servicio al cliente, eliminar las largas filas, reducir los abandonos y las quejas, aumentar la productividad del personal y la eficiencia operativa, obtener información valiosa con el seguimiento y los informes, y mejorar la comunicación y el compromiso de las personas. Dado que una oficina puede atender a más de 200-500 personas al día para numerosos beneficios y servicios, además de las citas administrativas (recertificación, entrega de documentos, preguntas y reclamos), la gestión eficaz del tiempo y los recursos del vestíbulo es fundamental.

Para los clientes. Cuando las personas llegan, se registran en quioscos convenientemente situados, que ofrecen opciones multilingües. Los indicadores de idioma preferido no solo ayudan a navegar, sino que también ayudan a la oficina a asignar el personal multilingüe a los distintos puestos. Las personas introducen sus nombres y números de teléfono móvil, y seleccionan los botones de los tipos de servicios que se corresponden con los principales motivos de su visita. Una vez que se ha registrado en el quiosco QLess, se asignará un avatar a su caso y se mostrará en los monitores de la fila seleccionada para esa persona, para indicar su lugar en la fila. Los avatares

continuación

cambian de color según el estado y se mueven en la pantalla con las personas a través de las fases (espera, llamado, atención, conclusión, salida). La persona recibirá una alerta por mensaje de texto cuando sea la siguiente en la fila, y para dirigirla a la estación o ventanilla donde será atendida cuando sea su turno.

Para la administración de la oficina. Desde el punto de vista operativo, la dirección del centro está siempre al tanto del volumen de personas en cualquier momento del día con un panel de control en directo, y puede reaccionar ante la afluencia de clientes. La dirección del centro puede controlar los tiempos de espera, hacer clic en avatares específicos para ver los detalles de los clientes o reasignar el personal a los distintos mostradores para optimizar

mejor los recursos (incluida la asignación de personal especializado o de recursos lingüísticos según las necesidades de los clientes). También puede utilizar el sistema para programar citas y gestionar el calendario evitando las horas de máxima afluencia.

Los avatares de los clientes cambian de color para indicar su estado en QLess:

Verde: tiempo de espera ≤ previsión original
Amarillo: tiempo de espera 25 % > original
Rojo: tiempo de espera 50 % > original
Gris: cliente de «llamada anticipada» que aún no se ha registrado
Violeta: el cliente de cita flexible avanza automáticamente en la cola virtual

Fuentes: Guía de formación de QLess, versión 6.0:versión de 2018, Departamento de Salud y Servicios Humanos, Condado de Montgomery, Maryland; notas de la visita de campo y conversaciones con el personal del DHHS.
Nota: TANF = Asistencia temporal para familias necesitadas.

Recuadro 4.3 Solicitudes en línea en Grecia, Chile y California (EE. UU.)

Aunque las ventanillas digitales de autoservicio son cada vez más comunes, todavía no están muy extendidas en los programas de protección social de los países en desarrollo. Ejemplos de Grecia, Chile y Estados Unidos (estado de California) ilustran algunos de los usos de las aplicaciones en línea para programas de asistencia social, así como la importancia del diseño centrado en las personas.

El programa griego de Ingreso de Solidaridad Social (ISS) utiliza solicitudes en línea en el sitio web del ISS. Inicialmente, las solicitudes en línea tuvieron algunos problemas en la fase piloto (aspectos poco claros, insuficiente información aclaratoria, falta de una versión en PDF para su visualización sin conexión, etc.). Sin embargo, esas fallas se resolvieron, y la versión actual ha sido ampliamente probada y diseñada para ser fácil de

usar, con notas explicativas que aparecen cuando los solicitantes mueven el cursor a cada campo, una sección de preguntas frecuentes y un enlace a un módulo de capacitación en línea. El formulario de solicitud también puede rellenarse con la ayuda del personal municipal, lo que contribuye a promover la inclusión de las personas que no se sienten cómodas con los servicios en línea, como las personas mayores, los extranjeros, las comunidades gitanas, o las personas con discapacidades o educación limitada. Los participantes en los grupos de discusión de particulares y funcionarios municipales señalaron que la aplicación en línea era, en general, fácil de usar (Marini *et al.*, 2016). Dos características clave hacen que la aplicación en línea de Grecia sea especialmente eficiente: (1) el formulario de solicitud aprovecha la interoperabilidad con otros sistemas

continuación

administrativos para rellenar previamente varias preguntas (campos de datos); y (2) la automatización permite indicar el resultado de la elegibilidad inmediatamente después de presentar la solicitud, para aquellos solicitantes que no necesitan presentar información adicional en los municipios.

En Chile, las personas pueden presentar su solicitud y ser inscritas en el Registro Social de Hogares (RSH), el registro social del país, para ser evaluadas y consideradas para optar a numerosos programas sociales. Hay tres modalidades de entrevista inicial, dos de las cuales son en línea, y una tercera presencial, en el municipio. La primera modalidad de entrevista inicial en línea requiere el uso de la contraseña del registro civil del solicitante y le permite presentar todos los datos y documentos justificativos requeridos a través del sitio web del RSH. Posteriormente, el municipio valida esta información, sin necesidad de que el solicitante acuda en persona, y a continuación, un encuestador del municipio visita el hogar correspondiente. La segunda modalidad de entrevista inicial en línea requiere el uso del número de identificación único del solicitante, y le permite presentar la solicitud y los documentos requeridos. Esta modalidad requiere una visita presencial al municipio para que el solicitante pueda acreditar su identidad, validar la información y entregar los documentos pendientes.

Las experiencias con las solicitudes en línea de cupones de alimentos en Estados Unidos demuestran la importancia de un diseño centrado en las personas, y los escollos que pueden surgir si las ventanillas digitales de autoservicio no son fáciles de usar. En el estado de California, los índices de utilización de los cupones de alimentos son bastante bajos: menos de dos tercios los solicitan.[a] Un estudio realizado por la empresa de tecnología cívica CodeForAmerica.org descubrió que una de las principales razones de la baja utilización era la burocracia, a pesar de que la gente podía solicitarlos por Internet. Los ejercicios de análisis de la hoja de ruta (como los comentados en el capítulo 2) revelaron que las ventanillas del servicio en línea eran increíblemente difíciles de utilizar: el sitio estaba inactivo («cerrado») por mantenimiento programado todos los días desde la medianoche hasta las 6 de la mañana, la navegación era confusa, la solicitud en línea tenía más de 50 páginas web con más de 100 preguntas (muchas de ellas redundantes y/o confusas), el proceso requería hasta una hora para completarse y no funcionaba en los dispositivos móviles, a pesar de que la mayoría de las personas con bajos ingresos dependían de los teléfonos inteligentes.[b] El estado de California ha colaborado con especialistas en tecnología cívica para diseñar una aplicación fácil de usar que facilite estos procesos según los principios del diseño centrado en las personas.

_____

Fuentes: Grecia: Marini *et al.*, 2016; Chile: Chile, Ministerio de Desarrollo Social, 2017; California: Solomon, 2017.
a. Fuente primaria: Estadísticas de CalFresh en http://www.calfresh.ca.gov/PG844.htm.
b. Solomon, 2017 y https://www.codeforamerica.org/featured-stories/california-counties-make-it-easier-to-apply-for-calfresh.

a puerta. Las campañas de registro masivo, también conocidas como barridos censales, suelen utilizarse en zonas con alta concentración de la población objetivo, o en países con datos o capacidad administrativa limitados. Los equipos de campo suelen ir de puerta en puerta con cuestionarios de registro para todas o la mayoría de las familias de una región específica. Este es el caso de Burkina Faso, donde se entrevista y registra a todos los hogares de las regiones, provincias y pueblos seleccionados. En algunos países, las comunidades dan prioridad a determinados hogares que se entrevistan y registran (como en Malaui, como se comenta más adelante). Cuando se utilizan enfoques de registro masivo a nivel nacional, se puede registrar una gran parte de la población, como se ha visto en el caso de Listahanan, en Filipinas (recuadro 4.4).

El Listahanan de Filipinas, formalmente conocido como Sistema Nacional de Focalización de Hogares para la Reducción de la Pobreza (NHTS-PR, por sus siglas en inglés), es un registro social que recopila información sobre las características socioeconómicas de los hogares y familias de todo el país. El formulario de evaluación familiar de Listahanan 2015 contiene 45 campos de preguntas y un cuestionario comunitario con 11 campos de preguntas. Los datos del Listahanan son utilizados por numerosos programas sociales, como las transferencias monetarias condicionadas de 4P, la pensión social para adultos mayores pobres y el seguro médico subvencionado PhilHealth, así como por 1095 unidades de gobierno local y otros usuarios. Tras la campaña de registros de 2015, el Listahanan contiene registros de 15 millones de hogares de todo el país (alrededor del 75 % de la población), de los cuales 5,2 millones fueron clasificados como pobres y priorizados para los programas gubernamentales. La campaña de registros de 2015 se llevó a cabo en solo seis meses utilizando las siguientes modalidades, instrumentos y técnicas:

- La principal modalidad de recepción y registro fue el **barrido censal puerta a puerta** en los domicilios de las personas registradas. Durante la fase de validación de la comunidad, también se utilizaron solicitudes por demanda para permitir el registro de los hogares que no se habían captado en la campaña de registro.
- Los **cuestionarios en papel** se complementaron con la **recogida de datos asistida por computadora**. Se adquirieron unas 13 000 tabletas Android y 4500 computadoras portátiles para facilitar la recogida y supervisión de datos. Las tabletas se utilizaron principalmente en las zonas urbanas, donde la conexión a Internet era más fiable para el envío de datos. Los equipos portátiles

estaban equipados con aplicaciones especializadas, como el sistema de gestión de datos para los supervisores y coordinadores de zona. Esta aplicación permitió a los supervisores monitorear la realización diaria de las evaluaciones de los hogares por parte de los encuestadores y hacer un seguimiento del calendario de enumeración. También permitieron una revisión más rápida y controles aleatorios por parte de los supervisores de área, así como rutinas de validación automatizadas para detectar incoherencias. Los cuestionarios en papel se utilizaron principalmente en las zonas rurales, donde la electricidad para la carga y la conectividad a Internet son problemáticas. En promedio, se tardó 30 minutos en rellenar cada cuestionario electrónico, en comparación con los 33 minutos que se tardó en realizar la entrevista y otros 19 minutos en introducir los datos utilizando los cuestionarios en papel.

- También se recurrió a **capacitación, comunicaciones y difusión** exhaustivas. La campaña de 2015 hizo amplio uso de videos para la formación en todo el país (incluidos los 39 000 trabajadores sobre el terreno). Estos materiales de capacitación en video contribuyeron mucho a la coherencia de los mensajes, conceptos y protocolos, así como a los controles de calidad. El Departamento de Bienestar Social y Desarrollo de Filipinas también es reconocido por su extenso uso de las comunicaciones estratégicas y operativas, y el Listahanan 2015 hizo un amplio uso de dichas herramientas. Los equipos de Listahanan también utilizaron técnicas de difusión proactivas para involucrar a las autoridades y comunidades locales, y para llegar a las poblaciones marginadas, como las que se encuentran en zonas geográficamente dispersas, y a las personas sin hogar.

Fuente: Velarde, 2018.

Nota: 4P = Programa Pantawid Pamilyang Pilipino

El enfoque dirigido por la administración tiende a ser periódico y no suele captar a toda la población, especialmente en contextos con financiación y capacidad limitadas. Con el enfoque dirigido por la administración, las puertas de la inclusión se abren de forma periódica (normalmente cada tres a cinco años) en lugar de permitir una inclusión continua. La decisión de realizar el registro con menos frecuencia suele estar motivada por la limitación de los recursos presupuestarios de los programas para financiar los beneficios y los servicios con la información recogida durante el registro. También puede reflejar la capacidad limitada para llevar a cabo las campañas de registro, especialmente la existencia de estructuras adecuadas o capacidad institucional a nivel local para llevar a cabo procesos recurrentes más frecuentes. Pero incluso cuando las puertas se abren para todos en un momento determinado, sigue siendo un reto captar a todo el mundo: Hasta la fecha, ninguna campaña de registros masivos ha cubierto el 100 % de los hogares. Varios países han registrado más del 70 % de la población en **el momento** en que se llevaron a cabo.[5]

En estos entornos con recursos y capacidades limitadas, en los que la exclusión escapa en cierta medida al control de los actores implicados en los esfuerzos de registro, a veces se utilizan cuotas de inscripción. Muchos países utilizan cuotas para limitar el número de hogares que pueden registrarse. Estas cuotas suelen establecerse como un porcentaje de los hogares de una localidad concreta (distrito o municipio), a veces el mismo porcentaje para cada localidad por razones políticas. En algunos casos, las propias comunidades establecen prioridades para los hogares que se registran, ya sea a través de los líderes locales o de las reuniones comunitarias. Estos enfoques aprovechan los conocimientos locales para ayudar a priorizar a las personas más pobres. En algunos casos, las cuotas se utilizan con el objetivo de minimizar una mayor exclusión. Por ejemplo, en la ampliación de la Red de Asistencia Social Productiva de Tanzania en 2014, se establecieron cuotas de inscripción porque el programa, que se compone de múltiples intervenciones, solo podía cubrir al 15 % de la población más pobre que vive en la pobreza extrema o es vulnerable a ella, en lugar de a todos los que se encuentran en situación de pobreza y de necesidades básicas (Banco Mundial, 2016). En las comunidades más pobres se fijaron objetivos operativos más elevados

en cuanto al número de cuestionarios de registro para aumentar las posibilidades de inclusión de los grupos más pobres, y las comunidades priorizaron qué hogares serían registrados. Las cuotas también ayudan a gestionar las expectativas en contextos de recursos limitados. ¿Por qué registrar a una gran parte (o incluso al 100 %) de los hogares y crear expectativas cuando los programas solo pueden seleccionar un pequeño porcentaje o número de hogares para que sean elegibles y se inscriban en los programas? No obstante, es necesario realizar esfuerzos para mitigar los riesgos asociados a estas aperturas parciales, entre ellos, (1) una fuerte comunicación para ayudar a gestionar las percepciones en torno a la equidad y la transparencia sobre las razones por las que algunos son excluidos; (2) un proceso sistemático para validar las decisiones de la comunidad y minimizar el potencial de replicar las desigualdades locales existentes (por ejemplo, ciertos segmentos desfavorecidos son excluidos porque están menos informados o menos conectados); y (3) canales (como un mecanismo de quejas y reclamos [MQR]) para abordar los problemas de exclusión o inclusión incorrecta.

Algunos países que han estado aplicando un enfoque dirigido por la administración empezaron a incorporar características del enfoque por demanda. Por ejemplo, los equipos móviles pueden instalar oficinas de registro temporales en lugares remotos. Aunque la oficina temporal se asemeja al enfoque por demanda en el sentido de que los clientes tienen que autoseleccionarse para el proceso y asumir los costos del desplazamiento, está dirigida principalmente por la administración en cuanto al impulso y el momento del registro, ya que las oficinas temporales solo están abiertas mientras dura la campaña de registro masivo. Pakistán ha estado experimentando con oficinas temporales, además de los métodos puerta a puerta, en su campaña de registro masivo de 2018-19 (recuadro 4.5). Asimismo, en otros países, hasta cierto punto, la persona toma la iniciativa de asistir a un evento de registro inicial para ser preseleccionada antes del registro, como en Sierra Leona, o a una oficina gubernamental, como en la República del Congo (recuadro 4.6). Aunque estos ejemplos tienen algunas características del enfoque por demanda, no se clasifican como «por demanda» ya que las personas no pueden solicitarlos en el momento que deseen.

Recuadro 4.5 Experimentación de diferentes modalidades de registro masivo: El NSER de Pakistán

En 2017, Pakistán inició el proceso de actualización de su Registro Socioeconómico Nacional (NSER, por sus siglas en inglés), que contiene datos sobre las características familiares y socioeconómicas de más de 25 millones de hogares (más del 85 % de la población). La actualización periódica del registro mejoraría la distribución equitativa y eficaz de los beneficios, reduciría los errores y las declaraciones erróneas, y serviría mejor a la población a la que está destinado y a los posibles beneficiarios. Para la campaña de inscripciones de 2017, Pakistán decidió experimentar con dos métodos para comparar su eficacia y eficiencia: el enfoque tradicional puerta a puerta y un enfoque piloto de oficina temporal. Con el enfoque tradicional, los equipos móviles visitan todos o la mayoría de los hogares, realizan entrevistas con los miembros del hogar, y hacen una valoración visual de la vivienda y otras condiciones de la familia. Con el enfoque de las oficinas, los equipos instalan oficinas temporales a nivel de «Consejo de Aldea», llevan a cabo actividades de difusión para asegurarse de que la gente es consciente de los esfuerzos de registro, y la alientan a acudir a la oficina temporal para proveer su información y registrarse. Si bien este enfoque de oficina temporal tiene cierto grado de autoselección y demanda, no posee todas las características de los métodos por demanda que se analizan en este libro de referencia porque sigue siendo parte de una campaña de registro masivo en la que el Estado acude a las comunidades; sigue implicando el registro de los hogares como grupo o cohorte; y lo más importante, el calendario sigue dependiendo de la administración y es temporal (de modo que las personas no podrían acudir a solicitar ser registradas en cualquier momento, sino durante un periodo definido).[a]

Fuente: Rosas, Jamy y Khan, 2017.

a. Consulte las definiciones de los enfoques por demanda y los enfoques dirigidos por la administración en el capítulo 2 y el glosario.

Recuadro 4.6 Enfoques dirigidos por la administración con elementos del enfoque por demanda: República del Congo y Sierra Leona

El RSU de la República del Congo es un registro social que recopila información sobre las características socioeconómicas de los hogares. Estos datos se utilizan principalmente en los programas de transferencia monetaria Lisungi (transferencia monetaria a niños y adultos mayores, y actividades generadoras de ingresos) y para ofrecer atención sanitaria gratuita a las personas pobres y vulnerables, y pronto se utilizarán para apoyar la oferta de capacitación profesional para las personas jóvenes pobres y vulnerables. Anteriormente, el RSU utilizaba un enfoque de barrido censal en el que solo se registraban los hogares preseleccionados por los trabajadores sociales de la comunidad, y el cuestionario era administrado por el Instituto Nacional de Estadística. Actualmente, el país está pasando a un enfoque en el que el hogar tiene que solicitar su participación en la oficina local de asistencia social (Circonscription d'Action Sociale [CAS]), y la entrevista inicial y el registro son realizados por trabajadores sociales o encuestadores contratados temporalmente. Este enfoque se ha probado para el programa de asistencia sanitaria subvencionada.

Del mismo modo, el Registro de Protección Social para la Orientación Nacional Integrada (SPRINT) de Sierra Leona es un registro social cuyos datos son utilizados por cuatro programas, entre los que se encuentran el Programa de Redes de Seguridad

continuación

Social, el Programa de Redes de Seguridad Social de Respuesta Rápida al Ébola, el Programa de Obras Públicas Intensivas en Mano de Obra y el programa de distribución de semillas del Ministerio de Agricultura. Para inscribirse, los hogares acuden a la administración. La recepción y el registro se realizan en dos etapas: En primer lugar, el Comité de Identificación de la Comunidad (CIC) preselecciona los hogares más pobres mediante un ejercicio participativo estructurado y, a continuación, los representantes de los hogares preseleccionados asisten a un acto de registro durante el cual se utiliza un breve cuestionario basado en una comprobación sustitutiva «ligera» de los medios de vida. El cuestionario consiste en una versión reducida de la comprobación sustitutiva de medios de vida (CSM, que incluye unas pocas variables clave que son las mejores para obtener previsiones) y lo lleva a cabo, mediante teléfono móvil o tableta, el organismo ejecutor en un lugar central para la comunidad o grupo de comunidades que han sido elegidas

mediante selección geográfica. En segundo lugar, en el caso de las personas que superan la comprobación sustitutiva «ligera» de los medios de vida calculada a nivel central, el organismo estadístico visita entonces los hogares para realizar un cuestionario más largo mediante la fórmula completa de la comprobación sustitutiva de medios de vida.

Aunque estos dos casos muestran algunas características del enfoque por demanda, en particular, que la persona toma la iniciativa de presentar la solicitud (en una oficina de asistencia social, en el caso de la República del Congo, y en un acto de inscripción, en el caso de Sierra Leona), no muestran las tres características que definen al enfoque por demanda. En particular, los clientes no se registran en el momento que eligen, sino en un horario definido por la administración, ya que el registro no está abierto en cualquier momento. Aunque lo soliciten por iniciativa propia, las personas se registran, de alguna manera, como un grupo, ya que pertenecen a una cohorte correspondiente a una campaña de registro específica.

_____

Fuentes: Informe de revisión intermedia del programa Lisungi de la República del Congo, 2017; "Simplified Community-Based Targeting Processes for Rapid Ebola Social Safety Nets" de Sierra Leona, 2014.

Modalidades de registro

Aunque los detalles varían, los procesos de registro suelen incluir el registro de la información de los solicitantes, la recopilación de datos adicionales sobre ellos, la aplicación de controles de calidad a los datos, y la consolidación y almacenamiento del conjunto de datos revisados. Una vez registrada la información obtenida de un solicitante durante la entrevista inicial, las agencias recopilan información adicional de otros sistemas administrativos, como se explica a continuación. Los controles de calidad incluyen la validación de los datos para garantizar que la información esté completa y sea coherente, la verificación de los datos para confirmar que coinciden con la información que se proporcionó a otras agencias o programas gubernamentales (este paso implica la comprobación cruzada de la información del solicitante con otras fuentes de datos), las revisiones del supervisor y las comprobaciones aleatorias.

Los datos se consolidan y almacenan, a menudo con medidas adicionales para mejorar la calidad, como la deduplicación de registros.

Las capacidades tecnológicas y de los sistemas de información suelen determinar hasta qué punto se automatizará el registro. Hasta las últimas décadas, el registro era de papel a papel: Lo registraba en papel el funcionario de la entrevista inicial o el encuestador, que luego usaba archivos en papel (modalidad 1 en el gráfico 4.3). Con la expansión de la tecnología, algunas oficinas de asistencia social y de empleo público empezaron a gestionar la información con hojas de cálculo y registros digitalizados. En la actualidad, muchos países siguen utilizando formularios de inscripción o de solicitud en papel para recopilar datos durante el proceso de recepción, y luego introducen esos datos en las computadoras (modalidad 2 en el gráfico 4.3). Otros utilizan dispositivos portátiles para registrar la información digitalmente (en línea o sin conexión) durante la recepción y

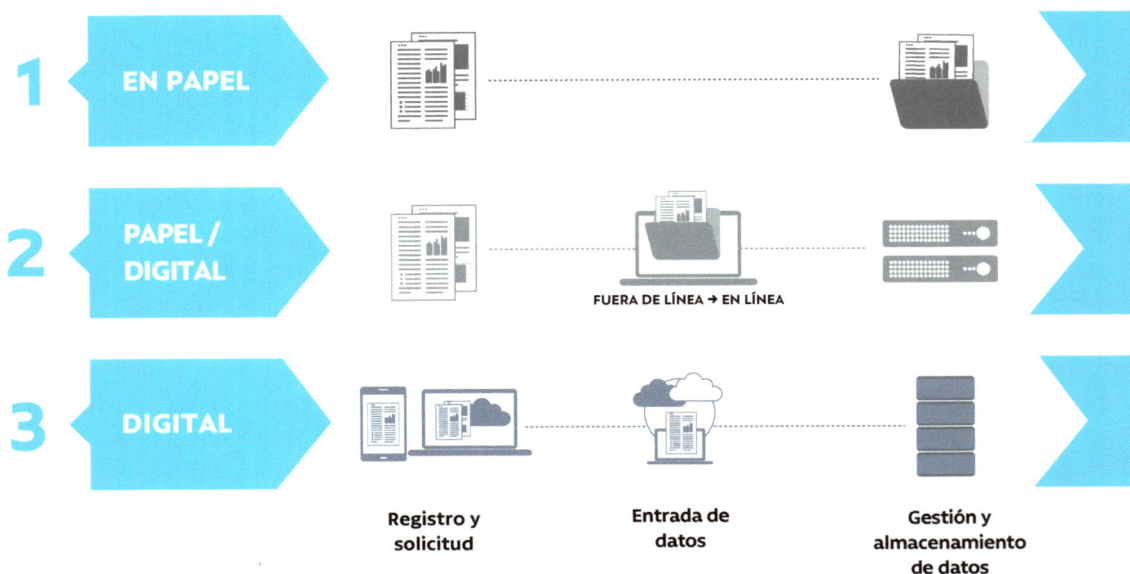

1 EN PAPEL

2 PAPEL / DIGITAL

FUERA DE LÍNEA → EN LÍNEA

3 DIGITAL

Registro y solicitud

Entrada de datos

Gestión y almacenamiento de datos

Fuente: Gráfico original para esta publicación.

el registro, y luego transmiten los datos a un sistema de información (modalidad 3 en el gráfico 4.3). El proceso es similar para los solicitantes en línea.

Instrumentos y técnicas de recepción y registro

Lo ideal es que los procesos de recepción y registro se basen en principios de diseño centrado en las personas. Estos principios se aplican a todos los aspectos de la recepción y el registro: las técnicas de entrevista, el diseño de los cuestionarios, los requisitos de documentación, las ventanas de servicio digital, la complejidad del proceso, la cantidad de tiempo, el gasto o las visitas que se exigen a los solicitantes de registro, los formularios y las instrucciones, etc.[6] Analizar este recorrido puede revelar cuellos de botella, puntos negativos e ineficiencias al hacer un seguimiento de lo que experimentan los solicitantes en el proceso de recepción y registro.[7] Las dificultades para realizar la solicitud o registrarse para recibir asistencia podrían disuadir a las personas de solicitarla, incluso si son potencialmente elegibles, lo que daría lugar a un bajo índice de utilización.

Un aspecto del diseño centrado en las personas es garantizar que las personas con barreras de acceso puedan solicitar la asistencia e inscribirse para ello. Las personas en condiciones de discapacidad, las que no hablan la lengua, las personas sin hogar o sin domicilio fijo, las que viven en zonas remotas, las refugiadas y otras pueden tener dificultades para completar el proceso. Las barreras de acceso no son solo físicas, sino que también pueden incluir condiciones, políticas o actitudes que dificultan o impiden el acceso a los beneficios y servicios. Por ejemplo, es posible que un solicitante con problemas de lectura no pueda rellenar los formularios (en papel o electrónicos) sin ayuda. Asimismo, un solicitante con discapacidad motriz puede verse impedido para acceder a las oficinas locales por no disponer de un transporte especializado, o porque las oficinas le resulten de difícil acceso (como puertas de entrada que no están a nivel, o puertas demasiado pesadas o estrechas para permitir el paso). Las facilidades para quienes de otro modo no podrían solicitar ayudas o inscribirse incluyen asistencia personal para rellenar los formularios, traducción, equipos móviles que visitan a los posibles solicitantes u otro tipo de ayudas. Estas adaptaciones también benefician a los usuarios que no se encuentran en condición de discapacidad. Por ejemplo, el uso de un lenguaje sencillo beneficia no solo a las personas cuya comprensión es limitada, sino también a hablantes no nativos. Del mismo modo, la accesibilidad física también ayuda a los padres que utilizan cochecitos, a las personas con andadores y al personal de reparto.

Las entrevistas son fundamentales en el proceso de recepción.[8] Deben abarcar las presentaciones básicas; los objetivos (incluidas las razones de los clientes para solicitarlo, si han iniciado el proceso); la información necesaria para evaluar las necesidades y las condiciones (véase más adelante); las preguntas que puedan tener los solicitantes de registro; la confidencialidad de la información, su uso, divulgación y consentimiento, etc. El entrevistador también debe comunicar claramente que no hay garantía de que los solicitantes de registro puedan optar por algún beneficio o servicio específico. Aunque la entrevista de recepción puede seguir una determinada secuencia o cuestionario (véase más adelante), no es una encuesta. Se trata más bien de una conversación entre los entrevistadores y las personas, normalmente sobre muchos aspectos de sus vidas (véase la sección de contenido informativo más adelante), y a menudo, en un momento de necesidad esencial. Es posible que las conversaciones deban ir más allá del cuestionario. También hay que preservar la dignidad de la persona o de los miembros de la familia. Por lo tanto, los protocolos de entrevista y la capacitación son fundamentales. También es importante obtener el consentimiento de las personas para el uso de la información, lo que adquiere especial importancia en los servicios sociales que tratan situaciones muy delicadas (menores, violencia doméstica, etc.). Los entrevistadores deben estar formados en técnicas de entrevista eficaces. El entrevistador puede adoptar tácticas interpersonales que generen confianza y eviten la aplicación rígida del cuestionario. Hay que esforzarse por dar cabida a poblaciones diversas. Estos esfuerzos incluyen adaptaciones culturalmente sensibles de los cuestionarios o de los estilos de entrevista, la traducción (a través de funcionarios de recepción multilingües o traductores a distancia que pueden ser contactados por teléfono durante la conversación), y adaptaciones para las personas en condición de discapacidad (como para personas ciegas o con problemas de audición).[9]

El cuestionario o formulario de solicitud es otro instrumento fundamental para la recepción y el registro. Los solicitantes pueden rellenar ellos mismos un formulario o cuestionario (en papel o digitalmente), o puede hacerlo un entrevistador o encuestador (en papel o digitalmente). En cualquier caso, el formulario recoge suficiente información para que la agencia evalúe las necesidades y condiciones de los solicitantes. Un principio clave es recoger la información mínima, es decir, el formulario debe recoger solo la información necesaria, y no más. Si alguna información ya está disponible para la agencia, no debería ser solicitada de nuevo. Todos los formularios pueden ser probados previamente en diversos contextos por el personal del programa, los entrevistadores y personas ajenas al organismo o al proceso. Las pruebas previas incluyen situaciones de juego de rol (recuadro 4.7). Los principios del diseño centrado en las personas implican que el formulario o cuestionario debe ser fácil de usar: no debe llevar demasiado tiempo rellenarlo o realizarlo, y debe ser fácil de comprender y recorrer. Estos principios son pertinentes también para las aplicaciones digitales, ya que las complejas aplicaciones en línea pueden disuadir a las personas de solicitar programas de protección social.

Además de rellenar un formulario, los solicitantes pueden tener que aportar documentación. Según la información que se necesite (que se analiza más adelante), los documentos requeridos pueden incluir (1) información de identificación y residencia (para una persona o para todos los miembros de la familia), como credenciales de identificación, certificados de matrimonio y de nacimiento, o pruebas de residencia; (2) documentación relativa a la situación laboral (certificados de las oficinas de empleo); (3) declaraciones de ingresos (de los empleadores o de la administración de la seguridad social); (4) certificados de propiedad de tierras, bienes, automóviles, etc.; y (5) certificados de discapacidad, embarazo y otros estados de salud. La obtención de documentos supone un costo para los solicitantes, incluido el tiempo y los gastos de desplazamiento a los distintos organismos para recoger los, y el costo de reunirlos (como la notarización y las fotocopias). Una amplia revisión de los programas de apoyo económico en Europa y Asia Central calculó el tiempo y el costo

Recuadro 4.7 Simulaciones de casos reales y juegos de rol en el programa Ndihma Ekonomike de Albania

En Albania, el Ministerio de Trabajo, Asistencia Social e Igualdad de Oportunidades (MoLSAE) hizo amplio uso de los juegos de rol para probar previamente el cuestionario y formar al personal en los procesos de entrevista para el Programa Ndihma Ekonomike. Las actividades de capacitación y prueba preliminar fueron muy innovadoras e incluyeron lo siguiente:

- **Capacitación y simulacros de juego de rol.** Se impartió formación al equipo del MoLSAE y a los administradores sociales de las dos oficinas del Gobierno local donde se realizó la prueba preliminar. El objetivo de la capacitación era preparar la prueba preliminar sobre el terreno que tuvo lugar en la segunda semana de la misión, e incluyó una visión general de los objetivos de las reformas, una revisión detallada del borrador del cuestionario y las instrucciones preparadas para las diferentes funciones en la prueba preliminar de campo: observador general, observador del cuestionario, directrices para entrevistadores, registro de tiempo, formulario de visita a domicilio, etc. La capacitación incluyó simulaciones con la ayuda de dos casos ficticios que permitieron a los participantes practicar el proceso de entrevista utilizando el nuevo cuestionario antes de la prueba preliminar real sobre el terreno.
- **Prueba preliminar de campo con «casos reales» de familias en diferentes entornos.** La prueba preliminar sobre el terreno se llevó a cabo en dos lugares —Tirana (urbano) y Berzhite (rural)— con dos equipos de entrevistadores/observadores en cada lugar. En total, se entrevistó a 32 solicitantes en dos días con cuatro equipos que incluían miembros del MoLSAE, de los Gobiernos locales (administradores sociales) y del Banco Mundial, quienes participaron activamente en la prueba preliminar. Entre los solicitantes había una mezcla de familias que son actualmente beneficiarias, así como de aquellas a las que se había denegado anteriormente los beneficios de Ndihma Ekonomike.

- **Día de sesión informativa.** Los cuatro equipos presentaron sus reflexiones/experiencias/observaciones de la prueba preliminar sobre el terreno el día de la sesión informativa. Según las observaciones, (1) las entrevistas duraron cada vez menos a medida que los administradores sociales se familiarizaban con el cuestionario; (2) algunas de las preguntas del cuestionario debían aclararse o simplificarse más; (3) el conocimiento local de los administradores sociales fue valioso para el proceso de entrevista; (4) las visitas a domicilio ayudaron a verificar/corregir las respuestas proporcionadas por los solicitantes durante la entrevista; y (5) las puntuaciones relativas producidas, en particular para las familias para las que cada equipo realizó visitas a domicilio, fueron coherentes con la pobreza relativa observada en estos hogares solicitantes durante las visitas a domicilio.

El proceso mejoró en gran medida los métodos del cuestionario y las entrevistas, y consiguió que todos los niveles se sintieran identificados y comprendidos.

Fuente: Banco Mundial, Gobierno de Albania, 2011. Proyecto de Modernización de la Asistencia Social: Misión de Asistencia Técnica. Prueba preliminar de campo para la fórmula de puntuación y el cuestionario de entrevista inicial. *Aide-mémoire*, 6-17 de junio.

monetario de la recopilación de documentos de apoyo para las solicitudes (Tesliuc *et al.*, 2014). Ese estudio reveló que en Rumania los solicitantes tardaban una media de cinco días en reunir los documentos, y les costaba alrededor del 10 % de un beneficio mensual medio por familia. El tiempo promedio para reunir los documentos en la República Kirguisa era de dos días, y costaba entre el 15 % del beneficio medio mensual por familia en las zonas rurales y el 80 % de ese beneficio medio en las zonas urbanas (porque los costos de transporte eran más altos y los requisitos de documentación eran más amplios en las ciudades). Turquía es un ejemplo notable en este sentido: Logró reducir los requisitos de documentación de 17 certificados o documentos oficiales a uno, la credencial de identidad de las personas o los miembros de la familia, aunque sigue siendo necesaria una visita al domicilio (véase el recuadro 4.15 más adelante en este capítulo).

Contar con datos de buena calidad también es fundamental. Dado que la información es el input clave y el resultado de la recepción y el registro, es esencial garantizar que los datos sean precisos y completos. Existen numerosas herramientas que mejoran la calidad de los datos: La supervisión sobre el terreno, la doble introducción de datos y las comprobaciones automáticas de errores ayudan a garantizar la calidad de los datos en el momento de la recopilación. También son útiles las revisiones aleatorias y las comprobaciones puntuales independientes de los datos recién adquiridos. Las comprobaciones internas automatizadas ayudan a validar la información verificando y corrigiendo la coherencia y la integridad de los datos. Algunos países incluyen variables adicionales que se recogen durante la recepción y el registro para comprobar la coherencia de la información proporcionada (Brasil, por ejemplo, incluye variables indirectas adicionales en su cuestionario para comprobar las respuestas relacionadas con los ingresos autodeclarados). Las visitas a domicilio se utilizan para recopilar y verificar la información, y ayudan a los trabajadores sociales a disponer de una mejor comprensión cualitativa de la situación general del solicitante. Los controles cruzados externos verifican y validan la información. Pueden recurrir a información de otros organismos a través de sistemas interoperables (como se explica en la sección sobre registros sociales e interoperabilidad con otros sistemas de información administrativa, más adelante en este capítulo). O bien, la validación externa puede venir de las comunidades como verificación de terceros, especialmente para validar la lista de hogares preseleccionados. Malaui y Burkina Faso son ejemplos de este enfoque.

La recepción puede ser un proceso muy laborioso, por eso, la dotación de personal es un elemento central de la recepción. El personal incluye encuestadores, entrevistadores, funcionarios de recepción, trabajadores sociales, funcionarios del servicio de empleo,

supervisores y verificadores. Son muchos los factores que determinan la configuración y el número de personal que se necesita para llevar a cabo la recepción y el registro:(1) las características de la población objetivo, como el número de personas, familias u hogares que se van a registrar; su concentración geográfica; y el idioma u otras barreras de acceso; (2) las modalidades de recepción y registro; (3) la complejidad y la cantidad de información que se va a recopilar; (4) el número de solicitantes de registro que se procesarán por día; y (5) otros factores como la logística, la capacidad administrativa, etc.

- La dotación de personal para las campañas de registro masivo dirigidas por la administración puede adoptar muchas formas. Algunos países contratan equipos de campo para realizar campañas de inscripción masiva en sus registros sociales. En Filipinas, 39 000 trabajadores sobre el terreno, incluidos encuestadores, supervisores de zona, codificadores y verificadores, registraron 15 millones de hogares en todo el país durante un periodo de seis meses en 2015 (véase el recuadro 4.4) (Velarde, 2018). Otros países, como Malaui, han aprovechado el personal existente en los distritos y en las comunidades para llevar a cabo un registro masivo en distritos enteros, como se explica más adelante (Lindert *et al.*, 2018). Ambos enfoques tienen ventajas: La contratación de equipos es una forma eficaz de registrar rápidamente a un gran número de personas, y el uso de las instituciones y el personal existentes puede impulsar la propiedad y la comprensión local de un registro, y los conocimientos técnicos que el personal adquiere con la experiencia podrían utilizarse posteriormente para actualizar el registro.
- Con las modalidades por demanda, el personal de primera línea puede realizar diversas funciones además de la recepción y el registro, o algunos pueden ser funcionarios especializados en la recepción, y dejan las funciones de orientación, como el trabajo social y el asesoramiento de los servicios de empleo, al personal más calificado. La tecnología reduce el tiempo que el personal dedica a la recepción y el registro. Por ejemplo, con las ventanillas digitales de autoservicio, los solicitantes registran gran parte de su información directamente (a veces, seguido de una entrevista en persona). Si existe

interoperabilidad entre organismos, muchos campos de datos de un formulario pueden rellenarse previamente (véase el recuadro 4.3 y la sección sobre registros sociales e interoperabilidad con otros sistemas de información administrativa, más adelante en este capítulo). Al dedicar menos tiempo a registrar y procesar la información, se puede dedicar más tiempo a prestar otros servicios a las personas, o a atender a más personas de manera eficiente. La tecnología también ayuda a optimizar el uso del personal de primera línea en el condado de Montgomery, Maryland (EE. UU.) (véase el recuadro 4.2).

La capacitación del personal de recepción es fundamental, y debe llevarse a cabo a todos los niveles y para todo tipo de personal (encuestadores, entrevistadores, supervisores, etc.). En el caso de los servicios sociales, la necesidad de formación continua cobra especial importancia. Se pueden utilizar diferentes modalidades para capacitar al personal de recepción. Por ejemplo, las sesiones de capacitación en video estandarizan la formación y garantizan la coherencia de las lecciones y prácticas que se imparten, especialmente cuando se forma a un gran número de trabajadores sobre el terreno. La campaña de registros de 2015 en Filipinas hizo un amplio uso de los videos de capacitación, que se produjeron y distribuyeron a todas las oficinas sobre el terreno, y ayudaron a garantizar la adopción de prácticas estándar con controles de calidad y materiales de referencia. Esto contrasta con el enfoque de 2011, cuando la capacitación se llevó a cabo en cascada: el personal central formó al personal regional que, a su vez, formó a los coordinadores y supervisores de zona que, a su vez, formaron a los encuestadores. En cada etapa se perdieron conceptos clave, lo que supuso un tiempo adicional de supervisión y corrección de errores (Velarde, 2018). El Cadastro Único de Brasil también utiliza materiales de formación en video, con actores profesionales al estilo de las telenovelas que representaban diversos escenarios de entrevista inicial y registro. El aprendizaje continuo y el intercambio de conocimientos también son importantes para transmitir nueva información, compartir enfoques de buenas prácticas y comunicar las lecciones aprendidas. Durante la implementación del programa de ingreso mínimo garantizado (IMG) de Grecia, el personal municipal pudo intercambiar información, responder a consultas y solucionar problemas con el apoyo de un centro de llamadas y una lista de correos electrónicos de todo el personal de los municipios. En Albania, se utilizó una innovadora prueba previa y una simulación de juego de roles para capacitar al personal del ministerio y a los trabajadores locales sobre el terreno en un nuevo cuestionario y fórmula de puntuación (recuadro 4.7).

4.2   INFORMACIÓN QUE SE DEBE RECOPILAR DURANTE LA RECEPCIÓN Y EL REGISTRO

El contenido de la información recogida durante la recepción y el registro será muy variable en función de las características de la población objetivo y de la naturaleza del programa o programas que usarán la información. Los ejemplos de la tabla 4.1 describen el contenido que se buscaría según de las características de las poblaciones objetivo. Un concepto clave relativo al contenido informativo es la definición de la «unidad de asistencia», que puede ser una persona, una familia o un hogar. No obstante, aunque la solicitud sea para una persona, en ciertos casos, la información también puede ser necesaria para un tutor o cuidador designado si la persona es dependiente (como un niño o un adulto con una condición de discapacidad grave).

Grupos objetivo definidos según la situación demográfica

Muchos países cuentan con programas de beneficios focalizados en grupos demográficos específicos. Algunos ejemplos son los beneficios por embarazo, la licencia parental, las asignaciones únicas por nacimiento o adopción, las asignaciones por hijo, los beneficios para familias monoparentales, los beneficios familiares y las pensiones por vejez. Estos beneficios son especialmente habituales en Europa, Asia Central y los países de la OCDE.

Las solicitudes de beneficios por vejez deben contar con información esencial, como la siguiente:

- Información identificatoria básica: nombre, fecha de nacimiento, lugar de nacimiento, sexo al nacer, estado civil, dirección (residencial y postal, si fueran distintas), número de identificación y prueba de edad (normalmente, certificado de nacimiento).
- Situación de residencia, así como historial de residencia (con la documentación pertinente para aquellas personas con requisitos mínimos de residencia o para ciudadanos que vivan fuera del país al momento de enviar la solicitud).

Se necesita información adicional si las pensiones dependen de la comprobación de medios de vida, o si la elegibilidad y los niveles de beneficios dependen de las contribuciones previas de la persona. Muchas pensiones sociales para adultos mayores deben cumplir criterios de elegibilidad categóricos, como la edad, y criterios en función de las necesidades, como los medios de vida (Banco Mundial, 2018 b). En esos casos, se necesita más información no solo referente a cada pensionista a título individual, sino también al hogar. (Véase el análisis de la información socioeconómica más adelante). En el caso de las pensiones de seguridad social, la elegibilidad y los niveles de beneficios dependen de las contribuciones. Así pues, se necesitará el historial de empleo y de contribuciones (véase el capítulo 5).

Con los beneficios por hijo, se debe aportar información del niño y del tutor. Si bien la unidad de asistencia es el individuo, el beneficio se paga al destinatario designado. Por esto, es necesario contar con información tanto del niño como del tutor, que en general abarca lo siguiente:

- Información identificatoria básica del niño y el tutor: nombre, fecha de nacimiento, lugar de nacimiento, sexo al nacer, estado civil del tutor, dirección (residencial y postal, si fueran distintas), número de identificación y prueba de edad del niño (normalmente, certificado de nacimiento)
- Situación de residencia del niño y el tutor (con la documentación pertinente para aquellas personas con requisitos mínimos de residencia o para ciudadanos que vivan fuera del país al momento de enviar la solicitud)
- Constancia de tutela, custodia (situación legal, financiera y de residencia) y relación con el niño. La mayoría de los beneficios por hijo se pagan a un solo destinatario designado, el cual debe demostrar su

relación con el niño, algo que puede ser complejo en casos de divorcio.

Cuando las asignaciones por hijo también dependan de las necesidades, será necesario contar con más información, por ejemplo, los ingresos familiares, otras medidas socioeconómicas o la condición de discapacidad, como se trata a continuación.

Grupos objetivo definidos según el nivel socioeconómico

Muchos beneficios y servicios están destinados a grupos demográficos específicos en función de su nivel socioeconómico. Entre los ejemplos de beneficios para grupos determinados se encuentran los beneficios demográficos ligados a los medios de vida (como los beneficios por hijo y las pensiones sociales para adultos mayores), los programas de IMG, las transferencias monetarias, las becas basadas en las necesidades, etc.

Algunos servicios (por ejemplo, algunos externos al sistema de protección social) pueden focalizarse en las personas u hogares en función de su perfil socioeconómico, como en el caso de la atención médica o el seguro médico subsidiados, el transporte gratuito/subsidiado, el cuidado infantil subsidiado, los servicios laborales y de empleo, los servicios sociales y los servicios jurídicos gratuitos. La mayoría de los países utilizan evaluaciones socioeconómicas para priorizar la ayuda destinada a personas en situación de pobreza u otras poblaciones vulnerables. Sin embargo, en ciertos países, se aplica el nivel socioeconómico para excluir de la ayuda a las familias de altos ingresos (o para reducir el nivel de beneficios que reciben), como en el caso de los beneficios por hijo en Dinamarca, Francia y Reino Unido.[10] Esta práctica se denomina a veces «focalización desde arriba».

La información sobre el nivel socioeconómico se recopila a nivel de los hogares. Como el nivel socioeconómico suele estar relacionado con la economía del hogar, la unidad de asistencia para este grupo objetivo es la familia o el hogar. La información que recopila una entidad depende del contexto y de las herramientas de caracterización que se utilicen para evaluar las necesidades y condiciones. (Dichas herramientas se abordan en detalle más adelante). En general, los cuestionarios buscan obtener la siguiente información:

- Información identificatoria básica del solicitante y de todos los integrantes de la familia/hogar, así como su relación con el jefe de familia o el solicitante (véase el listado más arriba).
- Situación de residencia de todos los integrantes del hogar (véase el listado más arriba).
- Características de los integrantes del hogar, como nivel de alfabetización, grado de instrucción, estado educativo actual, institución educativa a la que asiste, discapacidades y enfermedades crónicas.
- Situación de empleo del jefe de familia y/o de los adultos en edad activa (se aborda más adelante al tratar los programas laborales).
- Información sobre los ingresos de todos los integrantes del hogar.
- Activos financieros y físicos del hogar.
- Gastos del hogar.
- Sucesos catastróficos recientes (por ejemplo, una muerte en la familia, un suceso de salud catastrófico, la pérdida de un empleo o una propiedad, un robo o un desastre natural).
- Otros datos indirectos, como la cantidad de comidas al día o el tipo y la diversidad de alimentos que se consumen.
- Información geoespacial sobre la ubicación del hogar, con la dirección y otros datos de contacto, así como datos de geocodificación por GPS (cuando sea posible).

La información sobre ingresos puede abarcar una gama de actividades y exigir la presentación de diversos tipos de documentación.[11] El ingreso puede ser en efectivo o en especie, con imputaciones para los valores en especie. En general, todos los integrantes del hogar que tengan un empleo formal o un trabajo informal deben informar sus ingresos laborales. La información sobre el ingreso suele incluir el tipo y lugar de trabajo, el nombre y la dirección del empleador (en el caso de un empleo formal), los salarios ganados durante un período específico (antes de impuestos), la frecuencia de los pagos de sueldo y la duración del empleo. Esta información es autodeclarada y acompañada de documentación probatoria, y cotejarse mediante una verificación cruzada con la información de otros sistemas administrativos gubernamentales. Los integrantes del hogar cuyos ingresos provengan del trabajo autónomo también deben informar esos ingresos, tanto en el caso del trabajo no agrícola (ingresos por ventas) como del ingreso agrícola (ingresos por ventas de cultivos, productos vegetales transformados, productos animales y el consumo de alimentos de producción propia). También suele requerirse información justificativa de otros tipos de ingreso, como la percepción de beneficios de asistencia social, beneficios de seguridad social, beneficios de desempleo, ingresos de progenitores que no residen en el hogar, becas, ingresos por alquileres, ingresos por intereses, otras ayudas para cubrir gastos, donaciones o transferencias privadas, ingresos por remesas, ingresos por números de lotería, etc.

Los activos incluyen posesiones financieras y físicas. La definición de dichos activos depende de los factores contextuales y del tipo de información necesaria para llevar a cabo la evaluación de las necesidades y condiciones. Los activos financieros pueden abarcar dinero en efectivo, cuentas bancarias, acciones o bonos, seguros de vida, etc. Los activos físicos pueden comprender la vivienda (y el régimen de ocupación, como posesión, alquiler, ocupación gratuita u ocupación ilegal), la propiedad de tierra (tamaño, ubicación), el ganado, los vehículos y otros bienes duraderos considerables. También se recoge información sobre la calidad de la vivienda, como la cantidad de habitaciones o dormitorios; la cantidad y el tipo de ventanas; los cimientos; el material del techo, las paredes o el piso; las tuberías y el origen del agua potable; el combustible principal que se utiliza para cocinar, iluminar y calefaccionar; la recolección de residuos; y la presencia de un camino de acceso asfaltado.[12] Otros tipos de activos físicos que también se considerarían son teléfonos móviles, televisores, radios, refrigeradores, congeladores, lavadoras, secadoras, cocinas, planchas, bicicletas y máquinas de coser, por nombrar algunos.

También se recopila información sobre los gastos del hogar. Los gastos específicos dependen del contexto (el tipo de ayuda solicitada) y de la información que se necesitará para la evaluación de las necesidades y condiciones. Algunos ejemplos son: gastos de alquiler, hipoteca, impuestos inmobiliarios o de otra índole, tasas para propietarios, facturas de servicios públicos (electricidad, gas, fuelóleo, agua y alcantarillado, teléfono e Internet o cable), transporte, cuidado infantil o de personas mayores, gastos escolares, comida, higiene, cuentas médicas y primas de seguro médico.

Grupos objetivo definidos según la situación de empleo

Muchos beneficios y servicios individuales se basan en la situación laboral o de empleo. Puede citarse como ejemplos los beneficios de desempleo (en la forma de seguro o asistencia), los servicios de empleo para ayudar a buscar trabajo, los servicios de mejora de la empleabilidad que aumentan las probabilidades de encontrar trabajo, y los paquetes de beneficios y servicios para la activación laboral, que pueden combinar todo lo anterior (el capítulo 7 contiene una tipología de beneficios y servicios laborales).

Los requisitos de información varían desde simples hasta más complejos, en función del tipo de evaluación. La información básica abarcaría lo siguiente:

- Información identificatoria básica del solicitante, según lo descrito anteriormente.
- Situación de residencia (véase el listado más arriba).
- Actual estado de la fuerza laboral: si está **empleado**, el puesto, la actividad, la antigüedad, los salarios, el historial de contribuciones (al seguro de desempleo) y la información del empleador (nombre, dirección y número de identificación fiscal). Si está **desempleado**, la duración del desempleo, el empleo anterior (tipo, duración, motivo de la desvinculación, salarios). Si está **inactivo**, la duración de la inactividad, el motivo de la inactividad, las búsquedas de trabajo anteriores, el empleo anterior (tipo, duración, motivo de la desvinculación y salarios).
- Referencias (en particular para quienes buscan su primer empleo).
- Información sobre las expectativas en cuanto al tipo de trabajo y de situación laboral que se desea obtener.

También se busca información más detallada a fin de facilitar la evaluación de los obstáculos para obtener empleo y de la disposición para ponerse en marcha. Tal información puede abarcar lo siguiente:

- Disposición para el trabajo; aspiraciones y metas; educación, habilidades, alfabetización y nociones aritméticas elementales; experiencia e historial de trabajo; y preferencias laborales (tipo de trabajo, horario, zona geográfica, disposición para mudarse).

- Posibles obstáculos para obtener trabajo: impedimentos autoidentificados, factores actitudinales (autopercepciones, motivación y apertura a trabajar), discapacidad o impedimento funcional (ya descrito), trastornos mentales o físicos, restricciones de transporte, responsabilidades familiares (como el cuidado infantil o de personas mayores), habilidades o limitaciones lingüísticas, falta de vivienda o ausencia de una dirección fija, contactos con el sistema jurídico o penitenciario, u otros riesgos sociales (que se tratan más adelante).

Grupos objetivo definidos según la condición de discapacidad

Para obtener beneficios y servicios por discapacidad, suele pedirse a los solicitantes que aporten algún tipo de certificación de discapacidad, además de la información básica identificatoria y demográfica antes descrita. Esa certificación suele fundamentarse en una evaluación de la discapacidad. Existen distintas metodologías para evaluar y certificar la discapacidad, como el enfoque del impedimento médico, el enfoque de la limitación funcional y el enfoque de la discapacidad según la Clasificación Internacional del Funcionamiento, de la Discapacidad y de la Salud. Por tanto, durante la recepción y el registro se obtendría información sobre lo siguiente:

- La naturaleza médica de la discapacidad (tipo, gravedad y duración probable)[13]
- Limitaciones funcionales (según informe de profesionales o autoinforme individual)[14]
- Consideraciones socioeconómicas sin carácter médico que pueden o no tener relación directa con la experiencia de discapacidad
- Los tipos de beneficios y servicios que busca la persona (que, además, pueden ser datos informativos a la hora de evaluar las necesidades y condiciones) (Bickenback *et al.*, 2015)

La información sobre la condición de discapacidad puede obtenerse por distintas vías.[15] Una evaluación de discapacidad puede consistir en una autoevaluación o en una evaluación independiente. La autoevaluación es una simple declaración de discapacidad por parte del

Tabla 4.1 Diversos grupos objetivo y los tipos de información que se debe obtener en cada caso

Grupos demográficos según el ciclo vital (unidad de asistencia = personas)	
• Niños • Adultos mayores • Mujeres	• Información identificatoria básica (de la persona + el tutor designado, si fuera relevante) • Situación de residencia/ciudadanía (de la persona + el tutor designado, si fuera relevante)
Grupos limitados por el nivel socioeconómico (unidad de asistencia = personas, familias, hogares)	
• Personas que viven por debajo de la línea de pobreza. • Personas sin hogar. • Personas que viven en zonas aisladas y remotas. • Grupos pastoriles, nómadas y seminómadas. • Grupos indígenas. • Refugiados, apátridas, inmigrantes, poblaciones desplazadas internas (PDI) y/o personas que viven en zonas afectadas por situaciones de fragilidad, conflicto y violencia. • Minorías étnicas, religiosas, lingüísticas y visibles.	• Información identificatoria básica (de la persona + el tutor designado, si fuera relevante) • Situación de residencia/ciudadanía (de la persona + el tutor designado, si fuera relevante) • Características socioeconómicas de los integrantes del hogar • Situación de empleo del jefe de familia y/o de los adultos en edad activa • Información sobre los ingresos de todos los integrantes del hogar • Activos del hogar • Gastos del hogar • Otros datos (información indirecta, sucesos catastróficos, etc.) • Información geoespacial sobre la ubicación del hogar, con la dirección y otros datos de contacto, así como datos de geocodificación por GPS (cuando sea posible)
Condiciones laborales (unidad de asistencia = personas)	
• Personas desempleadas • Trabajadores desmotivados/inactivos • Trabajadores del sector informal • Trabajadores forzados o infantiles	• Información identificatoria básica • Situación de residencia/ciudadanía y prueba de residencia • Situación actual en la fuerza laboral (empleado, desempleado, inactivo); antecedentes laborales • Distancia del mercado laboral y obstáculos para obtener trabajo
Discapacidad (unidad de asistencia = personas)	
• Personas en condición de discapacidad • Trabajadores en condición de discapacidad	• Información identificatoria básica (de la persona + el tutor/cuidador designado, si fuera relevante) • Situación de residencia/ciudadanía (de la persona + el tutor/cuidador designado, si fuera relevante) • Información médica: naturaleza, tipo, gravedad y duración de la discapacidad, así como toda enfermedad secundaria o comórbida que pueda requerir prevención o tratamiento • Limitaciones funcionales: funciones que se ven afectadas por la condición de discapacidad; necesidades de cuidado • Consideraciones socioeconómicas sin carácter médico (véase más arriba) que pueden o no tener relación directa con la experiencia de discapacidad • Apoyo solicitado: los tipos de beneficios y servicios que busca la persona (que, además, pueden ser datos informativos a la hora de evaluar sus necesidades y condiciones)
Personas vulnerables que enfrentan riesgos sociales específicos (unidad de asistencia = personas, familias)	
• Niños en riesgo • Jóvenes en riesgo • Adultos en riesgo • LGTBIQ+	• Información identificatoria básica • Situación de residencia/ciudadanía y prueba de residencia • Nivel socioeconómico • Información laboral • Factores clave de riesgo: familiares, sociales, sustancias, violencia, salud, personas sin hogar, legales, etc. • Autoevaluación, aspiraciones, metas, percepciones, actitudes, inquietudes, etc.
Enfoques integrales para la recepción y el registro	
	• Los diversos programas podrían emplear una recepción y un registro en común

Fuente: Tabla original para esta publicación.

Nota: LGTBIQ+ = lesbianas, gays, transexuales, bisexuales, intersexuales, queers y otras identidades y orientaciones.

solicitante, o bien puede contener respuestas a un cuestionario más detallado sobre el trastorno y las limitaciones.[16] Los evaluadores independientes pueden ser enfermeras, médicos, psicólogos, terapeutas, fisioterapeutas, especialistas en rehabilitación, otros profesionales o, incluso, un equipo multidisciplinar. Puede haber asesores designados o contratados por la persona, el organismo público o la entidad aseguradora. La evaluación puede comprender una entrevista (en persona, por teléfono o en línea) donde se aplique un cuestionario estandarizado, o puede consistir en una prueba funcional o un examen médico. Este último abarca un examen físico y la historia clínica, siempre que la persona haya otorgado su consentimiento al uso de tal información, que está sujeta a la legislación y las normativas de protección de datos. Las opciones lingüísticas que se utilicen al solicitar información sobre la discapacidad tienen un gran efecto sobre la información suministrada. Puede resultar eficaz consultar acerca de la evaluación que la persona hace de sus capacidades y limitaciones funcionales, en lugar de preguntar por la condición de discapacidad. Por ejemplo, los adultos mayores pueden exhibir limitaciones funcionales, por lo que se beneficiarían de los servicios de discapacidad, pero quizá no se consideren a sí mismos en condición de discapacidad. Además, puede resultar imposible identificar las discapacidades no visibles sin indagar cuáles son las limitaciones funcionales (como en el caso de los trastornos crónicos o episódicos, por ejemplo, la diabetes o la epilepsia). Cuando la atención se centra en los niños en condición de discapacidad, es importante evaluar no solo sus circunstancias actuales, sino los factores de riesgo que llevaron a esa discapacidad, como los retrasos incipientes en el desarrollo y las carencias de nutrición, atención médica y socialización (para obtener más información, véase el análisis de las evaluaciones de riesgos sociales más adelante).

También puede ser necesario obtener información sobre el nivel socioeconómico. Cuando un programa solicita comprobación de medios de vida para determinar la elegibilidad, es necesario aportar información sobre el nivel socioeconómico. Además, este dato es crucial para evaluar las necesidades y condiciones de una persona, sobre todo porque quienes están en condición de discapacidad sufren limitaciones para las actividades generadoras de ingresos.[17] Como se señaló antes, el nivel socioeconómico suele evaluarse teniendo en cuenta a toda la familia u hogar, por lo que la evaluación iría más allá de la persona en condición de discapacidad. Por último, es importante destacar que el motivo por el que una persona solicita ayuda puede no estar relacionado con su enfermedad o discapacidad. La prioridad debería ser recoger información sobre las necesidades y condiciones expresadas para las que la persona está buscando asistencia.

Personas vulnerables que enfrentan riesgos sociales

Los servicios sociales buscan abordar los riesgos que enfrentan las personas vulnerables (niños, jóvenes, adultos o adultos mayores). Tales servicios suelen organizarse en torno a las personas como unidad de asistencia, pero pueden abarcar también a otros integrantes de la familia. Entre los ejemplos de servicios sociales se encuentran el trabajo social (que abarca sensibilizar o suministrar información sobre esos servicios, remitir a las personas a tales servicios y brindar espacios de asesoramiento y mediación), el cuidado social (en casa, en la comunidad y de manera institucionalizada) y los servicios especiales para grupos y situaciones específicos (como los servicios de protección de niños o adultos, y los servicios de adopción y acogida). En el capítulo 7 se describe una tipología de los servicios sociales.

La información que se recopila durante la recepción y el registro para los servicios sociales abarca lo siguiente:

- Información identificatoria básica (véase el listado más arriba).
- Situación de residencia (véase el listado más arriba).
- Nivel socioeconómico (véase el listado más arriba).
- Información laboral (véase el listado más arriba).
- Información relativa a los factores clave de riesgo, como la dinámica familiar, los desafíos sociales, las relaciones, la drogadicción, la violencia doméstica, los problemas de salud (mental o física), la falta de vivienda; y los contactos recientes o anteriores con el sistema jurídico o penitenciario.
- La autoevaluación, las aspiraciones, las metas, las percepciones, las actitudes y las inquietudes de la persona.

Más allá del contenido de la información, el proceso de recopilación tiene importancia porque la persona, la pareja o la familia pueden enfrentar riesgos graves. Por lo general, se utiliza una combinación de enfoques formales e informales, facilitada por un cuestionario estandarizado y por preguntas abiertas y cualitativas. El proceso de recepción para los servicios sociales suele ser más eficaz cuando está a cargo de un trabajador social capacitado en lugar de un auxiliar administrativo, porque así es posible comenzar a generar confianza entre el beneficiario y el proveedor de servicios, quienes interactuarán con frecuencia. Además, esta primera entrevista para recabar información ya forma parte del diagnóstico o evaluación, y puede llegar a representar un servicio en sí mismo, según el grado de asesoramiento provisto.

Enfoques integrados para la recepción y el registro

Tanto la recepción como el registro pueden resultar costosos, por lo que integrarlos en los diversos programas de protección social es un método eficaz para reducir los costos. Cuando los distintos programas necesitan información en común de grupos demográficos similares, una práctica eficiente es compartir los procesos de recepción y registro, en lugar de recabar varias veces la misma información. Un ejemplo de cómo compartir información es un registro social, que ayuda con la recepción y el registro y con la evaluación de las necesidades y condiciones socioeconómicas para múltiples programas. Esto permite que los administradores del programa compartan los recursos para la recepción y el registro, y reduzcan la duplicación de trabajo y los costos administrativos. También simplifica los procedimientos de recepción y registro para las personas permitiéndoles solicitar diversos beneficios y servicios con un único formulario de solicitud, para que no tengan que presentar la misma información una y otra vez en las distintas oficinas. Un registro social exige que los programas que lo usen se pongan de acuerdo en cuanto a las unidades clave de análisis, las variables, los códigos de ubicación geográfica, las clasificaciones, etc. Además, un registro social puede facilitar el acceso de las personas, familias y hogares necesitados a un paquete de múltiples beneficios y servicios, incluso ajenos a la protección social.

4.3   EVALUACIÓN DE LAS NECESIDADES Y CONDICIONES

La evaluación de las necesidades y condiciones se realiza mediante procesos sistemáticos destinados a la elaboración de perfiles de las personas, las familias o los hogares con diversas herramientas de evaluación (como medidas del bienestar socioeconómico, perfiles de riesgo, perfiles laborales, etc.). La información recopilada durante la recepción y el registro es un *input* fundamental que se utiliza en la evaluación de las necesidades y condiciones de las personas, las familias o los hogares registrados. El resultado principal de esta fase es la clasificación o la elaboración de perfiles del solicitante, que sirven como orientación para determinar la posible elegibilidad para ciertos programas o para la combinación de beneficios y servicios otorgados (de lo cual se habla en el capítulo 5). A un nivel más amplio, uno de los resultados de esta fase es la medición de la posible demanda de programas de protección social. Esta medición ayuda a la planificación, la elaboración de presupuestos y la coordinación.

Los instrumentos y las técnicas que se aplican para evaluar las necesidades y las condiciones varían en función de las características del grupo objetivo (tabla 4.2). Un método consiste, simplemente, en clasificar a los solicitantes según sus características demográficas, como el sexo o la edad (en el caso de los programas categóricos demográficos). Otro de los métodos se basa en las evaluaciones de los trabajadores sociales (habituales en las evaluaciones de empleo y servicios sociales). En un tercer método, se usan herramientas automatizadas para agregar los indicadores clave de evaluación (habitualmente, medidas de bienestar socioeconómico). Por último, herramientas estadísticas, como el análisis predictivo y el análisis y la integración de datos, permiten generar perfiles personales o familiares (que, en ocasiones, se utilizan para la elaboración de perfiles laborales o la predicción de los riesgos sociales).

A menudo, los organismos emplean una combinación de estos instrumentos y técnicas. En el resto de la sección veremos los métodos utilizados para los siguientes tipos de evaluaciones: evaluación socioeconómica de las necesidades y condiciones, evaluaciones de la condición de discapacidad, evaluaciones de los demandantes de empleo y desempleados, y evaluaciones de los riesgos sociales en personas y familias vulnerables. La sección concluye con un análisis de las oportunidades que ofrece el uso integrado de los instrumentos y las técnicas.

Evaluación socioeconómica de las necesidades y condiciones

Muchas herramientas de evaluación del nivel socioeconómico desarrollan medidas o índices del bienestar agregados con la información recopilada durante la recepción y el registro. Básicamente, estas herramientas generan una variable que sirve como indicador del bienestar agregado. Las variables se calculan por medio de algoritmos automatizados que se integran en los sistemas de información y que permiten (1) calcular los ingresos totales (declarados por los interesados u obtenidos de otros organismos), (2) calcular los ingresos mediante una combinación de parámetros estimados y características sociodemográficas y socioeconómicas observables, y (3) generar una medida agregada que combine los ingresos totales y estimados, cuando la mayoría de los ingresos agregados pueden ser comprobados por fuentes independientes y solo se calcula una pequeña parte.[18] Aunque los programas apoyen a las personas como unidad de asistencia, para la evaluación socioeconómica se suelen usar el hogar o la familia. Entre las herramientas de evaluación socioeconómica automatizada se encuentran las siguientes:

- *Comprobación de los medios de vida* (CM), que incluye la comprobación de los ingresos, de los activos o de ambos. La **comprobación de los ingresos** agrega la información de todas las fuentes de ingresos de todos los miembros de la familia o el hogar (en función de la unidad de asistencia) con un período de referencia común (p. ej., los ingresos totales del hogar en el mes, los 60 días, los seis meses, etc., anteriores). Tal y como se ha mencionado anteriormente, entre los ingresos se incluyen aquellos derivados del trabajo, los ingresos por alquiler, la percepción de algunos tipos de beneficios en efectivo, los ingresos procedentes de la agricultura o el trabajo autónomo, etc. En la **comprobación de los activos** se tienen en cuenta el valor o la posesión de diversos activos financieros y físicos (como se indicó anteriormente). La información sobre los ingresos y los activos puede proporcionarla el propio interesado u obtenerse de otros sistemas a través de la interoperabilidad (véase la sección sobre Registros sociales e interoperabilidad con otros sistemas de información administrativa, que se encuentra más adelante en este capítulo) para verificar la solidez de las evaluaciones con fuentes independientes. Las comprobaciones de los medios de vida verificadas resultan habituales en los países de la OCDE y se basan en el elevado grado de formalidad de los mercados laborales e interoperabilidad de los sistemas de información (Banco Mundial, de próxima publicación). En una versión sencilla, la comprobación de los medios de vida se basa en los ingresos declarados por los interesados, aunque en ocasiones estos datos se cotejan con fuentes de información o variables indirectas (p. ej., en Brasil).

- *Comprobación sustitutiva de los medios de vida (CSM)*, que permite determinar el bienestar socioeconómico de una familia con una medida compuesta que calcula el bienestar o un índice de puntuación ponderada según las características observables del hogar (las estructuras demográficas, los niveles educativos, la ubicación y la calidad de la vivienda, la posesión de bienes duraderos y otros activos, etc.), y las ponderaciones respectivas de cada característica, estimadas con ayuda de otras fuentes de información (por ejemplo, las encuestas de ingresos y gastos por hogar). La palabra «sustitutiva» refleja el hecho de que las características observables se consideran indicios de los ingresos o el consumo reales.[19] La CSM se emplea cuando los ingresos o el consumo reales resultan difíciles de medir u observar (por ejemplo, en situaciones de gran informalidad), o cuando los valores de los activos no se obtienen directamente.[20] Todos los datos de estas variables indirectas se recopilan durante la recepción y el registro, mientras que las ponderaciones se obtienen a partir del modelado. La puntuación se calcula automáticamente mediante un algoritmo que asigna las ponderaciones a las variables. Entre los países que utilizan la CSM se encuentran Albania, Pakistán, Filipinas, Malaui, Burkina Faso y Turquía.[21]

Tabla 4.2 Grupos de población objetivo y herramientas asociadas para la evaluación de las necesidades y condiciones

	Evaluaciones categóricas de grupos demográficos a lo largo del ciclo de vida (personas)	
	• Niños • Adultos mayores • Mujeres	Clasificación de las personas por reglas según las características del grupo (Se puede combinar con otros factores de las siguientes categorías, como la comprobación de los medios de vida. Puede evaluar los historiales de contribución de los trabajadores como «condiciones» para optar a las pensiones de la seguridad social.)
	Evaluación del nivel socioeconómico (evaluación para familias y hogares)	
	• Personas que viven por debajo de la línea de pobreza • Personas sin hogar • Personas que viven en lugares aislados y remotos • Grupos pastoriles, nómadas y seminómadas • Grupos indígenas • Inmigrantes, poblaciones internamente desplazadas (PID) o personas que viven en zonas de fragilidad, conflicto y violencia • Minorías étnicas, religiosas, lingüísticas y visibles	• Comprobación de los medios de vida (CM), incluidas la comprobación de los ingresos o de los activos • Comprobación sustitutiva de los medios de vida (CSM) • Comprobación híbrida de los medios de vida (CHM) • Indicadores multidimensionales de la pobreza (IMP) • Focalización comunitaria (FC)
	Evaluación de demandantes de empleo y desempleados (personas)	
	• Personas desempleadas • Trabajadores desmotivados/inactivos • Trabajadores de sectores informales	• Evaluaciones de los gtrabajadores sociales • Herramientas de elaboración de perfiles laborales
	Evaluaciones para la discapacidad (personas)	
	• Personas en condición de discapacidad • Trabajadores en condición de discapacidad	• Evaluaciones médicas de las discapacidades como impedimentos o condiciones • Evaluaciones funcionales de las discapacidades teniendo en cuenta las capacidades, las necesidades de atención y los factores contextuales
	Evaluaciones de los riesgos sociales (personas y familias)	
	• Niños en riesgo • Jóvenes en riesgo • Adultos en riesgo • Lesbianas, gays, transexuales, bisexuales, intersexuales, queers y otras identidades y orientaciones	• Evaluaciones de los trabajadores sociales con herramientas formales e informales • Algunos usos experimentales de los modelos predictivos
	Métodos integrados para la recepción y el registro	
		• Evaluación multidimensional de las necesidades y condiciones: Un ejemplo sería la detección de riesgos sociales en los demandantes de empleo, así como los factores relacionados habitualmente con el trabajo que determinan su distancia al mercado laboral. • Varios programas que utilizan herramientas e información comunes para la evaluación; por ejemplo, evaluaciones socioeconómicas de los registros sociales.

Fuente: Tabla original para esta publicación.

- **Comprobación híbrida de los medios de vida (CHM)**, que combina la CM y la CSM recopilando información sobre los ingresos observables del hogar, que puede cotejarse con fuentes independientes, además de recopilar información sobre determinados activos del hogar con el fin de estimar los ingresos o el consumo que no se pueden comprobar, como en la CSM. La CHM depende de la disponibilidad y la calidad de los datos administrativos, así como de la frecuencia de las actualizaciones. La CHM combina todas las fuentes de ingresos del hogar que se encuentran en los datos administrativos con una estimación de los ingresos procedentes de actividades informales. Por tanto, la puntuación de la CHM es la suma de los ingresos formales e imputados de la persona, de acuerdo con determinadas características de la información proporcionada por los interesados o de otros registros administrativos. Se recomienda aplicar este método cuando los ingresos formales suponen una gran parte de los ingresos del hogar, y se usa con mayor frecuencia en Europa Oriental y Asia Central (Tesliuc *et al.*, 2014). La adición de los ingresos imputados a los ingresos constatables hace que este método sea híbrido. Se considera un método de selección intermedio entre la CM y la CSM.

Otra herramienta para la evaluación socioeconómica es la focalización comunitaria (FC), que se usa para dar prioridad a los hogares que se registrarán (información para la recepción y el registro). La FC también ayuda a validar las puntuaciones o los cálculos de los ingresos y el consumo. Malaui aplica la FC tanto para dar prioridad a los hogares que se registran como para validar las puntuaciones de CSM. Burkina Faso emplea la FC para validar la lista de hogares elegibles en función de su puntuación de CSM. Por último, la FC se usa como herramienta para la evaluación directa de las necesidades y condiciones de las familias de una comunidad y para clasificarlas de más ricas a más pobres. En tales casos, la clasificación cualitativa de la FC podría incorporarse directamente en las decisiones de elegibilidad (véase el capítulo 5). La FC utiliza los conocimientos locales de los líderes o los miembros de la comunidad para identificar a los participantes del programa según la visión subjetiva que tienen dichos líderes de las necesidades de los hogares. La razón que lleva a usar la FC es que los conocimientos locales pueden tener un mayor grado de precisión de la que determine cualquier persona externa.

Las evaluaciones socioeconómicas pueden ser por demanda (en el momento en el que las personas solicitan ayuda) o dirigida por la administración (en lotes). Con la estrategia por demanda se calcula la medida absoluta del bienestar de los inscritos (p. ej., en términos de ingresos agregados, valor de sus activos o puntuación absoluta en la CSM). En las evaluaciones dirigidas por la administración, con frecuencia se utiliza una clasificación de los hogares que va de los más pobres a los más ricos. (La medida del bienestar es, por tanto, relativa: depende del resto de hogares del grupo). Aunque en las evaluaciones dirigidas por la administración también se pueden emplear medidas absolutas, la clasificación relativa solo se puede usar con la estrategia de cohortes, y únicamente cuando todos los hogares se registran y evalúan en grupo dentro de un marco temporal común.

Las clasificaciones relativas no pueden usarse con la estrategia por demanda, ya que volver a clasificar todos los hogares cada vez que se registra uno nuevo no es factible (y tampoco tiene sentido comparar clasificaciones de hogares registrados en diferentes puntos temporales). Como veremos en el capítulo 5, esta distinción tiene importantes implicaciones a la hora de determinar la elegibilidad para los programas sociales.

Evaluación y elaboración de perfiles de demandantes de empleo y desempleados

Cuando los demandantes de empleo o los desempleados solicitan beneficios y servicios, es importante diferenciarlos en función de sus necesidades, condiciones y empleabilidad. Una evaluación precisa permitirá emparejar a las personas con los paquetes de beneficios y servicios adecuados a sus necesidades (véase el capítulo 5), y hacer que las intervenciones intensivas se centren en quienes más las necesitan, además de optimizar la asignación de personal, beneficios y servicios. Las evaluaciones precisas ayudan a las personas a obtener empleo, mejorar su empleabilidad y evitar que se prolongue la situación de desempleo. La evaluación inexacta puede suponer un desperdicio de recursos por la asignación de intervenciones intensivas a quienes no las necesitan. Las evaluaciones deficientes se traducen en una pérdida de oportunidades para intervenir de forma temprana y adecuada con el fin de evitar el desempleo de largo plazo, y genera una sobrecarga para los trabajadores sociales, los servicios de empleo y los programas activos del mercado laboral (PAML) al distribuir la escasa cantidad de recursos disponibles entre muchos casos, y reducir así la calidad de los servicios para todos.

Para establecer diferencias entre las personas desempleadas se usan distintos instrumentos de elaboración de perfiles, que suelen incluir las evaluaciones de los trabajadores sociales, las herramientas de elaboración de perfiles estadísticos o una combinación de ambas. La influencia relativa de las evaluaciones y las herramientas de elaboración de perfiles depende de la capacidad del organismo para gestionar la información y los recursos humanos, y la capacidad de los trabajadores sociales depende de su capacitación, su aptitud para aprovechar la información de forma eficaz y la cifra de casos atendidos (que determina cuánto tiempo pueden dedicar a cada caso). El tipo y el grado de sofisticación de la información disponible también influyen en la evaluación. Tal y como se mencionó anteriormente, esta información incluye datos identificativos y jurídicos básicos, información sobre la situación de empleo y el historial laboral, e información más compleja sobre la empleabilidad y las barreras para trabajar. Por lo general, esta información la recopila el trabajador social durante la entrevista, pero también existe la posibilidad de que la proporcionen otros organismos o se coteje con estos. En función de las capacidades del trabajador social y el organismo, se pueden emplear cuatro métodos para evaluar las necesidades y condiciones de los demandantes de empleo y los desempleados (gráfico 4.4).[22]

- *Clasificación según reglas.* Cuando la capacidad del trabajador social y la información disponible son limitadas, el trabajador puede ceñirse a la clasificación de los solicitantes en función de características de grupo, como el tiempo que llevan en situación de desempleo, su edad (por ejemplo, jóvenes que buscan su primer empleo o trabajadores de más de 50 años) o las posibles

discapacidades. Aunque el trabajador social es el actor principal, su grado de autoridad en la toma de decisiones es limitado. La ventaja de este método es que las normas de clasificación son relativamente fáciles de aplicar. La desventaja es que no permite evaluar las necesidades y las condiciones individuales de cada persona.

- *Elaboración de perfiles estadísticos.* Algunos países emplean herramientas de elaboración de perfiles estadísticos para predecir la duración probable de la situación de desempleo de los demandantes y diferenciar entre aquellos a quienes resulta fácil colocar y a quienes no (Loxha y Morgandi, 2014). (Véase el recuadro 4.8.) Estas herramientas utilizan modelos econométricos para analizar los datos sobre los demandantes de empleo y predecir la probabilidad de que vuelvan a trabajar (como medida de su empleabilidad) de acuerdo con un modelo estadístico. Al generar un espectro de puntuaciones estadísticas relacionadas con el riesgo de desempleo, los modelos permiten a las oficinas de empleo dividir a los demandantes en función de su grupo de riesgo, por medio de una escala móvil que va de bajo a alto riesgo. Los resultados obtenidos sirven para fundamentar la toma de decisiones sobre elegibilidad y paquetes de beneficios y servicios. Entre las ventajas de las herramientas de elaboración de perfiles laborales estadísticos se encuentra la aplicación de una evaluación objetiva y estandarizada de las perspectivas de reempleo de los demandantes, al tiempo que se generan puntuaciones de riesgo individualizadas. Las desventajas van asociadas con los datos de mala calidad u obsoletos, que dan lugar a errores importantes. Aunque se utilicen datos de buena calidad, modelo estadístico es incapaz de recoger toda la información que los trabajadores sociales obtienen mediante entrevistas en profundidad y otros métodos, como la información sobre las motivaciones de los solicitantes, su actitud hacia el trabajo y sus rasgos conductuales (Loxha y Morgandi, 2014).

- *Evaluaciones de los trabajadores sociales.* A menudo, los trabajadores sociales desarrollan su tarea sobre todo a partir de la información recopilada mediante entrevistas, herramientas cualitativas y su propia evaluación clínica de los solicitantes (Kuddo, 2012). La principal ventaja de este método es que los trabajadores

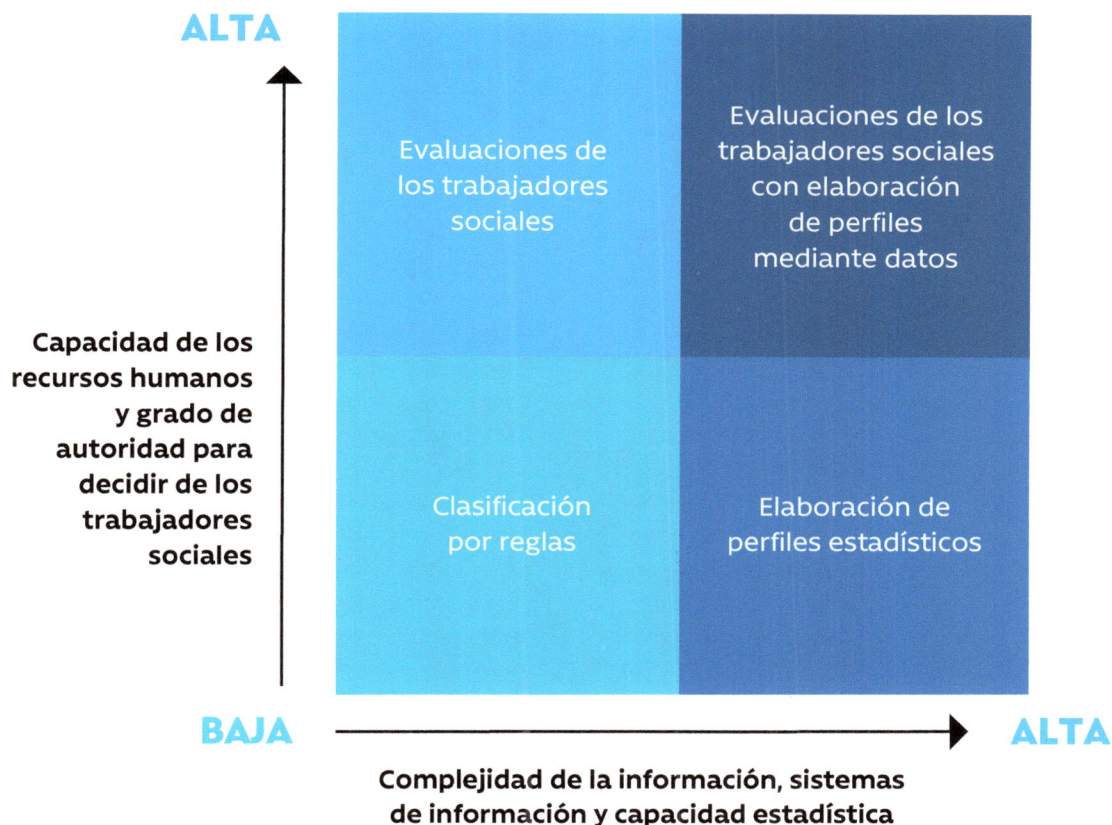

ALTA

Evaluaciones de los trabajadores sociales

Evaluaciones de los trabajadores sociales con elaboración de perfiles mediante datos

Capacidad de los recursos humanos y grado de autoridad para decidir de los trabajadores sociales

Clasificación por reglas

Elaboración de perfiles estadísticos

BAJA

ALTA

Complejidad de la información, sistemas de información y capacidad estadística

Fuente: Gráfico original para esta publicación

Recuadro 4.8 Herramientas de elaboración de perfiles estadísticos para diferenciar entre demandantes de empleo y desempleados

Las herramientas de elaboración de perfiles estadísticos permiten predecir la duración probable de la situación de desempleo y diferenciar entre los demandantes de empleo a quienes resulta fácil ubicar y aquellos a quienes resulta más complicado (Loxha y Morgandi, 2014). Estas herramientas utilizan los datos de los demandantes de empleo para predecir la probabilidad de que vuelvan a trabajar (como medida de su distancia del mercado laboral) de acuerdo con un modelo estadístico. Habitualmente, este método de elaboración de perfiles se basa en el análisis econométrico de los datos demográficos, socioeconómicos y laborales de los demandantes de empleo. Al generar un espectro de puntuaciones estadísticas relacionadas con el riesgo de desempleo, los modelos permiten a las oficinas de empleo dividir a las personas demandantes en función de su grupo de riesgo, en una escala móvil de bajo a alto riesgo. Los resultados sirven de fundamento para la toma de decisiones sobre elegibilidad y paquetes de beneficios y servicios (véase el capítulo 5).

continuación

Desde 1998, **Australia** viene utilizando un sistema de elaboración de perfiles estadísticos para identificar a las personas en riesgo de convertirse en desempleados de largo plazo. El **Instrumento de clasificación de solicitantes de empleo** (JSCI, por sus siglas en inglés) utiliza un cuestionario al que los demandantes de empleo acceden tras registrarse en Centrelink.[a] En función de sus respuestas, se calcula una puntuación de JSCI que se usa para clasificar a los demandantes de empleo en tres categorías diferentes: (1) listos para trabajar; (2) personas que reciben cierta ayuda de los trabajadores sociales y la provisión de servicios; y (3) personas que reciben mucha ayuda de los trabajadores sociales y la provisión de servicios. Si el JSCI identifica la existencia de barreras importantes, se puede evaluar en mayor profundidad a los interesados mediante una **evaluación de los servicios de empleo** para determinar si se les debe incluir en la categoría «3» o asignar a un proveedor de servicios de empleo para personas en condición de discapacidad en concreto. Los demandantes de empleo también son revaluados y pueden asignarse a una categoría superior si permanecen en situación de desempleo más de 12 meses. El JSCI ha demostrado su eficacia, con una tasa de precisión del 95 % según Centrelink (Finn, 2011).

Otros sistemas de elaboración de perfiles estadísticos también han resultado exitosos a la hora de elaborar predicciones.[b] Por ejemplo, se evaluó el modelo estadístico de **Finlandia** para comprobar su poder de pronóstico con una muestra representativa de 60 000 personas. El modelo permitió pronosticar correctamente los resultados de empleo en 89 % de los casos. En **Irlanda**, el modelo estadístico permitió pronosticar correctamente los resultados en 69 % de los casos entre aquellas personas con una probabilidad del 50 % de encontrar un empleo.

Entre las ventajas de las herramientas de elaboración de perfiles laborales estadísticos se encuentran (1) la obtención de una evaluación objetiva y estandarizada de las perspectivas de reempleo de los demandantes; y (2) la generación de puntuaciones de riesgo individualizadas para los solicitantes que permiten analizar de forma más personalizada la situación de cada uno. Estos métodos ofrecen muchas posibilidades en aquellas situaciones donde las cifras de casos atendidos son prohibitivamente elevadas para las oficinas de empleo.

Las desventajas van asociadas con los datos de mala calidad u obsoletos, que pueden dar lugar a importantes errores. Aunque se utilicen datos de buena calidad, el modelo estadístico es incapaz de recoger el tipo de información que los trabajadores sociales obtienen mediante entrevistas en profundidad y otros métodos de evaluación cualitativa, como la información sobre las motivaciones de los solicitantes, su actitud hacia el trabajo y sus rasgos conductuales (Loxha y Morgandi, 2014). Por último, la oposición de los trabajadores sociales a utilizar herramientas de elaboración de perfiles estadísticos está documentada como barrera para su adopción, y los funcionarios de las oficinas de empleo creen que no añaden ningún valor con respecto a sus propios juicios. Así, algunos países han experimentado con modelos estadísticos, pero no han autorizado formalmente su uso ni los han incorporado a los procesos de evaluación de las necesidades y condiciones de los demandantes de empleo (y en ciertos casos, incluso han dejado de utilizarlos).[c]

Fuentes: Finn, 2011; Kurekova, 2014; Loxha y Morgandi, 2014; Scoppetta y Buckenleib, 2018; Ortakaya, 2018b.
a. Como resultado de un proceso de revisión continuo, el JSCI ha evolucionado desde que comenzó a utilizarse. El modelo aquí descrito se ha venido usando desde 2015, y su descripción se ha extraído de Scoppetta y Buckenleib (2018).
b. Resultados de los modelos predictivos según el resumen de Loxha y Morgandi (2014).
c. Loxha y Morgandi (2014) señalan que el modelo estadístico se puso a prueba en Dinamarca, Alemania y Suiza, aunque nunca llegó a institucionalizarse.

sociales pueden evaluar las necesidades y condiciones individuales de los demandantes de empleo a través de una interacción cercana con ellos. Una desventaja muy mencionada es que las evaluaciones de los trabajadores sociales son subjetivas, por lo que diferentes personas pueden evaluar de manera distinta al mismo demandante de empleo, o sus resoluciones pueden verse afectadas por prejuicios. Otra desventaja es que suelen ser muy laboriosas y exigir una gran inversión en términos de tiempo y esfuerzo por parte del personal. Estos requisitos resultan prohibitivos en aquellos países con recursos humanos limitados y una alta cifra de casos atendidos. A modo de ejemplo, la Organización Internacional del Trabajo recomienda una cifra de casos atendidos de 100 solicitantes por cada miembro del personal de los servicios públicos de empleo (SPE). Aunque las cifras de casos atendidos en la Unión Europea se acercan a estos valores (150:1), son mucho más elevadas en países en desarrollo, como Albania, Jordania y Serbia (apenas por debajo de 500:1); Egipto, Macedonia del Norte y Turquía (más de 500:1); Líbano y Marruecos (más de 1000:1); y Kosovo (casi 2000:1).[23] Estas elevadísimas cifras de casos atendidos impiden la evaluación de las necesidades y condiciones individuales. En tales situaciones, la clasificación por reglas resulta más habitual y viable desde el punto de vista administrativo, aunque las herramientas de elaboración de perfiles estadísticos también son útiles, siempre que la capacidad de los sistemas de información del organismo en cuestión sea adecuada.

- *Evaluaciones de los trabajadores sociales con elaboración de perfiles mediante datos.* Este método combina las herramientas de elaboración de perfiles estadísticos con las evaluaciones de los asistentes sociales. Estos últimos recopilan información a través de entrevistas y cuestionarios, y también aplican herramientas de elaboración de perfiles estadísticos a los datos recogidos. Por tanto, los trabajadores sociales siguen teniendo un papel fundamental a la hora de evaluar a los solicitantes, pero hacen un mayor uso de los datos para el diagnóstico. También se emplean otras herramientas, como el cribado psicométrico o de actitud y la elaboración de perfiles de habilidades interpersonales. A menudo, estas herramientas de elaboración de perfiles se integran en los

cuestionarios en línea y en los flujos de trabajo de la persona interesada. Entre los países que utilizan este método combinado se encuentran Irlanda, los Países Bajos y Suecia (Loxha y Morgandi, 2014). Este método combina la adaptación individual que deriva de las interacciones estrechas entre el asesor y el solicitante, y la objetividad asociada con la elaboración de perfiles estadísticos.

Evaluaciones de la condición de discapacidad

Además de servir a los programas de protección social, las evaluaciones de la condición de discapacidad se usan en programas de otros tipos: Pueden utilizarse para determinar la elegibilidad de una persona para recibir ciertos beneficios (como seguros o asistencia a personas en condición de discapacidad), sus necesidades de adaptación y asistencia (p. ej., ayuda en el lugar de estudio o trabajo), o si precisa de servicios de cuidado especializados (a domicilio, en la comunidad o en una institución).

Las determinaciones o evaluaciones de la discapacidad tienen como objetivo certificar que una persona cumple con la definición legal de discapacidad y permitir que reciba beneficios o servicios. También se tienen en cuenta otros criterios de elegibilidad, como la edad, la residencia o el nivel de ingresos. En vista de las limitaciones que presentan las evaluaciones médicas o de las incapacidades, muchos países están empezando a combinarlas con un enfoque funcional, con elementos de las evaluaciones de la condición de discapacidad que reflejan de forma más precisa las dificultades de las personas, mientras que otros países avanzan de manera ambiciosa hacia una evaluación integral de la discapacidad que requiere mucha más información y resulta necesaria para la provisión de servicios. El escenario óptimo sería el resultado de la combinación de un sistema de tres niveles:[24]

- *Evaluaciones médicas* que documenten los motivos de salud que provocan las dificultades y cuando la discapacidad se considera un problema médico del cuerpo de la persona.
- *Evaluaciones funcionales* para clasificar a las personas como «discapacitadas» y determinar el grado de discapacidad y la naturaleza de la asistencia necesaria.

Se alejan de la premisa de que la condición de discapacidad es, en esencia, una alteración del cuerpo de la persona, y adopta el punto de vista de que se trata más bien de características biomédicas del cuerpo o la mente de la persona, y el efecto de estas sobre el contexto ambiental físico y social donde la persona desarrolla su vida.

- **Evaluaciones integrales de la condición de discapacidad** para el diseño y la provisión de beneficios y servicios que promuevan la plena participación, y en las que la discapacidad no se limite únicamente al funcionamiento del cuerpo o las desventajas ambientales o sociales a las que esta se enfrenta, sino que tengan en cuenta también el punto de vista interactivo o biopsicosocial de la discapacidad, fundamental en la Clasificación Internacional del Funcionamiento, de la Discapacidad y de la Salud (CIF) de la Organización Mundial de la Salud (OMS), aprobada oficialmente por la Asamblea Mundial de la Salud en 2001. Por tanto, el centro de interés no está en lo que la persona tiene, sino en lo que puede hacer.

Proceso de evaluación de la discapacidad

Es importante que las evaluaciones sean válidas, fiables, transparentes y estandarizadas, de modo que los criterios de determinación de la discapacidad sean claros y justos. La legitimidad del proceso de evaluación de la discapacidad depende de que este sea objetivo, justo e imparcial, y se base en pruebas. Asimismo, las evaluaciones deben estructurarse para cumplir con el propósito de las políticas o los programas que necesitan.

Por lo general, el proceso de evaluación de la condición de discapacidad comienza con una evaluación médica, que llevará a cabo un profesional sanitario, y que deberá ser científica y objetiva. Hay dos métodos principales para realizar las evaluaciones médicas: El primero define la discapacidad en términos de presencia de un impedimento o enfermedad concreta, y la evaluación se basa en la existencia de un diagnóstico médico que identifique a la persona como portadora de dicho impedimento o enfermedad. El segundo es el método de Barema, que clasifica la discapacidad mediante «una escala fija recogida en una tabla, según la cual un determinado porcentaje de discapacidad se asocia con impedimentos concretos. La lista o tabla de Barema se divide en varias secciones dedicadas

a los componentes físicos o mentales, o los aparatos y sistemas del cuerpo, y ofrece orientación sobre los puntos de referencia médicos que deben tenerse en cuenta para realizar las evaluaciones» (Waddington *et al.*, 2018). Sin embargo, la práctica cotidiana ha demostrado que, si no se normaliza y supervisa, este proceso puede dar lugar a numerosos casos de simulación y fraude. Además, este método por impedimentos ha sido muy criticado por su falta de fiabilidad y las suposiciones subyacentes.

La evaluación médica se complementa con la evaluación funcional, que va más allá del diagnóstico médico y tiene en cuenta el efecto de la discapacidad sobre las competencias y la necesidad de cuidado de la persona. La evaluación funcional trata de establecer limitaciones para actividades concretas, como la capacidad de trabajar, estudiar y cuidar de sí misma. De forma alternativa, la evaluación funcional determina las necesidades de cuidado o apoyo, lo que incluye la evaluación de los tipos de actividades que la persona lleva a cabo por sí misma o para las que necesitaría ayuda. Las evaluaciones funcionales también permiten evaluar la capacidad o la necesidad de cuidado de la persona teniendo en cuenta las circunstancias contextuales y externas, como las adaptaciones en el lugar de trabajo u otras ayudas en el entorno. Para evaluar estas capacidades, se desarrolló una serie de herramientas de evaluación de la capacidad funcional (ECF) de acuerdo con la CIF. Estas herramientas proporcionan un marco y un lenguaje integrales y normalizados para la descripción de la actividad y la discapacidad. La herramienta funcional puede aplicarla un evaluador capacitado, como un trabajador social, un enfermero o un ergoterapeuta; cada país tiene un enfoque distinto. Los diferentes conjuntos de preguntas que cubren los diversos ámbitos de la discapacidad disponen de puntuaciones ponderadas y se utilizan para indicar el grado de discapacidad (profunda, moderada o reducida). El método funcional tiene sus propias limitaciones, ya que evalúa la capacidad laboral a partir de variables indirectas subjetivas (recuadro 4.9).

Por último, el enfoque integral de la discapacidad trata de dar una consideración idéntica a todos los determinantes de la discapacidad: médicos, funcionales, ambientales y personales. Son varios los países que están cambiando gradualmente sus procedimientos de evaluación de la condición de discapacidad para adoptar un enfoque más centrado en los derechos, de acuerdo con la CIF y el Cuestionario para la Evaluación

En 2015, el Gobierno de Egipto lanzó el Programa Takaful y Karama (TKP, por sus siglas en inglés), destinado a proveer ayuda económica y ampliar la inclusión social de las familias pobres con niños pequeños, así como a los adultos mayores y las personas en condiciones de discapacidad grave. Entre los principales objetivos del programa se encuentran la protección de los hogares vulnerables frente a la pobreza extrema, la inversión en capital humano al garantizar que los niños crezcan sanos y reciban una buena educación, y el empoderamiento de las mujeres mediante la transferencia monetaria. Takaful (solidaridad) es un programa de ayuda económica a las familias mediante la transferencia monetaria con corresponsabilidad (condicionada), que tiene como objetivo reducir la pobreza y mejorar el desarrollo humano (en términos de salud y educación), mientras que Karama (dignidad) es un subprograma de ayuda económica e inclusión social no condicionadas que se centra en la protección y la inclusión de los adultos mayores pobres (de más de 65 años) y las personas en condición de discapacidad.

Inicialmente, con Karama se desarrolló un ejercicio de inventario y evaluación comparativa para poner de relieve los obstáculos y los cuellos de botella existentes en el proceso de evaluación de la discapacidad antes de desarrollar una nueva solución. Este ejercicio permitió identificar los desafíos y las deficiencias del proceso de solicitud actual, como los procedimientos largos y costosos con requisitos poco claros, además de algunos fallos en la evaluación que eran subjetivos y se basaban únicamente en la evaluación médica. El análisis de las deficiencias permitió:

- El despliegue de una nueva herramienta de evaluación de la discapacidad funcional para adultos y niños, utilizada por un núcleo capacitado de comisiones médicas para certificar a los beneficiarios elegibles para las transferencias monetarias dentro de Karama. La nueva herramienta tenía como objetivo determinar la repercusión funcional y social de la discapacidad sobre el solicitante, y garantizaba la sencillez y la facilidad de uso, así como la objetividad y la equidad.
- El desarrollo de un nuevo proceso de solicitud eficiente y automatizado con un sitio web/centro de llamadas para garantizar la transparencia y la equidad en el acceso a la información de todos los ciudadanos, incrementar la eficiencia y reducir el tiempo de espera necesario para concertar una cita. En el sistema antiguo, los tiempos de espera eran largos, y era necesario realizar varias visitas. Además, los datos de los beneficiarios se introducían mediante tabletas, lo que permitió establecer un sistema de gestión de las operaciones de los beneficiarios para personas en condición de discapacidad.
- La puesta en marcha de un sistema de quejas, reclamos y compensación para recibir las opiniones de los ciudadanos y mejorar la implementación de servicios.
- La puesta en marcha de un grupo de trabajo sobre discapacidad para garantizar una gobernanza adecuada y supervisar la transición del enfoque médico al funcional, incluida la promoción ante los médicos de la justificación de combinar el enfoque médico con el funcional.

En la actualidad, el programa Karama cuenta con normas y herramientas adecuadas a la CIF y a la Convención sobre los Derechos de las Personas con Discapacidad (CDPD) de las Naciones Unidas (ONU). La elegibilidad se basa en la combinación de la herramienta de evaluación funcional con la comprobación sustitutiva de los medios de vida. Los datos recopilados hasta la fecha también proporcionan información sobre los tipos y la prevalencia de la discapacidad en las diferentes gobernaciones. En el futuro, Karama pretende convertirse en algo más que un enfoque funcional destinado a ofrecer transferencias monetarias y pasar a un enfoque integral de la discapacidad donde las oportunidades de empleo y los servicios se dirijan a los beneficiarios elegibles a través de un sistema de derivación.

Fuente: Nahla Zeitoun, Especialista Sénior en Protección Social del Banco Mundial.

de la Discapacidad de la OMS 2.0 (WHODAS 2.0, por sus siglas en inglés). El mundo ha sido testigo del paso de los enfoques centrados en los impedimentos a otros funcionales e integrales, y son cada vez más los países que se adscriben a las indicaciones de la CIF y el WHODAS 2.0; entre ellos, países de ingresos altos (Canadá, Francia, Alemania, Suecia, Reino Unido, Estados Unidos, Arabia Saudí) y medios (Argentina, Brasil, Chipre, Grecia y Egipto). El proceso debe ser gradual, tener en cuenta las particularidades culturales y estar impulsado por el tipo de objetivo o política del país (entrega de dinero en efectivo, rehabilitación, empleo, etc.).

No existe un método sencillo que se adecúe a todas las circunstancias y pueda trasformar los procedimientos de evaluación y análisis de la discapacidad de un país. Los países han de desarrollar sus propias herramientas de evaluación adaptadas y adecuadas a las particularidades culturales, tomando como guía las normas y los puntos de referencia internacionales. Independientemente del enfoque adoptado por cada país, es muy importante recalcar que el punto de entrada de cualquier evaluación de la discapacidad debe ser una exploración médica realizada por un organismo autorizado. Para garantizar el rigor y la precisión, esta parte debe estandarizarse. Posteriormente se llevará a cabo una evaluación de la discapacidad, que incluirá una evaluación funcional para analizar la capacidad o la habilidad para trabajar. En ocasiones, esta se combina con una comprobación sustitutiva de los medios de vida para determinar la elegibilidad para programas destinados a paliar la pobreza. Cualquier país que desee adoptar gradualmente un método de evaluación de la discapacidad centrado en los derechos deberá tener en cuenta los siguientes aspectos clave:

- Un marco legal que defina qué es la discapacidad (ley de discapacidad).
- Una estructura de gobernanza integrada por un grupo de trabajo multidisciplinario que incluya a todas las partes interesadas pertinentes, como el Gobierno, las personas en condición de discapacidad (PCD) y las organizaciones de personas con discapacidades (OPD).
- Un proceso de solicitud práctico, transparente y factible (que incluya un sitio web o una línea directa), junto con una herramienta de evaluación de la discapacidad y un manual de capacitación.

- Requisitos técnicos que incluyen la automatización del proceso de solicitud, la recopilación de datos, la comparabilidad y la validación de datos, las herramientas de medición, el monitoreo y la evaluación, un mecanismo de quejas y reclamos, y la capacitación de un nuevo núcleo de evaluadores de la condición de discapacidad.
- Procesos claros de derivación para asignar a los beneficiarios elegibles al paquete de beneficios y servicios correcto, que incluya la rehabilitación, los dispositivos de asistencia, los beneficios monetarios o las oportunidades laborales.
- Procedimientos de evaluación claros.

Evaluaciones de los riesgos sociales para personas vulnerables

Las evaluaciones de los trabajadores sociales constituyen la herramienta más habitual para el diagnóstico de los factores de riesgo que han de afrontar las personas vulnerables. Las evaluaciones de riesgos pueden realizarse en varias fases; por ejemplo: los asistentes sociales llevan a cabo un cribado inicial para identificar las posibles vulnerabilidades y, posteriormente, se evalúan en mayor profundidad los factores de riesgo. Se reconoce que las personas se encuentran dentro de un entorno familiar y comunitario, por lo que estos factores de riesgo suelen evaluarse en tres niveles. Los **riesgos individuales** incluyen la salud física y mental, la discapacidad, las experiencias adversas durante la infancia, la autoestima y la autopercepción, las habilidades sociales, los problemas de comunicación, abuso de sustancias o adicciones, y los trastornos del comportamiento. Entre los **riesgos familiares** se encuentran la depresión/salud mental de los progenitores, la crianza deficiente o la falta de supervisión parental, el abandono, el abuso infantil, los abusos sexuales, la violencia doméstica, los conflictos maritales/divorcios, los conflictos familiares, los embarazos en adolescentes, las adicciones de los progenitores, la pérdida de un progenitor o familiar, el nivel socioeconómico y el desempleo. Los **riesgos a nivel comunitario** incluyen los vecindarios inseguros o la violencia en la comunidad (por ejemplo, la violencia en las aulas), los acontecimientos estresantes o traumáticos (también en los centros educativos), el acoso escolar o el rechazo de los compañeros, la relación con compañeros que consumen drogas y la pérdida de un amigo o mentor, entre otros. Los factores de riesgo tienden a estar interrelacionados, y a veces las personas enfrentan varios riesgos simultáneos.

Normalmente, los trabajadores sociales combinan métodos formales e informales en sus evaluaciones. Entre las herramientas de evaluación formal se suelen incluir entrevistas, cuestionarios y listas de verificación. Los cuestionarios son de gran ayuda para clasificar a una persona o una familia en categorías claves de riesgo. Es el caso de Macedonia del Norte, donde los asistentes sociales realizan un cribado de las personas en función de 22 categorías de riesgo: huérfanos; niños sin cuidados parentales; hijos de padres divorciados; adolescentes embarazadas; niños cuyos progenitores se están divorciando o están solteros; víctimas o autores de episodios de violencia doméstica; víctimas de abusos sexuales, trata de personas o prostitución; personas sin hogar; exconvictos o personas que tengan conflictos con la justicia; solicitantes de asilo; adultos mayores y personas en condición de discapacidad, entre otros.[25] Una vez identificadas las categorías de riesgo, los trabajadores sociales utilizan cuestionarios específicos para evaluar en mayor profundidad los riesgos. En los métodos de evaluación formales, se recurre también a equipos multidisciplinarios, personal especializado u organismos asociados para llevar a cabo evaluaciones específicas con herramientas especializadas; por ejemplo, evaluaciones sobre la capacitación y las habilidades, evaluaciones de la discapacidad, evaluaciones de adicciones y evaluaciones psicosociales. En estas últimas se pueden incluir los antecedentes médicos, los antecedentes familiares de enfermedades físicas/psiquiátricas, los antecedentes de consumo de sustancias químicas (alcohol/drogas), los antecedentes de ludopatía, los antecedentes sexuales, los antecedentes de violencia doméstica, la educación/formación, los antecedentes sociales, las mediciones funcionales (por ejemplo, la capacidad para llevar a cabo actividades cotidianas), los antecedentes laborales, los problemas legales, las interacciones con los miembros de la familia/el hogar, los antecedentes de tratamientos previos, las situaciones vitales estresantes recientes, el estado mental, las fortalezas y la impresión clínica del solicitante (Thompson, Van Ness y O'Brien, 2001). Los **métodos de evaluación informales** dependen, en gran medida, en las habilidades interpersonales de los

trabajadores sociales para generar confianza, observar los patrones de comportamiento e incitar a las personas o los miembros de sus familias a dar información (a menudo, privada) que ayude a evaluar sus necesidades, condiciones y vulnerabilidades (en ocasiones, incluso, información que los propios interesados no consideren de interés). El resultado de estas evaluaciones se plasma en un informe del trabajador social que recoge la situación, las necesidades y las condiciones de la persona, incluidos los riesgos y las vulnerabilidades claves, así como las impresiones generales del trabajador social. Los informes de evaluación sirven de fundamento para el plan de intervención y de servicio (véase el capítulo 5).

Aunque las herramientas de análisis predictivo y elaboración de perfiles estadísticos no constituyen aún un elemento fundamental del trabajo social, algunos países están experimentando con ellos como inputs para evaluar los riesgos sociales. El Departamento de Servicios Humanos del condado de Allegheny, en Pensilvania (EE. UU.), ha estado utilizando datos y análisis integrados para respaldar un modelo de prácticas integradas en los servicios sociales. Entre las herramientas que se desarrollaron se encuentra un puntaje de cribado destinado a complementar las evaluaciones clínicas de los trabajadores en casos de abuso infantil notificados empleando datos integrados de fuentes internas y externas. El puntaje de cribado ha mostrado un elevado grado de precisión a la hora de pronosticar la probabilidad de que un niño tenga que dejar el hogar debido a abusos en el futuro. El condado ha adaptado sus prácticas institucionales, políticas y procesos de toma de decisiones para incluir el puntaje de cribado en las evaluaciones de los abusos infantiles realizadas por los trabajadores sociales (recuadro 4.10). Dicho esto, entre las críticas a este método se encuentran los fallos en el diseño que limitan la precisión de los modelos predictivos y su repercusión sobre las personas pobres y vulnerables (Eubanks, 2018).

Métodos integrados para la evaluación de las necesidades y condiciones

A menudo, las personas enfrentan varias necesidades y diferentes factores de riesgo. El trabajo en divisiones de información, agencias u oficinas puede pasar por alto

El Departamento de Servicios Humanos (DHS, por sus siglas en inglés) del condado de Allegheny, en Pensilvania (EE. UU.), está experimentando activamente con diversos usos de los datos y análisis integrados para respaldar un modelo de prácticas integradas en los servicios sociales. Entre las aplicaciones que han dado a estos métodos está la mejora en la toma de decisiones para la evaluación y la prevención de los abusos infantiles.

Objetivos. La finalidad era desarrollar una herramienta que ayudase a los trabajadores sociales especializados en el bienestar infantil a decidir si derivar un caso de abuso infantil notificado para investigarlo en mayor profundidad. La meta era **complementar** (no sustituir) la evaluación clínica de los trabajadores sociales con una herramienta de puntaje que integrara los datos de las personas implicadas en el caso para reflejar los patrones pasados y los pronósticos sobre la probabilidad de que el niño estuviese en peligro.

Exposición del problema. Antes de que se desarrollase la herramienta de puntaje, los datos históricos mostraban que el 48 % de los casos de bajo riesgo se consideraron por error como de alto riesgo y, en consecuencia, se **seleccionaron** para continuar siendo investigados (errores de inclusión); además, el 27 % de los casos de alto riesgo se evaluaron erróneamente y se **descartaron** para futuras investigaciones (errores de exclusión). El problema es que la información a la que pueden acceder los trabajadores sociales especializados en el bienestar infantil suele limitarse a los datos de las alegaciones concretas del supuesto abuso infantil, y la información es asimétrica (ya que el potencial autor de los abusos tiene motivos para ocultar sus comportamientos, y existen muchos factores que podrían dificultar la evaluación de la situación). Incluso con sistemas de información interoperables, los trabajadores sociales tienen acceso a otros datos, pero no disponen de una forma sistemática de aplicar la información obtenida.

Modelo de análisis predictivo con datos integrados. Un equipo de investigación que colaboraba con el DHS desarrolló un modelo de análisis predictivo para determinar la probabilidad de que un juez dictaminase retirar al niño del hogar tras un informe de abuso infantil mediante una línea directa de ayuda.[a] Esta variable dependiente (la probabilidad de que el niño deje el hogar) refleja situaciones extremas de abuso infantil, y el modelo trataba de identificar los factores de riesgo asociados a estos resultados. Se identificaron más de 100 factores que permitían pronosticar futuras derivaciones o salidas del hogar con datos administrativos ya introducidos «en el sistema», procedentes de fuentes internas y externas. Entre los sistemas de información internos estaban los procedentes de distintas unidades de DHS sobre el envejecimiento, el bienestar infantil, los servicios relacionados con las drogas y el alcohol, la intervención temprana, los centros de apoyo familiar, HeadStart (un programa de desarrollo infantil), las personas sin hogar, las ayudas para la vivienda, los servicios de salud mental y los servicios de discapacidad intelectual. Las fuentes de datos externas procedían de otros sistemas administrativos, como los registros de nacimiento, los registros de autopsias, los beneficios de asistencia social pública, las viviendas públicas, la salud física (Medicaid), el sistema escolar, la libertad condicional juvenil, la cárcel del condado, el sistema de tribunales para adultos/familias, los avisos de emergencias (911), y las fuentes laborales e industriales (del sector privado). Con estos datos y los modelos de análisis predictivo, desarrollaron un puntaje de cribado que iba del 1 al 20, y en la que un mayor puntaje indicaba una probabilidad más alta de ocurrencia de un evento en el futuro (abuso infantil, salida del hogar, nueva derivación). Para comprobar si el modelo mejoraba la precisión de las decisiones de evaluación de los abusos infantiles, se puntuaron miles de informes de abusos infantiles realizados con anterioridad y se llevó a cabo un seguimiento de los casos en posteriores derivaciones para ver con qué frecuencia el modelo estaba en lo correcto.

Resultados. Se determinó que, en un elevado número de ocasiones, el modelo permitía pronosticar

continuación

con precisión las futuras salidas del hogar. En concreto, entre los niños con un puntaje previsto de 1 (riesgo bajo), 1 de cada 100 salían del hogar en los dos años posteriores a la llamada. En el caso de los niños con un puntaje previsto de 20 (riesgo elevado), 1 de cada 2 salían del hogar en los dos años posteriores a la llamada. La validación externa demostró que, en comparación con un niño con un puntaje de 1, el riesgo relativo de que un niño con un puntaje de salida del hogar de 20 presente una lesión autoinfligida es 21 veces mayor, el riesgo de que sea agredido físicamente es 17 veces mayor, y el riesgo de que sea atendido por una caída accidental es 1,4 veces mayor.

Cambios subsiguientes en los procesos institucionales, las políticas y la toma de decisiones. La herramienta dio lugar a cambios en las políticas y los procesos institucionales. En primer lugar, el condado desarrolló una interfaz de usuario de primera línea que permitía a los trabajadores sociales calcular el puntaje de cribado familiar «pulsando un botón». También se incluyó el cálculo del puntaje en los procesos institucionales estándar. En segundo lugar, ante el escepticismo de algunos trabajadores sociales, fue necesario hacer ciertos cambios culturales para alentarlos a usar de la herramienta, y se puso especial énfasis en que esta última no sustituía a su evaluación clínica, sino que proporcionaba información adicional que los trabajadores podían usar durante la evaluación. En tercer lugar, el condado aprobó medidas que exigían que los asistentes sociales empleasen la herramienta de cribado y calculasen el puntaje de cribado familiar en todos los casos notificados de abuso infantil. Por último, el condado aprobó una medida que obligaba a que todos los casos notificados de abuso infantil que recibiesen un puntaje de cribado de 20 se derivasen para investigarlos en mayor profundidad. Eubanks (2018) incluye una crítica del uso de estos modelos predictivos.

Fuente: Dalton, 2018.

a. El equipo de investigación estaba compuesto por Rhema Vaithianathan, de la Universidad Tecnológica de Auckland; Emily Putnam-Hornstein, de la Universidad del Sur de California; Irene de Haan, de la Universidad de Auckland; Marianne Bitler, de la Universidad de California en Irvine; Tim Maloney, de la Universidad Tecnológica de Auckland; y Nan Jiang, de la Universidad Tecnológica de Auckland. El equipo incluía también a expertos en ética, como Tim Dare, de la Universidad de Auckland, y Eileen Gambrill, de la UC Berkeley, además de los siguientes evaluadores: Hornby-Zellar Associates (para evaluar los aspectos del proceso) y la Universidad de Stanford (para evaluar las repercusiones).

esa complejidad y dar lugar a intervenciones ineficaces o desiguales. Los métodos integrados que reúnen las capacidades y los conocimientos de distintas burocracias permiten evaluar mejor las necesidades y condiciones complejas, y dan como resultado paquetes de beneficios y servicios más adecuados a las necesidades y condiciones individuales.

Con estos enfoques multidimensionales, es posible evaluar exhaustivamente las necesidades y condiciones de las personas mediante diversas características. Un ejemplo de ello es el cribado de las personas en función de los riesgos sociales, como parte de un perfil de la capacidad de inserción profesional de los solicitantes de empleo. El gráfico 4.5 recoge la capacidad de inserción profesional y la complejidad de los riesgos sociales para ilustrar este problema. Habitualmente, los asesores laborales elaboran el perfil de los demandantes y de los desempleados para determinar su empleabilidad centrándose en los grupos 1 y 2 del gráfico 4.5. Sin embargo, en esta elaboración de los perfiles se pueden pasar por alto las barreras sociales que afectan la capacidad laboral. Puede que algunas personas tengan una empleabilidad relativamente buena (y estén dispuestas a trabajar), pero deban hacer frente a otras barreras sociales que serían atendidas mediante intervenciones distintas a las de los servicios de empleo y PAML (grupo 3 en el gráfico 4.5). A continuación se recogen algunos ejemplos de estas barreras: (1) trabajadores en condición de discapacidad para los cuales resulte sencillo encontrar trabajo, siempre que

Valor de los métodos integrados para evaluar las necesidades y condiciones: Barreras laborales y sociales para el trabajo

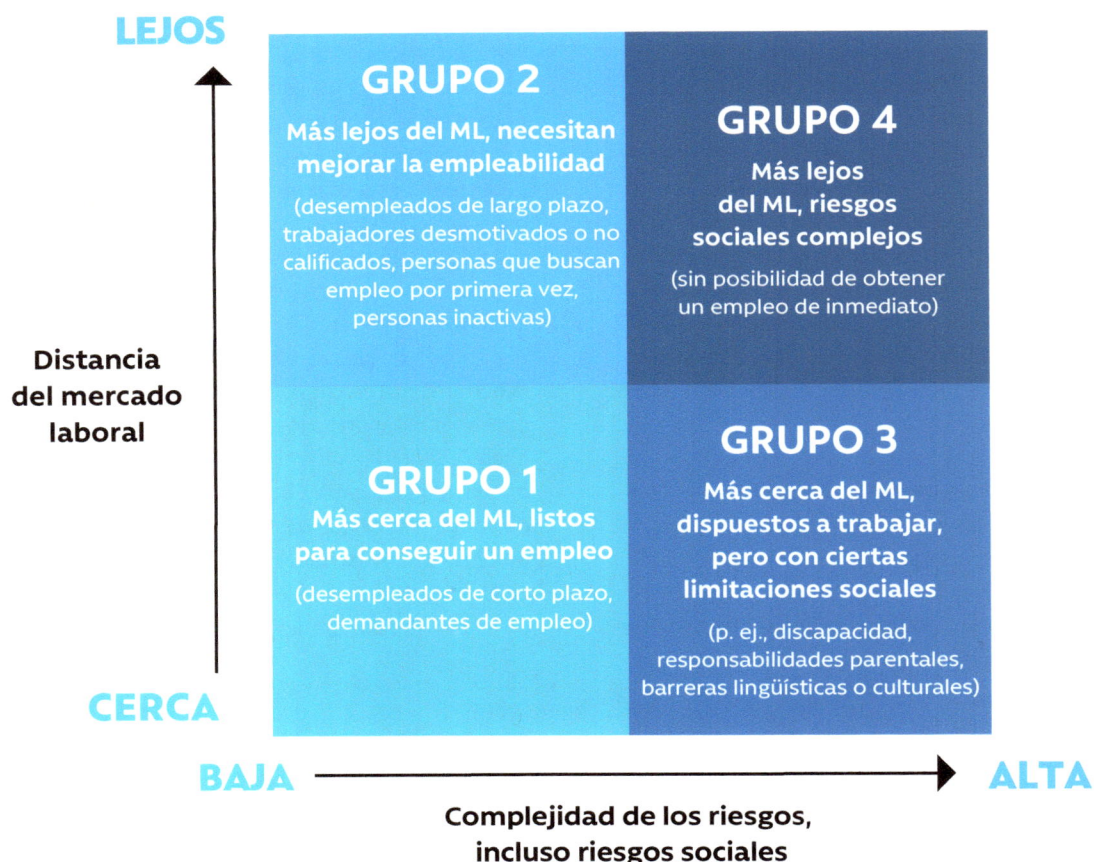

Fuente: Gráfico original para esta publicación.
Nota: ML = mercado laboral.

tengan acceso a adaptaciones básicas (perros guía, aplicaciones de transcripción para personas ciegas y sordas, etc.); y (2) progenitores solteros sin discapacidad con hijos pequeños que puedan trabajar, siempre que cuenten con servicios de cuidado infantil adecuados. Otros demandantes de empleo pueden sufrir riesgos sociales complejos y no tener una empleabilidad inmediata (grupo 4 en el gráfico 4.5). Si las evaluaciones y la elaboración de perfiles laborales pasan por alto estos factores de riesgo social, se desperdician recursos al asignar a estas personas a servicios de empleo y PAML normales.

También se pueden compartir las evaluaciones comunes de factores concretos entre los programas.

Al igual que ocurre con la recepción y el registro, es posible que los distintos programas requieran de una información similar para la evaluación de las necesidades y condiciones. Esto es algo habitual en las evaluaciones del nivel socioeconómico, que son requeridas por muchos programas, como las pensiones sociales ligadas al nivel de recursos para los adultos mayores pobres o las personas en condición de discapacida, los beneficios de activación y los paquetes de servicios para los trabajadores con ingreso bajo, los servicios sociales para las familias de ingreso bajo, y las becas concedidas según las necesidades, así como las subvenciones del seguro de salud según el nivel de recursos. Aunque existen requisitos específicos para los programas, estos también exigen algún tipo de evaluación de las necesidades y condiciones socioeconómicas. En los registros sociales se emplean métodos integrales de evaluación mediante la provisión de información integrada sobre el nivel socioeconómico en varios programas.

Revaluación

En la mayoría de las ocasiones, los programas o registros sociales añaden a la evaluación inicial de las necesidades y condiciones unos «requisitos de recertificación». Aunque esta es la expresión que se utiliza habitualmente, preferimos usar «requisitos de revaluación» por dos motivos: hay una relación con la fase de evaluación en la cadena de implementación, y no hay garantía alguna de que se obtenga la certificación o recertificación, lo cual significa, básicamente, ser elegible para acceder a un beneficio o servicio.

La revaluación y los plazos están relacionados, pero no son lo mismo: Aunque pueden coincidir, no siempre lo hacen. En un plazo determinado puede haber varios períodos de revaluación, y no todos los programas tienen plazos, pero la mayoría sí tienen requisitos de revaluación.

La periodicidad de la revaluación depende de los programas y los países, e incluso dentro de los programas, de los tipos de beneficiarios. Hay varios factores que influyen en la periodicidad de la revaluación: (1) objetivos del programa; (2) características de la población objetivo; (3) capacidad administrativa; (4) si la recepción y el registro iniciales fueron por demanda o dirigidas por la administración; y (5) las actitudes hacia las poblaciones objetivo (normalmente implícitas).

En lo que respecta a las metas y las características de la población objetivo, los programas para las personas en situación de pobreza crónica tienen una periodicidad más larga para la revaluación que aquellos destinados a grupos con condiciones más «transitorias», como los desempleados. Para obtener algunos beneficios de desempleo, se deben presentar pruebas mensuales o trimestrales de una situación de desempleo continua (junto con pruebas del cumplimiento de las condiciones de búsqueda de empleo, que es otro concepto). Aunque los programas de asistencia social suelen estar dirigidos a las personas en situación de pobreza crónica,

algunos programas de IMG exigen una revaluación muy frecuente (véase el recuadro 4.11); por ejemplo, cada tres meses en Letonia y Lituania. Por lo general, la periodicidad de las revaluaciones para acceder a beneficios y servicios para personas en condición de discapacidad está relacionada con la duración prevista de la gravedad de la discapacidad, determinada en el momento de la evaluación inicial.

También hay variaciones en la periodicidad de las revaluaciones dentro de los programas por tipo de beneficiario. Por ejemplo, en el programa de cupones para alimentos (SNAP) de Estados Unidos, la duración del «período de certificación» depende de las características del hogar: En la mayor parte de las ocasiones, la certificación es válida durante 6-12 meses, pero en el caso de los adultos mayores pobres y las personas con discapacidad, este período llega hasta los 24 meses o más. En cuanto a los servicios sociales, que suelen llevar asociada una importante implicación de los trabajadores sociales, la revaluación es una parte continua del plan de acción individualizado (y, de hecho, forma parte de la intervención).

La periodicidad de las revaluaciones depende también de la capacidad administrativa: Una periodicidad reducida de las revaluaciones aumenta la carga de trabajo del personal y, por consiguiente, los costos administrativos. Así, la decisión sobre los requisitos de revaluación del programa o registro social dependerá de la capacidad del país para implementarlos. De hecho, en la práctica, son varios los programas y registros sociales que realizan revaluaciones con una frecuencia menor de la que determinan sus normas de funcionamiento (el recuadro 4.11 recoge algunos ejemplos).

En el caso de los modelos por demanda, los requisitos de revaluación van de más frecuentes (cada 1-3 meses) a menos frecuentes (cada 6, 12 o 24 meses). Muchos programas optan por el intervalo de 12 a 24 meses. En los enfoques por demanda, se suele avisar a los beneficiarios con antelación para alertarlos de que su período de certificación está cerca de expirar. Esto les permite recopilar la documentación necesaria para realizar una nueva solicitud (o solicitar la revaluación) antes de que sus beneficios expiren. Si no lo hacen, puede que dejen de recibir los beneficios, y las alertas y el riesgo de finalización les sirven como incentivo o impulso para reiterar la solicitud.

En los modelos dirigidos por la administración, se llevan a cabo campañas de registros en masa que tienen lugar con menos frecuencia: normalmente, cada 3-8 meses. Estas campañas de registros abarcan a los beneficiarios ya existentes, cuyas necesidades y condiciones se revalúan, y a los nuevos inscritos, a quienes se evalúa por primera vez. El recuadro 4.12 incluye ejemplos de revaluaciones en modelos dirigidos por la administración.

Las actitudes hacia la población objetivo también influyen en la periodicidad de la revaluación. En algunos países, existe una desconfianza implícita (aunque a menudo generalizada) hacia las personas en situación de pobreza, o cierto grado de preocupación por

---

Recuadro 4.11 Revaluaciones en el modelo por demanda: El caso de los programas de LRIS e IMG en EAC

Dentro del contexto de los programas de ayuda a la renta como último recurso (LRIS) e ingreso mínimo garantizado (IMG) en Europa Oriental y Asia Central (EAC), se lleva a cabo una revaluación periódica de las necesidades y condiciones de cada beneficiario en intervalos de tiempo determinados. El método de revaluación y los plazos varían de un país a otro.

Proceso. Normalmente, el proceso de revaluación consta de una visita del beneficiario a la oficina de asistencia social, durante la cual se rellenan una declaración o un formulario de solicitud abreviado donde se indica si ha habido algún cambio en el nivel de bienestar o la composición de la familia. Esta solicitud o declaración debe ir acompañada de documentos y certificados actualizados, pero en la mayoría de los casos no es necesario presentar todos los documentos que acompañaban a la solicitud inicial. Si hay algún cambio en la composición del hogar o el nivel de bienestar, se pedirá a los beneficiarios que rellenen un formulario de solicitud completo, y se revaluarán su nivel de beneficios y elegibilidad. El proceso de revaluación puede incluir visitas obligatorias al domicilio o visitas al hogar únicamente si el beneficiario declara que se ha producido un cambio en los criterios de elegibilidad, o no incluir ninguna visita domiciliaria.

Revaluación motivada por los beneficiarios. La revaluación es responsabilidad de los beneficiarios: Si estos no presentan la solicitud y los formularios que la acompañan, se suspenderá su inclusión en el programa durante un período reducido (un período

de gracia de hasta cuatro meses), y posteriormente se los excluirá. Por diseño, en algunos países (como la República Kirguisa), los beneficiarios deben recibir una notificación antes de que concluya el plazo de recertificación para preparar sus documentos. En la práctica, sin embargo, esta regla no se aplica, y las notificaciones son más bien aleatorias.

Frecuencia. En general, la frecuencia de la revaluación oscila entre tres meses y un año (la tabla B4.11.1 incluye varios ejemplos). Una excepción a esta regla es Albania, donde los beneficiarios deben realizar una visita mensual a las oficinas de Ndihma Ekonomike (NE), más como mecanismo para incrementar el costo de oportunidad para los beneficiarios y reducir el riesgo de pago de beneficios a quienes migran al extranjero. En la práctica, en algunos países, la frecuencia de revaluación varía en función de los grupos de beneficiarios. En la República Kirguisa, la revaluación se realiza con mayor frecuencia (cada tres a seis meses) en las zonas urbanas, donde las oportunidades laborales son mayores. En Lituania, los municipios tienen derecho a permitir un período de revaluación superior a tres meses, pero inferior a un año. Los trabajadores sociales podrán decidir la frecuencia de la revaluación en función del perfil del beneficiario (por ejemplo, en aquellos casos donde el trabajador social estime que es probable que la composición o los ingresos de la familia permanezcan inalterados, o en el caso de las personas en condición de discapacidad o los adultos mayores).

Fuente: Tesliuc *et al.,* 2014

continuación

Tabla B4.11.1 Frecuencia de revaluación y actualización de la información de los beneficiarios

País	Ciclo de revaluación	Controles cruzados	Actualización obligatoria de documentos (seleccionados)	Visitas al domicilio necesarias para la actualización o revaluación
Albania Ndihma Ekonomike (NE)	Mensualmente	Mensualmente	Anualmente	Sí; cada 6-12 meses (con menos frecuencia si hay pocas probabilidades de que los ingresos cambien)
Programa de Beneficios Familiares (PBF) de Armenia	Anualmente (puede ser semestral o trimestralmente en algunos casos)	Mensualmente	Anualmente	Sí; anualmente (pero no en todos los casos, debido a la escasez de personal)
Ingreso mínimo garantizado (IMG) de Bulgaria	Anualmente	Anualmente	Anualmente	Sí; anualmente
Beneficio mensual unificado (BMU) de la República Kirguisa	Anualmente (puede ser semestral o trimestralmente en algunos casos, sobre todo en zonas urbanas)	No	Anualmente	No; solo por iniciativa de la unidad de implementación
Beneficio social (BS) de Lituania	Trimestralmente (con menos frecuencia si hay pocas probabilidades de que los ingresos cambien)	Trimestralmente	Trimestralmente (con menos frecuencia si hay pocas probabilidades de que los ingresos cambien)	No; solo por iniciativa de la unidad de implementación
IMG de Rumania	Anualmente (trimestralmente para las pruebas de registro en las oficinas de empleo)	No	Anualmente	Sí; cada 6 meses (o por iniciativa de la unidad de implementación)
Beneficio para las familias de ingreso bajo (BLIF) de Uzbekistán	Trimestralmente	Trimestralmente	Trimestralmente	Sí; trimestralmente

Fuente: Tesliuc *et al.*, 2014.

Recuadro 4.12 Revaluaciones en el modelo dirigido por la administración: México, Colombia y Filipinas

En el modelo dirigido por la administración, las revaluaciones se suelen realizar cada 3-8 años. Esto se debe, sobre todo, a que el modelo se basa en el método del barrido censal, que resulta costoso y lleva mucho tiempo, y a que la población objetivo de estos programas está compuesta, normalmente, por personas en situación de pobreza crónica.

Existen varios ejemplos de este método de revaluaciones, con una frecuencia variable. En **México**, las familias incluidas en el registro de beneficiarios de Prospera debían revaluarse cada ocho años. El proceso de revaluación constaba de las siguientes etapas: (1) se informaba a las familias beneficiarias del proceso de revaluación; (2) se recopilaba la información socioeconómica y demográfica de cada hogar sujeto a este proceso en una visita domiciliaria; y (3) se

informaba a las familias el resultado del proceso de revaluación.[a]

SISBEN, el registro social nacional de Colombia, debe actualizarse cada tres años de acuerdo con la legislación nacional. Sin embargo, en la práctica, las actualizaciones han sido menos frecuentes. La primera versión de SISBEN (SISBEN I) comenzó a ponerse en práctica en 1995. SISBEN II empezó a implantarse en 2005 (10 años después que SISBEN I), y la aplicación de SISBEN III se inició en 2011. Actualmente, SISBEN se encuentra en la cuarta ronda de actualizaciones.

En **Filipinas**, el registro social, denominado Listahanan, debe actualizarse cada cuatro años. La primera campaña de Listahanan se ejecutó en 2011, y la segunda, en 2015 (véase el recuadro 4.4). En 2019 se estaba llevando a cabo un registro adicional.

Fuentes: Colombia, Departamento Nacional de Planeación, 2016; México, Secretaría de Desarrollo Social, 2018; Velarde, 2018.
a. El programa ha sufrido transformaciones recientemente y, debido a los cambios en las políticas sociales de México, ya no existe como programa de transferencia monetaria condicionada.

que puedan volverse «perezosas» o «dependientes» de los beneficios. En determinados casos, se espera que los beneficiarios proporcionen documentación que demuestre su elegibilidad con bastante frecuencia. En otros países, existen políticas explícitamente contrarias a realizar revaluaciones con demasiada frecuencia. Por ejemplo, incluso si alguien

consigue trabajo o sus ingresos profesionales aumentan, puede que algunos programas no quieran que cambie su estado de elegibilidad con tanta frecuencia por la existencia de otros objetivos relacionados con los servicios (más allá del pago de beneficios) que requieren una participación a más largo plazo de los beneficiarios.

4.4 PROCESOS INVOLUCRADOS EN LA RECEPCIÓN Y EL REGISTRO

Los procesos específicos para la implementación de la recepción y el registro varían de manera considerable. Un proceso puede ser algo tan simple como presentar información en línea para su posterior revisión. Algunos países, incluso, omiten la recepción y el registro, como hace Canadá al asignar su Pensión de Seguridad para la Edad Avanzada (véase el recuadro 4.13); otros procesos implican transacciones en oficinas locales,

con el apoyo de un procesamiento administrativo en los sistemas de información centralizados; y otros comprenden equipos de campo, comunidades y sistemas de información centralizados. Para dar una idea de la variedad y de algunos pasos básicos involucrados, esta sección ofrece varios mapeos de proceso como muestra de las diversas modalidades y grupos objetivo.

Recuadro 4.13 ¿Omitir por completo el proceso de recepción y registro? Recepción automática con la Pensión de Seguridad para la Edad Avanzada de Canadá

En principio, el concepto de omitir por completo el proceso de recepción podría resultar tentador. ¿Y si «el sistema» supiera de antemano que alguien reúne los requisitos para recibir los beneficios? ¿O qué sucedería si «el sistema» pudiera predecir que la situación de una persona está cambiando de forma repentina y anticipara esos cambios para ofrecer asistencia automáticamente?

La Pensión de Seguridad para la Edad Avanzada de Canadá ya implementa una versión simple de recepción automática con ciertos ciudadanos: Si su información está actualizada y cumplen todos los requisitos de elegibilidad, el sistema los inscribe automáticamente en la pensión un mes después de cumplir 65 años. No obstante, no es así con todos los potenciales beneficiarios: Si existe alguna «zona gris» en cuanto a la elegibilidad (por ejemplo, haber residido fuera del país durante un lapso considerable), deben presentar una solicitud de beneficios de forma directa y suministrar más documentación.

El sistema Centrelink de Australia también está explorando la posibilidad de usar análisis predictivo con sistemas de información integrados para anticipar de forma inmediata en qué momento alguien experimenta un cambio en sus circunstancias que desencadenaría una necesidad de asistencia. Por ejemplo, el sistema podría detectar que una persona pierde el trabajo y conectarla de inmediato con los servicios laborales o de desempleo (véase el recuadro 4.8).

Fuentes: Ministerio de Empleo y Desarrollo Social de Canadá; Australia Centrelink.

UBR de Malaui: Registro y evaluación socioeconómica masivos según FC y CSM

El sistema UBR de Malaui es un buen ejemplo de registro y evaluación socioeconómica masiva a nivel de distrito mediante la focalización comunitaria (FC) y en la comprobación sustitutiva de los medios de vida (CSM).[26] El sistema UBR se diseñó para respaldar la recepción, el registro y la evaluación de las necesidades y condiciones para diversos programas sociales. Se considera un registro social.

Una fortaleza importante del UBR es que utiliza las estructuras locales existentes. Se trata de los Comités de Apoyo Social de Distrito (CASD) y los Equipos de Capacitación de Distrito (ECD), así como los miembros de los Comités Ejecutivos Regionales (CER), los Comités de Apoyo Social de la Comunidad (CASC) y los líderes comunitarios. Las ventajas de implementar un registro social dentro de las estructuras locales existentes son innegables. En primer lugar, la modalidad local pone un «rostro visible» conocido en el registro social de las comunidades, y supone un punto de contacto (para presentar consultas, quejas y apelaciones). En segundo, la confianza en organizaciones locales conocidas ayuda a crear entendimiento, sentido de pertenencia y credibilidad para el UBR a nivel de distrito (en lugar de generar sospechas debido a que una unidad externa lleva a cabo el registro, como ha sucedido en otros países). En tercer lugar, estas modalidades evitan las duplicaciones costosas, confusas e ineficientes vinculadas al uso de estructuras paralelas. En cuarto lugar, fortalecen los vínculos y la interacción entre los actores centrales y locales. En quinto lugar, el uso eficaz de estructuras locales reconoce la función permanente y fundamental de los registros sociales y posiciona al registro para que pueda emprender operaciones de manera ininterrumpida, además de ofrecer la posibilidad de futuras actualizaciones y un posible cambio futuro hacia un modelo por demanda (Lindert *et al.*, 2018).

Los pasos fundamentales para implementar el UBR se agrupan en tres etapas a lo largo de la cadena de implementación (gráfico 4.6). Tales etapas son difusión, sensibilización y capacitación (pasos 1-4); recepción y registro (o recopilación de datos, pasos 5-6); y evaluación de las necesidades y condiciones para determinar

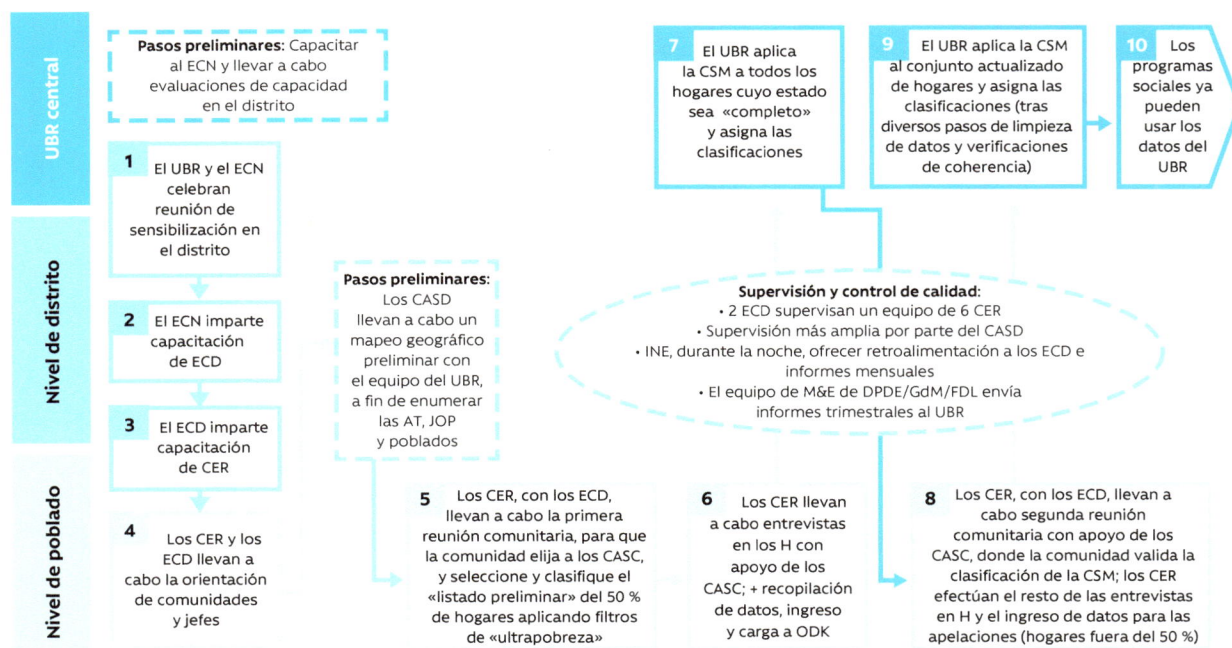

UBR central

Pasos preliminares: Capacitar al ECN y llevar a cabo evaluaciones de capacidad en el distrito

7 El UBR aplica la CSM a todos los hogares cuyo estado sea «completo» y asigna las clasificaciones

9 El UBR aplica la CSM al conjunto actualizado de hogares y asigna las clasificaciones (tras diversos pasos de limpieza de datos y verificaciones de coherencia)

10 Los programas sociales ya pueden usar los datos del UBR

Nivel de distrito

1 El UBR y el ECN celebran reunión de sensibilización en el distrito

2 El ECN imparte capacitación de ECD

3 El ECD imparte capacitación de CER

Pasos preliminares: Los CASD llevan a cabo un mapeo geográfico preliminar con el equipo del UBR, a fin de enumerar las AT, JOP y poblados

Supervisión y control de calidad:
• 2 ECD supervisan un equipo de 6 CER
• Supervisión más amplia por parte del CASD
• INE, durante la noche, ofrecer retroalimentación a los ECD e informes mensuales
• El equipo de M&E de DPDE/GdM/FDL envía informes trimestrales al UBR

Nivel de poblado

4 Los CER y los ECD llevan a cabo la orientación de comunidades y jefes

5 Los CER, con los ECD, llevan a cabo la primera reunión comunitaria, para que la comunidad elija a los CASC, y seleccione y clasifique el «listado preliminar» del 50 % de hogares aplicando filtros de «ultrapobreza»

6 Los CER llevan a cabo entrevistas en los H con apoyo de los CASC; + recopilación de datos, ingreso y carga a ODK

8 Los CER, con los ECD, llevan a cabo segunda reunión comunitaria con apoyo de los CASC, donde la comunidad valida la clasificación de la CSM; los CER efectúan el resto de las entrevistas en H y el ingreso de datos para las apelaciones (hogares fuera del 50 %)

Fuente: Lindert et al. (2018) a partir de las guías operativas para el UBR («Registro Único de Beneficiarios», aunque es en realidad un registro social) de Malaui.
Nota: CER = Miembro del Comité Ejecutivo Regional; FC = focalización comunitaria; CASC = Comité de Apoyo Social de la Comunidad; CASD = Comité de Apoyo Social de Distrito; ECD = Equipo de Capacitación de Distrito; DPDE = Departamento de Planificación y Desarrollo Económico; GdM = Gobierno de Malaui; JOP = Jefes Oficializados de Poblado; H = hogar; FDL = Mecanismo del Fondo de Desarrollo Local; M&E = monitoreo y evaluación; INE = Instituto Nacional de Estadística; ECN = Equipo de Capacitación Nacional; ODK = Open Data Kit; CSM = comprobación sustitutiva de los medios de vida; AT = autoridad tradicional.

la elegibilidad potencial para los programas sociales (pasos 7-9).

Tras la difusión y capacitación iniciales, la recepción y el registro comprendieron tres pasos clave con la participación de actores del distrito y de la comunidad. Primero, un paso preliminar llevó a cabo un mapeo de todas las comunidades y hogares del distrito. Después, cada comunidad seleccionó qué hogares se registrarían durante la primera reunión comunitaria (paso 5 del gráfico 4.6). Para la primera etapa del lanzamiento del UBR, la indicación fue priorizar al 50 % de los hogares más pobres, que se registrarían aplicando métodos participativos de FC.[27] En tercer lugar, se llevaron a cabo la recepción y el registro mediante entrevistas y visitas a los hogares por parte de los CER, y se ingresaron los datos en tablets usando el software de código abierto Open Data Kit (ODK) (paso 6 del gráfico 4.6).

La evaluación socioeconómica de las necesidades y condiciones abarcó el cálculo de puntuaciones de CSM y la validación de la comunidad mediante enfoques participativos de FC. Específicamente, el sistema de información del UBR aplicó algoritmos de puntuación de CSM a los datos que se recabaron e ingresaron durante la recepción y el registro (paso 7 del gráfico 4.6). Se celebró una segunda reunión comunitaria para que se pudieran debatir y validar las clasificaciones de CSM (paso 8 del gráfico 4.6). Durante esta etapa, se entrevistaron y registraron otros hogares a partir de las apelaciones o de los debates comunitarios. El algoritmo de CSM se aplicó al conjunto revisado de hogares/datos (paso 9 del gráfico 4.6). Una vez finalizado el proceso, los programas sociales pudieron usar los datos del UBR, con las puntuaciones de CSM, para tomar decisiones sobre la elegibilidad y la inscripción.

SIAS de Turquía: Registro por demanda con interoperabilidad informativa y evaluación socioeconómica en función de las puntuaciones de CSM

El Sistema Integrado de Asistencia Social (SIAS) de Turquía es un buen ejemplo de un registro por demanda con sistemas interoperativos de información y evaluaciones socioeconómicas a nivel de distrito mediante CSM. SIAS es un sistemas integral de información de protección social formado por un componente de registro social (que respalda la recepción y el registro, así como la evaluación de las necesidades y condiciones), un registro de beneficiarios multiprograma y sistemas de pagos y de gestión de las operaciones de los beneficiarios. SIAS facilita de manera electrónica todos los pasos necesarios para gestionar diversos programas de protección social, como la recepción y el registro, las evaluaciones de necesidades y condiciones, las decisiones sobre la elegibilidad y la inscripción, la selección de un paquete de beneficios, la notificación e inclusión en el sistema, la provisión de beneficios y servicios, el desembolso de fondos, y el monitoreo y auditoría (Turquía, Ministerio de Políticas Familiares y Sociales, 2018).

Las fortalezas clave del sistema son su gran interoperabilidad, la coordinación entre las instituciones y el uso eficaz de las oficinas locales. SIAS está a cargo de la Dirección General de Asistencia Social y se implementa a nivel local mediante mil fondos autónomos de solidaridad y asistencia social (FSAS) ubicados en cada distrito. A partir de protocolos establecidos de implementación e intercambio de datos entre múltiples ministerios, SIAS está vinculado a 24 organismos públicos distintos, como el registro de población y ciudadanía, la seguridad social, el fisco, el registro de vehículos, el registro catastral, el registro de agricultores, la dirección de información sobre el control de la salud, el ministerio de educación (asistencia escolar, transición entre grados, etc.) y la oficina de empleo, entre otros. Como resultado, SIAS puede obtener datos en tiempo real de las bases de datos de esas entidades usando un identificador único del documento nacional de identidad. Además, el sistema utiliza el conocimiento local de los trabajadores sociales (que efectúan las visitas a los hogares) y el Consejo de Administración de cada FSAS. Cada consejo de administración está formado por representantes de las diversas entidades locales, como los funcionarios de mayor rango en el distrito pertenecientes a los ministerios de educación, salud, finanzas y agricultura; líderes del poblado; representantes de organizaciones no gubernamentales; e instituciones benéficas que permiten la inclusión de distintas perspectivas, la coordinación de las partes interesadas y la toma de decisiones por consenso. Estas disposiciones mejoran la eficiencia de la provisión de servicios mediante un sistema de información dinámico e interoperable, las visitas frecuentes a la comunidad y los hogares y la toma de decisiones participativa y transparente.

Los pasos fundamentales para implementar el SIAS pueden agruparse en cuatro etapas a lo largo de la cadena de implementación (gráfico 4.7). Son las siguientes: (1) recepción y registro iniciales; (2) interoperabilidad para recabar información administrativa y prerrellenar un cuestionario detallado de recepción; (3) visitas a los hogares para recopilar el resto de la información usando el cuestionario detallado; y (4) generación automática de un perfil socioeconómico de los hogares usando puntuaciones de CSM/CHM como medida principal para la evaluación de las necesidades y condiciones. Después, el Consejo de Administración de cada FSAS usará la información sobre el perfil de CSM de los hogares para tomar decisiones sobre la elegibilidad y la inscripción.

La recepción y el registro iniciales abarcan tres pasos clave, en los que participan, sobre todo, actores del distrito. El proceso comienza cuando un adulto del hogar (generalmente, una mujer) envía una solicitud al FSAS de su distrito. El único documento que debe presentar la solicitante es el documento nacional de identidad (paso 1 del gráfico 4.7). Para completar la solicitud, todos los adultos del hogar deben firmar un formulario de consentimiento por escrito que autoriza al FSAS a acceder a sus datos personales presentes en todos los sistemas administrativos enumerados en el formulario (paso 2 del gráfico 4.7). Por último, un empleado del FSAS genera un archivo del hogar en SIAS ingresando el número de identidad de la solicitante (paso 3 del gráfico 4.7).

Recopilar información administrativa a través de SIAS implica dos pasos, que se llevan a cabo a nivel central. Primero, SIAS recaba datos administrativos sobre el hogar provenientes de 24 organismos públicos interconectados y de más de 112 servicios web (esto tarda pocos segundos) y genera un perfil del hogar (paso 4

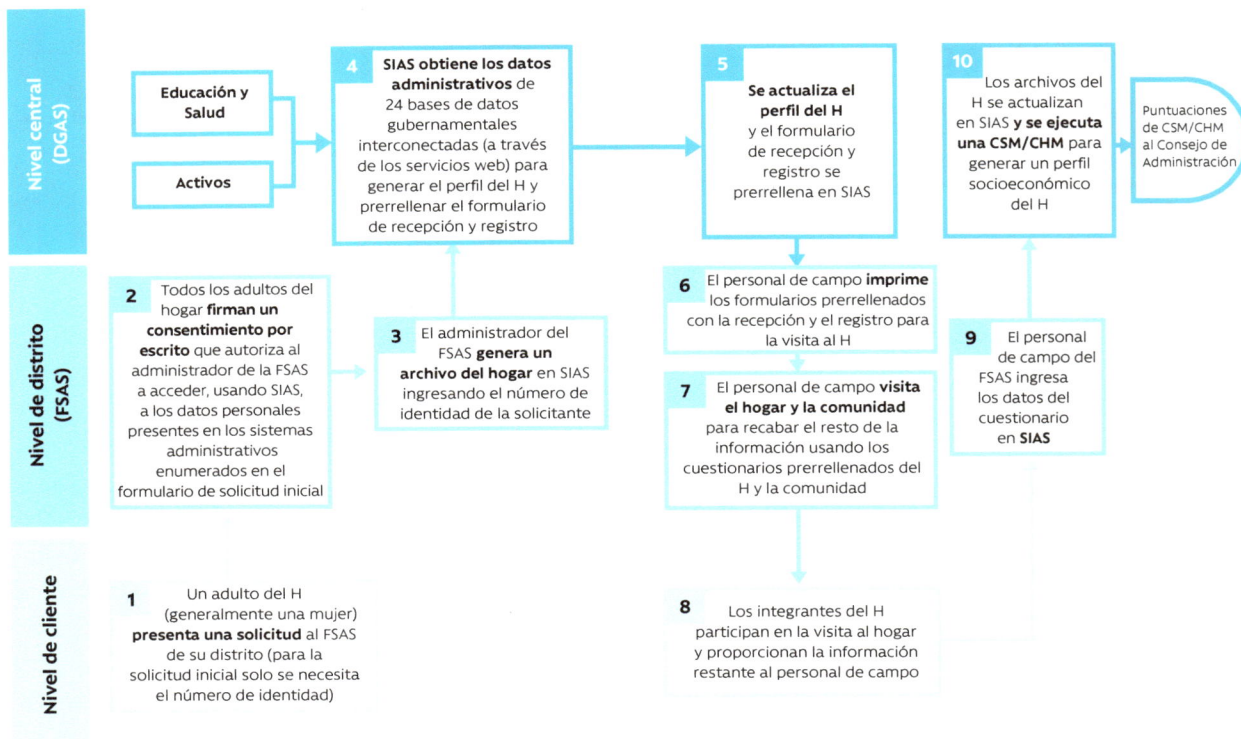

Gráfico 4.7 Mapeo de proceso de la recepción, el registro y la evaluación de las necesidades y condiciones en el SIAS de Turquía

Fuente: Ortakaya, 2018a.

Nota: DGAS = Dirección General de Asistencia Social; H = hogar; CHM = comprobación híbrida de los medios de vida; SIAS = Sistema Integral de Asistencia Social; CSM = comprobación sustitutiva de los medios de vida; FSAS = Fondo para la Solidaridad y la Asistencia Social.

del gráfico 4.7). Después, el archivo del hogar se actualiza con la información recabada. Estos pasos permiten que SIAS rellene automáticamente la mayoría de los campos del cuestionario (paso 5 del gráfico 4.7). (El lanzamiento de SIAS mejoró enormemente la eficiencia de estos procesos).

El resto de la información del hogar se obtiene con una visita al hogar y a la comunidad. Los trabajadores de la asistencia social imprimen los cuestionarios rellenados parcialmente con SIAS y los utilizan en las visitas al hogar y a la comunidad (paso 6 del gráfico 4.7). Después, los trabajadores de la FSAS visitan el hogar y la comunidad para recabar el resto de la información de los hogares usando los cuestionarios prerrellenados (pasos 7 y 8 del gráfico 4.7). Los trabajadores ingresan el resto de la información en SIAS (paso 9 del gráfico 4.7).

La información recabada durante la recepción y el registro se utiliza en la evaluación de las necesidades y condiciones. Esa evaluación incorpora la evaluación profesional del propio trabajador social y el cálculo automático de las puntuaciones de CSM/CHM (paso 10 del gráfico 4.7). Después, el perfil socioeconómico generado por esta evaluación se envía al Consejo de Administración de la FSAS local para tomar decisiones sobre la elegibilidad y la inscripción en programas específicos.

Programa RdC de Italia: Registro por demanda y evaluación multinivel de las necesidades y condiciones

El Programa de Ingreso Ciudadano (*Reddito di Cittadinanza* [RdC]) de Italia ejemplifica una evaluación multinivel de las necesidades y condiciones para asignar un paquete que abarca asistencia monetaria y planes de intervención personalizados de servicios

Gráfico 4.8 Mapeo de proceso con evaluaciones multifásicas de las necesidades y condiciones para IMG + servicios laborales y sociales en Italia

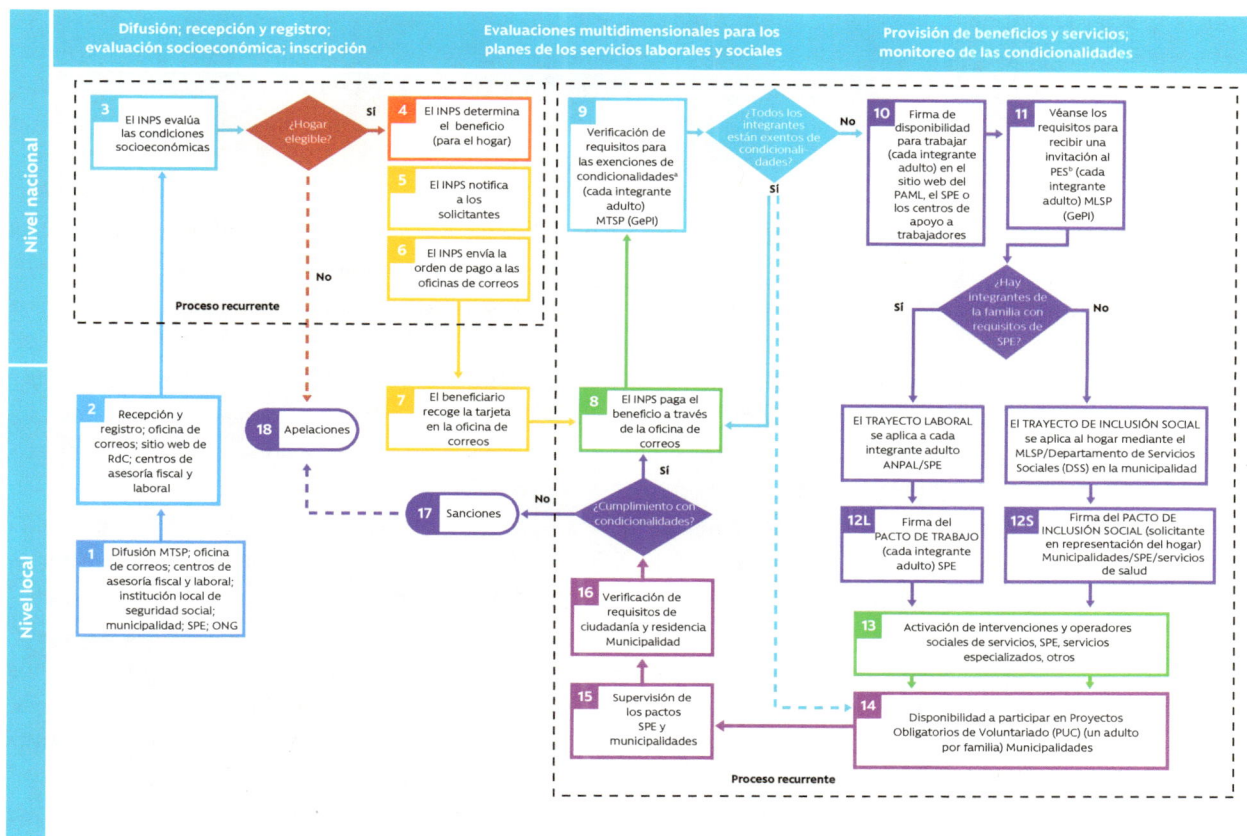

Difusión; recepción y registro; evaluación socioeconómica; inscripción

Evaluaciones multidimensionales para los planes de los servicios laborales y sociales

Provisión de beneficios y servicios; monitoreo de las condicionalidades

Nivel nacional

Nivel local

3 El INPS evalúa las condiciones socioeconómicas

¿Hogar elegible? SÍ

4 El INPS determina el beneficio (para el hogar)

5 El INPS notifica a los solicitantes

6 El INPS envía la orden de pago a las oficinas de correos

9 Verificación de requisitos para las exenciones de condicionalidades* (cada integrante adulto) MTSP (GePI)

¿Todos los integrantes están exentos de condicionalidades? No

SÍ

10 Firma de disponibilidad para trabajar (cada integrante adulto) en el sitio web del PAML, el SPE o los centros de apoyo a trabajadores

11 Véanse los requisitos para recibir una invitación al PESᵇ (cada integrante adulto) MLSP (GePI)

¿Hay integrantes de la familia con requisitos de SPE? SÍ No

Proceso recurrente

No

2 Recepción y registro; oficina de correos; sitio web de RdC; centros de asesoría fiscal y laboral

18 Apelaciones

7 El beneficiario recoge la tarjeta en la oficina de correos

8 El INPS paga el beneficio a través de la oficina de correos

El TRAYECTO LABORAL se aplica a cada integrante adulto ANPAL/SPE

El TRAYECTO DE INCLUSIÓN SOCIAL se aplica al hogar mediante el MLSP/Departamento de Servicios Sociales (DSS) en la municipalidad

17 Sanciones

¿Cumplimiento con condicionalidades? SÍ No

12L Firma del PACTO DE TRABAJO (cada integrante adulto) SPE

12S Firma del PACTO DE INCLUSIÓN SOCIAL (solicitante en representación del hogar) Municipalidades/SPE/servicios de salud

1 Difusión MTSP; oficina de correos; centros de asesoría fiscal y laboral; institución local de seguridad social; municipalidad; SPE; ONG

16 Verificación de requisitos de ciudadanía y residencia Municipalidad

13 Activación de intervenciones y operadores sociales de servicios, SPE, servicios especializados, otros

15 Supervisión de los pactos SPE y municipalidades

14 Disponibilidad a participar en Proyectos Obligatorios de Voluntariado (PUC) (un adulto por familia) Municipalidades

Proceso recurrente

Fuente: Adaptado de una presentación del Ministerio de Políticas Labores y Sociales de Italia, 18 de marzo de 2020.

Nota: PAML = programa activo del mercado laboral; ANPAL = Dirección Nacional de PAML; GePI = sistema de información de gestión social individualizada; INPS = Instituto Nacional de Protección Social; MTSP = Ministerio de Trabajo y Protección Social; ONG = organización no gubernamental; SPE = Servicio(s) Público(s) de Empleo; RdC = *Reddito di Cittadinanza* (Programa de Ingreso Ciudadano).

a. Excluidos de la condicionalidad del RdC (integrante de hogar unipersonal): (1) < 18 años; (2) empleado (ingreso > 8145 € para trabajador dependiente y > 4800 € para trabajador independiente); (3) cursa estudios periódicos; (4) jubilado o mayor de 65 años; o (5) integrante con discapacidades (a menos que voluntariamente solicite unirse a un trayecto personalizado).

b. Requisitos para recibir una invitación al SPE (el integrante del hogar unipersonal debe cumplir las obligaciones de al menos uno de los siguientes requisitos, con la condición de no haberse inscrito en un Proyecto Personalizado de REI en Servicios Sociales): (1) falta de empleo durante más de dos años, (2) beneficiario de NASPI o de otra red de seguridad social en el caso de desempleo involuntario o finalización del uso durante no más de un año, y (3) acuerdo de servicio activo con el SPE firmado en los dos últimos años.

laborales y sociales.[28] La recepción y el registro se llevan a cabo principalmente en centros de asesoría fiscal (*Centri di Assistenza Fiscale* [CAF]) y en oficinas locales de correos, donde las personas rellenan formularios de solicitud (paso 2 del gráfico 4.8). Los datos se transmiten al sistema de información centralizado del Instituto Nacional de Protección Social (INPS). Después, el INPS coteja la información con su registro social, su registro

fiscal y otros sistemas administrativos (como el registro civil y el registro nacional de vehículos).

A la recepción y el registro les siguen varios niveles de evaluación. Primero, se aplican a los datos algoritmos de comprobación de los medios de vida como fundamento para la evaluación socioeconómica (paso 3, gráfico 4.8), que es un input para determinar la elegibilidad condicional para el programa IMG (para ser elegible, los beneficiarios deben aceptar el cumplimiento de planes de acción individualizados). Posteriormente, los beneficiarios se dividen en tres categorías principales, en función de su situación de vulnerabilidad. Un primer grupo de beneficiarios (en especial, jóvenes, adultos mayores, personas con discapacidad o empleados que no pertenecen a la clase trabajadora pobre)[29] queda exento de cualquier condicionalidad y recibirá la transferencia monetaria de manera mensual debido, exclusivamente, a los criterios de elegibilidad (véase el paso 9 del gráfico 4.8). Un segundo grupo de beneficiarios, identificados como «más cercanos al mercado laboral»,[30] se deriva a los servicios de empleo, donde se les pedirá que firmen un pacto de activación (paso 12L del gráfico 4.8). El resto de los beneficiarios se remiten a servicios sociales, donde firmarán un pacto de inclusión social que se negociará con los trabajadores sociales (paso 12S del gráfico 4.8). Los trabajadores sociales o funcionarios de los servicios de empleo público pueden modificar, durante la etapa de evaluación, esta distribución de los beneficiarios entre los servicios sociales y los servicios laborales.

Cuando se deriva a los beneficiarios a los servicios sociales, de manera obligatoria se efectúa una evaluación multidimensional de sus necesidades y condiciones. Si esa evaluación inicial sugiere que las necesidades de la familia son complejas, se lleva a cabo una evaluación exhaustiva complementaria a cargo de equipos multidisciplinarios empleando las herramientas de evaluación que haya designado el Ministerio de Trabajo en acuerdo con los representantes de las regiones y otras partes interesadas. En el caso de aquellas familias que no enfrenten necesidades complejas, un asistente social determina si la pobreza del hogar se relaciona principalmente con la salud u otros factores. Esta serie de evaluaciones afecta la decisión relativa al paquete de servicios para el hogar: es compleja y personalizada para quienes enfrentan necesidades complejas, ofrece un paquete más básico de servicios personalizados a aquellos cuya pobreza depende de otros factores, además del empleo, y ofrece un paquete de servicios centrado en medidas de activación para aquellas personas cuya pobreza se relaciona principalmente con el desempleo. Este enfoque optimiza los recursos y el tiempo del personal y los beneficiarios gracias a la manera en que utiliza evaluaciones estratificadas, de manera que (1) se lleven a cabo evaluaciones multidimensionales de riesgo solo con aquellas personas cuya evaluación socioeconómica de los medios de vida muestre que la necesitan; y (2) las evaluaciones multidisciplinarias de riesgo más exhaustivas se lleven a cabo solo con aquellas personas que han pasado por una preselección y se ha detectado que presentan necesidades complejas.

4.5 SISTEMAS DE INFORMACIÓN Y ARREGLOS INSTITUCIONALES

Sistemas de información que apoyan la recepción el registro y la evaluación de necesidades y condiciones[31]

La información es un input y un resultado esencial de la recepción y el registro, y de la evaluación de las necesidades y condiciones. Por tanto, los sistemas de información desempeñan una función de apoyo importante para automatizar esos procesos. Aunque la mayoría de los países desarrollan sistemas separados para las características socioeconómicas, el estado y la evaluación laboral, y las evaluaciones de riesgo social, dichos sistemas tienen muchos puntos en común en términos de gestión de información. Todos necesitan registrar la información obtenida durante la recepción, reunir datos adicionales, validar y verificar los datos, y luego emplear la información para respaldar una evaluación de las necesidades y condiciones. Parte de esa información, como la relativa a los ingresos, son datos estructurados; otra parte, como las notas y los informes de evaluación de trabajadores sociales, son datos no estructurados.

Los sistemas de información dan soporte a la recepción, el registro y la evaluación para un solo programa o para varios programas. Cuando contienen información socioeconómica, estos sistemas suelen denominarse registros sociales, aunque los registros sociales pueden contener también información especializada, como la condición de discapacidad. De hecho, los registros sociales se definen como sistemas de información que apoyan a los procesos de recepción, registro y evaluación de necesidades y condiciones para determinar la potencial elegibilidad para uno o más programas.

Los registros sociales reúnen información sobre todos los solicitantes, y sirven de soporte para los procesos de recepción y registro, así como la decisión de elegibilidad según los datos socioeconómicos, entre otras características. Un registro social reúne y evalúa información como parte de un sistema de gestión de operaciones más amplio para un programa específico. También puede funcionar como un registro social de múltiples programas que da soporte a los procesos comunes de recepción y registro, y un enfoque común para evaluar necesidades y condiciones (por ejemplo, con variables armonizadas y medidas de bienestar para la situación socioeconómica). Como ya se ha mencionado, los registros sociales son eficaces para la administración de programas (que, por tanto, no necesita reunir la misma información para las mismas personas) y para las personas (que no tienen que suministrar la misma información de forma separada para múltiples programas). El gráfico 4.9 ilustra la función de los registros sociales como soporte de procesos comunes para la recepción y el registro, y la evaluación de necesidades y condiciones para múltiples programas. Cada uno de los programas que utiliza el registro social recupera esa información socioeconómica común para tomar sus propias decisiones de elegibilidad e inscripción, en algunos casos, suplementando también los datos con otras informaciones y evaluaciones específicas para el programa.

Hay países de todo el mundo que están utilizando registros sociales para dar soporte a numerosos programas de protección social y ampliar su utilización a otros sectores (gráfico 4.10). Un análisis reciente de Leite *et al.* (2017) halló que los países están utilizando registros sociales para numerosos programas gubernamentales, muchos de los cuales van más allá de la protección social. Ejemplos de protección social incluyen transferencias monetarias, pensiones sociales, beneficios y servicios laborales, servicios sociales, asistencia en emergencias y programas de asistencia en especie. Los ejemplos no relacionados con la protección social ilustran el poder de estas plataformas para respaldar un enfoque que implique al conjunto del gobierno, e incluyen beneficios para la vivienda, subsidios para servicios básicos, programas de educación y capacitación (como las becas o los cupones de formación), seguro médico subsidiado, programas de inclusión productiva y servicios legales (como exenciones judiciales o asistencia jurídica gratuita).

Gráfico 4.9 Registros sociales para múltiples programas

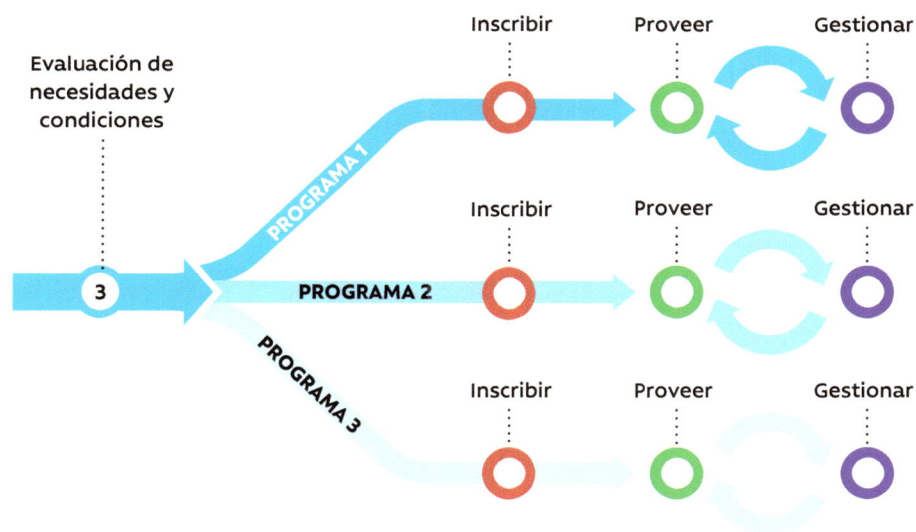

Fuente : Adaptado de Leite *et al.*, 2017

Gráfico 4.10 Registros sociales como plataformas integradas para protección social y otros servicios

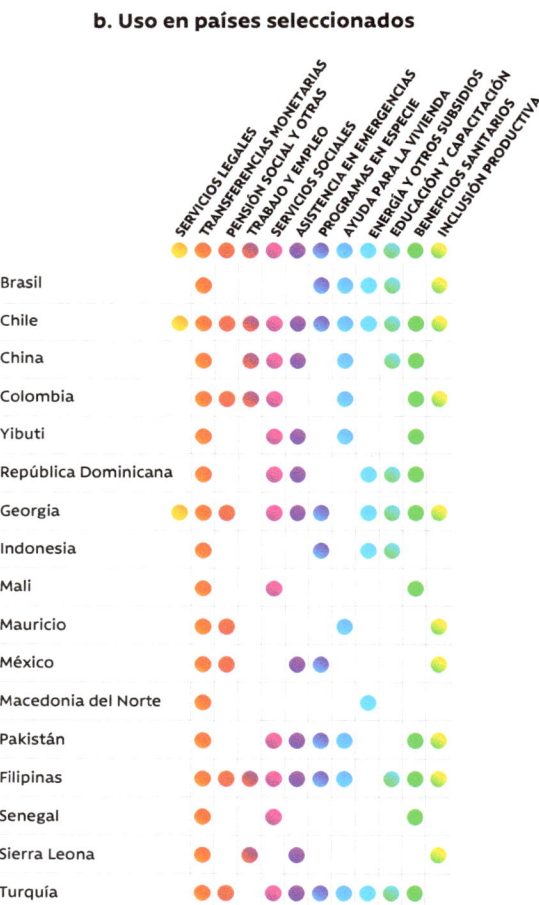

a. Programas de protección social

TRANSF MONETARIAS · SERVICIOS LEGALES · PENSIÓN SOCIAL Y OTRAS ASIGNACIONES · INCLUSIÓN PRODUCTIVA · TRABAJO Y EMPLEO · BENEFICIOS SANITARIOS · **REGISTRO SOCIAL** · SERVICIOS SOCIALES · EDUCACIÓN Y CAPACITACIÓN · ASISTENCIA EN EMERGENCIAS · ENERGÍA Y OTROS SUBSIDIOS · AYUDAS PARA LA VIVIENDA · PROGRAMAS EN ESPECIE

b. Uso en países seleccionados

Columnas: SERVICIOS LEGALES · TRANSFERENCIAS MONETARIAS · PENSIÓN SOCIAL Y OTRAS · TRABAJO Y EMPLEO · SERVICIOS SOCIALES · ASISTENCIA EN EMERGENCIAS · PROGRAMAS EN ESPECIE · AYUDA PARA LA VIVIENDA · ENERGÍA Y OTROS SUBSIDIOS · EDUCACIÓN Y CAPACITACIÓN · BENEFICIOS SANITARIOS · INCLUSIÓN PRODUCTIVA

Países: Brasil · Chile · China · Colombia · Yibuti · República Dominicana · Georgia · Indonesia · Mali · Mauricio · México · Macedonia del Norte · Pakistán · Filipinas · Senegal · Sierra Leona · Turquía

Fuente: Gráfico original para esta publicación.

Registros sociales como plataformas de servicio multilaterales

Desde Guinea a Chile, Turquía, Yibuti, Pakistán e Indonesia, los registros sociales están ayudando a conectar a las personas con una amplia gama de servicios públicos. Entre ellos se incluyen la protección social, la salud y la inclusión financiera, dentro del principio de «universalismo progresivo», para ampliar la cobertura, y priorizar a las personas más necesitadas a lo largo del proceso. El sistema permite mejorar la coordinación de programas y generar ahorro. Cuando están vinculadas con un número ID único, estas plataformas reducen los costos derivados de errores de inclusión. En Pakistán, el registro social, que incluye a cerca del 85 % de la población y ha ofrecido acceso a los datos a 70 instituciones y programas para propósitos de elegibilidad y analíticos, contribuyó a generar ahorros de 248 millones de USD. En Sudáfrica y Guinea, un proceso similar generó ahorros de 157 millones y de 13 millones USD, respectivamente. En Argentina, vincular 34 bases de datos de programas sociales con el número de DNI único de los beneficiarios reveló errores de inclusión en la elegibilidad para diversos programas sociales. Esto dio lugar a un ahorro de 143 millones de USD durante un período de ocho años. Los registros sociales sirven como plataformas de servicio multilaterales que se utilizan para una amplia gama de programas gubernamentales (recuadro 4.14).

Registros sociales e interoperabilidad con otros sistemas de información administrativa

Los registros sociales aprovechan los datos de otros sistemas de información. Se puede utilizar los datos de otros sistemas administrativos para rellenar previamente los formularios de solicitud, o suplementar la información aportada por las personas registradas al programa. La integración con otros sistemas verifica la información reunida de la persona y asegura que concuerde con la información contenida en otros sistemas administrativos autorizados (comprobaciones transversales externas). Finalmente, los

Los registros sociales y las plataformas de identidad básica, los centros comerciales y AirBnB, son plataformas de servicio multilaterales que proporcionan un ámbito de encuentro común donde una de las partes ofrece servicios a la otra (Evans, Hagiu y Schmalense, 2006; Gawer, 2009; Karippacheril, Nikayin, De Reuver y Bouwman, 2013; Rochet y Tirole, 2003). Los centros comerciales son plataformas multilaterales: Sus desarrolladores crean plataformas que atraen a comerciantes y a clientes, ganan dinero de los comerciantes mientras los clientes visitan el centro comercial de forma gratuita, cuanto más atractivo sea el centro comercial para los clientes (más servicios ofrecidos, más fáciles de utilizar, etcétera), mayor es el incentivo para los comerciantes que quieren vender a través de ese centro comercial. AirBnB, el mercado *online* para alquileres vacacionales, es una analogía incluso más comparable: Opera con una plataforma de sistemas de información como un «motor invisible» que, combinado con la información, la confianza y las conexiones humanas, reúne a ambas partes de la plataforma simultáneamente (propietarios y potenciales inquilinos). Los registros sociales también son «motores invisibles» que sirven de intermediarios entre las personas y los gobiernos (programas, proveedores) para determinar la elegibilidad potencial para uno o más programas sociales. Cuando sirven a múltiples programas, actúan esencialmente como una plataforma multilateral de servicios. Cuantos más programas se presenten, más personas se registrarán o estarán dispuestas a proveer su información a los registros sociales. Las plataformas de identidad básica sirven de intermediarias entre las personas y los proveedores de servicios públicos y privados, para determinar que «usted es quien dice ser». Cuando sirven a programas de múltiples servicios, también actúan como plataformas de servicio multilaterales. Cuanto mayor sea el número de programas de servicios presentados, más probable será que se registren más personas, o que estén más dispuestas a proveer su información para obtener una credencial de identidad básica.

Plataformas de protección social. La inclusión social es, a la vez, el medio para hacer la transición a la economía digital y el objetivo de innovaciones tecnológicas exitosas. Estas tres plataformas clave —plataformas de identificación, de registros sociales y de pagos (P2G/G2P) protección social— dan soporte al acceso inclusivo a la economía digital (ver el gráfico B4.14.1) y ponen de relieve la importancia de desarrollar un ecosistema digital para favorecer el acceso a la asistencia social, seguros, empleo, puestos de trabajo y empleo para la juventud. Una plataforma ID despliega su verdadero potencial solamente cuando las personas más desfavorecidas y vulnerables son las primeras (no las últimas) en recibir las identificaciones. Los casi mil millones de personas sin pruebas de identidad reconocidas por el Gobierno tienden a quedar excluidas de la sociedad. Por tanto, desarrollar una plataforma ID sin priorizar a los más vulnerables supone el riesgo de reforzar la exclusión y, además, está condenada a no lograr un impacto verdaderamente transformador. Cuando todas las personas, independientemente de su estatus legal, económico o social, tienen una prueba de identidad reconocida por el Gobierno a través de una plataforma de identidad básica, las plataformas de registros sociales pueden alcanzar la cobertura universal y evaluar, de forma fiable, la elegibilidad para la asistencia social, la salud, los servicios legales gratuitos y los programas de agua y saneamiento. Las plataformas de pago de PS pueden entonces no solo transferir beneficios, sino también contribuir a la inclusión económica digital de las personas con menos recursos y de las mujeres.

continuación

Gráfico B4.14.1   Plataformas de protección social en la economía digital

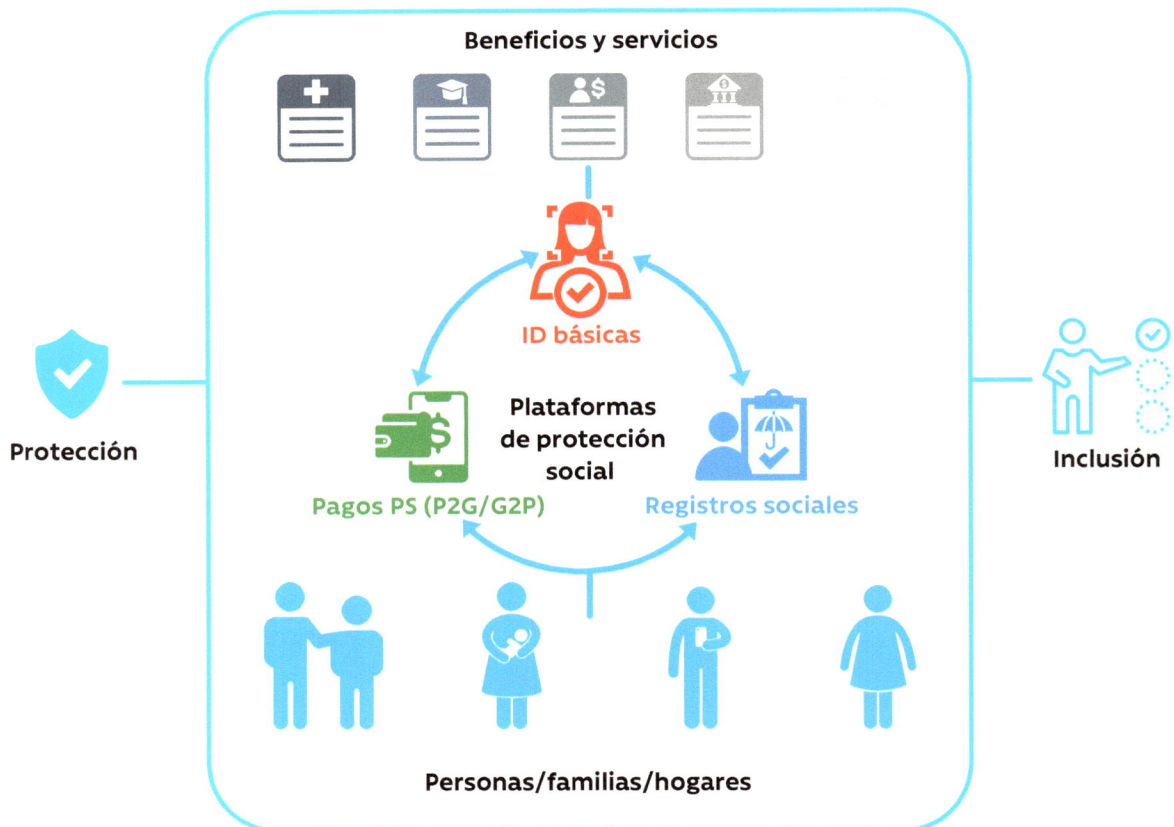

Fuentes: Presentación de Tina George Karippacheril "*Social Protection in the Digital Economy*" (Protección social en la economía digital). Banco Mundial, 2019; y presentación "*Digital Social Protection*" (Protección social digital) en Bonn, septiembre de 2016. *Nota:* los pagos de protección social (PS) incluyen pagos de las personas al Gobierno (P2G) y del Gobierno a las personas (G2P).

datos resultantes de la evaluación de necesidades y condiciones se envían a otros programas a través del registro, para ayudar a tomar decisiones relativas a la elegibilidad y la inscripción. El SIAS de Turquía es un ejemplo de un sistema que ha mejorado, en gran medida, su eficiencia con esta interoperabilidad (recuadro 4.15).

Con la rápida penetración de los dispositivos móviles y la cobertura móvil, las aplicaciones móviles se están utilizando para la recepción y el registro, las comprobaciones transversales, y las evaluaciones de elegibilidad. En algunos países, puede haber aplicaciones de software de atención al público a disposición de los trabajadores sociales en su propia oficina (o en tabletas/dispositivos móviles), o de los operadores que introducen la información para registrar esos datos en el sistema. Pese a la disponibilidad de dichas aplicaciones de software, los trabajadores sociales aún podrían usar formularios de papel por motivos de rapidez y de eficiencia cuando están frente a los solicitantes (registrados) en la oficina o en el campo, o bien usar la aplicación de software para introducir datos

Recuadro 4.15   Mejorar la eficiencia con el sistema de asistencia social integrada de Turquía

En 2010, el Sistema Integrado de Asistencia Social (SIAS) de Turquía fue puesto en marcha por la Dirección General de Asistencia Social (DGAS) para ayudar a abordar las siguientes deficiencias identificadas en el Sistema de Asistencia Social de Turquía: (1) integración limitada en todos los Fondos de Solidaridad y Asistencia Social locales (FSAS), lo que significaba que los hogares podían solicitar programas similares en más de una oficina con el riesgo de una solicitud doble; (2) ineficiencias burocráticas que afectaban tanto a solicitantes como a beneficiarios, (3) tiempos de procesamiento prolongados y, (4) mala calidad de la información.

El SIAS se inspira en intentos anteriores de mejorar la situación —entre ellos, la introducción de ventanillas únicas/centros de servicios en 2005 para trasladar la carga administrativa de los solicitantes, que tenían la responsabilidad de aportar los documentos de soporte, a los funcionarios de primera línea— y en el lanzamiento, en 2009, de un Sistema de Información de Asistencia Social que automatizó el proceso de recopilación de datos por servicio web de diversos sistemas de información administrativa, como Mernis (Identificaciones), la seguridad social y el empleo. Estos esfuerzos allanaron el camino para un Sistema Integrado de Asistencia Social (SIAS) en 2010, que vincula la información de 24 autoridades públicas diferentes para facilitar la gestión de los programas de protección social, entre ellos, las solicitudes, decisión de elegibilidad, decisiones de inscripción, pagos, gestión de operaciones de los beneficiarios, contabilidad automatizada y auditoría.

Desde su introducción, el SIAS ha tenido un importante impacto en la distribución de programas de protección social en Turquía: Ha permitido que la Dirección General de Asistencia Social (DGAS) dé un paso más aplicando un enfoque centrado en los hogares y garantice la estandarización de la solicitud, la evaluación de la elegibilidad, los pagos, y la gestión de operaciones de los beneficiarios. Además, ha reducido significativamente el tiempo, el costo y el esfuerzo de la administración de programas de protección social, y ha mejorado la experiencia de las personas para interactuar con los funcionarios de primera línea. Los siguientes son ejemplos de eficiencias conseguidas a través del SIAS:

- **Mayor eficiencia en el proceso de recepción y registro.** Antes del SIAS, el proceso de solicitud general para cualquier programa de protección social era en el papel. Para solicitar la admisión en un solo programa, eran necesarios como mínimo 17 documentos diferentes en copia impresa, que había que solicitar a las entidades y organizaciones gubernamentales pertinentes, y que incluían, entre otros, información y registro de identificación, seguridad social (de tres instituciones), empleo, activos, vehículos, catastro, impuestos, tasas académicas y becas, educación y salud. Solo el proceso de solicitud tardaba entre quince días y un mes. Con el SIAS, el proceso de solicitud se ha reducido a unos minutos. Las personas pueden postularse a la FSAS en su distrito, sin presentar ningún documento válido excepto el de identidad. El SIAS genera luego un archivo del hogar y reúne la información requerida de las bases de datos vinculadas de las autoridades públicas, para cada persona que forme parte del hogar, en apenas unos segundos. Después de la preselección inicial, los trabajadores sociales hacen una visita al hogar para completar y verificar la información.
- **Menor fragmentación entre programas y menor plantilla asignada.** Antes del SIAS, la protección social estaba fragmentada entre muchos programas e instituciones. Por ejemplo, las pensiones por discapacidad y para personas mayores eran administradas por los más de 250 miembros de la plantilla de la Dirección General para los Pagos no Contributivos. El programa de pensiones, iniciado en 1976, tenía más de 1,2 millones de beneficiarios activos. Se hacía íntegramente papel, y requería una media de 1,5 años para que una persona fuera seleccionada. Con la implementación del SIAS y una importante actualización legislativa y regulatoria, la dirección general previa se cerró, y el programa de pensiones para personas en condición de discapacidad y personas mayores se transfirió a la DGAS. En la

continuación

actualidad está administrado por un departamento compuesto por 5 a 7 miembros de la plantilla, y la solicitud para beneficiarse del programa y el período de elegibilidad se han reducido a menos de un mes.

■ **Otros logros.** Antes del SIAS, las autoridades públicas se habían mostrado más cautelosas a la hora de compartir datos entre las instituciones y los ministerios competentes. Con el SIAS, las autoridades pertinentes se han dado cuenta de los beneficios que supone

compartir los datos en términos de una mejor eficiencia en la focalización, menor costo administrativo, mayor transparencia en la evaluación de elegibilidad, y mayor eficacia en el uso de fondos públicos.

El SIAS tuvo también un impacto positivo considerable en la eficiencia de la implementación del programa, y también con la supervisión de condicionalidades para las transferencias monetarias condicionadas; esto se explica en el capítulo 8.

Fuente: Turquía, Ministerio de Familia y Servicios Sociales, 2018

---

en sus ratos libres. Dichos escenarios más o menos probables indican que esas aplicaciones deberían ser diseñadas teniendo en cuenta principios de diseño centrados en las personas, para no imponer una carga administrativa indebida a los clientes ni a los trabajadores sociales.

La información proporcionada por los clientes se almacena y administra en los sistemas de gestión de bases de datos. La arquitectura para la gestión de datos varía considerablemente entre los países, y no hay un modelo único. Los sistemas de información se desarrollan a lo largo del tiempo utilizando diferentes tecnologías y enfoques de gestión de bases de datos, y pueden depender de diferentes partes de una organización. Como resultado, los datos se encuentran fragmentados entre diversos ámbitos de hardware, software, organizacionales y geográficos.

Existen varios tipos posibles de modelos de arquitectura de datos para gestionar la información y mejorar el desempeño del sistema.

● Para algunos países, el registro social funciona como un sistema de gestión de bases de datos independientes, sin enlaces con otros sistemas administrativos de agencias gubernamentales o niveles de gobierno. Se programa para responder solicitudes que llegan de ordenadores de clientes conectados a un servidor de base de datos. Los registros sociales independientes se alimentan, en gran medida, en la información declarada por los clientes, obtenida a través de barridos censales masivos, o de formularios de recepción y registro.

● En países donde el registro social funciona como parte de una arquitectura del gobierno en su conjunto para gestionar los sistemas de información en todas las agencias, se puede utilizar como un modelo centralizado o como un modelo virtual/federado. En un modelo centralizado, los datos se obtienen de otros sistemas, se reproducen y se almacenan localmente. Un modelo federado o virtual permite intercambiar datos con otros sistemas que almacenan datos en sistemas de gestión de bases de datos o modelos de almacenamiento incompatibles, y que pueden haber sido desarrollados en diferentes momentos por diferentes entidades. Una base de datos federada o virtual se sirve de múltiples fuentes, como si fuera una única entidad. Estas bases de datos están conectadas mediante una red informática, y se puede acceder a ellas como si pertenecieran a una sola base de datos. El objetivo es poder visualizar los datos y acceder a ellos de un modo unificado, sin necesidad de copiarlos y reproducirlos en varias bases de datos ni combinar manualmente los resultados de diversas consultas.

La interoperabilidad de los sistemas es necesaria para que los registros sociales se comuniquen con otros sistemas administrativos, y para garantizarla, es preciso establecer estándares técnicos, estándares de datos y estándares de procesos. La persona debe tener una identificación única en los sistemas para que los datos estén vinculados. La credencial de identificación también desempeña una función clave en la identificación única del cliente en el momento del registro. Algunos ejemplos de tipos de sistemas administrativos que los registros sociales vinculan son plataformas de identidad básica (esenciales para la identificación y la interoperabilidad); registros civiles para información de nacimientos y decesos; sistemas impositivos; registros de propiedad y de vivienda; y sistemas relacionados con las contribuciones a la seguridad social, beneficios de pensiones, seguro médico, educación y administración de vehículos, entre otros.

Los protocolos abordan cuestiones derivadas de conflictos de datos entre el registro social y otros sistemas de información. En algunos países, la aplicación de software muestra alertas o mensajes de advertencia para indicar la necesidad de verificación, actualización o rectificación, que luego son cotejados directamente con las personas cuando entran en contacto con el trabajador social, los equipos móviles, el centro de servicios, o algún miembro del personal que atiende al público. Por ejemplo, Pakistán ha implementado este enfoque. En Chile, existe un protocolo para actualizaciones y rectificación de datos: Se da prioridad al dato con el sello más reciente, y luego se coteja con los clientes para verificarlo de forma verbal en el momento de la recepción y el registro, o cuando entran en contacto con el personal que trabaja en primera línea. En Turquía, el sistema alerta a los administradores cuando hay conflictos de datos utilizando una lista de tareas con ítems de acción.

Los registros sociales interactúan con sistemas de gestión de operaciones de los beneficiarios para ofrecer datos sobre solicitantes/registrados potencialmente elegibles y determinar luego la elegibilidad específica del programa (ver también el capítulo 5). En Malaui, el Programa de Transferencia Monetaria Social (PTMS) y el Programa de Obras Públicas (POP) accede a datos del registro social (denominado UBR) de los hogares, y a sus puntuaciones CSM, para crear listas de beneficiarios potenciales, que luego son validadas a través de reuniones comunitarias, después de las cuales un conjunto final de beneficiarios es incluido en el programa (gráfico 4.11).

Los registros sociales también pueden interactuar con otros sistemas a través de un enfoque que implique al gobierno en su conjunto permitiendo a las personas postularse a los programas y ser consideradas para su admisión a través de ventanas de autoservicio digital en tiempo real. Un enfoque del gobierno en su conjunto para compartir datos entre agencias favorece la inclusión dinámica, la calidad de los datos, la eficiencia y la integridad. Dicho enfoque requiere un protocolo sólido de intercambio de datos para facilitar que las agencias compartan las actualizaciones de información más recientes, obtenidas de los clientes a través de agencias que operan en primera línea, como son los servicios de salud, las escuelas, los centros de servicio a los ciudadanos para el registro de la propiedad, la tierra, los vehículos, las empresas, y demás. La integración en tiempo real entre el registro social y otros sistemas administrativos ayuda a detectar los datos con fecha más reciente, porque algunos tipos de datos son dinámicos y transaccionales. Los datos dinámicos tienen una dimensión temporal o un valor numérico, y se refieren a uno o más objetos de datos de referencia.[32] Cambian producto de un evento (una transacción) importante y, por tanto, las necesidades y condiciones individuales o familiares se modifican. Los eventos pueden ser nacimientos, bodas y defunciones, o condiciones de salud o situación laboral. No obstante, no siempre es factible desarrollar conexiones en tiempo real entre un registro social y otros sistemas administrativos debido a cuestiones de desempeño y tiempos de espera. Algunos datos son estáticos o fijos, y rara vez cambian después de haber sido registrados, como el nombre, el género, la fecha de nacimiento, etc. Otros tipos de datos cambian con poca frecuencia (por ejemplo los datos impositivos, que cambian una vez al año) y no necesitan ser actualizados utilizando una integración de tiempo real entre el registro social y otros sistemas administrativos. En consecuencia, las instituciones acuerdan intercambiar datos periódicamente, y los datos se envían a través de una transferencia masiva de datos.

Los protocolos de intercambio de datos entre organizaciones se valen, normalmente, de un marco

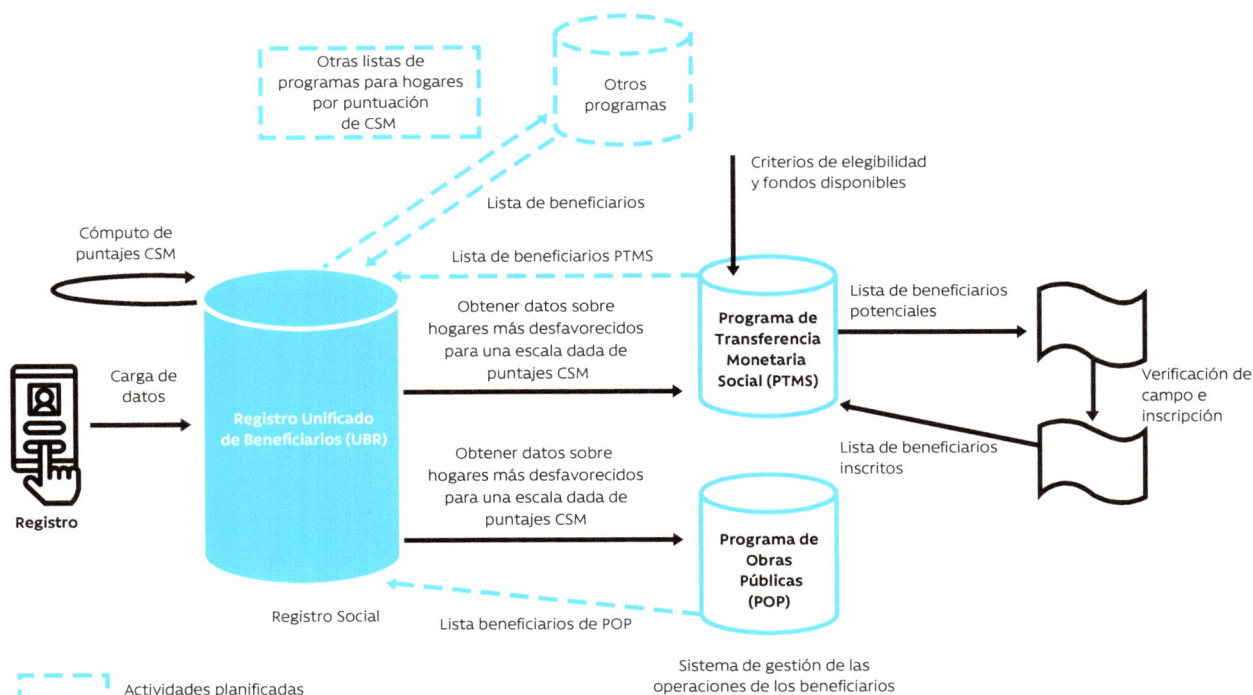

Fuente: Lindert, Andrews *et al.,* 2018.

Nota: CSM = comprobación sustitutiva de los medios de vida.

de interoperabilidad definido en el país, o en un nivel regional más amplio. Estonia diseñó un intercambio de datos del gobierno en su conjunto denominado X-Road.[33] El objetivo es permitir que los ciudadanos, las empresas y las entidades gubernamentales intercambien datos de forma segura, y accedan a la información almacenada en las bases de datos de diversas agencias a través de internet, bajo el principio de Solo Una Vez, que establece que «El Estado no solicitará a los ciudadanos ni a las empresas ningún dato que ya esté en su posesión» (Comisión Europea, 2016). Por ejemplo, se utilizan los servicios electrónicos (un software distribuido) para solicitar un subsidio parental categórico, y no es necesario presentar ningún documento de soporte. Los diferentes certificados y documentos solicitados son generados automáticamente por los servicios electrónicos utilizando bases de datos de las diferentes agencias para reunir los datos sobre el solicitante (ver Kalja, Reitsakas y Saard, 2005) (gráfico 4.12). De todos modos, los protocolos de intercambio de datos no niegan la necesidad de que exista información provista

por las personas que se registran en los programas de beneficios y servicios sociales, al menos en forma de una solicitud o reclamo para expresar esa necesidad. Incluso en Estonia, los beneficios de ingreso mínimo garantizado requieren la presentación de una solicitud, acompañada de la documentación relativa a la propiedad y los activos mobiliarios, y la demostración de que, después de pagar los gastos de la vivienda, las familias o personas no logran cubrir sus necesidades básicas de subsistencia.

Protección, privacidad y seguridad de los datos[34]

Los riesgos para la privacidad de los datos pueden surgir de cualquier actividad que reúna, almacene o procese datos personales. Estos riesgos incluyen exposición de datos personales, robo de datos e identidad, discriminación o persecución, exclusión, tratamiento injusto y vigilancia. Los registros sociales trabajan con datos socioeconómicos, y también con datos obtenidos de

X-Road de Estonia para la interoperabilidad y el intercambio seguro de datos para programas sociales

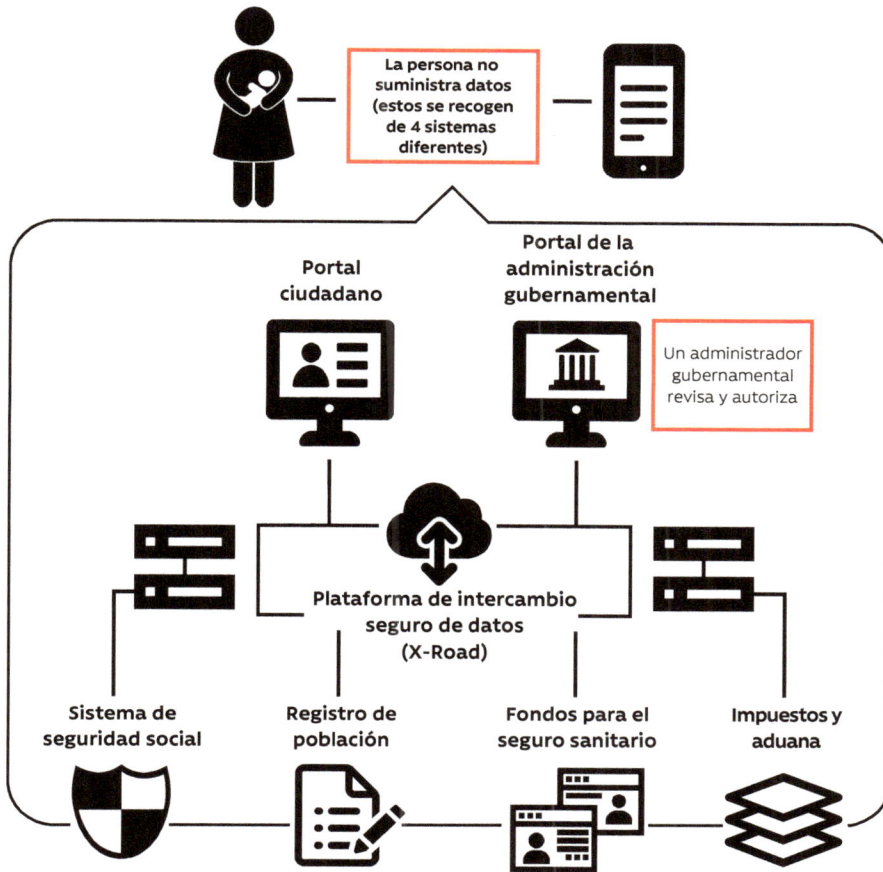

La persona no suministra datos (estos se recogen de 4 sistemas diferentes)

Portal ciudadano

Portal de la administración gubernamental

Un administrador gubernamental revisa y autoriza

Plataforma de intercambio seguro de datos (X-Road)

Sistema de seguridad social

Registro de población

Fondos para el seguro sanitario

Impuestos y aduana

Fuente: Anita Mittal, Consultora, *Protección Social y Empleo, Banco Mundial*; adaptado de Kalja, Reitsakas y Saard, 2005.

múltiples sistemas gubernamentales para realizar evaluaciones de las necesidades y condiciones de personas, familias y hogares aspirantes a los programas de protección social. Además, los datos recogidos en un registro social no solo tienen un carácter personal, también se extienden entre los sistemas para evaluar las necesidades y condiciones.

Dado que los registros sociales abarcan cantidades importantes de datos de identificación personal y socioeconómica, es esencial que se implementen instrumentos legales para respaldar la seguridad y la protección de esta información (Leite *et al.*, 2017). Dichas protecciones —que incluyen legislación, medidas normativas, protocolos y otros aspectos semejantes— son fundamentales no solo para el buen funcionamiento del sistema, sino también para la credibilidad y confianza

en el sistema —sin confianza, las personas se mostrarán renuentes a involucrarse o a proveer la información necesaria. En ese sentido, el desarrollo de un registro social debería articularse en torno al concepto de gobernanza digital, que incluye acceso a la información, ciberseguridad, seguridad de los datos, confidencialidad de los datos, estándares de privacidad y protección de datos personales.

Los registros sociales son fuentes importantes de datos personales, sin embargo se ha escrito muy poco sobre los riesgos de la protección y la privacidad de los datos, que deben tenerse en cuenta al crear un registro social. Al mismo tiempo, sin embargo, las buenas prácticas internacionales están elevando considerablemente los estándares a medida que se reconoce cada vez más la importancia del derecho a

Recuadro 4.16 Protección de datos y privacidad en la era del RGPD

Los datos son una herramienta muy potente que aumenta la comprensión y mejora la implementación. Teniendo en cuenta el mayor reconocimiento del valor de los datos y la necesidad cada vez mayor de procesarlos, ha habido una evolución constante en la comprensión global de cómo debe ser una buena práctica que proteja tanto los datos como a las personas. El Reglamento General de Protección de Datos de la Unión Europea (RGPD) abre una nueva era de protección de datos y estándares de privacidad. Considerado más una evolución que una revolución, y manteniendo muchos de los principios subyacentes, el RGPD es considerablemente más exhaustivo y tiene mayor alcance, y preserva muchos de los mismos principios básicos, a la vez que incrementa progresivamente normas más estrictas y amplias. Al cambiar el enfoque de «lo que hay y no hay que hacer», el RGPD pretende colocar en el centro a los titulares de los datos permitiéndoles conocer cómo se utilizan sus datos y ofreciéndoles el control sobre ellos. Para comprender las obligaciones creadas para los registros sociales, es importante entender algunos conceptos que se mencionan a continuación.

Aunque no hay un concepto teórico o legal universalmente aplicable para el derecho a la privacidad[a], se puede entender, básicamente, como «el derecho a vivir tranquilo»[b]. La **privacidad de los datos**, por contraste, es un concepto más matizado y restringido que se entendería mejor como **el uso y la gobernanza apropiados y autorizados de los datos personales.** La diferenciación es notable, ya que los datos personales reunidos en los registros sociales normalmente se almacenan y utilizan para determinados fines: establecer la elegibilidad, evaluar las necesidades y condiciones, y otras funciones semejantes; en este espacio provisional —donde esa información no puede ser consultada por usuarios autorizados con fines de aprobación, los datos deberían ser privados, y así surge la idea de la privacidad de los datos. La **protección de datos** —a saber, la seguridad de la información reunida— es fundamental para garantizar la privacidad de los datos. La privacidad de los datos, un proceso y una cuestión legal, se centra en quién ha autorizado el acceso, mientras que la protección de datos es un tema más técnico.

No todos los datos merecen el mismo nivel de protección. Los **datos personales** se refieren a «cualquier información relacionada con una persona natural identificada o identificable» (RGPD, artículo 4). Una **persona natural identificable** (o «titular de los datos») se define como una persona natural «que puede ser identificada directa o indirectamente, particularmente, en referencia a un identificador, como puede ser el nombre, el número de identificación, la información de localización, un identificador *online*, o uno o más factores específicos sobre la identidad física, fisiológica, genética, mental, económica, cultural o social de esa persona natural» (RGPD, artículo 4). Los **datos personales sensibles** (o «categorías especiales de datos») se refieren a los «datos personales que, por su naturaleza, son particularmente sensibles en relación con los derechos y libertades fundamentales, y merecen una protección específica, ya que el contexto de su procesamiento podría crear riesgos importantes para los derechos y libertades fundamentales de una persona». Incluyen datos sobre origen racial o étnico, opiniones políticas, creencias religiosas o filosóficas, genética, biometría, salud, vida u orientación sexual (RGPD, considerando 51).

Fuente: Conrad Daly, Consultor Legal Sénior, Operaciones Legales, Banco Mundial.

a. Ver *Right to Privacy* ('Derecho a la privacidad'), artículo de Anna Jonsson Cornell en *Max Planck Encyclopædia of Comparative Constitutional Law*, 2016.

b. Ver "*The Right to Privacy*" ('El Derecho a la privacidad') de Samuel Warren y Louis Brandeis en *Harvard Law Review*, vol. 4, pág.193, 15 de diciembre de 1890.

la privacidad en general, y a la privacidad de los datos en particular. De hecho, diversos tribunales nacionales han reconocido el derecho a la privacidad, incluso en los casos en que este no se afirme explícitamente en sus instrumentos constitucionales.[35] De particular interés es el Reglamento General de Protección de Datos de la Unión Europea (RGPD), que establece un nuevo estándar de buena práctica internacional para la protección y la privacidad de los datos; este instrumento ofrece directrices útiles —y, según el contexto, posiblemente, de carácter vinculante— para los responsables de la creación de registros sociales (recuadro 4.16).

El RGPD aborda la privacidad y protección de los datos estableciendo obligaciones directamente para los responsables de la recogida y tratamiento de los datos; no obstante, la implementación eficaz requiere elementos adicionales. Con este fin, otros instrumentos suplementan el espacio: Principios de Privacidad y Protección de Datos Personales de las Naciones Unidas, directrices de la OCDE para las Prácticas Justas de Protección y Privacidad de los datos, y Estándares Federales de Procesamiento de la Información de EE. UU., que ofrecen con frecuencia una orientación de cómo se deben gestionar o administrar los datos para garantizar que se cumplan los estándares internacionales adecuados y las expectativas (recuadro 4.17).

Marco de consentimiento y arquitectura de consentimiento

El consentimiento es un aspecto clave para devolver a la persona el poder de gobernar sus datos personales recopilados. Los datos personales reunidos pertenecen a la persona («titular de los datos»), tal como se afirma en el RGPD. Por ese motivo, el objetivo de una buena práctica internacional no solamente es asegurar una sólida garantía de protección de datos, sino también devolver el control de esos datos recopilados a esa persona.

Recuadro 4.17 Principios para el tratamiento de datos personales

Aunque han sido desarrollados en el contexto de las organizaciones de las Naciones Unidas, los Principios de Protección de Datos Personales y Privacidad de la ONU[a] se desarrollan en base a las buenas prácticas internacionales previas; de acuerdo con estos principios, los datos personales deberían:

- **Ser tratados de una manera justa y legítima,** considerando el consentimiento de la persona y sus mejores intereses, y también bases jurídicas más amplias.
- Ser tratados y conservados **con propósitos coherentes y específicos,** teniendo en cuenta el equilibrio de los derechos, libertades e intereses relevantes.
- **Ser proporcionales a las necesidades,** ser pertinentes, y limitarse y adecuarse a lo que es necesario para los propósitos específicos.
- **Ser conservados solamente durante el tiempo necesario** para los propósitos específicos.

- **Mantenerse seguros** y actualizados con el fin de cumplir con los propósitos específicos.
- Ser tratados con debida consideración a la **confidencialidad**.
- Estar protegidos por **garantías apropiadas** (organizativas, administrativas, físicas y técnicas), y se debería implementar procedimientos para proteger los datos personales, incluidos los riesgos de accesos accidentales o no autorizados, daños, pérdida, u otros riesgos que puedan presentarse en el tratamiento de los datos.
- Ser tratados con **transparencia para los titulares de los datos,** según lo adecuado y siempre que sea posible.
- Ser transferidos a una tercera parte solo cuando existan **protecciones adecuadas.**
- **Ser tratados de manera responsable** aplicando políticas y mecanismos adecuados que se ciñan a estos principios.

---

a. Del Comité de Alto Nivel de la ONU sobre Gestión, 2018.

Un elemento esencial en ese respecto es exigir que el tratamiento y el control de los datos cuenten con el consentimiento de los usuarios. Este consentimiento es central en el concepto de privacidad de los datos: Condiciona la recopilación de datos personales al uso exclusivo para propósitos particulares. Cuando los datos no se estén utilizando para dichos fines, deben mantenerse seguros y sin utilizar (ver el recuadro 4.16)[36]. El consentimiento informado requiere ciertos elementos específicos: Debe ser ofrecido libremente, específico, informado e inequívoco (recuadro 4.18).

Compartir datos requiere un consentimiento. El uso y la gobernanza adecuados y autorizados de los datos personales que permiten la privacidad de los datos requieren que, para el intercambio de datos entre entidades, también sea necesario el consentimiento del titular. Este aspecto es de especial importancia cuando existen múltiples proveedores pero solo un recopilador de datos y, por tanto, es particularmente importante para los registros sociales.

El Registro Único Nacional (*Registre National Unique* [RNU]) de Senegal ha aplicado los principios de protección de datos a procesos clave habilitados por el registro. Los principios se aplican a los procesos de (1) recopilación de datos, (2) análisis y almacenamiento, y (3) transmisión y uso de datos. Para la fase de recogida de datos, las recomendaciones son informar a los hogares el propósito del registro social, los usuarios potenciales, el derecho a no responder (prevendría la inclusión), y la duración, y obtener consentimiento de los hogares, reunir únicamente datos que sean necesarios para esta fase y garantizar la carga segura de los datos.[37]

La adopción de protocolos de intercambio de datos, acuerdos legales y un memorándum de entendimiento

---

Recuadro 4.18 Los elementos del consentimiento

El consentimiento requiere determinados elementos específicos para tener validez: Debe ser otorgado mediante un acto claro y afirmativo que demuestre que se otorga libremente, de forma específica, informada e inequívoca, con el propósito de tratar datos personales.[a]

- Un consentimiento otorgado **libremente** implica no solamente que se da de manera voluntaria, sino también que es una decisión genuina de la persona. Como tal, cualquier presión o influencia inadecuada que pudiera afectar el resultado de esa decisión invalida el consentimiento. Esta norma es la misma que se utiliza en la comunidad médica, con la debida atención a los desequilibrios de poder entre el recopilador y responsable del tratamiento de los datos, y la persona titular. Es importante destacar que la ejecución de un contrato puede no estar supeditada al consentimiento para procesar otros datos personales que no sean necesarios para dicha ejecución.
- El objetivo del consentimiento **específico** es limitar la «desviación de uso», lo que significa que es preciso identificar todas las actividades y tratamientos que se deben realizar; y si el tratamiento tiene múltiples propósitos, el consentimiento debería otorgarse específicamente para todos esos propósitos. Asimismo, se debería identificar cualquier uso de la toma de decisión automatizada.
- **Informado** significa que la persona ha sido notificada al menos sobre (1) la identidad del controlador, (2) el tipo de datos que se procesarán, y (3) el o los propósitos del tratamiento de los datos.
- Un consentimiento **inequívoco** significa que el acto de consentimiento debe ser claro y afirmativo, y otorgado mediante una declaración activa de aceptación (por ejemplo, declaración, casilla de verificación de página web, elección de ajustes técnicos, o una conducta clara y contextualizada). El consentimiento puede ser retirado en cualquier momento, y con la misma facilidad con que fue otorgado.

---

a. Ver art. 7, considerando 32, del Reglamento General de Protección de Datos (Unión Europea) (RGPD).

(MdE) entre los programas sociales y el depositario de los datos de los registros sociales, son procedimientos vitales, pues ayudan a garantizar el uso adecuado y autorizado de datos personales entre la entidad que los recopila y la entidad que los procesa. Esos MdE sirven para institucionalizar el consentimiento de la persona, y garantizarían que no solamente la entidad que recopila los datos cumpla con los términos de ese consentimiento, deben hacerlo también todas las entidades «posteriores» que procesan los datos individuales. Hablando en términos generales, los MdE deberían garantizar una adecuada gobernanza de datos en cumplimiento con las buenas prácticas internacionales (ver el recuadro 4.16). Dicho esto, los acuerdos de intercambio de datos deberían ser claros en cuanto al uso acordado y específico de la información que se ha de compartir, al tipo exacto de la información que se va a compartir (por ejemplo, variables específicas, periodo de tiempo), a la especificación de confidencialidad y principio de seguridad y garantías, a la especificación de los usuarios concretos, a sus niveles de acceso, y demás.

Un principio esencial que rige estos acuerdos es que los registros sociales deberían compartir solamente información específica necesaria para los propósitos acordados con programas de usuario legítimos, con el fin de proteger la seguridad y la confidencialidad de la información (es decir, solo el conjunto mínimo acordado de variables necesarias para que los programas de usuario tomen sus decisiones). Por tanto, de ser posible, los datos no deberían ser compartidos «al por mayor», sino que, se debería compartir solo los datos que sean necesarios para la actividad en cuestión de manera variable. En este sentido, Estonia es un excelente ejemplo. Además de garantizar el uso adecuado y autorizado de datos personales, los MdE deben garantizar una buena gobernanza de los datos, tanto en el tratamiento como en la protección y seguridad de los datos.

Diseño de un sistema que garantice la protección y privacidad de los datos

Las buenas prácticas internacionales defienden una visión integradora del ciclo de vida de la protección de datos y la privacidad de los datos. Reviste particular interés el enfoque de privacidad por diseño (PbD) (Cavoukian, 2011), que requiere controles complementarios en cada fase del ciclo vital. El enfoque PbD se aplica a los registros sociales y a los sistemas de identidad básica, con el fin de ofrecer una orientación valiosa para cumplir con los requisitos establecidos por el RGPD (ver el recuadro 4.19). Aunque aborda muchos de los elementos mencionados, el enfoque PbD tiene una visión más amplia, va más allá del marco legal y los principios o directrices que gobiernan el tratamiento de los datos para abordar el diseño e implementación del sistema, con una visión particular sobre la forma en que las personas se involucran.

Recuadro 4.19 Desarrollar un enfoque de privacidad por diseño en los registros sociales

El enfoque de privacidad por diseño (PbD) ofrece una orientación valiosa para responder a las necesidades de protección de datos y privacidad de los datos establecidas por el Reglamento General de Protección de Datos (RGPD) (Unión Europea) para incluir los siguientes aspectos:

- **Sistemas de desarrollo proactivo no reactivo** que asuman un enfoque preventivo y no correctivo.
- **Hacer que la privacidad sea la configuración predeterminada,** en vez de requerir una acción afirmativa.

- **Especificación de propósitos:** es preciso comunicar al individuo los propósitos para los que se recopila, utiliza, conserva y revela la información personal, en el momento en que se recoge la información, o incluso antes. Los propósitos específicos deben ser claros, limitados y pertinentes a las circunstancias.
- **Limitación de la recopilación de datos:** la recopilación de información personal debe ser justa, legal y limitarse a lo que es necesario para los propósitos especificados.

continuación

- **Minimización de datos:** la recopilación de información personalmente identificable se debería mantener en el mínimo indispensable. El diseño de programas, tecnologías de información y comunicación, así como los sistemas, debería comenzar con interacciones y transacciones no identificables, por defecto. Siempre que fuera posible, se debería minimizar la capacidad de identificación, observación y vinculación de la información personal.
- **Limitación de uso, retención y divulgación de la información:** el uso, la retención y la divulgación de la información personal estarán limitados a los propósitos relevantes identificados para la persona, para los que esta haya dado su consentimiento, excepto en los casos en que la ley disponga lo contrario. La información personal se conservará únicamente el tiempo necesario para cumplir con los propósitos establecidos, y posteriormente se destruirá de forma segura.

■ **Integrar la privacidad en el diseño técnico** desde el inicio en vez de readaptarlo posteriormente.

■ **Desarrollar la privacidad de una manera positiva que sume** («ganancia para ambas partes»), y no que reste («esto o aquello»).

■ **Desarrollar la seguridad de extremo a extremo** con una visión que respete la protección del ciclo vital:

- **Seguridad**: las entidades deben asumir la responsabilidad de la seguridad de la información personal (generalmente proporcional al grado de sensibilidad) a lo largo de todo el ciclo vital, en consonancia con los estándares desarrollados por los organismos reconocidos de desarrollo de estándares.
- **Estándares de seguridad aplicados:** las entidades deben garantizar la confidencialidad, integridad y disponibilidad de los datos personales a lo largo de su ciclo de vida, incluso métodos de destrucción segura, encriptación adecuada, y sólidos métodos de registro y control.

■ **Incorporar visibilidad y transparencia,** y mantener los sistemas de conservación abiertos y con responsabilidad:

- **Responsabilidad.** La recopilación de información personal implica la obligación de ocuparse de su protección. La responsabilidad de todos los procedimientos y políticas relacionados con la privacidad debe estar documentada, ser comunicada según sea apropiado, y estar asignada a un individuo específico. Al transferir información personal a terceras partes, se debe garantizar la protección de la privacidad equivalente por vía contractual o por otros medios.
- **Apertura.** La apertura y la transparencia son esenciales para la responsabilidad. La información sobre las políticas y prácticas asociadas con la gestión de la información personal debe estar fácilmente disponible para las personas.
- **Conformidad.** Se deben establecer mecanismos de quejas y reclamos, y esa información debe comunicarse a las personas, incluida la forma de acceder al siguiente nivel de apelación. Se deben realizar los pasos necesarios para monitorear, evaluar y comprobar la conformidad con los procedimientos y las políticas de privacidad.
- **Mantener el sistema centrado en la persona**, con miras a respetar la privacidad de los datos de los usuarios.
- **Consentimiento.** El consentimiento libre y específico de la persona es necesario para la recopilación, uso o divulgación de la información personal, excepto en los casos en que esté legalmente permitido. Cuanto mayor sea la sensibilidad de los datos, más clara y específica debe ser la calidad del consentimiento exigido. El consentimiento puede ser revocado en una fecha posterior.
- **Exactitud.** La información personal debe ser tan segura, completa y actualizada como sea necesario para cumplir con los propósitos especificados.
- **Acceso.** Las personas tendrán acceso a su información personal, y estarán informadas de su uso y divulgación. También podrán cuestionar la exactitud e integridad de la información, y solicitar que sea corregida según sea adecuado.

Fuente: Adaptado de *Privacy by Design* (Cavoukian, 2011).

Arreglos institucionales

Los arreglos institucionales para la recepción y el registro, y para la evaluación de necesidades y condiciones de vida, incluyen varios actores: Pueden ser locales, organismos centralizados y organismos asociados. Según las poblaciones destinatarias, la recepción y el registro requieren una interacción con el cliente directo. La evaluación de necesidades y condiciones se suele llevar a cabo de forma local, especialmente las evaluaciones de trabajadores sociales. No obstante, con las evaluaciones socioeconómicas, los sistemas de información centrales pueden automatizar el agregado de medidas de ingresos y consumo. Las disposiciones institucionales para la recepción y el registro dependen, en gran medida, de si la interacción con el cliente es en persona o en línea, y de si la recepción y el registro se realizan por demanda o dirigidos por la administración.

Con los enfoques por demanda, la interacción con el cliente normalmente se basa en actores institucionales locales. Para beneficios y servicios sociales, en algunos países, los puntos de entrada locales son oficinas desconcentradas del ministerio central, como las Agencias de Servicio Social local y regional de Georgia (ASS), que sirven como ventanillas únicas/centros de servicio donde las personas registran una solicitud común para numerosos beneficios y servicios. En otros países, las oficinas locales son gestionadas por las municipalidades, como sucede en Brasil, donde las personas pueden solicitar, ser entrevistadas y anotarse en el registro social (Cadastro Único). A partir de ese registro, las personas serán evaluadas para considerar su inclusión en numerosos programas sociales. Las funciones y responsabilidades del personal municipal son minuciosamente monitoreadas para conocer la calidad de la implementación, lo que también determina la cantidad de subsidios de costos administrativos que reciben (recuadro 4.20). En Turquía, las personas pueden solicitar numerosos servicios y beneficios sociales en mil Fondos Autónomos de Asistencia Social y Solidaridad (FSAS). Para servicios y beneficios laborales, los organismos públicos de empleo normalmente funcionan como entidades de implementación independientes que operan de forma autónoma en el marco legal y de políticas establecido, y con presupuestos del ministerio competente, aunque algunos países (como Australia y Reino Unido, y muchos condados en los EE. UU.) han derivado dichas funciones a contratistas privados.

Con los enfoques dirigidos por la administración, la interfaz con el cliente es provisional, puesto que la recepción y el registro se realizan mediante campañas infrecuentes de registro masivo. Con los enfoques dirigidos por la administración, la mayoría de los países recurren a equipos contratados o agentes comunitarios para registrar los hogares[38]. Estos arreglos son particularmente comunes para las modalidades de registro masivo. Algunos registros sociales (como Listahanan en Filipinas, SISBEN en Colombia y SIUBEN en la República Dominicana) contratan equipos de campo para registrar las poblaciones locales. Otros utilizan una combinación de equipos de campo contratados y también comunidades, como es el caso del RSU de Yibuti, el RSU de Mali, el RNU de Senegal y el SPRINT de Sierra Leona. La base de datos unificada (UDB) de Indonesia se apoyó en equipos de la Oficina de Estadísticas para implementar la iniciativa de registro masivo en 2015.

Los actores centrales desempeñan varias funciones, como gestionar sistemas de información. Dichos sistemas pueden ser utilizados para automatizar las evaluaciones socioeconómicas. Esto es lo que ocurre con los registros sociales de múltiples programas (como el Cadastro Único de Brasil) o los sistemas de información social integrados (como el SIAS de Turquía o el RSH de Chile). Esos actores centrales pueden ser ministerios sociales o de trabajo. Cuando los sistemas de información sirven a múltiples programas (como en el caso de los registros sociales), los arreglos institucionales para esos sistemas son distintos de los programas que los utilicen. Ese es el caso del UBR de Malaui, que es gestionado centralmente por un grupo de trabajo de múltiples organismos. Incluso cuando el registro social se sitúa en el ministerio social central, a menudo atiende programas de usuario no pertenecientes a ese ministerio (lo que ocurre en Brasil, Chile, Filipinas y Turquía).

Recuadro 4.20 Herramientas de colaboración vertical para la implementación del Cadastro Único en Brasil

La colaboración vertical puede ser un desafío que requiere tener acuerdos formales, monitorear la calidad y compartir costos administrativos. El Ministerio de Desarrollo Social (MDS) de Brasil utiliza tres herramientas clave para apoyar la implementación en un contexto descentralizado y en asociación con 5570 municipalidades autónomas:

- Primero, mantiene **acuerdos formales de gestión conjunta** con cada una de las 5570 municipalidades. Dichos acuerdos detallan las responsabilidades y funciones esenciales, así como los estándares institucionales mínimos para la implementación del programa.
- Segundo, ha desarrollado un **índice para monitorear la calidad de la implementación descentralizada** conocida como IGD (Índice de Gestión Descentralizada). Esta herramienta realiza el seguimiento de numerosos indicadores de implementación, entre ellos, (1) indicadores de calidad de los datos del registro social, como la proporción de familias registradas con un registro «válido» (información completa y coherente); (2) la proporción de familias con la información del registro actualizada al menos en los últimos dos años. También hace un seguimiento de otros indicadores de implementación de las transferencias monetarias condicionadas del programa Bolsa Família (como el, monitoreo de las condicionalidades) y la provisión de servicios sociales.
- Tercero, utiliza el IGD para calcular **los incentivos en función del desempeño para la calidad de la implementación descentralizada.** Estos incentivos proporcionan a las municipalidades ayuda para costos administrativos, para reembolsarles (parcialmente) los gastos de implementación del programa Bolsa Família. El pago de estos incentivos económicos está supeditado a que se hayan firmado acuerdos de gestión conjunta y a los puntajes recibidos por el IGD (en función del desempeño). El subsidio de costos administrativos se determina multiplicando un coeficiente económico por los puntajes de las municipalidades en el IGD. Para promover la implementación de la calidad en municipalidades más pequeñas (que pueden tener menos capacidad), estas reciben el doble de la cantidad para las primeras 200 familias en su cupo. El MDS también ha establecido una calidad mínima para el IGD, de modo que las municipalidades con un puntaje mínimo en el IGD no reciben subsidios para costos administrativos. En esos casos, el MDS asumiría acciones adicionales para ayudar a fortalecer la calidad de la implementación en estas municipalidades. El MDS transfiere los subsidios de costos administrativos a las municipalidades utilizando subvenciones en bloque.

Fuentes: Manual operativo del MDS-IGD en http://www.mds.gov.br/webarquivos/publicacao/bolsa_familia/Guias_Manuais/ManualIGD.pdf y Lindert *et al.*, 2007.

4.6 ALGUNAS CONCLUSIONES

Este capítulo ha analizado las modalidades, instrumentos y técnicas empleados en la recepción y el registro, así como en la evaluación de necesidades y condiciones de vida. El foco de esas herramientas está en las personas que se postulan, se registran y son evaluadas de acuerdo con características específicas, que incluyen categorías demográficas, condiciones socioeconómicas, situación laboral, discapacidad y riesgos sociales. Tanto la recepción y el registro como la evaluación de necesidades y condiciones de vida se ven afectadas por dos dificultades clave que afrontan los países en todo el mundo: la coordinación y la inclusión dinámica.

La inclusión dinámica depende, en gran medida, de si los sistemas de beneficios utilizan enfoques por demanda o dirigidos por la administración para la recepción y el registro.

- **Con sistemas por demanda**, las personas (individuos, familias, hogares) pueden solicitar ser evaluadas y consideradas para su inclusión potencial en programas sociales en cualquier momento. A nivel mundial, los sistemas por demanda son el método más común de recepción para una amplia gama de programas de protección social, que incluyen los programas categóricos demográficos, los programas contra la pobreza, los programas laborales (por ejemplo, beneficios por desempleo, servicios de empleo y PAML), los beneficios y servicios por discapacidad, y los servicios sociales. Los sistemas por demanda tienen la ventaja de facilitar la inclusión dinámica, porque las personas pueden postularse en cualquier momento de acuerdo con su propia situación. No obstante, los enfoques por demanda tienen el inconveniente de requerir una capacidad administrativa sustancial: Dependen de la existencia de una red permanente y extensa para la interacción con el cliente (en persona o digital), y también una financiación continua de costos administrativos fijos (como la dotación de personal para oficinas locales).

- **Con el enfoque dirigido por la administración,** cohortes de hogares se registran en masa con una agenda que depende esencialmente de la capacidad y la financiación. Los procesos dirigidos por la administración son fundamentalmente utilizados en los países en desarrollo para programas de asistencia social destinados a hogares de escasos recursos o vulnerables, y se suelen usar en situaciones con una limitada capacidad administrativa local. Tienden a ser más estáticos (lo que significa que su información a veces está desactualizada) porque el registro se abre con poca frecuencia, normalmente cada 3 a 5 años. Dichas campañas de registro masivo rápidas y en una sola vez también pueden utilizarse para respaldar respuestas a catástrofes en zonas específicas. No obstante, los enfoques de cohortes dirigidos por la administración no habilitarán a los organismos para responder a circunstancias o impactos idiosincráticos que son específicos de las situaciones individuales de las personas (como el nacimiento de un niño, la vejez, la pérdida de empleo, la discapacidad, una situación socioeconómica particular de la familia o vulnerabilidades específicas de la persona). Los enfoques dirigidos por la administración normalmente recurren a equipos contratados, y sus necesidades de financiación son «abultadas», lo que significa que se necesitan grandes sumas para financiar las campañas de registro masivo, y menor necesidad de financiación en los años intermedios.

Los procesos y sistemas compartidos para la recepción y el registro, y para la evaluación de necesidades y condiciones, ofrecen oportunidades de coordinación entre múltiples programas. En este capítulo se han analizado dos aspectos de la integración:

- El uso de procesos comunes para la recepción y el registro y para la evaluación de necesidades y condiciones de vida por parte de múltiples programas. Cuando los programas requieren información común de grupos de población similares, resulta eficiente compartir los procesos de recepción y registro en lugar de recoger información similar por separado. Esto requiere cuestionarios armonizados para la recepción y el registro. Múltiples programas pueden utilizar también herramientas de evaluación común; por ejemplo, comprobación de los medios de vida, que pueden utilizarse para determinar la elegibilidad para beneficios como las pensiones sociales para personas sin recursos, personas mayores o personas en condición de discapacidad; beneficios de activación del paquete de servicios para trabajadores de bajos ingresos; servicios sociales para familias con bajos ingresos; becas según la necesidad; y subsidios de seguro de salud con comprobación de medios de vida. Aunque estos programas pueden tener requisitos individuales específicos, todos ellos también requieren algún tipo de evaluación socioeconómica de las necesidades y condiciones de vida. Los registros sociales dan soporte a los procesos comunes de recepción y registro, y de evaluación de las necesidades y condiciones de múltiples programas.

- Evaluación multidimensional de necesidades y condiciones. Dado que las personas tienen múltiples facetas, estos procesos podrían recopilar información y evaluar el perfil de las personas basándose en diversas características. Un ejemplo es investigar a los buscadores de empleo para considerar los riesgos sociales, además de los factores relacionados con el trabajo. Otros ejemplos incluyen la comprobación de medios de vida para los beneficios categóricos, por desempleo o por discapacidad.

En resumen, existen varios factores que promueven la exactitud y eficiencia de la recepción, registro y la evaluación de las necesidades y condiciones:

- Procesos simples centrados en las personas (sean digitales o en persona).
- Funcionarios de recepción o trabajadores sociales con buena formación y habilidades interpersonales.
- Adaptaciones para personas con barreras de acceso (personas en condición de discapacidad, traducción de idiomas, etcétera).
- Cuestionarios de recepción y formularios de inscripción cortos y fácilmente comprensibles, según el principio de recopilación mínima de información.
- Uso de la información que ya existe en el sistema para evitar una nueva recopilación.
- Puntos de recepción estratégicamente situados, cercanos a las personas en sus comunidades.
- Una red de interfaz con el cliente adecuada e idealmente permanente que permita la inclusión dinámica, para que cualquier persona puede registrarse en cualquier momento.
- Enfoques integrados para la recepción y el registro que pueden capacitar a las personas para ser consideradas simultáneamente para múltiples programas.

Notas

1. Véase un análisis de estos dos enfoques y el glosario de definiciones en el capítulo 2.
2. Las derivaciones son especialmente frecuentes en el caso de los servicios laborales y sociales, como se explica en el capítulo 7. Otros proveedores de servicios que suelen derivar son trabajadores sociales, agentes de empleo, personal de otro programa, funcionarios escolares, trabajadores sanitarios y el sistema judicial. Algunas derivaciones implican servicios obligatorios por ley (como la derivación a los servicios de protección de la infancia por parte

de un profesor o un trabajador sanitario). Otras se basarán en los requisitos de participación en el programa (como la derivación a los servicios de intermediación laboral, tal como se exige en un contrato de corresponsabilidades para los beneficios de activación). Numerosas derivaciones se hacen como recomendaciones a los destinatarios de beneficios y servicios que podrían ayudar a mejorar su situación (como derivaciones a beneficios y servicios de discapacidad por parte de un trabajador social o un funcionario de los servicios públicos de empleo). Cuando alguien es derivado, a veces la información obtenida en la recepción será transferida por la agencia que lo envía. Por lo general, el organismo o programa receptor tendrá al menos algunos requisitos de información adicionales propios, por lo que el proceso de entrevista inicial procede a recopilar la información restante en el organismo al que se han derivado a los beneficiarios.

3. En el condado de Montgomery, Maryland (EE. UU.), el Departamento de Salud y Servicios Humanos (DHHS) tiene una política de «todas las puertas abiertas» y promueve la difusión para permitir la recepción y el registro en muchos lugares, además de sus oficinas exteriores. Por ejemplo, los funcionarios de la entrevista inicial suelen llevar equipos portátiles para registrar a las personas en otros servicios públicos, como hospitales, centros penitenciarios (donde las familias visitantes pueden necesitar apoyo) y organismos sin ánimo de lucro.

4. Las oficinas del Fondo de Solidaridad y Asistencia Social (FSAS) de Turquía se fundan como entidades jurídicas privadas según la Ley n.º 3294 bajo la presidencia de los gobernadores provinciales y subprovinciales: Están ubicadas en cada distrito (muy descentralizadas). No hay jerarquía entre las fundaciones FSAS y todas tienen órganos de decisión separados (consejos de administración). Son autónomas en sus decisiones, pero deben cumplir con la Ley n.º 3294, las decisiones de la Junta del Fondo de Solidaridad y Asistencia Social, y los reglamentos y decisiones pertinentes de la Dirección General de Asistencia Social. Las juntas directivas suelen reunirse una vez por semana.

5. Leite *et al.* (2017). El SISBEN de Colombia cubre cerca de 73 % de la población, el Listahanan de Filipinas cubre el 85 %, y el NSER de Pakistán cubre el 87 %.

6. Como se ha comentado en el capítulo 9, los costos privados de participar en los procesos pueden medirse como «costos de tiempo», «costos de dinero» o «cantidad de visitas» que los ciudadanos deben realizar para completar los procesos (en este caso, referidos a los procesos de recepción y registro).

7. Las hojas de ruta son una visualización compacta de la experiencia del cliente de punta a punta de la cadena de implementación. Representan las experiencias, las expectativas, los comportamientos y las emociones de la persona a lo largo de este proceso. Consulte el capítulo 2.

8. Excepto con las aplicaciones digitales.

9. El Cadastro Único de Brasil, por ejemplo, tiene módulos especializados para adaptarse a las prácticas culturales de distintos grupos de población, como las comunidades indígenas o quilombolas.

10. Tablas comparativas del MISSOC, enero de 2018, en https://www.missoc.org/missoc-database/comparative-tables/.

11. Tesliuc *et al.* (2014) contiene una revisión exhaustiva de la información de ingresos utilizada para evaluar las necesidades y condiciones, y para determinar la elegibilidad para los programas de ayuda económica en Europa y Asia Central.

12. Dicha información a veces comprende fotografías (geocodificadas) de viviendas y activos, que ayudan a la verificación y la calidad de los datos. Se debe obtener el consentimiento para tomar y usar las fotografías de esta manera.

13. La información sobre la causa de la discapacidad puede o no ser necesaria. Por un lado, la causa de la discapacidad suele ser irrelevante para determinar las necesidades, y recabar tal información supone una oportunidad para la estigmatización. Por el otro, ciertos programas pueden tener acceso prioritario en función de las circunstancias que provocaron la discapacidad (situación de veterano, lesión laboral, etc.).

14. Esto incluye identificar qué funciones se han visto afectadas por la discapacidad (actividades de la vida cotidiana, como conducir, mantener un hogar, conservar un trabajo, etc.), así como las necesidades insatisfechas y los costos adicionales vinculados a la discapacidad (por ejemplo, la necesidad de bienes no duraderos, como suministros médicos, y las tasas que cobran los centros de salud para suministrar la documentación necesaria para la recepción).

15. Esta sección se inspira notablemente en un informe reciente de Waddington *et al.* (2018), que ofrece un panorama sobre las metodologías de evaluación de la discapacidad para los programas de protección social y de otra índole.

16. Cabe recordar que, con frecuencia, la discapacidad parece ser la característica más destacada de una persona, algo que quizá no esté en consonancia con la experiencia vivida de la discapacidad. Las personas que podrían beneficiarse de las intervenciones y adaptaciones para la discapacidad podrían no identificarse como personas en condición de discapacidad, quizá no estén al tanto de las oportunidades o sientan temor de la estigmatización y las restricciones que ello puede conllevar tras ser etiquetadas como personas en condición de discapacidad. Como es comprensible, solo en contadas ocasiones las evaluaciones de discapacidad abordan los aspectos positivos de la discapacidad, por ejemplo, las fortalezas que se desarrollan en consecuencia de la discapacidad o sin relación con ella.

17. Las personas en condición de discapacidad suelen afrontar gastos adicionales como consecuencia de su discapacidad (Mitra, Posarac y Vick, 2011). Además de los costos financieros, pueden existir complicaciones en cuanto al tiempo, la energía y la salud que es necesario considerar.

18. Los modelos unidimensionales y multidimensionales se calculan, principalmente, aplicando una ponderación predefinida a las características observables. Las ponderaciones se estiman en función de modelos estadísticos, como el análisis de componentes principales, los modelos difusos, la regresión lineal, la regresión binaria, la regresión cuantílica, los árboles de regresión y los análisis de correlación.

19. Esta herramienta de cálculo sustitutiva también se aplica a otras medidas del bienestar, como los índices de activos y multidimensionales, ya que el objetivo principal es utilizar los modelos estadísticos y la información sobre el grupo objetivo de encuestas anteriores para disponer de una representación más fidedigna de la importancia de cada variable en el índice o el bienestar real.

20. Se pueden utilizar algoritmos para determinar el valor de los activos, o emplear en las comprobaciones de los activos filtros de tipo sí-no para la posesión de activos a la hora de determinar la elegibilidad. Por ejemplo, a menudo, para los valores de las tierras se multiplica su tamaño por el valor medio, obtenido de los impuestos sobre las propiedades inmobiliarias; en el caso del valor del ganado, multiplicamos el número de cabezas por el valor de producción/venta estimado de los animales.

21. La CSM se suele combinar con otros métodos, como la selección de objetivos a nivel comunitario o la selección geográfica.

22. Buena parte del contenido de esta sección se basa en el esquema de trabajo presentado en un artículo de Loxha y Morgandi (2014).

23. Datos de casos atendidos en 2009 (Kuddo, 2012).

24. Buena parte del contenido de esta sección se basa en material extraído de un artículo reciente de Waddington *et al.* (2018) donde se revisan los aspectos prácticos y conceptuales de las evaluaciones las la discapacidad, con ejemplos a nivel europeo, y en el trabajo de Bickenbach *et al.* (2015).

25. De una presentación realizada por funcionarios en el Ministerio de Trabajo y Políticas Sociales de Macedonia del Norte.

26. Esta sección se basa, en gran medida, en la evaluación rápida reciente del registro social del sistema UBR de Malaui por parte de Lindert *et al.* (2018). Si bien UBR son las siglas en inglés de «Registro Único de Beneficiarios», usamos las siglas porque este nombre es algo inapropiado. El UBR es, en realidad, un registro social (y no un registro de beneficiarios), ya que los hogares registrados en este sistema no tienen garantizado ningún tipo de beneficio.

27. Esta práctica de priorizar y registrar el 50 % más pobre de los hogares está siendo reemplazada por el principio de registrar el 100 % en la fase 2 del UBR (en otros distritos). Lindert *et al.* (2018).

28. El RdC se lanzó a nivel nacional el 28 de enero de 2019 en reemplazo del Ingreso para la Inclusión, o *Reddito di Inclusione* (REI), y posee algunas de sus características. El REI se lanzó a nivel nacional el 1 de diciembre de 2017.

29. Beneficiarios que trabajan y cuyo ingreso es mayor de 8145 €/año o mayor que 4800 €/año, si son autónomos.

30. Beneficiarios que no están exentos de la condicionalidad, que no han sido derivados a servicios sociales en el pasado y que han estado desempleados durante menos de dos años recibieron asistencia por desempleo o firmaron un pacto de trabajo recientemente.

31. Esta sección se basa en una exposición más amplia sobre sistemas de información en el artículo sobre registros sociales recientes de Leite *et al.* (2017) y una inminente herramienta Interagencial de Diagnósticos de Protección Social (ISPA) en sistemas de asistencia social integrada.

32. En el contexto de la gestión de datos, los datos de referencia son una lista de valores admisibles utilizados por los datos de transacciones o datos principales. Con frecuencia son definidos por organizaciones estándar como la ISO. Los ejemplos incluyen unidades de medida, códigos de países, y demás. Los datos principales son una fuente única de datos institucionales comunes aceptados y compartidos en una organización, y son utilizados en múltiples sistemas, aplicaciones y procesos. Para los programas sociales, los ejemplos de datos principales incluyen datos sobre ciudadanos (personas, familias, hogares), programas sociales (transferencias monetarias, alimentos), etc.

33. *Interoperability of the State Information System: Framework: Version 3.0* 2011, Ministerio de Asuntos Económicos y Comunicación, Estonia.

34. Esta sección se documenta en *Data Protection, Privacy, and Security for Social Protection Programs* (de próxima publicación) de Conrad Daly, Tina George Karippacheril, *et al.*, Banco Mundial, Washington, DC.

35. Ver, por ejemplo, *Justice KS* Puttaswamy (Retd.) v. *Union of India*, 24 de agosto de 2017. El precedente fue desestimado por el tribunal en su decisión de justicia unánime: «El derecho a la privacidad está protegido como una parte intrínseca del derecho a la vida y la libertad personal ... de la Constitución».

36. Además del consentimiento, los datos pueden ser procesados por las siguientes razones: contrato, obligaciones legales, intereses vitales del titular de los datos, interés público e interés legítimo (RGPD de la Unión Europea, artículo 6[1]).

37. De la presentación de Solene Rogeaux sobre protección de datos y registros sociales en Senegal, Banco Mundial, Washington, DC, diciembre 2017.

38. Ver Leite *et al.* (2017) para un análisis más extenso de los arreglos institucionales para los registros sociales.

Bibliografía

Almeida, Rita, Juliana Arbelaez, Maddalena Honorati, Arvo Kuddo, Tanja Lohmann, Mirey Ovadiya, Lucian Pop, Maria Laura Sanchez Puerta, and Michael Weber. 2012. "Improving Access to Jobs and Earnings Opportunities: The Role of Activation and Graduation Policies in Developing Countries." Social Protection and Labor Discussion Paper 1204, World Bank, Washington, DC.

ANED (Academic Network of European Disability Experts). 2018. "Disability Assessment in European States: ANED Synthesis Report." https://www.disability-europe.net/

Barca, Valentina, and Richard Chirchir. 2014 and revised draft 2016. "Single Registries and Integrated MISs: De-mystifying Data and Information Management Concepts." Department of Foreign Affairs and Trade, Australia.

Baum, Tinatin, Anastasia Mshvidobadze, and Josefina Posadas. 2016. *Continuous Improvement: Strengthening Georgia's Targeted Social Assistance Program*. Directions in Development Series. Washington, DC: World Bank.

Beegle, Kathleen, Aline Coudouel, and Emma Monsalve, eds. 2018. *Realizing the Full Potential of Social Safety Nets in Africa*. Africa Development Forum Series. Washington, DC: World Bank.

Bickenbach, Jerome, Aleksandra Posarac, Alarcos Cieza, and Nenad Kostanjsek. 2015. "Assessing Disability in Working Age Population: A Paradigm Shift: From

Impairment and Functional Limitation to the Disability Approach." Report No. ACS14124, World Bank, Washington, DC.

Cavoukian, Ann. 2011. "Privacy by Design: The 7 Foundational Principles—Implementation and Mapping of Fair Information Practices." Information and Privacy Commissioner of Ontario, Canada. https://lab.org/wp-content/IAB-uploads/2011/03/fred_carter.pdf

Center for Community Health and Development. 2018. Community Tool Box, University of Kansas. https://ctb.ku.edu/en/table-of-contents/implement/access-barriers-opportunities/overview/main.

Chile, Ministerio de DEsallorro Social y Familia. 2017. "Household Social Registry: System that Supports the Selection of Users of Social Benefits." Undersecretary of Social Evaluation, Ministerio de Desarrollo Social y Familia, Santiago.

Coady, David, Margaret Grosh, and John Hoddinott. 2004. *Targeting of Transfers in Developing Countries: Review of Lessons and Experience.* Washington, DC: World Bank.

Colombia, Departamento Nacional de Planeación. 2016. "Declaración de Importancia Estratégica del Sistema de Identificación de Potenciales Beneficiarios (Sisben IV)." Documento CONPES 3877, Departamento Nacional de Planeación, Bogotá. https://colaboracion.dnp.gov.co/CDT/Conpes/Econ%C3%B3micos/3877.pdf

Dalton, Erin. 2018. "Data and Analytics to Support an Integrated Case Practice Model." Allegheny County Department of Human Services, Pennsylvania.

Dewson, Sara, Sara Davis, and Jo Casebourne. 2006. "Maximising the Role of Outreach in Client Engagement." Research Report 326, Department for Work and Pensions, London.

Eubanks, Virginia. 2018. *Automating Inequality: How High-Tech Tools Profile, Police, and Punish the Poor.* New York: St. Martin's Press.

European Commission. 2016. "European eGovernment Action Plan 2016–2020." https://ec.europa.eu/digital-single-market/en/european-egovernment-action-plan-2016-2020

Evans, D. A., A. Hagiu, and R. Schmalense. 2006. *Invisible Engines: How Software Platforms Drive Innovation and Transform Industries.* Cambridge, MA: MIT Press.

Finn, Dan. 2011. "Job Services Australia: Design and Implementation Lessons for the British Context." Research Report 752, Department for Work and Pensions, Sheffield, UK.

Gawer, A. 2009. "Platform Dynamics and Strategies: From Products to Services." In *Platforms, Markets, and Innovation*, edited by A. Gawer. Cheltenham, U.K.: Edward Elgar Publishing.

Grosh, Margaret. 1994. "Administering Targeted Social Programs in Latin America: From Platitudes to Practice." World Bank, Washington, DC.

Grosh, Margaret, Carlo del Ninno, Emil Tesliuc, and Azedine Ouerghi. 2008. *For Protection and Promotion: The Design and Implementation of Effective Safety Nets.* Washington, DC: World Bank.

Grosh, Margaret, and Phillippe Leite. Forthcoming. "An Updated Take on Targeting Methods and Concepts." World Bank, Washington, DC.

Hoerning, Ulrich. 2011. "Activation-Safety Net Links in Germany: Hartz Reforms Six Years On." Slide presentation, Astana, Kazakhstan, February 26.

InclusionNL. 2019. "Accommodations in Service Delivery." InclusionNL, St. John's, Newfoundland and Labrador, Canada.

Indonesia, Office of the Vice President. 2015. "Indonesia's Unified Database for Social Protection Programmes: Management Standards." National Team for the Acceleration of Poverty Reduction, Secretariat of the Vice President of the Republic of Indonesia, Jakarta.

JAN (Job Accommodation Network). 2019. Searchable Online Accommodation Resource (SOAR). https://askjan.org/a-to-z.cfm.

Kalja, A., A. Reitsakas, and N. Saard. 2005. "eGovernment in Estonia: Best Practices." In *Technology Management: A Unifying Discipline for Melting the Boundaries*, edited by T. R. Anderson, T. U. Daim, and D. F. Kucaoglu, 500–506. Portland, OR: Portland International Conference on Management of Engineering and Technology (PICMET) and IEEE.

Karippacheril, Tina George, and Phillippe Leite. 2019. "Integrated Social Information Systems and Social Registries." Social Safety Nets and Delivery Systems Core Course, October, World Bank, Washington, DC.

Karippacheril, T. G., F. Nikayin, M. De Reuver, and H. Bouwman. 2013. "Serving the Poor: Multisided Mobile Service Platforms, Openness, Competition, Collaboration and the Struggle for Leadership." *Telecommunications Policy* 37 (1): 24–34.

Konle-Seidl, Regina. 2011. "Profiling Systems for Effective Labour Market Integration: Use of Profiling for Resource Allocation, Action Planning, and Matching." European Commission Mutual Learning Programme for Public Employment Services: DG Employment, Social Affairs, and Inclusion, Brussels, Belgium.

Kuddo, Arvo. 2009. "Employment Services and Active Labor Market Programs in Eastern European and Central Asian Countries." Social Protection and Labor Discussion Paper 0918, Human Development Network, World Bank, Washington, DC.

Kuddo, Arvo. 2012. "Public Employment Services and Activation Policies." Social Protection and Labor Discussion Paper 1215, World Bank, Washington, DC.

Kurekova, Lucia Mytna. 2014. "Review of Profiling Systems, Categorization of Jobseekers and Calculation of Unit Service Costs in Employment Services: Implications and Applications for Slovakia." Central European Labour Studies Institute, Bratislava, Slovak Republic.

Leite, Phillippe, Tina George, Changqing Sun, Theresa Jones, and Kathy Lindert. 2017. "Social Registries for Social Assistance and Beyond: A Guidance Note and Assessment Tool." Social Protection and Labor Discussion Paper 1704, World Bank, Washington, DC. http://documents.worldbank.org/curated /en/698441502095248081/Social-registries-for -social-assistance-and-beyond-a-guidance-note -and-assessment-tool.

Leite, Phillippe, and Tina George Karippacheril. 2017. "Social Registry Information Systems for Social Assistance (and Beyond): Framework, Definition, Typology, and Trajectories." Presentation at Social Safety Nets Core Course, March 9, World Bank, Washington, DC.

Lindert, Kathy. 2005. "Implementing Means-Tested Welfare Systems in the United States." Social Protection Discussion Paper 0532, World Bank, Washington, DC.

Lindert, Kathy. 2017a. "Georgia's Social Registry Information Systems: Overview and Strategic Directions." Informal Technical Note, World Bank, Washington, DC.

Lindert, Kathy. 2017b. "Social Registries as Integrated Gateways for Social Safety Nets and Beyond." Lightning Talk at Human Development Week 2017, World Bank, Washington, DC.

Lindert, Kathy, Colin Andrews, Chipo Msowoya, Boban Varghese Paul, Elijah Chirwa, and Anita Mittal. 2018. "Rapid Social Registry Assessment: Malawi's Unified Beneficiary Registry (UBR)." Social Protection and Jobs Discussion Paper 1803, World Bank, Washington, DC.

Lindert, Kathy, Tina George Karippacheril, and Phillippe Leite. 2018. "Social Registries, Beneficiary Registries, and Integrated Social Information Systems." Social Safety Nets and Delivery Systems Core Course, May, World Bank, Washington, DC.

Lindert, Kathy, Anja Linder, Jason Hobbs, and Benedicte de la Briere. 2007. "The Nuts and Bolts of Brazil's Bolsa Familia Program: Implementing Conditional Cash Transfers in a Decentralized Context." Social Protection Discussion Paper 0709, World Bank, Washington, DC.

Loxha, Artan, and Matteo Morgandi. 2014. "Profiling the Unemployed: A Review of OECD Experiences and Implications for Emerging Economies." Social Protection and Labor Discussion Paper 1424, World Bank, Washington, DC.

Marini, Alessandra, Michele Zini, Eleni Kanavitsa, and Alexandro Karakitsios. 2016. "Greece: Initial Support to the Guaranteed Minimum Income Rollout: Process Evaluation of the First Phase of the GMI Rollout." Social Protection and Labor Global Practice, World Bank, Washington, DC.

Marini, Alessandra, Michele Zini, Eleni Kanavitsa, and Alexandro Karakitsios. 2016. "Greece: Initial Support to the Guaranteed Minimum Income Rollout: Process Evaluation of the First Phase of the GMI Rollout." Social Protection and Labor Global Practice, World Bank, Washington, DC.

Mazza, Jacqueline. 2017. *Labor Intermediation Services in Developing Economies: Adapting Employment Services for a Global Age.* Cham, Switzerland: Palgrave Macmillan.

México, Secretaría de Desarrollo Social. 2018. Reglas de Operación de Prospera Programa de Inclusión Social para el ejercicio.

Mikkonen, Mika, Jaana Kauppinen, Minna Huovinen, and Erja Aalto, eds. 2007. "Outreach Work among Marginalised Populations in Europe: Guidelines on Providing Integrated Outreach Services." Foundation Regenboog AMOC, Amsterdam.

Mitra, Sophie, Aleksandra Posarac, and Brandon Vick. 2011. "Disability and Poverty in Developing Countries: A Snapshot from the World Health Survey." Social Protection Discussion Paper 1109, World Bank, Washington, DC

Mostafa, Joana, and Natalia G. D. Satyro. 2014. "Cadastro Unico: A Registry Supported by a National Public Bank." Working Paper 126, International Policy Centre for Inclusive Growth, Brasilia, Brazil.

OECD (Organisation for Economic Co-operation and Development). 2014. *Connecting People with Jobs: Activation Policies in the United Kingdom.* Paris: OECD Publishing. https://doi .org/10.1787/9789264217188-en.

OECD (Organisation for Economic Co-operation and Development). 2015. *OECD Employment Outlook 015.* Paris: OECD Publishing. https://doi.org/10.1787/empl _outlook-2015-en.

Ortakaya, Ahmet Fatih. 2018a. "Monitoring Conditionalities in Turkey's CCT Program: Background Note." Delivery Systems Global Solutions Group, Social Protection and Jobs Global Practice, World Bank, Washington, DC.

Ortakaya, Ahmet Fatih. 2018b. "Improving Decision-Making in Delivery Systems by Predictive Analytics." Internal note, World Bank, Washington, DC.

Ortakaya, Ahmet Fatih. 2018c. "Improving Efficiency with Turkey's Integrated Social Assistance System: Before and After." Internal note, World Bank, Washington, DC.

Rochet, J.-C., and J. Tirole. 2003. "Platform Competition in Two-Sided Markets." *Journal of the European Economic Association* 1 (4): 990–1029.

Rosas, Nina, Gul Najam Jamy, and Amjad Zafar Khan. 2017. "Value for Money of Different Registration Approaches—Preliminary Findings: Pakistan's National Socioeconomic Registry Update." Slide presentation, December 2017.

Scoppetta, Anette, and Arthur Buckenleib. 2018. "Tackling Long-Term Unemployment through Risk Profiling and Outreach." Technical Dossier 6, ESF Transnational Platform, European Commission, Brussels, Belgium.

Silva Villalobos, Veronica. 2016. "Integrating Social Protection Programs and Delivery Systems: Evolving Trajectory. Presentation, Washington DC, October 4, 2016.

Silva Villalobos, Veronica, Gaston Blanco, and Lucy Bassett. 2010. "Management Information Systems for Conditional Cash Transfers and Social Protection Systems in Latin America: A Tool for Improved Program Management and Evidence-Based Decision-Making." Social Protection Unit, Human Development Network, World Bank, Washington, DC.

Silva Villalobos, Veronica, et al. 2015. "Avanzando hacia sistemas de protección social y trabajo en América Latina y el Caribe." Social Protection and Labor Global Practice, World Bank, Washington, DC.

Sluchynsky, Oleksiy. 2017. "Better Data for Better Programs and Policies in Social Protection Enabled by e-Government Solutions: Case Studies." Presentation at Human Development Week 2017, World Bank, Washington, DC.

Solomon, Jake. 2017. "Human Centered Design in Social Programs: Direct Experience from the US." Presentation at the World Bank, Washington, DC.

Sundaram, Ramya, and Nithin Umapathi. 2016. "Greece Social Welfare Review: Institutional Mapping." Social Protection and Labor Global Practice, World Bank, Washington, DC.

Tesliuc, Emil, Lucian Pop, Margaret Grosh, and Ruslan Yemtsov. 2014. *Income Support for the Poorest: A Review of Experience in Eastern Europe and Central Asia.* Directions in Development Series. Washington, DC: World Bank.

Thompson, Terri S., Asheley Van Ness, and Carolyn T. O'Brien. 2001. *Screening and Assessment in TANF/Welfare-to-Work: Local Answers to Difficult Questions.* Washington, DC: U.S. Department of Health and Human Services; Washington, DC: Urban Institute.

Turkey, Ministry of Family and Social Policy. 2017a. "ISAS Butunlesik: Turkey's Integrated Social Assistance System." Presentation by the Government of the Republic of Turkey, Washington, DC, April 21, 2017.

Turkey, Ministry of Family and Social Policy. 2017b. "Turkey's Integrated Social Assistance System." Ministry of Family and Social Policy, Ankara; World Bank, Washington, DC.

Turkey, Ministry of Family and Social Policy. 2018. "Turkey's Integrated Social Assistance System." Ministry of Family and Social Policy, Ankara; World Bank, Washington, DC. http://documents.worldbank.org/curated/en/515231530005107572/Turkey-s-integrated-social-assistance-system.

Velarde, Rashiel B. 2018. "The Philippines' Targeting System for the Poor: Successes, Lessons, and Ways Forward." Social Protection Policy Note 16, World Bank and Australian Aid, Washington, DC.

Villalobos, Veronica Silva. 2017. "Integrated Social Information System (SIIS): The Case of Chile." Presentation at Human Development Week 2017, World Bank, Washington, DC.

Waddington, Lisa, et al. 2018. "Disability Assessment in European States: ANED Synthesis Report." Academic Network of European Disability Experts (ANED).

WHO (World Health Organization) and World Bank. 2011. *World Report on Disability.* Geneva, Switzerland: WHO; Washington, DC: World Bank.

Wiseman, William. 2015. "Turkey's Integrated Social Assistance Service System: Case Study." Presentation, World Bank, Washington, DC.

World Bank. 2016. *Evaluating Tanzania's Productive Social Safety Net: Targeting Performance, Beneficiary Profile, and Other Baseline Findings.* Washington, DC: World Bank. http://documents.worldbank.org/curated/en/273011479390056768/Evaluating-Tanzanias-productive-social-safety-net-targeting-performance-beneficiary-profile-and-other-baseline-findings.

World Bank. 2018a. *Guidelines for ID4D Diagnostics.* Washington, DC: World Bank. http://documents.worldbank.org/curated/en/370121518449921710/Guidelines-for-ID4D-Diagnostics.pdf.

World Bank. 2018b. *The State of Social Safety Nets 2018.* Washington, DC: World Bank.

World Bank. Forthcoming. *An Updated Take on Targeting Concepts and Methods.* Washington, DC: World Bank.

World Bank and ILO (International Labour Organization). 2016. "A Shared Mission for Universal Social Protection: Concept Note." World Bank, Washington, DC; ILO, Geneva, Switzerland.

Zini, Michele, Alessandra Marini, Eleni Kanavitsa, Chrysa Leventi, Natalia Millan, and Nithin Umapathi. 2018. "Greece: Initial Support to the Guaranteed Minimum Income Rollout: Quantitative Evaluation of the GMI Rollout." Social Protection and Labor Global Practice, World Bank, Washington, DC.

Capítulo 5

Elegibilidad e inscripción

Kathy Lindert, Phillippe Leite, Tina George Karippacheril, Kenichi Nishikawa Chávez, Inés Rodríguez Caillava y Anita Mittal

Con contribuciones de Gustavo Demarco, Karen Peffley y Nina Rosas Raffo

La etapa de inscripción consiste en determinar qué solicitantes califican para los programas y qué beneficios y servicios recibirán. Su objetivo es determinar eficazmente la elegibilidad según criterios específicos, establecer el paquete de beneficios y servicios adecuado, e inscribir e incorporar al sistema a los solicitantes elegibles con la mínima filtración de poblaciones no elegibles. Esta etapa de la cadena de implementación incluye varias fases: (1) determinar la elegibilidad y tomar decisiones sobre la inscripción; (2) establecer el paquete de beneficios y servicios de cada beneficiario; (3) notificar a todos los solicitantes sobre su elegibilidad y el estado de su inscripción; e (4) incorporar en el sistema a los beneficiarios insertándolos en los programas y reuniendo información operativa adicional, si fuera necesaria[1]. Los inputs principales en esta etapa surgen de la evaluación de las necesidades y condiciones, que caracterizan a los solicitantes mediante las diversas herramientas de evaluación (capítulo 4),

los criterios de elegibilidad del programa y el presupuesto disponible. El resultado principal es la lista actualizada de beneficiarios, que constituye la base de la fase de provisión para la efectiva prestación de beneficios (capítulo 6) y servicios (capítulo 7).

Este capítulo se centra en los programas y en los beneficiarios. Los programas pueden incluir beneficios categóricos (como asignaciones por hijo o pensiones por vejez); programas para las personas pobres o de una posición socioeconómica en particular; beneficios y servicios para personas en condición de discapacidad; beneficios y servicios laborales (como servicios de empleo, servicios de mejora de la empleabilidad y paquetes de activación de beneficios y servicios); y diversos servicios sociales de asistencia a personas y familias vulnerables a riesgos sociales. En esta etapa de la cadena de implementación, la población en cuestión pueden ser personas, familias u hogares. *Ingresan en esta etapa como solicitantes y se convierten en beneficiarias, si se las considera elegibles, inscritas e incorporadas en el sistema* (gráfico 5.1). Una vez que se han tomado las decisiones sobre elegibilidad, se pone el foco en los beneficiarios.

El presente capítulo se organiza del siguiente modo:

- La Sección 5.1 evalúa los factores que intervienen en la determinación de la elegibilidad según se aplican a los diversos programas que se tratan en este libro, entre ellos, los programas categóricos, los programas contra la pobreza, los beneficios y servicios laborales, los programas para personas en condición de discapacidad y los servicios sociales.
- La Sección 5.2 analiza las decisiones de inscripción, que pueden diferir de las decisiones de elegibilidad cuando no existen fondos suficientes para inscribir a todos los destinatarios elegibles.
- La Sección 5.3 examina los factores involucrados en la determinación de los paquetes que recibirán los beneficiarios y distingue entre (1) menús de beneficios y decisiones, y (2) paquetes de servicios.
- La Sección 5.4 ofrece una mirada general sobre las fases finales de la etapa de inscripción: la notificación y la incorporación en el sistema.
- La Sección 5.5 analiza los arreglos institucionales y los sistemas de información que podrían respaldar las diversas funciones de esta etapa.
- Finalmente, la sección 5.6 provee una lista de verificación resumida con consideraciones de implementación para la etapa de inscripción de la cadena de implementación, en la que se destacan algunas tensiones entre el diseño para

los objetivos del programa y el diseño para la implementación.

En este capítulo se presentan ejemplos de diversos países de cada región:

- **África:** Burkina Faso, Kenia, Malaui, Mauricio, Sudáfrica, Tanzania
- **Asia Oriental y el Pacífico:** Indonesia, República de Corea, Filipinas, Tailandia
- **Europa y Asia Central:** Albania, Armenia, Bulgaria, Croacia, Dinamarca, Estonia, Finlandia, Francia, Georgia, Alemania, Grecia, Irlanda, Italia, Kosovo, República Kirguisa, Lituania, Moldavia, Países Bajos, Macedonia del Norte, Noruega, Portugal, Rumania, la Federación Rusa, Serbia, Eslovenia, Suecia, Turquía, Reino Unido, Uzbekistán
- **América Latina y el Caribe:** Argentina, Brasil, Colombia, Jamaica, México
- **Oriente Medio y Norte de África:** Bahréin, República Árabe de Egipto, Kuwait
- **Asia Meridional:** Pakistán
- **Otros países de la Organización para la Cooperación y el Desarrollo Económicos (OCDE):** Estados Unidos

En esta lista se mencionan los países incluidos en el anexo 5A, que ofrece un panorama general de los parámetros de diseño (criterios de elegibilidad y estructuras de beneficios) para diversos tipos de beneficios (categóricos, socioeconómicos, por desempleo y por discapacidad).

Gráfico 5.1 La etapa de inscripción en la cadena de implementación de protección social

Decisiones de elegibilidad e inscripción **4**

Determinación del paquete de beneficios y servicios **5**

Notificación e incorporación en el sistema **6**

Fuente: Gráfico original para esta publicación.

5.1 DETERMINACIÓN DE LA ELEGIBILIDAD

Una vez evaluadas las necesidades y condiciones de las personas, sus perfiles se comparan con los criterios de elegibilidad de los programas específicos. Son tres los elementos clave que ayudan a determinar la elegibilidad para los programas de protección social: los criterios de elegibilidad, los perfiles de los solicitantes según la evaluación de sus necesidades y condiciones (capítulo 4), y la definición de la unidad de asistencia (persona, familia u hogar). Excede el alcance de este libro de referencia analizar las ventajas relativas de los diversos criterios de elegibilidad. En cambio, se brinda un panorama general de las consideraciones de implementación relacionadas con los diferentes tipos de criterios. Las tablas 5A.1 a 5A.4 del anexo 5A ofrecen un panorama general de los criterios de elegibilidad empleados para diversos programas en varios países.

La mayoría de los programas aplican una combinación de criterios para determinar la elegibilidad. La tabla 5.1 resume las características de los programas que se abordan en el libro de referencia. No obstante, la mayoría de los programas utilizan más de un factor para determinar la elegibilidad. Por ejemplo, en general, la elegibilidad para pensiones sociales y asignaciones por hijos se define sobre la base de criterios socioeconómicos y demográficos. A fin de establecer la elegibilidad para acceder la asistencia por desempleo, se utilizan criterios socioeconómicos y el estado de la fuerza laboral, y para establecer la elegibilidad para la asistencia por discapacidad, se ponderan los criterios socioeconómicos y el estado de la discapacidad. Aunque reconocemos que los programas suelen utilizar una combinación de criterios, aquí nos centramos en aspectos de implementación de tres tipos: (1) la elegibilidad según criterios socioeconómicos; (2) la elegibilidad según el estado de desempleo, los antecedentes laborales y las contribuciones, y (3) la elegibilidad según el estado de la discapacidad.

Elegibilidad según criterios socioeconómicos: Umbrales absolutos, umbrales relativos y filtros

Muchos beneficios y servicios se basan en criterios socioeconómicos con umbrales de elegibilidad que contemplan ingresos, bienes u otras medidas de bienestar. Algunos ejemplos son (1) los beneficios de asistencia social, que incluyen las transferencias monetarias condicionadas (TMC) y las transferencias monetarias no condicionadas (por ejemplo, los programas de ingreso mínimo garantizado [IMG], algunas asignaciones por hijo y familiares y pensiones sociales, y los beneficios por discapacidad); (2) beneficios y servicios laborales, tales como los beneficios de asistencia por desempleo con comprobación de medios de vida y paquetes de activación laboral que combinan beneficios y servicios; (3) diversos servicios sociales orientados a personas de bajos ingresos; (4) beneficios y servicios que no están dentro del ámbito de la protección social, como subsidios para seguro médico, becas según necesidades y mérito, y subsidios de vivienda y servicios públicos.

Existen tres tipos de criterios de elegibilidad socioeconómicos comunes: Los umbrales absolutos, los umbrales relativos y los filtros. En primer lugar, nos concentramos en la implementación de los umbrales absolutos y relativos y, luego, abordamos el uso de filtros.

Antes de entrar en detalles, es importante marcar las diferencias entre los modelos por demanda y los modelos dirigidos por la administración en cuanto al uso de estos criterios para la recepción y el registro. Los umbrales de elegibilidad relativos requieren que el registro se lleve a cabo para un grupo de hogares, y dado que la elegibilidad de los hogares depende de su situación con respecto de otros, estos umbrales son incompatibles con los sistemas por demanda.

Umbrales absolutos

En el caso de los umbrales absolutos, un hogar es elegible si su medida de bienestar se encuentra por debajo de cierto nivel. El «bienestar» estimado se puede calcular a partir de la recepción, el registro y la evaluación de las necesidades y condiciones (véase el capítulo 4).[2] Con la comprobación de medios de vida, los umbrales absolutos se suelen fijar en un nivel específico de ingresos o rangos de ingresos. Algunos ejemplos son las pensiones sociales y el Programa *Bolsa Familia* de Brasil; los programas de IMG de Bulgaria, Croacia, Grecia y Rumania; y las pensiones sociales, la asistencia

Tabla 5.1 Inputs para determinar la elegibilidad en diversos tipos de programas de protección social

	Criterios de elegibilidad (muchos programas usan una combinación)	Perfil evaluado y unidad de asistencia
Programas categóricos demográficos	Normas demográficas, como niños < 5 años, personas > 65 años (el género puede ser también un criterio de elegibilidad del programa). Requisitos de ciudadanía o de residencia. Empleo e historial contributivo para pensiones de seguridad social. Criterios socioeconómicos, en general, también empleados para determinar la elegibilidad para pensiones sociales y diversos tipos de asignaciones para hijos/familiares.	Perfil evaluado: información verificada sobre la situación demográfica. Unidad de asistencia: individual; el destinatario designado podría diferir del beneficiario en situaciones de dependencia (padre o madre, cuidador, tutor, etc.). La base de la evaluación sería la familia o el hogar según criterios socioeconómicos.
Programas contra la pobreza	Umbrales absolutos. Umbrales relativos. Filtros de exclusión (sí-no). Otros tipos diversos de criterios	Perfil evaluado: CM, CSM, CHM. Unidad de asistencia: generalmente familia u hogar.
Programas para personas desempleadas (SD, AD, servicios)	Estado de desempleo. Duración del desempleo. Antecedentes laborales. Antecedentes contributivos mínimos por SD. Los criterios socioeconómicos, en general, también se usan para determinar la elegibilidad para AD.	Perfil evaluado: perfil laboral a partir de la evaluación de un trabajador social o la elaboración de perfiles estadísticos. Unidad de asistencia: individual. La base de la evaluación sería la familia o el hogar con criterios socioeconómicos.
Programas por discapacidad (DI, AD, servicios)	Umbrales o categorías según gravedad, tipo, duración de la discapacidad. Porcentaje de pérdida funcional de la capacidad laboral. Estado de desempleo e historial contributivo mínimo por DI. Los criterios socioeconómicos, en general, también se usan para determinar la elegibilidad para la AD.	Perfil evaluado: estado de la discapacidad. Unidad de asistencia: individual; el destinatario designado podría diferir del beneficiario en situaciones de dependencia (por ejemplo, cuidador). La base de la evaluación sería la familia o el hogar con criterios socioeconómicos.
Servicios sociales	Algunos servicios: sin criterios de elegibilidad (disponible por demanda para residentes locales). Algunos servicios: criterios demográficos, categoría de necesidad o riesgo social, criterios socioeconómicos u otros criterios especializados. Elegibilidad según el criterio o las derivaciones del trabajador social. Algunos servicios podrían ser ordenados por la ley.	Perfil evaluado: necesidades sociales o perfil de riesgo. Unidad de asistencia: individual, familiar

Fuente: Tabla original para esta publicación.

Nota: AD = asistencia por discapacidad; DI = seguro de discapacidad; CHM = comprobación híbrida de medios de vida; CM = comprobación de medios de vida; CSM = comprobación sustitutiva de medios de vida; AD = asistencia por desempleo; SD = seguro de desempleo.

social para niños vulnerables y los beneficios por discapacidad de Sudáfrica (véase el anexo 5A para conocer más ejemplos). Algunos programas que se apoyan en la comprobación sustitutiva de medios de vida (CSM) también emplean cortes absolutos. Por ejemplo, el programa de transferencia monetaria no condicionada (TMNC) *Burkin-Naong-Sa Ya* de Burkina Faso (recuadro 5.1), el programa de TMC *Familias en Acción*

Recuadro 5.1 Uso de umbrales absolutos para determinar la elegibilidad en Burkina Faso y Tanzania

El programa de transferencia monetaria no condicionada *Burkin-Naong-Sa Ya* de Burkina Faso combina la focalización geográfica, la comprobación sustitutiva de medios de vida (CSM) y la validación comunitaria. La primera serie del programa se implementó en 2015 en la región norte del país. El objetivo de cobertura planificado para esta región fue de 15.000 hogares. Luego de calcular las puntuaciones de la CSM, se definió el umbral según la selección de estas puntuaciones hasta llegar al objetivo de 15.000 hogares. La segunda serie del programa se implementó en 2016 en las regiones este y centro-este del país. Una vez calculadas las puntuaciones de la CSM, la cantidad de hogares elegibles superó los objetivos planificados para esas dos regiones, que se habían estimado según los datos sobre pobreza disponibles. Aun cuando esto superaba el presupuesto inicialmente planificado, el Gobierno decidió emplear el mismo umbral que en el norte para garantizar que los hogares con niveles equivalentes de pobreza en diferentes regiones tuvieran las mismas oportunidades de convertirse en beneficiarios del programa. Hacia fines de 2018, el programa comenzó a expandirse a la región de Sahel, con un objetivo de 20.000 hogares. Cuando se calcularon las puntuaciones de la CSM, alrededor de 29.000 hogares eran elegibles para el programa. Debido a restricciones presupuestarias y al incremento de la inseguridad en todo el país, el Gobierno decidió conservar el objetivo original inscribiendo a los 20.000 hogares más pobres mientras priorizaba la expansión a otras regiones durante la segunda mitad de 2019. Aunque no se inscribió a todos los hogares elegibles de Sahel, los hogares de los beneficiarios aún se encontraban por debajo del mismo umbral empleado en el resto de las regiones, mientras que los hogares elegibles no inscritos pasaron a formar parte de una lista de espera latente que podría atenderse en futuras ampliaciones del programa.

El programa Red de Asistencia Social Productiva (PSSN) de Tanzania aplica una combinación de focalización geográfica, focalización comunitaria y verificación de la condición de bienestar usando la CSM. Los cupos u objetivos se definen en el nivel subnacional —en distritos, circunscripciones y comunidades (es decir, pueblos, *mitaa* o *shehia*)— mediante una fórmula de asignación de recursos que prioriza la cobertura en las zonas de mayor pobreza. Dentro de las zonas seleccionadas, los representantes comunitarios designados evalúan y preseleccionan los hogares mediante un barrido censal. La CSM se aplica a los hogares preseleccionados para asignarle a cada uno una puntuación de bienestar. Los hogares cuya puntuación de bienestar se encontrase por debajo del umbral abarcarían a los que viven por debajo o cerca de la línea de pobreza extrema y se los consideraría elegibles para el programa, aun cuando esto significara que el número resultante de beneficiarios en el distrito difiriera un poco de los objetivos iniciales. Existe un solo umbral que se aplica a todas las áreas para reducir la complejidad de la implementación y facilitar la comprensión del proceso por parte de las comunidades, aunque la fórmula de la CSM también incluye componentes de ubicación para priorizar a los hogares más pobres. De ese modo, se provee a los hogares diferentes componentes del PSSN según sus necesidades. Si bien todos los hogares son elegibles para la transferencia básica, solo los hogares con niños son elegibles para las transferencias condicionadas, y solo aquellos con miembros físicamente capaces son elegibles para participar en obras públicas.

Fuentes: Documentos del programa *Burkin-Naong-Sa Ya* de Burkina Faso; Manual operativo del PSSN de Tanzania; Banco Mundial, 2016.

---

de Colombia, el Programa TMC *Programme for the Advancement of Health and Education* (Programa para la Mejora de la Salud y la Educación, PATH) de Jamaica, *Prospera* de México,[3] el programa de TMNC de Apoyo a los Ingresos Benazir, (BISP) y el TMC *Waseela-e-Taleem* (WeT) de Pakistán, y el programa Red de Asistencia Social Productiva de Tanzania (recuadro 5.1).

El panel de la izquierda del gráfico 5.2 ilustra el funcionamiento de los umbrales absolutos. En este ejemplo simplificado, se evalúa el Hogar 1 (H1) y se lo considera elegible, dado que su bienestar estimado (ingreso total, puntuación de la CSM, etc.) es de 110, inferior al umbral de elegibilidad absoluto de 150. El H2 no es elegible cuando lo solicita por primera vez porque su bienestar estimado es de 160, por encima del umbral. No obstante, si cambiaran las circunstancias y el bienestar del H2

cayera a 90 (por ejemplo, por la pérdida de un empleo), el H2 podría actualizar esta información y convertirse en elegible. Lo más importante es que, con umbrales absolutos, las condiciones de elegibilidad del H1 y la del H2 no son interdependientes.

En muchos países, las medidas de bienestar y la aplicación de umbrales absolutos se rigen por normas complejas. Son muchos los criterios que pueden incorporarse, y las normas de los programas suelen ser multifacéticas, lo que refleja los objetivos múltiples del programa. Se pueden establecer umbrales diferenciados a fin de determinar la elegibilidad para diversos niveles de beneficios o paquetes de beneficios y servicios. Algunos programas emplean la desestimación de ingresos, mediante la cual cierta cantidad o tipo de ingresos se excluyen de los cálculos de elegibilidad para ofrecer

Gráfico 5.2 Umbrales absolutos frente a umbrales relativos para la elegibilidad de los programas de protección social

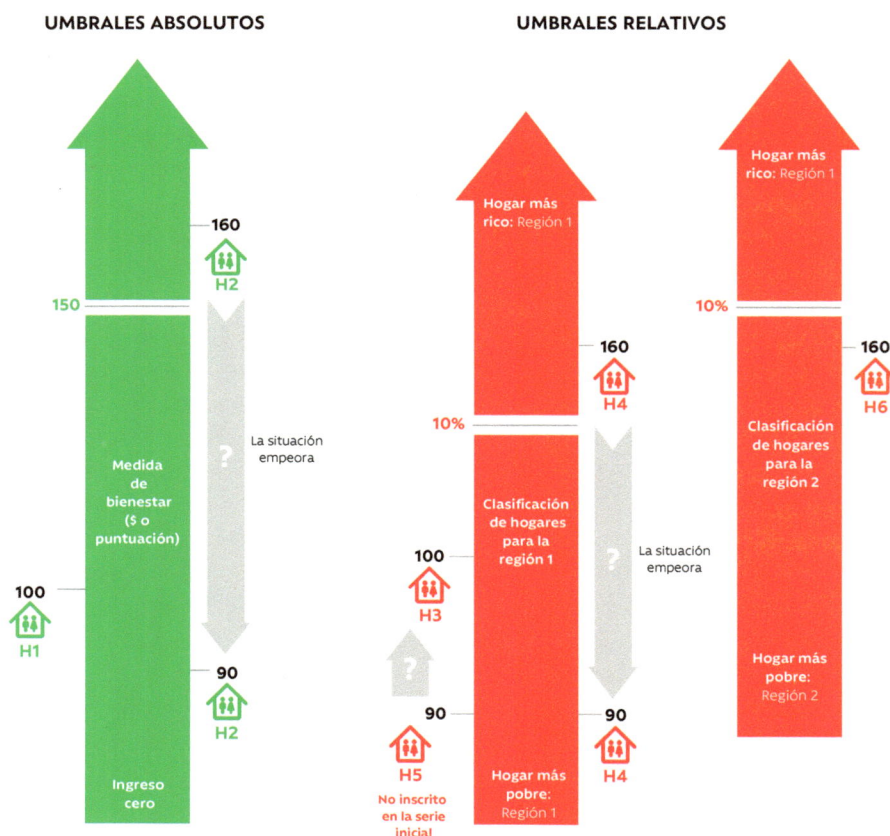

Fuente: Gráfico original para esta publicación.
Nota: H = hogar.

incentivos laborales positivos. Algunos programas pueden también excluir ciertos bienes (vivienda principal de un tamaño en particular, tierras agrícolas o forestales, o un vehículo usado para trasladar niños o personas en condición de discapacidad).

Entre las consideraciones para la implementación de umbrales absolutos, se encuentran los requisitos de información, la complejidad de los cómputos, la claridad de las comunicaciones y el potencial de reclamos. En los umbrales absolutos, una vez evaluados los perfiles de bienestar (capítulo 4), los principales pasos incluyen algoritmos de cómputo para determinar la elegibilidad (que pueden ser automatizados) y la aprobación de decisiones sobre elegibilidad (según los roles institucionales). Al usar los umbrales absolutos, uno de los puntos que se tienen en cuenta es si corresponde aplicar un corte único o múltiples cortes, por ejemplo, cortes que varíen por zona geográfica. Por lo general, se implementan umbrales únicos en contextos en los que la complejidad de un algoritmo adicional no ofrece mayor precisión para determinar la condición de bienestar o en los que hay otras limitaciones en los datos. También puede mejorar la claridad al comunicar una decisión a todos los solicitantes. Si las normas de elegibilidad son abstractas o complejas, puede ser difícil que la gente entienda esas decisiones y, por ende, generar altas tasas de quejas y apelaciones. El umbral único también ayuda a reducir la cantidad de cómputos que se realizan, lo que, a su vez, reduce los errores, especialmente en entornos con restricciones de capacidad donde los procesos no están completamente automatizados.

Umbrales relativos

En contraste, con los umbrales relativos, la elegibilidad de cada hogar se determina con respecto a la elegibilidad de otros. La población registrada se evalúa y clasifica de la más pobre a la más rica de acuerdo con una medida de bienestar específica, como la CSM (capítulo 4). Los umbrales de elegibilidad se aplican, entonces, a esa clasificación relativa en forma de porcentaje. El panel derecho del gráfico 5.2 ilustra el funcionamiento básico de los umbrales relativos. En ese panel, la «vara del bienestar» no es un valor cuantitativo, como la moneda o las puntuaciones. Más bien es la clasificación de los hogares de los más pobres a los más ricos. El H3 forma parte del 10 % de los hogares elegibles. El H4 no se incluyó

porque otros hogares (no mostrados) eran más pobres que el H4 y completaban el cupo de elegibilidad del 10 % del programa.

El uso de clasificaciones y umbrales relativos puede plantear dos complicaciones: La primera está relacionada con el dinamismo a lo largo del tiempo. *El uso de clasificaciones y umbrales relativos es inherentemente estático, ya que requiere el registro, la evaluación y la clasificación de las familias como grupo en un momento específico.* Por lo tanto, si la situación del H4 empeora, no se la inscribirá aun cuando se haya vuelto más pobre que el H3, dado que el cupo de elegibilidad del 10 % del programa ya está completo.

Además, si inadvertidamente se pasara por alto al H5 en la serie de registro inicial o si fuera un hogar recién formado, tampoco se lo podría inscribir a pesar de estar en peores condiciones que el H3. La única forma de inscribir al H4 o H5 sería frente a la existencia de otro hogar (como el H3). No obstante, eso implicaría la exclusión del H3 del programa a pesar de no haber cambiado su situación socioeconómica. Esta inflexibilidad inhibe el principio de inclusión dinámica, que permite que cualquier persona pueda inscribirse, actualizar su información y ser considerada para su posible elegibilidad en cualquier momento. En segundo lugar, con los umbrales relativos, el tratamiento de las familias con circunstancias comparables podría no ser igual en todo el país.[4] Una práctica común con los umbrales relativos consiste en considerar elegible el mismo porcentaje de hogares en cada región, ya que esto suele resultar más viable en términos políticos. Sin embargo, si la pobreza en una región es significativamente más alta que en otra, las familias de bajos ingresos de la región más pobre podrían resultar excluidas, mientras que otras en mejor situación de la región más acomodada podrían quedar incluidas. En el gráfico 5.2, por ejemplo, tanto el H6 como el H4 presentan medidas de bienestar similares. No obstante, dado que el H6 se encuentra en la región 2 (con menos familias pobres), se lo incluye en el cupo de elegibilidad del 10 % de esa región, mientras que el H4 no queda incluido en el cupo de la región 1 porque hay muchos hogares más pobres que el H4.

A veces, los umbrales de elegibilidad relativa se usan con los modelos dirigidos por la administración para la recepción y el registro. La capacidad de clasificar y priorizar las necesidades y condiciones de las familias con respecto a las demás depende de su registro como grupo.

El registro masivo permite que las familias se clasifiquen de las más pobres a las más ricas de modo que los programas seleccionen a la porción más pobre del grupo que resultará elegible. Estas clasificaciones por orden de bienestar a veces se emplean con enfoques de puntuación de CSM y, a menudo, también incorporan métodos de focalización comunitaria para priorizar el registro de hogares o validar las clasificaciones resultantes. Por ejemplo, el Programa de Red de Asistencia Nacional de Kenia utiliza un enfoque de focalización según un plan de expansión adoptado en 2014 para los cuatro programas de transferencia monetaria. La expansión geográfica se orienta por la pobreza, donde al 30 % de los nuevos beneficiarios se asignan de manera equitativa en todas las circunscripciones, y el 70 % se priorizan según sus perfiles de pobreza. También se ha desarrollado un formulario de recepción y registro común para los cuatro programas. Así, se da prioridad al registro de los hogares pobres y vulnerables, así como su validación por parte de la comunidad, y los hogares se registran, evalúan y clasifican según su vulnerabilidad categórica y las puntuaciones de CSM relativas. De modo similar, las clasificaciones y umbrales relativos determinan la elegibilidad para diversos programas de Malaui (recuadro 5.2) e Indonesia (recuadro 5.3).

El motivo principal para utilizar umbrales relativos consiste en garantizar que se dé prioridad a los hogares más pobres en caso de haber restricciones presupuestarias estrictas. Lamentablemente, los recursos son limitados en la mayoría de los países, especialmente en los de menores ingresos, donde tienden a emplearse clasificaciones relativas, umbrales relativos y modelos dirigidos por la administración. Dado que no existen fondos suficientes para llegar a todos los que los necesitan, estos países necesitan una forma de concentrar los escasos recursos en las personas más pobres. Las clasificaciones relativas facilitan alcanzar estos objetivos de principio. Los umbrales relativos también favorecen la gestión presupuestaria y la previsibilidad. La planificación y la formulación de presupuestos se simplifican cuando se calcula el umbral de elegibilidad de un programa como un porcentaje de una cantidad fija de hogares registrados y clasificados. Además, el umbral relativo se puede establecer de acuerdo con el presupuesto disponible.

A medida que los países migran al registro por demanda para apoyar sistemas más dinámicos, es probable que necesiten cambiar también de umbrales relativos a absolutos para determinar la elegibilidad. Debido a que los umbrales relativos exigen un registro masivo para establecer la clasificación relativa de los hogares entre sí, no resultan compatibles con los enfoques por demanda. A medida que los sistemas maduran, muchos países están considerando adoptar sistemas por demanda. Al avanzar en esa dirección, el uso de clasificaciones y umbrales relativos, si se usan, deberá abandonarse.

Filtros de exclusión

Además de los umbrales de elegibilidad, algunos países también usan filtros de exclusión «sí-no», generalmente para excluir hogares sobre la base de su aparente riqueza, por ejemplo, por la tenencia de ciertos bienes: un vehículo, una segunda vivienda, bienes durables de lujo, dispositivos electrónicos, ingresos por alquileres y ahorros o activos financieros por encima de cierto valor. Si el hogar contara con alguno de estos bienes, el filtro sí-no los excluiría de ser elegibles, independientemente de otros criterios. Estos filtros son comunes en programas de ayuda económica en Europa y Asia Central, por ejemplo, en los programas de IMG de Bulgaria y Grecia (véase el anexo 5A). En Malaui, los hogares extremadamente pobres con un adulto físicamente capaz quedan excluidos del Programa Social de Transferencia Monetaria, pero siguen siendo elegibles para programas de obras públicas (recuadro 5.2).

Elegibilidad según el estado de desempleo, antecedentes laborales y contribuciones

Muchos beneficios de protección social dependen del estado de desempleo, los antecedentes laborales y las contribuciones a la seguridad social. Estos beneficios incluyen el seguro de desempleo (SD), los beneficios de seguro de discapacidad y la seguridad social para personas mayores, entre otros. El anexo 5A contiene ejemplos de programas de seguro de desempleo y discapacidad que se apoyan en estos criterios.

- *La inscripción formal como desempleado* en las oficinas de empleo locales suele ser un requisito de elegibilidad para los beneficios por desempleo, al igual que acceder a los servicios de empleo y los programas

En Malaui, la elegibilidad para paquetes de programas sociales se determina usando un registro social conocido como UBR (véase también el capítulo 4). Las comunidades establecen las prioridades de los hogares para el registro y, luego, validan la clasificación relativa de los hogares registrados sobre la base de sus puntuaciones en la comprobación sustitutiva de medios de vida. Según esa clasificación relativa, se distribuyen en tres grupos de pobreza, cada uno con su propio paquete de beneficios y servicios. En primer lugar, el 10 % más pobre se considera en pobreza extrema y en situación de incapacidad (sin adultos físicamente capaces, que es un filtro de exclusión adicional). Ese 10 % más pobre es elegible para el *Social Cash Transfer Program* (SCTP) y para la alimentación escolar. En segundo lugar, el siguiente 15,5 % más pobre se clasifica como en pobreza extrema con capacidad laboral, que es elegible para obras públicas y alimentación escolar. Finalmente, el 26,2 % se clasifica como moderadamente pobre, con elegibilidad potencial

para diversos programas, incluidos los de inclusión productiva (véase el gráfico B5.2.1).

Desde el punto de vista de la implementación, los filtros no son particularmente complejos. La información necesaria se recopila durante la recepción y el registro y, posteriormente, se evalúa en una lista de verificación que podría usarse para filtrar solicitantes en programas específicos. La información de muchos filtros ya estaría registrada en sistemas administrativos, como los registros de beneficiarios de otros programas o los registros de propiedad de bienes inmuebles, muebles, financieros y pasaportes. Se debe comunicar a los solicitantes excluidos el motivo de su exclusión, y estos podrán impugnar su clasificación a través del sistema de reclamos. Desde la perspectiva del diseño, sin embargo, el uso excesivo de filtros podría causar numerosos errores de exclusión de hogares pobres que, de lo contrario, serían elegibles para recibir la ayuda. Tesliuc *et al.* (2014) muestran los efectos de los filtros en la exclusión de personas pobres de los programas de asistencia social de Albania, Croacia y Rumania.

Gráfico B5.2.1 Categorías de pobreza y sus respectivas intervenciones de protección social en Malaui

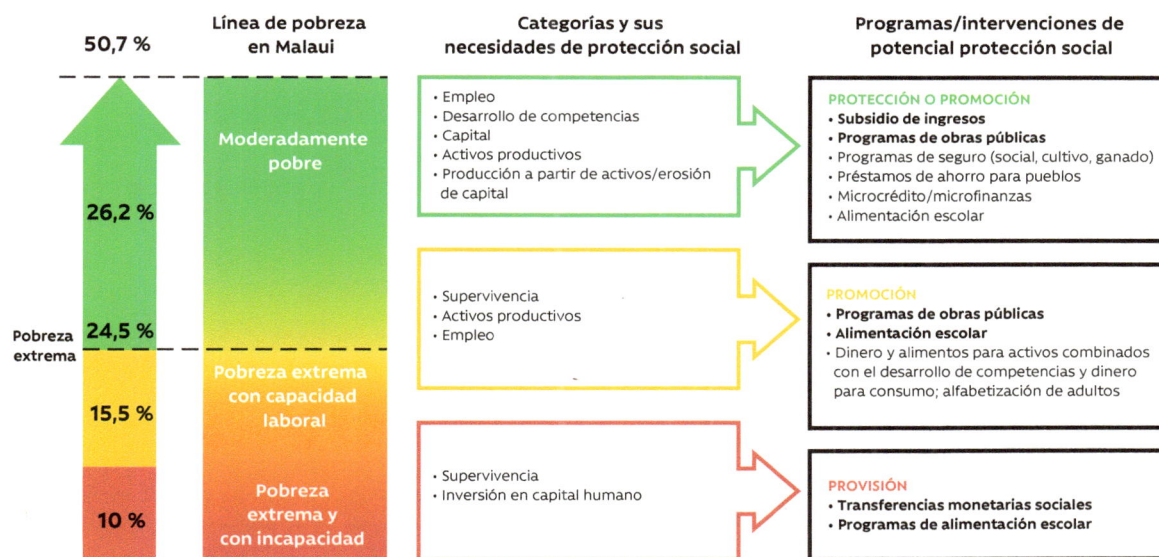

Fuentes: Lindert *et al.* 2018; Ministerio de Hacienda, Planificación y Desarrollo Económico de Malaui.

Recuadro 5.3 Determinación de elegibilidad para múltiples programas de desarrollo humano utilizando la UDB de Indonesia

El registro social de Indonesia, la Base de Datos Unificada (*Unified Database*, UDB), se emplea para determinar la potencial elegibilidad para múltiples programas sociales. La recepción y el registro se llevaron a cabo en 2015 mediante el método de barrido censal. Cerca del 40 % de los hogares se registraron y evaluaron utilizando modelos de comprobación sustitutiva de medios de vida. Posteriormente, los hogares registrados se clasificaron por orden desde los más pobres hasta los más ricos, y se aplicaron los umbrales relativos de elegibilidad a esa clasificación de hogares para seleccionar los beneficiarios de una serie de programas de desarrollo humano, que incluían: 16 % para el programa de transferencia monetaria condicionada (PKH), 25 % para becas para personas pobres (BPNT), y 38 % para subsidios de seguro médico (véase el gráfico B5.3.1).

Gráfico B5.3.1 Categorías de pobreza e intervenciones de protección social en Indonesia

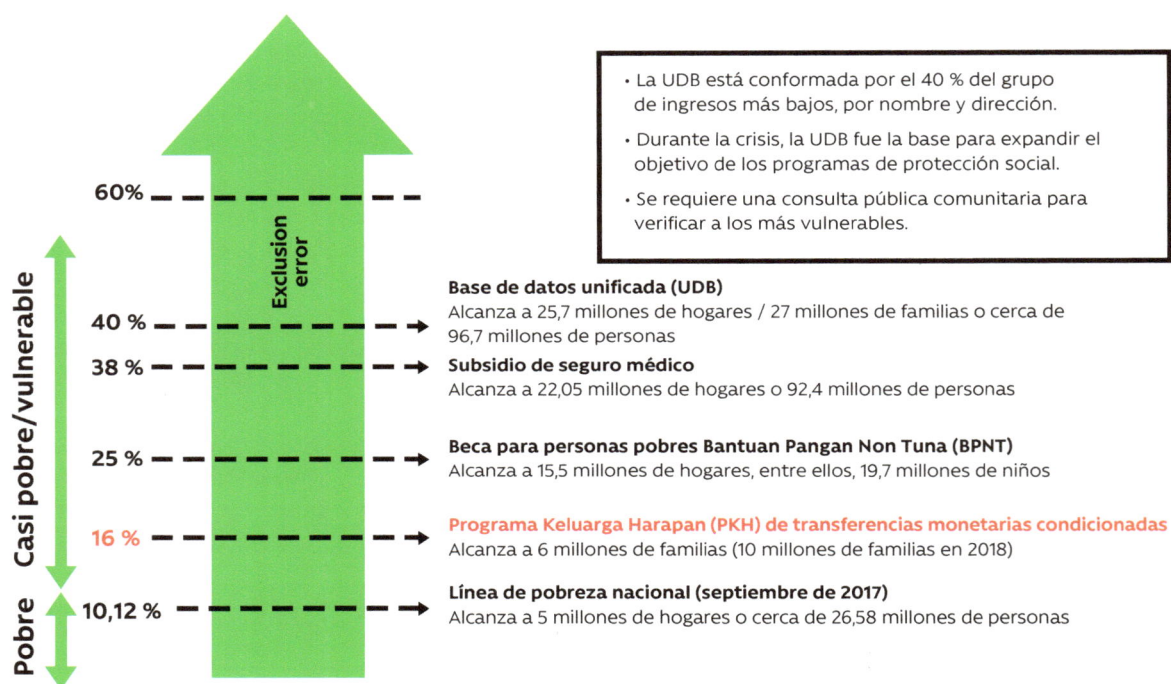

- La UDB está conformada por el 40 % del grupo de ingresos más bajos, por nombre y dirección.
- Durante la crisis, la UDB fue la base para expandir el objetivo de los programas de protección social.
- Se requiere una consulta pública comunitaria para verificar a los más vulnerables.

60%

Exclusion error

Casi pobre/vulnerable

40 % — **Base de datos unificada (UDB)**
Alcanza a 25,7 millones de hogares / 27 millones de familias o cerca de 96,7 millones de personas

38 % — **Subsidio de seguro médico**
Alcanza a 22,05 millones de hogares o 92,4 millones de personas

25 % — **Beca para personas pobres Bantuan Pangan Non Tuna (BPNT)**
Alcanza a 15,5 millones de hogares, entre ellos, 19,7 millones de niños

16 % — **Programa Keluarga Harapan (PKH) de transferencias monetarias condicionadas**
Alcanza a 6 millones de familias (10 millones de familias en 2018)

Pobre

10,12 % — **Línea de pobreza nacional (septiembre de 2017)**
Alcanza a 5 millones de hogares o cerca de 26,58 millones de personas

Fuente: Indonesia 2015.

activos de mercado laboral (PAML). También puede ser un prerrequisito para acceder a otros derechos, como los beneficios de seguro médico (Kuddo, 2012). Este registro se exige en la mayoría de los países de Europa y Asia Central, por ejemplo.

- Los filtros de **estado de desempleo** normalmente exigen que la causa del desempleo de la persona sea involuntaria (no por mala conducta o renuncia). Algunos países contemplan causas específicas de despido elegibles y no elegibles. En el esquema de SD de Armenia, por ejemplo, la desvinculación del empleado debe haber sido consecuencia de una reorganización empresarial, reducción de personal o cancelación de convenios colectivos. En el programa de SD de Mauricio, la persona debe haber sido despedida por motivos económicos, tecnológicos o estructurales que afecten a la empresa o debido al incumplimiento de un contrato laboral. En Tailandia, el programa de SD excluye algunas causas específicas de despido: ejercicio deshonesto de las funciones, comisión intencional de un delito penal, violación grave de normas laborales, entre otras.

- Los filtros de **antecedentes laborales** suelen requerir una cantidad mínima de años de empleo antes del desempleo. Los filtros también pueden aplicarse a la última categoría laboral. En general, los beneficios de SD se reservan para trabajadores del sector formal, aunque algunos países han extendido la cobertura a los trabajadores autónomos y del sector informal. Por ejemplo, en Corea, se ofrece cobertura a los autónomos y a las empresas con menos de cinco empleados.

- *Los requisitos de contribución al seguro* prevén la cantidad mínima de meses de contribuciones que preceden inmediatamente al desempleo. En nuestra muestra de países, los rangos mínimos oscilan desde seis meses en Corea, Mauricio y Tailandia, hasta 24 meses en Moldavia (véase la tabla 5A.3 en el anexo 5A). Otros diferencian entre las contribuciones previas a una primera solicitud y las subsiguientes, como el esquema de SD de Bahréin, que exige 12 meses para la primera, 12 de 18 meses para la segunda, 18 de 24 meses para la tercera, y así sucesivamente. También hay quienes distinguen por tipo de trabajador, como el programa de SD de la Argentina, que exige seis meses en los últimos tres años para los trabajadores regulares, tres meses en los últimos 12 para trabajadores temporarios, y ocho meses de los últimos 24 para trabajadores de la construcción.

La aplicación de estos filtros requiere de documentación e información formales, que se reúnen durante la fase de recepción y registro, como se planteó en el capítulo 4. La implementación requiere pruebas de empleo anterior e historial contributivo, normalmente disponibles a través de la empresa, del empleado o de la aseguradora y, por lo tanto, pueden cruzarse. Las pruebas de la causa del desempleo son más difíciles de documentar. El trabajador desempleado debe conseguir documentación del empleador anterior con la explicación del despido, lo que resulta problemático si la empresa y el exempleado no concuerdan sobre las razones subyacentes de la desvinculación laboral. Pueden surgir dificultades adicionales si una persona ha atravesado más de un periodo de desempleo durante el plazo previo a la solicitud del beneficio.

Elegibilidad según el estado de discapacidad

Muchos programas están destinados a ayudar a las personas en condiciones de discapacidad. Entre los beneficios, se encuentran los de asistencia por discapacidad (AD) (no contributivos) y los del seguro de discapacidad (DI) (beneficios contributivos, comúnmente para trabajadores que quedan en condición de discapacidad temporaria o permanente). Los servicios apoyan a las personas en condiciones de discapacidad (niños o adultos) y a sus familias de muchas maneras, entre ellas, con (1) servicios de trabajo social, que ofrecen defensa, diagnósticos, derivaciones y servicios de atención coordinada; (2) servicios de cuidado, que incluyen atención domiciliaria, adaptaciones de accesibilidad, apoyo para la vida independiente, atención en centros de día comunitarios y médicos, y servicios institucionalizados; y (3) una serie de servicios especializados. Los servicios por discapacidad relativos al empleo también incluyen servicios de apoyo para la rehabilitación y adaptaciones laborales.

Los criterios de elegibilidad suelen clasificar a las personas por tipo o grado de discapacidad. Debido a las fuertes restricciones presupuestarias, se busca garantizar la provisión de los beneficios solo a quienes cumplan con criterios de elegibilidad estrictamente definidos (Waddington, 2018). En numerosos programas, la elegibilidad se determina mediante una escala en función del grado o la duración de la discapacidad. Por ejemplo, la elegibilidad para el beneficio de AD de la Argentina requiere que la persona presente al menos un 76 % de lucro cesante evaluado para calificar para los beneficios. El coeficiente de elegibilidad correspondiente para el grado de discapacidad es del 71 % para el programa de AD de Bulgaria, del 60 % para la AD en Mauricio y el DI en Turquía, y del 50 % para el DI en Kuwait (véase la tabla 5A.4 en el anexo 5A). En otros programas, la elegibilidad se relaciona con tipos específicos de discapacidad. En Albania, por ejemplo, los beneficios de AD se reservan para quienes padecen una «discapacidad física, sensorial, mental o psicológica congénita o provocada por un accidente o enfermedad».

La implementación puede resultar compleja debido a los requisitos de información y porque los criterios de discapacidad se pueden impugnar. Los requisitos de información incluyen evaluaciones médicas, funcionales o integrales, como se plantea en el capítulo 4. La subjetividad puede intervenir en el proceso cuando los funcionarios del programa aplican los criterios de elegibilidad a esas evaluaciones. Los criterios de elegibilidad del programa pueden no alinearse o estar correctamente definidos por las evaluaciones médicas o funcionales, lo que requiere cierto grado de discrecionalidad o autodeclaración del trabajador social. Esto puede generar dificultades para comunicar las decisiones de elegibilidad a los solicitantes y una mayor cantidad de quejas y apelaciones, que pueden llegar, incluso, a instancias judiciales. Un ejemplo de ello fue la pensión social *Beneficio de Prestaçao Continuada* (BPC) de Brasil, un derecho constitucionalmente garantizado para las personas mayores y en condición de discapacidad pobres. En ejercicio de su derecho y de un espacio para interpretar los criterios de elegibilidad, los solicitantes a quienes inicialmente les habían denegado los beneficios apelaron a la justicia, lo que derivó en que esta considerara elegibles a una cantidad importante de beneficiarios (recuadro 5.4).

Recuadro 5.4 Invocación del sistema judicial cuando los beneficios son un derecho constitucional: Pensión social BPC de Brasil

En términos de desembolsos públicos, la pensión social *Beneficio de Prestaçao Continuada* (BPC) es el programa de asistencia social más grande de Brasil. El BPC ofrece apoyo a los ingresos de personas mayores y en condición de discapacidad pobres[a]. Los desembolsos del BPC han aumentado del 0,3 % al 0,69 % del PIB en el período 2000-2015. Esto se compara con los desembolsos del conocido programa de transferencia monetaria condicionada *Bolsa Família*, que representó el 0,45 % del PIB (en 2015).

La ampliación de la cobertura fue uno de los factores clave que impulsó el aumento de los desembolsos del BPC. Concretamente, la cobertura se amplió de 1,6 millones de personas en 2002 a un total de 4,2 millones en 2015. Las personas en condición de discapacidad representan el mayor grupo de beneficiarios, 55 % de los beneficiarios del BPC en 2015, y las personas mayores representaban el otro 45 %. El envejecimiento y el cambio demográfico dan cuenta de algunas presiones ascendentes, aunque no todas, de la cobertura del BPC.

Un factor que explica la ampliación de la cobertura es la mayor frecuencia de la elegibilidad por orden judicial para los beneficios del BPC, debido a los fundamentos legales del BPC, vinculado a los derechos constitucionales. Por ello, muchos solicitantes recurrieron a la justicia para acceder a estos beneficios cuando rechazaban las solicitudes presentadas por los canales regulares en las oficinas de seguridad social. Numerosos estudios han documentado el rol del poder judicial en la asignación de beneficios, lo que pone de manifiesto las tensiones entre la agenda de los derechos ciudadanos, los problemas prácticos de la implementación y las presiones fiscales. De hecho, una porción importante y cada vez mayor de los beneficios responden a una orden judicial, y alcanzó el 18,7 % de todos los beneficios del BPC hacia 2015, en comparación con el 2,6 % de 2004. Los dos problemas planteados con mayor frecuencia involucran (1) el estado de la discapacidad y (2) los criterios de ingreso, con jueces que permiten determinar el sustento mediante factores diferentes del ingreso. En efecto, la porción de beneficios por discapacidad del BPC asignados por orden judicial llegó cerca del 30 % en 2015 y, como se mencionó anteriormente, la cobertura total de los beneficios por discapacidad creció particularmente rápido en los últimos años, con un aumento promedio

continuación

Recuadro 5.4 *(continuación)*

del 5 % anual entre 2010 y 2015. Posteriormente, el Tribunal Supremo consideró que el marco legal que regía la elegibilidad y las definiciones de

«vulnerabilidad social» era inconstitucional pero no se anulaba, por lo que la situación sigue sin resolverse.

_____

Fuentes: Brito Leal Ivo y Silva, 2011; Meneguetti Pereira, 2012; Louback da Silva, 2012; Banco Mundial, 2017.

a. El programa se rigió formalmente por el Artículo 20 de la Ley Orgánica de Asistencia Social (LOAS) N.º 8.742/1993 para cumplir con las obligaciones constitucionales previstas en el Artículo 203, V de la Constitución de 1988. Específicamente, el BPC paga un monto en efectivo equivalente a un salario mínimo mensual (BRL 937 en 2017) a personas en condiciones de discapacidad y personas mayores que prueben no poder mantenerse por sí mismas ni ser mantenidas por sus propias familias. Este umbral se define como el ingreso familiar per cápita por debajo de un cuarto del salario mínimo (o menos de BRL 220 en 2016). Si bien lo supervisa el Ministerio Desarrollo Social y Agrario (MDSA) y figura en su partida presupuestaria, el BPC lo administra e implementa el Instituto de la Seguridad Social (INSS). Los potenciales beneficiarios solicitan los beneficios del BPC en las oficinas locales de la seguridad social (APS) operadas por el INSS, y el programa comprueba los medios de vida sobre la base de los ingresos autodeclarados.

5.2   DECISIONES DE INSCRIPCIÓN

Una vez que las personas se consideran elegibles, los administradores del programa deciden a quiénes inscribir. Como se muestra en el gráfico 5.3, se siguen varios pasos para convertirse en beneficiario una vez que los solicitantes se han registrado, se hayan evaluado para establecer un perfil de sus necesidades y condiciones, y sean reconocidos como elegibles. El próximo paso consiste en decidir si las personas elegibles deberían inscribirse o quedar en la lista de espera de un programa cuando el cupo es limitado.

Las listas de espera son una de las numerosas tácticas que los países emplean para gestionar la demanda ante las restricciones de recursos, como se mencionó en el capítulo 2. La lógica detrás de las listas de espera debería consistir en darle la mayor prioridad a los más necesitados con los recursos disponibles. Las listas de espera se utilizan principalmente con enfoques por demanda. Aunque las personas que solicitan por demanda un programa podrían considerarse elegibles, es posible que no haya cupo suficiente para todas (a menos que el programa sea un derecho, en cuyo caso, deben crearse cupos adicionales). De ahí el uso de listas de espera u otros mecanismos de racionamiento.

La transferencia de solicitantes elegibles a una lista de espera en lugar de a un listado de beneficiarios inscritos en el programa se ilustra en el gráfico 5.3. Si bien las listas de espera son visibles, su forma de gestión puede no ser transparente. Muchos programas lo hacen por orden de llegada, que es más fácil de administrar y auditar si las solicitudes y decisiones de inscripción cuentan con un sello de fecha. No obstante, ese abordaje sesga las decisiones de inscripción en favor de quienes tienen conexiones y conocimiento del programa (ya que presentarían su solicitud más rápido), y en detrimento de poblaciones marginadas con barreras de acceso. Tampoco daría prioridad a quienes más lo necesiten, sino solo a quienes se encuentren en los primeros puestos de la fila. Asimismo, el enfoque por orden de llegada abre la puerta a la discrecionalidad del trabajador social y a posibles favoritismos. *Algunos programas usan un método completamente opaco: no existen protocolos ni normas que los rijan,* ni tampoco registros del modo o del motivo de la toma de decisiones, ni explicaciones claras o patrones discernibles entre los elegidos para la inscripción. *Un método tan secreto abre la puerta a las interferencias no identificadas, la manipulación política*

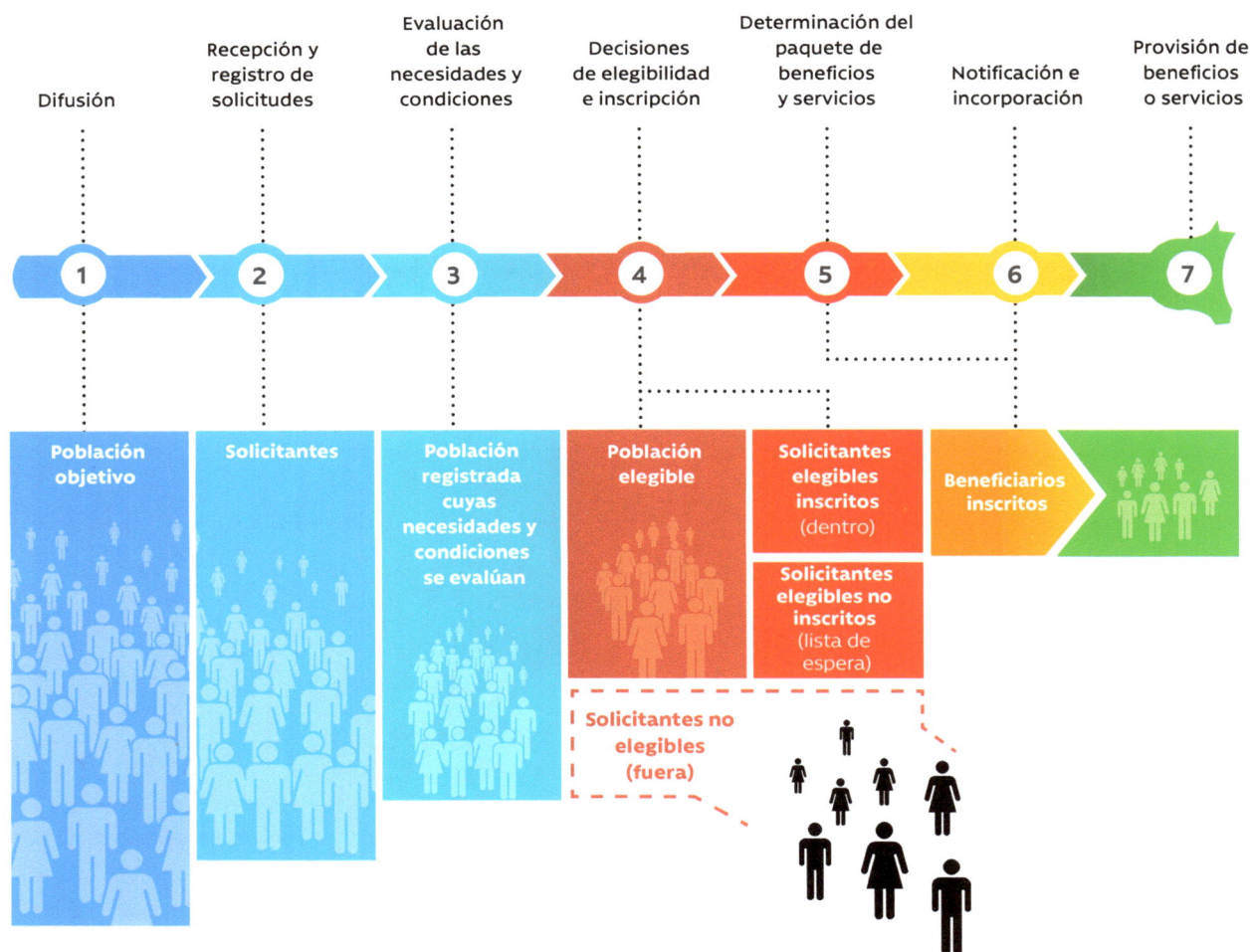

Difusión — Recepción y registro de solicitudes — Evaluación de las necesidades y condiciones — Decisiones de elegibilidad e inscripción — Determinación del paquete de beneficios y servicios — Notificación e incorporación — Provisión de beneficios o servicios

1 · 2 · 3 · 4 · 5 · 6 · 7

Población objetivo — Solicitantes — Población registrada cuyas necesidades y condiciones se evalúan — Población elegible — Solicitantes elegibles inscritos (dentro) — Beneficiarios inscritos

Solicitantes elegibles no inscritos (lista de espera)

Solicitantes no elegibles (fuera)

Fuente: Gráfico original para esta publicación.

y la corrupción. En contraposición, algunos programas seleccionan una muestra aleatoria de solicitantes elegibles para la inscripción, como es el caso de los servicios por discapacidad en el estado de Maryland (EE. UU., véase el recuadro 5.5). Este es, probablemente, el sistema más transparente, dado que las reglas del juego son claras, el sistema selecciona automáticamente a los solicitantes, y todos los solicitantes elegibles cuentan con igualdad de oportunidades para ingresar en el programa. También resulta atractivo porque es relativamente fácil de administrar y auditar; las únicas variables son los tiempos de selección y el agrupamiento de las solicitudes (por ejemplo, la selección de todos los solicitantes del mes anterior u otro período específico, o de todos los solicitantes de una zona geográfica). No obstante, se requieren protocolos para la selección entre los solicitantes elegibles restantes cuando alguien sale del programa.

Recuadro 5.5 Gestión de listas de espera cuando los fondos son insuficientes: Proceso de selección aleatorio de Maryland (EE. UU.)

El programa *Low Intensity Support Services (LISS)* ['Servicios de Apoyo de Baja Intensidad'] del estado de Maryland ayuda a niños y adultos con discapacidad del desarrollo (DD) y está diseñado para asistir a personas con DD que conviven con sus familias o viven en su propio hogar dentro de la comunidad. El programa ofrece hasta USD 2000 para asistir a personas con DD y a sus familias para que accedan a servicios aprobados o artículos de apoyo para cubrir sus necesidades. Entre los ejemplos de tipos de servicios/artículos que podrían adquirirse con los fondos del LISS, se encuentran las tecnologías auxiliares; asistente a domicilio; eliminación de barreras de acceso; campamentos (para jóvenes y adultos); cuidado infantil, centros de día; servicios de empleo; servicios médicos; adaptaciones en la vivienda; servicios de identificación, atención psicológica individual y familiar; compra, arrendamiento y reparación de equipamiento médico; cuidado personal, ayuda al descanso para cuidadores; equipamiento especializado; servicios terapéuticos; capacitación y asistencia para la autodefensa; asistencia en transporte; equipamiento de adaptación; y matrícula para estudios superiores académicos/vocacionales.

La cantidad de solicitantes elegibles supera los cupos disponibles para el programa debido a las limitaciones financieras. Por tanto, el programa emplea un proceso de selección aleatorio (*random process selection*, RPS) para garantizar a los solicitantes elegibles igualdad de oportunidades de acceso. ¿Cómo funciona?

- **Arreglos institucionales.** La Administración de Discapacidades del Desarrollo de Maryland supervisa el programa y, a su vez, externaliza su implementación a través de fundaciones contratadas por región (grupos de condados del estado), como la Conexión Comunitaria de Maryland (MCC).
- **Difusión.** La difusión la llevan a cabo la MCC, los coordinadores del condado y otros profesionales.

Dada la complejidad de la solicitud y la documentación, el personal de MCC también ofrece sesiones informativas y asistencia con los formularios de solicitud.

- **Recepción y registro.**
  - Por demanda, pero las solicitudes deben presentarse en determinadas fechas (dos veces por año).
  - Las personas deben completar un formulario, reunir la documentación requerida y presentar la solicitud en persona o por correo a MCC.
  - La documentación requerida incluye prueba de identidad, comprobante de residencia en el estado de Maryland, prueba de discapacidad (certificación de profesionales médicos o planes de educación individualizada con diagnósticos de discapacidad) y comprobante de asistencia médica (como la atención sanitaria subsidiada de Medicaid).
- **Evaluación.** El personal de MCC lleva a cabo una evaluación del estado de discapacidad de las personas. También excluye a solicitantes que reciben apoyo de otros programas para evitar la duplicación de beneficios/servicios.
- **Criterios de elegibilidad.** El personal verifica los niños y adultos que viven en el hogar y que presentan una discapacidad del desarrollo atribuible a impedimentos físicos o mentales distintos del mero diagnóstico de enfermedad mental, o a una combinación de impedimentos físicos y mentales, y que pueden prolongarse por tiempo indefinido.
- **Inscripción con proceso de selección aleatorio.** Dado que la cantidad de personas elegibles supera la cantidad de cupos disponibles, la Administración de Discapacidades del Desarrollo emplea un proceso de selección aleatorio, que consiste en un sistema automatizado de selección entre los solicitantes elegibles para garantizar la igualdad de oportunidades de acceso. El RPS se aplica a cada cohorte de solicitantes (cohorte 1 en julio y cohorte 2 en noviembre).

continuación

Recuadro 5.5 *(continuación)*

■ **Notificación e incorporación en el sistema.** Los proveedores de LISS notifican los resultados a los solicitantes por correo. Para los seleccionados, la notificación incluirá la guía y el formulario de elegibilidad para los servicios del programa LISS. Con este formulario, los solicitantes seleccionados confeccionan una lista detallada de los servicios y artículos para los cuales solicitan financiamiento (hasta 2000 USD) con documentación por cada servicio/artículo (factura o presupuesto de un prestador de servicios, información sobre el prestador, etc.).

■ **Provisión.** Los proveedores del LISS pagarán a los proveedores de servicios directamente, comprarán artículos elegibles en línea y los enviarán al beneficiario, por un total de hasta 2000 USD.

■ **Gestión.** MCC supervisa a los beneficiarios y servicios/artículos solicitados, así como los pagos a los proveedores.

Fuentes: Conexión Comunitaria de Maryland (https://marylandcommunityconnection.org); Administración de Discapacidades del Desarrollo de Maryland, 2018.

5.3 DETERMINACIÓN DEL PAQUETE DE BENEFICIOS Y SERVICIOS

Una vez que se han tomado las decisiones de elegibilidad e inscripción, el próximo paso consistirá en determinar qué beneficios o servicios recibirán las personas. Esto puede incluir beneficios, servicios o un paquete de beneficios y servicios (como con los paquetes de activación y las combinaciones de beneficios y servicios sociales).

Desde una perspectiva de proceso, esta es una fase de decisión. Una vez que la información se encuentra disponible a partir de la evaluación de las necesidades y condiciones, y de la determinación de elegibilidad, esta fase consiste, fundamentalmente, en tomar decisiones sobre beneficios o servicios que se otorgarán a los beneficiarios aplicando las normas del programa o la discrecionalidad del trabajador social. En primer lugar, observamos los menús de beneficios y luego los servicios (incluidos los paquetes que combinan beneficios o servicios laborales y sociales).

Menús de beneficios y selección de beneficios

Desde una perspectiva de diseño, los niveles y las estructuras de beneficios se fijan para alcanzar los objetivos del programa teniendo en cuenta las compensaciones inherentes entre la generosidad y las restricciones presupuestarias existentes (Grosh et al., 2008). Esos objetivos incluyen complementar los ingresos de los hogares pobres o de bajos ingresos, remplazar ingresos para quienes no tienen trabajo (por despido, discapacidad o vejez), remplazar los ingresos de los niños para reducir el trabajo infantil y apoyar la escolaridad, fomentar las inversiones en capital humano, entre otros aspectos (Grosh et al., 2008; Grosh y Lindert, 2018). Los objetivos deben ponderarse contra la posibilidad de inducir desincentivos para que los adultos trabajen. Tanto el nivel como la estructura de los beneficios pueden afectar estos desincentivos. El Anexo 5A presenta estructuras de beneficios de países seleccionados entre los que se encuentran (1) los orientados a categorías demográficas de personas, (2) los orientados a familias u hogares según sus condiciones socioeconómicas (programas contra la pobreza), (3) la asistencia social y los beneficios de seguro para personas en condición de discapacidad, y (4) la asistencia por desempleo y los programas de seguros.

La literatura sobre protección social reconoce, desde hace mucho tiempo, las tensiones entre los objetivos complejos de un programa y la simplicidad de las estructuras de beneficios para la implementación (Grosh et al., 2008). Los beneficios pueden ser planos o fijos, es decir, todos los beneficiarios reciben la misma cantidad de dinero (por persona o por familia). Como alternativa, según los objetivos del programa, los montos de los beneficios pueden variar según las características de los beneficiarios. Por ejemplo, pueden variar conforme al tamaño y composición de los hogares, de modo que se favorezca a los hogares más grandes o a categorías específicas de los miembros individuales de las familias (como embarazadas, niños pequeños, niños escolarizados o personas mayores). Las estructuras de beneficios pueden variar según los grupos socioeconómicos para favorecer a los hogares más pobres. O bien pueden diferenciarse por el nivel de ingresos específico de cada hogar, de modo de garantizar que los hogares más pobres reciban un nivel mínimo de ingresos. Con los beneficios de seguridad social, los menús de beneficios pueden variar según los ingresos anteriores y el historial contributivo con el fin de apoyar un cierto grado de remplazo de ingresos para personas desempleadas, en condición de discapacidad o trabajadores jubilados. Finalmente, las estructuras de beneficios pueden diferenciarse por grado de discapacidad para favorecer a quienes padecen discapacidades más graves. Si bien esas variaciones son centrales para los objetivos del programa, tienen implicaciones en la implementación.

¿Cómo afectan las diferentes estructuras de beneficios a la implementación? El marco de la cadena de implementación ayuda a desglosar los numerosos aspectos de aplicación de diversas estructuras de beneficios, como los siguientes:

- *Información que se recopilará durante la recepción y el registro.* Si bien la automatización facilita el cómputo de un algoritmo para los cálculos de beneficios más allá de su grado de complejidad, los requisitos de información varían según el tipo de beneficio. Los beneficios planos se valen de información mínima: Determinar que la persona, familia u hogar es elegible, y el nombre y datos de identificación del destinatario designado. Algunos beneficios variables también requieren información mínima, ya que los niveles de beneficios se diferencian según el tamaño o la composición del hogar, las edades de sus integrantes o el grupo socioeconómico, datos que han

sido recopilados durante la recepción y el registro. En otros casos, a medida que los cálculos de beneficios se tornan más complejos, pueden requerir más información. En estos casos, la información necesaria para el cálculo de los beneficios no siempre es la misma que para determinar la elegibilidad. Por ejemplo, la elegibilidad para un programa es universal, pero los beneficios se establecen de acuerdo con los ingresos de los hogares, de modo que las familias de ingresos más altos no reciban tanto dinero. Un ejemplo de esto es la asignación para niños y jóvenes de Dinamarca, que es universal pero con comprobación de medios de vida para los cálculos de los beneficios (recuadro 5.6). Otro ejemplo es el esquema de SD de Corea: La elegibilidad se relaciona con el estado de desempleo y los antecedentes contributivos, pero los montos de los beneficios se calculan según los antecedentes de ingresos recientes del asegurado (véase la tabla 5A.3 del anexo 5A). Para implementarlo se requiere más información no solo con fines de elegibilidad, sino también para facilitar el cálculo de los beneficios. La información adicional puede recopilarse a través de los solicitantes durante la recepción y el registro (capítulo 4) o durante el proceso de incorporación en el sistema para quienes se consideran elegibles (como se trata a continuación).

- *Notificar y facilitar la comprensión para el beneficiario.* Los beneficiarios deben recibir comunicaciones que expliquen los niveles de beneficios de manera comprensible. Cuanto más complejos son los cálculos, más difícil son de comunicar y entender. Es fundamental que los beneficiarios entiendan cuánto les corresponde por derecho e, idealmente, las bases para el cálculo de los beneficios. También deben comprender todos los cambios posteriores en los beneficios y los motivos que les dan origen. Cuando los beneficios son complejos, debe haber un mayor esfuerzo en la comunicación, de manera que se entiendan las razones de la diferenciación entre los niveles de beneficios.

- *Pagos.* Las fórmulas de beneficios complejas también tienen implicaciones en el proceso de pago, tanto para los administradores como para los beneficiarios. Para los beneficiarios, un problema que se suele soslayar es la importancia práctica de hacer efectivo un beneficio extrayéndolo de un cajero automático. Los montos de beneficios menos habituales pueden

Recuadro 5.6 «Focalización desde arriba» con beneficios universales: Asignaciones para niños y jóvenes de Dinamarca

Se han analizado mucho en la literatura los beneficios del apoyo universal a la renta. Una opción que se ha contemplado es la noción de «ingreso básico universal reducido» (*tapered universal basic income*, TUBI). Con esta opción, la *elegibilidad* sería universal, pero los *niveles de beneficios* se reducirían gradualmente para las personas de mayores ingresos. Si bien no se emplearía para determinar la *elegibilidad*, la información sobre los ingresos y bienes del hogar se sometería a una comprobación de medios de vida para adaptar esta reducción de los *niveles de beneficios*.

Un ejemplo de esta reducción gradual o «focalización desde arriba» es el Beneficio para niños y jóvenes de Dinamarca. El esquema es universal para todos los niños y jóvenes menores de 18 años (ciudadanos y residentes). Los niveles de beneficios se calculan así: (1) beneficios más altos para los niños más pequeños (con beneficios diferenciales para niños de 0-2, 3-6, 7-14 y 15-17) y (2) beneficios más bajos para aquellos con mayores ingresos. Para este último factor, el Beneficio para Niños y Jóvenes se reduce para las familias de ingresos altos. La reducción de los beneficios comienza cuando el ingreso supera los DKK 765.800 (EUR 102.854) y equivale al 2 % de los ingresos excedentes de los DKK 765.800 (EUR 102.854). En el caso de las parejas casadas, la reducción es del 2 % para los ingresos de cada cónyuge que superen los DKK 749.000 (EUR 100.598). Así, aunque el beneficio universal para niños y jóvenes no requiere los datos del ingreso familiar para establecer la elegibilidad, sí los necesita para la «focalización desde arriba», con el fin de reducir gradualmente los beneficios para familias de altos ingresos.

Fuentes: Banco Mundial, 2018c; base de datos MISSOC para el *Child and Youth Benefit* de Dinamarca.

---

complicar los desembolsos. Por ejemplo, cuando un beneficiario recibirá USD 100 y el otro beneficiario recibirá USD 118,50, en la práctica, ambos podrán extraer solo USD 100 si el cajero automático usado para el pago entrega solo billetes de USD 20. Es cierto que podrían buscar puntos de pago alternativos (como sucursales bancarias), pero eso insume tiempo y gastos de transporte, además de ser bastante incómodo. Los beneficios que deben pagarse en billetes o monedas de diversas denominaciones también complican la entrega manual de los pagos, porque los proveedores de servicios de pago deben contar con cambio exacto, contabilizar los importes de beneficios para cada familia y registrar los importes específicos desembolsados. En general, las fórmulas planas o simples son más sencillas para la administración en términos de procesamiento, cobro, conciliación y auditoría.

- **Gestión de las operaciones de los beneficiarios: Actualizaciones, correcciones y quejas.** Los importes de los beneficios uniformes facilitan la gestión de operaciones de los beneficiarios, en especial, la actualización de los registros. Con menos categorías de beneficios o con cálculos de beneficios más simples, habrá menos actualizaciones o cambios en los importes de los beneficios y, por lo tanto, menos cambios en la nómina para el ciclo subsiguiente. Al tratar con beneficios más complejos, cada pequeño cambio afecta los importes de los beneficios y deriva en actualizaciones y correcciones de nómina más frecuentes. Asimismo, las fórmulas de beneficios más complejas conllevan más casos de quejas y correcciones, debido a la confusión de los beneficiarios o a errores de la administración en el cálculo de los beneficios. Finalmente, aunque nos centramos principalmente en las estructuras de beneficios, también es importante observar algunos problemas de implementación relacionados con los niveles de beneficios. Concretamente, cuanto más grande es el beneficio, mayor es el riesgo de fraude y la necesidad de mecanismos de supervisión y control extensivos e intensivos (véase el capítulo 8).

La implementación de beneficios planos es relativamente sencilla. Los beneficios planos se emplean en todo tipo de programas de protección social: pensiones sociales, asignaciones por hijos, transferencias monetarias condicionadas y no condicionadas, y beneficios por discapacidad (véase el anexo 5A). La mayor parte de los beneficios planos se establecen como un monto fijo para cada beneficiario (por persona, familia u hogar). Algunos, no obstante, se calculan como un porcentaje del valor de referencia, como el salario mínimo. Algunos ejemplos son el beneficio de asistencia por desempleo de Armenia y la pensión social de Brasil. Los beneficios planos tienen requisitos de información mínimos, son de fácil comunicación y conllevan menos actualizaciones, correcciones y quejas. También simplifican el procesamiento de pagos, la conciliación y las auditorías.

Algunos programas calculan los beneficios según el tamaño del hogar, y otros consideran tanto el tamaño como la composición del hogar. Entre los objetivos de diseño se incluyen favorecer a los hogares más grandes (o, al menos, no desfavorecerlos sobre una base per cápita); favorecer a los que tienen integrantes en situación más vulnerable (mujeres embarazadas o lactantes, niños pequeños, personas mayores o en condición de discapacidad), y promover incentivos específicos, como niveles más altos de beneficios para adolescentes que

tendrían mayores costos de oportunidad por asistir a la escuela que sus hermanos menores. El Programa de Transferencia Monetaria Social de Malaui diferencia los niveles de beneficios por el tamaño del hogar. De modo similar, el programa de transferencias monetarias *Burkin-Naong-Sa Ya* de Burkina Faso diferencia niveles de beneficios por cantidad de niños: los hogares con menos de cinco niños menores de 15 años reciben una transferencia de FCFA 30.000 (USD 51) cada tres meses, y los hogares con cinco o más niños, la transferencia es de FCFA 40.000 (USD 68) cada tres meses. *Prospera* de México diferencia los niveles de beneficios por grado escolar y sexo, y Tanzania, por el nivel educativo de los niños de los hogares beneficiarios (véase la tabla 5.2). Otros ejemplos de programas contra la pobreza que diferencian por tamaño y composición del hogar son las transferencias monetarias condicionadas y no condicionadas de Croacia, Jamaica, Filipinas y Tanzania. Estas estructuras de beneficios no agregan mucha complejidad a la implementación. Los requerimientos de información para el cálculo de beneficios según el tamaño y

Tabla 5.2 Estructura de beneficios del programa PSSN de Tanzania

Componente del PSSN	Tipo de transferencia	Nombre de la transferencia	Corresponsabilidad	Beneficio (TZS)	Tope mensual (TZS)	Máximo anual (TZS)
TMC	Fija	Transferencia básica	Pobreza extrema	10.000	10.000	120.000
	Fija	Beneficio para niños del hogar	Hogar con niños menores de 18 años	4000	4000	48.000
	Variable	Beneficio para lactantes	Cumplimiento de salud de lactantes de 0 a 5 años	4000	4000	48.000
	Variable	Beneficio individual para primaria	Cumplimiento de escolarización primaria	2000	8000	96.000
	Variable	Beneficio individual para primer ciclo de la secundaria	Cumplimiento de escolarización en primer ciclo de educación secundaria	4000	12.000	144.000
	Variable	Beneficio individual para segundo ciclo de la secundaria	Cumplimiento de escolarización en segundo ciclo de educación secundaria	6000		
OP	Variable	Beneficios de obras públicas	Pobreza extrema y mayores de 18 años con capacidad para trabajar	2500	37.500	150.000

Fuente: Banco Mundial, 2016.

Nota: TMC = transferencia monetaria condicionada; PSSN = Productive Social Safety Net; OP = obras públicas.

la composición del hogar se cubren, mayormente, con la información ya recopilada para determinar la elegibilidad. A veces pueden agregar cierta complejidad a la etapa de gestión de las operaciones de los beneficiarios. Dado que la unidad de asistencia es el hogar (en vez de la persona), y que el tamaño y la composición del hogar son dinámicos, los datos requeridos para el cálculo de beneficios incluyen el seguimiento y la vinculación de información para cada miembro del hogar, no solo para el destinatario designado. Esta información debe mantenerse actualizada, lo que se suma a la tarea de gestión de las operaciones de los beneficiarios.

Algunos programas también diferencian los cálculos de beneficios por grupo socioeconómico con el objetivo de ofrecer mayores beneficios a hogares de sectores más pobres. Un ejemplo es el Programa *Bolsa Familia* de Brasil, que paga beneficios más altos a los hogares clasificados como extremadamente pobres que a los clasificados como moderadamente pobres (el programa también diferencia beneficios por tamaño y composición del hogar). Desde la perspectiva de la implementación, una vez que se ha establecido la elegibilidad, se requiere poca información adicional para calcular beneficios, dado que el hogar ya fue clasificado como pobre. La complejidad es similar a la de los beneficios que solo tienen en cuenta el tamaño y la composición del hogar.

Es seguro que sería un poco más difícil para las personas entender sus niveles de beneficios (o el modo en que difieren de los niveles de beneficios de sus vecinos), lo que puede traer una mayor cantidad de quejas (véase la sección del capítulo 8 sobre la gestión de quejas y reclamos). El procesamiento y la conciliación de los pagos no son demasiado complicados con esta estructura de beneficios, aunque las auditorías sí pueden ser más complejas si verifican el tamaño y la composición del hogar, así como las clasificaciones de pobreza. Con excepción de las reevaluaciones periódicas, los requisitos de la etapa de gestión son comparables con los programas donde los beneficios del hogar se calculan solo según su tamaño y composición.

Las estructuras de beneficios más complejas diferencian los beneficios de acuerdo con la cantidad de dinero que un hogar necesitaría para que sus ingresos alcancen un cierto nivel mínimo. El programa de ingreso mínimo garantizado (IMG) de Bulgaria tipifica este abordaje (recuadro 5.7) estableciendo niveles por ingresos familiares existentes, además del tamaño y la composición del hogar. Los beneficios se calculan para cada integrante de la familia según sus características y la diferencia entre el ingreso familiar y el ingreso mínimo diferenciado (IMD) con el objetivo de llevar su ingreso a este nivel mínimo ajustado. En el recuadro 5.7, se muestran

---

Recuadro 5.7 Ejemplo de menú de beneficios: Cálculo de beneficios de ingreso mínimo garantizado en Bulgaria

El beneficio de ingreso mínimo garantizado (IMG) de Bulgaria tiene por objeto garantizar un nivel de ingresos mínimo para las familias extremadamente pobres y las personas vulnerables. La elegibilidad depende de la comprobación de medios de vida con un umbral absoluto y de la aplicación de diversos filtros. La estructura de beneficios apunta a diferenciar por tipo de persona (características demográficas) y pagar la diferencia entre el ingreso mensual diferenciado (IMD) para cada persona y el ingreso familiar mensual efectivo (el beneficio se paga en forma mensual). El IMD se calcula como coeficiente social (porcentaje) multiplicado por el nivel de IMG fijo (BGN 75 al 2017). Los coeficientes

sociales específicos (porcentajes) se asignan a personas o integrantes individuales de la familia de acuerdo con las categorías demográficas. Los beneficios se calculan para cada integrante de la familia; quienes cumplen con los criterios para más de una categoría resultan elegibles para los porcentajes más favorables. El importe del beneficio mensual equivale al IMD menos los ingresos del mes anterior, tal como se ilustra en la tabla B5.7.1 y en los siguientes ejemplos.

Ejemplo 1: Mariana (madre soltera) con su hijo Peter (13 años) y su hija Katia (7 años, con discapacidades permanentes); ingreso familiar = 20 per cápita. Beneficio de Mariana = 75 – 20 = 55;

continuación

beneficio de Peter = 68,25 – 20 = 48,25; beneficio de Katia = 75 – 20 = 55. Beneficios totales de la familia = 55 + 48,25 + 55 = BGN 158,25/mes.

Ejemplo 2: Sofía (madre soltera) con su hijo Iván (de 13 años) y su hija Boryana (de 7 años, con discapacidades permanentes); ingreso familiar = 50 per cápita. Beneficio de Sofía = 75 – 50 = 25; beneficio de Iván = 68,25 – 50 =18,25; beneficio de

Boryana = 75 – 50 = 25. Beneficios totales de la familia = 25 + 18,25 + 25 = BGN 68,25/mes.

Ejemplo 3: Georgi, adulto mayor que vive solo, 78 años, ingresos = 50. Beneficio = 123,75 – 50 = BGN 73,75/mes.

Ejemplo 4: Ana, adulta que vive sola, 50 años, ingresos = 20. Beneficio = 54,75 – 20 = BGN 34,75/mes.

Tabla B5.7.1 Importe de la asignación mínima, por categoría

Categoría de la persona	Coeficiente de pago social (K1, %)	Ingreso mínimo diferenciado= K1*IMG, donde IMG = 75	El beneficio varía según el ingreso (Y) de cada familia	
			Si Y = 50, entonces el beneficio =	Si Y = 20, entonces el beneficio =
Adulto > 75 que vive solo	165	123,75	73,75	103,75
Adulto > 65 que vive solo	140	105,00	55,00	85,00
Adulto > 65	100	75,00	25,00	55,00
Adulto < 65 que vive solo	73	54,75	4,75	34,75
Adultos convivientes (cada uno)	66	49,50	0,00	29,50
Persona con capacidad laboral reducida de > 50 %	100	75,00	25,00	55,00
Persona con capacidad laboral reducida del 70 %	125	93,75	43,75	73,75
Niño de 0 a 16 (hasta 20, si estudia)	91	68,25	18,25	48,25
Niño de 7 a 16 con > 5 ausencias no justificadas	30	22,50	0	2,50
Niño de 7 a 16 no escolarizado	20	15,00	0	0
Niño sin certificado de vacunas obligatorias	30	22,50	0	2,50
Huérfano o niño familia de acogida	100	75,00	25,00	55,00
Niño en condición de discapacidad permanente	100	75,00	25,00	55,00
Madre soltera/padre soltero a cargo de un niño < 3 años	120	90,00	40,00	70,00
Madre soltera/padre soltero con niño < 16 años (< 20, si estudia)	100	75,00	25,00	55,00
Mujer embarazada 45 días antes de la fecha de parto y a cargo de niño < 3 años	100	75,00	25,00	55,00

Fuente: Jeliazkova y Minev, 2014.

ejemplos solo para dos niveles de ingresos hipotéticos (BGN 50 y BGN 20), pero esos cálculos se ajustan a cada hogar de acuerdo con su tamaño, composición y niveles de ingresos. Se incluyen otros ejemplos en el anexo 5A. Desde el punto de vista de la implementación, los programas de IMG son las estructuras de beneficios más complejas. Si bien los programas de software pueden computar los algoritmos necesarios para calcular beneficios, los requerimientos de datos para estos cálculos no son pocos, y pueden presentarse errores de medición importantes en los valores de los ingresos y bienes de cada hogar. Además, para una institución, resulta bastante difícil explicar la complejidad de estos cálculos, así como para los beneficiarios comprenderlos, lo que derivaría en una mayor cantidad de quejas o apelaciones (véase el capítulo 8). En entrevistas de grupos focales en Grecia, por ejemplo, los beneficiarios del primer piloto del programa de IMG expresaron que esperaban recibir el monto completo del umbral (en lugar de la diferencia entre sus ingresos medidos y el umbral). De requerirse procesos de conciliación de pagos o auditorías para asociar los importes pagados a los importes asignados, estos deben vincularse con información fechada sobre el tamaño, la composición y los niveles de ingresos del hogar en el momento de la autorización de los beneficios. Finalmente, la gestión de operaciones de los beneficiarios requeriría mantener información precisa y actualizada sobre el tamaño, la composición y los ingresos del hogar.

La mayoría de los beneficios del seguro de desempleo son variables y se calculan sobre la base del historial de ingresos, en general, con pisos mínimos y topes máximos. Desde una perspectiva de diseño, la lógica de las estructuras de beneficios según los ingresos consiste en emparejar los ingresos frente al desempleo con al menos una tasa de sustitución de ingresos mínima por lucro cesante. Al mismo tiempo, dado que la mayor parte de los beneficios de SD se calculan como un porcentaje de los ingresos recientes hasta un tope, el sistema se diseña para «hacer valer el trabajo», de modo que las personas ganen más trabajando que estando desempleadas. En la tabla 5A.3 del anexo 5A, se exponen numerosos ejemplos de sistemas de SD, entre ellos, los de Albania, Argentina, Armenia, Bahréin, Grecia, Kuwait, Corea, Mauricio, Moldavia, Sudáfrica, Tailandia y Turquía. Desde el punto de vista de la implementación, los cálculos de beneficios variables según el historial de ingresos y contribuciones pueden

ser complejos. Si bien puede que no se requieran registros de ingresos para establecer la elegibilidad, la persona o el sistema administrativo deben poder seguir y verificar el historial de ingresos del período de referencia (por ejemplo, ingresos promedio o salarios más altos de los últimos seis meses). Este seguimiento sería menos complejo que calcular ingresos del hogar y el valor de los bienes, ya que los ingresos laborales son por persona. La complejidad del sistema podría tornarlo difícil de entender para los beneficiarios, por lo que estos casos requerirían una comunicación clara de los beneficios recibidos para evitar quejas. El procesamiento y la conciliación de los pagos no son demasiado complicados con esta estructura de beneficios, aunque las auditorías pueden ser más complejas si verifican el historial de ingresos para asociar el importe del beneficio pagado con el importe que corresponde a cada beneficiario. Generalmente, monitorear el estado de desempleo de una persona es más dinámico que monitorear la situación socioeconómica de un hogar en un plazo más extenso. Por ello, los requisitos de monitoreo de beneficios por desempleo (elegibilidad y cálculos de beneficios) resultan más exigentes y aumentan la carga laboral de los administradores del programa.

Algunas estructuras de beneficios diferencian por grado de discapacidad. En Albania, por ejemplo, el esquema de asistencia por discapacidad paga diferentes montos para diversas categorías de discapacidad, como no laborales, paraplejia, tetraplejia o ceguera. Asimismo, el esquema de asistencia por discapacidad de Moldavia distingue entre clasificaciones médicas de discapacidad para niños y para adultos. En Bulgaria, los niveles de beneficios se calculan de acuerdo con la evaluación funcional de discapacidad: Se paga el 120 % de la pensión social básica a quienes presentan una pérdida de capacidad evaluada superior al 90 %; el 110 % a las personas evaluadas que han perdido entre el 71 % y el 90 % de su capacidad laboral, y así sucesivamente (véase la tabla 5A.4 en el anexo 5A). La dificultad de implementar esquemas de beneficios que distinguen por grado de discapacidad es comparable a la dificultad de implementar programas que diferencian por grupos de pobreza: Una vez establecida la elegibilidad, no es necesario recopilar más datos. Si los beneficios se pagan a un destinatario designado (como un representante legal), la información de esa persona también se vincula al beneficiario. Es importante comunicar a los beneficiarios los niveles y clasificaciones de los beneficios, ya que deben entender qué les corresponde y por qué. Salvo por las reevaluaciones periódicas del estado de discapacidad, los requisitos de gestión de las operaciones de los beneficiarios son comparables con otros tipos de beneficios que se pagan a las personas, aunque puede que sea más difícil verificar la asistencia a través de destinatarios designados.

Determinación del paquete de servicios

La elaboración de perfiles implementada durante la fase de evaluación suele dar la información del paquete de servicios que recibirán los beneficiarios. Otro factor es la disponibilidad de los servicios: Cuando los cupos son limitados, puede que se ingrese a la persona en una lista de espera o que los trabajadores sociales intenten apartar a las personas de los servicios que registren un exceso de suscripciones. Suponiendo que haya disponibilidad, el propósito es asignar a las personas servicios acordes a sus necesidades y condiciones.

Muchos países aplican un enfoque integrado para los servicios: Agrupan múltiples servicios y, a veces, incluyen los beneficios, o bien prestan servicios como intervención única, donde una persona solicita un servicio específico, se evalúa, se establece su elegibilidad, se la inscribe y luego se le adjudica el servicio. Cuando se agrupan, los servicios se asignan conforme al perfil y a las necesidades de la persona o familia. El capítulo 7 profundiza este enfoque de servicio integrado. Entre los paquetes de beneficios/servicios, se encuentran (1) los paquetes de activación laboral y (2) los servicios y asistencias sociales combinados. A veces, el beneficio es la intervención básica y los servicios se agregan, como en los programas de asistencia social con medidas de acompañamiento que vinculan a las personas con servicios tales como clases de crianza, nutrición, intervenciones de la primera infancia y servicios de inclusión productiva.

Servicios de empleo y paquetes de activación laboral

En el caso de los servicios laborales, muchos países asignan paquetes de beneficios/servicios de activación laboral a las personas desempleadas de acuerdo con su empleabilidad o «distancia» del mercado laboral. El gráfico 5.4 ilustra este método de categorización a partir de diversos

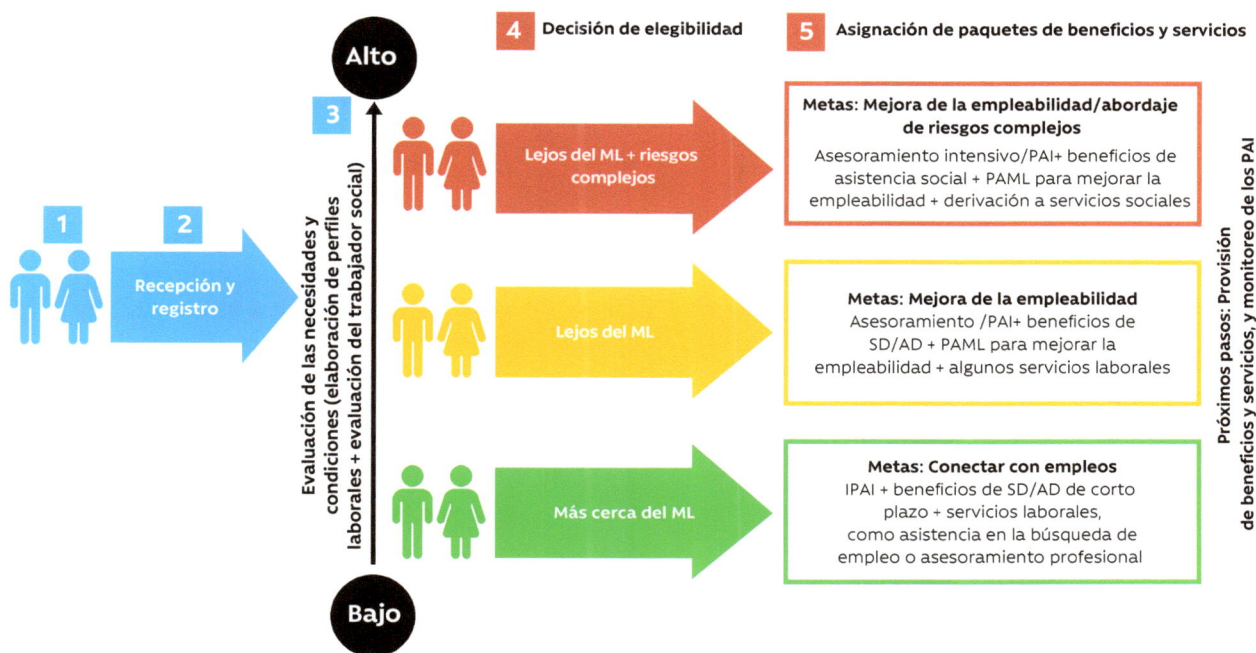

Gráfico 5.4 Activación selectiva de paquetes de beneficios-servicios según el perfil laboral

Fuente: Adaptación de ejemplos conjuntos presentados en Loxha y Morgandi (2014).
Nota: PAML = programa activo del mercado laboral; PAI= plan de acción individualizado; ML = mercado laboral; AD = asistencia por desempleo; SD = seguro de desempleo.

países. Luego de la recepción y el registro, se genera el perfil de la persona desempleada mediante la evaluación del trabajador social y las herramientas para elaborar perfiles laborales estadísticos (véase el capítulo 4). De acuerdo con esa evaluación, se clasifica a la persona según su distancia del mercado laboral. Quienes se encuentran «más cerca» del mercado laboral (fáciles de colocar) podrían recibir un paquete de beneficios por desempleo (seguro o asistencia) más servicios laborales para ayudarlos a encontrar trabajo (bolsa de trabajo, asistencia laboral, derivaciones, orientación vocacional, etc.). Quienes se encuentran más lejos del mercado laboral (por ejemplo, quienes llevan más tiempo sin empleo o tienen empleos temporales, trabajadores desanimados, etc.) pueden recibir un paquete que combine beneficios por desempleo (seguro o asistencia), asesoramiento, PAML para ayudarlos a mejorar su empleabilidad (como capacitación) y servicios laborales. Finalmente, las personas que lleven mucho tiempo desempleadas, inactivas o desanimadas, y quienes presenten necesidades y riesgos sociales más complejos pueden recibir un paquete que incluya asesoramiento intensivo, beneficios de asistencia social de largo plazo, derivación a servicios laborales o sociales especializados y, posiblemente, PAML (como capacitación) para ayudarlas a incrementar su empleabilidad, si se considera que están en condiciones de encontrar empleo. El recuadro 5.8 muestra el método de Irlanda para categorizar beneficiarios y paquetes de beneficios y servicios.

La participación en servicios laborales puede ser voluntaria u obligatoria. Para algunas personas que buscan empleo, la participación en los servicios de empleo es voluntaria. Asisten a las oficinas de empleo locales o a los portales de servicios en línea y usan una variedad de opciones de autoservicio (como las bolsas de trabajo).Incluso pueden usar otros servicios, como cursos de capacitación, orientación vocacional y servicios de empleo, según elijan. Sin embargo, para quienes reciben beneficios por desempleo o asistencia social, el paquete

---

Recuadro 5.8 Activación de paquetes de beneficios-servicios por categorías en Irlanda utilizando herramientas de perfiles laborales

Muchos países clasifican a los beneficiarios desempleados conforme a sus perfiles laborales y a la probabilidad de que permanezcan desempleados por largo plazo para asignarles paquetes de beneficios y servicios personalizados. Esto ayuda a optimizar la asignación de recursos públicos entre los beneficiarios para lograr una mayor eficacia y eficiencia. En Irlanda, la elaboración de perfiles laborales estadísticos se ha convertido en una herramienta fundamental para priorizar la provisión de servicios adecuados a las personas con mayor riesgo de permanecer desempleadas a largo plazo. La elaboración de perfiles laborales estadísticos genera tres grupos de riesgo de personas desempleadas en el *Live Registry* del Departamento de Protección Social.

- La primera categoría son las personas de bajo riesgo, que se estima que permanecerán desempleadas y en el *Live Registry* menos de tres meses. Las personas de este grupo recibirían planificación dirigida por un trabajador social y orientación para la búsqueda laboral.

- La segunda categoría son las personas de riesgo medio, que se estima que permanecerán desempleadas y en el *Live Registry* más de tres meses. Las personas de este grupo tendrían prioridad para sesiones de asesoramiento grupal y cursos de capacitación que tengan como fin mejorar sus competencias e impulsar su empleabilidad.

- La tercera categoría está conformada por personas de alto riesgo, expuestas a un desempleo de largo plazo (que podrían permanecer en el *Live Registry* más de doce meses). Se considera que presentan necesidades inmediatas y tendrían prioridad en la asistencia intensiva individual, y se activarían medidas de colocación laboral (como proyectos de obras públicas).

Fuente: Loxha y Morgandi, 2014.

de activación laboral podría exigir su participación en los servicios asignados. De hecho, los beneficiarios podrían recibir sanciones si no participaran activamente en estos servicios. El propósito de estos paquetes de beneficios y servicios de activación laboral es brindar ayuda económica y servicios laborales mientras se incentiva a los adultos físicamente capaces a reinsertarse en el mercado de trabajo y se reduce la dependencia de los beneficios.

Los planes de acción individualizados (PAI) se suelen usar para apuntalar el paquete de beneficios y servicios de activación laboral, junto con los derechos, las responsabilidades y otras actividades. Los PAI pueden tener diferentes nombres según el país, como planes de progreso personal o contratos de responsabilidades mutuas. Más allá del nombre, los PAI se utilizan para documentar el acuerdo de servicio del beneficiario (también se aplican los PAI para servicios sociales, tal como se analiza a continuación). En el caso de las personas desempleadas, los PAI se utilizan para planificar y llevar a cabo actividades de apoyo para la búsqueda de empleo. Los PAI normalmente se elaboran durante las etapas de evaluación o inscripción de la implementación, donde, por lo general, participan los trabajadores sociales y los clientes, y que luego se supervisan por medio de chequeos regulares. Los PAI constan de varios componentes claves: un resumen de la evaluación individual, que incluye los resultados de la categorización; las metas y los pasos acordados para alcanzarlas; los beneficios (si los hay); la lista de servicios asignados (servicios laborales, PAML y otras actividades a disposición de la persona que busca empleo); las acciones y los compromisos exigidos a ambas partes (la persona que busca empleo y el trabajador social o asesor laboral); las normas y procedimientos sobre sanciones por incumplimiento de acciones requeridas; los derechos de la persona que busca empleo; y la información sobre los procedimientos del mecanismo de quejas y reclamos. Durante la fase de incorporación en el sistema (que se aborda a continuación), tanto el beneficiario como el trabajador social firman el PAI.[5] Las acciones requeridas pueden variar según la categoría de la persona. Para quienes están más cerca del mercado laboral, los requisitos podrían incluir la información semanal sobre actividades de búsqueda laboral, el compromiso de responder a vacantes de empleo, la participación en servicios de empleo asignados y la permanencia en reuniones posteriores. Para quienes se encuentran más lejos del mercado laboral, las acciones exigidas podrían incluir la participación en orientaciones, pruebas especializadas y apoyos a la preparación laboral; participación en otras capacitaciones, prácticas de empleo y orientación laboral; uso de servicios especializados, entre otras.

Servicios sociales

Para los servicios sociales también se puede aplicar un método por categorías similar al usado para combinar los servicios con las necesidades de los desempleados. Esto, normalmente, involucra el criterio del trabajador social, aunque algunos servicios son obligatorios y otros tienen criterios de elegibilidad formalizados. El programa de IMG de Italia con paquetes de servicios personalizados, presentado en el capítulo 4, ilustra esta categorización para combinar servicios de empleo y sociales, según el perfil de la persona o familia.

En el caso de los servicios sociales, la categorización depende de los riesgos sociales y el tipo de servicios. Pese a que algunos servicios pueden ser requeridos (por los solicitantes) o recomendados (por los trabajadores sociales) de forma voluntaria, otros pueden ser ordenados por ley o exigidos como parte de un PAI. El hecho de que los servicios sean voluntarios u obligatorios depende del tipo de servicio y el perfil de riesgo social de la persona. Por ejemplo, cualquiera puede solicitar clases de crianza, servicios de apoyo a madres y padres adolescentes, servicios de primera infancia, pruebas de consumo de sustancias y servicios sociales, pero también pueden ser actividades requeridas dentro de un PAI. Ciertos servicios sociales son obligatorios por ley, tanto para la persona que debe participar como para el Estado que debe proveerlos, o para ambos, por ejemplo, algunos tipos de servicios de protección de la infancia o de adultos, y algunos programas para jóvenes en riesgo. En ciertos casos, el mandato judicial es un estatuto general para personas expuestas a un riesgo social específico; en otros, responden a una resolución judicial para un caso individual. También algunos servicios pueden brindarse por derivación de los trabajadores sociales u otros profesionales. Por ejemplo, se ofrecen algunos servicios de asistencia a la crianza, servicios infantiles y de apoyo juvenil cuando un profesional de la salud o funcionario escolar detecta señales de posible riesgo. Los trabajadores comunitarios también pueden derivar a los jóvenes a programas para la prevención de pandillas u otros programas para jóvenes en situación de riesgo.

Servicios por discapacidad

En los servicios por discapacidad, la elegibilidad depende de la evaluación de los trabajadores sociales, de la gravedad y duración de la condición de discapacidad y de las necesidades específicas. Aun cuando la elegibilidad para los beneficios no se utilice como vía de acceso a los servicios por discapacidad, los criterios y la evaluación para determinar la elegibilidad son similares. Otra posibilidad es que la evaluación y los criterios sean más cualitativos y tengan en cuenta la condición específica de discapacidad y las actividades donde la persona necesita asistencia para determinar el nivel de atención adecuado (por ejemplo, si necesita ayuda para el cuidado personal o asistencia de transporte). Para los servicios, los criterios de elegibilidad tienen dos objetivos: restringir la elegibilidad para racionar recursos escasos y garantizar que estén cubiertas las necesidades de la persona en condición de discapacidad

buscando los servicios disponibles que mejor se ajusten a ella (Waddington, 2018).

Un enfoque integrado para la provisión de servicios sociales adecuados y asistencia a personas en condiciones de discapacidad (PCD) implica un paquete de beneficios y servicios, como las ayudas económicas, la rehabilitación, el desarrollo de habilidades y la inclusión social-productiva. La principal deficiencia observada en la mayoría de los países es la fragmentación del programa. La seguridad social y la asistencia social suelen estar a cargo de proveer la ayuda económica. Los vínculos con los programas de rehabilitación son débiles, y estos tienden a ser limitados en cuanto a su tamaño en países de ingresos medios a bajos, y su provisión depende de distintos organismos. Asimismo, los programas de desarrollo de habilidades y de asistencia a personas en condiciones de discapacidad para la búsqueda de empleo suelen transcurrir en paralelo mediante intervenciones independientes, también con vínculos débiles con los programas de ayuda económica y de rehabilitación. Idealmente, los países deberían desarrollar un enfoque integrado para ofrecer un paquete completo de programas como los descritos en la tabla 5.3.

Tabla 5.3 Enfoque integrado para determinar paquetes de beneficios y servicios para personas en condiciones de discapacidad

Objetivo	Descripción	Resultados esperados
Ayuda económica	Los programas de seguridad social ofrecen una renta de sustitución a trabajadores asegurados que se han quedado en condición de discapacidad, y la asistencia social o las pensiones sociales ofrecen ayuda económica categórica a las PCD más pobres.	Ayuda económica adecuada Bien orientada (reducir errores de exclusión e inclusión) Sostenible (brindar financiación suficiente, clara determinación de costos)
Rehabilitación	La rehabilitación se suele vincular a programas de ayuda económica, que a la larga apoyan la inclusión social y la reinserción en el mercado laboral. Con demasiada frecuencia, se centra estrictamente en la rehabilitación física y en dispositivos de asistencia médica.	De la rehabilitación física a la funcional para acceder al empleo.
Desarrollo de habilidades	Estos programas deberían ser complementos naturales de una educación inclusiva que respalde el acceso a la educación y al empleo para que niños y jóvenes en condición de discapacidad puedan mejorar sus oportunidades laborales y personales.	Mayor cantidad de PCD con habilidades para desempeñarse en empleos según sus capacidades funcionales.
Oportunidades de empleo	Se ofrece acceso al empleo y se fomenta el empleo de las PCD mediante cupos e incentivos.	Mayor cantidad de PCD empleadas.

continuación

Tabla 5.3 *(continuación)*

Objetivo	Descripción	Resultados esperados
Servicios sociales	Los programas exceden la ayuda económica y ofrecen, por ejemplo, guarderías, programas deportivos y culturales y actividades sociales en general para fomentar la inclusión social.	Plena integración de las PCD en la sociedad. Brindar apoyo para la participación en actividades de la vida diaria y, en particular, en las transiciones de los ciclos de vida (por ejemplo, de lactantes a edad escolar; de la educación primaria a la superior; de la escuela al empleo; la reincorporación al empleo luego de una discapacidad aguda; cuidado de personas mayores).

Fuente: Tabla original para esta publicación.

Nota: PCD = personas en condiciones de discapacidad.

5.4   NOTIFICACIÓN E INCORPORACIÓN EN EL SISTEMA

Pese a que gran parte de la etapa de inscripción de la cadena de implementación se relaciona con decisiones, existen algunos pasos del proceso que incluyen la notificación y la incorporación en el sistema. Ambos involucran interacciones con el cliente (en persona, por correo o en línea) y son posibles a través de la comunicación.

La notificación es un proceso sencillo, pero se suele descuidar. El principio básico es que toda persona debería ser notificada de las decisiones de inscripción, ya sea que resulten beneficiarias, en lista de espera o no elegibles. Se tiende a omitir este paso en los sistemas dirigidos por la administración, ya que se registra a los hogares, pero estos no hacen la solicitud oficialmente (y porque suele transcurrir un lapso prolongado entre el registro y las decisiones de elegibilidad e inscripción). *En muchos países, solo se notifica formalmente a los beneficiarios. Eso deja al resto de las personas preguntándose por su estado, y socava la credibilidad y la transparencia.* El contenido de las notificaciones variará según si la persona está inscrita, en lista de espera o no elegible. La notificación enviada a quienes quedan en la lista de espera o son no elegibles debería incluir las razones de la decisión y las instrucciones para presentar quejas y apelaciones. Como mínimo, las notificaciones deberían indicar la decisión, qué recibirá el beneficiario, cuándo, dónde y cómo lo recibirá; sus derechos y responsabilidades; los puntos de información y contacto, y los próximos pasos. A continuación, se analiza información adicional sobre la incorporación en el sistema. Otros aspectos de los pasos de la notificación son los siguientes: (1) Responsabilidades institucionales para el envío de la notificación; (2) canales de comunicación que se utilizarán (en persona, carta formal, correo electrónico, actualización de estado en una cuenta en línea, etc.); y (3) estándares de calidad.

La incorporación en el sistema se puede llevar a cabo a través de diversas modalidades, según el programa y el modelo operativo. Los objetivos de la incorporación consisten en orientar, integrar y preparar a los nuevos beneficiarios para su participación en los programas. En este punto, los beneficiarios deben contar con una comprensión más detallada y operativa del funcionamiento del programa; saber a quiénes contactar; dónde y cómo acceder a los beneficios y servicios (puntos de pago, proveedores de pagos y canales o proveedores de servicios); los cronogramas de pago y provisión de servicios; fechas y lugares de las reuniones de monitoreo; sus derechos, funciones y responsabilidades; dónde y cómo presentar quejas, entre otros aspectos. Existen diversas modalidades de incorporación en el sistema, y algunas se utilizan combinadas, entre ellas:

- *Comunicaciones impresas*, como los kits y materiales de incorporación, además de la notificación en sí misma. El kit del beneficiario también puede incluir la distribución de tarjetas de beneficios electrónicas, libretas o cuadernos diarios de monitoreo y otros materiales del programa, o bien una versión impresa firmada del PAI. La mera entrega de comunicaciones impresas y kits de los beneficiarios sin la incorporación presencial implica menos esfuerzo, pero requiere que los beneficiarios dominen el idioma del material.

- **Reuniones personales individuales** para explicar el funcionamiento del programa, las expectativas, los derechos y responsabilidades del beneficiario, entre otros aspectos. A veces, las reuniones también sirven para ultimar y firmar el PAI. Las reuniones personales se usan más para programas por demanda, ya que los beneficiarios ingresan en el sistema en momentos diferentes.

- **Las sesiones de orientación grupal** se suelen utilizar con programas que aplican enfoques dirigidos por la administración para la recepción y el registro, dado que los beneficiarios están inscritos como cohorte en el mismo punto de partida. En el recuadro 5.9, se incluyen ejemplos de sesiones grupales de incorporación en el sistema para el Programa de Transferencia Monetaria Social de Malaui y el programa de TMC de Indonesia.

Recuadro 5.9 Sesiones grupales de incorporación en el sistema para programas de asistencia social: Ejemplos de Malaui e Indonesia

En general, los programas de asistencia social llevan a cabo sesiones grupales de incorporación cuando se inscribe (o recertifica) a los beneficiarios como cohorte en el mismo punto de partida. A veces son simultáneas a la inscripción, y son esenciales para garantizar que los beneficiarios entiendan sus derechos, funciones y responsabilidades. A continuación, presentamos dos ejemplos:

- **El Programa de Transferencia Monetaria Social (SCTP) de Malaui.** Las reuniones comunitarias se celebran con el fin de inscribir, anunciar e incorporar la lista final de beneficiarios seleccionados (dentro del umbral del 10 % elegible). Los agentes sociales comunales organizan estas reuniones, donde recuerdan a la comunidad los procesos implementados para el registro y la selección, así como el rol de la comunidad para priorizar a quienes se inscribirían y validar los resultados de la evaluación. También explican que el programa solo cuenta con presupuesto para aceptar a las familias clasificadas dentro del 10 % más pobre (umbral relativo) que no cuentan con adultos físicamente capaces (filtro). Seguidamente, llaman a los beneficiarios seleccionados y proceden con la inscripción e incorporación en el sistema, donde confirman el destinatario designado, verifican sus identificaciones, toman fotos para la identificación del programa y explican el proceso de pagos.

- **El programa de transferencia monetaria condicionada de Indonesia (PKH).** Una vez seleccionados los beneficiarios (del 16 % más pobre de la clasificación de hogares registrados), los coordinadores del distrito trabajan con los facilitadores y operadores para determinar la distribución de los beneficiarios según la zona de trabajo de los facilitadores (para distribuir los expedientes). Posteriormente, los facilitadores coordinan con los funcionarios del subdistrito y del pueblo para organizar una reunión inicial de incorporación en el sistema. Los objetivos de esa reunión consisten en (1) explicar los objetivos y normas del programa; (2) divulgar información sobre el programa, la validación de datos y los requisitos de participación en el PKH; (3) explicar las corresponsabilidades (llamadas «compromisos») según el programa (educación, salud y participación en Sesiones de Desarrollo Familiar); (4) explicar las consecuencias del incumplimiento; (5) explicar los procedimientos del mecanismo de reclamos y escuchar las quejas; (6) explicar los derechos y obligaciones de las destinatarias designadas (mujeres); (7) hacer firmar a las destinatarias una carta de compromiso de cumplimiento de las corresponsabilidades; y (8) explicar el cronograma de pagos, el calendario de consultas médicas y de inscripción escolar. Si las familias de los beneficiarios no pueden asistir a la reunión, el facilitador deberá visitar su casa luego de la reunión para explicar la misma información.

Fuentes: El SCTP de Malaui; manual operativo del PKH de Indonesia; observaciones y visitas de campo de Kathy Lindert.

Además de orientar a los beneficiarios sobre el programa, la etapa de incorporación también incluye la recopilación de información adicional necesaria para las operaciones del programa, que pueden ser una foto (para el programa o la identificación funcional), número de teléfono celular, datos de la cuenta bancaria o billetera electrónica, formularios de consentimiento firmados por los beneficiarios (o el destinatario designado), entre otros. Para las TMC, el programa también recopila información de los centros de atención médica y las tareas escolares de cada integrante de la familia que corresponda, que es esencial para controlar el cumplimiento de las corresponsabilidades, tal como se trata en el capítulo 8.

En conclusión, los resultados de la etapa de inscripción son la actualización del sistema de gestión de operaciones de los beneficiarios. La etapa de inscripción abarca muchas decisiones (elegibilidad, inscripción y paquete de beneficios/servicios) y algunos procesos (notificación e incorporación en el sistema). Los resultados de esta fase contemplan la notificación a todas las personas registradas, la incorporación en el sistema de todos los beneficiarios y el establecimiento o actualización de la lista de personas incluidas en el registro de beneficiarios. Esta lista sirve de base para la nómina (en el caso de los beneficios) o para la lista de beneficiarios y sus servicios asignados.

5.5 ARREGLOS INSTITUCIONALES Y SISTEMAS DE INFORMACIÓN

Arreglos institucionales

Los arreglos institucionales de la etapa de inscripción varían mucho según los países, los programas y los modelos operativos. En cada país, existen factores clave que influyen en los arreglos, como el grado y tipo de descentralización, la capacidad administrativa y la asignación de roles y responsabilidades a actores centrales y locales (como se explica en el capítulo 2). Las variaciones entre los programas giran en torno al tipo del programa (beneficios, servicios o integrado), el grupo objetivo (demográfico, socioeconómico, desempleo, condiciones de discapacidad o necesidades o riesgos sociales) y otros factores específicos del programa. Finalmente, también varían los modelos operativos, por ejemplo, entre enfoques de programa único o integrado, y entre enfoques por demanda o dirigidos por la administración.

Es importante identificar quién tendrá el poder de tomar las decisiones. En muchos programas, en especial los de beneficios, las decisiones de elegibilidad e inscripción están centralizadas, aun cuando la recepción, el registro, la evaluación y la incorporación en el sistema sean locales. Esto tiene la ventaja de liberar a los actores locales de las presiones inherentes a la toma de decisiones y garantizar la aplicación equitativa de los criterios de elegibilidad a toda la población. En otros programas, la toma de decisiones es local, especialmente en el caso de los servicios. Otra característica de los servicios es si la decisión

recae sobre el referente o el referido. El trabajador social que realiza la referencia o derivación busca brindar un servicio a los beneficiarios, pero el servicio referido puede no tener cupos disponibles. Finalmente, otro aspecto de la toma de decisiones tiene que ver con la gestión de quejas y apelaciones, como se expone en el capítulo 8.

Los arreglos institucionales para la etapa de inscripción pueden diferir de aquellos de la etapa de evaluación. Es el caso de los registros sociales, donde una agencia implementa la recepción, el registro y la evaluación para numerosos programas y, luego, esos programas, que pueden ser administrados por la misma agencia o por otra entidad, cuentan con sus propios mandatos institucionales y competencias sobre las decisiones de elegibilidad e inscripción.

Sistemas de información

Los sistemas de información son la maquinaria invisible que intermedia entre las personas, por un lado, y las instituciones, por el otro, quienes interactúan a lo largo de toda la cadena de implementación. Los sistemas de gestión de las operaciones de los beneficiarios y las bases de datos en las que se apoyan esos sistemas, denominadas «registros de beneficiarios», son el componente clave de los sistemas de información social integrados, como se detalla en el capítulo 2.

Muchos países desarrollan sistemas independientes para cada programa social con el fin de automatizar procesos de gestión de las operaciones de los programas sociales. Idealmente, estos sistemas de información se diseñan y operan como sistemas cohesivos, dinámicos y modulares con circuitos de retroalimentación. A los sistemas que automatizan estos procesos se los suele llamar «MIS del programa». En el libro de referencia, empleamos el término «sistemas de gestión de las operaciones de los beneficiarios» (SGOB) para referirnos a los sistemas de información que automatizan procesos funcionales y fundamentan las decisiones sobre elegibilidad, inscripción y nivel del paquete de beneficios/servicios, y sostienen la administración del programa. También utilizamos el término «registros integrados de beneficiarios» para referirnos a las bases de datos subyacentes de información sobre los beneficiarios gestionada por cada programa social. Los registros integrados de beneficiarios son plataformas de análisis de datos que ofrecen información sobre «quién recibe qué» beneficios y ayudan a identificar duplicaciones, brechas y superposiciones en todos los programas sociales (gráfico 5.5).

Los sistemas de gestión de las operaciones de los beneficiarios respaldan varios procesos a lo largo de la cadena de implementación, y se centran en las etapas de inscripción, provisión y gestión. Se desarrollan con el fin de apoyar la implementación de un solo programa, aunque a veces apoyan a varios. Pueden estar diseñados con una arquitectura modular o de microservicios y focalizarse en distintos procesos o funciones. Además de los procesos de decisión para determinar la elegibilidad y la inscripción, estos sistemas también sostienen las funciones de administración de pagos (analizadas en el capítulo 6) y las de gestión de las operaciones de los beneficiarios (analizadas en el capítulo 8), así como la medición del desempeño de la implementación (analizada en el capítulo 9). Estas funciones descendientes también se abordan a continuación, dada la dificultad inherente de dividir los sistemas en sus fases componentes y distribuirlas entre los distintos capítulos correspondientes a cada fase de la cadena de implementación.

- **Procesos de decisión sobre la elegibilidad, la inscripción y la determinación de niveles de paquetes de beneficios o servicios.** A través de la inscripción, los solicitantes elegibles se convierten en beneficiarios conforme a los criterios de elegibilidad establecidos por cada programa. El sistema de gestión de las operaciones de los beneficiarios permite generar una lista de beneficiarios y tarjetas de identificación de beneficiarios (véase el análisis de la gestión de datos del beneficiario en el capítulo 8). También

Gráfico 5.5 Módulos funcionales de los sistemas de gestión de las operaciones de los beneficiarios

Fuente: Banco Mundial, de próxima publicación: *Interagency Social Protection Assessment (ISPA) Tool on Integrated Social Information Systems*, Banco Mundial, Washington, DC. Véase también el gráfico 2.5 del capítulo 2.

permite la toma de decisiones sobre los niveles de paquetes de beneficios o servicios de acuerdo con las normas del programa.

- **Procesos de administración de pagos que incluyen la conciliación.** El sistema de gestión de operaciones de los beneficiarios (SGOB) genera listas de los beneficiarios a quienes se pagan los respectivos importes de beneficios. Finalizado el pago, el sistema también facilita el proceso de conciliación recibiendo datos de los pagos efectivamente realizados y los importes desembolsados. (Véase el capítulo 6).

- **Procesos de gestión de datos de los beneficiarios.** Aquí se incluye la actualización y rectificación de información, como cambios en la composición del hogar (nacimientos, fallecimientos o integrantes que se incorporan o abandonan el hogar), el monitoreo de la provisión de beneficios y servicios, y la gestión de reclamos y decisiones de salida.

- **Monitoreo de corresponsabilidades o de participación en medidas de acompañamiento.** Si el programa incluye corresponsabilidades (generalmente relacionadas con la salud y la educación), el sistema de gestión de las operaciones de los beneficiarios almacena datos sobre su cumplimiento. Los SGOB también posibilitan los procesos relacionados con las consecuencias del incumplimiento, que podrían derivar en notificaciones o advertencias, o en la reducción o suspensión de los beneficios que recibe el hogar. Si el programa incluye medidas de acompañamiento (como sesiones sobre nutrición y desarrollo de la primera infancia o visitas a domicilio), el sistema almacenará los datos de la participación en estas sesiones. (Véase el capítulo 8).

- **Panel de análisis de datos.** Los sistemas de gestión de las operaciones de los beneficiarios también generan, suman y analizan datos útiles para el monitoreo general de un programa y para el análisis general de políticas y el apoyo a la visión estratégica para los programas sociales. Estos sistemas generan indicadores de monitoreo básicos. (Véase el capítulo 9).

Datos en los sistemas de gestión de las operaciones de los beneficiarios

Los sistemas de gestión de las operaciones de los beneficiarios recopilan, almacenan y procesan datos de monitoreo específicos del programa y datos básicos sobre el hogar, que incluyen al destinatario designado de los beneficios y servicios, el nivel de beneficios, la provisión de beneficios y servicios, el cronograma de pagos, el control del cumplimiento de las corresponsabilidades o la participación en medidas de acompañamiento, visitas al hogar y reclamos.

Integración de datos de distintos programas sociales

A medida que se crean o mejoran diferentes programas de protección social, la operación de sistemas de información independientes para cada uno genera deficiencias derivadas de la fragmentación, que se convierten en una carga para quienes intentan acceder a ellos, para los administradores y trabajadores sociales, así como para los organismos sociales, de planificación y de finanzas. Cuando estos sistemas operan en paralelo, respaldan varias de las funciones antes mencionadas, entre ellas, los módulos para la determinación de la elegibilidad, la inscripción, la determinación del paquete de beneficios y servicios, y la administración de los pagos. Esto conlleva la duplicación de funciones y la falta de integración de los sistemas, donde múltiples sistemas paralelos realizan las mismas funciones.

La fragmentación puede resultar frustrante, costosa e ineficiente. Integrar los datos de distintos sistemas de gestión de las operaciones de los beneficiarios que respaldan programas sociales individuales dentro de los registros integrados de beneficiarios ayudaría a solventar muchas de estas dificultades que afectan a las personas, a los administradores de programas y a los programas sociales (tabla 5.4).

Los registros integrados de beneficiarios ofrecen una herramienta de «servicios auxiliares» útil para coordinar, controlar, planificar, analizar y lograr eficiencia en la administración de los beneficios. También permiten el monitoreo y la coordinación para saber «quién recibe qué beneficios», y la identificación de duplicaciones intencionales o no intencionales entre los programas. Dado que los registros integrados de beneficiarios vinculan información sobre los beneficiarios de programas sociales, estos pueden ser una señal de los posibles «suministros» de los programas sociales. Un registro integrado de beneficiarios opera como un almacén de datos que recopila información de diferentes programas sociales y sus sistemas de administración de beneficios,

Tabla 5.4   Integración de datos de programas sociales frente a los problemas de fragmentación

	Problemas derivados de la fragmentación de los programas sociales	Ventajas de los registros integrados de beneficiarios
Para las personas	• Deben acudir a muchas oficinas para programas sociales diferentes. • Tiempos de espera prolongados. • Presentación reiterada de los mismos documentos. • Decepción ante la burocracia abrumadora. • Pérdida de oportunidades, beneficios y servicios. • Tiempo y gastos de traslado para la provisión de servicios y pagos.	Si se lleva en tiempo real: • Permite a las personas verificar la situación de su beneficio y las derivaciones a servicios.
Para la administración de programas	• Muchas normas de programas complicadas. • Cargas administrativas pesadas y costos elevados. • Duplicaciones en los procesos. • Falta de información sobre qué otros beneficios y servicios se proveen. • No saber qué casos se deben priorizar.	Si se lleva en tiempo real: • Ofrece a la administración información sobre qué otros beneficios y servicios reciben sus poblaciones destinatarias. • Facilita la intermediación y las derivaciones.

Para organismos de planificación social y finanzas	• Programas fragmentados y descoordinados en diferentes instituciones.
	• Los programas no ofrecen información, riesgo de duplicación y desperdicio de recursos públicos
	• Capacidad administrativa inadecuada.
	• Financiación insuficiente frente a la demanda de asistencia social.
	• Infraestructura deficiente e inseguridad en algunas áreas dificultan la implementación (evaluación de elegibilidad, pagos, monitoreo).
	• Programas de corta duración y alcance limitado.
	• Falta de información sobre:
	  – Perfil de necesidades y condiciones de la población
	  – Quién se beneficia de qué programas
	  – Brechas y duplicaciones en la cobertura
	  – Posibles sinergias en paquetes de beneficios y servicios
	  – ¿Adónde va el dinero?
	  – Cómo aprovechar los programas en tiempos de crisis.
		• Coordinación.
		• Control de quiénes reciben qué programas.
		• Identificación de paquetes complementarios de beneficios y servicios.
		• Identificación de duplicaciones no intencionales entre programas.
		• Análisis y seguimiento del «suministro» de programas.
		• Monitoreo, análisis de datos, elaboración de presupuestos y planificación.

Fuentes: Lindert y Karippacheril, *SP Delivery Systems Presentation*, Curso básico 2016–18 y presentación sobre sistemas de PS en Bonn Symposium, 2016.

como la cantidad y las características de los beneficiarios, el valor, el gasto en programas sociales y el desempeño de los programas, que incluye la frecuencia de los pagos/transferencias, la velocidad o intervalos de procesos clave, y la cantidad de quejas recibidas y resueltas.[6] Permite verificaciones cruzadas mediante mecanismos de interoperabilidad entre sistemas de administración de beneficios autónomos y otros sistemas administrativos de información, tales como los impuestos sobre la renta, el registro civil y el registro social. Posibilita el control y la comunicación de esa información, además de la desagregación por ubicación geográfica. Estos análisis

de datos de los diversos programas no solo serían útiles para el Gobierno, sino también para las personas, ya que ofrecen una mayor transparencia en la implementación y la gestión de programas de asistencia social. Un ejemplo es el sistema de Registro Único de Kenia. El país dispone de varios programas de red de seguridad social, entre ellos, (1) el Programa de Transferencias Monetarias para Niños Huérfanos y Vulnerables, (2) el Programa de Transferencia Monetaria para Personas Mayores, (3) la Transferencia Monetaria para Personas con Condiciones de Discapacidad Grave, (4) el Programa de Red de Asistencia contra el Hambre y (5) el programa Dinero por Bienes del Programa Mundial de Alimentos. Kenia ha consolidado estos programas creando un registro integrado de beneficiarios de la protección social con el fin de reducir las superposiciones entre programas y brindar informes analíticos precisos sobre el sector de protección social. También ha desarrollado un sistema integrado de información para tres de los cuatro programas de transferencia monetaria. Antes de crearlo, tres programas de transferencia monetaria gestionados por el mismo ministerio habían desarrollado aplicaciones de software, bases de datos e infraestructuras de tecnología de la información y comunicación (TIC) paralelas para la gestión de información sobre los beneficiarios, la administración de beneficios y los pagos. Los trabajadores sociales de primera línea responsables de estos programas se apoyaban en aplicaciones de software independientes. A través de un proceso gradual de consolidación de esos programas, se armonizaron las aplicaciones de software de primera línea para que tuvieran una apariencia y sensación similares, aunque los componentes de sus bases de datos fueran independientes. En última instancia, esas bases de datos se consolidaron por medio de un almacén de datos que opera como registro integrado de beneficiarios y que ahora se denomina el *Registro Único*. Este registro ha facilitado el monitoreo eficiente del programa, la reducción de registros duplicados, mayor transparencia y responsabilidad, y ha impulsado la transferencia eficiente de datos y optimizado la calidad de las operaciones. Es interesante mencionar que muchos países operan un registro social o un registro integrado de beneficiarios.

- *Algunos países con registros sociales no cuentan con registros integrados de beneficiarios.* Muchos países han centrado sus esfuerzos en desarrollar registros sociales como herramientas para gestionar la «puerta de entrada» a la posibilidad de ser elegibles para los programas sociales. Sin embargo, no cruzan la información de los beneficiarios reales entre programas sociales, particularmente cuando esos programas los gestionan distintos organismos. En otras palabras, no han desarrollado sistemas integrados de registro de beneficiario y, por lo tanto, carecen de la capacidad de monitorear y coordinar «quién recibe qué beneficios», y de identificar las duplicaciones intencionales o no intencionales entre los programas. Un ejemplo es Brasil. Si bien el registro social *Cadastro Único* sirve

como dispositivo de interconexión común para unos treinta programas sociales destinados a asistir a grupos de ingresos bajos y medios, Brasil no lleva un registro integrado de beneficiarios que le permita coordinar y monitorear los beneficios de estos programas, especialmente entre los programas que se encuentran fuera de la esfera del Ministerio de Desarrollo Social y Agrario (MDSA). Por ende, no tiene forma de llevar a cabo un seguimiento de «quién recibe qué» entre los programas gestionados por diferentes organismos, aun cuando todos empleen el mismo dispositivo de interconexión común del *Cadastro Único*.

- *Otros países han desarrollado registros integrados de beneficiarios (gráfico 5.6), pero no utilizan registros sociales.* Otros países han centrado sus esfuerzos en crear e integrar registros de beneficiarios para respaldar la administración y coordinación de beneficios, pero sin desarrollar registros sociales. Como se mencionó anteriormente, Kenia ha elaborado su Registro Único para consolidar los registros de beneficiarios. Algunos países (o programas) no registran información sobre todos los potenciales beneficiarios (registrados o solicitantes) de un programa social, sino que los programas recopilan información solo de los beneficiarios sobre la base de las decisiones de inscripción tomadas «fuera del sistema». Por ejemplo, en mecanismos de focalización comunitaria, las comunidades o consejos locales suelen tomar

Gráfico 5.6 Registros integrados de beneficiarios

las decisiones de inscripción sin registrar la información de todos los posibles beneficiarios. Por el contrario, una vez tomadas las decisiones de inscripción, la información sobre los beneficiarios se registra en los sistemas de gestión de las operaciones de los beneficiarios. Se han concentrado los esfuerzos en consolidar estos registros de beneficiarios en registros integrados de beneficiarios con el propósito de lograr una mejor coordinación entre los programas. Sin embargo, sin registros sociales que respalden la recepción y el registro, y la determinación de la potencial elegibilidad de todos los solicitantes, estos sistemas carecen de mecanismos de responsabilidad social, como los sistemas de quejas y reclamos para gestionar las apelaciones de las personas u hogares excluidos de los programas sociales (no beneficiarios potencialmente elegibles). Otro caso de país con registros integrados de beneficiarios pero sin registros sociales es Vietnam, que ha desarrollado el POSASOFT, un registro integrado de beneficiarios.

5.6 ALGUNAS CONCLUSIONES

Este capítulo ha analizado la etapa de inscripción de la cadena de implementación, que comprende los diferentes criterios que se emplean para determinar qué solicitantes son elegibles para los programas, las decisiones de inscripción según criterios de elegibilidad y el presupuesto disponible, la determinación del paquete de beneficios y servicios, y la notificación e incorporación de los beneficiarios en el sistema.

Los problemas de coordinación e inclusión se tornan particularmente relevantes en la etapa de elegibilidad e inscripción. La coordinación entre diferentes organismos y programas es clave a la hora de determinar el paquete de beneficios y servicios correcto para cada persona, familia u hogar. El uso de un enfoque integrado que agrupe múltiples beneficios y servicios ofrece oportunidades para la coordinación. Los problemas de inclusión se relacionan con el uso de distintos criterios de elegibilidad (por ejemplo, los umbrales y clasificaciones relativos inhiben el principio de inclusión dinámica) y con las decisiones de inscripción que, en contextos de presupuestos limitados, resultan en la inscripción de solo una fracción de la población elegible y la creación de listas de espera.

La etapa de elegibilidad e inscripción también implica ciertas tensiones y dificultades para la implementación:

● Los criterios de elegibilidad y los menús de beneficios inciden en la implementación no solo de estas fases de decisión de la cadena de implementación, sino también en otras partes de esta cadena:

– Los criterios de elegibilidad y las estructuras de beneficios afectan la información que se recopila en la fase de recepción y registro. Algunos tipos de información son difíciles de obtener y documentar, como los motivos de pérdida del empleo o hasta qué grado una persona se ve afectada por una condición de discapacidad.

– Los criterios también afectan la elección del modelo operativo. Por ejemplo, las clasificaciones y los umbrales de elegibilidad relativos se suelen usar en los modelos dirigidos por la administración, pero no son compatibles con los sistemas por demanda.

● Pueden existir tensiones entre el diseño y la implementación de criterios de elegibilidad y los menús de beneficios. Cuando los objetivos del programa son múltiples, requieren un diseño más complejo, pero la simplificación facilita la implementación del programa.

– En un extremo del espectro, la provisión de beneficios planos es más fácil de administrar, pero no se adapta tan bien a los objetivos de los diversos programas.

– En el otro extremo del espectro, los criterios de elegibilidad y los menús de beneficios complejos de los programas de IMG se utilizan con el objetivo de garantizar un nivel mínimo de ingresos para todos y dar prioridad a los hogares más pobres. No obstante, los rasgos de diseño asociados a estos objetivos agregan complejidad a algunos aspectos de la implementación.

- Cuando los programas no tienen suficientes cupos por falta de capacidad o financiación, no se podrá inscribir a todas las personas que resulten elegibles. Los programas aplican una serie de métodos para gestionar la demanda frente a las restricciones presupuestarias. Algunos ejemplos son las listas de espera, la selección aleatoria entre participantes elegibles, la inscripción en programas por orden de presentación de las solicitudes y la discrecionalidad de los trabajadores sociales según la elaboración de perfiles (por ejemplo, para los servicios).

- La notificación e incorporación en el sistema representan, a veces, una fase ignorada de la etapa de inscripción de la cadena de implementación. Se debe informar de inmediato a todos los solicitantes si son elegibles o no, y si han sido inscritos o están en listas de espera para los programas, según corresponda. Los beneficiarios (quienes son elegibles y están inscritos) también deben recibir orientación y ser incorporados en el sistema a fin de prepararlos para participar en los programas.

En resumen, existen numerosos factores que promueven la implementación eficaz y eficiente de los criterios de elegibilidad, las decisiones de inscripción, la determinación del paquete de beneficios y servicios, y la notificación e incorporación en el sistema:

- Determinación de elegibilidad aplicando criterios específicos del programa.
- Normas claras para determinar la inscripción y establecer listas de espera en contextos de recursos limitados.
- Determinación del paquete de beneficios y servicios correcto teniendo en cuenta menús de beneficios claros y los servicios disponibles.
- Notificación a los solicitantes sobre su estado dentro de un período razonable posterior a la solicitud.
- Provisión de un programa integral de incorporación en el sistema, que incluya información general acerca del programa, y los derechos y responsabilidades de los beneficiarios.

ANEXO 5A : EJEMPLOS DE CRITERIOS DE ELEGIBILIDAD Y ESTRUCTURAS DE BENEFICIOS PARA DIVERSOS TIPOS DE PROGRAMAS

Tabla 5A.1 Estructuras de beneficios para programas demográficos-categóricos: Pensión social para personas mayores y asignaciones familiares/por hijo

Programa y organismo	Criterios de elegibilidad	Estructuras de beneficios por persona	
		Cálculo del beneficio	**Duración/límite de tiempo**
Pensión Universal para el Adulto Mayor de Argentina Ley vigente del 2016; el Ministerio de Desarrollo Social regula los programas de asistencia social. La Comisión Nacional de Pensiones administra los programas de pensión para asistencia social.	**Criterios demográficos:** Edad: > 70. Los ciudadanos naturalizados deben contar con un mínimo de 5 años de residencia inmediatamente anteriores a la solicitud de la pensión, los residentes extranjeros, un mínimo de 40 años. **Comprobación de medios de vida:** Ingresos y bienes por debajo de un nivel de subsistencia, sin recepción de beneficios de seguridad social ni apoyo alimentario de familiares.	**Beneficio plano:** Se paga el 70 % de la jubilación mensual mínima (jubilación básica, pensión compensatoria y pensión adicional). **Ajuste del beneficio:** Los beneficios se ajustan cuando se ajusta la jubilación mínima.	Fallecimiento del beneficiario.
Pensión Social para Adultos Mayores de Brasil (Benefício de Prestaçao Continuada, BPC) Desde 1993; el Instituto Nacional de la Seguridad Social administra los beneficios.	**Criterios demográficos:** Edad: > 65. **Condición de empleo:** Sin trabajo remunerado. **Comprobación de medios de vida:** Con ingresos familiares mensuales inferiores al 25 % del SM mensual legal por persona.	**Beneficio plano = SM:** El beneficio mensual equivale al salario mínimo mensual legal. **Ajuste del beneficio:** Los beneficios se ajustan anualmente con los cambios en el SM.	Fallecimiento; la elegibilidad se revisa cada dos años.
Pensión Social para Personas Mayores de Bulgaria Desde 1924; leyes vigentes en la década del 2000; Ministerio de Trabajo y Políticas Sociales.	**Criterios demográficos:** Edad: > 70 (> 65, si viven solos). **Prueba de ingresos:** Los ingresos familiares de los últimos doce meses no deben superar 12 veces el ingreso mínimo mensual garantizado por cada integrante de la familia.	**Beneficio plano:** Monto fijo mensual.	Fallecimiento del beneficiario.

continuación

Tabla 5A.1 *(continuación)*

Programa y organismo	Criterios de elegibilidad	Estructuras de beneficios por persona	
		Cálculo del beneficio	**Duración/límite de tiempo**
Diversas Asignaciones familiares y por hijos de Bulgaria Desde 1942, ley vigente de 2002; el Organismo de Asistencia Social del Ministerio de Trabajo y Asistencia Social administra el programa.	**Subsidio por nacimiento (universal):** Pagado por cada nacimiento, más allá del ingreso familiar. **Subsidio por embarazo (con comprobación de ingresos con umbral absoluto):** Pagado a mujeres no aseguradas 45 días antes del parto, siempre que el ingreso mensual de cada integrante de la familia no supere el umbral absoluto. **Asignación familiar (con comprobación demográfica y de ingresos con umbral absoluto):** Pagada a niños escolarizados (de 7 a 20 años) que no están en instituciones de cuidado infantil especializadas. Prueba de ingresos: Los ingresos mensuales de cada integrante de la familia no deben superar el umbral absoluto (a menos que el niño sufra una discapacidad permanente). **Complemento por discapacidad:** Pagado a niños en condición de discapacidad que están en instituciones de cuidado infantil especializadas. **Asignación para la crianza (con comprobación demográfica y de ingresos con umbral absoluto):** Pagada a cuidadoras de menores de 1 año (2, si tiene discapacidad) que no reciben beneficios por maternidad. El niño no debe estar en una institución de cuidado infantil especializada. Prueba de ingresos: Los ingresos mensuales de cada integrante de la familia no deben superar el umbral absoluto (a menos que el niño sufra una condición de discapacidad).	**Subsidio por nacimiento, varía según el orden de nacimiento:** Monto fijo por nacimiento del primero, segundo o tercer hijo, y por cada hijo adicional. Monto adicional por nacimiento de niño en condición de discapacidad. **Subsidio por nacimiento, beneficio plano:** Pago plano de suma fija. **Asignación familiar, varía según el orden de nacimiento:** Monto fijo por primero, segundo o tercer hijo, y por cada hijo adicional. Los beneficios se duplican para los hijos en condición de discapacidad. **Complemento por discapacidad, beneficios variables:** Montos específicos dentro de un rango por cada hijo elegible, según el grado de discapacidad. **Asignación para la crianza, beneficio plano:** Monto fijo por niño.	Superación de la edad límite de los niños elegibles.

continuación

Tabla 5A.1 *(continuación)*

Programa y organismo	Criterios de elegibilidad	Estructuras de beneficios por persona	
		Cálculo del beneficio	Duración/límite de tiempo
Pensión Social para Personas Mayores de Georgia Desde 1956, el Ministerio de Trabajo, Salud y Asuntos Sociales regula el programa. El Organismo de Servicios Sociales (OSS) administra el programa, con oficinas regionales y locales del OSS (ventanilla única/centros de servicios).	**Criterios demográficos:** Edad: > 70 (hombres) o > 65 (mujeres). La pensión se paga a una persona o familia sin otros medios de vida.	**Beneficio plano:** Pensión social (personas mayores), monto fijo mensual. **Ajuste del beneficio:** Los beneficios se ajustan ad hoc.	Fallecimiento del beneficiario.
Asignaciones por hijo de Grecia (beneficios de pensión por manutención infantil) Primeras leyes (vigentes): 1958, 1999, 2012, 2013, 2014 y 2018; reguladas por el Ministerio de Trabajo y Seguridad Social. La Organización de Beneficios de Bienestar y Solidaridad Social administra el programa.	**Criterios demográficos/legales:** Niños <18 (< 24, si es estudiante o en condición de discapacidad); deben ser residentes solteros de Grecia. **Prueba de ingresos con umbrales absolutos según el tamaño del H:** Ingreso familiar anual para familias con un hijo <EUR 26.500; dos hijos <EUR 30.000; tres hijos <EUR 33.750; más EUR 1.500 adicionales al umbral por cada hijo siguiente.	**Beneficios variables:** Se paga hasta EUR 70 por mes por el primer y segundo hijo, hasta EUR 140 por el tercero y todo hijo dependiente después del tercero, según el ingreso y la situación familiar.	Superación de la edad límite de los niños elegibles.
Programa de Red de Asistencia Nacional de Kenia Desde 2013, Ministerio de Trabajo y Protección Social.	**Categorización y priorización demográfica** H con NHV, H a cargo de niños. Se prioriza a las personas mayores y personas en condiciones de discapacidad grave. **Clasificaciones socioeconómicas por CSM/relativas:** Hogares extremadamente pobres. Focalización en tres etapas: geográfica (con predominio de la pobreza); priorización comunitaria; clasificaciones por CSM con validación comunitaria. **Recepción de otros beneficios:** El H no debe estar inscrito en otros programas de transferencia monetaria.	**Beneficio plano:** Por mes, pagado en forma bimestral.	Cuando el niño ya no reside con la familia o cumple 18 años; fallecimiento del beneficiario.

continuación

Tabla 5A.1 *(continuación)*

Programa y organismo	Criterios de elegibilidad	Estructuras de beneficios por persona	
		Cálculo del beneficio	Duración/límite de tiempo
Asignación Social para Personas mayores de la República Kirguisa Desde 1922; el Fondo Social administra las pensiones.	**Criterios demográficos:** Edad: > 65 (hombres) y > 60 (mujeres), 2 años por encima de la edad jubilatoria normal. **Ninguna otra cobertura:** Personas no elegibles para pensión de seguro de vejez.	**Beneficio plano:** Monto fijo mensual.	Fallecimiento del beneficiario.
Pensión Social Básica Universal para Personas Mayores de Mauricio Desde 1976; Ministerio de Seguridad Social, Solidaridad Nacional e Instituciones de Reforma.	**Criterios demográficos/legales:** Edad: > 60; los nativos deben haber residido en Mauricio > 12 años después de los 18 años. Sin requisitos de residencia si es > 70. Los no ciudadanos deben haber residido en el país > 15 años desde los 40 años, incluidos los 3 años inmediatamente anteriores a la presentación de la solicitud. **Condición de empleo:** No es necesaria la jubilación. **Criterios especializados/condición de discapacidad:** Asignación por asistencia constante: Pagada a beneficiarios de la pensión básica para personas mayores que se haya establecido con al menos 60 % de discapacidad evaluada y que requieren asistencia constante de otros para sus funciones diarias.	**Beneficios variables por categoría etaria:** Monto fijo para personas de 60 a 89 años; más alto para personas de 90 a 99 años; y mayor para personas de > 100 años. **Beneficio plano:** Asignación por asistencia constante (para cuidadores).	Fallecimiento del beneficiario.
Pensión Social para Personas Mayores de Moldavia Desde 1956, ley vigente de 1999; el Ministerio de Salud, Trabajo y Protección Social es responsable de la política de seguridad social. La Oficina Nacional de Seguridad Social administra los programas.	**Criterios demográficos:** Edad: 62 años y 4 meses (hombres, que aumenta gradualmente a 63 para 2019) o 57 años y 6 meses (mujeres, que aumenta gradualmente a 63 para 2028). **Ninguna otra cobertura:** Personas que no cumplen con los requisitos de cobertura para una jubilación de la seguridad social.	**Beneficio plano:** Por mes. **Ajuste del beneficio:** Los beneficios se ajustan en abril según cambios en los precios al consumidor del año anterior.	Fallecimiento del beneficiario.

continuación

Tabla 5A.1 *(continuación)*

Programa y organismo	Criterios de elegibilidad	Estructuras de beneficios por persona	
		Cálculo del beneficio	**Duración/límite de tiempo**
Moldavia, Asignaciones por Nacimiento e Hijo Primera ley 1977; leyes vigentes 1992 (niños), 1993 (niños y protección familiar); y 2002 (asignaciones familiares); el Ministerio de Salud, Trabajo y Protección Social coordina y supervisa el programa. La Oficina Nacional de Seguridad Social administra el programa.	**Subsidio por nacimiento (universal):** Pagado por cada nacimiento vivo; más allá del ingreso familiar. **Asignación por hijo:** Pagado a cuidadoras de niños menores de 2 años que no cumplen con los requisitos de contribución para la asignación por hijo de la seguridad social.	**Subsidio por nacimiento:** Suma fija por cada niño. Se paga un subsidio adicional por nacimientos múltiples o adopción de dos niños al mismo tiempo. **Asignación por hijo:** Por mes.	Superación de la edad límite de los niños elegibles (después de los 2 años).
Pensión Social para Personas Mayores de Sudáfrica Desde 2004; El Organismo de Seguridad Social de Sudáfrica administra el programa.	**Criterios demográficos:** Edad: > 60 años. **Comprobación de medios de vida (ingresos y bienes) con umbrales de elegibilidad absolutos:** El ingreso anual debe ser inferior a ZAR 73.800 por persona o de ZAR 147.600 por pareja; y bienes valuados en menos de ZAR 1.056.000 por persona o menos de ZAR 2.112.000 por pareja. **Criterios especializados:** Elegibilidad de asignación por asistencia constante: La persona requiere de la asistencia constante de otros para desempeñar sus funciones diarias. **Recepción de otros beneficios:** Los beneficiarios pueden recibir solo un subsidio social a la vez.	**Beneficios variables por categoría etaria:** Monto fijo/mes para personas de 60 a 74 años; más alto para personas > 75. El beneficio se reduce para quienes reciben atención institucional más de 3 meses. **Beneficio plano:** Para asignación por asistencia constante (asignación para cuidadores).	Fallecimiento del beneficiario.

continuación

Tabla 5A.1 *(continuación)*

Programa y organismo	Criterios de elegibilidad	Estructuras de beneficios por persona	
		Cálculo del beneficio	Duración/límite de tiempo
Asistencia Social para Niños Vulnerables de Sudáfrica Desde 2004; El Organismo de Seguridad Social de Sudáfrica administra el programa.	**Categórica y legal, asignación para niños en hogar de acogida:** Pagado a cuidadora principal de niño de acogida de hasta 18 años (21 años, si es estudiante). Debe existir sentencia judicial que acredite su situación de acogida. **Categórica + comprobación de medios de vida, subsidio por manutención:** Pagado a cuidador principal de un niño de hasta 18 años, hasta seis niños sin parentesco biológico (sin límite por hijos con parentesco biológico). El cuidador principal debe ser mayor de 16 años. Comprobación de medios de vida: Ingreso anual menor de ZAR 45.600 por persona; menor de ZAR 91.200 por pareja. **Categórica + comprobación de medios de vida + discapacidad, subsidio por situación de dependencia:** Pagado a madres/padres biológicos, adoptivos o cuidadores principales de un niño de hasta 18 años que requiera cuidado permanente o servicios de apoyo por discapacidad mental o física grave. El niño debe recibir el cuidado en el hogar, y la discapacidad debe ser médicamente confirmada. Comprobación de medios de vida: Ingreso anual inferior a ZAR 192.000 por persona; o de ZAR 384.000 por pareja. El subsidio al niño en acogida no se considera «ingreso» en la comprobación.	**Beneficios planos:** Por cada niño elegible.	Superación de la edad límite del niño en hogar de acogida

Fuentes: Asociación de la Seguridad Social de la Asociación Internacional de la Seguridad Social (AISS), https://www.ssa.gov/policy /docs/progdesc/ssptw/2016, 2017, 2018, según el país y región. Parte de la información también provino del inventario del programa socialprotection.org, http://socialprotection.org/discover/programme/search, complementado con fuentes gubernamentales del país específico en algunas instancias.

Nota: H = hogar; SM = salario mínimo; NHV = niños huérfanos y vulnerables; CSM = comprobación sustitutiva de medios de vida; OSS = Organismo de Servicios Sociales.

Tabla 5A.2 Estructuras de beneficios para programas contra la pobreza

Programa y organismo	Criterios de elegibilidad	Condicionalidades	Estructuras de beneficio por familia u hogar	
			Cálculo del beneficio	Duración/límite de tiempo
Programa *Bolsa Família* de Brasil (TMC) Desde 2003; gestionado por el Ministerio Desarrollo Social y Agrario (MDSA) con responsabilidades descentralizadas implementadas por oficinas municipales.	**Umbrales absolutos aplicados a la CM:** Pobres extremos (PX) = con ingreso per cápita < BRL 89; pobres moderados (MP) = con ingreso per cápita < BRL 178. **Otros criterios:** Edad, género, embarazo de integrantes de la familia.	Asistencia escolar > 85 % del tiempo para edades de 6 a 15 años. Asistencia escolar > 75 % del tiempo para edades de 16 a 17 años. Salud: Cronograma de consultas médicas y vacunas según el MdS para embarazadas/ lactantes y niños de 0 a 6 años. (Véase el capítulo 8).	**Menú de beneficios:** Diferenciado de diversas maneras según tamaño y composición del H y el grupo de pobreza. **Beneficio base plano para pobres extremos:** BRL 89 para XP (con ingresos < BRL 89). **Beneficios variables sobre la base de la composición del H:** Para PM y PX: Niños de 6 a 15 años, BRL 41; de 0 a 6 años, BRL 41; de 16 a 17 años (máximo de dos integrantes de la familia en esta categoría), BRL 48. Mujeres embarazadas/lactantes: BRL 41 **Beneficio de IMG variable para PX:** Beneficio de IMG variable = valor de BRL $89 – sus ingresos declarados.	Ninguno; se reevalúa cada dos años.

continuación

Tabla 5A.2 (continuación)

Programa y organismo	Criterios de elegibilidad	Condicionalidades	Estructuras de beneficio por familia u hogar	
			Cálculo del beneficio	Duración/límite de tiempo
Ingreso Mínimo Garantizado de Bulgaria (IMG) Desde 1942, ley vigente de 2002; el Organismo de Asistencia Social del Ministerio de Trabajo y Asistencia Social administra el programa.	**Criterios legales:** Ciudadanos y residentes permanentes o asilados/refugiados de Bulgaria. **Prueba de ingresos con umbrales absolutos:** El ingreso neto familiar per cápita mensual < ingreso mínimo diferenciado (IMD), que se establece como coeficiente social (%) de IMG. El coeficiente social (%) varía según las características de cada integrante del H. IMG = nivel fijo del ingreso mensual BGN 75 (al 2017). *Ingreso* se define como todo dinero proveniente de pensiones, salarios, rentas, alquileres, beneficios para infancias, pagos de manutención, etc. **Filtros de bienes:** Máximo de una residencia; máximo de 1 habitación/persona; sin bienes muebles e inmuebles que generen ingresos adicionales a las necesidades habituales de la familia (p. ej., tierras, equipamiento agrícola, etc.); no deben estar inscritos como comerciantes autónomos/propietarios de empresa; ciertos bienes financieros; no deben haber vendido una casa de veraneo o segunda propiedad en los últimos cinco años, etc. **Filtros de exclusión para categorías de personas:** Adultos de hasta 30 años que conviven con sus padres, algunas categorías de estudiantes, etc.	Adultos físicamente capaces en edad laboral[a] inscritos en la Dirección de Empleo por lo menos 6 meses antes de solicitar asistencia social; no rechazar propuestas de trabajo ni participación en capacitación de alfabetización, calificación vocacional o competencias clave, u otros servicios de empleo. Educación: Asistencia escolar para niños beneficiarios. Salud: Registros de vacunación para niños en edad escolar.	**IMG variables según ingresos, tamaño y composición del H:** Asignación de IMG = diferencia entre el ingreso mensual diferenciado (IMD) y el ingreso familiar mensual efectivo (el beneficio se paga en forma mensual). El IMD se calcula como un coeficiente social (%) multiplicado por el nivel de IMG fijo (BGN 75 al 2017). Los coeficientes sociales específicos (%) se asignan a personas o integrantes individuales de la familia según categorías demográficas. Los beneficios se calculan para cada integrante; quienes cumplen criterios de más de una categoría son elegibles para los porcentajes más favorables. El monto del beneficio mensual = IMD – ingresos del mes anterior.	Duración ilimitada, pero se evalúa de forma periódica.

continuación

Programa y organismo	Criterios de elegibilidad	Condicionalidades	Estructuras de beneficio por familia u hogar	
			Cálculo del beneficio	**Duración/límite de tiempo**
Familias en Acción (FA- TMC) de Colombia Desde 2000; Departamento para la Prosperidad Social	**Umbrales absolutos aplicados a las puntuaciones de CSM:** Elegible según puntuación de CSM dentro de los rangos de corte para cada región, basado en Sistema de Beneficiarios de los Programas Sociales (registro social) y determinado por el programa en coordinación con el Departamento de Planificación (DNP). **Criterios demográficos:** Debe tener niños < 18.	Asistencia escolar > 80 % para niños de 5 a 18 años. Consultas médicas para niños < 6 años. (Véase el capítulo 8).	**Beneficio variable según tamaño, composición y la ubicación geográfica del H:** El beneficio varía según la región y grado escolar.	Sin límite de tiempo, rectificación periódica
Ingreso Mínimo Garantizado de Croacia (IMG) Desde 1949 (primera ley), ley vigente desde 2015; el Ministerio de Demografía, Familia, Juventud y Políticas Sociales lleva a cabo la supervisión legal general. Los Centros de Bienestar Social administran el programa de IMG a través de oficinas regionales.	**Legal:** Ciudadanos y residentes permanentes de Croacia, y ciertos ciudadanos extranjeros con residencia temporal. **Comprobación de medios de vida/ bienes con umbrales absolutos:** Pagado a familias y personas sin ingresos o con bajos ingresos. La comprobación de los ingresos se basa en ingresos y bienes individuales o familiares.	Las personas desempleadas deben estar inscritas en una oficina de empleo, y tener capacidad y disponibilidad para trabajar. Deben aceptar ofertas laborales, sin importar las calificaciones o experiencia (incluso los empleos por temporada o temporarios), de lo contrario, se suspenden los beneficios[b].	**Beneficios variables según tamaño y composición del H:** Calculado en % del nivel de ingreso mensual garantizado (HRK 800 en 2017). El beneficio se calcula como 60 % del nivel de IMG para un adulto, el 115 % para una persona en condición de discapacidad; 100 % para padre/madre soltera sin discapacidad; 40 % para niño; 55 % para un niño de familia monoparental. **Tope máximo:** El beneficio mensual máximo es el SM mensual bruto de HRK 3275 (2017).	Sin límite de tiempo, excepto para quienes estén en condiciones de trabajar y lo soliciten por solo 24 meses, y no pueden volver a solicitarlo por un período de tres meses (se mantiene elegibilidad para demás integrantes de la familia).

continuación

Tabla 5A.2 (continuación)

Programa y organismo	Criterios de elegibilidad	Condicionalidades	Estructuras de beneficio por familia u hogar	
			Cálculo del beneficio	Duración/límite de tiempo
Ingreso Mínimo Garantizado de Grecia (IMG) Desde 2015; el Ministerio de Trabajo, Seguridad Social y Solidaridad Social supervisa la implementación y evaluación. La Gobernanza Electrónica de la Seguridad Social (I.DI.K.A) lleva los sistemas de información. La OAED (oficina de empleo) apoya los vínculos laborales.	**Legal:** Residente de Grecia. **Comprobación de los ingresos con umbrales absolutos:** El ingreso de los 6 meses previos a la carta no puede superar el umbral de apoyo máximo según el tamaño del H: EUR 200/mes por H unipersonal, EUR 100/mes por cada adulto adicional; EUR 50/mes por cada niño menor. Ingresos = ingresos brutos totales de todo tipo, todos los beneficios y otros apoyos recibidos. No se computan como ingresos: el 20 % de los ingresos netos de servicios remunerados; todos los beneficios por discapacidad no contributivos. Desestimación de ingresos: Cuando los beneficiarios adultos encuentran empleo, se desestiman los siguientes ingresos: el 100 % del salario del primer mes; el 40 % del salario de los 2 meses siguientes. **Valores y filtros de bienes:** Valor de bienes inmuebles, muebles y financieros superiores a los umbrales específicos; tenencia de bienes específicos (embarcaciones, aviones, helicópteros, planeadores, piscinas recreativas privadas). (De no cumplirse alguno de estos criterios, el solicitante será considerado no elegible).	La asistencia escolar de los niños beneficiarios en edad escolar. Los adultos desempleados con capacidad laboral deben inscribirse en oficinas de empleo (OAED), aceptar todas las ofertas laborales acordes a sus capacidades y habilidades, y participar en programas de empleo o capacitación vocacional, si se ofrecen. Plan de inclusión e integración individual establecido por trabajadores sociales (no ejecutados estrictamente todavía).	**Beneficios variables según tamaño e ingresos del H:** La diferencia entre el nivel de apoyo garantizado menos el ingreso mensual promedio de los últimos seis meses. **Tope máximo:** EUR 900 **Vínculos con otros beneficios y servicios:** Acceso libre al sistema público sanitario; derivaciones a servicios psicosociales; tarifa social de electricidad, agua, impuestos; prioridad para servicios de capacitación y educativos; vínculos con otros programas contra la pobreza.	Ninguno, pero deben informar todos los cambios dentro de los 15 días y presentar la declaración impositiva anual.

continuación

Tabla 5A.2 (continuación)

Programa y organismo	Criterios de elegibilidad	Condicionalidades	Estructuras de beneficio por familia u hogar	
			Cálculo del beneficio	Duración/límite de tiempo
PKH (TMC) de Indonesia Desde 2007; Ministerio de Asuntos Sociales (MAS).	**Umbrales relativos aplicados a la CSM:** Para ser elegibles, los hogares deben ser parte del 16 % más pobre de los hogares inscritos en la UDB (la última serie de registro masiva fue en 2015) y reconfirmados a través de la validación de facilitadores.	Asistencia escolar > 85 % para niños de 6 a 21 años hasta que finalicen la escuela. Consultas médicas para mujeres E/L y niños pequeños. Asistencia a sesiones de desarrollo familiar (no obligatoria, por ahora). (Véase el capítulo 8).	**Beneficio plano:** Por cada H en 2018. **Beneficios variables y diferenciados según composición del H:** Para diferentes categorías de integrantes antes de 2017 y vuelven a empezar en 2019: Mujeres E/L, niños pequeños, niños escolarizados, personas mayores, en condición de discapacidad, etc. Para 2019: beneficios en fase de pago 1 del año calendario. Beneficio fijo por zona: INR 550.000 por familia en zonas regulares; INR 1.000.000 por familia en zonas remotas. Beneficios variables por integrante del H: INR 2.400 para embarazadas y niños < 5 años, INR 900.000 para niños de escuela primaria, INR 1.500.000 para niños del primer ciclo de secundaria, INR 2.000 para segundo ciclo de secundaria, INR 2.400 para personas mayores y personas en condiciones de discapacidad grave. Máximo de 4 beneficios variables por familia (para maximizar el valor del beneficio variable), pero todos los integrantes deben cumplir con las corresponsabilidades bajo supervisión.	6 años, recertificación, luego 3 años más si sigue en situación de pobreza, o suspensión si no lo está. La recertificación no se ha implementado, pero está planificada para 2019.

continuación

Tabla 5A.2 (continuación)

Programa y organismo	Criterios de elegibilidad	Condicionalidades	Estructuras de beneficio por familia u hogar	
			Cálculo del beneficio	Duración/límite de tiempo
PATH (TMC) de Jamaica Desde 2001, Ministerio de Trabajo y Seguridad Social (PATH bajo la División de Asistencia Pública), con oficinas parroquiales.	**Umbrales absolutos aplicados a puntuaciones de CSM:** Elegibilidad temporaria hasta que se verifique el H para quienes están por debajo del umbral; H en el límite, con 5 puntos por encima del umbral. **Criterios demográficos:** Los H deben tener integrantes de las siguientes categorías: niños de 0-6 años, niños de 6-18 años, E/L, personas mayores, personas en condición de discapacidad, adultos pobres.	Asistencia escolar > 85 % para niños de 6 a 18 años. Consultas médicas para mujeres E/L, niños pequeños, personas mayores y personas en condición de discapacidad. (Véase el capítulo 8).	**Beneficio mínimo plano:** JMD 800 (no condicionado). **Beneficios variables según composición del H: (por categoría de integrante):** niños de grados 1-6 (JMD 1.600); grados 7-9 (JMD 2.050); grados 10-13 (JMD 2.400); mujeres E/L (JMD 1.850); personas mayores (JMD 2.250); condición de discapacidad (JMD 1.850); adultos pobres (JMD 1.850).	Sin límite de tiempo; los integrantes individuales pueden superar edad límite; reevaluación cada 4 años.
Social Cash Transfer Program (SCPT) de Malaui [TMNC, como parte de un programa global de protección social más amplio con obras públicas, alimentación escolar (SF) y otros programas] Desde 2015, Ministerio de Género, Infancia, Discapacidad y Bienestar Social.	**Umbrales porcentuales relativos aplicados a la CSM:** 10 % de PX para el SCTP y SF; 15,5 % de PX con capacidad laboral para OP y SF; 26,2 % de PM para OP, subsidio a los insumos, préstamos de ahorro para pueblos, otros programas de inclusión económica productiva. **Filtro de exclusión:** Adultos sin capacidad física (es decir, sin capacidad laboral).	Ninguna.	**Beneficio variable por H con ajuste por tamaño del H:** 1 persona = MWK 2600; 2 personas = MWK 3300; 3 personas = MWK 4400; 4+ personas = MWK 5600. **Bonos escolares:** Primaria (MWK 800); secundaria (MWK 1500).	No se menciona ninguno, pero posibles 4 años para reevaluar.

continuación

Tabla 5A.2 (continuación)

Programa y organismo	Criterios de elegibilidad	Condicionalidades	Estructuras de beneficio por familia u hogar	
			Cálculo del beneficio	Duración/límite de tiempo
Prospera, de México Desde 1997; gestionado por la Coordinación Nacional de Prospera, un organismo descentralizado de la Secretaría de Desarrollo Social (SEDESOL).	**Umbrales absolutos aplicados a las puntuaciones de CSM:** Un hogar resulta elegible si su puntuación de CSM está por debajo de la línea de bienestar mínima ajustada, según determine el Consejo Nacional de Evaluación de la Política de Desarrollo Social (CONEVAL).	Inscripción escolar y < 4 ausencias por mes para escuela primaria y primer ciclo de secundaria, y certificación de permanencia escolar en segundo ciclo de secundaria. Registro en centro de salud designado, asistencia de todos los integrantes a consultas médicas programadas y participación en seminarios de autocuidado de la salud.	**Beneficios variables según tamaño y composición del H:** Los beneficios varían por cantidad de niños < 9 años (manutención); cantidad de niños escolarizados y sus grados escolares (becas), y cantidad de personas mayores (apoyo para mayores). Un H puede recibir becas y manutención de niños para un máximo de 3 integrantes.	Sin límite de tiempo, rectificación periódica (cada 8 años).
BISP (TMNC) y WeT (TMC) de Pakistán Desde 2008, WeT desde 2012; oficina del BISP, que opera de manera autónoma bajo el Ministerio de Hacienda.	**Criterios demográficos/legales:** Las familias deben contar con una solicitante femenina con Tarjeta de Identidad Nacional Computarizada (CNIC) válida. Las solicitantes individuales deben ser viudas o divorciadas sin familiares hombres; para la TMC, familias con niños en edad escolar. **Umbrales absolutos para puntuaciones de pobreza en la CSM:** Quienes tienen puntuaciones por debajo del corte (y cumplan con otros criterios).	Asistencia escolar > 70 % para niños de 4 a 12 años en la TMC de WeT. (Véase el capítulo 8).	**BISP-TMNC:** Importe de beneficio plano por H. **WeT-TMC:** Beneficio adicional por hijo.	Sin límite de tiempo específico; cuando los niños alcanzan la edad límite o completan la educación primaria.

continuación

Tabla 5A.2 (continuación)

Programa y organismo	Criterios de elegibilidad	Condicionalidades	Estructuras de beneficio por familia u hogar	
			Cálculo del beneficio	Duración/límite de tiempo
Programa *Pantawid Pamilyang Pilipino* (4P, TMC) de Filipinas Desde 2007; Departamento de Bienestar y Desarrollo Social (DSWD).	**Umbral absoluto:** Hogares clasificados como «pobres» por el registro social Listahanan, según «ingreso estimado» previsto en los modelos de CSM. Umbrales establecidos en el nivel provincial. **Criterios demográficos:** Los H deben tener niños de 0 a 18 años o integrantes embarazadas (en el momento de registro en Listahanan). **Verificación comunitaria:** A través de asambleas comunitarias (FC).	Asistencia escolar > 85 % para niños de 3 a 18 años. Consultas médicas para mujeres E/L y niños. (Véase el capítulo 8).	**Subsidios de salud, variables según tamaño y composición del H:** PHP 500/hogar/mes durante 12 meses para familias con mujeres E/L (en el momento del registro). **Subsidios educativos, variables por edad de los niños, hasta un máximo de niños:** de PHP 300/niño/mes para aquellos en guarderías /escolarizados o PHP 500/niño/mes para los que cursen secundaria durante 10 meses, con tope máximo de 3 beneficios/H.	Sin límite de tiempo; los miembros del H individuales pueden superar la edad límite; recertificación periódica con barrido censal.
Ingreso Mínimo Garantizado (IMG) de Rumania Desde 1950, diversas leyes y reformas de las décadas del 2000 y 2010; el Ministerio de Trabajo y Justicia Social es responsable de la supervisión general y el desarrollo de políticas; el Organismo Nacional de Pagos e Inspección Social administra todos los beneficios sociales. Las oficinas locales, consejos locales y otras instituciones pagan los beneficios.	**Legal:** Toda persona rumana o extranjera (residente) y personas sin hogar. **Comprobación de medios de vida con umbrales absolutos:** Familias y personas con ingresos por debajo de un umbral definido legalmente por un IMG. La comprobación de ingresos se basa en ingresos y propiedades (bienes no monetarios, como ganado, tierras, etc.) que superen cuantitativamente los límites establecidos para cada categoría de bienes considerados estrictamente necesarios.	Participación en programas de activación laboral. Aceptar un trabajo adecuado. Ofrecer una cantidad específica de horas de servicio comunitario.	**Beneficios variables según ingresos y tamaño del H:** Se paga diferencia entre los ingresos familiares y el nivel diferenciado de IMG. El nivel de IMG se calcula como coeficiente social (por tamaño del H) multiplicado por el Índice de Inserción Social (fijado en RON 500 desde enero de 2014). Para un H unipersonal, el IMG = 28,3 % × 500 = RON 142; para un H de dos personas, el IMG = 51 % × 500 = RON 255; para un H de tres personas, el IMG = 71,4 % × 500 = RON 357; para un H de cuatro personas el IMG = 88,4% × 500 = RON 442; para un H de cinco personas el IMG = 105,4% × 500 = RON 527, etc. El beneficio equivale a la diferencia entre el IMG diferenciado y los niveles de ingresos. **Beneficio complementario de incentivo al trabajo:** Las familias con, al menos, un miembro empleado reciben un beneficio de extra del 15 % para fomentar el esfuerzo laboral.	Sin límite de tiempo (se paga de manera indefinida si se cumple con la elegibilidad y las condiciones). Debe ofrecer una declaración de composición familiar e ingresos cada tres meses, más comprobantes de las condiciones.

continuación

Tabla 5A.2 (continuación)

Programa y organismo	Criterios de elegibilidad	Condicionalidades	Estructuras de beneficio por familia u hogar	
			Cálculo del beneficio	Duración/límite de tiempo
TMNC, TMC y otros programas bajo el programa global PSSN de Tanzania. Desde 2014; Fondo de Acción Social de Tanzania (TASAF).	**Umbrales absolutos aplicados a la CSM:** Si las puntuaciones se encuentran por debajo de los umbrales, el H se considera elegible para programas asociados a estos umbrales (aun cuando implique que la cantidad de beneficiarios supere las asignaciones de planificación presupuestarias para ese distrito). **Criterios demográficos:** Tamaño y composición del H.	Asistencia escolar > 80 % para niños de 5 a 18 años. Consultas médicas para embarazadas y niños. (Véase el capítulo 8).	**TMNC, monto plano por H:** TZS 10.000 por mes. **TMC: Monto variable adicional por H** según su tamaño y composición: adicional de TZS 4.000 por mes por H con embarazadas y niños.	Ninguno, aunque los integrantes superen la edad límite.

continuación

Tabla 5A.2 (continuación)

Programa y organismo	Criterios de elegibilidad	Condicionalidades	Estructuras de beneficio por familia u hogar	
			Cálculo del beneficio	Duración/límite de tiempo
TMC de Turquía Desde 2003; gestionada por la Dirección General de Asistencia Social bajo el Ministerio de Familia, Trabajo y Servicios Sociales, e implementado por 1000 Fundaciones de Asistencia Social y Solidaridad distritales.	**Umbrales absolutos aplicados a la comprobación de medios de vida:** Sin ingresos de empleos formales entre integrantes del H, y puntuaciones de bienestar inferiores a umbrales. **Criterios demográficos de elegibilidad:** Componente educativo: Edad e inscripción en la educación formal. Componente sanitario: Embarazo de una integrante.	Asistencia escolar > 80 % para hijos de 6 a 25 años. Consultas médicas para embarazadas y niños pequeños (0-6). (Véase el capítulo 8).	**Variable, según tamaño y composición del H, además de otro componente (educativo o sanitario):** Por componente educativo (por mes): varones de escuela primaria o secundaria TRY 35 (USD 22,43), niñas de escuela primaria o secundaria 40 TRY (USD 25,64), varones de segundo ciclo de la secundaria TRY 50 (USD 32,05) y niñas del segundo ciclo de secundaria TRY 60 (USD 38,46). Por componente sanitario (por mes): Beneficio plano por cada niño (de 0 a 6 años) TRY 35 (USD 22, 43), beneficio prenatal y postparto TRY 35 (USD 22,43), y beneficio único por parto de TRY 75 (USD 48,07). (Según la paridad de poder adquisitivo para 2017; USD 1 = TRY 1,56, según el FMI).	Sin límite de tiempo (si se cumple con la elegibilidad y las condiciones). Las fuentes de datos administrativos actualizan los perfiles de H (al menos una vez cada 45 días) y visitas a los H (una o dos veces por año).

Fuentes: Inventario del programa Socialprotection.org, http://socialprotection.org/discover/programme/search; la Administración de la Seguridad Social con la Administración Internacional de la Seguridad Social (AISS), https://www.ssa.gov/policy/docs/progdesc /ssptw/. Brasil: Manual de Operaciones de Bolsa Familia; Bulgaria: Jeliazkova y Minev, 2014; IME 2015; sitio web de la Comisión Europea; Administración de Seguridad Social 2018b. Colombia: Manual de Operaciones de FA. Croacia: Stubbs y Zrinscak, 2015. Grecia: Marini *et al.*, 2016; Vardaramatou y Pertsinidou, 2018; Zini *et al.*, 2018. Ministerio de Asuntos Sociales de Indonesia; Documentos Operativos del PKH. Jamaica: Manual de Operaciones del PATH. Malaui: ICBS 2018; Lindert *et al.*, 2018. México: Normas operativas de Prospera, 2018; Rumania: Comisión Europea, 2014; Banco Mundial, 2015. Turquía: Manual de Operaciones sobre Programas de Asistencia Regular Centralizada de Turquía (Dirección General de Asistencia Social, octubre de 2014); Ortakaya, 2018.

Nota: BISP =Programa de Apoyo a los Ingresos Benazir; FC = focalización comunitaria; TMC = transferencia monetaria condicionada (programa); IMD = ingreso mensual diferenciado; IMG = ingreso mínimo garantizado; H = hogar; MdS = Ministerio de Sanidad; PM = pobreza moderada; PATH = Programa para la Mejora de la Salud y la Educación; PKH = Programa Keluarga Harapan; E/L = embarazada/lactante; CSM = comprobación sustitutiva de medios de vida; PSSN = Red de Asistencia Social Productiva; SCTP = Programa de Transferencia Social de Efectivo; TMNC = transferencias monetarias no condicionada (programa); UDB = Base de Datos Unificada; WeT = Waseela-e-Taleem; PX = pobreza extrema.

a. Esta condición no se aplica a (1) un padre/madre que cría a un niño de hasta 3 años; (2) una persona en condición de discapacidad permanente o con un tipo o grado de discapacidad del 50 % o más; (3) una persona que cuida de un familiar o conviviente con enfermedad grave; (4) personas con enfermedad mental certificada por un documento emitido por autoridades competentes; (5) personas mayores de 18 años que estudian en una forma de escolaridad diaria del sistema de educación pública y escuelas secundarias especiales; (6) mujeres a partir del tercer mes de embarazo (Jeliazkova y Minev, 2014).

b. Algunas personas están exentas de estas condicionalidades, incluso aquellas que están a menos de 5 años de la edad para jubilarse; madres/padres a cargo del cuidado de un niño menor de 1 año, mellizos menores de 3 años o niño en condición de discapacidad grave; niños menores de 15 años (o mayores si reciben educación de tiempo completo); personas mayores de 65 años; personas en condiciones de discapacidad; mujeres embarazadas/lactantes (hasta seis meses después del parto), etc. (Stubbs y Zrinscak, 2015).

Tabla 5A.3 Estructura de beneficios para servicios de seguro de desempleo y asistencia por desempleo

Programa y organismo	Criterios de elegibilidad	Condicionalidades	Estructuras de beneficios por persona	
			Cálculo del beneficio	Duración
SD de Albania Desde 1993, regulado por el Ministerio de Hacienda y Economía; el Instituto de la Seguridad Social administra; el Servicio Nacional de Empleo paga los beneficios; la Dirección General Impositiva recauda las contribuciones.	**Estado de desempleo:** Debe estar desempleado en forma involuntaria. **Antecedentes contributivos:** > 1 año de contribuciones previas al desempleo. **Ningún otro beneficio:** (excepto por discapacidad parcial).	Debe inscribirse en una oficina de empleo. Debe estar dispuesto a a recibir capacitación.	**Beneficio plano:** Por persona.	De 3 a 12 meses según la extensión del período de contribución.
SD de Argentina Desde 1967, ley vigente desde 1991, regulado por el Ministerio de Trabajo, Empleo y Seguridad Social (MTESS); administrado por la Administración Nacional de la Seguridad Social; gestión independiente para trabajadores agrícolas y de la construcción.	**Estado de desempleo e historial contributivo:** Período mínimo de contribuciones previas al desempleo (6 meses en los últimos 3 años; 3 meses en los últimos 12 meses para trabajadores temporarios; 8 meses en los últimos 2 años para la construcción). **Criterios especializados:** Beneficio extendido para desempleados > 45 años con hijos. **Ningún otro beneficio.**	Debe inscribirse como desempleado. Debe estar disponible para un empleo adecuado.	**Beneficios variables:** Fijado en 50 % de los salarios más altos en el período de 6 meses previo. **Piso mínimo, tope máximo.** **Beneficios adicionales:** Para desempleados y dependientes, beneficios médicos de asistencia social, asignaciones familiares y puede continuar el seguro médico. **Beneficio de suma fija:** Para personas desempleadas que planifican emprender un negocio y presentan un plan de negocios para que el MTESS lo apruebe.	De 2 a 12 meses según la extensión del período de contribución. Beneficio extendido por 6 meses adicionales en un porcentaje descendente.

continuación

Tabla 5A.3 *(continuación)*

Programa y organismo	Criterios de elegibilidad	Condicionalidades	Estructuras de beneficios por persona	
			Cálculo del beneficio	**Duración**
SD de Armenia Desde 1992; los Servicios de Seguridad Social Estatal ofrecen financiación; el Servicio de Empleo Estatal administra el programa a través de centros regionales.	**Estado de desempleo:** Debe estar desempleado debido a una reorganización empresarial, reducción de personal o cancelación de convenios colectivos. **Categoría de empleo:** Empleado o trabajador independiente. **Antecedentes contributivos:** > 12 meses de contribuciones.	Inscribirse en una oficina de empleo. En condiciones y disposición para trabajar. Buscar empleo activamente.	**Beneficio plano:** Calculado como el 60 % del SM.	Hasta 12 meses.
SD de Bahréin Desde 2006; el Ministerio de Trabajo inscribe al desempleado; toma decisiones sobre elegibilidad, inscripción y derecho al beneficio, ofrece capacitación; la Organización de la Seguridad Social administra el programa (contribuciones y pagos).	**Criterios demográficos/legales:** Por debajo de la edad jubilatoria; residente legal de Bahréin. **Estado de desempleo:** No debe haber sido por renuncia voluntaria; mala conducta o negativa a aceptar una oferta laboral. **Categoría de empleo:** Empleo formal en el sector público y privado (se excluye a trabajadores autónomos). **Antecedentes contributivos:** Período mínimo de empleo consecutivo de 12 meses, 12/18 meses, 18/24 meses, 36/48 meses para solicitudes posteriores.	Inscribirse en una oficina de empleo. Con capacidad y disponibilidad para trabajar.	**Beneficios variables:** Fijado en un 60 % de los salarios más altos en el período de 12 meses previo. **Piso mínimo, tope máximo.**	Hasta 6 meses.
AD de Bahréin Igual al anterior.	**Criterios demográficos/legales:** > 17 años y por debajo de la edad jubilatoria; ciudadanía de Bahréin. **Categoría de empleo:** En busca de su primer empleo o que perciben un seguro y no califica para recibir un SD. **Filtro económico:** No debe realizar actividades remuneradas ni tener su propio negocio.	Inscribirse en una oficina de empleo. Con capacidad y disponibilidad para trabajar.	**Beneficio plano:** Dos categorías: importe mayor a personas con calificación académica; importe menor para otras personas desempleadas.	Hasta 6 meses.

continuación

Tabla 5A.3 *(continuación)*

Programa y organismo	Criterios de elegibilidad	Condicionalidades	Estructuras de beneficios por persona	
			Cálculo del beneficio	**Duración**
SD de Grecia Desde 1954, ley vigente desde 1985; regulado por el Ministerio de Trabajo y Seguridad Social; la Organización del Empleo y de Trabajo (OAED) administra los beneficios y servicios de empleo a través de oficinas de empleo locales; el Fondo de Seguridad Social Unificado recauda las contribuciones.	**Criterios demográficos:** < 65 años. **Estado de desempleo:** Debe ser involuntario. **Antecedentes contributivos:** Períodos de contribución mínima previos al desempleo (según categorías de empleados); elegibilidad para recibir beneficios para trabajadores de temporada: más de 125 días de contribuciones en los últimos 14 meses. **Umbral de comprobación de medios de vida:** Ingresos máximos para trabajadores autónomos. **Otros beneficios:** Sin pensión por discapacidad.	Inscribirse en una oficina de empleo. Con capacidad y disponibilidad para trabajar.	**Importe de beneficio plano. Asignación adicional por dependencia con comprobación de medios de vida:** El 10 % de los ingresos del asegurado por cada persona dependiente; hasta el 70 %. **Beneficio de suma fija:** Para asignación por temporada.	Hasta 12 meses, según historial contributivo previo.
AD de Grecia Igual al anterior.	**Beneficio para jóvenes:** Desempleado de 20 a 29 años. **Asistencia especial por desempleo para DLD:** Desempleados de 20 a 66 años ya no elegibles para SD (desempleados durante < 1 año); comprobación de medios de vida: ingreso anual hasta el umbral (ajustado por cada hijo).	Igual al anterior.	**Importe de beneficio plano.**	Hasta 5 meses por beneficio para jóvenes; hasta 12 meses por beneficios especiales de AD para DLD.

continuación

Tabla 5A.3 *(continuación)*

Programa y organismo	Criterios de elegibilidad	Condicionalidades	Estructuras de beneficios por persona	
			Cálculo del beneficio	Duración
SD de la República de Corea Desde 1995; regulado por el Ministerio de Empleo y trabajo (MoEL); las Oficinas de Seguridad de Empleo bajo el MoEL administran el programa y pagan los beneficios; el Servicio de Indemnización por Accidente de Trabajo y Bienestar recauda las contribuciones.	**Criterios demográficos:** < 65 años. **Categorías de empleo:** Todos los empleados; cobertura voluntaria para autónomos o quienes tengan < 5 empleados. **Filtros de exclusión:** Personas que trabajan < 60 horas por mes o < 15 horas por semana, y trabajo familiar. **Antecedentes contributivos:** > 6 meses de cobertura contributiva durante los últimos 18 meses.	Inscribirse en una oficina de seguridad laboral. Con capacidad y disponibilidad para trabajar. Se pagan asignaciones «condicionadas» adicionales a desempleados para alentar la capacitación o búsqueda de empleo. Los servicios de empleo se prestan a través del Programa de Estabilización Laboral y el Programa de Desarrollo de Competencias Vocacionales.	**Beneficio variable:** Fijado en un 50 % de los ingresos diarios promedio del asegurado durante los 3 meses previos al desempleo. **Piso mínimo, tope máximo.** Las asignaciones condicionadas adicionales incluyen la asignación de recontratación temprana, la asignación por desarrollo de habilidades vocacionales, y la asignación por transporte y mudanza.	El beneficio se paga tras un período de espera de 7 días y hasta 90 días a quienes tengan de 6 a 12 meses de cobertura; hasta 240 días a quienes tengan > 10 años de cobertura o sean > 50 años o en condición de discapacidad.
SD de Kuwait Desde 2013; el Instituto Público de Seguridad Social (con un directorio presidido por el Ministro de Hacienda) administra el programa.	**Criterios demográficos/ legales:** De 18 a 60 años para ciudadanos de Kuwait. **Otros beneficios:** No elegible para jubilaciones. **Antecedentes contributivos:** Período mínimo de contribuciones previas a la solicitud por desempleo.	Debe solicitar el Programa de Reestructuración de la Fuerza Laboral dentro de los 6 meses del despido. Requerido para emprender un trabajo o capacitación disponible a través de ese programa.	**Beneficio variable:** Fijado en un 60 % de los últimos ingresos más la jubilación que le correspondería según ese sistema complementario. **Tope máximo.**	Hasta 6 meses.

continuación

Programa y organismo	Criterios de elegibilidad	Condicionalidades	Estructuras de beneficios por persona	
			Cálculo del beneficio	Duración
SD de Mauricio Desde 1983; Ministerio de Trabajo, Relaciones Industriales y Empleo (MoLIRE) y Ministerio de la Seguridad Social, Solidaridad Nacional e Instituciones de Reforma.	**Estado de desempleo:** Debe ser despido por motivos económicos, tecnológicos o estructurales que afecten a la empresa, o debido al incumplimiento de un contrato laboral. **Categorías de empleo:** Trabajadores del sector formal (excluidos: empleados públicos, empleados de empresas estatales, trabajadores autónomos, trabajadores a tiempo parcial, trabajadores migrantes). **Antecedentes contributivos:** > 6 meses de empleo consecutivos con el empleador al momento del despido.	Inscribirse y participar en el Programa de Prestaciones Laborales Condicionadas en el MoLIRE dentro de los 7 días posteriores al despido.	**Beneficio variable:** Fijado en un 90 % de los ingresos básicos del asegurado. **Piso mínimo.**	De 3 a 12 meses.
AD de Mauricio Desde 1983; el Ministerio de Seguridad Social, Solidaridad Nacional e Instituciones de Reforma administra el programa de AD.	**Estado de desempleo e integrantes de familia:** Desempleado, cabeza de hogar, dependientes. **Comprobación de medios de vida:** Comprobación de ingresos para determinar montos de beneficios.	En condiciones y disponibilidad para trabajar. Buscar empleo activamente. Inscrito como desempleado en el intercambio de desempleo durante al menos 30 días.	**Beneficio variable:** Comprobación de medios de vida hasta un **tope máximo.** **Beneficio variable:** Para asignaciones por alquiler (% de alquiler hasta un **tope máximo**). **Beneficios planos:** Para cónyuges, hijos de diversas categorías etarias. **Piso mínimo, tope máximo.**	Hasta 12 meses.

continuación

Tabla 5A.3 *(continuación)*

Programa y organismo	Criterios de elegibilidad	Condicionalidades	Estructuras de beneficios por persona	
			Cálculo del beneficio	Duración
SD de Moldavia Desde 1992, el Ministerio de Salud, Trabajo y Protección Social, y el Organismo Nacional de Empleo administran el programa.	**Condición legal:** Residentes de Moldavia. **Antecedentes contributivos:** > 9 meses de empleo cubierto en los 24 meses previos a la fecha de registro. **Filtro económico/ comprobación de medios de vida:** No debe contar con ingresos imponibles.	Inscribirse en una oficina de seguridad laboral. Con capacidad y disponibilidad para trabajar. Los beneficios se reducen, posponen, suspenden o cancelan si el asegurado es despedido por violar normas disciplinarias, abandonar su empleo sin justa causa, violar condiciones de asignación de empleo o capacitación vocacional, o si hubo acciones fraudulentas.	**Beneficio variable:** Calculado como % del salario promedio del último lugar de trabajo, y el % varía según la causa y las circunstancias del desempleo (30 %, 40 % o 50 %). **Piso mínimo:** SM. **Tope máximo:** Salario mensual promedio nacional.	Hasta 6, 9 o 12 meses, según la cantidad de años de empleo anterior.
SD de Sudáfrica Desde 1996; regulado por el Departamento de Trabajo; el Fondo de Seguro de Desempleo administra el programa (comités de beneficios locales y funcionarios de reclamos).	**Estado de desempleo:** Debe ser consecuencia de la rescisión del contrato, extinción de un contrato de TT, despido (excepto cuando sea por motivos disciplinarios), insolvencia del empleador o fallecimiento del empleador (para trabajador del hogar). **Tiempo del desempleo:** Tienen que haber pasado 14 días sin encontrar nuevo empleo luego del despido. **Plazo:** Debe solicitar beneficios dentro de los 6 meses posteriores a quedar desempleado por primera vez. **Antecedentes contributivos:** Al menos un crédito acumulado antes de quedar desempleado.	Inscribirse y reportarse al intercambio de empleo público (a menos que el desempleo sea por enfermedad o embarazo). Con capacidad y disponibilidad para trabajar.	**Beneficio variable:** Fijado en un % de los ingresos diarios durante el año anterior (orientado a % más altos para personas de menos ingresos). **Tope máximo:** Sobre ingresos mensuales (como base de cálculo) y en importes de beneficios diarios.	Hasta 238 días sin contar créditos utilizados por enfermedad, adopción o beneficios a familiares sobrevivientes.

continuación

Tabla 5A.3 *(continuación)*

Programa y organismo	Criterios de elegibilidad	Condicionalidades	Estructuras de beneficios por persona	
			Cálculo del beneficio	Duración
SD de Tailandia Desde 2004; regulado por el Ministerio de Trabajo; la Oficina de Seguridad Social recauda contribuciones y paga los beneficios; el Departamento de Empleo del MoL inscribe a los desempleados para la colocación y la capacitación a través de la Oficina del Servicio de Empleo del Gobierno. El Departamento de Desarrollo de Habilidades del MoL capacita a desempleados para nuevos empleos.	**Criterios demográficos:** Edades: De 15 a 60 años. **Estado de desempleo:** Se desconocen algunas causas específicas de desempleo (ejercicio deshonesto de las funciones, comisión intencional de un delito penal, violación grave de normas laborales, etc.) **Categorías de empleo:** Se incluye a empleados, se excluye a trabajadores autónomos. **Antecedentes contributivos:** Más de 6 meses de cobertura contributiva durante los últimos 15 meses previos al desempleo.	Deben inscribirse en la Oficina del Servicio de Empleo del Gobierno. Capacidad y disposición de aceptar cualquier oferta laboral adecuada. Debe reportarse al menos una vez por mes ante el Servicio de Empleo del Gobierno. La Oficina de Seguridad Social podrá suspender el pago de beneficios por incumplimiento de las condiciones.	**Beneficios variables:** Fijado en un 50 % del salario del asegurado (los 3 meses más altos de los últimos 9 meses) para desempleados involuntarios; 30 % para desempleados voluntarios. **Tope máximo.**	Hasta 180 días para desempleados involuntarios. Hasta 90 días para desempleados voluntarios.
SD de Turquía Desde 1999, con reformas más recientes de 2008; regulado por el Ministerio de Trabajo y Seguridad Social; el Instituto de Seguridad Social se encarga de recaudar las contribuciones; el Organismo de Empleo (IKSUR) administra el programa.	**Criterios demográficos:** Mayor de 18 años. **Categoría de empleo:** Empleados con contratos privados o públicos y otros grupos determinados. **Antecedentes contributivos:** Más de 600 días de contribuciones en los 3 años previos al desempleo, incluidos los últimos 120 días de empleo.	Inscribirse y estar disponible para un empleo adecuado.	**Beneficios variables:** Fijado en un 50 % de los ingresos diarios promedio sobre la base de los últimos 4 meses. **Tope máximo:** Según la industria en la que trabajaba.	Hasta 180 días, 240 días, 300 días, según la cantidad de días de contribuciones.

Fuentes: Asociación de la Seguridad Social de la Asociación Internacional de la Seguridad Social (AISS), https://www.ssa.gov/policy/docs/progdesc/ssptw/2016, 2017, 2018, según el país y región. Parte de la información también provino del inventario del programa socialprotection.org, http://socialprotection.org/discover/programme/search, complementado con fuentes gubernamentales del país específico, en algunas instancias.

Nota: TT = trabajo temporario; DLD = desempleados de larga duración; MT = Ministerio de Trabajo; SOE = empresas estatales; AD = asistencia por desempleo; SD= seguro de desempleo; SM = salario mínimo.

Tabla 5A.4 Estructura de beneficios de asistencia y seguro por discapacidad

Programa y organismo	Criterios de elegibilidad	Estructuras de beneficios por persona	
		Cálculo del beneficio	Duración/límite de tiempo
Beneficios de seguro por discapacidad de Albania Desde 1993, Ministerio de Finanzas y Economía; Instituto de la Seguridad Social; Dirección General Impositiva.	**Evaluación funcional de la discapacidad:** Se evalúa si presenta una discapacidad total (ciegos, en condición de discapacidad grave o no apto para trabajar); o discapacidad parcial (no califica para trabajar de manera habitual, pero sí para trabajar en ciertas condiciones). Para discapacidad parcial: Debe evaluarse si presenta un 33 % a 67 % de pérdida de capacidad laboral. La Comisión Médica evalúa el grado de discapacidad. **Empleo e historial contributivo:** Contar con cobertura en al menos 75 % de los años desde los 20 años, y al menos uno de los cinco años previos al inicio de la discapacidad. **Criterios especializados:** Complemento por asistencia constante: Pagada si el asegurado requiere asistencia constante de otros para desempeñar sus funciones diarias.	**Beneficios variables según tamaño y composición del H:** Pensión mensual equivale al % del período de cobertura del asegurado respecto del período de cobertura exigido por ley, multiplicado por el importe de la pensión social para personas mayores, más 1 % de los ingresos cubiertos promedio del asegurado por cada año de cobertura. Pensión por discapacidad parcial: Se paga el 50 % de la pensión por discapacidad total. Complemento plano adicional por discapacidad total. Complemento por asistencia constante: Se paga el 15 % de los ingresos cubiertos promedio del asegurado. **Piso mínimo:** La pensión por discapacidad mensual mínima es del 75 % del SM mensual legal. **Ajuste del beneficio:** Los beneficios se ajustan anualmente.	No se menciona ninguno.

continuación

Programa y organismo	Criterios de elegibilidad	Estructuras de beneficios por persona	
		Cálculo del beneficio	Duración/límite de tiempo
Beneficios de Asistencia por Discapacidad de Albania Desde 1993, Ministerio de Finanzas y Economía; Instituto de la Seguridad Social.	**Criterios demográficos/ legales:** Debe ser ciudadano de Albania. **Estado de discapacidad:** Evaluación que establezca una discapacidad física, sensorial, mental o psicológica de nacimiento, provocada por un accidente o enfermedad. **Sin historial contributivo:** No debe cumplir requisitos de contribución para la pensión por discapacidad de la seguridad social.	**Beneficios variables por categoría de discapacidad:** Montos especificados para diversas categorías: discapacidades no laborales, paraplejia o tetraplejia (por causas laborales o no laborales); ceguera. **Ajuste del beneficio:** Se ajustan anualmente sobre la base del Consejo de Decisiones Ministeriales (CMD).	No se menciona ninguno.
Beneficios de Asistencia por Discapacidad de Argentina Leyes vigentes: 1971 y 2016; el Ministerio de Desarrollo Social regula los programas de asistencia social. La Comisión Nacional de Pensiones administra los programas de pensión para asistencia social.	**Criterios demográficos/ legales:** De edad inferior a la edad jubilatoria normal. Los ciudadanos naturalizados deben contar con al menos cinco años de residencia inmediatamente anteriores a la solicitud de pensión, residentes extranjeros, al menos 20 años. **Estado de discapacidad funcional:** Al menos 76 % de lucro cesante evaluado. **Ningún otro apoyo:** No debe recibir ninguna otra pensión ni asistencia alimentaria para familiares. Personal de establecimientos de salud públicos evalúan el grado de discapacidad.	**Beneficio por persona como % del SM:** 70 % de la jubilación mensual mínima (jubilación básica, pensión compensatoria y pensión adicional). Se pueden pagar beneficios adicionales a dependientes que reciben asignaciones familiares. **Ajuste del beneficio:** Los beneficios se ajustan cuando se ajusta la jubilación mínima.	La pensión por discapacidad finaliza en la edad jubilatoria normal y se remplaza por una jubilación universal.

continuación

Tabla 5A.4 *(continuación)*

Programa y organismo	Criterios de elegibilidad	Estructuras de beneficios por persona	
		Cálculo del beneficio	Duración/límite de tiempo
Beneficios de seguro de discapacidad de Bahréin Desde 1976, el Ministerio de Finanzas y Economía se encarga de la supervisión general. La Organización de la Seguridad Social, gestionada por un directorio, administra el programa.	**Criterios demográficos/legales:** Ciudadano de Bahréin que trabaja en Bahréin o el Consejo de Cooperación del Golfo. Debe ser < 60 años (hombres) o < 55 años (mujeres) cuando la discapacidad se inicie. **Antecedentes contributivos:** Debe contar con al menos 6 meses consecutivos de contribuciones inmediatamente antes del inicio de la discapacidad o 12 meses no consecutivos de contribuciones, con 3 meses inmediatamente antes del inicio de la discapacidad. La pensión también se paga si la discapacidad empezó dentro del año previo al cese de las contribuciones.	**Beneficios variables según el historial de ingresos y contribuciones:** La pensión es del 44 % de los ingresos mensuales promedio del asegurado en el último año de contribuciones antes del inicio de la discapacidad, o del 2 % de los ingresos promedio del asegurado en el último año de contribuciones multiplicado por la cantidad de años de contribuciones, la que resulte más alta. **Piso mínimo:** La pensión mínima es del 44 % de los ingresos mensuales promedio del asegurado en el último año de contribuciones o de IQD 180, la que resulte más alta; una persona asegurada con ingresos menores que IQD 180 recibe una pensión del 100 % de su salario contributivo promedio del último año. **Tope máximo:** La pensión máxima es de 80 % de los ingresos promedio del asegurado más un 10 % adicional de la pensión. En lugar del 10 % adicional, el beneficiario puede optar por una suma fija del 3 % de los ingresos promedio mensuales de los últimos 2 años multiplicados por 12 veces la cantidad de años de cobertura.	No se menciona ninguno.
Pensión social para personas mayores de Brasil (Beneficio de Prestaçao Continuada, BPC) Desde 1993; el Instituto Nacional de la Seguridad Social administra los beneficios.	**Estado de discapacidad:** La discapacidad debe ser evaluada. **Comprobación de medios de vida:** Con ingresos domésticos mensuales de < 25 % del SM mensual legal por persona.	**Beneficio plano = SM.** El beneficio mensual es el SM mensual legal. **Ajuste del beneficio:** Se ajustan anualmente según los cambios en el SM.	Ninguno, pero la elegibilidad se revisa cada dos años.

continuación

Tabla 5A.4 *(continuación)*

Programa y organismo	Criterios de elegibilidad	Estructuras de beneficios por persona	
		Cálculo del beneficio	Duración/límite de tiempo
Beneficios de Asistencia por Discapacidad de Bulgaria Desde 1924; leyes vigentes en la década del 2000; Ministerio de Trabajo y Políticas Sociales.	**Criterios demográficos:** > 16 años. **Discapacidad funcional:** Debe registrar, por lo menos, un 71 % de pérdida de capacidad laboral evaluada. Las Comisiones de Expertos Médicos del Ministerio de Salud evalúan la pérdida de la capacidad laboral.	**Beneficio variable según el grado de discapacidad:** Se paga mensual el 120 % del monto de la pensión social para personas mayores por una pérdida de capacidad laboral superior a 90 %; y el 110 %, por una pérdida de capacidad laboral evaluada del 71 % al 90 %.	No se menciona ninguno.
Beneficios de asistencia por discapacidad de Georgia (pensión social por discapacidad) Desde 1956, el Ministerio de Trabajo, Salud y Asuntos Sociales regula el programa. El Organismo de Servicios Sociales administra el programa, con oficinas regionales y locales del SSA (ventanilla única/centros de servicios integrados).	**Estado de discapacidad:** La discapacidad debe ser evaluada. **Ningún otro apoyo:** La pensión se paga a persona o familia sin otros medios de vida.	**Beneficios planos por persona:** Por mes. **Ajuste del beneficio:** Los beneficios se ajustan *ad hoc*.	No se menciona ninguno.
Beneficio por Discapacidad de Jamaica Desde 1965, el Ministerio de Trabajo y Seguridad Social administra el beneficio a través de la División Nacional de Seguros y oficinas locales. La Administración Impositiva de Jamaica recauda las contribuciones.	**Discapacidad funcional:** La discapacidad permanente para trabajar evaluada debe ser de al menos 10 %. Un asesor médico independiente designado por el Ministerio de Trabajo y Seguridad Social evalúa la discapacidad. **Antecedentes contributivos:** Debe contar con > 156 semanas de contribuciones pagas.	**Beneficio variable según el grado de discapacidad:** El beneficio semanal se establece dentro de un rango de beneficios según el grado evaluado de discapacidad del 10 % al 100 %. **Beneficios planos:** Complemento semanal para cónyuge; se paga una subvención por discapacidad con una suma fija.	No se menciona ninguno.

continuación

Tabla 5A.4 *(continuación)*

Programa y organismo	Criterios de elegibilidad	Estructuras de beneficios por persona	
		Cálculo del beneficio	Duración/límite de tiempo
Pensión de Seguro de Discapacidad de Kuwait Desde 1995; el Instituto Público de Seguridad Social, gestionado por un directorio y presidido por el Ministro de Hacienda, administra el programa.	**Estado de discapacidad funcional:** Un grado evaluado de discapacidad para trabajar > 50 %. El consejo médico general evalúa el grado de discapacidad.	**Beneficio variable según contribuciones e ingresos:** El beneficio es del 65 % (75 % para personal militar) de los últimos ingresos mensuales; más el 2 % por cada año de contribuciones que exceda los 15 años; hasta un 95 % de los ingresos (el 100 % para el personal militar). Se le acreditan años de contribución desde la fecha de inicio de la discapacidad hasta los 60 años. **Ajuste del beneficio:** Se aplican ajustes en las tasas fijas cada 3 años.	Hasta cumplir 60 años.
Beneficios Básicos Universales de Asistencia por Discapacidad de Mauricio Desde 1976; Ministerio de Seguridad Social, Solidaridad Nacional e Instituciones de Reforma.	**Criterios demográficos/ legales:** Edades: De 15 a 59 años; no existen requisitos de residencia para ciudadanos de Mauricio; los no ciudadanos deben haber residido en Mauricio durante al menos 5 de los últimos 10 años, incluido un año inmediatamente anterior a la presentación de la solicitud. **Estado de discapacidad:** Evaluado con > 60 % de discapacidad que se espera que dure al menos 12 meses; una junta médica deberá evaluar la condición de discapacidad. **Criterios especializados:** Asignación por asistencia constante: Pagada a beneficiarios de la pensión por discapacidad básica que requieren de asistencia constante de otros para el desarrollo de sus funciones diarias.	**Beneficios planos:** Por persona.	No se menciona ninguno.

continuación

Tabla 5A.4 *(continuación)*

Programa y organismo	Criterios de elegibilidad	Estructuras de beneficios por persona	
		Cálculo del beneficio	Duración/límite de tiempo
Beneficios de seguro de discapacidad de Mauricio Desde 1976; Ministerio de Seguridad Social, Solidaridad Nacional e Instituciones de Reforma.	**Estado de discapacidad:** Evaluada de al menos 60 %, que se espera que dure al menos 12 meses. Una junta médica debe evaluar la discapacidad.	**Beneficios variables:** Según el historial contributivo y las proyecciones actuariales.	No se menciona ninguno.
Beneficios de Asistencia por Discapacidad de Moldavia (Pensión Social) Desde 1956, ley vigente de 1999; el Ministerio de Salud, Trabajo y Protección Social es responsable de la política de seguridad social. La Oficina Nacional de Seguridad Social administra los programas.	**Estado de discapacidad (clasificaciones médicas):** Personas en condición de discapacidad grave, significativa o media que inició en la infancia; niños < 18 años en condición de discapacidad grave, significativa o media, y adultos evaluados con condición de discapacidad de Grupo I, II o III. **Ninguna otra cobertura:** Para personas que no cumplen con los requisitos de cobertura para una pensión por discapacidad de la seguridad social. **Asignación para cuidador:** Pagada a personas que cuidan a un niño menor de 18 años con condición de discapacidad grave, persona con condición de discapacidad grave que inició en la infancia o persona ciega con condición de discapacidad grave.	**Beneficio variable según el grado de discapacidad:** Se paga una pensión social mensual por discapacidad a una persona en condición de discapacidad grave que inició en la infancia o a menor de 18 años; pensión levemente menor por discapacidad significativa; e importe mensual inferior para discapacidad media. Los niveles de beneficios también varían para adultos evaluados con condición de discapacidad de Grupo I, II o III que no cumplen con los requisitos de cobertura para la pensión por discapacidad de la seguridad social (más alto para el Grupo I, moderado para el Grupo II, más bajo para el Grupo III). **Monto plano:** Asignación para cuidador. **Ajuste del beneficio:** Los beneficios se ajustan en abril según los cambios en los precios al consumidor del año anterior.	No se menciona ninguno.

continuación

Tabla 5A.4 *(continuación)*

Programa y organismo	Criterios de elegibilidad	Estructuras de beneficios por persona	
		Cálculo del beneficio	Duración/límite de tiempo
Beneficios de Asistencia por discapacidad de Sudáfrica Desde 2004; el Departamento de Desarrollo Social regula el programa, el Organismo de Seguridad Social de Sudáfrica administra el programa.	**Criterios demográficos:** Edades: De 18 a 59 años. **Estado de discapacidad:** Evaluado en condición de discapacidad temporal durante más de seis meses. La discapacidad debe ser confirmada por una evaluación médica. **Comprobación de medios de vida (ingresos y bienes) con umbrales de elegibilidad absolutos:** El ingreso anual debe ser < ZAR 73.800 por persona o < ZAR 147.600 por pareja; y los bienes deben ser < ZAR 1.056.000 por persona o < ZAR 2.112.000 por pareja. **Criterios especializados:** Elegibilidad para asignaciones de asistencia constante: La persona en condición de discapacidad requiere de la asistencia constante de otros para desempeñar sus funciones diarias. **Ningún otro beneficio.** Los beneficiarios pueden recibir solo un subsidio social a la vez.	**Montos de beneficio plano:** Para subsidios de asistencia social por discapacidad y subsidio para cuidadores (inferior).	No se menciona ninguno.

continuación

Tabla 5A.4 *(continuación)*

Programa y organismo	Criterios de elegibilidad	Estructuras de beneficios por persona	
		Cálculo del beneficio	**Duración/límite de tiempo**
Seguro de Discapacidad para Trabajadores de Sudáfrica Desde 1993, el Departamento de Trabajo regula el programa; el Comisionado de Compensaciones administra el programa, incluidas las decisiones sobre quejas y reclamos, y gestión de los fondos con los que se pagan los beneficios.	**Evaluación de discapacidad:** Temporaria o permanente, y parcial o completa (grado de discapacidad). Debe ser confirmada por una evaluación médica. **Categoría de empleo:** Empleados que trabajan más de 24 horas por mes, incluidos los trabajadores domésticos y de temporada. **Filtros de exclusión:** Funcionarios públicos, pasantes, extranjeros que trabajan por contrato y personas que reciben un beneficio por lesión laboral o enfermedad profesional del fondo de compensación.	**Beneficios variables por discapacidad total, según el historial de ingresos:** De evaluarse que presenta una discapacidad total (100 %), el beneficio se fija al 75 % de los últimos ingresos mensuales del asegurado. **Beneficios variables por discapacidad parcial, según grado de discapacidad e historial de ingresos:** De evaluarse que presenta discapacidad parcial, el % de ingresos lo determinará la oficina del Comisionado de Compensaciones. Si el grado de discapacidad evaluado es del 31 % al 99 %, se pagará un % de la pensión total según el grado de discapacidad evaluado. Para un grado de discapacidad evaluado de hasta 30 %, se paga una suma fija de hasta 15 veces los últimos ingresos mensuales del asegurado. **Piso mínimo y tope máximo:** Para ingresos y beneficios.	Para discapacidad temporaria: Hasta 12 meses, puede extenderse a 24 meses después de una evaluación adicional de la discapacidad.
Seguro de discapacidad de Tailandia Desde 1990, el Ministerio de Trabajo se encarga de la supervisión general. La Oficina de Seguridad Social recauda las contribuciones y paga los beneficios.	**Estado de discapacidad:** Sin capacidad para trabajar; los funcionarios médicos designados por la Oficina de Seguridad Social evalúan anualmente el grado de discapacidad. **Antecedentes contributivos:** Al menos 3 meses de contribuciones en los 15 meses previos al inicio de la discapacidad física o mental total. El beneficio se paga una vez que cesa el derecho a recibir un beneficio monetario por enfermedad.	**Beneficio variable basado en el historial de ingresos:** El 50 % de los salarios diarios promedio del asegurado en los 3 meses mejor pagos de los 9 meses previos al inicio de la discapacidad. **Piso mínimo y tope máximo:** Por ingresos. **Ajuste del beneficio:** Los beneficios se ajustan ad hoc según los cambios en el costo de vida.	El beneficio se paga hasta el fallecimiento o hasta que el pensionado se rehabilite. Reevaluación anual.

continuación

Programa y organismo	Criterios de elegibilidad	Estructuras de beneficios por persona	
		Cálculo del beneficio	Duración/límite de tiempo
Seguro de discapacidad de Turquía Desde 1957; leyes vigentes desde la década del 2000; regulado por el Ministerio de Trabajo y Seguridad Social; el Instituto de Seguridad Social se encarga de recaudar las contribuciones y administrar el programa.	**Discapacidad funcional:** Al menos 60 % de pérdida de capacidad laboral evaluada. **Empleo e historial contributivo:** Debe haber estado empleado y mínimo de 10 años de cobertura, incluidos por lo menos 1800 días de contribuciones pagadas. El requisito de años de cobertura se exonera si el asegurado requiere asistencia constante. **Criterios especializados:** Asignación por asistencia constante: El asegurado requiere la asistencia constante de otros para desempeñar sus funciones diarias.	**Beneficio variable basado en el historial de ingresos:** La pensión es el ingreso mensual promedio del asegurado multiplicado por la tasa de acumulación. Los ingresos mensuales promedio son los ingresos totales de por vida del asegurado divididos por la cantidad total de días de contribución pagada antes del inicio de la discapacidad, multiplicados por 30. Un 10 % adicional de asignación por asistencia constante (asignación para cuidadores). **Ajuste del beneficio:** Los beneficios se ajustan en enero y julio de cada año según los cambios en el índice de precios al consumidor del año anterior.	No se menciona ninguno.

Fuentes: Asociación de la Seguridad Social de la Asociación Internacional de la Seguridad Social (AISS), https://www.ssa.gov/policy/docs/progdesc/ssptw/2016, 2017, 2018, según el país y región. Parte de la información también provino del inventario del programa socialprotection.org, http://socialprotection.org/discover/programme/search, complementado con fuentes gubernamentales del país específico en algunas instancias.

Notas

1. Estas fases pueden o no ejecutarse en ese orden, y algunas se pueden combinar.
2. Estas fases pueden o no ejecutarse en este orden, y algunas se pueden combinar. En el caso de la recepción, el registro y las evaluaciones multiprograma, los arreglos institucionales para la fase de evaluación pueden gestionarse a través de un organismo ajeno al programa (como un registro social), mientras que las decisiones sobre elegibilidad se suelen encontrar dentro de la competencia institucional del programa específico.
3. El programa se transformó recientemente y ya no existe como TMC debido a los cambios en la política social de México.
4. Los umbrales relativos operan de manera similar a una «curva granulométrica» donde la calificación de cada estudiante depende del desempeño de los otros. Esto implicaría que, si el estudiante 1 obtiene un 85 % en un aula de bajo desempeño, recibiría una calificación A, mientras que, si el estudiante 2 obtiene un 85 % en el mismo examen, recibiría una calificación B a pesar de su desempeño comparable, debido a que forma parte de un aula de desempeño relativamente más alto.
5. En Tubb (2012) se incluye un recurso para los PAI.
6. En algunos casos, los donantes u otros organismos operan plataformas digitales para la gestión de beneficiarios y beneficios integrados. Por ejemplo, SCOPE, del Programa Mundial de Alimentos, es una plataforma digital interna para la gestión de beneficiarios y transferencias que importa los datos sobre los beneficiarios de un programa, utiliza capacidades biométricas para capturar y almacenar datos de identidad con el fin de autenticarlos en el momento del registro, desduplica los datos sobre beneficiarios, gestiona los derechos de los beneficiarios, administra la provisión

de beneficios a través de proveedores de servicios de pago comerciales (en efectivo o móvil) con autenticación multifactorial (tarjeta SCOPE, tarjeta de identificación del hogar con código de barras, número de identificación personal, datos biométricos), y ofrece análisis sobre operaciones del programa. (Obtenido de debates con el personal del Programa Mundial de Alimentos de la ONU en Washington, D. C., en marzo de 2017, durante una presentación sobre SCOPE en Beirut, en agosto de 2016).

Bibliografía

Almeida, Rita, Juliana Arbelaez, Maddalena Honorati, Arvo Kuddo, Tanja Lohmann, Mirey Ovadiya, Lucian Pop, Maria Laura Sanchez Puerta, and Michael Weber. 2012. "Improving Access to Jobs and Earnings Opportunities: The Role of Activation and Graduation Policies in Developing Countries." Social Protection and Labor Discussion Paper 1204, World Bank, Washington, DC.

Beegle, Kathleen, Aline Coudouel, and Emma Monsalve, eds. 2018. *Realizing the Full Potential of Social Safety Nets in Africa*. Africa Development Forum Series. Washington, DC: World Bank.

Brito Leal Ivo, Anete, and Alessandra Buarque de A. Silva. 2011. "O hiato do direito dentro do direito: Os excluidos do BPC." *Revista Katálysis* 14 (1): 32–40.

Brown, Alessio JG, and Johannes Koettl. 2015. "Active Labor Market Programs—Employment Gain or Fiscal Drain?" *IZA Journal of Labor Economics* 4 (12): 1–36. https://doi.org/10.1186/s40172-015-0025-5.

Chile, Ministry of Social Development and Family. 2017. "Household Social Registry: System That Supports the Selection of Users of Social Benefits." Undersecretary of Social Evaluation, Ministry of Social Development and Family, Santiago.

Coady, David, Margaret Grosh, and John Hoddinott. 2004. *Targeting of Transfers in Developing Countries: Review of Lessons and Experience*. Regional and Sectoral Studies. Washington, DC: World Bank.

del Ninno, Carlo, and Bradford Mills, eds. 2015. *Safety Nets in Africa: Effective Mechanisms to Reach the Poor and Most Vulnerable*. Africa Development Forum Series. Washington, DC: World Bank and Agence Francaise de Développement.

European Commission. 2014. "European Minimum Income Network Country Report: Romania." European Commission, Brussels, Belgium.

Grosh, Margaret E. 1994. "Administering Targeted Social Programs in Latin America: From Platitudes to Practice." World Bank, Washington, DC.

Grosh, Margaret, Carlo del Ninno, Emil Tesliuc, and Azedine Ouerghi. 2008. *For Protection and Promotion: The Design and Implementation of Effective Safety Nets*. Washington, DC: World Bank.

Grosh, Margaret, and Kathy Lindert. 2018. "Design Choices for Cash Transfer Programs." Slide presentation at the World Bank's Social Safety Nets and Delivery Systems Core Course, Washington, DC.

Handa, Sudhanshu, Carolyn Huang, Nicola Hypher, Clarissa Teixeira, Fabio V. Soares, and Benjamin Davis. 2012. "Targeting Effectiveness of Social Cash Transfer Programmes in Three African Countries." *Journal of Development Effectiveness* 4 (1): 78–108.

ICBS (Ideal Consulting and Business Services). 2018. "Beneficiary Verification and Technical Audit of the Social Cash Transfer Programme in New World Bank Funded Districts." Final consultant report on Malawi's Social Cash Transfer Programme.

IME (Institute for Market Economics). 2015. "Challenges Faced by Social Assistance in Bulgaria." IME, Sofia, Bulgaria.

Immervoll, Herwig, and Carlo Knotz. 2018. "How Demanding Are Activation Requirements for Jobseekers?" IZA Discussion Paper 11704, Institute of Labor Economics, Bonn, Germany.

Indonesia, Office of the Vice President. 2015. "Indonesia's Unified Database for Social Protection Programmes: Management Standards." National Team for the Acceleration of Poverty Reduction, Secretariat of the Vice President of the Republic of Indonesia, Jakarta.

Jeliazkova, Maria, and Douhomir Minev. 2014. "European Minimum Income Network Country Report: Bulgaria." European Commission, Brussels, Belgium.

Karippacheril, Tina George. 2019. "Integrated Social Information Systems." Webinar to conference at ADB Manila, September 12, 2019. World Bank, Washington, DC.

Karippacheril, Tina George. 2019. "Integrated Social Information Systems and Social Registries." Webinar to Socialprotection.org, October 3, 2019. World Bank, Washington, DC.

Karippacheril, Tina George, and Phillippe Leite. 2019. "Integrated Social Information Systems and Social Registries." Social Safety Nets and Delivery Systems Core Course, October 2019. World Bank, Washington, DC.

Karippacheril, Tina George, and Anita Mittal. Forthcoming. "IPSA Toolkit on Integrated Social Information Systems." World Bank, Washington, DC.

Konle-Seidl, Regina. 2011. "Profiling Systems for Effective Labour Market Integration: Use of Profiling for Resource Allocation, Action Planning, and Matching." European Commission Mutual Learning Programme for Public Employment Services: DG Employment, Social Affairs, and Inclusion, Brussels, Belgium.

Kuddo, Arvo. 2009. "Employment Services and Active Labor Market Programs in Eastern European and Central Asian Countries." Social Protection and Labor Discussion Paper 0918, Human Development Network, World Bank, Washington, DC.

Kuddo, Arvo. 2012. "Public Employment Services and Activation Policies." Social Protection and Labor Discussion Paper 1215, World Bank, Washington, DC.

Kurekova, Lucia Mytna. 2014. "Review of Profiling Systems, Categorization of Jobseekers and Calculation of Unit Service Costs in Employment Services: Implications and Applications for Slovakia." Central European Labour Studies Institute, Bratislava, Slovak Republic.

Leite, Phillippe, Tina George, Changqing Sun, Theresa Jones, and Kathy Lindert. 2017. "Social Registries for Social Assistance and Beyond: A Guidance Note and Assessment Tool." Social Protection and Labor Discussion Paper 1704, World Bank, Washington, DC. http://documents.worldbank.org/curated/en/698441502095248081/Social-registries-for-social-assistance-and-beyond-a-guidance-note-and-assessment-tool.

Lindert, Kathy. 2005. "Implementing Means-Tested Welfare Systems in the United States." Social Protection Discussion Paper 0532, World Bank, Washington, DC.

Lindert, Kathy, Colin Andrews, Chipo Msowoya, Boban Varghese Paul, Elijah Chirwa, and Anita Mittal. 2018. "Rapid Social Registry Assessment: Malawi's Unified Beneficiary Registry (UBR)." Social Protection and Jobs Discussion Paper 1803, World Bank, Washington, DC. http://documents.worldbank.org/curated/en/363391542398737774/Rapid-Social-Registry-Assessment-Malawis-Unified-Beneficiary-Registry-UBR.

Lindert, Kathy, Tina George Karippacheril, and Phillippe Leite. 2018. "Social Registries, Beneficiary Registries, and Integrated Social Information Systems." Social Safety Nets and Delivery Systems Core Course, May. World Bank, Washington, DC.

Lindert, Kathy, Anja Linder, Jason Hobbs, and Benedicte de la Briere. 2007. "The Nuts and Bolts of Brazil's Bolsa Familia Program: Implementing Conditional Cash Transfers in a Decentralized Context." Social Protection Discussion Paper 0709, World Bank, Washington, DC.

Louback da Silva, Naiane. 2012. "A judicializacao do Beneficio de Prestacao Continuada da assistencia social." Serviço Social e Sociedade 111 (July/September): 555–75.

Loxha, Artan, and Matteo Morgandi. 2014. "Profiling the Unemployed: A Review of OECD Experiences and Implications for Emerging Economies." Social Protection and Labor Discussion Paper 1424, World Bank, Washington, DC.

Marini, Alessandra, Michele Zini, Eleni Kanavitsa, and Alexandro Karakitsios. 2016. "Greece: Initial Support to the Guaranteed Minimum Income Rollout: Process Evaluation of the First Phase of the GMI Rollout." Social Protection and Labor Global Practice, World Bank, Washington, DC.

Maryland Developmental Disabilities Administration. 2018. Low-Intensity Support Services Program (eligibility guide, application form, frequently asked questions). https://dda.health.maryland.gov/Pages/liss.aspx.

Mazza, Jacqueline. 2017. Labor Intermediation Services in Developing Economies: Adapting Employment Services for a Global Age. Cham, Switzerland: Palgrave Macmillan.

Meneguetti Pereira, Luciano. 2012. "Analise critica do Beneficio de Prestacao Continuada e sua efetivacao pelo judiciario." Revista CEJ 56 (January/April): 15–27.

Mostafa, Joana, and Natalia G. D. Satyro. 2014. "Cadastro Unico: A Registry Supported by a National Public Bank." Working Paper 126, International Policy Centre for Inclusive Growth, Brasilia, Brazil.

OECD (Organisation for Economic Co-operation and Development). 2014. Connecting People with Jobs: Activation Policies in the United Kingdom. Paris: OECD Publishing. https://doi.org/10.1787/9789264217188-en.

OECD (Organisation for Economic Co-operation and Development). 2015. OECD Employment Outlook 2015. Paris: OECD Publishing. https://doi.org/10.1787/empl_outlook-2015-en.

Ortakaya, Ahmet Fatih. 2018. "Improving Efficiency with Turkey's Integrated Social Assistance System: Before and After." Internal note, World Bank, Washington, DC.

Scoppetta, Anette, and Arthur Buckenleib. 2018. "Tackling Long-Term Unemployment through Risk Profiling and Outreach." Technical Dossier 6, ESF Transnational Platform, European Commission, Brussels, Belgium.

Social Security Administration. 2017a. "Social Security Programs throughout the World: Africa, 2017." Social Security Administration, Washington, DC. https://www.ssa.gov/policy/docs/progdesc/ssptw/2016-2017/africa/index.html.

Social Security Administration. 2017b. "Social Security Programs throughout the World: Asia and the Pacific, 2016." Social Security Administration, Washington, DC. https://www.ssa.gov/policy/docs/progdesc/ssptw/2016-2017/asia/ssptw16asia.pdf.

Social Security Administration. 2018a. "Social Security Programs throughout the World: The Americas, 2017." Social Security Administration, Washington, DC. https://www.ssa.gov/policy/docs/progdesc/ssptw/2016-2017/americas/index.html.

Social Security Administration. 2018b. "Social Security Programs throughout the World: Europe, 2018." Social Security Administration, Washington, DC. https://www.ssa.gov/policy/docs/progdesc/ssptw/2018-2019/europe/index.html.

Stubbs, Paul, and Sinisa Zrinscak. 2015. "ESPN Thematic Report on Minimum Income Schemes: Croatia." European Commission, Brussels, Belgium.

Sundaram, Ramya, and Nithin Umapathi. 2016. "Greece Social Welfare Review: Institutional Mapping." Social Protection and Labor Global Practice, World Bank, Washington, DC.

Tesliuc, Emil, Lucian Pop, Margaret Grosh, and Ruslan Yemtsov. 2014. *Income Support for the Poorest: A Review of Experience in Eastern Europe and Central Asia.* Directions in Development Series. Washington, DC: World Bank.

Thompson, Terri S., Asheley Van Ness, and Carolyn T. O'Brien. 2001. *Screening and Assessment in TANF/Welfare-to-Work: Local Answers to Difficult Questions.* Washington, DC: U.S. Department of Health and Human Services; Washington, DC: Urban Institute.

Tubb, Helen. 2012. "Activation and Integration: Working with Individual Action Plans: Toolkit for Public Employment Services." European Commission Mutual Learning Programme for Public Employment Services: DG Employment, Social Affairs, and Inclusion, Brussels, Belgium.

Turkey, Ministry of Family and Social Policy. 2017a. "ISAS Butunlesik: Turkey's Integrated Social Assistance System." Presentation to the government of Turkey.

Turkey, Ministry of Family and Social Policy. 2017b. "Turkey's Integrated Social Assistance System." Ministry of Family and Social Policy, Ankara; World Bank, Washington, DC.

Vardaramatou, Dina, and Ioanna Pertsinidou. 2018. "EMIN Context Report: Greece." European Commission, Brussels, Belgium.

Velarde, Rashiel B. 2018. "The Philippines' Targeting System for the Poor: Successes, Lessons, and Ways Forward." Social Protection Policy Note 16, World Bank and Australian Aid, Washington, DC.

Waddington, Lisa, et al. 2018. "Disability Assessment in European States: ANED Synthesis Report." Academic Network of European Disability Experts (ANED).

Wiseman, William. 2015. "Turkey's Integrated Social Assistance Service System: Case Study." Mimeo. World Bank, Washington DC.

World Bank. 2015. "Romania: Major Social Assistance Benefits." Informal note, World Bank, Washington, DC.

World Bank. 2016. *Evaluating Tanzania's Productive Social Safety Net: Targeting Performance, Beneficiary Profile, and Other Baseline Findings.* Washington, DC: World Bank. http://documents.worldbank.org/curated/en/273011479390056768/Evaluating-Tanzanias-productive-social-safety-net-targeting-performance-beneficiary-profile-and-other-baseline-findings.

World Bank. 2017. *A Fair Adjustment: Efficiency and Equity of Public Spending in Brazil: Volume 1—Overview (English).* Washington, DC: World Bank. http://documents.worldbank.org/curated/en/643471520429223428/Volume-1-Overview.

World Bank. 2018a. *Guidelines for ID4D Diagnostics.* Washington, DC: World Bank. http://documents.worldbank.org/curated/en/370121518449921710/Guidelines-for-ID4D-Diagnostics.pdf.

World Bank. 2018b. "Risk-Sharing for a Diverse andDiversifying World of Work." Review draft, SocialProtection and Jobs Global Practice, World Bank, Washington, DC.

World Bank. 2018c. *The State of Social Safety Nets 2018.* Washington, DC: World Bank.

World Bank. Forthcoming. "Interagency Social Protection Assessment (ISPA) Tool on Integrated Social Information Systems," World Bank, Washington, DC.

World Bank and ILO (International Labour Organization). 2016. "A Shared Mission for Universal Social Protection: Concept Note." World Bank, Washington, DC; ILO, Geneva, Switzerland.

Zini, Michele, Alessandra Marini, Eleni Kanavitsa, Chrysa Leventi, Natalia Millán, and Nithin Umapathi. 2018. "Greece: Initial Support to the Guaranteed Minimum Income Rollout: Quantitative Evaluation of the GMI Rollout." Social Protection and Labor Global Practice, World Bank, Washington, DC.

Capítulo 6

Pago de beneficios en efectivo

Tina George Karippacheril, Luz Stella Rodríguez,
Ana Verónica López Murillo y Laura B. Rawlings

Con contribuciones de Karol Karpinski, Ubah Thomas Ubah, Sylvia Baur-Yazbeck,
Christabel Dadzie, Craig Kilfoil, Melis Guven, Amjad Zafar Khan, Quanita Khan,
Harish Natarajan, Greg Chen, Ashiq Aziz, Kenichi Nishikawa Chávez, Cornelia Tesliuc,
Heba Elgazzar, Ahmet Fatih Ortakaya, Anita Mittal, Ambrish Shahi y Anand Raman.

La provisión de beneficios y servicios es una etapa fundamental de la cadena de implementación. El presente capítulo se concentra en la provisión de beneficios en efectivo, es decir, en los pagos, mientras que el capítulo 7 profundiza en la provisión de servicios.[1] El proceso de provisión de pagos está estrechamente vinculado al proceso de inscripción y a la verificación del cumplimiento de las corresponsabilidades de los beneficiarios, cuando así lo requiera un programa específico. Los pagos son una etapa central del ciclo de implementación recurrente y suele ser uno de los principales puntos de contacto entre el programa y las personas (gráfico 6.1).

Los beneficios en efectivo se utilizan extensamente en la protección social, y cada vez se hace más énfasis en su digitalización para entregar pagos seguros, protegidos, rápidos y convenientes en el contexto de la pandemia por COVID-19. Dentro de la asistencia social, las transferencias monetarias representan el 0,7 % del PIB y más de la mitad (55 %) del gasto total en redes de asistencia social, según la base de datos ASPIRE del Banco

Mundial. Además, en los países de la Organización para la Cooperación y el Desarrollo Económicos (OCDE), el gasto en beneficios por desempleo (seguros o asistencia) representa, en promedio, el 0,7 % del PIB; el gasto público en beneficios por discapacidad o incapacidad representa el 1,5 % del PIB;[2] y el gasto en pensiones (seguro y asistencia), en promedio, representa el 7,5 % de los beneficios. En resumen, los gobiernos canalizan hacia las personas un gasto considerable en forma de beneficios monetarios de protección social.

Según las encuestas Global Findex 2017 del Banco Mundial,[3] una cuarta parte de los adultos del mundo recibe pagos del gobierno, ya sea en concepto de salarios del sector público, en jubilaciones del mismo sector o en transferencias desde el gobierno (beneficios sociales, tales como subsidios por desempleo o pagos para gastos educativos o médicos). En las economías de altos ingresos, el 43 % de los adultos reciben tales pagos, contra el 19 % de los adultos de los países en desarrollo. En los países de bajos ingresos, estos pagos se reciben casi siempre en forma monetaria o cuasimonetaria.

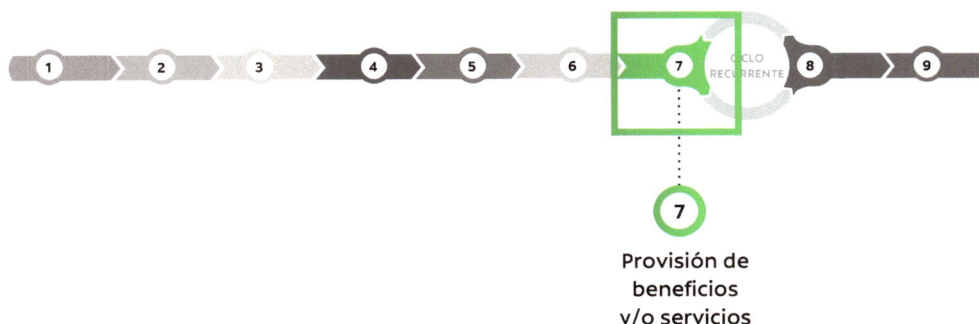

7

Provisión de beneficios y/o servicios

Fuente: Gráfico original para esta publicación.

El presente capítulo se organiza del siguiente modo:

- La sección 6.1 ofrece un breve panorama sobre la evolución de los pagos de protección social (PS) a lo largo del tiempo,[4] específicamente, los pagos de gobierno a persona (G2P). Los cambios en tecnología, urbanización e infraestructura financiera y los choques covariables, tales como la crisis del COVID-19, introducen una variedad de nuevos actores e instrumentos que tienen el potencial de mejorar los servicios de pago para sus destinatarios y, por lo tanto, tienen efectos positivos sobre la inclusión y el empoderamiento financiero.
- La sección 6.2 vislumbra lo que la digitalización implica a lo largo de un proceso de pago de punta a punta y detalla cada generación en la evolución de los pagos de PS, desde el modelo G2P 1.0 hasta el 4.0.
- La sección 6.3 describe los elementos clave que se deben considerar en cada etapa de diseño de los pagos de PS, desde la creación de un sistema de pagos hasta la gestión de un ciclo de pagos recurrentes, incluidas las etapas de la administración y la provisión de pagos.
- La sección 6.4 ilustra los procesos de pago de las diferentes generaciones (de G2P 1.0 a 4.0) identificadas

mediante mapeos de procesos de los ejemplos de países (Santo Tomé y Príncipe, Nigeria y Pakistán) que reflejan estos enfoques.
- La sección 6.5 profundiza sobre las tecnologías que apoyan la administración de pagos, así como los nuevos mecanismos y plataformas de pago digitales y móviles que habilitan un enfoque de diseño más centrado en las personas para servir a las más pobres y vulnerables.
- Por último, la sección 6.6 ofrece algunas conclusiones sobre la oportunidad latente para mejorar la inclusión financiera, utilizar nuevas tecnologías y emplear un enfoque de diseño centrado en las personas, para adaptar la provisión de pagos a sus necesidades.

Los ejemplos de países que se discuten en este capítulo son los siguientes:

- **África:** Costa de Marfil, Ghana, Kenia, Nigeria, Zambia
- **Asia Oriental y el Pacífico:** Indonesia
- **Europa y Asia Central:** Turquía
- **América Latina y el Caribe:** Brasil, Colombia
- **Oriente Medio y África del Norte:** República Islámica de Irán, Irak
- **Asia del Sur:** Bangladesh, India, Pakistán
- **Otros países de la OCDE:** Australia, Estados Unidos

6.1 EVOLUCIÓN DE LOS PAGOS G2P DE LA PROTECCIÓN SOCIAL: INCLUSIÓN FINANCIERA EN LA «PRIMERA MILLA»

La digitalización de los pagos gobierno a persona (G2P) está creciendo. Según la Encuesta Global sobre los Sistemas de Pago del Banco Mundial (2016) y el panorama instantáneo de los sistemas de pago mundiales (2018), los instrumentos electrónicos son, por

mucho, los métodos de pago más utilizados para los pagos G2P (entre ellos, los salarios del sector público, los pagos de pensiones y transferencias, las transferencias monetarias y los beneficios sociales).[5] De los 103 bancos centrales que respondieron, el 55 % indicó que utilizaba medios electrónicos para las transferencias monetarias y los beneficios sociales, contra el 70 % para pago de pensiones y beneficios, y el 81 % para pago de salarios del sector público. Si bien más de la quinta parte de las economías en desarrollo entregan efectivo para la protección social, algunos países están dejando atrás los enfoques de pago tradicionales para adoptar los servicios financieros y tecnológicos que van en rápida evolución, a fin de mejorar el acceso y minimizar los costos de administración y provisión.

Se podría decir que el impulso por la digitalización se orientó, en gran medida, a generar ganancias en eficiencia para los gobiernos. Los cambios en tecnología, urbanización, infraestructura financiera y respuesta ante los choques, tales como la crisis de COVID-19, introducen un nuevo conjunto de instrumentos y actores en el desarrollo y la provisión de transferencias monetarias enfocándose de lleno en las personas que las reciben. Las transferencias, que hace un par de décadas se pagaban en efectivo desde los ministerios competentes, están evolucionando hacia los pagos digitales efectuados por proveedores de servicios de pago, generalmente en cuentas bancarias o de dinero móvil. La ganancia en eficiencia que resulta de la digitalización de los pagos tiene un importante impacto fiscal para los países, ya que les proporciona opciones para ahorrar costos reduciendo las fugas, mejorando la transparencia y previniendo errores, fraude y corrupción. Cuando se diseña e implementa correctamente, la digitalización de los pagos de la PS puede tener un gran impacto en los destinatarios. Los pagos sin intervención manual fomentan la seguridad, la protección, la velocidad, la comodidad, la posibilidad de elegir, la previsibilidad, la capilaridad de los puntos de liquidez, la mayor privacidad y el control sobre el uso de fondos (Bold, Porteus y Rotman, 2012). No obstante, la provisión de beneficios mediante pagos digitales puede ser un obstáculo para algunas personas y hogares, particularmente para quienes se encuentran en áreas remotas o tienen escasa capacidad, conciencia y preparación financiera.

Los pagos G2P a los beneficiarios de los programas de protección social presentan una oportunidad latente para mejorar la inclusión financiera y el empoderamiento económico de las mujeres en la «primera milla». La posibilidad de acceder a cuentas transaccionales o a instrumentos electrónicos para guardar dinero, hacer y recibir pagos es el primer paso hacia una mayor inclusión financiera, donde las personas puedan usar con seguridad una gama de servicios financieros apropiados, que incluyen ahorro, pagos, crédito y seguros.[6] Las encuestas Global Findex encuentran que, si bien la posesión de cuentas (a través de una institución financiera o de un proveedor de dinero móvil) aumentó en todo el mundo, hay una gran brecha en el acceso, sesgada por género, ingresos y la pertenencia a sectores rurales o urbanos, especialmente en los países en desarrollo. Los beneficiarios de la protección social tienden a ser personas pobres, a menudo mujeres, que arrastran una historia de exclusión financiera.[7] Llegar a esta población de la «primera milla» y asegurar su inclusión financiera promete ser un factor transformador, dado el gran número de personas involucradas: Aunque los salarios de los empleados públicos representan la mayor parte del PIB para pagos G2P, la cantidad de beneficiarios de la protección social que reciben pagos G2P supera cinco veces la de los empleados públicos. Esto indica que digitalizar los pagos de los programas de protección social puede incrementar sustancialmente la inclusión financiera, especialmente entre las personas pobres y vulnerables.

Existen diferentes niveles de digitalización de los pagos de los programas de protección social. El gráfico 6.2 traza la evolución de los sistemas de pago de gobierno a persona, y la sección 6.2 crea una tipología para la digitalización de los sistemas de pago. Si bien la mayoría de los programas de protección social tienden a ofrecer pagos G2P en los niveles 1.0, 1.5 y 2.0, países como Zambia y Bangladesh están dando el salto hacia los pagos G2P 3.0 y 4.0.

La evolución de los pagos G2P 1.0 a 4.0 o superior no es lineal y, en muchos programas y países, coexisten modalidades diversas. La elección de la modalidad de pago está limitada tanto por la infraestructura digital de un país (que tiende a ser más reducida en las áreas rurales más pobres) como por el contexto de normas financieras, entre otras cosas. Si bien los pagos G2P 3.0 y 4.0 se consideran los modelos más deseables, requieren no solo de infraestructura digital de soporte y normas financieras, sino también de la capacidad de trabajar con varios proveedores de pagos y, potencialmente, entre varios programas. Aunque los G2P 1.0, 1.5 y 2.0 suelen predominar en los países en desarrollo, los avances en sistemas de pago e infraestructura evolucionan a gran velocidad.

Gráfico 6.2 Evolución de los pagos de gobierno a persona para la protección social

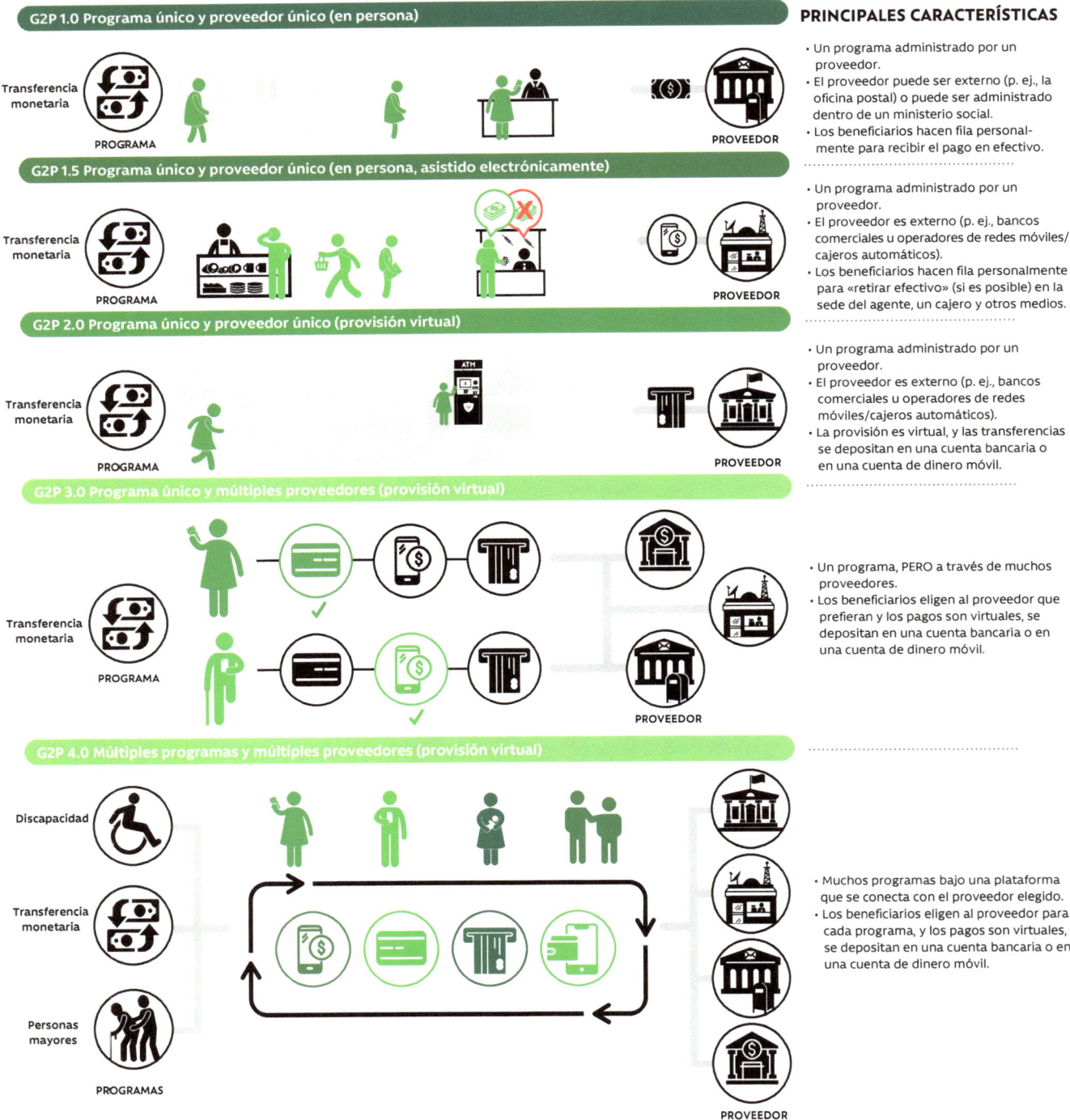

G2P 1.0 Programa único y proveedor único (en persona)

Transferencia monetaria — PROGRAMA ... PROVEEDOR

G2P 1.5 Programa único y proveedor único (en persona, asistido electrónicamente)

Transferencia monetaria — PROGRAMA ... PROVEEDOR

G2P 2.0 Programa único y proveedor único (provisión virtual)

Transferencia monetaria — PROGRAMA ... PROVEEDOR

G2P 3.0 Programa único y múltiples proveedores (provisión virtual)

Transferencia monetaria — PROGRAMA ... PROVEEDOR

G2P 4.0 Múltiples programas y múltiples proveedores (provisión virtual)

Discapacidad — Transferencia monetaria — Personas mayores — PROGRAMAS ... PROVEEDOR

PRINCIPALES CARACTERÍSTICAS

- Un programa administrado por un proveedor.
- El proveedor puede ser externo (p. ej., la oficina postal) o puede ser administrado dentro de un ministerio social.
- Los beneficiarios hacen fila personalmente para recibir el pago en efectivo.

- Un programa administrado por un proveedor.
- El proveedor es externo (p. ej., bancos comerciales u operadores de redes móviles/cajeros automáticos).
- Los beneficiarios hacen fila personalmente para «retirar efectivo» (si es posible) en la sede del agente, un cajero y otros medios.

- Un programa administrado por un proveedor.
- El proveedor es externo (p. ej., bancos comerciales u operadores de redes móviles/cajeros automáticos).
- La provisión es virtual, y las transferencias se depositan en una cuenta bancaria o en una cuenta de dinero móvil.

- Un programa, PERO a través de muchos proveedores.
- Los beneficiarios eligen al proveedor que prefieran y los pagos son virtuales, se depositan en una cuenta bancaria o en una cuenta de dinero móvil.

- Muchos programas bajo una plataforma que se conecta con el proveedor elegido.
- Los beneficiarios eligen al proveedor para cada programa, y los pagos son virtuales, se depositan en una cuenta bancaria o en una cuenta de dinero móvil.

Fuente: Gráfico original para esta publicación, con la contribución de Craig Kilfoil, Consultor, Protección Social y Empleo, Banco Mundial; adaptada desde una presentación de Silvia Baur-Yazbeck y Gregory Chen del GCAP (Grupo Consultivo para la Asistencia a la Población más Pobre) sobre los G2P 3.0, «Futuro de los pagos gubernamentales», Banco Mundial, febrero de 2019.

6.2 TIPOLOGÍA Y PROPÓSITO DE LA DIGITALIZACIÓN DE LOS PAGOS DE PROTECCIÓN SOCIAL

El mero concepto de pagos manuales versus digitales no alcanza para ayudar a comprender el espectro y la evolución de los pagos de protección social (PS). Cuando se digitaliza un proceso de pagos de punta a punta, pero en su última etapa las personas deben presentarse, esperar en fila y recibir el pago en efectivo o una tarjeta prepago cargada con dinero electrónico de un administrador de campo o un proveedor de servicios, ¿se consideraría esto un pago manual o digital? La noción de digitalizar los pagos va más allá de la verificación biométrica de los beneficiarios o de la provisión virtual de pagos, que son procesos interactivos con el usuario, visibles para las personas, las familias y los hogares. La digitalización de pagos se extiende hacia atrás e incluye a la automatización de la administración de pagos, procesos internos que solo son visibles para los administradores del programa. Y también se extiende hacia adelante, más allá de la administración y la provisión, a la utilización (por parte de personas, familias y hogares) mediante sistemas interoperables y la aceptación de transacciones digitales (por parte de proveedores de servicio y comerciantes). Allí donde los pagos G2P se transfieren a través de sistemas de «circuito cerrado», los fondos pueden haber circulado virtual o digitalmente de punta a punta, pero las personas, al final, deben retirarlos en efectivo y no pueden hacer transacciones ni operaciones con billeteras electrónicas, dinero móvil o cuentas bancarias sin efectivo. La provisión de pagos a través de sistemas interoperables de «circuito abierto» garantiza que las personas no estén obligadas a extraer sus fondos, sino que puedan almacenar y utilizar las cuentas para efectuar transacciones cotidianas de manera fácil y cómoda, como comprar alimentos o pagar consultas médicas a través de los sistemas de punto de venta (PDV).

Esto lleva a la pregunta de si la digitalización es un fin en sí misma o un medio para un fin. Desde una perspectiva de diseño centrado en las personas, la digitalización de los pagos de PS es un medio para un fin, por estos medios:

- **La automatización de la administración de los pagos.** Los procesos internos de pago se automatizan para hacerlos más eficientes, pero los pagos se pueden seguir haciendo en persona en la fase interactiva.
- **La virtualización de la provisión de pagos**. Los pagos se efectúan virtualmente a las personas en la fase interactiva, a veces mediante enfoques de diseño centrado en las personas para adaptarse a su contexto y brindar la inclusión financiera y el empoderamiento en la «primera milla».

Véase el gráfico 6.3 de una matriz de 2x2 que agrupa las características opuestas en cada extremo del espectro para facilitar la comprensión de la tipología de los pagos de PS mediante la automatización de los procesos administrativos internos y la virtualización de los procesos en la interacción con el destinatario. Con esta tipología de digitalización de los pagos del gráfico 6.3, explicamos cómo evolucionaron los enfoques G2P 1.0 a 4.0 de la protección social (en el gráfico 6.2) valiéndonos de ejemplos de países.

G2P 1.0, 1.5: Programa único y proveedor único

Normalmente, los procesos de administración de pagos están automatizados. Pocos países, si es que hay alguno, gestionan los procesos internos de administración de pagos manualmente o mediante planillas de Excel (cuadrante izquierdo inferior del gráfico 6.3: pagos G2P manuales de punta a punta). El principal objetivo de la automatización de la administración de los pagos es aumentar la eficiencia en la gestión de las finanzas públicas para evitar fugas y reducir costos operativos.

El modelo G2P 1.0 consiste en la distribución directa de beneficios, de un único programa a un único proveedor, donde la provisión se hace en persona (cuadrante inferior derecho del gráfico 6.3: administración digitalizada de G2P para los objetivos de eficiencia gubernamental), una modalidad común en los países en

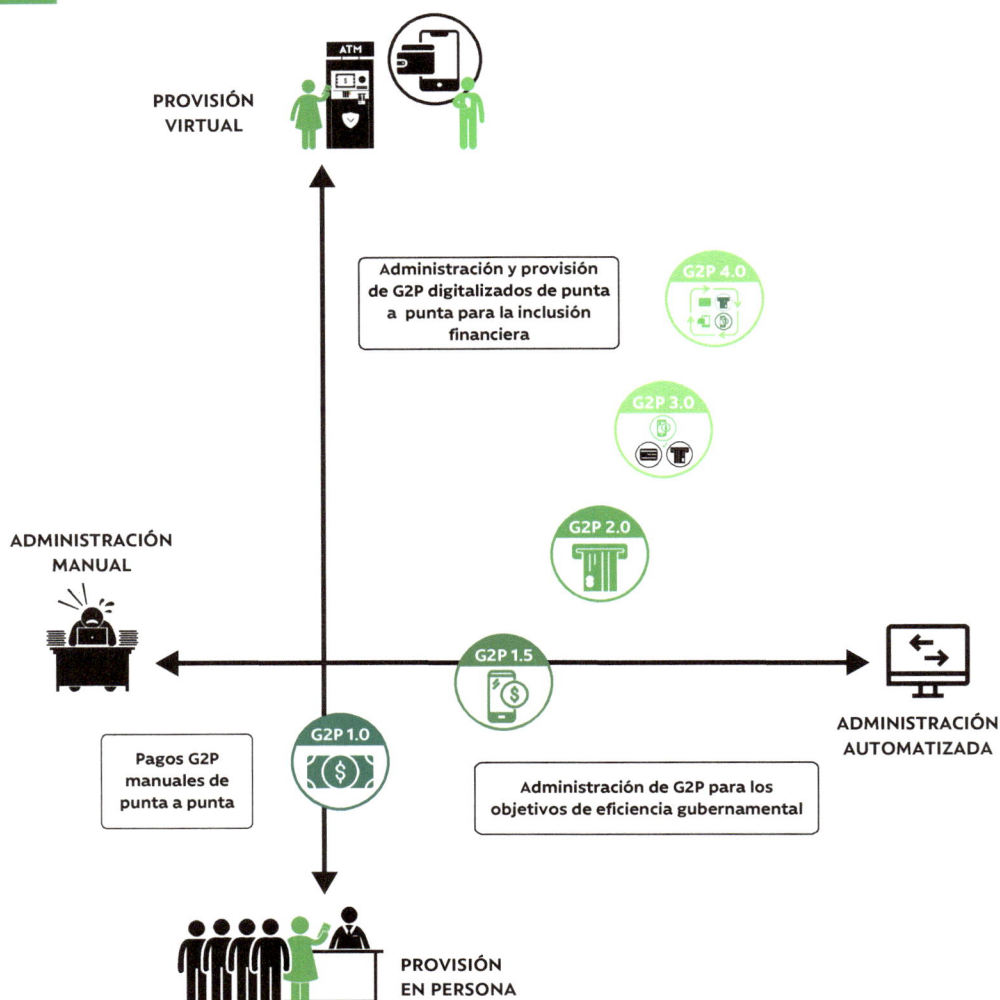

PROVISIÓN
VIRTUAL

Administración y provisión
de G2P digitalizados de punta
a punta para la inclusión
financiera

G2P 4.0

G2P 3.0

G2P 2.0

ADMINISTRACIÓN
MANUAL

G2P 1.5

ADMINISTRACIÓN
AUTOMATIZADA

Pagos G2P
manuales de
punta a punta

G2P 1.0

Administración de G2P para los
objetivos de eficiencia gubernamental

PROVISIÓN
EN PERSONA

Fuentes: Gráfico original para esta publicación, con la colaboración de Craig P. Kilfoil, Consultor, Protección Social y Empleo, Banco Mundial, y aportes del Grupo Consultivo de Ayuda a la Población más Pobre sobre la evolución de los pagos de protección social de gobierno a persona.
Nota: G2P = gobierno a persona.

desarrollo (véase también el gráfico 6.2). Muchos programas siguen ofreciendo la provisión de beneficios en persona, incluso en los casos en los que hay otros métodos disponibles. Los pagos pueden efectuarse en efectivo y, en algunas instancias, se utiliza la verificación biométrica como prueba de identidad y fe de vida.

Varios países en desarrollo utilizan el pago en efectivo y en persona para el desembolso de pensiones, pagos de transferencias y beneficios sociales con mucha más frecuencia que las economías de ingresos altos. Más de un quinto (21 %) de los países en desarrollo utilizan el efectivo para los pagos de

beneficios sociales.[8] El motivo habitual es que el ecosistema financiero no está lo suficientemente desarrollado como para permitir un gran volumen de transacciones de valor bajo a un costo razonable (para el gobierno, las personas o ambos). El método tradicional de pago de beneficios en efectivo presenta, no obstante, una serie de problemas, especialmente en el contexto de la crisis de COVID-19. Para el programa, las dificultades se concentran en la logística de distribución, por ejemplo, establecer las fechas de pago, contactar a los beneficiarios, y transportar y entregar el dinero de manera segura. Con frecuencia, los beneficiarios deben viajar largas distancias para recibir los pagos en un momento y lugar programados. En Níger, los destinatarios de los programas que recibían dinero en efectivo debían viajar unos 2 km (tramo de ida), casi media hora, para cobrar la transferencia, mientras que el grupo que recibía los pagos en dinero móvil viajaba menos de 0,5 km (menos de 10 minutos) y podían administrar su dinero en días distintos (Aker *et al.*, 2016). El modelo G2P 1.0 representa una oportunidad perdida para la inclusión financiera. Sin embargo, estos métodos también ofrecen las ventajas de la familiaridad de los beneficiarios con el método de pago, el aprovechamiento de los días de pago para crear mercados y brindar capacitación, y el contacto directo que se da entre el programa y los beneficiarios.

El modelo G2P 1.5 consiste en la distribución de beneficios desde un programa único a un proveedor único, en el que la provisión se realiza en persona y es electrónicamente asistida (véase el gráfico 6.2). Países como Ghana han dado el salto desde un proceso administrativo que usaba Excel a un proceso de administración de pagos totalmente automatizado (cuadrante inferior derecho del gráfico 6.3: administración digitalizada de G2P para los objetivos de eficiencia gubernamental), que resultó en un considerable ahorro de tiempo y costos para el gobierno (recuadro 6.1). **No obstante, los pagos se siguen efectuando en persona, aunque están electrónicamente asistidos.** Esto se debe, principalmente, a que las sucursales de los bancos rurales no están muy cerca de los beneficiarios, por lo que los proveedores de servicios de pago se acercan a los sitios de trabajo del programa para efectuar los pagos. En este caso, no se usa efectivo sino una tarjeta inteligente. El gobierno de Ghana está tratando de identificar otras opciones, tales como los pagos en estaciones de servicio o locales donde se puedan retirar por cajero automático.

G2P 2.0: Programa único y proveedor único

El modelo G2P 2.0 se refiere a la etapa inicial de la digitalización de la provisión de pagos, a menudo a través de un único canal (véase el gráfico 6.2). Desde la perspectiva del modelo G2P 2.0, los procesos internos de administración de pagos entre los programas sociales y los proveedores de servicios están digitalizados. No obstante, los objetivos de la digitalización de las provisiones solo se alcanzan parcialmente, ya que la experiencia en trayectos y tiempos de espera de las personas puede ser la misma de los modelos G2P 1.0 o 1.5. Los pagos pueden transferirse directamente a una cuenta bancaria (de uso limitado o convencional) o a una cuenta de dinero móvil, lo que ofrece flexibilidad para que las personas accedan a su dinero o lo retiren. Sin embargo, los destinatarios pueden incurrir en costos privados significativos para extraer efectivo, ya que quizá viven lejos de una sucursal bancaria, cajero automático o agente de cobro y pago. El modelo G2P 2.0 puede mejorar la eficiencia en la provisión de pagos y, si se estructura correctamente, puede ampliar algunos aspectos de la inclusión financiera de los beneficiarios.

Una de las dificultades del modelo G2P 2.0 es que los diversos programas de protección social de un mismo país tienden a adoptar métodos no coordinados hacia la digitalización. Los programas individuales pueden hacer un contrato independiente con un único proveedor de servicios de pago o, incluso, con múltiples proveedores de servicios de pago, según la cobertura geográfica, la naturaleza del pago, el tipo de beneficiario, el ciclo de presupuesto, y otros factores. No obstante, cuando los beneficiarios no pueden elegir el proveedor, se considera un enfoque de «canal único». Cuando los pagos se distribuyen a través de un intermediario externo, un proveedor de servicios de pago, se elevan los costos (por ejemplo, un porcentaje sobre la transferencia).[9] Los problemas técnicos también causan demoras en los pagos. La tecnología tiende a ser hecha a medida, los proveedores suelen mantenerla confidencial, y los sistemas son de circuito cerrado, además de que el proceso de contratación tiende a ser prolongado y opaco. En consecuencia, la coordinación institucional para digitalizar los pagos entre programas sociales y la interoperabilidad entre instituciones y proveedores constituyen un desafío, aunque no es algo imposible. Generalmente, los ecosistemas financieros menos desarrollados con normas rígidas (u obsoletas) sobre los pagos requieren múltiples transferencias entre actores antes de llegar al beneficiario final, lo que generalmente se traduce en mayores costos de transacción.

Los países con una infraestructura de pagos más robusta e integrada (sistemas que adoptaron el modelo de cuenta única de tesorería) permiten realizar

Recuadro 6.1 Administración de pagos automatizada: Programa único y proveedor único en el programa LIPW de Ghana

En Ghana, el programa Dinero por Trabajo del LIPW (un programa de obras públicas que requieren mucha mano de obra) asigna beneficiarios a las actividades del proyecto. Los beneficiarios marcan biométricamente la entrada y salida, los datos de asistencia se sincronizan con el sistema de gestión de las operaciones de los beneficiarios del programa (SGOB). Una vez validados los datos de asistencia, el SGOB genera un calendario de nómina y lo somete a tres rondas de revisiones administrativas antes de aprobar la nómina final y asumir el compromiso financiero.

Anteriormente, las planillas de asistencia diarias en Excel se imprimían y distribuían en el lugar luego de catorce días de trabajo, y se entregaban físicamente a la autoridad local responsable de la implementación. Una vez que la autoridad aprobaba los archivos, la oficina de finanzas del distrito generaba una nómina utilizando Excel para registrar la información de los beneficiarios y los días trabajados. Se calculaba una lista de pagos manual y se llevaba al campo en copias impresas. Los beneficiarios se formaban en fila y los llamaban por su nombre para colocar la impresión dactilar del pulgar contra el ingreso calculado para recibir el dinero en efectivo. Tomaba hasta cuatro meses conciliar la nómina y entregar los pagos a los beneficiarios. El módulo de administración de pagos del SGOB de Ghana, llamado GHIPSS, se automatizó creando una aplicación informática y una aplicación biométrica funcional para registrar automáticamente la asistencia. Como resultado, todo el proceso de administración de pagos se lleva a cabo en tiempo real. Una vez que se aprueban las instrucciones de pago, el sistema carga automáticamente 500 000 tarjetas inteligentes por hora con los pagos de salarios.

Aunque la administración de pagos está automatizada, su efectivización se lleva a cabo físicamente, en persona. Los beneficiarios se autentican biométricamente para confirmar que son los verdaderos titulares de las tarjetas inteligentes antes de acreditar el pago de los salarios. Las personas hacen fila para retirar sus pagos. Las tarjetas inteligentes permiten almacenar valores en el caso de que el beneficiario no desee retirar todos sus ingresos o falte a una fecha de pago. Se pueden retirar los fondos a través de cajeros automáticos, y la tarjeta se acepta como forma de pago en comercios seleccionados.

Fuente: Christabel Dadzie, Especialista en Protección Social, Protección Social y Empleo (PSE), Banco Mundial, Curso básico, 2018.

---

transferencias directas desde el Ministerio de Hacienda (Tesoro Nacional) o desde el Banco Central hacia las cuentas de los beneficiarios. El banco central procesa las instrucciones de pago, debita fondos de la cuenta única de tesorería y los acredita en la cuenta del beneficiario. Las transferencias directas del gobierno a cuentas bancarias individuales requieren que las instituciones bancarias confirmen la prueba de identidad y de titularidad de las cuentas a través de los procesos «conozca a su cliente» (KYC) y de «diligencia debida del cliente» (DDC). Los pagos efectuados directamente a cuentas de dinero móvil o a billeteras digitales pueden requerir regulaciones legales y reformas tecnológicas de los sistemas de gestión de las finanzas públicas.

Indonesia migró rápidamente de los pagos en persona a los pagos mediante cuentas bancarias, con una considerable ganancia en términos de eficiencia y transparencia. El gobierno dio un paso importante hacia el desarrollo de un canal único de distribución de pagos para la asistencia social mediante transferencias monetarias y en especie para los programas PKH [Programa *Keluarga Harapan*] (transferencias monetarias condicionadas), PIP [Programa Indonesia Pintar] (asistencia para la educación), BPNT [*Bantan Tunai Non Tunai*] (ayuda alimentaria), y algunos subsidios seleccionados. Las transferencias se envían directamente desde una cuenta única de tesorería hacia las cuentas bancarias de los beneficiarios. Para ello, Indonesia abrió cuentas bancarias para diez millones de hogares atendidos por el programa de transferencias monetarias condicionadas PKH (cuadrante superior derecho del gráfico 6.3: Administración y provisión G2P digitalizada de punta a punta para la inclusión financiera) (recuadro 6.2). Entre 2010 y 2011, Irán emprendió una ambiciosa reforma de los subsidios al combustible sustituyéndolos por transferencias monetarias universales. El gobierno trabajó con los bancos para abrir 16 millones de nuevas cuentas bancarias (una expansión del 36 % en un año). La red de cajeros automáticos se extendió hacia las áreas rurales, y el 92 % de los pagos G2P de PS se entregaron digitalmente en una cuenta (Atansah *et al.*, 2017).

Recuadro 6.2 Habilitación de pagos electrónicos a cuentas bancarias: Programa único y proveedor único en Indonesia

El Ministerio de Asuntos Sociales (MAS) determina qué familias recibirán pagos por el programa de transferencias monetarias condicionadas (PKH) de Indonesia. Se envía la instrucción de pago al tesoro del Ministerio de Hacienda para su aprobación y, luego, al correspondiente HIMBARA (banco estatal) para procesar y emitir los pagos. Cuando los ejecutores del PKH y del HIMBARA comenzaron la transformación inicial hacia los pagos digitales, se abrieron cuentas en las sedes bancarias utilizando los datos de los beneficiarios que surgían de la Base de Datos Unificada (UDB), datos que luego validaron los facilitadores, quienes recopilaron la información necesaria mediante el proceso Conozca a su Cliente (KYC), la transmitieron al MAS, y este la envió a los bancos.

El PKH utiliza el sistema de información de la gestión de finanzas públicas (OMSPAN) para transferir los pagos directamente del tesoro a las cuentas bancarias individuales utilizando la cuenta única del tesoro (CUT). El CSPAN es el mecanismo gubernamental para elaborar la nómina de los empleados públicos directamente desde el tesoro. Para 2019, todas las familias alcanzadas por el PKH, en su primera y segunda fase de pagos, recibieron los fondos directos del tesoro en sus cuentas bancarias, supervisados por OMSPAN y con ejecución administrada por el HIMBARA.

Estos procesos mejoraron considerablemente la eficiencia del gobierno y contribuyeron a la inclusión financiera. Los resultados se están alcanzando gracias al desarrollo de una autoridad integrada de pagos de la asistencia social y por un conjunto de cinco bancos estatales (HIMBARA), con beneficios y pagos unificados en una tarjeta de bienestar familiar (KKS—Kartu Keluarga Sejahtera). Para fines de 2018, diez millones de hogares recibían la asistencia alimentaria del BPNT administrada desde la plataforma KKS/HIMBARA, y diez millones de hogares recibían pagos del programa PKH. Los pagos del PIP (asistencia para la educación) migraron al sistema bancario antes que el PKH, pero aún no están integrados a la misma plataforma del PKH y el BPNT. Otros programas de asistencia social tampoco están vinculados a esta plataforma de pagos.

A sabiendas de que pasar de pagos en efectivo a digitalizados conllevaría algunas dificultades, el gobierno de Indonesia prestó atención a las experiencias en diferentes lugares. Las visitas al campo revelaron varias cuestiones desde la perspectiva del proveedor del servicio de pago (el banco estatal Mandiri, uno de los bancos HIMBARA) y de los beneficiarios. Las entrevistas con clientes en la isla Buru, parte de la provincia de Maluku, situada en el Este, revelaron una variedad no atípica de problemas:

- **Identificación.** Muchas personas (especialmente de las áreas montañosas) siguen sin contar con una tarjeta de identificación [NIK ID Card]. Se necesita un certificado de matrimonio para obtener una tarjeta de identificación familiar (Kartu Keluarga, KK), pero solo pueden obtenerlo si celebran una ceremonia religiosa oficial: los matrimonios tradicionales/informales no son reconocidos.
- **Acceso.** Los cajeros automáticos se encuentran en la ciudad, a más de cinco kilómetros de

continuación

Recuadro 6.2 *(continuación)*

sus pueblos. Deben caminar muchas horas para llegar al subdistrito y luego esperar en fila para recibir el efectivo en el banco (en fechas pautadas para la distribución de efectivo).

■ **Alfabetización técnica.** Algunas personas jamás habían usado una tarjeta de cajero automático y tuvieron que aprender a digitar el PIN.

La digitalización de los pagos favorece la mayor eficiencia administrativa del gobierno, pero sigue siendo un desafío desde el punto de vista operativo, particularmente en la atención de personas en áreas remotas. No obstante, es necesario hacer ajustes ulteriores para obtener mayores beneficios de los sistemas G2P 2.0.

Brindar opciones y comodidad a los beneficiarios a través de múltiples canales (un enfoque G2P 3.0 o 4.0) puede contribuir a que Indonesia avance aún más hacia los objetivos de protección e inclusión financiera para las personas más pobres.

Fuentes: Kathy Lindert; Juul Pinxten, Especialista en Protección Social, Protección Social y Empleos, Banco Mundial; Changqing Sun, Economista Sénior, Protección Social y Empleos, Banco Mundial; Tina George Karippacheril.

G2P 3.0: Programa único y múltiples proveedores

El modelo G2P 3.0 consiste en la digitalización de los pagos desde un programa único a múltiples proveedores, para ofrecer opciones y comodidad a los usuarios finales (gráfico 6.2). El modelo G2P 3.0 permite a los destinatarios acceder a los pagos de uno o varios programas a través de cuentas y proveedores de servicio de su elección, y les permite cambiar de proveedor de servicios y cuenta de transferencia en función de su propio análisis de costos y conveniencia. Los gobiernos pueden trabajar con múltiples proveedores de servicios y ofrecer mayores volúmenes de transferencias; por lo tanto, disminuyen los costos de la provisión y hacen más atractivo el negocio para los potenciales proveedores de pago. El modelo ofrece incentivos para una mayor interoperabilidad entre instituciones gubernamentales y proveedores de servicios, lo que permite llevar la implementación del servicio hacia un enfoque más centrado en las personas, en contraste con el enfoque tradicional de atención a las agencias de gobierno como usuarios finales. Un diseño centrado en las personas habilita soluciones diversas en las áreas remotas o para personas con barreras singulares, donde se puede contemplar que los pagos en efectivo resulten más convenientes. El modelo G2P 3.0 para la PS es un tanto ambicioso para varios países. Más allá de las eficiencias que introduce este modelo, el enfoque también señala lo viable y deseable que resulta ofrecer opciones y conveniencia a personas pobres mediante la digitalización de los pagos. Para más detalle, véase más adelante la sección 6.5 sobre tecnologías de apoyo a los pagos digitales.

Zambia cuenta con múltiples programas de protección social, para los cuales la Transferencia Monetaria Social es central. No obstante, solo el Proyecto de Educación de las Niñas y Empoderamiento y Medios de Vida de las Mujeres (GEWEL, por su sigla en inglés) dispone pagos según un enfoque coordinado a través de múltiples canales (véase el cuadrante superior derecho del gráfico 6.3: Administración y provisión G2P digitalizada de punta a punta). GEWEL es un programa de inclusión productiva y de becas para mujeres y niñas, y utiliza el sistema nacional de pagos para entregar virtualmente subsidios productivos a sus beneficiarias a través de múltiples canales. GEWEL empodera a sus beneficiarias para que elijan cómo recibir el pago. Hacia fines de 2020, 75 000 mujeres en áreas rurales y remotas habrán recibido transferencias a través de un banco, una cuenta de billetera móvil o una tarjeta prepaga (recuadro 6.3).

G2P 4.0: Múltiples programas y múltiples proveedores

El modelo G2P 4.0 consiste en la digitalización de pagos que permite a múltiples programas vincularse con múltiples proveedores (véase el gráfico 6.2). Bangladesh cuenta con programas sociales múltiples y

En Zambia, el Proyecto de Educación de las Niñas y Empoderamiento y Medios de Vida de las Mujeres (GEWEL), a través de su componente Apoyo a los Medios de Vida de las Mujeres, proporciona transferencias de efectivo de 225 USD divididas en dos pagos. Un análisis de los proveedores del sector financiero mostró que ningún proveedor privado tenía la capacidad para efectuar los pagos de GEWEL a nivel nacional. En consecuencia, el gobierno decidió permitir que las familias eligieran entre varias opciones en lugar de contratar uno o más PSP. El programa GEWEL desarrolló una plataforma de pagos y estableció procedimientos para la autorización donde participan cinco proveedores: (1) Zoona, un servicio de transferencia persona a persona (P2P) y de billetera móvil; (2) ZamPost, el servicio postal nacional de Zambia; que ofrece servicios de transferencia, cuentas y préstamos; (3) United Bank of Africa, un banco comercial que ofrece una cuenta tradicional con una tarjeta Visa de cajero automático; (4) National

Gráfico B6.3.1 Sistema de provisión de pagos: El Programa GEWEL en Zambia

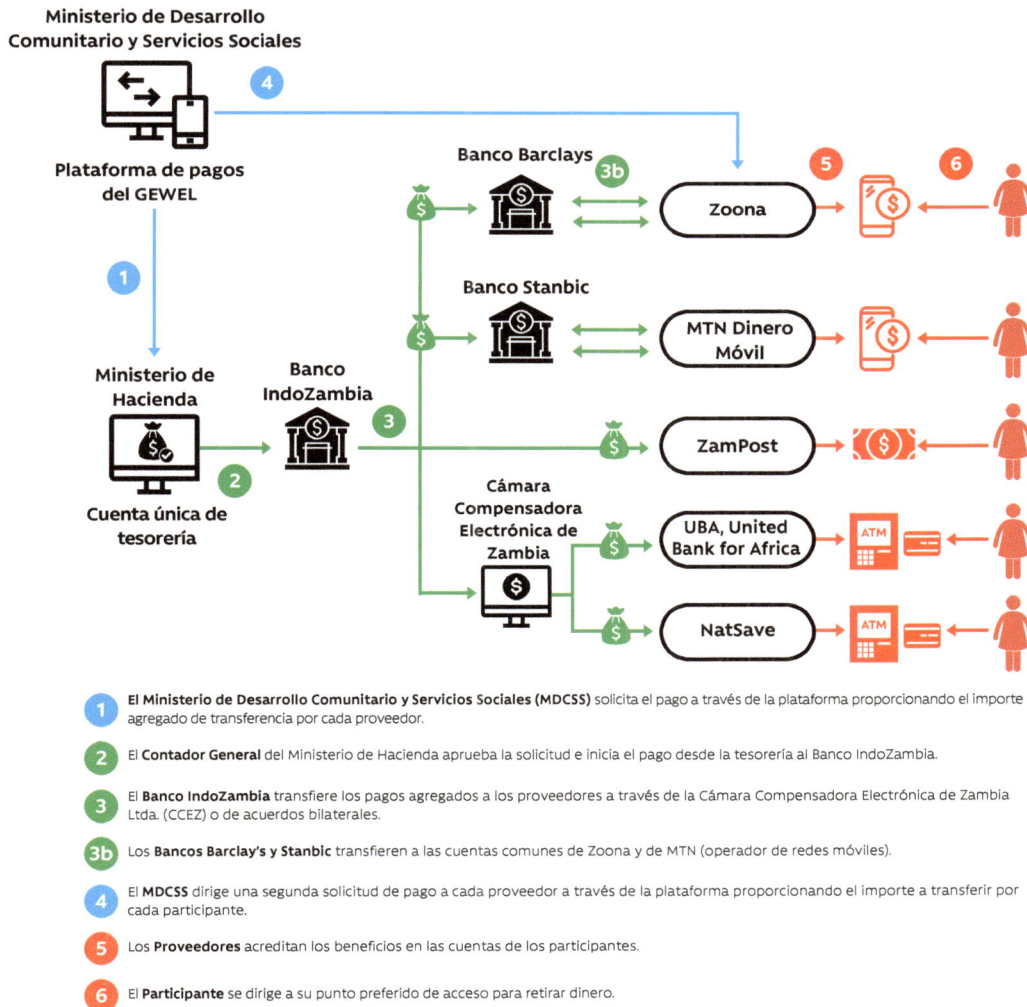

1. El **Ministerio de Desarrollo Comunitario y Servicios Sociales (MDCSS)** solicita el pago a través de la plataforma proporcionando el importe agregado de transferencia por cada proveedor.

2. El **Contador General** del Ministerio de Hacienda aprueba la solicitud e inicia el pago desde la tesorería al Banco IndoZambia.

3. El **Banco IndoZambia** transfiere los pagos agregados a los proveedores a través de la Cámara Compensadora Electrónica de Zambia Ltda. (CCEZ) o de acuerdos bilaterales.

3b. Los **Bancos Barclay's y Stanbic** transfieren a las cuentas comunes de Zoona y de MTN (operador de redes móviles).

4. El **MDCSS** dirige una segunda solicitud de pago a cada proveedor a través de la plataforma proporcionando el importe a transferir por cada participante.

5. Los **Proveedores** acreditan los beneficios en las cuentas de los participantes.

6. El **Participante** se dirige a su punto preferido de acceso para retirar dinero.

continuación

Savings and Credit Bank (NatSave), una entidad financiera no bancaria estatal que ofrece cuentas tradicionales; y (5) MTN, un operador de red móvil que ofrece una billetera móvil. La plataforma que brindan estos diversos proveedores cubre 30 distritos en el programa, y para fines del 2020 se habrá extendido a 51 distritos en el programa.

Un sistema nacional de transferencias de pagos/fondos electrónicos (TEF) administra la transmisión de múltiples programas a múltiples proveedores de servicios de pago. Cuando recibe las instrucciones de pago a los beneficiarios desde múltiples agencias gubernamentales para los programas de asistencia social, el Sistema Nacional de Pagos las transmite a varios proveedores de servicios de pago. Esto permite a los proveedores brindar más opciones y comodidades a los beneficiarios para recibir sus cobros. El gráfico B6.3.1 ilustra el sistema de pagos de Zambia, donde la Cámara Compensadora Electrónica de Zambia, un conmutador interbancario, conecta con los operadores de redes móviles MTN, Airtel y Zoona, y con los bancos (IndoZambia, Barclays, Stanbic, UBA, NatSave, Zenaco, Investrust y Cavmont).

Fuentes: Craig Kilfoil, Curso básico de PSE (Protección Social y Empleos) del Banco Mundial, 2018; Baur-Yazbeck, Kilfoil y Botea, 2019.
Nota: GEWEL = Proyecto de Educación de las Niñas y Empoderamiento y Medios de Vida de las Mujeres; UBA = United Bank for Africa.

---

fragmentados que se esfuerzan por ofrecer pagos a través de un enfoque coordinado de múltiples canales, y buscan construir un modelo de multiprograma y multiproveedor. Se fundamenta en la premisa de que las personas deberían poder elegir distintos proveedores de servicios de pago para los diferentes programas o el mismo proveedor para todos los programas. Un enfoque de pasarela de pagos puede ayudar a la interoperabilidad de los métodos de pago para diferentes programas a una misma persona, familia u hogar. A través de la Unidad de Administración Presupuestaria de la Protección Social (UAPPS) de la División de Finanzas, Banglacesh está creando un sistema interoperable de gestión de pagos para coordinar los pagos con varios proveedores de servicios públicos y privados, donde un directorio de mapeo vincula números únicos de identificación con direcciones financieras. El objetivo es dar a los beneficiarios la opción de cobrar sus beneficios en cualquier lugar y momento. Esto se contrasta con las modalidades electrónicas de pago de circuito cerrado que proliferaron en varios países, donde los beneficiarios necesitan retirar su pago en un mostrador temporal, en una fecha o fechas específicas. La idea es mejorar la experiencia del beneficiario utilizando la identificación nacional para la autenticación a través del mapeador (y así evitar tarjetas de débito y mecanismos de autenticación redundantes) y vincular los datos de identificación del beneficiario con sus respectivas cuentas en la interfaz interna, lo que permite a la persona cobrar sus beneficios en la sucursal de cualquier banco comercial o en la agencia de un proveedor de servicios de pago móvil u oficina postal gubernamental; esto también les permite cambiar fácilmente de proveedores y cuentas (recuadro 6.4).

6.3 EL «CÓMO» DE LOS PAGOS G2P DE PROTECCIÓN SOCIAL

Dada la importancia de las transferencias monetarias dentro de los gastos de protección social (PS), es fundamental entender cómo se estructuran los pagos G2P, cómo se administran y cómo se entregan en los programas de PS. El proceso de pagos involucra a múltiples actores y pasos, y requiere establecer un sistema de pagos y la posterior gestión de ciclos de pagos recurrentes. A continuación, analizamos estos pasos con más

Bangladesh está creando un mapeador de pagos para la interoperabilidad. El mapeador es interoperable con el Sistema Nacional de Identificación (de la Comisión Electoral) para verificar identidades, y también con los bancos y los proveedores de servicios de pago móvil para verificar las cuentas e intercambiar información sobre la verificación de identidad (véase el gráfico B6.4.1).

Gráfico B6.4.1 Sistema de pagos en Bangladesh

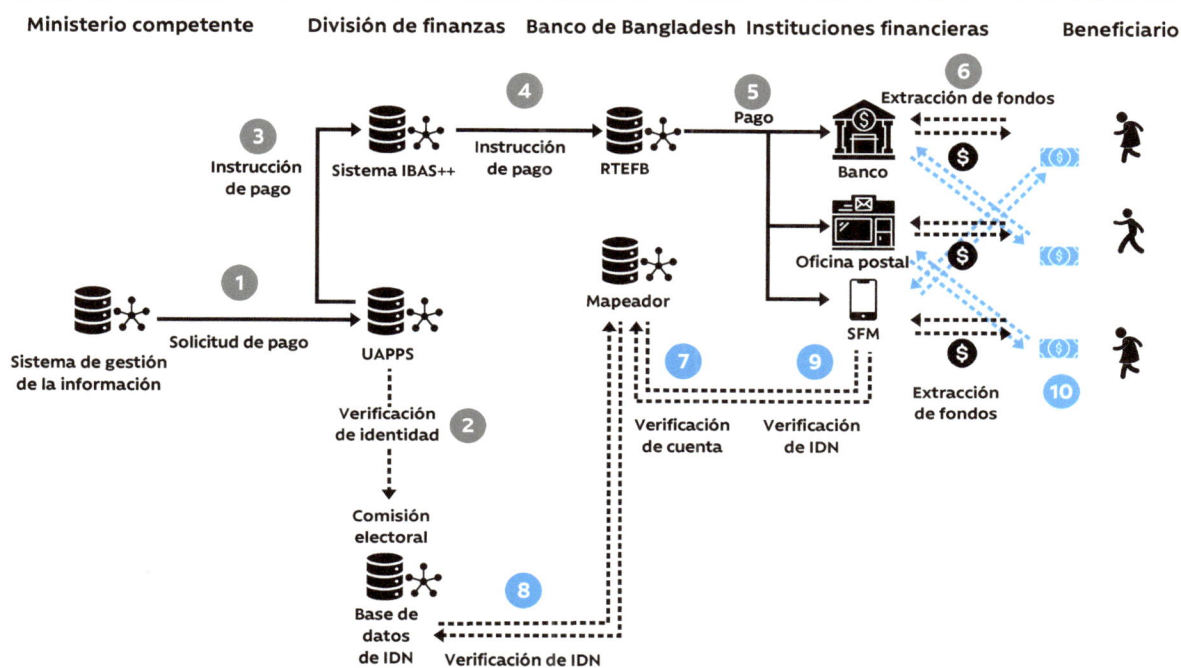

Fuentes: Ashiq Aziz, Especialista Sénior en Protección Social, Protección Social y Empleos, Asia del Sur, Banco Mundial; Yoonyoung Cho, Economista Sénior, Protección Social y Empleos, Asia del Este y Pacífico, Banco Mundial; Kenichi Nishikawa Chávez, 2018. *Nota:* RTEFB = Red de Transferencia Electrónica de Fondos de Bangladesh; SFM= servicio financiero móvil; IDN = identificación nacional; UAPPS = Unidad de Administración Presupuestaria de la Protección Social.

detalle prestando especial atención a las tendencias, las innovaciones y el diseño centrado en las personas, a fin de estructurar, administrar y facilitar los pagos G2P de protección social, y así contribuir a los objetivos de inclusión social y de empoderamiento económico de las mujeres.

La implementación de los pagos implica (1) **los procesos de administración de pagos** y (2) **la provisión y la conciliación de los pagos**. El gráfico 6.4 muestra un esquema con los procesos anteriores, paso a paso, empezando por evaluar el entorno propicio (paso 1), determinar el método de pago (paso 2), determinar el método de adquisición/contratación (paso 3), administrar los pagos (paso 4), proveer los pagos (paso 5) y conciliar los pagos (paso 6).[10]

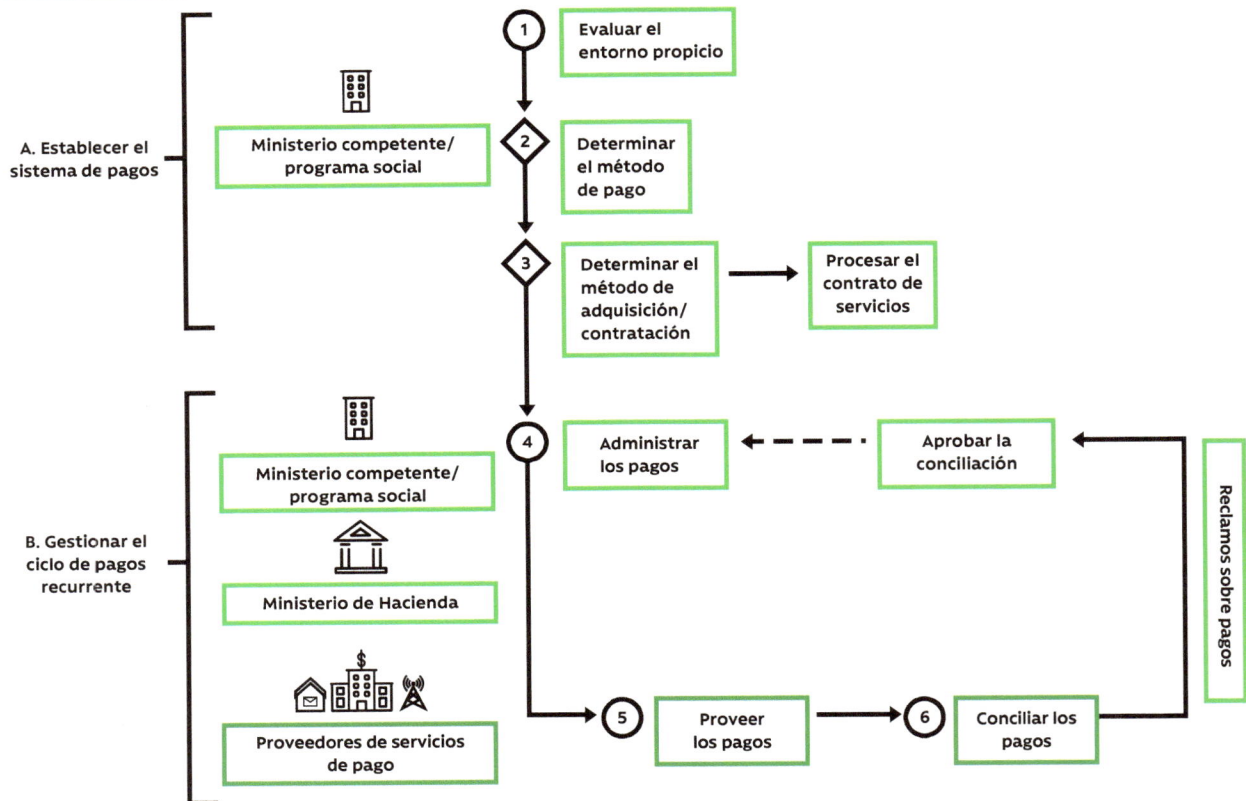

Gráfico 6.4 Pago de transferencias monetarias de PS de gobierno a persona: Fases de la implementación

A. Establecer el sistema de pagos

Ministerio competente/ programa social

1. Evaluar el entorno propicio
2. Determinar el método de pago
3. Determinar el método de adquisición/ contratación → Procesar el contrato de servicios

B. Gestionar el ciclo de pagos recurrente

Ministerio competente/ programa social

Ministerio de Hacienda

Proveedores de servicios de pago

4. Administrar los pagos ← Aprobar la conciliación

5. Proveer los pagos → 6. Conciliar los pagos

Reclamos sobre pagos

Fuente: Gráfico original para esta publicación.
Nota: PS = protección social.

Establecer el sistema de pagos[11]

Son varias las decisiones y los factores que hay detrás del establecimiento de un sistema de pagos. Algunos están determinados por las realidades externas y específicas del país, mientras que otros son el resultado de un diseño centrado en las personas. Evaluar el entorno propicio de un país proporciona información fundamental para determinar los mejores instrumentos de pago (las opciones digitales o en persona) y el método más adecuado, que puede ser la transferencia directa desde un banco central a la cuenta personal del beneficiario en un banco de su elección, o a través de la intermediación de uno o varios proveedores de servicios de pago.[12] Garantizar la existencia de un sistema de pagos con un diseño centrado en las personas, sea en la fase de incorporación al sistema o en otros elementos

del diseño, mejorará la experiencia de pagos para los beneficiarios de la protección social.

Evaluar el entorno propicio

Las decisiones sobre los mecanismos de pago deben fundamentarse en una evaluación completa del contexto de los pagos. Esto incluye conocer bien las instituciones que gestionan los procesos de administración de los pagos y el ecosistema de pagos, los posibles proveedores de servicios de pago y la infraestructura física para distribuir las transferencias (posibles puntos de acceso para retirar efectivo), como centros comunitarios, sucursales bancarias, cajeros automáticos, terminales de puntos de ventas (PDV) y otros canales, que incluyen redes de agentes CICO (puntos para depositar y retirar dinero), lo que requiere evaluar la cobertura geográfica y conocer la estructura de los costos existente. A continuación, analizamos con más detalle los arreglos institucionales para efectuar los pagos, los aspectos normativos, la interoperabilidad y la cobertura. En la herramienta para pagos de protección social (ISPA 2016) de la Interagencia de Diagnósticos de Protección Social (ISPA) se puede encontrar más información sobre el entorno propicio y una guía para evaluar el contexto de los pagos.

Arreglos institucionales

Los pagos G2P de PS constituyen, de manera intrínseca, una agenda de múltiples actores y múltiples sectores. Cada actor juega un papel específico en la provisión de los pagos G2P de PS: formuladores de políticas, implementadores, financiadores, reguladores, agregadores y proveedores de servicios de pago, entre otros. Generalmente, en un entorno de pagos poco desarrollado, intervienen menos actores, lo que se traduce en menos opciones de pago para los destinatarios. Los países con un contexto de pagos más evolucionado tienden a ofrecer una mayor variedad de opciones, permiten la existencia de normas y una distribución más clara de funciones y responsabilidades (véase la tabla 6A.1 en el anexo 6A). Los actores implicados en los pagos de protección social son los beneficiarios (o destinatarios designados), los ministerios competentes a cargo de la implementación de los programas sociales, los misterios de hacienda, los bancos centrales, las agencias de identificación, las autoridades de registro civil, las autoridades de comunicaciones, los reguladores, los proveedores de servicios de pago, los donantes y las agencias humanitarias.

El Ministerio de Hacienda juega un papel fundamental en este proceso. En los países que han adoptado el modelo de cuenta única de tesorería (CUT), el departamento de tesorería es responsable de autorizar los pagos desde las cuentas del gobierno. Cuando el proceso de pagos se externaliza, la tesorería transfiere el dinero a los PSP responsables de los créditos y retiros de las cuentas de la «primera milla». En los sistemas de pago de beneficios directos, la tesorería envía el lote de pagos directamente a las cuentas de los beneficiarios (siempre que estos tengan cuenta bancaria). Los sistemas electrónicos de pagos interoperables permiten transferir fondos mediante una única transacción desde la cuenta del programa específico del gobierno hacia la cuenta o billetera del destinatario del programa de protección social (véase la sección 6.5 a continuación: Tecnologías de apoyo a los pagos digitales).

Los ministerios responsables de las políticas y programas de PS supervisan el diseño y la implementación de los programas y la administración de los beneficios correspondientes. Si bien la implementación de servicios sociales es una de las actividades principales del ministerio competente, es habitual que la entrega del dinero sea un proceso nuevo o fuera de su competencia, por lo que el ministerio suele valerse de actores externos que efectúen o participen en la provisión de los pagos. Para los pagos en persona, los ministerios competentes se pueden apoyar en los gobiernos locales, las organizaciones comunitarias o las organizaciones no gubernamentales (ONG).

Los ministerios competentes suelen externalizar la provisión de los pagos a proveedores de servicios de pago, como bancos estatales, oficinas postales, bancos comerciales, operadores de dinero móvil y otros negocios de servicios monetarios. La externalización del proceso de punta a punta puede incluir la apertura de una cuenta, la acreditación de fondos en las cuentas o billeteras de los beneficiarios o el retiro de dinero a través de otros proveedores. Los proveedores de servicios de pago pueden tener diferentes motivaciones: Algunos se involucran en los pagos de protección social por razones de responsabilidad social corporativa, y otros lo hacen con la expectativa real de una oportunidad de negocio rentable.

Uno de los desafíos asociados al diseño y la implementación de los pagos es conocer la motivación de las partes interesadas para participar en la provisión de pagos. Disponer de múltiples proveedores, de ser posible, rinde beneficios en términos de costos y comodidad. Una mayor competencia reduce los costos de los programas y proporciona opciones a los beneficiarios. Tener uno o múltiples proveedores de servicios de pago es una decisión práctica determinada, por ejemplo, por la cobertura geográfica o por las normas del sector financiero. En algunos casos, ciertas áreas geográficas están cubiertas por un único banco, o tienen una banda ancha limitada o escasos puntos de pagos. Las normativas regulan qué tipos de entidades están legalmente autorizadas para operar como proveedores de servicios de pago para los pagos G2P o pueden prohibir a entidades no bancarias efectuar transferencias monetarias.

La participación de bancos estatales se puede explicar por la falta de cobertura geográfica de las instituciones financieras comerciales, los costos asociados a la provisión de servicios o los costos de acceso a poblaciones en áreas remotas.

Marco normativo e infraestructura

Entender el entorno de pagos implica entender el marco legal y normativo que rige al sector financiero de los países y a su infraestructura financiera. A nivel global, la referencia jurídica básica para los pagos la establece el banco central. Otras leyes pertinentes incluyen la ley bancaria, las leyes de los mercados de valores (que hacen referencia explícita a los sistemas de pago), los reglamentos del banco central y las leyes de los sistemas de pago, y las leyes de dinero electrónico (con referencia explícita a los pagos). Las leyes de los sistemas de pago se suelen encontrar en las regiones con una infraestructura legal más débil para las transacciones financieras. El marco legal incluye aspectos de cobertura sobre la firmeza de la liquidación, las compensaciones y el procesamiento electrónico de los pagos.[13] Otros aspectos jurídicos para los pagos incluyen el dinero electrónico, el acceso de las personas a las cuentas, los reglamentos para permitir la provisión no bancaria de servicios de pago, los reglamentos para la banca electrónica, las normas KYC ('conozca a su cliente'), la protección y privacidad de los datos y las normas de protección del consumidor, entre otros (Staschen y Meagher, 2018).

Evaluar la infraestructura financiera implica determinar qué entidades tienen licencia y están registradas para operar en el país. Entre estas se encuentran los proveedores de servicios especializados, tales como cámaras de compensación, entidades que operan con plataformas de dinero móvil, redes de tarjetas de pago, sistemas electrónicos, redes de transferencia electrónica de fondos y agregadores de pago. Además de instituciones financieras, como bancos comerciales y estatales, los proveedores de servicios de pago (PSP) incluyen proveedores no bancarios, tales como los operadores de transferencias de fondos (OTF), los operadores de redes móviles (ORM), las instituciones financieras no bancarias supervisadas y no supervisadas, y otras instituciones no financieras. Lo habitual es que los bancos centrales regulen y supervisen a los operadores de sistemas de pago y compartan la responsabilidad con las autoridades supervisoras bancarias.

En lo que respecta al marco normativo, las evaluaciones determinan qué entidades pueden ofrecer cuentas de transacciones y servicios de pago, sobre todo porque las transferencias G2P de protección social tienden a ser un gran volumen de transferencias de poco valor. Es posible que las normas existentes no autoricen a las instituciones no bancarias (como las empresas de telecomunicaciones) a efectuar pagos G2P para evitar riesgos fiduciarios. Otros aspectos del marco normativo incluyen la Ley contra el lavado de dinero y la financiación del terrorismo (ALD/CFT), la norma del Grupo de Acción Financiera (GAFI), y las leyes y normas KYC y DDC para la apertura de cuentas y billeteras. Se trata de controles y políticas estándar que utilizan las instituciones financieras para verificar la identidad y garantizar que los proveedores de servicios de pago operan con entidades legítimas. También son importantes las normativas que regulan las comisiones de las transferencias y retiros de fondos, las normas de protección del consumidor y la existencia de productos regulados por norma, como las cuentas bancarias básicas y «sin adornos».[14]

Los instrumentos de pago para las transacciones sin efectivo incluyen transferencias de crédito, débitos directos, pagos con tarjetas de débito y crédito, y dinero electrónico. Los puntos y canales de acceso incluyen sucursales, agentes, cajeros automáticos, terminales de PDV y dispositivos móviles de conexión inalámbrica. El acceso a los terminales de PDV puede ser por bandas magnéticas, biométrico o mediante chip. Detrás de estas transacciones hay acuerdos de compensación y liquidación, tales como las cámaras de compensación automatizadas (CCA) y los sistemas de liquidación bruta en tiempo real.

Hay que considerar todas las comisiones, fijas y variables, que se pueden cobrar a los programas y a los beneficiarios, sobre todo cuando los programas se preparan para su ampliación. Las comisiones administrativas y operativas pueden incluir gastos de identificación o apertura de cuentas bancarias, comisiones por la emisión de tarjetas bancarias, comisiones recurrentes por el uso de cajeros automáticos, PDV, transferencias electrónicas y transferencias individuales, además de comisiones o cargos adicionales por llevar a cabo actividades de formación financiera, entre otras. Para mitigar los costos, los gobiernos pueden permitir a los PSP obtener beneficios por el capital flotante pagando una cuota a los proveedores o un complemento a los beneficiarios (véase el anexo 6B sobre modelos de contratación de servicios de pago y la tabla 6C.1 del anexo 6C para las opciones de distribución de comisiones).

Interoperabilidad y cobertura

La interoperabilidad permite a las personas utilizar sin problemas sus cuentas/billeteras/tarjetas en cualquier punto que las acepte (aunque tal vez con alguna comisión). Los cajeros automáticos son parte de una red interoperable con más frecuencia que los terminales de PDV, aunque en Asia Oriental y el Pacífico, África subsahariana y el Sur de Asia, es más probable que los puntos de acceso tengan una baja interoperabilidad.[15] Un conmutador (switch) de pagos conecta varias instituciones y permite el intercambio de transacciones de pago mediante el enrutamiento de mensajes de autorización y autenticación entre las instituciones participantes, así como la generación y distribución de archivos de compensación y liquidación. Aunque los conmutadores surgieron con el procesamiento de transacciones de los cajeros automáticos y los PDV, han llegado a incluir transacciones de Internet, dispositivos móviles y tarjetas de pago inteligentes (tarjetas de chip que almacenan datos en chips de circuitos integrados y bandas magnéticas para la compatibilidad retroactiva). Los conmutadores de pagos también pueden incorporar plataformas de dinero electrónico. La interoperabilidad aumenta las externalidades de red positivas para los beneficiarios y, efectivamente, la amplitud de la red de canales de acceso.

Para que sea accesible a los beneficiarios de la PS, los PSP deberían contar con una amplia red de distribución que incluya sus propias sucursales y agentes externos, sin los cuales el costo de acceso sería elevado. La cobertura de la infraestructura y la calidad de la red de agentes son importantes, sobre todo en lo que respecta a su capacidad de brindar liquidez suficiente y la voluntad de ofrecer servicios a los destinatarios de la PS. Muchos PSP utilizan agentes para la provisión de pagos a los beneficiarios. Los agentes comprueban la identidad, autorizan las transacciones y actúan como la interfaz con el cliente (ISPA 2017). Por ejemplo, con 228 agentes de dinero móvil por cada 100 000 personas y con grandes diferencias entre los países del África subsahariana, los agentes de dinero móvil tienen un alcance siete veces superior al de los cajeros automáticos y veinte veces superior al de las sucursales bancarias (Aker, 2020).

Es fundamental evaluar la cobertura de los sistemas únicos de identificación básica y los registros sociales. Las credenciales únicas de identificación básica reconocidas por el gobierno permiten a los beneficiarios abrir cuentas y autenticar su identidad para recibir las transferencias. Los sistemas de identificación también son fundamentales para llevar a cabo DDC para los requisitos del KYC. Los registros sociales permiten evaluar las necesidades y las condiciones de los solicitantes de los programas sociales. Los datos recopilados de los solicitantes en los registros sociales o en los sistemas de gestión de las operaciones de los beneficiarios (capítulos 4, 5 y 8) pueden incluir la elección de los métodos de pago y la existencia de direcciones financieras para los pagos.

Determinar el método de pago

Con respecto a la implementación de los pagos y su diseño, las decisiones deben ser muy cuidadosas, pues tendrán consecuencias sobre el acceso a los beneficios de protección social y, en sentido más amplio, sobre la inclusión financiera de las personas pobres. El primer conjunto de decisiones consiste en definir si se deben automatizar los procesos internos de administración de pagos para facilitar su distribución y, en consonancia con esto, si el diseño ha de hacerse para un único programa (un enfoque habitual, aunque no necesariamente ideal) o dentro de un enfoque coordinado con otros programas sociales.

Digitalización de los pagos

Los gobiernos suelen invertir en la digitalización de los sistemas internos de administración de pagos para hacerlos más eficientes, pero tal y como se ha indicado en la sección anterior sobre la evolución de los pagos G2P de PS, se trata de una digitalización parcial. Con respecto a la digitalización de los procesos de provisión de servicios de pago en las que se interactúa con el cliente, se debe plantear un segundo par de opciones: la provisión de pagos en persona o de forma virtual mediante diferentes métodos digitales, tales como las cuentas bancarias. Según cómo se combinen estas opciones, variarán los resultados sobre la inclusión financiera y la accesibilidad a los pagos, sobre todo para las personas pobres y vulnerables. Para más información, véase la sección 6.5 más adelante: Tecnologías de apoyo a los pagos digitales con adaptaciones de diseño centrado en las personas (véase el recuadro 6.8 y la tabla 6.2).

Transferencias directas

En los países que tienen un modelo CUT de gestión financiera pública, el departamento de tesorería es responsable de autorizar los pagos desde las cuentas del gobierno en forma de «transferencias directas». En la encuesta global de sistemas de pago del Banco Mundial (GPSS), un tercio de los países indicaron que los ministerios de hacienda (a través de las tesorerías nacionales o de instituciones equivalentes) efectuaban todos los pagos directamente al beneficiario una vez que lo solicitaba la agencia ejecutora.[16] Las transferencias directas pueden desintermediar a los proveedores de servicios de pago y a otros mediadores responsables de efectuarlas. Las transferencias G2P directas tienen la ventaja de que eliminan a los intermediarios y los costos asociados, y mejoran la seguridad y la discreción, a la vez que fomentan la inclusión financiera. Las transferencias directas son posibles cuando todos los beneficiarios tienen cuentas bancarias y disponen de una identificación única. Sin embargo, algunos costos (tradicionalmente cubiertos por los programas sociales) se trasladan a los beneficiarios[17]. En contraposición, cerca de la mitad de los participantes de la encuesta GPSS indicaron que los ministerios de hacienda (a través de las tesorerías nacionales o de instituciones equivalentes) depositaban los fondos en cuentas de las distintas agencias gubernamentales que, a su vez, enviaban el pago al beneficiario.

Proveedor de servicios de pago

En función del conocimiento sobre el entorno de los pagos, el ministerio competente o la administración del programa determina si entregará el dinero en efectivo a los beneficiarios (a través de oficinas locales, oficinas postales, sucursales bancarias, cajas o puntos de pago temporales) o si hará una transferencia directa a sus cuentas. En ambos casos, el ministerio evalúa cuál es el canal más adecuado para la provisión de los pagos, y si el proceso se puede gestionar internamente desde el gobierno (sin la intervención de agentes externos) o si es necesario contratar un proveedor de servicios de pago para que asuma esa responsabilidad. El gobierno puede optar por utilizar más de una modalidad y más de un PSP. Si la decisión implica emitir todos los pagos

(o una parte de ellos) a cuentas bancarias, el ministerio competente es responsable de garantizar lo siguiente:

- Que los destinatarios designados de las familias beneficiarias tengan cuentas en instituciones financieras, que sepan cómo acceder al dinero y que existan mecanismos de recursos y de asistencia al cliente disponibles (**apertura de cuenta**).
- Que los fondos se acrediten en las cuentas (el importe correspondiente al beneficio) y que los beneficiarios sepan cuándo están disponibles (**transferencia de fondos**).
- Que los beneficiarios tengan cómo utilizar los fondos de la cuenta para cubrir sus necesidades sin tener que soportar cargas indebidas o comisiones excesivas por las transacciones (**utilización de los fondos**). Esto se puede dividir, a su vez, en el retiro de dinero (en efectivo) y la utilización de fondos para pagos sin efectivo (p. ej., en comercios o pagos electrónicos instantáneos).

Las decisiones sobre los métodos de autenticación deben ajustarse al contexto y las necesidades. Mediante diferentes factores de autenticación, se garantiza que el destinatario reciba el pago. Los estándares ALD/CFT rigen la autenticación para las instituciones financieras, y si los ministerios competentes distribuyen los pagos en persona o si subcontratan esta función, debe haber métodos de autenticación de uno o dos factores. Las tecnologías, como los lectores biométricos, dan soporte a la autenticación, pero por ser iniciativas costosas, se deben estudiar debidamente de antemano y estimar la facilidad de uso y la comodidad para los destinatarios, así como determinar su rentabilidad.

Migrar de los pagos en efectivo y en persona a un método de pago virtual puede conllevar costos para los beneficiarios. La provisión del efectivo en persona llega más cerca de los beneficiarios, mientras que los pagos a través de cuentas dependen de una infraestructura financiera existente (sucursales, cajeros, PDV), que pueden requerir a los beneficiarios recorrer largas distancias para llegar a ellos, aunque estos factores pueden variar. Por lo tanto, en la estructura de costos, los gastos privados, como los de viaje, por ejemplo, se pueden abordar ampliando los importes para compensar a los beneficiarios (véase el anexo 6C). Asimismo, las interacciones y la experiencia con nuevas interfaces requieren que los beneficiarios adquieran nuevas habilidades, por lo que también se debería priorizar y planificar la educación financiera y la atención al cliente como parte de la transición de un método o a otro para la provisión de pagos.

Frecuencia de los pagos

Los factores relacionados con el diseño del programa incluyen (1) **el objetivo de la transferencia**, teniendo en cuenta que las transferencias más frecuentes son habituales en los programas cuyo objetivo es estabilizar los ingresos en comparación con las transferencias menos frecuentes con objetivos de inclusión productiva; (2) **el tipo de programa**, por ejemplo, las transferencias monetarias condicionadas suelen tener un calendario de pagos diferente al de una pensión social o un programa de obras públicas, pues el monitoreo de las condicionalidades o la cantidad de días trabajados pueden afectar la frecuencia; y (3) **el monto del beneficio** (con respecto a los gastos privados asumidos por los destinatarios). Los factores relacionados con la provisión incluyen la disponibilidad de los fondos, la infraestructura financiera (disponibilidad y accesibilidad de los puntos) y la capacidad de los proveedores de servicios de pago (Rodríguez *et al.*, de próxima publicación).

Los factores financieros y las limitaciones administrativas y normativas juegan un papel clave en las decisiones sobre modificar la frecuencia de los pagos, como los esfuerzos por reducir los costos del programa. Lo habitual es que haya comisiones asociadas a los pagos individuales (además de los gastos incurridos por tener una suma de dinero «flotante» en la cuenta de un proveedor de servicios de pago).[18] Reducir el número de pagos por año puede resultar en una disminución significativa de las comisiones por transacciones. Los costos en términos de tiempo y capacidad también determinan la necesidad de ajustar la frecuencia de los pagos de un programa, y pueden surgir limitaciones a raíz de los procesos administrativos asociados al monitoreo de las condicionalidades o a la conciliación de los pagos. Los cambios tecnológicos, como la automatización de los procesos o los cambios en las modalidades de pago, también afectan la frecuencia de los pagos (es decir, pasar de la entrega manual de pagos a los depósitos directos en las cuentas de los destinatarios). Asimismo, los cambios en el entorno normativo que impiden o permiten modificar la provisión de los pagos (p. ej., nuevas modalidades o proveedores) pueden tener el mismo efecto, al igual que el contexto de COVID-19 y de la distancia social, que también ha jugado un papel importante en la frecuencia y el reparto escalonado de los pagos.

La frecuencia de los pagos también puede estar sujeta a las necesidades y preferencias de los destinatarios. Por ejemplo, si los gastos privados o los costos del programa son demasiado altos (con respecto al volumen del beneficio), se puede reducir la frecuencia. Véase el recuadro 6.5 sobre la gestión, la frecuencia y los plazos de los pagos del programa Bolsa Família de Brasil.

Determinar el método de adquisición/contratación

Para abrir las cuentas de los destinatarios y transferir los pagos, se formalizan contratos con proveedores de servicios de pago. Las opciones incluyen (1) una regulación que obliga al proveedor de servicios de pago, como un banco estatal o una oficina postal, a transferir los pagos a un costo fijo; (2) un contrato a cambio de una remuneración por llegar a los destinatarios de las transferencias monetarias; (3) una licitación competitiva sin subsidios ni regulaciones adicionales; (4) una previsión de mercado sin contrato ni precios especiales. Estas opciones de contratos (o la falta de ellas) pueden coexistir y combinarse (véase la tabla 6.1).

La contratación de los PSP se lleva a cabo mediante una designación directa o a través de procesos de licitación nacionales o internacionales. Una forma habitual de contratar un proveedor externo es por designación directa (que se suele usar para contratar bancos nacionales y oficinas postales por convenio o reglamento).

Además de seleccionar al PSP, es necesario llegar a un acuerdo sobre el instrumento que se utilizará para la entrega del pago. El instrumento por defecto es el efectivo,[19] y la provisión de pagos virtuales pueden ser en cupones, una tarjeta (de débito, inteligente o prepaga), una billetera digital, dinero móvil, etc. (véase la sección 6.5 más adelante).

Es recomendable que el gobierno y el/los PSP formalicen un contrato bien estructurado que asegure un determinado nivel de servicios. El contrato debe describir con claridad las modalidades, los instrumentos, las comisiones, los tipos y la cantidad de puntos de pago, los plazos y otras disposiciones para la provisión de los pagos de la PS. Si bien algunos países

El Programa Bolsa Família (PBF) efectúa cada mes una transferencia monetaria condicionada a las familias beneficiarias en función de sus ingresos per cápita, cantidad de integrantes en la familia y cantidad de niños o adolescentes, con edades comprendidas entre los 0 y los 17 años, o de mujeres embarazadas/lactantes en el hogar. Las familias pueden solicitar su inclusión en el programa por demanda en las oficinas municipales a través del Cadastro Único (el registro social). El programa alcanza a cerca de catorce millones de familias.

Los pagos mensuales se gestionan desde la Caixa Económica Federal (Caixa) a través de su gestión del Cadastro Único y SIBEC (el sistema de gestión de beneficios), con la supervisión del Ministerio de Desarrollo Social (MDS). La Caixa es responsable de distribuir las tarjetas sociales del PBF a todas las familias y de transferir los fondos a sus cuentas cada mes.[a]

Una característica innovadora del PBF es el calendario de pagos escalonado: No se paga a todos los beneficiarios el mismo día del mes, sino que se establece la fecha de pago en función del último dígito del número de identificación social (NIS) del beneficiario.[b] Este proceso escalonado tiene muchas ventajas: (1) Evita la coincidencia con otros días en los que se realizan grandes volúmenes de transacciones bancarias, para no sobrecargar el sistema con un exceso retiros de efectivo en un mismo día; (2) contribuye al efecto multiplicador emparejando la afluencia de efectivo en las pequeñas economías locales (ya que evita picos de precios o deficiencias en el suministro cuando todo el mundo va al mercado el mismo «día de pago»); (3) ayuda a proteger la seguridad de los beneficiarios porque otras personas desconocen el día de cobro de cada uno. El calendario de pagos se difunde para que las personas sepan cuándo recibirán los fondos en sus cuentas. Los pasos fundamentales en el proceso de pagos son los siguientes:

Aprobar los beneficios. Todos los cambios detectados en Cadastro Único y los resultados del monitoreo de las condicionalidades se reflejan en los pagos mensuales del PBF a las familias. Cada mes se pueden incorporar nuevos beneficiarios, y los importes se ajustan en función del monitoreo de las condicionalidades y de la información de los beneficiarios. El otorgamiento del beneficio depende exclusivamente del MDS, que envía las instrucciones a la Caixa para incluir a las familias seleccionadas en la nómina del PBF. Este proceso, que lleva a cabo el SIBEC (el sistema gestión de beneficios) a través de la Caixa, es impersonal, lo cual supone una ventaja considerable del sistema.

Crear la nómina. Una vez que se aprueba el beneficio, los datos de la familia se introducen en la nómina del PBF, la cual se actualiza mensualmente. Esta nómina incluye a todas las familias beneficiarias identificadas por el NIS del destinatario designado, así como el importe del beneficio aprobado y otros datos adicionales. La Tarjeta Social del PBF contiene el nombre y el NIS del destinatario designado para cada familia. La Caixa procesa los pagos al principio de cada mes.

Retiro del dinero. El pago se efectúa durante los últimos diez días hábiles de cada mes según el NIS del destinatario designado. La Tarjeta Social es la manera más habitual de retirar el efectivo del PBF: En mayo de 2017, el 73 % de los retiros de dinero se hicieron de esta forma. Otros métodos de pago incluyen (1) una cuenta corriente bancaria básica, (2) pagos fuera de línea mediante una orden bancaria tras la presentación del documento de identidad del destinatario designado (poco frecuente), y (3) un procedimiento especial de retiro utilizado por los equipos móviles de la Caixa en áreas remotas donde no hay cajeros. Los recibos impresos de los pagos incluyen información sobre la fecha y el importe del pago, y también los utiliza el MDS para transmitir información a los beneficiarios, como los próximos plazos para actualizar sus datos, recordatorios de las condicionalidades, actualizaciones sobre sus corresponsabilidades, etc. Los beneficiarios también pueden descargar una aplicación en sus teléfonos móviles mediante la cual consultan el calendario de pagos, comprueban su situación como beneficiarios y buscan los lugares más cercanos donde acceder a sus fondos.

continuación

_____

a. Los destinatarios reciben las tarjetas de beneficiario (tarjetas de identificación funcionales) por correo y las gestionan con un número de seguimiento postal. Las familias beneficiarias reciben, además, información y asesoramiento sobre el programa e instrucciones para activar las tarjetas llamando al centro de llamadas de la Caixa y registrando una contraseña electrónica en una de las sucursales bancarias o en los puntos de servicio de lotería de La Caixa (lotéricas). En ese momento, se pide al destinatario designado que firme un formulario de consentimiento. Todo el proceso, desde que se añade el nombre del beneficiario a la nómina hasta la activación de la tarjeta, puede tardar hasta 45 días. La tarjeta debe activarse dentro de un plazo de 180 días, de lo contrario, caduca.

b. Por ejemplo, en enero de 2017, los beneficiarios con el último dígito del NIS = 1 recibieron el pago el 18 de enero, aquellos con el último dígito del NIS = 2, recibieron el pago el 19 de enero; NIS = 3, pago el 20 de enero; NIS = 4, pago el 23 de enero; NIS = 5, pago el 24 de enero; NIS = 6, pago el 25 de enero; NIS = 7, pago el 26 de enero; NIS = 8, pago el 27 de enero; NIS = 9, pago el 30 de enero; NIS = 0, pago el 31 de enero. Estos calendarios se difunden ampliamente y con suficiente antelación para cada año.

prefieren los contratos anuales (que suelen coincidir con el ciclo presupuestario), los contratos multianuales (de renovación automática en función del desempeño) ofrecen opciones para reducir el riesgo de que el calendario de transferencias se vea afectado entre contratos y fomentan que los PSP inviertan en tecnología e infraestructuras para ofrecer un mejor servicio a los clientes. Los contratos deberían ser lo suficientemente flexibles como para permitir la incorporación de los nuevos mecanismos de pago que desarrollen los PSP.

El programa garantiza que los PSP presten sus servicios de manera responsable siguiendo los estándares de protección del consumidor. El programa debe acordar con los PSP los mecanismos de quejas y reclamos, y los mecanismos para informar y educar a los beneficiarios sobre los pagos. Los contratos deben hacer referencia explícita a la privacidad, la protección y la seguridad de los datos, y las características técnicas de las bases de datos y los flujos de información.

También existen alternativas para la contratación del proveedor de servicios de pago por parte del gobierno. En los modelos G2P 3.0 y 4.0, las personas pueden elegir el proveedor de servicios de pago que deseen. En ese modelo, las opciones de mercado y la competencia recaen sobre la persona y no sobre la institución. Tal enfoque puede favorecer a los destinatarios al acortar los largos procedimientos institucionales y los costos administrativos, así como los gastos privados asumidos por las personas que se encuentran en lugares remotos y de difícil acceso.

Gestión del ciclo de pagos recurrentes

Administrar los pagos

La administración de los pagos, en este contexto, describe los procesos que subyacen al desembolso de los pagos del gobierno. La administración de los pagos implica una serie de subprocesos para las transferencias monetarias, entre ellos, el establecimiento y la verificación de la nómina y el establecimiento del calendario de pagos, la solicitud de la transferencia entre cuentas (desde el ministerio supervisor a la tesorería), la emisión de la orden de pago entre cuentas (desde la tesorería al proveedor de servicios de pago), la emisión de la instrucción de pago (desde el ministerio supervisor al proveedor de servicios de pago) y la provisión de los pagos a los beneficiarios (por parte del proveedor de servicios de pago).

Los objetivos de este proceso son elaborar la nómina, incluidos el cálculo, la validación y la aprobación del importe correcto para los beneficiarios correctos (véase los capítulos 5 y 8). El calendario de nóminas se comunica al proveedor de servicios de pago, y los fondos se transfieren al proveedor de servicios de pago. En el caso de los pagos electrónicos, las transacciones deben garantizar que los importes se acrediten en la

Tabla 6.1 Tipos de contratos con proveedores de servicios de pago

Tipo de acuerdo con los proveedores de servicios de pago	Características de los servicios de pago			
	Atención y formación al cliente: Que el beneficiario acceda a la asistencia y sepa cómo recibir la transferencia u otros servicios que estén disponibles	**Apertura de cuenta:** Que el beneficiario del programa de asistencia social tenga acceso a una cuenta o a una billetera digital	**Transferencia de fondos:** Débito de la cuenta del programa y acreditación en las cuentas de los beneficiarios	**Instrumentos:** Uso de instrumentos distintos del efectivo (tarjeta, billeteras digitales) para efectuar pagos o retirar dinero en sucursales o cajeros automáticos
Normativas: El gobierno o el ente regulador del sector financiero exige a una institución financiera que preste un servicio a un costo determinado.	Requisitos normativos para impartir educación financiera	Normativas básicas sobre cuentas, que exigen que cada ciudadano que cumpla con ciertos criterios tenga una cuenta, ya sea gratuita o de bajo costo (Brasil, Costa Rica, India, Indonesia, Malasia, México). Subvenciones gubernamentales a las instituciones financieras para la apertura de cuentas de ciudadanos que reúnan los requisitos (amparadas en leyes o legislación secundaria).	Límites normativos a las tasas por transferencia, aplicables a todas las transferencias o específicamente a los beneficios de asistencia social (Bangladesh, Ecuador, India, Malasia).	Requisitos normativos para abrir sucursales en zonas remotas (Etiopía; bancos de servicios de pago en Nigeria). Topes a las tasas de intercambio y a los cargos por retiros en cajeros automáticos (Bangladesh, India).
Acuerdos bilaterales: El programa de protección social firma un contrato con una entidad financiera pagando un cargo por la provisión del servicio.	El contrato puede especificar qué institución proporciona educación financiera adaptada a las necesidades de los beneficiarios.	El contrato especifica un cargo por la apertura de una cantidad acordada de cuentas.	El contrato puede especificar un cargo por cada transferencia, un porcentaje del importe de la transferencia o una tarifa escalonada según la ubicación del punto de acceso (puede ser distinta a la tarifa vigente del mercado) (Colombia, República Dominicana).	Se ofrecen pagos para establecer agentes en zonas desatendidas (Bangladesh, Etiopía, Nigeria).

continuación

Tabla 6.1 *(continuación)*

Tipo de acuerdo con los proveedores de servicios de pago	Características de los servicios de pago			
	Atención y formación al cliente: Que el beneficiario acceda a la asistencia y sepa cómo recibir la transferencia u otros servicios que estén disponibles	**Apertura de cuenta:** Que el beneficiario del programa de asistencia social tenga acceso a una cuenta o a una billetera digital	**Transferencia de fondos:** Débito de la cuenta del programa y acreditación en las cuentas de los beneficiarios	**Instrumentos:** Uso de instrumentos distintos del efectivo (tarjeta, billeteras digitales) para efectuar pagos o retirar dinero en sucursales o cajeros automáticos
Licitación pública: Precios y condiciones competitivas del servicio	La institución financiera ofrece información y atención al cliente. No hay facilidades especiales para los beneficiarios.	Variedad de cuentas según las opciones del mercado (Economías de ingresos altos: la mayoría de los países de la OCDE; Hong Kong RAE, China; Singapur).	Tasas del mercado. (Economías de ingresos altos: la mayoría de los países de la OCDE; Hong Kong RAE, China, Singapur).	Uso de instrumentos disponibles en el mercado. No hay facilidades especiales para los beneficiarios.
Según al mercado: No hay contrato	La institución financiera ofrece información y atención al cliente. No hay facilidades especiales para los beneficiarios.	Uso de las cuentas existentes de los destinatarios.	Tasas del mercado (economías de ingresos altos: la mayoría de los países de la OCDE; Hong Kong RAE, China, Singapur)	Uso de instrumentos disponibles en el mercado. No hay facilidades especiales para los beneficiarios.

Fuente: Karol Karpinski, Especialista del Sector Financiero, Finanzas, Competitividad e Innovación, Banco Mundial.

Nota: OCDE: Organización de Cooperación y Desarrollo Económicos

dirección financiera del beneficiario (cuenta bancaria, cuenta de dinero móvil, billetera digital, número de celular o número de identificación básico/único).

Los inputs en el proceso de administración de pagos deben incluir una lista o registro de beneficiarios actualizada. La lista incluye datos sobre el importe que debe pagarse a cada beneficiario, información actualizada sobre el paquete de beneficios y servicios, información sobre la conciliación de pagos del ciclo de pagos anterior, e información sobre la dirección financiera. La administración de los pagos se lleva a cabo mediante algoritmos de cálculo de nóminas (a través de aplicaciones informáticas, hojas de cálculo de Excel o cálculos manuales) y un proceso de validación y aprobación sujeto al entorno normativo para estas transacciones. Los sistemas integrados de información de gestión financiera (SIIGF), los sistemas de acreditación de cuentas (sistema interno de transferencia de los bancos, sistemas de transferencia de servicios financieros móviles) y los contratos o acuerdos de servicios son decisivos para los procesos de administración de pagos. Los productos resultantes de la administración de los pagos son la nómina, la acreditación en las cuentas de los beneficiarios (en el caso de las transferencias electrónicas) y la distribución de los pagos (en el caso de los pagos manuales). El resultado de estos procesos es la administración del importe correcto del beneficio al beneficiario correcto, en el momento correcto y a través de un canal de provisión de servicios de pago establecido.

Dentro de la administración de pagos, se distinguen dos actividades: establecer la nómina y gestionar los pagos.

Establecer la nómina

El establecimiento de la nómina implica las actividades administrativas periódicas para elaborar un calendario de nóminas, de manera que se verifiquen y certifiquen los beneficiarios y sus pagos. El módulo de administración de pagos de un sistema de gestión de las operaciones de los beneficiarios (SGOB) establece las nóminas según los datos de inscripción (y vinculados a la supervisión de las condicionalidades, si procede). Los pagos también se vinculan al registro social y a los sistemas de identificación básicos o funcionales. La información de la nómina incluye datos personales de los beneficiarios, tales como el nombre, la cuenta, la ubicación, el importe del beneficio y el número de identificación único. El organismo central, normalmente el Ministerio de Asuntos Sociales, verifica la nómina y certifica la calidad y la exactitud de los datos. Estos controles cruzados pueden llevarse a cabo mediante la interoperabilidad con el registro social, el SGOB y los sistemas únicos de identificación, y se pueden vincular con otros sistemas de información administrativa, tales como los registros de la propiedad, de automotores y civiles.

Algunos aspectos que se deben conocer para establecer la nómina son los siguientes:

- Organismos encargados de establecer, verificar y certificar las nóminas.
- Sistemas de información que apoyen a la administración de pagos.
- Agencia que gestiona el SGOB.
- Información necesaria para verificar las nóminas.
- Pasos del proceso necesarios para establecer la nómina y el ciclo para cada paso.

Gestionar los pagos

La gestión de los pagos consiste en el envío periódico de transacciones de nómina e instrucciones de pago a la tesorería y a través de flujos de aprobación para la transferencia y liberación de fondos. La tesorería programa las instrucciones de pago y distribuye los fondos entre uno o varios proveedores de servicio de pago (PSP) para el reparto de fondos. El expediente de instrucción de pago se envía al Tesoro Nacional, que revisa la transacción, introduce la solicitud de pago y libera los fondos en función de la disponibilidad presupuestaria (recuadro 6.6). En muchos países, hay una cuenta única de tesorería (CUT) que controla todas las transacciones y transfiere los fondos al proveedor de servicios de pago desde el sector de gastos. En algunos países, el Tesoro transfiere los fondos, asignados a un determinado organismo público, a las cuentas bancarias. Los organismos públicos dan entonces instrucciones al banco para que transfiera los fondos a determinados beneficiarios, o bien, el tesoro mantiene el control de los fondos, barre los saldos ociosos de las cuentas bancarias y consolida la posición de caja del gobierno al final de cada día. La CUT envía un archivo de instrucciones de pago y los fondos necesarios por vía electrónica a los PSP, que pueden ser bancos comerciales y estatales, ORM, ONG, oficinas postales, cooperativas de crédito, instituciones microfinancieras y organizaciones cooperativas de ahorro y crédito (SACCO).

Algunos aspectos que se deben tener en cuenta en la gestión de los pagos son los siguientes:

- Gestión de las transferencias presupuestarias, a través de una CUT u otro medio.
- Gestión de las transferencias de pagos a los puntos de pago y a los proveedores de servicios de pago locales o subnacionales, lo cual adquiere especial importancia cuando se amplían las áreas remotas y desatendidas.

Provisión de servicios de pago

La provisión de servicios de pago, en este contexto, describe el proceso de desembolso de los pagos a los beneficiarios una vez que los ministerios competentes transfieren los pagos a los PSP. Los pagos se hacen en persona (en efectivo) o de forma virtual/electrónica (sin efectivo).

En los pagos en efectivo de los programas sociales, el personal del programa suele entregar físicamente el dinero a los beneficiarios. Los fondos se transfieren electrónicamente a una serie de cuentas a nivel de distrito o subnacional, donde los funcionarios locales, el personal del programa o los líderes de la comunidad local visitan una sucursal bancaria o una oficina gubernamental para retirar el efectivo, que luego se transporta físicamente a los puntos de pago (oficinas postales, oficinas gubernamentales o sedes comunitarias) para que los beneficiarios lo retiren a una hora pautada. Para completar la transferencia, el personal del programa debe autenticar

Recuadro 6.6 Administración de pagos en Turquía

Turquía cuenta con un sofisticado Sistema Integrado de Asistencia Social (SIAS) que automatiza el proceso de administración de los pagos y a través del cual se elabora la lista de hogares a los que se debe pagar. El sistema permite al administrador elegir el programa de la lista (transferencia monetaria condicionada, ayuda por viudez, pensión por discapacidad y por vejez, etc.). El administrador selecciona el proveedor de servicios de pago correspondiente y, a continuación, se añade la información de pago (ciclo de pago, fecha, etc.). Los datos del pago se anotan en un archivo de pagos y se transmiten a los proveedores de servicios. El departamento autorizado del Ministerio de Asistencia Social prepara la lista de pagos para su transmisión. El archivo de pagos es un documento de texto personalizado donde se consolida la información sobre los pagos en un único archivo con información sobre todos los beneficiarios, y que genera un archivo distinto para cada proveedor de servicios de pago. Los datos de pago que figuran en el documento son el número de identificación del beneficiario, el nombre, los apellidos, el nombre del padre, el número de cuenta bancaria internacional (IBAN), el código de la sucursal, la opción de pago en el domicilio (si se ha seleccionado), la dirección, el importe del beneficio, y la fecha de pago. Los archivos de pago pueden transmitirse al proveedor de servicios de pago a través de una variedad de métodos, tales como el Protocolo de Transferencia de Archivos (FTP), los servicios web y las pasarelas de pago, entre otros.

Todas las noches, los bancos actualizan la información de pagos/retiros al SIAS y también el estado de retiro de los beneficios a la dirección FTP designada por la Dirección General de Asistencia Social (DGAS). Cada banco envía una actualización de estado mediante un archivo de texto personalizado registrado en la dirección FTP de DGAS. Cuando los beneficiarios retiran sus pagos, el banco correspondiente agrega la hora del retiro en el archivo de texto. Cuando los pagos son infructuosos, debido al fallecimiento, al tiempo de espera, a que pasaron seis meses de inactividad o a la anulación del pago por parte de la DGAS, se registra la información sobre la anulación y el importe del beneficio devuelto a la cuenta de la DGAS en el archivo de estado del retiro. Una vez que estos archivos se transmiten a través del FTP designado, el SIAS los analiza. Cada archivo se interpreta automáticamente en función del formato del banco, según el acuerdo entre los bancos y el SIAS. El resultado de cada pago se registra en el beneficio de asistencia social respectivo del perfil del hogar correspondiente en el SIAS.

Los pagos de beneficios no siempre se anulan por fallecimiento o por exceder el tiempo de espera. A veces, la DGAS anula los beneficios cuando actualiza los importes de los pagos o añade nuevos tipos de beneficios. En esta situación, la DGAS envía un expediente de anulación al banco correspondiente o a la PTT (oficina postal de Turquía). El archivo de cancelación también se envía al banco correspondiente usando un archivo de texto predefinido a través de una dirección FTP designada.

Fuente: Ahmet Fatih Ortakaya, Especialista Sénior en Protección Social, Protección Social y Empleo, Banco Mundial, 2019.

---

la identidad del destinatario. Algunos países externalizan estos procesos a las oficinas postales nacionales o a los bancos estatales para que entreguen el efectivo a los beneficiarios en puntos de pago específicos. A los beneficiarios se les notifica dónde se harán los pagos (puntos de pago), cuándo (calendario de pagos) y cómo (qué documentación llevar) retirar las transferencias. Sin embargo, la entrega física de dinero en efectivo se está viendo limitada a raíz de la crisis de COVID-19.

Los pagos electrónicos se suelen externalizar a un PSP, como un banco (estatal o privado), un operador de red móvil (ORM) o un agregador de pagos. El proceso implica la transferencia electrónica al PSP del valor total de todas las transferencias de los beneficiarios para un periodo de pago. A continuación, el PSP acredita electrónicamente los importes en las cuentas individuales de cada beneficiario. Aunque, normalmente, un único PSP se encarga de todos los aspectos de la provisión de pagos, en algunos casos, un consorcio de proveedores puede ser responsable de diferentes aspectos (ISPA 2016). Asimismo, los países pueden optar por elegir o contratar a diferentes PSP en función de su cobertura y presencia regional. Los PSP son responsables de organizar el proceso de distribución de los pagos a sus respectivos beneficiarios, comunicar las fechas y puntos de pago, y autenticar las credenciales de identificación. En el caso de los bancos, este proceso corresponderá a las normas de DDC/KYC ('diligencia debida del cliente'/'conozca a su cliente') del sistema bancario. Cuando los pagos se efectúan a través de una red de agentes, la identidad de los beneficiarios se verifica en los puntos de pago (recuadro 6.7).

Cuando los destinatarios cobran los pagos en persona, pueden incurrir en importantes gastos personales para trasladarse a los puntos de pago y esperar la entrega de las transferencias en mano. Sin pautas de distanciamiento social, ese proceso se vuelve complicado para los beneficiarios. También, cuando residen en áreas remotas, los gastos de viaje pueden representar una parte importante de la cantidad recibida. Al cobrar los pagos, los beneficiarios deben autenticar su identidad mediante credenciales de identificación y, a veces, mediante datos biométricos. En el caso de los pagos presenciales, el personal del programa y los administradores en el campo comprueban físicamente la identidad de los beneficiarios a partir de una nómina impresa o de un listado. Para la autenticación presencial, pueden verificar las credenciales de identidad comparando visualmente una foto y los datos demográficos en una credencial de identificación reconocida por el gobierno. La autenticación en línea se lleva a cabo mediante terminales de punto de venta, dispositivos con acceso a Internet y dispositivos móviles. Junto con la transferencia, los beneficiarios también reciben un comprobante de pago (por ejemplo, un recibo, un talonario de cheques, una cartilla, etc.) (recuadro 6.7).

Recuadro 6.7 Incorporación de beneficiarios de programas de protección social para la provisión de pagos

Para los pagos transferidos directamente del tesoro a las personas, es necesario abrir cuentas bancarias para los beneficiarios de los programas de protección social. La cantidad y los datos de las nuevas cuentas se deben transmitir al ministerio o agencia competente. A veces, los destinatarios pueden ya tener una cuenta en un banco o en una institución no financiera, pero si los programas no recopilan la información de la cuenta bancaria por adelantado, durante la recepción y el registro (capítulo 4) o durante la inscripción (capítulo 5), tienden a abrir cuentas bancarias nuevas para los beneficiarios, lo que da lugar a la fragmentación de las cuentas y a tarjetas para los diferentes programas de protección social.

Cuando los proveedores de servicios de pago son responsables de la provisión de pagos, se ocupan de abrir cuentas, instruir sobre los instrumentos de pago (tarjetas y dispositivos móviles), los métodos de autenticación de credenciales de identificación en los puntos de pago y los mecanismos para canalizar quejas. La apertura de cuentas se facilita mediante el sistema e-KYC («conozca a su cliente» en formato digital), si están conectados a las plataformas de identificación básica del país. Autenticar las credenciales de identificación en el momento de la apertura de la cuenta minimiza los riesgos de lavado de dinero (ALD) y la financiación del terrorismo (CFT). India y Pakistán utilizan tecnología de verificación biométrica de la identidad que permite a los agentes capturar y verificar las credenciales de identificación para cumplir con los requisitos KYC y abrir cuentas[a]. Según si el entorno es propicio, se pueden proporcionar aplicaciones digitales de autoservicio que permitan a los beneficiarios abrir cuentas desde sus hogares, escuelas u oficinas de programas sociales. En este caso, el coste marginal de incorporar nuevos beneficiarios será cercano a cero.

---

a. En la India, el uso de la identificación Aadhaar no es obligatorio. Sin embargo, las instituciones financieras pueden aceptar Aadhaar como uno de los documentos válidos para el sistema KYC.

Con los pagos electrónicos, los beneficiarios acceden a múltiples canales para cobrar las transferencias, siempre que los sistemas sean interoperables; no obstante, estas modalidades podrían suponer gastos privados para los destinatarios de las áreas remotas (véase el recuadro 6.8 sobre el diseño centrado en las personas). Cuando los beneficiarios reciben una tarjeta (prepaga, inteligente o de débito) o una cuenta operada por un dispositivo móvil (billetera digital), se suele requerir un PIN de autenticación para retirar dinero en efectivo de las sucursales bancarias y de los PSP, de los cajeros automáticos y en sedes de agentes. La autenticación de dos pasos es el estándar mínimo para los pagos electrónicos, y corresponde a algo que se es (biometría), algo que se tiene (tarjeta o token) o algo que se sabe (PIN o contraseña). En función del marco normativo, comercial y de interoperabilidad existente, los destinatarios deberían poder utilizar puntos de acceso de diferentes proveedores. Sin embargo, esto puede conllevar tasas adicionales.

Recuadro 6.8 Un enfoque centrado en las personas para la digitalización de gobierno a persona

La digitalización de los pagos puede incrementar la posesión y el uso de cuentas. Sin embargo, los esfuerzos por digitalizar los pagos de gobierno a persona (G2P) han presentado deficiencias. Una queja común entre quienes reciben transferencias del gobierno por medios digitales es que los productos de pago son difíciles de usar. Los beneficiarios se han quejado de las largas filas en los bancos y de lo que les costaba conseguir ayuda cuando tenían dudas o problemas con sus pagos. Otros han denunciado haber sido víctimas de fraude. No se trata solo de garantizar que se reciban pagos fiables y regulares, sino también de asegurar que las transacciones sean sencillas y accesibles, y de evitar las prácticas fraudulentas.

En el gráfico B6.8.1 se muestra un ejemplo de un ejercicio de mapeo de recorrido elaborado para los pagos humanitarios.

Gráfico B6.8.1 Mapeo del recorrido de los usuarios de las transferencias monetarias

Evaluación de la elegibilidad	Registro	Recepción de tarjeta	Recepción de transferencia	Gasto	Conclusión
+ Llega una nueva ayuda a la zona − No cree que se brinde asistencia	+ La evaluación es profesional + La recepción de dinero de la organización es anónima	+ El proceso para obtener la tarjeta SIM (para la identificación del móvil) es fácil + El personal proporciona información − Dificultades para recibir mensajes de texto SMS − Comprar nuevo teléfono y mantener la tarjeta SIM activa es caro	− Amistades y familiares hablan de la transferencia monetaria − El viaje para retirar dinero es largo, agotador y costoso − Se cobra una tasa inesperada − El personal no se preocupa	+ El dinero permite saldar deudas y cubrir gastos de alimentación y salud − Los billetes son viejos	− Dificultades para contactar con la Línea de Ayuda − Demasiadas trabas y vueltas − Decepción por el corte abrupto de la asistencia

Fuente: De *Iraq Case Study: Improving User Journeys for Humanitarian Cash Transfers*, por Ground Truth Solutions y el Grupo de Política Humanitaria, DFID, diciembre de 2018. Utilizado con permiso; se requiere permiso para su reutilización.

Diseño centrado en las personas, género y digitalización de los pagos

Un enfoque de diseño centrado en las personas (DCP) es útil para adaptar la provisión de pagos para las poblaciones objetivo comunes. Por ejemplo, la escasa posesión de teléfonos móviles entre las mujeres y su falta de alfabetización digital y financiera les hace más difícil optar por métodos de pago digitales en lugar de las transferencias monetarias manuales. Las opciones de diseño explícitas dentro de un enfoque DCP pueden solventar diversos desafíos y adaptaciones de los pagos de protección social para los grupos vulnerables (véase la tabla 6.2).

La digitalización de los pagos de gobierno a persona presenta una oportunidad para acelerar el cierre de la brecha de género en la inclusión financiera digital y para amplificar los resultados de empoderamiento económico de las mujeres mediante el uso activo de servicios financieros digitales. Como se explica en los Criterios D3 de la Fundación Bill y Melinda Gates (Chamberlin et al., 2019), el empoderamiento económico de las mujeres conlleva mejores resultados para los niños y la comunidad, y una mayor inversión en el capital humano y social de las mujeres. Aumentar la posesión y el uso de cuentas por parte de las mujeres mediante los programas de pagos G2P podría ser transformador.

Las transferencias digitales de los pagos de protección social pueden ser una potente herramienta para mejorar el empoderamiento de las mujeres, ya que les proporciona un acceso independiente a flujos de ingresos predecibles, y la llegada de un pago digital puede darles un mayor control sobre el uso del dinero, sobre todo si está vinculado a un producto de valor almacenado, como es el caso de la billetera electrónica.[20]

Identificación y pagos de protección social

Las plataformas de identificación tienen el objetivo de autenticar la identidad para asegurar que los pagos lleguen a la persona correcta y para que los proveedores de servicios de pago cumplan los requisitos de DDC/KYC. Los servicios de autenticación que ofrecen las plataformas de identificación pueden valerse de un método mínimo de respuesta a la pregunta «sí o no: ¿Es esta persona quien dice ser?», de manera que privilegia la protección de los datos personales del individuo. Esta aplicación minimalista para el intercambio de datos ayuda a la protección de datos y a la privacidad. A falta de una plataforma básica de identificación, los programas tienden a autenticar a las personas mediante una comprobación presencial comparando visualmente un nombre o un rostro con una tarjeta de papel o de plástico, o almacenando electrónicamente los datos de identidad de las personas en los sistemas de gestión de las operaciones de los beneficiarios, lo que da lugar a que se compartan y expongan los datos personales.

Los niveles de autenticación para los diferentes programas sociales deben determinarse adecuadamente en función del riesgo, en lugar de utilizar un enfoque único. Los niveles de autenticación representan el grado de confianza que una parte (el proveedor de servicios) puede tener en la autenticación de la identidad, fundamentada en el riesgo, el método de autenticación y la prueba de identidad. Para niveles de riesgo bajos, basta un solo factor de autenticación, y para niveles de riesgo sustanciales, se requerirán al menos dos factores diferentes. Para niveles de riesgo elevados, debe haber al menos dos factores diferentes y una medida de precaución adicional contra la duplicación y la manipulación. Para una transacción financiera, se pueden requerir al menos dos factores de autenticación diferentes. Estos factores de autenticación incluyen algo que se sabe (contraseña o PIN), algo que se es (datos biométricos, como la huella dactilar o el iris) y algo que se tiene (tarjeta, teléfono móvil, contraseña de un solo uso). Algunos de los factores que influyen en la elección de los sistemas de autenticación y en el diseño de las credenciales son el nivel de seguridad necesario (alto, sustancial, bajo), la cobertura de Internet, la penetración de la telefonía móvil y dispositivos adicionales necesarios para la autenticación (lectores de tarjetas inteligentes, lectores biométricos y las propias tarjetas inteligentes).

Reducción y control de riesgos

En algunos países, los beneficiarios reciben un cheque o cupón que pueden cambiar por efectivo en el futuro o canjear por alimentos o servicios. Aunque los cheques y los cupones son una opción razonable por la facilidad de traslado y los menores riesgos de seguridad en comparación con el dinero en efectivo, requieren una red de sucursales bancarias y otros establecimientos para

Tabla 6.2 Pagos de protección social de gobierno a persona: Desafíos para los grupos vulnerables

	Grupos demográficos a lo largo del ciclo de vida	
	Niños	Dependen de los padres, madres o tutores para los pagos.
	Personas mayores	Pueden tener limitaciones de alfabetización, movilidad u otras dificultades relacionadas con la edad avanzada. Tal vez les cuesta recordar contraseñas y PIN, o dependen, en gran medida, de alguien de confianza para cobrar.
	Mujeres	Falta de poder de negociación, escasa posesión de teléfonos móviles, escasa alfabetización digital y financiera, y movilidad limitada debido a normas sociales o culturales; exposición a la violencia doméstica y, potencialmente, a la ciberviolencia; falta de tiempo debido al trabajo doméstico no remunerado. Falta de agentes de pago femeninas, lo que puede inhibir la adopción de sistemas de pago (pagos a trabajadoras de la industria de la confección), etc.
	Grupos limitados por la situación socioeconómica	
	Personas que viven por debajo de la línea de pobreza	Pueden carecer de conocimientos o tener ideas erróneas sobre los programas, sentirse disuadidas por procedimientos complejos o no confiar en las instituciones. Los problemas específicos de los pagos pueden incluir bajo nivel de alfabetización o dificultad para recordar los números PIN; pueden no enterarse del pago; los barrios pobres y las aldeas rurales carecen de infraestructura financiera para los pagos.
	Personas que viven en zonas aisladas y remotas	Falta de transporte, movilidad y acceso físico; establecer puntos de pago puede ser costoso (por ejemplo, a veces, entregar el pago implica un transporte aéreo o marítimo de alto costo); los puntos de pago son lejanos, lo que supone un mayor gasto para los beneficiarios; los desplazamientos conllevan riesgos de seguridad, etc. En estos entornos se utilizan «bancos móviles» con «puntos de pago» y horarios previamente informados, lo que requiere preparación. El enfoque presenta problemas, tales como la inseguridad física de los beneficiarios, pero sigue siendo una solución hasta que se establezcan arreglos alternativos viables para la provisión de pagos.
	Grupos pastorales, nómadas y seminómadas	Para pastores, nómadas, seminómadas y trabajadores agrícolas migrantes, la movilidad constante dificulta el acceso a los puntos de cobro; se prefieren los sistemas de pago interoperables, pero pueden aumentar los costos de las transacciones.
	Personas refugiadas, apátridas, inmigrantes, desplazadas internas o que viven en zonas de fragilidad, conflicto y violencia (FCV).	Carecen de identificación formal (los campamentos rohingya en Bangladesh, por ejemplo); el uso de efectivo y servicios financieros puede estar restringido en los campamentos de refugiados.
	Discapacidad	
	Personas en condición de discapacidad	Encuentran barreras de acceso: de movilidad, físicas, cognitivas, de lenguaje o de lectura (personas ciegas o sordas), y otras barreras, tales como el estigma, las actitudes negativas o la discriminación.

Fuente: Tabla original para esta publicación.

retirar o canjear el dinero, como un sistema de auditoría para asegurar que los comerciantes no cobren de más a los destinatarios de las transferencias por sus productos o los obliguen a adquirir artículos no deseados. Véase el recuadro 6.9 sobre la reducción y control de riesgos de errores, fraudes y corrupción.

Conciliar los pagos

La conciliación permite que los ministerios competentes determinen si la transferencia se ha llevado a cabo con éxito mediante la efectiva entrega a los destinatarios o la acreditación en sus cuentas. En los

---

Recuadro 6.9 Reducción y control de riesgos de errores, fraude y corrupción

La introducción de pagos digitales exige que se preste atención a la presencia de nuevos riesgos para el consumidor. Dado que los beneficiarios de la protección social de gobierno a persona (G2P) suelen ser inexpertos en los servicios financieros formales y en el dinero «virtual» en particular, es más probable que tengan una experiencia negativa al acceder a sus pagos digitalizados o al usarlos. Los pagos digitales suponen al menos cinco riesgos comunes para el consumidor que pueden frenar sus posibilidades de inclusión financiera:

- Imposibilidad de realizar transacciones por la caída de la red o la inestabilidad del servicio
- Liquidez insuficiente de los agentes o de los cajeros automáticos
- Interfaces de usuario y procesos de pago complejos
- Mecanismos de recurso escasos o inexistentes
- Fraude dirigido al destinatario

Es necesario mitigar estos riesgos para fomentar la confianza de las personas y el valor del uso de los pagos digitales y los servicios financieros básicos.[a]

Se debe establecer controles para evitar el fraude y las fugas: Los pagos deben ser seguros, de forma que la totalidad del dinero destinado a los beneficiarios llegue a ellos; el proceso debe ser transparente y fácil de auditar; la transmisión de las instrucciones de pago de nóminas debe ser a través de canales seguros, con medidas que impidan cualquier modificación de la lista final de beneficiarios e importes. Los datos sobre la fe de vida y la autenticación de las credenciales de identidad biométricas pueden frenar las fugas que se producen a través de beneficiarios fantasmas. En este sentido, la interoperabilidad de los datos entre los registros clave, tales como el registro civil de

identificación, los sistemas de gestión de operaciones de los beneficiarios, los registros sociales y los sistemas de pago, puede ayudar a reducir los errores humanos, el fraude y la corrupción.

La autenticación de la identidad es fundamental para garantizar que los pagos lleguen a la persona correcta. Debe haber un proceso de autenticación seguro que utilice diversas medidas.[b] La elección del enfoque de autenticación debe equilibrar los requisitos de seguridad de la identificación y las necesidades y condiciones de los usuarios finales. Por ejemplo, puede ser difícil recordar un PIN, se requiere formación y práctica para crear números PIN y contraseñas, cambiarlos, memorizarlos y utilizarlos de forma eficaz. También existe literatura sobre la idoneidad de la biometría en determinados contextos, como en el caso de las personas mayores, trabajadores manuales y personas con discapacidad, lo cual compromete la autenticación y los pagos.

La provisión de pagos a través de agentes requiere que se proteja a los beneficiarios contra el fraude cometido por los agentes, por ejemplo, las deducciones no autorizadas de las cuentas bancarias o billeteras de dinero electrónico de los beneficiarios, el cobro de comisiones no autorizadas o el sobreprecio en los bienes que adquieren. Algunas medidas adecuadas serían la contratación de agentes de confianza, la supervisión de su rendimiento a través de los proveedores de servicios de pago y el mantenimiento de un mecanismo de resolución de quejas y de apelaciones independiente de los propios agentes, como una línea de asistencia telefónica gratuita.

La distribución de dinero en efectivo en persona plantea importantes riesgos de seguridad que deben reducirse. Las grandes cantidades de dinero

continuación

en efectivo que se depositan en los puntos de pago requieren mucha seguridad, por lo que se recurre a guardias armados, policías o militares para garantizar la seguridad. En lugares inseguros, es posible que los servicios de transporte de valores se nieguen a operar, o que implementarlos resulte muy costoso, lo cual lleva a explorar otras opciones de pago. Si se sabe cuándo y dónde se hacen pagos masivos, los beneficiarios también corren el riesgo de sufrir robos o extorsiones cuando regresan a sus casas o dentro del plazo hasta que gastan el dinero. Por norma general, los gobiernos tienen dificultades para garantizar la seguridad a objetivos tan dispersos.

La atención a la seguridad debe estar equilibrada entre los objetivos del programa y el enfoque centrado en las personas. Es importante tener en cuenta que la introducción de medidas de seguridad puede aumentar el gasto de acceso para los beneficiarios y, en última instancia, para el gobierno. Aunque la provisión de pagos en efectivo tiende a ser más vulnerable al fraude y al robo, un sistema digital tampoco garantiza operaciones libres de errores, fraude y corrupción. Sin embargo, la entrega digital tiene el potencial de reducir significativamente la incidencia y el volumen del fraude, especialmente cuando los destinatarios están bien informados y formados para protegerse. Para un análisis más detallado de los mecanismos de prevención de errores y fraudes, consulte la herramienta de pagos de protección social de ISPA (ISPA 2017).

---

a. Baur y Zimmerman, 2016.

b. La herramienta de la Interagencia de Diagnóstico de la Protección Social (ISPA) sobre la identificación para la protección social ofrece una orientación detallada sobre cómo evaluar el desempeño de los procesos de identificación y autenticación en un programa de protección social (ISPA 2017).

programas de protección social que utilizan transferencias directas de beneficios e infraestructuras de pago interoperables, el proceso puede ser totalmente automático, y los fondos que no se han entregado se devuelven al remitente.

En los sistemas que utilizan cuentas, los fondos son propiedad del titular de la cuenta hasta el momento de la liquidación final de la transferencia. Cuando los beneficios se acreditan en las cuentas individuales de los beneficiarios, los organismos de protección social solo tienen un alcance limitado para supervisar su uso. En los procesos de desembolso tradicionales (con dinero en efectivo), se suele suponer que los fondos que no retira en efectivo el beneficiario dentro de un plazo determinado se han perdido. En los sistemas que utilizan cuentas, por lo general, no es legal intentar embargar los fondos si el beneficiario no ha hecho uso de ellos hasta cierta fecha. Además, las leyes sobre el secreto bancario impiden que la agencia controle las transacciones y obtenga los datos personales de quienes no han retirado su beneficio. Si bien la mayoría de las jurisdicciones cuentan con normas de inactividad de cuentas que garantizan la confiscación de los saldos de las cuentas inactivas (y su devolución al tesoro nacional), estas normas suelen exigir que el periodo de inactividad sea superior a un año. Si el programa de asistencia social depende del ejercicio de un control más estricto sobre el uso de los fondos, su implementación puede requerir la emisión de normas adicionales o cambios en la ley. También se puede evaluar el uso de otras modalidades de pago (como las tarjetas de prepago) (Rodríguez *et al.*, de próxima publicación).

En cualquier forma de pago, es importante reducir los riesgos fiduciarios que pueden surgir cuando los fondos no se utilizan para los fines previstos o cuando no se contabilizan adecuadamente. El riesgo fiduciario no se limita al riesgo de fraudes o corrupción, sino que incluye factores como el desvío de fondos a otros ámbitos del gasto público. Un mal diseño de los programas, por ejemplo, puede conllevar que las transferencias no lleguen a sus destinatarios. Debe haber una conciliación de la transferencia con los pagos efectivamente realizados a los beneficiarios para identificar cualquier error o abuso (DFID, 2006).

6.4 MAPEO DEL PROCESO PARA LA ADMINISTRACIÓN Y PROVISIÓN DE PAGOS

En esta sección, examinamos el funcionamiento de los procesos de pago en algunos países utilizando el mapeo de procesos de la cadena de implementación (descrito en el capítulo 2) con un análisis de los pasos y actividades del proceso que podrían mejorarse. Nuestro objetivo es examinar los procesos de implementación que implican la provisión de pagos de un único proveedor (G2P 1.0, G2P 1.5 y G2P 2.0) y extraer las mejoras del proceso que podrían ayudar a impulsar estos sistemas hacia un enfoque de provisión de pagos virtuales multiprograma y multiproveedor (G2P 3.0 y G2P 4.0), cuando sea apropiado.

Santo Tomé y Príncipe (G2P 1.0 – Programa único y proveedor único, en persona)

Santo Tomé y Príncipe es una pequeña nación insular y un país de ingresos medios-bajos, con una población de menos de 250.000 habitantes. Los pagos de los programas sociales se realizan mediante entrega de efectivo en persona. El programa Maes Carenciadas ('Madres Carenciadas') otorga una transferencia monetaria a las madres pobres con tres o más hijos, y dos pensiones no contributivas de vejez dirigidas a los pobres. En términos de arreglos institucionales, el Departamento de Protección Social (DPSS) tiene un equipo nacional responsable de coordinar la implementación del programa de asistencia social. El DPSS también cuenta con coordinadores de distrito que, entre otras actividades, apoyan los pagos en los siete distritos del país.

El proceso paso a paso

El Departamento de Protección Social del Ministerio de Empleo y Asuntos Sociales (MEAS) elabora una instrucción de nómina, que es aprobada por el Ministerio de Hacienda (paso 1 del gráfico 6.5). El Ministerio de Hacienda libera los fondos hacia las cuentas bancarias del MEAS en los bancos comerciales (paso 2). Los bancos comerciales reciben los fondos (paso 3). Una vez que el MEAS tiene los recursos en sus cuentas bancarias, organiza la distribución a través de sus coordinadores locales (paso 4). Los coordinadores de distrito reciben los fondos (paso 5) y se desplazan para organizar la distribución de los pagos a las beneficiarias (paso 6). Los puntos de pago incluyen los ayuntamientos del distrito y otros centros sociales o comunitarios. Los coordinadores de distrito comunican a las beneficiarias las fechas de pago, el importe y los puntos de pago (paso 7). Para este proceso, el gobierno utiliza, principalmente, emisoras de radio nacionales, ayuntamientos de distrito y emisoras de radio comunitarias (locales). Las beneficiarias se desplazan a los puntos de pago y hacen fila para retirar sus transferencias (paso 8), presentan sus credenciales de identificación (tarjeta nacional o electoral, o certificado de nacimiento) para que los coordinadores de distrito las autentiquen (paso 9), y reciben sus pagos (paso 10). Una vez que han recibido la transferencia, firman la hoja de la nómina o proporcionan un sello de su huella dactilar si no pueden firmar con el nombre.[21]

Análisis de las posibles mejoras del proceso

Los coordinadores de distrito suelen trasladarse sin cobertura de seguridad para distribuir los pagos. Los puntos de pago tienen una infraestructura precaria, con condiciones inadecuadas para prestar servicios a las comunidades y con muy poca privacidad, conectividad o electricidad. El personal a cargo de distribuir los pagos tiene otras actividades adicionales, lo que supone un aumento considerable de su carga laboral diaria. La seguridad de los pagos se ve reforzada implícitamente por la presencia de funcionarios locales de control (*veedores*) y de líderes comunitarios o vecinales durante el proceso de pago (Banco Mundial, 2015). Existen procesos para que destinatarios alternativos puedan retirar los pagos en nombre del beneficiario. No se facilita a los beneficiarios ningún justificante del pago. Hay escasa conciliación de cuentas. En el contexto actual, la provisión presencial es adecuada en función del ecosistema financiero.

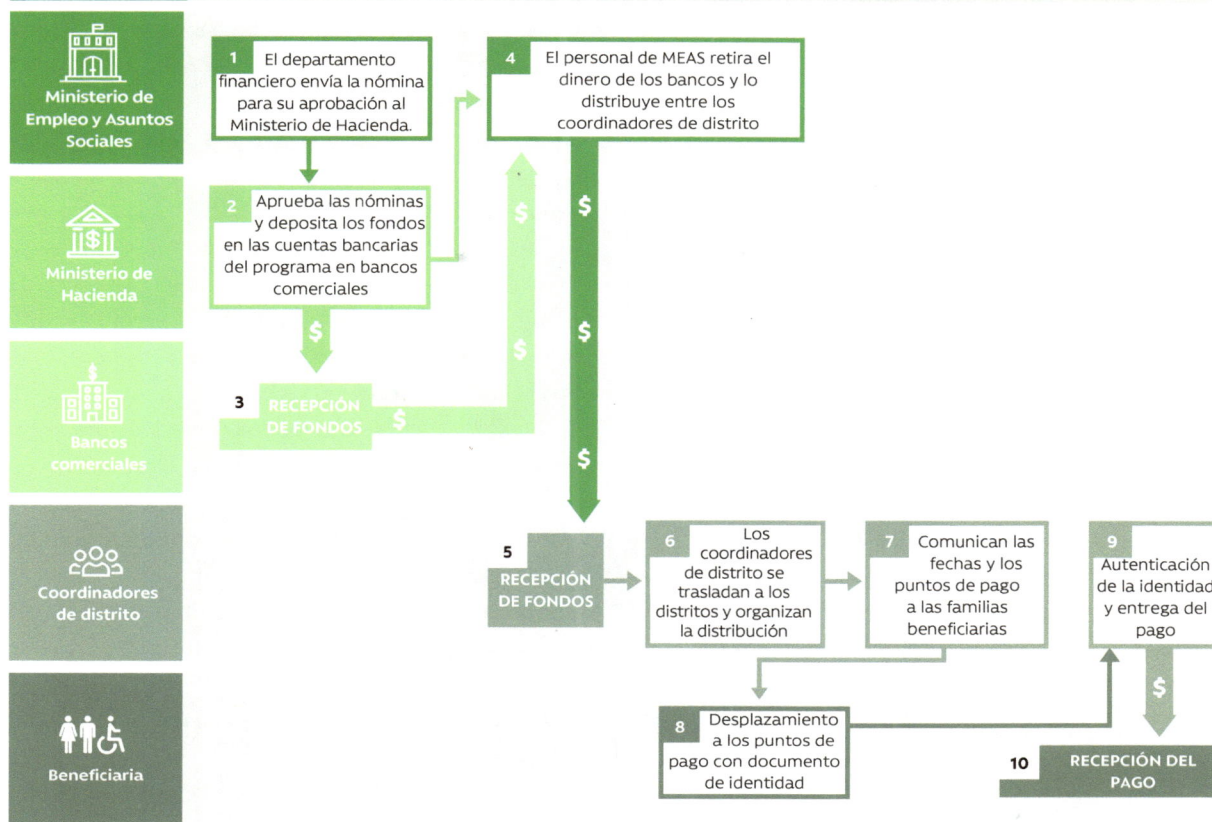

Ministerio de Empleo y Asuntos Sociales

1 El departamento financiero envía la nómina para su aprobación al Ministerio de Hacienda.

4 El personal de MEAS retira el dinero de los bancos y lo distribuye entre los coordinadores de distrito

Ministerio de Hacienda

2 Aprueba las nóminas y deposita los fondos en las cuentas bancarias del programa en bancos comerciales

Bancos comerciales

3 RECEPCIÓN DE FONDOS

Coordinadores de distrito

5 RECEPCIÓN DE FONDOS

6 Los coordinadores de distrito se trasladan a los distritos y organizan la distribución

7 Comunican las fechas y los puntos de pago a las familias beneficiarias

9 Autenticación de la identidad y entrega del pago

Beneficiaria

8 Desplazamiento a los puntos de pago con documento de identidad

10 RECEPCIÓN DEL PAGO

Fuente: Gráfico original para esta publicación.

Hay pocos puntos para que los beneficiarios retiren fondos (cajeros automáticos, agentes o sucursales bancarias), y el uso de transacciones móviles o tarjetas en las zonas rurales es muy limitado. Si se prevé la trayectoria de los pagos de protección social G2P (gobierno a persona) en contextos similares, la automatización ayudaría en los procesos de administración de pagos a crear nóminas actualizadas, a intercambiar información entre ministerios, y a aprobar y verificar los informes de conciliación. Una mayor coordinación mejoraría la periodicidad de los pagos no solo en el movimiento de fondos, sino también en la coordinación de los calendarios de pago. Se pueden reforzar los canales de comunicación para garantizar que los beneficiarios estén al tanto de las fechas de pago. Para la secuencia de provisión en persona, se puede hacer cambios que mejorarían la experiencia de los destinatarios y reducirían los errores. Se pueden establecer

normas de autenticación y protocolos de privacidad que garanticen que la entrega de un pago se haga en una sala separada o se disponga de cubículos privados. También es necesario poner en marcha procesos de conciliación en los que cada beneficiario reciba un comprobante donde conste el importe que corresponde al hogar y la información de contacto para que los beneficiarios consulten sobre su pago.

Nigeria (G2P 1.5 – Programa único y proveedor único, en persona, con asistencia electrónica)

Nigeria, un país de renta media-baja del África subsahariana con una población de 190 millones de habitantes, entrega pagos en efectivo a sus beneficiarios. De los dos mil millones de personas no bancarizadas del mundo, 2,7 % viven en Nigeria. El Proyecto Nacional de Redes de

Asistencia Social (NASSP) ha puesto en marcha un sistema básico de pagos digitales. Los hogares pobres y vulnerables seleccionados se identifican a través del Registro Social Nacional y se inscriben en el programa de transferencia monetaria: el Programa de Mejora de Hogares. Se efectúan transferencias regulares y fiables a través de un sistema de pagos electrónicos de punta a punta que genera una billetera móvil o una cuenta bancaria para cada hogar. Las transferencias se depositan en esas cuentas, y luego las redes de agentes de pago vinculadas a los diferentes proveedores de servicios de pago distribuyen físicamente el efectivo a los beneficiarios cada dos meses en lugares preestablecidos. Cada hogar recibe una transferencia básica de 5000 NGN (16 USD) mensuales. Este beneficio básico está diseñado para garantizar un pago mínimo y fiable que facilite el consumo, solvente la inseguridad alimentaria y proteja a las personas frente a las crisis económicas. Algunos hogares también tendrán derecho a un beneficio mensual adicional (o complemento) de 5000 NGN al completar las corresponsabilidades acordadas.

El proceso paso a paso

El sistema de gestión de las operaciones de los beneficiarios (SGOB) genera un calendario de pagos para cada comunidad para las transferencias monetarias básicas (TMB) y las transferencias monetarias condicionadas (TMC) según los datos del sistema de monitoreo de las condicionalidades, y un calendario de pagos ad hoc para cada comunidad, tanto para las TMB como para las TMC, en función de los datos del sistema de reclamos (paso 1 del gráfico 6.6). Un especialista en pagos del gobierno federal (NCTO) envía el calendario de pagos para su revisión y aprobación (paso 2). El departamento de contabilidad revisa y libera el calendario de pagos (paso 3). La unidad de auditoría chequea el calendario de pagos (paso 4). El coordinador del programa del NCTO marca el calendario de pagos como aprobado (paso 5). El módulo de pagos SGOB imprime una nota de autorización de pago (paso 6). El SGOB genera la nómina y la envía al PSP en paralelo (paso 7). El PSP recibe la lista de beneficiarios y los importes aprobados, es decir, el calendario de pagos (paso 9a). La unidad de cuentas financia el importe de la liquidación del PSP y los fondos se transfieren al PSP (paso 8). El PSP recibe los fondos en la cuenta de liquidación (paso 9b). El PSP determina los

calendarios de distribución de pagos a nivel comunitario (paso 10a). Los agentes comunitarios del PSP reciben los calendarios de distribución de pagos del PSP (paso 10b). A continuación, los agentes del PSP se dirigen a los bancos locales y recogen el efectivo según el calendario establecido (paso 11). Los facilitadores de las transferencias monetarias informan a los beneficiarios sobre los calendarios de distribución de pagos en cada comunidad (paso 12a). Los agentes visitan las comunidades en las fechas designadas según el calendario de distribución de pagos (paso 12b). Los pagos se efectúan cada dos meses. El PSP entrega el efectivo a los beneficiarios en pabellones, que son las unidades administrativas inferiores de la estructura federal nigeriana, junto con la Organización Estatal de Transferencia Monetarias. Los agentes autentican a los beneficiarios en los puntos de pago utilizando las tarjetas de identidad de beneficiarios laminadas con un código QR (paso 13). Los beneficiarios autenticados reciben el efectivo según el importe y el calendario de distribución de pagos (paso 14).

Análisis de las posibles mejoras del proceso

El rediseño del proceso de administración de pagos ayudaría a simplificar los procesos gubernamentales subyacentes del desembolso (pasos 1 a 9b del gráfico 6.6). La mayoría de los beneficiarios viven en zonas rurales con acceso limitado o nulo a los servicios y a infraestructuras vitales, como carreteras, atención sanitaria, telecomunicaciones, servicios financieros, etc. Hoy en día, para efectuar correctamente los desembolsos a sus beneficiarios, la NCTO (la Oficina Nacional de Transferencias Monetarias) aprovecha una combinación de tecnología y banca tradicional para gestionar el ciclo de vida de los pagos. Los pagos se realizan a una distancia razonable de los beneficiarios. Debido a la inseguridad en algunas regiones, se permite que los beneficiarios sean trasladados al lugar seguro más cercano donde pueden recibir los pagos. Los programas de protección social con perspectiva de género, como el NASSP en Nigeria, desempeñan un papel vital en mejorar el acceso de las mujeres a la financiación a través de pagos digitales; las empodera dentro de sus hogares y conlleva mejores resultados para sus familias (Fundación Bill y Melinda Gates, 2019). La provisión de pagos a través de medios electrónicos da a las

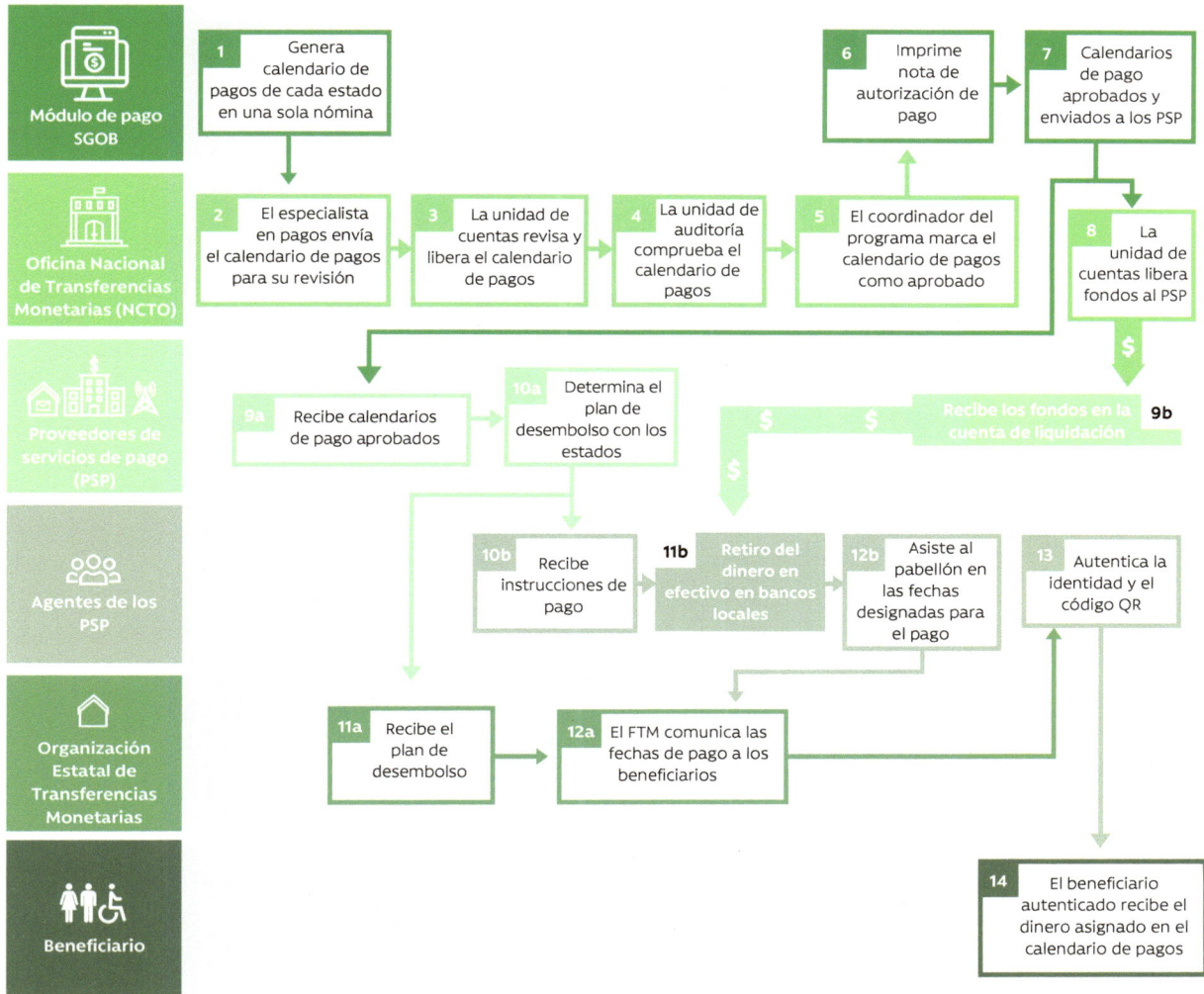

Gráfico 6.6 Procesos de administración de pagos: Programa de transferencia monetaria HUP de Nigeria

Módulo de pago SGOB

1. Genera calendario de pagos de cada estado en una sola nómina
6. Imprime nota de autorización de pago
7. Calendarios de pago aprobados y enviados a los PSP

Oficina Nacional de Transferencias Monetarias (NCTO)

2. El especialista en pagos envía el calendario de pagos para su revisión
3. La unidad de cuentas revisa y libera el calendario de pagos
4. La unidad de auditoría comprueba el calendario de pagos
5. El coordinador del programa marca el calendario de pagos como aprobado
8. La unidad de cuentas libera fondos al PSP

Proveedores de servicios de pago (PSP)

9a. Recibe calendarios de pago aprobados
10a. Determina el plan de desembolso con los estados
9b. Recibe los fondos en la cuenta de liquidación

Agentes de los PSP

10b. Recibe instrucciones de pago
11b. Retiro del dinero en efectivo en bancos locales
12b. Asiste al pabellón en las fechas designadas para el pago
13. Autentica la identidad y el código QR

Organización Estatal de Transferencias Monetarias

11a. Recibe el plan de desembolso
12a. El FTM comunica las fechas de pago a los beneficiarios

Beneficiario

14. El beneficiario autenticado recibe el dinero asignado en el calendario de pagos

Fuentes: Ubah Thomas Ubah, Especialista en Protección Social, Protección Social y Empleo, Banco Mundial; Cornelia M. Tesliuc, Especialista Sénior en Protección Social, Protección Social y Empleo, Banco Mundial, 2019.
Nota: SGOB = sistema(s) de gestión de las operaciones de los beneficiarios; FTM = facilitador de transferencias monetarias; HUP = programa de mejora de los hogares; PSP = proveedor de servicios de pago; código QR = código de barras de matriz.

beneficiarias un mayor control sobre el uso del dinero, especialmente si se vincula a un producto de valor almacenado, como una billetera móvil (Chamberlin *et al.*, 2019). Sin embargo, los sistemas mal diseñados también tienen consecuencias negativas sobre la autonomía y la seguridad de las mujeres. En la situación actual, los últimos pasos de la provisión no les dan acceso a cuentas transaccionales. El trazado geoespacial de la infraestructura existente (cobertura móvil, sucursales, agentes, cajeros automáticos, puntos de venta) pone de relieve

los lugares posibles donde se podrían hacer pruebas piloto de las soluciones G2P 2.0, para que los beneficiarios tengan cuentas bancarias o billeteras móviles, con flexibilidad para retirar o almacenar fondos de transferencia, y con el apoyo de la orientación, la educación financiera y el servicio al cliente necesarios. También se pueden explorar opciones para incluir otros PSP. Algunos estados están mejor atendidos por otras instituciones financieras, lo que también ampliaría las alternativas para los beneficiarios.

Pakistán (G2P 2.0 – Programa único y proveedor único, provisión virtual)

Pakistán, un país de ingresos medios-bajos del sur de Asia con una población de 197 millones de habitantes, efectúa los pagos a sus beneficiarios con tarjetas de débito e inteligentes. De los 2000 millones de personas no bancarizadas del mundo, 5,2 % viven en Pakistán. El Programa de Apoyo a los ingresos de Benazir (BISP) se ofrece a las mujeres de hogares pobres desde 2009 y llega a más de cinco millones de beneficiarios. El 87 % de los beneficiarios reciben sus transferencias a través de un sistema sin tarjeta en el que se pueden transferir fondos a través de una billetera móvil o retirar efectivo en puntos de venta o cajeros automáticos con lectores biométricos. Algunas evaluaciones recientes del BISP constataron los efectos positivos contra la desnutrición de las niñas, y sobre el consumo de alimentos y el empoderamiento de las mujeres: las beneficiarias tienen más probabilidades de que les permitan viajar solas en la comunidad y son más propensas a decir que pueden votar.

El proceso paso a paso

Tal como se muestra en el gráfico 6.7, el calendario de nóminas se crea y se liquida internamente a través del sistema de gestión de las operaciones de los beneficiarios del BISP (paso 1). Los datos se envían a los bancos en tiempo real mediante los servicios web para abrir cuentas masivas (paso 2). Los fondos se liberan en las cuentas LMA-1 del BISP en los bancos (paso 2). Los beneficiarios reciben un SMS de confirmación a través de una SIM verificada biométricamente (paso 3). Los bancos asociados reciben instrucciones de pago (paso 4). Los fondos se acreditan desde la LMA-1 a las cuentas virtuales LMA-2 de los beneficiarios o a las cuentas de banca sin sucursales (BB) (paso 5). Los beneficiarios reciben una notificación de disponibilidad de fondos (paso 6) y pueden retirarlos a través de los agentes de la franquicia o los cajeros automáticos utilizando las tarjetas BISP, o bien transferir los fondos (paso 7). Los bancos reciben información sobre el método (paso 8) y debitan de las cuentas LMA-2 (para el retiro de efectivo o la transferencia de fondos), o acreditan en las cuentas BB (en el caso de las transferencias de fondos) (paso 9), y el beneficiario recibe el pago (paso 10).

Los beneficiarios pueden retirar efectivo o transferir fondos mediante dos posibles métodos: (1) Los beneficiarios que figuran en la lista del calendario de pagos aprobado del sistema de gestión de la información del BISP se autentican mediante sus documentos de identidad para ingresar al campamento móvil donde se ha dispuesto el proceso de provisión de pagos. NADRA, la agencia de identificación, se asegura de que la identidad ha sido autenticada antes de disponer una terminal móvil en el campamento vinculada a una cuenta bancaria y a una SIM (una ID móvil) registrada para el

---

Gráfico 6.7 Administración de pagos en el programa de transferencia monetaria BISP de Pakistán

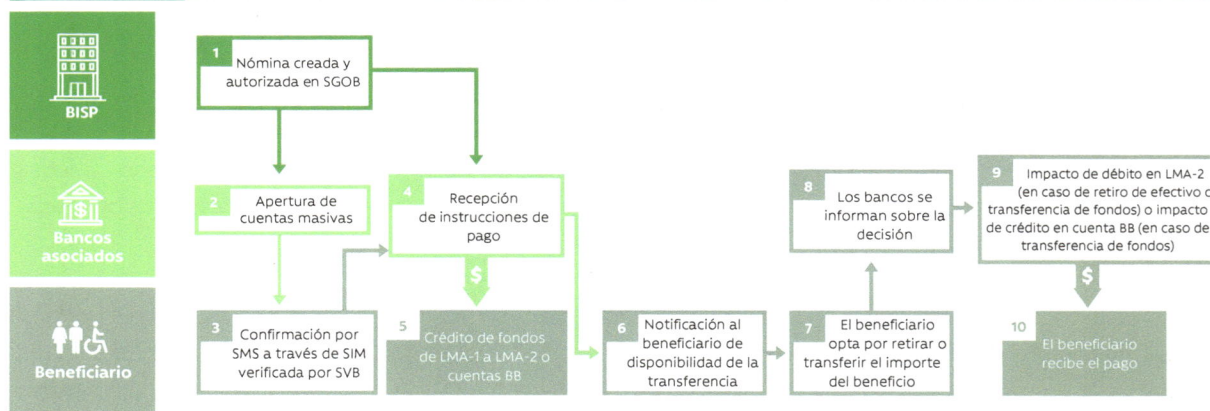

Fuente: Amjad Zafar Khan, Especialista en Protección Social, Protección Social y Empleo, Banco Mundial.
Nota: BB = banca sin sucursales; BISP = Programa de Apoyo a los Ingresos de Benazir; SGOB = sistema de gestión de operaciones de los beneficiarios; SVB = sistema de verificación biométrica; LMA = cuenta de operación limitada.

beneficiario. Con periodicidad mensual o trimestral, los beneficiarios reciben un mensaje de texto SMS en sus celulares donde les informan que el pago se ha acreditado en sus cuentas y retiran el dinero en franquicias usando una clave PIN de sus celulares. (2) Se distribuyen tarjetas de débito en función del calendario de pagos con una lista de beneficiarios aprobados. Las identidades de los beneficiarios se autentican usando su identificación nacional biométrica para poder ingresar al campamento. Un representante bancario en el campamento verifica las identidades y distribuye las tarjetas de débito, con las que los beneficiarios pueden retirar efectivo en cajeros automáticos. También se usan tarjetas inteligentes vinculadas a las cuentas de los beneficiarios para la provisión de pagos. La agencia de identificación (NADRA) emite las tarjetas y envía al banco la lista de tarjetas emitidas, donde se ocupan de vincularlas a las cuentas.

Análisis de las posibles mejoras del proceso

Las conciliaciones electrónicas en tiempo real muestran que el 87 % de los beneficiarios retiran los pagos a través de tarjetas de débito dentro de las 72 horas siguientes a la transferencia de fondos a sus cuentas bancarias. Esto puede deberse al requisito de devolver a la cuenta LMA-1 los fondos que no se hayan retirado de las cuentas LMA-2 dentro de un plazo de 180 días desde el desembolso. Además, con estas cuentas LMA, los beneficiarios solo pueden retirar el valor total de la transferencia con las tarjetas de débito y las tarjetas inteligentes: No pueden realizar ninguna otra transacción financiera, transferencias a cuentas de ahorros ni transacciones entre pares, lo cual impide al programa mejorar los resultados de inclusión financiera. Convertir las cuentas virtuales en cuentas transaccionales abriría el acceso a otros servicios financieros, y el uso de operadores de sistemas de pago adicionales, tales como los agregadores de pagos, o avanzar hacia un sistema interoperable que utilice un conmutador nacional, ampliaría las opciones para que otros PSP distribuyeran las transferencias BISP. Los precios y servicios competitivos suponen un incentivo adicional para que los bancos existentes pasen a cuentas transaccionales o permitan ofrecer otras soluciones a los beneficiarios. La integración de los pagos G2P (pensiones, salarios y otras transferencias de asistencia social) ofrecería un argumento comercial para que los bancos y otras instituciones financieras trabajaran en soluciones interoperables.

6.5   TECNOLOGÍAS DE APOYO A LOS PAGOS DIGITALES

La rápida evolución de los avances financieros y tecnológicos, junto con la aparición de crisis covariables como la pandemia de COVID-19, dan un nuevo impulso a los países para salir de los enfoques tradicionales de los pagos de protección social para beneficiar a las personas que necesitan asistencia urgente.

Facilitar mejores procesos de pago de protección social a las personas mediante las nuevas tecnologías

Varios países están lidiando con el desafío de facilitar el pago de los beneficios de protección social a las personas pobres y a quienes viven en situaciones de fragilidad, conflicto y violencia, o de asegurar un pago 100 % digital en la era del COVID-19. A pesar de las inversiones para digitalizar la administración y la provisión de pagos, el tipo de interfaz de usuario que facilita las transacciones en plataformas digitales privadas, como Amazon, Alibaba, Gojek y Jumia, sigue siendo inaccesible para las personas pobres.

Mientras tanto, el uso de los pagos digitales va en aumento, según las encuestas Global Findex 2017 del Banco Mundial. En las economías en desarrollo, el porcentaje de adultos que utilizan los pagos digitales aumentó doce puntos porcentuales, hasta alcanzar el 44 %.[22] Los métodos de pago digitales ofrecen una alternativa a las tarjetas de débito y crédito, ya que se puede pagar desde una cuenta de dinero móvil, un teléfono celular o desde Internet. En las economías en desarrollo, el 19 % de los adultos (el 30 % de los titulares de cuentas) declararon haber efectuado al menos un pago directo utilizando una cuenta de dinero móvil, un teléfono celular o Internet.

En el espacio de los consumidores predominan diferentes modelos de servicios financieros digitales, dos de los cuales son las billeteras digitales y el dinero móvil. Si bien se puede acceder a las billeteras digitales desde el servicio móvil y desde la web (Internet), las cuentas de dinero móvil están vinculadas a un número de teléfono celular.

Billeteras digitales

En el ámbito web de los consumidores, cada vez son más las personas que adoptan soluciones de billetera digital gracias al auge de las innovaciones fintech, como las tecnologías P2P (persona a persona). China cuenta con Alipay y WeChat, donde, según algunos informes, se manejaron más de 37 billones de dólares en pagos móviles en 2018.[23] Indonesia tiene Go-Pay y Ovo;[24] India tiene Paytm;[25] Nigeria tiene JumiaPay[26] y Paga; y Colombia tiene DaviPlata. En este modelo, las aplicaciones para teléfonos inteligentes se vinculan a una cuenta de banco u otra institución financiera. Los usuarios almacenan crédito digital en la aplicación para pagar bienes y servicios dentro de la aplicación o en comercios asociados. El auge de Alipay y WeChat ha hecho posible pasar todo el día sin usar dinero en efectivo: Utilizan el teléfono móvil, un código QR (código de barras bidimensional) y autenticación biométrica para enviar y recibir pagos a particulares, empresas y gobiernos. Sin embargo, en la mayoría de los contextos, los gobiernos no utilizan billeteras digitales para transferir los beneficios de protección social.

Dinero móvil

Es un hecho ampliamente reconocido que los servicios financieros digitales son un catalizador clave de la inclusión financiera, pues ofrecen mayor comodidad y la posibilidad de incurrir en menos gastos que en la banca tradicional. Los puntos de acceso al dinero electrónico son los más numerosos, y la cantidad de usuarios de telefonía móvil supera la de titulares de cuentas bancarias y de instituciones microfinancieras (IMF), lo que convierte a la tecnología móvil en una de las herramientas más prometedoras para ampliar el acceso al financiamiento y alcanzar los objetivos de inclusión financiera. En África Occidental, por ejemplo, el Banco Central de los Estados de África Occidental adoptó, en 2015, un nuevo marco que permite otorgar

licencias a los emisores de dinero electrónico. La penetración de la telefonía móvil en esta región representa la expansión potencial de los servicios de pago móviles que sirven como medios para aumentar la inclusión financiera en el país (Guven, 2019; Guven, Brodersohn y Joubert, 2018).

El dinero móvil se ofrece a través de los operadores de redes móviles cuyas cuentas no tienen que estar necesariamente vinculadas a una cuenta en una institución financiera. Algunos ejemplos son los servicios financieros móviles, como m-Pesa en Kenia, que ofrecen principalmente los operadores de redes móviles, pero que no se utilizan necesariamente para los pagos de protección social. En Kenia, la mayoría de los titulares de cuentas tienen una cuenta en una institución financiera y una cuenta de dinero móvil, y eso se refleja en la forma en que la gente efectúa los pagos móviles. Una de las dificultades consiste en que muchas cuentas de dinero móvil son sistemas de pago de «circuito cerrado», Es decir, si los beneficiarios reciben transferencias en dichas cuentas, necesitan retirar el dinero en efectivo para sus transacciones cotidianas. La interoperabilidad de los sistemas de pago de «circuito abierto», que permiten a los ciudadanos realizar transacciones cotidianas sin efectivo según su elección y conveniencia, es compleja y difícil de conseguir, pero es fundamental para lograr un sistema exitoso.

Varios países de África Occidental utilizan cuentas de dinero móvil para los pagos de protección social a sus beneficiarios, entre ellos, Costa de Marfil (recuadro 6.10), Benín, Chad, Níger, Togo y otros países de la Unión Económica y Monetaria de África Occidental (UEMOA). Togo puso en marcha un programa de transferencia monetaria de emergencia llamado Novissi, en respuesta a la crisis de COVID-19, utilizando una plataforma de dinero móvil, y aconsejaron a los beneficiarios efectuar transacciones electrónicas en lugar de retirar el beneficio en efectivo para evitar la saturación de los operadores de dinero móvil y mantener el distanciamiento social. Las medidas complementarias, como la mayor densidad de agentes de CICO y la proliferación de tecnologías de aceptación (como los códigos QR y NFC), podrían incentivar aún más las transacciones electrónicas y reducir la necesidad de extraer dinero, en consonancia con las medidas de distanciamiento social aplicadas (Boko et al., 2020).

Recuadro 6.10 Pagos con dinero móvil en el programa de asistencia social de Costa de Marfil

En Costa de Marfil, el Banco Mundial implementó un programa para proveer transferencias monetarias regulares y previsibles a 35 000 hogares pobres anteriormente excluidos. Es la primera vez en Costa de Marfil que los hogares vulnerables reciben transferencias del Gobierno a través de la tecnología móvil; y estos beneficios se extienden a hogares muy remotos que antes eran invisibles para el sistema de protección social. El mecanismo de pagos digitales introdujo a muchas mujeres en el sistema financiero por primera vez. Como resultado, las mujeres son cada vez participan más en las actividades agrícolas y de generación de ingresos, y han motivado un mayor ahorro financiero familiar. Además, con la digitalización, aumentaron las solicitudes de certificados de nacimiento e identificación para los niños.

_____

Fuente: Hebatalla Elgazzar, Responsable de Programa, Desarrollo Humano, Banco Mundial, 2017.

Banca/Pagos por Internet

Otra forma de efectuar pagos digitales es utilizando la infraestructura de pagos integrada con las aplicaciones gubernamentales en las cuentas bancarias de los usuarios, a las que se puede acceder a través de un móvil o de una interfaz web por Internet. Los usuarios también pueden utilizar los canales bancarios habituales para cobrar los pagos mediante cheques, cajeros automáticos, sucursales bancarias y corresponsales bancarios. Además, los beneficiarios pueden utilizar sus cuentas bancarias para hacer compras en línea en sitios web de comercio electrónico con los datos de sus cuentas o con tarjetas de débito o prepagas.

La promesa de las FinTech para los pagos de protección social G2P

El mercado de las FinTech crece rápidamente, y los pagos G2P para los programas sociales tienen el potencial de alcanzar a millones de personas, familias y hogares que están en la base de la pirámide. Cuando los beneficiarios de los programas de protección social pueden utilizar los pagos G2P de circuito abierto para efectuar operaciones comerciales directas con otras personas, comercios o proveedores de servicios, para comprar alimentos o pagar cuotas escolares o consultas médicas, pueden controlar mejor cuándo, dónde y cómo utilizarán el dinero. La promesa de interoperabilidad entre las plataformas G2P y P2P (de persona a persona) tiene un gran potencial de contribuir con el empoderamiento económico de los beneficiarios de los programas de protección social, sobre todo las mujeres, y con su capacidad de invertir los resultados del capital humano en sus familias y de ahorrar para cuando sean mayores o para momentos de crisis. Y para las empresas de FinTech sería un mercado muy atractivo, pues los volúmenes son la clave de su crecimiento: Las haría incrementar en números y llevaría la inclusión financiera más cerca de las personas.

El principal desafío está en conseguir que las personas más pobres y vulnerables tengan su propia billetera digital o cuentas de dinero móvil y que las utilicen. En Indonesia, la mayoría retira enseguida los beneficios sociales de sus billeteras de dinero electrónico porque no ven el valor de la cuenta digital. Las personas no conocen bien el programa y no saben cómo hacer transacciones y mantener sus cuentas.[27] En Pakistán, los pagos de PS se depositan en cuentas de operación limitada, así que la mayoría de los beneficiarios retiran los pagos dentro de las 72 horas posteriores al desembolso. Los programas G2P facilitan la existencia de un ecosistema digital en torno a los pagos G2P para alentar a los comerciantes y a otros actores en la cadena de valor a que se digitalicen y acepten pagos electrónicos, lo que fomentaría que las personas tengan sus cuentas y las utilicen con frecuencia.

Go-Pay, una billetera digital derivada de una aplicación de traslado de pasajeros llamada Gojek, de Indonesia, permite a los usuarios añadir dinero a su billetera digital Go-Pay desde casi cualquier cajero de la mayoría de las ciudades de Indonesia; también hay otras opciones, como los pequeños comercios, el ingreso de fondos en cuentas bancarias en línea o las recargas de sus billeteras a través de los conductores de Gojek. Si las personas no tienen cuentas bancarias, pueden ingresar el dinero en sus billeteras entregando el efectivo a los conductores de Gojek. Para Gojek, cada conductor es como una máquina de depósito de Go-Pay y un cajero automático ambulante del cual las personas pueden retirar efectivo.[28]

India y Colombia aprovechan las nuevas tecnologías para los pagos de protección social, aunque de manera diferente. En India, el gobierno trató de hacerlo a través de la trinidad JAM: cuentas en el banco Jan Dhan, identificaciones únicas Aadhaar y dispositivos móviles. En Colombia, el objetivo se centró en alentar a las personas a utilizar las billeteras digitales sin necesidad de vincularlas a las cuentas bancarias.

En India, como parte de la iniciativa Transferencia Directa de Beneficios (TDB), se pedía a los beneficiarios de los programas sociales que abriesen una cuenta para recibir directamente las transferencias G2P. Antes de esta iniciativa, India autorizó una cuenta bancaria asequible sin saldo (el programa *Jan Dhan Yojana* [JDY] del plan *People's Wealth Scheme*) con un seguro de vida y de accidentes personales gratuito para promover la inclusión financiera.[29] En cinco años, se abrieron 357 millones de cuentas. Así, los pagos G2P del programa social utilizaron el programa JDY para transferir directamente a las cuentas de las personas, ya que el programa permitía recibir transferencias. El objetivo era animar a los destinatarios a ahorrar dinero en una cuenta bancaria, dado que las cuentas de ahorro pagan intereses por depósitos de particulares. La plataforma de identificación única de India permitió la apertura de cuentas con un proceso de KYC electrónico. También permitió a los beneficiarios de los programas sociales vincular su número Aadhaar (número de identificación único) a la cuenta bancaria de su elección, lo cual hizo posible que cualquier programa de transferencia de beneficios del gobierno utilizara solo el número Aadhaar como dirección financiera. El sistema *Aadhaar Payments Bridge* (APB), que mantiene la Corporación Nacional de Pagos de India y que trazó una cuenta de Aadhaar a banco y a cuenta, permitió al Gobierno efectuar pagos masivos para que los programas de protección social se acreditaran directamente en las miles de cuentas de

beneficiarios individuales vinculadas con Aadhaar sin tener que recopilar y actualizar la información bancaria del beneficiario en múltiples bases de datos del Gobierno. Los beneficiarios proporcionaban su número de identificación Aadhaar y certificaban su identidad biométricamente en las sucursales, agentes o comercios para abrir y actualizar las cuentas y efectuar transacciones. Otro sistema, como el Sistema de Pagos Facilitado por Aadhaar (AePS), permitió utilizar terminales de PDV y microcajeros para retirar efectivo con el número Aadhaar y la autenticación biométrica. Si era necesario, los beneficiarios cambiaban sus cuentas y recibían los pagos en una nueva que vinculaban al número Aadhaar, de manera que no había necesidad de actualizar los programas sociales. Véase también el recuadro 6.1.

En Colombia, el Banco Davivienda creó DaviPlata, una tecnología de pagos P2P móvil que no requiere que las personas tengan cuentas bancarias y que ofrece servicios de transferencias de dinero gratuitas para las personas más pobres. DaviPlata permite tener una cuenta en línea vinculada al número de identificación emitido por el Gobierno y retirar fondos en los cajeros de Davivienda o en los puntos DaviPlata de todo el país. La plataforma obtuvo un contrato con el Gobierno para distribuir los pagos G2P a más de 900 000 destinatarios de Familias en Acción, el programa de asistencia social más grande de Colombia, que otorga transferencias monetarias condicionadas a las familias para garantizar que los niños tengan acceso a la sanidad y a la educación. La aplicación DaviPlata permite transferir dinero entre billeteras, ingresar y extraer efectivo, y solicitar el saldo de su billetera desde el teléfono celular sin gasto alguno (recuadro 6.12).

Finalmente, nuevas tecnologías como el *Blockchain* también están facilitando la administración de pagos de los servicios sociales. Una reciente prueba conceptual de la Agencia Nacional de Seguro de Discapacidad de Australia demuestra cómo se habilitan los pagos creando un «token» que simboliza un compromiso de pago en moneda por servicios tales como la asistencia por discapacidad (recuadro 6.13).

Recuadro 6.11 Ideas creativas: Interfaz de Pagos Unificados

La Interfaz de Pagos Unificados (UPI), permite realizar pagos individuales de poco valor desde casi cualquier banco o cuenta digital a otro banco o cuenta digital en tiempo real. En India, esta interfaz permite vincular las aplicaciones móviles a las cuentas bancarias para efectuar pagos, por lo que las personas pueden hacer transferencias instantáneas y directas entre dos cuentas bancarias, entre dos personas o entre cliente y comerciante (entre pares). Los usuarios pueden elegir entre varias aplicaciones móviles, que pueden haber sido desarrolladas por bancos o por entidades no bancarias que dan soporte a la UPI. Sin embargo, los proveedores no bancarios, para proporcionar ese servicio, necesitan al menos un banco patrocinador que participe en el Plan UPI de la Corporación Nacional de Pagos de India (NPCI). Un emisor puede transferir dinero a un receptor de tres formas: Con su identificación UPI, una dirección de pago virtual que es un identificador único; con el número de cuenta bancaria y un identificador bancario (código IFSC); o con un número de teléfono móvil. Una vez creada la identificación UPI y que ha vinculado a una cuenta bancaria, esta identificación (p. ej. minombre@nombredelbanco) se comparte con el pagador, quien la introduce y envía dinero, que se acreditará directamente en la cuenta bancaria del destinatario. Estas aplicaciones móviles también se utilizan para pagar en comercios escaneando un código QR en un dispositivo PDV de las tiendas (el código QR codifica datos de la dirección de pago, tales como el código IFSC de la cuenta bancaria). El NPCI provee la infraestructura e implementa el intercambio de información y la compensación y liquidación de los fondos subyacentes a la interfaz UPI, lo que facilita la interoperabilidad de los distintos identificadores (dirección de pago virtual, número de teléfono móvil, número de cuenta con código IFSC) entre los múltiples bancos que participan en el sistema UPI. La NPCI estimó que el número total de transacciones UPI en el país había alcanzado los 1300 millones en junio de 2020.[a]

Fuente: Cook y Raman, 2019.

a. https://www.npci.org.in/product-statistics/upi-product-statistics.

Recuadro 6.12 Los pagos de gobierno a persona con la plataforma DaviPlata de Colombia

La plataforma DaviPlata de Colombia es una novedosa iniciativa que facilita servicios financieros para las personas más pobres ofreciéndoles servicios de transferencia monetaria gratuitos y sin necesidad de abrir cuentas bancarias.

El registro y la activación del producto se lleva a cabo mediante una operación inalámbrica desde el menú almacenado en la tarjeta SIM, y la mayoría de las veces, no requiere ayuda externa ni involucrar a terceros. El número de la cuenta electrónica es el mismo del teléfono móvil, y para abrirla solo hay que introducir el nombre, el número de identidad, la fecha y el lugar de emisión. El servicio no tiene comisiones.

Las transacciones autorizadas incluyen retiros de efectivo en cajeros automáticos (mediante un PIN), transferencias entre cuentas DaviPlata y transferencias desde o hacia una cuenta de ahorros o corriente en Davivienda, remesas y pagos internacionales, pagos de servicios públicos y privados, recargas de tarjetas celulares, cambios de contraseña, y consultas de saldos y transferencias.

continuación

Según la normativa, los depósitos no pueden superar el límite mensual de tres salarios mínimos mensuales legales. Las cuentas están exentas de los impuestos al débito del sistema financiero (lo que se conoce como «impuesto sobre los movimientos financieros», equivalente al 4 por 1000).

El modelo de servicio se centró en la premisa de llevar a las personas a la banca electrónica, para lo cual fue necesario un centro de llamadas independiente del banco subcontratado. Poco después, el banco adaptó su sistema interactivo de respuesta de voz incorporando una solución predictiva con una plataforma DaviPlata específica para el sitio web de Familias en Acción y utilizando las redes sociales para ampliar la interacción con los beneficiarios del programa. Además, para aprovechar la extensa red de cajeros del banco, solo permitían extraer dinero de

estos cajeros, que estaban adaptados para funcionar sin tarjeta, mediante una contraseña de un solo uso. Posteriormente, se modificó la decisión cuando se autorizaron extracciones de dinero de bancos comerciales, otros puntos de pago, puntos de acceso y puntos de retiro de efectivo.

Desde que se implementó esta herramienta por primera vez, a principios de la década de 2010, cambiaron muchas cosas: Se incorporaron mejoras normativas, tecnológicas y operativas que han cambiado la interfaz y la funcionalidad del producto. DaviPlata evolucionó hasta convertirse hoy en la principal herramienta de pagos de persona a persona (P2P) y de Gobierno a persona (G2P). La situación de Colombia también ha evolucionado rápidamente, y se estima que, actualmente, funcionan cerca de una docena de billeteras digitales.

Fuente: CGAP, 2015.

Recuadro 6.13 **Pagos mediante blockchain para servicios de asistencia por discapacidad en Australia**

La Agencia Nacional de Seguro de Discapacidad (NDIA) de Australia ofrece financiación a las personas con discapacidades, a quienes llaman «participantes», para que inviertan en servicios de asistencia por discapacidad. Los fondos se utilizan según las normas fijadas para cada plan de los participantes. El proyecto inventó dinero programable incorporando contratos inteligentes a «tokens» de *blockchain* ['cadena de bloques'] que se canjean por pagos en dólares australianos. Una vez programado, el dinero inteligente tiene información sobre quién puede gastarlo, en qué, cuándo, cuánto se puede gastar

y cualquier otra condición que haya establecido la parte que financia el pago. El diseño de demostración conceptual combina la tecnología de tokens de *blockchain* y la nueva plataforma de pagos de Australia. El componente del *blockchain* se desarrolló como un sistema de tokens que simbolizan compromisos de pago en dólares australianos, contratos inteligentes para crear condiciones de gasto según las normas del plan NDIA y registros que representan partes del entorno de pago, como listas de proveedores de servicios cualificados para servicios específicos. Véase la representación visual en el gráfico B6.13.1.

continuación

Gráfico B6.13.1 Contratos inteligentes y tokens de *blockchain* para pagos de proveedores de servicios

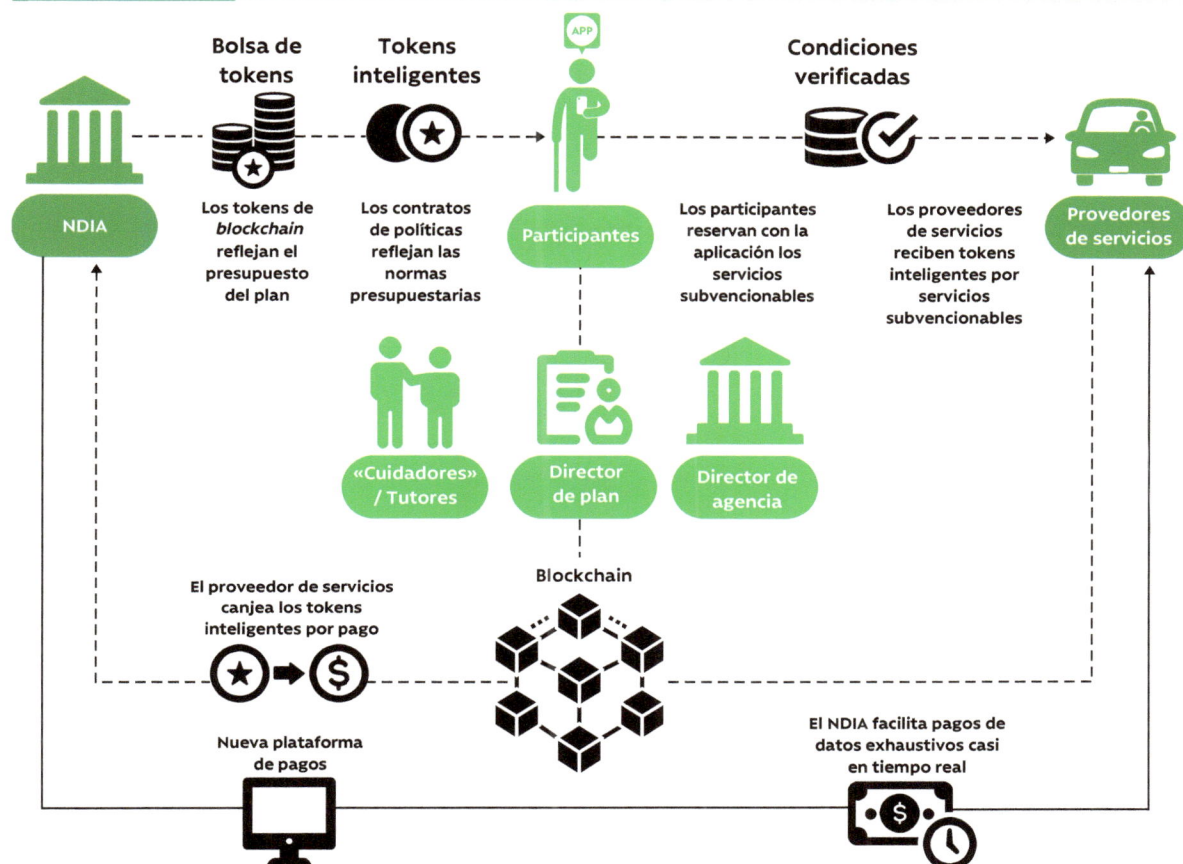

Bolsa de tokens

Tokens inteligentes

Condiciones verificadas

NDIA

Los tokens de *blockchain* reflejan el presupuesto del plan

Los contratos de políticas reflejan las normas presupuestarias

Participantes

Los participantes reservan con la aplicación los servicios subvencionables

Los proveedores de servicios reciben tokens inteligentes por servicios subvencionables

Provedores de servicios

«Cuidadores» / Tutores

Director de plan

Director de agencia

El proveedor de servicios canjea los tokens inteligentes por pago

Blockchain

Nueva plataforma de pagos

El NDIA facilita pagos de datos exhaustivos casi en tiempo real

Fuente: Royal et al., 2018.

Nota: NDIA = Agencia Nacional de Seguro de Discapacidad.

6.6 ALGUNAS CONCLUSIONES

Los pagos G2P a los beneficiarios de los programas de protección social presentan una oportunidad única para mejorar la inclusión financiera y empoderar económicamente a las mujeres en la «primera milla». Quienes se benefician de la protección social suelen ser pobres, con frecuencia mujeres, y arrastran una historia de exclusión financiera. Llegar a estas poblaciones de la «primera milla» y garantizar su inclusión financiera promete

ser transformador, pues los beneficiarios de la protección social que reciben pagos G2P quintuplican a los empleados públicos. La digitalización de los pagos para los programas de protección social tiene la capacidad de incrementar considerablemente la inclusión financiera, sobre todo entre las personas más pobres y vulnerables. En los pagos de los programas de protección social, la digitalización aparece como un espectro. La evolución de

G2P 1.0 a 1.5 a 2.0 a 3.0 y 4.0 no es lineal, y en muchos programas y países coexisten varias modalidades. Además, el concepto de «digitalización de pagos» va más allá de la simple autenticación biométrica de los beneficiarios o de la disposición virtual de los pagos, ambos procesos de la interfaz con el usuario, más visibles para las personas, familias y hogares. La digitalización de pagos se extiende a la automatización de la administración de los pagos y a los procesos internos que son más visibles para los administradores del programa. Los sistemas de pago G2P modernos mejoran la experiencia de los destinatarios permitiéndoles elegir los proveedores y las cuentas donde recibir los fondos, reducen los costos de entrega para los gobiernos, reducen filtraciones mediante sistemas de pagos integrados e incorporan incentivos para los proveedores de servicios de pagos que deben competir por su cuota de mercado.[30]

Un diseño centrado en las personas es útil para adaptar la provisión de los pagos a las poblaciones objetivo. No obstante, los esfuerzos por digitalizar los pagos G2P de la PS han tenido sus deficiencias. Una queja habitual entre quienes reciben transferencias del gobierno en forma de pagos digitales es que los productos no están diseñados pensando en los contextos de los beneficiarios. Se deberían disponer estrategias de reducción y control de riesgos para evitar errores, fraude y corrupción en los pagos. Se debería equilibrar la seguridad entre los objetivos del programa y el enfoque centrado en las personas. El mapeo de los procesos de la cadena de implementación ayuda a analizar los procesos integrales del estado actual, ofrece oportunidades para eliminar pasos innecesarios para los administradores y agiliza los procesos de manera que respondan mejor a las necesidades y expectativas de los usuarios.

Las nuevas tecnologías permiten a algunos países dejar atrás los métodos de pago tradicionales, pero la principal dificultad está en conseguir que las personas más pobres y marginalizadas tengan sus propias billeteras digitales o cuentas de dinero móvil y las utilicen con frecuencia. Los países están mejorando el acceso y la disponibilidad de cuentas a la vez que minimizan los costos de administración y provisión adoptando servicios financieros y tecnológicos de rápida evolución. Sin embargo, sigue habiendo dificultades por solventar en la interoperabilidad de los sistemas de pago, muchos de los cuales son sistemas de «circuito cerrado» que no permiten efectuar transacciones monetarias cotidianas según sus decisiones y necesidades, lo que impide la inclusión financiera de las personas y el empoderamiento económico de las mujeres. Otro problema importante es el intercambio de datos, la protección de datos y la privacidad. Véase el capítulo 4 sobre protección de datos, privacidad y seguridad.

ANEXO 6A: PROVEEDORES HABITUALES DE SERVICIOS DE PAGO EN LOS PROGRAMAS DE PROTECCIÓN SOCIAL

Tabla 6A.1 Características de los proveedores habituales de servicios de pago

Proveedor de servicios de pago	Características principales
Oficinas y organismos públicos	**Son las formas más básicas de proveedores de servicios de pago (PSP) y predominan en países con una infraestructura financiera limitada y sin más opciones.** Según esta modalidad, las oficinas nacionales, subnacionales o locales de los ministerios competentes o las organizaciones comunitarias son responsables de la entrega manual de dinero en efectivo, cheques o cupones. El gobierno establece una serie de puntos de pago (aprovechando la infraestructura social y comunitaria) y organiza un proceso de pago, por lo general, mediante una nómina impresa con el nombre de los destinatarios y el importe que se debe pagar. La identidad se valida mediante una identificación del programa o nacional (básica), una firma y, muchas veces, una huella digital. La conciliación se hace enviando una nómina firmada a la oficina central; normalmente, no hay procesos más complejos para prevenir el fraude. Las ventajas de este método residen en que el proceso para establecer puntos de pago es relativamente simple, y la relación con los beneficiarios es muy estrecha. Además, se pueden aprovechar los operativos de pago para brindar información sobre el programa. Algunos ejemplos de países que aún entregan pagos manuales a través de los ministerios competentes incluyen las pensiones sociales (Programa Subsidio Social Básico) en Mozambique y el programa de transferencia monetaria con fines sociales en Zambia. Las desventajas de los pagos manuales han sido ampliamente documentadas, en especial, los problemas de seguridad (para los administradores del programa y para los destinatarios), el escaso control en la autenticación de la identidad, los altos costos para los beneficiarios (por los traslados y los tiempos de espera) y la falta de una conciliación rigurosa de los pagos.
Bancos	**Los bancos públicos o privados son los PSP más comunes para las transferencias de protección social.** No solo se pueden usar como puntos de pago de efectivo o de cupones, sino que también ofrecen cuentas bancarias a los beneficiarios. Independientemente del tipo de banco y de su participación en el programa, es fundamental que la entidad bancaria cuente con un estudio de viabilidad que le permita llevar a cabo satisfactoriamente las transferencias de protección social (PS) y facilitar la inclusión financiera de los beneficiarios del programa. Este es uno de los requisitos previos principales para garantizar la sostenibilidad de la entrega de los pagos. Los bancos tienen muchas ventajas como PSP, porque ofrecen sus redes para distribuir los pagos, incluidas las sucursales, los cajeros automáticos, banca sin sucursales (agentes), banca móvil, banca electrónica, etc. Por otro lado, las transacciones bancarias suelen ofrecer seguridad para los usuarios y para quienes implementan los programas, y una gestión responsable mediante procesos de conciliación y auditoría. No obstante, es importante tener en cuenta que existen tarifas y costos asociados con las diferentes modalidades de pago, y alguien deberá asumirlos. Cuanto más costoso sea para el banco, mayor será la posibilidad de que esos costos se trasladen a los beneficiarios o al programa.[a] Una de las desventajas de operar con bancos, dado que a veces es difícil acudir a las sucursales, es el posible costo incremental de activar una red de pago con mayor cobertura geográfica. Además, es muy común que los beneficiarios de los pagos de PS tengan relativamente poco conocimiento de los productos bancarios o experiencia en transacciones, o no tengan información sobre los costos de los servicios financieros. Por lo tanto, es importante elaborar e implementar procesos para familiarizar a las personas con los instrumentos financieros. Más de la mitad de los programas incluidos en el inventario utilizan bancos (estatales o comerciales) para implementar las transferencias de los programas de protección social.

continuación

Tabla 6A.1 (*continuación*)

Proveedor de servicios de pago	Características principales
Oficinas postales	**En muchos países, además de brindar servicios de correo, las oficinas postales son responsables de entregar y brindar servicios financieros básicos (transferencias, depósitos, pagos, etc.), principalmente a las personas que están fuera del sistema bancario.** Algunas de las ventajas de las oficinas postales son su amplia cobertura geográfica, las rutas de entrega establecidas y la familiaridad con los posibles destinatarios. Las desventajas más comunes incluyen la transferencia de fondos, que suele hacerse de manera física en las oficinas, para luego entregarlos a los beneficiarios en efectivo, lo que conlleva problemas de seguridad. Además, debido a las limitaciones tecnológicas, de infraestructura o, a veces, normativas, las oficinas postales tienen más dificultades para ofrecer cuentas corrientes que se conecten con otras redes de pago u opciones para almacenar fondos. Por otro lado, los procesos de conciliación de pagos de las oficinas postales suelen ser manuales, y la autenticación de identidad puede presentar dificultades. Si bien en algunos países, como la República Árabe de Egipto (Programas Takaful y Karama, TMC), Marruecos (Tayssir, TMC) y Vietnam (decreto 136, pensiones sociales), la oficina postal es la única agencia autorizada para implementar programas de protección social, en otros, como Jamaica (Programa de Avance mediante la Salud y la Educación [PATH], TMC), Rumania (Asignación Universal por Hijo) y Turquía (Sartli Egitim Yardimi, TMC), los gobiernos han preferido adoptar diferentes proveedores y modalidades para provisión de pagos de PS, entre ellos, las oficinas postales nacionales.
Proveedores de dinero móvil/dinero electrónico	**Los pagos a través de operadores de redes móviles (ORM) ofrecen ventajas de cobertura gracias a la amplia expansión de la telefonía móvil en todo el mundo.** Sin embargo, requieren un marco regulatorio que autorice su funcionamiento y deben ofrecer una amplia red de puntos de venta para que los beneficiarios hagan efectivas sus transferencias. Algunos ejemplos son Orange Money, que hace transferencias para la Red de Asistencia Social Productiva en Costa de Marfil, y MTN en el programa de Subvenciones de Asistencia Social para el Empoderamiento (SAGE) en Uganda. En algunos países, los ORM empezaron a asociarse con instituciones financieras (sobre todo, con bancos) que ofrecen aplicaciones de dinero móvil, como DaviPlata (billetera electrónica) en Colombia, uno de los PSP utilizados para la provisión de beneficios de Familias en Acción (TMC).
Instituciones de microfinanzas (IMF)	**El objetivo de las IMF es promover la actividad económica entre las personas de bajos ingresos que no pueden acceder a los servicios bancarios.** Existen IMF de todo tipo y tamaño, que varían en magnitud, experiencia, estatuto legal, estrategia y presupuesto. La característica común es que las IMF proporcionan a las personas o grupos locales servicios financieros difíciles de conseguir. Una IMF podría ser una buena opción, ya que suele dirigir sus servicios a clientes con bajos ingresos y opera de manera local, a través de productos financieros personalizados. Sin embargo, las normas sobre los tipos de productos que pueden ofrecer estas organizaciones varían considerablemente de un país a otro. No se han documentado muchas IMF que entreguen pagos de protección social; de hecho, ninguno de los programas incluidos en el inventario usó IMF para la provisión de beneficios sociales.

Fuente: ISPA 2016.

Nota: Los agentes y corresponsales comerciales son básicamente puntos de retiro de efectivo que operan con PSP autorizados, pero no son PSP en sí mismos. TMC = transferencia monetaria condicionada (programa); ORM = operador de redes móviles; PSP = proveedor de servicios de pago; SAGE: = Subvenciones de asistencia social para el empoderamiento; PS = protección social.

a. *Protección y promoción: Diseño y aplicación de políticas eficaces de protección social;* Margaret Grosh, Carlo del Ninno, Emil Tesliuc y Azedine Ouerghi, 2008, Banco Mundial, Washington D. C.

ANEXO 6B: MODELOS DE CONTRATO DE LOS SERVICIOS DE PAGO

Existe una gran variación con respecto a las tarifas de servicio y los cargos por la entrega de pagos electrónicos. La estructura de cargos del acuerdo de nivel de servicio (ANS) depende, en gran medida, de la madurez del programa, la infraestructura de pagos del país y los instrumentos de pago electrónico específicos que se utilizan. Generalmente, los modelos de pago con tarjeta incluyen un cargo básico de servicio y el costo de la tarjeta. En algunos casos, el ANS también puede incluir cargos de retiro o cargos de infraestructura para incentivar a los PSP o cubrir costos de implementación. Las opciones de pago móvil o en mostrador suelen seguir un modelo único de tarifa de servicio. Véase más adelante los detalles adicionales (Khan, 2015).

Solo tarifas de servicio. Esta opción se suele usar en los modelos de pago móvil, donde el cargo del servicio es compartido entre el operador móvil y los agentes. Por lo general, los beneficiarios retiran el efectivo en mostrador o efectúan transacciones en los puntos de servicio del operador móvil o en la red del agente designado. Estas soluciones constituyen una manera económica de llegar a los beneficiarios, siempre y cuando la red del agente sea amplia.

Solo ingresos flotantes. En el caso de que los gobiernos no tengan suficiente margen fiscal para afrontar los cargos de servicio por los pagos a cada beneficiario específicamente, se transfiere el pago por adelantado de la suma global completa al PSP seleccionado, y este obtiene ganancias de las reservas flotantes antes de desembolsar los pagos. Esto es viable en programas de emergencia, donde el monto de la transferencia ya ha sido asignado por el gobierno y transferido a los PSP mientras aún se están identificando e inscribiendo a los beneficiarios. Tal fue el caso en los programas de transferencia monetaria de emergencia en Pakistán.

Solo tarifas fijas de servicio y costos de tarjeta. Filipinas eligió esta estructura simple de ANS, con tarifas o servicios adicionales mínimos, ya que se trató de un contrato entre dos departamentos gubernamentales. El banco a cargo cobró una tarifa de servicio fija sobre la transacción para los pagos a los beneficiarios y cargos aparte por el costo de la tarjeta, que podía usarse en cualquier cajero automático autorizado para retirar el efectivo. Este arreglo es viable si el país tiene una amplia red de puntos de acceso financiero y si el gobierno ha dispuesto que el PSP provea los servicios. Cuando el Gobierno inició los pagos en Filipinas a través del sistema bancario, ordenó una negociación simplificada del ANS que mantuviera bajas las comisiones del servicio (menos del 1%) y permitió que el programa efectuara pagos en cuentas relativamente rápido. La falta de inversiones adicionales en difusión puede aumentar los costos de transacción para los beneficiarios, especialmente si viven en áreas rurales y tienen que recorrer largas distancias para llegar a los cajeros automáticos designados para el retiro de efectivo.

Tarifas de servicios por transferencias y retiros de efectivo. En Bangladesh, el ANS del Programa de Ayuda Económica para las Personas más Pobres (ISPP) con el Bangladesh Post incluye (1) una tarifa de servicio estándar por cada transferencia monetaria a la cuenta del beneficiario y (2) un cargo adicional cuando el beneficiario retira el dinero de su cuenta.[31] La primera es una tarifa estándar global; pero la tarifa de retiro es un incentivo para que los PSP permitan y alienten a los beneficiarios a retirar los fondos en cuanto se recibe el pago o dentro de un plazo estipulado. Si bien esto disuade a los PSP de desarrollar productos de ahorro o dosificación de gastos para los beneficiarios vinculados a sus cuentas de transferencia monetaria, cumple la función principal de garantizar que se pague de manera oportuna.

Tarifas combinadas por transacciones e ingresos por instalación de infraestructura. Se aplican a quienes utilizan el pago electrónico por primera vez con una infraestructura inicial limitada de banca electrónica. El Programa de Apoyo a los Ingresos de Benazir (BISP) en Pakistán usó este método cuando empezó a implementar los pagos electrónicos en 2009/2010. En aquel momento, la red de banca electrónica era reducida, y los PSP eran una combinación de bancos comerciales privados y públicos que hacían, por primera vez, pagos electrónicos a las personas más pobres. El ANS incluía dos componentes: (1) un cargo fijo por servicio, de alrededor del 2,75%, en las transacciones de transferencia monetaria a las cuentas de los beneficiarios y (2) costos de creación de infraestructura, que incluían una tarifa única de tarjeta y un anticipo para ingresos flotantes, para establecer una infraestructura donde inscribir a los beneficiarios en los pagos electrónicos. El segundo elemento fue un incentivo a la participación de los PSP y para ampliar la infraestructura financiera y el alcance de los pagos electrónicos del BISP para los beneficiarios. Este doble cálculo hizo que al principio fuera costoso implementar el programa, pero se consideró necesario para generar una oportunidad comercial atractiva que invitara a participar al sector privado (Banco Mundial, 2014). Finalmente, este método se interrumpió debido al aumento de los pagos electrónicos de gobierno a persona (G2P) y de las transacciones por banca electrónica (Khan, 2015).[32] Actualmente, el BISP paga una tarifa del 3 % en virtud de un contrato de dos años. Esta tarifa se determinó a partir de consultas con el sector bancario y refleja estándares globales (Rotman, Kumar y Parada, 2013).

Modelo competitivo abierto de ANS. Desde 2016, todos los pagos del Esquema de Garantía de Empleo Rural Nacional Mahatma Gandhi (MGNREGS) se hacen a través del sistema de transferencia directa de beneficios para enviar pagos electrónicos a las cuentas bancarias de los beneficiarios, y están asociados al número de identificación Aadhaar, en caso de que estén disponibles.[33] Debido a la duración del programa y a varias pruebas piloto de pago, el gobierno tiene un criterio preestablecido para los PSP. Según una circular del Ministerio de Finanzas del 26 de mayo de 2017, el Gobierno de la India paga 0,50 rupias por transacción, que se divide entre el banco patrocinador, el banco de destino y la Corporación Nacional de Pagos de la India. Esto facilita a las agencias estatales de implementación contratar PSP sin tener que negociar individualmente los ANS. Además, a diferencia de lo que ocurre en Indonesia, Pakistán y otros países, el modelo de ANS no es un proceso de licitación de tiempo limitado y está abierto a cualquier PSP que decida participar. Sin embargo, es probable que el cargo por servicio del 1 % sea demasiado bajo para que los PSP puedan sostener la provisión de este servicio, particularmente en áreas remotas.

ANEXO 6C: OPCIONES PARA DEFINIR LA ESTRUCTURA DE TARIFAS DE DISTRIBUCIÓN DE GOBIERNO A PERSONA

Tabla 6C.1 Definir la estructura de tarifas de distribución de gobierno a persona

Lo que se debe pagar	Pagar al proveedor de servicios de pago (PSP)	Pagar al cliente	El gobierno cubre los costos o incluye a un tercero
Cargos por cobro/distribución	No hay cargos por retiro de efectivo para una cantidad limitada de transacciones dentro un plazo determinado, es decir, que los retiros son gratuitos o más baratos para los destinatarios.	Complemento del importe de transferencia con tarifa de cobro para que el cliente reciba el beneficio completo.	N/A
Llegada a destinatarios/traslado al punto de acceso	Estructuras de precios escalonados para los PSP que atienden a los clientes (los niveles se definirán en función de la lejanía, estimada según la distancia de las autopistas y la densidad de población).	Utiliza reembolso de traslados por niveles: distancia entre la residencia del destinatario y el punto de acceso más cercano.	N/A

continuación

Tabla 6C.1 (*continuación*)

Lo que se debe pagar	Pagar al proveedor de servicios de pago (PSP)	Pagar al cliente	El gobierno cubre los costos o incluye a un tercero
Apertura de cuenta/ Conocer al cliente (KYC)	Tarifa fija por cada cuenta nueva que reúna los requisitos, distribuida en los primeros seis meses de uso. Se insta a los bancos a no aplicar tarifas por la posible movilización de depósitos.	Monto fijo en el primer desembolso o distribuido en varios pagos.	El Gobierno ayuda a los destinatarios con la apertura de la cuenta.
Información y capacitación para clientes	Comisiones escalonadas para los PSP que brinden capacitación a los clientes (los niveles se definirán en función de la lejanía, calculada según la distancia de las autopistas y la densidad de población).	Compensación a los clientes por su costo de oportunidad y gastos de traslado.	Educación de destinatarios directamente desde el gobierno o desde terceros.
Dispositivos y requisitos tecnológicos	Para la adquisición de terminales de servicio según la demanda de atención.	Provisión de teléfonos móviles u otros dispositivos electrónicos a los destinatarios.	N/A
Atención y reparación al cliente	Costos iniciales de instalación para la atención y reparación al cliente.	N/A	El gobierno capacita a los destinatarios sobre el acceso a la ayuda y la gestión de quejas.

Fuente: Baur-Yazbeck y Mdluli, de próxima publicación.

Nota: N/A = no se aplica.

Notas

1. Si bien el presente libro de referencia cubre la provisión de beneficios en efectivo (en este capítulo) y la provisión de servicios (en el capítulo 7), no profundizamos en la provisión de beneficios en especie. Las demás etapas de la cadena de implementación que se tratan en los capítulos 3, 4, 5 y 8 conciernen todas a los beneficios en especie, pero excede el objetivo de este libro de referencia ocuparse de la efectiva provisión de beneficios en especie. Por otra parte, los beneficios alimentarios fueron recientemente tratados en Alderman, Gentilini y Yemtsov (2018).

2. Una parte de este gasto se destina a servicios para la discapacidad.

3. Véase *Global Findex Database* en https://globalfindex.worldbank.org/.

4. Este capítulo no incluye un análisis de los pagos de PS persona a gobierno (P2G) para los programas contributivos de PS.

5. Encuesta Global sobre los Sistemas de pago del Banco Mundial (EGSP) 2016, http://www.worldbank.org/en/topic/financialinclusion/brief/gps y "Payment Systems Worldwide: A Snapshot," Grupo Banco Mundial, Washington DC,

septiembre 2018. http://pubdocs.worldbank.org/en/591241545960780368/GPSS-4-Report-Final.pdf.

6. Estrategia UFA2020: https://www.worldbank.org/en/topic/financialinclusion/brief/achieving-universal-financial-access-by-2020.

7. Presentación de Silvia Baur-Yazbeck y Gregory Chen del GCAP (Grupo Consultivo de Ayuda a la Población más Pobre) sobre G2P 3.0: *Futuro de los pagos gubernamentales*, Banco Mundial, febrero de 2019.

8. http://www.worldbank.org/en/topic/financialinclusion/brief/gpss.

9. Mozambique. Plan de contrataciones. Proyecto de inclusión financiera y estabilidad. Banco Mundial. P166107: http://documents.worldbank.org/curated/en/626361590678996837/Mozambique-AFRICA-P166107-Mozambique-Financial-Inclusion-and-Stability-Project-Procurement-Plan.

10. La conciliación es el proceso que compara la cantidad de transferencias aprobadas en la lista de pagos con la cantidad de transferencias efectivamente realizadas. En el caso de los servicios, el proceso de comparar la provisión planificada de servicios con la provisión real se suele hacer como parte de la supervisión del progreso del beneficiario, que integra la gestión de las operaciones de los beneficiarios.

11. En esta sección ha de incluirse la referencia de Rodríguez *et al.* (de próxima publicación).

12. Los métodos de provisión de pagos pueden adoptar diferentes estructuras, y la intermediación de los servicios puede darse en distintos niveles. Por ejemplo, los pagos se pueden efectuar mediante un proceso de un solo paso, directamente desde la tesorería hacia el beneficiario. Otra opción es que se requieran dos o tres pasos, de manera que los fondos se transfieren primero a cuentas comunes de uno o varios proveedores de servicios o agregadores, para después transferirlos a los beneficiarios.

13. La firmeza de la liquidación hace referencia al momento en que se considera que una parte ha cumplido con su obligación o ha transferido un activo o un instrumento financiero a otra parte, y tal cumplimiento o transferencia se vuelve incondicional e irrevocable a pesar de la insolvencia o de la entrada en bancarrota de alguna de las partes. Véase los *Principios para las infraestructuras del mercado financiero, Principio 8* (firmeza de la liquidación). «Compensaciones» hace referencia a la resolución de todas las transacciones bancarias al final del día.

14. Las cuentas de ahorro «sin adornos», simplificadas o básicas proporcionan servicios bancarios básicos a clientes de bajos ingresos para fomentar la inclusión financiera (mediante el acceso a servicios financieros, como micropréstamos, ahorros, seguros, giros, etc.). Los servicios que habitualmente se ofrecen con estas cuentas son la recepción de dinero a través de canales de pago electrónico emitidos por agencias gubernamentales. Las principales características de estas cuentas son que no tienen requisito alguno en términos de saldos mínimos o cargos nominales, y permiten un número limitado de transacciones sin costo. Además, suelen exigir poca documentación, y su proceso de KYC es más laxo. A veces, tienen requisitos adicionales de elegibilidad, tales como no disponer de otra cuenta bancaria o ser beneficiario de la asistencia social. En las cuentas básicas «sin adornos» hay un límite para la mayor parte de los servicios ofrecidos. Una vez que se supera este límite, el banco cobra por tales servicios.

15. GPSS 2016—Cuentas y acceso, http://www.worldbank.org/en/topic/financialinclusion/brief/gpss.

16. https://www.worldbank.org/en/topic/financialinclusion/brief/gpss.

17. En Zambia, el programa GEWEL incrementa el valor de la transferencia a los beneficiarios para compensar parte de los gastos en que incurren por recibir las transferencias directas. En concreto, el sistema de pagos compensa las tarifas pagadas y proporciona un reembolso por traslado.

18. En ciertos esquemas con múltiples proveedores de servicios de pago, se transfiere temporalmente cierta cantidad de dinero a los proveedores para garantizar la liquidez hasta que todos los beneficiarios hayan recibido las transferencias.

19. Por efectivo se entiende el dinero en forma física, es decir, billetes y monedas.

20. Cita de Liz Kellison, extraída de los criterios D3 de la Fundación Bill y Melinda Gates, 2019.

21. El sistema de pagos de Santo Tomé y Príncipe ha cambiado desde la redacción de este capítulo.

22. Véase la base de datos Global Findex en https://globalfindex.worldbank.org/.

23. Gobernador Lael Brainard. «La digitalización de los pagos y la moneda: Algunas cuestiones a tener en cuenta». Discurso en el *Simposio sobre el Futuro de los Pagos*, Stanford, CA, 5 de febrero de 2020. https://www.federalreserve.gov/newsevents/speech/brainard20200205a.htm. Sin embargo, el gobierno no los utiliza para pagar beneficios a los hogares que tienen derecho a ellos.

24. Entrepreneur.com, *El crecimiento de Ovo hasta convertirse en la plataforma de pago digital más grande de Indonesia*, 28 de marzo de 2019. https://www.entrepreneur.com/article/330561.

25. Sin embargo, el gobierno de India evita específicamente el uso de billeteras digitales para el pago de beneficios por varias razones, de las cuales la principal es la falta de tasas de interés en los ahorros.

26. Toptechblitz.com, «Todo lo que debe saber sobre JumiaPay», 25 de julio de 2018. https://toptechblitz.com.ng/all-you-need-to-know-about-jumiapay/.

27. Informe *Back to Office Report (BTOR) on Fintech*, diciembre de 2018.

28. Inc42.com, *We Are Banking On Our Digital Wallet Go-Pay for the Foreseeable Future—Go-Jek CTO, Ajey Gore*, 11 de julio, 2017. https://inc42.com/buzz/go-jek-go-pay-digital-wallet-indonesia/.

29. Aunque el seguro de vida incluye una prima, la asume el Gobierno de India.

30. Esta idea se analiza en la publicación focalizada del GCAP: *El futuro de los pagos G2P: Ampliar las opciones para los clientes*, que recoge las ventajas y las dificultades asociadas a este modelo y cómo los gobiernos pueden crear un sistema G2P (Baur-Yazbeck, Chen y Roest, 2019).

31. El ISPP es una TMC materno-infantil establecida en 2014 con el fin de brindar ayuda económica a las personas más pobres.

32. Colombia hizo algo similar en 2009, cuando se lanzaron por primera vez los pagos electrónicos para transferencias monetarias sociales. La tarifa original incluía costos de creación de infraestructura

por parte del único licitador, Unión Temporal, y era casi 70 % más cara que la tarifa de pago en efectivo anterior, porque el PSP necesitaba emitir tarjetas de débito, actualizar el sistema y mejorar la red de puntos de acceso financieros. Estos costos se redujeron significativamente con el tiempo, ya que la proporción de pagos electrónicos aumentó de 24 % a 91 % entre 2009 y 2011 (Bold, Porteous y Rotman, 2012).

33. El MGNREGS siempre ha apoyado la transferencia electrónica de fondos. Sin embargo, la ley también establece que quienes no quieran el pago electrónico pueden optar por lo contrario. El sistema ofrece una opción para eso. Consulte *Financial Express*, *All Wage Payments to MGNREGA Workers from April 1 through Direct Benefit Transfer: Govt*; 2 de febrero de 2016, https://www.financialexpress.com/economy/all -wage-payments-to-mgnrega-workers-from-april-1 -through-direct-benefit-transfer-govt/206169.

Bibliografía

A2i. 2019. "Amplifying Beneficiary Impact and Experience in the G2P Digital Transformation." A2i, haka, Bangladesh.

Aker, Jenny C. 2020. "Social Protection Programs in the Time of a Pandemic: Reevaluating What We Know." Presentation to the World Bank, Fletcher School and Department of Economics, Tufts University, Medford, MA, April.

Aker, Jenny Aker, Jenny C., Rachid Boumnijel, Amanda McClelland, and Niall Tierney. 2016. "Payment Mechanisms and Anti- Poverty Programs: Evidence from a Mobile Money Cash Transfer Experiment in Niger." Tufts University Working Paper, Fletcher School and Department of Economics, Tufts University, Medford, MA.

Alderman, Harold, Ugo Gentilini, and Ruslan Yemtsov, eds. 2018. *The 1.5 Billion People Question: Food, Vouchers, or Cash Transfers?* Washington, DC: World Bank.

Atansah, Priscilla, Masoomeh Khandan, Todd Moss, Anit Mukherjee, and Jennifer Richmond. 2017. "When Do Subsidy Reforms Stick? Lessons from Iran, Nigeria, and India." CGD Policy Paper 111, Center for Global Development, Washington, DC. https://www.cgdev .org/publication/when-do-subsidy-reforms-stick -lessons-iran-nigeria-and-india.

Bansal, Mohit, Shekhar Lele, Ashish Punjabi, and Pooja Lad. 2018. "UPI 2.0: Towards a Complete Digital Ecosystem." PricewaterhouseCoopers India. https:// www.pwc.in/consulting/financial-services/fintech /fintech-insights/upi-2-0-towards-a-complete digital-ecosystem.html.

Barrientos, Armando, and David Hulme, eds. 2008. *Social Protection for the Poor and Poorest: Concepts, Policies, and Politics*. Houndmills, Basingstoke, Hampshire, UK: Palgrave Macmillan.

Baur, Silvia. 2016. "Digital Social Payments and Financia Inclusion." Presentation at the World Bank's Social Safety Nets and Delivery Systems Core Course, Washington, DC, April 2016.

Baur-Yazbeck, Silvia, Gregory Chen, and Joep Roest. 2019. *"The Future of G2P Payments: Expanding Customer Choice."* Focus Note, Consultative Group to Assist the Poor, Washington, DC. https://www.cgap.org /sites/default/files/publications/2019_09_FocusNote _Future_G2P_Payments_1.pdf.

Baur-Yazbeck, Silvia, Craig Kilfoil, and Ioana Botea. 2019. "Case Study: The Future of G2P Payments: Expanding Customer Choice in Zambia." Consultative Group to Assist the Poor, Washington, DC.

Baur-Yazbeck, Silvia, and Gcinisizwe Mdluli. Forthcoming. "Pricing G2P Payments Distribution: Considerations for Program Designers." Consultative Group to Assist the Poor, Washington, DC.

Baur-Yazbeck, Silvia, and Joep Roest. Forthcoming. "G2P 3.0 Case Study: A2i in Bangladesh: Toward a Shared Government Payments Platform." Consultative Groupto Assist the Poor, Washington, DC.

Baur-Yazbeck, Silvia, and Jamie Zimmerman. 2016. "Understanding Consumer Risks in Digital Social Payments." Consultative Group to Assist the Poor, Washington, DC. https://www.cgap.org/research /publication/understanding-consumer-risks-digital -social-payments.

Beegle, Kathleen, Aline Coudouel, and Emma Monsalve, eds. 2018. *Realizing the Full Potential of Social Safety Nets in Africa*. Africa Development Forum Series. Washington, DC: World Bank.

Berthaut, Antoine, Bertrand Ginet, Sebastian di Paola, and Tobias Thayer. 2018. "Cash Digitization: UN Collaboration, Coordination, and Harmonization Opportunities." Better than Cash Alliance, UNHCR, UNICEF, and WFP, New York.

Bill & Melinda Gates Foundation. 2019. "A G7 Partnership for Women's Digital Financial Inclusion in Africa." Report Prepared at the Request of the G7 French Presidency. https://docs.gatesfoundation.org/Documents /WomensDigitalFinancialInclusioninAfrica_English .pdf.

Boko, Joachim, Luis Inaki Alberro Encinas, Maimouna Gueye, Audrey Ariss, and Tina George Karippacheril. 2020. "Technical Note on Togo's Novissi Program: Technology and Innovations for Africa's Human Capital in the Face of the COVID-19 Crisis." Social Protection and Jobs Global Practice and Finance,

Competitiveness, and Innovation Global Practice, World Bank, Washington, DC

Bold, Chris, David Porteous, and Sarah Rotman. 2012. "Social Cash Transfers and Financial Inclusion: Evidence from Four Countries." Focus Note 77, Consultative Group to Assist the Poor, Washington, D

CaLP (Cash Learning Partnership). 2018. *The State of the World's Cash Report: Cash Transfer Programming in Humanitarian Aid.* Oxford, UK: CaLP

CDFI (Centre for Digital Financial Inclusion). 2018. "Rethinking Benefit Delivery: Exploring the Reasons behind the Success of the Pradhan Mantri Matru Vandana Yojana (PMMVY), the Government of India's Flagship Maternity Benefit Programme." CDFI, New Delhi.

CGAP (Consultative Group to Assist the Poor). 2015. «DaviPlata: Taking Mobile G2P Payments to Scale in Colombia» (blog post), July 1, 2015. https://www.cgap .org/blog/daviplata-taking-mobile-g2p-payments -scale-colombia.

Chamberlin, Wendy, Liz Kellison, Jeni Klugman, and Jamie Zimmerman. 2019. "Enhancing Women's Economic Empowerment through Digital Cash Transfers: Digitize/Direct/Design: The D3 Criteria." Bill & Melinda Gates Foundation. Working draft. https://www .findevgateway.org/sites/default/files/publications /files/_bmgf_d3_criteria_june_1_2019.pdf

Cho, Yoonyoung, Ashiq Aziz, and Kenichi Nishikawa Chavez. 2018. "Evolution of Safety Net Payments in Bangladesh." Presentation at the World Bank's Social Safety Nets and Delivery Systems Core Course, Washington, DC, May 7, 2018.

Coady, David, Margaret Grosh, and John Hoddinott. 2004. *Targeting of Transfers in Developing Countries: Review of Lessons and Experience.* Regional and Sectoral Studies. Washington, DC: World Bank.

Cook, William, and Anand Raman. 2019. "National Payments Corporation of India and the Remaking of Payments in India." Working paper, Consultative Group to Assist the Poor, Washington, DC.

del Ninno, Carlo. 2016. "Payment Systems: An Introduction Training Course on 'For Protection and Promotion: TheDesign and Implementation of Effective Social Safety Nets'" (Social Safety Nets Core Course). Presentation, World Bank, Washington, DC, April 26, 2016.

del Ninno, Carlo. 2016. "Payment Systems: An Introduction Training Course on 'For Protection and Promotion: TheDesign and Implementation of Effective Social Safety Nets'" (Social Safety Nets Core Course). Presentation, World Bank, Washington, DC, April 26, 2016.

del Ninno, Carlo, and Bradford Mills, eds. 2015. *Safety Nets in Africa: Effective Mechanisms to Reach the Poor and Most Vulnerable.* Africa Development Forum Series.

Washington, DC: World Bank and Agence Francaise de Developpement.

Demirguc-Kunt, Asli, Leora Klapper, Dorothe Singer, Saniya Ansar, and Jake Hess. 2018. *The Global Findex Database 2017: Measuring Financial Inclusion and the Fintech Revolution.* Washington, DC: World Bank.

DFID (UK Department for International Development). 2006, June. "How-to Note: Managing the Fiduciary Risk Associated with Social Cash Transfer Programmes." DFID Practice Paper ref. no. PD Info 098. http://www .gsdrc.org/docs/open/sp22.pdf.

Grosh, Margaret E. 1994. "Administering Targeted Social Programs in Latin America: From Platitudes to Practice." World Bank, Washington, DC.

Grosh, Margaret, Carlo del Ninno, Emil Tesliuc, and Azedine Ouerghi. 2008. *For Protection and Promotion: The Design and Implementation of Effective Safety Nets.* Washington, DC: World Bank.

Grosh, Margaret, Carlo del Ninno, Emil Tesliuc, and Azedine Ouerghi. 2008. *For Protection and Promotion: The Design and Implementation of Effective Safety Nets.* Washington, DC: World Bank.

Guven, Melis. 2019. "Extending Pension Coverage to the Informal Sector in Africa." Social Protection and Jobs Discussion Paper 1933, World Bank, Washington, DC.

Guven, Melis, Ernesto Brodersohn, and Clement Joubert. 2018. "Benin: Pension Scheme for Informal Sector Workers." Unpublished country paper, Social Protection and Jobs Global Practice, World Bank,Washington, DC.

HelpAge International. 2012. "Electronic Payment for Cash Transfer Programmes: Cutting Costs and Corruption or an Idea Ahead of Its Time?" Pension Watch Briefing No. 8, HelpAge International, London.

Hikmat, Harry. 2018. "Balancing Impact and Inclusion: Scaling Up the PKH Conditional Cash Transfer Program in Indonesia." Presentation, World Bank, Washington, DC.

Holmemo, Camilla, Pablo Acosta, Tina George, Robert J. Palacios, Juul Pinxten, Shonali Sen, and Sailesh Tiwari. 2020. *Investing in People: Social Protection for Indonesia's 2045 Vision.* Jakarta, Indonesia: World Bank. https://openknowledge.worldbank.org /handle/10986/33767

Ibarraran, Pablo, Nadin Medellin, Ferdinando Regalia, and Marco Stampini, eds. 2017. *How Conditional Cash Transfers Work: Good Practices after 20 Years of Implementation.* Washington, DC: Inter-American Development Bank.

ICRC (International Committee of the Red Cross). 2018. "Cash Transfer Programming in Armed Conflict: The ICRC's Experience." ICRC, Geneva, Switzerlan.

IFC (International Finance Corporation). n.d. "A Sense of Inclusion: An Ethnographic Study of the

Perceptions and Attitudes to Digital Financial Services in Sub- Saharan Africa." IFC, Washington, DC. https://www.ifc.org/wps/wcm/connect /industry_ext_content/ifc_external_corporate _site/financial+institutions/resources/a+sense+of +inclusion+an+ethnographic+study+of+the+perce ptions+and+attitudes+to+digital+financial+service s+in+sub-saharan+africa.

International Rescue Committee. 2019. "Safer Cash Toolkit: Collecting and Using Data to Make Cash Programs Safer." International Rescue Committee and United States Agency for International Development, New York. https://reliefweb.int/report/world/safer -cash-toolkit-collecting-and-using-data-make-cash -programs-safer.

ISPA (Inter-Agency Social Protection Assessments). 2016. "Social Protection Payment Delivery Mechanisms: What Matters Guidance Note." ISPA, Washington, DC. https://ispatools.org/payments/.

ISPA (Inter-Agency Social Protection Assessments). 2017."Identification Systems for Social Protection: What Matters." Guidance Note, ISPA, Washington, DC. https://ispatools.org/id/.

Joyce, Michael, Shelley Spencer, Jordan Weinstock, and Grace Retnowati. 2015. "Qualitative Survey of Current and Alternative G2P Payment Channels in Papua and Papua Barat." TNP2K Working Paper 26-2015, Team for the Acceleration of Poverty Reduction (TNP2K), Jakarta, Indonesia.

Karippacheril, Tina George. 2018. "The 'First Mile' in Delivering Social Protection and Jobs (SPJ): Human-Centered Design." Presentation at the Plenary Session of the World Bank's Social Safety Nets and Delivery Systems Core Course, Washington, DC, April.

Karippacheril, Tina George, and Kathy Lindert. 2017. "Payments in Social Protection and Labor Delivery Systems." Presentation, World Bank, Washington, DC, March.

Khan, Quanita. 2015. "Digital Payments for Pakistan." Presentation at the World Bank's Fragility, Conflict, and Violence Forum 2015, Washington, DC, February 11–13.

Kilfoil, Craig. 2018. "Multi-Service Provider Payments: Girls' Education, Women's Empowerment, and Livelihoods (GEWEL) Project in Zambia." Presentation at the World Bank's Social Safety Nets and Delivery Systems Core Course, Washington, DC, May 7, 2018.

Leisering, Lutz. 2018. *The Global Rise of Social Cash Transfers: How States and International Organizations Constructed a New Instrument for Combating Poverty.* Oxford, UK: Oxford University Press.

Marulanda Consultores. 2015. "Going Mobile with Conditional Cash Transfers: Insights and Lessons from the Payment of Familias en Accion through

DaviPlata Wallets in Colombia." Consultative Group to Assist the Poor, Washington, DC.

Muralidharan, Karthik, Paul Niehaus, and Sandip Sukhtankar. 2014. "Payment Infrastructure and the Performance of Public Programs: Evidence from Biometric Smartcards in India." Technical Paper, BREAD (Bureau for Research and Economic Analysis of Development.

Namara, Suleiman, and Christabel Dadzie. 2018. "Ghana— Paperless Public Works Program: Building EfficientDelivery Systems." Presentation at the World Bank's Social Safety Nets and Delivery Systems Core Course, Washington, DC, May 7, 2018.

OECD (Organisation for Economic Co-operation and Development). 2019. Public Spending on Unemployment Benefits, Incapacity, Pensions (indi-cators). Social Expenditures Database. doi: 10.1787 /f35b71ed-en (accessed April 30, 2019).

OPM (Oxford Policy Management). 2012. "Disbursement of Social Assistance Cash Transfers through Bank Accounts: A Study of PKH Payment Mechanisms and Options for Social Assistance Cash Transfers." OPM in collaboration with Tim Nasional Percepatan Penanggulangan Kemiskinan (TNP2K), Jakarta, Indonesia. http://www.tnp2k.go.id/images/uploads /downloads/PKH%20payment%20study-English%20 Final-1.pdf.

Palacios, Robert. 2017. "Identification and Payments."Presentation at the World Bank's Pensions and Social Insurance Core Course, Washington, DC, March 9, 2017.

Pickens, Mark, David Porteous, and Sarah Rotman. 2009. "Banking the Poor via G2P Payments." Focus Note 58, Consultative Group to Assist the Poor, Washington, DC.

Pulver, Caroline. 2019. "Driving Financial Inclusion through G2P Payments: A Literature Review and Country Landscaping Exercise." Bill & Melinda Gates Foundation, Seattle, WA.

Rawlings, Laura. 2016. "Social Protection Payments Tool." Presentation at the World Bank's Social Safety Nets and Delivery Systems Core Course, Washington, DC, April 2016.

Rawlings, Laura, and Luz Stella Rodriguez. 2018. "Social Protection Payments Delivery." Presentation at the World Bank's Social Safety Nets and Delivery Systems Core Course, Washington, DC, May 7, 2018.

Rodriguez, Luz, Laura Rawlings, Ana Veronica Lopez, Quanita Khan, Harish Natarajan, Karol Karpinski, and Anita Kumari. Forthcoming. "Cash Transfer Payment Systems: Lessons from Programs in 35 Countries." Technical Note, World Bank, Washington, DC.

Rotman, S., K. Kumar, & M. Parada. 2013. *An Overview of the G2P Sector Payments in Pakistan.* Washington,

DC: CGAP (Consultative Group to Assist the Poor). https://www.cgap.org/research/publication/overview-g2p-payments-sector-pakistan.

Royal, Daniel, Paul Rimba, Mark Staples, Sophie Gilder, An Binh Tran, Ethan Williams, Alex Ponomarev, Ingo Weber, Chris Connor, and Nicole Lim. 2018. "Making Money Smart: Empowering NDIS Participants with Blockchain Technologies." Commonwealth Bank of Australia and Data61 (CSIRO), Sydney, Australia.

Sagmeister, Elias, Sara Pavanello, Maximilian Seilern, Ledia Andrawes, Paul Harvey, and Anna Kondakhchyan. 2018. "Iraq Case Study: Improving User Journeys for Humanitarian Cash Transfers." Ground Truth Solutions and the Humanitarian Policy Group (HPG), DFID. https://groundtruthsolutions.org/wp-content/uploads/2018/12/User_Journeys_Iraq_Report_2018.pdf.

Smart, Kristin. 2018. "CTP Operational Models Analytical Framework." Cash Learning Partnership, Oxford, UK.

Staschen, Stefan, and Patrick Meagher. 2018. "Basic Regulatory Enablers for Digital Financial Services." Consultative Group to Assist the Poor, Washington, DC. https://www.cgap.org/research/publication/basic-regulatory-enablers-digital-financial-services.

Tesliuc, Emil, Lucian Pop, Margaret Grosh, and Ruslan Yemtsov. 2014. *Income Support for the Poorest: A Review of Experience in Eastern Europe and Central Asia.* Directions in Development Series. Washington, DC: World Bank.

TNP2K (National Team for the Acceleration of Poverty Reduction) and World Bank. 2018. "Government-to-Person Social Assistance Payments in Indonesia: The Landscape." Report. TNP2K and World Bank, Jakarta, Indonesia.

World Bank. 2014. "Beneficiary Study on Financial Inclusion and Literacy Outcomes of Cash Transfer Beneficiaries in Pakistan." World Bank, Washington, DC.

World Bank. 2015. "ISPA Payments Assessment Report for Sao Tome." Social Protection and Jobs Global Practice, World Bank, Washington, DC.

World Bank. 2016. "Social Protection Payments in the Productive Social Safety Net Program in Tanzania." Interagency Social Protection Assessment.

World Bank. 2018a. "Payment Systems Worldwide: A Snapshot." Summary Outcomes of the Fourth Global Payment Systems Survey, September. World Bank, Washington, DC.

World Bank. 2018b. "Risk-Sharing for a Diverse and Diversifying World of Work." Review draft, Social Protection and Jobs Global Practice, World Bank, Washington, DC.

World Bank. 2018c. *The State of Social Safety Nets 2018.* Washington, DC: World Bank.

WWP (Brazil Learning Initiative WWP (Brazil Learning Initiative for a World Without Poverty). 2017. "How Are Bolsa Familia Cash Benefits Granted?" http://wwp.org.br/.

Zimmerman, Jamie, and Silvia Baur. 2016. "Understanding How Consumer Risks in Digital Social Payments Can Erode Their Financial Inclusion Potential." Consultative Group to Assist the Poor, Washington, DC.

Zimmerman, Jamie, Anjana Ravi, and Nichole Tosh. 2012. "From Protection to Investment: Understanding the Global Shift to Financially-Inclusive Social Protection Payment Systems." New America Foundation, Washington, DC.

Capítulo 7

Provisión de servicios sociales y laborales

Lucía Solbes Castro, Verónica Silva Villalobos, Sara Giannozzi, María Cecilia Dedios y Kathy Lindert

Los beneficios monetarios brindan asistencia financiera a personas y familias necesitadas, pero suelen ser insuficientes para responder a una amplia variedad de situaciones de riesgo y vulnerabilidades que requieren de la provisión de servicios sociales y laborales. El término «servicios» implica un conjunto de acciones y actividades que ayudan a las personas y a sus familias a enfrentar ciertas situaciones y que contribuyen a su bienestar general. Si bien los beneficios monetarios tienen impactos positivos en la reducción de la pobreza y las condiciones de vida de los hogares, ciertas vulnerabilidades no relacionadas exclusivamente con los niveles de ingresos y de consumo se resuelven mejor a través de la provisión de servicios sociales y laborales. Además, las personas suelen tener diversas necesidades simultáneas que pueden abordarse mejor con una combinación de beneficios y servicios. Por ejemplo, las personas en situación de extrema pobreza sufren múltiples circunstancias entrelazadas que se pueden abordar mediante un paquete que combine asistencia monetaria con servicios sociales, tales

como intervenciones de la primera infancia o servicios de discapacidad para familiares específicos. Otro ejemplo común es la provisión de paquetes de activación laboral para las personas desempleadas, que combinan los beneficios por desempleo o trabajo social con servicios de empleo y programas activos del mercado laboral (PAML), generalmente siguiendo un plan de acción individualizado (PAI) y con requisitos de corresponsabilidades.

Al proveer servicios sociales y laborales, los gobiernos también afrontan las dificultades propias de la inclusión y la coordinación. Aunque la mayoría de los países suelen ofrecer una gama de servicios sociales y laborales, estos tienden a ser de pequeña escala y están desconectados, su financiación depende de donantes y no cubren de manera adecuada a la población en general ni a grupos vulnerables específicos, lo que afecta negativamente la inclusión y la eficacia del sistema de protección social. De hecho, muchos países en desarrollo carecen de servicios o de proveedores de servicios sociales, lo que socava aún más el principio de inclusión dinámica.

La multiplicidad de actores involucrados en la provisión de servicios sociales y laborales, especialmente al ofrecer un paquete combinado de servicios (o de beneficios y servicios), a menudo deriva en una falta de coordinación, lo que, a su vez, disminuye la eficiencia. Como se analizó en el capítulo 2, los países cuentan con diferentes modelos operativos para superar esta doble dificultad. Por ejemplo, en países con servicios sociales bien desarrollados, las personas acceden a los servicios en forma continua (enfoque por demanda). Por el contrario, cuando los servicios sociales son escasos o inexistentes, los gobiernos tienden a fortalecer los sistemas de implementación básicos de un programa sólido ya existente al que gradualmente incorporan servicios. Por ejemplo, las personas reciben servicios que complementan los beneficios monetarios (enfoque dirigido por la administración), como en los programas de efectivo complementario (*cash plus*), que también ofrecen servicios grupales (como sesiones de desarrollo familiar). Del mismo modo, si los gobiernos ofrecen paquetes combinados de beneficios y servicios, hay una tendencia a ejecutar estrategias articuladas para la implementación con el fin de mejorar la coordinación.

Las fases de la cadena de implementación también se aplican a la provisión de servicios. Las fases de implementación comunes, que son las de difusión, recepción y registro, evaluación de las necesidades y condiciones, inscripción, provisión y gestión de las operaciones de los beneficiarios, se aplican a la provisión de la mayoría de los servicios sociales y laborales (gráfico 7.1). La provisión de servicios, no obstante, es la fase más idiosincrática, dada la naturaleza especializada de muchos de

los servicios. Su objetivo principal consiste en garantizar que los beneficiarios inscritos reciban los servicios adecuados, conforme a los estándares de servicio. Los inputs principales para la provisión de servicios son la información sobre los beneficiarios, los PAI y las derivaciones de servicios. Los inputs también pueden provenir de las gestiones operativas de ciclos anteriores de intervención, incluidas todas las actualizaciones de los PAI, los paquetes de servicios, el estado del beneficiario u otros cambios. El resultado principal es la verificación de la efectiva provisión de los servicios. Si bien este capítulo se centra en la etapa de provisión, la intervención del servicio en otras fases de la cadena de implementación también ofrece un «servicio» intangible a los clientes. Por ejemplo, el acto de realizar evaluaciones constituye un servicio, al igual que el acto de desarrollar y monitorear el plan de acción individualizado, ya que el proceso implica cierto asesoramiento. La naturaleza orientada al servicio de muchas fases de la cadena de implementación se analiza en los capítulos pertinentes.

Debido a su naturaleza multidimensional, la protección social actúa como una plataforma que vincula las intervenciones y ofrece paquetes integrados de servicios (o de beneficios y servicios). Este capítulo distingue entre la provisión directa de servicios específicos, con foco en la asistencia y el empleo, que se relaciona más directamente con la protección social, y la provisión integrada de servicios. La provisión integrada de servicios se refiere a la provisión de una combinación de servicios sociales y laborales, así como de beneficios pertinentes para el perfil, las necesidades y las condiciones de un grupo objetivo, con el propósito de mejorar su

Gráfico 7.1 Fase de provisión de servicios dentro de la cadena de implementación de protección social

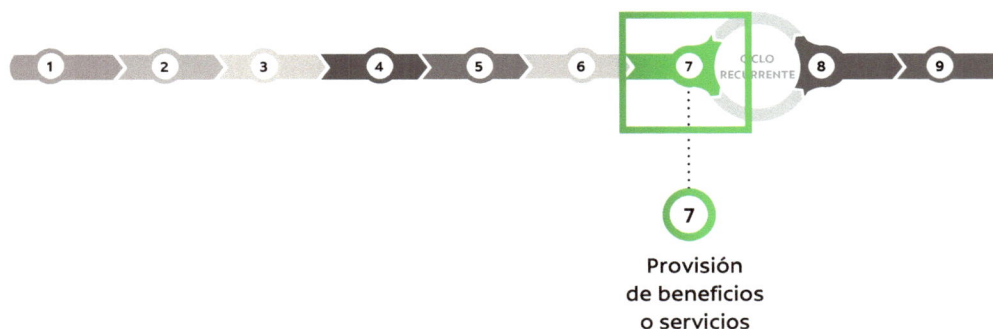

7
Provisión
de beneficios
o servicios

Fuente: Gráfico original para esta publicación.

bienestar general. En este sentido, la protección social sirve de plataforma para brindar a personas y familias la información, los vínculos, las derivaciones y los servicios asociados que mejor se ajusten a sus necesidades y condiciones, ya sea como intervención individual o como paquete de beneficios y servicios integrados. El capítulo no aborda la provisión de servicios sociales básicos (salud y educación) ni de otros servicios específicos que están fuera del ámbito del desarrollo humano.

El presente capítulo se organiza del siguiente modo:

- En la Sección 7.1 se presentan tipologías de servicios sociales y laborales dentro de un marco organizativo de grupos de riesgo y modalidades de servicio. Esta sección brinda un panorama general de la diversidad de servicios existentes que están disponibles para la población, además de los beneficios que se focalizan en la provisión e integración de servicios, para sentar las bases para el análisis que sigue.
- En la Sección 7.2 se ofrece un breve panorama de la provisión de servicios sociales y laborales, así como un análisis de los estándares de calidad que se esperan para estos servicios específicos.
- En la Sección 7.3 se desarrolla el contenido central del capítulo: La provisión integrada de servicios sociales y laborales. La atención integrada a personas en las diferentes fases de la cadena de implementación es un servicio en sí mismo, en el sentido de que confiere atención personalizada a través de

las evaluaciones, la intermediación y los servicios de trabajo social. En este contexto, la sección analizará los principales impulsores de integración de los servicios, propondrá un marco para los niveles de integración de la provisión de servicios y expondrá las principales herramientas que se utilizan para ofrecer servicios y beneficios sociales y laborales integrados.

- En la Sección 7.4 se resumen algunas observaciones finales que destacan aspectos clave de la provisión de servicios sociales y laborales.

Se analizan varios ejemplos en este capítulo, y estos abarcan una amplia gama de servicios sociales y laborales. También se incluyen ejemplos de cada región:

- **África:** Burkina Faso, Madagascar, Níger, Ruanda, Senegal.
- **Asia Oriental y el Pacífico:** China, Indonesia, Singapur, Vietnam.
- **Europa y Asia Central:** Estonia, Finlandia, Alemania, Irlanda, Países Bajos, Noruega.
- **América Latina y el Caribe:** Colombia, Costa Rica, México, Nicaragua, Perú.
- **Oriente Medio y Norte de África:** la República Árabe de Egipto, Jordania, El Líbano, Marruecos, Túnez.
- **Asia Meridional:** Bangladesh.
- **Otros países de la Organización para la Cooperación y el Desarrollo Económicos (OCDE):** Canadá, Nueva Zelanda, Estados Unidos.

7.1 TIPOLOGÍA DE LOS SERVICIOS SOCIALES Y LABORALES

El término «servicios» abarca un conjunto de acciones y actividades que, generalmente, no involucran transacciones de bienes, y que ayudan a las personas y a las familias a superar ciertas vulnerabilidades para alcanzar un mayor bienestar general. Los servicios sociales ayudan a las personas y a sus familias a mejorar las condiciones cuando se enfrentan a diversos riesgos a lo largo del ciclo de vida. Los servicios laborales facilitan la integración de las personas en el mercado laboral para mejorar su capacidad de generar ingresos. Existen muchos tipos de servicios sociales y laborales, demasiados como para abordar todos en este libro de referencia. Por lo tanto, esta sección

se propone organizar el análisis sobre los servicios usando una tipología funcional.

Tipología de servicios sociales

Los servicios sociales incluyen una gran variedad de programas ofrecidos por organismos públicos y privados para ayudar a las personas o las familias a afrontar sus situaciones de riesgos particulares y a mejorar su bienestar general. Estos servicios normalmente se organizan en torno a las personas como unidad de asistencia, pero también es común que involucren a familias, hogares o a la comunidad para optimizar esa asistencia. Pueden solicitarlos las personas o las familias de forma voluntaria, pueden recomendados o derivados por trabajadores sociales, o pueden ser requeridos (por sentencias judiciales u órdenes legales específicas, por ejemplo).

La gama de servicios sociales que ofrecen los países de todo el mundo es muy vasta. Un vistazo rápido de las listas de servicios sociales publicadas en los sitios web de municipalidades o ministerios centrales revela miles de servicios sociales disponibles para la población. Pueden categorizarse por grupos de riesgo, por agrupamientos administrativos, por el marco legal, por áreas de desarrollo humano o de otras formas, casi siempre con decenas o cientos de servicios incluidos, según la categoría.

Este capítulo abarca la provisión de servicios sociales y laborales, pero, debido a su vasto alcance, resulta útil tener como antecedente alguna forma de tipología lógica. En este capítulo, organizamos una tipología de servicios sociales por grupo de riesgo y modalidades de implementación. Los grupos de riesgo pueden comprender, entre otros, a niños (de 0 a 18 años), adolescentes y jóvenes (de 12 a 29 años), adultos, personas mayores, personas en condición de discapacidad, personas y familias sin hogar, migrantes y refugiadas, etc. Las modalidades de nuestra tipología de provisión de servicios sociales son las siguientes:

- **Los servicios de trabajo social**, prestados por los trabajadores sociales, asistentes sociales, facilitadores, consejeros, psicólogos (en programas, municipalidades, comunidades, etc.). Hacen referencia a servicios que brindan información y concientización; a evaluaciones, intermediación y derivaciones a otros servicios, y también a orientación y mediación (también denominados gestión social de casos[1]).
- **Los servicios de cuidado**, que pueden ser domésticos, comunitarios o prestarse dentro de un entorno institucional. Los proveen una amplia gama de especialistas, como los socioeducativos, en el caso de niños y jóvenes; y los profesionales de la salud y el personal sociosanitario, en el caso de personas mayores o en condición de discapacidad.
- **Otros servicios especializados** para grupos y situaciones específicas, que generalmente se relacionan con servicios que prestan profesionales de la salud especializados y asesores legales.

Ilustramos esta tipología con ejemplos de servicios sociales para grupos y riesgos específicos. Abarcar todos los tipos de grupos de riesgo o de servicios sociales excede el alcance de este libro de referencia, aunque sí ilustramos la tipología para grupos específicos (y un subgrupo de riesgos que podrían enfrentar).

Los niños se enfrentan a múltiples factores de riesgo y necesidades relacionadas con el abandono, el maltrato, la orfandad y las necesidades conductuales, el aprendizaje y la estimulación, las necesidades nutricionales, y el cuidado y la supervisión, entre otras. En la tabla 7.1 se ilustran ejemplos de apenas una fracción de los tipos de servicios sociales que podrían ofrecerse a niños con determinados factores de riesgo. Por citar uno de ellos, en el caso del retraso en el desarrollo infantil, los servicios de trabajo social incluirían clases y grupos de apoyo para madres y padres, evaluaciones especializadas y diversos servicios de atención psicológica. En algunos países en desarrollo, los programas de crianza se combinan con transferencias monetarias para fomentar el desarrollo de la primera infancia a través de sesiones de desarrollo familiar comunitarias (recuadro 7.1). Los servicios de cuidado incluirían servicios domésticos, tales como la instalación de adaptaciones en el hogar para personas con discapacidades físicas; tecnologías de asistencia; asistencia de relevo para quienes cuidan niños con discapacidades graves; servicios de cuidado personal; servicios comunitarios, como los programas de intervención temprana (programas de estimulación temprana); programas de guarderías/cuidado infantil; servicios de apoyo pedagógico (tutoría, planes de educación individualizada, alojamiento en la escuela); diversos tipos de terapias (ocupacionales, físicas, del habla-lenguaje); servicios de transporte; o cuidado institucional, como la habilitación y el cuidado residencial. También podrían suministrarse diversos servicios especializados (véase la sección 5.3 del capítulo 5 para más ejemplos). Para casos de niños que sufren riesgo de maltrato y abandono, los servicios de trabajo social incluyen una línea telefónica directa de maltrato infantil, servicios de prevención y concientización, detección y evaluación de maltrato infantil, y asesoramiento y mediación. Por último, los servicios especializados y de cuidado podrían incluir una gama de servicios de protección infantil, ubicación en una familia de acogida, adopción y otras intervenciones.

Tabla 7.1 Tipología de los servicios sociales: Ejemplos para niños de 0 a 18 años

Grupo de riesgo	Servicios de trabajo social			Servicios de cuidado			Otros
	Información, concientización	Intermediación, derivaciones	Orientación, mediación	En el hogar	Comunitarios	Institucionales	Especializados
Niños en condición de discapacidad o con potenciales retrasos en el desarrollo	Clases de crianza y de desarrollo de la primera infancia, sesiones de desarrollo familiar, grupos de apoyo, formación especial	Evaluaciones especializadas (de aprendizaje, psicosociales, ocupacionales, físicas)	Asesoría para necesidades conductuales, orientación familiar	Tecnologías de asistencia, adaptaciones domésticas, cuidados de relevo, cuidado personal	Programas de intervención temprana; guarderías; apoyo pedagógico; tutorías; PEI; terapia ocupacional, física, del habla/lenguaje; transporte	Habilitación residencial, cuidado residencial	Servicios sanitarios, equipos o materiales médicos especializados u otros
Niños en riesgo de abandono, negligencia o maltrato	Línea directa de maltrato infantil, prevención del maltrato, concientización	Detección de maltrato, evaluaciones de riesgo, derivaciones a servicios	Orientación familiar e infantil, mediación, planes para la reunificación	Visitas domiciliarias, servicios de protección doméstica, apoyo a familias de acogida	Servicios de protección infantil, centros de crisis, refugios, ubicación en familias de acogida	Centros residenciales para casos de protección	Gestión de casos de protección infantil, adopción, defensoría legal

Fuente: Tabla original para esta publicación.

Nota: PEI = programa de educación individualizada

La adolescencia también presenta numerosos riesgos, como el abuso de sustancias, la depresión y otros trastornos de la salud mental, las conductas suicidas, la deserción escolar, el fenómeno «sin estudios, trabajo ni formación» (SETF), el embarazo adolescente, las enfermedades de transmisión sexual, el abuso físico y sexual, la violencia y las actividades delictivas en pandillas, los jóvenes sin hogar, entre otros. Si bien está fuera del alcance de este libro de referencia cubrir todos los riesgos o servicios, en la tabla 7.2 se ilustra la tipología de algunos de los servicios que se pueden ofrecer a adolescentes y jóvenes que experimentan situaciones de embarazo adolescente, crianza y abuso de sustancias. El embarazo y la crianza adolescente son situaciones de suma vulnerabilidad con importantes implicaciones para el desarrollo humano, tanto para la madre como para el niño. Existe una amplia gama de servicios disponibles para brindar apoyo «envolvente» a madres y padres adolescentes. En Nicaragua, por

ejemplo, el Ministerio de la Familia fomenta un enfoque integrado en la provisión de servicios sociales y médicos para adolescentes embarazadas, madres y padres adolescentes y sus hijos (recuadro 7.2). Los servicios orientados al abuso de sustancias se proveen por sí solos o como parte de servicios juveniles integrados. Y los servicios específicos incluyen concientización y prevención, pruebas y análisis de consumo de sustancias, atención psicológica, apoyo en el hogar (que incluye kits de pruebas de consumo de drogas y alcohol para el monitoreo diario), entre otros servicios. Debido a que el consumo de sustancias suele coexistir con muchos otros riesgos (deserción escolar, conductas sexuales arriesgadas, conflictos familiares, trastornos de salud mental, actividades delictivas, desamparo, entre otros), los servicios juveniles integrados, por lo general, abordan el consumo de sustancias dentro de un paquete más amplio de servicios sociales.

Recuadro 7.1 Promoción del desarrollo de la primera infancia a través de sesiones de desarrollo familiar

Las madres, padres y cuidadores son fundamentales para el desarrollo saludable de los lactantes, ya que son los agentes responsables de invertir en su nutrición, salud y seguridad; forjan el entorno donde se desarrolla el niño y ayudan a garantizar un hogar seguro y propicio, y el acceso a servicios clave. También modelan activamente sus habilidades y desarrollo socioemocional al hablarles, jugar con ellos, leerles o contarles historias, y respondiendo interactivamente a sus señales.

En reconocimiento de la importancia de la familia en el desarrollo de la primera infancia, muchos países en desarrollo están optimizando los programas de transferencia monetaria con la provisión de servicios complementarios, como los programas de crianza. Estos servicios complementarios apuntan a mejorar las interacciones madre/padre-hijo, el conocimiento, las creencias, las actitudes, las conductas y las prácticas de crianza a través de la información y la concientización, la capacitación y las clases, y el acompañamiento. El contenido de estos servicios cubre una variedad de temas, entre ellos, la salud, la higiene, la estimulación infantil, la crianza positiva y la nutrición. Los modelos de implementación de servicios varían, pero cuando se combinan con transferencias monetarias, una modalidad común consiste en brindar esta información y capacitación a través de sesiones de desarrollo familiar que se dictan a grupos de familias dentro de la comunidad. Otras modalidades de provisión incluyen las visitas domiciliarias y los vínculos con establecimientos de salud primaria.

Arriagada *et al.* (2018) identifican varios modelos donde los programas de crianza se combinan con transferencias monetarias:

- **Enfoque integrado.** La intervención de crianza se gestiona a través del programa de transferencia monetaria. Entre los ejemplos, encontramos *Jawtno* (Bangladesh), Familias en Acción (Colombia), *Burkin-Naong-Sa Ya* (Burkina Faso) y *Niger Safety Nets* (Níger).
- **Enfoque de convergencia.** Los diferentes organismos combinan explícitamente sus esfuerzos para llevar las diferentes transferencias monetarias y programas de crianza a las mismas poblaciones. Entre los ejemplos, encontramos el Programa *Keluarga Harapan* (PKH) (Indonesia) y el programa de Transferencia Monetaria para el Desarrollo Humano (Madagascar).
- **Enfoque de alineación.** Las transferencias monetarias y los programas de crianza no se coordinan explícitamente entre sí, pero implementan intervenciones en las mismas poblaciones o en poblaciones similares. Un ejemplo es Juntos y Cuna Más (Perú).
- **Enfoque de agregación.** La transferencia monetaria se implementa a través de una plataforma establecida independiente, como una red de cuidado médico primario que ya implementa un programa de crianza. Un ejemplo es una transferencia monetaria social de respuesta rápida orientada a la infancia (Senegal).

Las sesiones de desarrollo familiar son comunes en los países en desarrollo donde la provisión de servicios sociales es escasa y, por ello, es a través de la plataforma de programas de transferencia monetaria que el personal del programa implementa estas intervenciones sobre un grupo de personas, en lugar de hacerlo un trabajador social sobre una sola persona o familia. Aun así, en algunos países, estas intervenciones han arrojado resultados alentadores, que incluyen mejores prácticas de crianza y resultados de desarrollo infantil, con consecuencias finales en las facultades cognitivas y el lenguaje.

Fuente: Arriagada *et al.*, 2018.

Tabla 7.2 Tipología de los servicios sociales: Ejemplos para adolescentes y jóvenes de 12 a 19 años

Grupo de riesgo	Servicios de trabajo social			Servicios de cuidado			Otros
	Información, concientización	Intermediación, derivaciones	Orientación, mediación	En el hogar	Comunitarios	Institucionales	Especializados
Adolescentes embarazadas, madres y padres adolescentes	Concientización, clases de crianza y habilidades para la vida, relaciones sanas, concientización sobre nutrición, clases sobre primeros años	Pruebas de embarazo confidenciales, derivaciones a servicios	Orientación individual, familiar y grupal	Visitas domiciliarias, servicios domiciliarios, ayuda para la crianza conjunta de los hijos	Programas de primeros años y cuidado infantil, grupos de apoyo, servicios escolares de madre/padre adolescente-hijo, programas de paternidad responsable	Servicios residenciales prenatales y posnatales, vivienda de transición	Planificación familiar, cuidado prenatal adolescente.
Jóvenes en riesgo de abuso de sustancias (drogas y alcohol)	Concientización y prevención, educación sobre consumo de sustancias	Pruebas de detección y evaluaciones de consumo de sustancias, derivaciones	Orientación individual, familiar y grupal; apoyo para la recuperación	Intervenciones familiares, apoyo doméstico, kits de pruebas de detección, servicios en línea	Programas de consumo de sustancias, programas de tratamiento diurno, programas escolares, grupos de apoyo, cuidado continuo, servicios de prevención de recaídas	Servicios para pacientes hospitalizados, tratamiento residencial y programas de rehabilitación	Servicios juveniles integrados, servicios legales cuando el consumo de sustancias resulta en procesos penales

Fuente: Tabla original para esta publicación.

Las personas adultas también pueden afrontar una variedad de riesgos sociales (además de la discapacidad y el desempleo); por ejemplo, la violencia de género (VG), la violencia doméstica (VD) o la violencia de pareja; el abuso de sustancias; la falta de hogar; las enfermedades mentales, etc. Estos riesgos pueden afectar el bienestar general, la capacidad laboral y la generación de ingresos, así como la capacidad para cuidar de la familia. Los servicios sociales abarcan una gama de servicios para adultos como personas individuales (además de aquellos destinados a las familias). En la tabla 7.3 se exponen ejemplos de dos tipos de riesgos: VG/DV y abuso de sustancias.

Finalmente, las personas en condición de discapacidad y las personas mayores se enfrentan a una amplia gama de necesidades y riesgos. Para las personas en condición de discapacidad, las necesidades y los riesgos incluyen (1) el riesgo económico (bajos ingresos, pobreza, reducción de la capacidad laboral, desempleo,

costos altos de la atención médica y otros gastos adicionales relacionados con la discapacidad); (2) las barreras físicas; (3) las barreras en la movilidad y el transporte; (4) el acceso reducido a los servicios; (5) las dificultades de aprendizaje y las barreras educativas; (6) las barreras en la comunicación; y (7) el aislamiento social y las barreras actitudinales (estigmas, estereotipos, percepción solo de las limitaciones en lugar de las fortalezas). En la tabla 7.4 se presenta una tipología de los numerosos servicios para las personas en condición de discapacidad. Asimismo, en el caso de las personas mayores, algunos de los riesgos son (1) los riesgos económicos, como bajos ingresos, pobreza y altos costos de la atención médica y los medicamentos; (2) los riesgos de sufrir discapacidad; (3) el deterioro de la salud y el bienestar; (4) los riesgos para la salud mental (incluida la demencia); (5) las barreras para la movilidad y el transporte; y (6) el aislamiento social y la falta de actividades u oportunidades. Dado que es común encontrar

Recuadro 7.2 Un enfoque integrado en los servicios sociales y sanitarios para adolescentes embarazadas y niños pequeños de Nicaragua

El embarazo adolescente es todo un problema en Nicaragua. Entre las niñas de 15 a 19 años, el 25 % tiene hijos o está embarazada (y el 34 % pertenece al quintil más pobre). El embarazo y la maternidad/paternidad adolescente también están vinculados con el fenómeno «sin estudios, trabajo ni formación» (SEFT) entre los jóvenes, porque las madres adolescentes, a menudo, no van a la escuela ni trabajan. Además, la importancia del desarrollo de la primera infancia y de los programas de crianza para padres y madres adolescentes no se puede soslayar. Por eso, Nicaragua ha desarrollado un enfoque integral para apoyar a las adolescentes embarazadas y a los padres y madres adolescentes a través de servicios sociales y sanitarios. Este enfoque comprende lo siguiente:

■ **Las Casas Maternas.** Estas prestan servicios sociales y sanitarios a las futuras madres y a sus bebés. Los servicios incluyen (1) una red sólida de difusión para llegar a adolescentes embarazadas; (2) servicios sanitarios y refugios temporales; cuidado y monitoreo prenatal, intervención temprana en embarazos de riesgo, entre ellos, la facilitación de vivienda para futuras madres (que incluyen a otros familiares e hijos), de modo que estén cerca del establecimiento de salud antes del parto, algo de particular importancia para las madres adolescentes de zonas rurales, e (3) información, educación y concientización sobre el desarrollo de la primera infancia, información sobre planificación familiar, etc.

■ **El Programa Amor.** Este programa consiste en la intervención temprana para niños pequeños. Incluye una coordinación multisectorial en los niveles centrales y locales. Los servicios infantiles comprenden servicios de desarrollo de la primera infancia, nutrición, seguimiento del crecimiento, hitos en el desarrollo infantil, y estimulación y educación tempranas. Los servicios para madres y padres incluyen orientación, capacitación, educación y concientización para la crianza, y la crianza positiva. Algunas familias pobres pueden recibir ayuda económica y otros servicios integrados. Muchos de esos servicios se ofrecen a niños pequeños y padres/madres en el marco comunitario (como las sesiones grupales), mientras que otros se brindan a personas y familias específicas (entre ellos, ayuda económica, orientación y otros programas). El programa no se limita a los padres/madres adolescentes, sino que se fomenta activamente su participación, también a través de las Casas Maternas.

Fuente: Montenegro, 2014.

---

servicios de cuidado similares para las personas en condición de discapacidades y para las mayores, en la tabla 7.4 se presentan los tipos de servicios de trabajo social y cuidado que se ofrecen a estas dos poblaciones.

Tipología de servicios laborales

Al revisar la literatura sobre servicios laborales se observan numerosas formas de clasificar estos servicios.[2] En nuestra tipología, los clasificamos en dos categorías amplias: servicios de empleo y servicios para mejorar la empleabilidad. Ambos tipos pueden integrarse en un paquete de activación que combina servicios y beneficios activos o pasivos, y que a menudo incluye requisitos específicos que se esperan de los beneficiarios. Más específicamente, pueden incluir lo siguiente:

● _Servicios de empleo._ Servicios que se proveen a personas en busca de empleo, subempleadas, desempleadas o inactivas, trabajadores en condiciones de discapacidad u otros, para ayudarlos a encontrar un empleo remunerado. Se dividen en dos subtipos: Los

Tabla 7.3 Tipología de los servicios sociales: Ejemplos para adultos (no mayores ni en condición de discapacidad)

| Grupo de riesgo | Servicios de trabajo social | | | Servicios de cuidado | | | Otros |
	Información, concientización	Intermediación, derivaciones	Orientación, mediación	En el hogar	Comunitarios	Institucionales	Especializados
Personas adultas en riesgo de violencia de géneroy doméstica	Línea directa contra la violencia doméstica, prevención de la violencia de géneroy doméstica, concientización, defensoría	Evaluaciones de riesgo, derivaciones a servicios	Orientación individual, de pareja o familiar	Visitas domiciliarias, servicios para situaciones de crisis	Servicios de protección, centros de crisis, refugios	Vivienda segura, centros residenciales para casos de protección	Servicios legales
Adultos en riesgo de abuso de sustancias (drogas y alcohol)	Concientización y prevención, educación sobre consumo de sustancias	Pruebas de detección y evaluaciones de consumo de sustancias, derivaciones	Orientación individual, familiar y grupal; apoyo para la recuperación	Intervenciones familiares, apoyo doméstico, kits de pruebas detección, servicios en línea	Programas de abuso de sustancias, programas de tratamiento diurno, programas escolares, grupos de apoyo, cuidado continuo, servicios de prevención de recaídas	Servicios para pacientes hospitalizados, tratamiento residencial y programas de rehabilitación	Servicios legales cuando el consumo de sustancias resulta en procesos penales

Fuente: Tabla original para esta publicación.

Tabla 7.4 Tipología de los servicios sociales: Ejemplos para personas mayores y en condición de discapacidad

| Grupo de riesgo | Servicios de trabajo social | | | Servicios de cuidado | | | Otros |
	Información, concientización	Intermediación, derivaciones	Orientación, mediación	En el hogar	Comunitarios	Institucionales	Especializados
Personas en condición de discapacidad	Información sobre los servicios y las discapacidades, clases para cuidadores, instrucción especializada	Evaluación de estado de discapacidad, evaluaciones especializadas, cuidado coordinado, derivaciones	Orientación individual, familiar y grupal	Cuidado doméstico, apoyo para la vida independiente, tecnologías de asistencia, adaptaciones en el hogar, cuidados temporales, cuidado personal, ayudantes domésticos	Centros de día, servicios de vida asistida; campamentos; ayuda pedagógica; terapia ocupacional, física, del habla/ lenguaje; transporte	Cuidado residencial	Aprendizaje permanente, servicios sanitarios y rehabilitación, equipos o materiales especializados
Personas mayores	Concientización sobre servicios para la vejez, la salud, el bienestar, servicios de prevención; clases para cuidadores; información	Evaluación de estado de discapacidad, evaluaciones especializadas, cuidado coordinado, derivaciones	Orientación, ayudas de trabajo social geriátrico	Cuidado doméstico, apoyo para la vida independiente, tecnologías de asistencia, adaptaciones en el hogar, cuidados temporales, cuidado personal, ayudantes domésticos	Cuidado comunitario, centro de día para adultos	Cuidado residencial	Ancianidad activa, aprendizaje permanente, servicios sanitarios y de rehabilitación, equipos o materiales especializados

Fuente: Tabla original para esta publicación.

servicios que brindan información y aquellos que ofrecen asesoramiento e intermediación. Entre los ejemplos de servicios informativos, se encuentran (1) las herramientas de autoservicio con información de empleos (sitios web, ventanas de servicios en línea, quioscos, boletines y similares), incluida la información sobre el valor de la educación o de los retornos económicos de especialidades técnicas; (2) las plataformas de vinculación laboral (donde las empresas publican vacantes y las personas en busca de empleo publican sus perfiles); y (3) otras actividades de promoción del empleo, como ferias de empleo y de vacantes, o clubes de empleo. Los servicios de asesoramiento e intermediación son más proactivos: Generalmente, involucran el apoyo personalizado entre el beneficiario y un trabajador social, personal del programa, un asesor laboral, un funcionario de servicios de empleo u otra persona con función similar. Algunos ejemplos son la asistencia en la búsqueda laboral; el asesoramiento profesional; la orientación y el apoyo del trabajador social; las derivaciones laborales y el asesoramiento sobre tecnología y prácticas de gestión agrícola, entre otros. Estos se ofrecen a través de servicios públicos de empleo (SPE a los que también se denomina oficinas de empleo, centros de empleo, etc.) y programas laborales donde los SPE son escasos, o bien se pueden externalizar a organismos privados.

- **Servicios para mejorar la empleabilidad.** En general, se los denomina «programas activos del mercado laboral» (PAML), y apuntan a mejorar las perspectivas de las personas de encontrar un empleo remunerado, es decir, su empleabilidad. Algunos ejemplos son la capacitación para renovar o actualizar habilidades, la capacitación en iniciativas empresariales, las prácticas laborales como aprendiz, la capacitación en preparación laboral y habilidades interpersonales, la capacitación en habilidades ocupacionales o técnicas, la educación básica y de segunda oportunidad, la alfabetización digital, los subsidios salariales para alentar a las empresas a contratar personas desempleadas o en busca de su primer empleo, las obras públicas o la creación de empleo.
- **Paquetes de activación laboral.** Son paquetes de beneficios y servicios que combinan alguna forma de ayuda económica, como el seguro de desempleo o los beneficios de asistencia, con una combinación

personalizada de servicios de empleo o programas activos del mercado laboral (PAML) que mejoran la empleabilidad. Suelen incluir también corresponsabilidades para los beneficiarios, por las que se exige participar en los servicios prestados y esfuerzos de búsqueda laboral activa. Como se menciona en la sección 5.3 del capítulo 5, los paquetes de activación se detallan en un plan de acción individualizado (PAI) que presenta un resumen de la evaluación individual, incluidos los resultados del perfil; los objetivos y los pasos acordados para alcanzarlos; los beneficios (si corresponden); la lista de servicios asignados (servicios de empleo, PAML y otras actividades para la persona que busca empleo); las acciones requeridas y los compromisos de ambas partes (la persona en busca de empleo y el trabajador social o asesor laboral); las normas y los procedimientos relativos a las sanciones por incumplimiento de las acciones requeridas; los derechos de la persona en busca de empleo; y la información sobre los procedimientos del mecanismo de quejas y reclamos.

Los servicios laborales varían según el grupo de riesgo, y estos se identifican de acuerdo con su distancia del mercado laboral, que se establece a través de la elaboración de perfiles laborales y las evaluaciones del trabajador social (como se analizó en el capítulo 4). Puede tratarse, por ejemplo, de empleados en busca de otro empleo (uno mejor); desempleados de corto plazo (incluso quienes buscan su primer empleo); desempleados de largo plazo, trabajadores inactivos y desanimados; trabajadores del sector informal; subempleados; y trabajadores temporarios, por temporada o a tiempo parcial. A su vez, algunas características transversales (edad, discapacidad, género) pueden distanciar aún más a las personas del mercado laboral. Algunos grupos con estas características son la juventud (por ejemplo, quienes buscan su primer empleo o son SETF), las mujeres que se reincorporan a la fuerza laboral, madres solteras, los trabajadores en condición de discapacidad, las personas migrantes y refugiadas, los expresidiarios, los trabajadores mayores y los trabajadores desempleados con problemas de adicción (Kuddo, 2012).

Dado que las combinaciones de grupos de riesgo y tipos de servicios laborales son numerosas, ilustramos la tipología separando los servicios para tres grupos generales. En la tabla 7.5 se presenta la tipología de personas

Tabla 7.5 Taxonomía de los servicios laborales para personas desempleadas de corto y largo plazo, por tipo de servicio

Grupo de riesgo	Beneficios (pasivos o activos)	Servicios de empleo: Ayuda para la búsqueda laboral		Servicios de optimización de la empleabilidad o PAML: ayudan a mejorar la empleabilidad
		Información, orientación	Asesoramiento, intermediación, trabajo social de activación	
Personas desempleadas de corto plazo	Beneficios de corto plazo (seguro de desempleo o asistencia por desempleo), generalmente con PAI y corresponsabilidades. Incentivos para la reinserción laboral. Ayuda para la puesta en marcha de empresas, emprendimientos.	Herramientas de autoservicio. Plataformas de vinculación laboral. Sitios web y centros de atención telefónica. Información sobre reinserción educativa.	Asistencia en la búsqueda laboral. Orientación y seguimiento de trabajador social, incluidos los PAI. Derivaciones laborales. Asesoramiento profesional. Preparación laboral.	Capacitación para actualizar u optimizar habilidades. Capacitación en iniciativas empresariales. Prácticas laborales de aprendizaje. Subsidios salariales para que las empresas contraten a personas desempleadas o que buscan su primer empleo. Subsidios para que las empresas adapten el lugar de trabajo o adquieran tecnología de asistencia para empleados en condición de discapacidad.
Personas desempleadas de largo plazo	Beneficios de largo plazo (asistencia por desempleo o asistencia social al finalizar el seguro de desempleo), generalmente con PAI y corresponsabilidades.	Herramientas de autoservicio. Plataformas de vinculación laboral. Actividades de difusión para llegar a jóvenes, trabajadores desanimados e inactivos. Información sobre el valor de la educación, reincorporación a especialidades técnicas	Asesoramiento intensivo y orientación del trabajador social, incluidos los PAI. Cierta asistencia en la búsqueda laboral, derivaciones. Mentoría	Preparación laboral y capacitación en habilidades interpersonales. Capacitaciones en habilidades ocupacionales/técnicas. Educación básica y de segunda oportunidad. Alfabetización digital. Subsidios salariales para que las empresas contraten a personas desempleadas. Obras públicas/creación de empleo.
Personas subempleadas[a]	Beneficios de corto plazo (seguro de desempleo o asistencia por desempleo), generalmente con PAI y corresponsabilidades. Ayuda para la puesta en marcha de empresas, emprendimientos	Herramientas de autoservicio. Sitios web y centros de atención telefónica. Información sobre el valor de la educación, reincorporación a especialidades técnicas.	Asistencia en la búsqueda laboral. Derivaciones laborales. Asesoramiento profesional. Información y asesoramiento sobre tecnología y prácticas de gestión agrícola.	Capacitación en el lugar de trabajo. Prácticas laborales de aprendizaje. Capacitación en gestión empresarial y de emprendimientos (financiero, contable, etc.). Apoyo financiero y microcréditos combinados con asesoramiento técnico. Servicios de desarrollo empresarial con subsidios y asistencia técnica.

Fuentes: Brown y Koettl (2015); Blatman y Ralston (2015); Datta *et al.* (2018 a, 2018b); Kuddo (2012); y Loxha y Morgandi (2014).

Nota: PAML = programa activo del mercado laboral; PAI= plan de acción individualizado

a. La Organización Internacional del Trabajo define dos tipos de subempleo: subempleo relacionado con el tiempo, que se debe a horas de trabajo insuficientes, y situaciones laborales inadecuadas, que se deben a otras limitaciones del mercado laboral que restringen las capacidades y el bienestar de los trabajadores. Una persona puede experimentar simultáneamente estas dos formas de subempleo (OIT, 1998).

desempleadas y subempleadas de corto y largo plazo, ya que estas son las categorías más prominentes en la literatura laboral y a las que se analiza a lo largo del libro de referencia. Por ejemplo, en la mayoría de los países en desarrollo, los programas y servicios laborales se dedican a ayudar a las personas que ya están trabajando a acceder a empleos mejores y más productivos o a aumentar su productividad en las actividades que ya desempeñan. Un ejemplo de esto es el Proyecto de Empleo y Oportunidades para la Juventud de Kenia, que combina subsidios con apoyo para el desarrollo empresarial. Dado que los servicios laborales suelen ofrecerse junto con beneficios mediante paquetes de activación combinados, en la tabla 7.5 también se presentan diversos tipos de beneficios activos y pasivos. De hecho, la participación en servicios de empleo o en PAML sería un requisito para recibir los beneficios, como se establece en los PAI. La provisión de beneficios se trata en el capítulo 6 de este libro de referencia.

7.2 MODALIDADES DE PROVISIÓN DE SERVICIOS Y ESTÁNDARES DE CALIDAD

Una diferencia principal entre la provisión de beneficios y la de los servicios sociales y laborales consiste en los diferentes grados de exhaustividad administrativa que se requieren para la implementación. Dada la naturaleza de los servicios, se necesita mayor interacción personal con los beneficiarios para la provisión de servicios que para la de beneficios; por lo tanto, su organización institucional también tiende a hacerse más compleja. Esa complejidad también es una de las razones por las que suele encontrarse una amplia variedad de servicios en sistemas de protección social más maduros, que han tenido tiempo de desarrollar los arreglos institucionales y organizacionales necesarios para la provisión de los servicios a nivel local. Una organización institucional preexistente (incluida la capacidad administrativa) y la existencia de estándares de calidad son dos de los elementos clave para la provisión exitosa de los servicios. Si bien ahondar en los matices de las diversas modalidades de financiamiento, contratación y provisión de servicios excede el alcance de este libro de referencia, destacamos algunos puntos claves.

Modalidades de provisión de servicios

Resulta útil ilustrar algunas de las complejidades de la provisión de servicios con un ejemplo que involucra diferentes modalidades de implementación. Lo hacemos con un ejemplo de servicios de empleo para jóvenes SETF en riesgo (gráfico 7.2).[3] En este escenario, un joven puede ingresar en el proceso a través del reclutamiento activo o la derivación. Una evaluación inicial determinará si el joven puede ser derivado directamente a los servicios de empleo o capacitación, o si la situación es más compleja y se requieren servicios adicionales (sociales, sanitarios u otros). Este servicio, por lo tanto, encapsula varios servicios diferentes que involucran a múltiples actores en la provisión. Puede tratarse de organismos gubernamentales, organizaciones no gubernamentales, del sector privado, de las comunidades o de los hogares en sí mismos.

- **Recepción y evaluación (intermediación dentro de los servicios de trabajo social, en la tipología de la sección anterior).** Durante la recepción y el registro, el trabajador social no solo recopila la información necesaria para entender la situación, sino que aprovecha la oportunidad para entablar una relación con el joven. Si la evaluación inicial sugiere que la persona no está lista para trabajar o capacitarse, se debería realizar una evaluación más integral, que incluiría evaluaciones educativas y cognitivas especializadas.[4] Se acuerda un PAI y, posteriormente, el trabajador social también supervisará el progreso y las actividades del joven de acuerdo con el PAI, y ajustará las derivaciones a servicios según sea necesario hasta que la persona complete el programa (cuando se alcanzan los objetivos). Tales servicios de trabajo social, por lo general, se proveen a través de oficinas gubernamentales locales.
- **Servicios de empleo.** La provisión de servicios de empleo varía considerablemente en todo el mundo.[5] Aunque algunos servicios de empleo los ofrecen solamente los organismos públicos, muchos se proveen

Gráfico 7.2 Ejemplo combinado de servicios de empleo para jóvenes en situación de riesgo (SETF).

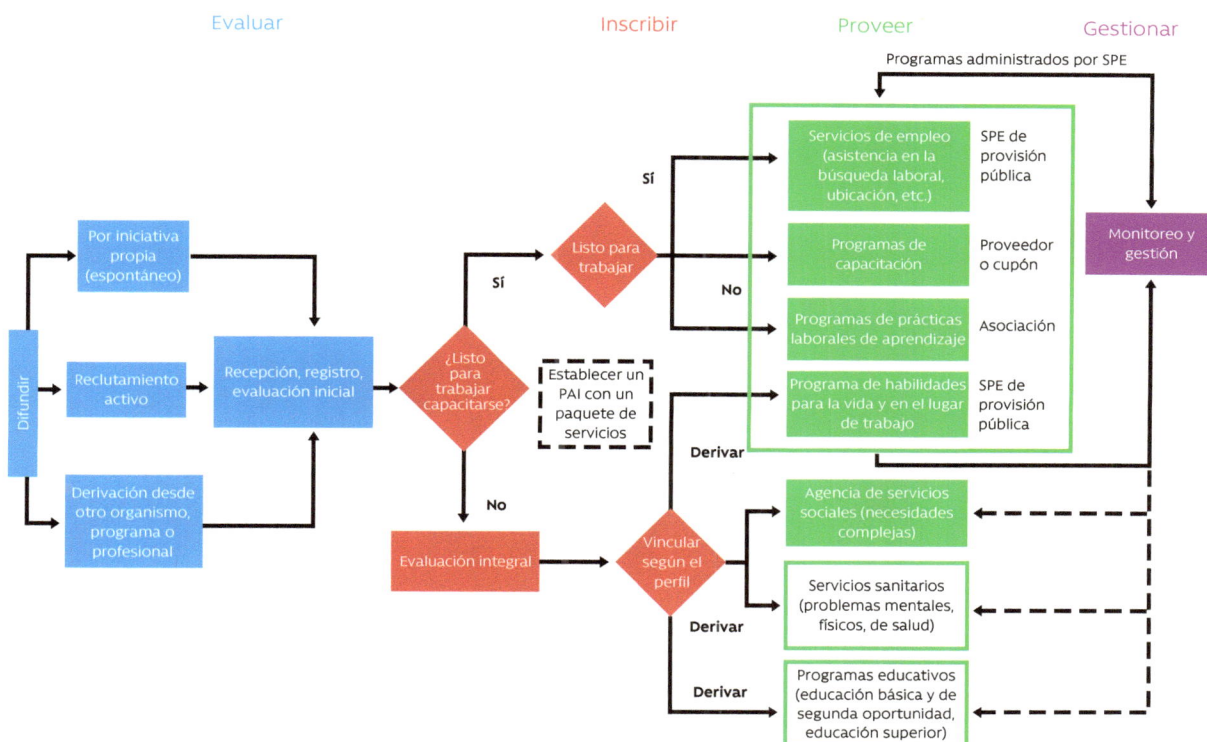

Fuente: Gráfico original para esta publicación, sobre la base de un compendio de ejemplos.
Nota: PAI= plan de acción individualizado; SETF= sin estudios, trabajo ni formación; SPE= servicios públicos de empleo.

por subcontratación o asociación con empresas o fundaciones privadas. Estas asociaciones público-privadas se administran a través de una amplia gama de arreglos, entre ellos, (1) un modelo de cooperación, por medio del cual los proveedores públicos y privados comparten información sobre vacantes y servicios, (2) un modelo de complementariedad, donde un servicio de empleo público externaliza algunos servicios de empleo o de mejora de la empleabilidad, y (3) el modelo completamente externalizado, por medio del cual se contrata y regula a empresas o fundaciones privadas para la provisión de los servicios.

Servicios de capacitación. De requerirse habilidades o experiencias adicionales, el PAI podrá centrarse en derivar a programas de capacitación o de prácticas laborales de aprendizaje. Con los PAML, particularmente para la capacitación, la provisión suelen realizarla entidades privadas que cuentan con financiamiento público, al menos parcialmente. Los proveedores privados pueden ser organismos privados, institutos semiprivados y partes interesadas de la sociedad civil, así como empleadores. Por ejemplo, en algunos casos, el sector privado puede financiar esfuerzos para capacitar a trabajadores en habilidades que las empresas prevén que necesitarán en el futuro.

Servicios sociales (servicios de trabajo social y de orientación, en la tipología de la sección anterior). La evaluación integral podría revelar una cantidad determinada de necesidades complejas, en cuyo caso, la persona joven podría ser derivada a servicios sociales. Al igual que en los servicios de intermediación, los servicios de orientación y mediación se suelen ofrecer desde el marco público (lo más cerca posible del beneficiario, según la capacidad administrativa existente), aunque algunas instancias de orientación o mediación muy especializadas también pueden externalizarse. Cuando se requieren servicios de trabajo social, se suele subcontratar a proveedores, o los proveen fundaciones u otros asociados.

En la práctica, las modalidades de provisión difieren sustancialmente según la capacidad del país y el tipo de servicio, pero se observa una tendencia a externalizar algunos servicios debido a la complejidad que implica para el sector público administrar tantos tipos diferentes y a los detalles que se requiere atender para gestionarlos de manera exitosa. En el caso de los servicios de cuidado, por ejemplo, gestionar los centros de cuidado residencial ha resultado difícil para los gobiernos debido, en gran parte, a las cargas de contratación pública y la administración de los elementos necesarios, y por la necesidad de contratar, gestionar y supervisar una gran cantidad de personal interno del centro, entre otras dificultades. Para tratar de reducir costos y mejorar los resultados, muchos países han dejado de lado la provisión institucional de cuidado residencial para confiar más en el cuidado comunitario y familiar. En el recuadro 7.3 se presenta el caso de la desinstitucionalización en las regiones de Europa y Asia Central.

En el caso de los servicios de empleo, si bien los servicios de asesoramiento, intermediación y activación se suelen gestionar y proveer desde el SPE mismo, es cada vez más habitual observar esfuerzos por mejorar los resultados de las personas difíciles de ubicar a través de asociaciones público-privadas. Por ejemplo, en el Reino Unido, las personas desempleadas de largo plazo se derivan a organizaciones privadas, a las que se paga sobre la base de los resultados de la incorporación al mercado laboral de acuerdo con el PAI establecido para estas personas. En los casos de PAML y capacitación, la combinación de capacitación en habilidades técnicas y para la vida en el aula con capacitación en el lugar de trabajo a través de pasantías y prácticas laborales de aprendizaje ha demostrado mayor eficacia en comparación con la capacitación vocacional en el aula solamente; y la provisión de esos servicios combinados, a menudo, requiere que los programas de capacitación vocacional y técnica construyan alianzas con el sector privado. En la región de Oriente Medio y África del Norte (MENA), si bien algunos países (Túnez y, en cierta medida, Marruecos) todavía proveen servicios laborales principalmente a través del sector público, otros (como Egipto, Jordania y el Líbano) involucran activamente al sector privado en la provisión de capacitaciones, la intermediación laboral y otros servicios del mercado laboral.[6] En el recuadro 7.4 se abordan asuntos claves que deberían considerarse cuando se externalizan servicios laborales y de capacitación sobre la base de los resultados o el desempeño.

En cualquier caso, se requiere de una participación significativa del sector público para gestionar o regular de manera eficaz la provisión de servicios sociales y laborales. La gestión eficaz de la externalización no es fácil: Aun cuando los servicios se externalizan, las entidades públicas siguen cumpliendo funciones claves a lo largo de la cadena de implementación, como la recepción, el registro, la evaluación, la inscripción y la gestión de las operaciones de los beneficiarios. Además, gestionan las asociaciones o contratos con empresas y fundaciones. En algunos casos, estas relaciones contractuales transfieren parte del riesgo del logro de resultados a los proveedores de servicios. Los contratos que les pagan a los proveedores por la provisión de cierta cantidad de servicios (contratos por entrega) transfieren poco riesgo, mientras que los contratos que pagan por resultados transfieren la mayor parte del riesgo, pero también requieren de mayor supervisión para controlar su cumplimiento.[7] Un área en la que se han empleado cada vez más los contratos por resultados es la provisión de servicios de mercado laboral y capacitación. A veces, externalizar la provisión de servicios claves es el último recurso cuando la capacidad administrativa es baja. No obstante, se deberían tener en cuenta dos elementos importantes al considerar la externalización, en especial en contextos de ingresos medios y bajos: (1) La existencia de un mercado de proveedores de servicios que ofrezca opciones suficientes para la competencia y (2) la disponibilidad de una capacidad adecuada dentro del sector público para establecer y supervisar la externalización de manera adecuada.

Cuando los servicios los provee íntegramente el sector privado, igualmente el gobierno debe regular la provisión de tales servicios de modo que se garantice la cobertura y los servicios adecuados para los grupos objetivo, incluidos los más difíciles de atender. El proceso regulatorio, por lo general, tiene tres componentes: (1) Normas que establecen los estándares de calidad; (2) controles, inspecciones u otros medios para evaluar el cumplimiento de estos estándares, y (3) observancia u otras soluciones para cubrir las brechas en la calidad. Los estándares de calidad se tratan

Recuadro 7.3 Desinstitucionalización en Europa y Asia Central

En Europa, desde comienzos del siglo XIX, las instituciones residenciales han sido la respuesta típica de los países a las necesidades de las personas en condiciones de discapacidad que necesitan alojamiento y asistencia en la vida diaria. En la mayoría de los países europeos, también se establecieron instituciones residenciales para huérfanos, personas mayores, con enfermedades crónicas, pobres y otros grupos. Las personas ubicadas en instituciones públicas o privadas por autoridades expertas no pudieron participar en la elección de los servicios que necesitaban y, con frecuencia, pasaron toda su vida aisladas, segregadas de sus familias, amistades y comunidades locales. A mediados del siglo XX, emergieron iniciativas de desinstitucionalización desde un enfoque de derechos humanos que abogaba por el derecho de todas las personas a vivir en la comunidad (Artículo 19 de la Convención de la ONU sobre los Derechos de las Personas con Discapacidad), con acceso a servicios domésticos o comunitarios. Uno de los ejemplos de desinstitucionalización de personas con discapacidad mental reconocidos a nivel mundial es también un ejemplo de integración exitosa de servicios sociales y sanitarios en la región de la ciudad italiana de Trieste. El Departamento de Salud Mental de la provincia de Trieste, que tenía 236.000 habitantes en 2013, es una red de instituciones conformada por cuatro centros de salud mental comunitarios (en funcionamiento a toda hora, todos los días del año), un servicio de apoyo residencial y de rehabilitación, y una red de quince cooperativas sociales. El departamento está cofinanciado con el presupuesto estatal para la atención médica y los presupuestos locales para la atención social y sanitaria. Se trata de un servicio bien establecido donde psiquiatras, psicólogos, trabajadores sociales, capacitadores, terapeutas, enfermeros (205 empleados en total) hacen posible la atención de emergencias y la prevención de estadías prolongadas en hospitales u hogares de bienestar social.

En los países de transición de Europa Suroriental y la Comunidad de Estados Independientes (CEI), el proceso de desinstitucionalización comenzó más tarde (en los años 90) y ha continuado su curso desde inicios del siglo XXI. Durante el socialismo, el estado era el proveedor exclusivo de servicios sociales, que se organizaban fundamentalmente en grandes instituciones de cuidado residencial para diversos grupos de beneficiarios (niños sin cuidado paterno/materno, personas en condición de discapacidad física y mental, y personas mayores). Por lo tanto, el proceso de desinstitucionalización incluyó la diversificación de proveedores de servicios sociales, el desarrollo de servicios comunitarios y el control de acceso (limitar o impedir las derivaciones de las instituciones anteriores). Los gobiernos de los países de transición están cambiando sus prácticas y marcos legislativos para pasar de los servicios de cuidado institucional a los servicios comunitarios, y modificar su función de proveedor de servicios directos por la de autoridad de regulación y supervisión. El Centro de Servicios Comunitarios de Ozalj, en Croacia, es un ejemplo de un centro de rehabilitación transformado de manera exitosa. Anteriormente, se ubicaba a los beneficiarios en residencias de zonas rurales, aislados de las comunidades locales. A fines de 2014, se cerró la residencia de Zorkovac (con 55 beneficiarios). Treinta y dos de estos beneficiarios comenzaron a residir en viviendas de apoyo en apartamentos de Karlovac y Ozalj, mientras que 23 de ellos regresaron a sus condados de origen. Desde 2019, no existen residentes permanentes en la institución. Además de vivienda de apoyo para ochenta beneficiarios adultos, la institución también ofrece cuidado de medio día, apoyo psicosocial y actividades ocupacionales. Los servicios de difusión, tales como la intervención temprana y la inclusión en programas educativos regulares y diversos programas de rehabilitación, alcanzan a ochenta y cinco niños con dificultades en el desarrollo. El antiguo edificio principal se usa para talleres, mientras que en los otros edificios se realizan actividades ocupacionales relacionadas con la producción agrícola, el procesamiento de productos y la producción de cosméticos naturales.

Fuente: Elaborado por Lidija Japec, Consultora, SCASO, Banco Mundial, con base en Mansell *et al.* (2007); https://zeroproject .org/practice/mental-health-department-whocc-italytrieste/; y https://www.centar-ozalj.hr/.

en la próxima sección. En ambos casos (externalización y provisión privada), el área del gobierno que contrata o es responsable tendrá que invertir significativamente en personal y recursos humanos para llevar a cabo una supervisión adecuada de los servicios.

Estándares de calidad en la provisión de servicios sociales y laborales específicos

Más allá de las modalidades de provisión y los arreglos institucionales, el otro elemento clave para la provisión eficaz de servicios consiste en que esta sea de calidad.[8] La provisión de servicios sociales y laborales es un proceso de gestión complejo debido a la diversidad de riesgos y barreras que los servicios intentan abordar y al alto grado de especialización que se necesita para ello. En ese sentido, resulta fundamental que los países definan e implementen un conjunto de estándares de calidad para los servicios. Aunque la provisión de servicios varía de modo significativo según el contexto de cada país, existe consenso respecto de los estándares de calidad generales de la implementación. El Marco Europeo Voluntario de Calidad de los Servicios Sociales de la Unión Europea (2009) propone un conjunto de siete indicadores que se aplican para garantizar la calidad de los servicios, sobre todo de los servicios sociales, pero también de los laborales. En este marco, los servicios deberían buscar cumplir siete principios globales:

- **Disponibles**: Garantizar el acceso a una gama amplia de servicios sociales para los usuarios con el fin de que respondan de manera adecuada a sus necesidades e, idealmente, brindarles libertad de elección y una ubicación cómoda.
- **Accesibles:** Facilitar el acceso a quienes necesitan servicios, con información y asesoramiento imparcial acerca de los servicios y proveedores disponibles. A las personas en condición de discapacidad se les debe garantizar el acceso a los servicios, la información y la comunicación.
- **Asequibles**: Que sean gratuitos o a un costo razonable para quienes los necesitan.
- **Centrados en las personas**: Atender en forma oportuna y flexible las necesidades fluctuantes y el entorno (físico, intelectual, cultural y social) de la persona, con el objetivo de mejorar su calidad de vida.

- **Integrales:** Deben cubrir las múltiples necesidades, capacidades y preferencias de los usuarios integrando los servicios.
- **Continuos**: Deben garantizar la continuidad de la provisión del servicio el tiempo que dure una necesidad, pero también cubrir las necesidades de desarrollo y las necesidades de largo plazo de los usuarios.
- **Orientados a los resultados:** Centrarse en los beneficios a los usuarios, pero teniendo en cuenta los beneficios para las familias y comunidades, cuando sea pertinente, e incluyendo procesos de revisión y retroalimentación permanentes (Comité de Protección Social de la UE, 2010).

Las restricciones presupuestarias y otras limitaciones programáticas suponen dificultades a la hora de establecer y garantizar ciertos estándares de calidad. Los estándares de calidad describen el principio general de salvaguarda y, aunque la mayoría de los gobiernos, idealmente, fijarían estándares de calidad para todos los servicios, hacerlos operativos no resulta tan asequible en todos los contextos, mucho menos en países de ingresos bajos y medios. En ese sentido, los países determinan estándares de calidad de acuerdo con una lógica de niveles progresivos de calidad. Las tensiones entre la calidad (y la cobertura) del servicio y las restricciones presupuestarias definen los niveles mínimos en la escala de calidad, y se suelen aplicar sistemas de acreditación con el fin de incentivar niveles altos de calidad en la provisión de servicios. En el caso de los servicios de desarrollo, educación y cuidado de la primera infancia (ECEC), el nivel mínimo de estándares de calidad normalmente involucra aspectos de seguridad relacionados con la estructura edilicia, el personal suficiente y las instalaciones adecuadas, pero cada país define esos estándares mínimos según sus preferencias y limitaciones. Por lo general, estos estándares mínimos son necesarios para establecer centros de ECEC. Surgen dificultades cuando los servicios no están necesariamente sujetos a estándares de calidad formalizados, como las sesiones de desarrollo familiar vinculadas a programas de transferencia monetaria. En el caso del empleo, cuando los países cuentan con seguro de desempleo, existen mayores incentivos para que los gobiernos mejoren los servicios laborales con el propósito de reducir la población objetivo de los seguros de desempleo. Asimismo, cuanto mayor es el tamaño de la economía informal en

Cuando se contratan servicios laborales o de capacitación, se deben tener en cuenta algunos elementos importantes:

- Cómo generar un mercado competitivo cuando no hay suficientes proveedores de servicios de calidad.
- Cómo hacer que un proveedor privado cubra zonas de «altos costos».
- Cómo crear los incentivos correctos para que los proveedores privados alcancen a poblaciones difíciles de atender.
- Cómo filtrar a potenciales proveedores de servicios cuando no existe suficiente información previa sobre la calidad.
- Cómo generar incentivos para que los proveedores de servicios brinden servicios de calidad, y cómo establecer controles y estándares de calidad.

Resulta fácil pensar en la *contratación según el desempeño* como la regla de oro en un contrato de provisión de servicios, ya que esta transfiere el riesgo de incumplimiento al proveedor. Si bien es cierto que este tipo de contratación puede incrementar la eficiencia (Vinson, 1999), la contratación por desempeño «sin chequear» puede dar origen a incentivos perversos que fomenten la eficiencia a costa de la calidad de la provisión de los servicios. Parte del problema recae en la dificultad para determinar y medir los resultados de calidad, como hemos expuesto a lo largo de este capítulo. Por ejemplo, si no se definen correctamente el contrato o los resultados, es probable que los contratistas prioricen las metas de fácil cumplimiento por sobre las más complejas, como con la estrategia de selección de lo mejor o «descreme» de los beneficiarios de los servicios de empleo, cuando el proveedor prioriza las ubicaciones inmediatas en empleos por sobre el empleo sostenible de largo plazo u orienta la provisión de servicios a personas más «empleables» por sobre aquellas que necesitan mayor asistencia para encontrar empleo.

Cuando la estructura de recompensa se diseña correctamente, el financiamiento por resultados facilita una mejora significativa del desempeño, a la vez que permite que los riesgos de la provisión de servicios pasen efectivamente de un prestador público a un proveedor externalizado. Sin embargo, el equilibrio perfecto entre *desempeño/resultado* y *riesgo* para los proveedores puede ser difícil de alcanzar. Cuanto más énfasis se pone en el desempeño, mayor es el riesgo de falta de pago o pagos reducidos para el proveedor. En algunos casos, puede ser más eficaz ofrecer incentivos a los proveedores para que mantengan el cumplimiento dentro de un cierto índice en lugar de penalizarlos por sus incumplimientos.

Cada vez más experiencias revelan que el énfasis durante la contratación y la gestión de los contratos debe orientarse a los resultados (GPL, 2016, 2017; Mansour y Johnson, 2006). La capacidad de gestión y las prácticas de contratación, en última instancia, definirán la eficacia de la provisión externalizada. En general, la clave consiste en planificar estratégicamente, para articular con claridad las metas y los problemas que el servicio (social, laboral) debe resolver. Debe incluir resultados de calidad en el marco del desempeño y usar datos (cualitativos y cuantitativos) para entender las necesidades de la población, así como especificar metas adecuadas y realistas para los programas. También debe haber espacio para que los proveedores propongan nuevas intervenciones en áreas donde faltan pruebas, y apartar fondos para la evaluación. Por último, aunque el cumplimiento es importante, también se necesita lugar para resolver los problemas de desempeño en forma conjunta (entre gobiernos contratantes y contratistas).

La contratación de servicios en contextos de baja capacidad presenta dificultades adicionales. Por ejemplo, para que un mercado de proveedores incipiente se desarrolle, es necesario reducir el riesgo para el proveedor y, por lo tanto, poner menos énfasis en el desempeño, para luego elevar gradualmente ese aspecto. Dado que es más fácil supervisar las actividades que los resultados, en contextos difíciles sería preferible pasar gradualmente al monitoreo de los resultados.

Fuentes: Descripción a partir de Vinson (1999); GPL (2016, 2017); y Mansour y Johnson (2006).

un país, menor es la demanda de servicios laborales y, por lo tanto, menores son los incentivos para mejorar la calidad (Auer, Efendioglu y Leschke, 2008).

Además de los estándares de calidad general mencionados anteriormente para la provisión de servicios, se destacan criterios de calidad específicos para servicios orientados a un grupo demográfico o vulnerable en particular. En las siguientes subsecciones, se seleccionan algunos grupos poblacionales y servicios para identificar conjuntos de estándares de calidad para cada uno, describir el modo en que los diferentes países ponen en práctica los estándares de calidad y ofrecer algunos ejemplos de decisiones de prioridad que han adoptado ciertos países para intentar garantizar niveles mínimos y aumentos progresivos en la calidad de la provisión de servicios. En la tabla 7.6 se resumen los estándares de calidad claves de los servicios orientados a la infancia, jóvenes, personas mayores y desempleadas.

Servicios de desarrollo, educación y cuidado de la primera infancia

La calidad de los servicios de ECEC puede mejorarse con diversas acciones. El reclutamiento de personal bien calificado, la capacitación continua y las condiciones de trabajo propicias resultan claves para la provisión de servicios de ECEC de buena calidad. Asimismo, la proporción adecuada de adultos y niños y los tamaños de los grupos facilitan la creación de prácticas reflexivas e innovadoras del personal. El contenido del programa es otro factor importante en la calidad de servicios de ECEC. Los programas de buena calidad combinan educación y cuidado al desarrollo holístico. También responden a las necesidades de los niños en diferentes etapas del desarrollo y facilitan la participación en su aprendizaje activo, además de fomentar las actividades iniciadas por el personal y por el niño. Finalmente, los servicios de ECEC de buena calidad procuran involucrar a las familias, incluir a una diversidad de niños, y establecer funciones y responsabilidades claras para todas las partes interesadas.

Cuando establecen estándares de calidad para ECEC, los países se centran en la calidad estructural y de los procesos. En Estados Unidos, Europa y otros contextos de altos ingresos, la intuición los lleva a aplicar estándares de concesión de licencias estrictos para operar centros de cuidado infantil y sistemas de acreditación que garanticen la calidad estructural (infraestructura, seguridad y programas). En países de ingresos bajos y medios, resulta más difícil alcanzar estándares de calidad estructural estrictos (Araujo, Dormal y Schady, 2017; López Bóo, Araujo, y Tomé, 2016). Cada vez hay más pruebas que demuestran que, una vez alcanzado el estándar mínimo de calidad estructural, resulta más provechoso para los servicios de ECEC concentrar sus esfuerzos y recursos económicos en la calidad de los procesos que en calidad estructural. En términos de calidad de los procesos, la experiencia y la capacidad de la persona cuidadora para fomentar interacciones de buena calidad con los lactantes son de particular importancia, ya que estos factores están fuertemente asociados a mejores resultados de desarrollo entre los niños que asisten a los programas de ECEC. Las personas cuidadoras con experiencia logran fomentar mejores interacciones de calidad y aumentar su frecuencia cuando existe una relación adecuada y razonable de niños por persona cuidadora. Lo que es más importante, la experiencia de quien cuida no está necesariamente determinada por el nivel educativo. Por ejemplo, los programas ECEC de Perú reclutaron a madres de la comunidad que tenían experiencia en crianza y les ofrecieron capacitación (Araujo, Dormal y Schady, 2017).

Servicios para jóvenes en riesgo

La calidad de los servicios prestados a las personas jóvenes depende, en gran medida, de que dichos servicios sean centrados en los derechos, participativos y multisectoriales. La inclusión de personas jóvenes en aspectos fundamentales de los servicios, como el diseño, la implementación y la evaluación de los programas, garantiza que estos respondan a sus necesidades. Este enfoque responde a las capacidades cognitivas y sociales emergentes de las personas jóvenes, así como a su desarrollo como individuos y ciudadanos. Sin embargo, puede ser difícil lograr que participen en la mejora de la calidad del servicio. Los ciclos de mejora de la calidad de los servicios son prolongados: Generalmente, llevan más tiempo del que los jóvenes asisten a programas y servicios. Además, el desarrollo social y psicológico de las personas jóvenes proviene de los resultados en diversos sectores, incluidos los educativos, laborales y sanitarios, por nombrar solo algunos. A efectos de garantizar interacciones y prácticas de formación de mejor calidad, también resulta esencial

Tabla 7.6 Ejemplos de estándares de calidad para servicios sociales y laborales específicos orientados a ciertos grupos de riesgo

Grupo de población objetivo	Servicio específico y criterios para estándares de calidad
	Servicios de desarrollo, educación y cuidado de la primera infancia • Accesibles, disponibles y asequibles para familias y niños, fomentan la participación, la diversidad y la inclusión social. • Personal bien calificado con capacitación permanente y condiciones laborales propicias que facilitan la observación, la reflexión, la innovación, la planificación y el trabajo en equipo con madres y padres. • Programas orientados a objetivos y valores pedagógicos, que combinan educación y cuidado al desarrollo holístico con el fin de garantizar el potencial integral de los niños y la participación conjunta del personal, los niños y las familias. • Procesos de monitoreo y evaluación que apoyan las mejoras continuas y que responden al interés supremo del niño. • Sólida gobernanza con funciones y responsabilidades claras para todas las partes interesadas.
	Servicios para jóvenes en riesgo: • Las personas jóvenes se incluyen en el diseño, la implementación y la revisión con el fin de garantizar la receptividad sobre sus necesidades. • Capacitación del personal y asistencia técnica. • Cumplimiento de leyes aplicables a la infancia y las personas jóvenes, incluidas las leyes de salud y seguridad, y provisión de un entorno propicio. • Una gama de metodologías eficaces de trabajo para jóvenes, que ayudan a desarrollar habilidades técnicas, personales y sociales. • La práctica de la innovación y la reflexión crítica.
	Cuidado domiciliario, comunitario e institucional para personas mayores: • Elección libre del proveedor. • Personal calificado para brindar cuidado personalizado. • Mínima burocracia. • Calidad estructural, incluido el entorno físico y la explotación de tecnologías. • Financiamiento central para garantizar, por lo menos, estándares mínimos de calidad en el cuidado de personas mayores.
	Servicios de empleo para personas desempleadas: • Instructores calificados que se involucran en una relación de apoyo con la persona. • Acreditación y capacitación formal del personal. • Factores estructurales para el desarrollo de planes de acción individualizados (PAI). • Proporciones de asesor-cliente razonables. • Sistemas de reclamos y quejas. • Estándares edilicios. • Estipendios y salarios adecuados para los participantes. • Uso de tecnologías de información y comunicación (TIC).

Fuentes: Descripción según la Comisión Europea (2014); Barlett (2010); Irlanda, Ministerio de Salud y de los Niños (2010); Glinskaya y Feng (2018); Auer, Efendioglu y Leschke (2008); Honorati y McArdle (2013); y Piopiunik y Ryan (2012).

la capacitación del personal y la asistencia técnica, así como las condiciones laborales satisfactorias (Smith *et al.*, 2012), ya que, por lo general, se corresponden con niveles más altos de compromiso de las personas jóvenes con el programa y su contenido.

Un ejemplo de este enfoque sobre la calidad es el Marco Nacional de Normas de Calidad (NQSF) irlandés para el Empleo Juvenil, desarrollado en 2010. En Irlanda, los servicios juveniles trabajan junto con las personas jóvenes y para ellas fuera del sector educativo formal. Con la orientación del NQSF, el propósito explícito de los programas para personas jóvenes de Irlanda consiste en «asistir y mejorar el desarrollo personal y social de las personas jóvenes», y trabajar específicamente para incluirlas en el diseño, la implementación y la evaluación de los servicios que prestan. Por lo tanto, una característica clave del NQSF radica en la promoción de la autoevaluación como rasgo fundamental del proceso de aumento de la calidad de los servicios juveniles. Para tal fin, los servicios para la juventud se sujetan una doble evaluación, que incluye una evaluación interna y externa, y un «plan de mejora continua» (similar a un PAI) que contempla cronogramas y diferentes fuentes que permitan comprobar las mejoras (internas y externas). El NQSF se evaluó en 2017, siete años después de su lanzamiento inicial. La mayoría de los proveedores de servicios juveniles consideraron que la calidad del servicio era de un valor significativo. No obstante, los recortes financieros, las reducciones de personal y de horarios, y la mayor carga burocrática del personal (como resultado de la implementación del NQSF) implicaron que los servicios no lograran mejorar la calidad tanto como hubieran deseado. De hecho, una de las consecuencias no deseadas de la presión por mejorar la calidad, en el caso de Irlanda, reside en el hecho de que el personal tuvo que disminuir la cantidad de tiempo que pasaba con las personas jóvenes.

Servicios de cuidado de largo plazo para personas mayores

Habitualmente, se considera que los estándares de calidad para el cuidado de largo plazo se inscriben en dos ámbitos: calidad del cuidado y calidad de vida. La calidad de cuidado se refiere a la competencia técnica de los servicios médicos y no médicos. La falta de capacitación de los trabajadores de cuidado de largo plazo es una causa principal de la baja calidad en los servicios para las personas

mayores. Gran parte de la legislación se centra en la calidad de cuidado. La calidad de vida se refiere a factores como la elección y la autonomía como consumidores, la dignidad, la individualidad, la comodidad y las actividades significativas. En este sentido, los elementos principales de la calidad del cuidado para las personas mayores son (1) la calificación del personal para brindar un cuidado individualizado; (2) la necesidad de mantener niveles mínimos de burocracia; (3) la capacidad del cliente para elegir libremente a su proveedor de servicios; (4) la calidad estructural de los servicios prestados, lo que incluye la infraestructura destinada a velar por la salud y seguridad de los beneficiarios mayores, y (5) la evaluación continua y obligatoria de los proveedores de servicios.

Los países de todo el mundo han desarrollado estrategias destinadas a asegurar y mejorar la calidad de cuidado a las personas mayores. Estas estrategias se conforman en virtud de los recursos económicos disponibles y la medida en que los servicios se externalizan o los provee el gobierno. Australia, Japón, Suecia, el Reino Unido y Estados Unidos son ejemplos de países donde se destina una cantidad sustancial de fondos públicos al cuidado de largo plazo y, por lo tanto, allí los sistemas de control de calidad están más desarrollados. Esos cinco países confían fuertemente en la inspección y la regulación de los servicios para personas mayores, un enfoque que sitúa la calidad estructural por encima de la calidad del proceso en su esfuerzo por establecer estándares mínimos y supervisar las mejoras. En la mayoría de estos países, se procura prestar servicios de alta calidad para las personas mayores a través de esquemas de acreditación para proveedores de cuidado residencial y doméstico. Existe una variación considerable entre los países en cuanto a los requisitos necesarios para que los proveedores de servicios accedan a la acreditación de calidad (Glinskaya y Feng, 2018). En la tabla 7.7 se resumen los requisitos para la acreditación de la calidad en esos países.

Servicios de empleo para personas desempleadas

Además de los amplios estándares de desempeño mencionados, son varios los factores que conforman la calidad de la provisión de los servicios de empleo. Un input clave es la dotación de personal. Los servicios de empleo requieren de instructores calificados, bien capacitados y

Tabla 7.7 Requisitos para la acreditación de la calidad de los servicios para personas mayores

País	Servicio específico y criterios para estándares de calidad
Australia	Los proveedores deben cumplir con 44 resultados, incluido el entorno físico, el personal y los sistemas de gestión, y el financiamiento está condicionado dicha la acreditación.
Japón	Existen estrictos procedimientos de manejo de quejas y reclamos, y protecciones para las personas mayores. Se exige capacitación y calificación del personal para garantizar la calidad del servicio.
Suecia	Exige que el personal cuente con competencias básicas (estudios de atención médica superiores a la escuela secundaria), preferentemente con competencias avanzadas (estudios médicos universitarios). Mide el porcentaje de personal con pleno empleo (preferentemente por encima del 85 %), la cifra de rotación de empleados después de un año y la capacidad de gestión (relación de empleados por gerentes de primera línea) para asegurar la calidad estructural.
Reino Unido	Los proveedores deben cumplir con «Estándares básicos de calidad y seguridad» en seis campos con indicadores específicos, y cuenta con un proceso de acreditación donde una organización externa evalúa a los proveedores. Deben cumplirse los estándares de calidad federales.
Estados Unidos	Deben cumplirse los estándares de calidad federales si el proveedor recibirá Medicare federal. Los estándares de calidad federales comprenden tanto la calidad estructural como de procesos, incluida la calidad de cuidado, la calidad de vida, y la disponibilidad de servicios de enfermería, dietéticos, médicos, dentales y de rehabilitación.

Fuente: A partir de Glinskaya y Feng (2018), y Stolt *et al.* (2011).

expertos en las técnicas e instrucciones que facilitan a las personas. Asimismo, es primordial que el personal mantenga una relación de apoyo con la persona, que la oriente y asesore cuando sea necesario, y que tenga una actitud positiva y cuente con estrategias de trabajo. La acreditación y capacitación formal del personal son elementos deseables, pero existen otras opciones, como la contratación de trabajadores muy calificados para capacitarlos como instructores. Podemos encontrar ejemplos exitosos de esta perspectiva en Gambia, Kenia, Malaui, Malí y Marruecos. Los PAI son otro elemento crucial para garantizar la calidad de los servicios de empleo. Resultan de suma importancia los factores estructurales, como el tiempo y los recursos necesarios para desarrollar PAI eficaces para las personas. También es importante la proporción asesor-cliente, porque las sesiones individuales para trabajar en PAI son más eficaces que el trabajo grupal. La existencia de sistemas de registro y respuesta a reclamos y quejas de los beneficiarios es relevante también a la hora de garantizar la responsabilidad de un proveedor de servicios y como

fuente de retroalimentación sobre las necesidades no satisfechas y las oportunidades de mejora. Los estándares para las instalaciones (equipos, herramientas, materiales, aulas y talleres, así como estándares de seguridad aceptables) son otro factor importante a los efectos de asegurar estándares mínimos de calidad del servicio. Asimismo, se ha comprobado que los estipendios y salarios adecuados para los participantes mejoran la eficacia y la calidad (por ejemplo, la satisfacción de los beneficiarios) de los programas de capacitación. Por último, pero no menos importante, es esencial que los proveedores aprovechen la tecnología disponible para mejorar la calidad de los servicios de empleo (Auer, Efendioglu, y Leschke, 2008; Honorati y McArdle, 2013; Piopiunik y Ryan, 2012).

Para velar por la calidad de los PAI, los países han definido diversas medidas. Por ejemplo, en Alemania, como precondición para entrevistas de orientación y PAI de buena calidad, el SPE alemán implementó un conjunto de medidas de control de calidad generales y específicas: (1) Las competencias básicas en orientación son la base para tener interacciones de calidad con las personas y para el desarrollo de un PAI adecuado; (2) los trabajadores sociales programan las entrevistas sin interrupciones, las llamadas entrantes se redirigen a un centro de atención, y los trabajadores sociales cuentan con módulos de texto que respetan la legislación aplicable y que pueden individualizarse; (3) los jefes de los equipos de asignación local revisan regularmente la individualidad y la integralidad de los PAI, y analizan todo problema que surja en los círculos de calidad; y (4) las unidades centrales y la unidad de auditoría interna se ocupan de la supervisión. En Estonia, se monitorea la calidad de los PAI con el fin de asegurar que los planes se orienten al empleo y sean relevantes para las personas que están en la búsqueda (es decir, que los planes den cuenta de sus talentos y limitaciones). Dos veces por año, se revisa y evalúa una muestra de PAI representativa de todas las oficinas regionales de SPE. Asimismo, un equipo de especialistas de la oficina central revisa los aspectos acordados de los PAI y los evalúa en una escala de 1 a 4 puntos. Estos aspectos incluyen la exactitud y coherencia de la información de antecedentes, la evaluación de las ventajas y barreras para el empleo; el enfoque global y la coherencia del plan, la relevancia de las actividades planificadas y el informe del progreso. A cada oficina de empleo regional se le asigna un puntaje de acuerdo con sus resultados (Tubb, 2012).

7.3   PROVISIÓN INTEGRADA DE SERVICIOS (Y BENEFICIOS)

La provisión eficaz de servicios al cliente es fundamental para generar confianza y moldear las percepciones sobre el sector público. Las tendencias globales recientes y las expectativas fluctuantes de los ciudadanos, junto con las oportunidades derivadas del flamante progreso tecnológico, han alentado a las personas responsables de tomar decisiones a dar prioridad a la integración de servicios para poblaciones específicas.

En este capítulo, la provisión integrada de servicios se refiere a la implementación organizada de una combinación de servicios sociales y laborales,[9] así como a los beneficios que resultan pertinentes al perfil y a las necesidades de un grupo objetivo, con el propósito de mejorar los resultados finales. Lara Montero *et al.* (2016) hacen referencia a los servicios integrados como «una amplia gama de actividades que se implementan para lograr una coordinación eficiente entre servicios y mejora de los resultados para los usuarios de los servicios». Para la Comisión Europea, la integración de servicios consiste en «todas las iniciativas que procuran establecer o fortalecer una cooperación sistemática entre el empleo y los servicios sociales» (Comisión Europea, 2018). Munday (2007) menciona que el término integración «alude no solo a un enfoque o método, sino a un conjunto de enfoques y métodos orientados a alcanzar una mayor coordinación y eficacia entre los servicios, principalmente, para lograr mejoras en los resultados para los usuarios de dichos servicios». En este capítulo, la integración de servicios, que se alinea con las definiciones anteriores, no se refiere solo a la suma de los servicios prestados, sino a la provisión de un conjunto de servicios que son los que mejor se adecuan a las necesidades y al perfil del grupo objetivo, con el fin de alcanzar una meta común centrada en el hogar o la persona. A lo largo del resto del capítulo, la integración de servicios también implica la integración de servicios y beneficios, ya que no solo se ofrecen servicios en respuesta a esas necesidades multidimensionales.

Como se sugiere en las definiciones resumidas anteriormente, dos factores impulsores de los esfuerzos de integración de los servicios son la necesidad de mejorar los resultados finales en casos de particular complejidad y el deseo de mejorar la eficiencia en la implementación de los servicios en sí mismos. Las personas pueden experimentar una combinación de riesgos y dificultades en todas las etapas del ciclo de vida, que se conectan y entrecruzan con otras necesidades de sus familias, comunidades y entornos globales a lo largo del tiempo. Las familias vulnerables y pobres están expuestas a una mayor cantidad de barreras, generalmente, durante períodos más prolongados. En estos casos, la provisión de un servicio o beneficio único resultaría insuficiente, y la provisión de diversos servicios (y, posiblemente, beneficios) paralelos, puede no ser eficiente. La fragmentación de los servicios públicos deriva en duplicaciones y brechas en la provisión de servicios, lo que implica una carga pesada para las personas que intentan recorrer diferentes procesos de inscripción y, por ende, se genera mayor insatisfacción de los beneficiarios y resultados deficientes. Una intervención más eficaz y, posiblemente, más eficiente para responder a estas situaciones complejas consiste en ofrecer un paquete adecuado de servicios y beneficios en forma combinada y ordenada, teniendo en cuenta a la familia y al entorno.

Impulsores de la integración de los servicios

Las mejoras en los resultados finales para casos complejos. Desde el punto de vista de las personas, algunas tendencias globales están incrementando la necesidad de proveer servicios integrados a grupos objetivo particularmente vulnerables. Si bien la integración ayuda a responder a una cantidad de necesidades multidimensionales de las personas y sus familias, una revisión de casos internacionales centrada en las experiencias europeas sugiere que es posible identificar tres grupos objetivo principales «de difícil atención» detrás del impulso por la integración de los servicios: (1) **Los jóvenes desempleados o los desempleados de largo plazo**, que encuentran barreras más grandes y complejas para acceder al mercado laboral y que requieren una combinación de servicios sociales y laborales;[10] (2) **los niños**, en vista de su necesidad de protección especializada, prevención de riesgos y desarrollo de la primera infancia, lo que, por naturaleza, precisa de una integración de la provisión de servicios orientada a cada niño y sus familias; y (3) **las personas mayores**, en el contexto del incremento de la población mayor y de los cambios estructurales en la composición familiar a nivel global que aumentan la necesidad de servicios de salud y cuidado, así como de ancianidad activa y de aprendizaje durante toda la vida. Otro grupo objetivo de difícil atención que está recibiendo cada vez más servicios integrados, en particular en los países en desarrollo, es el de las personas en situación de **pobreza extrema**. Es importante trabajar con la familia en su conjunto, dado que la vulnerabilidad afecta a todos sus integrantes, y la necesidad de intervenciones debe concentrarse en el hogar y seguir una secuencia lógica teniendo en cuenta a todos los miembros. Cada vez son más los países que comienzan a vincular a los beneficiarios de la asistencia social con servicios sociales y laborales a través de la inclusión productiva y las estrategias de inclusión y gradualidad, entre otras.

La búsqueda de mayor eficiencia. Desde el punto de vista de los organismos públicos a cargo de la provisión de servicios, las mismas tendencias identificadas anteriormente son también responsables de los mayores volúmenes de usuarios de servicios individuales, lo que genera presión sobre el personal de primera línea y sobre los procesos, además de restricciones presupuestarias. Los cambios estructurales en la economía han amplificado la volatilidad del mercado laboral, lo que ha conducido al aumento de situaciones de desempleo de largo plazo y de las tasas de desempleo juvenil. La ancianidad, con los incrementos asociados de múltiples morbilidades, y los cambios estructurales en la composición familiar intensifican la necesidad de servicios médicos y asistenciales para las personas mayores. Estos aumentos en el volumen de usuarios ponen de relieve las ineficiencias en la provisión de servicios, y resulta en duplicaciones para los usuarios y para el personal. Cuando muchos de los pasos para acceder a servicios diferentes son similares (como en la evaluación), la integración ofrece grandes beneficios en términos de simplificación de procesos, reducción de costos (de tiempo y de dinero) y mayor acceso para los usuarios.

El ímpetu institucional. Los esfuerzos de integración pueden estar impulsados por metas de políticas (método descendente) o por las necesidades específicas locales, a menudo con el objetivo de la eficiencia (método ascendente). En el primer caso, según los grados de desarrollo del servicio y la capacidad institucional de la administración pública, las reformas de integración pueden hacerse masivas desde el nivel central, con cambios institucionales significativos y distribución de las tareas entre los gobiernos estatales y locales, o bien a través de un modelo más flexible mediante una cooperación menos institucionalizada, con un margen de acción local considerable (Comisión Europea, 2018). Cuando los esfuerzos nacen en el nivel local, las motivaciones para la integración están más relacionadas con la gestión ante un volumen creciente de usuarios de los servicios y la necesidad de una provisión de beneficios y servicios eficiente, en especial para las familias con necesidades complejas. La literatura sugiere que la integración funciona mejor cuando se adopta un «enfoque de sistema completo», es decir, que los esfuerzos por integrar los servicios están acompañados de la responsabilidad de los servicios y los arreglos gubernamentales. La integración de servicios requiere del apoyo del nivel más alto del Gobierno, pero también requiere de la movilización de gobiernos y programas locales. Cuando se evalúa qué servicios conviene integrar, los siguientes son pasos claves: (1) Identificar a las poblaciones más necesitadas; (2) analizar qué servicios son los más necesarios; y (3) identificar qué servicios podrían prestarse de modo integrado para lograr una mayor eficacia. En este análisis, es importante limitar el ejercicio a una cantidad manejable de servicios disponibles y estrechamente relacionados, así como considerar los contextos legales e institucionales. En el recuadro 7.5 se presenta un ejemplo de factores institucionales vinculados a la integración en Perú.

Una precondición para la integración de servicios consiste en que estos funcionen correctamente dentro de su rango de acción. Por ejemplo, si bien la integración puede ser una muy buena estrategia para mejorar la calidad, la eficiencia y la relación costo-eficacia de la provisión de servicios, podría no ser la prioridad si los servicios sociales son limitados en términos de calidad o accesibilidad (Comisión Europea, 2015a; OCDE, 2015). En efecto, algunos países en desarrollo han afrontado el problema del suministro de servicios complementando ciertas intervenciones destinadas a las personas más vulnerables con servicios grupales (como la inclusión productiva o las sesiones de desarrollo familiar). Además, a veces, la estandarización de procesos para integrar servicios se aplica a costa de perder la especialización en los casos más complejos. Por lo tanto, es primordial equilibrar la integración con una provisión adecuada de

---

Recuadro 7.5 Arreglos institucionales y principales rasgos para la provisión integrada de servicios: Fondo de Estímulo al Desempeño y Logro de Resultados Sociales de Perú

Los arreglos institucionales son un elemento fundamental que subyace a la integración fructífera de la provisión de servicios. Muchos programas de protección social requieren la transferencia de algún grado de responsabilidad de la implementación del programa a los gobiernos locales, a proveedores de servicios públicos no gubernamentales o al sector privado, mientras que los gobiernos centrales suelen liderar las políticas (diseño) y el financiamiento. Asimismo, las instituciones que proveen servicios podrían estar configuradas de manera muy diferente en términos de división de roles y responsabilidades en los niveles de Gobierno (es decir, podrían ser descentralizadas o no), lo que implica que el nivel administrativo en el que se desarrollan las funciones claves de integración puede ser diferente y complejizar el diseño de los arreglos institucionales para apoyarla. Por lo tanto, se debe tener en cuenta la integración —y los arreglos institucionales en los que se funda— en todas las etapas del ciclo de políticas para que la provisión e implementación sean provechosas.

Para superar los problemas de coordinación vertical en la implementación de intervenciones integradas, el Ministerio de Desarrollo e Inclusión Social (MIDIS) de Perú estableció en 2014 un Fondo de Estímulo al Desempeño y Logro de Resultados Sociales (FED) para fomentar la intervención multisectorial y la coordinación interinstitucional, y con el objetivo de apoyar el desarrollo de la primera infancia. El FED actúa como un mecanismo de incentivo dirigido a los gobiernos regionales, ya que les ofrece asistencia técnica y recursos complementarios con el fin de motivarlos para alcanzar los objetivos predeterminados relacionados con la implementación del paquete integrado de servicios para embarazadas y niños menores de cinco años, que incluye tratamientos prenatales, suplementos de micronutrientes, vacunas, control del crecimiento, estimulación y educación temprana, y diversos servicios comunitarios, como cuidado infantil, o agua y saneamiento, entre otros. Los objetivos se acuerdan con el MIDIS, el Ministerio de Hacienda y cada gobierno regional en un Convenio de Asignación por Desempeño (CAO) específico. El FED ha tenido mucho éxito optimizando el uso de recursos y logrando resultados mediante un trabajo más coordinado entre el gobierno central y el local.

Fuente: Descripción a partir de Perú, MIDIS (2016)

servicios específicos (Cosmo, 2017). Además, los esfuerzos de integración deben de tener en cuenta las condiciones y los procesos actuales, en lugar de comenzar desde cero.

Niveles de integración de la provisión de servicios

La provisión de servicios está experimentando una integración cada vez mayor en todo el mundo, y las formas de integración varían considerablemente. El nivel de integración del servicio se clasifica según la frecuencia de las interacciones entre el proveedor y el usuario del servicio y su grado de exhaustividad. En el nivel más básico, el proveedor de servicios o una plataforma virtual ofrece **información y orientación** a la persona acerca de otros servicios y beneficios disponibles. Un segundo nivel sería el de la **intermediación**, donde el proveedor de servicios o trabajador social de un centro comunitario realiza una derivación informada a otro servicio a través de un canal formal. Un nivel de integración más elevado en la provisión de servicios, el **trabajo social,** incluiría también tratamientos e implicaría la presencia de un proveedor de servicios o trabajador social que actuaría como interlocutor principal ante el beneficiario. Ese trabajador social haría seguimiento del caso, facilitaría información, formularía evaluaciones, trabajaría en planes de acción individuales, realizaría derivaciones y supervisaría el caso hasta su cierre (gráfico 7.3). Cada nivel de integración necesita del nivel previo, en el sentido de que, a través de la intermediación, el trabajador social también ofrece información y orientación; y por medio del trabajo social de casos, suministra información e intermediación, junto con el

Gráfico 7.3 Niveles de integración de la provisión de servicios

1 Información y orientación
2 Intermediación y derivaciones
3 Trabajo Social

Fuente: Gráfico original para esta publicación.

tratamiento especializado adicional. Además, el análisis de las experiencias revela que los niveles de integración se tornan en un continuo, en el sentido de que los ejemplos específicos pueden quedar en el medio de distintos niveles, según las características de la provisión de servicios y los instrumentos empleados.

Nivel 1: Información y orientación acerca de los beneficios y servicios disponibles

En el nivel más básico de integración, la persona o familia acude a un servicio o centro comunitario y recibe información general y orientación acerca de todos los servicios y beneficios disponibles, sin una evaluación profunda de sus necesidades. Esta información contempla la ubicación y el cronograma de servicios, el tipo de ayuda, los criterios de elegibilidad y los requisitos y plazos de solicitud, entre otros detalles. Aunque esta opción brinda información unificada y, a veces, ofrece la posibilidad de ejecutar algunas transacciones administrativas, en general, los servicios se siguen prestando de manera independiente entre sí y las personas acceden a ellos a través de canales separados. Para este nivel de integración, resulta vital contar con una cantidad significativa de servicios que contribuyan y actualicen su información para facilitar el acceso y la participación de los usuarios. En general, estos esfuerzos alcanzan a una población más amplia que los dos niveles siguientes de provisión integrada.

Este nivel de integración se ofrece al beneficiario en diferentes modalidades. Una alternativa es virtual: Una plataforma digital que contiene información sobre los beneficios y los servicios, y donde todos los proveedores tienen acceso o está abierta al público. A veces, los sitios virtuales se crean teniendo en cuenta las situaciones más habituales que experimentan las personas en el país en cuestión (por ejemplo, «Necesito empleo», «tengo un hijo con discapacidad» o «estoy regresando a mi país»). Un ejemplo de esta plataforma virtual es *Service Canada*, que ofrece información para acceder a una variedad de servicios, tales como empleo, impuestos, migración, registros y pensiones administrativas, entre otros, y también lo ofrecen *Service Public*, en Francia, y el *eCitizen Portal*, en Singapur.[11]

Las plataformas virtuales pueden complementarse con oficinas físicas en los organismos del sector o en un centro comunitario (u otro punto de información), donde los beneficiarios reciben información en persona según el contenido incluido en la plataforma virtual, además de información adicional. Esta es una modalidad especialmente necesaria para personas sin acceso a computadoras o a Internet. Por ejemplo, Vietnam implementó una red de 11.160 centros de servicio de ventanilla única para ofrecer información e implementar procedimientos administrativos en todos los niveles (provincial, distrital, comunal, con responsabilidades complementarias). La cobertura es amplia, al igual que el alcance de los servicios y las transacciones que se ofrecen. Cada centro tiene su sitio web con información acerca de los servicios que provee, su alcance, costos, plazos e instrucciones para solicitarlos. La mayoría de los servicios se brindan en el nivel distrital, aunque el nivel provincial provee algunos servicios adicionales, y el nivel comunitario, por lo general, actúa como punto de información. Para complementar, existe una línea de ayuda telefónica exclusiva que proporciona esta información en el nivel local. En el recuadro 7.6 se presenta un enfoque innovador de las sesiones de información y desarrollo familiar en Madagascar.

Nivel 2: Intermediación y derivaciones

En este nivel, el proveedor de servicios o trabajador social del centro comunitario evalúa la situación específica del beneficiario y brinda información e intermediación mediante derivaciones a beneficios y servicios adecuados. La derivación implica que el beneficiario será elegible para el programa o servicio al que se lo deriva, aunque no siempre es el caso; depende de la madurez del proceso de derivación. Además, el trabajador social informa al cliente y al programa acerca de la derivación. Este nivel de integración no implica un tratamiento específico ni un seguimiento una vez que el cliente es derivado, pero sí exige al menos una prueba o evaluación rápida de la persona, así como conocer los beneficios y servicios alternativos para efectuar derivaciones informadas.

Este nivel de integración se implementa a través de una red de proveedores de servicios o mediante una localización conjunta (co-localización). En el primer caso, todos los servicios de la red son un punto de entrada para la persona. En este sentido, más allá del lugar desde

Recuadro 7.6 Enfoque innovador de sesiones de desarrollo familiar en Madagascar

En Madagascar, el programa de transferencia monetaria condicionada (TMC) o *Human Development Cash Transfer* (Transferencia Monetaria para el Desarrollo Humano) se complementa con un conjunto de prácticas esenciales de desarrollo familiar y de la primera infancia en forma de sesiones grupales. Estas sesiones mensuales se llaman *espaces de bien-être* (espacios de bienestar) y se imparten a través de Madres Líderes (elegidas por los beneficiarios) a otras madres para reforzar los mensajes clave que se transmiten en las sesiones de bienestar. Las sesiones de impulso conductual se organizan durante el día de pago. Esas sesiones se incorporaron con el fin de mejorar las capacidades de planificación de las madres y desarrollar su confianza en sí mismas, e incluyen la fijación de pasos intermedios para el logro de sus metas y el ahorro de dinero para ese fin, la posibilidad de que definan lo que desean y de que tomen decisiones sobre el bienestar de la familia, y el refuerzo de su identidad como tutoras y su poder para mejorar la vida de sus hijos. Las intervenciones son muy interactivas y gráficas para generar más impacto, por ejemplo, pintando, jugando a las cartas y con piedras, usando etiquetas, tarjetas con imágenes, libros de cuentos y tiempo de juego con sus hijos. Dado que todo esto se desarrolla en forma grupal, las beneficiarias comparten sus metas y logros con las demás, con el consecuente efecto de cambio en las normas sociales locales a través de la acción colectiva. Finalmente, el momento de la intervención es clave. Tiene lugar justo antes de que las mujeres (jefas de hogar) reciban sus pagos, cuando están propensas a pensar en necesidades y gastos inmediatos y no en metas de largo plazo. Al organizar estos impulsos antes de los pagos, se busca romper este ciclo y dar origen a un pensamiento de largo plazo respecto de los gastos, las inversiones y los ahorros.

_____

Fuente: Vermehren y Ravelosoa, 2017.

el cual esta accede a la red, será derivada al servicio que mejor responda a sus necesidades. Esto se realiza de un modo más estructurado, a menudo, a través de acuerdos de colaboración. Alternativamente, los servicios se pueden localizar conjuntamente en el mismo centro (co-localización). Cuando la persona acude al centro, habla con un profesional sobre sus necesidades, y este la deriva al servicio correspondiente, ya sea dentro del mismo centro o en otro lugar. En el recuadro 7.7 se presenta un ejemplo de localización conjunta en el condado de Montgomery, Maryland (Estados Unidos).

Los países de la OCDE han procurado integrar los servicios para niños y adolescentes con problemas de salud mental. Esto, en general, ha implicado la co-localización de servicios multidisciplinarios en las escuelas. Los servicios integrados habitualmente incluyen la prevención del consumo de drogas y alcohol, la gestión de casos, la orientación individual y grupal, así como las derivaciones a servicios de medicina comunitaria. Noruega implementa de forma extendida la co-localización de centros de salud en las escuelas. Los Países Bajos cuentan con equipos de atención especial y asesoramiento en las escuelas que ayudan a detectar diversos problemas, incluidos los de salud mental, para hacer derivaciones a servicios médicos. La co-localización de estos servicios en escuelas asegura su disponibilidad allí donde el grupo objetivo pasa la mayor parte del tiempo, lo cual representa un beneficio para los estudiantes y sus familias. Además, esta situación resulta beneficiosa tanto para los organismos educativos como para los sanitarios. En el caso de los educativos, porque la resolución de los problemas de los estudiantes conduce a una mejora en su aprendizaje. En el ámbito sanitario, una escuela permite a los funcionarios localizar a un grupo objetivo particular que, de otro modo, no asistiría a los centros de salud. Otros países, como Francia y Bélgica, ofrecen servicios integrados en forma de centros para niños y jóvenes ubicados en la comunidad, lo que reúne a los proveedores de servicios en un solo lugar.[12]

Nivel 3: Trabajo Social de Casos

En este nivel de integración más avanzado, la interacción entre el trabajador social y la persona supone un tratamiento específico, y un control y contacto estrechos. Se le asigna el caso a un trabajador social con experiencia especializada que acompañará y apoyará a la persona mientras el caso permanezca abierto. El trabajador social analiza en profundidad la situación y las barreras de la persona; prepara con ella, y con cualquier otro familiar, si fuera necesario, un plan para seguir adelante, que incluye los servicios a los que se la derivará, así como sus obligaciones adicionales; realiza un seguimiento de las derivaciones; supervisa el caso con revisiones periódicas y apoyo general; y, por último, cierra el caso cuando los objetivos del plan se han cumplido o se han acordado con la persona. En este nivel de integración, los servicios de derivación operan en colaboración plena para responder a las necesidades del beneficiario. Asimismo, los servicios mencionados son responsables de informar al trabajador social a cargo del caso acerca del progreso de la persona, en general, a través de un mecanismo de contraderivación con los procedimientos pertinentes. Si bien esto podría representar el nivel más elevado de integración en la provisión de un servicio, es importante observar que no es necesario para todos los tipos de personas o necesidades, pero quizás sí lo sea para los casos más complejos o las personas de difícil atención. Además, cuanto más alto es el grado de eficacia de la integración, más específico es el grupo objetivo y menor es la variedad de servicios ofrecidos.

Aunque este tercer nivel, por lo general, se ha prestado desde las divisiones de servicios sociales locales, los países están comenzando a crear programas y estrategias específicas para integrar la provisión de servicios de modo que responda a las tendencias globales recientes. A partir de 2011, a través de *Pathways to Work Strategy*, Irlanda buscó vincular los pagos de beneficios con la participación en la activación laboral a través de intervenciones focalizadas tempranas para reincorporarse primero al empleo, con el objetivo final de evitar el desempleo de largo plazo (DLP). Esta estrategia requirió de la fusión total de los servicios para proveer gestión de casos en la misma ubicación. Los servicios fusionados incluyeron servicios de empleo, servicios de bienestar comunitario, servicios de reducción de personal e insolvencias, y servicios para personas en condición de discapacidad. A través de los Centros *Intreo*, que representan únicos puntos de contacto para todos los apoyos al empleo y a los ingresos, los beneficiarios reciben apoyo de expertos funcionales para resolver sus necesidades inmediatas y ayuda para la ubicación en empleos o derivaciones a servicios de desarrollo personal (Kennedy, 2013). En el recuadro 7.8 se ofrece un

Recuadro 7.7 Provisión integrada de servicios en servicios de salud y humanos en Maryland (EE. UU.)

El Departamento de Salud y Servicios Humanos (DHHS) del condado de Montgomery, Maryland, ha estado innovando en sus esfuerzos por integrar los servicios. Esto es primordial, dado que el DHHS debe administrar, implementar y ejecutar unos 134 programas federales, del estado y del condado (servicios y beneficios) en seis áreas principales: programas para niños, jóvenes y familias; programas para ancianos y personas en condición de discapacidad; servicios de salud mental; servicios de salud pública (incluido *Medicaid* y la *Affordable Care Act* [Ley del Cuidado de Salud Asequible]); servicios para personas sin hogar y programas comunitarios. Con el tiempo, a través de numerosas reorganizaciones, se han hecho esfuerzos de integración en los niveles políticos e institucionales, en la gestión integrada de casos, en la gestión de personal y en la infraestructura de la tecnología de la información. Dado que un porcentaje significativo de los beneficiarios del departamento presentan tres o más necesidades de servicio, la práctica integrada facilitó al personal el acceso a información sobre otros servicios que ya estaban recibiendo, además de proporcionar un mecanismo para coordinar de manera rutinaria la provisión de servicios a través de múltiples programas y sistemas, lo que facilita al personal no solo la identificación de necesidades de las personas, sino también la identificación de los servicios específicos que se encuentran disponibles y el modo de acceder a ellos.

A continuación, se exponen algunos de los aspectos claves de esta integración progresiva:

■ **Una sola dirección.** Las seis áreas de servicio dependen de la misma dirección.
■ **Funciones administrativas centralizadas.** Los primeros pasos en la reorganización se focalizaron en la centralización de todas las funciones administrativas (presupuestos, finanzas, contratos y responsabilidad) y se puso mayor énfasis en la coordinación de tratamientos y servicios.
■ **Formulario único de admisión (documento único de caso).** Un registro de beneficiarios que hace posible recopilar información sobre las personas a las que atiende el departamento y fomenta el intercambio de información entre las áreas para la integración de los servicios.
  ▪ Dificultades: (1) Todavía es necesario mantener el vínculo con otras solicitudes debido a disposiciones estatales; (2) existe una necesidad continua de llevar un registro en papel; (3) los diversos programas y disciplinas presentan requisitos y terminologías diferentes; (4) la calidad de los datos a veces es deficiente; (5) debido a los problemas de confidencialidad, el sistema no permite el intercambio entre programas.
■ **Múltiples servicios y múltiples puntos de partida.** No existe un punto de partida «erróneo», y la herramienta de evaluación (documento único de caso) permite la identificación temprana de múltiples necesidades.
  ▪ Todas las puertas están abiertas como puntos de partida, dado que la meta es maximizar la inclusión.
  ▪ Protocolo de trabajo en equipo intensivo para apoyar a usuarios de los niveles intensivos y medios: el 20 % de las personas usan múltiples servicios, y su cobertura representa un costo significativo (que insume el 80 % de los recursos). A su vez, el 80 % de las personas utiliza solo un servicio y el 20 % de los recursos.
■ **Confidencialidad.** La integración de una vasta gama de servicios requiere ajustes en el manejo de la información con el fin de garantizar un nivel más alto de confidencialidad.

Fuentes: QLess Training Guide Version 6.0: versión de 2018, Departamento de Salud y Servicios Humanos, Condado de Montgomery, Maryland; notas de la visita de campo y conversaciones con el personal del DHHS.

Puente al Desarrollo es una estrategia nacional para reducir la pobreza extrema que despliega *cogestores sociales* para que trabajen con familias extremadamente pobres y las vinculen a beneficios y servicios gubernamentales con el fin de superar la pobreza. El programa ofrece un marco para mejorar la eficiencia y la eficacia de los esfuerzos que tienen como fin reducir la pobreza mediante la coordinación interinstitucional. Uno de sus componentes se centra en la mejora de la provisión de servicios a familias en situación de extrema pobreza (en 75 distritos priorizados) a través de una intervención de orientación que genera un plan de desarrollo familiar y facilita el acceso a los principales programas sociales que provee el gobierno. Se prioriza y coordina el acceso de estas familias a servicios complementarios, y se da apoyo en cuanto a varias habilidades para romper el ciclo de pobreza. Estas familias deben residir en uno de los 75 distritos priorizados, ya que en estos se encuentran mayores concentraciones de pobreza, extrema pobreza y privación. El sesenta y cinco por ciento de las personas en situación de pobreza extrema del país residen en estos distritos.

Para garantizar un cambio en el abordaje de la lucha contra la pobreza, *Puente* se fundamenta en cinco elementos: (1) El monitoreo y la coordinación a cargo del Consejo Presidencial Social; (2) el registro social con información sobre los beneficiarios potenciales y efectivos de los programas sociales; (3) un índice de pobreza multidimensional para tener en cuenta otras barreras adicionales a la pobreza económica; (4) el uso de «mapas sociales», que ubican a los servicios en el territorio para identificar brechas en la provisión de servicios sociales; y (5) un mecanismo de responsabilidad que consiste en un conjunto de metas comunes para todos los organismos participantes en la estrategia, supervisados por el Consejo Presidencial.

La implementación del programa *Puente* se compone de cuatro fases: elegibilidad, elaboración de los planes familiares, implementación y monitoreo del plan, y salida del programa (véase el gráfico B7.8.1). En términos de asistencia social, los trabajadores sociales acercan la provisión programática a las necesidades de las familias, las acompañan en el desarrollo de sus habilidades y vínculos con el empleo u oportunidades productivas, se cercioran de que las familias honren los compromisos asumidos y llevan a cabo un seguimiento del plan para brindar un apoyo integrado.

Gráfico B7.8.1 Fases del Programa *Puente al Desarrollo*

Elegibilidad

Elaboración de planes familiares

Implantación y supervisión del plan

Familias que salen del programa

1   2   3   4

Fuentes: IMAS, 2015, 23; Zumaeta, 2016.

ejemplo exhaustivo de la estrategia *Puente al Desarrollo* de Costa Rica, que contempla trabajo social para familias en situación de extrema pobreza.

Instrumentos para la integración en la provisión de servicios

La integración en la provisión de servicios requiere de un conjunto de herramientas transversales. Para lograr un cierto nivel de integración, es necesario contar con un conjunto de herramientas de gestión que apoyen la operación y aseguren el cumplimiento de las metas integradas. Estas herramientas pueden presentar distintos grados de sofisticación, pero muchas veces los instrumentos más simples funcionan muy bien posibilitando la coordinación y la provisión integrada de servicios. Algunas herramientas se incluyen en el recuadro 7.7, sobre la provisión integrada de servicios en el condado de Montgomery, Maryland (Estados Unidos).

- *Sistemas de información:* Los mecanismos que permiten el intercambio de información y que varían considerablemente de acuerdo con el tipo de contenidos y el grado de desarrollo de la tecnología de la información (TI). El intercambio eficiente de información evitaría duplicaciones en los esfuerzos de recopilación de datos y apoyaría las acciones coordinadas en beneficio de la persona en todas las etapas de la provisión de servicios. Véase en el recuadro 7.9 un ejemplo detallado de un sistema de información en Jordania que apoya el trabajo social.

- *Mapeo de los servicios:* Un catálogo o inventario del suministro local de servicios y beneficios, tanto públicos como privados, que se actualiza periódicamente. Los protocolos de actualización del catálogo deben definirse de manera conjunta. La herramienta sirve para ofrecer información y orientación, pero también es la base de los mecanismos de derivación y contraderivación.

- *Mecanismos de derivación y contraderivación:* Estos mecanismos operan sobre la base de protocolos de servicio que se establecen con cada uno de los proveedores y que se formalizan en virtud de acuerdos entre organismos. Estos protocolos deben definir roles y responsabilidades para cada proveedor, así como normas de confidencialidad y privacidad de la información.

Recuadro 7.9 Sistema de información en Jordania para apoyar la gestión de casos de protección social

Jordania está implementando un Programa Integrado de Promotores que busca sacar a hogares carenciados y vulnerables de la pobreza a través de servicios de trabajo social que se prestan para cada hogar pobre. La meta consiste en ofrecer un paquete de servicios personalizado que aborde los desafíos del Gobierno en la implementación de la «primera milla» y programas sociales para que los hogares «egresen» de la pobreza.

Se desarrolló un sistema de información de gestión de casos (CMIS, en inglés) para apoyar las tareas de estos trabajadores sociales como el registro de hogares, la decisión de elegibilidad de cada hogar para un conjunto de servicios, la generación de derivaciones electrónicas y el seguimiento de actualizaciones, así como la provisión de servicios a hogares a través de registros electrónicos. El CMIS contiene información demográfica acerca de los hogares, necesaria para determinar su elegibilidad para un conjunto de servicios. Asimismo, incluye una base de datos de promotores que permite realizar un seguimiento con GPS, supervisar su trabajo en el campo y definir la asignación financiera, entre otros rasgos. El CMIS cuenta con un tablero de monitoreo general con indicadores visuales claves del desempeño que muestran el progreso en tiempo real.

Fuentes: Documento de evaluación del proyecto del Registro Unificado Nacional y del Programa de Promotores, 2013. http://documents.worldbank.org/curated/en/192391467990997851/pdf/74924-PAD-P143193-PUBLIC.pdf; International Youth Foundation, 2018.

- **Evaluaciones integrales comunes:** Para el diagnóstico social y la planificación conjunta, como se trató en el capítulo 4.
- **Documento único de caso:** Dossier de información acerca de una persona que comparten todos los actores involucrados en la intervención multidisciplinaria y que permite llevar un seguimiento de los diferentes apoyos. La documentación debe permitir alertas en términos de atención y gestión de casos. Requiere de un acuerdo conjunto entre las partes acerca del modo en que se comparte y actualiza la información, y no remplaza los registros específicos que cada proveedor lleva internamente para la gestión.

En la tabla 7.8 se resumen las características mínimas que deben reunir las herramientas para cumplir mejor con los diferentes niveles de integración. Por ejemplo, se requiere de un sistema informativo básico y un mapeo del servicio para el nivel de información y orientación. Para la intermediación, es importante contar con un mecanismo de derivación con sus correspondientes protocolos formalizados. El nivel de integración del trabajo social de casos necesita de diversos instrumentos (documento único de caso, evaluación integral y planificación conjunta, mecanismos de derivación y contraderivación), combinados con técnicas de trabajo específicas, características del sector de trabajo social.

En el tercer nivel de integración (trabajo social de casos), el beneficiario suele necesitar la intervención de diferentes sectores o disciplinas. Por lo tanto, interactúa no solo con el trabajador social a cargo del caso, sino también con un equipo multidisciplinario conformado

Tabla 7.8 Instrumentos para la provisión integrada de servicios de protección social

Instrumento	Niveles de integración		
	Información y orientación	Intermediación	Trabajo social
Sistema de información	Mapeo de los servicios con información adicional para la gestión y mejora del sistema (cantidad y tipos de solicitudes, etc.).	Contiene información específica acerca del beneficiario. Idealmente, el sistema calcula automáticamente la elegibilidad de cada persona/familia. También sirve para las derivaciones.	Un sistema más sofisticado que apoya la evaluación (recopilación de información y cálculo de elegibilidad), la planificación (elaboración del plan conjunto) y el monitoreo del plan conjunto. Sirve para las derivaciones y contraderivaciones.
Mapeo de los servicios	Contiene información sobre características genéricas, como la localización, los horarios, los principales criterios de elegibilidad, el tipo de asistencia, etc.	Debe incluir información detallada sobre los criterios de elegibilidad y el cronograma específico o los plazos para la incorporación de nuevos beneficiarios.	Detalles similares a los de la intermediación.
Mecanismos de derivación y contraderivación	No aplicable	Protocolos de servicio simples, a menudo solo acuerdos generales de colaboración.	Protocolos de servicio más detallados que especifican cómo se efectúan la derivación y contraderivación, y el monitoreo conjunto del caso.
Documento único de caso	No aplicable	Documento que incluye información simple a partir de un breve análisis, generalmente no se envía a otros programas.	Documento más detallado que contiene información de la evaluación, el plan conjunto y las actividades, y que controla el progreso que informan los servicios mismos (no los beneficiarios).

Fuente: Tabla original para esta publicación.

por especialistas de diferentes sectores que ofrecen apoyo en todas las fases (principalmente la de evaluación y tratamiento) conforme a su experiencia. En la ciudad de Salos (Finlandia), los centros de servicio de la fuerza laboral, denominados LAFOS, facilitan servicios integrados para desempleados de largo plazo DLP. Los beneficiarios de los LAFOS se someten una evaluación de habilidades laborales, y en todas las etapas del proceso de servicio los acompaña un equipo conformado por un funcionario de empleo, un trabajador social y un trabajador de seguridad social, a quienes puede sumarse ocasionalmente un médico. Los centros LAFOS procuran combatir los problemas de salud, que son una de las principales dificultades que enfrentan las personas DLP (Comisión Europea, 2018). De modo similar, la municipalidad de Asker, en Noruega, desarrolló un nuevo concepto para la provisión de servicios integrados centrados en el usuario donde todos los servicios municipales pertinentes, junto con los socios externos, invierten juntos en el bienestar de una persona. La elección de las palabras es intencional: este equipo multisectorial se denomina «equipo de inversión» y, conforme a este modelo, las personas con necesidades complejas o los agentes municipales que trabajan con ellas se contactan con el *Welfare Lab* ('Laboratorio de Bienestar'), que programa una reunión con un equipo multidisciplinario para examinar la situación. El equipo está capacitado en el pensamiento de diseño y emplea una matriz de planificación que se ha desarrollado especialmente para liderar un plan junto con el usuario, con objetivos de corto y de largo plazo.[13] El objetivo común es alcanzar una situación sostenible y mejores condiciones de vida. Aunque se asigna a la familia un trabajador social responsable de la supervisión del caso, todos los miembros del equipo multidisciplinario tienen la facultad de hacer derivaciones y la capacidad de aunar recursos del sector público o externos.[14]

Si bien el conjunto de herramientas sirve para facilitar la integración de los servicios, las capacidades y la actitud del personal que trabaja con el beneficiario y los arreglos institucionales resultan cruciales en la provisión eficaz y eficiente de los servicios. Como se mencionó en las secciones anteriores del presente capítulo, un prerrequisito necesario para asegurar la calidad de la provisión integrada de servicios reside en la presencia de personal preparado y que se coordine de eficazmente la provisión de intervenciones personalizadas y de arreglos institucionales lo suficientemente maduros que faciliten esa integración. Asimismo, aunque esta sección se centró en la etapa de provisión, la provisión integrada no sería posible si el principio de integración no se considerara en todo el resto de las etapas del ciclo de políticas. En la etapa de diseño, sería importante reunir a todas las partes interesadas desde el comienzo, con el fin de evaluar la estructura institucional existente y definir un objetivo general claro para todos y objetivos específicos que orienten el trabajo de los diferentes actores. Durante las etapas de planificación y financiamiento, sería ideal considerar una implementación gradual con cambios progresivos y actividades de fortalecimiento de capacidades para nuevas tareas compartidas, seleccionar a los socios sobre la base de sus capacidades y de sus aportes a la meta general y, lo que es más importante, definir una división clara de las responsabilidades con incentivos financieros o administrativos. La etapa de monitoreo y evaluación debe adaptarse a la naturaleza de los servicios integrados, con indicadores de desempeño que se ajusten a los esfuerzos conjuntos, dentro de un sistema de control unificado y un mecanismo de responsabilidad.

7.4   ALGUNAS CONCLUSIONES

Este capítulo ha analizado la fase de provisión de la cadena de implementación para los servicios sociales y laborales, que comprende la entrega de servicios a beneficiarios inscritos de acuerdo con estándares de servicio. Concluimos con las siguientes observaciones:

- Durante el transcurso de la vida, las personas y las familias suelen enfrentarse a una serie de riesgos y vulnerabilidades que requieren intervenciones especializadas a través de la provisión de servicios sociales y laborales, y no necesariamente (o no únicamente) a través de beneficios monetarios. Es común para las familias experimentar múltiples necesidades al mismo tiempo, lo que se abordaría de manera más adecuada mediante un paquete combinado de servicios, o de servicios y beneficios, que se ofrezcan en forma oportuna y estructurada (simultánea o secuenciada, según corresponda). A esto se refiere el capítulo cuando se habla de provisión integrada de servicios.

- Muchas fases de la cadena de implementación cumplen funciones de servicio por sí mismas. Además de la efectiva provisión de servicios específicos, muchas funciones del trabajo social que se proveen durante la «vida del caso» confieren un valor de servicio intrínseco. Este valor deriva de muchas fases de la cadena de implementación, como las evaluaciones, el establecimiento de un plan de servicios o PAI, las derivaciones a una amplia gama de servicios, la gestión de las operaciones de los beneficiarios, etc., además de la «fase de provisión de servicios» propiamente dicha.

- La protección social sirve de plataforma para la provisión integrada de servicios sociales y laborales. Debido a su naturaleza multidimensional, la protección social apoya la provisión de paquetes integrados adaptados a las personas y familias a través de enfoques multisectoriales.

- Los países ofrecen innumerables servicios sociales y laborales, y los diferentes actores los clasifican según una diversidad de aspectos transversales, como grupos de riesgo, sectores, marcos legales, etc. Este capítulo presentó una tipología de servicios sociales según los grupos de riesgo y modalidades de servicios sociales, y una tipología de servicios laborales según los grupos de riesgo y tipos de servicios laborales. Esas tipologías preparan el escenario para el análisis de la provisión y la integración de los servicios.

- Si bien las modalidades de provisión difieren sustancialmente según la capacidad del país y el tipo de servicio, existe una tendencia a externalizar partes de la provisión de servicios al sector privado o a organizaciones no gubernamentales. En esos casos, se requiere la participación activa del sector público para gestionar o regular de manera eficaz la provisión de servicios sociales y laborales.

- Dado que la provisión de servicios sociales y laborales es un proceso de gestión complejo por la diversidad de las vulnerabilidades que esos servicios buscan afrontar, los países definen y ejecutan un conjunto de estándares de calidad para su provisión. Este capítulo planteó un panorama general de los tipos de estándares de servicio propuestos por los países y de las tensiones que emergen al definirlos, cumplirlos y ejecutarlos en un entorno de recursos restringidos.

- Durante la última década, los países han comenzado a integrar la provisión de servicios en respuesta a la necesidad de mejorar los resultados finales en casos de particular complejidad y con la intención de mejorar la eficiencia en la implementación de los servicios en sí mismos. Es común encontrar provisiones integradas de servicios para niños, personas desempleadas y en situación de pobreza extrema.

- El presente capítulo resumió los tres niveles de integración que más comúnmente experimentan los países: Un primer nivel de integración para la información y la orientación; un segundo nivel para la intermediación y las derivaciones; y un tercero, más sofisticado, para el trabajo social de casos. Estos niveles de integración exigen frecuencias y grados de exhaustividad diferentes en las interacciones entre el proveedor de servicios (habitualmente un trabajador social) y el beneficiario. El capítulo también presentó un conjunto de herramientas que facilitan la integración de la provisión de servicios en los tres niveles. A pesar de la utilidad de las herramientas, los aspectos más cruciales de una integración exitosa consisten en la calidad y la capacidad del personal o de los trabajadores sociales para interactuar con los beneficiarios, así como en los arreglos institucionales adecuados, alineados de manera apropiada, y en los sistemas de información integrados o interoperables.

Notas

1. «Gestión social de casos» hace referencia a intervenciones integrales que comienzan con una evaluación completa de la situación y la elaboración de un plan o proyecto de trabajo en colaboración con el usuario, seguido del acompañamiento de la persona en la acometida del proyecto hasta que la intervención se cierra. Como se expuso en el capítulo 2, en algunas regiones, este tipo de intervención también se denomina «gestión de casos».

2. Kuddo (2012), Brown y Koettl (2015), y Mazza (2017), entre otros. Nuestra tipología replica la de Kuddo (2012). Brown y Koettl (2015) distinguen entre (1) servicios para la demanda laboral (empleadores), y (2) servicios para la oferta laboral que, a su vez, se categorizan en (a) incentivos para la búsqueda y la conservación del empleo (beneficios, obras públicas, activación laboral y prestaciones sociales condicionadas, sanciones), e (b) incentivos para la mejora del capital humano (capacitación); y (3) servicios de adecuación al mercado laboral que intermedian entre la demanda y la oferta. Al conjunto total de todos esos servicios los denominan «programas activos del mercado laboral» (PAML). Mazza (2017) distingue tres categorías de servicios laborales: (1) Las «funciones básicas», que son similares a lo que denominamos «servicios de empleo», e incluyen asistencia en la búsqueda laboral, asesoramiento, ubicación en empleos y bolsas de empleo para personas que buscan trabajo y empleadores; (2) los «servicios extendidos: intermediación adicional», que son similares a lo que denominamos «servicios de optimización del empleo», e incluyen la gestión o capacitación dentro de otros PAML, servicios de apoyo a migrantes, de apoyo a microempresas y al autoempleo, así como servicios de ubicación laboral para empleadores; y (3) los «servicios de apoyo», que incluyen sistemas de información del mercado laboral, servicios de recursos humanos especializados para empleadores y dispositivos de acceso a servicios sociales o de administración del seguro de desempleo.

3. El ejemplo es un compendio de ejemplos de programas de diversos países y entornos, e ilustra diversas modalidades de provisión de servicios y los vínculos con servicios de otros sectores, como la educación y la salud.

4. Este escalonamiento ayuda a vincular a la persona con un paquete personalizado de servicios a su medida.

5. Algunas referencias útiles sobre el tema de la provisión de servicios laborales son Kuddo (2012); Angel-Urdinola y Leon-Solano (2013); OCDE (2014); Banco Mundial (2014); y Mazza (2017).

6. Por ejemplo, de acuerdo con un estudio reciente del Banco Mundial, hay 45 organismos de empleo privados con licencia en Jordania y 54 en Egipto (Angel-Urdinola y Leon- Solano, 2013).

7. Para un análisis completo sobre este asunto, véase Bassett *et al.* (2012).

8. La literatura sobre estándares de calidad identifica tres esferas de calidad: (1) la calidad estructural, que se relaciona con las propiedades de estabilidad del servicio, como el modo en que fue diseñado y organizado, la acreditación, las tasas de personal-usuarios, los requisitos físicos para el cumplimiento de los requerimientos de seguridad y salud, los contenidos, etc.; (2) la calidad del proceso, que se refiere a la forma de provisión del servicio observando las prácticas dentro del servicio y las percepciones de calidad del servicio recibido; y (3) la calidad del resultado, que se relaciona con el cambio de antes a después de la intervención en términos de beneficios para los usuarios, sus familias, las comunidades y la sociedad en general.

9. En el sentido de servicios oportunos, estructurados, simultáneos o secuenciados.

10. Para una revisión de experiencias de integración de servicios laborales y sociales destinadas quienes perciben ingresos mínimos en los países de la Unión Europea, véase Comisión Europea, 2018.

11. Visite las siguientes plataformas: https://www.canada.ca/en/employment-social-development/corporate/portfolio/service-canada.html; https://www.service-public.fr/; y https://www.gov.sg/resources.

12. OCDE, 2015. Para ver ejemplos de integración, en particular, entre servicios sociales y laborales, véase Comisión Europea (2018).

13. El «pensamiento de diseño» se refiere a los procesos cognitivos, estratégicos y prácticos por medio de los cuales los diseñadores o equipos de diseño desarrollan los conceptos de diseño (propuestas de nuevos productos, edificios, maquinarias, etc.). (Hevner *et al.*, 2004; IDEO, 2015; Simon, 1996).

14. Debido a la exhaustividad de este enfoque, la fase piloto (2016–2017) se centró en tres grupos objetivo específicos: familias con niños que experimentan «condiciones de vida vulnerables», jóvenes vulnerables de 17 a 25 años y familias con hijos en condición de discapacidad. El Asker Welfare Lab, que se encuentra actualmente en la segunda fase de desarrollo, involucra un conjunto más vasto de servicios y participantes, y ha recibido múltiples reconocimientos por su innovación en el servicio público, tanto en Noruega como en el plano internacional (OCDE, 2018, estudio de caso de Noruega sobre Asker Welfare Lab).

Bibliografía

Angel-Urdinola, Diego F., and Rene A. Leon-Solano. 2013. "A Reform Agenda for Improving the Delivery of ALMPs in the MENA Region." *IZA Journal of Labor Policy* 2 (13). http://www.izajolp.com/content/2/1/13.

Araujo, Maria Caridad, Marta Dormal, and Norbert Schady. 2017. "Child Care Quality and Child Development." Working Paper IDB-WP-779, Inter- American Development Bank, Washington, DC.

Arriagada, Ana-Maria, Jonathan Perry, Laura Rawlings, Julieta Trias, and Melissa Zumaeta. 2018. "Promoting Early Childhood Development through Combining Cash Transfer and Parenting Programs." Policy Research Working Paper 8670, World Bank, Washington, DC.

Auer, Peter, Umit Efendioglu, and Janine Leschke. 2008. "Active Labour Market Policies around the World: Coping with the Consequences of Globalization." 2nd ed. International Labour Office, Geneva, Switzerland.

Barlett, William. 2010. "People-Centred Analyses The Quality of Social Services." United Nations Development Programme, London.

Bassett, Lucy, Sara Giannozzi, Lucian Pop, and Dena Ringold. 2012. "Rules, Roles, and Controls: Governance in Social Protection with an Application to Social Assistance." Social Protection and Labor Discussion Paper 1206, World Bank, Washington, DC. http://documents.worldbank.org/curated/en/301371468151778608/Rules-roles-and-controls-governance-in-social-protection-with-an-application-to-social-assistance.

Behrendt, Christina. 2013. "Building National Social Protection Floors and Social Security Systems: The ILO's Two-Dimensional Social Security Strategy." In *Social Protection in Developing Countries: Reforming Systems*, edited by Katja Bender, Markus Kaltenborn, and Christian Pfleiderer, 207–18. New York: Routledge.

Blattman, Christopher, and Laura Ralston. 2015 "Generating Employment in Poor and Fragile States: Evidence from Labor Market and Entrepreneurship Programs." https://ssrn.com/abstract=2622220

Brown, Alessio JG, and Johannes Koettl. 2015. "Active Labor Market Programs—Employment Gain or Fiscal Drain?" *IZA Journal of Labor Economics* 4 (12): 1–36. https://doi.org/10.1186/s40172-015-0025-5

Cosmo, Howard. 2017. "Putting One-Stop-Shops into Practice: A Systematic Review of the Drivers of Government Service Integration." *Evidence Base* 2017 (2): 1–14.

Datta, Namita, Angela Elzir Assy, Johanne Buba, Sara Johansson de Silva, Samantha Watson, et al. 2018a. "Integrated Youth Employment Programs: A Stocktake of Evidence on What Works in Youth Employment Programs." World Bank, Washington, DC.

Datta, Namita, Angela Elzir Assy, Johanne Buba, Samantha Watson, et al. 2018b. "Integration: A New Approach to Youth Employment Programs." World Bank, Washington, DC.

EU (European Union) Social Protection Committee. 2010. "A Voluntary European Quality Framework for Social Services." Report no. SPC/2010/10/8 Final, 13. Social Protection Committee, Brussels, Belgium.

European Commission. 2014. "Proposal for Key Principles of a Quality Framework for Early Childhood Education and Care." Directorate-General for Education and Culture, European Commission, Brussels, Belgium.

European Commission. 2015a. "Literature Review and Identification of Best Practices in Integrated Service Delivery: Part I—Study." Publications Office of the European Union, Luxembourg.

European Commission. 2015b. "Literature Review and Identification of Best Practices in Integrated Service Delivery: Part II—Case Studies." Publications Office of the European Union, Luxembourg.

European Commission. 2018. "Study on Integrated Delivery of Social Services Aiming at the Activation of Minimum Income Recipients in the Labour Market—Success Factors and Reform Pathways." Publications Office of the European Union, Luxembourg.

European Social Network. 2016. "Integrated Social Services in Europe: A Study Looking at How Local Public Services Are Working Together to Improve People's Lives." European Social Network, Brussels, Belgium.

European Social Network. 2017. "Investing in Later Life: A Toolkit for Social Services Providing Care for Older People." European Social Network, Brussels, Belgium.

Glinskaya, Elena, and Zhanlian Feng, eds. 2018. *Building an Efficient and Sustainable Aged Care System*. Directions in Development Series. Washington, DC: World Bank.

Golub, Stephen, and Faraz Hayat. 2014. "Employment, Unemployment, and Underemployment in Africa." United Nations University WIDER Working Paper 2014/014. World Institute for Development Economics Research, Helsinki, Finland.

GPL (Government Performance Lab). 2016. "Results-Driven Contracting: An Overview." Harvard Kennedy School, Cambridge, MA.

GPL (Government Performance Lab). 2017. "Active Contract Management: How Governments Can Collaborate More Effectively with Social Service Providers to Achieve Better Results." Harvard Kennedy School, Cambridge, MA.

Grosh, Margaret, Carlo del Ninno, Emil Tesliuc, and Azedine Ouerghi. 2008. *For Protection and Promotion: The Design and Implementation of Effective Safety Nets*. Washington, DC: World Bank.

Hevner, Alan R., Salvatore T. March, Jinsoo Park, and Sudha Ram. 2004. "Design Science in Information Systems Research." *MIS Quarterly* 28 (1): 75–105.

Honorati, Maddalena, and Thomas P. McArdle. 2013. "The Nuts and Bolts of Designing and Implementing Training Programs in Developing Countries." Social Protection and Labor Discussion Paper 1304, World Bank, Washington, DC.

IDEO.org 2015. *The Field Guide to Human-Centered Design*. IDEO.org, San Francisco.

ILO (International Labour Organization). 1998. "Resolution Concerning the Measurement of Underemployment and Inadequate Employment Situations, Adopted by the Sixteenth International Conference of Labor Statisticians." ILO, Geneva, Switzerland.

ILO (International Labour Organization). 2012. "R202: Social Protection Floors Recommendation (n. 202)." Adopted at the 101st International Labour Conference, Geneva, Switzerland, June 14, 2012. https://www.ilo.org/dyn/normlex/en/f?p=NORMLEX PUB:12100:0::NO::P12100_INSTRUMENT_ID:3065524.

IMAS (Instituto Mixto de Ayuda Social). 2015. Puente Strategy. http://www.imas.go.cr/ayuda_social/plan_puente/Documento%20Estrategia%20Puente%20al%20Desarrollo.pdf. https://www.imas.go.cr/es/general/estrategia-nacional-para-la-reduccion-de-la-pobreza-extrema-puente-al-desarrollo; https://www.imas.go.cr/sites/default/files/custom Documento-Estrategia-Puente-al-Desarrollo.pdf.

International Youth Foundation. 2018. "Support Implementation of a National Unified Registry and Outreach Program for Targeting Social Assistance." Slide presentation, World Bank, Amman, Jordan.

Ireland, Minister for Health and Children. 2010. "National Quality Standards Framework (NQSF) for Youth Work." Government Publications, Dublin.

Kennedy, Barry 2013. "Coordination and Integration of Institutions: Pathways to Work—Ireland." Slide presentation, World Bank workshop on Activation of Social Safety Nets Beneficiaries, Tbilisi.

Kuddo, Arvo. 2009. "Employment Services and Active Labor Market Programs in Eastern European and Central Asian Countries." Social Protection and Labor Discussion Paper 0918, Human Development Network, World Bank, Washington, DC.

Kuddo, Arvo. 2012. "Public Employment Services and Activation Policies." Social Protection and Labor Discussion Paper 1215, World Bank, Washington, DC.

Lara Montero, Alfonso, Sarah van Duijn, Nick Zonneveld, Mirella M N Minkman, and Henk Nies. 2016. *Integrated Social Services in Europe: A Study Looking at How Local Public Services Are Working Together to Improve People's Lives*. Brighton, UK: European Social Network.

Lopez Boo, Florencia, Maria Caridad Araujo, and Romina Tome. 2016. *How Is Child Care Quality Measured? A Toolkit*. Washington, DC: Inter-American Development Bank. https://publications.iadb.org/en/how-child-care-quality-measured-toolkit.

Loxha, Artan, and Matteo Morgandi. 2014. "Profiling the Unemployed: A Review of OECD Experiences and Implications for Emerging Economies." Social Protection and Labor Discussion Paper 1424, World Bank, Washington, DC.

Malley, Juliette, and Jose-Luis Fernandez. 2010. "Measuring Quality in Social Care Services: Theory and Practice." *Annals of Public and Cooperative Economics* 81 (4): 559–82.

Mansell, Jim, Martin Knapp, Julie Beadle-Brown, and Jennifer Beecham. 2007. *Deinstitutionalisation and Community Living—Outcomes and Costs: Report of a European Study*. Volume 2: Main Report. Canterbury, UK: University of Kent.

Mansour, Jane, and Richard Johnson. 2006. "Buying Quality Performance: Procuring Effective Employment Services." Work Directions, UK, London.

Mazza, Jacqueline. 2017. *Labor Intermediation Services in Developing Economies: Adapting Employment Services for a Global Age*. Cham, Switzerland: Palgrave Macmillan.

Montenegro, Miriam. 2014. "Nicaragua: An Innovative Model of Community Participation and Integrated Delivery of Social Services." Slide presentation, World Bank, Washington, DC.

Munday, Brian. 2007. *Integrated Social Services in Europe*. Strasbourg, France: Council of Europe Publishing.

OECD (Organisation for Economic Co-operation and Development). 2014. *Connecting People with Jobs: Activation Policies in the United Kingdom*. Paris: OECD Publishing. https://doi.org/10.1787/9789264217188-en.

OECD (Organisation for Economic Co-operation and Development). 2015. *Integrating Social Services for Vulnerable Groups: Bridging Sectors for Better Service Delivery*. Paris: OECD Publishing. https://doi.org/10.1787/9789264233775-en.

OECD (Organisation for Economic Co-operation and Development). 2018. *Embracing Innovation in Government: Global Trends 2018*. Paris: OECD Publishing.

Perú, MIDIS (Ministerio de Desarrollo e Inclusión Social). 2016. Fondo de Estímulo al Desempeño y Logro de Resultados Sociales—FED. http://www.midis.gob.pe/fed/sobre-el-fed/el-fed.

Pfeil, Helene, Berenike Laura Schott, and Sanjay Agarwal. 2017. "Recent Developments and Key Considerations Impacting the Operations of One-Stop Shops for Citizens: A Summary of Major

Trends and a Design Guide for Citizen Service Centers." Citizen Service Centers Brief No. 1, World Bank, Washington, DC. http://documents.worldbank.org/curated/en/108371498753288065/Recent-developments-and-key-considerations-impacting-the-operations-of-one-stop-shops-for-citizens-a-summary-of-major-trends-and-a-design-guide-for-citizen-service-centers.

Piopiunik, Marc, and Paul Ryan. 2012. "Improving the Transition between Education/Training and the Labour Market: What Can We Learn from Various National Approaches?" European Expert Network on Economics of Education, European Commission, Brussels, Belgium.

Scoppetta, Anette, and Arthur Buckenleib. 2018. "Tackling Long-Term Unemployment through Risk Profiling and Outreach." Technical Dossier 6, ESF Transnational Platform, European Commission, Brussels, Belgium.

Simon, Herbert A. 1996. *The Sciences of the Artificial.* 3rd ed. Cambridge, MA: MIT Press.

Smith, Charles, Tom Akiva, Samantha Sugar, Thomas Devaney, Yun-Jia Lo, Kenneth Frank, Stephen C. Peck, and Kai S. Cortina. 2012. *Continuous Quality Improvement in Afterschool Settings: Impact Findings from the Youth Program Quality Intervention Study.* Washington, DC: Forum for Youth Investment.

Stolt, Ragnar, Paula Blomqvist, and Ulrika Winblad. 2011. "Privatization of Social Services: Quality Differences in Swedish Elderly Care." *Social Science and Medicine* 72 (4): 560–67. https://doi.org/10.1016/j.socscimed.2010.11.012.

Tubb, Helen. 2012. "Activation and Integration: Working with Individual Action Plans: Toolkit for Public Employment Services." European Commission Mutual Learning Programme for Public Employment Services: DG Employment, Social Affairs, and Inclusion, Brussels, Belgium.

UNRISD (United Nations Research Institute for Social Development). 2010. "Universal Provision of Social Services." In *Combating Poverty and Inequality: Structural Change, Social Policy and Politics,* 161–84. Geneva, Switzerland: UNRISD.

Vermehren, Andrea, and R. Ravelosoa. 2017. "Behavioral Interventions: Designing and Implementing an Innovative Approach." Sin publicar.

Vinson, Elisa. 1999. "Performance Contracting in Six State Human Services Agencies." Governing for Results and Accountability. Urban Institute, Washington, DC.

Waddington, Lisa, with contributions from Mark Priestley and Roy Salisbury. 2018. "Disability Assessment in European States: ANED Synthesis Report." Academic Network of European Disability Experts. https://sid.usal.es/idocs/F8/FDO27447/ANED_2017_18_Disability_assessment_synthesis_report.pdf.

Wiener, J., M. Freiman, and D. Brown. 2007. "Strategies for Improving the Quality of Long-Term Care" (p. 50). National Commission for Quality Long-Term Care, Washington, DC.

World Bank. 2014. "Experience of OECD Countries in Contracting Employment Services: Lessons for Saudi Arabia." Policy Research Paper EW-P151144-ESWBBRTA, Social Protection and Labor Global Practice, World Bank, Washington, DC.

Zumaeta, Melissa. 2016. "Social Protection Reforms in Costa Rica: An Accelerated Process to Increase the Effectiveness of Social Interventions." Internal document, World Bank, Washington, DC.

Capítulo 8

Gestión de las operaciones de los beneficiarios

Kenichi Nishikawa Chávez, Kathy Lindert, Inés Rodríguez Caillava, John Blomquist, Saki Kumagai, Emil Tesliuc, Vasumathi Anandan, Alex Kamurase, Ahmet Fatih Ortakaya y Juul Pinxten

Una de las etapas más soslayadas de la cadena de implementación es aquella relativa a la actividad constante de gestión de las operaciones de los beneficiarios. Esta omisión habitual surge durante la fase del diseño inicial y prosigue a lo largo de la implementación, hasta que los fallos en el sistema de implementación y las inquietudes sobre la calidad de dicha implementación exigen atención. El curso normal del enfoque de los administradores de programas y responsables de políticas es el siguiente: En el período inicial de implementación, la atención se centra en las etapas de recepción, registro, evaluación, determinación de la elegibilidad e inscripción («llevar a la gente» al programa), así como en el proceso de pago (concretar el pago de los beneficios) o en la provisión de los servicios. Esto podría considerarse la **etapa centrada en los resultados**, donde la atención se destina a la cantidad de beneficiarios inscritos y los beneficios o servicios prestados. A medida que el programa completa varios ciclos de implementación, la atención gira hacia la evaluación, con la prioridad puesta en la medición del impacto de los programas. Esto puede considerarse la etapa centrada en los efectos. En la mayoría de los casos, los problemas de calidad de la implementación llegan a dominar las listas de prioridades de los administradores de los programas, en general, como consecuencia de las críticas de la prensa y de otras partes interesadas.[1] Tales inquietudes suelen ser por una supuesta falta de responsabilidad y confiabilidad de la información, errores y fraude, gestión de las quejas y procesos ineficientes, como colas extensas, períodos de espera, exceso de documentación y sistemas estáticos, entre otras cosas. Es aquí donde el tema de la gestión de las operaciones de los beneficiarios recibe, por fin, la atención que merece. Puede considerarse la **etapa de mantenimiento y mejora continua**. Con las transferencias monetarias, a medida que el programa madura y el paso de solicitante a beneficiario mejora y se consolida con el transcurso de los ciclos de implementación, la atención de la administración del programa, así como la de los responsables de las políticas, se desplaza hacia cuestiones relativas a la dependencia de los beneficiarios, la reevaluación y la salida. Esta es la etapa centrada en la graduación[2] (gráfico 8.1).

El presente capítulo se centra en la etapa de gestión de las operaciones de los beneficiarios de la cadena de implementación (gráfico 8.2). Esta etapa resulta crucial para todos los programas (de beneficios o de servicios), y lo ideal sería considerarla antes que a la trayectoria habitual de los programas de protección social previamente descritos. Los **inputs** a la gestión de las operaciones de los beneficiarios provienen de la etapa de provisión del ciclo de implementación recurrente para aquellos beneficiarios que ya forman parte del programa, y de la etapa de inscripción de la cadena de

implementación, en el caso de quienes ingresan por primera vez. Entre esos inputs se encuentran el registro de beneficiarios, la información sobre los importes y servicios de los beneficios que se proveerán y la información sobre cualquier condicionalidad que se exija a los beneficiarios o sobre toda actividad que deban desarrollar. Otros inputs comprenden las quejas que presentan los beneficiarios o no beneficiarios.[3] Los **resultados** de la gestión de las operaciones de los beneficiarios comprenden las revisiones del registro de beneficiarios (expediente y estado), además de las revisiones de los beneficios y servicios que se prestarán. Tales revisiones retroalimentan la etapa de provisión de la cadena de

Gráfico 8.1 Evolución de las prioridades de la administración de los programas de protección social

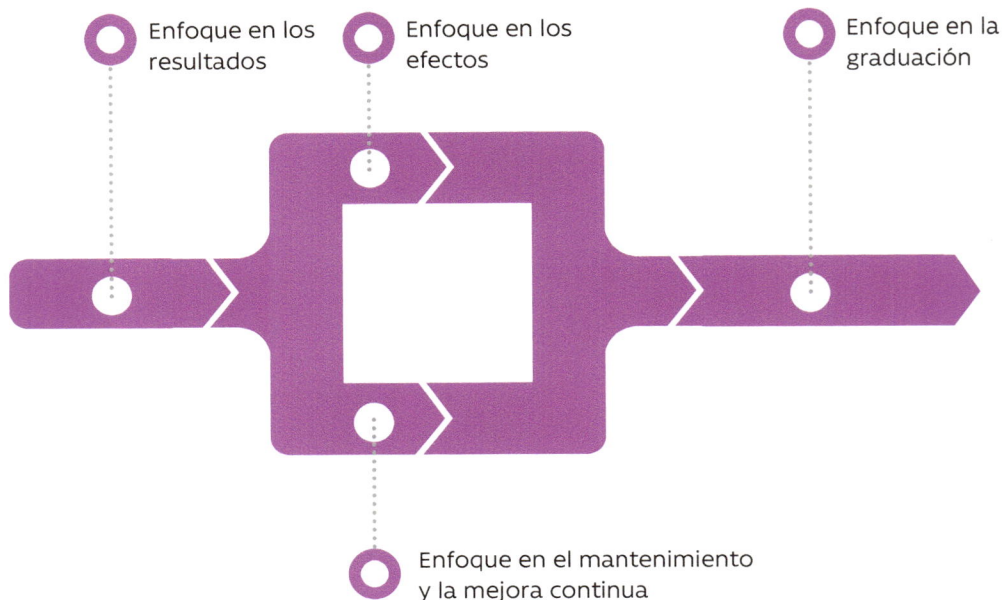

Enfoque en los resultados

Enfoque en los efectos

Enfoque en la graduación

Enfoque en el mantenimiento y la mejora continua

Fuente: Gráfico original para esta publicación.

Gráfico 8.2 Etapa de gestión de las operaciones de los beneficiarios de la cadena de implementación de protección social

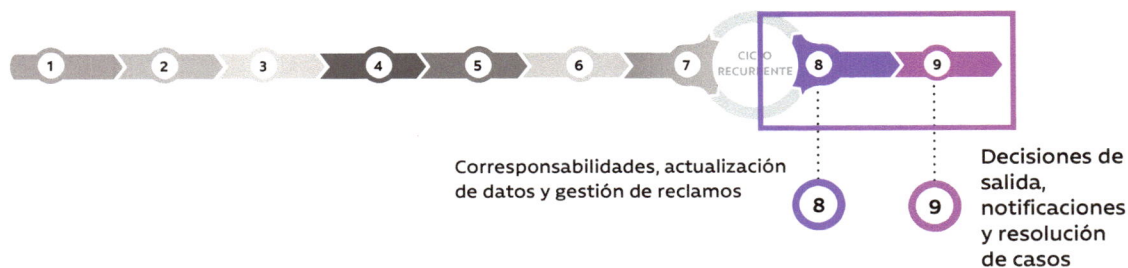

CICLO RECURRENTE

Corresponsabilidades, actualización de datos y gestión de reclamos

Decisiones de salida, notificaciones y resolución de casos

Fuente: Gráfico original para esta publicación.

implementación, en preparación para el siguiente ciclo de implementación. Muchas de las **actividades** se desarrollan durante esta etapa, como la gestión de los datos de los beneficiarios, el monitoreo de condicionalidades (condiciones relativas a la educación, la salud y la activación, en función del tipo de programa y de sus requisitos) y la gestión de reclamos.

Organizamos el capítulo en cuatro secciones principales:

- La sección 8.1 ofrece un marco general para la gestión de las operaciones de los beneficiarios y explica los inputs, resultados y actividades, y cómo confluyen para retroalimentar la etapa de provisión.
- La sección 8.2 ahonda en la gestión de los datos de los beneficiarios y en el ciclo recurrente para actualizar y corregir la información, y revisar el avance de los beneficiarios, la calidad de la implementación y la logística, entre otras cuestiones. Aborda también los aspectos estructurales menos frecuentes de la provisión, como las decisiones de reevaluación (recertificación) y salida.
- Las secciones 8.3 y 8.4 analizan la manera en que los países verifican y controlan el cumplimiento de las condicionalidades de educación y salud para las transferencias monetarias condicionadas (TMC, en la sección 8.3) y los requisitos de activación de los programas laborales (sección 8.4).

- La sección 8.5 trata las quejas, las apelaciones y los reclamos, así como la gestión de los mecanismos de quejas y reclamos.
- La sección 8.6 describe un enfoque específico para identificar y corregir los beneficios y servicios afectados por errores, fraudes y corrupción (EFC) que utilizan algunos países.

En este capítulo se ofrecen diversos ejemplos a lo largo de las cuatro secciones. Estos ejemplos abordan varias clases de servicios sociales y laborales. También hay ejemplos de cada región:

- **África:** Etiopía, Ruanda, Sierra Leona, Tanzania, Uganda
- **Asia Oriental y el Pacífico:** Indonesia, República de Corea
- **Europa y Asia Central:** Austria, Armenia, Bulgaria, Croacia, Dinamarca, Estonia, Alemania, Irlanda, Moldavia, Mongolia, Países Bajos, Macedonia del Norte, Rumania, Federación Rusa, España, Suiza, Tayikistán, Turquía, Reino Unido
- **América Latina y el Caribe:** Brasil, Chile, Costa Rica, Colombia, Honduras, Jamaica, México
- **Medio Oriente y África del Norte:** Cisjordania y Gaza
- **Sur de Asia:** Bangladesh, India, Pakistán
- **Otros países de la Organización de Cooperación y Desarrollo Económicos (OCDE):** Australia, Nueva Zelanda, Estados Unidos

8.1 MARCO GENERAL PARA LA GESTIÓN DE LAS OPERACIONES DE LOS BENEFICIARIOS

Los profesionales o las administraciones se refieren habitualmente a estas etapas como «gestión de casos». Como se mencionó en el capítulo 2, la expresión gestión de casos resulta especialmente problemática, ya que las distintas profesiones la emplean de manera diferente. Algunos profesionales la usan para referirse a la etapa de gestión de las operaciones de los beneficiarios en la cadena de implementación, mientras que otros aluden a un enfoque integral de la gestión de las necesidades complejas de la persona o familia a lo largo de toda la «vida útil del caso». Por este motivo, nos volcamos, en cambio, por la expresión «gestión de las operaciones

de los beneficiarios». Esta frase denota la actividad de interactuar constantemente y recopilar información del campo u otras fuentes (por ejemplo, otras bases de datos), que más tarde se procesan mediante una serie de protocolos, se registran y se utilizan para tomar decisiones. Este patrón simple de interactuar, recabar datos, procesarlos y tomar decisiones es el denominador común que aglutina el conjunto de actividades que tiene lugar, de manera constante, durante la implementación de un programa.

¿Qué es la gestión de las operaciones de los beneficiarios? Para simplificar, tomemos como ejemplo el

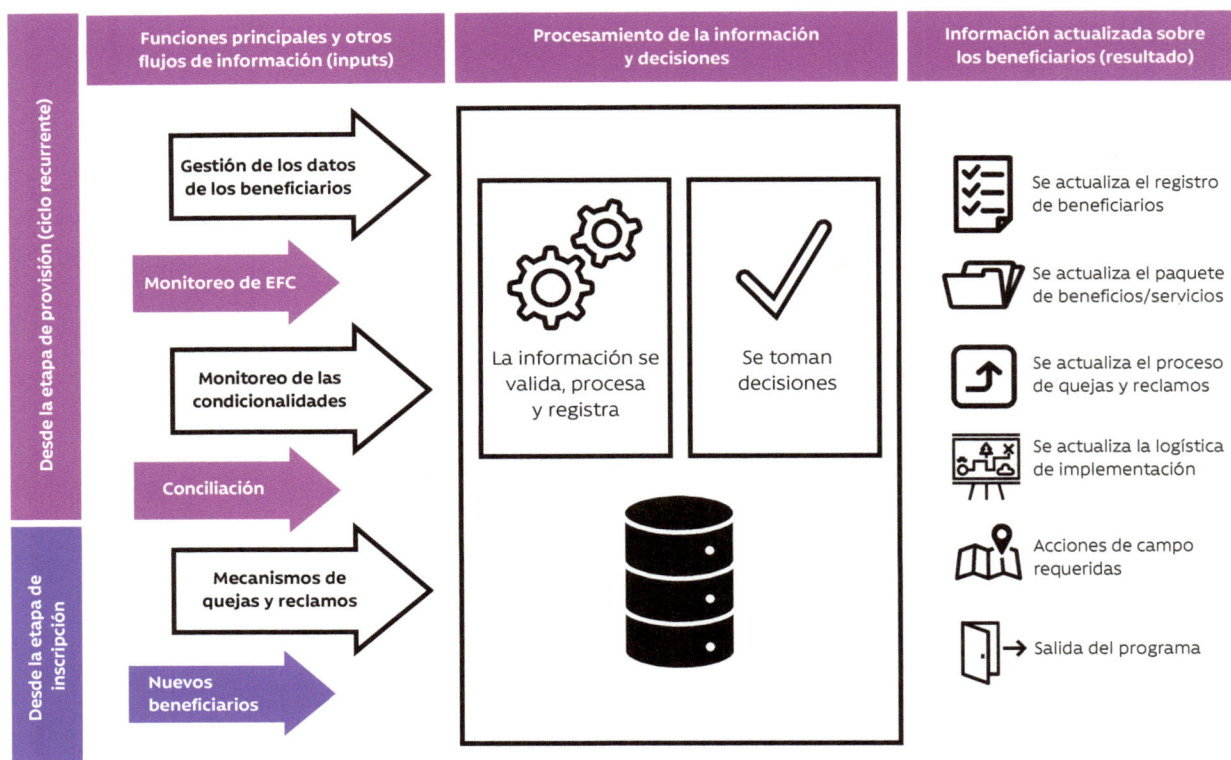

Fuente: Gráfico original para esta publicación.
Nota: EFC = errores, fraude y corrupción.

programa de transferencias monetarias. En una TMC, o en una transferencia monetaria no condicionada (TMNC), la gestión de las operaciones de los beneficiarios es esa caja negra de actividades que suelen ocurrir entre los períodos de pago, y mediante las cuales se implementa un conjunto de actividades coordinadas destinadas a recopilar, validar y decidir acerca de todos los inputs necesarios para proceder con el pago del período siguiente de forma adecuada y precisa, y garantizar que la persona correcta reciba el beneficio correcto en el momento justo y a través del medio de entrega apropiado (gráfico 8.3).

Esta etapa suele estar compuesta de tres funciones principales que se implementan de manera simultánea: la gestión de los datos de los beneficiarios, el monitoreo de condicionalidades y la implementación de un mecanismo de quejas y reclamos (tabla 8.1). Esta etapa forma parte esencial del ciclo recurrente de implementación y tiene como objetivo actualizar, corregir y verificar constantemente la información de los beneficiarios

monitoreando su itinerario a lo largo del programa y tomando decisiones relativas a su estado. Abarca una amplia gama de funciones que agrupamos en las siguientes categorías de tareas:

- ***Corregir errores relativos a la implementación:*** identificar problemas con la implementación, errores de inclusión o exclusión de programas, información incorrecta, etc. con el objetivo de ofrecer medidas correctivas y, a la larga, preventivas.
- ***Garantizar una logística de implementación adecuada:*** evaluar los cambios en las necesidades vinculadas al acceso y/o la ubicación geográfica, a fin de garantizar la accesibilidad de los beneficiarios a la interfaz de implementación de servicios o beneficios.
- ***Garantizar la implementación del paquete adecuado de beneficios o servicios:*** evaluar constantemente la correspondencia entre las características, necesidades y condiciones cambiantes de los beneficiarios y los paquetes que ofrece el programa.

Tabla 8.1 Tareas relativas a la gestión de las operaciones de los beneficiarios

Funciones	Tareas
Gestión de los datos de los beneficiarios	Corregir los errores de gestión de la información o relativos a los servicios
	Garantizar una logística de implementación adecuada
	Garantizar un paquete adecuado de beneficios o servicios
	Garantizar que el estado y el avance del beneficiario sean correctos
	Mantener el cumplimiento de los criterios de elegibilidad
Monitoreo de las condicionalidades	Verificar o monitorear el cumplimiento de las condicionalidades específicas del programa
Mecanismo de quejas y reclamos	Corregir los errores de gestión de la información o relativos a los servicios
	Proporcionar a los beneficiarios una voz para que aporten a la gestión de los programas

Fuente: Tabla original para esta publicación.

- *Verificar o monitorear el cumplimiento de las condicionalidades específicas del programa:* monitorear el acatamiento por parte de los beneficiarios de las corresponsabilidades del programa, lo que servirá de input para calcular la nómina o para administrar los servicios o beneficios subsiguientes de programas con pasos progresivos para los beneficiarios, como los programas de activación laboral.
- *Dar voz a los beneficiarios para que hagan aportes a la gestión de los programas:* ofrecerles a ellos y a otras personas la posibilidad de aportar comentarios positivos o negativos a los administradores de los programas. Esto abarca marcar de forma habitual los inconvenientes en la provisión, los posibles errores de inclusión y exclusión, los maltratos por parte de los trabajadores de primera línea, etc. También pueden canalizarse las voces de los beneficiarios para reforzar las buenas prácticas de implementación y un sólido desempeño del personal.

- *Monitorear el estado y el avance de los beneficiarios:* determinar quién debe continuar en el programa y quién debe abandonarlo. Algunos programas han desarrollado estados diferenciados de beneficiario que se corresponden con sus avances en el programa. Esta tarea permite, además, que el programa evalúe el grado de apoyo y acompañamiento necesario.
- *Actualizar la información relativa a la elegibilidad* para evaluar si los beneficiarios siguen cumpliendo los criterios establecidos.
- *Identificar y corregir los casos de EFC.* Esto suele suceder en aquellos países con un enfoque dedicado a gestionar los errores, el fraude y la corrupción.

Las tareas de gestión de las operaciones de los beneficiarios no son independientes entre sí y no respetan una secuencia específica. Suelen desarrollarse de manera simultánea, y la forma en que se relacionan unas con otras depende del tipo de programa. Por ejemplo, el avance del monitoreo puede generar cambios en el estado de un beneficiario; corregir la información del beneficiario puede dar lugar a cambios en el paquete de beneficios o servicios; y los cambios en el paquete de servicios pueden tener como resultado modificaciones en la logística de implementación. La tabla 8.1 muestra la forma en que suelen distribuirse las tareas entre los tres procedimientos principales antes mencionados.

Resultados, flujos de información y frecuencia

Una característica fundamental de la etapa de gestión de las operaciones de los beneficiarios es que funciona como un mecanismo de centralización del programa. Procesa la información proveniente de diversos flujos y la traduce en un flujo único, lo cual permite que los administradores del programa tomen decisiones para lograr los siguientes resultados:

- Actualizar el sistema de gestión de las operaciones de los beneficiarios (incluso de los beneficiarios que abandonarán el programa).
- Actualizar el paquete de beneficios o servicios.
- Actualizar la logística de implementación.

- Aplicar penalizaciones o sanciones por incumplimiento de las condicionalidades y por casos de fraude.
- Proporcionar o registrar las resoluciones de las quejas.
- Identificar y planificar más acciones de campo.

Los flujos de información pueden variar entre un programa y otro. Como se observa en el gráfico 8.3, esos flujos pueden abarcar tres procedimientos principales de gestión de las operaciones de los beneficiarios: la gestión de los datos de los beneficiarios, el monitoreo del cumplimiento y la información sobre las quejas. También puede abarcar la conciliación de la provisión de beneficios y servicios en ciclos anteriores, así como una lista de los beneficiarios recién inscritos que se integran por primera vez al ciclo recurrente.

La frecuencia de estas tareas está en función del enfoque del programa y de los ciclos de provisión. En aquellos programas que se rigen por un enfoque dirigido por la administración, la gestión de las operaciones de los beneficiarios suele estar en consonancia con los ciclos de pago. Es decir, si un programa entrega los beneficios cada dos meses, los procesos de gestión de las operaciones de los beneficiarios se llevan a cabo cada dos meses. Por ejemplo, en los programas periódicos de TMC, como el programa Pantawid Pamilyang Pilipino (4P) de Filipinas, el programa Benazir Income Support Programme (BISP) de Pakistán y el programa Jawtno de Bangladesh, la obtención, digitalización y procesamiento de la información relativa a la gestión de las operaciones de los beneficiarios está en consonancia con sus ciclos de provisión respectivos. La lógica subyacente es clara. La logística para el cálculo y la implementación de las nóminas debe ser lo más precisa posible en cada ciclo, y la gestión de las operaciones de los beneficiarios permite actualizar constantemente la identidad de los beneficiarios, el detalle de lo que reciben y el lugar donde lo reciben. Por otro lado, en los programas que funcionan con un enfoque por demanda, la gestión de las operaciones de los beneficiarios suele reflejar la intensidad de la interacción del programa con una persona u hogar. Un ejemplo es el programa Puente al Desarrollo de Costa Rica. Este programa desarrolla un paquete personalizado de beneficios y servicios para cada beneficiario en función de un diagnóstico del hogar y de un plan de acción individualizado (PAI). La frecuencia de las tareas de gestión de las operaciones de los beneficiarios está en función de las interacciones programadas entre el trabajador social (llamado *cogestor*) y el hogar, y varía para cada beneficiario.

En muchos programas dirigidos por la administración, los diversos flujos de información se planifican de forma tal que todos converjan en un mismo momento determinado de cada ciclo. Es decir, la administración del programa establece un plazo en cada ciclo para finalizar la captación de quejas, el monitoreo de las condicionalidades y las actualizaciones básicas de la información y, después, procesa la información. Una herramienta que suele usarse para gestionar los plazos y la convergencia de los flujos de información es el calendario maestro, que se describe más abajo.

Los ciclos de provisión determinan la frecuencia con que debe actualizarse la información. En los programas que requieren una nómina, por ejemplo, los responsables de generarla quizá necesiten saber si un beneficiario está vivo (en el caso de los programas de pensiones sociales), si un familiar asistió a una clínica para su medición mensual (cuando se trata de programas de TMC dependientes de la nutrición) o si el beneficiario asistió al lugar de trabajo (en los programas de obras públicas). Siguiendo con el ejemplo de la nómina, contar con esta información de manera puntual permite que la administración del programa calcule los beneficios y planifique la logística de forma precisa y reflejando los cambios que se han producido en el mundo real.

Los ciclos más cortos requieren mecanismos eficientes de gestión de las operaciones de los beneficiarios. Por lo general, los programas de obras públicas entregan los pagos a los beneficiarios por semana o por quincena. Esta característica de diseño plantea un desafío para la administración del programa, ya que la verificación de la asistencia, las quejas y las actualizaciones deben recopilarse, registrarse y completarse casi a diario, a fin de entregar los pagos cerca del fin del período laboral o pocos días después.

Coordinación de los flujos de información: La herramienta del calendario maestro

Gestionar los flujos de información puede llegar a ser una de las actividades más complejas que emprenda un programa durante las primeras etapas de su implementación. Entre las disposiciones más complejas se

Gráfico 8.4 Calendario maestro: Programa Pensión para el Bienestar de las Personas Adultas Mayores de México

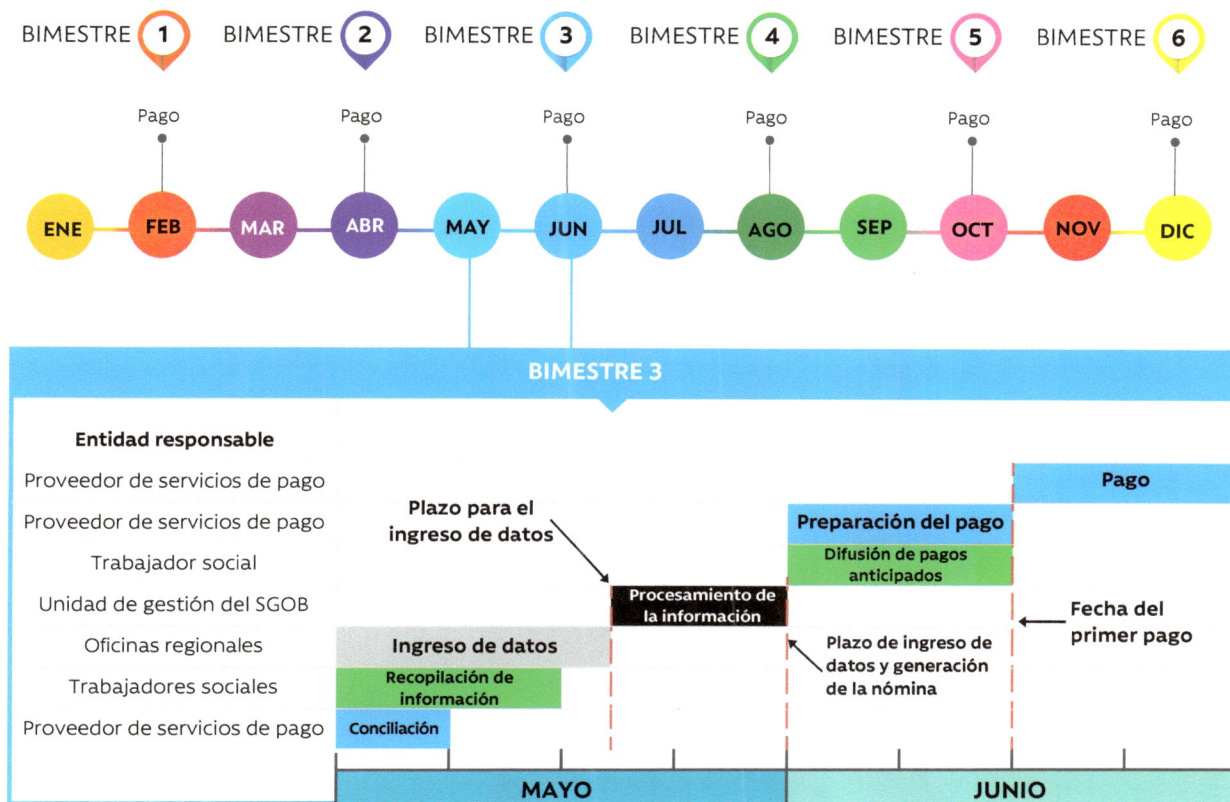

Fuente: Gráfico original para esta publicación.
Nota: SGOB = sistema de gestión de las operaciones de los beneficiarios.

encuentran las TMC que contemplan condicionalidades de salud y educación. La complejidad se deriva de tres factores principales: múltiples fuentes de flujos de información, una coordinación intersectorial (vertical y horizontal) y diversos tiempos de procesamiento. Estos desafíos suelen afrontarse desarrollando un **calendario general**. Esta herramienta es un componente integral de la planificación de la implementación y se usa para programar de manera secuencial y lógica todas las actividades que se desarrollan durante cada ciclo, teniendo en cuenta el tiempo de procesamiento, la capacidad y la carga de trabajo, entre otras variables. El proceso suele denominarse «programación».

Un calendario maestro facilita la coordinación entre los diversos participantes (dentro y fuera del programa) y los hace responsables de cumplir ciertos plazos y generar determinados resultados. Por ejemplo, el programa de pensiones sociales de México, la Pensión para el Bienestar de las Personas Adultas Mayores, actualiza anualmente un detallado calendario maestro. Este

calendario es producto de un acuerdo entre los departamentos internos relevantes del programa y el proveedor de servicios de pago, y se informa a todas las oficinas regionales. Los departamentos internos de este programa que participan en la decisión del calendario maestro son los siguientes:

● *Departamento de implementación.* Este departamento es responsable de preparar la propuesta de calendario maestro. La propuesta utiliza la información histórica y los plazos acordados previamente para determinar los períodos y plazos de cada paso del proceso.

● *Departamento de registro de beneficiarios (responsable del sistema de gestión de las operaciones de los beneficiarios del programa).* Este departamento es responsable de una de las actividades más complejas del proceso de gestión de las operaciones de los beneficiarios en el programa. El departamento integra los diversos flujos de información para garantizar la coherencia de la información recabada en campo, proporcionar un registro actualizado y calcular la nómina.

- **Departamento de finanzas.** Este departamento garantiza que los períodos de pago establecidos estén en consonancia con las asignaciones presupuestarias mensuales del programa provenientes del Ministerio de Hacienda.

Una vez que esos tres departamentos acuerdan un calendario maestro, se envía al proveedor de servicios de pago para que lo analice y acepte (véase el capítulo 6). El gráfico 8.4 ilustra la manera en que se definen los períodos y plazos de un semestre del programa de pensiones sociales de México.

8.2 GESTIÓN DE LOS DATOS DE LOS BENEFICIARIOS

La gestión de los datos de los beneficiarios es la función recurrente de un programa que consiste en actualizar y corregir la información de los beneficiarios y tomar decisiones en función de esos cambios. Como ya se mencionó en la introducción del capítulo 8, esta es una de las tres funciones principales que llevan a cabo los programas durante cada ciclo de la cadena de implementación como parte de la etapa de gestión de las operaciones de los beneficiarios (gráfico 8.5).

Esta función forma parte esencial del mantenimiento cotidiano del programa. En este momento, los debates relativos a sistemas de implementación se centran en la función que cumplen las tecnologías en la implementación de los sistemas. La mayoría de esos debates gravitan en torno a la manera en que los programas mejoran la provisión de servicios, por ejemplo, al aplicar mejoras en el sector financiero mediante la Fintech (tecnología financiera) y otras estrategias inminentes, como la estrategia de e-KYC (conocer electrónicamente al cliente). Otros debates contemplan cómo aprovechar la interoperabilidad de las bases de datos administrativas para vincularlas al registro social y respaldar así la evaluación de las necesidades y condiciones. Así que lo primero se centra en aprovechar la tecnología para que los sistemas de pago lleguen a ser más accesibles y transparentes, y lo segundo pone el foco en usar la innovación para reducir los errores de inclusión y exclusión. Ambas innovaciones generan

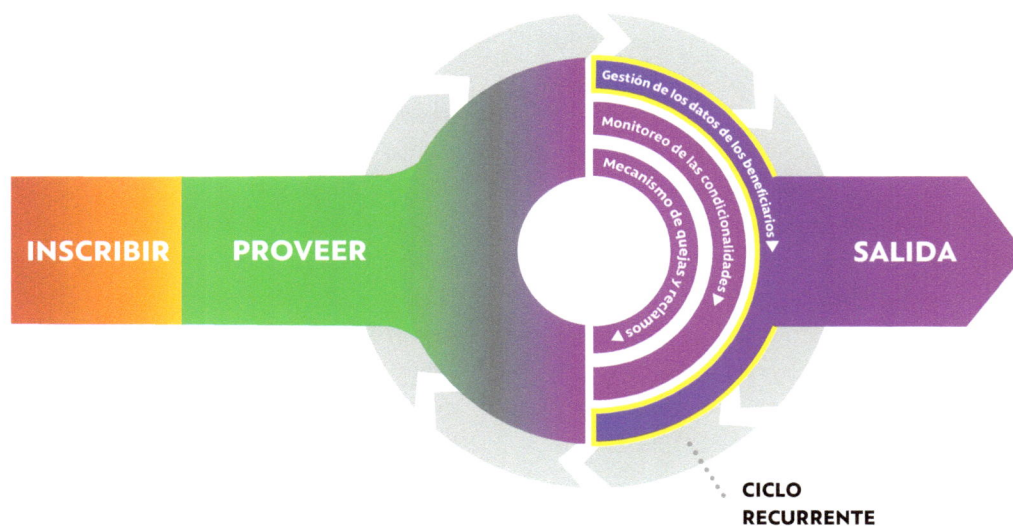

Gráfico 8.5 La función de la gestión de los datos de los beneficiarios dentro de la cadena de implementación de protección social

INSCRIBIR
PROVEER
Gestión de los datos de los beneficiarios
Monitoreo de las condicionalidades
Mecanismo de quejas y reclamos
SALIDA
CICLO RECURRENTE

Fuente: Gráfico original para esta publicación.

mejoras inmediatas en la eficiencia que son fáciles de observar. En consecuencia, no sorprende que los responsables de las políticas y los administradores de programas tiendan a surcar la ola de la innovación en estos dos aspectos, pero descuiden, hasta cierto punto, la aplicabilidad de las nuevas tecnologías en el proceso ordinario de mantenimiento de la información. Una cuestión que se aborda en esta sección es de qué manera las innovaciones cumplen la función de **mantener la precisión** constante de la información ya recopilada a fin de tomar decisiones oportunas y adecuadas sobre el listado actual de beneficiarios.

Esta sección analiza también el proceso de mantener la exactitud de la información básica de los beneficiarios mediante actualizaciones y correcciones que sustenten la capacidad de un programa de decidir el estado de sus clientes, así como los beneficios y servicios del programa. Existen dos motivos principales para la falta de información de los programas a la hora de tomar las decisiones cotidianas necesarias:

- *La información está desactualizada,* porque las necesidades y condiciones familiares son fluidas. La información recopilada durante las etapas de evaluación e inscripción ofrece una imagen de las necesidades y condiciones de la persona u hogar en un momento determinado. Esa información cambiará debido a acontecimientos vitales, como nacimientos, defunciones, matrimonios y migraciones. Otros efectos se relacionan con los cambios en la condición socioeconómica, en los factores de vulnerabilidad u otras influencias.
- *La información es incorrecta* como consecuencia de errores de recopilación en las etapas de evaluación e inscripción; o la información autodeclarada que se suministró era incorrecta, ya sea por error o de manera intencional.[4]

La información incorrecta o desactualizada puede causar una serie de errores en los ciclos recurrentes. Por ejemplo, los programas terminan asignando beneficiarios al punto de pago o de servicio equivocado, envían pagos a beneficiarios fallecidos (pensiones sociales, en particular) o siguen brindando un paquete de servicios que no refleja los cambios en el hogar beneficiario. Además, los programas pueden

seguir proporcionando beneficios a quienes, por motivos geográficos o socioeconómicos, ya no son elegibles para recibirlos.

Para reducir la incidencia de esos errores, los programas han adoptado procedimientos de gestión de los datos de los beneficiarios. Como veremos en esta sección, algunas de las actualizaciones y correcciones se aplican como parte del ciclo recurrente del programa. Algunos esquemas de actualización llevan a cabo actualizaciones y correcciones con menos frecuencia. Ese enfoque, que tiende a ser más lento y a consumir muchos recursos, no se implementa dentro del ciclo normal del programa, por motivos que analizaremos aparte.

Otro aspecto de esta sección que requiere una atención especial es la «salida». Como hemos visto, la información se actualiza o corrige para permitir la toma de decisiones, y una de las principales decisiones es la relativa al tiempo de permanencia de los beneficiarios en el programa. ¿Cómo afrontan los programas el proceso de eliminar beneficiarios? Esta es la última etapa de la cadena de implementación y, a excepción de la política, no se ha prestado atención suficiente a los protocolos destinados a finalizar la participación del beneficiario en el programa.

Por ende, hemos organizado la sección 8.2 en tres subsecciones:

- *Tipos de actualizaciones e información básica.* Esta subsección detalla la manera en que los programas organizan la información básica de los beneficiarios y cómo se relaciona esa información con las decisiones ordinarias de los programas.
- *Esquemas de actualización.* Esta subsección analiza las diversas estrategias que suelen implementarse, así como algunas innovaciones en este ámbito.
- *Decisiones de salida.* Esta subsección explora los criterios y procedimientos que se aplican a los beneficiarios que abandonan el programa.

A lo largo de esta sección, usaremos ejemplos de países para ilustrar mejor la función de esta etapa. Antes de pasar a los esquemas, la siguiente subsección presenta la información básica de los programas y cómo constituye la base de los procedimientos para actualizar y corregir la información.

Tipos de actualizaciones e información básica de los programas

La información básica de los programas consta de un conjunto de campos de datos que los administradores de programas verifican de manera constante a fin de mantener un listado homogéneo de beneficiarios. Esos campos se usan habitualmente para evaluar los siguientes cambios potenciales:

- **Permanencia en el programa.** Es decir, quién debería permanecer en el programa y quién debería abandonarlo, y quién ha fallecido.
- **Logística de implementación.** Esta información orienta las cuestiones de dónde y cómo implementar los servicios y beneficios.
- **Paquete de beneficios o servicios.** En el caso de los programas con paquetes diferenciados, este tipo de información ayuda a evaluar cuán relevante es el paquete para las necesidades de los beneficiarios.

En cuanto a las actualizaciones relativas a la permanencia, esta tarea recoge algunas de las funciones que se desarrollan durante la decisión de inscripción (tratadas en el capítulo 5) a medida que los administradores del programa evalúan si un cambio en la información básica afecta el cumplimiento por parte del beneficiario de los criterios de elegibilidad establecidos. Además, cuando los programas utilizan el nivel socioeconómico, calculado a partir de mediciones acumuladas de bienestar (descritas en el capítulo 4), como criterio de elegibilidad, habitualmente no resulta factible reevaluar constantemente esta información, ya que recopilar información mediante extensos cuestionarios en los hogares es un proceso lento y costoso. Por esta razón, algunos programas han decidido implementar un procedimiento independiente fuera del ciclo ordinario.[5] Ese procedimiento, que suele denominarse «recertificación», aquí lo llamamos «reevaluación». Esta actividad garantiza que las personas u hogares presentes en el listado actual permanezcan dentro del perfil de beneficiario del programa. Según el tipo de programa, esto podría suponer la reevaluación de las necesidades y condiciones socioeconómicas o la evaluación del estado de empleo o del riesgo social de personas y familias vulnerables. Si bien la actividad forma parte de la gestión de los datos

de los beneficiarios por ser relevante para los beneficiarios actuales, la mecánica de su implementación reitera la evaluación de las necesidades y condiciones descrita en el capítulo 4, por lo que esta actividad se describe con más detalle en ese capítulo del libro. Por tanto, esta sección se centra en ejemplos de los tipos de actualizaciones y correcciones que son habituales en el ciclo recurrente de la cadena de implementación.

La gestión de los datos de los beneficiarios se centra en diversas actualizaciones, en función del programa y de las características de los datos administrativos del país. El programa 4P de Filipinas cuenta con un sistema de actualización de beneficiarios (BUS) que emplea 12 tipos de actualizaciones (tabla 8.2). El SAB, que no debe confundirse con un software, es un procedimiento que abarca el proceso, las responsabilidades y los criterios empresariales y que se utiliza para ofrecer a los beneficiarios un mecanismo por el cual modificar su información básica (el proceso se describe en detalle en la sección siguiente). El SAB posee dos tipos de actualizaciones que pueden afectar la permanencia en el programa: (1) la mudanza fuera de la zona de Pantawid Pamilya y (2) el fallecimiento del beneficiario o de un familiar del hogar. Además, el SAB cuenta con nueve actualizaciones que pueden modificar la logística de implementación del beneficiario: un recién nacido en la familia, un cambio de domicilio, un cambio en la unidad sanitaria de servicio, un cambio de escuela, un cambio de destinatario designado (esto conllevará nueva información de contacto), un hijo biológico o adoptado legalmente que regresa al hogar, la corrección de la información básica, la restitución de niños cuyo cumplimiento de condicionalidades se esté supervisando y un segundo embarazo (o uno subsiguiente). Por último, hay ocho tipos de actualizaciones que pueden suponer cambios en el paquete de servicios (tabla 8.2).

Pueden usarse documentos de apoyo como herramientas de validación. Certificar una actualización o corrección puede resultar difícil, porque la documentación administrativa de ciertos acontecimientos vitales puede no ser de fácil acceso. Por ejemplo, un cambio de domicilio no siempre es fácil de certificar, ya que las facturas de servicios públicos pueden ser inexistentes o pueden llegar a nombre de otro responsable de la familia, o bien las personas pueden carecer de documentación básica. Un documento de apoyo habitual por el que se decantan los programas es una carta de la autoridad

Tabla 8.2 Tipos de actualizaciones de beneficiarios en el programa 4P de Filipinas

Tipo de actualización	Documento de apoyo	Cambio potencial
Recién nacido	• Certificado de nacimiento • Unidad sanitaria rural/centro de salud del *barangay* (barrio) • Certificado de registro	Logística de implementación y paquete de beneficios o servicios
Cambio de domicilio (dentro de las zonas de Pantawid Pamilyang)	Certificado de cambio de domicilio del capitán del *barangay*	Logística de implementación
Mudanza fuera de la provincia, ciudad o municipalidad (a zonas fuera de Pantawid Pamilyang)	• Certificado de los capitanes del *barangay* donde conste el domicilio antiguo y el nuevo • Certificado del E C/M	Permanencia en el programa
Cambio en la unidad sanitaria de servicio	Certificado de registro de la nueva unidad o centro sanitario firmado por un funcionario municipal de salud o un encargado del centro	Logística de implementación
Cambio de escuela o nueva inscripción	Comprobante de inscripción firmado por el director o el maestro principal	Logística de implementación y paquete de beneficios y servicios
Cambio de destinatario designado	• Certificado de defunción • Certificado del E C/M donde se indique el motivo de la ausencia prolongada • Certificado médico • Formulario rellenado del banco Land Bank of the Philippines sobre el beneficiario sustituto, acompañado de otro documento • Informe de incidentes o estudio de caso de la Oficina Municipal de Desarrollo del Bienestar Social (MSWDO). En el caso de los E C/M, el estudio de caso debe estar validado por la MSWDO	Logística de implementación
Fallecimiento del beneficiario o de un integrante del hogar	Certificado de defunción	Permanencia en el programa y paquete de beneficios o servicios
Regreso de un hijo biológico o legalmente adoptado de 18 años o menos	• Certificado de nacimiento (en el caso de un hijo biológico) • Documentos de adopción legal (en el caso de un hijo adoptado) • Certificado de inscripción escolar (de 3 a 18 años) • Certificado de inscripción en el centro de salud (menor de 5 años) • Certificado del E C/M donde se indique que el niño no es actualmente un beneficiario de Pantawid Pamilyang en su lugar de origen	Logística de implementación y paquete de beneficios o servicios
Corrección de la información básica: nombre, sexo, fecha de nacimiento	• Certificado de inscripción escolar (de 3 a 18 años) • Certificado de registro en RHU/BHS (de 0 a 5 años) y certificado médico (para niños con discapacidad) donde se certifique la discapacidad y la incapacidad	Logística de implementación y paquete de beneficios o servicios
Identificación de membresía tribal de un pueblo indígena	Certificado de los líderes tribales del pueblo indígena	Paquete de beneficios o servicios
Restitución de uno o más niños cuyo cumplimiento de condicionalidades se esté monitoreando	• Certificado médico (para niños con discapacidad) donde se certifique la discapacidad y la incapacidad • Certificado de defunción, en caso de fallecimiento • Certificado de nacimiento • Certificado de inscripción	Logística de implementación y paquete de beneficios o servicios
Segundo embarazo o embarazo subsiguiente	Certificado de registro en la unidad sanitaria rural (RHU) o el centro de salud del *barangay* (BHS)	Logística de implementación y paquete de beneficios o servicios

Fuente: Información proporcionada en el manual de operaciones del Programa Pantawid Pamilyang Pilipino de Filipinas, Departamento de Bienestar y Desarrollo Social, diciembre de 2015.

Nota: E C/M = enlace de la ciudad/municipalidad; RHU/BHS = unidad sanitaria rural/centro de salud del *barangay*; 4P = Programa Pantawid Pamilyang Pilipino.

local donde se certifique el nuevo domicilio del beneficiario. Cualquiera sea la documentación escogida, definir qué documentos constituyen una prueba del cambio garantiza cierto grado de trazabilidad y responsabilidad. La tabla 8.2 contiene ejemplos de los documentos de apoyo que se aceptan para cada tipo de actualización.

Algunos programas incorporan la salida voluntaria como uno de los tipos de actualización. La fluidez de las necesidades y condiciones de un hogar beneficiario no implica necesariamente que tales condiciones siempre empeoren. En ciertos casos, las necesidades de las personas pueden disminuir y las condiciones pueden mejorar, con el resultado de que las personas pueden decidirse por abandonar el programa debido a que ya no están dispuestas a asumir el costo de cumplir con las obligaciones. Por ejemplo, con las TMC de Waseela-e-Taleem del programa Benazir Income Support de Pakistán, uno de los siete tipos de actualizaciones es la salida voluntaria de un hogar. Las directrices del programa estipulan lo siguiente: «Salida voluntaria de un hogar del programa: cuando un beneficiario desea abandonar el programa de manera voluntaria, justificando o no su decisión».

Esquemas para actualizar y corregir la información de los beneficiarios

Existen varios esquemas de actualización y corrección que utilizan los programas para mantener la exactitud de la información básica de los beneficiarios. Examinaremos aquí una gama de esquemas que se utilizan actualmente y usaremos casos reales de países.

Los procesos de actualización pueden clasificarse en función de quién inicia el proceso y en función del alcance de la actualización. Podemos dividir los esquemas de actualización en dos grupos principales: Por un lado, cada año (o cada dos años) se aplican procedimientos programados activados por el programa, que abarcan a todos los beneficiarios del sistema de gestión de las operaciones de los beneficiarios (SGOB). Por el otro, el beneficiario o un trabajador social pueden activar procedimientos por demanda, y se procesan solicitudes de actualización de los beneficiarios que han notificado un cambio al programa o de quienes han sido objeto de una sesión de seguimiento con un trabajador social. Como veremos en este capítulo, algunos

programas utilizan uno de estos esquemas, ya sea de tipo programado o por demanda, mientras que otros emplean una combinación de esquemas.

Esquemas por demanda

Actualización por demanda activada por el beneficiario

Esta es una de las estrategias de actualización más habituales que, como su nombre señala, depende de que los beneficiarios informen activamente a la administración del programa todo cambio que se haya producido en la información básica de su hogar. En las directrices de algunos programas, este requisito figura como una obligación del beneficiario. Por ejemplo, en el programa 4P de Filipinas, durante la incorporación, todos los solicitantes elegibles que deseen formar parte del programa reciben una orientación en cuanto a sus derechos y obligaciones y deben firmar un «compromiso solemne» donde se estipulan esas responsabilidades. La obligación relativa a las actualizaciones indica lo siguiente: «Asistir a las reuniones y sesiones grupales, y coordinar con las madres líderes de 4P las cuestiones relativas al programa 4P en la comunidad y los cambios en la información del hogar».[6]

De la misma manera, en el programa Benazir Income Support, el beneficiario tiene la siguiente responsabilidad: «Presentar actualizaciones/quejas/reclamos con la información/documentos necesarios usando cualquiera de los mecanismos disponibles, en los momentos de presentación de actualizaciones/quejas/reclamos».[7]

Este tipo de esquema por demanda suele recibir solicitudes de actualización y corrección a lo largo del año. Sin embargo, eso no implica necesariamente que la actualización se procese de inmediato. Normalmente, los programas que utilizan este esquema organizan el procedimiento en torno a los ciclos periódicos de pago. El programa Pensión para el Bienestar de las Personas Adultas Mayores de México recibe solicitudes de actualización de manera constante, pero las procesa solo una vez cada dos o cuatro meses (gráfico 8.6). Mediante el calendario maestro, la administración local del programa tiene un plazo para presentar las solicitudes de actualización/corrección en el sistema de gestión de las operaciones de los beneficiarios del programa, a fin de que haya

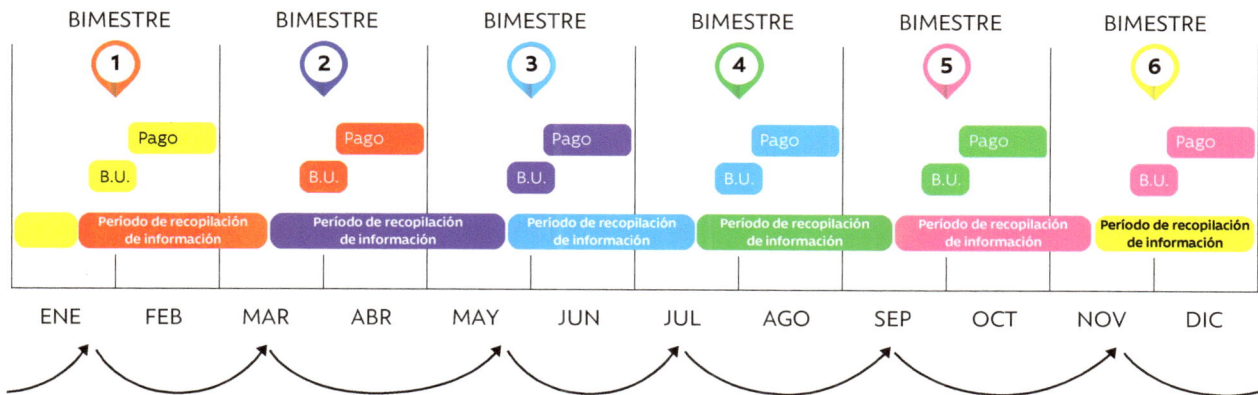

Gráfico 8.6 Esquema de actualización de beneficiarios del programa Pensión para el Bienestar de las Personas Adultas Mayores de México

Fuente: Gráfico original para esta publicación.
Nota: B.U. = proceso de actualización/corrección del registro de los beneficiarios.

tiempo para procesar el cambio necesario y la actualización pueda entrar en vigor para el proceso de pago inmediato. El uso del calendario maestro resulta crucial para que este esquema funcione sin contratiempos.

Otra característica de los esquemas por demanda activados por el beneficiario es que deben contar con procedimientos definidos de validación y aprobación. A medida que se recogen las solicitudes de actualización y corrección en el terreno, existe la necesidad de analizar si la solicitud cumple con los parámetros de las directrices del programa, así como la necesidad de revisar la validez de los documentos de apoyo. En este punto, la pregunta fundamental es ¿quién autoriza o aprueba los cambios finales en el registro del beneficiario? En el ejemplo de 4P, el progenitor responsable de la familia obtiene la solicitud. Después, la recibe el enlace de la ciudad/municipalidad, quien verifica que esté completa y la ingresa al Sistema de Información de Pantawid Pamilyang (PPIS). En este punto, el grupo provincial la coteja con otras solicitudes del mismo período de actualización y lleva a cabo una revisión masiva. Por último, se presenta al director regional para obtener la aprobación final (gráfico 8.7).

Algunos programas implementan controles a fin de establecer una cadena de custodia para la solicitud de actualización.[8] El programa Pensión para el Bienestar de las Personas Adultas Mayores de México utiliza un formulario (la Ficha Única de Atención) que contiene un número único de tramitación y un acuse de recibo que conserva el beneficiario (gráfico 8.8). El número único

de tramitación permite que el programa controle la solicitud a lo largo de las distintas etapas del proceso. El acuse de recibo permite que el beneficiario haga un seguimiento del proceso de actualización a través de las oficinas o los centros de atención telefónica del programa y, al mismo tiempo, funciona como un rastro documental o un comprobante de transacción para el beneficiario.[9] Además, tanto el acuse de recibo como la solicitud contienen un número único del trabajador social que recibió la solicitud inicial, lo cual agrega un nivel de responsabilidad al proceso. Por otro lado, a medida que el proceso avanza por el sistema de gestión de las operaciones de los beneficiarios, todas las acciones que afectan a la solicitud contienen el número del administrador del programa responsable de la solicitud (desde los especialistas de ingreso de datos hasta el personal gerencial que la aprueba).

Actualización por demanda, activada por el trabajador social

Este esquema se utiliza principalmente en los servicios sociales. Se usa para conservar un registro del paso del beneficiario por las fases de apoyo. Su frecuencia depende de la interacción entre el beneficiario y los trabajadores sociales del programa. El programa Puente al Desarrollo de Costa Rica es un programa de intervención familiar que integra los servicios de diversas disciplinas y organismos gubernamentales. En este programa, el trabajador social, que desarrolla un plan de acción individualizado

Actualización iniciada por el beneficiario: Ilustración del Programa Pantawid Pamilyang de Filipinas (4P)

Oficina regional

Grupo provincial

Ciudad/ municipalidad

Progenitor responsable de la familia

Beneficiario

6 La Oficina Regional de Datos de Beneficiarios revisa la solicitud de actualización en el PPIS y recomienda su aprobación final

7 La dirección regional aprueba la actualización en el PPIS

5 La Oficina de Datos de Beneficiarios del Grupo coteja y analiza la codificación y la integridad de los datos, y recomienda una actualización en el PPIS

3 El enlace de la ciudad o municipalidad verifica que los datos estén completos y entrega un acuse de recibo al beneficiario

4 Ingresa la solicitud al Sistema de Información de Pantawid Pamilyang (PPIS)

2 Ayuda a rellenar el formulario de actualización de beneficiarios

1 Informa cambios en los datos relevantes y aporta documentos de apoyo

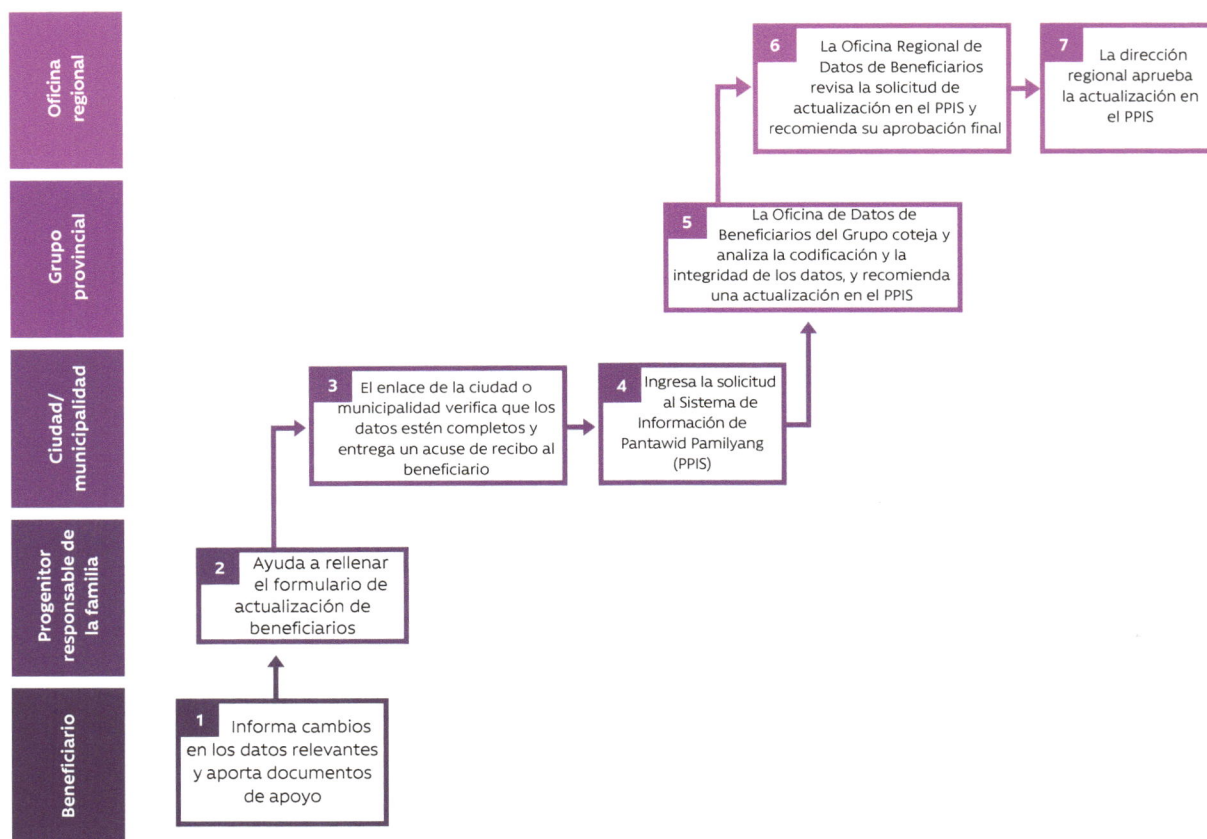

Fuente: A partir de descripciones del proceso en el manual de operaciones del Programa Pantawid Pamilyang Pilipino de Filipinas, Departamento de Bienestar y Desarrollo Social, diciembre de 2015.

para cada familia, lleva a cabo visitas periódicas de seguimiento del hogar y es responsable de actualizar el avance del beneficiario y su información básica tras cada una de las sesiones familiares. Para esto, el programa desarrolló el Sistema de Atención Personalizada a las Familias (SAPEF). Este sistema contiene la información básica de los beneficiarios y el PAI de cada familia. A diferencia del esquema activado por el beneficiario, el trabajador social tiene la capacidad y la facultad para ingresar, validar y autorizar cambios en la información del beneficiario.

Esquemas programados activados por el programa

El segundo grupo de esquemas de actualización y corrección son aquellos que se activan mediante un procedimiento programado. Por lo general, estos procedimientos implican actualizar la totalidad del listado de beneficiarios; también pueden implicar el contraste

de la información con otras bases de datos administrativas. Existen dos tipos principales de esquemas programados activados por el programa: (1) aquellos donde la información se actualiza en función de la interoperabilidad de las bases de datos administrativas y (2) aquellos donde se utiliza la validación para actualizar el listado.

Esquemas integrados de información social

Estos esquemas llevan a cabo actualizaciones periódicas extrayendo datos de beneficiarios de diversas bases de datos administrativas gubernamentales con las que están conectados. El Sistema de Información Integrado de los Servicios de Asistencia Social de Turquía (SIAS; véase el capítulo 4) integra las funciones de un registro social, un registro integrado de beneficiarios y un sistema integrado de pagos y gestión de los datos de los beneficiarios.[10] Uno de los programas que utiliza SIAS es una

Fuente: "Guía para el Llenado de Fichas de Atención", Secretaría de Desarrollo Social, México, Dirección General de Atención a Grupos Prioritarios, 2017.

TMC con un listado de 3 millones de beneficiarios aproximadamente. La TMC no posee un sistema independiente de gestión de las operaciones de los beneficiarios. Es, en esencia, un subconjunto de individuos del registro de SIAS, que contiene más de 10 millones de hogares y 40 millones de individuos. La información de todos los individuos presentes en SIAS se actualiza cada 45 días mediante un procedimiento con servicios web que extrae datos de 24 bases de datos administrativas gubernamentales con las que el SIAS está conectado. Aunque dicha actualización puede efectuarse en cualquier momento, para no sobrecargar los sistemas interconectados, el Gobierno decidió hacerlo mediante un proceso por lotes cada 45 días. Además, los usuarios locales de 1000 Fundaciones de Asistencia Social y Solidaridad (SYDV) pueden actualizar los perfiles de sus beneficiarios en el sistema en cualquier momento que deseen (a través de los servicios web). Por otra parte, antes de calcular la nómina, se deben actualizar los datos de todos los beneficiarios de asistencia social (incluidas las TMC).

El Registro Social de Hogares (RSH) de Chile es también un esquema integrado de información social. Una vez por mes, el RSH extrae 18 campos de datos de 20 bases de datos administrativas distintas. El RSH utiliza una integración con el sistema para actualizar los datos administrativos y, en paralelo, emplea un esquema por demanda activado por el beneficiario para actualizar los datos autodeclarados.

Esquemas de validación programada de campos

Este esquema implica destinar recursos una o dos veces por año para validar la información de los beneficiarios en el terreno. Por ejemplo, el programa Prospera de México usa el primer período de pago del año para consultar a los beneficiarios si se han producido cambios en su información básica (gráfico 8.9).[11] Para esto, se imprime un formulario llamado F1, que contiene la información básica de cada hogar, y se entrega a cada responsable de familia para que indique si hubo algún cambio. De ser así, el trabajador social del programa rellena la Ficha Única de Atención, que se gestiona mediante un proceso similar al sistema BUS del 4P en Filipinas.

Además del esquema integrado de información antes tratado, el plan de actualización de Turquía exige que todos los receptores de asistencia social (incluidos los beneficiarios de TMC) reciban una evaluación anual en persona a cargo del inspector de la asistencia social de la oficina local de la SYDV. Para esto, el inspector de la asistencia social imprime un formulario estándar de visita al hogar que está integrado en SIAS. El formulario se rellena de manera preliminar con datos administrativos. Una vez finalizada la visita, el formulario se ingresa al SIAS.

De manera similar al SIAS de Turquía, algunos programas combinan un conjunto de esquemas para alcanzar un mayor grado de confiabilidad. Otro ejemplo es el programa Pensión para el Bienestar de las Personas Adultas Mayores de México, que cada bimestre contrasta su registro de beneficiarios con los archivos del registro civil de la oficina del Registro Nacional de Población, a fin de verificar si se ha notificado el fallecimiento de alguno de los beneficiarios.

Los esquemas integrados de información tienden a ser más eficientes, tanto en tiempo como en costo, ya que están informatizados y el procesamiento puede tardar menos de cuatro horas. Sin embargo, puede que no estén disponibles en todos los contextos de un país, ya que son muy dependientes de un sistema básico de identificación con buena cobertura, información estandarizada entre las plataformas de información gubernamentales y digitalización de los registros administrativos relevantes.

Decisiones de salida

Una de las principales decisiones en la gestión de beneficiarios es la de eliminar a un beneficiario del programa. Los listados funcionales de beneficiarios tienden a ser herramientas muy dinámicas: incorporan constantemente nuevos beneficiarios en la etapa de inscripción y eliminan a quienes han completado la trayectoria de beneficiario, así como a quienes, debido a un cambio o corrección, ya no cumplen los criterios del programa. ¿Por qué los beneficiarios abandonan el programa? Un motivo es que lo han finalizado. Algunos programas poseen un conjunto definido de intervenciones secuenciales y, al finalizarlas, la persona u hogar se gradúa del programa. Este suele ser el caso con las intervenciones de mercado laboral, especialmente aquellas que se centran en mejorar la empleabilidad de la persona mediante un conjunto definido de módulos de capacitación. Otro parámetro habitual de finalización es un límite de tiempo. Esto se aplica normalmente a los programas que apuntan a servir de puntapié inicial para alcanzar cierto nivel de autosuficiencia o que proveen una red de asistencia para ayudar a las personas a sobrellevar una situación temporaria, como el seguro de desempleo. Otro criterio de salida es el haber completado un PAI: Algunos programas, particularmente aquellos que proveen servicios que se articulan en torno a interacción entre un beneficiario y un trabajador social, se valen de una serie de objetivos individualizados que el trabajador social supervisa y refuerza constantemente. El Puente al Desarrollo de Costa Rica usa por igual el límite de tiempo y la finalización del PAI como parámetros de salida. Los hogares beneficiarios se diagnostican de manera individual, y se formaliza un plan de acción individualizado de hasta 41 metas en seis dimensiones de mejora.[12] El beneficiario abandona el programa al finalizar las metas o al completar dos años en el programa.

Gráfico 8.9 Validación programada de campos en el programa Prospera de México

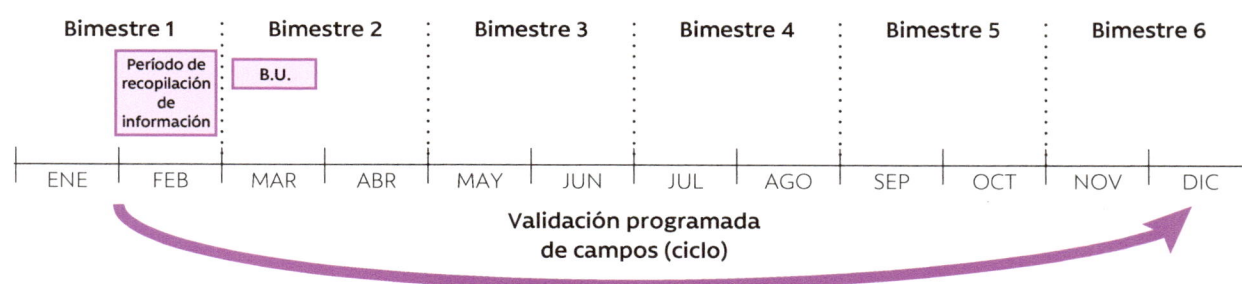

Fuente: Gráfico original para esta publicación.

Nota: B.U. = proceso de actualización/corrección del registro de los beneficiarios.

Una segunda razón por la que los beneficiarios abandonan el programa es un cambio en su perfil de beneficiario. El criterio más utilizado en este aspecto, especialmente en los programas de redes de asistencia, es el de los cambios en el nivel socioeconómico. Como ya se trató más arriba, algunas transferencias monetarias condicionadas implementan procesos de reevaluación para validar de forma continua la elegibilidad de su listado (véase el capítulo 4). Otro parámetro común es el lugar de residencia, en especial para los programas con cierto grado de focalización geográfica. Los parámetros de salida según la focalización geográfica suelen ser consecuencia de la reubicación de los beneficiarios a zonas no focalizadas. Como se describió en la tabla 8.2, el programa 4P de Filipinas, focalizado en provincias específicas, supervisa constantemente si los beneficiarios se han mudado a zonas del país distintas de Pantawid Pamilya.

Un motivo ulterior de abandono del programa tiene que ver con el ciclo vital, en especial el hecho de superar la edad máxima del programa o fallecer. En el programa Waseela-e-Taleem de BISP (WET BISP), una persona que llegue a los 15 años entra en lo que el programa denomina «criterios de separación» y se elimina del listado. Las defunciones se monitorean habitualmente en los programas de pensiones sociales, aunque tal monitoreo no sea exclusivo de ese tipo de programas.

Por último, otro motivo habitual por el que los beneficiarios salen de un programa es el incumplimiento de las condiciones o corresponsabilidades del programa. Tales condiciones se abordarán en detalle en las secciones siguientes de este capítulo. La tabla 8.3 indica cuatro motivos principales por los que los beneficiarios abandonan un programa.

Desde una perspectiva de implementación, resulta más relevante la pregunta de cómo salen del listado los beneficiarios. En particular, ¿cómo identifica un programa las salidas de beneficiarios? ¿Cómo verifica que se han cumplido los criterios de salida? ¿Y cómo el programa notifica la decisión a la persona u hogar?

Los programas suelen aplicar cuatro pasos en el proceso de eliminar beneficiarios del listado: desencadenante de salida, validación de los criterios, decisión de salida y notificación al beneficiario. Los desencadenantes de salida son cambios en la información básica o los indicadores de cumplimiento del beneficiario como consecuencia del proceso de actualización (descrito

Tabla 8.3 Motivos de salida de programas por parte de los beneficiarios

Categorías de salida	Criterios de salida
Finalización	• Límites de tiempo • Plan de acción individualizado • Graduación
Cambio en el perfil del beneficiario	• Nivel socioeconómico • Condición de vulnerabilidad • Ubicación geográfica • Empleo
Ciclo vital	• Edad • Defunción
Incumplimiento de las condiciones del programa	• Requisitos de activación laboral • Condicionalidades de salud o educativas del programa

Fuente: Tabla original para esta publicación.

más arriba) y del monitoreo de las condicionalidades, respectivamente, que avisan cuándo un beneficiario queda fuera de los parámetros del programa. Los desencadenantes pueden estar integrados en el sistema de gestión de las operaciones de los beneficiarios (SGOB; véase el capítulo 5) o advertirse fácilmente en sistemas de papel y lápiz (Grosh *et al.*, 2008). Como se describió en la sección de esquemas de actualización, estos desencadenantes pueden provenir del terreno, en esquemas de actualización por demanda, o pueden surgir de un esquema de actualización programado.

La verificación de los criterios de salida rara vez se documenta en el manual de operaciones de un programa, si bien es un componente esencial para dirigir el proceso de manera responsable. Especialmente en las redes de seguridad, donde la participación del beneficiario en el programa puede llegar a durar una década, certificar con precisión que los beneficiarios han cumplido los criterios de salida es una actividad fundamental. Un ejemplo claro es cómo certificar una defunción en los programas de pensiones sociales. Puede haber motivación para aceptar precipitadamente el fallecimiento de una persona a fin de abrir una vacante en el listado de beneficiarios. Debería existir un mecanismo claro y responsable para certificar, por medios oficiales (como un acta de defunción), si fuera posible, que una persona ha fallecido y que la información coincide claramente con los datos del SGOB.

Las decisiones de salida se sitúan mejor en los niveles burocráticos donde se puede exigir la rendición de cuentas por la toma de decisiones de alto nivel. Existen casos, como en la provisión de servicios sociales, donde la interfaz de campo con el beneficiario es un trabajador social capacitado quien, como parte de la descripción de su puesto, puede tomar decisiones de salida de manera independiente. En otros, el personal de campo lleva a cabo un conjunto de funciones de enumeración y movilización social, y no cuenta con las habilidades, la capacitación ni la remuneración necesarias para asumir una responsabilidad de esta naturaleza. En esos casos, es preferible implementar niveles verticales de supervisión para garantizar que las decisiones de salida atraviesen un proceso más riguroso. Tal es el caso del programa 4P, que se ilustra en el gráfico 8.7, donde un cambio en el registro de beneficiarios pasa por el enlace municipal, se analiza en el grupo provincial y recibe la aprobación de la dirección regional.

Resulta crucial contar con un proceso de notificación bien diseñado para completar la experiencia del beneficiario. Como en toda organización orientada al servicio, la manera en que finaliza la interacción es tan importante como la forma en que se inicia. Una vez tomada la decisión, la cuestión aquí es ¿cómo se transmite esa información al beneficiario o a la familia? Siguiendo con el ejemplo del programa Puente al Desarrollo de Costa Rica, después de que cada hogar beneficiario llega al límite de dos años establecido por el programa, el trabajador social asignado llevará a cabo una sesión de trabajo para analizar sus logros durante este período y finalizar el procedimiento de salida. En cambio, la mayoría de los programas analizados en este capítulo no describe de forma explícita los procedimientos de comunicación en sus manuales de operaciones. Se deberían detallar y estandarizar métodos eficaces para comunicar las decisiones de salida, y se deberían utilizar los canales adecuados.

8.3 MONITOREO DEL CUMPLIMIENTO DE LAS CONDICIONALIDADES DE EDUCACIÓN Y SALUD EN LAS TMC

Motivos para las condicionalidades. Más de sesenta países operan transferencias monetarias condicionadas (TMC)[13]. Su objetivo es aliviar la pobreza proporcionando asistencia monetaria a familias pobres y reducir la transmisión intergeneracional de la pobreza incentivando las inversiones en capital humano (Baird *et al.*, 2014). (La tabla 8A.1 del anexo proporciona los menús de condicionalidades para nueve casos de países). Las TMC están, probablemente, entre los instrumentos de políticas sociales que más exhaustivamente se han evaluado, con sólidas evidencias de su fuerte impacto sobre la pobreza, la escolarización y los resultados en materia de salud[14].

Monitorear las condicionalidades en la cadena de implementación. Algunos estudios han considerado las características de implementación de las condicionalidades, y uno de las principales conclusiones ha sido la importancia del monitoreo y la aplicación de las condicionalidades (Baird *et al.*, 2014; Bastagli *et al.*, 2016; Dodleva *et al.*, 2018; Ibarrarán *et al.*, 2017). Una pregunta fundamental es: ¿de qué manera las TMC monitorean

y aplican las condicionalidades? Esta sección se propone analizar los procesos y sistemas que constituyen la base de dicho monitoreo, que forma parte del ciclo recurrente de la gestión de operaciones de los beneficiarios en la cadena de implementación. El objetivo de monitorear las condicionalidades es proporcionar «empujones» de conducta a los beneficiarios verificando su asistencia escolar y la utilización de los servicios de atención sanitaria. El input principal para el monitoreo de las condicionalidades es la lista de personas de las familias beneficiarias que requieren monitoreo en cada ciclo de implementación, como mujeres embarazadas o en período de posparto, niños y niñas de 0 a 6 años, niños y niñas de 6 a 15 años y jóvenes de 16 a 18 años; lo cual incluye las escuelas y los centros de atención de salud asignados. El monitoreo también requiere la coordinación institucional, incluida la colaboración con proveedores de servicios (centros de educación y salud); recursos humanos; formularios, protocolos y procesos de verificación de cumplimiento; y sistemas de gestión de operaciones de los beneficiarios.

El resultado principal del monitoreo de las condicionalidades es un SGOB actualizado con información sobre cumplimiento o incumplimiento para ese ciclo de monitoreo, decisiones sobre las consecuencias del incumplimiento y cualquier modificación en los importes de los beneficios en razón de sanciones económicas. El registro de beneficiarios actualizado luego vuelve a actualizar la nómina para el siguiente ciclo de pago.

Nueve casos de países. Con el objetivo de cubrir una variedad diversa de experiencias regionales y contextuales en todo el mundo, este libro incluye las TMC en nueve países: Programa Bolsa Familia (PBF) de Brasil, programa Familias en Acción (FA) de Colombia, programa Family Hope (PKH) de Indonesia, Programa para el Avance de la Salud y la Educación (PATH) de Jamaica, programa Prospera de México, programa Waseela-e-Taleem (WeT) de Pakistán, el Pantawid Pamilyang Pilipino Program (4P) de Filipinas, programa Red de Asistencia Social Productiva de Transferencias Monetarias Condicionadas (PSSN TMC) de Tanzania y programa de TMC de Turquía.

Hoja de ruta. La primera sección profundiza en las preguntas centrales: ¿cómo monitorean los países las condicionalidades en las TMC y cómo vuelven a relacionarlas con los pagos para aplicar sanciones por incumplimiento? La segunda pregunta analiza cómo aplicar las consecuencias y cuál es el vínculo entre las condicionalidades y los ciclos de pago. La tercera sección presenta algunos indicadores centrales para evaluar el desempeño de la Implementación del monitoreo de condicionalidades (con vínculos al capítulo 9). La cuarta sección ofrece un resumen en formato de lista de verificación de las buenas prácticas para el monitoreo de condicionalidades.

¿De qué manera las TMC monitorean las condicionalidades?

Una pregunta clave es cómo los países monitorean las condicionalidades en las TMC. Esta sección se propone abrir la caja negra de la implementación a fin de examinar los acuerdos y procesos institucionales para monitorear las condicionalidades. También analiza el uso de sistemas de información (SGOB, comúnmente conocidos como «SIG»)[15] y cómo se usan no solamente para registrar y gestionar los datos sobre cumplimiento, sino también cómo automatizan los

procesos y mejoran la eficiencia reduciendo los tiempos de procesamiento.

Los acuerdos institucionales y la importancia de la coordinación vertical y horizontal

La coordinación institucional —tanto vertical como horizontal— es un elemento crítico del monitoreo de condicionalidades. Uno de los factores que hace que el monitoreo del cumplimiento sea complejo es la cantidad y la diversidad de actores involucrados, que incluyen personal de programa de primera línea, docentes, trabajadores del área de salud, organismos subnacionales y organismos centrales, incluidos los ministerios de Asuntos Sociales, de Educación y de Sanidad.

El monitoreo de las TMC exige una colaboración vertical significativa entre los ministerios centrales, los organismos subnacionales y los actores locales. Los ministerios de Asuntos Sociales centrales suelen supervisar las TMC; gestionar los sistemas de información, incluidos los módulos de verificación de cumplimiento; decidir las consecuencias del incumplimiento y proporcionar la información sobre cumplimiento nuevamente al departamento de pagos para el procesamiento de la nómina. Los actores subnacionales (regionales o locales) habitualmente operan como canales para transmitir información, supervisar los procesos e interactuar con los proveedores de servicios. Estos acuerdos de colaboración vertical se rigen por varios enfoques.

- Algunas TMC se apoyan en **agentes desconcentrados a niveles subnacionales**, con acuerdos centrales de financiamiento e informes. Ese es el caso del programa PKH de Indonesia, gestionado a nivel nacional por la subdirección de Seguridad Social Familiar (JSK) del Ministerio de Asuntos Sociales (MAS); a nivel subnacional a través de 33 oficinas de implementación provinciales; y a nivel distrital o local, con aproximadamente 36.000 facilitadores de programas contratados por la JSK o por el MAS para gestionar las operaciones en las primeras líneas[16]. De manera similar, el 4P de Filipinas se gestiona a nivel central en la Oficina Nacional de Gestión de Programas (NPMO) del Departamento de Bienestar Social y Desarrollo (DSWD), a nivel subnacional a través de la oficina regional de gestión de programas y las oficinas de operaciones provinciales, y en la primera línea, mediante enlaces de las ciudades y los municipios que son contratados por el DSWD y están bajo la autoridad de las oficinas de campo regionales.

- En países con contextos descentralizados, las TMC se basan en la **colaboración vertical con unidades gubernamentales subnacionales y locales autónomas**. En Brasil, las coordinaciones municipales están directamente involucradas con la implementación local del monitoreo de condicionalidades. La implementación municipal está orientada por acuerdos de adhesión formales entre el Ministerio de Desarrollo Social (MDS) y los municipios, y la calidad de la implementación se monitorea atentamente con un índice de cumplimiento que incluye el carácter completo de la información para verificar condicionalidades. El MDS realiza transferencias presupuestarias significativas a los municipios en función del desempeño y con el objeto de ayudar a cubrir sus costos administrativos por estas actividades.
- Otro enfoque se relaciona con la **externalización**: la TMC WeT de Pakistán subcontrata algunas de las responsabilidades subnacionales y locales a dos firmas asociadas de implementación, incluido el procesamiento de verificación de cumplimiento[17].

En el plano horizontal, todas las TMC requieren la colaboración entre sectores a nivel local; algunas también se coordinan con autoridades del área de educación y de salud centrales y subnacionales. En primer lugar, como mínimo, se necesita coordinación horizontal local para involucrar a funcionarios escolares y trabajadores sanitarios en el proceso, dado que cumplen roles de primera línea para registrar la asistencia escolar y las visitas a los servicios de salud, como así también con el personal de los programas locales, debido a sus roles en el seguimiento con las familias. Dados los roles esenciales que desempeñan, es fundamental asegurar que todos estos actores de la primera línea estén de acuerdo con los objetivos del programa y comprendan sus responsabilidades. También es importante que los procesos para monitorear las condicionalidades y rellenar la documentación sean manejables y sencillos para el usuario (recuadro 8.1). En segundo lugar, algunas TMC también involucran directamente a los ministerios de Educación y de Sanidad subnacionales o centrales en el proceso de monitoreo, además de implicar

a los actores locales. En México, las autoridades de educación y salud a nivel estatal se involucraron directamente en el monitoreo de las condicionalidades para Prospera, como se analiza a continuación. Las TMC de Brasil y Turquía dependen en gran medida de la colaboración operativa directa entre sectores en los niveles centrales (y también en los locales), y los ministerios centrales de Educación y Sanidad asumen responsabilidad directa por la gestión de la información vinculada con la asistencia escolar y las visitas a los servicios de salud, como se analiza a continuación.

Procesos para monitorear las condicionalidades

Existen varias etapas clave asociadas con el monitoreo de condicionalidades. Forman parte de un ciclo de monitoreo de condicionalidades recurrente, que comienza con la más reciente lista de integrantes de la familia o el hogar pertinentes que son beneficiarios, y finaliza con un registro de beneficiarios revisado, con información sobre cumplimiento actualizada para ese ciclo, como así también decisiones sobre las consecuencias que acarrea el incumplimiento. Ese SGOB actualizado (resultado) vuelve a relacionarse con la nómina para el siguiente ciclo de pago. Dentro de cada ciclo de monitoreo, existen dos períodos clave: (1) el período de cumplimiento, que es el período durante el cual los beneficiarios son observados para determinar su cumplimiento (en otras palabras, el plazo durante el cual se esperaría que cumplieran); y (2) el período de verificación de cumplimiento, que es el plazo durante el cual se lleva a cabo el procesamiento de verificación del cumplimiento (se debe tener en cuenta que el tiempo asignado puede ser diferente del tiempo que realmente se necesita).

La mayoría de las TMC adoptan un período de cumplimiento de dos meses para cada ciclo, con algunas pocas excepciones (gráfico 8.10). Tanto el programa WeT CCT de Pakistán como el PKH de Indonesia usan períodos de cumplimiento de tres meses.[18] El PBF de Brasil utiliza períodos de cumplimiento de seis meses para las condicionalidades de salud y reconoce que las visitas a los servicios sanitarios son esporádicas y permiten contar con un período de captación más prolongado para recopilar datos sobre el cumplimiento. El programa PATH de Jamaica distingue entre diferentes grupos, con períodos de cumplimiento de dos meses para

Monitorear el cumplimiento de las condicionalidades puede requerir un «esfuerzo humano intensivo», según el grado de automatización. Es importante que los procesos también estén «centrados en las personas», lo cual significa que sean ágiles y que no impongan cargas indebidas a los beneficiarios, funcionarios escolares y proveedores de atención sanitaria o personal de los programas.

Para los beneficiarios. Cinco pautas ayudarán a los beneficiarios a cumplir con las condicionalidades: En primer lugar, un enfoque centrado en las personas implica mantener simples las condicionalidades y sincronizarlas con los requisitos de las escuelas y las clínicas de salud, así como reconocer sus limitaciones intrínsecas en contextos locales, como las distancias de viaje y las limitaciones de la oferta. En segundo lugar, un enfoque centrado en las personas también implica comunicar claramente los derechos y las responsabilidades de los beneficiarios y asegurarse de que comprendan lo que se espera de ellos. Indonesia, Jamaica y Pakistán ofrecen capacitación para la inclusión, a fin de asegurar que las familias u hogares beneficiarios reciban una introducción adecuada a sus programas de TMC, lo que incluye comprender sus derechos y responsabilidades, y las condicionalidades con las cuales se espera que cumplan. En tercer lugar, implica notificar a los beneficiarios cualquier instancia de incumplimiento que se haya observado antes de aplicar sanciones, para que puedan planificar en consecuencia. En cuarto lugar, implica asegurar que existan canales accesibles y procedimientos viables para presentar quejas, impulsar sus investigaciones y dar respuestas para resolverlas. En quinto lugar, es importante llevar a cabo evaluaciones periódicas de los beneficiarios, lo cual incluye indagar en su experiencia con los servicios de educación y salud, como así también su experiencia de cumplimiento de las condicionalidades.

Para los funcionarios escolares y los trabajadores del sector salud. Es importante comunicarse con los funcionarios de primera línea acerca del programa, para que comprendan sus objetivos, su rol en la implementación, y los procedimientos y cronogramas para elaborar informes sobre asistencia escolar, visitas a los servicios de salud, monitoreo del crecimiento y vacunación de la población beneficiaria. Una vez más, minimizar la documentación y mantener las condicionalidades simples y sincronizadas con los sistemas escolares y del sector salud también ayuda a la disposición de los funcionarios para colaborar. Además, es importante mantenerlos al tanto del volumen de casos que tienen a su cargo y de los cambios en las listas de beneficiarios asignados a sus centros. Las listas actualizadas y los formularios de verificación del cumplimiento para cada ciclo de implementación deben transmitirse con la antelación suficiente para permitirles preparar la documentación. También es útil que los representantes locales del programa (como facilitadores o trabajadores sociales) mantengan una relación con funcionarios escolares y trabajadores sanitarios, generen confianza y colaboren con ellos respecto de las variaciones en el cronograma (como los recesos escolares y los períodos de exámenes, o las visitas de equipos de salud móviles a los pueblos). Por último, es importante llevar a cabo evaluaciones cualitativas periódicas que incluyan entrevistas con funcionarios escolares y proveedores de atención sanitaria respecto de sus roles en el programa.

Para el personal del programa, como facilitadores, trabajadores sociales, enumeradores de datos y supervisores, un enfoque centrado en las personas implica capacitar al personal para que tenga los conocimientos y las habilidades que se necesitan para hacer su trabajo, resolver problemas y manejar quejas; interactuar con las familias, las autoridades de los pueblos, los proveedores de servicios y los funcionarios locales como la «cara del programa», etcétera. Este enfoque también implica brindar al personal, de manera oportuna, las herramientas necesarias para hacer su trabajo adecuadamente, como espacio de oficinas local, insumos (como tabletas, computadoras portátiles, formularios de verificación de cumplimiento y materiales de comunicaciones), y transporte seguro o asignaciones para transporte para que puedan reunirse con las familias y los proveedores de servicios. También son importantes los esfuerzos para minimizar la documentación y los costos de transacciones para todas las partes involucradas. Por último, es importante mantener un volumen de casos y un nivel de carga de trabajo manejables para asegurar que el personal pueda completar sus tareas dentro de los plazos asignados y evitar el agotamiento de los trabajadores sociales.

Fuentes: Compilación basada en visitas de campo en Brasil e Indonesia, así como informes de campo, manuales y evaluaciones de Brasil, Indonesia, Jamaica y Pakistán.

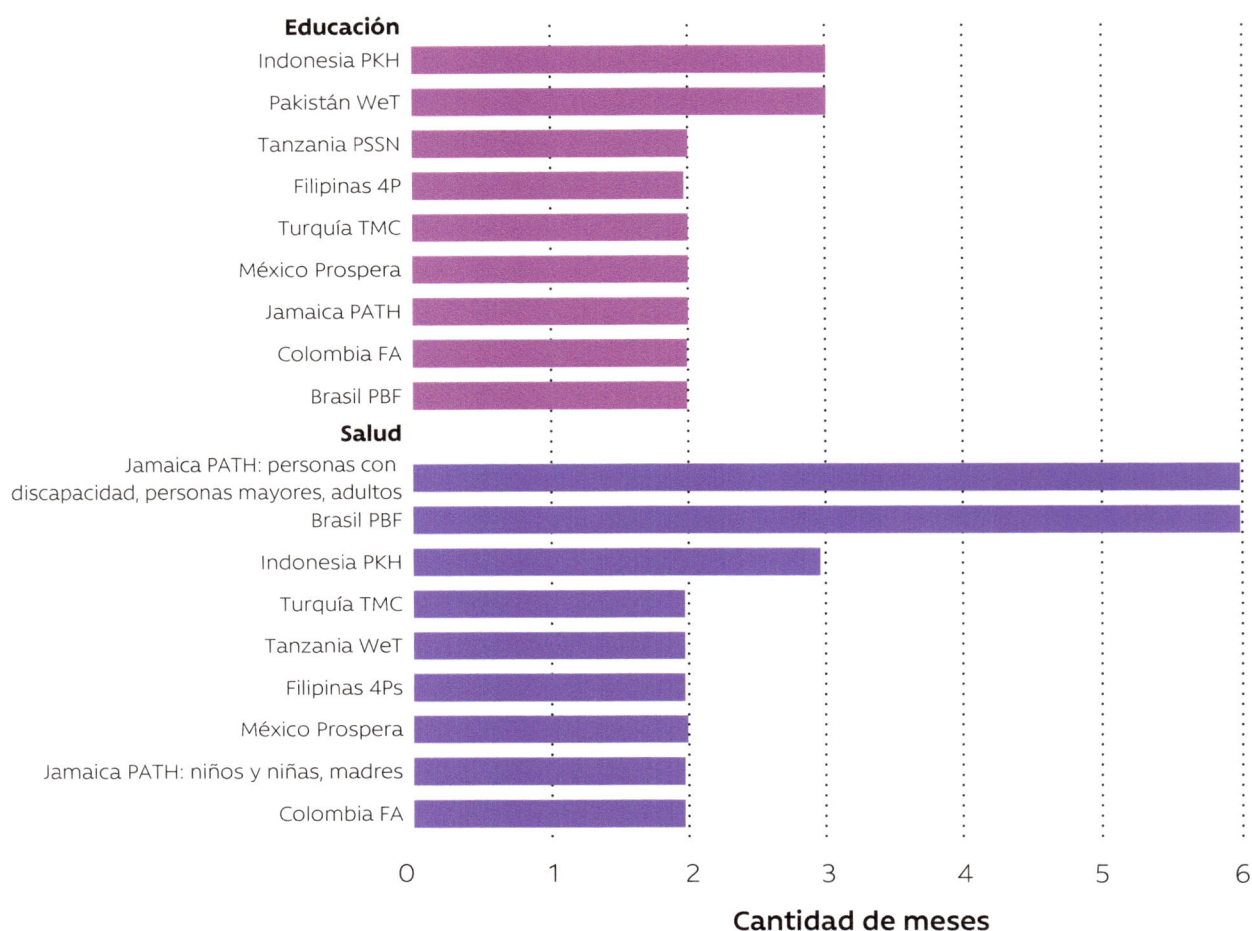

Educación

Salud

Cantidad de meses

Fuentes: Brasil: Manual de operaciones del PBF del MDS, 2017. Colombia: Prosperidad Social, Manual de operaciones de FA, 2017. Indonesia: MAS (2018), Reglamentación ministerial sobre PKH, artículos 3, 4 y 5. Jamaica: Manual de operaciones de PATH del MTSS, 2017. México: Dávila Lárraga, 2016. Pakistán: Equipo BISP-WeT, Manual de operaciones para Wet, 2017. Filipinas: Manual de operaciones del programa Pantawid Pamilyang Pilipino, edición de diciembre de 2015. Tanzania: TASAF III, Manual de operaciones de la PSSN. Turquía: Dirección General de Asistencia Social; Ortakaya, 2018; cronograma del MdS.
Nota: Un período de cumplimiento es el plazo, en cada ciclo de monitoreo, durante el cual los beneficiarios deben cumplir con las condicionalidades. TMC = transferencia monetaria condicionada (programa).

las condicionalidades de salud para madres e hijos, pero con períodos de seis meses para las personas en condición de discapacidad, los adultos mayores y los adultos (en línea con las expectativas de que visiten los servicios de salud cada dos años).

Esta revisión revela ocho pasos para la verificación del cumplimiento que son comunes entre las TMC de la muestra:

1. Generar una lista de monitoreo de beneficiarios actualizada, con información pertinente sobre cada

integrante individual de la familia u hogar en cada categoría, como así también las escuelas y los centros de atención médica asignados (este es el «input» fundamental para el proceso de monitoreo de las condicionalidades).

2. Transmitir una lista de monitoreo de beneficiarios actualizada y distribuir formularios de verificación de cumplimiento (FVC).

3. Registrar la asistencia escolar/utilización de los servicios sanitarios en los centros asignados para cada beneficiario de cada categoría en los FVC.

4. Recopilar los FVC de los proveedores de servicios.
5. Ingresar y transmitir los datos de los FVC.
6. Consolidar, transmitir y recibir datos.
7. Revisar la información y determinar el estado de cumplimiento para cada beneficiario individual (sí o no).
8. Decidir sobre cualquier consecuencia y acción de seguimiento, como monitoreo o asesoramiento familiar, y actualizar los SGOB con los importes de beneficios modificados según el cumplimiento o el incumplimiento de cada integrante de la familia (este es el «resultado» del monitoreo de las condicionalidades) y enviarlo como un input para la nómina del siguiente ciclo de pago.

Un paso importante que no siempre se implementa es notificar a los beneficiarios las decisiones de cumplimiento. Las prácticas de comunicación eficaces para los programas de TMC deben incluir protocolos para informar a los beneficiarios sobre el incumplimiento y las eventuales sanciones. Muchos programas recurren al personal de programas de primera línea para informar a los beneficiarios, pero los protocolos no siempre se formalizan ni se siguen. Algunas TMC, efectivamente, tienen protocolos y procesos formalizados para notificar a los beneficiarios las decisiones de incumplimiento. Por ejemplo, en el programa WeT de Pakistán, los beneficiarios reciben la notificación de la situación de incumplimiento a través de una alerta de texto de SMS o una visita domiciliaria de la empresa asociada de implementación o del Comité de Beneficiarios del BISP. En el PBF de Brasil, el MDS notifica a las familias sobre su situación de incumplimiento a través de cartas y mensajes en sus estados bancarios cuando se revocan sus beneficios. Esos mensajes dan a las familias instrucciones para comunicarse con la coordinación municipal del PBF local si tienen alguna pregunta.

Otras medidas paralelas incluyen las actividades de reclamo y supervisión. La mayoría de las TMC cuentan con mecanismos de quejas y reclamos, y estos habitualmente cubren las apelaciones sobre la situación de incumplimiento (véase la sección 8.5). En el programa de TMC de Turquía, se pueden realizar apelaciones a la SYDV local. Esas apelaciones pueden otorgarse si los datos de monitoreo se actualizan con documentos respaldatorios proporcionados por los respectivos centros educativos o sanitarios. En el PBF de Brasil, las familias pueden presentar una apelación en la oficina municipal

si consideran que hubo un error en la información o que el incumplimiento de las condicionalidades estaba justificado. Existe una fecha límite para presentar la apelación, que posteriormente es registrada y evaluada (otorgada o rechazada) por la administración municipal. Si se otorga la apelación, se cancela el registro de incumplimiento y las familias vuelven a la situación normal para asegurar un flujo regular de beneficios (WWP, 2016a). Las TMC también utilizan mecanismos de supervisión, como verificaciones aleatorias regulares para comparar los datos de cumplimiento con registros de los centros, a fin de brindar apoyo a los procesos de calidad y los resultados. Algunos programas también realizan evaluaciones más profundas de los procesos para revisar el monitoreo de las condicionalidades, como la evaluación de cumplimiento para la TMC PATH de Jamaica (véase el capítulo 9 para obtener más información sobre las evaluaciones de los procesos).

El mapeo de procesos para el 4P de Filipinas ilustra un proceso típico de verificación del cumplimiento, con el patrón común en U que se observa en la mayoría de los países. El proceso comienza cuando la agencia central genera una lista actualizada de todas las personas que deben ser monitoreadas, y también finaliza a nivel central, cuando las decisiones del organismo central sobre la situación y las consecuencias del cumplimiento se vuelcan en el registro actualizado del beneficiario para la nómina. En el 4P de Filipinas, esas funciones centrales están a cargo de la División de Verificación de Cumplimiento (DVC) de la NPMO del DSWD (ver la fila superior del mapeo del proceso en el gráfico 8.11). Entre esos pasos, existen procesos en los niveles subnacional y local, incluidos los proveedores de servicios (funcionarios escolares y sanitarios). En Filipinas, los actores subnacionales incluyen (1) la Oficina Regional de Gestión de Programas y las Oficinas Provinciales de Operaciones, que son responsables de imprimir y distribuir formularios de verificación de cumplimiento, y luego recopilarlos para gestionar el ingreso de datos, su consolidación, revisión y transmisión (segunda fila del mapeo de procesos); y (2) actores locales, incluidos los enlaces de las ciudades o los municipios (E C/M, que son contratados por el DSWD), con el apoyo de los Asistentes de Bienestar Social (tercera fila del mapeo de procesos). Por último, los funcionarios escolares (directores, secretarios y docentes que dependen del Ministerio de Educación) y los trabajadores sanitarios

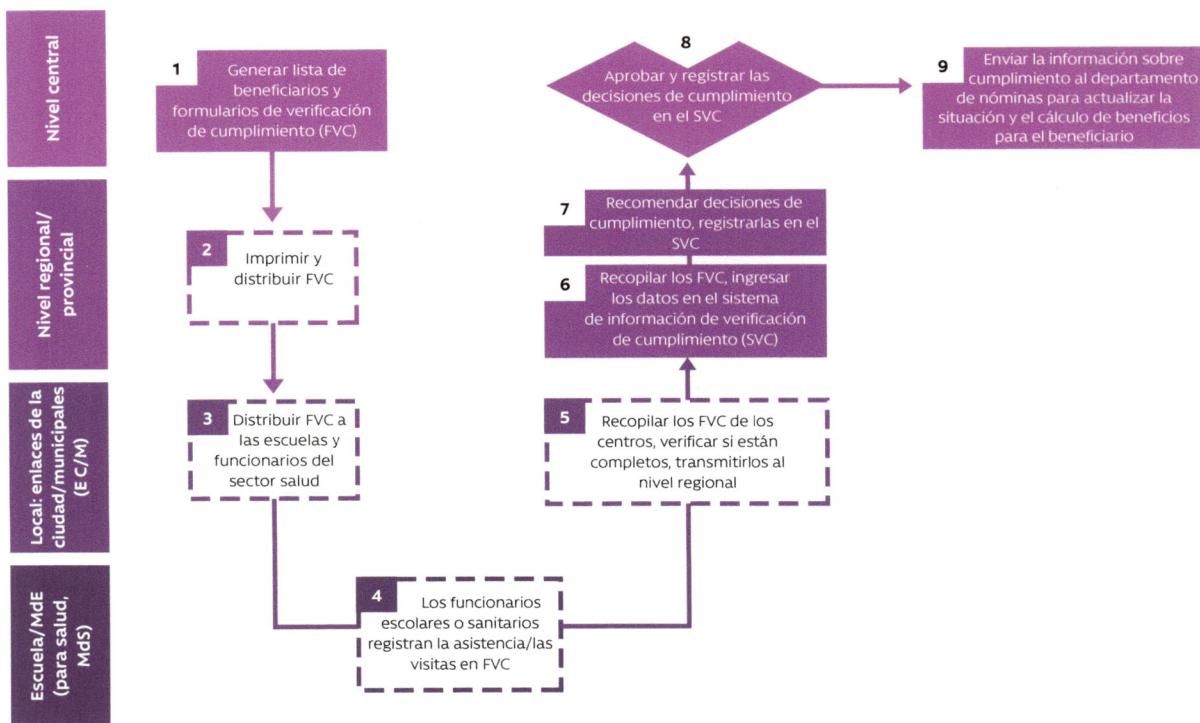

Nivel central

1 Generar lista de beneficiarios y formularios de verificación de cumplimiento (FVC)

8 Aprobar y registrar las decisiones de cumplimiento en el SVC

9 Enviar la información sobre cumplimiento al departamento de nóminas para actualizar la situación y el cálculo de beneficios para el beneficiario

Nivel regional/ provincial

2 Imprimir y distribuir FVC

7 Recomendar decisiones de cumplimiento, registrarlas en el SVC

6 Recopilar los FVC, ingresar los datos en el sistema de información de verificación de cumplimiento (SVC)

Local: enlaces de la ciudad/municipales (E C/M)

3 Distribuir FVC a las escuelas y funcionarios del sector salud

5 Recopilar los FVC de los centros, verificar si están completos, transmitirlos al nivel regional

Escuela/MdE (para salud, MdS)

4 Los funcionarios escolares o sanitarios registran la asistencia/las visitas en FVC

Fuentes: Sobre la base de procesos descritos en Filipinas, Ministerio de Bienestar Social y Desarrollo (2015b) y PWC (2016).
Nota: Los cuadros violeta liso indican sistema de información; los cuadros blancos indican proceso en papel. MdE = Ministerio de Educación; MdS = Ministerio de Sanidad.

(subordinados a las unidades gubernamentales locales) son responsables de registrar la información sobre la asistencia escolar y las visitas a los servicios de salud de los beneficiarios (última fila del mapeo de procesos). El monitoreo de las condicionalidades es respaldado por el Pantawid Pamilyang Information System (PPIS), incluido el Sistema de Verificación del Cumplimiento (SVC) que brinda asistencia para el ingreso, el procesamiento y la consolidación de datos, y está vinculado con el sistema de generación de nómina.

En prácticamente todas las TMC de la muestra, los procesos para verificar el cumplimiento de las condicionalidades siguen el mismo patrón en forma de «U», desde el nivel central hasta los niveles locales y nuevamente al nivel central. Si bien existe cierta variación entre países, las ocho etapas básicas se producen en niveles similares de responsabilidad institucional (ver tabla 8.4). Algunas TMC pueden combinar varios de estos pasos (especialmente con automatización), mientras que otras pueden tener subetapas adicionales.

La tabla 8.4 incluye un listado de los arreglos institucionales para tales etapas, para cada uno de los nueve países incluidos en nuestra muestra. El código de colores revela similitudes en los niveles de colaboración vertical: el azul indica responsabilidades de nivel central, el gris representa actores subnacionales y locales, y el amarillo indica las etapas que son responsabilidad de los proveedores de servicios (escuelas, clínicas de salud). Cuando el mapeo se realiza utilizando cuadros de procesos con «carriles» (como el que corresponde a Filipinas, que aparece a continuación; véase también el recuadro 2.2 del capítulo 2), estas etapas utilizan un patrón común «en forma de U», desde el nivel central hasta el nivel local y nuevamente al central. Las variaciones en la implementación entre las diferentes TMC surgen de (1) diferencias en los arreglos institucionales para la colaboración vertical; (2) diferencias en el grado de coordinación intersectorial con los ministerios de Educación y Sanidad (central y local); y (3) el grado en el cual los procesos son automatizados o en papel.

Tabla 8.4 Responsabilidades institucionales por medidas comunes en la verificación del cumplimiento de las condicionalidades para las TMC de países seleccionados

	Brasil PBF	Colombia FA	Indonesia PKH	Jamaica PATH	México Prospera	Pakistán WeT	Filipinas 4P	Tanzania PSSN	Turquía TMC
1. Generar una lista de beneficiarios actualizada	MDS: SIBEC (sistema de información), SICON (sistema de información) + MdE/ MdS	Prosperidad Social Sistema de Información de Familias en Acción (SIFA)	Ministerio de Asuntos Sociales (MAS)	Oficina principal del Ministerio de Trabajo y Seguridad Social (MTSS)	Oficina de Coordinación Nacional de Prospera (SIIOP)	Programa de apoyo a los ingresos de Benazir (BISP)	DVC en la Oficina Nacional de Gestión de Programas (NPMO)/DSWD	Oficinas centrales del Fondo de Acción Social de Tanzania (TASAF)	Fundaciones de Asistencia Social y Solidaridad (SDYV) a nivel de distrito actualizan el perfil del beneficiario en el SIAS
2. Transmitir el listado y los FVC (o cargarlos en el sistema/en tabletas)	Coordinadores municipales dependientes del MdE/MdS	Prosperidad Social/SIFA	Operadores de nivel distrital o provincial	Oficinas comunales del MTSS	Autoridades de educación y salud a nivel estatal, SICEC	Unidad WeT	RPMO/POO, luego se transmite al nivel local	Autoridad Administrativa del Proyecto (AAP)	
3. Registrar asistencia escolar/ uso de atención sanitaria	Funcionarios escolares/ sanitarios dependientes del MdE/MdS	Los funcionarios escolares/ sanitarios ingresan los datos directamente en SIFA	Los facilitadores visitan las escuelas/centros de salud para registrar datos sobre incumplimiento	Funcionarios escolares/ sanitarios	Funcionarios escolares/ sanitarios (en versión impresa y electrónica en SICEC)	Funcionarios escolares/ sanitarios	Funcionarios escolares/de salud	Funcionarios escolares/ sanitarios	Los funcionarios escolares ingresan los datos de los estudiantes en el SIG escolar electrónico dependiente del MdE; los funcionarios del sector salud ingresan datos sobre salud en el SIMF dependiente del MdS
4. Recopilar y transmitir FVC	Coordinadores municipales dependientes del MdE/MdS		Facilitadores a nivel de distrito	SW para oficinas comunales	Oficinas estatales de Prospera, SICEC	Los equipos de IPF recopilan información y la ingresan en tabletas	Los E C/M locales recopilan los FVC	AAP	
5. Ingresar y transmitir datos			Operadores de ingreso de datos del distrito	Unidad de SIG del MTSS			RPMO/POO	AAP	
6. Consolidar, transmitir, recibir datos	MdE/MdS consolidan información	Prosperidad Social/SIFA	Oficinas a nivel provincial	Administrador comunal	SIIOP	SIG de WeT	RPMO	SIG de unidad de la Red de Asistencia Social Productiva (PSSN)	SIAS extrae datos del SIG escolar electrónico y el SIMF
7. Revisar información y determinar el estado de cumplimiento	MDS/SICON identifica casos de incumplimiento	Prosperidad Social/SIFA	SIG de PKH en el MAS	Unidad de PATH del MTSS	SIIOP	Unidad del BISP/SIG	RPMO		SIAS monitorea el cumplimiento
8. Decidir sobre las consecuencias, actualizar la lista de beneficiarios, enviar a nómina	MDS/SICON	Prosperidad Social/SIFA	PKH en MAS	Unidad de PATH del MTSS	SIIOP	Unidad del BISP/SIG	Gerente de proyectos nacional en la NPMO	Oficinas centrales de TASAF	SIAS automatiza las decisiones y se conecta nuevamente con el sector de nómina

Fuentes: Brasil: Manual de operaciones del PBF del MDS, 2017. Colombia: Prosperidad, Manual de operaciones de FA, 2017. Indonesia: MAS (2018), Reglamentación ministerial sobre PKH, artículos 3, 4 y 5. Jamaica: Manual de operaciones de PATH del MTSS, 2017. México: SEDESOL, 2018. Pakistán: Equipo BISP-WeT, Manual de operaciones para Wet, 2017. Filipinas: Manual de operaciones del programa Pantawid Pamilyang Pilipino, edición de diciembre de 2015. Tanzania: TASAF III, Manual de operaciones de la PSSN. Turquía: Dirección General de Asistencia Social; Ortakaya, 2018; cronograma del MdS.

Nota: ▮ = niveles subnacional y local; ▮ = nivel central; ▮ = proveedor de servicio. TMC = transferencia monetaria condicionada (programa); DVC = División de verificación de cumplimiento; FVC = Formulario de verificación de cumplimiento; DSWD = Departamento de Bienestar Social y Desarrollo; SIMF = Sistema de Información de Medicina Familiar; IPF = firma de asociados de implementación; SIAS = Sistema Integrado de Asistencia Social; MDS = Ministerio de Desarrollo Social; SIG = sistema de información de gestión; MdE = Ministerio de Educación; MdS = Ministerio de Sanidad; NPMO = Oficina Nacional de Gestión de Programas. RPMO/POO = Oficina Regional de Gestión de Programas y oficinas provinciales de operaciones; SICEC = Sistema de Certificación Electrónica de Corresponsabilidades.

¿Cuánto tiempo llevan estos procesos? Los datos sobre los tiempos reales de procesamiento suelen provenir de evaluaciones de procesos de negocios y no están inmediatamente disponibles para todos los países. En Filipinas, el DSWD encargó una revisión del proceso de negocios para evaluar la adecuación de los objetivos de procesamiento para la implementación del 4P (véase el recuadro 9.11 del capítulo 9) (PWC, 2016). Esa revisión es bastante exhaustiva. Sobre la base de la revisión de Filipinas, el tiempo total asignado para el procesamiento de la verificación de cumplimiento es de 53 días hábiles (gráfico 8.12). Para ahorrar tiempo, algunas etapas del proceso se llevan a cabo durante el período de cumplimiento, como generar, imprimir y distribuir los FVC; que, en conjunto, representan 24 días de cada ciclo. No obstante, los pasos restantes deben producirse al finalizar el período de cumplimiento, para representar un registro significativo de la asistencia escolar y las visitas a los servicios sanitarios por parte de los beneficiarios. Esas etapas incluyen verificar el cumplimiento y completar los FVC, recopilar FVC de las escuelas y centros de salud, ingresar datos, revisar información y determinar la situación de cumplimiento, tomar decisiones de cumplimiento definitivas y preparar los importes de beneficios revisados para la nómina. Requieren un total de 29 días, lo cual puede resultar un plazo ajustado si se produce alguna demora, porque excede la cantidad total de días hábiles de un mes calendario. En la revisión se determinó que las demoras que excedían los plazos se daban porque se sumaban procesos, como el ingreso de datos, dado el gran número de FVC que deben codificarse por región, y las disparidades en la cantidad de FVC procesados por día. Subestimar la cantidad de tiempo requerida para ingresar datos puede hacer que los operadores tengan exceso de trabajo, lo cual puede derivar en inexactitudes en los datos y ausentismo (PWC, 2016). Además, los objetivos de procesamiento deben adaptarse a diversos contextos, con tiempos que, probablemente, serán más extensos en áreas remotas o geográficamente dispersas.

Sistemas de información para asistir al monitoreo de condicionalidades

Todas las TMC se apoyan en sistemas de información para registrar datos sobre cumplimiento; algunas también los usan para automatizar procesos. Para algunas TMC, gran parte del proceso sigue valiéndose, en gran medida, de documentación en papel, con sistemas de información que sirven más para registrar datos que para automatizar procesos. En esos casos, existen numerosas transiciones relativas a la documentación, y el ingreso de datos se produce en etapas tardías del

Gráfico 8.12 Tiempos de Procesamiento de Verificación de Cumplimiento en la evaluación del proceso de 4P en Filipinas

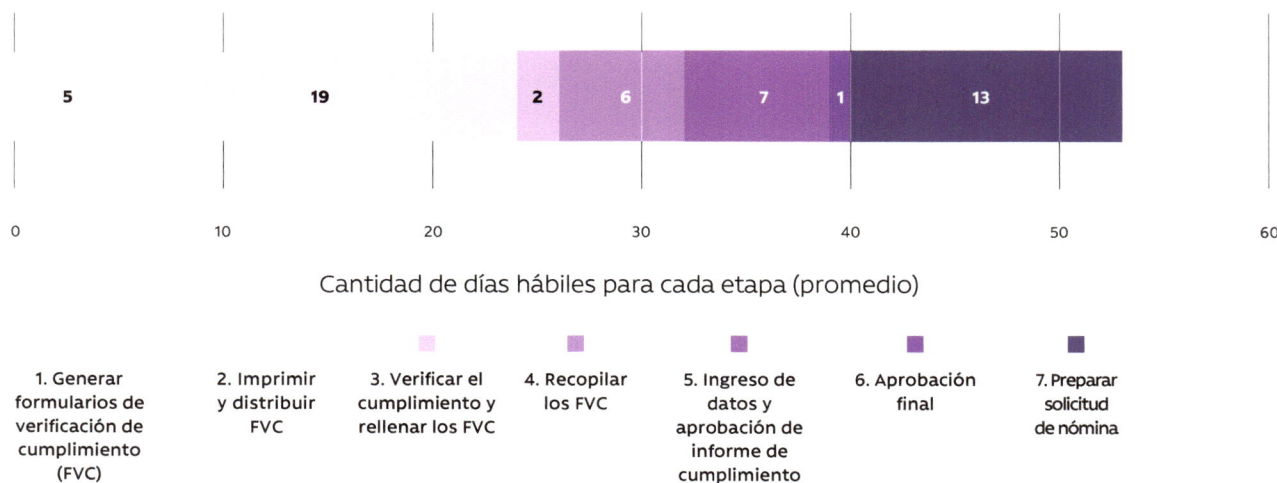

Cantidad de días hábiles para cada etapa (promedio)

1. Generar formularios de verificación de cumplimiento (FVC)
2. Imprimir y distribuir FVC
3. Verificar el cumplimiento y rellenar los FVC
4. Recopilar los FVC
5. Ingreso de datos y aprobación de informe de cumplimiento
6. Aprobación final
7. Preparar solicitud de nómina

Fuente: PWC, 2016.
Nota: 4P = Pantawid Pamilyang Pilipino Program.

proceso, más lejos del punto de recopilación. Se pueden formar cuellos de botella porque se acumulan tareas de ingreso de datos para todos los FVC durante el período de verificación del cumplimiento. Otras TMC utilizan ampliamente los sistemas de información integrados y tienen un nivel alto de colaboración e interoperabilidad con los ministerios de Educación y Sanidad para automatizar y agilizar los procesos de verificación del cumplimiento, tal como se analiza a continuación (véase también el capítulo 5).

Las políticas y prácticas de privacidad y seguridad de la información son particularmente importantes para el monitoreo de las condicionalidades, dada la naturaleza sensible de los datos personales involucrados en la verificación del cumplimiento. Las condicionalidades en materia de educación y salud implican información personal sobre la asistencia escolar y la utilización de los servicios de atención de la salud de los beneficiarios individuales. Tanto si se trata de documentación en papel como de datos automatizados, la privacidad y la seguridad de esa información debe protegerse. La información sobre salud (embarazo, parto, visitas a los servicios sanitarios, vacunas, monitoreo del crecimiento) es particularmente sensible, y deben adoptarse estándares de privacidad para la información sobre salud. Los procesos de verificación del cumplimiento implican transmitir dicha información de los proveedores de educación y salud a representantes de los programas locales (p. ej., facilitadores) y luego al sistema de información de las TMC. En Turquía, se requiere el consentimiento escrito del solicitante que indique que se autoriza el uso de los datos personales en todo el proceso de implementación. El consentimiento es explícito en relación con los tipos de información que se utilizarán. En Jamaica, el personal sanitario enfatizó que serían los únicos que revisarían los expedientes médicos de los beneficiarios y rellenarían los FVC. Con las TMC, surgen nuevas complejidades debido a la naturaleza individual de las condicionalidades con respecto al hogar como la unidad de asistencia para los beneficios. Si uno de los miembros de la familia no cumple, las TMC habitualmente (deberían) notificar al hogar (en general, o al destinatario designado) el incumplimiento y cualquier consecuencia que derive en la reducción de los beneficios. Eso implica compartir información personal en el seno de cada hogar (véase Protección, privacidad y seguridad de datos en el capítulo 4).

En algunas TMC, la mayor parte de las etapas son manuales, y el ingreso de datos se realiza de manera centralizada, una vez recopilados y consolidados todos los FVC. Un ejemplo de este enfoque es el programa PATH de Jamaica. El Sistema de Información sobre Gestión de Beneficiarios (SIGB) respalda la generación de listas de monitoreo para cada ciclo de implementación y el registro de información sobre cumplimiento a nivel central. No obstante, la mayoría de los procesos siguen siendo manuales y con documentación en papel. Se dedica un esfuerzo significativo a generar y verificar las listas de beneficiarios, preparar lotes de FVC, distribuirlos a los proveedores de servicios correspondientes, y luego recopilarlos y volver a transmitirlos al Ministerio de Trabajo y Servicios Sociales, donde se ingresan los datos. Es interesante señalar que, como se analiza más adelante, las tasas de monitoreo de Jamaica son relativamente altas pese a estos procesos con documentación en papel, especialmente para la verificación de condicionalidades de salud, lo cual resulta particularmente complejo en todos los países.

En algunas TMC, el ingreso de datos se produce más cerca del punto de recopilación, y así se reducen algunos de los traspasos de documentación en papel. En el programa 4P de Filipinas, los datos se ingresan a nivel regional o provincial (tras haber sido recopilados de escuelas y centros de salud por los E C/M) y luego se transmiten electrónicamente al organismo central, el DSWD (gráfico 8.11). En otras TMC, el ingreso de datos se realiza a nivel local inmediatamente después de que la información sobre cumplimiento se recopila de los centros de educación y salud. En el programa PKH de Indonesia, por ejemplo, los facilitadores recopilan información sobre cumplimiento de las escuelas y clínicas de salud, y hacen llegar los FVC a los operadores de ingreso de datos. Estos operadores ingresan los datos en el MIS del PKH, que los transmite al organismo central. El MAS/la JSK lanzaron una aplicación de software para tabletas que permite que los facilitadores de primera línea ingresen directamente la información sobre cumplimiento. De manera similar, en la TMC WeT de Pakistán, las tabletas han automatizado algunos procesos. Se ingresan los datos en la primera línea una vez que la información de cumplimiento es recopilada de las escuelas por el personal de la empresa de implementación asociada.

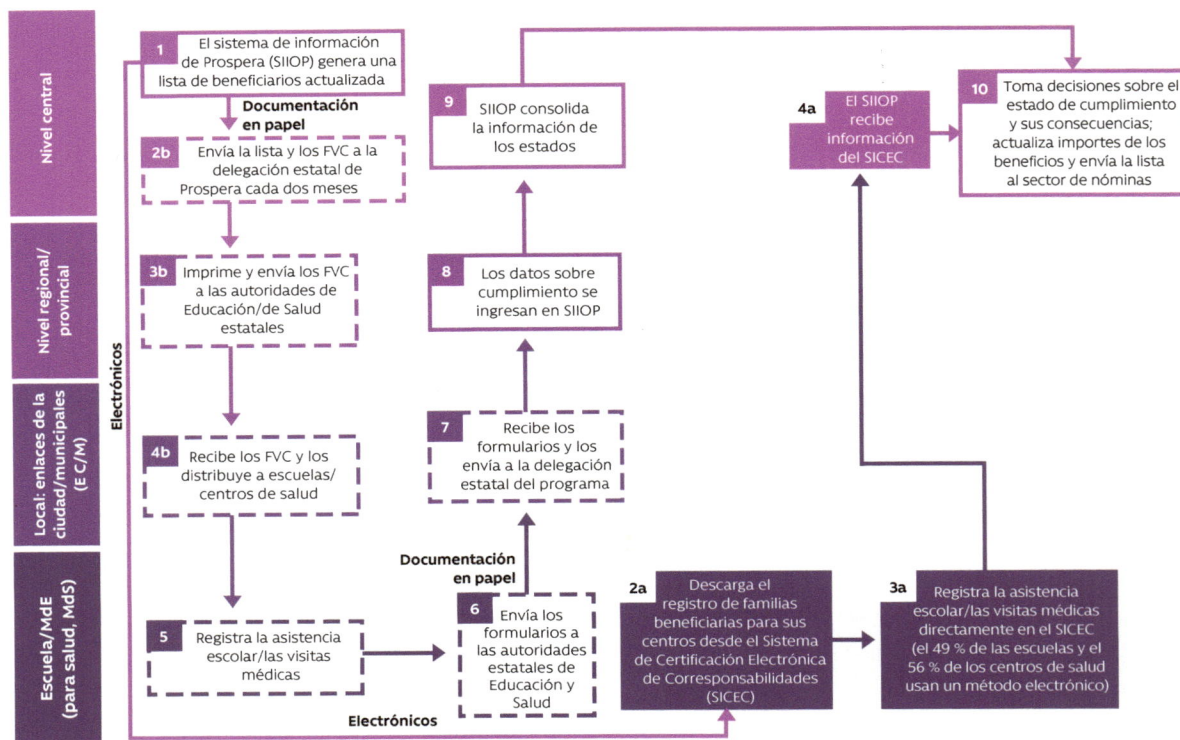

Nivel central

Nivel regional/ provincial

Local: enlaces de la ciudad/municipales (E C/M)

Escuela/MdE (para salud, MdS)

Electrónicos

1 El sistema de información de Prospera (SIIOP) genera una lista de beneficiarios actualizada

Documentación en papel

2b Envía la lista y los FVC a la delegación estatal de Prospera cada dos meses

3b Imprime y envía los FVC a las autoridades de Educación/de Salud estatales

4b Recibe los FVC y los distribuye a escuelas/ centros de salud

5 Registra la asistencia escolar/las visitas médicas

Documentación en papel

6 Envía los formularios a las autoridades estatales de Educación y Salud

Electrónicos

9 SIIOP consolida la información de los estados

8 Los datos sobre cumplimiento se ingresan en SIIOP

7 Recibe los formularios y los envía a la delegación estatal del programa

2a Descarga el registro de familias beneficiarias para sus centros desde el Sistema de Certificación Electrónica de Corresponsabilidades (SICEC)

4a El SIIOP recibe información del SICEC

3a Registra la asistencia escolar/las visitas médicas directamente en el SICEC (el 49 % de las escuelas y el 56 % de los centros de salud usan un método electrónico)

10 Toma decisiones sobre el estado de cumplimiento y sus consecuencias; actualiza importes de los beneficios y envía la lista al sector de nóminas

Fuente: Adaptado de SEDESOL (México, Secretaría de Desarrollo Social 2018a).

Nota: Los cuadros violeta liso indican procesamiento electrónico a través de un sistema automatizado; los cuadros blancos con borde punteado indican procesamiento manual en papel; los cuadros blancos con borde continuo indican procesamiento electrónico en cualquier sistema. FVC = formulario de verificación de cumplimiento.

El programa Prospera de México realizó la transición a un sistema que automatizó los procesos de verificación del cumplimiento. Allí coexisten los métodos electrónicos y en papel. El gráfico 8.13 ilustra los procesos electrónicos y con documentación en papel (los cuadros violeta liso muestran el sistema automatizado). Recurrir a procesos en papel involucró muchas etapas de procesamiento y traspasos de documentos. Con el desarrollo del Sistema de Certificación Electrónica de Corresponsabilidades (SICEC), muchos de esos procesos se automatizaron. En 2018, cerca de la mitad de las escuelas y centros de salud ingresaron datos sobre cumplimiento para los beneficiarios de Prospera directamente en el SICEC, que luego transmitió los datos al sistema principal de información institucional de Prospera (SIIOP). El SICEC redujo significativamente la cantidad de etapas de procesamiento.

Una amplia colaboración intersectorial e interoperabilidad entre el PBF y los ministerios de Educación y Salud forma parte de los procesos de verificación de cumplimiento en Brasil. A nivel institucional, las

responsabilidades se encuentran claramente delineadas entre los ministerios centrales de conformidad con sus responsabilidades sectoriales: los ministerios de Educación y Sanidad supervisan la provisión de servicios y hacen un seguimiento de la asistencia escolar y la utilización de los servicios de salud con sus propios sistemas de información; el Ministerio Social tiene la responsabilidad de vincular esa información con los sistemas del PBF y de tomar decisiones sobre cumplimiento o incumplimiento. Las responsabilidades y los pasos específicos se ilustran en el mapeo de procesos, en el gráfico 8.14 (aunque el gráfico 8.14 se relaciona con la educación, el mapeo de procesos es similar para la salud). La interoperabilidad entre tres sistemas de información brinda apoyo a estos procesos:

- *El Ministerio de Desarrollo Social (MDS) aloja a SICON, el sistema de información para el monitoreo de las condicionalidades del PBF.* Las funciones clave de SICON incluyen (1) generar la lista de miembros de

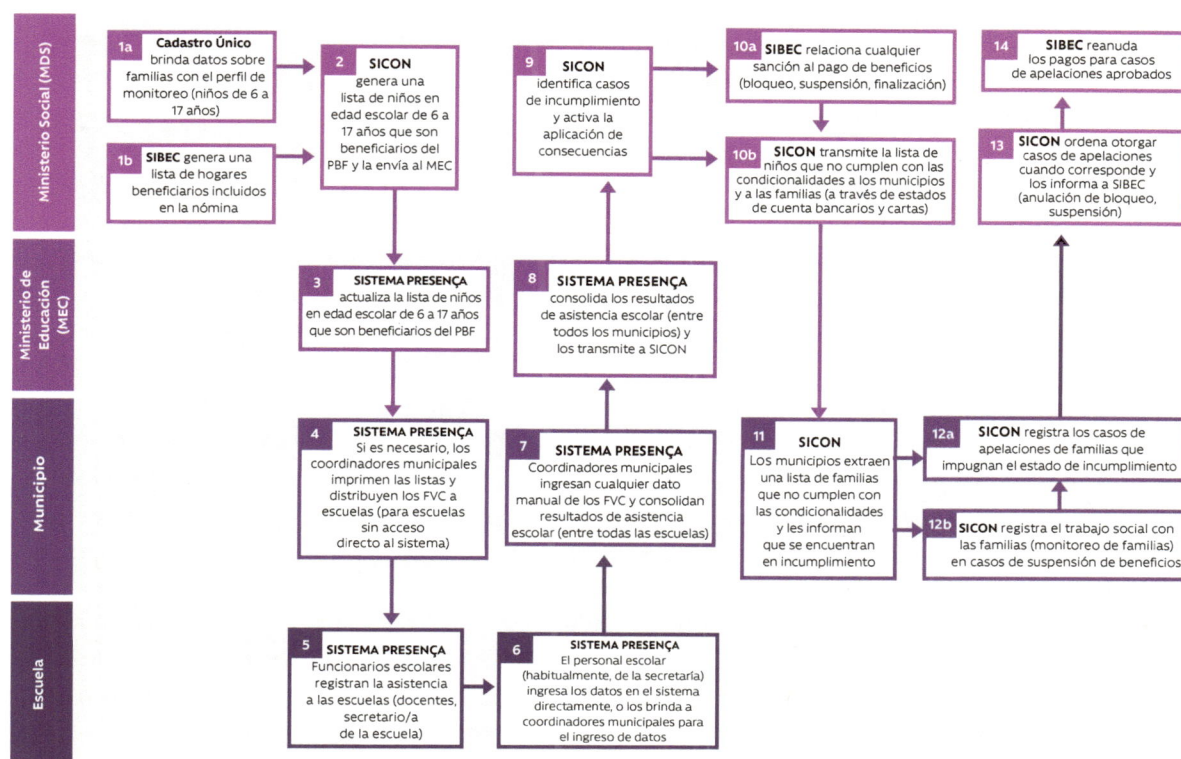

Fuentes: Brasil: Manual de operaciones del PBF del MDS, 2017; http://wwp.org.br/ (ver WWP 2016a–e).

Nota: PBF = Programa Bolsa Família; SIBEC = sistema de gestión de beneficios; SICON = el sistema de información.

las familias que son beneficiarios y cuyas condicionalidades se monitorearán para cada ciclo a través de información del sistema de gestión de beneficios del PBF (SIBEC) que se relaciona con el registro social (Cadastro Único); (2) transmitir esas listas a los ministerios de Educación y Sanidad; (3) consolidar información del Ministerio de Educación (Sistema Presença) y el Ministerio de Sanidad (Sistema PBF Saúde) sobre familias con integrantes que no cumplen (que vinculan la información sobre incumplimiento de las personas para condicionalidades de educación y salud con cada familia del PBF) (4) generar consecuencias para las familias que no cumplen; y (5) generar informes analíticos para la toma de decisiones. El acceso a este sistema es en línea, y las gestiones estatales y municipales del PBF tienen sus propias contraseñas de acceso. Las etapas que supervisa el MDS y respalda SICON se muestran en el gráfico 8.14, con vínculos a los sistemas asociados, como SIBEC y el Cadastro Único, que también gestiona el MDS.

- **El Ministerio de Educación es responsable de gestionar el sistema para monitorear la asistencia escolar de todos los niños y adolescentes de 6 a 17 años incluidos en el PBF[19].** Los datos sobre asistencia escolar del PBF se registran directamente en el Sistema Presença, alojado por el Ministerio de Educación. Las funciones principales del Sistema Presença incluyen (1) recibir (desde el SICON del MDS) la lista actualizada de los beneficiarios del PBF cuya asistencia escolar debe ser monitoreada; (2) recibir registros de asistencia escolar de cada beneficiario del PBF, que se ingresan a nivel municipal sobre la base de los registros escolares; (3) poner a disposición datos de monitoreo consolidados disponibles en un formulario conciso y analítico; y (4) transmitir datos de monitoreo de la asistencia escolar sobre niños y adolescentes beneficiarios del PBF a SICON en el MDS. Las etapas que supervisa el Ministerio de Educación y respalda el Sistema Presença se muestran en el gráfico 8.14.

- *El Ministerio de Sanidad es responsable de gestionar el sistema para monitorear la información sanitaria y la utilización de servicios para los beneficiarios del PBF: (1) todos los niños del PBF de menos de 7 años; y (2) todas las mujeres en edad fértil (de 14 a 44 años).* Dado que el embarazo es un hecho azaroso desde el punto de vista de la administración, se decidió monitorear la información sobre salud y la utilización de los servicios para todas las mujeres beneficiarias en edad fértil, y destacar todos los embarazos y las visitas prenatales asociadas en el sistema. El Ministerio de Sanidad aloja el Sistema PBF Saúde, un sistema de monitoreo de salud especialmente diseñado para el PBF que monitorea el cumplimiento de las condicionalidades de salud para todos los miembros pertinentes de la familia. Las funciones clave de ese sistema son, entre otras, (1) recibir y mantener información sobre cada integrante del hogar beneficiario cuyas visitas a los servicios de salud deben monitorearse (monitoreo del crecimiento, vacunas, visitas prenatales); (2) hacer un seguimiento de la información sobre salud y estado nutricional, incluidos datos sobre vacunas, visitas a médicas y medidas antropométricas (altura, peso), que permitan un diagnóstico nutricional; (3) recibir los registros de monitoreo de salud de miembros individuales de un grupo familiar; (4) transmitir información sobre el cumplimiento de las condicionalidades de salud de los beneficiarios del PBF al MDS; y (5) generar informes consolidados para las familias beneficiarias y para fines de análisis.

La colaboración entre instituciones, la interoperabilidad y las innovaciones en materia de TI han mejorado la eficiencia reduciendo los tiempos de procesamiento de datos para la verificación del cumplimiento en el Programa Bolsa Familia[20]. La colaboración entre sectores y las mejoras en las etapas de procesamiento estuvieron acompañadas por inversiones en soluciones de TI para facilitar la verificación del cumplimiento. SICON se desarrolló con nuevas soluciones de TI que se centraron en la instalación de un sistema de gestión de bases de datos relacionales de Teradata, integración de rutinas operativas, integración de sistemas y análisis mejorados. Con estas mejoras de sistemas, los retrasos para las rutinas operativas principales se redujeron de dos días, 22 horas y 30 minutos, antes del nuevo sistema, a una hora, 27 minutos, para todo el procesamiento de datos, incluidos solo 4 minutos para el procesamiento de datos sobre condicionalidades de educación, 12 minutos para procesamiento de datos de salud y el resto para transferencias de datos, validación y otros tipos de procesamiento. Estos tiempos de procesamiento excluyen el tiempo necesario para transacciones manuales, como el registro de asistencia escolar y las visitas médicas por parte de los proveedores de servicios, así como el ingreso de datos por parte de los coordinadores municipales para centros sin acceso directo al sistema.

Turquía lleva la colaboración entre sectores y la automatización aún más lejos con el seguimiento universal de la asistencia escolar y el uso de los servicios de salud para todas las personas (no solo los beneficiarios de las TMC) y la interoperabilidad de los sistemas de información. Por lo tanto, el Sistema Integrado de Asistencia Social (SIAS) de la Dirección General de Asistencia Social (DGAS) extrae información sobre los beneficiarios de las TMC de los sistemas de información de los ministerios de Educación y Sanidad para verificar el cumplimiento, del siguiente modo:

- El **Ministerio de Educación** monitorea la asistencia escolar, el ausentismo y las calificaciones para todos los niños en edad escolar, desde el jardín de infancia hasta el 12.° grado, a través del **SIG escolar electrónico**, su sistema de información de gestión integrado. Los funcionarios escolares habitualmente captan datos de todos los estudiantes en el sistema escolar electrónico.
- De manera similar, el **Ministerio de Sanidad (MdS)** monitorea los servicios médicos, su utilización, los embarazos, las vacunas y las consultas médicas para todas las personas a través del **Sistema de Información de Medicina Familiar** (**SIMF**), que es un registro de salud integrado alojado por el MdS. El SIMF está vinculado con todas las instituciones de salud pública relevantes y contiene información relacionada con la salud sobre todas las personas. Existen reglamentaciones estrictas del MdS sobre el monitoreo de la salud para las mujeres durante el embarazo y el período de posparto, y para los niños desde el nacimiento hasta los seis años de edad. Los funcionarios de salud se comunican con todas las personas si no se presentan puntualmente para la vacunación,

las visitas para evaluar el crecimiento y el desarrollo, los seguimientos médicos, etcétera.

- Con la ayuda de la interoperabilidad de los sistemas y una identidad única, el **Sistema Integrado de Asistencia Social (SIAS)**[21] de Turquía (1) extrae datos sobre la población de beneficiarios de las TMC cuyas condicionalidades serán monitoreadas para cada ciclo desde el MIS escolar electrónico y el SIMF a través de servicios web; (2) monitorea el cumplimiento de las condicionalidades; (3) relaciona a las personas con los hogares y actualiza los importes de beneficios incluidos en la nómina subsiguiente, y calcula de forma automática cualquier sanción por incumplimiento (los beneficios se reducen de manera proporcional para los miembros que no cumplen). No es necesario que el SIAS genere una lista de beneficiarios actualizada y la distribuya a oficinas locales o a proveedores de servicios de educación o de salud, porque solo extrae información sobre cumplimiento del SIG escolar electrónico y el SIMF sobre los beneficiarios pertinentes en cada ciclo de monitoreo de condicionalidades.

Con estos sistemas, la eficiencia ha aumentado enormemente, y la verificación de cumplimiento del programa de TMC de Turquía se lleva a cabo en pocas horas. Antes del SIAS, las TMC operaban su propio sistema de gestión de operaciones de los beneficiarios, que no estaba vinculado con otros sistemas administrativos. El monitoreo de condicionalidades era enteramente gestionado en papel. Para cada ciclo de monitoreo (mensualmente para educación y bimestralmente para salud), los propios beneficiarios eran responsables de obtener los formularios de verificación de cumplimiento (en formato impreso) en las oficinas de asistencia social locales (SYDV) y de visitar los centros de educación o de salud para que el personal pertinente los aprobase. Posteriormente tenían que llevar los FVC nuevamente a los SYDV, donde los trabajadores sociales ingresaban los datos en el sistema de gestión de operaciones de los beneficiarios. Debido al alto volumen de formularios (especialmente en los distritos grandes), este proceso llevaba hasta dos o tres meses. No se realizaban o se realizaban pocos controles aleatorios o verificaciones de los formularios de cumplimiento de los centros educativos y sanitarios pertinentes. Con el SIAS,

mejoró enormemente la eficiencia del monitoreo de las condicionalidades. Con la interoperabilidad entre el SIAS, el SIG escolar electrónico del Ministerio de Educación, el SIMF del Ministerio de Sanidad y muchos otros organismos, ahora el SIAS extrae información sobre educación (nombre del centro, grado, clase, asistencia, éxito académico y otra información) para cada estudiante beneficiario del SIG escolar electrónico. Extrae información sobre salud (seguimientos, controles médicos, vacunas, por centro) del SIMF para todos los beneficiarios pertinentes. Luego, el SIAS identifica automáticamente los casos de incumplimiento y ajusta los niveles de beneficios en consecuencia (deduciendo el importe que corresponda a cualquier miembro que incurra en incumplimiento). En la actualidad, este proceso lleva solamente entre dos y tres horas.

¿Cómo llevar a la práctica las consecuencias? Relacionar el monitoreo de las condicionalidades con los ciclos de pago

Las TMC habitualmente intentan coordinar los ciclos de monitoreo de las condicionalidades con los pagos previstos en sus cronogramas de implementación maestros. Tal como se analizó anteriormente, el motivo es que el incumplimiento puede dar lugar a una reducción de los beneficios (parcial o total; temporal o irrevocable). Por lo tanto, el resultado principal del monitoreo de condicionalidades se refleja en los ajustes de los importes de beneficios para el procesamiento de la nómina. La tabla 8A.2 del anexo 8A presenta los ciclos de implementación para las TMC en los nueve países de nuestra muestra. En cada diagrama, señalamos los meses para el ciclo de monitoreo de las condicionalidades, incluido el período de cumplimiento y el tiempo asignado para el período de verificación de cumplimiento (PVC), y reconocemos que este último puede diferir de los tiempos de procesamiento reales. También señalamos los meses correspondientes al cronograma de pagos. Cada diagrama supone que estos son ciclos de implementación regulares para los cuales se requeriría el monitoreo de condicionalidades y que la escuela esté en actividad (no en meses de receso)[22]. Para estandarizar el formato de los cronogramas en los distintos países, fijamos cada calendario para que coincida con el inicio del primer período de cumplimiento[23].

Algunas TMC relacionan directamente todos los pagos con el monitoreo de condicionalidades y sus consecuencias (respecto de las consecuencias del incumplimiento, ver la tabla 8A.3 en el anexo). Un ejemplo es la TMC de Turquía, que ha alineado estrictamente su período de cumplimiento de dos meses con el ciclo de pago bimestral. Tal como se analizó anteriormente, la verificación del cumplimiento lleva solamente dos a tres horas gracias al registro universal continuo de la asistencia escolar y las visitas médicas por parte de los ministerios de Educación y Sanidad, más un alto grado de interoperabilidad en los sistemas de información. Esto permite que el SIAS extraiga la información de manera inmediata tras el cierre del período de cumplimiento y aplique automáticamente sanciones a tiempo para el siguiente pago bimestral (tabla 8.5). Los seis ciclos de pago están relacionados con el monitoreo de las condicionalidades (aunque los vínculos con las condicionalidades de educación se dejan sin efecto durante los recesos escolares).

Otras TMC deliberadamente escalonan sus cronogramas para que la verificación de cumplimiento afecte solamente un subgrupo de pagos durante el año. No todas las TMC relacionan todos los pagos con el monitoreo de las condicionalidades, y tampoco deberían hacerlo. Un ejemplo de cronogramas maestros escalonados es el PBF de Brasil. El PBF entrega doce pagos mensuales por año, pero los montos de los beneficios se ajustan por incumplimiento solo cuatro veces por año para educación y dos veces por año para salud. Ese cronograma permite pagos más frecuentes, lo cual tiene la ventaja de proporcionar una fuente regular de ingresos a las familias beneficiarias y, al mismo tiempo, respetar el tiempo necesario para que los beneficiarios cumplan y para que los administradores verifiquen el cumplimiento. La tabla 8.6 muestra el calendario oficial para las condicionalidades, y la tabla 8.7 la presenta en nuestro formato estandarizado, del mismo modo que se hace para otros países (ver tabla 8A.3 en el anexo 8A).

Tabla 8.5 Vinculación directa de los pagos y los ciclos de monitoreo de condicionalidades en el programa de transferencias monetarias condicionadas de Turquía

TMC de Turquía: Educación y salud	Mes		
	1	2	3
Período de cumplimiento	PC1		Continuar ciclo siguiente
Período de verificación de cumplimiento y vínculo con la nómina			VC + vínculos con la nómina (2-3 horas)
Frecuencia de los pagos	Bimestral		Bimestral

Fuentes: Turquía, Dirección General de Asistencia Social, 2014; Ortakaya, 2018; cronograma del MdS.

Tabla 8.6 Calendario para el monitoreo de condicionalidades en el programa Bolsa Família de Brasil

Tipo	Período de cumplimiento	Tiempo asignado para la verificación del cumplimiento	Aplicación de las consecuencias/vínculos con los pagos
Educación (duración del ciclo completo: 4 meses)	período de 2 meses	Período de un mes	Las consecuencias se aplican en el 4.° mes del ciclo
	Febrero-marzo	Abril	Mayo
	Abril-mayo	Junio	Julio
	Agosto-septiembre	Octubre	Noviembre
	Octubre-noviembre	Diciembre	Marzo (saltar enero-febrero porque las escuelas se encuentran cerradas)
Salud (duración del ciclo completo: 9 meses)	Período de seis meses[a]	Se requiere que se haya completado	Las consecuencias se aplican 3 meses después del cierre del período de monitoreo
	1.° semestre: enero-junio	Para julio-agosto	Septiembre
	2.° semestre: julio-diciembre	Para enero-febrero	Marzo

Fuentes: Manual de operaciones del PBF del MDS de Brasil, 2017; WWP 2016a.

Nota: Los pagos se realizan de manera continua a través del sistema bancario. El año escolar en Brasil se extiende desde febrero hasta noviembre.

a. Se debe tener en cuenta que, cuando se detectan embarazos, esa información se transmite mensualmente, porque podría permitir la introducción de un nuevo beneficio variable para las madres embarazadas. El resto de la información médica se transmite semestralmente.

Tabla 8.7 Vinculación escalonada de los pagos y los ciclos de monitoreo de condicionalidades en el programa Bolsa Família de Brasil

PBF de Brasil: Educación	Mes			
	1	2	3	4
Período de cumplimiento	PC1 (2 meses)		Continuar en el siguiente ciclo	
Período de verificación de cumplimiento y vínculo con la nómina			CVP1 (real < 1 mes)	Cumplimiento vinculado con la nómina
Frecuencia de los pagos	Mensual	Mensual	Mensual	Mensual

PBF de Brasil: Salud	Mes								
	1	2	3	4	5	6	7	8	9
Período de cumplimiento	PC1 (período de cumplimiento de 6 meses)						Continuar en el siguiente ciclo.		
Período de verificación de cumplimiento y vínculo con la nómina							PVC1 (el tiempo real es menor, pero se asignan 2 meses)		Cumplimiento vinculado con la nómina
Frecuencia de los pagos	Mensual	Mensual	Mensual	Mensual	Mensual	Mensual	Mensual	Mensual	Mensual

Fuentes: Manual de operaciones del PBF del MDS, 2017; WWP 2016a; Iniciativa Brasileña de Aprendizaje por un Mundo sin Pobreza, http://wwp.org.br.

Tabla 8.8 Desvinculación del monitoreo de condicionalidades y los ciclos de pago en el PKH de Indonesia (antes y después de las reformas)

PKH de Indonesia: educación y salud, antes de las reformas (antes de 2018)	Mes					
	1	2	3	4	5	6
Período de cumplimiento	CP1			Continuar en el siguiente ciclo		
Período de verificación de cumplimiento y vínculo con la nómina				PVC1 (se asigna 1 mes)	Cumplimiento vinculado con la nómina	
Frecuencia de los pagos		Trimestrales	Suelen demorar		Trimestrales	Se suelen demorar

PKH de Indonesia: educación y salud, antes de las reformas (antes de 2018)	Mes					
	1	2	3	4	5	6
Período de cumplimiento	PC1 (3 meses)			Continuar en el siguiente ciclo		
Período de verificación de cumplimiento y vínculo con la nómina				PVC1 (se asignan 2 meses en el cronograma)		Cumplimiento vinculado con la nómina
Frecuencia de los pagos			Trimestrales			Trimestrales

Fuente: Indonesia, Ministerio de Asuntos Sociales, 2016.

Algunos países han visto necesario recalibrar sus cronogramas maestros para asignar más tiempo a la verificación del cumplimiento y evitar demoras en los pagos. Antes de las reformas recientes, un cronograma ajustado para el programa PKH de Indonesia dio como resultado la acumulación de cargas de trabajo para los operadores de ingreso de datos, lo cual causó demoras en los pagos. El cronograma asignaba solo un mes para la verificación de cumplimiento después del fin del período de cumplimiento de tres meses (primer panel de la tabla 8.8). Los facilitadores imprimían los FVC, visitaban a los proveedores de servicios (escuelas, centros de salud) y registraban datos de cumplimiento para todas las personas cuyos casos se les habían asignado. Llevaban los FVC a los operadores de ingreso de datos, quienes compilaban e ingresaban todos los datos en el sistema de información de gestión (SIG) a través de la aplicación web e-PKH (o escaneaban formularios en el SIG de PKHS). El MAS/JSK recibía los datos, verificaba

la calidad, ingresaba las decisiones sobre cumplimiento en el SIG, y luego actualizaba la nómina para el procesamiento de los pagos. Según el cronograma maestro, esos procesos de verificación de condicionalidades debían llevarse a cabo en un mes para millones de niños (condicionalidades escolares y de salud) y cientos de miles de mujeres (condicionalidades de salud) en miles de centros de todo el país. El cronograma ajustado causó cuellos de botella significativos en términos de sobrecarga de servidores, presentación incompleta de los datos y datos de baja calidad. En 2018, las reformas recalibraron los ciclos para el monitoreo de condicionalidades y los pagos para asignar más tiempo a la verificación del cumplimiento (segundo panel de la tabla 8.8). El tiempo asignado para la verificación y el procesamiento del cumplimiento es, en la actualidad, de dos meses en lugar de uno. El cumplimiento del período 1 define los montos de los beneficios para los pagos del período 2.

Indicadores de desempeño para sistemas de monitoreo de las condicionalidades

Si bien el objetivo principal es verificar el cumplimiento para los beneficiarios individuales, los metadatos generados por los sistemas de monitoreo de condicionalidades también pueden usarse para monitorear el desempeño de los programas de TMC y sus sistemas de implementación. La mayor parte de las TMC se centran en hacer un seguimiento de los índices de cumplimiento generales, medidos por la cantidad de beneficiarios de cada categoría con cumplimiento verificado como una proporción de los que fueron monitoreados. No obstante, como se analiza a continuación, los índices de cumplimiento pueden ser engañosos si solo se monitorea una pequeña proporción del número total de beneficiarios de cada categoría. Idealmente, se hace un seguimiento de los índices de cumplimiento y de los índices de monitoreo. Es importante informar estos indicadores para cada categoría de beneficiarios, o al menos para educación y salud por separado, y no solamente a nivel de los hogares, dado que las expectativas de comportamiento varían para los distintos grupos (tal como se analizó anteriormente). Algunos países, como Jamaica, incluso hacen un seguimiento de la asistencia escolar para niños y niñas por separado, lo cual se considera una buena práctica.

La mayoría de los beneficiarios monitoreados cumplen con las condicionalidades requeridas. Los índices de cumplimiento alcanzan un promedio del 92 % para asistencia escolar y 90 % para cumplimiento con las condicionalidades de salud para las TMC de nuestra muestra (gráfico 8.15). En varios países, casi todos los beneficiarios cumplieron. Los índices de cumplimiento son algo más bajos en Colombia (para salud) y en Jamaica, donde una reducción en los índices de cumplimiento a lo largo del tiempo dio lugar a una evaluación profunda para indagar en los factores que subyacen al incumplimiento.

No obstante, no todos los programas hacen un seguimiento de los índices de monitoreo. Definimos los índices de monitoreo como el número de beneficiarios monitoreados en cada categoría como proporción del número total de beneficiarios de esa categoría[24]. Algunos programas no hacen un seguimiento de estos índices para todas las categorías, y otros adoptan definiciones diferentes. La mayor parte de las dificultades se

relacionan con el monitoreo de las condicionalidades de salud, que son más complejas que las condicionalidades para educación, tal como se analiza a continuación. Por ejemplo, el programa Prospera de México hizo un seguimiento de las condicionalidades solamente para los beneficiarios que se habían registrado en clínicas de salud. Por lo tanto, sus registros muestran que el índice de monitoreo es del 100 % porque el programa tenía información sobre todas las personas inscritas en clínicas. Sin embargo, dado que Prospera no hizo un seguimiento de los beneficiarios que no se habían registrado en clínicas, esos beneficiarios no fueron monitoreados. El programa 4P de Filipinas solo hace un seguimiento de los niños y las niñas que tenían entre 0 y 5 años, y las mujeres que estaban embarazadas al momento del último registro en Listahahan en 2015[25].

Además, los programas que hacen un seguimiento de los índices de monitoreo se encuentran con que no todos los beneficiarios son monitoreados. En el caso de los programas para los cuales tenemos datos comparables, los índices de monitoreo alcanzan un promedio del 87 % para asistencia escolar y 84 % para salud (gráfico 8.16). La variación entre programas es alta, y va desde el 39 % para educación y 33 % para salud en algunas TMC hasta prácticamente todos los beneficiarios en otras. Los promedios no ponderados para salud no incluyen datos de México y Filipinas porque las diferencias en los informes sobreestimarían los índices de monitoreo, por los motivos analizados anteriormente.

La mayoría de las TMC tienen políticas explícitas para evitar sancionar a los beneficiarios por la falta de información sobre cumplimiento. En Brasil, esta falta de información se considera una potencial falla del estado o del servicio, o una vulnerabilidad extrema del beneficiario[26], y la política de no sancionar a los beneficiarios por la falta de información es coherente con su enfoque no punitivo de las condicionalidades, desde un punto de vista más general. De manera similar, en Jamaica, PATH otorga validaciones de cumplimiento a los beneficiarios de escuelas o centros de salud donde el listado de cumplimiento es insuficiente o está incompleto para el período, a fin de evitar sancionar a los beneficiarios de esos centros. En Pakistán, en caso de las escuelas que no presentan informes, el SGOB genera indicaciones con un formulario para todas las escuelas que no cumplen con las condicionalidades, lo cual hace que se inicie

Gráfico 8.15 Índices de cumplimiento para condicionalidades de educación y salud en los programas de transferencias monetarias condicionadas de determinados países

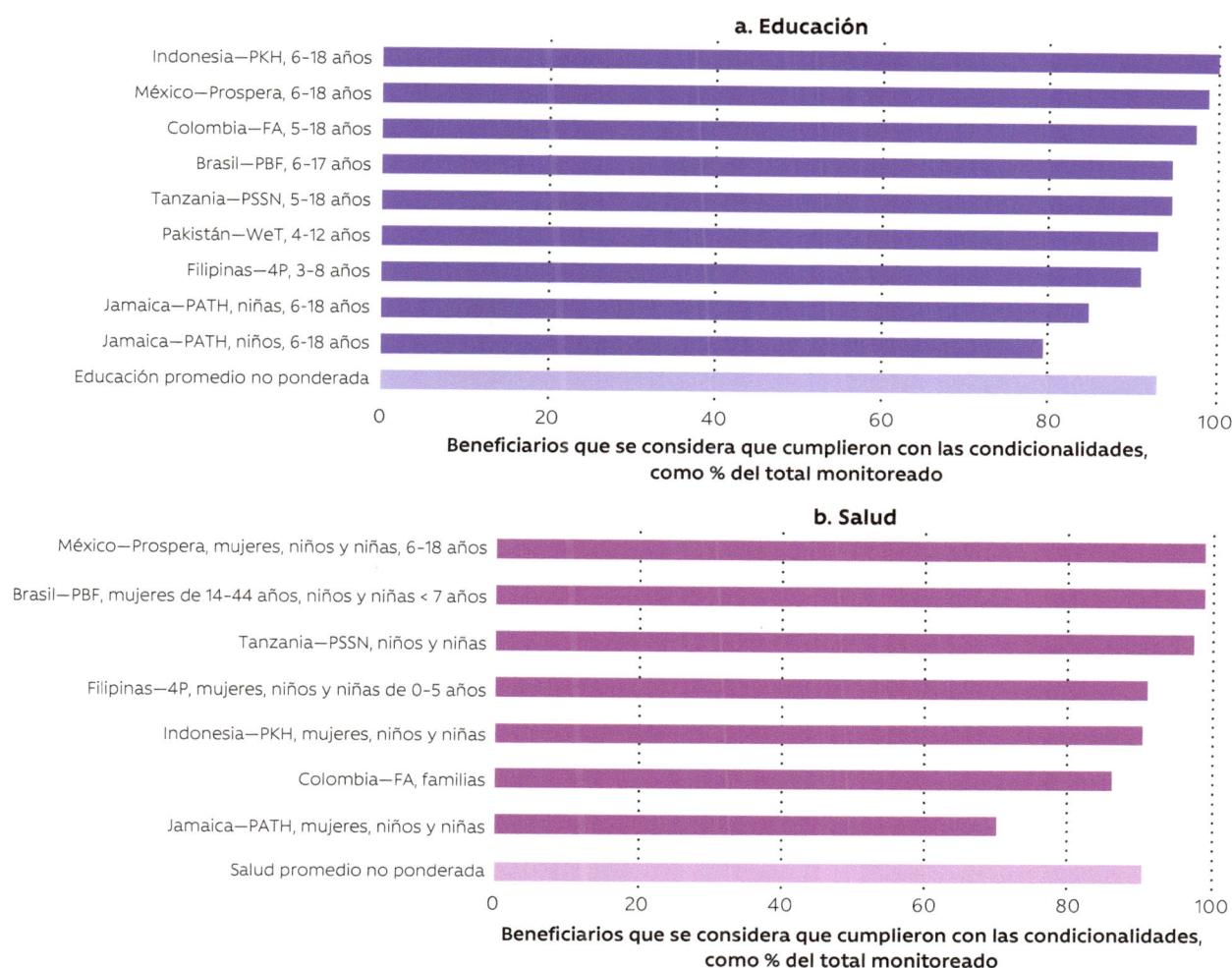

a. Educación

Indonesia—PKH, 6-18 años
México—Prospera, 6-18 años
Colombia—FA, 5-18 años
Brasil—PBF, 6-17 años
Tanzania—PSSN, 5-18 años
Pakistán—WeT, 4-12 años
Filipinas—4P, 3-8 años
Jamaica—PATH, niñas, 6-18 años
Jamaica—PATH, niños, 6-18 años
Educación promedio no ponderada

Beneficiarios que se considera que cumplieron con las condicionalidades, como % del total monitoreado

b. Salud

México—Prospera, mujeres, niños y niñas, 6-18 años
Brasil—PBF, mujeres de 14-44 años, niños y niñas < 7 años
Tanzania—PSSN, niños y niñas
Filipinas—4P, mujeres, niños y niñas de 0-5 años
Indonesia—PKH, mujeres, niños y niñas
Colombia—FA, familias
Jamaica—PATH, mujeres, niños y niñas
Salud promedio no ponderada

Beneficiarios que se considera que cumplieron con las condicionalidades, como % del total monitoreado

Fuentes: Brasil—PBF: SICON—Sistema de Condicionalidades—DECON/SENARC/MDS, datos correspondientes a septiembre de 2018. Colombia—FA: Prosperidad Social, datos correspondientes al período agosto-septiembre de 2017. Indonesia—PKH: PMIS del MAS, datos recopilados para el Segundo Informe de Supervisión de Reforma de Asistencia Social correspondiente al período abril a julio de 2018. Jamaica—PATH: Sistema de Información sobre Gestión de Beneficiarios del MTSS, datos correspondientes a agosto de 2018. México—Prospera: SIIOP, datos sobre educación correspondientes a 2017; Servicios Estatales de Salud e IMSS-Prospera, noviembre a diciembre de 2017. TMC WeT—Pakistán: SIG de WeT, datos correspondientes al trimestre que finaliza en abril de 2018. Filipinas—4P: Informe de situación de implementación del programa 4P del DSWD correspondiente al primer trimestre de 2018; datos de cumplimiento correspondientes a diciembre de 2017 a enero de 2018. Tanzania—PSSN TMC: SIG de la PSSN TASAF III correspondiente a 2018.

un seguimiento de la escuela por parte de los departamentos de educación correspondientes y se notifique a las familias. Los niños beneficiarios se identifican como «en cumplimiento» para las escuelas que no presentan informes durante un máximo de tres trimestres.

¿Por qué las TMC no monitorean el cumplimiento para todos los beneficiarios? En general, la tarea de monitorear las condicionalidades es compleja y requiere colaboración vertical entre los actores centrales y locales, y cooperación horizontal entre todos los sectores y organismos. También requiere la gestión de información actualizada sobre numerosos hogares beneficiarios (cuya composición, ubicaciones y estados pueden cambiar por otros motivos) y sobre miembros individuales y su propio uso de servicios de educación y salud en miles de puntos de servicio de todo el país, de manera continua.

a. Educación

Eje horizontal: Beneficiarios con datos de monitoreo, como % del total de beneficiarios de cada categoría (0, 20, 40, 60, 80, 100)

- Turquía—TMC, 6-25 años
- Colombia—FA, 5-18 años
- México—Prospera, 6-18 años
- Tanzania—PSSN, 5-18 años
- Pakistán—WeT, 4-12 años
- Brasil—PBF, 6-17 años
- Filipinas—4P, 3-18 años
- Jamaica—PATH, niños, niñas, 6-18 años
- Indonesia—PKH, 6-18 años
- Educación promedio no ponderada

b. Salud

Eje horizontal: Beneficiarios con datos de monitoreo, como % del total de beneficiarios de cada categoría (0, 20, 40, 60, 80, 100)

- Turquía—TMC
- Jamaica—PATH, mujeres, niños y niñas
- Colombia—FA, mujeres, niños y niñas
- Tanzania—PSSN, niños y niñas
- Brasil—PBF, mujeres de 14-44 años, niños y niñas
- Indonesia—PKH, mujeres E/L
- Salud promedio no ponderada

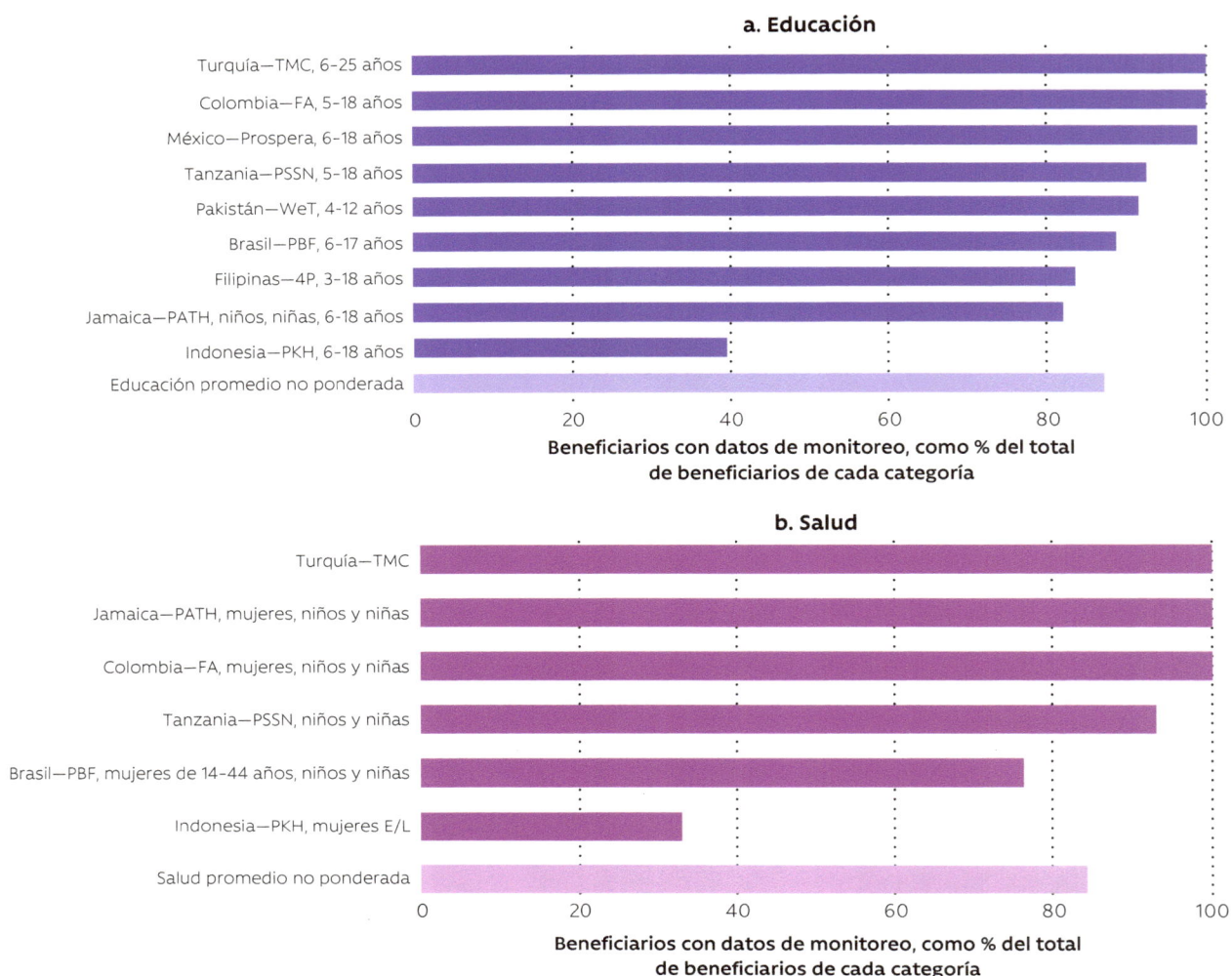

Fuentes: Brasil—PBF: SICON—Sistema de Condicionalidades—DECON/SENARC/MDS, datos correspondientes a mayo de 2018. Colombia—FA: Prosperidad Social, datos correspondientes al período agosto-septiembre de 2017. Indonesia—PKH: PMIS del MAS, datos recopilados para el Segundo Informe de Supervisión de Reforma de Asistencia Social correspondiente al período abril a julio de 2018. Jamaica—PATH: Sistema de Información sobre Gestión de Beneficiarios del MTSS, datos correspondientes a agosto de 2018. México—Prospera: SIIOP, datos sobre educación correspondientes a 2017. TMC WeT—Pakistán: SIG de WeT, datos correspondientes al trimestre que finaliza en abril de 2018. Filipinas—4P: Información actualizada del DSWD sobre el Pantawid Pamilyang Pilipino Program a mayo de 2018. Tanzania—PSSN TMC: SIG de la PSSN TASAF III correspondiente a 2018. TMC de Turquía: Ortakaya, 2018.
Nota: E/L = embarazadas/lactantes.

Son muchos los factores que podrían explicar la no presentación de informes de cumplimiento de las condicionalidades. Una posibilidad es que la información de las listas de beneficiarios, como beneficiarios que cambian de domicilio o de proveedor de servicios, o que dejan de integrar el hogar, no haya sido actualizada. Otra posibilidad podría incluir factores vinculados con el suministro de datos; por ejemplo, que la escuela o el centro de salud no proporcione información (completa) para ese ciclo de implementación. O bien, desde una perspectiva más pesimista, los beneficiarios que no son monitoreados podrían haber abandonado la escuela o no haber usado los servicios de salud, lo cual sugiere vulnerabilidades importantes que deberían abordarse para alentarlos a cumplir o ayudar a eliminar obstáculos que afectan las inversiones en capital humano[27]. Si no se llevan a cabo otros análisis, por definición, es imposible saber por qué no se cuenta con información sobre el cumplimiento. Brasil realizó esa investigación para diagnosticar brechas en el monitoreo de las condicionalidades en 2014. Durante ese período, no había información de cumplimiento para educación disponible para el 10,8 % de los niños y las niñas beneficiarios en edad escolar. De esa cifra, el 63 % de los niños, niñas y jóvenes no se encontraron (no se sabía cuál era la escuela a la cual asistía el/la estudiante), y las escuelas no proporcionaron información sobre asistencia para un 37 %. En el caso de la salud, no se disponía de información sobre cumplimiento del 26,7 % de las familias beneficiarias. De esa cifra, el 83 % no fueron visitadas durante ese período de cumplimiento; el 4 % fueron visitadas pero no monitoreadas; el 2,7 % fueron parcialmente monitoreadas y registradas (al menos un miembro no fue registrado), y el 11,2 % no se encontraban en el domicilio que figuraba en su registro.

Monitorear las condicionalidades es particularmente complejo para el ámbito de la salud. Con la asistencia escolar, se espera que un conjunto conocido de beneficiarios esté en un lugar específico en un momento específico, cinco días a la semana durante el año escolar. Con la atención de la salud, desde el punto de vista de la administración de un programa, el embarazo y el parto son «eventos aleatorios» que pueden ocurrir en momentos desconocidos y en lugares desconocidos. Incluso en el caso de los niños, es posible que la fecha en la cual sus padres los llevan a la clínica de salud para sus controles no coincida con la recopilación programada de los formularios de verificación de cumplimiento, especialmente en el caso de los niños de mayor edad, a quienes se les requiere visitar los centros de salud con menor frecuencia. Estas dificultades se ponen de manifiesto en los datos de monitoreo incompletos para los beneficiarios de TMC. Incluso, el programa PSSN TMC de Tanzania ha eliminado las condicionalidades para mujeres embarazadas debido a las dificultades para monitorear su cumplimiento.

Brasil y Turquía han abordado estas dificultades monitoreando a todas las personas. En lugar de esperar a que se informe un embarazo, Brasil monitorea a todas las mujeres beneficiarias de edad potencialmente fértil (14 a 44) de manera constante, a fin de garantizar que todas estén relacionadas con el sistema de salud, incluso antes de un embarazo[28]. El Ministerio de Sanidad de Turquía hace un seguimiento universal del uso de la atención sanitaria para todos los ciudadanos (no solamente para los beneficiarios), y la TMC solo extrae información sobre los beneficiarios de los programas para verificar su cumplimiento. Para ambos países, monitorear de manera constante a toda la población (objetivo) ha ayudado a reducir la imprevisibilidad relacionada con la utilización de la atención sanitaria para personas que atraviesan estados específicos (como el embarazo, el parto o el envejecimiento).

La rápida expansión de la cobertura de las TMC también hace que el monitoreo sistemático de las condicionalidades se vuelva complejo, especialmente en países de gran extensión. Esta ha sido la experiencia de Indonesia, donde el programa PKH se amplió de 3,5 millones de familias en 2016 a 6 millones en 2017 y 10 millones en 2018, con lo cual alcanzó una magnitud de más del triple a lo largo de esos dos años, y llegó a ser la segunda TMC más grande del mundo, después del PBF de Brasil. Ese rápido aumento no estuvo inmediatamente acompañado por un fortalecimiento de los sistemas de implementación, que apenas monitoreaba a la mitad de los beneficiarios de programas, incluso antes de la expansión. El monitoreo completo implicaría hacer un seguimiento de la asistencia diaria de 12,4 millones de niños en edad escolar y de las visitas a los servicios médicos de 3,2 millones de niños pequeños y casi 200 000 mujeres embarazadas o en período de posparto, en un país de 13 000 islas habitadas en el cual, actualmente, PKH opera en la totalidad de los 520 distritos y en más de 7000 subdistritos.

El monitoreo de las condicionalidades también se vio obstaculizado por la rápida expansión del Programa Bolsa Familia de Brasil, que requería mejoras en los sistemas. En los primeros años del programa, la cobertura aumentó de 3,4 millones de familias en el momento de su lanzamiento, en octubre de 2003, a 11 millones de familias a mediados de 2006, y a 14 millones durante la crisis económica. El desafío de Brasil de monitorear las condicionalidades a medida que el programa crece se hace evidente en el gráfico 8.17. Durante el año de transición, desde octubre de 2003 hasta octubre de 2004, el MDS dejó de exigir temporalmente a los municipios que consolidaran y transmitieran información para el monitoreo del cumplimiento. Esta pausa reflejó las transiciones conceptuales y legales del programa durante el período de reforma, como así también las inevitables dificultades que enfrentan los sistemas al hacer la transición de las TMC previas a la reforma al PBF, aun cuando

El triple desafío de la expansión rápida: Evolución de los sistemas y monitoreo de las condicionalidades en el Programa Bolsa Família de Brasil

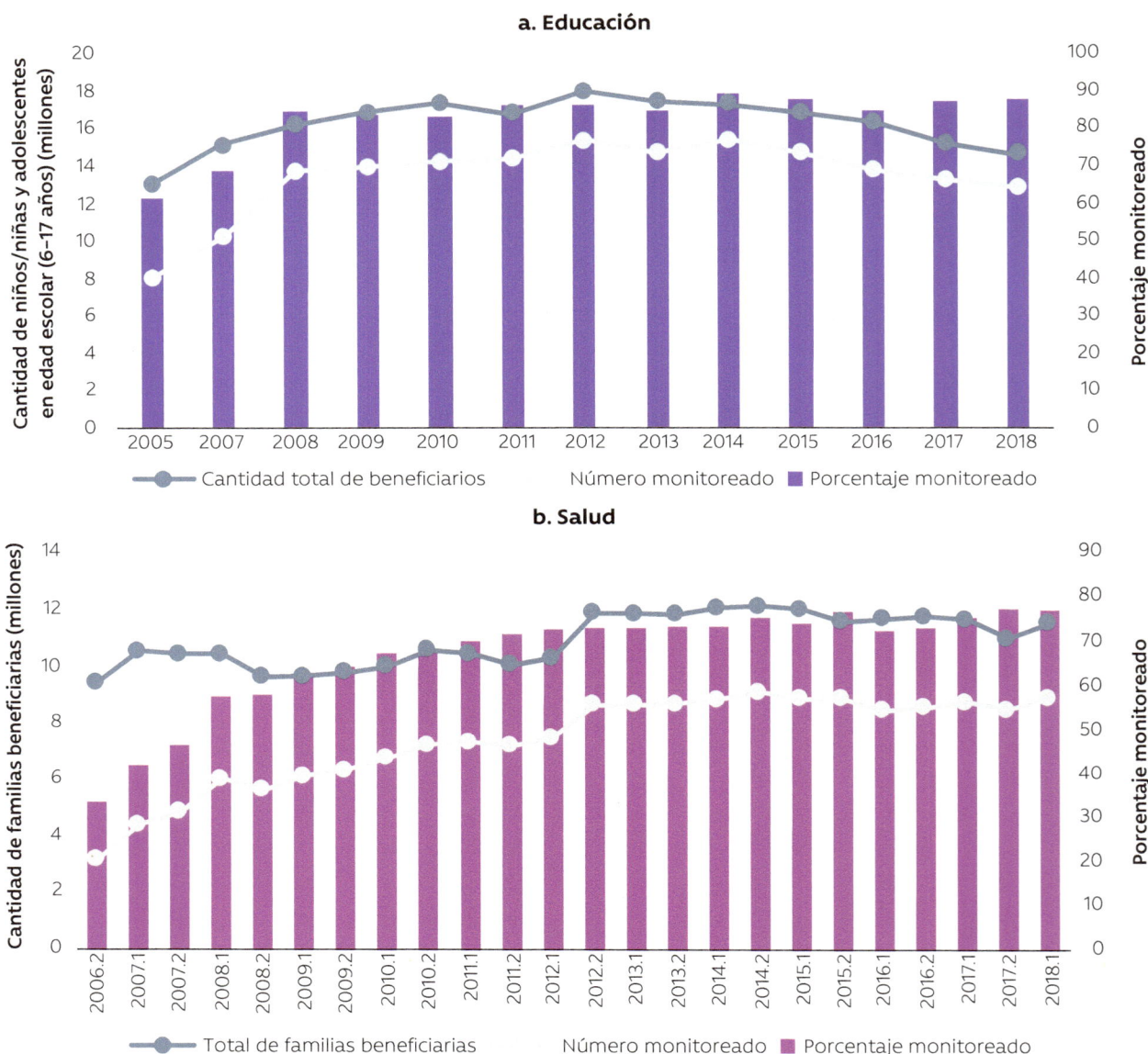

a. Educación

Cantidad de niños/niñas y adolescentes en edad escolar (6-17 años) (millones) / Porcentaje monitoreado

—●— Cantidad total de beneficiarios   Número monitoreado ■ Porcentaje monitoreado

b. Salud

Cantidad de familias beneficiarias (millones) / Porcentaje monitoreado

—●— Total de familias beneficiarias   Número monitoreado ■ Porcentaje monitoreado

Fuentes: fuentes del Gobierno brasileño MDS/SICON/DECON/SENARC, con datos del Sistema de Acompanhamento de Frecuencia Escolar (Sistema Presença); sistema PBF Saúde.

el programa duplicó su alcance. El monitoreo central del cumplimiento de las condicionalidades de educación se reanudó a fines de 2004 tras un decreto legal, y el monitoreo de las condicionalidades de salud se inició en 2005. Aun así, esto llevó varios años. Se requirieron mejoras significativas en los sistemas, cooperación amplia entre el MDS y los ministerios de Educación y Sanidad, y colaboración directa con contrapartes en

5570 municipios para que el monitoreo de condicionalidades alcanzara sus niveles actuales del 88 % para asistencia escolar y el 77 % para atención sanitaria. Este nivel de cobertura no es un logro menor en un país tan extenso y diverso como Brasil, o para un programa tan amplio como el PBF, que hace un seguimiento de la asistencia escolar diaria de más de 14 millones de niños y niñas en 160 000 escuelas en todo el país, y las visitas médicas de cerca de 9 millones de mujeres y niños pequeños en centros de todo el país.

Monitoreo y aplicación de las condicionalidades: resumen en formato de lista de verificación

Esta sección se propuso analizar cómo los países monitorean y aplican las condicionalidades para las TMC como fase clave en la cadena de implementación. Una lista de verificación de las consideraciones de diseño e implementación incluye lo siguiente:

- *Para monitorear las condicionalidades.* Usar mapas de procesos de «carriles» (véase el capítulo 2) para diagramar los pasos de implementación entre los diferentes actores; mantener la simplicidad: no burocratizar excesivamente los procesos ni someter a una carga excesiva a los actores (los principios de diseño centrados en las personas y el mapeo del recorrido pueden resultar útiles; ver capítulo 2); explorar la posibilidad de aprovechar la interoperabilidad y los sistemas de información para ayudar a automatizar y agilizar los procesos; no olvidar la importancia de comunicarse con los beneficiarios acerca de los cambios en su situación de cumplimiento; facilitar canales para la presentación de quejas; considerar la posibilidad de incorporar acompañamiento de trabajo social para hacer un seguimiento con las familias que no cumplen, a fin de diagnosticar y eliminar los obstáculos que afectan el cumplimiento y facilitar su asistencia a la escuela y el uso de los servicios de salud.
- *Para aplicar las sanciones.* Coordinar el ciclo de monitoreo de condicionalidades y el ciclo de pagos en el calendario maestro a fin de asignar tiempo para realizar los ajustes de beneficios asociados con la verificación de cumplimiento y volver a volcar esa información en la nómina; considerar la posibilidad de escalonar el cronograma para que no todos los pagos se relacionen con la verificación del cumplimiento; adoptar una perspectiva realista respecto de los tiempos que deben transcurrir entre los períodos de cumplimiento y la aplicación de sanciones financieras.
- *Desempeño.* Monitorear los índices de cumplimiento y los índices de monitoreo.

Por último, para quienes pueden sentirse desalentados por el nivel de esfuerzo que se requiere para monitorear las condicionalidades, es importante recordar los efectos significativos que han demostrado las TMC en incontables evaluaciones de impacto. Esos efectos son más marcados para las TMC que para las TMNC, y los estudios sugieren que tanto el monitoreo del cumplimiento como la aplicación del cumplimiento son importantes. Suponemos que el vínculo entre incentivos y comportamientos puede tener menos que ver con la imposición real de sanciones económicas y más que ver con el monitoreo. Muy pocos beneficiarios reciben sanciones económicas, y cuando esto ocurre, los montos son relativamente bajos y distantes de los tiempos de las conductas esperadas. Dado que la mayoría de los beneficiarios cumple, podría ocurrir que la sola amenaza de perder los beneficios ayude a incentivar el cambio de comportamientos. No obstante, si se tiene en cuenta que las personas pobres viven al día, la fuerza de estas sanciones parece ser bastante contundente. En cambio, es posible que los fuertes efectos medidos en las evaluaciones de impacto para las TMC sean consecuencia del acto de monitoreo.

Monitorear el cumplimiento de las condicionalidades brinda un impulso, en el ámbito de la conducta, para que las familias inviertan en capital humano. El solo hecho de saber que sus comportamientos están siendo monitoreados estimula a las personas a cumplir. Reciben una serie de impulsos regulares en momentos claves: (1) de los docentes y trabajadores de salud que registran su asistencia; (2) del personal del programa que acompaña a las familias y recopila esos datos de los proveedores de servicios; (3) del «sistema», si extiende notificaciones o advertencias formales cuando se detecta un incumplimiento; y (4) de trabajadores sociales en programas que brindan asistencia y asesoramiento adicionales en respuesta a las alertas de incumplimiento persistente que se señalan. Esta asistencia adicional puede ayudar a diagnosticar los motivos del incumplimiento, ayudar a las familias a eliminar los obstáculos que afectan el cumplimiento y conectarse mejor con los servicios, así como corregir los errores de información. Estos impulsos conectan los beneficios de la protección social con los servicios de educación y salud.

Futuras evaluaciones de impacto podrían profundizar en la pregunta de si es más importante monitorear o hacer valer las condicionalidades. Si bien este libro no puede responder esa pregunta, esta apertura de la «caja negra de la implementación» ayuda a esclarecer el proceso o al menos a sugerir algunos de los aspectos clave de la implementación que se deben evaluar.

8.4 MONITOREO DEL CUMPLIMIENTO DE LAS CONDICIONALIDADES DE LOS PROGRAMAS DEL MERCADO LABORAL

Requisitos de los programas de empleo y activación laboral

Aplicar condiciones para continuar recibiendo beneficios de desempleo o programas de activación tienen dos propósitos: Primero, la introducción de condicionalidades reduce el problema del peligro moral de que las personas beneficiarias acepten transferencias monetarias sin buscar oportunidades de empleo remunerado. Muchos gobiernos y sociedades otorgan un peso considerable a la «corresponsabilidad» entre el Estado y la persona, y se preocupan por los desincentivos laborales que pueden surgir de las transferencias monetarias no condicionadas. Los Estados Unidos y el Reino Unido, por ejemplo, en las últimas décadas han implementado cambios en las políticas para garantizar condiciones más estrictas sobre las transferencias de protección social en general y los beneficios de desempleo en particular. Muchos países del Este Asiático, como Indonesia, Tailandia y hasta hace poco Malasia, también enfatizan el empleo productivo y, como resultado, tienen programas de seguro de desempleo limitados o inexistentes.

Segundo, las condicionalidades pueden funcionar como un mecanismo de selección. En teoría, la existencia de condiciones estrictas que se monitorean de cerca fomentan que solo aquellas personas que más lo necesitan soliciten y reciban beneficios, mientras que quienes pueden encontrar un empleo adecuado más rápidamente no realizarán el esfuerzo de cumplir los requisitos del programa. Muchos países también mantienen una variedad de programas de red de asistencia social monetarios y en especie para asistir a las personas pobres y a las más vulnerables a la pobreza. Las intervenciones laborales y de activación pueden complementar las redes de asistencia, pero no hay que considerarlas sustitutos y suelen tener requisitos de monitoreo más intensivos. Durante los últimos treinta años, muchos modelos y estudios académicos se han dedicado a determinar el equilibrio óptimo entre la provisión de beneficios y el monitoreo de condiciones y sanciones bajo diferentes supuestos de mercados laborales. Distinguir entre estos casos, en la práctica, no siempre es fácil.

La existencia de este equilibrio entre la aplicación estricta de condicionalidades y la provisión de beneficios es incluso más evidente debido a la naturaleza cambiante que tiene el trabajo a nivel global, con la persistencia de la informalidad y cambios más frecuentes en los perfiles laborales. Los programas laborales tradicionales, incluidos el seguro de desempleo (SD), la asistencia por desempleo (AD) y los programas activos del mercado laboral (PAML), como la asistencia y capacitación para la búsqueda de empleo, se diseñaron para responder a un mercado laboral formalizado. Se espera que, en su mayor parte, los empleos sean a largo plazo, con salarios contributivos regulares y otros beneficios. El SD y la AD se ofrecen para cubrir las relativamente escasas lagunas de empleo, mientras que la asistencia y capacitación para la búsqueda de empleo apuntan a hacer que la persona vuelva a trabajar tan pronto como sea posible, preferiblemente en la misma industria u ocupación. Este escenario ya no prevalece en muchos países y nunca existió en la mayoría de los países en desarrollo. Muchas personas tienen empleos informales con pagos irregulares o únicos, y sus empleadores les ofrecen beneficios limitados o ningún beneficio. Muchas personas jóvenes tendrán muchos empleos distintos durante su vida laboral, a menudo en diferentes sectores o industrias, a veces pasando del empleo informal al formal o viceversa.

La naturaleza de los programas del mercado laboral tendrá que cambiar para responder al nuevo mundo del trabajo. La asistencia tendrá que estar integrada más directamente con otras formas de protección social, como transferencias monetarias y redes de asistencia y mecanismos de seguridad social trasladables. Las estrategias de activación tendrán que anticipar la amplia variedad de relaciones laborales y las vías para entrar al empleo productivo. Asimismo, el monitoreo de los beneficiarios y los tipos de condicionalidades tienen que evolucionar también. No obstante, esta sección se centrará en el monitoreo del cumplimiento de condicionalidades tal y como se practica actualmente.

La mayoría de los programas laborales tienen requisitos de elegibilidad inicial similares. Hay tres que se aplican comúnmente a la persona que busca beneficios: (1) una historia mínima en la fuerza laboral antes del desempleo, que suele ser mencionado como el período de «arraigo» a la fuerza laboral. Esta condición de elegibilidad se aplica particularmente en el caso del SD, que está financiado parcialmente por los impuestos sobre el salario y las contribuciones patronales. Si una persona acaba de empezar a trabajar o ha tenido períodos cortos de empleo temporal, no ha contribuido lo suficiente al sistema de seguridad para garantizar que reciba beneficios; (2) la causa del desempleo es una separación involuntaria del puesto de trabajo, no resultante de despido con causa o de renuncia voluntaria; y (3) la capacidad y la voluntad de la persona de buscar y aceptar un empleo adecuado.

A partir de los requisitos iniciales, se siguen las condicionalidades de elegibilidad en curso. Para continuar recibiendo beneficios, la persona debe demostrar lo siguiente:

- Capacidad y voluntad de buscar y aceptar un empleo adecuado.
- Participación en PAML específicos.

Esta sección del capítulo se centrará en el monitoreo de las condicionalidades de elegibilidad continuas en los programas laborales. La siguiente subsección analiza cómo se monitorean las condicionalidades de los programas laborales y describe los arreglos institucionales típicos y los procesos para el monitoreo. La última subsección concluye con una revisión de experiencias seleccionadas con indicadores de desempeño y cumplimiento con sistemas de monitoreo.

¿Cómo se monitorean las condicionalidades de los programas laborales?

Verificar y monitorear el cumplimiento de las condicionalidades específicas de los programas es una función crítica de la gestión de las operaciones de los beneficiarios en todos los programas de activación laboral. Muchos programas de transferencia monetaria para la red de asistencia social evalúan la elegibilidad inicial para los beneficios una vez, hasta que se lleva a cabo una reevaluación mucho tiempo después, a veces, luego de años. Los programas de activación laboral típicamente involucran el monitoreo frecuente de las condiciones de cumplimiento semanal o mensualmente.

Arreglos institucionales

El servicio público de empleo (SPE) es la forma de organización dominante para la provisión de servicios de empleo. El SPE es una agencia gubernamental que ayuda a quienes buscan trabajo y a empleadores mediante la provisión de apoyo a la búsqueda laboral, servicios de asesoría y colocación, información sobre el mercado laboral y apoyo para mejorar la empleabilidad de las personas demandantes de empleo a través de PAML, como capacitación laboral y autoempleo o emprendimiento. No todos los SPE brindan todo el abanico de servicios, pero muchos están ampliando los tipos de servicios ofrecidos, con énfasis en los PAML. Un estudio global de 73 países halló que al menos la mitad había ampliado la disponibilidad de servicios de empleo a grupos poblacionales prioritarios entre 2014 y 2016 (OIT, 2018). Algunos SPE también otorgan beneficios de desempleo y subsidios relacionados, aunque en muchos casos los SD y las AD están gestionados por una agencia dedicada a tal fin dentro del Ministerio de Trabajo o de Seguridad Social. En casi todos los países, el SPE depende del Ministerio de Trabajo o de otra autoridad central, con su organigrama y sus propias oficinas. En algunos casos, el SPE tiene dependencia directa y, en otros, es más autónomo, pero está supervisado por la autoridad central. Por ejemplo, en la región Oriente Medio y África del Norte (MENA), la República Árabe de Egipto y Jordania proporcionan PAML a través de un departamento dentro del Ministerio de Trabajo; mientras que en el Líbano, Marruecos y Túnez los programas los administran agencias públicas independientes supervisadas por el Ministerio de Trabajo.

En algunos países, hay un mayor foco en la activación de las personas que reciben asistencia social, junto con las que están desempleadas y buscan trabajo. En el pasado, y aún en muchos países, los programas de red de asistencia social estaban organizados y gestionados en ministerios separados con vínculos verticales con las localidades a través de oficinas de seguridad social, mientras que las organizaciones nacionales de SPE se concentraban en las personas con seguro de desempleo y las que estaban más preparadas para trabajar (Mosley, 2011). Desde inicios de la década de 2000, la activación de personas beneficiarias de asistencia social se ha convertido en un gran foco de las políticas del mercado laboral. En algunos países, como Finlandia, Alemania, Macedonia del Norte y Noruega, esto ha tomado la forma de una cooperación obligatoria entre la agencia de servicio social y el SPE, o incluso una responsabilidad uniforme para individuos con seguro de desempleo o beneficiarios activados de asistencia social (por ejemplo, Dinamarca y Serbia).

Históricamente, el número de trabajadores sociales y asesores disponibles para atender a demandantes de empleo en programas de activación ha sido limitado, y esto sigue sucediendo en muchos países en desarrollo. Los países en desarrollo y de ingreso bajo no suelen tener personal capacitado disponible y se concentran, principalmente, en la asistencia por transferencia monetaria o en formas de búsqueda de empleo automatizada. La Organización Internacional del Trabajo recomienda que el personal se ocupe de una media de 100 casos. En la práctica, se encargan de muchos más. Estudios recientes sobre los servicios públicos de empleo de todo el mundo han hallado que en Europa había un promedio de 170 demandantes de empleo por cada integrante del personal de SPE, con algunos países europeos y de Asia Central con más de 500 casos por persona (Kosovo, Macedonia del Norte, Turquía).[29] Los países del Este del Asia y el Pacífico tenían un promedio ligeramente superior a 280. No obstante, los países de MENA, África y América Latina promediaron entre 2100 y 5200 casos por integrante del personal. El alto número de demandantes de empleo por oficina dificulta mucho la expansión eficaz hacia PAML y asistencia para la búsqueda de trabajo. Entre los países de ingreso alto, la cantidad de casos ha disminuido en promedio en los últimos años, con lo cual se mejora potencialmente la relación con quienes aspiran a un empleo y hace que el monitoreo de las condicionalidades sea más eficaz.

Muchos países externalizan cada vez más los servicios de activación de empleo al sector privado u organizaciones no gubernamentales (ONG). El modelo tradicional de SPE centralizado que presta todos los servicios de activación sigue siendo el más común, pero está cambiando con el correr del tiempo debido, por un lado, al gasto y la ineficiencia asociados con la provisión gubernamental y, por el otro, a la importancia de vincular mucho más la capacitación y los servicios con las necesidades de empleo del sector privado. Aproximadamente, dos tercios de los SPE relevados globalmente en 2014 eran responsables de la entrega de todos los servicios de empleo. El tercio restante subcontrataba o coordinaba la provisión de servicios brindada por otras organizaciones o el sector privado.[30] Solo unos pocos países dependen exclusivamente de servicios privados o de una red combinada del sector público, el privado y organizaciones sin fines de lucro, como Australia, Colombia, Dinamarca, Suiza y el Reino Unido.

Hay varios ejemplos de países que usan extensamente los servicios privados. En Dinamarca, por ejemplo, las oficinas locales de SPE tienen suficiente autonomía para organizar y contratar servicios independientes de activación. En Honduras, el Servicio Nacional de Empleo de Honduras (SENAEH) se ha asociado con organizaciones privadas para gestionar y financiar en forma conjunta los servicios de empleo. El personal y los suministros para brindar los servicios también los proporciona el sector privado.[31] La Agencia Nacional para el Desarrollo de Habilidades de India es una compañía pública limitada sin fines de lucro bajo la órbita (y con financiamiento) del Ministerio de Desarrollo de Habilidades y Emprendimiento, que financia empresas y organizaciones privadas que brindan capacitación en todo el país. Jobactive Australia (ADE) depende mucho de la contratación en función de resultados para la provisión de servicios de empleo. La ADE tiene un concepto de ventanillas únicas/centro de servicios integrados que derivan a todas las personas desempleadas registradas a proveedores según un contrato competitivo que paga una tarifa de servicio estándar más un bono por resultados y por atender a personas difíciles de colocar. En Reino Unido, Jobcentre Plus otorga pagos a contratistas según los resultados de las colocaciones y la sostenibilidad de los empleos en términos del período de retención. Así sucede también en Alemania, donde un comprobante de colocación da derecho a usar una agencia privada. Si el comprobante lleva a un empleo, la agencia recibe un porcentaje predeterminado del pago en el momento de la inserción y el resto seis meses después de la colocación.

El recuadro 8.2 proporciona un ejemplo detallado de cómo se organizan e implementan los servicios de empleo a través de un SPE completo para Macedonia del Norte.

Procesos para el monitoreo de las condicionalidades

En casi todos los países, el monitoreo de las condicionalidades del mercado laboral se inicia con el desarrollo de un plan de acción individualizado (PAI) para la persona que busca empleo.[32] Esta persona suele ingresar a programas de activación laboral a través de una oficina local ubicada cerca de su residencia, generalmente una oficina de SPE, pero a veces es una oficina especializada en beneficios de desempleo o una oficina

---

Recuadro 8.2 Provisión de servicios de empleo en Macedonia del Norte

Macedonia del Norte ofrece una gama de beneficios de desempleo y servicios de activación. Junto con el Ministerio de Trabajo y Política Social (MTPS), la Agencia de Servicios de Empleo (ASE) —el servicio público de empleo del país— es responsable de implementar la política nacional de trabajo. La ASE es una institución pública independiente que está bajo la órbita del MTPS y es responsable de (1) recolectar y difundir información sobre el mercado laboral; (2) brindar asesoramiento laboral y orientación profesional; (3) proporcionar ubicación laboral; y (4) administrar programas pasivos (seguro de desempleo) y activos del mercado laboral. Se financia con una combinación de recursos presupuestarios gubernamentales (cerca del 75 % del total) y contribuciones provenientes del seguro de desempleo.

La ASE tiene varios departamentos y presencia local en muchas áreas. En 2014, la ASE tenía una oficina central, un centro de empleo en la capital, Skopie, 29 centros de empleo locales y 16 oficinas de extensión con un total de 473 personas empleadas. La oficina central de ASE tiene 54 personas en su equipo y está dividida en unidades, como Seguro de Desempleo, Políticas de Empleo Activo, Investigación y Análisis, y varias otras unidades administrativas y de apoyo como TI y RR. HH.

La combinación de tareas asignadas al personal depende de la disponibilidad de recursos humanos, el número de personas desempleadas asignadas a la oficina local y el volumen general de trabajo que se debe llevar a cabo. En promedio, hay 378 demandantes de empleo por cada integrante del equipo de atención al público, con casi el 80 % del personal asignado a esta tarea. En la práctica, la administración del beneficio de desempleo está a cargo de personal especializado solo en los centros de empleo más grandes. En la mayoría de las oficinas más pequeñas, el personal de atención al público cubre todos los servicios (registro, asesoría, orientación, registro de vacantes, colocación, registro de contratos de trabajo y administración de medidas pasivas y activas).

Todas las personas demandantes de empleo solicitan beneficios en un centro de empleo y se incorporan al registro de la ASE. Entre ellas, las «activas» son aquellas que están disponibles para trabajar y están buscando empleo activamente. La ASE tiene una serie de servicios de autoayuda en línea bien desarrollados para empleadores y demandantes de empleo. Solo quienes están en busca activa de trabajo se reúnen con alguien del equipo asesor o de atención al cliente para desarrollar un plan de empleo individual y son derivadas a capacitación u otros servicios.

Se requiere que las personas beneficiarias del seguro de desempleo o de planes de bienestar social busquen activamente empleo. Rechazar una oferta de trabajo o una oportunidad de capacitación/recapacitación dos veces se sanciona con la quita de beneficios. La persona puede ser readmitida si demuestra que estuvo buscando trabajo y capacitándose.

Fuente: Resumen de Corbanese (2015).

---

de bienestar social. Una vez completadas las formalidades de solicitud e inscripción, se elabora un PAI con el asesoramiento del personal asignado. Véanse los capítulos 4 y 5 de este libro para más información sobre la recepción, el registro, la evaluación de necesidades, la determinación de elegibilidad y la inscripción. El PAI presenta las actividades que se esperan de la persona demandante de empleo, que incluyen un conjunto de obligaciones mutuas que ella y los distintos proveedores de servicios deben cumplir en el curso de la participación en el programa. El recuadro 8.3 subraya los requerimientos para una muestra representativa de participantes en el programa Jobactive, la primera iniciativa de activación laboral de Australia.

Las obligaciones, o condicionalidades, suelen variar de acuerdo con el tipo de persona que busca empleo. Quienes han perdido el trabajo pueden hacer hincapié en una búsqueda a corto plazo, acompañados con asesoramiento, mientras quienes que están sin empleo desde hace tiempo pueden tener un componente de capacitación mayor. Las personas más jóvenes o que acaban de terminar los estudios pueden recibir una combinación de elementos de capacitación, pasantía o capacitación en el trabajo para prepararlas para un empleo de nivel inicial o, incluso, recibir asistencia para el emprendimiento.

A partir de las actividades particulares incluidas en el PAI, las condicionalidades se rastrean en varios puntos de interacción entre quien busca empleo y el proveedor de servicio o potencial empleadores, se registran y se procesan a través del sistema de verificación, que las retroalimenta al PAI y a veces resulta en sanciones. El gráfico 8.18 ilustra un proceso de verificación de cumplimiento general para el programa de activación típico. Señala los pasos de verificación claves bajo responsabilidad de cada uno de los actores principales: demandantes de empleo; funcionarios del servicio de empleo, trabajadores sociales u otro prestador de servicio; la oficina de servicio social y, por último, el ministerio o el departamento central.

El proceso de verificación se inicia una vez que la persona demandante de empleo acuerda un PAI con quien atiende su caso y las actividades de activación comienzan. Para programas SD/AD sin PAML, generalmente, se presentan informes solo de las actividades de búsqueda de trabajo, que incluyen las razones por las cuales no se aceptó una oferta laboral. Para PAML

o programas combinados de activación, los informes incluirían la participación en sesiones de asesoramiento y capacitación, además de las actividades de búsqueda de empleo. En muchos países, quienes buscan empleo informan sus actividades, directamente usando un cuaderno físico o bien un software en línea. En el caso de servicios de activación, como asesoramiento o capacitación, usualmente, el proveedor de servicios registra la participación de la persona. En esta etapa, no hay control ni verificación de la veracidad de lo informado por la persona demandante de empleo.

En un intervalo predeterminado, se agendará una reunión con el trabajador social o con la oficina de servicio de empleo. Durante estas reuniones, el trabajador social revisa las actividades y los objetivos del PAI con la persona, y controla el registro de entrevistas y servicios de empleo. Además de las reuniones regulares, existen entrevistas intensivas para revisar o adaptar el PAI según el ritmo de progreso. Estas entrevistas pueden ser bastante largas; llegan a durar hasta una hora en los casos en que se ajusta el PAI o se agregan nuevas actividades. La frecuencia de las entrevistas intensivas varía de acuerdo con las reglas del programa y el perfil de la persona demandante de empleo. La tabla 8.9 resume la frecuencia de entrevistas, la carga de casos y otras características de varios SPE de la OCDE. La tabla sugiere que muchos programas requieren una entrevista intensiva cada uno a tres meses. En el Reino Unido, las entrevistas se programan regularmente tras el pedido inicial de recibir un beneficio; primero, después de 13 semanas; luego, a las 26 semanas, y a las 52 semanas para quienes aún no hayan conseguido empleo. Estas fechas corresponden a las fechas activadoras de diferentes beneficios, como pagos de beneficio extendido, asignación por discapacidad o ayuda hipotecaria, entre otros. En programas que dependen fuertemente del registro y el seguimiento en línea, las entrevistas presenciales son menos frecuentes, como sucede en el caso de Dinamarca.

A menudo, las personas se reportan directamente a la agencia de SPE local o registran la búsqueda y las entrevistas en forma individual o en línea, semanal o mensualmente. Esto suele ser presencial, y el trabajador social verificará los informes llamando selectivamente a potenciales empleadores con los que la persona dijo que se puso en contacto. Por ejemplo, el programa Asistencia Temporal a Familias Necesitadas

Recuadro 8.3 Requisitos de obligación mutua de Jobactive (Australia)

En Jobactive, el principal programa de servicios de empleo de Australia, una vez que, mediante un instrumento específico, se evalúa a las personas demandantes de empleo y se las ubica en el flujo laboral, desarrollan un plan de trabajo que identifica actividades y requisitos para hacer la transición hacia el empleo. En el momento de inscribirse en uno de los componentes del programa, a la persona se le informa de los «requisitos de obligación mutua». Estas obligaciones deben cumplirse para seguir recibiendo la ayuda económica. Estas obligaciones incluyen asistencia regular a las citas con proveedores de servicios y un requisito mínimo de búsqueda de empleo. Además, las personas demandantes de empleo deben cumplir con el requisito de una actividad anual que determina el número de horas y el cronograma que regirá para las actividades. El no cumplimiento de los requisitos de obligación mutua y el plan de empleo trae aparejadas sanciones relacionadas con la ayuda monetaria y hasta la cancelación del programa.

La siguiente tabla detalla los requisitos para diferentes flujos de demandantes de empleo de hasta 30 años. Los requisitos de obligación mutua variarán según de la edad de la persona y su ubicación en el flujo. Por ejemplo, además de la fase de «trabajar por el subsidio», una persona en busca de empleo deberá atravesar una fase de gestión social individualizada. Quienes están en el flujo A (general) tendrán una fase de «actividad de autoservicio y empleo» durante sus primeros seis meses en el programa Jobactive. En la tabla se muestran otros requerimientos en fases diferentes, como frecuencia de búsqueda de empleo y horas de actividad anual.

Tabla B8.3.1 Requisitos de obligación mutua: Demandantes de empleo de hasta 30 años

Período de servicio	Flujo A (general)	Flujo B (general)	Flujo C
0-6 meses	Autoservicio y actividad de empleo • citas • búsqueda de empleo (20 por mes) • otras actividades adecuadas	Gestión social individualizada • citas • búsqueda de empleo (20 por mes) • otras actividades adecuadas	Gestión social individualizada • citas • búsqueda de empleo (depende de la capacidad) • otras actividades adecuadas
6-12 meses	Gestión social individualizada • citas • búsqueda de empleo (20 por mes) • otras actividades adecuadas		Gestión social individualizada • citas • búsqueda de empleo (depende de la capacidad) • otras actividades adecuadas
12-18 meses 24-30 meses Etc.	Fase de «trabajar por el subsidio» • citas • búsqueda de empleo (depende de la capacidad) • Requisito de actividad anual: 650 horas sobre 26 semanas (50 horas por cada dos semanas), trabajar por el subsidio como actividad principal		
18-24 meses 30-36 meses Etc.	Gestión social individualizada • citas • búsqueda de empleo (20 por mes) • otras actividades adecuadas		Gestión social individualizada • citas • búsqueda de empleo (depende de la capacidad) • otras actividades adecuadas

Fuente: ANAO Annual Report 2017–18, Australian National Audit Office, tabla A.2./ANAO_Report_2017-18_04.pdf. https://www.anao.gov.au/sites/default/files/ANAO_Report_2017-18_04.pdf.

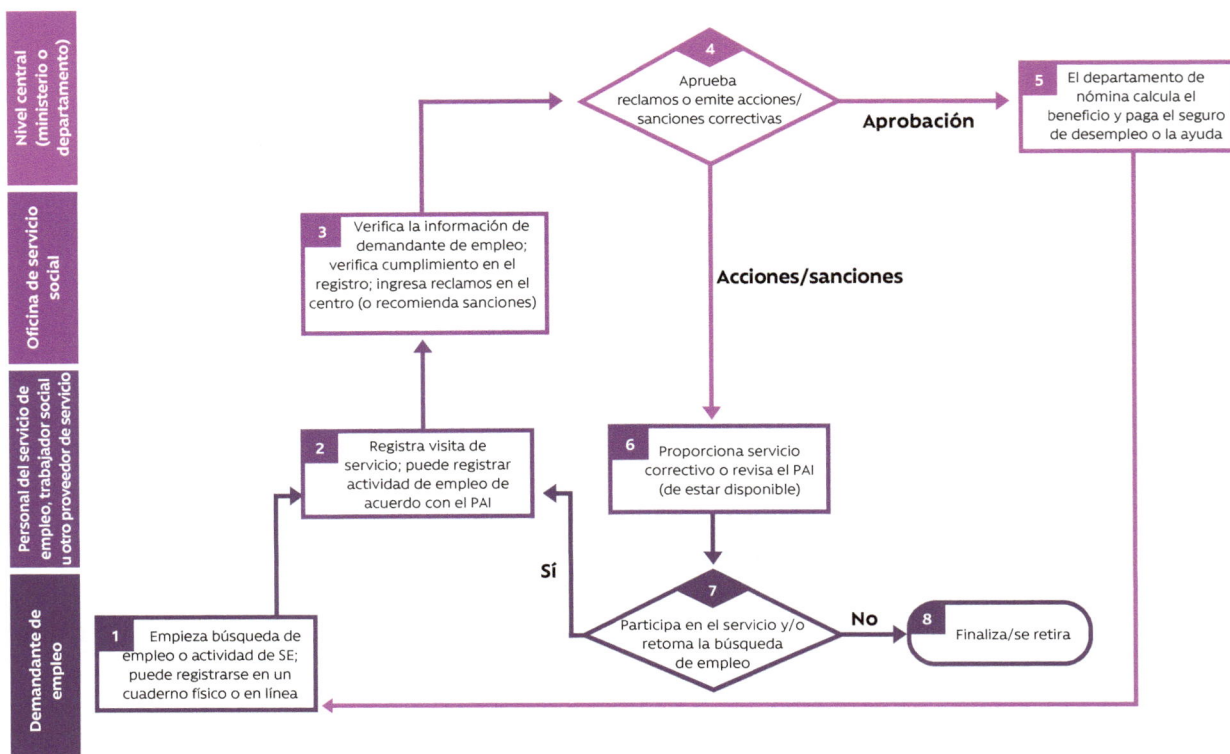

Fuente: Gráfico original para esta publicación.

Nota: SE = servicio de empleo; PAI = plan de acción individualizado.

(TANF) de los Estados Unidos requiere que las personas completen planillas semanales para el rastreo de su participación. El Reino Unido, hace poco, ha intensificado el monitoreo y verifica a casi la mitad de las personas que solicitan beneficio de desempleo cada semana en lugar de cada dos semanas, en parte, para investigar la eficacia de los diferentes procedimientos de monitoreo. En los Países Bajos, quienes solicitan el beneficio deben proporcionar detalles completos de la actividad de búsqueda de empleo cuando se les solicite y deben documentar en línea todas las actividades de búsqueda. Los países de América Latina y el Caribe pueden variar en sus requisitos de búsqueda de empleo. El SPE brasileño (Sistema Nacional de Emprego o SINE), por ejemplo, no tiene un requisito de búsqueda laboral activa, pero limita el SD a cinco meses y no permite que quienes ingresan por primera vez al mercado laboral reciban beneficios. En Polonia, es el trabajador social o funcionario de empleo y no la persona quien tiene la responsabilidad de documentar las actividades de búsqueda de empleo e identificar el incumplimiento de la búsqueda. Sin embargo, el énfasis en la documentación a cargo del personal, como en Polonia, no es común en la mayoría de los SPE. En algunos países, la búsqueda de empleo se ha volcado a un mayor uso de portales en línea y diarios digitales que el personal puede verificar a su propia discreción sin necesidad de un informe formal por parte de la persona beneficiaria del SD. El uso de portales en línea es común en Dinamarca, por ejemplo, y muchos SPE de países de la OCDE están abandonando el monitoreo presencial de todos los aspectos de los PAI. El «e-werkcoach» en los Países Bajos sigue en línea el progreso de la búsqueda de empleo y les recuerda a las personas las actividades acordadas según su PAI y las consecuencias del no cumplimiento. Solo las personas con riesgo de desempleo a largo plazo reciben asistencia y asesoramiento presencial. Alemania, la Región Flamenca de Bélgica y Estonia confían en diferentes grados en sistemas en línea para atender a las personas demandantes de empleo y monitorear el éxito de los PAI.[33]

Tabla 8.9 Temporalización y seguimiento de PAI, carga de casos y participación de PAML en servicios públicos de empleo de la OCDE seleccionados, 2009/2010

	Austria	Dinamarca	Alemania		Reino Unido	Suiza
			SGB II (bienestar social)	SGB III (seguro)		
Temporalización de PAI y primera entrevista intensiva	90 % de los casos a las 4 semanas posteriores al registro	Meta: PAI para el inicio de la fase de activación Primera entrevista real: 11 semanas después del registro, en promedio	Meta: 10-15 días Real: 15,4 días después del registro, en promedio	5,5 días después del registro, en promedio	Meta: ADE 6 semanas después de la solicitud; AAE 8 semanas después del reclamo	Meta: 15 días Real: 12,6 días, en promedio
Monitoreo de la búsqueda de empleo	Cada entrevista laboral	Semanalmente, en línea	Cada entrevista laboral		Cada 2 semanas, presencial	Cada entrevista laboral
Frecuencia de las entrevistas	Cada 37 días, en promedio	Meta: cada 3 meses Real: variable	Sobre la base del perfil de cliente Perfiles complejos y listos para trabajar: cada 3-4 meses, en promedio Clientes de activación: cada 1-2 meses, en promedio		Meta: después de 13, 26 y 52 semanas Real: tasa de logro del 86 %	Meta: Mensualmente Real: variable
Duración de entrevistas	Zona de asesoramiento		Recomendado:	Recomendado:		
Inicial	30 min. promedio	n.a.	60 minutos	60 minutos	40 min. promedio	n.a.
Seguimiento	24 min. promedio	n.a.	Sobre la base del perfil de cliente	30-45 minutos	7 min. promedio	n.a.
Carga de casos (proporción personal-cliente)	Zona de servicio: 1:257 Zona de asesoramiento: 1:142	n.a.	Edad <25, 1:79 Edad <25, 1:160	1:142	1:142	1:100
Participación en PAML	Decisión del asesor Obligatoria una vez acordado un PAI	Activación según edad Obligatoria una vez acordado un PAI	Decisión del personal asesor Obligatoria una vez acordado un PAI Oferta inmediata de trabajo o estudio para clientes de bienestar social menores de 25 años		Derivación a programa de trabajo condicional de acuerdo con tipo/edad de solicitud de beneficio	Decisión del personal asesor Obligatoria una vez derivado por trabajador social

Fuente: Konle-Seidl, 2012.

Nota: PAML= programa activo del mercado laboral; AAE = asignación de apoyo al empleo; PAI = plan de acción individualizado; ADE = asignación a demandante de empleo; n.a. = no se aplica; OCDE = Organización de Cooperación y Desarrollo Económicos; SGB = *Sozialgesetzbuch* (código social).

Cuando la capacitación, el asesoramiento y tal vez otros servicios se prestan de forma privada, suele establecerse un sistema de monitoreo independiente entre el proveedor y el SPE o la agencia gubernamental. Los proveedores pueden transmitir un archivo periódico que registre la asistencia o acceder a un sistema offline u online para comunicar los detalles de la participación. Los contratos generan el pago a los proveedores a partir del número de personas que completan la capacitación o los servicios, o más pertinentemente, el número de personas que fueron ubicadas o encontraron empleo en un período determinado. El diseño de procesos de contratación y monitoreo por desempeño para proveedores privados es cada vez más importante en los programas de activación.

Cada vez más, el monitoreo de las personas demandantes de empleo involucra a proveedores de servicio privados. Por ejemplo, en el programa Jobcentre Plus del Reino Unido, las empresas privadas proveedoras de búsqueda de empleo prestan servicio según un contrato de entrega, pero también notifican a la agencia gubernamental de cumplimiento cuando las personas participantes necesitan ayuda adicional, como una asignación para la formación, o se sospecha que están en incumplimiento. Asimismo, en el Expanded Public Works Program (EPWP) de Sudáfrica, las organizaciones sin fines de lucro contratadas a través del programa deben registrar la asistencia diaria de las personas beneficiarias, así como también los datos de identificación y de pago, de manera que esté disponible para la auditoría de las autoridades del programa.

Cuando se da un incumplimiento, el trabajador social o la oficina de asistencia social lo comunicará formalmente al ministerio, al SPE o al departamento central. A menudo, el trabajador social tiene cierto grado de discreción respecto a la frecuencia con que se informa a sus superiores. Cuando la cantidad de personal lo permite, muchos programas de empleo elevan la decisión sobre las sanciones a equipos especializados dentro o fuera del SPE (Konle-Seidl, 2012). Esto elimina la percepción del personal asesor como un policía o burócrata del sistema. A la inversa, eliminar completamente el rol de policía puede socavar su autoridad. Es un equilibrio delicado. Varios SPE en países de la Unión Europea proveen capacitación regular sobre gestión de estrés,

autoconocimiento psicológico, asertividad e, incluso, sesiones grupales de colegas para complementar la formación técnica que recibe el personal asesor (por ejemplo, el SPE irlandés). Después del informe de un incumplimiento, el SPE o el ministerio central decidirá si examinar más en profundidad, emitir una acción correctiva a través del trabajador social o dictar una sanción que afecta los beneficios junto con acciones correctivas recomendadas.

Las sanciones pueden variar. En muchos casos, los beneficios pueden suspenderse o reducirse temporalmente, según el incumplimiento. No aceptar oportunidades laborales, generalmente, es la infracción más seria en la mayoría de los sistemas. En Rusia, pueden suspenderse hasta por un mes los beneficios de desempleo si la persona no acepta dos ofertas de trabajo adecuado consecutivas o no participa en obras públicas rentadas o de capacitaciones luego de un mes de desempleo.[34] En Estonia, los beneficios pueden suspenderse por un período de entre 10 y 30 días la primera vez que una persona rechaza un trabajo adecuado sin una razón válida o si recibe un ingreso igual a 30 días de beneficios de desempleo (Kuddo, 2012). Australia, Corea, los Países Bajos, Nueva Zelanda, España, Suecia y el Reino Unido tienen períodos de suspensión de beneficios por rechazar empleo. Los Países Bajos imponen una escala móvil de reducciones del pago de hasta el 100 % según la cantidad de rechazos y su naturaleza (Immervoll y Knotz, 2018).

Muchos SPE sancionarán a quienes no cumplan otras obligaciones, además de no aceptar oportunidades laborales. Suecia sanciona por no participar en la elaboración del PAI, no presentar un «informe de actividad» todos los meses, faltar a una cita, no aceptar una derivación laboral y/o no buscar trabajo activamente (Garsten, Jacobsson y Sztandar-Sztanderska, 2016). La primera instancia de incumplimiento trae aparejada una advertencia, y la segunda, la tercera y la cuarta llevan a la suspensión de los beneficios durante 1, 5 o 10 días, respectivamente. La quinta instancia dará como resultado la cancelación de los beneficios hasta que se tenga una nueva condición laboral.

En Australia, con el programa Jobactive, una vez que una persona ha atravesado un umbral de incumplimientos o falta de participación, se activa una evaluación automática conocida como «evaluación integral de cumplimiento». Esta evaluación se activa luego de tres veces sin registrar actividades de búsqueda de empleo, tres inasistencias a actividades o entrevistas de trabajo, o no acordar un plan de trabajo. El proveedor de servicios o el Departamento de Servicios de Salud (DHS) pueden requerir una evaluación cuando determinan que una persona es incapaz de cumplir con los requisitos de obligación mutua (ver recuadro 8.3 para más detalles). La evaluación está a cargo de especialistas del DHS, que elaboran un informe con acciones para que lleve a cabo la persona y los proveedores de servicios. Si la evaluación determina que hubo un incumplimiento serio o fraude, se impone una multa de ocho semanas sobre la ayuda monetaria. Ulteriores incumplimientos pueden dar como resultado más sanciones, como la reducción y la cancelación de la ayuda monetaria. Estos pasos graduales se identifican claramente en los requisitos de obligación mutua.

El monitoreo de personas beneficiarias en programas públicos de empleo es algo diferente de los programas de activación laboral típicos. Las obras públicas suelen considerarse esquemas de autofocalización, que pagan por debajo o muy cerca del salario mínimo predominante, por lo que se supone que las personas aceptan ese trabajo desde el programa solo si no hay otro disponible. La mayoría de los programas, por lo tanto, dedican buena parte de la atención administrativa a asegurar que las personas que quieren trabajar en el programa sean admitidas y a supervisar el desempeño de agentes y contratistas para completar las actividades. Sin embargo, sigue siendo importante asegurar que la fuerza laboral esté presente en los lugares de trabajo y no hayan excedido ningún límite establecido de días permitidos de participación.

El programa Mahatma Gandhi National Rural Employment Guarantee Act (MGNREG) en India monitorea la presencia de la fuerza laboral diariamente y hace un seguimiento de los días trabajados a través de la tarjeta laboral de la familia. Si el Gram Rozgar Sevak (funcionario local del programa) no registra la presencia de un integrante de un hogar en el lugar de trabajo en un día determinado, no se le pagan los beneficios por ese día. Si el período de búsqueda de empleo termina y ningún miembro del hogar se ha presentado a

trabajar, no se otorgan beneficios y se cancela la solicitud. Si un hogar ha recibido 100 días de trabajo en el año financiero, deja de recibir beneficios adicionales. A medida que evolucionó, el programa MGNREG ha desarrollado un SGOB sofisticado conocido como NREGAsoft que da soporte a cada área de trabajo del programa y registra todas las transacciones, desde el registro en el programa hasta el pago de salarios. El recuadro 8.4 da más detalles sobre NREGAsoft.

Algunos programas de obras públicas incorporan componentes de generación de capital humano, además de componentes laborales estándar, lo que requiere un monitoreo de las personas beneficiarias similar al de los programas de TMC. Por ejemplo, el Programa de Ingreso Temporal (PATI) de El Salvador proporcionaba ingresos temporarios a través de proyectos comunitarios y capacitación para mejorar la empleabilidad de personas vulnerables, como jóvenes de áreas urbanas desfavorecidas. El programa Red de Asistencia Productiva de Etiopía tiene varios elementos diferentes, como un esquema de obras públicas, provisión de alimentos y transferencias monetarias, y facilita oportunidades de sustento, capacitación y crédito. El esquema público incorpora como una responsabilidad central la participación en un programa comunitario de educación para la salud, nutrición y cambio de conducta. Se espera que los clientes participen en, por lo menos, seis sesiones de cambio de conducta durante los seis meses de obras públicas. La asistencia a estas sesiones se cuenta como participación en las obras públicas. El personal de extensión de salud del Ministerio de Sanidad registra la asistencia en la «tarjeta de cliente», que se presenta al siguiente día de participación en obras públicas para su inclusión en la planilla de asistencia. El capataz registra la asistencia dos veces por día, generalmente por la mañana antes de empezar y al final del día de trabajo. Anualmente, los Grupos de Trabajo de Seguridad Alimentaria Comunal vuelven a evaluar a los hogares a partir de varios criterios, como estado de los activos y los ingresos, vulnerabilidades (como enfermedad), presencia de personas mayores o mujeres responsables del hogar, entre otras. La lista de hogares elegibles se verifica y se muestra en un lugar público para que se discuta en una asamblea general de la población.[35]

Recuadro 8.4 Monitoreo de beneficiarios y proveedores de programas de obras públicas:
NREGAsoft en India

Mahatma Gandhi National Rural Employment Guarantee Act (MGNREGA) es el programa de obras públicas más grande del mundo. Garantiza 100 días de empleo para hogares en áreas rurales a través de actividades en obras públicas. Entre 2018 y 2019, 75,8 millones de personas recibieron trabajo, con un promedio de 45 días de empleo repartidos en 51,1 millones de hogares y un total de gastos de más de 6000 millones de dólares.

Proceso y monitoreo. La persona pide al Gram Panchayat (GP, Gobierno del poblado) una tarjeta de trabajo y luego presenta una solicitud de empleo por escrito. El GP o la oficina de desarrollo de bloque prepara y presenta una «e-lista de reclutamiento» al Gobierno implementador u otros agentes que realizan las obras públicas.[a] La medición del trabajo se registra semanalmente a partir de una lista de reclutamiento de siete días con asistencia diaria registrada por el Gram Rozgar Sevak (personal de medios de vida del poblado, que trabaja en el MGNREG). Los agentes implementadores presentarán a las autoridades de bloque copias autenticadas de las listas de reclutamiento y los comprobantes de gastos para su ingreso en línea, con otra copia para el GP involucrado a fin de actualizar el registro de empleo y las tarjetas de trabajo individuales. El pago a las personas beneficiarias se hará dentro de los 15 días de la finalización del trabajo directamente a sus cuentas bancarias personales.

Sistema de gestión de operaciones de beneficiarios (SGOB). El Ministerio de Desarrollo Rural ha desarrollado una aplicación SGOB accesible en línea y basada en el flujo de trabajo, que se conoce como NREGAsoft. El software permite registrar todos los detalles transaccionales de diferentes procesos en la implementación de MGNREGA, lo cual pone buena parte de la información directamente a disposición del público. NREGAsoft está disponible online y offline, teniendo en cuenta las dificultades de conectividad en algunas áreas remotas de la India. Admite todas las lenguas locales y está disponible en versión compatible tanto con Microsoft como con tecnologías de código abierto. El software tiene varios módulos para dar soporte a cada área de flujo de trabajo del programa. Para los fines de monitoreo de personas beneficiarias, los más relevantes son:

- El **módulo de gestión de trabajadores** proporciona la columna vertebral de los servicios provistos, desde el registro y la emisión de la tarjeta de trabajo hasta el pago de salarios en las cuentas bancarias.
- El **módulo de auditoría social** capta los detalles de la auditoría social llevada a cabo en varios GP.
- El **módulo de presupuesto de la mano de obra** ayuda al Gram Panchayat a planificar el siguiente año fiscal y asiste al ministerio en la decisión del importe que se liberará a partir de las proyecciones futuras de la demanda de fuerza laboral y las obras públicas que se realizarán.

Otros módulos. (1) el módulo de gestión financiera, que hace el seguimiento de la transferencia y la ubicación de fondos; (2) el sistema de quejas y reclamos; (3) el módulo de dotación de personal, que fortalece la comunicación y la coordinación entre las distintas partes interesadas; (4) el módulo de estimación de costos, que elabora cálculos detallados para las obras que se ejecutan en el programa; (5) red de conocimiento/intercambio de soluciones, que brinda una plataforma en común para que todas las partes intercambien puntos de vista, hagan consultas y exhiban buenas prácticas; y (6) los módulos de banco y correo, que envían información sobre salarios y trabajadores a las instituciones financieras para acreditar nuevas cuentas.

Para más información, véase: https://www.nrega.nic.in/netnrega/home.aspx.

Fuente: Resumen del documento MGNREGA Master Circular-A Guide for Programme Implementation FY 2018–2019 del Gobierno de la India.
a. Una e-lista de reclutamiento es un listado generado electrónicamente de personas elegibles para trabajar en cierto lugar. Incluye nombres de participantes elegibles ingresados en NREGAsoft y detalles personales prepopulados, verificados por la oficina de bloque. En algunas áreas seleccionadas, donde hay limitaciones eléctricas y de conectividad, se prepara una lista de reclutamiento manual.

Indicadores de desempeño de activación laboral y cumplimiento

Históricamente, el SPE ha recolectado y difundido información sobre el mercado laboral para mejorar la selección y la efectividad de los servicios de PAML. Monitorear las tendencias de empleo, las vacantes laborales regionales y locales y el desempeño sectorial es importante para aumentar la relevancia del asesoramiento laboral, la colocación y la capacitación. Esta información se suele recopilar mediante un sistema de información del mercado laboral (SIML), combinando datos basados en sondeos sobre el suministro y la demanda de trabajos y aptitudes con vacantes laborales publicadas por empleadores, usualmente restringidas al sector formal. La información del SIML suele ponerse a disposición de las partes interesadas externas al SPE para permitir a personas, empleadores, proveedores de capacitación y otras agencias públicas y privadas tomar decisiones más informadas.

Muchos SPE ahora van más allá del monitoreo de las condiciones del mercado laboral general para recopilar y utilizar una gama de indicadores de desempeño más estrechamente ligados con el desempeño de los servicios PAML. Los datos suelen tomarse de los registros administrativos mantenidos en las oficinas de empleo individuales o digitalizados y agregados más centralmente. Los indicadores centrales básicos que más se recogen son los siguientes:[36]

- **Tasa de colocación laboral.** El número de personas demandantes de empleo (o que completaron la capacitación u otro PAML) registradas que van a ser empleadas en un período posterior, por lo general al mes o el trimestre siguiente.
- **Costo de colocación.** El número de personas demandantes de empleo registradas que consiguieron un trabajo dividido por el presupuesto del programa en un cierto período, por lo general, un año fiscal.
- **Tasa de retención laboral.** El número de personas demandantes de empleo registradas que siguen empleadas en períodos subsiguientes, por lo general, dos trimestres.
- **Remuneraciones promedio.** Remuneraciones promedio para personas demandantes de empleo registradas que siguen empleadas durante un cierto período, con frecuencia, trimestral o anualmente.
- **Tasa de vacantes ocupadas.** El número de vacantes de empleo registradas que son ocupadas por personas demandantes de empleo registradas durante un período, por lo general, trimestralmente.
- **Tasa de adecuación.** La proporción de personas demandantes de empleo registradas que completan una capacitación y que están empleadas en un cierto período (por lo general mensual o trimestralmente) en una ocupación compatible con la capacitación provista.
- **Tasa de subempleo.** La proporción de personas demandantes de empleo registradas que completan una capacitación y que son contratadas en un cierto período en una ocupación que requiere un perfil educativo más bajo.

Unos sistemas más integrales incluirían un número mayor de indicadores obtenidos de datos administrativos y datos de encuestas. Estos indicadores miden los recursos y los ingresos, así como también los resultados, para evaluar los efectos reales que los servicios provistos tuvieron sobre las personas demandantes de empleo. Algunos SPE usan datos del mercado laboral y datos administrativos para evaluar el desempeño de los programas de empleo. Por ejemplo, Dinamarca y Alemania mantienen un almacén de datos que utilizan las gerencias de los SPE. En Dinamarca, esos datos son accesibles al público a través de un sitio web. Se pueden definir las consultas seleccionando diferentes beneficios, actividades, categorías de gastos y características individuales. Los datos provienen de muchas fuentes, entre ellas, el registro de desempleo de las oficinas locales del SPE, los fondos de desempleo, los permisos de residencia del Servicio de Inmigraciones, y los datos de ingresos de la Agencia Tributaria y de educación del Ministerio de Educación Superior y Ciencia. En Alemania, los datos se toman principalmente de los sistemas de operaciones en oficinas locales.[37] Polonia también monitorea el desempeño de las oficinas locales del SPE y, desde 2014, vinculó una parte de los recursos del Fondo de Empleo nacional a la tasa de ubicación de las personas demandantes. Este cambio afectó directamente al personal del SPE en las oficinas locales, ya que su remuneración también está vinculada al desempeño de su oficina.[38]

El recuadro 8.5 resume el abordaje que Austria hace de la gestión del desempeño que incentiva el compartir conocimiento para el monitoreo y la mejora del programa. La «matriz de control» permite evaluar y comparar las oficinas del SPE, pero el sistema fomenta el uso de la información para compartir el conocimiento y mejorar el programa a través de recompensas financieras, así como también distinciones públicas no financieras por la actitud de compartir conocimiento.

India está desarrollando un sistema integral de gestión de formación de habilidades que recoge una amplia gama de información sobre el desempeño y la hace accesible. El Sistema de Gestión del Desarrollo de Habilidades, originalmente, fue diseñado como un sistema de procesamiento de transacciones para prestadores privados de capacitación para que fuera usado por la Corporación Nacional de Desarrollo de Habilidades. Se está transformando en un SIG pleno y un software de gestión de programas. Se están desarrollando módulos para registrar e incorporar personas demandantes de empleo y capacitación, registrar instituciones educativas, facilitar notificaciones del programa e informes para demandantes de empleo y capacitadores, registrar y manejar pagos y costos, evaluar los procesos de flujo de trabajo y otras analíticas mediante aplicaciones web. También se registran los datos de colocación en empleos, ya que las personas y las instituciones formativas deben informar dentro de los 90 días de la certificación de postulantes en el Sistema de Gestión del Desarrollo de Habilidades.

El sistema de Medición de la Exactitud de los Beneficios (BAM) de Estados Unidos es un ejemplo de un sistema de monitoreo y desempeño por muestreo. El BAM estima la exactitud de las solicitudes pagadas y denegadas en los programas de SD en los Estados Unidos. Cada año, las agencias estatales de fuerza laboral (AEFL) seleccionan muestras aleatorias del espectro de solicitudes de SD, y el personal del BAM estatal revisa los registros de las agencias, contactan a las personas demandantes, empleadores y otros actores para

---

Recuadro 8.5 Gestión del desempeño: La matriz de control y los incentivos para compartir conocimiento de Austria

La «matriz de control» (BSC) busca proporcionar una comparación objetiva del desempeño de regiones y oficinas locales del servicio público de empleo (SPE). Incluye 25 indicadores que cubren resultados cuantitativos, proceso y metas orientadas a la calidad, como tasas de reintegración de medidas activas, servicios a empleadores, servicios de centro de llamadas y procesos de gestión. La BSC se pondera para tomar en cuenta la condición del mercado de empleo local, el personal y los presupuestos.

La BSC se usa como marco de referencia del desempeño de las 100 oficinas locales del SPE. El desempeño de una oficina se mide con diferentes puntos de referencia: (1) cálculo de resultados esperados para la oficina; (2) comparativa entre dos tipos diferentes de subgrupos de oficinas; y (3) referencias fijas para comparar todas las oficinas.

La BSC se usa para ajustar y corregir los procedimientos directamente al nivel de las oficinas y también la utilizan las sucursales regionales y la oficina federal para monitorear las oficinas locales. A las oficinas con desempeños bajos y altos dentro de subgrupos se las anima a compartir conocimientos sobre la mejora del desempeño. Además, se mantiene una base de datos del proyecto para crear transparencia y difundir lecciones. La base de datos incluye información sobre los procesos centrales del SPE, el alcance de la implementación y el cumplimiento de las metas del mercado laboral y la mejora del puntaje del BSC.

El SPE de Austria prioriza el compartir conocimiento entre las oficinas locales para fomentar la difusión de las buenas prácticas. Visitar otras oficinas para hablar del desempeño se ve como un indicador de buen desempeño en sí mismo. Las oficinas locales son recompensadas financieramente por compartir conocimiento. Cada año, un jurado formal selecciona tres proyectos innovadores para ser reconocidos en una ceremonia del SPE austriaco.

Fuente: Resumen tomado de Bjerre, Sidelman y Puchwein-Roberts (2016).

verificar la información relevante para la solicitud de SD. Las conclusiones se ingresan en una base de datos automatizada en cada AEFL. El Departamento Nacional de Trabajo usa los datos del BAM para medir el desempeño de las AEFL y recibir información sobre las operaciones relacionadas con SD y las características de quienes lo solicitan. La tabla 8.10 detalla los diferentes tipos de sobrepagos de 2017 registrados en el BAM. La columna izquierda muestra la proporción total de sobrepagos atribuidos por causa (aproximadamente 3710 millones de dólares). La columna derecha muestra la proporción de sobrepagos clasificados como fraude, también atribuido por causa (se estimó que se pagaron de más por fraude alrededor de 1090 millones de dólares). La mayor causa de sobrepago resulta de dificultades con la búsqueda de trabajo; en general, no informar correctamente las actividades de búsqueda. Le siguen las remuneraciones informadas en el año de percepción del beneficio del SD. Cuando el foco se pone sobre las fuentes de fraude, la mayor causa, por mucho, es el ocultamiento de remuneraciones. Esto quiere decir que cerca del 55 % de los sobrepagos debidos a fraude vienen de personas no dispuestas a informar sus remuneraciones y que siguen recibiendo los beneficios del SD. La segunda causa de fraude

Tabla 8.10 Sistema de Medición de la Exactitud de los Beneficios: Sobrepagos del seguro de desempleo en EE. UU., julio 2016 a julio 2017

Causa	Total sobrepago (%)	Sobrepago por fraude (%)
Búsqueda de empleo	37.44	3.12
Remuneraciones	26.38	54.81
Terminación de empleo (renuncia o despido)	17.30	26.82
Capaz y disponible para trabajar	5.55	6.48
Otro	13.33	8.77
Total	100.00	100.00

Fuente: Resumen de los datos estatales sobre pagos impropios del Sistema de Medición de la Exactitud de los Beneficios del Departamento de Trabajo de Estados Unidos, año de desempeño 2017.

detectada es informar que se perdió el empleo por causa involuntaria cuando en realidad la causa determinada fue renuncia o despido. Este patrón ha persistido durante más de una década.[39]

8.5 MECANISMOS DE QUEJAS Y RECLAMOS EN LOS SISTEMAS DE PROTECCIÓN SOCIAL

Los mecanismos de quejas y reclamos (MQR) constituyen un componente importante en la gestión de las operaciones de los beneficiarios. Conceden a las personas la posibilidad de transmitir sus observaciones a la administración de los programas, por lo que proporcionan a los beneficiarios y al público en general una voz dentro de la administración de los programas y la gestión de su desempeño. Las quejas pueden estar relacionadas con directrices de los programas poco claras; falta de conocimiento de los programas debido a una difusión insuficiente; posibles errores de inclusión y exclusión; un paquete de beneficios y servicios insatisfactorio; problemas con el pago de los beneficios o la provisión de servicios; maltrato por parte de los trabajadores que están en primera línea; o los propios MQR. Además, los datos agregados de quejas suponen un punto de entrada de

datos que permite a los administradores de los programas y los responsables de la toma de decisiones evaluar el rendimiento del personal y la eficacia y la eficiencia del programa según la experiencia de los beneficiarios y otros ciudadanos.

Es fundamental que todas las partes interesadas sepan cómo se recopilarán y resolverán las quejas. ¿Dónde pueden acceder a la información sobre las formas y los medios de abordar las quejas, así como las normas y los procesos normalizados de los programas? ¿Cómo se aseguran los administradores de los programas de que se aborden las quejas, especialmente aquellas que afectan a los grupos vulnerables, y de que nadie se quede al margen por culpa de fallos en el sistema? A continuación encontrará un breve resumen del qué, el porqué, el quién, el dónde y el cómo de los MQR:

- **¿Qué?** La expresión MQR hace referencia a un sistema a través del cual se da respuesta a las preguntas, las sugerencias, los comentarios positivos y las inquietudes sobre un programa, se resuelven los problemas de implementación, y se abordan las quejas de forma eficiente y eficaz. En el contexto de los programas de protección social, los reclamos son solicitudes de información, sugerencias, comentarios, quejas y apelaciones en relación con los programas, desde los beneficiarios y las partes interesadas de los programas de protección social, así como el público en general.[40] Los reclamos a los que se hace referencia en el presente capítulo son de naturaleza administrativa.

- **¿Por qué?** Un MQR permite crear instituciones más eficaces para desarrollar programas de protección social mediante la instauración y el fortalecimiento de sistemas para compartir información de manera constructiva, obtener retroalimentación de los ciudadanos y resolver los reclamos. Potencia una interacción más fuerte entre el Estado y el cliente e incrementa la vinculación de las partes interesadas con el programa. Ayuda a los programas a obtener mejores resultados de desarrollo mediante la mejora de la provisión de servicios y la eficacia de dichos programas, la mayor satisfacción de los beneficiarios y los clientes, la mejora en la eficiencia de la asignación de recursos por parte de los responsables de la toma de decisiones, la reducción del fraude y la corrupción, y la mejora de la gobernanza. Los MQR también permiten dar a conocer mejor un programa y sus objetivos. Los programas de protección social son complejos y, por lo general, se implementan a gran escala. Por lo tanto, es importante detectar y mitigar los riesgos y las quejas en fases tempranas, antes de que provoquen una gran agitación, mermen la confianza del público y dañen la reputación de los programas.

- **¿Quién?** Un MQR bien diseñado y ejecutado da servicio a los beneficiarios del programa, los posibles beneficiarios, los no beneficiarios y el público en general que quieran saber más sobre el programa, se vean afectados por él, o se beneficien de él.

- **¿Dónde?** Un MQR bien diseñado y ejecutado resulta accesible a través de canales de recepción de diferentes tipos y con distintas ubicaciones. Entre los canales de recepción pueden estar el correo postal, el correo electrónico, los centros de llamadas, los sitios web, las redes sociales, los formularios de queja, las interacciones cara a cara con administradores de programas, los mensajes de texto o SMS y los buzones de quejas.

- **¿Cómo?** Por lo general, un MQR bien diseñado y ejecutado suele constar de seis pasos destinados a recopilar y abordar las quejas. Estos pasos son: recepción; clasificación y procesamiento; acuse de recibo y seguimiento; verificación, investigación y actuación; supervisión y evaluación; y retroalimentación. A lo largo del capítulo se hablará más detenidamente de los diferentes pasos.

No hay un MQR «para todos». Aunque los MQR bien diseñados y ejecutados presentan características comunes, cada uno debe ajustarse a los propósitos establecidos, además de a los contextos nacionales y programáticos. A la hora de diseñar o fortalecer un MQR, es importante evaluar las prácticas de recopilación y resolución de quejas formales e informales. Las siguientes preguntas pueden servir como ayuda para evaluar si el MQR asociado con un programa está funcionando de manera óptima.

- **Estructura.** ¿Cómo recopila y resuelve las quejas el programa o el ministerio en la actualidad? Si el programa o el ministerio carece de una estructura formal, ¿existen estructuras y prácticas informales? Si el MQR tiene un carácter formal, ¿cuenta el programa con mecanismos, procesos y procedimientos internos de recopilación y resolución de quejas claros y transparentes (p. ej., una unidad para quejas, ofertas o puestos designados para la reparación de quejas, o un comité de quejas)? ¿Son los responsables del programa de todos los niveles conscientes del sistema, los procesos y los procedimientos del MQR?

- **Capacidad de recopilar y abordar las quejas.** ¿Se han puesto en marcha procesos internos destinados a registrar, realizar un seguimiento y supervisar las quejas y las medidas que se toman para abordarlas? Puede ser un registro de operaciones, una hoja de cálculo de Excel o un sistema de información. En caso de existir un sistema de gestión de registros, ¿quién tiene acceso, en qué nivel organizativo se encuentra y de qué tipo de acceso dispone?

- **Autoridad.** ¿Cuentan los responsables del programa que se encargan de la recopilación y la resolución de quejas con la autoridad necesaria para emprender o exigir que se emprendan medidas correctivas?
- **Prácticas actuales.** ¿Proporciona el MQR información (por escrito o de otro tipo) oportuna sobre las medidas adoptadas a los reclamantes?
- **Apelaciones.** ¿Existe un proceso de apelación al que los reclamantes puedan acceder si no están satisfechos con la forma en la que se han abordado sus quejas?
- **Perspectiva de los posibles reclamantes.** ¿Se sienten cómodas las personas afectadas por el programa (incluidos los beneficiarios) al presentar sus quejas? ¿Tienen miedo a sufrir represalias? ¿Cuáles son los canales de comunicación e interacción que se utilizan habitualmente a nivel nacional y con los grupos objetivo? ¿Qué niveles de alfabetización y tecnología tienen los posibles reclamantes? ¿Son conscientes los beneficiarios de su derecho a presentar quejas y a disponer de un proceso de reparación de quejas en general?[41]

La ausencia de quejas no significa que un programa esté libre de ellas. Esta ausencia podría implicar una serie de problemas; por ejemplo, la falta de un MQR formal o que los canales de reparación de quejas sean pocos e irregulares. La ausencia de quejas también podría indicar que existen barreras territoriales y dificultades sobre el terreno, como la lejanía de los canales de recepción de MQR y los gastos corrientes a los que una persona ha de hacer frente para presentar una queja. Algunos programas carecen de la capacidad o los recursos institucionales necesarios para recopilar, documentar y abordar las quejas. Junto con las barreras que impiden a la población presentar quejas, otras causas podrían ser los errores, el fraude y la corrupción sistemáticos en uno o más niveles administrativos. Por último, el hecho de no recurrir a un MQR puede indicar la falta de accesibilidad de las poblaciones marginadas, lo que incluye el desconocimiento de los procesos del MQR por parte de las personas con niveles de alfabetización reducidos o nulos, y los costes previstos de la presentación de quejas, que pueden ir desde el coste monetario del acceso a los puntos del MQR hasta el temor a represalias por parte de los líderes locales.

Un MQR eficaz ofrece un bucle de retroalimentación continua y constructiva entre las personas y las instituciones o la administración del programa. Si bien las quejas surgen a lo largo de todas las fases de la cadena de implementación, su reparación se encuadra en la etapa de gestión de las operaciones de los beneficiarios, y pueden retroalimentarse de etapas anteriores. Las decisiones tomadas a la hora de resolver las quejas (por ejemplo, sobre los errores de exclusión, los errores en los datos de los beneficiarios o el pago de importes incorrectos) pueden retroalimentarse de las etapas de evaluación e inscripción, así como del ciclo recurrente de implementación de beneficios y servicios.

Los MQR también constituyen un instrumento de mejora continua de la eficacia y la eficiencia de los sistemas de implementación, y de promoción de una transparencia y una responsabilidad mayores en los programas de protección social. Los administradores de los programas pueden emplear las lecciones aprendidas de las quejas recurrentes para mejorar su diseño, así como el desempeño de los sistemas de implementación. El propósito principal de un MQR es recibir, evaluar y resolver quejas, apelaciones, actualizaciones y otros reclamos para mejorar la distribución de beneficios y la provisión de servicios. Los sistemas de MQR proporcionan a los administradores de los programas información sobre la eficacia y la eficiencia de los sistemas de implementación y posibles vías de mejora.

Quejas a lo largo de la cadena de implementación

Las quejas y reclamos aparecen en todas las etapas y fases de la cadena de implementación. El gráfico 8.19 incluye ejemplos de quejas en diferentes fases de la cadena de implementación.

Quejas en la fase de evaluación

En la fase de difusión, muchos de los reclamos son, simplemente, solicitudes de información sobre el programa. Las quejas pueden surgir debido a mecanismos de difusión deficientes y a modalidades de difusión inadecuadas. Como resultado, los esfuerzos de difusión pueden dejar de lado o pasar por alto a personas pertenecientes a minorías o que viven en zonas distantes. También pueden surgir quejas debido a estrategias de

EVALUAR

INSCRIBIR

1   2   3   4   5   6

| Difusión | Recepción y registro | Evaluación de las necesidades y condiciones | Decisiones de elegibilidad e inscripción | Determinación del paquete de beneficios y servicios | Notificación e incorporación en el sistema |

«No nos informaron» (personas excluidas u omitidas en las actividades de difusión)

«La entrevistadora no hablaba inglés» (falta de traducción al idioma necesario para la recepción)

«Mi vecino tiene un auto y lo admitieron en el programa; a mí, que tengo una situación peor, me excluyeron» (¿errores de inclusión y exclusión?)

«Me hicieron firmar un plan de acción individualizado con el que no me sentía cómodo. Como quería acceder a los beneficios, lo firmé de todos modos» (planes de acción individualizados)

«Es lo que nos dijeron» (desinformación, mala comunicación)

«No nos dieron la oportunidad de registrarnos» (exclusión)

«Solicité los beneficios. Ahora me dicen que debo buscar trabajo, pero tengo tres hijos y no puedo dejárselos a nadie» (paquete de beneficios y servicios)

«A la familia de mi primo le dieron 120 dólares al mes, pero nosotros solo recibimos 90» (¿errores en provisión de beneficios?)

«La información sobre mis ingresos no es correcta» (¿error en la información?)

«A pesar de disponer de una historia clínica, el trabajador social se negó a certificar mi condición de discapacidad» (¿error de evaluación?)

«No nos dijeron qué documentos traer» (proceso)

«¿Por qué nos clasificaron como personas de ingresos elevados/con empleo?» (preguntas sobre la evaluación)

«Debido a errores en los datos de las contribuciones, mi pensión no se calculó bien» (queja a la seguridad social sobre los importes de los beneficios)

«Nunca me dijeron nada sobre mi solicitud desde el programa» (falta de notificación)

«Tuvimos que esperar muchas horas y volver muchas veces» (tiempo-gastos-visitas)

«El trabajador social fue grosero y crítico con mi situación» (proceso)

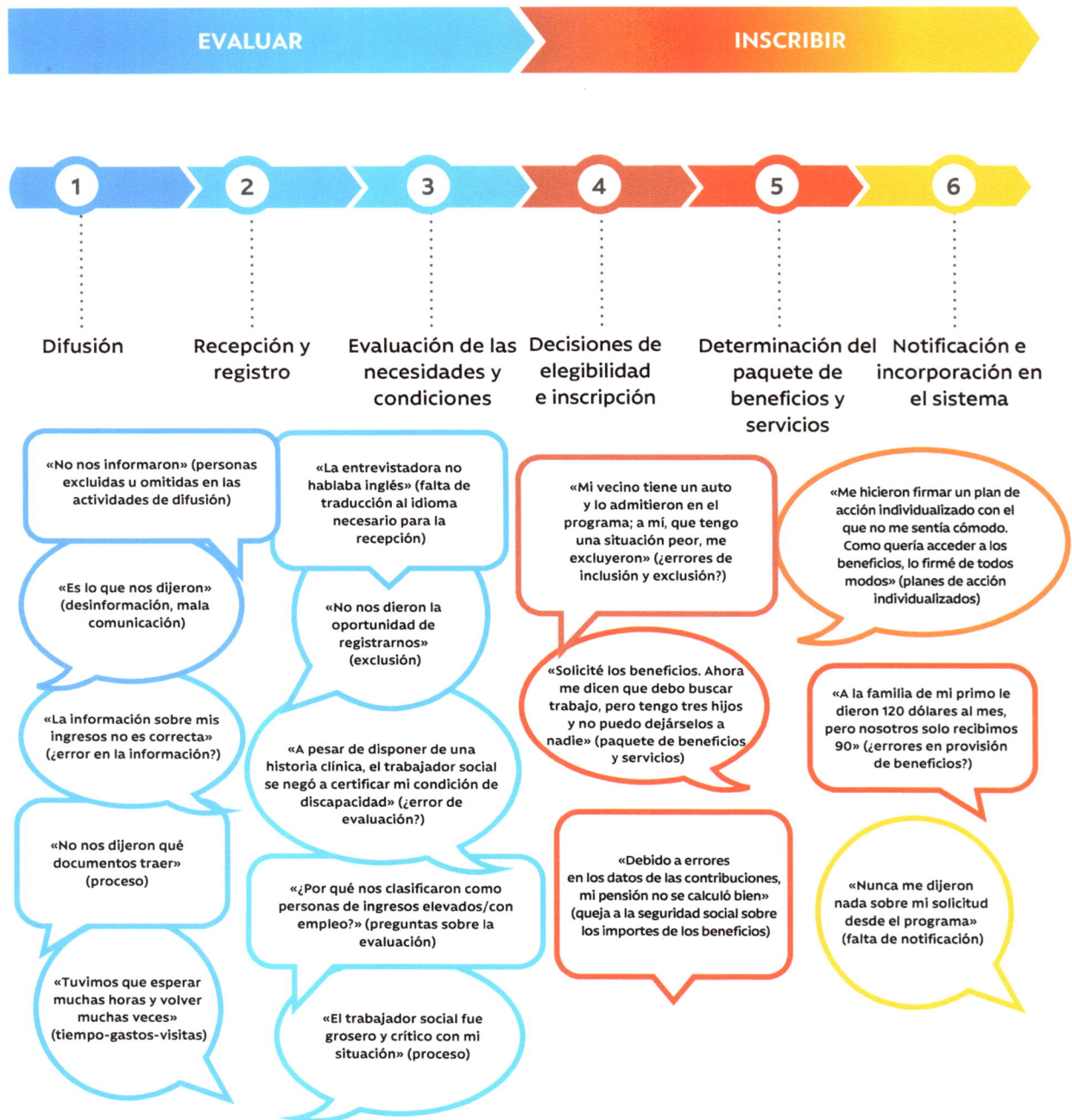

continuación

PROVEER

GESTIONAR

CICLO RECURRENTE

7

8

9

Provisión de beneficios o servicios

Corresponsabilidades, actualización y reclamos de los beneficiarios

Resolución de casos, notificaciones y decisiones de salida

«Perdí mi tarjeta SIM del celular y he dejado de recibir los pagos» (quejas sobre el pago mediante dispositivos móviles)

«Este mes no he recibido dinero en la cuenta» (pago no efectuado o retrasado)

«El trabajador social me designó para un trabajo para el que estoy sobrecualificado» (empleo mal asignado)

«En el sistema, mi dirección es incorrecta, por lo que la notificación no me llegó». (corrección de los datos)

«Tengo que acudir a la oficina de empleo cada tres meses para demostrar que estoy buscando trabajo, y no puedo pagar tantos autobuses» (tiempo-gastos-visitas, procesos)

«La guardería que nos asignaron está sucia, y el personal ignora a los niños» (niveles de calidad del servicio)

«Este mes, el pago ha sido inferior al del mes pasado» (¿error en el pago?)

«Presenté una queja hace seis meses y nunca tuve noticias» (quejas sobre el MQR)

«Cancelaron mis beneficios por error» (apelación de decisiones de salida)

«Tenemos que caminar seis horas para llegar al punto de pago. Antes, el dinero solía llegar por correo» (quejas sobre el servicio de pago)

«No tienen ningún trabajo para mí» (falta de servicios de inserción laboral)

«Mi hijo fue al colegio todo el mes. ¿Por qué redujeron nuestros beneficios por ausencias?» (quejas sobre el cumplimiento de las condicionalidades y las consecuencias)

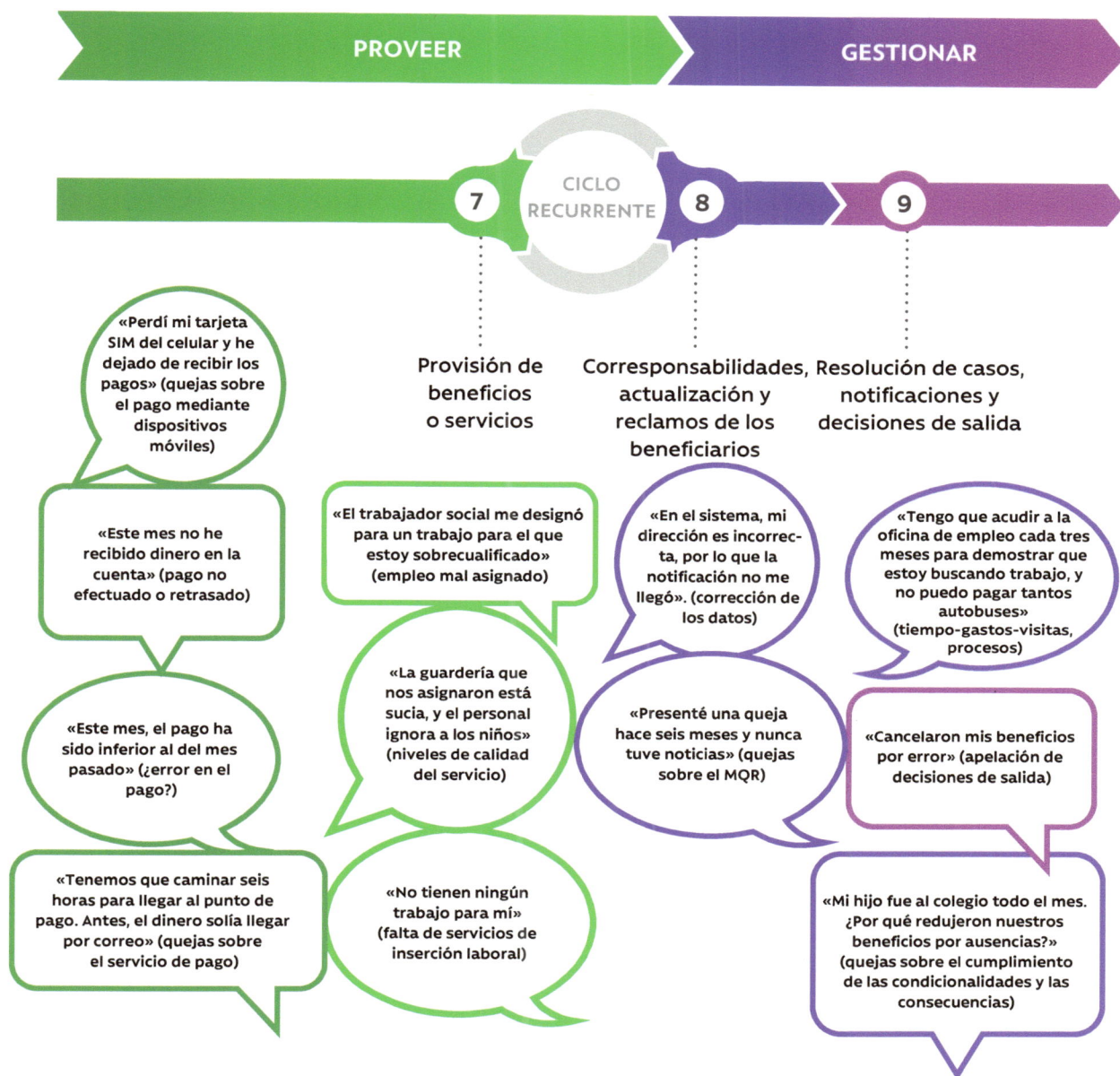

Fuente: Gráfico original para esta publicación.

comunicación mal diseñadas que hagan que la gente reciba información inexacta o incompleta, así como una falta de material de difusión disponible en el idioma local o de material audiovisual en contextos de baja alfabetización.

Las quejas en la fase de recepción y registro pueden surgir como consecuencia de errores en los datos de los beneficiarios, exclusión del proceso de registro, falta de conocimiento (lo que incluye la falta de claridad sobre los requisitos para el registro, como los documentos que deben aportarse), las esperas prolongadas en la oficina de registro, las largas distancias hasta la oficina de registro, la falta de personal que hable el idioma local para la recepción y el registro, y la falta de asistencia para personas con discapacidades. Las quejas en la fase de evaluación de las necesidades y condiciones pueden surgir por falta de comprensión de los resultados de la evaluación, errores en los resultados o problemas con la implementación del proceso.

Quejas en la fase de inscripción

Las quejas en la fase de elegibilidad e inscripción pueden surgir por la toma de decisiones incorrectas sobre la elegibilidad, como los errores de inclusión o exclusión, la dificultad para completar las acciones necesarias para la inscripción, o la pérdida de la oportunidad de participar en la inscripción. Las quejas en la fase de acceso al paquete de beneficios y servicios pueden producirse si surgen errores al determinar los beneficios y servicios que se proporcionarán, incluido el cálculo erróneo del importe de los beneficios. En la fase de notificación e incorporación en el sistema, se pueden presentar quejas si el programa no notifica a los registrados si se ha aceptado o rechazado su participación. También pueden surgir debido a la mala calidad de los procesos de incorporación; por ejemplo, por falta de información clara sobre las normas del programa y los derechos y las responsabilidades de los beneficiarios. Además, pueden surgir quejas en la fase de inscripción por los intereses creados de los responsables de la toma de decisiones hacia los beneficiarios objetivo.

Quejas en la etapa de provisión

Las quejas en la fase de pago de beneficios pueden surgir como consecuencia de la omisión o el retraso en los pagos, los errores de pago o la distancia u otros obstáculos que haya que superar hasta llegar a los puntos de pago, incluidos los gastos personales del transporte, los seguros y otras necesidades (por ejemplo, comidas, en operaciones que requieran trabajos intensos). En los programas de transferencia monetaria, esta fase puede verse afectada por quejas técnicas relacionadas con las tarjetas de pago, los cajeros automáticos y los sistemas de dinero móvil, así como los fallos en la autenticación mediante ID en el punto de provisión de los beneficios o servicios. Las quejas relacionadas con la provisión de servicios pueden estar provocadas por demoras y contratiempos en el servicio, largas esperas, criterios deficientes, falta de disponibilidad de algún servicio y disparidad en los servicios.

Quejas en la etapa de gestión de las operaciones de los beneficiarios

Las quejas relacionadas con la gestión de los datos de los beneficiarios surgen cuando dichos datos son incorrectos o han de revisarse o actualizarse. Pueden presentarse quejas relacionadas con el cumplimiento de las condicionalidades si los beneficiarios han de hacer frente a sanciones, retrasos o cancelaciones de los servicios y beneficios por errores administrativos o la recogida y el procesamiento incorrecto de los datos de cumplimiento por parte de las instituciones responsables de la supervisión de dicho cumplimiento. También pueden surgir quejas relacionadas con el propio mecanismo de quejas y reclamos si el proceso es largo, requiere mucho tiempo, es poco claro o no resulta fácilmente accesible, o si los responsables del MQR muestran una mala conducta, discriminación, nepotismo, fraude o corrupción. Por último, las quejas en la fase de resolución de casos, notificaciones y decisiones de salida pueden estar relacionadas con procesos poco claros y normas de toma de decisiones de salidas, falta de notificación o notificación inadecuada de las decisiones de salida o de resoluciones de casos. Estas quejas pueden plasmarse en forma de quejas sobre los procesos o apelaciones sobre decisiones de salida.

A lo largo de las fases de la cadena de implementación, también podrían producirse quejas como resultado de un fraude percibido o real, además de otros comportamientos poco profesionales entre el personal a cargo del registro, la inscripción, el pago y la supervisión.

La tabla 8.11 incluye una muestra de quejas a lo largo de la cadena de implementación que se documentaron en tres programas de Bangladesh:[42] (1) programa de asignación para personas mayores, un programa sujeto a condiciones de recursos que proporciona un subsidio mensual a unos 2,75 millones de adultos mayores en situación de pobreza; (2) programa de desarrollo de grupos vulnerables, que ofrece seguridad alimentaria, desarrollo de capacidades e insumos complementarios para mujeres vulnerables; y (3) programa de generación de empleo, un programa de obras públicas que trata de paliar el desempleo estacional en las zonas rurales de Bangladesh.[43]

El marco del MQR

Un MQR bien diseñado y ejecutado garantiza la existencia de principios y pasos formalizados para la recopilación y la resolución de las quejas. El marco para un MQR eficaz incluye una serie de principios, estructuras institucionales, normas, procedimientos y procesos a través de los cuales se resuelven las consultas, quejas y apelaciones relacionadas con un programa de protección social. El MQR constituye una herramienta importante a través de la cual ejercen sus voces los beneficiarios, los posibles beneficiarios, los no beneficiarios y los organismos de implementación, entre otras partes interesadas. Proporciona formas y medios para mitigar, gestionar y resolver las quejas, además de garantizar la transparencia y la rendición de cuentas en los programas de protección social.

Principios del MQR

Es importante que los programas de protección social cumplan con lo estipulado en las normas y los principios internacionales de recopilación y resolución de quejas. Los programas deben disponer de MQR que permitan rectificar los errores en el momento en el que los ejecutores y los responsables de la toma de decisiones sean conscientes de su existencia, además de corregir los procesos y sistemas que no brinden la calidad de servicio prometida. Los siguientes principios y atributos deberían ir asociados a un MQR que funcione bien (Banco Mundial 2012a, 2018c):

- **Independencia.** Con el fin de garantizar un tratamiento justo, objetivo e imparcial de cada caso, el MQR debe tener un funcionamiento independiente de las diferentes partes interesadas.

- **Accesibilidad e inclusividad.** El MQR debe ser accesible para los beneficiarios del proyecto y el público en general, sin que haya temores a represalias o discriminación. El proceso de resolución debe ser lo suficientemente sencillo como para que los reclamantes comprendan con facilidad el proceso general y los plazos estipulados para la resolución. Los canales de recepción de quejas deben ser accesibles para los beneficiarios de los programas y para el público en general, independientemente de la lejanía geográfica, el idioma hablado y los niveles de educación, alfabetización o ingresos. Por ello, un MQR eficaz proporciona diversos medios (como buzones de quejas, atención telefónica, mensajes SMS, correos electrónicos, formularios e interacción cara a cara con los trabajadores sociales) y ubicaciones (por ejemplo, oficinas y sucursales locales, centros del programa y ministerios) para que puedan presentar sus quejas con facilidad. Dado que los programas de protección social se dirigen a las poblaciones más vulnerables, el MQR ha de tener en cuenta la accesibilidad y la usabilidad para los grupos marginados (por ejemplo, mujeres, jóvenes, personas mayores o discapacitadas).

- **Confidencialidad.** Las quejas se tratan de forma confidencial: no se debe divulgar ningún dato personal a terceros.

- **Capacidad de respuesta.** El MQR se ha diseñado para responder a las necesidades de los reclamantes de manera oportuna. Las quejas deben evaluarse con imparcialidad y gestionarse con transparencia. Para cerrar el ciclo de retroalimentación, las medidas adoptadas, que deben ser proporcionales, han de comunicarse a los reclamantes. Por tanto, los responsables de la gestión de las quejas deben disponer de una capacitación adecuada para adoptar medidas eficaces y responder a las quejas, y todo el personal del programa debe ser consciente de las funciones y los cometidos del MQR de un programa.

- **Eficacia y mejora continua.** Un MQR eficaz supervisa y analiza los datos del MQR con el fin de utilizar la retroalimentación de los beneficiarios y ciudadanos para mejorar la eficacia y la eficiencia del programa y del propio MQR. Inicialmente, un MQR puede ser pequeño y sencillo. Se puede evaluar y mejorar de manera continua a lo largo de la vida del programa, a medida que este se amplía y madura.

Tabla 8.11 Muestra de reclamos a lo largo de la cadena de implementación en tres programas de protección social de Bangladesh

Reclamos por fases de la cadena de implementación	Programa de asignación para personas mayores	Programa de desarrollo de grupos vulnerables	Programa de generación de empleo
Decisiones de elegibilidad e inscripción	Los beneficiarios y los no beneficiarios tenían dudas sobre las decisiones de elegibilidad e inscripción. Hubo quejas por nepotismo e inclusión de beneficiarios favorecidos por los políticos.	Entre los reclamos se encontraban los relacionados con el nepotismo y los sobornos que exigían los administradores del programa para conceder la tarjeta del programa de desarrollo de grupos vulnerables.	Entre las quejas se encontraban las relacionadas con el nepotismo, el soborno y la manipulación del registro de beneficiarios para incluir a trabajadores fantasma.
Determinación del paquete de beneficios y servicios	Reclamos sobre el volumen de los beneficios asignados. Quejas de que los beneficios eran insuficientes para cubrir tanto los alimentos como los medicamentos.	• Quejas sobre el volumen y la calidad de los beneficios y servicios asignados. • Quejas de que los cereales alimentarios eran de baja calidad, y la cantidad era insuficiente para toda la familia. • Quejas acerca de la falta de coherencia en la cantidad y el envasado de los beneficios alimentarios.	Reclamos sobre el nivel de remuneración del programa.
Pagos de beneficios	• Quejas sobre el tedioso proceso de cobro y la distancia al punto de pago, los largos tiempos de espera y la falta de instalaciones y servicios, tales como baños, agua potable, etc. • Quejas sobre los gastos personales para el transporte. • Quejas sobre los gastos adicionales ocultos antes del cobro de los pagos (p. ej., algunos bancos aplicaban un cargo de 10 takas por transacción). • Quejas sobre los retrasos para recibir las transferencias. • Los beneficiarios también indicaron que el trato en los puntos de pago solo era bueno cuando el personal de la *upazila* (unidad administrativa) estaba presente, algo que lamentablemente no ocurría con frecuencia.	Quejas sobre los largos tiempos de espera, el desperdicio y la apropiación indebida en los puntos de pago.	• Quejas de que el pago se realizaba a intermediarios, miembros de *Union Parishad* (UP)/ distrito electoral (políticos). • El 17 % de los beneficiarios recibió el pago a través de un miembro de UP. El 10 % de los beneficiarios recibió el pago a través del gabinete de UP.
Gestión de datos de los beneficiarios	Reclamos sobre una sustitución del destinatario designado en caso de muerte no gestionada según las pautas marcadas.	Quejas sobre un tratamiento deficiente; los beneficiarios indicaron que el trato solo era agradable cuando el personal de la *upazila* (unidad administrativa) estaba presente, algo que lamentablemente no ocurría con frecuencia.	Datos no disponibles.
Mecanismo de quejas y reclamos (MQR)	Reclamos sobre el MQR: las personas no sabían cuál era el punto de contacto o el canal del MQR, ni el proceso para presentar reclamos.	Quejas sobre el MQR: las personas no sabían cuál era el punto de contacto o el canal del MQR, ni el proceso para presentar reclamos.	Quejas sobre el MQR: las personas no sabían cuál era el punto de contacto o el canal del MQR, ni el proceso para presentar reclamos.

Fuente: Piloting a Grievance Mechanism for Government of Bangladesh's Social Protection Programs: Final Report (Piloto de un mecanismo de quejas y reclamos para el Gobierno en los programas de protección social de Bangladesh: Informe final), 2015.

Los principios de los MQR no son normativos, sino que constituyen más bien un conjunto de prácticas generalmente aceptadas que se recomiendan para que los programas de protección social diseñen MQR eficaces. El recuadro 8.6 incluye un ejemplo de los principios que rigen el MQR del programa Pantawid Pamilyang Pilipino (4P) de Filipinas.

Proceso del MQR[44]

En la mayoría de los MQR, los pasos son similares. Aunque puede haber una ligera variación de un sistema a otro, la mayoría de los MQR constan de seis pasos principales: recepción; clasificación y procesamiento; acuse de recibo y seguimiento; verificación, investigación y actuación; monitoreo y evaluación; y retroalimentación (gráfico 8.20). Por lo general, la gestión de quejas comienza a nivel comunitario, pasa por entidades administrativas locales y llega a instituciones nacionales a través de estructuras administrativas de los programas o de organismos independientes, como las oficinas del defensor del pueblo, únicamente en aquellos casos en los que no es posible resolver las quejas a nivel local.

El primer paso es la recepción, que hace referencia a los métodos por los cuales se recopilan las quejas. Un MQR eficaz debe contar con varias ubicaciones para la recepción (a niveles comunitario, de aldea, de distrito, provincial, regional y nacional), además de múltiples canales (por ejemplo, correo postal, correo electrónico, teléfono, mensajes de texto, sitios web o buzones de quejas). A la hora de identificar los canales de recepción, se deben tener en cuenta las tecnologías, la financiación y los recursos (incluidos los humanos), así como las limitaciones de la capacidad. Es probable que el costo y la complejidad de los MQR aumenten con el número de canales de recepción, por lo que los responsables

---

Recuadro 8.6 Principios que rigen el MQR del 4P de Filipinas

El 4P de Filipinas cuenta con un procedimiento sistemático, profesional y regulado para la gestión de las quejas y apelaciones. El MQR del 4P resolvió casi 500 000 quejas entre 2009 y 2013. El MQR se caracteriza por unas estructuras bien diseñadas, unos procesos comerciales claros y unos patrones sólidos, junto con un personal bien capacitado. Además de resolver las quejas, el MQR del 4P permite a los responsables del programa aprender de ellas para ajustar de manera continua las políticas del programa y mejorar su implementación. Estos son los principios que subyacen el MQR del 4P:

- **Sencillez y accesibilidad.** Todos los procedimientos del MQR para la presentación de quejas y su reparación son sencillos y fáciles de entender; las quejas pueden presentarlas tanto los beneficiarios como la comunidad en general a través de diversos canales y modalidades.
- **Transparencia.** El sistema se publicita entre una amplia audiencia, que incluye a los beneficiarios, los posibles beneficiarios, los no beneficiarios, las organizaciones de la sociedad civil, los medios de comunicación y los funcionarios gubernamentales (a todos los niveles: desde las *barangay*/aldeas hasta el nivel nacional).
- **Empoderamiento y participación.** Se anima a las comunidades, los ejecutores del programa y los medios de comunicación a compartir sus comentarios y presentar quejas.
- **Puntualidad.** Las directrices del MQR incluyen plazos que garantizan una gestión puntual de las quejas.
- **Derecho de apelación.** Si los reclamantes no están satisfechos con la resolución de un problema, tienen a su disposición los canales de apelación del MQR.
- **Confidencialidad.** A menos que se solicite lo contrario, la identidad de los reclamantes es confidencial.
- **A favor de la comunidad.** El MQR tiene como objetivo involucrar a la comunidad para abordar las quejas.

Fuente: Patel *et al.,* 2014.
Nota: 4P = programa Pantawid Pamilyang Pilipino.

Recepción (ubicaciones y canales) — Clasificación y procesamiento — Acuse de recibo y seguimiento — Verificación, investigación y actuación — Monitoreo y evaluación — Retroalimentación

Fuente: Banco Mundial 2012a.
Nota: MQR = mecanismo de quejas y reclamos.

de los programas deben elegir los canales y las ubicaciones de forma estratégica. A medida que el programa y el MQR crezcan y maduren, se podrán añadir nuevos canales de recepción. Los planes de ampliación deben secuenciarse estratégicamente en función de los objetivos del programa.

El segundo paso consiste en clasificar y procesar las quejas, ya que cada tipo de queja requiere diferentes medidas de seguimiento. Por ejemplo, algunas quejas solo necesitan de una explicación o de información sobre el programa, mientras que otras pueden exigir una investigación y un seguimiento exhaustivo. Más adelante se recogen algunas categorías de quejas. En este proceso han de implicarse los departamentos, las unidades y los organismos pertinentes del programa o de un nivel superior de la estructura del programa, o se les debe asignar un caso. Las quejas se registran para que el programa pueda llevar un seguimiento de la derivación a otros departamentos, unidades u organismos pertinentes, o el traslado a un nivel superior cuando la queja se recibe a un nivel bajo. El registro de información permite que el programa supervise el progreso y el desempeño a la hora de resolver las quejas. Por tanto, se trata de un paso fundamental para clasificar, priorizar y asignar cada queja a la unidad, el departamento o el organismo correspondientes. En ocasiones, un MQR eficaz recibe reclamos que están fuera del ámbito de los programas de protección social. El proceso de clasificación también ayuda a que el programa pueda distinguir entre quejas relacionadas con este o de otro tipo (tabla 8.12).

Una vez que la queja se clasifica y procesa, el tercer paso es acusar recibo e informar al reclamante de las medidas de seguimiento aplicadas. En este paso, es necesario comunicar de forma clara al reclamante que se ha recibido la queja y notificarle los plazos previstos para la resolución y las actividades de seguimiento. En este punto, un MQR eficaz generará (de forma automática o manual) un número de caso y compartirá dicho número, junto con los datos de contacto correspondientes, con el reclamante por si quiere ponerse en contacto con el programa para realizar el seguimiento del caso. Para mejorar la transparencia y la responsabilidad del MQR, se debe difundir ampliamente entre las partes interesadas información sobre los plazos de resolución, una explicación fácilmente comprensible del proceso de resolución, y detalles sobre los métodos de seguimiento.

El cuarto paso consiste en verificar, investigar y tomar las medidas adecuadas para resolver el reclamo. Para este paso es necesario recopilar información con el fin de determinar su validez y tomar las medidas adecuadas para resolverlo. Además, incluye la derivación o el traslado de los reclamos que no puedan resolverse en cierto nivel del sistema a los funcionarios superiores para una investigación y un seguimiento adicionales. Las posibles acciones de este paso pueden incluir la respuesta a las solicitudes de información o comentarios, la provisión a los reclamantes de una actualización del estado de cualquier resolución, la solicitud de los documentos justificativos necesarios, la comprobación de dichos documentos, la imposición de sanciones y el traslado del caso a un nivel superior para una investigación y un seguimiento adicionales.

El quinto paso, que incluye el monitoreo y la evaluación, es fundamental para un MQR eficaz. El monitoreo

Tabla 8.12 Lista indicativa de categorías de quejas y reclamos

Categoría	Subcategoría
Solicitud de información/ consulta	• Información general sobre el programa (p. ej., finalidad del programa, información genérica sobre la población objetivo y los criterios de selección, cronograma del programa, procedimientos y documentos necesarios para la solicitud, tipos de oportunidades de empleo disponibles y ubicaciones, duración del programa). • Información sobre el registro/la solicitud o la inscripción (p. ej., métodos de solicitud, plazo, documentación necesaria). • Información sobre el pago (p. ej., importe de los beneficios, calendario y frecuencia de pago, métodos de pago). • Información sobre el MQR.
Queja	• Queja sobre la inscripción (p. ej., error en la inscripción por un fallo o cierre del sistema) • Queja sobre la elegibilidad (p. ej., errores de inclusión y exclusión). • Queja relacionada con el pago (p. ej., retraso en el pago, error en el importe pagado, funcionamiento incorrecto de la tarjeta de pago, robo o pérdida de las tarjetas de pago, funcionamiento incorrecto de los cajeros automáticos y otros métodos de pago). • Queja sobre el desempeño del personal y del contratista, lo que incluye comportamientos poco profesionales, conductas indebidas, y fraude y corrupción. • Queja sobre los riesgos sociales y ambientales o el daño asociado con los programas de infraestructuras sociales y obras públicas. • Quejas sobre la contratación por parte de proveedores, distribuidores, contratistas o consultores de programas de infraestructuras sociales y obras públicas. • Quejas relacionadas con los servicios (p. ej., áreas de servicio relacionadas con la condicionalidad de las TMC)[a]
Actualización de la información de los beneficiarios	• Actualizaciones sobre la información de registro/solicitud (p. ej., dirección, número de teléfono). • Actualizaciones sobre la información de los beneficiarios (p. ej., dirección, número de teléfono, estado civil [incluido el número de hijos], situación laboral).
Sugerencias	Sugerencias para mejorar el programa y el MQR.
Otros comentarios	Felicitaciones relacionadas con el programa, el personal y los contratistas, y el MQR.

Fuente: Tabla original para esta publicación.

Nota: TMC = transferencia monetaria condicionada (programa); MQR = mecanismo de quejas y reclamos.

a. A menudo, la educación y la salud son los sectores de servicios seleccionados relacionados con las condicionalidades de los programas de transferencia monetaria. Es posible que las quejas sobre la disponibilidad y la calidad de los servicios estén fuera de la jurisdicción administrativa del ministerio/organismo ejecutor, según el contexto del programa.

hace referencia al proceso de rastreo de las quejas y evaluación de los avances hacia su resolución. Al dar servicio a un elevado número de personas, el programa de protección social tiende a recibir grandes volúmenes de quejas. Lo ideal es que disponga de un sistema electrónico para introducir, rastrear y monitorear las quejas y sus resoluciones. El monitoreo puede incluir controles puntuales para garantizar la calidad de la resolución de una queja. Un MQR eficaz incluirá una serie de indicadores destinados a medir el monitoreo y la resolución de reclamos. La evaluación implica el análisis de los datos de los reclamos con el fin de informar a los gestores del programa para que lleven a cabo cambios en los procesos y procedimientos para disminuir la aparición de reclamos similares en el futuro. Se deben presentar periódicamente informes a la gerencia superior del programa para que puedan supervisar los datos de resolución y las tendencias en cuanto a quejas.

El sexto y último paso del MQR es proporcionar retroalimentación informando a los reclamantes y al público en general de los resultados de las investigaciones y de las medidas adoptadas. Este paso implica una comunicación clara a los reclamantes de los resultados de las investigaciones y las medidas de interés tomadas por el programa para cerrar el ciclo de retroalimentación. Este paso final es fundamental a la hora de reforzar la confianza entre el programa, sus beneficiarios y el público en general. Cuando se dispone de varios niveles de resolución de quejas (por ejemplo, local, municipal y nacional) y se realiza un reclamo para impugnar la resolución de una queja a un nivel bajo, el caso puede ser objeto de apelación en un nivel superior. El MQR del programa podría solicitar a los reclamantes que indiquen su experiencia como usuarios para tratar de mejorar la eficiencia y la eficacia del MQR. A nivel de los programas, se recomienda divulgar la información del desempeño dentro de la presentación periódica de informes para mejorar la transparencia.

El gráfico 8.21 recoge los pasos que siguen las quejas y reclamos dentro del 4P de Filipinas. El recuadro 8.7 ofrece una visión detallada de los pasos de implementación del MQR en Turquía.

Arreglos institucionales para los MQR

Para determinar los posibles arreglos institucionales a la hora de diseñar un MQR, es fundamental llevar a cabo una evaluación de los sistemas y las prácticas existentes para la resolución de quejas a nivel nacional, incluidos los mecanismos informales. Los arreglos institucionales para la implementación de un MQR varían de un país a otro. En este apartado, se resumen algunos de los elementos clave que los profesionales han de tener en

cuenta a la hora de evaluar y tomar decisiones sobre los arreglos institucionales de un MQR.

En los programas de protección social existen dos tipos básicos de MQR: los MQR internos a nivel de ministerio, programa o proyecto (recuadro 8.8) y los MQR subcontratados. Muchos programas de protección social instauran y refuerzan un MQR a nivel de ministerio o de programa y proyecto como parte de las funciones administrativas del ministerio o el programa, y dentro de las competencias y el alcance de los programas. Se trata de los MQR internos. Algunos ejemplos de estos MQR son el del 4P de Filipinas, el del programa de transferencia monetaria Takaful y Karama (T&K) de Egipto, el mecanismo de quejas y reclamos de los programas de trabajo intensivo y empleabilidad juvenil de Egipto, las unidades de gestión de quejas del programa de transferencia monetaria de Cisjordania y Gaza, y el MQR del programa de provisión de servicios descentralizados de Sierra Leona, que se gestiona a través de consejos locales. Otros MQR involucran a instituciones independientes y externalizan las funciones clave de recopilación y resolución de quejas en nombre del programa. El modelo de instituciones independientes incluye las oficinas del defensor del pueblo en Etiopía, Uganda (donde se denomina «Cuerpo de inspectores del Gobierno») y Ruanda,

---

Gráfico 8.21 Pasos del MQR para el 4P de Filipinas

① Presentación/ recepción de quejas	② Registro	③ Investigación	④ Resolución	⑤ Retroalimentación inicial	⑥ Apelación	⑦ Retroalimentación final
Presentación de informes o registro indirecto a través de los diversos medios establecidos en el sistema de gestión de quejas	Las quejas han de *registrarse* en el formulario de quejas, *introducirse* en el SIG, recibir la *asignación* de un número de seguimiento y *distribuirse* al nivel adecuado	La persona o el organismo correspondientes han de *investigar* y *verificar* los hechos recogidos en la queja	*Resolución* de la queja de acuerdo con las directrices existentes	*Asegurarse* de que el reclamante y las partes interesadas pertinentes estén informadas del resultado de la queja	Si el interesado no está satisfecho, puede recurrir a la *apelación*. La decisión del CNQ es definitiva y ejecutiva	*Difusión* del resultado de la queja a las partes interesadas

Fuentes: Filipinas, Departamento de Bienestar y Desarrollo Social, 2015; «Grievance Redress System Overview» (Descripción general del sistema de gestión de quejas), presentación del Departamento de Bienestar y Desarrollo Social de Filipinas, Manila, 2015.
Nota: MQR = mecanismo de quejas y reclamos; SIG = sistema de información de gestión; CNQ = Comité Nacional de Quejas; 4P = programa Pantawid Pamilyang Pilipino.

Turquía cuenta con varios canales de MQR para la presentación de reclamos para todos los programas de asistencia social nacionales. Entre estos canales se encuentran el módulo de MQR integrado del SIAS; Alo 144, la línea directa de Turquía; el Centro de Comunicación de la Presidencia (CIMER); el Defensor del Pueblo; el Ministerio de Familia, Trabajo y Servicios Sociales (MFTSS); la Dirección General de Asistencia Social (DGAS); y los órganos pertinentes de los gobernadores de distrito (véase el gráfico B8.7.1). A continuación, encontrará más información sobre cada uno de los canales.

■ El SIAS tiene un módulo de MQR integrado que se emplea para cualquier tipo de queja relacionada con los programas de asistencia social (incluidas las transferencias monetarias condicionadas, o TMC). Los usuarios presentan su solicitud a la Fundación para la Asistencia Social y la Solidaridad (FASS) de su distrito mediante un formulario normalizado proporcionado por la propia FASS. Las apelaciones se envían al SIAS para la evaluación durante las reuniones semanales de toma de decisiones de la junta de fideicomisarios. Teniendo en cuenta la normativa de la DGAS correspondiente, la junta deberá resolver el asunto y notificarle al usuario su decisión en el plazo de un mes. La notificación se realiza a través de un mensaje de texto SMS.

■ La línea directa Alo 144 es un centro de llamadas que ofrece información y ayuda relacionadas con los programas de asistencia social a los usuarios.[a] Las llamadas son gratuitas. La línea directa permite a los usuarios conocer el estado de las solicitudes del programa, además de ofrecerles información sobre pagos, nuevos programas, etc. Se trata de uno de los principales canales de información de

Gráfico B8.7.1 Gestión multicanal de quejas y reclamos en Turquía

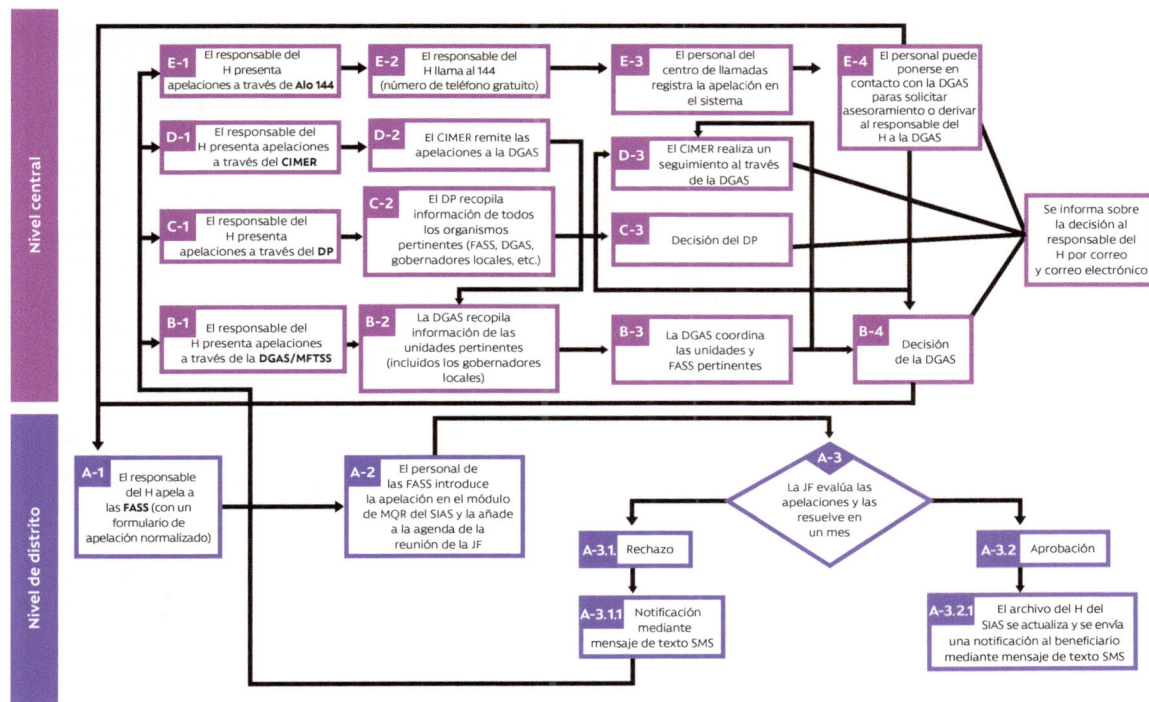

Fuente: Gráfico original para esta publicación.

Nota: JF = junta de fideicomisarios; TMC = transferencia monetaria condicionada (programa); DGAS = Dirección General de Asistencia Social; MQR = mecanismo de quejas y reclamos; SIAS = Sistema Integrado de Asistencia Social; MFTSS = Ministerio de Familia, Trabajo y Servicios Sociales; FASS = Fundaciones para la Asistencia Social y la Solidaridad; SMS = servicio de mensajes cortos; H = hogar.

continuación

los diferentes programas de asistencia social turcos. Con frecuencia, también se recurre a la línea directa para resolver quejas. Alo 144 utiliza la tecnología de voz sobre IP (VoIP). Puede ponerse en contacto con cualquier FASS para resolver quejas y, si es necesario, derivar a los ciudadanos a una FASS. Alo 144 recibe más de 1 millón de llamadas al año.

■ El CIMER (Centro de Comunicación de la Presidencia) es un portal en línea que permite a los usuarios presentar demandas, apelaciones, propuestas o quejas.[b] Las apelaciones que se realizan a través del CIMER se remiten a los organismos pertinentes, según el tema del que se trate. De acuerdo con la ley de información

(ley n.º 4982) y la ley de peticiones (ley n.º 3071), el organismo público competente debe resolver dichas apelaciones en 15 días laborables. En lo relativo a las TMC, las apelaciones se pueden dirigir al MFTSS, la DGAS y los gobernadores de distrito o provinciales a través del portal del CIMER.

■ El Defensor del Pueblo (DP) emplea un mecanismo independiente y eficiente para las quejas y reclamos, e indaga, investiga y realiza recomendaciones sobre todas las medidas a tomar.[c] Las quejas se pueden presentar al DP a través de un portal en línea o un formulario en papel. Habitualmente, la resolución de una apelación a través del DP tarda unos meses.

a. Turquía, Dirección General de Asistencia Social, 2016.
b. Turquía, Centro de Comunicación de la Presidencia, 2019.
c. Turquía, Defensor del Pueblo, 2018.

Recuadro 8.8 Tipos de MQR internos

Los mecanismos de quejas y reclamos (MQR) internos se pueden dividir en tres categorías: de programa o proyecto único, multiprograma o ministerial, y de país o nacional.

Un programa o proyecto de MQR único es un MQR dirigido exclusivamente a un programa de protección social específico. He aquí algunos ejemplos:

■ En México, los dos principales programas de protección social (Prospera, el programa de transferencia monetaria condicionada, y Pensión para Adultos Mayores, el programa de pensiones no contributivas para mayores de 65 años), utilizan un MQR específico.

■ En la República Árabe de Egipto, el programa de transferencia monetaria T&K cuenta con su propio MQR. Gestionado desde el Ministerio de Solidaridad Social, que dirige la ejecución del T&K de manera coordinada con los ministerios de Sanidad y Educación, entre otros, el MQR del T&K se centra en la resolución de las quejas sobre el programa (p. ej., solicitudes de información, reclamos relacionados con la inclusión o la exclusión, y problemas con

las tarjetas de efectivo) y colabora estrechamente con otras entidades, como la Comisión Médica, que dispone de su propio MQR para la evaluación de la discapacidad funcional necesaria para la inscripción en Karama (un subprograma de transferencia monetaria no condicionada para personas en condición de discapacidad).

Los MQR multiprograma o ministeriales hacen referencia a casos en los que se emplea un mismo MQR para diversos programas, y que dan cobertura a algunos o todos los programas de un ministerio, un sector o un organismo de protección social. He aquí algunos ejemplos:

■ En México, a excepción de Prospera y Pensión para Adultos Mayores, los programas de protección social recurren al Órgano Interno de Control del Ministerio de Desarrollo Social.

■ En Ruanda, en el programa insignia de la red de seguridad social, se utiliza actualmente un MQR desarrollado a lo largo de cinco años, aunque con el tiempo su uso se ha ampliado a otros programas

continuación

Gráfico B8.8.1 Mecanismo nacional de quejas y reclamos de Cisjordania y Gaza

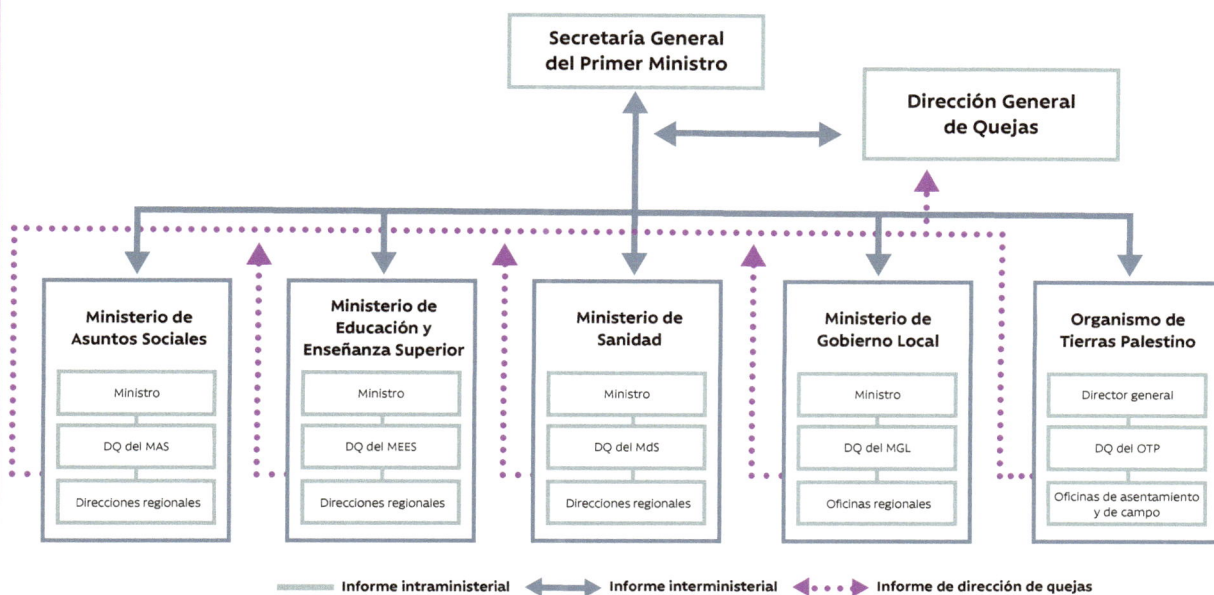

Fuente: Gráfico original para esta publicación.
Nota: DQ = dirección de quejas.

de desarrollo económico local gestionados por el Organismo de Desarrollo de Entidades Administrativas.

■ Del mismo modo, un MQR creado en el marco del Fondo de Acción Social de Tanzania (TASAF, por sus siglas en inglés) no solo se ha convertido en un mecanismo para la gestión de quejas y reclamos dentro del programa Red de Asistencia Social Productiva, sino que también se emplea en otros programas de desarrollo y medios de vida comunitarios gestionados por el TASAF. Tanto en los MQR de Ruanda como en los de Tanzania, los conjuntos de datos variables sobre quejas se clasifican en virtud de diferentes programas, además de la información sobre quejas y reclamos a nivel de programa, lo que facilita el análisis comparativo entre los programas y servicios, y dentro de ellos.

En un MQR del país o nacional se emplea un MQR colectivo para todo el Gobierno, el cual se encarga de la tramitación de quejas para los programas de protección social y el resto de programas gubernamentales. He aquí algunos ejemplos:

■ La Contraloría General de la República de Costa Rica da servicio a todo el Gobierno, y los reclamos sobre los programas de protección social se canalizan hacia los programas correspondientes a través de este sistema nacional.

■ En Cisjordania y Gaza, la Dirección General de Quejas, adscrita a la Secretaría General del Primer Ministro, tiene previsto crear un MQR nacional, que, de ir todo bien, funcionará como centro de clasificación de las quejas (véase el gráfico B8.8.1). Cuando este canal de quejas nacional esté disponible, cada unidad de gestión de reclamos del ministerio recibirá las quejas correspondientes realizadas a nivel nacional, que puede coexistir con los canales de recepción de quejas disponibles en la unidad de gestión de reclamos de cada ministerio. Esta metodología también puede resultar eficaz en contextos más amplios con enormes poblaciones dispersas.

■ Es el caso de Indonesia, que cuenta con un MQR llamado LAPOR que da servicio a una población de unos 200 millones de habitantes distribuida entre las 17 000 islas que componen el archipiélago. LAPOR, que significa «informar» en indonesio, es

continuación

el primer sistema de quejas y reclamos integrado para servicios y programas públicos del país. Este MQR se construye como una plataforma social que permite la interacción entre las personas y el Gobierno. Se puede acceder a él mediante canales móviles. Las personas pueden poner en marcha el proceso del MQR enviando un mensaje de texto SMS al 1708, un número fácil de recordar para los ciudadanos, puesto que el 17 de agosto es el día en el que Indonesia obtuvo la independencia. LAPOR actúa como intermediador y conecta a las personas con más de 80 instituciones gubernamentales. Además, permite a las personas presentar reclamos sobre un gran número de temas, que van desde los retrasos en los pagos de las prestaciones sociales hasta los daños en las carreteras. También constituye una forma de denunciar el fraude y la corrupción. Desde que se puso en marcha en 2012, el portal ha venido recibiendo, de media, unos 800 reclamos diarios enviados desde todos los puntos de Indonesia. Sin embargo, un inconveniente importante es que los portales destinados a recabar las opiniones de los ciudadanos tienen como principales usuarios a las personas que cuentan con formación y conocimientos digitales, y además de una forma muy desproporcionada. También se ha observado que la mayoría de los usuarios de LAPOR son de Yakarta, la ciudad más grande y capital del país, y que muchos menos usuarios son de las regiones más pobres y remotas del este de Indonesia.

Estos tres tipos de sistemas pueden coexistir como diferentes canales de recepción de quejas. En Jordania, por ejemplo, el Gobierno nacional cuenta con un MQR nacional llamado «A su servicio». El Fondo Nacional de Ayuda (FNA) de Jordania, responsable de la puesta en marcha de un programa de ampliación de las transferencias monetarias, recibe las quejas correspondientes al FNA a través de este MQR. El punto de referencia del FNA para este sistema nacional deriva los casos de transferencias monetarias al mecanismo de quejas y reclamos del programa dentro del Centro de Reclamos y Servicio a los Ciudadanos.

Lo más importante para que la resolución de las quejas resulte eficaz es que el proceso, los roles y las responsabilidades de la resolución de las quejas queden claramente definidos dentro de la administración del programa, según lo indicado anteriormente. No importa cómo se recopilen las quejas: se debe responder a ellas según los principios del MQR.

---

así como la Comisión Anticorrupción del programa de transferencia monetaria de Sierra Leona. Se debe prestar mucha atención a las competencias institucionales y jurídicas de las instituciones responsables de la resolución de las quejas, las prácticas de recopilación y resolución de quejas existentes (incluidas las prácticas informales) y la presencia local de las instituciones, ya que los programas de protección social tienden a dar cobertura a amplias zonas geográficas.

Mandato institucional. Un MQR puede gestionarse a través de los ministerios competentes o externalizarse para que se encargue de él un organismo independiente. A menudo la decisión se toma en función del mandato institucional sobre la naturaleza y los tipos de quejas que se prevé que reciban los programas. Estas quejas son con frecuencia administrativas (véase la tabla 8.12, Lista indicativa de categorías de quejas). En Etiopía, por ejemplo, el mandato del Defensor del Pueblo incluye la resolución de las quejas administrativas. Gracias a sus oficinas regionales, el organismo cuenta con presencia local en todo el país. Tenía sentido fortalecer la capacidad de resolución de las quejas y las funciones de la oficinas del defensor del pueblo, además de utilizarlas para programas de protección social. Por otro lado, en Cisjordania y Gaza, las unidades de gestión de reclamos ministeriales están jurídicamente obligadas a resolver las quejas administrativas, mientras que la oficina del defensor del pueblo se especializa en los reclamos relacionados con los derechos humanos. Las unidades de quejas y reclamos del Ministerio de Asuntos Sociales (MAS) a nivel central y de gobernaciones se encargan de recopilar y resolver las quejas relacionadas con cualquiera de los programas del MAS, incluido el de transferencia monetaria. Tenía sentido fortalecer las unidades de gestión de reclamos del MAS a nivel ministerial y de las oficinas de gobernación, de modo que no se

A menudo, la administración de los programas de transferencias monetarias condicionadas (TMC) resulta compleja, ya que exige la implicación de diversos sectores (bienestar social, educación y sanidad) desde el nivel nacional hasta el local. En el caso del 4P, el programa nacional de TMC de Filipinas, el principal organismo de implementación es el Departamento de Bienestar Social y Desarrollo (DSWD, por sus siglas en inglés). El personal del programa asciende a más de 11 000 trabajadores (desde el nivel nacional hasta el de ciudad o municipal), y da servicio a unos 4 millones de hogares beneficiarios. El secretario del DSWD ejerce como director nacional del programa y es responsable de su dirección general. La Oficina Nacional de Gestión de Proyectos (NPMO, por sus siglas en inglés), integrada en el DSWD, y sus oficinas subnacionales gestionan las operaciones diarias del programa. La NPMO ejecuta todos los planes, las políticas y las actividades del programa, y está formada por 12 divisiones o unidades, entre las que se encuentra la División de Reparación de Quejas (GRD, por sus siglas en inglés). El 97 % del personal del programa está descentralizado y desplegado a niveles regional, provincial, de grupo y de ciudad/municipal. Los Comités Consultivos Interinstitucionales del programa a niveles nacional, regional, provincial y de ciudad o municipal ayudan a incrementar la participación nacional y promueven los esfuerzos conjuntos con agencias colaboradoras (como los Departamentos de Educación y Sanidad), implementadores locales (unidades gubernamentales locales) y organizaciones de la sociedad civil. Estos Comités Consultivos Interinstitucionales, implementados a diferentes niveles, ejercen también como comités de quejas.

El mecanismo de quejas y reclamos (MQR) del programa sigue la misma estructura programática a niveles nacional, regional, provisional y de ciudad/municipal. A nivel nacional, la GRD, ubicada dentro de la NPMO, supervisa y gestiona el MQR con un equipo dedicado (17 personas trabajando a tiempo completo). La GRD controla y supervisa el proceso global de gestión de reclamos, coordina las reuniones mensuales del Comité Nacional de Quejas, prepara los informes mensuales de quejas, investiga y resuelve las quejas remitidas a nivel nacional, las clasifica y distribuye al nivel adecuado para su resolución, mantiene una base de datos de quejas específica, y desarrolla la capacidad de los supervisores de las quejas sobre el terreno. Asimismo, la GRD analiza las tendencias en la presentación de informes sobre quejas, identifica estrategias para el tratamiento de problemas importantes y revisa las directrices del MQR para mejorarlas de manera continua.

En las oficinas de campo hay más de 200 agentes de quejas que ejercen como puntos de referencia a niveles regional, provincial y de grupo. Los nexos de ciudad y municipales son los principales puntos de referencia para la gestión de quejas en primera línea, y a ellos se les confía la responsabilidad de recibir registrar e investigar las quejas y reclamos relacionados con el programa. Además, realizan un seguimiento de todos los reclamos en sus ámbitos de trabajo. Las quejas relacionadas con un nivel concreto las aborda la unidad de quejas que está justo por encima de ese nivel. Por ejemplo, la unidad nacional facilita la resolución de las quejas graves a todos los niveles, pero especialmente de aquellas que atañen al nivel regional. Sin embargo, las quejas relacionadas con el rendimiento o el comportamiento del nexo de la ciudad o municipal pueden remitirse directamente a la oficina provincial, regional o nacional del 4P. La estructura en varios niveles también ofrece a los reclamantes la oportunidad de apelar las resoluciones tomadas a un nivel inferior. Las decisiones que se toman a nivel nacional (por parte de la GRD con el asesoramiento del Comité Asesor Nacional) son definitivas.

Fuente: Patel *et al.,* 2014.

Nota: 4P = programa Pantawid Pamilyang Pilipino.

encargasen únicamente de abordar los reclamos sobre el programa de transferencia monetaria, sino también las quejas relacionadas con otros programas del MAS. En algunos países en los que la legislación lo permite, como Jordania, un reclamante podría presentar una apelación sobre una queja administrativa a un organismo independiente en caso de no estar satisfecho con la resolución administrativa del MQR. En Ruanda, la oficina del defensor del pueblo, que tiene carácter independiente, supervisa la resolución de las quejas administrativas (recuadro 8.10).

Cobertura geográfica y presencia local. Un gran número de programas de protección social ofrecen servicios a nivel nacional que cubren amplias zonas geográficas (aunque, cuando los programas se ejecutan en fases o ciclos, la cobertura no es nacional hasta que se completan las fases). Como resultado, muchos MQR para programas de protección social eficaces cuentan con diversas ubicaciones descentralizadas, lo que incrementa la accesibilidad de estos mecanismos para los beneficiarios y el público en general. A la hora de considerar la posibilidad de recurrir a organismos independientes para el MQR de un programa, es fundamental evaluar la representación geográfica con la que cuentan, ya que es posible que el programa de protección social carezca de influencia sobre la ubicación de las sucursales u oficinas locales del organismo, la asignación presupuestaria de dichas oficinas o las decisiones en términos de recursos humanos. Cuando se debe instaurar o fortalecer el MQR de un programa dentro de uno o más ministerios, es importante ajustar la estructura institucional del MQR a la del programa. El recuadro 8.9 ofrece información sobre el MQR del 4P de Filipinas, que constituye un ejemplo de MQR a nivel programático dentro de un ministerio; en este caso, el Departamento de Bienestar Social y Desarrollo (DSWD, por sus siglas en inglés). En el recuadro 8.10 se recogen los aspectos más destacados del MQR de los programas de protección social de Ruanda, encuadrados dentro de un sistema gubernamental más complejo. Más allá de las disposiciones institucionales que seleccionen los países, es importante definir claramente las funciones y las responsabilidades de la gestión de quejas para que los MQR tengan un funcionamiento eficaz y se alcancen los objetivos marcados.

No hay un modelo de MQR único para todos que pueda replicarse y ajustarse a todos los programas, ya que estos tienen niveles de complejidad y madurez diferentes.

Un programa de asignaciones universales por hijo o de pensiones sociales puede ser relativamente sencillo en comparación con un programa de TMC dependientes del nivel de recursos o un programa de obras públicas (Grosh et al., 2008). Asimismo, los programas maduros pueden tener versiones más complejas y apoyadas por organismos sólidos de los MQR, mientras que, en ocasiones, los programas implementados en contextos frágiles, conflictivos, violentos o con ingresos bajos han de adaptarse a soluciones que funcionen bien con recursos limitados, por ejemplo, mediante soluciones tecnológicas de bajo costo que hayan demostrado su eficacia. Un MQR puede tener un inicio sencillo y ampliarse y madurar a medida que el programa crece y madura. Las funciones de adaptación y crecimiento del MQR pueden planificarse en fases a la par que la ampliación y madurez del programa.

Características claves comunes a los MQR eficaces

Existen varios componentes clave comunes para obtener un MQR eficaz, como la difusión y las comunicaciones, los canales de recepción, un proceso de resolución de quejas, los sistemas de información, el desempeño y la capacidad institucional.

Difusión y comunicaciones

La difusión y las comunicaciones son fundamentales para cualquier MQR. Resulta necesario contar con una difusión y una comunicación eficaces para indicar a las personas a dónde ir, cómo acceder al sistema y cómo presentar una queja. Además de saber cómo acceder y utilizar el sistema de MQR, las personas deben sentirse animadas a presentar las quejas que necesiten. Facilitar el acceso y eliminar las posibles barreras para llegar al MQR es importante para los grupos vulnerables y marginados, como aquellos formados por personas que viven en zonas remotas, miembros de minorías étnicas o lingüísticas y poblaciones indígenas con dificultades para presentar un reclamo. Muchos programas de protección social han utilizado carteles, folletos u otros medios para informar a los beneficiarios y al público

Recuadro 8.10 Programa Vision 2020 Umurenge: Mecanismo localizado de quejas y reclamos en Ruanda

El programa Vision 2020 Umurenge (VUP) de Ruanda es un programa de desarrollo local integrado que tiene como objetivo acelerar la erradicación de la pobreza, el desarrollo rural y la protección social mediante (1) la asistencia directa, (2) las obras públicas y (3) los servicios financieros. El VUP es un programa emblemático en Ruanda que ha permitido establecer mecanismos de quejas y reclamos (MQR) altamente localizados. El Ministerio de Gobierno Local es el organismo que se encarga de la puesta

en práctica del programa a nivel nacional, pero el sistema de MQR se ejecuta a través de estructuras paralelas para fomentar la transparencia y la equidad. Estos son los principios del sistema de MQR del VUP. (1) minimizar los riesgos y reducir los errores y la corrupción; (2) mejorar la transparencia y la rendición de cuentas de los proveedores de servicios; y (3) fortalecer la confianza, mejorar el rendimiento del programa y servir como orientación para los cambios de políticas pertinentes. El VUP adoptó una política

Gráfico B8.10.1 Resumen del mapeo del proceso del MQR del VUP Vision 2020 de Ruanda

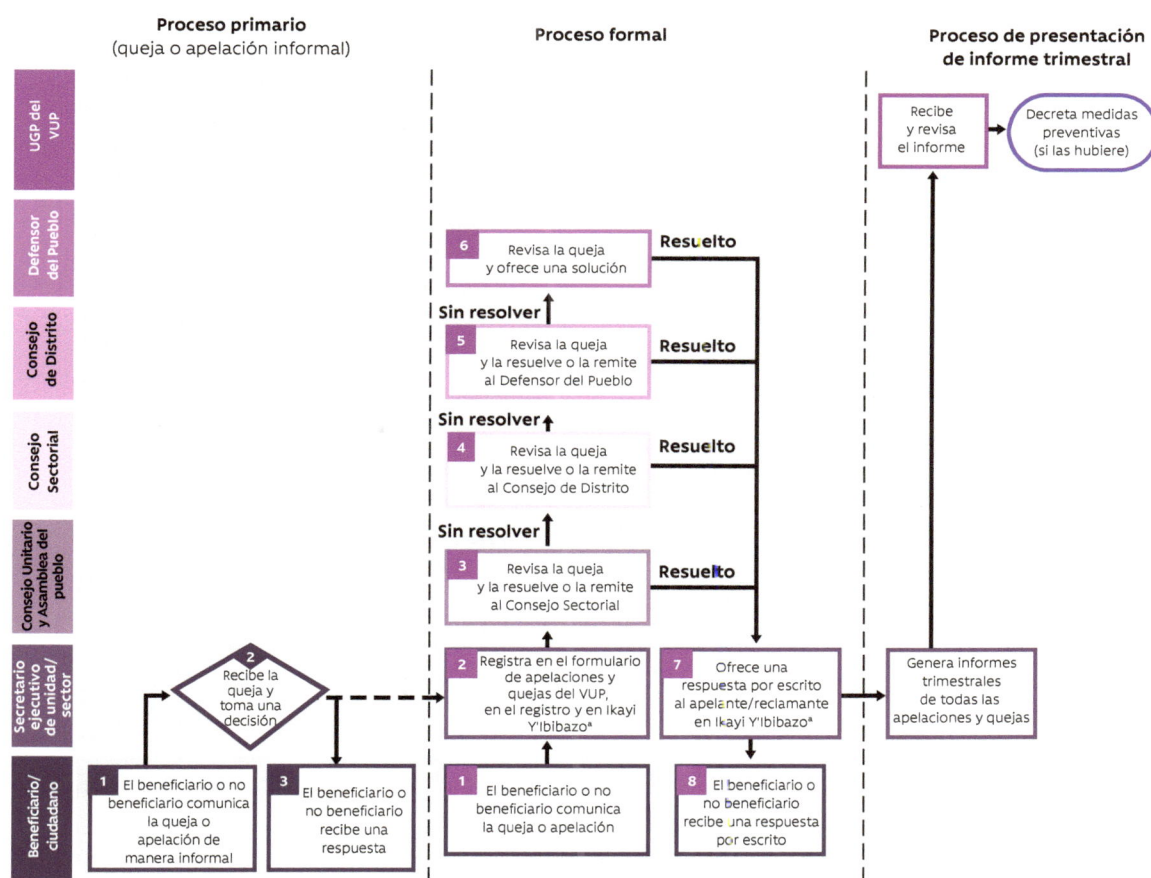

Fuente: Gráfico original para esta publicación.

Nota: MQR = mecanismo de quejas y reclamos; UGP = unidad de gestión del proyecto; VUP = programa Vision 2020 Umurenge.

a. Ikayi Y'Ibibazo es el registro de quejas de Ruanda.

continuación

altamente descentralizada en la que la mayoría de las quejas se resuelven a nivel local, y se abordan a nivel central únicamente cuando es estrictamente necesario. Los Gobiernos locales y central trabajan de forma cohesiva para ofrecer un MQR adecuado, preciso y transparente.

A nivel local:

■ El Consejo de Distrito revisa y toma decisiones acerca de las quejas y los reclamos del sector.

■ El Consejo Sectorial revisa y toma decisiones acerca de las unidades y los pueblos.

■ El Consejo Unitario se reúne para resolver los casos que ponen en marcha los responsables de los pueblos y las unidades.

■ La Asamblea del pueblo registra formalmente las quejas y las apelaciones.

A nivel nacional:

■ El Defensor del Pueblo revisa y decide acerca de los casos de los distritos y da su opinión a la administración del distrito para que tome las medidas adecuadas.

El mapeo del proceso comercial del gráfico B8.10.1 ofrece una descripción general del MQR del VUP.

en general sobre los MQR. Por ejemplo, el Programa de Implementación de Servicios Descentralizados de Sierra Leona creó anuncios publicitarios de los MQR en diferentes idiomas que se emitieron en programas de radio para informar al público acerca del MQR disponible en sus comités de barrio y consejos locales.

Canales de recepción

Existen muchos canales de recepción tradicionales y nuevos. La administración de los programas debe establecer ubicaciones para la recepción de quejas en zonas donde vivan personas pobres y marginadas para llegar lo más cerca posible de ellas. Es probable que el costo y la complejidad de los MQR aumenten con el número de canales de recepción, por lo que el programa debe elegir los canales y las ubicaciones de forma estratégica. A medida que el programa y el MQR crezcan y maduren, se podrán añadir nuevos canales de recepción. Los planes de ampliación deben secuenciarse estratégicamente en función de los objetivos del programa (recuadro 8.11).

A continuación, se muestran algunos canales que se han utilizado tradicionalmente en los mecanismos de quejas y reclamos.

● ***Trabajadores sociales y agentes comunitarios.*** La interacción cara a cara con los agentes sociales o comunitarios es un canal eficaz para la presentación de quejas, especialmente cuando los niveles de alfabetización son bajos.

● ***Buzones de quejas y reclamos.*** Constituyen un canal sencillo y accesible para la presentación de quejas, aunque resultan poco adecuados para poblaciones analfabetas.

● ***Registros o libros de quejas y apelaciones.*** En algunos países, los libros de registro están disponibles en las oficinas del programa y otras oficinas locales en las que las personas pueden registrar formalmente sus quejas y apelaciones a través de los libros designados. A pesar de los avances tecnológicos, en Ruanda, este sigue siendo un canal importante para recibir quejas, principalmente porque se confía en él y aquellas personas que no saben leer o escribir pueden delegar en personas cercanas que sí sepan escribir y lo hagan por ellas.

● ***Centros de llamadas.*** Proporcionar información por teléfono puede resultar eficaz cuando la infraestructura de telecomunicaciones está bien desarrollada y es barata. Para el público, llamar es mucho más fácil que desplazarse hasta una oficina y hacer fila para recibir atención. En los programas grandes, también puede resultar una opción más segura para los empleados, y contar con este tipo de opción administrativa puede ahorrar costos. Los centros de llamadas son útiles, aunque nunca resultan suficientes por sí solos, ya que es posible que a una parte de la base de interesados les resulten complicados o imposibles de utilizar. Además, los centros de llamadas deben contar con un personal y un equipamiento adecuados, así como una buena supervisión. La falta de respuesta

PBPAM, el programa de pensiones sociales de México, emplea un mecanismo de quejas y reclamos (MQR) multicanal:

- **Trabajador social.** El primer canal utiliza el formulario de actualización de los beneficiarios (descrito en el apartado 8.2), que rellena el trabajador social. Se trata de un formulario en papel que posteriormente se digitaliza en la oficina regional; en él se registra la información de la parte solicitante, el nombre y el número del agente receptor (normalmente, el trabajador social) y las características de la queja. Las quejas gestionadas a través de este canal son: aclaración sobre el estado de no elegibilidad, sustitución del instrumento de pago y reincorporación al programa (para beneficiarios a los que se suspendió temporalmente). Estas quejas se recopilan cada dos meses, y se procesan y atienden según el ciclo de pagos.
- **Comités de auditoría social.** De acuerdo con la Ley General de Desarrollo Social, todos los programas sociales deben contar con un comité de auditoría social en aquellas localidades en las

que se implementen. El objetivo del comité de auditoría social es supervisar el uso adecuado de los fondos públicos, evitar cualquier uso político del programa, y recibir y canalizar las quejas que surjan en su localidad. En el caso del programa PBPAM, los beneficiarios eligen a dos miembros del comité en cada localidad. Las quejas que se canalizan a través de los comités de auditoría social están relacionadas con el uso indebido de los fondos públicos y el uso político del programa.
- **Buzones de quejas y reclamos en las oficinas del programa.** Ya sea a nivel regional o nacional, cada oficina del Ministerio de Bienestar cuenta con un buzón de quejas y reclamos claramente identificado en el que se pueden depositar las quejas por escrito. Estas se recopilan periódicamente y se hacen llegar a la dirección del programa correspondiente. Las quejas recopiladas a través de este canal suelen estar relacionadas con el servicio.
- **Centros de llamadas y portal de internet.** Este canal lo utiliza el MQR nacional, gestionado por la Contraloría General de México.

Fuentes: Reglas de Operación de la Pensión para el Bienestar de las Personas Adultas Mayores de México, 2019, y Guía para el Llenado de Fichas de Atención, Secretaría de Desarrollo Social, 2017.

a las llamadas o, aún peor, responder incorrectamente, puede menoscabar la reputación de un programa (Grosh *et al,*. 2008).

- *Comités de quejas comunitarios.* Son varios los países que han optado por establecer un comité de quejas comunitario. Armenia, por ejemplo, cuenta con consejos de protección social locales integrados por cinco representantes de las oficinas del sector social del Gobierno local y cinco representantes de organizaciones no gubernamentales. El consejo escucha las apelaciones de las personas a las que se considera no elegibles para la asistencia, pero que creen que necesitan ayuda.
- *Unidad móvil.* Esta opción resulta especialmente útil para llegar hasta los grupos vulnerables que viven en la calle o en regiones remotas. En ausencia de

estructuras institucionales permanentes, las unidades móviles ayudan a documentar y mitigar las quejas públicas de manera periódica.

En la tabla 8.13 se detallan las ventajas y los inconvenientes de los canales de los MQR.

Canales nuevos: tecnologías para los mecanismos de quejas y reclamos

Los métodos tradicionales de los MQR han de hacer frente a varios desafíos, como los costos, la capacidad institucional, los procesos con una gran demanda de mano de obra y las limitaciones de recursos. Estos desafíos han llevado a la aparición de canales de MQR

Tabla 8.13 Ventajas e inconvenientes de los canales de reclamos habituales

Canal de quejas	Ventajas	Inconvenientes
Agentes comunitarios, trabajadores sociales	• Gran comprensión de los programas de protección social • Accesibles a nivel local • Contacto habitual con el equipo del programa de protección social • Se les puede capacitar con facilidad	• Posible conflicto de intereses (no es posible quejarse con ellos acerca de su conducta) • No siempre pueden ofrecer soluciones • Falta de anonimidad o confidencialidad • Podría haber cierto sesgo contra algunos miembros de la comunidad
Buzón de quejas y reclamos	• Fácil de instalar • Permite la anonimidad (si el formulario de queja indica claramente que no se necesitan el nombre y la dirección)	• Inadecuado para personas analfabetas
Centro de llamadas	• Directo • Sencillo • Sin barreras relacionadas con el analfabetismo • Permite la anonimidad/confidencialidad • Útil en contextos descentralizados	• Las personas pobres tienen menos probabilidades de disponer de acceso a un teléfono o de estar dispuestas a pagar el costo de una llamada • Puede que las personas no confíen en revelar su identidad y sus problemas a alguien a quien no conocen • Más dificultad para realizar un seguimiento de la gestión del reclamo • Se debe gestionar muy bien, o puede resultar contraproducente
Comités de quejas comunitarios	• Sus miembros forman parte de la comunidad y son muy conocidos y de confianza • Fácil acceso (directo y sencillo) • Sin barreras relacionadas con el analfabetismo	• Falta de anonimidad o confidencialidad • Implementación y capacitación más caras
Unidad móvil	• Directa • Fácil acceso • Sin problemas relacionados con el analfabetismo • En teoría, permite la anonimidad/confidencialidad • Sin sesgos/externa	• Puede que las personas no confíen en revelar su identidad y sus problemas a alguien a quien no conocen • Organización a nivel nacional complicada • La implementación es cara • Las personas solo pueden presentar sus quejas cada cierto tiempo

Fuente: Barca, 2016.

nuevos y mejorados que sacan partido de las últimas tecnologías. Algunos de los canales nuevos más habituales son los siguientes:

Soluciones móviles para el MQR. Los teléfonos móviles han demostrado ser instrumentos notables para mejorar la inclusión, la transparencia y la rendición de cuentas. Debido al carácter ubicuo de los teléfonos móviles, las soluciones móviles funcionan bien tanto en regiones urbanas como rurales. En Sierra Leona se está recurriendo a las tecnologías móviles para mejorar la implementación de los programas de protección social. En la actualidad se está poniendo en marcha un MQR interactivo que dispone de un mecanismo de mensajes de texto SMS automatizado y gratuito. Para acceder al sistema, el usuario envía un SMS al 161 y el sistema interactúa con él ayudándole a presentar un reclamo. La presentación de quejas con SMS puede utilizarse incluso en regiones con baja cobertura 3G y presencia reducida de teléfonos inteligentes. Las principales ventajas de este sistema son que la interacción está automatizada y, por tanto, no se necesita un operador, que es gratuito para el usuario, que llega a una base de usuarios más amplia, y que mejora la inclusividad. En la actualidad se está diseñando una adaptación del MQR centrada en las personas por vía telefónica, que utilizará los mensajes de voz para ayudar a las poblaciones analfabetas a documentar sus quejas (Banco Mundial, 2018b).

Canales de comunicación y mecanismos de retro-alimentación por redes sociales. Los mecanismos de retroalimentación por redes sociales y la retroalimentación interactiva implican una comunicación bidireccional con las personas y resultan adecuados para la resolución de problemas concretos. El uso de las redes sociales o de aplicaciones de mensajería privada puede ayudar a canalizar los reclamos y facilitar la retroalimentación interactiva de los beneficiarios y la población en general.[45]

Procesamiento del lenguaje natural: chatbots y asistentes virtuales. En combinación con la inteligencia artificial, el procesamiento del lenguaje natural (PLN) puede ayudar a crear una nueva generación de herramientas para MQR mediante el abordaje de consultas recurrentes.

Proceso de resolución de quejas y reclamos

Para un MQR eficaz, resulta fundamental disponer de un proceso paso a paso y un procedimiento para la recopilación y la resolución de quejas claro. En la sección 8.2 se incluye un marco para la recopilación y la resolución de reclamos. El objetivo de esta sección es ofrecer una orientación más detallada sobre los procesos de resolución.

Articulación de los procesos. Todo el personal implicado en la resolución de reclamos debe tener una misma visión sobre la recopilación, la documentación y la resolución de las quejas y reclamos. Los diagramas de flujo de resolución de reclamos para cada categoría de queja son herramientas eficaces para visualizar y optimizar los procesos de resolución.

Roles y responsabilidades. Cada paso del proceso debe definir claramente qué departamento y qué nivel será responsable de actuar. Esto definirá quiénes requieren una forma de acceso particular al sistema de quejas y reclamos.

Plazo de resolución. Algunos reclamos (por ejemplo, las solicitudes de información) se pueden resolver *in situ*, mientras que otros (como los relacionados con posibles errores de inclusión y exclusión o el desempeño del personal) pueden tardar más en resolverse y requerir la implementación de ciertos procedimientos para abordarlas. Los programas pueden tener diferentes plazos para la resolución de cada categoría de queja, ya que los procedimientos administrativos y la duración de las investigaciones son variables. Los diferentes procesos de resolución deben tener un plazo designado para la adopción de medidas.

Sistemas de información

El sistema de información de un MQR puede ser tan sencillo como un libro de registro o tan complejo como un sistema de gestión de la información especializado. Dada la complejidad y la escala de los programas de protección social, es muy recomendable que dichos programas inviertan en un módulo de MQR dentro del sistema de información del programa (tal y como se hizo en Egipto, Jordania, y Cisjordania y Gaza) o un sistema independiente que se comunique con el sistema de información del programa (como en el caso del Sistema unificado de información y comunicación y Gestión de relaciones con los usuarios del 4P de Filipinas). Las características comunes de los sistemas de información para MQR eficaces se detallan en la tabla 8.14.

Desempeño de los sistemas de MQR

El seguimiento del desempeño de los MQR es fundamental para su éxito, tanto si son específicos para un programa, como multiprograma o nacionales. El seguimiento y la evaluación de la recepción, el procesamiento y la resolución de quejas incluyen el análisis periódico de la frecuencia, los patrones y las causas de las quejas, las estrategias y los procesos empleados para su resolución, y la eficacia de estos últimos.

Un MQR eficaz incluye indicadores del desempeño de la gestión de quejas y permite supervisar el desempeño del propio MQR, además de utilizar los datos de las quejas para mejorar la eficacia y la eficiencia del programa. El análisis de los datos de monitoreo del MQR permite a los Gobiernos y los administradores del programa evaluar el rendimiento del sistema del MQR e identificar posibles ámbitos de mejora para minimizar las quejas en el futuro. El análisis de los datos de quejas también ayuda a identificar los procesos dentro de un programa o sistema de implementación con posibilidades de mejora. Por ejemplo, si hay quejas recurrentes sobre un asunto en concreto, como el retraso en los pagos, la mala calidad de los servicios o los errores en

Tabla 8.14 Características comunes de los sistemas de información para MQR eficaces

Característica esencial	Descripción
Recopilación de datos en tiempo real	Los datos de las quejas se recopilan en tiempo real a partir de varios canales de recepción, como sitios web, mensajes SMS y redes sociales.
Respuesta automatizada	Cuando corresponda, se enviará una respuesta automatizada para acusar recibo de la queja, generar un número de caso y orientar sobre el tiempo de resolución estipulado y los métodos de seguimiento.
Repositorio de datos consolidado	Los datos recopilados, incluidos aquellos obtenidos mediante canales de quejas informales, se almacenan.
Panel: interfaz interna	• Permite el seguimiento y la supervisión en tiempo real del estado de resolución por caso, además de ver la información del responsable asignado. • Permite a los supervisores del MQR ver alertas cuando el plazo de resolución está cerca, y envía recordatorios automáticos al responsable asignado y sus supervisores. • Los responsables de la toma de decisiones tienen acceso en tiempo real a pruebas que les permiten desarrollar políticas y tomar decisiones sobre el programa con funciones de visualización de datos o geoetiquetado.
Panel: interfaz externa	• Permite el seguimiento en tiempo real del estado de resolución con un número de caso. • Permite al público ver el estado agregado de resolución de las quejas del programa, junto con los informes periódicos (p. ej., los informes anuales).
Generación rápida de informes personalizados	• La función de generación automatizada de informes permite a los responsables de la toma de decisiones y otras partes interesadas disponer de información sobre el programa/proyecto con la frecuencia que deseen. • Se puede elegir entre varios tipos de informes (gráficos circulares y de barras, mapas, etc.). • La personalización permite seleccionar los datos analizados, el nivel de los análisis y la frecuencia con la que estos se realizan.
Idioma	Es posible utilizar varios idiomas o escoger entre distintas opciones de idiomas.
Seguridad	El cifrado de datos, los cortafuegos y otros mecanismos similares protegen los datos recopilados personales y sobre las quejas.
API	Maximiza la compatibilidad con otras aplicaciones.

Fuente: Kumagai, 2013.

Nota: API = interfaz de programación de aplicaciones, por sus siglas en inglés; MQR = mecanismo de quejas y reclamos

la decisión de la elegibilidad, es posible que la administración del programa tengan que mejorar los procesos institucionales.

Dada la complejidad y la escala de los programas de protección social, lo ideal sería contar con un sistema electrónico para introducir, realizar un seguimiento y supervisar el registro y la resolución de las quejas. En caso de disponer de un sistema electrónico, es fundamental que este incluya un sistema de generación rápida de informes personalizados. Esta función debería permitir a los equipos encargados de la implementación y los responsables de la toma de decisiones del programa acceder a datos de gestión y monitoreo en tiempo real o casi en tiempo real sobre la resolución de quejas. Asimismo, el análisis de la resolución de quejas debe integrarse en los

informes regulares para programar la gestión. La siguiente lista incluye ejemplos de indicadores que pueden autogenerarse y analizarse a diferentes niveles (nacional, regional, provincial o local), e incluye otras características de interés habituales (como el sexo).

• Número de reclamos recogidos (en un periodo determinado, p. ej., mensualmente, trimestralmente, anualmente).
  – Número (y porcentaje) de reclamos pertinentes para cada programa.
  – Número (y porcentaje) de reclamos por canales de recepción.
  – Número (y porcentaje) de reclamos por tipo de reclamo.

- Número (y porcentaje) de reclamos presentados por mujeres.
- Número (y porcentaje) de reclamos por estado de resolución (abiertos, derivados o cerrados).
- Número de reclamos abiertos por tipo y antigüedad del reclamo (p. ej., uno, dos o tres meses desde la fecha de recepción).
- Número de reclamos abiertos y pendientes por tipo y antigüedad del reclamo (p. ej., con uno, dos o tres meses de retraso con respecto al plazo de resolución estipulado).
- Número y porcentaje de reclamos resueltos en el plazo estipulado.
- Número y porcentaje de reclamos satisfechos con el proceso de quejas y reclamos.
- Número y porcentaje de reclamantes satisfechos con las medidas adoptadas.

Además, la tabla 8.15 incluye una lista de posibles indicadores de desempeño para el MQR, que puede requerir encuestas a los reclamantes.

Capacidad institucional

La capacidad institucional puede desempeñar un papel importante en la eficacia de un MQR. Los programas de protección social deben contar con personal especializado y capacitado. La escasez de trabajadores de primera línea podría afectar a ciertas fases de la cadena de implementación, incluida la gestión de las quejas. Algunos programas se adaptan a esta dificultad aprovechando los sistemas públicos que existen fuera de las instituciones de protección social, contratando empresas externas o simplificando el diseño del MQR.

Otros factores que inciden en la capacidad institucional son el presupuesto del programa y la voluntad

Tabla 8.15 Indicadores de desempeño de los mecanismos de quejas y reclamos (MQR)

Categorías de indicadores de MQR	Indicadores de rendimiento
Conocimiento de usuarios	Porcentaje de usuarios capaces de nombrar al menos un canal de aceptación de reclamos*
Acceso	Porcentaje de usuarios con barreras de acceso que gozan de una adaptación adecuada para expresar sus quejas*
Uso potencial	Porcentaje de usuarios que se quejaría en caso de que la calidad de la provisión de beneficios y servicios fuese de mala calidad*
Uso real	• Porcentaje de usuarios que pensaron que la calidad era baja y recurrieron a los procedimientos existentes para quejarse de ello* • Porcentaje de usuarios que han dado su opinión
Clasificación y procesamiento	Porcentaje de quejas registradas desglosadas por tipo (p. ej., elegibilidad, pagos, etc.)
Resolución	Porcentaje de quejas resueltas dentro del plazo estipulado
Normas de calidad	Porcentaje de quejas registradas incluidas en el proceso de resolución según las normas de calidad
Tiempo de procesamiento/resolución	Tiempo medio necesario para resolver las quejas
Satisfacción de los usuarios	Porcentaje de reclamantes satisfechos con la respuesta y el proceso de reparación de quejas*
Notificación/retroalimentación	Porcentaje de quejas en las que el beneficiario recibe notificaciones sobre el estado según las normas de calidad

Fuente: Tabla original para esta publicación.

Nota: * = Es necesario que el beneficiario o reclamante complete una o varias encuestas.

política. La presentación periódica de informes de los datos del MQR suponen un incentivo para que el personal del programa se tome en serio la gestión de las quejas. La integración del módulo de capacitación del MQR en la capacitación del programa puede ser una forma eficaz de incrementar la concienciación sobre la importancia de la resolución de las quejas. Mejorar el conocimiento sobre el MQR es útil para los beneficiarios y los usuarios, pero también para el personal del programa.

8.6 MONITOREO DE ERRORES, FRAUDE Y CORRUPCIÓN

Los sistemas de protección social incluyen programas de implementación de beneficios y de servicios para miles o millones de beneficiarios. Si bien el valor de los beneficios o servicios puede ser relativamente bajo, en conjunto, el gasto en protección social es una parte sustancial del presupuesto nacional. Por ello, es importante asegurarse de que los beneficios y servicios lleguen a los beneficiarios previstos, por el importe correcto en el momento justo, según los arreglos logísticos correctos. Los errores, el fraude y la corrupción (EFC) reducen la eficiencia económica de las intervenciones disminuyendo la cantidad de beneficios y servicios que van a los beneficiarios previstos y, en consecuencia, erosionan el apoyo político para el programa. Por consiguiente, resulta esencial monitorear y frenar el nivel de EFC en estos programas.

La presente sección describe cómo un enfoque de monitoreo deliberado para identificar y corregir los beneficios o servicios afectados por EFC puede contribuir a que los programas de protección social frenen la curva de EFC en toda la cadena de implementación.

Organizamos la sección 8.6 en cuatro subsecciones:

- **Definiciones, prevalencia y factores que afectan el nivel de EFC.** Esta subsección introducirá los principales conceptos y su relevancia, así como la incidencia de EFC.
- **Estrategias de mitigación de EFC.** Aquí se describe un marco de implementación de monitoreo de EFC, construido sobre cuatro pilares (prevención, detección, disuasión y monitoreo).
- **Medición de EFC.** Esta subsección explica cómo medir EFC a nivel del sistema y a nivel de un programa individual.
- **Creación de un sistema para reducir la tasa de EFC.** Por último, esta subsección proporciona una hoja de ruta sintética para establecer los componentes básicos de un sistema de monitoreo de EFC integral, de punta a punta.

Definiciones, prevalencia y factores que afectan el nivel de EFC en los programas de la protección social

Definiciones

Todo programa de protección social desearía transferir todos sus recursos a los beneficiarios correctos, en la cantidad correcta, en el momento justo, según los arreglos logísticos correctos. Inevitablemente, una parte de estas transferencias o servicios se pierde a causa de EFC (gráfico 8.22). Como punto de partida, analicemos los conceptos centrales. En primer lugar, un **error** se define como la desviación involuntaria de las reglas del programa o de los beneficios que resulta en la asignación de un paquete de servicios equivocado o en la asignación de beneficios a un solicitante no elegible. Los errores pueden ser el resultado de equivocaciones involuntarias de los administradores del programa, o el producto de que los solicitantes o los beneficiarios inadvertidamente proporcionen información

Gráfico 8.22 Representación visual de los conceptos de error, fraude y corrupción (EFC)

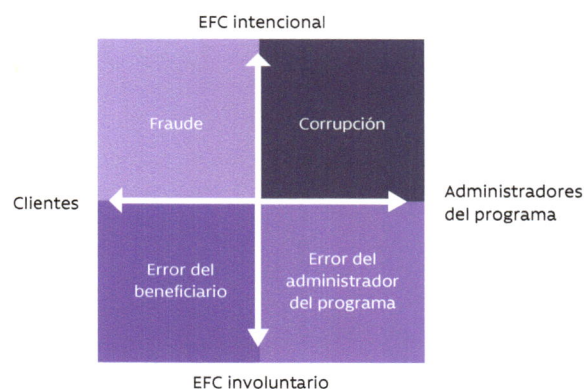

Fuente: Gráfico original para esta publicación.

incorrecta. Los abusos intencionales al programa por parte de los beneficiarios se denominan fraude y, por parte de los administradores del programa, corrupción. El **fraude** se da cuando un cliente o beneficiario deliberadamente hace una declaración falsa u oculta o distorsiona información relevante para la elegibilidad para el programa o el nivel de beneficios. Por último, la **corrupción** normalmente involucra la manipulación de las listas de beneficiarios (p. ej., registrar potenciales beneficiarios con propósitos clientelistas para obtener apoyo político); o que el personal acepte pagos ilegales de solicitantes o beneficiarios; o el desvío de fondos hacia canales fantasma o ilegales.

La tasa de pérdidas debidas a EFC (pagos en exceso o en defecto respecto del presupuesto del programa, provisión de servicios excesiva o inadecuada) muestra el grado en el que un programa cumple sus propias reglas. Cuando un programa no se implementa con pleno cumplimiento de sus normas, se producen pérdidas debido a EFC. Por ejemplo, cuando parte de los beneficiarios es admitida en el programa sobre la base de información inexacta, ello resultará en pagos en exceso por errores o fraude. De manera similar, algunos solicitantes serán rechazados o recibirán beneficios inferiores debido a la inexactitud en la provisión o el tratamiento de la información, lo que da lugar a pagos insuficientes debido, muy probablemente, a alguna forma de error. Por el otro lado, si los funcionarios del programa piden sobornos a los beneficiarios, reduciendo de este modo sus beneficios, en este caso se trata de corrupción. En el caso de los programas contra la pobreza, las pérdidas por EFC se sumarán a las pérdidas por los errores de inclusión y exclusión a causa del diseño, lo que erosionará más aún el grado en el que el programa alcanza su objetivo último.

¿Por qué nos importan los errores, el fraude y la corrupción en los programas de protección social?

Estos programas canalizan una cantidad importante de los recursos públicos hacia los beneficiarios, e incluso una pequeña fracción de beneficios malversados puede suponer grandes sumas de dinero, con altos costos de oportunidad. En promedio, el gasto en protección social representa el 16 % del PIB en los países desarrollados, el 7 % en los países de ingresos medios y el 4 % en los países de bajos ingresos. Si bien en muchos países no se dispone de estadísticas sobre EFC, la evidencia de los países en los que se monitorean los errores, el fraude y la corrupción muestra que se pierden sumas considerables por estos problemas. Incluso en países que dedican una gran cantidad de recursos para prevenir, disuadir, detectar y recuperar dinero perdido por EFC, este monto puede ser grande. Por ejemplo, en cinco países de la OCDE examinados por la Oficina Nacional de Auditoría del Reino Unido en 2006, esta fracción variaba entre el 2 % y el 5 % del gasto en protección social. La tasa de EFC variaba por tipo de programa: era más alta en aquellos programas con mayor complejidad de los criterios de elegibilidad y/o de los requisitos de reevaluación, tales como los programas orientados a la pobreza (en este caso, programas de bienestar con comprobación de medios de vida), seguro de discapacidad o asistencia por desempleo. En el caso de los programas con comprobación de medios de vida, la tasa de EFC ascendía hasta casi el 10 %. La información de los países en desarrollo es más escasa ya que solo unos pocos programas y países tomaron medidas para combatir o medir la incidencia de EFC. Sin embargo, es plausible esperar que la parte de fondos afectados por EFC sea mayor en comparación con los países desarrollados. Entre 2011 y 2013, Rumania llevó a cabo inspecciones de los beneficios de seis programas de gran envergadura de la red de protección propensos a EFC, y descubrió que las tasas de irregularidad se situaban entre el 8 % y el 20 %.

¿Por qué las tasas de pérdidas causadas por EFC varían entre los programas de la protección social?

La parte de los fondos perdida a causa de EFC aumentará cuanto mayor sea la generosidad y complejidad del programa,[46] y disminuirá, en general, con una mayor capacidad institucional, y con el nivel adecuado de recursos dedicados a la prevención, detección, disuasión y monitoreo, en particular.

En primer término, examinemos los beneficios del fraude y la corrupción, y qué tipo de programas de protección social corren a priori riesgos más altos. Los programas más «lucrativos» para defraudar son aquellos que ofrecen beneficios más altos por un período más prolongado (p. ej., programas de sustitución de ingresos con períodos de recertificación más prolongados).

Entre dos programas de red de protección que ofrecen respectivamente beneficios de X y 10X, si las demás condiciones son las mismas, se puede esperar que la tasa de EFC sea más alta en el segundo programa. Entre dos programas de red de protección idénticos, uno con política de reevaluación anual y el otro sin política de reevaluación alguna, el segundo tendrá una tasa de EFC más alta.

Además de la generosidad del programa, su complejidad aumenta los riesgos de EFC, ya que facilita su defraudación. Entre los programas, los más complejos son del tipo red de seguridad orientados a la pobreza; por lo tanto, son los más propensos a EFC. A menudo, la elegibilidad para estos programas se basa en la condición de bienestar del hogar, que es más difícil de evaluar que, por ejemplo, una pensión por ancianidad, donde todo lo que se necesita es probar las contribuciones anteriores y la edad. Desde el momento que el estado de bienestar de un beneficiario cambia, la elegibilidad también cambia, lo que aumenta el riesgo de EFC. Los programas para la discapacidad, ya sean pensiones o asistencia social, también son más propensos al riesgo de EFC debido a la complejidad de los requerimientos de certificación. El riesgo será más alto para los beneficiarios con discapacidades temporarias, en oposición a aquellos beneficiarios con discapacidades permanentes. Además, las responsabilidades por la implementación de estos programas de red de asistencia a menudo son compartidas entre diferentes departamentos, agencias y niveles de gobierno, lo que constituye otro factor que facilita que los errores, el fraude y la corrupción se infiltren en el programa. Contar con los instrumentos y herramientas correctas para minimizar los errores, el fraude y la corrupción es, por lo tanto, más importante para los programas de red de asistencia y de discapacidad.

Desarrollar la capacidad institucional del programa reducirá las pérdidas por EFC. En general, esto significa avanzar hacia una modalidad de implementación de buenas prácticas, tal como se describe en los capítulos precedentes. Por ejemplo, mejorar la evaluación de las necesidades y condiciones de los solicitantes a través de la vinculación de la lista de beneficiarios con una base de datos de ID confiable eliminaría beneficiarios fantasma y duplicados. Dejar de lado los pagos en efectivo por las modalidades en cuenta bancaria o digitales también reduciría las pérdidas por EFC. Contar con un sistema de sanciones proporcionales al valor de las pérdidas, así como a su carácter repetitivo o colusorio prevendría y disuadiría los EFC, así como hacer llegar al público el mensaje de que la mayoría de los casos afectados por EFC son detectados por los funcionarios del programa. Más específicamente, la administración de los programas podría invertir en medidas específicas, que se detallan en las siguientes subsecciones y al final.

Estrategias de mitigación de EFC

Las estrategias estándar de mitigación consisten en prevención, detección y disuasión (gráfico 8.23).

Las medidas preventivas reducen la probabilidad de ocurrencia de EFC. Estas medidas se activan tempranamente en la cadena de implementación, durante las etapas de evaluación e inscripción. Apuntan tanto a una deliberada deshonestidad por parte del solicitante (p. ej., ingresos u otras circunstancias económicas no declaradas durante la verificación de elegibilidad, omisión de cambios en las circunstancias materiales, solicitudes múltiples al programa, tergiversación de las circunstancias materiales y fraude acerca de la identidad) como a eliminar la corrupción de los funcionaros (p. ej., colusión con los beneficiarios y robo de los recursos del programa), y a eliminar los errores. Pueden incluir una serie de actividades enfocadas en el diseño y la gobernanza de un programa de protección social, tales como (1) agilizar los trámites administrativos involucrados en la provisión del beneficio, (2) simplificar los criterios de elegibilidad, y (3) reducir la complejidad de

Gráfico 8.23 Estrategias estándar de mitigación

- **Prevención**
  - Verificación mejorada de la elegibilidad
  - Proporcionar información a solicitantes y público
  - Cotejo de datos
  - Elaboración de perfil de riesgo

- **Disuasión** — Sanciones

- **Monitoreo** — A menudo vinculado a la gestión del desempeño

- **Detección**
  - Revisiones aleatorias y basadas en el riesgo
  - Cotejo de datos
  - Elaboración de perfil de riesgo
  - Líneas telefónicas de denuncia

Fuente: Gráfico original para esta publicación.

todo el sistema de beneficios (p. ej., pasar de la determinación de la elegibilidad programa por programa a una verificación armonizada, a través de un registro social). La prevención de EFC también puede examinar la incidencia en el personal, una capacidad administrativa más amplia y los sistemas utilizados para administrar el programa. En muchos programas, la debilidad del sistema (p. ej., ausencia de interoperabilidad entre sistemas de TI) es una causa común de EFC. También se puede considerar una verificación más estricta de la elegibilidad y efectuar verificaciones cruzadas al comienzo de una solicitud. Algunas miradas preventivas apuntan a la realización de campañas de información a los beneficiarios acerca de sus derechos y responsabilidades durante la etapa de evaluación.

La «detección» se refiere a encontrar casos de error, fraude o corrupción dentro del sistema o programa de protección social. Estas medidas se activan durante el ciclo de implementación recurrente. La detección incluye varias maneras de identificar casos donde haya una sospecha de EFC, que pueden ser transmitidos a una unidad especializada (unidad de cumplimiento, unidad de revisión, unidad de inspección, unidad de fraude) para su ulterior verificación. Las modalidades de identificación de los casos sospechosos de EFC pueden incluir cotejos, utilizando bases de datos de todo el sector público (p. ej., de identidad, registros de activos, de impuestos y beneficios, de consumo de servicios públicos), elaboración de perfiles de riesgo, denuncias del público a través de la línea telefónica dedicada, y señalamientos de los funcionarios que trabajan en las unidades de primera línea, que tienen contacto directo con los solicitantes y los beneficiarios. La inspección de los casos sospechosos de EFC puede ser aleatoria, por plazos (luego de un período específico de estar recibiendo el beneficio) o por riesgo. Este último enfocaría sus esfuerzos en subpoblaciones específicas según algoritmos que predicen el riesgo de EFC basándose en las características de un beneficiario y un reclamo concretos.

La «disuasión» se refiere principalmente a sanciones contra el solicitante, el beneficiario o los administradores del programa. Las sanciones imponen un costo por incurrir en EFC y crean un desincentivo para la persona involucrada en EFC. Las sanciones pueden incluir la pérdida de un derecho (o, en el caso de un administrador de programa, la pérdida del trabajo), la recuperación de los pagos en exceso, una sanción administrativa (penalización económica) o un proceso penal. Estas medidas se aplican durante el ciclo recurrente de implementación de los servicios. Algunos países, especialmente en la OCDE, utilizan campañas mediáticas para disuadir a los solicitantes de incurrir en EFC, o para influir en la opinión pública (ya sea como parte de la evaluación o del ciclo recurrente).

Las buenas prácticas también requieren el monitoreo y la evaluación de las medidas implementadas para reducir los casos de EFC. Dado que estas medidas suelen costar dinero, tendría sentido monitorear la recuperación de los pagos en exceso o los beneficios malversados para demostrar que las medidas son rentables o, por lo menos, neutras en términos de costos. Los datos de Australia, Rumania, Reino Unido y los Estados Unidos sugieren que intervenciones bien diseñadas pueden recuperar más que el importe invertido en mitigación (véase el anexo 8B, Medición de EFC).

Creación de un Sistema para reducir la tasa de EFC en los programas de protección social: Estrategia y herramientas

Si bien ningún programa es inmune a los errores, el fraude y la corrupción, los datos de los países desarrollados demuestran que las pérdidas por EFC pueden ser llevadas a niveles insignificantes. Un primer paso es desarrollar una estrategia y un plan de acción para implementar un sistema de control exhaustivo y de punta a punta. Este fue el primer paso dado por Reino Unido y por Rumania en 2000 y 2010, respectivamente.

En segundo lugar, dados los limitados recursos para combatir los casos de EFC y su costo, el sistema de protección social debería concentrar sus esfuerzos en los programas de alto presupuesto, propensos al riesgo, como las pensiones por discapacidad, los programas de sustitución de ingresos y los beneficios con comprobación sustitutiva de los medios de vida. En Reino Unido, como resultado de un sólido sistema de monitoreo, el Gobierno pudo clasificar los diferentes programas en términos de sus pérdidas por EFC y presupuesto, y concentrar las medidas de mitigación en los de mayor envergadura. Rumania aplicó esta estrategia en 2010-2011, en dos niveles. El país contaba con una unidad investigativa a cargo del cumplimiento, con aproximadamente 300 inspectores sociales, pero se utilizaba casi exclusivamente para verificar el cumplimiento de los estándares de la provisión de servicios sociales residenciales (para niños privados de cuidado parental, personas en condición de discapacidad o personas mayores). Estos servicios representaban, en ese momento, solo el 5 % del gasto en protección social, y las pérdidas por EFC eran, probablemente, proporcionales. En ese momento, un primer movimiento estratégico del Gobierno consistió en desplazar la atención hacia la inspección de los beneficios de protección social, que representaban el 95 % del gasto. Ente estos, el Gobierno priorizó, además, cinco programas de la red de asistencia y las pensiones por discapacidad, los programas con el riesgo a priori más alto de EFC.

En tercer lugar, el ministerio de protección social o la administración del programa debería desarrollar, además de las medidas existentes para reducir la incidencia de EFC, probablemente fragmentadas, un sistema integral de punta a punta. Tal sistema constaría, en general, de dos partes (gráfico 8.24). Una parte recogería información acerca de los casos probablemente afectados por EFC (casos sospechosos). Dicha información puede provenir del personal de primera línea, de una línea de denuncias (telefónica, correo electrónico, sitio web), o de esfuerzos sistemáticos de recolección de inteligencia, tales como cotejo de datos o elaboración de perfiles de riesgo. En segundo lugar, esta información sería luego utilizada por las unidades y el personal para intentar corregir las quejas y reclamos. El volumen de tales denuncias puede ser mayor que la capacidad humana para manejarlos. En esos casos se suele hacer una selección que determina que las inspecciones se concentren en los casos con las pérdidas potenciales más altas, multiplicadas por la capacidad para corregirlas.

El desarrollo de un sistema integral, de punta a punta, implicaría la adopción de medidas a través de una serie de instrumentos o políticas (recuadro 8.12). Estos serían: desarrollo de una política de sanciones y un sistema de recuperación armonizado y eficaz; desarrollo de una fuerza de trabajo profesional para efectuar revisiones de cumplimiento e inspecciones; desarrollo de la capacidad analítica del sistema (p. ej., la capacidad de efectuar comprobaciones periódicas de las bases de datos y elaborar modelos de perfiles de riesgo); y pasar de las inspecciones aleatorias o según la experiencia a inspecciones sobre el riesgo según información analítica. El desarrollo de un sistema de este tipo llevaría un cierto tiempo, especialmente si la reducción de EFC en los programas de protección social no es la principal prioridad. Una transición típica, en cualquier lugar, puede tomar tres o más años, y un sistema funcional incluiría los elementos destacados en la tabla B8.12.1 (que se encuentra en el recuadro 8.12).

El rol de la analítica

Tradicionalmente, la identificación de los casos sospechosos de EFC se apoyó en la experiencia del personal de «control»: inspectores, investigadores o auditores. Este personal especializado selecciona los casos que cree que tienen una alta probabilidad de EFC y los inspecciona. A menudo, luego de un cierto tiempo, el personal de control se reúne, comparte sus observaciones y

Gráfico 8.24 Sistema integral contra los errores, el fraude y la corrupción de punta a punta

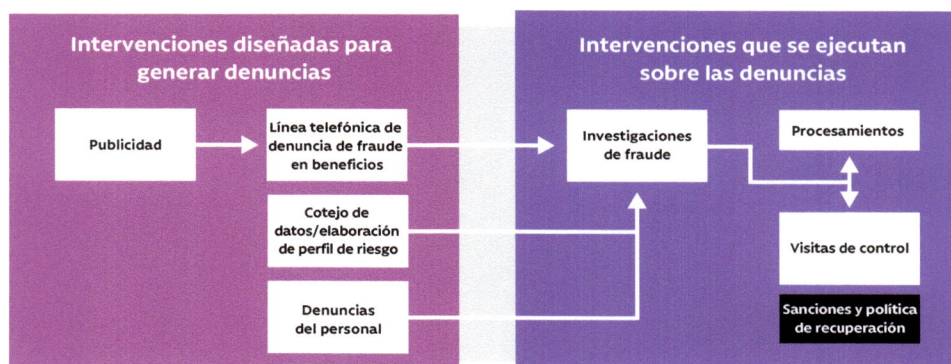

Fuente: Gráfico original para esta publicación.

Recuadro 8.12 Desarrollo de un sistema de control eficaz de EFC en Rumania en tres años

Hacia 2010, Rumania gastaba en asistencia social el doble que en 2005 sin que se verificara una mejora proporcional en el bienestar de las personas pobres y vulnerables. También aumentó la cantidad de programas de asistencia social y la complejidad del proceso de solicitud, pero no el personal de primera línea que debía lidiar con un incremento de documentación. Los formuladores de políticas estaban convencidos de que también habían aumentado las pérdidas por EFC. La reducción de EFC fue fijada como una prioridad política del ministerio a cargo de la protección social.

Para frenar el nivel de EFC, Rumania gradualmente desarrolló un sistema de mitigación de EFC de punta a punta, para 2013-2014, con buenos resultados.

- **Fuerza de trabajo profesional para realizar revisiones de cumplimiento e inspecciones.**
  Hacia mediados de 2013, el país había creado un equipo profesional de inspectores sociales, como parte de la Agencia Nacional de Beneficios Sociales e Inspección (ANBSI). La dimensión del equipo se incrementó, de 2010 a 2013, de 130 a más de 300 personas. La ANBSI desarrolló un módulo de

capacitación especial que impartió a su personal en abril de 2013.

- **Enfoque estratégico en revisiones de cumplimiento sobre los programas de grandes presupuestos y propensos a EFC.** Después del 2010, el equipo de la Inspección Social (IS) llevó a cabo revisiones de cumplimiento anuales a gran escala (denominadas «inspecciones temáticas») para todos sus programas más importantes y propensos al riesgo (Beneficio de crianza, o BCN; Ingreso mínimo garantizado, o IMG; Beneficio familiar, o BF; Beneficios de calefacción, o BC; y Beneficios de asignación por discapacidad, o AD). Sin un sistema de denuncias, estas inspecciones fueron llevadas a cabo de manera aleatoria hasta finales de 2012.

- A mediados de 2012 se desarrolló **un sistema de monitoreo de punta a punta**, que abarca la planificación temática de las inspecciones (selección de los archivos y beneficiarios por supervisar); la documentación de los hallazgos de la inspección temática, que incluye las medidas correctivas propuestas y las sanciones aplicadas; y el seguimiento del estado de implementación de las recomendaciones.

Tabla B8.12.1 Evolución del monitoreo aislado de EFC al sistema de monitoreo en Rumania, alrededor de 2011–14

Áreas temáticas	Situación al inicio	Pasados tres años
Sanción y política de recuperación	Cada beneficio de la protección social tiene su propia política de sanciones. Las sanciones/inspecciones no se basan en el costo-beneficio o en la severidad. Política de recuperación débil.	Aplicación de la misma sanción para la misma infracción en todos los programas. Sanciones más importantes para las infracciones más graves, y para el caso de reincidencia. Política de recuperación eficaz.
Poderes investigativos del inspector social/personal de cumplimiento	Poderes incompletos. Centrado en el proveedor de servicios, no en el beneficiario sospechado.	Poderes más robustos. Mecanismos claros de supervisión para prevenir abusos.
Controles cruzados de bases de datos	Ocasional, ad hoc	Procedimientos rutinarios, regulares, claros, para detectar irregularidades.
Elaboración de perfil de riesgo e inspecciones según el riesgo	Según la experiencia de los inspectores sociales	Derivado de modelos analíticos.

Fuente: "Reducing Fraud, Error, and Corruption (EFC) in Social Protection Programs", una presentación con diapositivas de Vlad Grigoras y Emil Daniel Tesliuc, Grupo Banco Mundial, 2017.
Nota: EFC = error, fraude y corrupción

clasifica subjetivamente los factores asociados con EFC o las circunstancias indicativas de EFC. Este conocimiento es utilizado en la segunda ronda de inspecciones. Luego de estas, puede actualizarse la elaboración subjetiva de perfiles de riesgo. Las inspecciones sociales de Moldavia y Rumania utilizaron este enfoque en los primeros tiempos.

Cada vez con más frecuencia, la identificación de casos con mayor probabilidad de EFC se lleva a cabo mediante modelos analíticos que usan TIC, tales como cruces de datos y elaboración de perfiles de riesgo.

● El cruce de datos es utilizado para identificar casos donde la información proporcionada por el solicitante y registrada por el personal de primera línea sea diferente respecto de la misma información conservada en otras bases de datos públicas. Por ejemplo, una familia solicitante puede informar que no posee un automóvil, pero un cruce de datos con el registro vehicular muestra que sí posee uno. Los resultados de tal cruce de datos identificarían un caso de EFC: un error oficial, si la información no estaba correctamente registrada por el personal de primera línea, o un caso de fraude, si el solicitante intencionalmente ocultó esta información. A veces, estos cruces de datos utilizan reglas lógicas para identificar situaciones incompatibles. Por ejemplo: un solicitante de beneficios de discapacidad permanente por ceguera que, luego, obtiene una licencia de conducir. Una vez más, la utilización de estas reglas lógicas puede resultar en la identificación de casos de EFC.

● La elaboración de perfiles de riesgo se utiliza para estimar la probabilidad de que un caso sea sospechoso de EFC. Una manera sencilla de elaborar estos perfiles de riesgo basados en la analítica consiste en (1) utilizar los resultados de inspección de un conjunto aleatorio de beneficios, (2) crear un modelo de regresión que prediga el nivel o la ocurrencia de pagos en exceso utilizando la información que generalmente se encuentra en la base de datos de beneficiarios de un programa, (3) utilizar el modelo para predecir/asignar una probabilidad de EFC a todos los casos o beneficiarios y (4) inspeccionar aquellos con la más alta probabilidad de EFC, multiplicada por el valor de la pérdida estimada (si se dispone del dato). Es probable que este tipo de modelo supere al modelo tradicional de identificación basado en la experiencia del personal a cargo del control.

La utilización de la analítica para intensificar el esfuerzo por frenar la ocurrencia de EFC en los programas de protección social es un camino prometedor para todos los países, incluidos los de ingresos bajos y medios. Estas técnicas pueden implementarse a un costo global bajo. En el caso de Rumania, el equipo a cargo de la analítica estaba compuesto por cinco personas, una adición pequeña a los aproximadamente 300 inspectores sociales que ya había, lo que resultó en un gran incremento de la rentabilidad de los recursos utilizados. Para las comprobaciones cruzadas, el costo de verificar e identificar un caso extra es prácticamente cero.

Estas técnicas reducirían la discrecionalidad del personal de control y limitarían la posibilidad de prácticas colusorias o corruptas, al mismo tiempo que se producirían señalamientos más precisos de casos sospechosos. Resulta ilustrativa la experiencia de la inspección social de Moldavia, que introdujo la elaboración de perfiles de riesgo basados en la analítica. Un equipo especializado compuesto por nueve inspectores y dos supervisores estaba a cargo de inspeccionar aproximadamente el 3 % del total de casos de un programa de último recurso denominado Ayuda Social, para reducir las pérdidas a causa de EFC. Entre 2013 y 2015, Moldavia utilizó el modelo tradicional de identificación de casos susceptibles de inspección por EFC que se apoyaba en reglas derivadas de la experiencia de los inspectores sociales. Con el tiempo, este enfoque demostró su valía. Cuando la inspección social comenzó a trabajar, en 2013, solo un 7 % de los casos inspeccionados estaba afectado por EFC. Esta relación se incrementó al 10 % en 2014 y al 64 % en 2015. En 2016, utilizando el resultado de las inspecciones precedentes y la información de los archivos de los clientes, un estadístico creó un modelo de perfil de riesgo basado en la analítica. Los inspectores sociales, cuyas tasas de identificación eran ya bastante altas, eran reacios a utilizar el modelo estadístico. Para probar su validez, los casos por inspeccionar en 2016 se seleccionaron utilizando ambos métodos: 266 según la experiencia de los inspectores, y 508 según nuevo modelo estadístico de perfil de riesgo. Los dos modelos ofrecieron buenas tasas de identificación: el modelo basado en la experiencia identificó correctamente un 68 % de los casos, mientras que el modelo estadístico tuvo un porcentaje de aciertos del 90 %. El modelo estadístico demostró su valía y estaba ahí para quedarse.

El rol de la tecnología

Cada vez más, la implementación de la protección social utiliza tecnologías modernas para transferir efectivo, beneficios en especie o servicios a los beneficiarios. Algunas de estas tecnologías podrían ser utilizadas para reducir la ocurrencia de EFC en los programas y para reducir el costo de las inspecciones. El programa Garantía de Empleo Rural Andhra Pradesh de la India utilizó una serie de métodos y tecnologías para reducir la ocurrencia de EFC en los programas. Los riesgos de EFC eran muchos: desde beneficiarios fantasma hasta parientes inscritos en el registro de asistencia diaria de los trabajadores, informes de trabajo inflados, trabajo de poca calidad o trabajo fantasma (que resultaba en el robo de materiales), o la falsificación de cheques por parte del personal del programa. Para frenar la ocurrencia de EFC, el abuso y la corrupción en toda la cadena de implementación, el programa desarrolló varias tecnologías (tabla 8.16). Todas estas técnicas pueden aplicarse más ampliamente en países de ingresos medios y bajos.

Para concluir, los programas o los sistemas de protección social que quieren frenar la ocurrencia de EFC deberían implementar un sistema integral de punta a punta. Mitigar el riesgo de EFC no se hace luego de haber proporcionado el beneficio o el servicio. Es un sistema que atraviesa toda la cadena de implementación (por ejemplo, podría estar integrado en la prueba de elegibilidad si se combina la prueba del ingreso con el perfil de riesgo), un sistema que no es costoso si se utilizan herramientas modernas, y que compensa con creces frente a las fugas evitadas. Un sistema de este tipo aumentará la aceptabilidad política de los programas redistributivos y no impondría costos a los legítimos beneficiarios si están acompañados por un sistema de elaboración de perfiles de riesgos bien diseñado.

Tabla 8.16 Herramientas con apoyo tecnológico para minimizar la ocurrencia de EFC en un Programa de Asistencia Laboral en India

Herramienta	Descripción
Equipos de Control de Calidad (CC)	Cuatro ingenieros civiles + dos expertos en horticultura. Inspecciones aleatorias y comprobación de las cantidades de trabajo pagadas y las especificaciones de obras; poder para recuperar las pérdidas y aplicar sanciones.
Auditoría interna	Visita a cada bloque administrativo cada dos meses y revisión de cuentas. La oficina central realiza seguimientos.
Sistema electrónico de registro y medición de asistencia	Carga diaria de los datos desde los lugares de trabajo a un sitio web a través de los teléfonos móviles. Sistema electrónico de registro; sistema electrónico de medición; verificación electrónica del sistema de registro; y medición electrónica de las verificaciones. Aborda la falsificación de datos de asistencia y mide las distorsiones.
Software integral que ofrece soluciones integrales de TI	El software basado en transacciones emite tarjetas de trabajo; genera estimaciones; emite cartas de comienzo de trabajo; actualiza el registro de asistencia y las mediciones, y genera las órdenes de pago.
Pagos de salarios mediante tecnología biométrica	Los pagos de salarios se realizan en el pueblo utilizando identificación biométrica por medio de la huella dactilar. El trabajador correcto recibe el pago que le corresponde.

Fuente: "Reducing Fraud, Error, and Corruption (EFC) in Social Protection Programs", una presentación con diapositivas de Vlad Grigoras y Emil Daniel Tesliuc, Grupo Banco Mundial, 2017.
Nota: EFC = error, fraude y corrupción; TI = tecnología de la información.

8.7 ALGUNAS CONCLUSIONES

En este capítulo se ha desentrañado una de las partes más complejas de la cadena de implementación, que implica la tarea cíclica y recurrente de gestionar el flujo continuo de información que cada programa lleva a cabo para alcanzar sus objetivos políticos, y garantizar que se provea el beneficio o el servicio correcto a la persona adecuada, en el momento oportuno y con las disposiciones logísticas apropiadas.

Como se ha comentado en la introducción de este capítulo, la mayoría de los debates sobre los sistemas de implementación se centran, principalmente, en el punto de entrada, es decir, las fases de evaluación e inscripción, y en la provisión efectiva del servicio o el pago. Cuando los administradores de un programa lo implementan por primera vez, estas dos etapas absorben la mayor parte del interés y los recursos, ya que proporcionan algunos de los resultados clave que un programa necesita para demostrar su funcionamiento. A medida que el programa se estabiliza en términos de cobertura, es decir, tiene un crecimiento anual de un solo dígito, las cuestiones que se tratan en este capítulo se convierten en el pan de cada día de una administración de programas y, como tales, es aquí donde se producen la mayoría de las mejoras continuas de los programas.

Aquí, en la ardua pero creativa tarea de identificar las mejoras continuas, es útil abordar el tema en dos dimensiones complementarias: la técnica —la forma de hacer algo— por un lado, y la tecnología —el instrumento utilizado para hacerlo— por otro.

La tecnología es un elemento facilitador y permite resultados antes inimaginables. Por ejemplo, si una persona tiene una queja, no tiene que esperar a la siguiente visita del personal del programa para presentarla; puede llamar a una línea de atención telefónica o utilizar una aplicación de teléfono móvil y comenzar el proceso de resolución inmediatamente. La tecnología móvil ha proporcionado una solución para garantizar que una persona pueda contactar con el programa al instante. Asimismo, los administradores de los programas cuentan con el apoyo de los sistemas de información, como los sistemas de gestión de las operaciones de los beneficiarios, en sus tareas diarias de actualización de datos, seguimiento de las condiciones y gestión de reclamos. También cuentan con el apoyo de

herramientas tecnológicas en sus esfuerzos por reducir los errores, el fraude y la corrupción.

Por otro lado, la técnica es el procedimiento informado que permite a una administración de programa saber que, para dar poder real a una persona en su queja, es necesario proporcionar a cada persona un número de caso único que permita el seguimiento.

La técnica nos dice que las quejas deben ser preclasificadas para permitir un triaje eficaz y una resolución eficiente. También nos dice que mantener un registro de las quejas permitirá al programa analizar la información agregada e identificar los puntos conflictivos de las quejas o los procedimientos que necesitan mejoras adicionales. La técnica también es clave en la programación y planificación de todas las actividades que tienen lugar en cada ciclo de implementación mediante el uso de un calendario maestro, que permite gestionar el tiempo y la convergencia de los flujos de información, para tener en cuenta el tiempo de procesamiento, la capacidad y la carga de trabajo, así como para coordinar los diferentes organismos que participan en la gestión de las operaciones de los beneficiarios. Asimismo, la técnica también es clave a la hora de integrar los sistemas de errores, fraude y corrupción de punta a punta a lo largo de la cadena de implementación para ayudar a mitigar el riesgo de que los procesos de errores, fraude y corrupción se ejecuten después de haber provisto el beneficio o el servicio. Estos sistemas contribuyen a ahorrar costos, a frenar las fugas y a generar una mayor confianza y aceptación de los programas redistributivos.

La distinción entre tecnología y técnica es fundamental, ya que la tecnología aportará soluciones, siempre y cuando cuente con una técnica o conjunto de técnicas con información adecuada para emplearla. El enfoque centrado en las personas del que hablamos en el capítulo 2 nos ofrece métodos para escuchar a las personas y comprender mejor sus necesidades y limitaciones. En cuanto al suministro, siempre es bueno hablar con los implementadores en el terreno, incorporar sus voces y entender su contexto. Esto debe hacerse de forma sistemática, mediante talleres y debates organizados con los responsables de la toma de decisiones a nivel central, y no limitarse a simple información anecdótica obtenida en una visita sobre el terreno.

ANEXO 8A: ASPECTOS DE LAS CONDICIONALIDADES EN NUEVE PROGRAMAS SELECCIONADOS DE TRANSFERENCIAS MONETARIAS CONDICIONADAS

Tabla 8A.1 Menús de condicionalidades en una selección de transferencias monetarias condicionadas

	Educación		Asistencia sanitaria				Condicionalidades para otros miembros del hogar
			Mujeres		Niños		
	Edades de escolarización	% de asistencia a la escuela por edad	Embarazo	Posparto	Visitas médicas[a] niños 0 a 6	Otros	
Brasil PBF	6-17	> 85 % para 6-15 > 75 % para 16-17	Plan Ministerio de Sanidad[b] 4 visitas	Plan Ministerio de Sanidad 3 visitas	Plan Ministerio de Sanidad[c] 0-1: 7 visitas 1-2: 2 visitas 2-3: 1 visita 3-4: 1 visita 4-5: 1 visita 5-6: 1 visita	n.a.	n.a.
FA Colombia	5–18	> 80 % para 5-18	n.a.	Plan Ministerio de Sanidad 4 visitas	Plan Ministerio de Sanidad 0-1: 6 visitas 1-2: 3 visitas 2-3: 2 visitas 3-4: 1 visita 4-5: 1 visita 5-6: 2 visitas	n.a.	n.a.
PKH Indonesia	6–21	> 85 % para 6-21	4 visitas; tomar pastillas de hierro; parto asistido por un profesional capacitado	2 visitas	0-1: 12 visitas 1-2: 4 visitas 2-3: 4 visitas 3-4: 4 visitas 4-5: 4 visitas 5-6:4 visitas	Los niños de 0 a 6 años toman cápsulas de vitamina A dos veces por año	Discapacidad: revisión anual de salud Personas mayores: asisten a actividades de bienestar social, si las hay disponibles
PATH Jamaica	6-18	> 85 % para 6-18	4 visitas	2 visitas	0-1: 6 visitas 1-2: 2 visitas 2-3: 2 visitas 3-4: 2 visitas 4-5: 2 visitas 5-6: 2 visitas	n.a.	Personas en condición de discapacidad, personas mayores, adultos: 2 visitas médicas por año

continuación

Tabla 8A.1 *(continuación)*

| | Educación | | Asistencia sanitaria | | | | Condicionalidades para otros miembros del hogar |
| | | | Mujeres | | Niños | | |
	Edades de escolarización	% de asistencia a la escuela por edad	Embarazo	Posparto	Visitas médicas[a] niños 0 a 6	Otros	
Prospera México	6-22	> 80 % para 3-22	5 visitas	3 visitas	0-1: 9 visitas 1-2: 2 visitas 2-3: 2 visitas 3-4: 2 visitas 4-5: 2 visitas 5-6: 2 visitas	Niños y adolescentes de 5 a 19 años: visitas médicas dos veces al año	Adultos mayores de 20 años: 2 visitas médicas al año Embarazadas y lactantes, y mujeres con niños de 6 a 59 meses: entrega de suplementos nutricionales cada dos meses en los centros de salud
WeT Pakistán	4-12	> 70 % para 4-12	n.a.	n.a.	n.a.	n.a.	n.a.
4P Filipinas	3-5 y 6-18 Los padres seleccionan hasta tres niños para su inclusión y seguimiento	> 85 % para 3-5 > 85 % para 6-18	Visita cada 2 meses; al menos una prenatal/ trimestre; parto asistido por profesionales	Al menos una visita en las primeras seis semanas	0-1: 12 visitas 1-2: 12 visitas 2-3: 2 visitas 3-4: 2 visitas 4-5: 2 visitas 5-6: 2 visitas	Las personas de 6 a 14 años reciben pastillas antiparasitarias dos veces al año	Destinatario designado para el hogar
PSSN Tanzania	5-18 Hasta 4 alumnos de primaria, 3 de primer ciclo de secundaria y 2 de segundo ciclo de secundaria	> 80 % para 5-18	4 visitas Las condicionalidades para embarazadas se suspendieron debido a las dificultades para controlar su cumplimiento	n.a.	Si no hay servicios disponibles, los cuidadores primarios de niños menores de 60 meses deben asistir a sesiones de salud y nutrición cada 2 meses	n.a.	n.a.

continuación

Tabla 8A.1 *(continuación)*

| | Educación | | Asistencia sanitaria | | | | Condicionalidades para otros miembros del hogar |
| | | | Mujeres | | Niños | | |
	Edades de escolarización	% de asistencia a la escuela por edad	Embarazo	Posparto	Visitas médicas[a] niños 0 a 6	Otros	
TMC Turquía	6-25 (12 años de escolaridad obligatoria)[d]	> 80 % para 6-25[e]	Plan Ministerio de Sanidad Antes de semana 14 18-24 semanas 28-32 semanas 36-38 semanas Nacimiento en el hospital (beneficio adicional)	Plan Ministerio de Sanidad 3 revisiones en el hospital, más otras 3 antes de los 42 días	Plan Ministerio de Sanidad 0-1: 9 visitas 1-2: 3 visitas 2-3: 2 visitas 3-4: 1 visita 4-5: 1 visita	n.a.	n.a.

Fuentes: Brasil: Manual de Funcionamiento de PBF del Ministerio de Desarrollo Social; Ministerio de Sanidad. Colombia: Manual operativo de Prosperidad FA 2017. Indonesia: Ministerio de Asuntos Sociales (2018), Reglamento ministerial sobre el PKH, artículos 3, 4 y 5. Jamaica: Manual de Funcionamiento de PATH del Ministerio de Trabajo y Seguridad Social 2017. México: Dávila Lárraga, 2016. Pakistán: Equipo WeT del BISP, Manual operativo para Wet 2017. Filipinas: Manual de Funcionamiento del Programa Pantawid Pamilyang Pilipino del Departamento de Bienestar Social y Desarrollo, edición de diciembre de 2015. Tanzania: TASAF III, Manual de Funcionamiento de la PSSN. Turquía: Dirección General de Asistencia Social; Ortakaya, 2018; Plan del Ministerio de Sanidad.

Nota: TMC: transferencia monetaria condicionada; n.a. = no se aplica; PSSN = Red de Asistencia Social Productiva.

a. Las visitas de salud infantil suelen incluir revisiones, control del crecimiento y el desarrollo, y vacunas según el calendario.

b. El calendario del Ministerio de Salud de Brasil incluye visitas prenatales al menos cada 8 semanas; visitas postnatales durante la primera semana, entre el 7.º y el 10.º día, y otra entre los días 42 y 60 para las madres lactantes, y entre los días 30 y 42 para las madres no lactantes (*Manual de Assistencia Pre-Natal, Normas e Manuais Tecnicos, 3.ª edición; y Cronograma Sugerido para o Acompanhamento Pre-natal e Puerperio*).

c. Calendario del Ministerio de Sanidad de Brasil para niños pequeños: primera semana, primer mes, segundo mes, cuarto mes, sexto mes, noveno mes, duodécimo mes, decimoctavo mes, vigésimo cuarto mes y, después, una vez por año. Las visitas incluirían vacunas, además de la supervisión del crecimiento y el desarrollo.

d. Los niños de los internados estatales y de las escuelas abiertas (primaria, secundaria y bachillerato que tienen enseñanza a distancia) están fuera del ámbito de aplicación de las transferencias monetarias condicionadas.

e. La asistencia educativa condicionada puede comenzar a partir de los 48 meses con la inscripción en preescolar (si existe una interrelación entre el nivel preescolar y el Ministerio de Educación) y puede continuar hasta los 25 años (si el niño está inscrito en la educación formal).

Tabla 8A.2 Calibración de los ciclos de monitoreo de las condicionalidades y de los ciclos de pago en TMC seleccionadas

Brasil, PBF: Educación

	Mes			
	1	2	3	4
Periodo de cumplimiento	PC1 (2 meses)		Continuar siguiente ciclo	
Periodo de verificación del cumplimiento y vínculo con la nómina			PVC1 (real < 1 mes)	Cumplimiento vinculado a nómina
Frecuencia de los pagos	Mensual	Mensual	Mensual	Mensual

Brasil, PBF: Sanidad

	Mes								
	1	2	3	4	5	6	7	8	9
Periodo de cumplimiento	PC1 (6 meses)						Continuar siguiente ciclo		
Periodo de verificación del cumplimiento y vínculo con la nómina							PVC1 (el tiempo real es menor, pero se asignan 2 meses)		Cumplimiento vinculado a nómina
Frecuencia de los pagos	Mensual	Mensual	Mensual	Mensual	Mensual	Mensual	Mensual	Mensual	Mensual

Colombia, MFA: Educación y salud

	Mes					
	1	2	3	4	5	6
Periodo de cumplimiento	PC1 (2 meses)		Continuar siguiente ciclo			
Periodo de verificación del cumplimiento y vínculo con la nómina			PVC1 (2 meses asignados en el calendario)		Cumplimiento vinculado a nómina	
Frecuencia de los pagos	Bimestral		Bimestral		Bimestral	

PKH, Indonesia: Educación y salud (desde 2018)

	Mes					
	1	2	3	4	5	6
Periodo de cumplimiento	PC1 (3 meses)			Continuar siguiente ciclo…		
Periodo de verificación del cumplimiento y vínculo con la nómina				PVC1 (2 meses asignados en el calendario)		Cumplimiento vinculado a nómina
Frecuencia de los pagos			Trimestral			Trimestral

PATH, Jamaica: Educación y salud para mujeres y niños

	Mes			
	1	2	3	4
Periodo de cumplimiento	PC1 (2 meses)		Continuar siguiente ciclo	
Periodo de verificación del cumplimiento y vínculo con la nómina	Distribuir FVC	PVC1 (recogida de formularios, procesamiento)		Cumplimiento vinculado a nómina
Frecuencia de los pagos		Bimestral		Bimestral

PATH, Jamaica: Discapacidad, adultos y personas mayores

	Mes							
	1	2	3	4	5	6	7	8
Periodo de cumplimiento	PC1 (6 meses)						Continuar siguiente ciclo	
Periodo de verificación del cumplimiento y vínculo con la nómina	Distribuir FVC					PVC1 (recogida de formularios, procesamiento)		Cumplimiento vinculado a nómina
Frecuencia de los pagos		Bimestral		Bimestral		Bimestral		Bimestral

México, Prospera: Educación y salud

	Mes					
	1	2	3	4	5	6
Periodo de cumplimiento	PC1 (2 meses)		Continuar siguiente ciclo			
Periodo de verificación del cumplimiento y vínculo con la nómina			PVC1 (2 meses asignados en el calendario)		Cumplimiento vinculado a nómina	
Frecuencia de los pagos	Bimestral		Bimestral		Bimestral	

WeT, Pakistán: Educación

	Mes						
	1	2	3	4	5	6	7
Periodo de cumplimiento	PC1 (trimestre escolar)			Continuar siguiente ciclo			
Periodo de verificación del cumplimiento y vínculo con la nómina				PVC1 (3 meses asignados en el calendario)			Cumplimiento vinculado a nómina
Frecuencia de los pagos	Trimestral			Trimestral			Trimestral

4P Filipinas: Educación y salud

	Mes			
	1	2	3	4
Periodo de cumplimiento	PC1 (2 meses)		Continuar siguiente ciclo	
Periodo de verificación del cumplimiento y vínculo con la nómina		Distribuir FVC	Verificar el cumplimiento (PVC1)	Cumplimiento vinculado a nómina
Frecuencia de los pagos		Bimestral		Bimestral

Tanzania, PSSN: Educación y salud

	Mes				
	1	2	3	4	5
Periodo de cumplimiento	PC1		Continuar siguiente ciclo		
Periodo de verificación del cumplimiento y vínculo con la nómina			PVC1 (2 meses asignados en el calendario)		Cumplimiento vinculado a nómina
Frecuencia de los pagos	Bimestral		Bimestral		Bimestral

continuación

Tabla 8A.2 *(continuación)*

Turquía, TMC: Educación y salud	Mes		
	1	**2**	**3**
Periodo de cumplimiento	PC1 (2 meses)		Continuar siguiente ciclo
Periodo de verificación del cumplimiento y vínculo con la nómina			VC y vínculos con la nómina (2-3 horas)
Frecuencia de los pagos	Bimestral		Bimestral

Fuentes: Recopilación de los manuales operativos de los programas y los documentos asociados de cada país. Para estandarizar la presentación entre los países, los meses de estos calendarios están anclados con el mes 1 en el comienzo del periodo de cumplimiento inicial. Por ello, estos meses no se corresponden con los meses del calendario (enero, febrero, marzo). Brasil: Manual de Funcionamiento del PBF del Ministerio de Desarrollo Social, 2017. Colombia: Manual operativo de Prosperidad FA, 2017. Indonesia: Reglamento ministerial sobre el PKH del Ministerio de Asuntos Sociales (2018), artículos 3, 4 y 5. Jamaica: Manual de Funcionamiento de PATH del Ministerio de Trabajo y Seguridad Social, 2017. México: Dávila Lárraga, 2016. Pakistán: Equipo WeT del BISP, Manual operativo para Wet, 2017. Filipinas: Manual de Funcionamiento del Programa Pantawid Pamilyang Pilipino del Departamento de Bienestar Social y Desarrollo, edición de diciembre de 2015. Tanzania:TASAF III, Manual de Funcionamiento de la PSSN. Turquía: Dirección General de Asistencia Social; Ortakaya, 2018; Plan del Ministerio de Sanidad.

Tabla 8A.3 Consecuencias del incumplimiento de las condiciones en una selección transferencias monetarias condicionadas

	Consecuencias	Medidas de seguimiento
Brasil PBF	• 1.ª ocasión: advertencia • 2.ª ocasión: bloqueo temporal durante un mes, pero no irrevocable. El beneficio puede retirarse al mes siguiente si no hay más incumplimientos • 3.ª ocasión: reducción irrevocable del beneficio completo durante dos meses (denominada "suspensión") • Tras incumplimientos reiterados, aun con un año de monitoreo familiar: salida del programa	• 3 periodos de incumplimiento desencadenan el estado de «suspensión» (reducción irrevocable de los beneficios), y la familia pasa a monitoreo familiar, que llevan a cabo los trabajadores sociales y se registra en el SICON (sistema de información). • Se permiten apelaciones
FA Colombia	Reducción parcial de los beneficios durante el periodo de incumplimiento	
PKH Indonesia	• 1.ª ocasión: advertencia (sin penalización) • 2.ª ocasión: hasta 2017, la familia sufría una reducción del 10 % de los beneficios en el caso consecutivo de incumplimiento; desde 2017, la política actual retiene la totalidad del beneficio familiar tras dos periodos consecutivos de incumplimiento (por parte de cualquier miembro de la familia); la familia puede recuperar ese beneficio si se reanuda el cumplimiento. Después de 3 periodos de incumplimiento, los beneficios se suspenden, y después del sexto periodo, la familia es dada de baja del programa.	El facilitador visita a las familias en incumplimiento para intentar resolver las causas de dicho incumplimiento; las familias pueden presentar sus quejas a través del centro de contacto del Ministerio de Asuntos Sociales.
PATH Jamaica	• 1.ª ocasión: reducción parcial irrevocable del beneficio familiar (hasta el importe mínimo del beneficio básico de 800 JMD) • 2.ª ocasión: reducción parcial irrevocable del beneficio (igual que la 1.ª ocasión) • 3.ª ocasión: salida del beneficiario del programa	El trabajador social debe hacer un seguimiento después de dos casos de incumplimiento para averiguar las razones del incumplimiento, determinar si hay circunstancias especiales y animar a los miembros en infracción a cumplir.
Prospera México	• 1.ª ocasión: suspensión parcial temporal (mensual) • 2.ª ocasión con corresponsabilidad sanitaria (4 meses consecutivos o 6 no consecutivos): suspensión indefinida total pero revocable.	La suspensión total de los beneficios se comunica mediante una notificación de suspensión, que incluye el motivo, las circunstancias y la base legal de la suspensión. La notificación también contiene los procedimientos y plazos para solicitar la reactivación del beneficio, si procede.

continuación

Tabla 8A.3 *(continuación)*

	Consecuencias	Medidas de seguimiento
WeT Pakistán	• 1.ª ocasión: advertencia (sin penalización). • 2.ª ocasión: reducción parcial irrevocable del beneficio; no se paga la parte del beneficio que corresponde al hijo en infracción. • 3.ª ocasión: el niño es suspendido del programa, pero puede volver al programa WeT si se reanuda el cumplimiento.	Se realiza un seguimiento del niño después de 2 trimestres de incumplimiento, y las familias son informadas desde el BISP o una empresa de implementación asociada, y se les exhorta a reanudar el cumplimiento.
4P Filipinas	• 1.ª ocasión (y siguientes): reducción parcial irrevocable del beneficio; la parte que se reduce corresponde al importe de la subvención para el miembro de la familia que no cumple. • 4.ª ocasión: Cancelación con aviso por escrito a la familia.	Las apelaciones deben presentarse en un plazo de 15 días, y el reclamo debe resolverse en un plazo de 3 meses a partir de la recepción del recurso.
PSSN Tanzania	• 1.ª ocasión: advertencia • 2.ª ocasión: reducción parcial irrevocable de los beneficios (reducción prorrateada)[a]	Advertencia de seguimiento con asesoramiento del comité de gestión de transferencias monetarias condicionadas.
TMC Turquía	• Deducción del importe del beneficio asociado al miembro de la familia que no cumple.	Ninguna

Fuentes: Brasil: Manual de Funcionamiento del PBF del Ministerio de Desarrollo Social, 2017. Colombia: Manual operativo de Prosperidad FA, 2017. Indonesia: Ministerio de Asuntos Sociales (2018), Reglamento ministerial sobre el PKH, artículos 3, 4 y 5. Jamaica: Manual de Funcionamiento de PATH del Ministerio de Trabajo y Seguridad Social, 2017. México: Dávila Lárraga, 2016. Pakistán: Equipo WeT del BISP, Manual operativo para Wet, 2017. Filipinas: Manual de Funcionamiento del Programa Pantawid Pamilyang Pilipino del Departamento de Bienestar Social y Desarrollo, edición de diciembre de 2015; Tanzania: TASAF III, Manual de Funcionamiento de la PSSN. Turquía: Dirección General de Asistencia Social; Ortakaya, 2018; Plan del Ministerio de Sanidad.

Nota: BISP = Programa de Apoyo a los Ingresos de Benazir; TMC = transferencia monetaria condicionada (programa); PSSN = Red de Asistencia Social Productiva.

a. El programa PSSN de Tanzania tiene un sistema de penalizaciones prorrateadas, es decir, si hay dos beneficiarios en un hogar y uno de ellos no cumple las condiciones durante dos meses consecutivos, el beneficio se reduce a la mitad como penalización. Asimismo, cuando hay cinco beneficiarios en un hogar y uno de ellos incumple las condiciones durante dos meses consecutivos, se deduce una quinta parte del beneficio como sanción.

ANEXO 8B: MEDICIÓN DE ERRORES, FRAUDE Y CORRUPCIÓN

Medir el nivel de errores, fraude y corrupción es difícil, pero no imposible. Medir el importe total de las pérdidas por EFC es tan difícil como intentar medir con precisión el nivel de economía sumergida. No obstante, existen técnicas que permiten realizar buenas estimaciones de estas pérdidas. En general, hay dos tipos de enfoques de seguimiento: (1) estimar y controlar el nivel global de errores, fraude y corrupción en el sistema de protección social; o (2) estimar y controlar el nivel de errores, fraude y corrupción en un solo programa.

Una buena práctica es estimar y supervisar el total de fraudes y errores en el sistema de protección social. Aunque compleja, esta metodología genera una estimación representativa e imparcial del nivel de fraude y error en cada programa de protección social, que se agrega para todo el sistema de protección social. En la práctica, esto significa la asignación de las funciones de monitoreo y evaluación a nivel ministerial, en muchos o todos los programas de protección social. El nivel de errores, fraude y corrupción se expresa como un porcentaje de los fondos del programa afectados por el error y el fraude, el número de casos, o ambos.

Para llegar a una estimación no sesgada de errores, fraude y corrupción, se extrae una muestra representativa (aleatoria) de casos (expedientes de clientes) del conjunto de casos activos de cada programa.[47] El programa proporcionará los registros (electrónicos y escritos) a un equipo de revisión que comprobará cada caso para ver si hay errores o inexactitudes en los datos y, de ser así, visitará y volverá a entrevistar al solicitante. En cada caso, el equipo de revisión estimará la cantidad de dinero que se ha pagado de menos y de más, y si la diferencia se debe a un error o a un fraude. Estas cifras se suman para estimar el nivel total de error y fraude. Las estimaciones se basan en intervalos de confianza que tienen en cuenta el hecho de que se utiliza una muestra relativamente pequeña en relación con la cantidad real de casos. La estimación de errores, fraude y corrupción por muestreo representativo de los expedientes de los beneficiarios ofrece a la administración una indicación del problema general de errores, fraude y corrupción en un sistema de protección social, así como información sobre dónde son más frecuentes (en qué programas), los tipos de comportamiento de los beneficiarios o del personal más asociados a errores, fraude y corrupción (principales causas) y las características adicionales

(o perfil) asociadas a errores, fraude y corrupción (profesión, estado civil, edad, etc.).

Pocos países miden el nivel de fraude y error total en los programas de protección social. De los nueve países analizados en un estudio de la Oficina Nacional de Auditorías (Reino Unido, NAO 2006), solo Australia, Irlanda y Reino Unido miden el nivel global de fraude y error mediante una «medición continua» y/o en «instantáneas». Esto se considera la mejor práctica. Reino Unido desarrolló este enfoque y, en general, se percibe como la mejor práctica para evaluar el volumen total de fraude y error en un sistema. En Reino Unido, unos 500 funcionarios revisan los expedientes de beneficios de forma continua (gráfico 8B.1).

Gráfico 8B.1 Seguimiento del nivel general, la composición y las causas de los errores, el fraude y la corrupción en Reino Unido

a. Pagos en exceso de la asignación de asistencia al empleo en 2017/18, por motivo de error

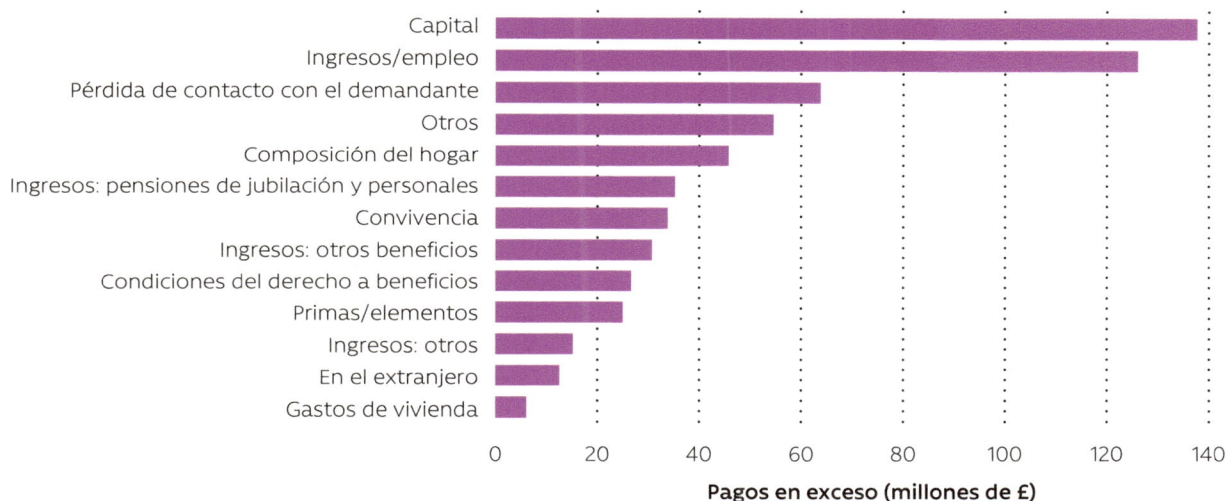

Pagos en exceso (millones de £)

b. Pagos en exceso e insuficientes en porcentaje de los gastos

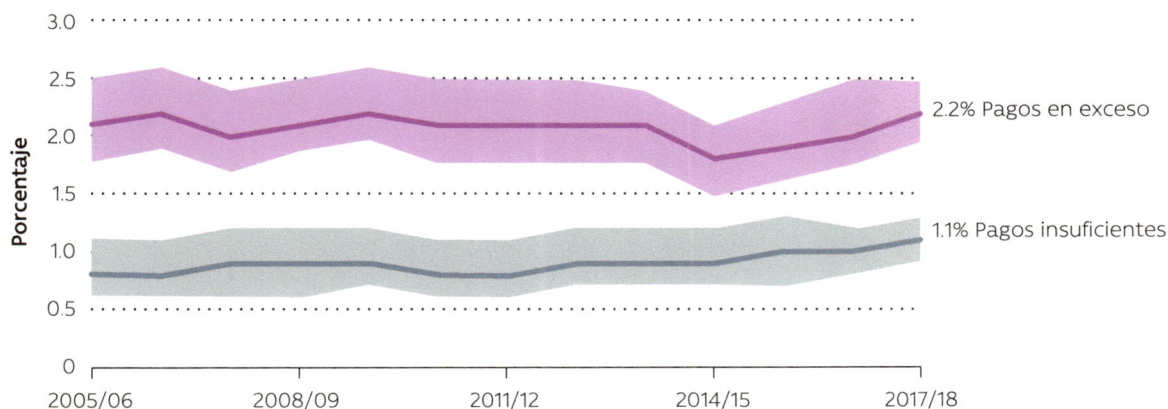

2.2% Pagos en exceso

1.1% Pagos insuficientes

Fuente: Departamento de Trabajo y Pensiones, Gran Bretaña, 2018. https://assets.publishing.service.gov.uk/government/uploads /system/uploads/attachment_data/file/762141/fraud-and-error-stats-release-2017-2018-final-estimates.pdf.

Otro enfoque habitual en la práctica consiste en estimar el fraude y el error en un programa específico, utilizando un enfoque de muestra aleatoria. Es probable que el programa sea elegido porque se considera de alto riesgo o tiene un gran presupuesto. La metodología es la misma que en el primer tipo de medición descrito anteriormente. Grecia, Irlanda, Moldavia, Nueva Zelanda, Suecia y Estados Unidos utilizan este enfoque. Rumania utilizó un enfoque intermedio con índices de errores, fraude y corrupción estimados a partir de seis programas de asistencia social de riesgo. Por ejemplo, el SNAP estadounidense (antiguos «cupones de alimentos») utiliza la estimación de los índices de errores, fraude y corrupción de cada estado como criterio vinculado a los incentivos por desempeño.

Evaluación de la relación costo-beneficio de las iniciativas antifraude. La ventaja de las medidas de mitigación de errores, fraude y corrupción es que, cuando se ejecuta de forma eficaz, una medida recuperaría más en pagos excesivos de lo que se gasta en la iniciativa. Algunos países han empezado a utilizarlo como regla. Australia establece una relación costo-beneficio específica para cada iniciativa antifraude que introduce. Si la

intervención no resulta rentable (es decir, no recupera más sobrepagos que su costo), puede ser revisada o cancelada. En Reino Unido, los estudios también han analizado esta proporción para diferentes tipos de intervención con el fin de comprender las compensaciones entre los enfoques. La administración rumana de beneficios también está haciendo un seguimiento de los pagos excesivos identificados como resultado de la conciliación de datos, y de sus costos asociados (tabla 8B.1). El objetivo de estas evaluaciones es comprender qué funciona y conocer cómo se comparan las diferentes medidas de mitigación entre sí. Esto último podría dar lugar a decisiones estratégicas sobre la cartera de intervenciones sobre errores, fraude y corrupción; por ejemplo, hacer más prevención que detección, o utilizar más un enfoque en la detección en comparación con los demás (dentro de un presupuesto determinado).

Estos enfoques de monitoreo y evaluación tienen dos propósitos: la rendición de cuentas y el aprendizaje de lecciones. Esto último puede implicar formas de orientar las iniciativas de manera más eficaz o, incluso, rentable. Estos propósitos están impulsados, en su mayoría, por el contexto político más amplio en el

Tabla 8B.1 Relación costo-beneficio del primer ejercicio de comparación de datos en Rumania, 2013

	Número de casos con sospechas: comparación de datos	Número de casos con sospechas: comparación de datos	Número de casos con EFC, 2013	Total de pagos en exceso (créditos), 2013	Créditos recuperados hasta el 31 de marzo de 2014	Costos: 31 de diciembre de 2013
Beneficio de crianza (programa)	36 818	27 720	5650	11 569 170	5 117 824	115 692
Beneficio familiar (programa)	51 664	34 123	15 151	2 643 421	1 690 999	1 129 939
Ingreso mínimo garantizado	15 964	9676	2959	1 730 223	877 075	
Asignación por hijo estatal	541 502	27 308	2549	1 189 902	692 476	74 964
Calefacción	35 851	24 030	4874	755 368	241 046	490 989
Discapacidad	5457	5457	2724	1 301 069	551 914	143 118
Total		128 314	33 907	19 189 153	9 171 334	1 954 701
Relación costo-beneficio de los pagos en exceso (créditos estimados)						9,58
Relación costo-beneficio de los créditos recuperados						4,69

Fuente: "Reducing Fraud, Error, and Corruption (EFC) in Social Protection Programs", presentación de diapositivas de Vlad Grigoras y Emil Daniel Tesliuc, Grupo del Banco Mundial, 2017.

que tiene lugar la mitigación de los errores, el fraude y la corrupción. En Reino Unido, por ejemplo, la medición del volumen total de EFC en el sistema fue impulsada, sobre todo, por las presiones de rendición de cuentas procedentes de la cámara baja del Parlamento. En Rumania, la preocupación por los errores, el fraude y la corrupción surgió tras la crisis de 2008, después de un periodo de fuertes aumentos del gasto en la red de asistencia social.

La reducción de los errores, el fraude y la corrupción no es solo una cuestión de reducir los pagos en exceso. Mantener la integridad de un sistema de protección social no consiste únicamente en reducir los pagos excesivos. Intrínsecamente, un pago insuficiente es un error que un sistema de protección social debe abordar con el mismo vigor que los errores que conducen a un pago excesivo, al fraude y a la corrupción. Esto garantizará un sistema de protección social más justo. Las razones por las que una persona no recibe los beneficios a los que tiene derecho pueden ser diversas. Normalmente, puede haber errores administrativos, lo que significa que los beneficiarios no reciben la totalidad de sus derechos. También puede haber cuestiones más sistémicas en torno a la discriminación y la privación de derechos que ayuden a explicar por qué ciertos grupos no reciben beneficios. Por último, puede haber razones culturales y personales para que la gente no reclame sus beneficios. En Reino Unido, se estima que los pagos insuficientes son potencialmente más elevados que los pagos excesivos debidos al fraude. Las pocas mediciones disponibles a nivel internacional sugieren de nuevo que los errores pueden ser un problema más importante que el propio fraude.

Notas

1. Este patrón se ve reflejado en las conclusiones de un estudio de Lindert y Vincensini (2010), quienes rastrearon la evolución de dicho enfoque de la prensa y las prioridades de la administración del programa *Bolsa Família* de Brasil a lo largo de seis años.
2. Sin embargo, algunos responsables de políticas centran su atención en la graduación a la fase de diseño inicial, en especial con las transferencias monetarias y, a menudo, debido a presiones políticas y económicas. Desde el punto de vista de la implementación, no obstante, deberían cuidar de no sobrecargar el diseño de nuevos programas, ya que la capacidad es un recurso limitado y la curva de aprendizaje muy pronunciada. El principio de «mantener la simplicidad» (o de «hacer bien lo simple») debería tener prevalencia antes de aplicar las complejas «mejoras con efectivo complementario».
3. Aunque a esta etapa la denominemos gestión de las operaciones de los beneficiarios, reconocemos que las quejas (reclamos y apelaciones) pueden ser presentadas tanto por beneficiarios como por no beneficiarios. En ciertos casos, la decisión relativa a la apelación o queja puede tener como resultado la inscripción de un no beneficiario en el programa, quien pasa a ser beneficiario. Incluimos los reclamos en la etapa de gestión y monitoreo de beneficiarios de la cadena de implementación debido a que retroalimentan el ciclo recurrente de implementación. Esos reclamos pueden presentarse independientemente de la etapa en curso de la cadena de implementación (o a lo largo del programa, de manera más general).
4. Además, en ciertos casos, la información es incompleta debido a cambios en los procedimientos o a nuevos requisitos.
5. Otros motivos tienen que ver con las reglas de permanencia mínima en el programa.
6. Manual de operaciones del Programa Pantawid Pamilyang Pilipino, Departamento de Bienestar y Desarrollo Social, Gobierno de Filipinas, diciembre de 2015.
7. Manual de operaciones de Waseela-e-Taleem, programa Benazir Income Support, Gobierno de Pakistán, 2017.
8. Se entiende como «cadena de custodia» a la documentación o el registro documental cronológico que registra la secuencia de custodia, control, transferencia, análisis y eliminación de la información física o electrónica.
9. Guía para el Llenado de Fichas de Atención, Secretaría de Desarrollo Social, 2017.
10. Turquía, Dirección General de Asistencia Social, 2016.
11. El programa se modificó recientemente y ya no existe como TMC, debido a los cambios aplicados en la política social de México.
12. Las seis dimensiones son la protección social, la dinámica familiar, la educación y capacitación, la salud, el empleo y la vivienda.
13. Base de datos ASPIRE del Banco Mundial y Banco Mundial, 2018b.
14. Ver metarrevisiones de Fiszbein y Schady (2009). Baird *et al.* (2014), Bastagli *et al.* (2016), Bastagli *et al.* (2018) y muchos otros estudios.
15. Consulte el capítulo 2, recuadro 2.1, sobre confusión terminológica.

16. La cifra se eleva a 40.000, incluidos facilitadores, operadores, supervisores y coordinadores de distrito.

17. En Pakistán, el BISP contrató dos empresas asociadas de implementación (una privada y una ONG) para ocuparse de la movilización social, la inscripción, el apoyo para la recepción y la verificación del cumplimiento para las TMC de WeT. Fueron seleccionadas mediante un proceso de licitación y están subordinadas al BISP (que dirige WeT). El argumento sobre el cual se basa la externalización de tales funciones incluyó la falta de capacidad de implementación de los actores provinciales y locales, y también el hecho de que el BISP no podía pagar a esas autoridades por los servicios prestados debido a las complejas reglamentaciones sobre contrataciones que rigen las transferencias presupuestarias entre el Gobierno federal y las provincias.

18. En Pakistán, uno de los períodos de cumplimiento no se hace valer debido al período de vacaciones/receso.

19. El Ministerio de Educación monitorea la inscripción escolar de todos los estudiantes de Brasil en forma anual en el censo escolar anual (Censo Escolar), pero la asistencia escolar diaria y mensual se monitorea de manera sistemática solamente para los beneficiarios del PBF (en el Sistema Presença).

20. Sobre la base de la presentación de SENARC/MDS del Gobierno de Brasil en octubre de 2015.

21. Tal como se analizó en el capítulo 4, en 2009, la DGAS lanzó el SIAS, que es un sistema de información de gobierno electrónico integrado que vincula información de 24 autoridades públicas diferentes para facilitar la gestión de programas de protección social, incluso para solicitudes, determinación de elegibilidad, decisiones de inscripción, pagos, monitoreo de beneficiarios, contabilidad automatizada y auditoría.

22. En algunas TMC, los primeros pagos no están relacionados con la verificación del cumplimiento de las condicionalidades (esos «pagos de gracia» no se muestran aquí).

23. Por lo tanto, estos meses se refieren a períodos promedio de 30 días desde el inicio de la primera fase del ciclo de monitoreo. No necesariamente se corresponden con la numeración de los meses calendario (en otras palabras, el mes 1 ≠ enero; el mes 2 ≠ febrero; el mes 1 ≠ marzo, etcétera).

24. Con personas monitoreadas, nos referimos a los beneficiarios de cada categoría para quienes hay datos de monitoreo disponibles (independientemente de que cumplan con los requisitos o no).

25. Esto es una desventaja para el programa 4P, dado que, claramente, las mujeres que estaban embarazadas en 2015 ya no lo están, y otras que no estaban en período de gestación en ese momento pueden haber quedado embarazadas después. De manera similar, los niños de entre 0 y 5 años han crecido desde 2015, y las familias beneficiarias han tenido otros hijos.

26. Brasil, Ministerio do Desenvolvimento Social, 2017.

27. Esto también está relacionado con nuestra inquietud respecto de que México monitoree solamente a los beneficiarios que se han registrado en clínicas de salud en el programa de Prospera.

28. Brasil también comienza a hacer un seguimiento de los datos si se informa algún embarazo fuera de esa franja de edad. Además, si bien la mayoría de los períodos de cumplimiento de los programas de TMC son de dos meses, el PBF de Brasil amplió el período de cumplimiento para el monitoreo de la atención sanitaria a seis meses, con el objeto de aumentar las probabilidades de captar datos sobre el uso de la atención sanitaria.

29. Encuesta WAPES-IDB 2014, citada en The World of Public Employment Services (IDB/WAPES/OECD 2015). Ver también Konle-Seidle (2012) y Kuddo (2009).

30. Encuesta WAPES-IDB 2014, informada en IDB/WAPES/OECD (2015).

31. IDB/WAPES/OECD 2015.

32. «PAI» recibe diferentes nombres en distintos países y contextos. Puede conocerse como plan de empleo (Australia), plan de búsqueda laboral (Hungría), plan laboral (Macedonia del Norte), plan profesional u otra terminología relacionada. Los contenidos generales son similares. Nos referiremos a todos ellos con el nombre genérico de PAI.

33. Malta tiene máquinas para escanear datos biométricos en cada centro de SPE. A partir del escaneo, cada demandante de empleo recibe un registro impreso con los aspectos relevantes de su PAI, que incluyen qué servicios pueden tener disponibles. Ver Tubb (2012).

34. Esto refleja enmiendas recientes a la Ley Federal de Empleo de la Población en la Federación Rusa, vigente desde el 1 de enero de 2109.

35. Tomado del manual de implementación del programa Productive Safety Net Programme—Phase IV del Ministerio de Agricultura de Etiopía (diciembre de 2014).

36. Ver Ángel-Urdinola y León-Solano (2013), y Betcherman (2012).

37. La información danesa está disponible en www.jobinsats.dk. Ver Bjerre, Sidelmann y Puchwein-Roberts (2016).

38. Banco Mundial, 2016a.

39. Fuller *et al.* 2014. El ocultamiento de remuneraciones fue la fuente predominante de sobrepagos relacionados con fraude en 2005-2009.

40. El Diagnóstico Administrativo de la Seguridad Social (SIAD, del inglés *Social Insurance Administrative Diagnostic*) diferencia entre dos categorías de reclamos: quejas y apelaciones. Las quejas se definen como reclamos sobre las formas o la calidad de los servicios prestados por las agencias de seguridad social (ASS), mientras que las apelaciones se consideran quejas sobre la adecuación de las decisiones tomadas por las ASS (Banco Mundial, 2019).

41. Adaptado de «Feedback Matters», del Banco Mundial (Banco Mundial, 2012a).

42. Shelley, 2015.

43. El programa de asignación para personas mayores es uno de los programas de protección social de mayor escala y antigüedad de Bangladesh. El programa de Desarrollo de Grupos Vulnerables se creó como respuesta humanitaria a la inseguridad alimentaria en Bangladesh. El programa de Generación de Empleo es uno de los programas de obras públicas más ambiciosos. Ofrece 100 días de empleo (mano de obra no calificada) a personas de zonas rurales en las temporadas de inundaciones y hambrunas.

44. Banco Mundial, 2012a.

45. El proceso de uso de las redes sociales para recopilar comentarios sobre la protección social de los usuarios puede incluir (1) la solicitud de las opiniones de los beneficiarios acerca de los programas que recurren a las redes sociales y las plataformas de mensajería; (2) el envío por parte de los beneficiarios de sus opiniones a través de las redes sociales o las plataformas de mensajería; (3) la recepción por parte de los beneficiarios de respuestas automatizadas que confirmen que sus opiniones han llegado; (4) la inclusión de los comentarios en las plataformas de gestión de la relación con los usuarios (CRM, por sus siglas en inglés) con funciones analíticas y de visualización; y (5) la personalización de las respuestas enviadas a los beneficiarios para agradecer sus comentarios y notificar las medidas adoptadas, si proceden.

46. En general, esta complejidad resulta rentable. Los programas estrechamente dirigidos a su grupo objetivo cuestan menos que los programas por categoría o universales. La reducción del error de inclusión debido a criterios más complejos de elegibilidad puede resultar en ahorros varias veces mayores que los restantes casos afectados por EFC.

47. Algunos países o programas intentan monitorear los errores, el fraude y la corrupción sin utilizar un muestreo aleatorio de los expedientes de los beneficiarios, y utilizando, por ejemplo, el número de acusaciones o el número de casos fraudulentos detectados. Esto, normalmente, subestima el nivel de fraude y error en un sistema de seguridad social, ya que es poco probable que gran parte del fraude y los errores aparezcan en estas medidas. Este tipo de medición conduce a una estimación parcial y no comparable del nivel de error y fraude en el sistema. Dado el pequeño costo marginal que supone llevar a cabo una inspección o revisión imparcial, recomendamos el uso de los dos primeros enfoques.

Bibliografía

Agarwal, Sanjay. 2011. "Beneficiary and Civil Society Engagement in SSN Programs." Slide presentation, World Bank, Kuwait City.

Andersen, Torben M., Mark Strom Kristoffersen, and Michael Svarer. 2015. "Benefit Reentitlement Conditions in Unemployment Insurance Schemes." IZA Discussion Paper 8991, Institute for the Study of Labor, Bonn, Germany.

Angel-Urdinola, Diego F., and Rene A. Leon-Solano. 2013. "A Reform Agenda for Improving the Delivery of ALMPs in the MENA Region." IZA Journal of Labor Policy 2 (13). http://www.izajolp.com/content/2/1/13.

Arulpragasam, Jehan, Luisa Fernandez, Yasuhiko Matsuda, Rosechin Olfindo, and Matt Stephens. 2011. "Building Governance and Anti-Corruption in the Philippines' Conditional Cash Transfer Program." Philippine Social Protection Note No. 1, World Bank, Washington DC. http://documents.worldbank.org/curated/en/279051468093836088/Building-governance-and-anti-corruption-in-the-Philippines-conditional-cash-transfer-program.

Ashenfelter, Orley, David Ashmore, and Olivier Deschenes. 2005. "Do Unemployment Insurance Recipients Actively Seek Work? Evidence from Randomized Trials in Four US States." Journal of Econometrics 125 (1–2): 53–75.

Asian Development Bank. 2012. "The KALAHI-CIDSS Project in the Philippines: Sharing Knowledge on Community-Driven Development." Asian Development Bank, Mandaluyong City, Philippines. https://www.adb.org/sites/default/files/publication/29878/kalahi-cidss-project-philippines.pdf.

Australia, Department of Human Services. 2018. https://www.humanservices.gov.au/

Baird, Sarah, Francisco H. G. Ferreira, Berk Ozler, and Michael Woolcock. 2014. "Conditional, Unconditional, and Everything in Between: A Systematic Review of the Effects of Cash Transfer Programmes on Schooling Outcomes." Journal of Development Effectiveness 6 (1): 1–43.

Barca, Valentina. 2016. "Grievance Mechanisms for Social Protection Programmes: Stumbling Blocks and Best Practice." International Policy Centre for Inclusive

Growth, Brasilia, Brazil. https://ipcig.org/pub/eng/OP320_Grievance mechanisms_for_social_protection_programmes stumbling_blocks_and_best_practice.pdf.

Bassett, Lucy, Sara Giannozzi, Lucian Pop, and Dena Ringold. 2012. "Rules, Roles, and Controls: Governance in Social Protection with an Application to Social Assistance." Social Protection and Labor Discussion Paper 1206, World Bank, Washington, DC. http://documents.worldbank.org/curated/en/301371468151778608/Rules-roles-and-controls-governance-in-social-protection-with-an-application-to-social-assistance.

Bastagli, Francesca, Jessica Hagen-Zanker, Luke Harman, Valentina Barca, Georgina Sturge, and Tanja Schmidt. 2018. "The Impact of Cash Transfers: A Review of the Evidence from Low- and Middle-Income Countries." Journal of Social Policy 48 (3): 569–94.

Bastagli, Francesca, Jessica Hagen-Zanker, Luke Harman, Valentina Barca, Georgina Sturge, and Tanja Schmidt, with Luca Pellerano. 2016. Cash Transfers: What Does the Evidence Say? A Rigorous Review of Programme Impact and of the Role of Design and Implementation Features. London: Overseas Development Institute.

Begum, Mahmuda. 2018. "Bangladesh's Vulnerable Group Development (VGD) Program." Slide presentation at the South-South Learning Forum 2018, Frankfurt, Germany, February 19–22. http://pubdocs.worldbank.org/en/804111520537796819/SSLF18-Building-Resilience-Bangladesh.pdf.

Benhassine, Najy, Florencia Devoto, Esther Dulfo, Pascaline Dupas, and Victor Pouliquen. 2013. "Turning a Shove into a Nudge? The 'Labeled Cash Transfer' for Education." NBER Working Paper 19227, National Bureau of Economic Research, Cambridge, MA.

Betcherman, Gordon. 2012. "Labor Market Institutions: A Review of the Literature." Background paper for the World Development Report 2013, World Bank, Washington, DC. © World Bank. https://openknowledge.worldbank.org/handle/10986/12139 License: CC BY 3.0 IGO.

Bjerre, Karsten, and Peter Sidelmann, with Isabelle Puchwein-Roberts. 2016. "Practitioner's Toolkit: Performance Management in PES." Ramboll Management Consulting and ICF International, prepared for the European Network of Public Employment Services, European Commission, Brussels, Belgium.

Boone, Jan, Peter Fredriksson, Bertil Holmlund, and Jan C. van Ours. 2001. "Optimal Unemployment Insurance with Monitoring and Sanctions." IZA Discussion Paper 401, Institute of Labor Economics, Bonn, Germany.

Brazil, Ministerio do Desenvolvimento Social (MDS), Secretaria Nacional de Renda da Cidadania (SENARC). 2017. Manual de Gestao do Programa Bolsa Família. 3a Edicao.

Brown, Alessio JG, and Johannes Koettl. 2015. "Active Labor Market Programs—Employment Gain or Fiscal Drain?" IZA Journal of Labor Economics 4 (12): 1–36. https://doi.org/10.1186/s40172-015-0025-5.

Caixa Economica Federal and Ministerio do Desenvolvimento Social e Agrario (MDSA), Secretaria Nacional de Renda de Cidadania (Senarc). 2016. Manual do SIBEC: Sistema de Beneficios ao Cidadao: Programa Bolsa Família.

Campello, Tereza, and Marcelo Cortes Neri, eds. 2014. "Bolsa Família Program: A Decade of Social Inclusión in Brazil" (executive summary in English, full report in Portuguese). Institute for Applied Economic Research, Federal Government of Brazil, Brasilia.

Cecchini, Simone, and Aldo Madariaga. 2011. "Conditional Cash Transfer Programmes: The Recent Experience in Latin America and the Caribbean." Cuadernos de la CEPAL 95 (September/November). https://ssrn.com/abstract=1962666.

Chile, Ministerio de Desarrollo Social. 2018. Registro Social de Hogares de Chile, World Bank.

Colombia, Departamento Administrativo para la Prosperidad Social. 2018a. "Dirección Transferencias Monetarias Condicionadas: Informe de Gestión, Julio–Diciembre de 2017." Departamento Administrativo para la Prosperidad Social, Bogotá. https://www.prosperidadsocial.gov.co/inf/doc/Documentos%20compartidos/Informe%20de%20Gestio%CC%81n%20II%20semestre%202017%20DTMC-nov29.pdf.

Colombia, Departamento Administrativo para la Prosperidad Social. 2018b. "Guía Operativa para la Verificación de Compromisos en Educación: Más Familias en Acción." Departamento Administrativo para la Prosperidad Social, Bogotá. https://dps2018.prosperidadsocial.gov.co/inf/doc/Documentos%20compartidos/G-GI-TM-8%20GUI%CC%81A%20OPERATIVA%20PARA%20LA%20VERIFICACIO%CC%81N%20DE%20%20SALUD%20VERSION%205.pdf.

Colombia, Departamento Administrativo para la Prosperidad Social. 2018c. "Guía Operativa para la Verificación de Compromisos en Salud: Más Familias en Acción." Departamento Administrativo para la Prosperidad Social, Bogotá. https://dps2018.prosperidadsocial.gov.co/inf/doc/Documentos%20compartidos/G-GI-TM-8%20GUI%CC%81A%20OPERATIVA%20PARA%20LA%20VERIFICACIO%CC%81N%20DE%20%20SALUD%20VERSION%205.pdf.

Colombia, Departamento Nacional de Planeación. 2016. "Declaración de Importancia Estratégica del Sistema de Identificación de Potenciales Beneficiarios (Sisbén IV)." Documento CONPES 3877, Departamento Nacional de Planeación, Bogotá. https://colaboracion.dnp.gov.co/CDT/Conpes/Econ%C3%B3micos/3877.pdf.

Colombia, Departamento para la Prosperidad Social.2017. "Manual Operativo: Más Familias en Acción."

Corbanese, Valli. 2015. "Assessment of Delivery of Employment Services and Programmes for Youth by the Employment Service Agency of the FYR of Macedonia." Decent Work Technical Support Team and Country Office for Central and Eastern Europe, International Labour Organization, Budapest.

Costa Rica, Gobierno de, Instituto Mixto de Ayuda Social. 2015. Puente al Desarrollo, Estrategia Nacional para la Reducción de la Pobreza, Gobierno de Costa Rica.

Dávila Lárraga, Laura G. 2016. "How Does Prospera Work? Best Practices in the Implementation of Conditional Cash Transfer Programs in Latin Americaand the Caribbean." Technical Note IDB-TN-971, Inter-American Development Bank, Washington, DC.

Dodlova, Marian, Anne Giolbas, and Jann Lay. 2018. "Noncontributory Social Transfer Programs in Developing Countries: A New Dataset and Research Agenda."Data Brief 16: 51–64.

Fiszbein, Ariel, and Norbert Schady, with Francisco H. G. Ferreira, Margaret Grosh, Niall Keleher, Pedro Olinto, and Emmanuel Skoufias. 2009. Conditional Cash Transfers: Reducing Present and Future Poverty. Washington, DC: World Bank.

Fuller, David L., B. Ravikumar, and Yuzhe Zhang. 2014."Unemployment Insurance Fraud and Optimal Monitoring." Working Paper 2012-024D, Research Division, Federal Reserve Bank of St. Louis, St.Louis, MO.

Garsten, C., K. Jacobsson, and K. Sztandar-Sztanderska.2016. "Negotiating Social Citizenship at the Street-Level: Local Activation Policies and Individualizationin Sweden and Poland." In Integrating Social and Employment Policies in Europe: Active Inclusion and Challenges for Local Welfare Governance, edited by M. Heidenrich and D. Rice, 265–94. Cheltenham, U.K.,and Northhampton, Massachusetts: Edward Elgar Publishing.

Gomez Hermosillo M., Rogelio. 2016. "Mission Accomplished: The Accelerated Scale Up of the Productive Social Safety Net in Tanzania Achieved by TASAF." Consultant report.

GovTech Singapore. 2019. Government of Singapore. https://www.tech.gov.sg/.

Grigoras, Vlad, and Emil Daniel Tesliuc. 2017. "Reducing Error, Fraud, and Corruption (EFC) in Social Protection Programs." Slide presentation, World Bank, Washington, DC.

Grosh, Margaret, Carlo del Ninno, Emil Tesliuc, and Azedine Ouerghi. 2008. For Protection and Promotion:The Design and Implementation of Effective Safety Nets. Washington, DC: World Bank.

Ibarrarán, Pablo, Nadin Medellin, Ferdinando Regalia,and Marco Stampini, eds. 2017. How Conditional Cash Transfers Work: Good Practices after 20 Years of Implementation. Washington, DC: Inter-American Development Bank.

IDB/WAPES/OECD (Inter-American Development Bank/World Association of Public Employment Services/Organization for Economic Co-operation and Development). 2015. The World of Public Employment Services. IDB/WAPES/OECD. https://publications.iadb.org/en/world-public-employment-services.

ILO (International Labour Organization). 2018. "Public Employment Services: Joined-up Services for People Facing Labour Market Disadvantage." Working paper, ILO, Geneva, Switzerland. https://www.ilo.org/employment/Whatwedo/Publications/policy-briefs/WCMS_632629/lang--en/index.htm.

Immervoll, Herwig, and Carlo Knotz. 2018. "How Demanding Are Activation Requirements for Jobseekers?" IZA Discussion Paper 11704, Institute of Labor Economics, Bonn, Germany.

Indonesia, Ministry of Social Affairs. 2016. Implementation Guideline Program Keluarga Harapan (Family Hope Program, PKH).

International Labour Organization. 2016. What Works:Active Labor Market Policies in Latin America and the Caribbean. Geneva: International Labour Office.

Jamaica, Ministry of Labour and Social Security—PATHTeam. 2017. Programme of Advancement through Health and Education (PATH): Operations Manual.

Kamurase, Alex. 2018. "Grievance Redressal Mechanism: Checklist." Internal document, World Bank, Washington, DC.

Klepinger, Daniel H., Terry R. Johnson, Jutta M. Joesch,and Jacob M. Benus. 1997. "Evaluation of the Maryland Unemployment Insurance Work Search Demonstration." Abt Associates Inc. and Battelle Memorial Institute, prepared for the Maryland Department of Labor, Licensing, and Regulation, Baltimore.

Konle-Seidl, Regina. 2012. "Activation and Integration:Working with Individual Action Plans: Monitoring and Follow-Up of IAPs and Their Outcomes in Selected EU Countries." European Commission Mutual Learning Programme for Public Employment Services: DG Employment, Social Affairs, and Inclusion, Brussels, Belgium.

Kuddo, Arvo. 2009. "Employment Services and Active Labor Market Programs in Eastern European and Central Asian Countries." Social Protection and Labor Discussion Paper 0918, Human Development Network, World Bank, Washington, DC.

Kuddo, Arvo. 2012. "Public Employment Services and Activation Policies." Social Protection and Labor Discussion Paper 1215, World Bank, Washington, DC.

Kumagai, Saki. 2013. "Platforms for Grievance Management." Presentation, Social Development Grievance Redress Mechanism Working Group Meeting, World Bank, Washington, DC, October 30,2013.

Kumagai, Saki. 2016. "Sierra Leone Decentralized Service Delivery Project 2 (DSDP2): Activity Summary Report 1: Grievance Redress Mechanism." World Bank, Washington, DC. http://documents.worldbank.org/curated /en/523421467995644865/Sierra-Leone-decentralized -service-delivery-project-2-DSDP-2-activity-summary -report-1-grievance-redress-mechanism.

Leite, Phillippe, Tina George, Changqing Sun, Theresa Jones, and Kathy Lindert. 2017. "Social Registries for Social Assistance and Beyond: A Guidance Noteand Assessment Tool." Social Protection and Labor Discussion Paper 1704, World Bank, Washington, DC. http://documents.worldbank.org/curated /en/698441502095248081/Social-registries-for -social-assistance-and-beyond-a-guidance-note -and-assessment-tool.

Lindert, Kathy, Anja Linder, Jason Hobbs, and Benedictede la Briere. 2007. "The Nuts and Bolts of Brazil's Bolsa Família Program: Implementing Conditional Cash Transfers in a Decentralized Context." Social Protection Discussion Paper 0709, World Bank, Washington, DC.

Lindert, Kathy, and Vanina Vincensini. 2010. "Social Policy, Perceptions, and the Press: An Analysis of the Media's Treatment of Conditional Cash Transfers in Brazil."Social Protection Discussion Paper 1008, World Bank, Washington, DC.

Loxha, Artan, and Matteo Morgandi. 2014. "Profilingthe Unemployed: A Review of OECD Experiences and Implications for Emerging Economies." Social Protection and Labor Discussion Paper 1424, World Bank, Washington, DC.

Maragh, Daynia T. 2017. "Analysis of Current Compliance Situation: Programme of Advancement through Health and Education (PATH)." Ministry of Labor and Social Security, Kingston, Jamaica.

McKenzie, David. 2017. "How Effective Are Active Labor Market Policies in Developing Countries? A Critical Review of Recent Evidence." Policy Research Working Paper 8011, World Bank, Washington, DC.

Mexico. 2019. Reglas de Operación de la Pensión para el Bienestar de las Personas Adultas Mayores.

Mexico, Secretaría de Desarrollo Social. 2017. "Guía para el Llenado de Fichas de Atención." Secretaría de Desarrollo Social, Dirección General de Atención a Grupos Prioritarios.

Mexico, Secretaría de Desarrollo Social. 2017. Reglas de Operación del Programa Pensión para Adultos Mayores, para el ejercicio fiscal 2018.

Mexico, Secretaría de Desarrollo Social. 2018a. Prospera'scurrent process in verification of co-responsibilities (Mexico): Responding to challenges leveraging new and emerging technologies. http://socialprotection.org/discover/publications /Prosperas-current-process-verification-co -responsibilities-mexico-responding.

Mexico, Secretaría de Desarrollo Social. 2018b. Reglas de Operación de Prospera Programa de Inclusión Social. http://socialprotection.org/discover/publications /Prosperas-current-process-verification-co -responsibilities-mexico-responding.

Mosley, Hugh G. 2011. "Decentralisation of Public Employment Services." European Commission, Social Affairs and Inclusion, Brussels, Belgium.

Ortakaya, Ahmet Fatih. 2018. "Monitoring Conditionalities in Turkey's CCT Program." Internal background note, Delivery Systems Global Solutions Group, Social Protection and Jobs Global Practice, World Bank, Washington, DC.

Paes-Sousa, Romulo, Ferdinando Regalia, and Marco Stampini. 2013. "Conditions for Success in Implementing CCT Programs: Lessons for Asia from Latin America and the Caribbean." Social Protection and Health Division Policy Brief IDB-PB-192, Inter -American Development Bank, Washington, DC.

Pakistan, Government of, Benazir Income Support Programme. 2017. Operation Manual Waseela-e-Taleem.

Patel, Darshana, Yuko Okamura, Shanna Elaine B. Rogan,and Sanjay Agarwal. 2014. "Grievance Redress System of the Conditional Cash Transfer Program in the Philippines." Social Development Department and East Asia Social Protection Unit Case Study, World Bank, Washington, DC. http://documents .worldbank.org/curated/en/111391468325445074 /Grievance-redress-system-of-the-conditional-cash -transfer-program-in-the-Philippines.

Pearce, Rohan. 2017. "Department of Human Services Plans Next Generation of Virtual Assistants." Computer world, October 11, 2017. https://www .computerworld.com.au/article/628424/department -human-services-plans-next-generation-virtual -assistants/.

Peixoto, Tiago, and Micah L. Sifry, eds. 2017. Civic Tech inthe Global South: Assessing Technology for the Public Good. Washington, DC: World Bank and Personal Democracy Press. https://openknowledge .worldbank.org/handle/10986/27947.

Pellerano, Luca, and Valentina Barca. 2014. "Does One Size Fit All? The Conditions for Conditionality in Cash Transfers." Oxford Policy Management, Oxford, UK.

Pfeil, Hélène, Saki Kumagai, Sanjay Agarwal, and Alfredo Gonzalez-Briseno. 2016. Strengthening the Citizen-State Compact through Feedback: Effective Complaint Management as a Pathway for Articulating Citizen Voice and Improving State Response. Washington, DC: World Bank. http://documents.worldbank.org/curated/en/265311467007229719/Strengthening-the-citizen-state-compact-through-feedback-effective-complaint-management-as-a-pathway-to-articulate-citizen-voice-and-improve-state-response.

Philippines, Department of Social Welfare and Development. 2015a. "Grievance Redress System Overview." Presentation, June.

Philippines, Department of Social Welfare and Development. 2015b. GRS flowcharts—examples.

Philippines, Department of Social Welfare and Development. 2015c. Pantawid Pamilyang Pilipino Program Operations Manual, 2015 Edition.

Pinxten, Juul. 2018. "Background Note: Monitoring Conditionalities in Indonesia's PKH Program." Delivery Systems Global Solutions Group, Social Protection and Jobs Global Practice, World Bank, Washington, DC.

PWC (Pricewaterhouse Coopers). 2016. "Comprehensive Assessment and Benchmarking Report of the Pantawid Pamilyang Pilipino Program Business Processes and Information Systems: Assessment and Benchmarking of the DSWD Pantawid Pamilyang Pilipino Program, Final Report." Consultant report.

Ranganathan, Malini. 2012. "Re-engineering Citizenship: Municipal Reforms and the Politics of 'e-Grievance Redressal' in Karnataka's Cities." In Urbanizing Citizenship: Contested Spaces in Indian Cities, edited by Renu Desai and Romola Sanyal, 109–32. Thousand Oaks and New Delhi: Sage.

Shelley, Selina. 2015. "Piloting a Grievance Mechanism for Government of Bangladesh's Social Protection Programmes: Final Report." Manusher Jonno Foundation, Dhaka, Bangladesh. http://nfspbd.org/wp-content/uploads/2018/07/GM-Scoping-Report.pdf.

Singapore, Inland Revenue Authority. 2019. https://www.iras.gov.sg/irashome/default.aspx.

Social Security Administration. n.d. Social Security Programs throughout the World. Various regions and years. Washington, DC: Social Security Administration. https://www.ssa.gov/policy/docs/progdesc/ssptw/.

Tanzania, President's Office. 2013. Tanzania Third Social Action Fund/Productive Social Safety Net (PSSN): Operational Manual.

Transparency International. 2016. "Complaint Mechanisms: Reference Guide for Good Practice." Transparency International, Berlin, Germany.

Tubb, Helen. 2012. "Activation and Integration: Working with Individual Action Plans: Toolkit for Public Employment Services." European Commission Mutual Learning Programme for Public Employment Services: DG Employment, Social Affairs, and Inclusion, European Commission, Brussels, Belgium.

Turkey, General Directorate of Social Assistance. 2014. Operational Manual on Central Regular Assistance Programs.

Turkey, General Directorate of Social Assistance. 2016. Turkey's Integrated Social Assistance System.

Turkey, Ministry of Family, Labor, and Social Services. 2019. https://alo144.aile.gov.tr/alo-144.

Turkey, Ombudsman Institution. 2018. https://www.ombudsman.gov.tr/English/about-us/index.html.

Turkey, Presidency Communication Center. 2019. https://www.cimer.gov.tr/.

UNDP (United Nations Development Programme) and UNDP-APRC (Asia-Pacific Regional Centre). 2013. "Strengthening the Governance of Social Protection: The Role of Local Government: Regional Analysis." UNDP, Bangkok, Thailand. http://www.asiapacific.undp.org/content/dam/rbap/docs/Research%20&%20Publications/democratic_governance/RBAP-DG-2014-Strengthening-Governance-of-Social-Protection.pdf.

United Kingdom, NAO (National Audit Office). 2006. "International Benchmark of Fraud and Error in Social Security Systems." NAO, London.

Van den Berg, Gerard, and Bas van der Klaauw. 2006. "Counseling and Monitoring of Unemployed Workers:

Theory and Evidence from a Controlled Social Experiment." International Economic Review 47 (3): 895–936.

van Stolk, Christian, and Emil D. Tesliuc. 2010. "Toolkit on Tackling Error, Fraud, and Corruption in Social Protection Programs." Social Protection Discussion Paper 1002, World Bank, Washington, DC.

Velarde, Rashiel B. 2018. "The Philippines' Targeting System for the Poor: Successes, Lessons, and Ways Forward." Social Protection Policy Note 16, World Bank and Australian Aid, Washington, DC.

Venn, Danielle. 2012. "Eligibility Criteria for Unemployment Benefits: Quantitative Indicators for OECD and EU Countries." OECD Social, Employment, and Migration Working Paper 131, Organisation for Economic Co-operation and Development Publishing, Paris.

Villa, Juan M., and Miguel Niño-Zarazua. 2017. "Poverty Dynamics and Graduation from Conditional Cash Transfers: A Transition Model for Mexico's Progresa-Oportunidades-Prospera Program." Journal of Economic Inequality 17: 219–51. https://doi.org/10.1007/s10888-018-9399-5.

Wazed, Mohammed A. 2010. "Employment Generation Program of Bangladesh." Presentation by the Bangladesh Ministry of Food and Disaster Management at the South-South Learning Forum 2010, Arusha, Tanzania, June 14–18, 2010.

World Bank. 2012a. "Feedback Matters: Designing Effective Grievance Redress Mechanisms for Bank-Financed Projects. Part 1. The Theory of Grievance Redress."World Bank, Washington, DC. https://openknowledge.worldbank.org/handle/10986/12524.

World Bank. 2012b. World Development Report 2013: Jobs.Washington, DC: World Bank.

World Bank. 2013. "A Rapid Assessment Report of the Grievance Redress System (GRS) for the onditional Cash Transfer Program in the Philippines: Pantawid Pamilyang Pilipino Program (Pantawid Pamilya)." World Bank, Washington DC.

World Bank. 2016a. "Activation and Public Employment Services in Poland: Enhancing Labor Market Policiesfor the Out-of-Work Population." World Bank, Washington, DC. https://openknowledge.worldbank.org/handle/10986/29831.

World Bank. 2016b. "World Development Report 2016: Digital Dividends." Overview booklet. World Bank, Washington, DC. http://documents.worldbank.org/curated/en/961621467994698644/World-development-report-2016-digital-dividends-overview.

World Bank. 2018a. "Grievance Redress Mechanisms: Responsible Agricultural Investment (RAI) Knowledgeinto Action Notes." RAI KN 19, World Bank, Washington, DC. http://documents.worldbank.org/curated/en/145491521090890782/Grievance-redress-mechanisms.

World Bank. 2018b. "Mobile Technology in Sierra Leone: Improving Inclusiveness, Transparency, and Accountability." Slide presentation, World Bank, Washington, DC.

World Bank. 2018c. "Stakeholder Engagement and Information Disclosure." Guidance Note for Borrowers ESS10, World Bank, Washington, DC. http://documents.worldbank.org/curated/en/476161530217390609/ESF-Guidance-Note-10-Stakeholder-Engagement-and-Information-Disclosure-English.pdf.

World Bank. 2018d. The State of Social Safety Nets 2018. Washington, DC: World Bank.

World Bank. 2018e. "Tanzania—Progress Review and Implementation Support of PSSN I and Preparation of Proposed New Phase Operation (PSSN II)." World Bank, Washington, DC.

World Bank. 2019. "Social Insurance Administrative Diagnostics (SIAD): Guidance Note." Working draft, World Bank, Washington, DC.

World Bank, Office of the Compliance Advisor Ombudsman.2008. "A Guide to Designing and Implementing Grievance Mechanisms for Development Projects:Advisory Note." World Bank, Washington, DC. http://www.cao-ombudsman.org/howwework/advisor/documents/implemgrieveng.pdf.

WWP (Brazil Learning Initiative for a World Without Poverty). 2016a. "Bolsa Família Program Conditionalities: How Does It Work?" http://wwp.org.br/.

WWP (Brazil Learning Initiative for a World Without Poverty). 2016b. "Breach of Bolsa Família Program Conditionalities." http://wwp.org.br/.

WWP (Brazil Learning Initiative for a World Without Poverty). 2016c. "Results and Impacts of the Bolsa Família Educational Conditionalities Monitoring." http://wwp.org.br/.

WWP (Brazil Learning Initiative for a World Without Poverty). 2016d. "Results and Impacts of the Health Conditionalities of the Bolsa Família." http://wwp.org.br/.

WWP (Brazil Learning Initiative for a World Without Poverty). 2016e. "Results of Monitoring the Bolsa Família Conditionalities." http://wwp.org.br/.

Capítulo 9

Evaluación del desempeño de los sistemas de implementación de protección social

Estelle Raimondo, Briana Wilson, Inés Rodríguez Caillava y Kathy Lindert

Este capítulo presenta un marco de evaluación para valorar el desempeño de los componentes básicos de los sistemas de implementación para los programas de protección social, y también para apreciar de qué forma estos sistemas promueven la inclusión y refuerzan la coordinación. Este capítulo se organiza de la siguiente forma:

- La sección 9.1 ofrece una visión global de la cadena de resultados para los sistemas de implementación en el contexto de una teoría de cambio.
- La sección 9.2 identifica las dimensiones clave del desempeño, así como también los indicadores de desempeño para los sistemas a lo largo de la cadena de implementación.
- La sección 9.3 ofrece un análisis de los tipos de evaluaciones que se usan comúnmente para valorar los sistemas de implementación.

- La sección 9.4 concluye con algunas reflexiones sobre cómo poner en práctica este marco de medición del desempeño, con el fin de pasar de la medición del desempeño a la gestión del desempeño.

En este capítulo se abordan varios ejemplos de países, que enumeran a continuación:

- **África:** Malaui
- **Asia Oriental y el Pacífico:** Filipinas
- **Europa y Asia Central:** Grecia, Moldavia, Macedonia del Norte, Rumania y Serbia
- **Latinoamérica y el Caribe:** Brasil, Chile, Colombia, Costa Rica, República Dominicana y Perú
- **Oriente Medio y África del Norte:** República Árabe de Egipto, Cisjordania y Gaza
- **Asia del Sur:** Pakistán
- **Otros países de la Organización de Cooperación y Desarrollo Económicos (OCDE):** Estados Unidos

9.1 CONECTAR LOS SISTEMAS DE IMPLEMENTACIÓN CON LOS RESULTADOS DE LOS PROGRAMAS: UNA CADENA DE RESULTADOS

¿Cómo contribuyen los sistemas de implementación a los resultados de los programas de protección social?

Las cadenas de resultados se centran, normalmente, en vincular actividades de programas con elevados niveles de resultados. El foco de las teorías del cambio convencionales tiende a estar en la cadena causal que vincula las actividades del programa —como las transferencias monetarias o la capacitación laboral— con resultados de alto nivel, como la «graduación» de la población vulnerable de la situación de pobreza extrema o la mejora de su resiliencia ante los impactos. En las teorías del cambio tradicionales, se suele exponer una serie de supuestos subyacentes sobre los sistemas de implementación, entre los que se incluyen la precisión de la focalización y la capacidad de las poblaciones vulnerables para acceder a los beneficios o servicios del programa. Otros supuestos podrían incluir la eficacia del sistema de derivación.

No obstante, las teorías del cambio no suelen ser explícitas en cuanto a la forma en que los sistemas de implementación contribuyen a que los programas de protección social sean eficaces y eficientes. En otras palabras, dichas teorías no desarrollan qué se necesita para que dichos supuestos se cumplan. Sin embargo, tal como ha demostrado este libro de referencia, los sistemas de implementación incluyen muchos procesos, actores y factores facilitadores para poner en práctica los programas de protección social. Sin los sistemas de implementación, no hay implementación. Sin implementación, no hay actividades del programa. Sin actividades del programa, no hay resultados.

Los sistemas de implementación merecen una cadena de resultados con una lógica de desempeño propia, subyacente a la teoría del cambio del programa. Este capítulo se propone llenar el vacío existente sintetizando un marco de desempeño que recoge esta parte esencial, a menudo ignorada, de los programas de protección social eficaces. El gráfico 9.1 muestra dónde opera el foco de este capítulo sobre el desempeño en comparación con las teorías del cambio tradicionales.

El desempeño a lo largo de la cadena de implementación

Los sistemas de implementación son el eje de los programas de protección social, porque constituyen el entorno operativo para implementar los beneficios y servicios de protección social. Ese entorno operativo incluye fases y procesos esenciales de implementación a lo largo de la cadena de implementación (gráfico 9.2), actores principales (personas e instituciones) y factores facilitadores (comunicaciones, sistemas de información y tecnología).

Una cadena de implementación que funciona adecuadamente respalda el doble objetivo de eficiencia y eficacia en la implementación de beneficios y servicios para la población objetivo. Los sistemas de implementación **eficaces** son esencialmente inclusivos. No solo llegan a la población objetivo, sino que también, en parte, lo hacen superando el desafío de incluir a grupos vulnerables y a personas que se enfrentan a barreras de acceso específicas. Los sistemas de implementación que funcionan adecuadamente promueven también la implementación eficiente de los programas; es decir, clientes y administradores pueden transitar cada fase de la cadena de implementación con un costo razonable en términos de tiempo y dinero. Por tanto, un sistema de implementación **eficiente** debe necesariamente superar las dificultades de coordinación y fragmentación. Dicho sistema aprovecha las sinergias dentro y entre los programas para reducir los costos para la administración, y además integra los sistemas y las cadenas de implementación en todos los programas para minimizar los costos para los clientes. Los sistemas de implementación que funcionan adecuadamente garantizan la *eficacia* y *eficiencia* a lo largo de la cadena de implementación, desde el alcance de la difusión hasta la supervisión de rutina, y están respaldados por sistemas de información, interfaces de clientes e instituciones eficaces y eficientes. La descripción del desempeño a lo largo de la cadena de implementación se ilustra en la parte superior del gráfico 9.3.

Cada parte de la cadena de implementación alimenta las otras.[1] Por ejemplo, una difusión eficaz

Gráfico 9.1 Conectar las capas de la teoría del cambio en los programas de protección social

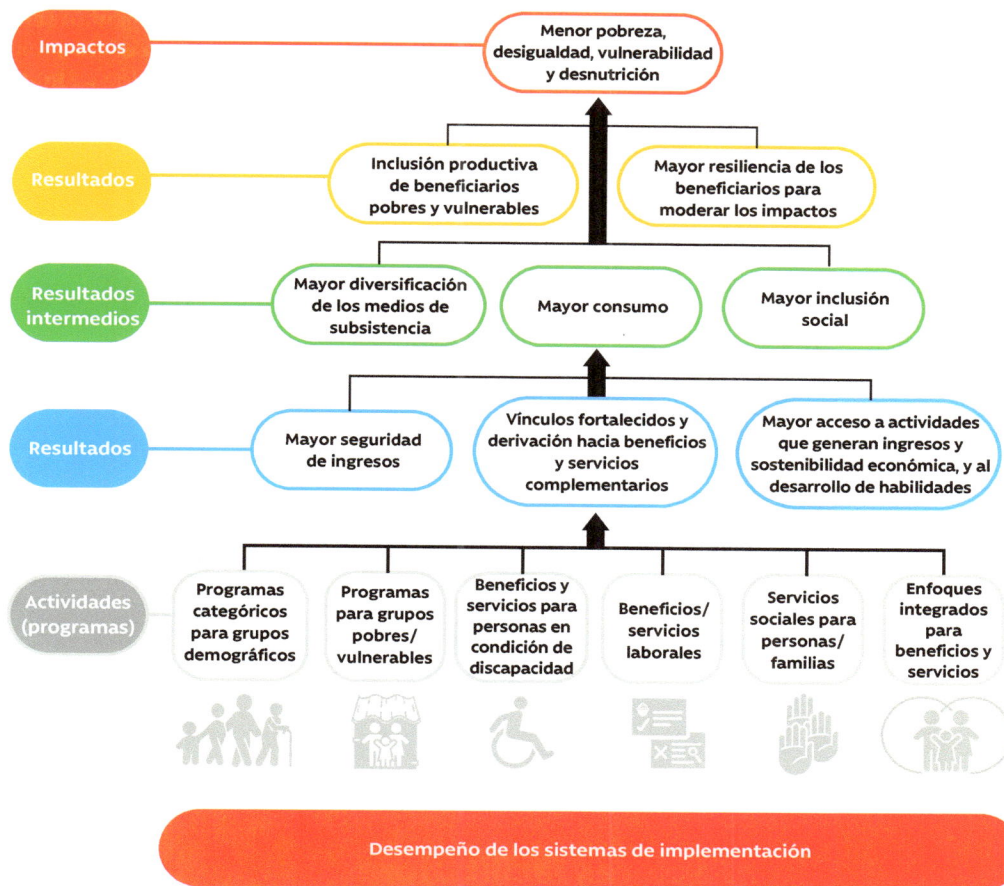

Impactos
Menor pobreza, desigualdad, vulnerabilidad y desnutrición

Resultados
Inclusión productiva de beneficiarios pobres y vulnerables

Mayor resiliencia de los beneficiarios para moderar los impactos

Resultados intermedios
Mayor diversificación de los medios de subsistencia

Mayor consumo

Mayor inclusión social

Resultados
Mayor seguridad de ingresos

Vínculos fortalecidos y derivación hacia beneficios y servicios complementarios

Mayor acceso a actividades que generan ingresos y sostenibilidad económica, y al desarrollo de habilidades

Actividades (programas)
Programas categóricos para grupos demográficos

Programas para grupos pobres/ vulnerables

Beneficios y servicios para personas en condición de discapacidad

Beneficios/ servicios laborales

Servicios sociales para personas/ familias

Enfoques integrados para beneficios y servicios

Desempeño de los sistemas de implementación

Fuente: Gráfico original para esta publicación.

Gráfico 9.2 La cadena de implementación de protección social

EVALUAR · INSCRIBIR · PROVEER · GESTIONAR

1 Difusión

2 Recepción y registro de solicitudes

3 Evaluación de necesidades y condiciones

4 Decisiones de elegibilidad e inscripción

5 Determinación del paquete de beneficios y servicios

6 Notificación e incorporación

7 Provisión de beneficios o servicios

8 Corresponsabilidades, actualización de datos y gestión de reclamos

9 Decisiones de salida, notificaciones y resolución de casos

CICLO RECURRENTE

REEVALUACIÓN PERIÓDICA

Fuente: Gráfico original para esta publicación.

OBJETIVO ·········· **Los programas implementan servicios y beneficios de manera eficaz y eficiente, y promueven la inclusión de grupos específicos con barreras de acceso.**

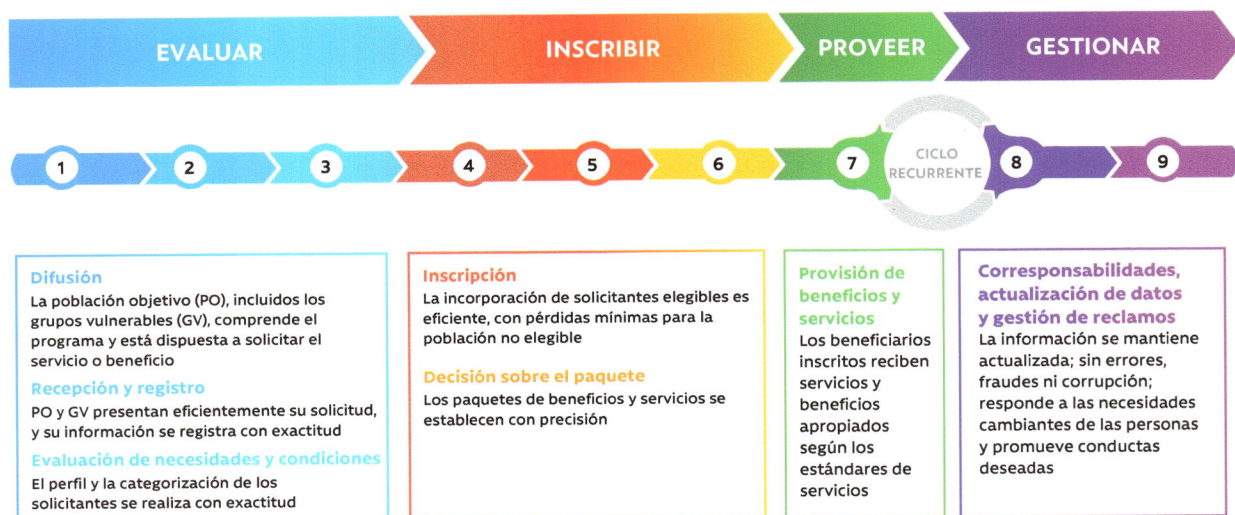

| EVALUAR | INSCRIBIR | PROVEER | GESTIONAR |

1 2 3   4 5 6   7   CICLO RECURRENTE   8   9

Difusión
La población objetivo (PO), incluidos los grupos vulnerables (GV), comprende el programa y está dispuesta a solicitar el servicio o beneficio

Recepción y registro
PO y GV presentan eficientemente su solicitud, y su información se registra con exactitud

Evaluación de necesidades y condiciones
El perfil y la categorización de los solicitantes se realiza con exactitud

Inscripción
La incorporación de solicitantes elegibles es eficiente, con pérdidas mínimas para la población no elegible

Decisión sobre el paquete
Los paquetes de beneficios y servicios se establecen con precisión

Provisión de beneficios y servicios
Los beneficiarios inscritos reciben servicios y beneficios apropiados según los estándares de servicios

Corresponsabilidades, actualización de datos y gestión de reclamos
La información se mantiene actualizada; sin errores, fraudes ni corrupción; responde a las necesidades cambiantes de las personas y promueve conductas deseadas

Factores facilitadores

Los sistemas de información son sólidos (con información completa, exacta y única), seguros (protegen la privacidad de los datos y garantizan la seguridad de las transacciones), eficientes (minimizan el tiempo y dinero necesarios para proporcionar y organizar la información, y acceder a ella), interoperables y dinámicos.

Las comunicaciones y la interfaz con el cliente proporcionan información apropiada y dan apoyo a los ciudadanos, especialmente a quienes tienen barreras de acceso, para guiarlos a través del proceso con un enfoque centrado en el usuario.

Buena gobernanza de las **instituciones** (con un marco legal sólido, funciones y responsabilidades claras, una supervisión adecuada), buenos recursos (recursos humanos calificados, y presupuestos e incentivos apropiados) y buena coordinación.

Fuente: Gráfico original para esta publicación.

garantiza que las poblaciones y los grupos vulnerables objetivo se informen sobre las intervenciones y las comprendan, y estén dispuestos a inscribirse en los programas y ofrecer su información personal. Esos resultados se incorporan a la fase de recepción y registro. Otros elementos importantes también deben confluir para facilitar la recepción y el registro, como una interfaz con el cliente que funcione adecuadamente y un sistema de información sólido que registre de forma precisa la información de los clientes en el registro

social. Por tanto, los resultados de esa fase incluirían información completa, validada y verificada sobre los solicitantes. Dichos resultados, junto con diversas herramientas de evaluación, se tienen en cuenta para la evaluación de las necesidades y las condiciones de vida. Los resultados de la fase de evaluación son los perfiles de los solicitantes/registrados evaluados. Los perfiles de los registrados, junto con criterios de elegibilidad específicos para el programa, son los inputs para determinar la elegibilidad. Las decisiones de inscripción también se informan de los presupuestos del programa y los protocolos para personas elegibles en lista de espera, en caso de que no haya suficientes plazas. Los perfiles de los inscritos también sirven para decidir el paquete de beneficios y servicios que se ofrecerá. Esas decisiones se toman conforme a las normas del programa y el criterio de los trabajadores sociales. Se notifica a los solicitantes cuál es su estatus (elegible o no elegible, inscrito o incluido en una lista de espera), y se incorpora a los beneficiarios inscritos con una explicación de las normas, actividades, expectativas, y derechos y responsabilidades. Una vez que los beneficiarios hayan sido notificados e incorporados, se actualiza el registro de beneficiarios, que, a su vez, proporciona información para el pago de beneficios y la provisión de servicios. En el ciclo de implementación recurrente, la siguiente etapa, gestión de operaciones de los beneficiarios, se traduce en actualizaciones del registro de beneficiarios, cambios en los paquetes de servicios y beneficios, decisiones sobre cualquier penalidad o sanción por incumplimiento de las condiciones, y resolución de quejas (que, en algunos casos, dan lugar a la adición de nuevos beneficiarios o a cambios en los paquetes de beneficios y servicios). Estos resultados se tienen en cuenta en la provisión de beneficios y de servicios.

La comunicación, especialmente en la interfaz con el cliente, así como el respaldo de los sistemas de información y la tecnología, generan una cadena de implementación eficaz y eficiente. La contribución de estos factores favorecedores para el desempeño de los sistemas de implementación se representa en la parte inferior del gráfico 9.3. El desempeño de la cadena de implementación depende también de si los actores claves, tales como las instituciones, las comunicaciones y los sistemas de información, están cumpliendo con su parte de una manera eficaz y eficiente. Más específicamente, los sistemas de implementación que funcionan adecuadamente se caracterizan por lo siguiente:

- Buena gobernanza de las **instituciones** mediante un marco legal sólido, con funciones y responsabilidades claras, y una supervisión adecuada. Las instituciones deben tener también buenos recursos, con recursos humanos calificados y presupuestos e incentivos adecuados. Deben estar bien coordinadas entre

sí para garantizar que la información y el intercambio de datos sean correctos.

- **Comunicación e interfaz con el cliente eficaces** que faciliten la interacción y el ciclo de retroalimentación entre el programa y los clientes a los que sirve. Una interfaz que funciona correctamente proporciona información adecuada a los clientes, les sirve de soporte a lo largo de las diversas fases del programa, desde la solicitud hasta la inscripción, y los ayuda a navegar por diversas tareas. Es esencial garantizar una atención específica a personas con barreras de acceso para que los programas de protección social sean inclusivos.

- **Sistemas de información** que den soporte al programa de protección social a lo largo de la cadena de implementación ofreciendo información exacta. Los sistemas de información deben proporcionar información completa y exacta; estar bien asegurados para proteger la privacidad de los datos de los clientes, y garantizar la seguridad de los pagos y otras transacciones. Además, deben ser eficientes, minimizar el tiempo y el dinero requeridos para ingresar, recuperar, organizar y acceder a la información. Los sistemas más eficientes son dinámicos: pueden evolucionar con los cambios del programa, e interoperar con otros sistemas de información, dentro o fuera del programa. En ese sentido, los sistemas interoperables son una característica básica de la buena coordinación.

Razones para evaluar el desempeño de los sistemas de implementación

Uno de los objetivos del libro de referencia es abrir la caja negra de la implementación. Esto incluye comprender los trabajos internos de los sistemas de implementación, identificar las buenas prácticas que hacen funcionar las diversas partes del sistema, y delinear procesos que garanticen la fluidez en la cadena de implementación y minimicen su costo. Medir el desempeño de los sistemas de implementación es una parte esencial de esta tentativa. Un marco de medición del desempeño sirve para tres propósitos principales, que reflejan los objetivos esenciales de monitoreo y evaluación, gestión del desempeño, aprendizaje y responsabilidad:

- En primer lugar, los indicadores de desempeño que son monitoreados de forma regular pueden ayudar a diagnosticar tempranamente atascos en la cadena de implementación y a corregir el curso para prevenir dificultades en el sistema. Es necesario generar información sobre el desempeño para que la gestión del sistema sea eficaz. Al tomar el pulso del sistema de forma regular, un marco de medición del desempeño puede emitir señales que indican que el sistema está funcionando eficazmente para llegar a la población objetivo, y brindar acceso a grupos vulnerables para garantizar la inclusión, lo que minimiza eficazmente los costos para la administración y los clientes. Y a la inversa, cuando una parte de la cadena de implementación no funciona como se esperaba, un marco de medición del desempeño puede levantar alertas. Así, los gestores del programa pueden actuar para corregir el curso del proceso.

- En segundo lugar, junto con otras técnicas de evaluación (ver las fuentes de datos en la sección 9.2), los marcos indicadores del desempeño también pueden ayudar a identificar canales, procesos o prácticas alternativas que favorecen la eficacia del sistema o hacer que los clientes ahorren tiempo o dinero. Las medidas de desempeño de los sistemas de implementación dan lugar a un conjunto más amplio de pruebas de evaluación del programa, como las evaluaciones de impacto, y contribuyen a una agenda de aprendizaje más amplia para perfeccionar y mejorar el impacto de un programa.

- En tercer lugar, un sistema de medición del desempeño es una parte importante de una función de monitoreo más amplia para los programas de protección social y garantiza que los fondos públicos sean asignados de forma eficaz. Las decisiones estratégicas en el nivel de los programas/políticas también pueden beneficiarse de la información actualizada y puntual sobre el desempeño de los sistemas de implementación, y facilitar que se hagan ajustes en los parámetros claves del programa de acuerdo con la información en tiempo real. Además, si la información sobre el desempeño es accesible y fácil de usar, ayuda a preservar la integridad del programa y su reputación.

9.2 INDICADORES DE MEDICIÓN DEL DESEMPEÑO DE LOS SISTEMAS DE IMPLEMENTACIÓN

Un marco de indicadores de desempeño es una herramienta de gestión útil para monitorear el progreso y la contribución de los sistemas de implementación. Este capítulo propone varias opciones para medir el desempeño a lo largo de la cadena de implementación. El anexo 9A categoriza más de cien indicadores que reflejan varias dimensiones del desempeño. La recopilación no se ha hecho para sugerir que un programa debería adoptar el marco completo, sino para ofrecer una lista de opciones que permita elegir programas de protección social y adaptarlos a las circunstancias específicas de los solicitantes. De hecho, la simplicidad es una característica importante de un marco de indicadores de calidad. Solamente se deberían integrar indicadores medibles, «monitoreables» y, sobre todo, útiles para tomar decisiones. Esta sección destaca la lógica subyacente del marco de indicadores, que se presenta en el anexo 9A.

Dimensiones claves del desempeño: Eficacia y eficiencia

El libro de referencia se centra en dos categorías más amplias del desempeño: la eficacia y la eficiencia. El desempeño de los sistemas de implementación tiene muchas dimensiones, pero la mayoría de ellas encajan en los objetivos generales de eficacia y eficiencia. Por ejemplo, la inclusión es, explícitamente, un componente clave de la eficacia. El desempeño también puede evaluarse mediante otros criterios, según los objetivos de los programas que apoyan los sistemas de implementación. Además, en el anexo 9A se incluyen el desempeño de los sistemas de información, la comunicación, las instituciones y las personas.

La eficacia es esencial para el desempeño de los sistemas de implementación. Tal como lo definen los criterios de evaluación de OCDE/CAD (Comité de Ayuda al Desarrollo), «la eficacia es una medida de la consecución de los objetivos de un programa o actividad». (Red de Evaluación del Desarrollo de OCDE/CAD, 2019). Para este libro de referencia, un sistema eficaz no solo es el que llega, registra, y ofrece beneficios y servicios a la mayor parte de la población objetivo; es además un sistema inclusivo porque se adapta a las necesidades específicas de las poblaciones vulnerables y las personas que afrontan barreras de acceso. En consecuencia, el criterio de evaluación de inclusión está incorporado en la eficacia para reflejar esta lógica. No obstante, en el anexo 9A se incluyen indicadores de desempeño específicos para valorar en qué medida cada parte de la cadena de implementación llega a los grupos vulnerables y a las personas que afrontan barreras de acceso. Sin su propio conjunto de mediciones, la inclusión probablemente se «evaporaría» a lo largo del proceso. Este fenómeno queda de manifiesto en la literatura sobre transversalidad de género.

La eficiencia es otra dimensión importante, aunque es difícil de medir. Garantizar que se alcancen los resultados con costos razonables, incluso desplazar a los clientes por las diversas etapas de la cadena de implementación con un costo mínimo en tiempo y dinero para la administración y para las personas, es esencial para evaluar el desempeño. Las medidas alternativas de eficiencia incluyen los tiempos de procesamiento para diversas fases o etapas a lo largo de la cadena de implementación.

Los indicadores de desempeño ayudan a hacer un seguimiento de la eficacia y eficiencia de los sistemas de implementación. La elección de los indicadores depende del nivel de madurez del sistema y también de la forma en que el sistema ha sido concebido para contribuir al programa. Por lo tanto, no hay un conjunto ideal de indicadores que podrían reproducirse para todos los programas. No obstante, este capítulo propone un conjunto de indicadores que se consideran importantes para hacer un monitoreo del desempeño a lo largo de la cadena de implementación. El gráfico 9.4 destaca esos indicadores claves de desempeño. El marco de indicadores complementarios incluidos en el capítulo (anexo 9A) ofrece una amplia gama de opciones para hacer un seguimiento del desempeño y monitorear los inputs a través de la cadena de implementación.

Al decidir cuáles indicadores se integrarán en un marco de medición de desempeño de un sistema de implementación, se deberían tener en cuenta algunos principios: Primero, los indicadores de desempeño son solamente adecuados según su uso. Puede resultar costoso generar datos de medición del desempeño y otorgarles sentido a través de los informes. Por tanto, para decidir cuáles indicadores de desempeño se someterán a un seguimiento, se debería consultar a los usuarios objetivo para garantizar que los indicadores se utilizarán. Segundo, generar los indicadores más útiles y válidos podría resultar más costoso que recopilar indicadores de rutina, que parecen menos útiles, pero son generados automáticamente por el sistema. Por lo tanto, la selectividad con los indicadores implica también considerar el valor de cada indicador con respecto a su costo. Tercero, para hacer un seguimiento del desempeño a lo largo del tiempo, es útil generar datos longitudinales. Algunos indicadores de desempeño básicos no deberían cambiar cada año; otros pueden ser adoptados por periodos más cortos para hacer un seguimiento de los efectos a corto plazo de una innovación en el sistema de implementación o para verificar si el desempeño ha mejorado después de haber solucionado un problema en la cadena de implementación. Cuarto, el marco de indicadores de desempeño debería evolucionar con los sistemas de implementación. Unos sistemas de implementación más maduros serán capaces de generar y absorber fuentes de datos más avanzadas. Teniendo en cuenta estas cuatro consideraciones, los programas deberían seleccionar minuciosamente los indicadores que es preciso adoptar para gestionar el desempeño.

Ejemplos de indicadores comunes

Para medir la eficacia de la difusión, es útil estudiar si las personas están informadas sobre un programa o registro social. Los indicadores para esta fase deberían proceder de encuestas específicas o sondeos de opinión pública. En términos de experiencia y derechos del usuario, algunos programas hacen un seguimiento de las personas para saber si están informadas sobre los objetivos del programa, los criterios de elegibilidad, y sus derechos y responsabilidades. Por ejemplo, en el programa de Transferencias Monetarias Condicionadas (TMC) de Macedonia del Norte, el marco de resultados

| EVALUAR | INSCRIBIR | PROVEER | GESTIONAR |

Difusión (1)

Recepción y registro de solicitudes (2)

Evaluación de necesidades y condiciones (3)

Decisiones de elegibilidad e inscripción (4)

Determinación del paquete de beneficios y servicios (5)

Notificación e incorporación (6)

Provisión de beneficios o servicios (7)

CICLO RECURRENTE

Correspansabilidades, actualización de datos y gestión de quejas (8)

Decisiones de salida, notificaciones y resolución de casos (9)

% de población registrada

Fuente de datos: para numerador, datos de registro; para denominador, datos de censo

% de población/grupos vulnerables registrados
Fuente de datos: para numerador, datos de registro con indicadores de características de la población objetivo; para denominador, datos administrativos, de censo y de encuestas de hogares

% de población registrada con información básica actualizada (p. ej. <2 años)
Fuente de datos: para numerador, datos de registro o datos de audición periódica; para denominador, datos de registro

---

% de población objetivo inscrita en el programa y % de beneficios dirigidos a grupos específicos (p. ej. quintil más pobre)
Fuente de datos: para numerador, cobertura de ASPIRE y datos administrativos del programa; para denominador, datos administrativos, de censo y de encuestas de hogares

Tiempos de procesamiento: cantidad de días desde la solicitud hasta la notificación de elegibilidad; cantidad de solicitudes procesadas según estándares de calidad (p. ej. <30 días)
Fuente de datos: datos administrativos

% de personas atendidas con PAI
Fuente de datos: datos administrativos

Tiempos de procesamiento: cantidad de días para procesar los pagos de beneficios; o % de beneficiarios que reciben los pagos para cada ciclo, según estándares de calidad (p. ej. <30 días)
Fuente de datos datos administrativos

% de personas desempleadas que consiguen empleo en un periodo específico
Fuente de datos: sistema de información para SPE o proveedor de servicio contratado

---

% de beneficiarios con información actualizada
Fuente de datos: datos administrativos

% de beneficiarios muestreados (o comprobados) sin errores de información
Fuente de datos: audiciones o comprobaciones periódicas

% de quejas registradas resueltas
Fuente de datos: datos de MQR

% de beneficiarios individuales de cada categoría con datos de monitoreo de condicionalidades
Fuente de datos: datos administrativos

% de clientes del servicio con PAI monitoreados según estándares de calidad
Fuente de datos: datos administrativos

Fuente: Gráfico original para esta publicación.
Nota: ASPIRE = Atlas de Indicadores de Protección Social de Resiliencia y Equidad (Banco Mundial); MQR = mecanismo de quejas y reclamos; PAI = plan de acción individualizado; SPE = Servicio(s) Público(s) de Empleo.

---

incluye un indicador de desempeño sobre el porcentaje de beneficiarios prospectivos (hogares que son potencialmente elegibles para las TMC), a quienes se informó de su condición de elegibilidad, y también los requisitos del proceso de solicitud como parte del sistema de monitoreo del programa.

Existen diversos indicadores de desempeño para medir la eficacia de la recepción y el registro. Vamos a

ocuparnos de cuatro indicadores que pueden ser útiles para esta fase de la cadena de implementación:

● El indicador más simple y que tiene un seguimiento frecuente es la proporción de población recogida en un registro social. El gráfico 9.5 ofrece esos datos para diversos países, y también indica si la recepción y el registro se realizaron con un enfoque por demanda

Gráfico 9.5 Proporción de población en los registros sociales de países seleccionados, entre 2015 y 2017

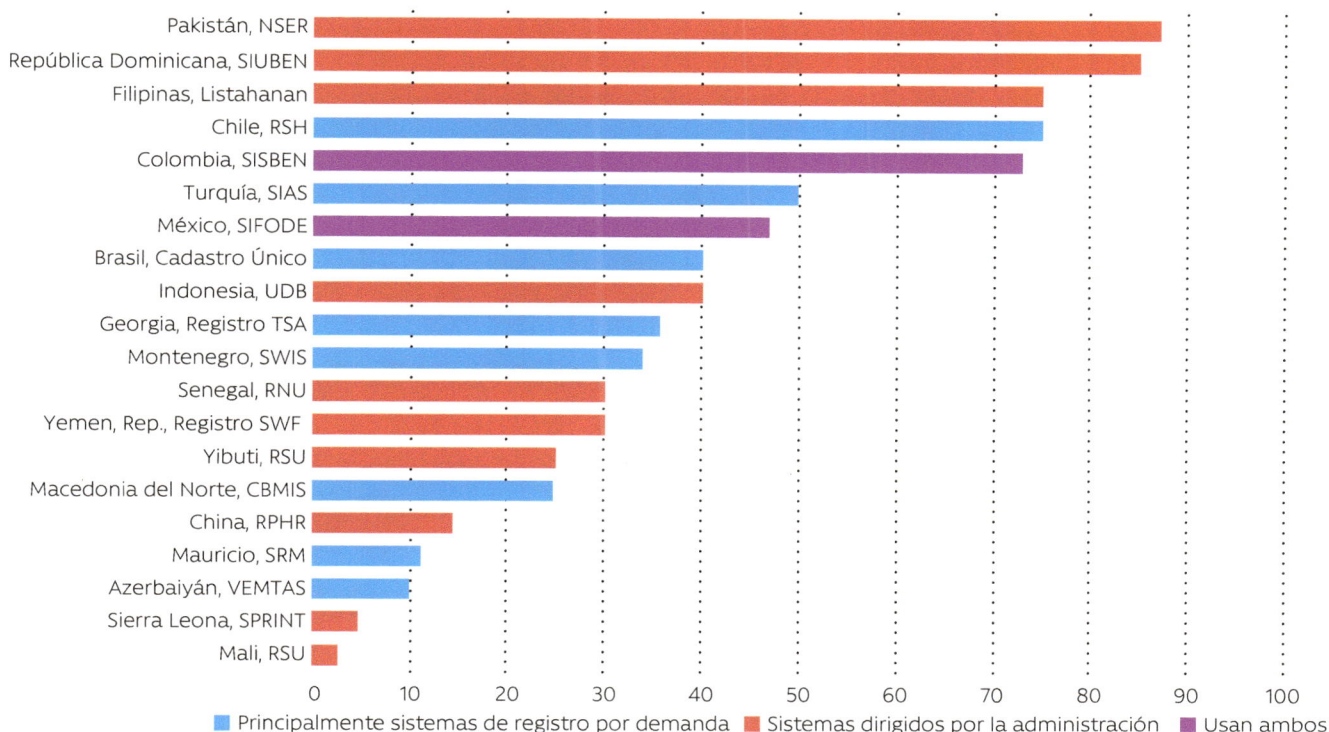

Barras horizontales (valores aproximados):
- Pakistán, NSER
- República Dominicana, SIUBEN
- Filipinas, Listahanan
- Chile, RSH
- Colombia, SISBEN
- Turquía, SIAS
- México, SIFODE
- Brasil, Cadastro Único
- Indonesia, UDB
- Georgia, Registro TSA
- Montenegro, SWIS
- Senegal, RNU
- Yemen, Rep., Registro SWF
- Yibuti, RSU
- Macedonia del Norte, CBMIS
- China, RPHR
- Mauricio, SRM
- Azerbaiyán, VEMTAS
- Sierra Leona, SPRINT
- Mali, RSU

Eje: 0 10 20 30 40 50 60 70 80 90 100

■ Principalmente sistemas de registro por demanda ■ Sistemas dirigidos por la administración ■ Usan ambos

Fuente: Leite et al., 2017.

o dirigido por la administración (ver los capítulos 2 y 4). Este indicador es una forma fácil de categorizar el tamaño de un registro social, y es particularmente importante si el registro sirve a múltiples programas (protección social y otros).[2] También podría ser importante para hacer un seguimiento de la proporción de población que está registrada donde el registro social ha sido efectivamente implementado, lo que permitiría considerar la focalización geográfica que existe en un país. Para los programas relacionados con el empleo, este indicador sería el número total de personas (desempleadas) que se han registrado en la oficina de Servicio Público de Empleo (SPE).

- El segundo indicador que sería es la proporción de la población beneficiaria objetivo que se ha registrado. Los datos necesarios para este indicador son más complejos: Si la población objetivo son las personas en situación de pobreza, el indicador sería el número de personas pobres en el registro social, como una proporción del número total de personas en umbral de pobreza del país. Para los programas relacionados

con el empleo, este indicador se mediría como la proporción de desempleados que están registrados en la oficina del SPE.[3]

- El tercer factor es la cantidad o la proporción de personas (o familias) de grupos vulnerables que están registradas: una variación del segundo indicador.

- Finalmente, el cuarto indicador es la proporción de personas (u hogares) registradas cuya información está actualizada (por ejemplo, menos de dos años de antigüedad). Para los registros sociales por demanda, este indicador es probablemente inferior al 100 %, dado que todas las personas continúan buscando la asistencia de programas de protección social y pueden no volver para una reevaluación. Para los registros sociales dirigidos por la administración, este indicador sería similar para cohortes de hogares. Si los registros masivos han tenido lugar recientemente, este indicador debería estar próximo al 100 % (para esa cohorte). Si el registro no se ha realizado durante varios años, ese indicador sería cero. Todos estos indicadores se ilustran en el recuadro 9.1 sobre

El Cadastro Único de Brasil es un registro social que proporciona la información reunida durante la recepción y el registro para el programa Bolsa Família, y también para varios otros programas. Se trata de un sistema por demanda, de manera que los datos en el registro son fluidos. La Secretaría General de Evaluación e Información (SAGI) del Ministerio de Desarrollo Social (MDS) publica informes mensuales sobre indicadores clave extraídos del Cadastro Único. Utilizando dichos indicadores, además de otros datos del Instituto Brasileño de Geografía y Estadística (IBGE), podemos ilustrar cómo se calculan tres indicadores claves para la fase de recepción y registro de la cadena de implementación:

Indicador 1: El porcentaje de población registrada. Este indicador es relativamente sencillo, porque los informes de la SAGI arrojan el número de hogares (27.313.209, desde enero de 2019) y personas (74.437.980) registradas en el Cadastro Único, y el IBGE mantiene los datos de población (209.626.347 personas estimadas para 2019). Ese indicador fue 74.437.980/209.626.347 = 36 % de la población registrada en el Cadastro Único desde enero de 2019.

Indicador 2: El porcentaje de población objetivo registrada. Este indicador es más complicado, porque requiere datos adicionales del registro social, además de estimaciones de pobreza desde el IBGE. También requiere alinear la caracterización del registro social de «pobre» lo más posible con la definición nacional de pobreza. Los datos del informe de la SAGI indican que, de todas las personas registradas en el Cadastro Único,

- 38,3 millones vivían en familias con ingresos mensuales inferiores a R$ 89.[a]
- 9,7 millones vivían en familias con ingresos mensuales de entre R$ 89 y 178.[b]
- 17,1 millones de personas vivían en familias con ingresos de entre R$ 178 y la mitad del salario mínimo mensual, R$ 499.[c]
- En total, 65,1 millones (88 % de las personas registradas) vivían en familias con ingresos inferiores a R$ 499, lo que significa que el 31 % de la población nacional total tenía bajos ingresos y se había registrado en el Cadastro Único.

Los últimos datos sobre pobreza del IBGE son los de 2017. Esos datos sugieren que 58,4 millones de personas vivían con menos de R$ 406 mensuales, lo que representaba alrededor del 28 % de la población total en 2017. Desafortunadamente, los datos sobre pobreza de 2019 no están disponibles. Sería necesario realizar nuevos ajustes para hacer comparaciones correctas con el mismo límite (R$ 406), y para el mismo momento en particular, lo que sería posible con otros adicionales, además del informe mensual para la SAGI. No obstante, cabe destacar que, al parecer, está bastante claro que casi todas las personas consideradas «pobres» están registradas en el Cadastro Único.[d] Esto sugiere un sólido desempeño de este sistema por demanda para conseguir una cobertura prácticamente universal de los grupos de menores ingresos, lo que es importante, puesto que el Cadastro Único sirve a muchos programas.

Indicador 3: Número o proporción de personas o familias registradas. Es importante observar que la SAGI/el MDS hacen un seguimiento de este indicador en sus informes mensuales, con información sobre el número de familias registradas (y el subconjunto de los beneficiarios del programa Bolsa Família) de diversos grupos vulnerables, tales como las poblaciones indígenas, quilombolas y ciganas; aquellas con condiciones específicas en relación con el medio ambiente o la agricultura; y las que viven en otras situaciones precarias (por ejemplo, las personas sin hogar).

Indicador 4: Proporción de hogares registrados con información actualizada. Este es un indicador de desempeño básico que monitorea e informa activamente el MDS, porque también contribuye a su índice de implementación descentralizada (IID), tal como se indica en el capítulo 4. En el informe mensual de la SAGI, los datos de 85 % de los hogares registrados tenían menos de dos años (su período de reevaluación) en el Cadastro Único para enero de 2019. Esto tiene sentido, porque no todos los que se han registrado previamente siguen buscando asistencia. El MDS también monitorea este indicador para cada una de las 5570 municipalidades, lo que ayuda a hacer un seguimiento de las variaciones en el desempeño a nivel subnacional.

Fuentes: Relatorio Bolsa Família e Cadastro Único, informe mensual de la SAGI/el MDS (https://aplicacoes.mds.gov.br/sagi/RIv3/geral/index .php?relatorio=153&file=entrada), consultado en 2019. Datos de población y pobreza del IBGE (https://www.ibge.gov.br/).

a. R$ 89 es el umbral de ingresos mensuales para que las personas en extrema pobreza sean elegibles para los beneficios del programa Bolsa Família. Reciben la mayor cantidad de beneficios, que se calculan sobre la base de los ingresos y de la composición de los hogares.

b. R$ 178 es el umbral de ingresos mensuales para que las personas en situación de pobreza moderada sean elegibles para los beneficios del programa Bolsa Família. Quienes tienen ingresos entre R$ 89 y R$ 178 reciben beneficios más moderados, según el menú de beneficios.

c. A partir de enero de 2019, el salario mínimo mensual era de R$ 998, la mitad es R$ 499.

d. Además de las diferencias de años y de los umbrales usados, los datos de un registro social no son exactamente comparables con las estadísticas anuales de pobreza, ya que el registro social mantiene un repositorio (de las personas registradas a lo largo del tiempo) y un flujo (registros más recientes).

el registro social Cadastro Único de Brasil, donde también se destacan algunos problemas de información que conlleva el cálculo del segundo indicador.

La mayoría de los programas hacen un seguimiento de los indicadores relativos a la **inscripción**. De hecho, debido a los focos tradicionales de las cadenas de resultados sobre las actividades de los programas, los datos sobre el número de beneficiarios suelen estar fácilmente disponibles. Un indicador de desempeño clave para la fase de inscripción es la cobertura de la población objetivo a través de los datos administrativos. El numerador sería la cantidad de personas u hogares inscritos (conforme a los datos del programa), y el denominador sería el tamaño de la población objetivo (por las encuestas y los censos de hogares). Otra variación para ese indicador sería la cantidad de personas u hogares alcanzados en proporción con los objetivos, particularmente si un programa se está ampliando para responder a un objetivo nacional. Para diversos servicios, una parte importante de la etapa de inscripción es el desarrollo de planes individualizados (PAI), que establecen objetivos, derivaciones a servicios y otras actividades (ver los capítulos 5 y 7). Por lo tanto, un indicador podría ser la proporción de beneficiarios con PAI establecidos dentro de la fase de incorporación.

En la etapa de **provisión**, el seguimiento de la eficacia depende de si el programa está ofreciendo beneficios o servicios, aunque muchos indicadores rigen para ambos. Los siguientes indicadores de muestra pueden utilizarse o adaptarse para medir servicios o beneficios: cobertura de la población objetivo, frecuencia de servicios/beneficios, puntualidad o calidad de los pagos o de la recepción del servicio, y acceso a los beneficios o servicios (desglosados por grupos específicos). A continuación, detallamos dos indicadores de desempeño claves:

- ***Proporción de población objetivo que recibe beneficios y/o servicios («cobertura»).*** Para los programas categóricos demográficos, sería la proporción de todas las personas mayores (de 65 años en adelante) que reciben una pensión social o la proporción de todos los niños de 0 a 18 años que reciben una asignación. Este indicador puede estimarse utilizando datos administrativos o de encuestas de hogares. Para los programas contra la pobreza, el indicador examinaría la proporción de personas del

quintil más pobre (o algún otro tramo de ingresos) que reciben beneficios o servicios. En este caso, el numerador sería la cantidad de beneficiarios que reciben beneficios o servicios en el quintil más pobre (o algún otro tramo de ingresos), y el denominador sería la población total del quintil más pobre. Para calcular la cobertura por quintiles o deciles de bienestar per cápita, usualmente se requerirían datos de encuestas de hogares. La cobertura es un indicador básico en la base de datos ASPIRE del Banco Mundial (gráfico 9.6).[4] En el caso de los programas de empleo, esos indicadores se utilizan para medir la proporción de desempleados que reciben beneficios o servicios por desempleo (a veces

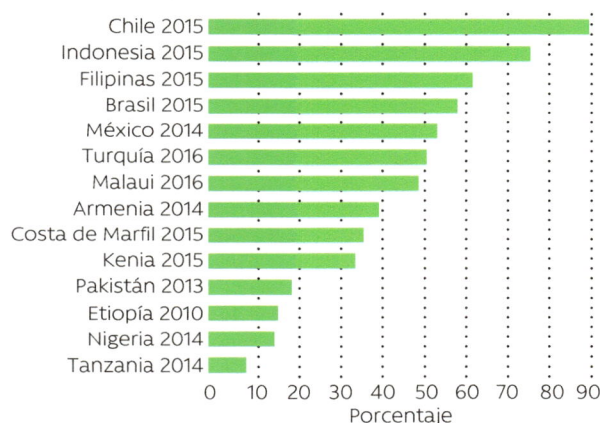

Gráfico 9.6 Proporción de población en el quintil más pobre que recibe beneficios de asistencia social

Chile 2015
Indonesia 2015
Filipinas 2015
Brasil 2015
México 2014
Turquía 2016
Malaui 2016
Armenia 2014
Costa de Marfil 2015
Kenia 2015
Pakistán 2013
Etiopía 2010
Nigeria 2014
Tanzania 2014

0 10 20 30 40 50 60 70 80 90
Porcentaje

Fuente: Base de datos ASPIRE, Banco Mundial, https://www.worldbank.org/en/data/datatopics/aspire.

Nota: El indicador se calcula de la siguiente manera: (número de individuos en el quintil más pobre que viven en un hogar donde al menos uno de los miembros recibe la transferencia) / (número de individuos en el quintil más pobre). Este gráfico subestima la cobertura total de protección social y laboral, porque las encuestas de hogares no incluyen todos los programas que existen en cada país. El indicador incluye beneficiarios directos e indirectos (todas las personas que viven en un hogar donde al menos un integrante recibe la transferencia). En el caso de Kenia, un análisis del gasto público (Sundaram y Pape, 2019) halló que la cobertura total del quintil más pobre es del 12,5 % cuando se consideran los programas de protección social básicos. Cuando se añaden (en ASPIRE) los programas de alimentación escolar (que abarca estudiantes de todo el quintil de ingresos), se da lugar a la diferencia de cobertura cuando al compararlo con el análisis del gasto público.

desglosados por grupo específico). Asimismo, en el caso de los beneficios o servicios para personas en condición de discapacidad, la cobertura mide la proporción de población con discapacidad que recibe beneficios o servicios por su condición.

- **Incidencia de los beneficios o de los beneficiarios.** Este indicador se suele utilizar en programas contra la pobreza para evaluar la distribución de los beneficios del programa o los beneficiarios de la distribución del bienestar. Por lo tanto, el indicador determinará si un programa es favorable para las personas en situación de pobreza analizando la proporción de beneficios o servicios totales destinados al quintil más pobre (o cualquier otra medida de pobreza). En este caso, el numerador es la cantidad de beneficiarios que reciben beneficios o servicios (o la cantidad de beneficios) en el quintil más pobre, y el denominador es la cantidad total de beneficiarios (o la cantidad de beneficios). Este es otro indicador básico en la base de datos ASPIRE del Banco Mundial (gráfico 9.7).

Provisión de beneficios. La herramienta de la iniciativa interagencial de diagnósticos de protección social (*Inter-Agency Social Protection Assessments*, ISPA) para los sistemas de pago ofrece una valiosa guía con herramientas y directrices para evaluar el desempeño de los sistemas de pago de la protección social.[5] El recuadro 9.2. ilustra cómo se puede hacer un seguimiento de la eficacia de los sistemas de pago. Hay unos pocos indicadores de desempeño clave para los pagos de beneficios que se aplican a todos los tipos de beneficios (asistencia social, asistencia o seguros por desempleo, beneficios para personas en condición de discapacidad o pensiones). El primero es la *proporción de personas, familias u hogares que reciben el pago en cada ciclo de pago.* Este indicador se suele desglosar por zona geográfica, grupo objetivo (que incluye grupos vulnerables específicos), modalidad de pago y proveedor de pago (ver recuadro 9.2 sobre Colombia). Este indicador puede llevarse un paso más adelante para medir la *proporción de beneficiarios que reciben pagos siguiendo los estándares de calidad para cada ciclo.* Esto requeriría no solo un seguimiento de los pagos efectuados a los beneficiarios, sino también de pagos realizados según los estándares de calidad, que normalmente incluyen un indicador de frecuencia (mensual o trimestral, por ejemplo) y puntualidad (en los primeros cinco días del mes, las primeras

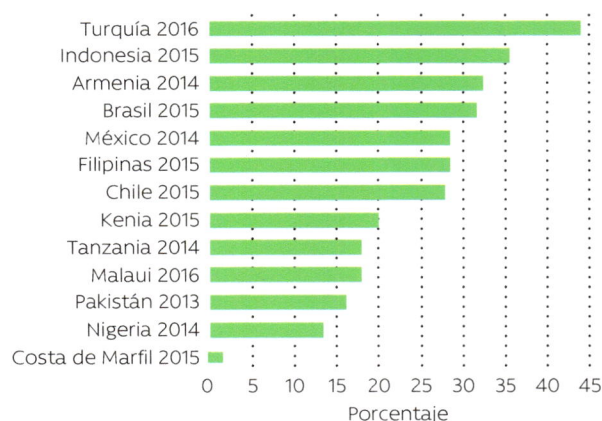

Gráfico 9.7 Proporción de beneficios de asistencia social dirigidos a los quintiles más pobres en países seleccionados

Fuente: Base de datos ASPIRE, Banco Mundial, http://datatopics .worldbank.org/aspire/.

Nota: El indicador se calcula de la siguiente manera: (suma de todas las transferencias recibidas por todas las personas del quintil más pobre) / (suma de todas las transferencias recibidas por todas las personas de la población). En el caso de Kenia, un análisis del gasto público (Sundaram y Pape, 2019) halló que la precisión de la focalización es del 32,4 % cuando se tienen en cuenta los programas de protección social básicos. Cuando se añaden (en ASPIRE) los programas de alimentación escolar (que corresponden a estudiantes en todo el quintil de ingresos), se reduce la precisión de la focalización al compararla con la revisión del gasto público. Esto se debe a que los programas de alimentación escolar tienen una precisión de focalización inferior a la de los programas de asistencia social básicos.

dos semanas, etc.). Un indicador clave relacionado es la *frecuencia y el alcance de los retrasos en los pagos de beneficios*, y también el *porcentaje de pagos retrasados o el porcentaje de personas, familias u hogares que reciben pagos atrasados.*

Provisión de servicios. Para la provisión de servicios, dada la especialización y diversidad de los servicios sociales y laborales, los indicadores serían más heterogéneos. La medida clave de eficacia en la provisión de servicios es la calidad del servicio brindado. Los países definen y aplican conjuntos de estándares de calidad por servicio para medir su desempeño.

- **Todos los servicios.** Como se indicó en el capítulo 7, existen diversos estándares de calidad para los servicios sociales, entre ellos, el Marco Voluntario Europeo de Calidad para los Servicios Sociales de la UE (2009).

Recuadro 9.2 Indicadores para el pago de beneficios en el programa Familias en Acción de Colombia

Familias en Acción, de Colombia, es un programa de transferencia monetaria que paga los beneficios en seis ciclos. Se utilizan dos modalidades de pago: depósitos en cuentas bancarias o monederos móviles, y entrega de beneficios en puntos de pago para familias que no tengan cuentas bancarias ni monederos móviles. El programa mide la eficacia de su sistema de pago mediante el seguimiento de varios indicadores:

- **Porcentaje de familias pagadas por ciclo de pago.** Este indicador mide el número de familias que han recibido el pago en relación con el número total de familias inscritas en el programa. Para los tres últimos ciclos de 2018, los números fueron los siguientes:
  - Septiembre 2018: 74,07 %
  - Noviembre 2018: 74,71 %
  - Diciembre 2018: 74,65 %

- **Porcentaje de familias pagadas por grupo objetivo.** Este indicador desglosa las familias por grupos objetivo, e incluye el SISBEN (familias evaluadas mediante el registro social del país, que tiene el mismo nombre), las poblaciones desplazadas, UNIDOS (familias que viven en condiciones de extrema pobreza) y poblaciones indígenas. Los datos del último ciclo de pago de 2018 fueron los siguientes:
  - SISBEN: 89,22 %
  - Desplazadas: 90,82 %
  - UNIDOS: 90,82 %
  - Poblaciones indígenas: 46,32 %

- **Porcentaje de familias que reciben sus beneficios a través de cuentas bancarias o monederos móviles.** Este indicador realiza un seguimiento de las familias que reciben los pagos a través de la primera modalidad. Los porcentajes para los últimos tres ciclos de pago fueron los siguientes:
  - Septiembre 2018: 74,50 %
  - Noviembre 2018: 85,41 %
  - Diciembre 2018: 84,83 %

  Este indicador también está desglosado por proveedor de pagos y grupo de municipalidades.

- **Porcentaje de familias que reciben sus beneficios en el punto de pago.** Este indicador realiza un seguimiento de las familias que no tienen una cuenta bancaria, y está desglosado por grupo de municipalidades (las municipalidades se agrupan de a cuatro). Para el quinto ciclo de pago de 2018, los porcentajes fueron los siguientes:
  - Grupo 1: 50,68 %
  - Grupo 2: 48,19 %
  - Grupo 3: 69,63 %
  - Grupo 4: 73,11 %

  La fuente de los datos necesarios para el seguimiento de todos estos indicadores es el sistema de información de gestión de las operaciones de los beneficiarios del programa, o SIG.

Fuente: Prosperidad Social de Colombia, Dirección Transferencias Monetarias Condicionadas, Informe de Gestión, julio–diciembre de 2018, 2019.

Dichos estándares establecen principios clave (disponible, accesible, asequible, centrado en las personas, exhaustivo, continuo u orientado a los resultados) para garantizar la calidad y la provisión de servicios. No todos los principios son relevantes para la etapa de provisión, como es el caso de la asequibilidad (que es una cuestión de diseño del programa).

No obstante, esos principios claves que son relevantes se pueden medir con algunos de los siguientes indicadores: porcentaje de beneficiarios que informan que los servicios satisfacen sus necesidades; porcentaje de beneficiarios que tienen barreras de acceso y reciben adaptaciones según los estándares nacionales; porcentaje de clientes que se benefician de la provisión de servicios integrados; porcentaje de servicios implementados según los estándares de calidad; y porcentaje de beneficiarios o clientes satisfechos con la calidad de los servicios.

- **Servicios sociales**. Para evaluar la provisión de servicios sociales, resulta útil hacer un seguimiento del número de derivaciones, la proporción de beneficiarios que reciben servicios de intermediación. Y lo más importante, los estándares de calidad también pueden ser específicos para el tipo de servicio ofrecido. Estos estándares se suelen establecer a nivel nacional por categoría de servicio (cuidado de las personas mayores, cuidado de la primera infancia, etc.), son monitoreados e inspeccionados para verificar su cumplimiento, y en el caso de que existan vacíos, se aplican medidas correctivas. Normalmente, dichos estándares gobiernan aspectos como el desempeño de los trabajadores, la eficacia de la gestión de los trabajadores, la proporción entre trabajadores y clientes, la calificación de los trabajadores, las condiciones laborales del personal y la libertad de los beneficiarios para elegir su proveedor de servicios. Esos estándares se miden adaptando los siguientes indicadores genéricos a servicios específicos:
  - *Porcentaje de clientes que recibieron servicios de intermediación y que ahora acceden a su servicio por derivación; porcentaje de clientes que entran en otros servicios sociales a través de derivaciones de asistencia social; cantidad de hogares objetivo que han recibido servicios de intermediación (un indicador medido en Cisjordania y Gaza).*
  - *Porcentaje de personal o proveedores de servicios con una acreditación/certificación/ acreditación de nivel superior apropiadas; porcentaje de clientes evaluados que reciben servicios.*
- **Servicios laborales**. Se utilizan diversos indicadores para medir la calidad o el desempeño de los servicios de empleo, tanto para los que son implementados públicamente (por las oficinas del SPE) como para los servicios que se implementan de forma privada. Como se ha indicado en el capítulo 7, muchos tipos de servicios para mejorar el empleo o la empleabilidad son derivados a contratistas. Los indicadores se suelen utilizar a modo de contratos de remuneración por desempeño cuando los servicios son derivados a proveedores privados. Los Instrumentos para el Monitoreo y Evaluación de

Empleos (ME) tienen algunos indicadores útiles para la provisión de servicios laborales (Comisión Europea, 2012), que incluyen los siguientes:
- *Número de buscadores de empleo registrados por empleado del SPE; número medio de contactos mensuales con buscadores de empleo registrados por empleado del SPE; número de solicitudes por tipos de servicios por empleado del SPE; número de tipos específicos de derivaciones de capacitación; porcentajes de clientes, planes de acción individualizados; porcentaje de clientes desempleados que consiguen trabajo en un periodo específico (indicador que mide el Jobcentre Plus del Reino Unido); y porcentaje de mujeres que vuelven la fuerza laboral (después de su maternidad) a las que se asigna una capacitación o un empleo posterior a la capacitación (un indicador medido en Austria). Otros indicadores útiles podrían incluir tasas de vacantes cubiertas y colocaciones por número de consejeros laborales.*

Existen muchos indicadores de desempeño para evaluar la eficacia de la **gestión de las operaciones de los beneficiarios**, entre ellos, los siguientes:

- **Actualización**. Un indicador importante es el porcentaje de personas registradas con información actualizada, un dato importante para todo tipo de programas. Información actualizada puede ser la información básica o la información más específica sobre el estado de los beneficiarios (ver el capítulo 8). Algunos programas son más fluidos que otros en cuanto a potenciales cambios para los beneficiarios. Por ejemplo, la condición de desempleado cambia mucho más rápido que la de discapacidad o la situación socioeconómica de los hogares, y los mecanismos para realizar una actualización regular son de particular importancia para los programas de desempleo. La condición de desempleo también es relevante para mantener bolsas de trabajo actualizadas donde se registran las personas desempleadas.
- **Tasas de error.** La proporción de la muestra de beneficiarios cuya condición haya sido verificada y no tenga datos erróneos.
- **Monitoreo de condicionalidades.** Como se indicó en el capítulo 8, se debería hacer un seguimiento de los indicadores clave para monitorear el desempeño de los sistemas de implementación: (1) tasa de

monitoreo del cumplimiento (beneficiarios individuales con información de monitoreo con respecto al número total de beneficiarios, para cada categoría); y (2) tasa de cumplimiento (proporción de personas monitoreadas que cumplen con los requisitos). La mayoría de las TMC hacen un seguimiento de esta última tasa, pero los datos carecen de sentido si la primera no se ha informado (ver ejemplos de países en el capítulo 8).

- **Monitoreo de PAI para clientes de los servicios.** Para los servicios, un indicador que se puede someter a un seguimiento es la proporción de clientes de los servicios con información actualizada en sus PAI. La fuente de los datos sería la información administrativa.

- **Mecanismos de quejas y reclamos.** La eficacia de los mecanismos de quejas y reclamos (MQR) se puede medir, en parte, mediante el seguimiento de la proporción de quejas registradas que fueron resueltas, junto con algunas indicaciones relativas al uso adecuado del MQR (recuadro 9.3). Hay que considerar que es muy importante ofrecer una definición de «resolución» cuando se mide el desempeño de un MQR.

Ejemplos de indicadores comunes, identificación de costos, desafíos y buenas prácticas

La eficiencia, en su forma más sencilla, se mide por el tiempo o los costos necesarios para obtener un resultado y si esos costos son razonables. Al igual que con cualquier servicio público, las medidas de eficiencia de los costos son fundamentales para evaluar el desempeño del sistema. La eficiencia de los costos se puede medir a lo largo de la cadena de implementación utilizando varios indicadores, y debería medirse tanto desde la **perspectiva del cliente** como desde la **perspectiva de la administración**. Es más difícil medir la eficiencia en unas fases de la cadena de implementación que en otras. Para hacer un seguimiento de los indicadores, es fundamental recopilar y estimar con precisión de los gastos, y es necesario evaluar con detalle los indicadores mismos para evitar un recorte de gastos a expensas de la calidad. Al final de esta sección se incluyen una serie de buenas prácticas para abordar algunos de los problemas más habituales.

Recuadro 9.3 Desempeño de los sistemas de MQR en la República Dominicana y Filipinas

Hacer un seguimiento de la eficacia de los sistemas del mecanismo de quejas y reclamos (MQR) requiere una combinación de múltiples indicadores para saber si el sistema de MQR se utiliza, si las quejas son atendidas y resueltas, y si los clientes están informados de las acciones emprendidas para resolver sus quejas.

En la **República Dominicana**, el programa de transferencias monetarias Progresando con Solidaridad (PROSOLI) incorpora un informe comunitario. Existe un mecanismo de monitoreo y gestión de reclamos participativo para identificar problemas relacionados con las transferencias monetarias y con los servicios sociales asociados a condicionalidades. Después de una reunión entre beneficiarios y proveedores de servicios, la comunidad acuerda los planes de acción para resolver las quejas. Dichos planes de acción son monitoreados por los organismos de implementación con

indicadores de desempeño claves que hacen un seguimiento de la tasa de quejas para las que se ha hallado una solución o que se han derivado a un nivel administrativo superior. Además, el sistema también hace seguimiento del punto hasta el cual se ha cerrado el ciclo de retroalimentación con los miembros de la comunidad en cuanto al estado de sus quejas. Por otra parte, a través de una encuesta de clientes que dio lugar a un proceso de evaluación, el programa solicitó sus comentarios sobre el grado de satisfacción con el mecanismo de quejas y reclamos y el monitoreo participativo. Las preguntas de la encuesta de clientes estaban dirigidas a saber si estaban satisfechos con los mecanismos para identificar y resolver problemas, y si los mecanismos eran adecuados para expresar sus inquietudes y opiniones. Otras preguntas pretendían medir si el MQR era eficaz para identificar los problemas más acuciantes y resolverlos de una manera puntual.

continuación

En el Programa Pantawid Pamilyang Pilipino (4P) de **Filipinas,** el sistema de MQR hace un estrecho seguimiento de la eficacia y eficiencia de la resolución de quejas.

- Los comentarios se reciben a través de múltiples canales, entre ellos, correo electrónico, correo postal, fax, llamadas telefónicas, buzón de quejas, mensajes de texto y personalmente.

- Las quejas se introducen en una base de datos cuando se reciben, y se hace un seguimiento de su estado hasta que son resueltas. La base de datos se conserva en la ciudad o en la municipalidad, y se agrega a un nivel superior.

- El sistema monitorea el número de quejas recibidas, el número de quejas resueltas

(la resolución se define en función de la satisfacción de la persona que ha presentado la queja) y el número de quejas resueltas «oportunamente», lo cual varía según el tipo de queja (por ejemplo, un máximo de 60 días para resolver problemas de pagos).

- La tasa de resolución en 2014 fue prácticamente del 100 %, con un plazo de resolución medio de 32 días. El número total de quejas recibidas entre 2010 y 2014 fue superior a 485.000, con un fuerte incremento desde 50.000 en 2010 hasta casi 217.000 en 2013, o el 5,5 % de beneficiarios totales.[a] Esos números no incluían las quejas por errores de exclusión, cuyo seguimiento se llevó a cabo por separado.

Fuentes: República Dominicana: Vicepresidencia de la República Dominicana, 2014, Progresando con Solidaridad, Tema 7, Monitoreo Participativo de Servicios Sociales Mediante Reportes Comunitarios, Santo Domingo, https://www.scribd.com/document/248086281/Manual-7-Programa-Prosoli#download&from_embed; Filipinas: Patel et al., 2014.

a. De acuerdo con Patel *et al.* (2014), este es un porcentaje alto, «que indica que el MQR es bien conocido y ampliamente utilizado». No está claro, sin embargo, con respecto a qué se considera un porcentaje alto, ya que es bien conocido que el proceso de pago, por ejemplo, es particularmente arduo para los destinatarios, que en la mayoría de los casos necesitan invertir más de un día para recibir su pago.

Indicadores de eficiencia a lo largo de la cadena de implementación

Recepción y registro. La eficiencia de esta fase para los clientes se puede medir calculando el tiempo, los gastos y las visitas (TGV) que el cliente necesita para completar el proceso. Este valor mide la cantidad de tiempo que el cliente invierte en la recepción y el registro, los costos financieros que asume y el número de visitas que tiene que realizar para completar una solicitud. Para la administración, los indicadores más relevantes son los siguientes:

- *Tiempo de procesamiento para las solicitudes.* Cantidad de días naturales o laborables desde la fecha de la solicitud hasta la fecha de notificación. Este valor es especialmente relevante para los

sistemas por demanda. Es un indicador fundamental, sobre todo desde el punto de vista de las personas que han solicitado los beneficios o los servicios para una necesidad específica (ver el ejemplo del capítulo 2 para un análisis más detallado de este indicador).

- *Porcentaje de solicitantes a quienes se notifica el estado de elegibilidad o las decisiones de inscripción según los estándares de calidad (p. ej. < 30 días).* Este indicador permite a la administración hacer un seguimiento de hasta qué punto se cumplen los estándares. Otra opción es medir el volumen de solicitudes que entran en el sistema por día, semana o mes. El indicador alternativo debe estar emparejado con otro indicador para garantizar que se incentiven la calidad y la rapidez (por ejemplo, el porcentaje de solicitudes sin errores de información). La medida combinada ayudaría a alcanzar la eficiencia máxima al tiempo que se mantiene la calidad.

- **El gasto de una modalidad de recepción y registro**. Mide el gasto de la modalidad a lo largo del tiempo, o el gasto de un tipo de modalidad en comparación con otra (por ejemplo, el uso del papel frente al formato electrónico). En la siguiente subsección sobre las fuentes de los datos, se incluyen ejemplos sobre cómo se puede evaluar el último indicador, por ejemplo, el retorno sobre la inversión (ROI, por sus siglas en inglés). El Registro socioeconómico nacional de Pakistán (NSER, por sus siglas en inglés) probó la eficiencia de diferentes métodos para la recepción y el registro (recuadro 9.4).

Durante la **fase de evaluación de las necesidades y condiciones**, la eficiencia *para la administración* se mide a partir de los gastos de evaluación (o reevaluación). Para garantizar que se mantenga la calidad, este valor se compara con la eficacia de la selección o con el porcentaje de solicitantes seleccionados para un análisis de riesgos relevantes. Los gastos de las evaluaciones se definen de varias formas: gastos administrativos por el funcionamiento del registro social, para los sistemas por demanda; los gastos totales de una oleada de registros en masa, para los sistemas dirigidos por la administración; o los gastos de las evaluaciones de riesgos o necesidades, para los servicios (a continuación, se incluye una lista de los pasos para identificar los gastos).

Recuadro 9.4 Estudio de la relación calidad-precio para probar diferentes modalidades de registros masivos en el NSER de Pakistán

En 2017, Pakistán comenzó la actualización de su Registro Socioeconómico Nacional (NSER), que contiene datos sobre las características socioeconómicas de más de 25 millones de hogares (más del 85 % de la población). Para la campaña de registros de 2017, Pakistán decidió probar dos modalidades para comparar su eficacia y eficiencia: el método tradicional de puerta a puerta (D2D) y un método piloto de oficina temporal (ver capítulo 4).

El equipo del NSER realizó un estudio de relación calidad-precio para evaluar los pros y los contras de cada modalidad, y comparar su eficacia y eficiencia. Los resultados sugieren que la **rentabilidad general** fue mayor con el método tradicional D2D. Con el método de oficina temporal, los gastos totales fueron ligeramente superiores por hogar entrevistado, en concreto, fueron de USD 2,70 por hogar (PRe 287) en comparación con los USD 2,30 del método de D2D (PRe 246). En el método de oficina temporal, los costos de **diseño y puesta en marcha** fueron mayores, pero los **costos operativos** fueron inferiores (los costos operativos fueron de USD 1,34 por hogar para el método de oficina frente a los USD 1,8 del método D2D). Cuando se contemplan los errores de focalización simulados (errores de exclusión e inclusión), los costos del método de oficina fueron superiores. Por cada USD 1000 invertidos, el método de oficina erró en la selección de diez hogares más que el método D2D. Sin embargo, en la modalidad de oficina hubo menos errores de inclusión, principalmente debido a una menor cobertura y autoselección.

El método de oficina temporal tuvo varios problemas de **calidad durante la implementación**, en parte debido a que era un método de prueba con menos experiencias. Las lecciones aprendidas son interesantes: En general, la calidad del servicio en las oficinas fue elevada, con algunos problemas por la saturación y los tiempos de espera; más de dos quintos de los hogares volvieron a las oficinas para completar el proceso; en promedio, las mujeres experimentaron tiempos de espera más largos que los hombres (3 horas frente a 2,3 horas); los hogares pobres con limitado acceso a la información eran los que menos utilizaban las oficinas. Las principales dificultades eran los elevados gastos de bolsillo, las distancias que se debían recorrer hasta una oficina temporal, la falta de información sobre la modalidad y las dificultades para acceder al lugar. Además, se informaron una cantidad de errores en las oficinas: Entre el 5 y el 20 % de los hogares (40 % en algunas regiones) no registraron a todos los miembros de la familia; y algunos hogares dieron información errónea sobre alguna variable importante, por ejemplo,

continuación

---

registraron menos hijos de los que tenían, o se registraron bienes de más o de menos, lo que provocó que 18 % de los hogares estuvieran mal clasificados. A pesar de todo, dos tercios de los hogares estuvieron satisfechos con el proceso de registro, y la mayor parte (73 %) consideró que el proceso era transparente.

En términos de **comunicación y difusión**, se utilizaron varios métodos para aumentar la difusión de la información sobre la modalidad de oficinas. La mayoría de la gente conocía los centros de oficinas temporales y los utilizaban (75 %). Sin embargo, en algunas regiones, el conocimiento sobre ellas era relativamente escaso. La mayoría de las personas que conocían las oficinas temporales habían oído hablar de ellas a familiares o amistades (60 %) o en las mezquitas (27 %): Esas eran las fuentes más fiables. En general, los anuncios en las mezquitas tienen un amplio alcance, pues llegan hasta el 81 % de los hogares. Un aspecto interesante es que quienes ya eran beneficiarios del programa de transferencia monetaria *Programa de Apoyo a los Ingresos de Benazir* (BISP) utilizaban más la oficina que los hogares que no habían sido beneficiarios previamente (77 % frente al 50 %). Los hogares más pobres con acceso limitado a la información sobre el BISP utilizaban incluso menos las oficinas: el 30 % de quienes no conocían a un beneficiario del programa BISP iban a la oficina, en comparación con el 70 % de quienes sí conocían a un beneficiario (o que ya eran beneficiarios).

Sin embargo, el estudio de relación calidad-precio sugería que el método de oficinas temporales podía ser **útil en ciertos entornos**. La productividad de las oficinas temporales era mucho más elevada en las áreas urbanas que en las áreas rurales: 24 cuestionarios por día frente a 12 por día en los centros rurales (las medidas de productividad aún no están disponibles para el método D2D). Se ha demostrado que cambiar la ubicación de las oficinas temporales aumenta la cobertura en las áreas rurales de baja densidad, pero también resulta costoso.

El estudio concluyó que el método D2D era más rentable para los barridos censales de registros masivos. Sin embargo, también demostró que la modalidad de oficinas temporales podía ser interesante para campañas de registro más pequeñas, dinámicas y específicas, porque los errores de inclusión son menores. Además, la modalidad de oficinas temporales se puede mejorar con una estrategia para optimizar la localización y la cantidad de oficinas para atraer a los hogares más pobres, así como con herramientas de comunicación y de espera para gestionar el flujo de visitas. La conclusión del equipo del programa fue que el método de oficinas temporales era beneficioso solo si se conseguía que las personas más pobres utilizaran el proceso de registro, para lo cual el equipo debía mejorar sus comunicaciones, en especial los mensajes. El equipo tiene la esperanza de poder utilizar datos de GPS en el futuro, además de datos de prueba y trabajo cualitativo, para comprender mejor por qué algunos de los hogares pobres no pueden registrarse en las oficinas temporales.

Fuente: Rosas, Jamy y Khan, 2017.

En el caso de los beneficiarios, el sistema de desempeño puede hacer un seguimiento del tiempo transcurrido desde la solicitud hasta la notificación de elegibilidad.

Para las **decisiones de elegibilidad e inscripción** y para la **notificación e incorporación en el sistema**, el seguimiento de TGV para inscribirse en un programa, los gastos asociados a las transacciones de inscripción o los gastos de reevaluación son útiles para valorar la eficiencia *para las personas*, mientras que los tiempos de procesamiento desde la recepción y el registro hasta las decisiones de elegibilidad e inscripción, o hasta la notificación e incorporación en el sistema, son útiles *para la administración*.

Para evaluar la eficiencia de **las decisiones sobre el paquete de beneficios y servicios**, también se pueden utilizar indicadores de eficacia para medir la eficiencia *para la administración*. Estos indicadores se comparan con los gastos administrativos o con los gastos totales del programa para determinar cuánto se reduciría o aumentaría el desempeño del indicador a partir de una reducción o aumento de los recursos administrativos. Entre los indicadores para las decisiones, se encuentran los siguientes:

- Errores de inclusión (porcentaje de destinatarios que no eran parte de la población objetivo).
- Errores de exclusión (porcentaje de la población objetivo que no recibe las transferencias).
- Eficacia de la focalización (porcentaje de transferencias totales que llegan al grupo objetivo).
- Idoneidad de los beneficios (importe total de las transferencias en relación con el consumo o los ingresos del hogar para grupos elegibles).

Por ejemplo, una mayor frecuencia de errores de inclusión o exclusión indica que el sistema es ineficaz, porque los beneficios devienen en algunas personas externas a la población objetivo y no llegan a una parte del grupo objetivo, lo que merma el impacto general del programa para la reducción de pobreza. Y una frecuencia de errores mayor también indica ineficiencia en la distribución de los beneficios o los servicios, según cuánto de los gastos administrativos o del programa se invierte en beneficios que no tienen ningún impacto en la reducción de la pobreza. Finalmente, los niveles bajos de beneficios pueden ser ineficientes si no incitan a cambios en el gasto y en el consumo de los hogares.

Para las personas, la principal medida de eficiencia en la provisión de beneficios y servicios es la medida de tiempo, gastos y visitas (TGV) necesaria para llegar a una decisión sobre el paquete.

A la hora de analizar la eficiencia de **la provisión de beneficios y servicios**, hay varios indicadores e índices de desempeño que son de utilidad. *Para la administración*, se incluyen los siguientes:

- **El tiempo necesario para procesar el pago de beneficios** (en días calendario o laborables). La fuente de datos es el sistema de información para la gestión de beneficios. Para la medición, es fundamental definir los puntos de inicio y final. El punto de inicio sería el día en el que se presentó la solicitud del beneficio (para los sistemas por demanda) o la fecha de la última nómina para ese periodo de pago. El punto final sería la fecha en que los beneficios se transfieren a los destinatarios. De forma alternativa, se podría obtener una perspectiva más completa de la cadena de implementación

haciendo un seguimiento del número de días desde la fecha de registro o de inscripción hasta la primera solicitud de beneficios. Véase el recuadro 9.5 para un ejemplo de los pagos de asistencia social y beneficios por discapacidad en Egipto.

- **Gastos por pago**, cuantificable de diferentes formas, como se muestra a continuación:
  - *Relación costo-transferencia (RCT)*. La parte de gastos administrativos del presupuesto total del programa (gastos administrativos/gastos totales del programa) o los gastos administrativos de realizar una transferencia unitaria a un beneficiario (Tesliuc et al., 2014)
  - *Relación costo-transferencia total (RCTT)*. El gasto total, incluida la transferencia, de efectuar una transferencia individual a un beneficiario (gastos totales del programa/valor total de la transferencia). Cuanto más supere el RCTT la paridad, menos rentable será el programa (White, Hodges y Greenslade, 2013).

- **Costo unitario**. Costo del programa por hogar, por persona, o por paquete de transferencia o servicio (White, Hodges y Greenslade, 2013)

Recuadro 9.5 Medición de la eficiencia en la provisión de la asistencia social y beneficios por discapacidad en la República Árabe de Egipto

Takaful y Karama es un programa de transferencia monetaria de Egipto que proporciona beneficios a las familias más pobres con niños pequeños, personas mayores y personas con condiciones graves de discapacidad. El programa mide la eficiencia del sistema de pago registrando el número de días que tardan en llegar los fondos a las cuentas individuales de los beneficiarios a partir de la fecha estipulada de pago. El indicador objetivo inicial era un máximo de diez días desde la fecha programada de pago hasta que se efectuó el pago. El programa ha ido mejorando sus procesos, lo que dio como resultado una mejora de la eficiencia, y ahora todos los pagos se realizan en la fecha prevista y sin retrasos.

- *Costo administrativo por beneficiario.*
- *Costo de implementación directa como porcentaje de la transferencia.* Se centra específicamente en la rentabilidad de los proveedores de servicios de pago (White, Hodges y Greenslade, 2013)
- *Tiempo empleado en desarrollar un plan de acción individualizado*. Este indicador se utiliza para medir la eficiencia de la provisión de servicios sociales y laborales. Véase el recuadro 9.6 sobre Costa Rica.
  - *Costo unitario por servicio o persona; carga de casos por trabajador.*
  - *Tiempo empleado por un demandante de empleo hasta conseguir un trabajo.* Por ejemplo, Australia mide los resultados reales en comparación con las medidas pronosticadas mediante regresiones, para considerar las características de los demandantes de empleo y las condiciones del mercado laboral local (Comisión Europea, 2012).

Para las personas, los indicadores de eficiencia con la que se proveen los beneficios y los servicios incluirían los siguientes:

- *El TGV para que los beneficiarios reciban un pago.*
- *El gasto de cobro de los pagos en porcentaje del valor de la transferencia.*

A continuación, se muestra una serie de indicadores habituales que sirven para medir la eficiencia de la administración en la *gestión de las operaciones de los beneficiarios*:

- *Tiempos de procesamiento para el monitoreo de la actualización de datos, las quejas y reclamos, y las condicionalidades del beneficiario.* Este indicador se suele medir mediante encuestas al personal con autoevaluaciones, análisis de las cargas de trabajo o datos administrativos.

Recuadro 9.6 Medición de la eficiencia de la provisión de servicios sociales de la estrategia Puente al Desarrollo de Costa Rica

Puente al Desarrollo es una estrategia nacional de Costa Rica que tiene como objetivo abordar la pobreza con un método multisectorial e interinstitucional, para brindar a los hogares acceso al sistema de protección social, al desarrollo de capacidades, a las oportunidades de empleo y emprendimiento, y a una vivienda decente, al tiempo que reduce las desigualdades y fomenta el desarrollo humano y la inclusión social. El programa implica el desarrollo, la implementación y el control de los Planes de Intervención Familiar, así como las derivaciones a los beneficios y servicios. Los principales indicadores de desempeño utilizados por el programa para medir su eficiencia en la provisión de servicios sociales son los siguientes:

- **Tiempo necesario para desarrollar los Planes de Intervención Familiar**. Este indicador se desglosa por provincias: Entre enero de 2015 y junio de 2016,

el tiempo medio para el desarrollo de estos planes fue de 89 días.

- **Tiempo necesario para aprobar las derivaciones.** Este indicador se desglosa por proveedor de servicios. Entre enero de 2015 y junio de 2016, los datos fueron los siguientes:
  - El 44 % de las derivaciones se aprobaron en menos de 30 días.
  - El 29 % se aprobaron entre 31 y 60 días.
  - El 12 % se aprobaron entre 61 y 90 días.
  - El 15 % se aprobaron tras más de 90 días.
- **Porcentaje de familias que cumplieron los objetivos fijados en sus planes.** Este indicador también está desglosado por la cantidad de objetivos alcanzados. Entre enero de 2015 y junio de 2016, el 47 % de las familias no habían alcanzado ninguno de los objetivos de sus planes y tenían por alcanzar una media de seis objetivos.

Fuente: Auditoría operativa sobre la eficacia y eficiencia de la Estrategia Nacional Puente al Desarrollo para la Reducción de la Pobreza 2015-2018, en relación con el logro de sus objetivos, División de Fiscalización Operativa y Evaluativa de Costa Rica, diciembre de 2016.

– *Tiempo necesario para gestionar una queja.*
– *Casos por miembro del personal.* Para este indicador, una buena opción es comparar los casos con alguna norma razonable (fijada a través de un análisis de carga de trabajo), para determinar quién tiene una carga excesiva o demasiado leve.
– *Costo administrativo* de la frecuencia del monitoreo de las condicionalidades y los índices de cumplimiento (aunque es muy difícil separar estos gastos de otros tipos de gastos administrativos). De nuevo, esta información se recopila a través de un análisis de cargas de trabajo o de informes realizados por el personal mismo.
– *Costos asociados a la detección de errores, fraude y corrupción (EFC) frente a la cantidad de los beneficios erróneos recuperados.* Este valor es muy importante para el trabajo de EFC para garantizar que la cantidad de fondos recuperada siempre supere los gastos de la recuperación de esos fondos.

Identificación de costos

Es fundamental disponer de datos precisos sobre los costos para medir la mayor parte de los indicadores de eficiencia. Existen varias herramientas y métodos que ayudan a las instituciones a recopilar y calcular costos.[6] Para analizar cualquier valor de rentabilidad, es importante planificar y recopilar con frecuencia los datos de los gastos. Es habitual que la recopilación de estos datos se ignore y no se le dé prioridad. En este capítulo, se propone un esquema sencillo mediante herramientas de cálculo de gastos recientemente desarrolladas por el Banco Mundial (IRC, SIEF y Banco Mundial, 2019; Banco Mundial, 2018). Cuando se recopilan datos de gastos para medir la eficiencia de los sistemas de protección social, resulta útil seguir los siguientes pasos (Banco Mundial, 2018):

1. **Determinar el universo de actividades que se van a presupuestar**. ¿Qué intervenciones y actividades deberían incluirse (por ejemplo, toda la cadena de implementación o solo una o dos fases)? ¿Qué partidas están incluidas en los presupuestos actuales? ¿Qué áreas geográficas o grupos de beneficiarios se incluirán (por ejemplo, el costo de los sistemas de implementación de un distrito o el costo de los sistemas de implementación para un tipo de beneficio)?

Para ver un ejemplo de una evaluación de costos de las modalidades de recepción y registro, véase el recuadro 9.4.

2. **Definir las categorías de costos**. Para los fines de este esquema y de este libro de referencia, las categorías de costo seguirán a los actores principales (personas e instituciones), y a los factores facilitadores (comunicaciones, sistemas de información y tecnología) a lo largo de la cadena de implementación. En otros ejercicios, como el sistema de identificación y presupuestos, las categorías de costo pueden incluir recursos humanos, desarrollo de software, infraestructuras de TI centrales y servicios de asistencia. También es importante distinguir entre los costos de desarrollo o puesta en marcha y los costos de implementación recurrentes. Esto se logra añadiendo otra capa de categorías o desarrollando dos esquemas diferentes para el cálculo de los presupuestos, uno para la puesta en marcha y otro para la implementación.

3. **Definir los elementos de los costos dentro de las categorías de costos**. Revisar los presupuestos actuales, los gastos realizados y los datos administrativos disponibles de las distintas agencias, instituciones y organizaciones implicadas en la provisión de los beneficios de protección social ayuda a definir los elementos de los costos. Entre estos elementos se incluyen el personal (por cargo, ubicación, función, etc.), los materiales, combustibles, vehículos, alquiler de instalaciones y mantenimiento. También es necesario definir la perspectiva del ejercicio presupuestario. Las perspectivas más habituales son fiscales o financieras, privadas y costos sociales. Los costos fiscales o financieros solo incluyen los recursos monetarios necesarios para ejecutar un programa. Los costos privados hacen referencia a los gastos monetarios y de tiempo incurridos por los beneficiarios para solicitar un programa, cumplir con las corresponsabilidades, reevaluar las necesidades y las condiciones, y cobrar los beneficios, así como el tiempo empleado por los voluntarios en la comunidad y el uso de espacio comunitario. Los costos sociales combinan los costos financieros y privados, e incluyen todos los recursos necesarios para ejecutar el programa, incluso aquellos presupuestados o invertidos directamente por el programa y su personal, y los costos para los beneficiarios, las

comunidades y la sociedad. Véase la tabla 9.1 para un ejemplo de costos financieros.

4. **Determinar la proporción de elementos de costo dedicada a cada paso de la cadena de implementación.** Este paso refiere especialmente a los recursos compartidos o distribuidos a lo largo de la cadena de implementación, como el personal, el hardware o las instalaciones. La proporción se suele determinar, casi siempre, mediante entrevistas y encuestas al personal (recuadro 9.7).

5. **Recopilar los costos para cada elemento.** Los datos de los costos deberían proceder de múltiples fuentes (como gastos incurridos y otros datos financieros, entrevistas, encuestas, S y E, y datos administrativos), estar desglosados (por ejemplo, por tipo y cantidad de personal), ser específicos de la intervención (por fase de la cadena de implementación)

y recopilarse en tiempo real, antes y durante la implementación, si es posible. A continuación, se muestran los pasos principales para recopilar datos de los costos (IRC, SIEF y Banco Mundial, 2019; Banco Mundial, 2018):

• Decidir un marco temporal para los presupuestos. En el ejemplo de la tabla 9.1 es un año.

• Determinar las cantidades, los precios y la frecuencia de las compras para los elementos de los costos. Las encuestas y las entrevistas al personal del programa, los presupuestos, los datos de los gastos incurridos y los datos administrativos históricos son métodos útiles para identificar elementos y estimar los costos.

• Determinar qué datos de costos faltan y desarrollar un plan de recopilación de datos correspondientes.

Tabla 9.1 Ejemplo de estimación de costos

Fase de la cadena de implementación	Categoría de costo	Elemento de costo	Unidad	Precio unidad (divisa)	Unidades	Esfuerzo (%)	Costo total (divisa)
Difusión	Comunicaciones	Personal local	Cantidad de personal	20 000	100	20	400 000
Difusión	Comunicaciones	Costo del combustible	Millas	0,70	1000	100	700
Difusión	Comunicaciones	Vehículos de contrato	Días vehículo	20	20	100	400
Difusión	Comunicaciones	Materiales de difusión	Cantidad de paquetes	0,50	1000	100	500
Difusión	Comunicaciones	Alojamiento	Días	100	10	100	1000
Difusión	Comunicaciones	Tiempo del voluntario	Días	75	2	100	150
Difusión	Comunicaciones	Tiempo del ciudadano	Días	75	1	100	75
Difusión	Instituciones	Personal central	Cantidad de personal	30 000	3	10	9000
Difusión	Sistemas de información	Tabletas	Amortización anual por costo de tableta	75	50	10	375
Costo anual total de la fase de difusión							**412 200**

Fuente: Tabla original para esta publicación.

Recuadro 9.7 Consejos para mejorar las estimaciones de tiempo del personal

- **Preguntar por estimaciones de tiempo empleado en una actividad** en lugar de por la población atendida o el tiempo empleado en un área geográfica específica suele ser más fácil de evaluar para el personal.
- **Las estimaciones mensuales o trimestrales de cómo usa el tiempo el personal** proporcionarán unos datos relativamente precisos sobre cómo se utilizan los recursos compartidos en las diferentes actividades. Pedir al personal que recopile datos con frecuencias más altas supone una carga significativa con una reducida mejora de la calidad de los datos.
- **Para estimar cómo se comparte un recurso entre distintas actividades, es necesario que el personal tenga formación y experiencia en la asignación de gastos compartidos**. Para realizar esta asignación con precisión, es fundamental que el personal del programa tenga claro qué actividades forman o no parte de su espectro.

Fuente: IRC, SIEF y Banco Mundial, 2019.

6. **Finalizar la estimación de costos.** Después de llevar a cabo estos pasos, se pueden estimar los gastos de implementación de una o múltiples fases de la cadena o los gastos de una categoría, como la difusión, a lo largo de esta. En la tabla 9.1 se recoge un ejemplo de una estimación de cotos. Se incluyen los elementos de cada categoría de costos que son relevantes para la fase de difusión de la cadena de implementación. Las instalaciones centrales, el mantenimiento del hardware o el centro de asistencia no están incluidos porque su utilización durante la fase de difusión es muy limitada.

Una vez que se han recopilado los datos de los costos, estos se analizan para obtener datos para el seguimiento del indicador, la evaluación del desempeño o la selección de las opciones de diseño. Los costos, tal y como se trata más adelante, nunca deben utilizarse como datos independientes para tomar decisiones y siempre deben compararse con el valor de aquello que

Recuadro 9.8 Una nota sobre la recopilación de datos temporales

El tiempo es un valor fundamental para evaluar la eficiencia. Los datos temporales suelen ser un subproducto de la recopilación de datos de costos (por ejemplo, para obtener costo del personal tiene que haber una estimación razonable de su esfuerzo por actividad) y se pueden obtener a partir de dichos datos. Si en el ejercicio presupuestario se adquiere una perspectiva financiera, pero es necesario registrar cosas como el tiempo, los gastos y las visitas de los beneficiarios, encuestar a un grupo de beneficiarios proporciona estimaciones de estos valores. Las encuestas se pueden realizar una sola vez o pueden ser encuestas rápidas a los beneficiarios durante su solicitud, registro o visitas para recibir los beneficios.

se adquiere (los beneficios) para determinar la mejor línea de acción. Una vez que se han recopilado los datos de costos, estos sirven para obtener *relaciones costo-eficiencia* (dividir los costos entre los datos de resultados, como la cantidad de solicitantes del programa) o *relaciones costo-eficacia* (dividir los costos entre datos de resultados, como el índice de errores de inclusión durante el plazo). Véase la sección siguiente sobre fuentes de datos. En el recuadro 9.8 se incluye una nota sobre la recopilación de datos temporales.

Desafíos y buenas prácticas

Los sistemas de implementación suelen involucrar múltiples tipos de costos a lo largo de la cadena de implementación sin contar con un sistema central que haga su seguimiento y gestión (Tesliuc *et al.*, 2014; White, Hodges y Greenslade, 2013). Algunas de las dificultades son las siguientes:

- **Identificar y supervisar los costos de los sistemas de implementación es difícil.** Por ejemplo, los sistemas de información implican, por sí solos, varios tipos de costos. En la fase inicial, los costos de instalación incluyen recursos humanos, costos de desarrollo de software, obtención del hardware, formación y desarrollo de capacidades. La implementación y el lanzamiento también implican gastos, como el mantenimiento, las actualizaciones del sistema, el personal del servicio de asistencia, las instalaciones administrativas y los recursos humanos, entre otros.

- **Los costos se distribuyen a lo largo de varias fases de la cadena de implementación, entre los gobiernos centrales y locales, y entre varios donantes**. Además, los costos se distribuyen a lo largo del tiempo. De esta forma, los tipos y la cantidad de costos varían.

- **Generalmente, no existe un sistema de contabilidad central que haga un seguimiento de todos los costos a través de las diferentes entidades de implementación, donantes y tiempos**. Las modalidades de implementación varían en función quien implementa, no suele haber un método o sistema presupuestario centralizado o estándar, y muchos costos no quedan recogidos en los presupuestos o en los gastos incurridos, como los gastos asumidos por el beneficiario o los costos en especie.

Una manera de abordar el problema de la recopilación de costos distribuidos entre varias fuentes, considerando las dificultades de recopilación y clasificación de los distintos costos implicados, es utilizar un distrito o región de muestra a partir del cual se obtienen unos costos medios, en lugar de calcular los costos nacionales exactos (gráfico 9.8). Otros métodos para limitar el espectro son aunar el ejercicio para un intervalo de tiempo muy específico, para una fase de la cadena de implementación o para un tipo de programa.

Otro problema es la escasez de datos, que puede ser el resultado de (1) la complejidad de la cadena de implementación (puede distribuirse a través de diferentes niveles de gobierno y entre múltiples programas dentro de unidades, o puede haber una desconexión entre la estimación de presupuestos, y entre la administración de los costos y la administración del programa); (2) un conocimiento insuficiente de la metodología para cuantificar los costos administrativos en el programa o a nivel subnacional; (3) un conocimiento limitado de la utilidad de la información de los costos administrativos para el monitoreo y la evaluación (S y E); (4) falta de coherencia y transparencia en los costos indirectos, como las instalaciones o el tiempo compartido por el personal; (5) dificultad a la hora de separar los costos entre la puesta en marcha y el lanzamiento (de la cadena de implementación), sobre todo cuando el lanzamiento de los programas en distintas áreas geográficas implica ponerlos en marcha en cada vez más regiones o distritos; y (6) reticencia a compartir los datos de los costos, bien sea porque la información es sensible, como en el caso de los salarios del Gobierno, o bien porque hay preocupación

Gráfico 9.8   Costos por distrito y por elemento de costo en el registro social de Malaui

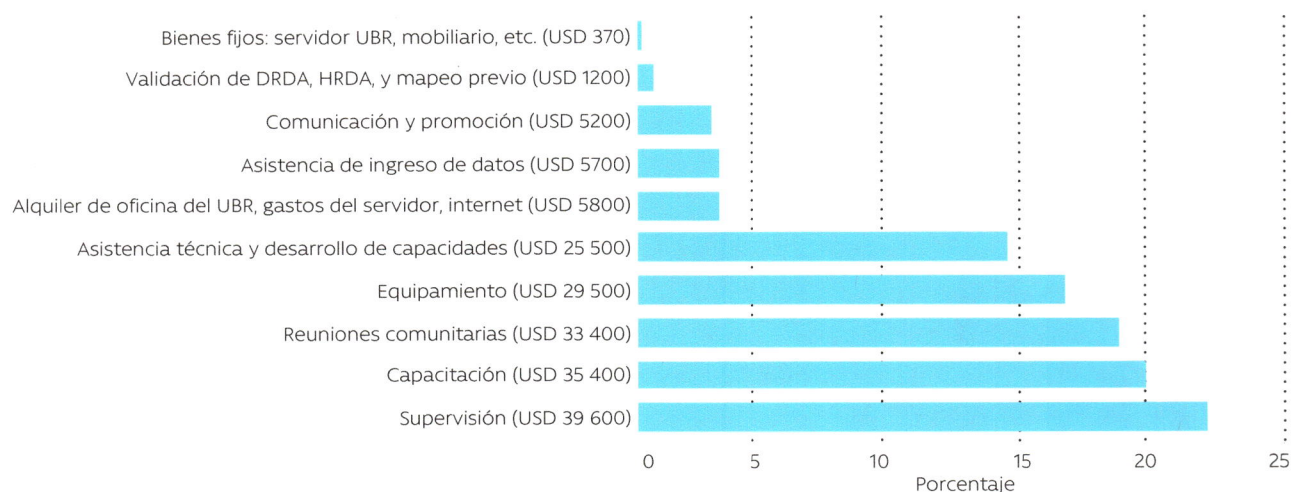

Fuente: Lindert *et al.*, 2018.

Nota: DRDA= directrices de recopilación de datos armonizados; HRDA = herramienta de recopilación de datos armonizados; UBR = Registro Unificado de Beneficiarios (registro social de Malaui).

por el uso de esos datos, por ejemplo, para recortar el presupuesto del programa (Holla, 2019).

Una manera de abordar el problema de la escasez de datos es planificando con antelación su recopilación. Para evitar ejercicios de datos costosos y retrospectivos, se deben establecer sistemas, o programar esfuerzos anuales, para recopilar los datos de costos en tiempo real. La planificación por adelantado aumentará la precisión de los datos y la eficiencia de la recopilación.

Otra dificultad importante es que los datos se pueden interpretar de manera incorrecta.

- Primero, las características del programa afectan a muchas medidas costo-beneficio, como la madurez y la cobertura del programa, el volumen y el tipo (efectivo o en especie) de la transferencia y otros elementos del diseño, como el método de focalización, la frecuencia de la reevaluación y el tipo de sistema de pagos. Por ejemplo, un programa con beneficios más generosos implicará, con el resto de las cosas iguales, un menor porcentaje de costos administrativos que un programa similar con transferencias más reducidas por beneficiario (Tesliuc *et al.*, 2014).
- Segundo, los costos administrativos bajos por unidad de resultado no implican necesariamente que un programa sea eficaz o eficiente. La RCTT y la RCT no nos dicen nada sobre qué están comprando o la calidad de la implementación. Una RCTT elevada puede, por ejemplo, implicar que hay desperdicio o que el beneficiario está recibiendo servicios complementarios, lo que incrementa la eficacia de la intervención.
- Tercero, los costos administrativos pueden ser elevados en un contexto de presupuesto limitado y con alta demanda de beneficios y servicios. Los costos no dependen solo de las dimensiones o la cobertura real de un programa, sino también del número de solicitantes o del índice de aprovechamiento, que determina la cantidad de esfuerzo administrativo empleado en las entrevistas, la verificación de los ingresos comunicados por los beneficiarios, las comprobaciones cruzadas, etc. (Tesliuc *et al.*, 2014).
- Cuarto, los costos administrativos pueden ser elevados debido a ineficiencias (en cuyo caso se deberían optimizar los procesos empresariales), pero también pueden ser mayores porque ciertas funciones incurren en mayores gastos para ser eficaces. Por ejemplo, los demandantes de empleo que son difíciles de

ubicar requieren una mayor asistencia y más recursos que los demandantes de empleo que están listos para empezar a trabajar, por lo tanto, algunas oficinas de colocación invierten más según los resultados obtenidos, y es necesaria una gestión del desempeño para destinar más recursos a los casos difíciles. De forma similar, el trabajo social es mucho más exhaustivo y costoso (cantidad y profundidad de entrevistas), con algunas familias que tienen necesidades más complejas que otras. Es importante tener esto en cuenta a la hora de interpretar los indicadores de costos.

- Quinto, puede haber intercambios entre los costos, por ejemplo, unos costos administrativos bajos pueden implicar TGV más altos para los beneficiarios, ya que los gastos se trasladan del programa a los beneficiarios. Así, el seguimiento de las dos categorías ha de realizarse de forma concomitante.
- Finalmente, la actualización de los sistemas puede ser algo costoso al principio, pero los resultados son significativos.[7] Durante los primeros siete años del programa Prospera de México, los costos administrativos se redujeron del 51 % del presupuesto total del programa al 6 %. Esto se logró gracias a las grandes inversiones iniciales en los sistemas (la compra de equipos, el diseño de los sistemas, la definición de los procedimientos, etc.), que rindieron beneficios durante muchos años, además de un incremento gradual en el número de beneficiarios que aprovecharon dichos sistemas (Lindert, Skoufias y Shapiro, 2006).

Una manera de garantizar que los datos se interpretan correctamente es no utilizar los datos de costos y las mediciones de eficiencia de forma aislada, sino como medidas relativas en comparación con una alternativa o con el progreso a lo largo del tiempo. Entre las buenas prácticas asociadas, se incluyen las siguientes:

- Solo las relaciones costo-eficacia nos pueden dar información sobre los logros en calidad y resultados, pero incluso estas relaciones han de interpretarse en términos relativos y deben medirse en relación con las compensaciones. Un programa piloto o de inicio tendrá una RCT más elevada que un programa más maduro, debido a los gastos fijos (como los grandes gastos administrativos iniciales para la compra de equipos, el diseño de sistemas o la definición de procedimientos), que son muy elevados al principio, pero no estrictamente proporcionales a la dimensión del programa, y tienden a reducirse con el tiempo según el programa se va haciendo más amplio (Beegle, Coudouel y Monsalve, 2018; Tesliuc *et al.*, 2014).

- Los costos de reducción de EFC deberían compararse con el valor de los beneficios recuperados.
- Los costos del desarrollo de sistemas de información en la puesta en marcha deberían compararse con los ahorros potenciales a lo largo de la vida útil del sistema.
- Llevar a cabo un análisis comparativo de un país a lo largo de diferentes periodos suele tener más valor que las comparaciones entre países. Estas últimas son más útiles cuando los países que se comparan tienen sistemas similares, un tamaño y un nivel de desarrollo similares. Sin embargo, las comparaciones internacionales de la RCTT sin un ajuste previo a la dimensión del programa o al nivel de desarrollo no son adecuadas debido a las diferencias entre sistemas.
- En los programas piloto o incipientes, proyectar el retorno de la inversión con el tiempo sirve para mostrar el valor de los elevados gastos iniciales de la puesta en marcha. Lo más importante para garantizar una interpretación adecuada de los datos es presentar el contexto en el que se encuentran.

Fuentes de datos

Existen tres grandes fuentes de datos que se utilizan para medir los indicadores principales del marco de desempeño de los sistemas de implementación: (1) datos administrativos de los sistemas de implementación; (2) fuentes de datos nacionales (de encuestas periódicas); y (3) datos que requieren un esfuerzo de recopilación específico e independiente. Obsérvese que pueden surgir algunos obstáculos a la hora de combinar distintas fuentes de datos para elaborar los indicadores de desempeño. Uno de estos obstáculos es la discrepancia de tiempo: mientras que los datos del programa se pueden recopilar de forma rutinaria, los datos de los hogares y censales son mucho menos frecuentes. El marco de resultados que se incluye en el anexo 9A indica qué fuentes de datos son adecuadas para cada indicador sugerido.

Datos generados por los sistemas de implementación

La mayor parte de los programas de protección social recopilan y procesan, de forma rutinaria, datos administrativos para la implementación y el seguimiento del programa. Los sistemas de información registran datos de los diferentes procesos llevados a cabo durante las fases de la cadena de implementación. Los datos administrativos también incluyen información sobre el personal y la contabilidad del programa, así como información financiera, que incluye los gastos administrativos y el valor de los beneficios del programa. Otra fuente importante de datos sobre el desempeño puede ser el MQR, tal como se expone en el capítulo 8 y en el recuadro 9.9.

Los datos administrativos ya existentes sobre los sistemas de implementación serán una fuente de información fundamental para evaluar el desempeño de los sistemas de implementación. Estos datos son una fuente importante de información sobre los indicadores relacionados con la calidad del registro, la eficiencia (como el tiempo de procesamiento en diferentes pasos de la cadena de implementación), el cumplimiento de los procedimientos operativos y las normas del programa, desempeño del mecanismo de quejas y reclamos, y los mecanismos de gestión y control de la información. Por ejemplo, indicadores como los índices de rotación del personal, la ejecución de los presupuestos, el porcentaje de transferencias monetarias hechas directamente a las cuentas de los destinatarios, los gastos administrativos, y el tiempo entre la definición del beneficio, la notificación y la entrega se pueden medir a través de datos administrativos. Asimismo, con datos de transacciones generados por el sistema de pago se obtiene el porcentaje de personas que reciben pagos de acuerdo con los estándares de calidad de cada ciclo. Dado que la calidad de estos datos es diversa, es importante hacer comprobaciones cruzadas con otras fuentes de datos (ver a continuación).

Otros datos administrativos y estadísticas nacionales

Los datos también se obtienen a partir de las estadísticas nacionales y otras fuentes. Es posible obtener buenos datos desde otras fuentes nacionales,

> **Recuadro 9.9** Uso de datos de reclamos para evaluar el desempeño del programa Pensión para Adultos Mayores de México
>
> En México, la Secretaría de Bienestar Social utiliza datos generados mediante el mecanismo de quejas y reclamos (MQR) para hacer un seguimiento del desempeño del programa Pensión para Adultos Mayores (PAM). Esto requiere una capacidad institucional específica y un proceso eficaz de generación de informes. El papel de la Dirección General de Atención a Grupos Prioritarios (DGAGP) de la Secretaría de Bienestar Social es crucial. Esta dirección es responsable de gestionar la implementación y el desempeño del programa de pensiones. La DGAGP creó una Dirección de Control específica cuya responsabilidad principal es la gestión de todos los indicadores de desempeño del programa PAM, así como recopilar todas las solicitudes, apelaciones o quejas del MQR, y hacer un seguimiento de las resoluciones. Otra función importante de esta dirección es identificar los patrones de resolución y presentar observaciones a la Dirección de Implementación. Dado que el programa revisa el manual de operaciones una vez por año (para su publicación en el Diario Oficial de la Federación antes del inicio del siguiente año fiscal), la Dirección de Control proporciona un compendio de problemas recurrentes detectados a través del MQR, junto con un conjunto de sugerencias para abordarlos.
>
> _Fuente:_ México, Secretaría de Desarrollo Social, «Lineamientos Específicos del Programa Pensión para Adultos Mayores 2017», Ciudad de México, enero de 2017.

como los censos, encuestas de hogares (especialmente, encuestas de medición de estándares de vida), o datos administrativos de otros sectores o sistemas de implementación (sanidad, educación y agricultura). Los datos de estas otras fuentes son especialmente útiles para validar la precisión de los datos administrativos de los sistemas de implementación. Por ejemplo, una comprobación cruzada con los datos de sanidad y educación permite verificar la precisión del monitoreo de las condicionalidades; y validar las clasificaciones socioeconómicas del registro contra una muestra de beneficiarios de protección social de una encuesta nacional de medición de estándares de vida puede resultar en una evaluación mucho más precisa de hasta qué punto el programa está llegando a la población objetivo. Los datos censales o las encuestas de hogares también miden el tamaño de la población objetivo y se pueden combinar con los datos de registro para determinar los índices de cobertura.

Datos que requieren una recopilación de datos específica e independiente

Existen indicadores y evaluaciones que requieren encuestas y análisis independientes. Algunos ejemplos se abordan a continuación (p. ej., auditorías de desempeño, la recomprobación de muestras, evaluaciones del proceso/desempeño, evaluaciones de las cargas de trabajo, revisiones de los procesos empresariales, revisiones institucionales, etc.). Estas encuestas serán necesarias para evaluar el desempeño de los indicadores relacionados con el cumplimiento de los estándares de calidad, la comprensión y la satisfacción del cliente, estimar las mediciones de TGV y los tiempos de procesamiento de la administración, y el acceso de grupos vulnerables, entre otros.

9.3 TIPOS DE EVALUACIÓN DE LOS SISTEMAS DE IMPLEMENTACIÓN

Se utilizan diferentes tipos de evaluaciones para valorar el desempeño de los sistemas de implementación. Dichas evaluaciones aplican diferentes enfoques, desde algunos más generales y amplios

hasta otros más centrados y específicos. Algunas evaluaciones están interrelacionadas y proporcionan datos o «inputs» para otras. Por ejemplo, las revisiones de los procesos comerciales suelen ser inputs para las revisiones de los sistemas de información, ya que permiten mapear los procesos que deben ser automatizados por el sistema de información. Asimismo, algunas evaluaciones, especialmente las más específicas, son parte de evaluaciones más amplias y generales. Por ejemplo, aunque las revisiones de los procesos comerciales pueden ser una evaluación independiente, también pueden formar parte de una evaluación de procesos más amplia. Para cada una de las evaluaciones, se pueden utilizar múltiples fuentes de datos e información para responder a preguntas específicas. La elección entre los distintos tipos de revisiones y los métodos utilizados para llevarlas a cabo debe estar siempre motivada por las preguntas clave de desempeño que el programa necesita responder. En esta sección, describimos brevemente ocho tipos de evaluaciones, sus objetivos, las preguntas a las que pueden responder y los métodos que se utilizan para responderlas. La tabla 9.2 resume las revisiones que se han incluido en este capítulo.

Evaluación del desempeño centrada en el cliente

Varias evaluaciones tratan de calibrar la eficacia y la eficiencia de los sistemas de implementación desde la perspectiva del cliente. El objetivo es evaluar si la cadena de implementación funciona bien para las personas, si cumple sus expectativas y si hay cuellos de botella específicos que deban abordarse.

Alcance y preguntas

La perspectiva de los clientes sobre el desempeño de la cadena de implementación puede abarcar todas las etapas para calibrar su experiencia global, o puede centrarse en partes específicas de la cadena y profundizar en obstáculos concretos. Esta revisión puede buscar la experiencia «media» de los clientes recurriendo a un muestreo aleatorio (estratificado) o buscar las opiniones de grupos específicos de clientes para los que puedan existir barreras de acceso. Las preguntas de evaluación abarcarían lo siguiente:

- ¿Cómo viven los grupos vulnerables el proceso de registro en el programa? ¿A qué obstáculos se enfrentan y por qué?
- ¿En qué medida el programa satisface las expectativas de los clientes con respecto al sistema de pago? ¿Qué funciona y qué no funciona desde el punto de vista de los clientes?
- ¿Cuál es el grado de satisfacción de determinados grupos de clientes con las comunicaciones del programa sobre los beneficios y servicios?
- ¿En qué medida el programa satisface las necesidades de información de los clientes? ¿Qué expectativas no se han cumplido? ¿Cuál ha sido el motivo por el cual no se han cumplido?

Tabla 9.2 Tipos de evaluaciones para medir el desempeño de los sistemas de protección social

Tipo de evaluación	Uso indicado
Evaluación del desempeño centrada en el cliente	Evaluar el desempeño de la cadena de implementación desde la perspectiva de los clientes.
Evaluación del proceso	Evaluar lo que funciona y lo que no funciona en la aplicación del programa, y encontrar opciones para mejorar la implementación.
Revisión del proceso comercial	Evaluar la eficacia de los procesos comerciales específicos que se utilizan en la cadena de implementación.
Auditoría de cumplimiento	Evaluar si se cumplen las normas, directrices y protocolos.
Análisis de eficiencia	Evaluar los costos relativos a los resultados de varios sistemas o procesos.
Evaluación comparativa	Comparar el desempeño de dos o más sistemas de implementación.
Revisión de los sistemas de información	Evaluar si los sistemas de información son apropiados, y mantener la integridad y el uso de los datos.
Revisión institucional	Evaluar si la estructura organizativa, los sistemas de gestión y el personal son adecuados.

Fuente: Tabla original para esta publicación.

Métodos

Existen numerosas herramientas y técnicas de evaluación para recopilar las perspectivas de los clientes sobre la eficacia y la eficiencia de la cadena de implementación, y hay una amplia literatura sobre el seguimiento y la evaluación participativos y sobre cómo involucrar a los clientes de un programa en el proceso de evaluación (por ejemplo, Chambers, 2009; Guijt y Gaventa, 1998; Holland, 2013). Aquí destacamos dos herramientas específicas que se utilizan ampliamente para analizar el desempeño de las cadenas de implementación de protección social:

- **Las hojas de ruta** son una herramienta que ayuda a diseñar la experiencia del cliente de punta a punta cuando transita por las diferentes fases de la cadena de implementación. En este sentido, se trazan las experiencias, las expectativas, los comportamientos y las emociones de la persona (altibajos, puntos críticos) a lo largo de ese recorrido. También evalúan hasta qué punto los objetivos de desempeño y las normas de calidad cumplen sus expectativas (véase el capítulo 2). Los datos en los que se apoyan las hojas de ruta pueden proceder de diversas fuentes, como entrevistas con los clientes, seguimiento u observación a lo largo de las distintas etapas de la cadena de implementación, o de datos específicos con fecha y hora registrada generados por los sistemas de información subyacentes a la cadena de implementación.
- **Las encuestas de satisfacción de los usuarios o de los beneficiarios** también proporcionan información valiosa sobre el desempeño. Su objetivo es medir el desempeño de los proveedores desde la experiencia de la gente con la implementación de los beneficios y servicios. Estas encuestas recopilan datos sobre las conductas, conocimientos, percepciones y prácticas de las personas, todos ellos relevantes para evaluar la calidad de los servicios y los indicadores de la demanda. Algunos ejemplos de indicadores medidos a través de las encuestas de hogares y de beneficiarios son el nivel de satisfacción con los beneficios y los servicios, los costos de transacción (en términos de dinero y tiempo invertido, y el número de visitas) que conlleva la participación en el programa, la cantidad y la frecuencia de las transferencias de asistencia social,

la accesibilidad de los servicios, el conocimiento de los derechos y las obligaciones, y el compromiso con el programa. Las encuestas nacionales de hogares también son útiles para las medidas de focalización y para la medición independiente de la cobertura de los servicios.

Evaluaciones de procesos

Las evaluaciones de procesos se centran en valorar los procesos que subyacen a la implementación; a veces, también se denominan «evaluaciones de implementación». Sus principales objetivos son identificar lo que funciona y lo que no funciona, así como identificar formas de mejorar la implementación. Evalúan la eficacia de determinadas fases de la cadena de implementación, al tiempo que identifican las limitaciones que los clientes o la administración pueden encontrar en los procedimientos. Estas evaluaciones son principalmente formativas, en la medida en que aplican métodos de evaluación para intentar mejorar la forma en que se imparten los programas. Si las preguntas de la evaluación se centran mayormente en la valoración de los efectos o los resultados, se suelen denominar «evaluaciones de programas».

Alcance y preguntas

Identificar las preguntas clave de la evaluación es un elemento vital. Los estudios individuales pueden centrarse en una o varias preguntas de evaluación. A continuación, se presentan ejemplos de preguntas relevantes que podrían abordarse con estos tipos de evaluación:

- ¿Qué procesos se han utilizado, con qué intención, qué ha pasado y qué podemos aprender?
- ¿Cómo han adaptado la administración y los clientes su comportamiento al nuevo proceso, procedimiento o innovación?
- ¿En qué medida se coordinan los organismos a lo largo de la cadena de implementación? ¿Por qué o por qué no?
- ¿Se han asegurado y puesto a disposición los recursos en el momento adecuado y en una cantidad óptima, y se han minimizado los costos?
- ¿Cómo viven los grupos vulnerables el proceso de recepción y registro en el programa? ¿A qué obstáculos se enfrentan y por qué?

Métodos

El campo de la evaluación de programas ha evolucionado drásticamente en la última década y es cada vez más sofisticado, ya que aprovecha nuevas fuentes de datos y técnicas para desentrañar la caja negra de los sistemas de implementación de protección social. Para comprender el funcionamiento interno de los sistemas de implementación, suelen justificarse los métodos mixtos que se apoyan en datos cuantitativos y cualitativos. Los métodos de recopilación de datos cualitativos (como las entrevistas, las encuestas y los grupos focales) permiten conocer las percepciones de los clientes y los administradores sobre determinados aspectos de los sistemas de implementación, incluida la interfaz con el cliente. El uso de los registros de la agencia o de los datos de seguimiento para identificar patrones de comportamiento o problemas es también una parte típica de la evaluación de un programa. Se pueden utilizar otros métodos de investigación para responder a preguntas de evaluación específicas, como el análisis de redes (para evaluar la coordinación), o los experimentos de comportamiento, como el modelo de elección discreta. Por último, las observaciones directas pueden ser otro recurso de gran utilidad (recuadro 9.10).

Recuadro 9.10 **Evaluación del proceso para el programa de ingreso mínimo garantizado (IMG) de Grecia**

En 2016 se llevó a cabo una evaluación del proceso de la primera fase de lanzamiento nacional del programa de Ingreso mínimo garantizado (IMG) de Grecia, denominado «Ingreso de Solidaridad Social» (SSI, por sus siglas en inglés). La primera fase implementó el programa desde julio hasta diciembre de 2016 en 30 municipios de Grecia.

El objetivo de la evaluación era comprender cómo se llevaban a cabo los procesos comerciales con respecto a los procedimientos detallados en el manual de operaciones y en la Decisión Ministerial Conjunta (JMD, por sus siglas en inglés), que proporcionó la base legal para la aplicación de la primera fase del SSI. La evaluación se apoyó en varias fuentes de información, además del manual de operaciones y la JMD. En primer lugar, se mantuvieron entrevistas con los miembros de la Unidad del Programa SSI, con el personal de la agencia gubernamental electrónica (IDIKA) responsable de la aplicación del SSI-Fase 1 y con funcionarios del Ministerio de Trabajo, Seguridad Social y Solidaridad Social (MoLSISS) para entender cómo se implementaba y supervisaba el programa a nivel central. En segundo lugar, se organizaron grupos focales en 18 municipios de fase 1 entre el personal municipal implicado en la aplicación del SSI a nivel local. En tercer lugar, se organizaron grupos focales con beneficiarios del SSI en 17 municipios.

Los resultados de la evaluación confirmaron que el programa se implementó sin problemas y fue muy bien aceptado por los beneficiarios y por el personal municipal. La mayoría de los beneficiarios y el personal municipal apreciaron la claridad del formulario de solicitud y el hecho de que los solicitantes fueran informados del resultado inmediatamente después de su presentación. El sistema de información que respalda el programa soportó muy bien el volumen de solicitudes; aprovechando así su aceptación, los municipios pudieron organizar una amplia campaña de comunicación utilizando el material distribuido antes de la puesta en marcha del programa. Sin embargo, la evaluación también descubrió que el programa seguía sin definir y aplicar componentes críticos que podrían aumentar significativamente el éxito de la implementación completa. Estos incluían (1) una unidad del programa SSI a tiempo completo con funciones y responsabilidades claras, incluido un equipo informático especializado y dedicado; (2) una comunicación oportuna y amplia a nivel local, así como una estrategia completa de capacitación y readaptación profesional para el resto de los municipios; y (3) un mecanismo de quejas y reclamos.

El programa se perfeccionó a partir de los resultados de la evaluación del proceso, y en febrero de 2017, el SSI se lanzó finalmente a nivel nacional. En la actualidad, el programa llega a más de 300.000 hogares y bastante más de 600.000 personas (el 6,5 % de la población), y se considera en general, un medio importante y exitoso de apoyo público a la renta básica para las personas pobres.

Fuentes: Marini *et al.*, 2017.

Revisión del proceso comercial

Las revisiones de los procesos comerciales (RPC) constituyen un subconjunto de las evaluaciones de los procesos (véase el mapeo de los procesos de la cadena de implementación en el capítulo 2). Puede tratarse de estudios independientes o estar integradas en otras evaluaciones. Su objetivo es valorar la eficacia de los procesos y procedimientos comerciales actuales, identificar las deficiencias y encontrar oportunidades de mejora. Este tipo de revisiones también son útiles para identificar posibles áreas de ahorro de costes. Las RPC deben identificar tanto las ventajas como los inconvenientes de cada opción que presentan.

Alcance y preguntas

Una RPC puede ser exhaustiva y abarcar todos los principales procesos que subyacen a la cadena de implementación, o puede centrarse solamente en algunos de ellos. Por lo general, las RPC revisan los siguientes procesos: divulgación y comunicación, recepción y registro, inscripción, provisión de beneficios o servicios, gestión de quejas y monitoreo del cumplimiento de las condicionalidades. Entre las preguntas de interés, se incluyen las siguientes:

- ¿Quiénes son los principales actores del proceso y cuáles son sus funciones y responsabilidades?
- Los actores relevantes, ¿implementan procesos clave tal y como se pretende en el programa y se establece en el manual de operaciones (fidelidad)?
- ¿Qué cuellos de botella surgen durante la implementación de los procesos?
- ¿Qué prácticas funcionan mejor que otras?
- ¿Cómo vivieron el proceso los clientes y otras partes interesadas?
- ¿Cuáles son las opciones viables para ajustar (corregir) el proceso, y cuál sería el resultado probable en la mejora de la eficiencia o la eficacia si se adoptaran?

Métodos

En una RPC se puede aprovechar una serie de herramientas, métodos y fuentes de datos, como entrevistas o grupos focales con los administradores y clientes. Los mapeos de procesos son una herramienta útil para representar gráficamente una serie de tareas o actividades que constituyen el proceso en cuestión. El mapeo de procesos promueve la comprensión y una mejor comunicación del proceso examinado, incluidas las lagunas, los cuellos de botella, los pasos redundantes o las ineficiencias. Los mapeos de procesos también se utilizan para visualizar y comunicar cómo sería un proceso mejorado. También adoptan diversas formas, como diagramas de flujo para demostrar las secuencias de tareas ejecutadas dentro de un proceso. También se complementan con un gráfico de definición del proceso, que muestra la información aplicada, los recursos para cada actividad y el resultado obtenido. El uso de «carriles» puede ser especialmente útil, como se explica en el capítulo 2. (Véase el recuadro 9.11.)

Auditorías/comprobaciones de cumplimiento

El objetivo principal de las auditorías de cumplimiento es determinar si las normas, los procesos y los procedimientos se siguen de conformidad con los requisitos del programa y los procedimientos operativos estándar. Las auditorías pueden realizarse en cualquier parte de la cadena de implementación, así como en los sistemas de información subyacentes. Estas auditorías de cumplimiento se utilizan para verificar si la información recibida por el programa coincide con el beneficiario real, la información almacenada en el sistema de información y la información registrada en otros lugares (por ejemplo, los registros escolares para el monitoreo de condicionalidades). Cuando se aplican específicamente a los pagos, las auditorías de cumplimiento tienen como objetivo verificar si los pagos se dirigen a los beneficiarios correctos y si se efectúan de acuerdo con lo establecido por el paquete de beneficios/servicios, según el manual de operaciones. En los sistemas de implementación de protección social, estas auditorías se denominan con más frecuencia «inspecciones sociales» (incluidas las comprobaciones de cumplimiento y las investigaciones de fraude).

Alcance y preguntas

Entre las posibles preguntas de auditoría, se encuentran las siguientes:

Recuadro 9.11 Revisión de los procesos comerciales y los sistemas de información del Programa 4P (Programa Pantawid Pamilyang Pilipino) de Filipinas

En 2016 se llevó a cabo una revisión de los procesos comerciales y los sistemas de información del Programa *Pantawid Pamilyang Pilipino* (4P) de Filipinas para identificar las áreas de mejora que harían que el programa fuera más eficiente y respondiera a las nuevas necesidades. La evaluación se llevó a cabo en el contexto de los cambios en las normas del programa, que incluían la propuesta de pasar de hogares beneficiarios a familias beneficiarias, la ejecución del proyecto de almacén de datos del Departamento de Bienestar Social y Desarrollo (DSWD) y la descentralización de las transacciones del programa a las oficinas regionales del DSWD.

Se revisaron siete procesos comerciales: (1) recepción, registro y actualizaciones; (2) monitoreo y verificación del cumplimiento; (3) cálculo y pago de los beneficios; (4) notificación, gestión y resolución de quejas; (5) evaluación de la oferta; (6) gestión de datos y generación de resúmenes e informes; y (7) formulación y tramitación de solicitudes de cambio de políticas y procesos comerciales.

Además, se revisaron siete sistemas de información: (1) Rutina de Comprobación de Elegibilidad; (2) Sistema de Registro de la Asamblea Comunitaria (CARS); (3) Sistema de Actualización de Beneficiarios (BUS); (4) Sistema de Verificación de Cumplimiento (CVS); (5) Sistema de Pago; (6) Sistema de quejas y reclamos; y (7) Sistema de Evaluación del Suministro.

Se crearon diagramas de flujo de «carriles» de la situación actual y futura para comprender los procesos comerciales actuales y futuros. Asimismo, se crearon diagramas de flujo de datos actuales y futuros para evaluar los sistemas de información actuales y los futuros.

La revisión concluyó que el programa 4P era capaz de cumplir sus objetivos de llegar eficazmente a más de 4,4 millones de beneficiarios, pero que todavía había un margen de mejora importante en cuanto al monitoreo y a la garantía de integridad y exactitud de los datos. Las principales vulnerabilidades del programa estaban relacionadas con las múltiples tareas que se realizaban manualmente en los procesos del 4P, junto con sus sistemas de información no integrados. La revisión recomendó una mayor automatización de los procesos y sistemas de información integrados. Estos pasos implicaron la mejora de la infraestructura tecnológica del programa 4P, que se centró, principalmente, en la actualización de su base de datos.

Fuente: PWC, 2016.

- ¿En qué medida la implementación del programa se ajusta a las directrices y procedimientos definidos en el manual de operaciones?
- ¿Se están evaluando los criterios de elegibilidad de conformidad con los parámetros del programa?
- ¿Se está llevando a cabo el proceso de pago de conformidad con los requisitos del programa? ¿Se dirigen los pagos a los beneficiarios correctos en el plazo adecuado?
- ¿En qué medida el ingreso de datos, la verificación de la calidad de los datos y la elaboración de informes se ajustan a la política de datos del programa? ¿Qué áreas de la gestión de datos necesitan ajustes?
- ¿Se gestiona el sistema de reclamos de forma transparente y ética, y se garantiza que se cierra el círculo entre los beneficiarios del programa y su administración?

- Si hubo discrepancias, ¿por qué se produjeron y qué efectos tuvieron sobre el programa en general?
- ¿Cuál es la eficacia de los procesos y directrices definidos? ¿Hay margen para mejorar la eficiencia?

Métodos

Mediante comprobaciones aleatorias o de nuevos controles por muestreo, las auditorías de cumplimiento validan la exactitud de la información recibida y registrada por los sistemas del programa, por ejemplo, con respecto a la efectiva entrega de los pagos a los beneficiarios (véase el recuadro 9.12).

Análisis de eficiencia

Algunas evaluaciones de desempeño buscan principalmente comparar los costos de sistemas, procesos

Recuadro 9.12 Auditoría de cumplimiento: Comprobación de beneficios en función de los perfiles de riesgo en Moldavia

El Programa de Ingreso Mínimo Garantizado de Moldavia de transferencias monetarias, Ajutor Social, utiliza la comprobación sustitutiva de medios de vida (CSM) para evaluar las necesidades y condiciones y determinar la elegibilidad de los hogares pobres para recibir los beneficios. El programa demostró una buena precisión en la focalización, aunque, según las estimaciones, alrededor del 35 % de ellos no calificaban para recibir los beneficios. A fin de reducir los errores de inclusión del programa, en 2011 el Gobierno puso en marcha la Agencia de Inspección Social (SPA), cuyo mandato era minimizar el riesgo de errores, fraude y corrupción (EFC) en el sistema de asistencia social. La SPA realiza un control a posteriori de los beneficios de asistencia social para verificar si los pagos se dirigen a los beneficiarios correctos, en la cantidad correcta y de acuerdo con las normas y reglamentos.[a] Un equipo de unos cinco miembros del personal se encarga de hacer comprobaciones en el terreno de los beneficios recibidos por más de 50.000 hogares en todo el país.

En el periodo 2012-2014, la SPA realizó una primera criba revisando todos los casos de beneficios activos, distrito por distrito. En aquel momento, la agencia establecía sus normas y procedimientos operativos, y el índice de detección de EFC, definido como el número de irregularidades detectadas por cada 100 casos inspeccionados, apenas superaba el 10 %. En el periodo 2014 2015, la SPA elaboró su primer manual operativo completo con pasos estandarizados para las campañas de inspección de beneficios, normas claras para identificar y hacer un seguimiento de los distintos tipos de irregularidades, y procedimientos mejorados para registrar y supervisar los resultados de las campañas. La SPA aplicó los nuevos procedimientos a la primera ronda de inspecciones de riesgo. En primer lugar, en 2015, las inspecciones se realizaron sobre una muestra aleatoria y revelaron pagos en exceso y en defecto en el 64 % de los casos de beneficios inspeccionados. A continuación, se utilizaron las características estadísticamente significativas de los casos con pagos excesivos y pagos insuficientes de la muestra aleatoria para elaborar perfiles de riesgo y seleccionar los casos con mayor probabilidad de EFC. Aplicando esos perfiles de riesgo, la SPA pudo aumentar en 20 % la tasa de detección de fraudes y errores en 2016, en comparación con 2015, mientras que el valor monetario de las irregularidades identificadas fue cinco veces mayor que en la campaña anterior.

Desde entonces, la SPA ha estado trabajando para convertir la experiencia de inspección de riesgo en una práctica operativa sostenible. En 2016, la SPA comenzó a utilizar un módulo del sistema de información de gestión de la asistencia social, que está conectado con la base de datos de beneficiarios, así como con diversos registros públicos, para planificar las campañas de EFC, hacer comprobaciones en el terreno y supervisar sus resultados. Los datos recopilados a través de una campaña de EFC de muestra aleatoria en 2018 ayudaron a desarrollar nuevos perfiles de riesgo que se utilizaron para seleccionar casos para otra ronda de inspecciones basadas en el riesgo en 2019.

El trabajo de la SPA ha contribuido a mejorar el desempeño del programa Ajutor Social. Los errores de inclusión se redujeron de 60 % en 2011 a 40 % en 2016, mientras que la cobertura de los beneficios se duplicó durante el mismo periodo. El porcentaje de errores diferentes identificados a través de las campañas de muestras aleatorias disminuyó significativamente, de 64 % en 2015 a 38 % en 2018 (la disminución más significativa se produjo en los errores relacionados con los ingresos). Para garantizar la sostenibilidad de los procesos, la SPA está incorporando los algoritmos de perfil de riesgo a sus normas operativas y a su sistema de información para generar ajustes continuos de los algoritmos basados en los resultados de las inspecciones en tiempo real. Para maximizar los resultados de la inspección en cuanto a la disuasión de los EFC y la relación costo-beneficio de las campañas, la SPA también está reforzando su función de ejecución para permitir la recuperación de los beneficios que se pagaron a los hogares que no cumplían los requisitos.

Fuente: Yulia Smolyar, Especialista en Protección Social, Banco Mundial.

a. El control previo de los beneficios se realiza en la fase de evaluación de la elegibilidad mediante el cruce de la información autodeclarada por el solicitante con los datos de los registros públicos, lo que conduce posteriormente a la decisión de calificación.

o cursos de acción alternativos. Existen diferentes tipos de análisis de eficiencia: Los **Análisis de eficacia en función de los costos (CEA)** tienen como objetivo relacionar los costos de un programa o de los sistemas de implementación con su(s) resultado(s) claves de interés. Cuando esos resultados o beneficios se monetizan, las evaluaciones suelen denominarse **Análisis costo-beneficio (CBA)**. Cuando el principal objetivo de la revisión es identificar áreas de ahorro de costos o garantizar el cumplimiento de directrices presupuestarias específicas, las auditorías estarían justificadas.

Métodos[8]

Ya hemos hablado de cómo recopilar y analizar indicadores de eficiencia específicos. Estos indicadores se combinan para producir un análisis de eficiencia más amplio u holístico de los sistemas de implementación o de uno de sus componentes, como un *análisis de retorno de la inversión (ROI)* sobre los costos de actualización de un sistema de información (véase el ejemplo del condado de Montgomery en el recuadro 9.13 y el gráfico 9.9). Por lo general, estos análisis tienen en cuenta todos los costos y beneficios que se derivan para los contribuyentes, los participantes o cualquier otro grupo que se vea afectado por el programa estudiado, lo que ofrece una perspectiva amplia. Un análisis de eficiencia financiera solo tiene en cuenta los costos y beneficios monetarios del programa, la organización, el ministerio o el departamento en cuestión, mientras que un análisis de eficiencia social más amplio incluiría también los costos sociales, como los de los solicitantes, las comunidades, etc. El enfoque de los análisis CEA o CBA consiste en establecer un escenario de referencia con respecto al cual se medirán los costos o beneficios marginales o incrementales. Hay que decidir qué costos y beneficios deben reconocerse y estimarse. A la hora de evaluar el desempeño de los sistemas de implementación de protección social, es una buena práctica tener en cuenta también los costos y beneficios sociales, y comparar el desempeño a lo largo del tiempo dentro del mismo programa o con el de otros países de niveles de desarrollo similares y con programas parecidos. La cuantificación (CEA) o monetización (CBA) de los beneficios es esencial. Hay que utilizar un porcentaje de descuento para obtener el valor actual del programa dentro de un periodo determinado.

Otros análisis de eficiencia consisten en la evaluación comparativa de varias entidades de un programa encargadas de ejecutar las mismas tareas, por ejemplo, comparando múltiples ventanillas únicas/centros de servicios o múltiples entidades de registro. Las revisiones consisten en comparar las entidades a través de un cierto número de atributos (como la relación entradas/salidas) y clasificarlas, lo que permite identificar qué partes del sistema son especialmente eficientes (por ejemplo, entre las sucursales descentralizadas) y qué sucursales se están rezagando. Las revisiones recogen las aportaciones del personal en todas las categorías (por ejemplo, personal administrativo, asistentes sociales, especialistas en TI) y el presupuesto (incluidos los salarios y los costos operativos), así como los resultados (por ejemplo, el número de empleadores contactados, las escuelas verificadas o los casos supervisados). Una buena práctica sería evaluar también los efectos (por ejemplo, el éxito en la búsqueda de empleo, las tasas de ubicación laboral, etc.) para que haya una medida de la calidad frente a las cifras de eficiencia (como ya se ha dicho, los costos más bajos no siempre se traducen en mejores resultados).

Evaluación comparativa

La evaluación comparativa puede ser un ejercicio específico o un método utilizado en otros tipos de evaluaciones. Consiste en comparar el desempeño o los procesos entre organizaciones o sucursales, dentro de una organización o entre países. El objetivo es identificar y aprender de las buenas prácticas mediante un proceso estructurado de comparación.

Alcance y preguntas

Se compara el desempeño o los procesos. Si el objetivo es comparar el desempeño global de los sistemas de implementación, es preferible la evaluación comparativa del desempeño. Por el contrario, si el objetivo es aprender de otras experiencias para procesos o procedimientos específicos a lo largo de la cadena de implementación, se debe favorecer la evaluación comparativa de procesos. Se analizan y comparan los procesos y procedimientos de diferentes programas o entidades de protección social, porque es probable que conduzcan a diferentes resultados o efectos. Por ejemplo, sería útil

Recuadro 9.13 Análisis del desempeño de la inversión de los contribuyentes en el condado de Montgomery, Maryland (EE. UU.)

Entre 2013 y 2014, el Departamento de Salud y Servicios Humanos (DHHS) del condado de Montgomery (Maryland, EE. UU.) realizó un análisis del retorno de la inversión de los contribuyentes (ROTI) para proporcionar un caso comercial que demostrase el retorno sobre la inversión de los dólares de los contribuyentes a partir de la implementación de una tecnología interoperable y un protocolo de trabajo en equipo intensivo para un subconjunto específico de la población objetivo.

El DHHS del condado de Montgomery ofrece una amplia gama de servicios humanos y de salud pública para atender las necesidades de niños, adultos y personas mayores más vulnerables de la comunidad a través de cinco áreas de servicio claves: Servicios de Envejecimiento y Discapacidad; Servicios de Salud Mental y Crisis; Servicios para Niños, Jóvenes y Familias; Servicios de Salud Pública; y Viviendas para Necesidades Especiales. En aquel momento, esos servicios funcionaban de manera aislada, lo que dificultaba la satisfacción de las necesidades de los clientes desde una perspectiva holística. Para superar esta dificultad, el departamento decidió invertir en una tecnología interoperable y en un proceso de gestión social individualizada integrada que permitiera la colaboración entre múltiples funciones, aumentara la eficiencia operativa de todos los organismos y, en última instancia, condujera a un mejor servicio y resultados para los beneficiarios.

El modelo ROTI se centró en los costos y beneficios de aplicar un sistema interoperable y un protocolo de trabajo en equipo intensivo (ITP) a los «usuarios de apoyo intensivo» en dos poblaciones objetivo: jóvenes en edad de transición y personas sin hogar. Los usuarios de apoyo intensivo son los beneficiarios más caros y representan un pequeño porcentaje de la población de servicios del DHHS del condado de Montgomery (cerca del 5 %). Las categorías de jóvenes en edad de transición y personas sin hogar representan el 80 % de todos los usuarios del apoyo intensivo.

La metodología se centró en cuatro pasos clave para analizar el valor de la inversión del condado: (1) identificar los grupos de beneficiarios objetivo utilizando un conjunto de criterios definidos y crear un perfil de «persona tipo» para cada grupo objetivo; (2) desarrollar una lista de paquetes de servicios que sean los más utilizados por el grupo de usuarios objetivo «persona tipo»; (3) identificar los elementos de costo claves asociados a la inversión, incluidos los costos únicos, los costos fijos y los costos variables, e (4) identificar los elementos de beneficio claves asociados a la inversión, incluidos el cálculo de ahorro de costos (gráfico 9.5).

El análisis concluyó que una inversión en la «doble intervención» de un sistema interoperable y un protocolo de trabajo en equipo intensivo aplicado a «usuarios de apoyo intensivo» dentro de los subgrupos de jóvenes en edad de transición y personas sin hogar generaría un ROTI positivo.

Fuente: Interoperability and Intensive Teaming Protocol Business Case—Return on Taxpayer Investment Analysis, Departamento de Salud y Servicios Humanos, Condado de Montgomery, Maryland, 2014.

examinar y comparar cómo se gestionan las quejas en los distintos tipos de entidades de un país determinado o entre países. Las preguntas clave que motivan un estudio de evaluación comparativa son las siguientes:

- ¿Cuáles son las similitudes y diferencias entre los sistemas de implementación?
- ¿Qué factores explican estas diferencias?
- ¿Qué cambios pueden conducir a la mejora de los sistemas de implementación?
- ¿Cómo se comparan los costos?

Métodos

Para llevar a cabo un ejercicio de evaluación comparativa, el primer paso consiste en determinar los comparadores: otros programas, organizaciones o sistemas de implementación de servicios que llevan a cabo actividades similares o tienen funciones parecidas y que puedan considerarse comparadores adecuados. La disponibilidad de información comparativa relevante y fiable es una consideración importante a la hora de elegir el comparador. Además, dado que es poco probable que

Gráfico 9.9 — Cálculo de costos y ahorros en el condado de Montgomery, Maryland (EE. UU.)

Costos no recurrentes
- Construcción del sistema
- Gestión del cambio organizativo

TOTAL = 65.755 USD

Costos fijos
- Mantenimiento y funcionamiento del sistema (costo anual)

TOTAL = 26.922 USD

Costos variables
- Costos previstos de persona de ITP para dirigir las sesiones de trabajo en equipo de los beneficiarios de ITP

TOTAL = 2.348.871 USD

Inputs clave

1. Cinco puntos «tal cual» del mapeo del proceso para la vida del caso
2. Estimación del tiempo

Sistema de interoperabilidad: Cálculo del ahorro de costos

Horas ahorradas en el nuevo sistema interoperable $\times$ Honorarios trabajadores sociales por hora $=$ Ahorro de costos del sistema de interoperabilidad

Inputs clave

1. Experiencia de los consultores de ITP
2. Casos prácticos de clientes de ITP

Proceso ITP: Cálculo del ahorro de costos

Costo del paquete de servicios en la situación «futura» $-$ Costo del paquete de servicios en la situación «actual» $=$ Cambio en la cantidad de servicios y costos del paquete de servicios

Fuente: Interoperability and Intensive Teaming Protocol Business Case—Return on Taxpayer Investment Analysis, Departamento de Salud y Servicios Humanos, Condado de Montgomery, Maryland, 2014.
Nota: ITP = Protocolo de trabajo en equipo intensivo.

---

un único comparador sea superior en todas las dimensiones, la cantidad de comparadores debe aumentar a medida que se incrementa la complejidad de los sistemas o procesos de implementación (véase el recuadro 9.14).   .

Revisiones de los sistemas de información

Las revisiones de los sistemas de información buscan determinar si los sistemas de información, los recursos relacionados y el entorno son apropiados, salvaguardan adecuadamente los activos, mantienen la integridad de los datos y del sistema, proporcionan información relevante y fiable de forma eficiente, logran los objetivos de la organización/sistema de información y consumen los recursos de forma eficiente, y cuentan con controles internos que proporcionan una garantía razonable de que se cumplirán los objetivos operativos y de control, y se evitarán los eventos no deseados, o se detectarán y rectificarán oportunamente.

Estas revisiones identifican las necesidades y áreas de mejora para garantizar la alineación con las mejores prácticas o el cumplimiento de las políticas del programa. También tienen por objeto hacer un balance de las nuevas necesidades y cambios vinculados a las grandes reformas de los programas y procesos, como la descentralización de las transacciones o los cambios en las plataformas de análisis de datos.

Alcance y preguntas

Las revisiones de los sistemas de información pueden aplicarse a todos los sistemas de información importantes, como los registros sociales, los sistemas de gestión de

Recuadro 9.14 Revisión funcional de Serbia: Análisis de evaluación comparativa de la eficiencia del Servicio de Empleo

En 2017, como parte de un ejercicio más amplio para llevar a cabo revisiones funcionales verticales de tres sectores de servicios en Serbia (educación, salud y trabajo), el Banco Mundial dirigió un análisis de la dotación de personal y la eficiencia relativa de las sucursales del Servicio Nacional de Empleo (SNE). El objetivo era ofrecer recomendaciones sobre cómo aumentar la eficiencia y eficacia general de sus servicios. El trabajo fue cofinanciado por el Banco Mundial y la Comisión Europea.

La metodología utilizó el análisis envolvente de datos (DEA) y desarrolló una evaluación comparativa cuantitativa de las mejores prácticas de las sucursales del SNE a nivel nacional, comparando las diferentes sucursales en términos de la eficiencia con la que utilizaban sus recursos para producir diferentes servicios y el impacto de sus actividades en la cantidad de personas desempleadas que encontraron trabajo en el sector formal después de utilizar los servicios.[a] La metodología proporcionó a cada sucursal un análisis de los puntos débiles y fuertes, así como recomendaciones para ser más eficientes.

El DEA era limitado en el sentido de que solo proporcionaba una evaluación comparativa de la eficiencia relativa entre las diferentes oficinas regionales de empleo de Serbia y no permitía la comparación con las oficinas de empleo de otros países. Tampoco podría tener en cuenta el papel de los factores del entorno, como las condiciones y las dificultades del mercado laboral regional (los niveles generales de calificación y la edad de las personas desempleadas, la cantidad y tipo de ofertas de trabajo disponibles, los sectores económicos dominantes, etc.).

Los resultados mostraron que las sucursales locales de SNE fueron más eficaces en la ubicación de personas desempleadas en puestos de trabajo en el período entre 2012 y 2014. Sin embargo, hay margen para aumentar las ubicaciones reduciendo los recursos. Si todas las sucursales pudieran llegar a ser tan eficaces como las mejores en cuanto a la utilización de los recursos para conseguir ubicaciones, se podrían conseguir entre 23.000 y 34.000 empleos adicionales por año y, al mismo tiempo, se ahorrarían entre 48 y 53 millones de dinares serbios. Para lograr esos aumentos de eficiencia, el análisis recomendó (1) establecer objetivos de desempeño individuales para cada sucursal; (2) revisar la actual combinación de insumos y actividades de cada oficina; (3) aumentar los contactos con empleadores y la cantidad de consejeros laborales; y (4) aumentar el aprendizaje entre los consejeros laborales.

Fuente: Revisión funcional de Serbia: Análisis de eficiencia del Servicio Nacional de Empleo, Banco Mundial y Comisión Europea, 2017.

a. Desarrollado por primera vez para organizaciones sin fines de lucro, el análisis DEA es una técnica de estimación de fronteras no paramétrica que se utiliza para evaluar el desempeño. La «frontera» que se estima consiste en las organizaciones más eficientes dentro de un grupo, que se utilizan como estándar para evaluar el desempeño de las demás. El análisis DEA verifica, por tanto, si una unidad específica es eficiente en relación con otras, e identifica una unidad «ideal», que otras unidades pueden imitar para lograr una mayor eficiencia. Como tal, el DEA se centra en la eficiencia relativa, no en la absoluta: la «mejor» unidad puede seguir siendo ineficiente en términos absolutos. En comparación con los métodos paramétricos de análisis de datos, como las regresiones por mínimos cuadrados ordinarios, el método DEA requiere menos datos, permite combinar múltiples insumos y múltiples productos en una única medida resumida de eficiencia sin ponderaciones a priori, y permite comparar el desempeño cuando no se conocen los precios de los insumos o los productos. El método DEA también se utiliza para el análisis estático y dinámico. El progreso a lo largo del tiempo puede separarse en progreso tecnológico (todo el mundo mejora debido al progreso técnico o a los cambios en los procesos, las metodologías aplicadas y el entorno político) frente a la convergencia (las oficinas de bajo desempeño se acercan a las de mejor desempeño).

las operaciones de los beneficiarios, los sistemas de pago, los sistemas de gestión de quejas, los sistemas de cumplimiento de condicionalidades, etc. Las revisiones deben ser ejecutadas por empresas de consultoría o proveedores de servicios informáticos calificados (véase el recuadro 9.15).

Métodos

Los elementos típicos de estas revisiones son los siguientes:

- Revisión de las políticas y procedimientos de gestión de datos.
- Revisión de la entrada de datos, verificaciones de la calidad e integridad de los datos, y elaboración de formatos e informes.
- Revisión de la seguridad y confidencialidad de los datos.
- Revisión de la infraestructura de los sistemas informáticos y de la organización en términos de capacidad tecnológica y de recursos humanos, y evaluación de los riesgos informáticos utilizando marcos como el COBIT.

Recuadro 9.15 Evaluación del registro social de Malaui

Un tipo de revisión de los sistemas de información es la evaluación del registro social. El Banco Mundial llevó a cabo una evaluación rápida del registro social de Malaui, conocido como Registro Unificado de Beneficiarios (UBR). El UBR de Malaui se creó para servir como fuente consolidada de información armonizada sobre la situación socioeconómica de los hogares para determinar su posible elegibilidad para los programas sociales. El UBR planeaba una ampliación y un cambio en los objetivos de registro (del 50 % al 100 % de los hogares). Los objetivos de esta evaluación eran, por lo tanto, (1) examinar la experiencia del UBR hasta la fecha; (2) identificar los puntos fuertes y las áreas de mejora; (3) proporcionar recomendaciones a corto plazo para apoyar la próxima expansión, incluidas las adaptaciones de implementación que serían necesarias para acomodar los objetivos de registro revisados; y (4) apoyar el fortalecimiento a largo plazo del UBR.

El marco conceptual (metodología) de la evaluación adoptó un enfoque funcional basado en un documento sobre registros sociales del Banco Mundial (Leite *et al.*, 2017) y abarcó los siguientes temas: acuerdos institucionales, procesos y aplicación, comprobaciones de la calidad de los datos, aspectos de los sistemas de información, seguimiento y evaluación del UBR, programas de usuarios y el potencial del UBR como una poderosa herramienta de política social, comunicaciones estratégicas y operativas, y el costo previsto de aplicar la ampliación del UBR.

Los datos se recopilaron a través de (1) una amplia revisión de los documentos relacionados con el UBR; (2) entrevistas con numerosas partes interesadas (como el Grupo de Trabajo del UBR, los ministerios

y organismos asociados, los funcionarios de distrito y de la comunidad, los programas de usuarios y los socios de desarrollo); y (3) una visita de campo. La evaluación fue «rápida» en el sentido de que fue programada para ser ejecutada en un tiempo relativamente corto y se centró en la identificación de los puntos fuertes, los desafíos y las oportunidades de mejora para proporcionar recomendaciones a corto y largo plazo. La revisión se centró en los aspectos prácticos de la aplicación del UBR y sus estructuras institucionales, procesos, sistemas, calidad de los datos y usos asociados.

Los resultados mostraron que el UBR de Malaui tenía muchos fundamentos sólidos. El Gobierno asumió el liderazgo en el diseño, la gestión y la implementación del UBR con un fuerte compromiso de los principales organismos involucrados. La implementación se lleva a cabo mediante las estructuras institucionales descentralizadas existentes, lo que constituye un punto fuerte. Los procesos de implementación y los sistemas de información son eficaces y, lo que es más importante, la calidad de los datos es sólida y la cobertura del registro se amplía rápidamente. No obstante, el informe señala acciones clave a corto y largo plazo que podrían abordar las dificultades y fortalecer la eficacia del UBR, incluso en las áreas de los arreglos institucionales, los procesos de implementación, los sistemas de información, la calidad de los datos, los vínculos con los programas de los usuarios, las comunicaciones y un posible cambio de marca del UBR para apoyar una mejor comprensión de esta poderosa herramienta para la inclusión y la coordinación dentro y fuera de la protección social.

Fuente: Lindert *et al.*, 2018.

Revisiones institucionales

Las revisiones institucionales tienen como objetivo evaluar el desempeño de las instituciones que participan en la implementación de beneficios y servicios de protección social. Incluyen diferentes subtipos de evaluaciones, dos de los cuales son las revisiones funcionales y las revisiones de personal.

Las revisiones funcionales son diagnósticos del entorno operativo del organismo o programa(s). Tratan de establecer si los sistemas de gestión, las políticas, la dotación de personal, la estructura organizativa y otras partes críticas de un sistema de implementación son adecuadas para cumplir sus objetivos específicos. Un subconjunto de la revisión funcional consiste en evaluar la adecuación de la plantilla, lo que incluye las competencias, la capacitación, la remuneración, los incentivos, la evaluación del desempeño y si la plantilla es adecuada en relación con el volumen y la naturaleza de las actividades del programa. Estas revisiones también pueden evaluar hasta qué punto la colaboración, la comunicación y el trabajo en equipo son adecuados.

Alcance y preguntas

Las revisiones institucionales abarcan una evaluación de la estructura organizativa y las prácticas de gestión: hasta qué punto las funciones y responsabilidades son claras y no se solapan, junto con la evaluación de una coordinación eficaz. También evalúan si los recursos y la gestión financiera son adecuados, y si la gestión de los recursos humanos es adecuada para garantizar el funcionamiento de los sistemas de implementación. El análisis de los costos también es una parte fundamental de este tipo de revisión.

Métodos

Según el enfoque exacto de las revisiones institucionales, se pueden aplicar diversas herramientas y técnicas de evaluación. Las revisiones funcionales que buscan identificar si una estructura organizativa específica es adecuada para su propósito incluirían encuestas al personal y a la dirección, así como diversas evaluaciones de mapeo de la red para medir el nivel de coordinación y cooperación entre los equipos, y señalar los vacíos en la red organizativa. Al realizar una revisión de la plantilla, por ejemplo, una herramienta útil es el análisis de la carga de trabajo. Consiste en establecer puntos de referencia de la carga de trabajo utilizando datos anteriores sobre el tiempo total de trabajo, el nivel de eficiencia de los distintos puestos y las necesidades del personal. También puede incluir cuestionarios para que el personal determine si ha cumplido con sus indicadores clave de desempeño, si está realizando actividades adicionales fuera de la descripción de su puesto o si su carga de trabajo es la adecuada (véase el recuadro 9.16).

Recuadro 9.16 Revisión funcional del sector laboral y de protección social de Rumania

En 2011, se llevó a cabo en Rumania una revisión funcional del sector laboral y de protección social. Su objetivo era examinar la situación del sector, evaluar su funcionamiento y elaborar un plan de acción para reforzar la eficacia de la administración pública rumana. En particular, la revisión examinó (1) si las metas y objetivos políticos del Ministerio de Trabajo y Protección Social (MTPS) y sus organismos estaban claramente definidos en términos mensurables y alcanzables; (2) si los sistemas de información, las políticas, la dotación de personal y la estructura organizativa eran apropiados para cumplir los objetivos; y (3) si había factores externos que pudieran haber reducido su capacidad para cumplir los objetivos.

Las principales conclusiones y recomendaciones de la revisión incluyeron recomendaciones en torno a (1) integrar la gestión, la coordinación y la implementación del sector laboral y de protección social de una manera más eficaz; y (2) reequilibrar la distribución de recursos en el sector, en términos de presupuesto y gasto, recursos humanos y tecnología de la información y las comunicaciones, y de la gestión, la supervisión y el control financieros.

La revisión reconoció muchos avances y reformas emprendidas para potenciar y reformar el sector,

continuación

y propuso recomendaciones para reforzar la aplicación de estas reformas. Entre las acciones prioritarias transversales recomendadas se encuentran (1) desarrollar una unidad de estrategia en el MTPS, (2) desarrollar un sistema de información global que conecte los registros subsectoriales para mejorar la elaboración de políticas y el funcionamiento operativo, (3) consolidar ciertos beneficios (por ejemplo, los beneficios por bajos ingresos), los criterios de elegibilidad (por ejemplo, para las pensiones y subsidios por discapacidad) y las funciones de pago (en una única agencia de pagos), (4) reforzar la cooperación entre los organismos implicados en la supervisión y los controles, y (5) desarrollar un plan de optimización de los recursos humanos y los procesos comerciales para identificar las áreas de mejora de la eficiencia,

incluso las posibilidades de reasignación de personal para mejorar el equilibrio de los recursos humanos en el sector.

Con el apoyo de un préstamo de 500 millones de euros del Banco Mundial en el marco del Proyecto de Modernización del Sistema de Asistencia Social, estas recomendaciones se convirtieron en un plan de acción para mejorar la gestión del desempeño en el sector. Hasta la fecha, se han tomado muchas medidas importantes para aplicar estas recomendaciones, como la aprobación de legislación para consolidar determinados beneficios, la aplicación de nuevos criterios de elegibilidad, y el refuerzo de la cooperación entre los organismos de supervisión y control. El MTPS sigue trabajando en la aplicación de las recomendaciones restantes.

Fuente: Banco Mundial 2011, 2018.

9.4 ALGUNAS CONCLUSIONES

El seguimiento del desempeño de los sistemas de implementación es esencial para asegurar que los programas de protección social y los sistemas de implementación sean eficaces y eficientes. Sin embargo, un marco de medición de desempeño solo es bueno en la medida en que se utilice correctamente. En un sistema que funciona bien, continuamente se utiliza alguna información acerca del desempeño para hacer ajustes de trayectoria de los procesos, los parámetros y la implementación. Otros indicadores de desempeño se monitorean a intervalos específicos, cuando es necesario tomar decisiones clave sobre determinados aspectos de la cadena de implementación. Con menos frecuencia, cuando el programa debe dar cuenta de su desempeño a un cuerpo de decisión externo, como un parlamento, se genera y utiliza una tercera categoría de indicadores. Una vez creado un marco de medición de desempeño, es fundamental que sea operativizado a través de un plan de gestión de desempeño (generalmente referido como plan estratégico nacional o plan de acción). Idealmente, el plan de gestión de desempeño de los sistemas de implementación no debería ser

independiente, sino que estaría integrado en estrategias o planes nacionales de protección social. Existen varias opciones para operativizar un marco, pero los elementos clave incluyen los siguientes:

- Un grupo o unidad de trabajo especializado.[9]
- Un plan de acción o estrategia operativa, que arrojaría luz sobre los resultados de la cadena (objetivos principales, resultados y/o efectos, e indicadores asociados). Objetivos anuales, fuentes de datos e instituciones responsables.
- El principal método de implementación, por ejemplo, un ejercicio anual para establecer objetivos y metas, combinado con contratos de desempeño, revisiones y evaluaciones anuales; o una combinación de estos, para medir el progreso, evaluar éxitos y fracasos, y proponer correcciones de rumbo o modificaciones en las estrategias.

Los enfoques sobre la gestión del desempeño varían de un país a otro. Por ejemplo, en el Programa de Filipinas Pantawid Pamilyang Pilipino (4P), hay una división específica dedicada a la gestión del desempeño. La División de Planificación, Seguimiento y Evaluación (PMED) está a cargo de la gestión de datos y del procesamiento de la información para diferentes públicos o usuarios. Esto incluye la preparación de los informes acerca del estado del programa, del intercambio de datos y del almacenamiento de la información. La división también cubre un rol de coordinación y se apoya en otras cinco divisiones para obtener información acerca de sus respectivos procesos, que incluyen la actualización del registro social y el sistema de mecanismos de quejas y reclamos. El PMED actúa como compilador, productor y distribuidor de informes. Con periodicidad semanal, mensual, cuatrimestral y anual, el PMED actualiza la cobertura geográfica y de hogares, de las subvenciones entregadas, de la actualización del sistema y de los recursos humanos. Un organismo nacional de supervisión está a cargo de revisar y aprobar todos los informes periódicos generados por el PMED. Por lo que respecta al informe técnico anual, el Comité de Gestión revisa y emite comentarios que deben ser plasmados antes de la aprobación del Administrador Nacional del Programa. Además de estas tareas relacionadas con los informes, el Administrador Nacional del Programa también promueve y apoya iniciativas de gestión de datos (PWC, 2016). En Chile, el Ministerio de Desarrollo Social tiene la responsabilidad de potenciar la complementariedad entre diferentes programas sociales y aseguró, al mismo tiempo, la eficiencia y eficacia de su aplicación. A tal propósito, durante el período de 2014 a 2017, el Ministerio consolidó herramientas para el monitoreo y evaluación de los programas sociales. Estas herramientas incluyen, principalmente, informes de monitoreo, evaluaciones de proceso y el Banco Integrado de Programas Sociales (BIPS). En el Ministerio, la Subsecretaría de Evaluación Social está a cargo de la gestión del desempeño. En la Subsecretaría, el Departamento de Monitoreo de Programas Sociales realiza un monitoreo bianual de la gestión e implementación de los programas sociales ejecutados por las diferentes agencias gubernamentales. Se requiere a cada programa que prepare un informe de monitoreo, que incluye información relativa a la cobertura (población objetivo y beneficiarios) e indicadores de desempeño y otra información respecto de la implementación. Además, los esfuerzos del Ministerio de Desarrollo Social se complementan con la agenda de evaluación de la Dirección de Presupuesto (DIPRES) que, entre otras cosas, lleva a cabo evaluaciones de proceso de los programas del Gobierno. El BIPS constituye una herramienta adicional de gestión del desempeño del Ministerio de Desarrollo Social, que permite el acceso público a la información acerca del desempeño de los diferentes programas sociales. El BIPS cuenta con una lista que incluye cada programa social activo y su descripción, así como los informes de monitoreo de cada uno y las evaluaciones de los procesos.[10]

En resumen, el plan de gestión del desempeño puede asumir varias formas: No existe un modelo único para todos. El modelo adoptado dependerá, principalmente, del contexto del país, de la madurez de los sistemas de implementación y de la capacidad de medición del desempeño.

ANEXO 9A: MARCO DE INDICADORES DE DESEMPEÑO PARA LOS SISTEMAS DE IMPLEMENTACIÓN DE PROTECCIÓN SOCIAL

Este marco de indicadores fue elaborado mediante un proceso ascendente. La selección de indicadores se basó en un examen de los documentos de proyectos del Banco Mundial, los marcos de resultados, y los informes de autoevaluación y su validación por el Grupo de Evaluación Independiente del Banco Mundial. Dada la escasez de indicadores apropiados para cubrir las varias dimensiones de los sistemas de implementación, se consultaron otras fuentes de información, entre ellas, los sistemas propios de monitoreo y evaluación de los programas de gobierno, la literatura sobre medición de desempeño de la implementación de servicios en áreas distintas de la protección social. Donde no los había, el equipo creó nuevos indicadores, que fueron revisados y analizados en colaboración con expertos en el campo de los sistemas de implementación de protección social.

Ningún programa existente hace un seguimiento de todos estos indicadores, ni debería hacerlo. El objetivo de este conjunto integral de indicadores es proporcionar un menú de buenas opciones de medición para cada parte de la cadena de implementación. Los programas más avanzados trabajan con la mayoría de las categorías de desempeño y pueden aspirar a incrementar la exhaustividad, la frecuencia y el desglose de los datos que recogen. Los programas menos maduros cuentan solo con una lista parcial de indicadores y se esfuerzan por incorporar más a medida que el sistema de implementación se desarrolla.

Este marco busca proporcionar opciones a las unidades de gestión de los programas de protección social y a los equipos de Proyectos del Banco Mundial para enriquecer su marco de monitoreo existente y captar la eficacia y eficiencia de los sistemas de implementación a lo largo de la correspondiente cadena.

También se proponen potenciales fuentes de datos, que tienden a ubicarse en tres categorías: datos generados por los mismos sistemas de implementación; datos generados por otros sistemas administrativos o por la oficina nacional de estadísticas de manera rutinaria; y datos que requieren de un esfuerzo independiente para su recopilación. El sistema de numeración correlaciona los indicadores de eficacia y eficiencia con el tipo de fuente de datos: [a] Indica datos generados por los sistemas de implementación; [b] indica otros datos administrativos y las estadísticas nacionales; y [c] indica datos que requieren un esfuerzo independiente para su recopilación. (Para un análisis más completo, véase las fuentes de datos en la sección 9.2).

«Población objetivo» implica los grupos específicos que el programa intenta alcanzar y cubrir, según cada programa. La población objetivo pueden ser personas desempleadas, en condición de discapacidad, personas dentro del quintil más pobre de la distribución del ingreso, padres o madres solteras, mujeres, personas mayores, etc. Los datos deberían desglosarse según estos subgrupos tanto como se pueda.

El marco de indicadores recoge los datos según dos criterios principales: eficacia y eficiencia. En la columna de la eficacia, los indicadores específicos apuntan al grado en que los sistemas de implementación promueven la inclusión de la población vulnerable, como las poblaciones que enfrentan barreras de acceso. Si bien estos dos grupos suelen ser parte de la población objetivo, identificar si realmente están incluidos requiere una atención especial y un conjunto específico de indicadores. Además, los indicadores clave, idealmente, deberían desglosarse según marcadores demográficos y sociales relevantes (p. ej., el género).

Según cuál sea el programa, la unidad poblacional de asistencia pertinente pueden ser personas, familias u hogares. También puede referirse a solicitantes (registrados) y/o beneficiarios.

Algunos indicadores son apropiados solo para los sistemas de registro por demanda, mientras que otros serían apropiados solo para los sistemas dirigidos por la administración. La mayoría de los indicadores se emplean en ambos tipos de sistemas.

Tabla 9A.1 Indicadores de desempeño de los sistemas de implementación de protección social

Indicadores del sistema de implementación	Eficacia	Fuentes de datos para los indicadores de eficacia	Eficiencia	Fuentes de datos para los indicadores de eficiencia
	Evalúa si la cadena facilita la implementación efectiva de beneficios y servicios a la población objetivo, y si promueve la inclusión de los grupos vulnerables, incluso las poblaciones con barreras de acceso.		Verifica si los diversos pasos de la cadena de implementación pueden alcanzarse de una manera eficiente en términos de costos (en tiempo y dinero), tanto para la administración como para los beneficiarios.	
Parte 1: Cadena de implementación				
1. Difusión	(1) % de la población objetivo que conoce el programa (2) % de la población que solicita el programa (3) % de los grupos o población vulnerable con barreras de acceso que solicitaron el programa	(1, 2, 3) Encuesta periódica [c]^a		
2. Recepción y registro de solicitudes	(4) **% de la población registrada (incluida en el registro social) [ICD]** (5) **% de la población objetivo registrada (incluida en el registro social) [ICD]** (6) % de grupos vulnerables y población en el registro social con barreras de acceso (7) **% de solicitantes/población registrada con información básica actualizada [ICD]** (8) % de solicitantes (muestreados) sin errores en la información	(4, 5, 6) Numerador: datos del Registro Social [a] Denominador: datos censales o de encuestas de hogares con sobrerrepresentación de beneficiarios del programa [b] (7, 8) Datos de auditorías periódicas [c]	**Para los clientes:** (9) Tiempo, gastos y visitas (TGV) para los solicitantes^b **Para la administración:** (10) Tiempo de procesamiento (11) Volumen de solicitudes procesadas a través del sistema por día/semana/mes	(9) Encuesta a clientes [c] (10, 11) Datos del registro social o auditorías periódicas de desempeño [a] y [c]
3. Evaluación de necesidades y condiciones	(12) % de solicitantes evaluados según los criterios de elegibilidad (13) % de solicitantes con datos completos (14) % de solicitantes cuya categorización/clasificación se hace de acuerdo con las reglas del programa (15) % de solicitantes (muestreados) cuya clasificación en el registro social (p. ej., como moderada o extremadamente pobre) es comparable con los clasificados en las mismas categorías según las encuestas de hogares (utilizando similares medidas de bienestar) (16) % de errores de exclusión según esta revisión de muestra (17) % de quejas recibidas sobre problemas de evaluación^c (18) % de grupos vulnerables o solicitantes de la población objetivo examinados para detectar riesgos y/o con informes de evaluación de riesgo completados	(15, 16) Auditorías periódicas [c] (12, 13, 14, 18) Datos del registro social [a] y datos de la encuesta de hogares [b] (17) datos del MQR [a]	**Para los clientes:** (19) Tiempo desde la solicitud hasta la notificación de elegibilidad **Para la administración:** (20) Cantidad y frecuencia de verificaciones cruzadas y de unificación de datos con otros sistemas administrativos (21) Cantidad de otros programas que utilizan información del registro social	(19) Datos del registro social [a] (20, 21) Datos del registro social [a] o auditorías periódicas [c]
4. Decisiones de elegibilidad e inscripción	(22) **% de la población objetivo inscrita en el programa [ICD]** (23) % de inscritos que son parte del quintil más pobre (24) % de solicitantes cuya elegibilidad se determina de acuerdo con las reglas del programa (25) % de solicitantes notificados de la decisión sobre su elegibilidad según los estándares de servicio (26) Días naturales o laborables desde la fecha de solicitud hasta la fecha de notificación	(22, 23) Datos administrativos o de la encuesta de hogares [a] y [b] (24, 25, 26) Datos del registro de beneficiarios [a] o auditorías periódicas [c]	**Para los clientes:** (27) Costos transaccionales (TGV para la inscripción) de las solicitudes e inscripciones al programa **Para la administración:** (28) Costos de recertificación del programa (29) **Tiempo de procesamiento (en días) desde la recepción y el registro hasta la toma de decisiones sobre elegibilidad e inscripción [ICD]** (30) % de las decisiones de elegibilidad e inscripción procesadas electrónicamente	(27, 28) Encuesta a clientes [c] (29, 30) Datos del SGOB [a]

continuación

Tabla 9A.1 *(continuación)*

Indicadores del sistema de implementación	Eficacia	Fuentes de datos para los indicadores de eficacia	Eficiencia	Fuentes de datos para los indicadores de eficiencia
5. Determinación del paquete de beneficios y servicios	**(31) % de beneficios dirigidos a grupos vulnerables específicos (p. ej., el quintil más pobre) [ICD]** **(32)** % de beneficios cuyos paquetes de beneficios y servicios se determinan de acuerdo con parámetros del programa y con calculadoras de beneficios **(33)** % de beneficiarios de la muestra revisada con beneficios calculados con precisión **(34) % de clientes del servicio con planes de acción individualizados [ICD]** **(35)** % de quejas por discriminación/exclusión **(36)** Errores de inclusión (% de receptores que no pertenecen a la población objetivo) y errores de exclusión (% de la población objetivo que no recibe transferencias) **(37)** Eficacia de la focalización (% del total de las transferencias que llegan a los grupos elegibles, % del PIB per cápita, % bajo el umbral de pobreza) **(38)** Adecuación de las transferencias por receptor directo y beneficiario en sentido amplio (% del consumo de los hogares para los grupos elegibles, % del PIB per cápita, % bajo el umbral de pobreza)	**(31, 35–38)** Datos de encuestas de hogares o encuestas de hogares con sobrerrepresentación de beneficiarios del programa [b] **(32, 33)** Auditoría periódica o revisión de muestras [c] **(34)** datos del MQR [a]	**Para los clientes:** **(39)** TGV para llegar a una decisión acerca de un paquete de beneficios o servicios **Para la administración:** **(40)** Costos administrativos o del programa, comparados con los errores de inclusión, errores de exclusión, eficacia de la focalización; o con la adecuación de la transferencia por receptor directo y beneficiario en sentido amplio (% del consumo de los hogares para los grupos elegibles, % del PIB per cápita, % bajo el umbral de pobreza); número de beneficiarios de servicios	**(39)** Encuesta a clientes [c] **(40)** Datos de encuestas de hogares [b] y datos del SGOB [a]
6. Notificación e incorporación	**(41)** % de solicitantes elegibles inscritos a los que se notifica el paquete de beneficios y servicios de acuerdo con los estándares del servicio **(42)** % de beneficiarios incorporados de acuerdo con los estándares del servicio **(43)** % de beneficiarios con barreras de acceso cuyas necesidades fueron adaptadas para su incorporación	**(41–43)** datos del SGOB [a] o auditoría/encuesta periódica [c]	**(44)** Tiempo de procesamiento entre la recepción y el registro de solicitudes hasta la notificación de incorporación	**(44)** datos del SGOB [a]
7a. Provisión de beneficios (pagos)	**(45) % de beneficiarios que reciben pagos de acuerdo con los estándares de calidad para cada ciclo [ICD]** **(46)** Frecuencia y extensión de los retrasos en los pagos de beneficios **(47)** % de beneficiarios con barreras de acceso que reciben acomodación adecuada para cobrar sus beneficios **(48)** % de servicio de servicio accesibles a los beneficiarios de acuerdo con los estándares nacionales	**(45, 46)** Datos del sistema de pagos [a] o auditorías periódicas/ revisión del sistema de información [c] **(47, 48)** Datos administrativos [b] o encuestas periódicas [c]	**Para los clientes:** **(49)** TGV de los beneficiarios para cobrar sus beneficios **(50)** Costo para el beneficiario como % sobre el valor de la transferencia **Para la administración:** **(51)** Costo por pago (RCT o RCTT) **(52)** Costo unitario (costo del programa por hogar, por cliente, o por paquete de transferencia) **(53)** Costo administrativo por beneficiario **(54)** Costo directo de implementación como % sobre las transferencias **(55)** Tiempos de procesamiento desde la confección de la nómina hasta el cobro **(56)** % de pagos sin reclamar **(57)** Tiempo de conciliación **(58)** Cantidad promedio de beneficiarios por punto de pago	**(49, 50)** Encuestas a clientes [c] **(51–58)** Datos del sistema de pagos [a] o auditorías periódicas sobre el desempeño [c]

continuación

Tabla 9A.1 *(continuación)*

Indicadores del sistema de implementación	Eficacia	Fuentes de datos para los indicadores de eficacia	Eficiencia	Fuentes de datos para los indicadores de eficiencia
7b. Provisión de servicios	**Todos los servicios** (59) % de clientes que se benefician de paquetes integrados de servicios (60) % de servicios implementados de acuerdo con estándares de calidad (61) % de beneficiarios que informan que los servicios cubren sus necesidades (62) % de beneficiarios con barreras de acceso que reciben acomodación de acuerdo con los estándares nacionales (63) % de beneficiarios satisfechos con la calidad de los servicios provistos **Servicios Sociales** (64) % de clientes a los que se proporcionó servicios de intermediación que ahora acceden a su servicio derivado (65) % de clientes que acceden a los servicios sociales a través de derivaciones de la asistencia social (66) Cantidad de hogares focalizados alcanzados por los servicios de gestión social individualizada (67) % de clientes evaluados que reciben servicios (68) % del personal/proveedores de servicios con la acreditación/certificación/acreditación de nivel superior adecuada **Servicios Laborales** (69) Cantidad promedio de contactos mensuales con personas registradas que buscan empleo por empleado del SPE (70) Cantidad de solicitudes por tipo de servicio por empleado del SPE (71) Cantidad de solicitantes de beneficios por desempleo por empleado del SPE (72) **% de personas desempleadas que pasan a tener un empleo en un plazo determinado [ICD]** (73) Cantidad de derivaciones a capacitaciones específicas (74) % de personas desempleadas que empiezan a trabajar en un período específico (75) % de mujeres que se reincorporan a la fuerza laboral (luego de un parto) que son ubicadas en capacitaciones o en empleos luego de una capacitación	**Todos los servicios** (59, 60, 63) datos del SGOB [a] (61) Encuestas periódicas/encuestas a clientes [c] (62) Encuestas periódicas/encuestas a clientes [c] o datos del SGOB [a] **Servicios Sociales** (64, 65) Encuestas periódicas/encuestas a los clientes [c] o datos del SGOB [a] (66) Numerador: datos del SGOB [a] Denominador: datos censales o encuestas de hogares con sobrerrepresentación de beneficiarios del programa [b] (67) datos del SGOB [a] (68) Datos administrativos [a] (datos de recursos humanos) o revisión institucional [c] **Servicios laborales** (69–73) datos del SGOB o administrativos [a] (74–75) datos del SGOB o administrativos [a] o encuestas periódicas/encuestas al cliente [c]	**Para la administración:** **Todos los servicios** (76) Costo unitario por servicio o por cliente (77) Cantidad de casos por trabajador **Servicios Sociales** (78) Tiempo promedio para abrir un proyecto personalizado (79) Vida promedio del proyecto **Servicios Laborales** (80) Tiempo que le toma encontrar empleo a quien lo busca **Para los clientes:** **Todos los servicios** (81) TGV para recibir un servicio	**Para la administración:** **Todos los servicios** (76–77) datos administrativos o del SGOB [a] **Servicios sociales** (78–79) datos del SGOB [a] **Servicios laborales** (80) datos del SGOB [a] **Para los clientes:** **Todos los servicios** (80) Encuestas al cliente [c] (81) Datos del SGOB o administrativos [a]

continuación

Tabla 9A.1 *(continuación)*

Indicadores del sistema de implementación	Eficacia	Fuentes de datos para los indicadores de eficacia	Eficiencia	Fuentes de datos para los indicadores de eficiencia
8. Gestión de las operaciones de los beneficiarios	**Gestión de los datos del beneficiario** (82) % de beneficiarios cuyos paquetes de beneficios/servicios están actualizados en el SGOB (83) % de beneficiarios que trabajan con trabajadores sociales (84) **% de beneficiarios con información de datos básicos actualizada [ICD]** (85) % de beneficiarios (muestreados o controlados) sin errores de información. **Error, fraude, corrupción (EFC)** (86) % de beneficios en los que se detectó EFC (por tipo) (tasa de error) (87) Errores de elegibilidad en proporción con el total de inscritos (tasa de error) (88) % de casos resueltos en los que se hubiese detectado EFC (89) % de pagos irregulares recuperados **Gestión de quejas** (90) Conocimiento de los clientes: % de personas que pueden mencionar al menos un mecanismo de quejas y reclamos (91) Uso potencial: % de personas que reclamarían en caso de una calidad del servicio deficiente (92) Uso efectivo: % de personas que consideraron que el servicio era de mala calidad y utilizaron los procedimientos previstos para presentar un reclamo, % de clientes que proporcionaron comentarios (93) % de beneficiarios con barreras de acceso que reciben adecuada acomodación para expresar sus quejas (94) % de quejas registradas en proceso de resolución de acuerdo con los estándares del servicio (95) % de quejas registradas resueltas (96) % de quejas por las cuales el beneficiario es notificado acerca de su estado de acuerdo con los estándares del servicio **Monitoreo de las condicionalidades:** (97) **% de beneficiarios individuales en cada categoría (p. ej. niños en edad escolar, mujeres lactantes, niños < 6 años)ᵈ con información de monitoreo de las condicionalidades (tasa de monitoreo) [ICD]** (98) % de beneficiarios con barreras de acceso con información de monitoreo de las condicionalidades (99) % de beneficiarios en cada categoría con información de monitoreo que están en cumplimiento (tasa cumplimiento)ᵉ (100) % de beneficiarios sin verificación de corresponsabilidades para quienes se tomó una decisión de advertencia o sanción (101) % de beneficiarios notificados de una decisión de advertencia o sanción	**Gestión de datos del beneficiario** (82 a 84) datos del SGOB [a] (86) Revisiones institucionales periódicas [c] **EFC** (86–89) auditorías periódicas [c]; o revisión de datos de EFC [a] y datos del SGOB actualizados tras la revisión de EFC [a] **Gestión de quejas** (90 a 93) Encuesta periódica [c] (94 a 96) datos del MQR [a] **Monitoreo de las condicionalidades (97 a 101)** datos del SGOB [a] o encuesta periódica [c]	**Para los clientes:** (102) TGV para la actualización de la información de beneficiarios **Para la administración:** (103) Tiempo de procesamiento para actualizar la información del beneficiario/gestión de quejas/monitoreo de las condicionalidades (104) Carga de trabajo por miembro del personal (105) Costo de monitoreo: tiempo real para verificar las corresponsabilidades (106) Costo de detección de EFC versus recuperación de importes de beneficios erróneamente asignados	(102) Encuesta periódica [c] (103 a 106) Auditoría periódica de desempeño [c] datos del SGOB o administrativos [a]

continuación

Tabla 9A.1 (continuación)

Indicadores del sistema de implementación	Eficacia	Fuentes de datos para los indicadores de eficacia	Eficiencia	Fuentes de datos para los indicadores de eficiencia
Parte 2: Factores facilitadores				
1. Interfaz con el cliente/ comunicaciones	(107) % de población (encuestada) satisfecha con la facilidad y el apoyo para completar una tarea específica (p ej., el proceso de registro, expresar quejas, etc.) (108) % de la población objetivo con barreras de acceso que informan haber recibido acomodación de acuerdo con los estándares nacionales a lo largo de la cadena de implementación (109) % de la población (encuestada) que solicita beneficios y servicios por autoinforme (110) % de beneficiarios (encuestados) satisfechos con los estándares de servicio	(107 a 110) Encuestas periódicas al cliente [c]		
2. Instituciones	(111) Conocimiento mínimo del personal acerca de proceso/elegibilidad/sistema de información/marco de la focalización (112) % del personal entrenado en difusión para poblaciones vulnerables o capacitado en diversidad e inclusión (113) Cantidad de casos (por miembro del personal) (114) % de horas de trabajo programadas por el personal (115) % de posiciones claves cubiertas (116) Tasa de rotación del personal (117) Frecuencia y extensión de la demora en el pago de salarios (y de los reembolsos de gastos de viaje) del personal de oficina de primera línea (quienes tienen contacto directo con los clientes) (118) Nivel de cumplimiento de los procedimientos operativos y tiempos de procesamiento por parte del personal	(111 a 118) Evaluación periódica del desempeño y del proceso, o revisión institucional del programa y auditoría al personal [c]	(119) Presupuesto de asistencia social ejecutado como % del presupuesto aprobado (desglosado y por línea presupuestaria) a nivel del gobierno central y de los gobiernos subnacionales (120) RCT (costo de hacer una transferencia unitaria a un beneficiario)	(119, 120) Análisis de eficiencia o revisión comercial [c]
3. Sistemas de información	(121) % de población registrada/beneficiaria (en la revisión de muestra) cuya información es completa, precisa, única y actualizada (122) Cantidad de incidentes de seguridad que podrían haber vulnerado la privacidad de los datos	(121, 122) Revisión periódica del sistema de información [c]	(123) Costo total de propiedad del sistema (124) Costo del sistema respecto de la población atendida/cantidad de solicitantes, o la relación de costos de transferencia totales (RCTT), que es la relación entre los costos totales y el valor de las transferencias al momento de su pago. (125) % de información compartida con otros programas gubernamentales	(123, 124) Auditorías periódicas de desempeño y revisiones de presupuesto [c] (125) Datos del sistema de información social [a]

Fuente: Tabla original para esta publicación.

Nota: SGOB = Sistema(s) de gestión de las operaciones de los beneficiarios; RCT = relación costo-transferencia; EFC = error(es), fraude y corrupción; MQR = mecanismo de quejas y reclamos; ICD = indicador clave de desempeño; SPE = servicio(s) público(s) de empleo; RCTT = Relación costo-transferencia total; TGV = tiempo, gastos y visitas.

a. El Sistema de numeración correlaciona los indicadores de eficacia y eficiencia con el tipo de fuente de datos: [a] indica datos generados por los sistemas de implementación; [b] indica otros datos administrativos o estadísticas nacionales; y [c] indica datos que requieren de un esfuerzo independiente para su recopilación. (Para un análisis más completo de este tema, véase las fuentes de datos en la sección 9.2).

b. Los costos privados pueden ser medidos como «costos en tiempo», «costos financieros» o «cantidad de visitas» que las personas deben hacer para cumplir el objetivo.

c. Este indicador debe ser interpretado a la luz de otros indicadores que captan el acceso y uso del MQR. Para más información acerca de los MQR, véase el capítulo 8, sección 8.5.

d. Si el monitoreo a nivel individual no es factible, la segunda mejor opción sería desglosar a los beneficiarios por género. Lo mínimo sería monitorear el % de hogares beneficiarios con información de monitoreo de las condicionalidades de, al menos, un miembro del hogar.

e. Los índices de cumplimiento y de monitoreo deberían ser supervisarse conjuntamente, no por separado.

Notas

1. Ver información más detallada sobre estos aspectos de inputs-resultados en todas las fases de la cadena de implementación, en la sección 2.1 (capítulo 2).

2. No obstante, el indicador no es lineal en el sentido de que más cobertura no necesariamente significa mejor desempeño (y algunos de los mayores registros sociales son estáticos, y no dinámicos, con capacidades por demanda).

3. Kuddo (2012), sin embargo, destaca que el número de personas que afirman estar desempleadas y están registradas en las oficinas del SPE a menudo excede el número total de desempleados. Algunos demandantes de empleo pueden registrarse para obtener servicios que los ayuden a encontrar un trabajo mejor (sin estar desempleados), mientras que otros pueden registrarse con el propósito de obtener beneficios, entre ellos, trabajadores del sector informal que se registran para seguir recibiendo seguro médico subsidiado.

4. ASPIRE = Atlas de Indicadores de Protección Social de Resiliencia y Equidad. Los usuarios deberían tener en cuenta las siguientes exclusiones y advertencias de los datos al interpretar los indicadores de desempeño de ASPIRE. Las encuestas de hogares tienen sus propias limitaciones. Es importante destacar que el alcance de la información sobre transferencias y programas específicos captada en las encuestas de hogares puede variar sustancialmente entre países. Con frecuencia, las encuestas de hogares no captan el conjunto de programas de protección social del país; en los casos de las mejores prácticas, únicamente los programas más importantes. Por lo tanto, la información sobre los programas de protección social del país incluidos en ASPIRE está limitada a lo que se recoge en la respectiva encuesta nacional de hogares, y no necesariamente representa el conjunto de programas del país. Además, la disponibilidad de los indicadores de ASPIRE depende del tipo de preguntas incluidas en la encuesta.

5. La herramienta ISPA de Pagos de Protección Social (https://ispatools.org/payments/) enumera los indicadores de desempeño claves para medir la eficacia y la eficiencia de los sistemas de pago. Los indicadores abarcan cinco criterios principales, entre ellos, accesibilidad, solidez, integración y costos.

6. Ver https://ghcosting.org/pages/standards /reference_case y Vassall *et al.*, (2017).

7. La introducción de tecnología no garantiza un ahorro en los costos. En el programa *cash-for-assets* ('efectivos por activos') de Kenia, la implementación de pagos en dinero electrónico fue un 15 % menos costosa que la distribución de alimentos de valor equivalente (CGAP/Banco Mundial, 2013). Sin embargo, en el programa piloto de Malaui, *Cash and Food for Livelihoods* ('efectivo y alimentos para el sustento'), la distribución del dinero fue más costosa que la del alimento (aunque garantizaba una mayor seguridad alimentaria), porque el programa podía comprar comida a precios mucho más bajos y estables en el contexto de una integración de mercado alimentario más débil (Audsley, Halme y Balzer, 2010).

8. Entre los buenos recursos que se pueden utilizar para llevar a cabo los análisis CBA y CEA, se encuentran Dhaliwal *et al.* (2012) y Levin y McEwan (2017).

9. El grupo de trabajo puede estar compuesto por miembros del personal designados como puntos de referencia de gestión del desempeño entre las varias instituciones, ministerios, agencias de implementación o unidades gubernamentales involucradas en la implementación de programas. Un grupo de trabajo debería contar con uno o dos miembros del personal a tiempo completo dedicados a la coordinación y el seguimiento. Una unidad dedicada sería una unidad de monitoreo y evaluación en el ministerio nacional o la institución líder. No se recomienda asignar a una sola persona la responsabilidad por la gestión del desempeño, ya que esto aísla la gestión y resulta en la visión de que la gestión del desempeño es responsabilidad de una sola persona y no de todos los involucrados en las diferentes fases de puesta en marcha de la cadena de implementación.

10. Chile, Ministerio de Desarrollo Social 2017a y 2017b; sitios del Ministerio de Desarrollo Social (http://www.desarrollosocialyfamilia.gob.cl/) y DIPRES (https://www.dipres.gob.cl/).

Bibliografía

Audsley, Blake, Riikka Halme, and Niels Balzer. 2010. "Comparing Cash and Food Transfers: A Cost-Benefit Analysis from Rural Malawi." In Revolution: From Food Aid to Food Assistance: Innovations in Overcoming Hunger, edited by Steven Were Omamo, Ugo Gentilini, and Susanna Sandstr.m, chapter 7. Rome: World Food Programme. https://www.wfp.org/publications /revolution-food-aid-food-assistance-innovations -overcoming-hunger#:~:text=Revolution%3A%20 From%20Food%20Aid%20to%20Food%20 Assistance%20%2D%20Innovations%20in%20 Overcoming%20Hunger,-Publication%20type%3A%20 Books&text=It%20lays%20out%20both%20 new,country%2Dled%20food%20security%20 strategies.

Beegle, Kathleen, Aline Coudouel, and Emma Monsalve, eds. 2018. Realizing the Full Potential of Social Safety Nets in Africa. Africa Development Forum Series.

Washington, DC: World Bank. CGAP (Consultative Group to Assist the Poor)/World

Bank. 2013. "Cash for Assets: World Food Programme's Exploration of the In-Kind to E-Payments Shift for Food Assistance in Kenya." Working paper, CGAP, Washington, DC. http://www.cgap.org/sites/default /files/eG2P_Kenya.pdf.

Chambers, Robert. 2009. "Making the Poor Count: Using Participatory Options for Impact Evaluation." In Designing Impact Evaluations: Different Perspectives (International Initiative for Impact Evaluation [3ie] Chapter 9 Assessing the Performance of Social P rotection Delivery S ystems 417 Working Paper 4), edited by Robert Chambers, Dean Karlan, Martin Ravallion, and Patricia Rogers. New Delhi, India. http:// www.3ieimpact.org/media/filer_public/2012/05/07 /Working_Paper_4.pdf.

Chile, Ministry of Social Development. 2017a. "Informe de Desarrollo Social 2017." Ministerio de Desarrollo Social, Santiago. http://www.desarrollosocialyfamilia.gob.cl /storage/docs/Informe_de_Desarrollo_Social_2017 .pdf.

Chile, Ministerio de Desarrollo Social. 2017b. "Manual de Seguimiento de Programas e Iniciativas Sociales: A.o 2017." Departamento de Monitoreo de Programas Sociales, División Políticas Sociales, Subsecretaría de Evaluación Social, Ministerio de Desarrollo Social, Santiago.

Costa Rica, Gobierno de División de Fiscalización Operativa y Evaluativa. 2016. "Auditoría Operativa sobre la Eficacia y Eficiencia de la Estrategia Nacional Puente al Desarrollo para la Reducción de la Pobreza 2015-2018, en Relación con el Cumplimiento de sus Objetivos," December 2016.

Dhaliwal, Iqbal, Esther Duflo, Rachel Glennerster, and Caitlin Tullock. 2012. "Comparative Cost-Effectiveness Analysis to Inform Policy in Developing Countries: A General Framework with Applications for Education." Abdul Latif Jameel Poverty Action Lab (J-PAL), Cambridge, MA.

European Commission. 2012. "Performance Management in Public Employment Services. https://www.google .com/url?sa=t&rct=j&q=&esrc=s&source=web& cd=&ved=2ahUKEwiv75Dp2ObpAhVTmHIEHdB _AmMQFjAAegQIBxAB&url=https%3A%2F%2Fec .europa.eu%2Fsocial%2FBlobServlet%3FdocId%- 3D10310%26langId%3Den&usg=AOvVaw2nmZvL41H BFS-RmmQ1WChy.

Grosh, Margaret, Carlo del Ninno, Emil Tesliuc, and Azedine Ouerghi. 2008. For Protection and Promotion: The Design and Implementation of Effective Safety Nets. Washington, DC: World Bank.

Guijt, Irene, and John Gaventa. 1998. "Participatory Monitoring and Evaluation: Learning from Change."

IDS Policy Briefing 12, University of Sussex, Brighton, UK. http://www.ids.ac.uk/files/dmfile/PB12.pdf.

Holla, Alaka. 2019. "Capturing Cost Data: A First-Mile Problem." World Bank Blogs, April 29, 2019. http://blogs .worldbank.org/impactevaluations/capturing-cost -data-first-mile-problem?deliveryName=DM12088.

Holland, Jeremy, ed. 2013. Who Counts? The Power of Participatory Statistics. Warwickshire, UK: Practical Action Publishing.

IRC (International Rescue Committee), SIEF (Strategic Impact Evaluation Fund), and World Bank. 2019. "Capturing Cost Data." 2019. http://pubdocs .worldbank.org/en/994671553617734574/Capturing -Cost-Data-190314.pdf.

J-PAL (Abdul Latif Jameel Poverty Action Lab). n.d. Basic cost collection template. https://www .povertyactionlab.org/sites/default/files/resources /basic-costing-template.xls.

J-PAL (Abdul Latif Jameel Poverty Action Lab). n.d. Costing template. https://www.povertyactionlab.org/sites /default/files/resources/detailed-costing-template.xls.

J-PAL (Abdul Latif Jameel Poverty Action Lab). n.d. "J-PAL Costing Guidelines." https://www.povertyactionlab .org/sites/default/files/resources/costing-guidelines .pdf.

Kuddo, Arvo. 2012. "Public Employment Services and Activation Policies." Social Protection and Labor Discussion Paper 1215, World Bank, Washington, DC.

Leite, Phillippe, Tina George, Changqing Sun, Theresa Jones, and Kathy Lindert. 2017. "Social Registries for Social Assistance and Beyond: A Guidance Note and Assessment Tool." Social Protection and Labor Discussion Paper 1704, World Bank, Washington, DC. http://documents.worldbank.org/curated/en /698441502095248081/Social-registries-for-social -assistance-and-beyond-a-guidance-note-and -assessment-tool.

Levin, Henry M., Patrick McEwan, Clive Belfield, A. Brooks Bowden, and Robert Shand. 2017. Economic Evaluation in Education: Cost-Effectiveness and Benefit-Cost Analysis. 3rd ed. Los Angeles: Sage.

Lindert, Kathy, Colin Andrews, Chipo Msowoya, Boban Varghese Paul, Elijah Chirwa, and Anita Mittal. 2018. "Rapid Social Registry Assessment: Malawi's Unified Beneficiary Registry (UBR)." Social Protection and Jobs Discussion Paper 1803, World Bank, Washington, DC.

Lindert, Kathy, Skoufias, Emmanuel, and Shapiro, Joseph. 2006. Redistributing Income to the Poor and the Rich: Public Transfers in Latin America and the Caribbean (English). SP discussion paper no. 605, Washington, DC: World Bank Group. http://documents.worldbank .org/curated/en/413331468300691124/Redistributing -income-to-the-poor-and-the-rich-public-transfers -in-Latin-America-and-the-Caribbean.

Marini, Alessandra, Michele Zini, Eleni Kanavits, and Alexandros Karakitsios. 2017. "Process Evaluation of the First Phase of the GMI Rollout." World Bank, Washington, DC.

OECD/DAC (Organisation for Economic Co-operation and Development/Development Assistance Committee) Network on Development Evaluation. 2019. "Better Criteria for Better Evaluation: Revised Evaluation Criteria Definitions and Principles for Use." OECD, Paris. https://www.oecd.org/dac/evaluation/revised-evaluation-criteria-dec-2019.pdf.

Patel, Darshana, Yuko Okamura, Shanna Elaine B. Rogan, and Sanjay Agarwal. 2014. "Grievance Redress System of the Conditional Cash Transfer Program in the Philippines." Social Development Department and East Asia Social Protection Unit Case Study, World Bank, Washington, DC. http://documents.worldbank.org/curated/en/111391468325445074/Grievance-redress-system-of-the-conditional-cash-transfer-program-in-the-Philippines

PWC (PricewaterhouseCoopers). 2016. "Comprehensive Assessment and Benchmarking Report of the Pantawid Pamilyang Pilipino Program Business Processes and Information Systems." Consultant report.

Rosas, Nina, Gul Najam Jamy, and Amjad Zafar Khan. 2017. "Value for Money of Different Registration Approaches—Preliminary Findings: Pakistan's National Socioeconomic Registry Update." Slide presentation.

Sundaram, Ramya, and Utz Johann Pape. 2019. Kenya Social Protection and Jobs Programs: Public Expenditure Review. Washington, DC: World Bank. https://hubs.worldbank.org/docs/ImageBank/Pages/DocProfile.aspx?nodeid=31272661.

Tesliuc, Emil, Lucian Pop, Margaret Grosh, and Ruslan Yemtsov. 2014. Income Support for the Poorest: A Review of Experience in Eastern Europe and Central Asia. Directions in Development Series. Washington, DC: World Bank.

Vassall, Anna, Sedona Sweeney, Jim Kahn, Gabriela B. Gomez, Lori Bollinger, Elliot Marseille, Ben Herzel, Willyanne DeCormier Plosky, Lucy Cunnama, Edina Sinanovic, Sergio Bautista-Arredondo, GHCC Technical Advisory Group, GHCC Stakeholder Group, Kate Harris, and Carol Levin. 2017. "Reference Case for Estimating the Costs of Global Health Services and Interventions." Global Health Cost Consortium. https://ghcosting.org/pages/standards/reference_case.

White, Philip, Anthony Hodges, and Matthew Greenslade. 2013. Guidance on Measuring and Maximising Value for Money in Social Transfer Programmes: Toolkit and Explanatory Text. 2nd ed. London: UK Department for International Development and UKAID.

World Bank. 2011. "Romania: Functional Review." Social Protection, World Bank, Washington, DC.

World Bank. 2018. "Cost of Identification Systems: Model Guidance Note: Assumptions and Methodology." World Bank, Washington, DC.

Capítulo 10

Un recorrido continuo

Margaret Grosh, Tina George Karippacheril e Inés Rodríguez Caillava

El desarrollo de los sistemas de implementación de protección social ha evolucionado enormemente en los últimos veinticinco años. Las pensiones contributivas y las protecciones laborales tienen una larga trayectoria, ya que algunos países cuentan con programas centenarios; sin embargo, la asistencia social comenzó a crecer en los países en desarrollo hace algo de veinte años, al igual que las reformulaciones de los programas laborales. Los países han puesto en marcha nuevos programas, han ampliado sus presupuestos, creado nuevos ministerios y redactado estrategias y leyes. Para llevar a cabo todos estos esfuerzos, necesitan sistemas modernos de implementación de protección social.

Prácticamente todos los gobiernos de los países en desarrollo se esfuerzan por mejorar uno o varios de los elementos básicos de los sistemas de implementación de protección social que se analizan a lo largo de este libro de referencia, como la comunicación y la difusión, la identificación, los registros sociales, los pagos de protección social (PS), la provisión de servicios, la gestión de

las operaciones de los beneficiarios, la gestión de quejas y reclamos, etc.

Los estándares de los sistemas de implementación de protección social aumentan, en parte debido a la tecnología y la conectividad. En su día parecía un avance contar con un programa, aunque eso significara trasladar dinero en efectivo y agentes de seguridad en vehículos hasta los puntos de pago donde la gente hacía fila (a menudo, durante muchas horas) para recibir sus pagos, que venían en pequeños sobres de billetes con el importe redondeado. Por aquel entonces, parecía moderno pagar a través de bancos, dar tarjetas de cajero automático a la gente para que pudieran retirar dinero en efectivo en el momento y lugar que quisieran, bajar los costos de transacción para muchos y reducir la posibilidad de desvíos fraudulentos o de politización en los puntos de pago, pero con las correspondientes limitaciones en la accesibilidad de los cajeros automáticos. Ahora, la visión es pagar los beneficios de una variedad de programas en una única cuenta financiera o no financiera de una persona, que sirva como almacén de valores y medio para transacciones virtuales, de modo que los fondos se puedan transferir para pagar las facturas de los servicios públicos, utilizarse en tiendas con dispositivos de punto de venta o en mercados donde los vendedores acepten pagos digitales, o como ahorro para la vejez, para invertir en capital humano para sus familias o acceder a financiación y crédito para la actividad económica.

Las crecientes aspiraciones en los sistemas de implementación también son el resultado de las mayores capacidades institucionales y de gobernanza en el sector de la protección social. Varios países están construyendo redes de puntos de contacto con el público y centros de servicios para interactuar con las personas y las familias en los barrios, municipios, pueblos, distritos y zonas urbanas y rurales. Están desarrollando procedimientos de programas, reglas de juego interinstitucionales, acuerdos de intercambio de datos y marcos legales. A medida que estos entran en juego, las ambiciones aumentan. Los barridos ocasionales de encuestas censales para registrar una parte racionada de las personas necesitadas ya no se ven como un vaso medio lleno, sino uno medio vacío. Ahora, el sector aspira a ser totalmente dinámico, basado en la demanda e, incluso, el autoservicio. No tiene sentido que las personas tengan que presentar variantes de la misma información una y otra vez en diferentes oficinas para acceder a diferentes beneficios y servicios de protección social. Los centros de servicios de ventanilla única, las identificaciones básicas únicas, los registros sociales, los pagos móviles y los paquetes coordinados de beneficios y servicios se han convertido en el nuevo objetivo.

Las crecientes expectativas sobre los sistemas de implementación surgen de experiencias más sofisticadas con las plataformas digitales. La relación de confianza entre el Estado y la ciudadanía se renueva y exige transparencia y una calidad razonable en la implementación de servicios en los sectores claves. La tecnología ha proporcionado experiencias más sofisticadas a las personas en tanto consumidoras y productoras, lo que aumenta sus expectativas sobre el Gobierno. En estos tiempos en que las personas pagan la red de suministro eléctrico (a través del pago por uso, o PAYGO) utilizando sus teléfonos móviles en Ruanda, Tanzania o Uganda (Adegoke, 2019); los consumidores compran en Alibaba en China, Flipkart en India, Tokopedia en Indonesia o MercadoLibre en América Latina

(*Economist*, 2019); reservan viajes en moto a través de Grab en Malasia o Gojek en Indonesia (Chandler, 2019); realizan pagos a través de Alipay o Wepay en China, Go-Pay u Ovo en Indonesia, Paytm en la India, y Paga o Flutterwave en Nigeria, cobra más fuerza la idea de que también deberían poder interactuar y realizar transacciones fácilmente con el Gobierno.

La evolución hacia mejores sistemas de implementación es importante para el impacto de los programas. En un nivel, esto es intuitivo: Si las personas no son admitidas en el programa, si no reciben el apoyo o los servicios debidos, si no los reciben en los momentos críticos, entonces no se lograrán los impactos positivos esperados. Si una mujer embarazada pobre no recibe el bono para el parto gratuito en el hospital antes de dar a luz, no valdrá de nada, habrá dado a luz en casa. Si se benefician las personas equivocadas, los impactos serán inferiores a lo esperado. Ayudar en la búsqueda de empleo a una persona con un trabajo razonable en lugar de a una desempleada puede mejorar en algo su situación, pero será menos transformador de lo que se pretendía. En otro nivel, esto resulta imperativo. Las ayudas económicas que se entregan después de que un niño ha pasado hambre durante semanas o una familia ha sido desalojada de su vivienda o de sus tierras llegan demasiado tarde para evitar daños. Ante la pandemia de COVID-19 (coronavirus), los Gobiernos de todo el mundo responden a las crisis socioeconómicas con redes de asistencia social para millones de hogares. Casi 200 países de todo el mundo han introducido diversas formas de protección social para compensar a los trabajadores por la pérdida de ingresos derivada de los extensos confinamientos y de la recesión económica general, y para mitigar los efectos adversos sobre los grupos más pobres y vulnerables. La implementación digital de punta a punta de estos programas, con seguridad y rapidez, está ayudando a los programas a cumplir con los requisitos de distanciamiento social (*Financial Times*, 2020). A lo largo de todo el libro de referencia, se mencionan ejemplos del poder de los sistemas de implementación eficaces y eficientes para la protección social: Garantizan una asistencia oportuna; reducen los costos de las transacciones facilitando el acceso y los beneficios; pueden reducir los costos administrativos, los errores y el fraude; mejoran el resultado de los programas reduciendo las superposiciones inútiles y permitiendo la programación conjunta cuando se necesitan sinergias.

La evolución hacia mejores sistemas de implementación, probablemente, también sea importante para el apoyo público y el presupuesto para los programas que se imparten, y más en general, para la confianza en el contrato social. La labor de la persona o de la familia, del tecnócrata o del político a la hora de defender un programa de protección social o inversiones en sistemas modernos de implementación se vuelve más fácil cuando la experiencia del público general con el programa es de buen servicio al cliente, cuando hay estadísticas pertinentes que muestran el desempeño y el impacto, y cuando estas ayudan a limpiar la reputación del programa cuando ocurre un incidente ocasional de mal servicio o fraude. La capacidad de la persona/familia para confiar en el Gobierno y estar dispuesta a pagar impuestos o participar en actividades de respuesta de base a las crisis (*MIT Technology Review*, 2020) dependerá de recibir o ver que otras personas reciben beneficios y servicios dignos de confianza.

La enorme agenda política que impulsa el desarrollo continuo del sector de la protección social exigirá un mayor desarrollo de los sistemas de implementación de diversas maneras. A continuación, esbozamos algunos ejemplos:

- **El impulso hacia la protección social universal implica, en muchos países, atender a muchas más personas que en la actualidad, especialmente en los países de menores ingresos y en las poblaciones más pobres.** Por lo tanto, será importante, como vimos en los capítulos 4, 5 y 6, conocer los aspectos básicos de la implantación general de las identificaciones básicas, los registros sociales, los sistemas de gestión de las operaciones de los beneficiarios y los sistemas de pago de PS (de persona a Gobierno [P2G] y de Gobierno a persona [G2P]).

- **En los países de ingreso medio y alto, el descenso de la pobreza absoluta implica que la innovación y la expansión del sector pueden trasladarse de los programas cuyos destinatarios son las personas en situación de pobreza crónica a los que atienden a otros grupos,** como la clase media emergente o los grupos vulnerables. En la medida en que esto implica que los beneficios se extienden hacia arriba en la distribución de los ingresos, desde, por ejemplo, el percentil 15 hasta el 40 o el 60 o, incluso, el 80, supone que los registros sociales son más extensos

y que, para determinar la elegibilidad, se pueden apoyar más en los datos que ya se encuentran en otros organismos gubernamentales que en la recopilación de nuevos datos; por lo que el cotejo de datos, la interoperabilidad y los sistemas integrados de información social pueden ser el modus operandi en lugar de sistemas independientes. Además, es posible que las ayudas se extiendan a muchos sectores (asistencia para el cuidado infantil, matrícula universitaria, asistencia sanitaria, quizá subvenciones hipotecarias, etc.), lo que hace necesaria la coordinación entre diversos organismos en la elaboración de políticas, en los sistemas de información compartidos para apoyar el registro, las derivaciones cruzadas y, posiblemente, la coordinación de los beneficios y la implementación de servicios.

- **Los sistemas de protección social pueden empezar a abordar la agenda de los servicios sociales:** Lamentablemente, la cobertura por discapacidad, el cuidado de personas mayores y otros servicios sociales son insuficientes. Como vimos en el capítulo 7, cada conjunto de servicios es complejo en sí mismo, con procesos de determinación de la elegibilidad y de establecimiento de normas llenos de desafíos para encontrar un equilibrio entre lo factible y lo deseable. Los servicios suelen ser implementados por agencias subordinadas, con o sin ánimo de lucro, y por tanto, se pagan por contrato, a menudo teniendo en cuenta algunos aspectos relativos a los resultados para determinar el pago, lo que significa que la agencia contratante debe tener la capacidad de emitir contratos sofisticados, y supervisar y controlar los servicios especializados prestados. También suele haber un complejo conjunto de servicios que pueden requerir coordinación: Un adulto en condición de discapacidad puede tener derecho a servicios médicos o terapéuticos, a un empleo protegido, a un transporte seguro al trabajo y a la atención médica, así como a una ayuda económica. Por lo tanto, la necesidad de coordinación e intercambio de información para la intermediación y las derivaciones es muy alta y exigirá sistemas de información interoperables e integrados, y posiblemente, trabajadores sociales calificados con cargas de trabajo que permitan una atención significativa a cada cliente.

- **La naturaleza (in)variable del trabajo significa que es probable que la tasa de empleo fuera de los** contratos laborales formales de larga duración siga siendo alta en los lugares donde ha sido alta, y que aumente en los lugares donde ha sido baja y entre los grupos de ingresos altos. Así, la cobertura de la seguridad social para el sector informal, acentuada tras la crisis del COVID-19, se convierte en una cuestión cada vez más destacada. Para ofrecerla, se necesitan sistemas de implementación que sustituyan la dependencia de los empleadores/empresas como encargados de los registros y recaudadores de contribuciones o pagadores por la interacción directa entre trabajadores, Gobierno y proveedores de servicios de pago. Una vez más, se necesitarán sistemas de información sofisticados, con capacidad para hacer un seguimiento de las contribuciones (pagos P2G de PS) durante largos periodos, con interfaces de servicios y paquetes de beneficios que inspiren confianza en los trabajadores que cotizan voluntariamente, y con costos de transacción lo suficientemente bajos como para dar cabida a pequeñas cotizaciones flexibles y frecuentes.

- **Los cambios demográficos, tecnológicos y climáticos contribuyen a la demanda de programas laborales** que ayuden a las personas a capacitarse y actualizarse, y a encontrar sucesivas oportunidades de emprendimiento, trabajos o puestos de trabajo a lo largo de la vida, y posiblemente en diferentes tipos de trabajos y ubicaciones. Esto implica innovar y expandir muchos tipos de programas del mercado laboral. Para los sistemas de implementación, implica la necesidad de instituciones y sistemas de información que conecten la financiación gubernamental, la información, los trabajadores y el sector privado.

- **El cambio climático y la pandemia de COVID-19 han llevado al primer plano la necesidad de la gestión del riesgo de desastres y de los sistemas de protección social que responden a las crisis.** Estos sistemas implican una compleja información multisectorial para la planificación y ponen un enorme énfasis en el dinamismo a la hora de evaluar y atender las necesidades posteriores a una crisis, a menudo, con una combinación de beneficios aumentados o complementados para los programas de largo plazo, así como la coordinación con la programación especial de respuesta a la emergencia. Para los sistemas de implementación, esto implica la sofisticación previa

y los medios de respuesta ágil, al menos en las zonas afectadas localmente.

- **La programación de la inclusión económica productiva también está muy presente en el fundamento de la protección social**, tanto por su objetivo de reducir la pobreza extrema crónica como por su capacidad de aumentar la resiliencia de los hogares y prepararlos para los desastres. Estos programas pueden tener requisitos iniciales de elegibilidad que son atendidos por sistemas estáticos relativamente sencillos, pero la implementación del complejo paquete de ayuda económica, orientación personal, desarrollo de competencias y transferencia de activos puede ser un desafío bastante complejo, hecho a escala en muy pocos lugares, hasta ahora. Numerosos programas y países están trabajando en variaciones de dichos programas, y deberíamos ver, en un plazo relativamente corto, los resultados de los diversos intentos de proporcionar paquetes más sencillos, aprovechar la tecnología en la implementación, y descubrir si la implementación se lleva a cabo mejor con la participación de un solo agente o agencia en todos los aspectos o si se coordina entre agentes de diversas especialidades.

- **La expansión de la labor de protección social en países frágiles o con desplazamientos forzados, así como en la gestión del riesgo de desastres**, hace que el sector de la protección social, que trabaja con una visión de desarrollo a largo plazo y a través de los sistemas gubernamentales, trabaje cada vez con más frecuencia en los mismos espacios y con los mismos instrumentos que los organismos de ayuda humanitaria que trabajan con objetivos de más corto plazo y, en general, a través de sistemas paralelos. Esto puede crear algunas duplicaciones o contradicciones, pero también fomenta un conocimiento detallado y constructivo sobre los pormenores de los sistemas de implementación y cómo se pueden compartir o crear capacidades conjuntas: Por ejemplo, el propósito y, por lo tanto, los niveles de beneficio difieren entre los programas para aquellas comunidades de acogida donde los medios de vida y los activos de vivienda de las familias están intactos, y aquellas con poblaciones desplazadas que sufrieron la pérdida de ambos, pero la modalidad de pago puede ser compartida.

Las tecnologías pueden seguir mejorando la implementación de los programas de protección social en la fase de interfaz con el cliente. Herramientas como las tecnologías móviles, los chatbots, las ventanillas de servicio digital para el autoservicio, el procesamiento del lenguaje natural y la automatización del motor de reglas de políticas ayudan a examinar la elegibilidad potencial, a programar citas y a atender las consultas. La autenticación del pago a través del reconocimiento de voz u otros elementos biométricos (por ejemplo, huella dactilar, iris, reconocimiento facial) y con imágenes a distancia puede simplificar el proceso de autenticación del beneficiario. La inteligencia artificial podría proporcionar una implementación personalizada y asistentes virtuales para las personas en condición de discapacidad, las personas mayores, de zonas remotas y otras poblaciones vulnerables. Las aplicaciones georreferenciadas pueden poner en contacto a los beneficiarios con los distribuidores, puntos de pago, minoristas, servicios públicos, organizaciones no gubernamentales y otros recursos. Las tecnologías móviles y los chatbots ayudan a la gente con sus consultas y quejas de forma eficiente. Las tecnologías digitales permiten a la ciudadanía dar su opinión periódicamente sobre la provisión de servicios, lo que lleva a mejorar su calidad. Los sitios web de solicitudes en línea se están diseñando y adaptando para atender a las personas en condición de discapacidad y a las personas mayores, lo que mejora el estado de ánimo al favorecer la autonomía (Coyne, 2016).

Las tecnologías también pueden seguir mejorando la gestión administrativa de los programas de protección social. El aprendizaje automático y los modelos predictivos con imágenes de satélite facilitan la orientación geográfica. Las tecnologías de georreferenciación ayudan a localizar, rastrear y hacer un seguimiento continuo de los solicitantes y beneficiarios, y son potencialmente útiles para la respuesta a las crisis. El cálculo automatizado y preciso de los beneficios en cumplimiento de las normas de los programas, a menudo complejas, puede realizarse con mayor rapidez. El aprendizaje automático facilita la detección de errores, fraudes y corrupción (EFC), la prevención, la elaboración de perfiles de riesgo, la priorización de recursos para las inspecciones y los controles aleatorios. En contextos de crisis, choque, fragilidad y catástrofes naturales, el uso de estas tecnologías reduce el tiempo de respuesta y aumenta la eficiencia en la implementación

de beneficios y servicios. Las soluciones de automatización de procesos robóticos (RPA) agilizan procesos predecibles, repetitivos y que consumen mucho tiempo, para reducir la carga administrativa y el tiempo de espera. Estos desarrollos serían especialmente beneficiosos para las agencias y programas gubernamentales que operan con un equipo reducido que se extiende por varias funciones (Weisinger, 2017). Las soluciones RPA pueden ayudar a reducir el tiempo dedicado a la gestión de quejas y reclamos, y a la resolución de las consultas de los usuarios; la inteligencia artificial en la que se apoyan las soluciones RPA tiene el potencial de transformar la protección social al cambiar la forma en que se trabaja.

La gestión del personal y de los contratistas que desarrollan la tecnología es un desafío importante. Las competencias necesarias para aprovechar las ventajas que ofrece la tecnología en los sistemas de implementación de protección social y para su protección son especializadas, escasas dentro de los organismos de protección social y muy bien remuneradas, por lo que suelen ser difíciles de atraer con salarios de empleados públicos. Sin embargo, invertir en sistemas de información desarrollados con estándares abiertos, que sean interoperables y modulares, ayuda a crear capacidad en los organismos de protección social para desarrollar, operar y mantener estos sistemas. También ayuda a reducir el riesgo de adquirir o desarrollar sistemas atados a un proveedor que supongan un obstáculo para la adopción de tecnologías y elementos arquitectónicos más nuevos, innovadores o de menor costo.

Uno de los efectos innovadores de la tecnología es la forma en que puede transformar los empleos de quienes trabajan en el sector. Al automatizar funciones que antes requerían un enorme tiempo administrativo (recopilar, registrar, contrastar y verificar información que ahora está disponible con mayor facilidad y frecuencia en bases de datos compartidas), se libera parte de ese tiempo. Ahora, podemos dedicar más tiempo del personal a entablar interacciones más auténticas con las personas, tratar de entender el conjunto de dificultades a las que se enfrenta cada una y, por tanto, qué servicios serán útiles, desarrollar planes de acción individualizados, ofrecer orientación personal y apoyo psicosocial, entre otras cosas.

La protección de los datos personales es un aspecto crítico del diseño de los sistemas y necesita mucha más atención. Lo ideal es que el desarrollo de la tecnología se base en las disposiciones legales y reglamentarias y en los marcos institucionales, tales como leyes sólidas de protección de datos y agencias autónomas de protección de datos. Las posibilidades y usos de los datos en los registros sociales ya suponen en sí un desafío para la normativa. Muchos países no han modernizado sus leyes y protocolos para el intercambio de datos y su privacidad. Los protocolos de intercambio de datos a veces prohíben de forma rígida un uso potencialmente fructífero, y a veces permiten un intercambio tan amplio que se justifica la preocupación por la privacidad. La privacidad de los datos suele ser un asunto frecuentemente subdesarrollado, y los desafíos son cada vez mayores a medida que los gobiernos acumulan más datos, con más puntos de conexión y amenazas cada vez más complejas ligadas al uso de esos datos. Muchos sistemas de implementación de protección social son bastante inadecuados hoy en día para abordar estas cuestiones de los datos. La protección de datos incluye la protección de la privacidad de las personas mediante el diseño y la salvaguarda de la privacidad de su información, la seguridad y los derechos de los usuarios en la gestión de un sistema.

Proteger a las personas pobres en nuestro «nuevo mundo feliz» se ha convertido en una prioridad cada vez más urgente. La adopción de tecnologías digitales para la implementación de programas sociales es una tarea compleja. Las tecnologías exponenciales están convergiendo y cambiando la forma en que las personas viven, trabajan y se organizan. Por un lado, esto las vuelve disruptivas y presenta una oportunidad única para resolver desafíos de desarrollo inabordables. Por otro lado, abren la puerta a nuevos problemas de inclusión y protección de las mismas personas a las que deben servir. El espacio «virtual», aunque paralelo al mundo «real», tiene implicaciones para las personas especialmente vulnerables (Pilkington, 2019). El Relator Especial de las Naciones Unidas sobre la extrema pobreza y los derechos humanos dijo, en 2019 ante la Asamblea General de la ONU, que «a medida que la humanidad avanza, tal vez inexorablemente, hacia el futuro del bienestar digital, necesita cambiar el rumbo de manera rápida y significativa para evitar tropezar como un zombi en una distopía del bienestar digital» (Consejo de Derechos Humanos de las Naciones Unidas, 2019). Los riesgos de la vigilancia, la escasa responsabilidad pública, el afianzamiento de la desigualdad y la discriminación son una preocupación real (Eubanks, 2018). Los sistemas de protección social contribuyen a generar confianza en el Gobierno facilitando el acceso a los beneficios y servicios de capital humano e inclusión financiera. La experiencia ha demostrado que esa confianza es frágil y puede verse socavada cuando la debilidad de la gobernanza y la capacidad institucional permiten que existan abusos. Por lo tanto, es todavía más importante incorporar protecciones y salvaguardas que vayan más allá de un enfoque de «no hacer daño» en el diseño de los sistemas de implementación de protección social.

La dotación adecuada de personal y la definición de las funciones y responsabilidades institucionales serán fundamentales para desarrollar sistemas de implementación que apoyen los programas políticos más amplios. Estos procesos requieren flexibilidad y voluntad política. El mero hecho de abordar la inclusión dinámica y la coordinación de los programas básicos sin tener en cuenta la gama de programación cada vez más ambiciosa a medida que se desarrolla el sector requiere mejoras de muchos tipos. Debe haber una dotación de personal adecuada (bien sea de organismos de protección social desconcentrados o de gobiernos locales con responsabilidades claras) para llegar a la gente en todo el país. Es necesario que haya personal en número suficiente y con las competencias adecuadas, y que cuente, a su vez, con herramientas y normas adecuadas para orientarse. Su desarrollo requiere una importante capacidad técnica para elaborar acuerdos de funcionamiento interinstitucional y supervisar el desarrollo de la tecnología y la protección de los datos.

También se necesita una importante voluntad política para fomentar u ordenar que los diferentes programas trabajen juntos para alcanzar unos niveles de calidad elevados, y para demostrar al poder legislativo, a los contribuyentes y al público en general que la protección social es una parte importante del contrato social, y que el Gobierno está comprometido con ella. Se pueden generar círculos virtuosos, con nuevos comienzos que muestran sus frutos y generan apoyos; de hecho, esa puede ser la historia de los últimos veinte años de desarrollo de la asistencia social en los países de ingresos bajos. Sin embargo, el apoyo a la protección social parece que, en muchos lugares, incluso en varios países de ingreso alto, necesita siempre un refuerzo.

La inclusión y el dinamismo seguirán siendo desafíos constantes. Gran parte de la protección social consiste en ayudar a las personas en el momento en que necesitan la ayuda. Es difícil saber quién puede necesitar ayuda en qué momento, al igual que es difícil saber la cantidad de personas que necesitarán ayuda. ¿Quién se quedará sin trabajo? ¿Cuándo? ¿Cuántas personas se quedarán sin trabajo durante una recesión? ¿Quién tendrá un accidente que lo incapacite? ¿Cuántas mujeres embarazadas serán lo suficientemente pobres como para tener derecho a un parto hospitalario gratuito? ¿Qué familias tendrán derecho a una ayuda económica? ¿Qué jóvenes pasarán de la escuela al trabajo autónomo? ¿Quiénes necesitarán apoyo? ¿Qué personas mayores necesitarán asistencia social? ¿Cuáles familias necesitarán ayuda para proporcionársela? Estas cuestiones implican que los sistemas de implementación siempre tratarán de servir a nuevos beneficiarios, ser cada vez más dinámicos, ágiles y veloces en el proceso. Hemos visto en los capítulos anteriores ejemplos de cómo algunos países avanzan en esta dirección creando capacidad de personal permanente, abriendo registros en línea, con una difusión activa entre diferentes poblaciones que pueden necesitar beneficios o servicios, la conexión de los beneficiarios de un beneficio o servicio con la información sobre otros que pueden ser pertinentes, etc. Ha habido avances, pero todavía queda mucho trabajo por hacer para alcanzar la frontera actual, y luego, para hacerla avanzar.

La coordinación seguirá siendo un desafío. El estado actual de la protección social es de enorme fragmentación. Algunas razones pueden volverse menos pertinentes con el tiempo; por ejemplo, si un programa emblemático provee niveles adecuados de ayuda económica, puede ser menos importante que cada ministerio sectorial conceda exenciones en el pago de tasas. Sin embargo, la política depende de la trayectoria, y los grupos de interés de los programas (entre clientes o administradores) pueden seguir apoyando programas individuales o desconfiar de los procesos de reforma que implican a múltiples organismos. La integración de las funciones administrativas, como en el caso de los registros sociales o los pagos multiprograma, puede suplir, en parte, la reducción de la fragmentación en la programación. Puede ser un importante motor de coordinación (el cambio secular de la tecnología significa que los sistemas de información pueden mejorar), pero no hay un impulso inexorable de reforma institucional. Por lo tanto, los temas relacionados con la coordinación (entre sectores, entre niveles de gobierno, y entre Gobierno y contratistas con o sin fines de lucro), probablemente, se mantengan en la agenda de la reforma con ciertos avances en determinados momentos, pero a menudo con agendas fructíferas aún por llevar a cabo.

La diversidad continuará siendo una realidad. Una de las cosas que ha dificultado la redacción de este Libro de referencia es la gran diversidad de sistemas de implementación de protección social. El abanico de programas, de poblaciones a las que se dirigen y de contextos nacionales es intrínsecamente amplio, pero también lo es la forma de abordar los desafíos comunes. La combinación de tecnología y personas; la combinación de instituciones; la combinación de reforma política frente a las soluciones de implementación; el énfasis variable puesto en los diferentes aspectos de la protección social: Solidaridad frente a independencia, personalización frente a transparencia, economía frente a impacto, etc. Todo esto significa que los sistemas de implementación de protección social, aunque compartan el mismo marco, serán diferentes de un lugar a otro, utilizarán diferentes herramientas para diferentes clientes y cambiarán con el tiempo. Por lo tanto, mientras los países trabajan para lograr una alta cobertura de sistemas de protección social más amplios, esperamos que abunden las oportunidades para que aprendan unos de otros en cuanto a sus sistemas de implementación.

La «primera milla» y el diseño centrado en las personas seguirán siendo fundamentales. Dado que muchas de las necesidades que atienden los programas de protección social provienen de un cambio en las circunstancias de las personas, es posible que los beneficiarios potenciales de estos programas no conozcan bien los beneficios y servicios que se ofrecen. Debido a que el cambio de circunstancias (desempleo, pobreza, incapacidad, enfermedad) puede conllevar un estigma o nuevas limitaciones, las personas están menos dispuestas y capacitadas para buscar o aceptar beneficios y servicios ya que, dadas las circunstancias, pueden llegar a interpretar lo que viven como parte universal del curso de la vida. Los desafíos de la inclusión y la coordinación son importantes y, como demuestran muchos ejemplos del Libro, el diseño centrado en las personas es una herramienta valiosa para mejorar los sistemas de implementación de protección social. También está en total consonancia con la visión de la protección social como un derecho humano, un punto de vista que no se tenía muy en cuenta hace décadas, pero que es un punto de contacto para el desarrollo de políticas en la actualidad y mientras el mundo trabaja para alcanzar los objetivos de desarrollo sostenible en una era posterior al COVID-19.

Bibliografía

Adegoke, Yinka. 2019. "Solar's Big Promise for Lighting Africa Is Tied to the Continent's Mobile Money Advantage." *Quartz Africa*, 30 de junio de 2019. https://qz.com/africa/1655648/solar-power-in-africa-and-the-mobile-money-advantage/.

Chandler, Clay. 2019. "Grab vs. Go-Jek: Inside Asia's Battle of the 'Super Apps'." *Fortune*, 20 de marzo de 2019. https://fortune.com/longform/grab-gojek-super-apps/.

Consejo de Derechos Humanos de las Naciones Unidas. 2019. *Report of the Special Rapporteur on Extreme Poverty and Human Rights*. A/74/493. https://undocs.org/A/74/493.

Coyne, Allie. 2016. "DHS' New Front-Line Will Be Virtual Assistants." *iTnews*, 19 de diciembre de 2016. https://www.itnews.com.au/news/dhs-new-front-line-will-be-virtual-assistants-444926.

Economist. 2019. "How to Beat Bezos: Baby Amazons Take On Their American Role Model." 1 de agosto de 2019. https://www.economist.com/business/2019/08/01/baby-amazons-take-on-their-american-role-model.

Eubanks, Virginia. 2018. *Automating Inequality: How High-Tech Tools Profile, Police, and Punish the Poor*. Nueva York: St. Martin's Press.

Financial Times. 2020. "Mobile Cash is the Best Way to Help Africa Fight COVID-19." 12 de abril de 2020. https://www.ft.com/content/adc604f6-7999-11ea-bd25-7fd923850377.

MIT Technology Review. 2020. "What the World Can Learn from Kerala about How to Fight COVID-19." 13 de abril de 2020. https://www.technologyreview.com/2020/04/13/999313/kerala-fight-covid-19-india-coronavirus/.

Pilkington, Ed. 2019. "Digital Dystopia: How Algorithms Punish the Poor." *Guardian*, 14 de octubre de 2019. https://www.theguardian.com/technology/2019/oct/14/automating-poverty-algorithms-punish-poor.

Weisinger, Dick. 2017. "Robotic Process Automation (RPA): Closer to a Rules Engine than to Artificial Intelligence (AI)?." Publicación del blog *Formtek*, 3 de octubre de 2017. http://formtek.com/blog/robotic-process-automation-rpa-closer-to-a-rules-engine-than-to-artificial-intelligence-ai/.

Glosario*

Protección social

Administración de los pagos. Los pasos necesarios para transferir el beneficio monetario a los beneficiarios o a sus cuentas. La administración de los pagos incluye el establecimiento y la verificación de la nómina y el establecimiento del calendario de pagos, la solicitud de la transferencia entre cuentas (del ministerio supervisor a la tesorería), la emisión de la orden de pago entre cuentas (de la tesorería al proveedor de servicios de pago), la emisión de la instrucción de pago (del ministerio supervisor al proveedor de servicios de pago) y la entrega de los pagos a los beneficiarios (del proveedor de servicios de pago).

Advertencia por incumplimiento de condicionalidades. Una notificación transmitida a los beneficiarios si se registra que uno o más miembros de la familia no están cumpliendo con las condicionalidades o corresponsabilidades de un programa (como en un programa de transferencias monetarias condicionadas).

Apelaciones. Quejas sobre la exactitud de las decisiones tomadas por los programas. Puede tratarse de un simple error administrativo del programa o implicar cuestiones fundamentales de elegibilidad y derechos, lo que supone una interpretación errónea de la ley por parte del programa, la denegación de un beneficio o servicio, un cálculo erróneo de los derechos o una categorización equivocada de los posibles beneficiarios.

Asignación familiar. Véase *asignación por hijo*.

Asignación por hijo. Beneficio monetario provisto por la presencia y la cantidad de hijos en la familia. El beneficio puede variar según la posición ordinal del niño, su edad o la situación laboral de los padres. La elegibilidad para el beneficio puede ser universal o según una evaluación del estatus socioeconómico (como una comprobación de medios de vida).

Asistencia social. Programas de redes de asistencia social en forma de transferencias no contributivas monetarias o en especie y que suelen estar dirigidas a personas pobres y vulnerables, pero que también pueden prestar apoyo a otros grupos (como los desempleados de largo plazo, personas en condición de discapacidad, etc.). Algunos programas se centran en reducir la pobreza crónica o en proporcionar igualdad de oportunidades; otros se centran más en proteger a las familias de las crisis y de las pérdidas a largo plazo que éstas pueden infligir a las personas pobres y desprotegidas. Estos programas, también conocidos como de bienestar social, incluyen transferencias monetarias (condicionadas y no condicionadas), transferencias en especie, como la alimentación escolar y la asistencia alimentaria específica, y beneficios cuasimonetarios, como la exención de tasas y los vales de alimentos.

Autenticación. Proceso por el que se determina fehacientemente que una persona es quien dice ser. La autenticación digital suele implicar que una persona presente electrónicamente uno o varios «factores de autenticación» para verificar su identidad, es decir, para demostrar que es la misma persona a quien se emitió originalmente la identidad o la credencial.[1]

Autoempleo/emprendimiento. Trabajo realizado de forma autónoma, en lugar de como empleado. Los ingresos del autoempleo son una mezcla de retribución por el trabajo y rendimiento del capital privado empleado. El autoempleo puede ser el resultado de una iniciativa empresarial o de la falta de disponibilidad de empleo.

---

* Compilado por el Grupo de Soluciones Globales sobre Sistemas de Implementación de Protección Social del Banco Mundial.

Beneficiario, beneficiarios. Personas, familias u hogares inscritos en un programa que son receptores de un beneficio o servicio.

Beneficios. Aporte tangible de los programas de protección social a personas, familias u hogares. Pueden ser en forma de transferencias monetarias o en especie (como cupones de alimentos, raciones de alimentos y subsidios). Pueden ser programas de asistencia social no contributiva que se financian con ingresos generales, o pueden financiarse con contribuciones directas, como una forma de seguridad social.

Beneficios de desempleo. Todas las formas de beneficio monetario para compensar el desempleo, como la asistencia por desempleo (no contributiva) o el seguro de desempleo (según las contribuciones y el historial de ingresos). Los beneficios pueden incluirse como componentes de programas de activación laboral.

Biometría o datos biométricos. Características fisiológicas o conductuales que son únicas de cada persona (por ejemplo, huellas dactilares, patrones de voz) y que se utilizan como medio de verificación automática de la identidad.

Búsqueda activa. Un enfoque de *difusión* mediante el cual los administradores de los programas, los funcionarios locales, los representantes de fundaciones u otras personas llegan de forma deliberada y proactiva a los grupos de población (como los que viven en zonas remotas o en poblaciones marginadas) que, de otro modo, pasarían inadvertidos o no se enterarían de su potencial elegibilidad para los programas de protección social.

Cadena de implementación. Los beneficios y servicios de protección social (incluidos los laborales) pasan por fases comunes de ejecución a lo largo de la cadena de implementación, que incluyen la difusión, la recepción y el registro de solicitudes, la evaluación de las necesidades y condiciones, las decisiones de elegibilidad e inscripción, la determinación del paquete de beneficios y servicios, la notificación y la incorporación, la provisión de pagos o servicios, y la gestión de las operaciones de los beneficiarios.

Capacitación. Medidas destinadas a mejorar la empleabilidad y que son financiadas por organismos públicos. Todas las medidas de capacitación deben incluir alguna prueba de enseñanza en aula o, si es en el lugar

de trabajo, de supervisión específica para los fines de la instrucción. Incluye la capacitación institucional y la capacitación en el lugar de trabajo, la capacitación sustitutiva y las prácticas como aprendiz.

Cese de los beneficios por incumplimiento de las condicionalidades. Cuando un beneficiario incumple de forma continuada las condicionalidades o las corresponsabilidades durante un periodo más prolongado, algunos países cancelan o ponen fin a los beneficios y excluyen a la familia del programa (normalmente, de forma permanente o durante un periodo considerable antes de poder volver a solicitarlo, salvo que se apele).

Ciclo de monitoreo de las condicionalidades. El período recurrente que comienza con el último listado de hogares beneficiarios, con información sobre los miembros pertinentes de la familia (*inputs*), y termina con un listado de beneficiarios revisado que se actualiza con información sobre el cumplimiento correspondiente a ese ciclo, así como cualquier decisión sobre las consecuencias del incumplimiento (resultados), que se vincularía a la nómina para el siguiente ciclo de pago (resultados). El ciclo de monitoreo de las condicionalidades incluye el periodo de cumplimiento y el periodo de verificación del cumplimiento.

Comprobación de los medios de vida (CM). Una metodología que determina la elegibilidad potencial o calcula los niveles de los beneficios basándose en alguna evaluación de los ingresos y activos de una familia u hogar.

Comprobación híbrida de los medios de vida (CHM). Tipo de evaluación socioeconómica que combina la comprobación directa e indirecta de los medios de vida mediante la recopilación de información sobre los ingresos observables de un hogar o de bienestar verificable (como en la comprobación de medios de vida) y la información sobre determinados activos del hogar para predecir el bienestar no verificable (como en la comprobación sustitutiva de medios de vida).

Comprobación sustitutiva de los medios de vida (CSM). Herramienta utilizada para evaluar la situación socioeconómica de una familia mediante una medida compuesta que calcula una puntuación ponderada basada en características observables del hogar, como las estructuras demográficas, los niveles de educación, la ubicación y la calidad de la vivienda del hogar, así como la propiedad de bienes duraderos y otros activos. Todas estas variables se consideran «aproximaciones» a los ingresos o al consumo, que pueden ser más difíciles de medir y observar en situaciones de elevada informalidad.

Conciliación de pagos. Proceso contable que utiliza dos conjuntos de registros para garantizar que las cifras sean correctas y concuerden. Confirma si el dinero que sale de una cuenta coincide con el importe que se ha gastado y se asegura de que ambos estén equilibrados al final del periodo de registro. En el caso de las transferencias monetarias, la conciliación confirma si los fondos transferidos al proveedor de servicios coinciden con los importes pagados a los beneficiarios para ese ciclo de implementación, e identifica los importes no desembolsados.

Condicionalidades (también conocidas como corresponsabilidades). Conjunto de obligaciones que cada hogar beneficiario debe cumplir para seguir recibiendo beneficios monetarios. Algunos ejemplos comunes son la asistencia a la escuela, las visitas a los servicios de salud y los esfuerzos de trabajo o búsqueda de empleo.

Coordinación horizontal y vertical. La coordinación horizontal implica a múltiples actores en el mismo nivel jerárquico administrativo (por ejemplo, la coordinación entre organismos centrales de igual nivel o la coordinación entre actores locales). La colaboración vertical implica a múltiples actores de distintos niveles administrativos (por ejemplo, entre actores en el ámbito central y local).

Corrupción. Comúnmente implica la manipulación de los listados de beneficiarios, por ejemplo, el registro de beneficiarios no elegibles, con el fin de obtener apoyo político, la aceptación por parte del personal de pagos ilegales provenientes de beneficiarios elegibles o no elegibles, o el desvío de fondos a beneficiarios ficticios u otros canales ilegales.

Criterios de elegibilidad. Factores utilizados para determinar si una persona, familia u hogar es elegible (criterios de inclusión) o no (criterios de exclusión) para participar en un programa.

Criterios de focalización. Véase *criterios de elegibilidad.*

Cumplimiento e incumplimiento (de las condicionalidades). El cumplimiento se refiere a la observancia de las condicionalidades o corresponsabilidades específicas requeridas para la participación en el programa por parte de los beneficiarios. El incumplimiento se refiere a la inobservancia de dichas condicionalidades.

Cuotas de registro. Límites explícitos del número de hogares que pueden registrarse en un distrito específico.

Datos. Un valor o conjunto de valores que representan un concepto o conceptos específicos. Los datos se convierten en «información» cuando se analizan y, posiblemente, se combinan con otros datos para extraer su significado y proporcionar un contexto. El significado del término «datos» puede variar en función de su contexto, y a menudo se utiliza indistintamente con el de «información».

Datos personales. Cualquier información relativa a una persona que pueda ser identificada, directa o indirectamente, en particular por referencia a un identificador (por ejemplo, nombre, número de identificación, datos de localización, identificador en línea, o uno o más factores específicos de la identidad física, fisiológica, genética, mental, económica, cultural o social de esa persona).

Decisiones de inscripción. Decisiones tomadas por los administradores de programas sociales para admitir a personas, familias u hogares en ese programa específico. Esas decisiones suelen tener en cuenta la evaluación de las necesidades y condiciones, los criterios de elegibilidad, así como otros factores específicos del programa (como el ámbito fiscal).

Deduplicación. Una técnica para detectar registros de identidad duplicados. Los datos biométricos, como las huellas dactilares y el escaneo del iris, se utilizan habitualmente para eliminar identidades duplicadas con el fin de detectar las solicitudes de identidad falsas o incoherentes y establecer su carácter único.

Descentralización, o descentralizado. Asignación de responsabilidad política y/o autoridad de toma de decisiones a un nivel de gobierno subnacional (estatal, regional) o local (municipio, condado) desde un nivel de gobierno superior (incluida la transferencia de dichas responsabilidades del nivel central al subnacional, o del subnacional al local).

Desconcentración, o desconcentrado. El proceso por el cual una organización central transfiere algunas de sus responsabilidades a unidades de nivel inferior dentro de su jurisdicción.

«Descreme» (estrategia). Práctica informal en los servicios públicos de empleo por la cual los funcionarios centran sus esfuerzos de ubicación en personas con altas probabilidades de empleo (mayores probabilidades de ser ubicadas) en lugar de las más desfavorecidas (más difíciles de atender). (El término deriva de la crema o nata más dulce que se acumula en la superficie de la leche).

Desempleo, desempleados. Personas sin empleo, que buscan trabajo activamente y que están disponibles para trabajar. Véase también *desempleo de largo plazo.*

Desempleo de largo plazo (DLP). Se refiere a las personas que han estado desempleadas durante más de un periodo determinado, como 52 semanas (1 año, Organización Internacional del Trabajo, Organización para la Cooperación y el Desarrollo Económicos) o 27 semanas (Oficina de Estadísticas Laborales de los Estados Unidos).

Desincentivos laborales. Incentivos adversos para que personas adultas sin discapacidad acepten un trabajo o un empleo resultante de las políticas fiscales o de concesión de beneficios.

Destinatario designado. Es la persona de la familia u hogar beneficiario que se designa como receptora de los beneficios cuando se pagan (a efectos de autenticación y pago). Debe nombrarse un destinatario designado para todos los beneficios para los cuales la unidad de asistencia es un grupo (familia u hogar). También puede ser necesario un destinatario designado para los beneficios de carácter individual si el beneficiario requiere que algún tutor actúe en su nombre (como en el caso de niños huérfanos o personas con discapacidades graves).

Determinación del paquete de beneficios y servicios. Fijar los niveles de los beneficios (para los beneficios monetarios o en especie) y/o definir el paquete de servicios (para los servicios) que se proporcionarán a los beneficiarios elegibles del programa o los programas sociales, y establecer y notificar a los beneficiarios dichas decisiones (y cualquier condición asociada a su participación).

Difusión. Esfuerzos deliberados para llegar e informar a las poblaciones objetivo y a los grupos vulnerables sobre los programas de protección social y los sistemas de implementación, de modo que se enteren, estén informados, puedan y se animen a participar.

Diseño centrado en las personas. El proceso continuo de entender y satisfacer las necesidades del usuario. Más concretamente, el diseño centrado en las personas es un enfoque multidisciplinario para resolver las necesidades y los problemas del usuario final (las personas) y las capacidades de transformación de los gobiernos.

Eficacia. Es fundamental para el desempeño de los sistemas de implementación. Según la definición de los criterios de evaluación del CAD de la OCDE (Comité de Ayuda al Desarrollo de la Organización para la Cooperación y el Desarrollo Económico), la *eficacia* es una medida del grado en que un programa o actividad alcanza su objetivo. En este libro de referencia, un sistema eficaz no sólo es aquel que alcanza, registra y provee beneficios y servicios a la mayor parte de la población a la que está destinado, sino que también es un sistema que es inclusivo, porque se adapta a las necesidades específicas de las poblaciones vulnerables y de aquellas que enfrentan barreras de acceso. Por lo tanto, el criterio de evaluación de la inclusión está integrado en el concepto de eficacia para reflejar esta lógica.

Eficiencia. Otra dimensión importante del desempeño de los sistemas de implementación, aunque es difícil de medir. Garantizar que los resultados se alcancen a un costo razonable, incluido el paso de los clientes por las distintas fases de la cadena de implementación con un costo mínimo en términos de tiempo y dinero para la administración y para los clientes, resulta fundamental para evaluar el rendimiento. Otras medidas de la eficiencia son los tiempos de tramitación de las distintas fases o etapas de la cadena de implementación.

Elaboración de perfiles laborales. La elaboración de perfiles de solicitantes de empleo es un método de diagnóstico para evaluar las perspectivas de reincorporación al trabajo de las personas desempleadas. La elaboración de perfiles ayuda a los servicios públicos de empleo (SPE) a segmentar a los solicitantes de empleo en grupos con probabilidades similares de reincorporarse al trabajo y, a su vez, a determinar su grado de acceso a distintos niveles de tratamiento. Además, la elaboración de perfiles orienta el proceso de asignación de recursos dentro de los servicios públicos de empleo y la asignación de paquetes adecuados de beneficios, servicios de empleo y PAML.

Elegibilidad. Estado en el cual las personas, las familias o los hogares tienen derecho o califican para recibir un beneficio o un servicio por cumplir determinados criterios.

Enfoque dirigido por la administración para la recepción y el registro (también conocido como _enfoque impulsado por la oferta_ o _enfoque de registro masivo o barrido_). Enfoques que a veces se utilizan para registrar grupos de hogares que serán evaluados y considerados para su posible inclusión en uno o más programas. Los enfoques dirigidos por las administraciones se caracterizan por tres rasgos fundamentales: (1) la motivación para iniciar el registro parte de la administración, no de las personas que se registran (estado ≥ personas); (2) el registro suele llevarse a cabo en forma de barridos (grupos o cohortes de hogares); y (3) el momento: el calendario de los enfoques dirigidos por la administración suele estar determinado por los recursos y la capacidad, no por las fechas o las necesidades específicas de los hogares. Véase también _enfoque por demanda_.

Enfoque por demanda para la recepción y el registro. Enfoque que permite a cualquier persona presentar una solicitud y registrar sus datos para ser considerada para su posible inclusión en uno o más programas. Los enfoques por demanda se caracterizan por tres rasgos fundamentales: (1) la motivación para iniciar la participación viene de las personas (no del «Estado»), que toman la iniciativa de presentar la solicitud; (2) cada persona participa por su cuenta; y (3) el momento: con el enfoque por demanda, cada persona participa en la recepción y el registro según su propio calendario. Aunque los enfoques por demanda se impulsan, en gran medida, por la forma en que se lleva a cabo la recepción y el registro, también influyen en otras fases de la cadena de implementación. Véase también _enfoque dirigido por la administración_.

Error. Un error es una infracción no intencionada de las normas del programa o de los beneficios que tiene como resultado el pago de un monto incorrecto de beneficio o el pago a un solicitante que no es elegible.

Estado de la fuerza laboral. Porcentaje de la población que está empleada, desempleada e inactiva, con respecto a toda la población mayor de 15 años. «Empleado» se define como cualquier persona que haya trabajado al menos una hora durante la semana anterior por un salario, un beneficio o una ganancia familiar. Una persona se define como «desempleada» si actualmente no trabaja pero busca activamente un empleo o formas de emprender. Quienes no están empleados ni desempleados son «inactivos». Una persona se define como «inactiva no estudiante» si está inactiva y no asiste a un centro educativo.

Evaluación de las necesidades y condiciones de vida. Procesos sistemáticos para determinar las necesidades y las condiciones de vida de las personas, familias u hogares registrados con el fin de (1) determinar la potencial elegibilidad para programas específicos y/o (2) informar el proceso de determinación de beneficios y servicios que pueden prestar los programas.

Externalización. Un acuerdo por el cual una entidad decide contratar la provisión de servicios (a veces bienes) necesarios para su funcionamiento a otra entidad, que luego realiza el trabajo utilizando su propio personal y equipo.

Familia. Una familia se define a efectos operativos como «un grupo de dos o más personas emparentadas por nacimiento, matrimonio o adopción, y que residen juntas; todas estas personas (incluidos los miembros de la subfamilia emparentados) se consideran miembros de una sola familia».

Focalización. Política que busca dirigir una intervención (beneficio o servicio) a la población objetivo, para minimizar la cobertura de las personas que no están destinadas a ser beneficiarias (errores de inclusión) y la no cobertura de los beneficiarios previstos (errores de exclusión).

Focalización categórica. Mecanismo de focalización por el cual la elegibilidad se define en función de características específicas observables, como la edad. Ejemplos de ello son las pensiones sociales para los adultos mayores, las asignaciones por hijo, las asignaciones por nacimiento, las asignaciones familiares y los beneficios por orfandad.

Focalización comunitaria. Un mecanismo por el cual se da a las comunidades locales la facultad de determinar qué personas, familias u hogares serán seleccionados como beneficiarios de un programa concreto, o de determinar cuáles se inscribirán en un registro social para evaluar más a fondo sus necesidades y condiciones y, eventualmente, considerarlas potencialmente elegibles para los programas sociales.

Fraude. Ocurre cuando un reclamante hace deliberadamente una declaración falsa u oculta o distorsiona información relevante sobre la elegibilidad del programa o el nivel de beneficios.

Garantía de identidad. Capacidad para determinar con bastante certeza —o nivel de seguridad— que la afirmación sobre una identidad concreta hecha por alguna persona o entidad se corresponde realmente con la identidad «verdadera» del reclamante.[2]

Gestión de las operaciones de los beneficiarios. Etapa de la cadena de implementación de protección social que implica la actividad de captar y recopilar continuamente información sobre el terreno u otras fuentes (como otras bases de datos), que luego se procesa a través de un conjunto de protocolos, se registra y se utiliza para tomar decisiones. Este sencillo patrón de captación, recopilación, procesamiento y decisión es el hilo conductor que une el conjunto de actividades que se desarrollan continuamente en la implementación de un programa. La gestión de las operaciones de los beneficiarios incluye tres funciones principales, que se llevan a cabo simultáneamente: la gestión de los datos de los beneficiarios, el monitoreo de las condicionalidades y la implementación de un mecanismo de quejas y reclamos.

Gestión social individualizada. El término «gestión social individualizada» es especialmente problemático, ya que se utiliza de forma diferente en diversas profesiones (por ejemplo, por trabajadores sociales, sanitarios y especialistas en informática). Además, hay quienes utilizan el término «gestión social individualizada» para referirse a lo que llamamos *gestión de las operaciones de los beneficiarios*. Algunos profesionales utilizan el término «gestión social individualizada» para referirse al trabajo social (que abarca la sensibilización, la intermediación, las derivaciones y el asesoramiento). Otros utilizan el término para referirse a un enfoque integrado de la gestión de los clientes a lo largo de toda la cadena de implementación (a lo largo de todo el «ciclo de vida

del caso», como lo llaman algunos profesionales). Para evitar confusiones, evitamos el término.

Grupo objetivo. Véase *población objetivo*.

Hogar. Cualquier persona o grupo de personas que viven como una unidad económica, que compran alimentos y hacen comidas juntas.

Identidad. Atributo, o conjunto de atributos, que describen de forma exclusiva a un sujeto dentro de un contexto determinado.[3]

Identificación. Acción o proceso de identificar a una persona (véase *autenticación*). Inicialmente, suele implicar la asignación de un número de identidad (a menudo único) y la expedición de una credencial de identidad que, sola o con el apoyo de algún otro factor de autenticación (por ejemplo, la biometría), se utiliza posteriormente para demostrar o autenticar la identidad de una persona.[4]

Identificación biométrica. Proceso de búsqueda en una base de datos de registro biométrico para encontrar y obtener los identificadores biométricos de referencia atribuibles a una sola persona. La comparación puede ser de uno a uno (1:1) —comúnmente denominada «verificación biométrica»— por la cual la comparación se realiza contra una única plantilla, o de uno a varios (1:N), donde la comparación se realiza contra múltiples plantillas.[5]

Incentivos a la contratación/subvenciones salariales. Medidas que incentivan la creación y el acceso a nuevos puestos de trabajo o que promueven las oportunidades de mejora de la empleabilidad a través de la experiencia laboral, y que son pagaderas sólo durante un período limitado. Los incentivos a la contratación pueden incluir beneficios proporcionados exclusivamente a las personas del grupo objetivo del programa de mercado laboral y que están condicionados a la aceptación de un nuevo empleo (bono por regreso al trabajo, asignaciones para mudanza/reubicación o similares).

Incentivos al empleo. Medidas que facilitan la contratación de personas desempleadas o que buscan un primer empleo, y otros grupos de población destinatarios, o que contribuyen a garantizar la continuidad del empleo de las personas que corren el riesgo de perderlo involuntariamente. Los incentivos al empleo se refieren a las subvenciones para puestos de trabajo en el mercado abierto que podrían existir o crearse sin la subvención pública, y que es de esperar que se mantengan una vez finalizado el periodo de subvención. Los puestos de trabajo que se subvencionan suelen ser del sector privado, pero también pueden optar a ellos los del sector público o sin ánimo de lucro, y no se requiere ninguna distinción.

Incentivos para la creación de empresas. Medidas que promueven la iniciativa empresarial/animando a los desempleados y a otros grupos objetivo a crear su propia empresa o a convertirse en trabajadores independientes. La ayuda puede ser en forma de beneficios monetarios directos o de apoyo indirecto, como préstamos, provisión de infraestructura, asesoramiento empresarial, etc.

Índices de cumplimiento. Indicador de resultados que mide el número de personas que cumplen las condiciones requeridas por un programa (numerador) como proporción (porcentaje) del total de personas monitoreadas (denominador). Por lo general, se efectúa un monitoreo de este indicador con respecto a las personas pertenecientes a un grupo categórico específico, como los niños en edad escolar, las madres embarazadas/lactantes, etc.

Índices de monitoreo de las condicionalidades. Un indicador de desempeño que mide el número de personas sobre las que el programa supervisa el cumplimiento de las condicionalidades (numerador) en proporción (porcentaje) con el total de personas de esa categoría (denominador). Este indicador se suele monitorear entre personas que pertenecen a un grupo categórico específico, como los niños en edad escolar, las embarazadas/lactantes, etc.

Información. Los datos se convierten en «información» cuando se analizan y, posiblemente, se combinan con otros datos para extraer su significado y proporcionar un contexto.

Interfaz con el cliente. El punto de acceso físico o digital o la interacción entre las personas (individuos, familias y hogares) y los sistemas de implementación de protección social.

Intermediación. Un enfoque de provisión de servicios integrado que se utiliza tanto en los servicios laborales como en los sociales. La intermediación es un servicio en sí mismo y también conecta a las personas (trabajadores) con otros servicios. Es el proceso de informar a los clientes sobre una serie de beneficios y servicios relevantes para sus necesidades, y dirigirlos al punto de acceso correspondiente, sobre la base de protocolos acordados con los organismos proveedores de servicios, a veces con planes de acción individualizados (PAI), para ayudarlos a superar múltiples barreras socioeconómicas. La intermediación conecta la demanda y la oferta de servicios sociales o laborales. El papel del mediador (trabajador social o funcionario público de empleo) consiste en identificar correctamente las necesidades del participante (lado de la demanda, mediante la detección de riesgos y la elaboración de perfiles) y, a continuación, identificar la disponibilidad de servicios y proveedores de servicios (lado de la oferta) y, posteriormente, ponerlos en contacto mediante derivaciones y contraderivaciones (monitoreo y seguimiento) sobre la base de un plan de acción, protocolos, contratos y normas de servicio.

Manutención infantil. Apoyo económico proporcionado por un progenitor no residente y sin custodia para la manutención de un hijo.

Mapeo del proceso de la cadena de implementación. Una herramienta de gestión para trazar la secuencia de los procesos de implementación entre los diferentes actores (instituciones) o niveles de gobierno. Es importante para establecer la singularidad y la claridad de las funciones, y útil para trazar los procesos «actuales» y la posible visión «futura» de las reformas. Además de la secuencia por actor, puede haber una dimensión temporal (calendario de ciclos de aplicación).

Marco de medición del desempeño. Sirve para tres propósitos principales: En primer lugar, los indicadores de desempeño que se supervisan con regularidad ayudan a diagnosticar los cuellos de botella en la cadena de implementación desde el principio y corrige el rumbo para evitar problemas sistémicos. En segundo lugar, junto con otras técnicas de evaluación, los marcos de indicadores de desempeño también ayudan a identificar canales, procesos o prácticas alternativas que permitan al sistema ser más eficaz o ahorrar tiempo o dinero a los clientes. Las mediciones del desempeño de los sistemas de implementación pueden incorporarse a un conjunto más amplio de pruebas evaluativas sobre el programa, incluidas las evaluaciones de impacto, y contribuir a una agenda de aprendizaje más amplia para perfeccionar y mejorar el impacto de un programa. En tercer lugar, un sistema de medición del desempeño es una parte importante de una función de supervisión más amplia de los programas de protección social, para garantizar que los fondos públicos se asignen de manera eficaz.

Marco integrado de gestión de la información. Un marco que integra todos los sistemas y procesos de una organización, lo que le permite trabajar como una sola unidad con un objetivo unificado. Vincula la información de los distintos servicios/sistemas e integra la información de todos los organismos sobre un usuario determinado.

Marco jurídico (en la protección social). Un marco legislativo o jurídico que aclara el uso y la gobernanza de las leyes —así como de los decretos, reglamentos y otros documentos jurídicos o políticos— y provee fundamentos para la aplicación de políticas y programas emprendidos para lograr planes y resultados estratégicos.

Mecanismo de quejas y reclamos (MQR). Un modo formalizado de admitir, clasificar, evaluar y resolver las quejas, las apelaciones y las consultas de los beneficiarios del programa y otras partes interesadas. El mecanismo de quejas y reclamos se compone de un conjunto de estructuras institucionales, normas, procedimientos y procesos a través de los cuales se resuelven las quejas, las apelaciones y las consultas sobre el programa o los programas de protección social.

Mecanismos de focalización geográfica. Un mecanismo para focalizar programas en personas, familias u hogares que viven en una zona determinada.

Mercados laborales. Reservas reales de mano de obra calificada o no calificada disponibles dentro de las economías locales, nacionales o mundiales, y actividades destinadas a reducir el riesgo y mejorar la eficiencia del mercado laboral, y aumentar la empleabilidad de los trabajadores, la seguridad y la protección del empleo. Incluye los servicios de empleo y asesoramiento, la capacitación y el perfeccionamiento, y los sistemas de información sobre el mercado laboral, como el diseño, la adquisición y la implantación de programas y equipos informáticos.

Método de registro mediante barrido censal. Inscripción masiva de los hogares en el registro social. Con el enfoque de barrido censal, todos o la mayoría de los hogares de zonas específicas (o de todo el país) se registran en masa. A diferencia del enfoque por demanda (véase más arriba), con el enfoque de barrido censal, los equipos de encuestadores acuden a las comunidades y realizan el registro puerta a puerta.

Monitoreo de las condicionalidades. El monitoreo del cumplimiento de las condicionalidades por parte de los miembros del hogar beneficiario y el tratamiento de los datos asociados. Este es un término global que abarca los períodos de control del cumplimiento y los períodos y procesos de verificación del cumplimiento.

Notificación e incorporación en el sistema. La notificación consiste en informar a los solicitantes de las decisiones que se han tomado sobre su inscripción (incorporación, puesta en lista de espera o denegación); y la incorporación al sistema implica la finalización del proceso de inscripción para quienes han sido seleccionados (orientación, recopilación de información adicional, opción de exclusión, etc.).

Objetivos de registro. Número planificado de hogares que se registrarán en un distrito específico, pero sin operar como una cuota fija o rígida (tope o límite).

Oportunidades de empleo y rehabilitación para personas en condición de discapacidad. Medidas destinadas a permitir que las personas en condición de discapacidad consigan un empleo adecuado, lo conserven y progresen en él, para favorecer su integración o reintegración en la sociedad. La rehabilitación abarca aquellas medidas que proporcionan rehabilitación a las personas con una capacidad laboral reducida (temporal o permanente) y que tiene como objetivo ayudar a los participantes a adaptarse a su condición de discapacidad y a desarrollar competencias que los preparen para acceder al trabajo. La rehabilitación se refiere únicamente al aspecto vocacional.

Pagos de protección social (PS). La transferencia monetaria o cuasimonetaria a los beneficiarios de programas de protección social (ya sean programas contributivos o no contributivos). Incluyen los pagos del gobierno a la persona (G2P) y los pagos de la persona al gobierno (P2G).

Pensiones sociales. Beneficios de asistencia social (no contributivos) pagados a grupos categóricos de la población, como las personas mayores o las personas en condición de discapacidad. Pueden ser universales (se pagan a todas las personas de esa categoría) o focalizados (se pagan a las personas de esa categoría que también son pobres).

Periodo de cumplimiento. El periodo de cada ciclo de monitoreo de las condicionalidades durante el cual se observaría el cumplimiento de los beneficiarios (en otras palabras, cuándo se espera que cumplan).

Período de verificación del cumplimiento. El período durante el cual se lleva a cabo el proceso de verificación del cumplimiento dentro de cada ciclo de monitoreo de las condicionalidades. El periodo asignado puede diferir del tiempo real que se tarda en llevar a cabo todos los pasos, que se mediría mediante una evaluación del proceso (y podría ser mayor o menor que el tiempo asignado).

Persona refugiada. Alguien que se ha visto en la obligación huir de su país a causa de persecución, guerra o violencia.[6]

Personas en condición de discapacidad. Las personas en condición de discapacidad son aquellas que tienen deficiencias físicas, mentales, intelectuales o sensoriales de largo plazo que, en interacción con diversas barreras, pueden impedir su participación plena y efectiva en la sociedad en igualdad de condiciones con las demás (Organización Internacional del Trabajo). Un individuo en condición de discapacidad se define como una persona que (1) tiene una deficiencia física o mental que limita sustancialmente una o más de las actividades principales de la vida; (2) tiene un historial de dicha deficiencia; o (3) se considera que tiene dicha deficiencia.[7]

Personas inactivas. Personas consideradas «fuera de la población activa»; no están empleadas ni desempleadas, es decir, que no buscan activamente trabajo. Existen diversas razones por las que algunas personas no participan en la población activa; estas personas pueden estar ocupadas en el cuidado de familiares; pueden estar jubiladas, enfermas, incapacitadas o estudiando; pueden creer que no hay puestos de trabajo disponibles; o simplemente pueden no querer trabajar.[8]

Personas o familias difíciles de atender. En general, las personas o familias difíciles de atender se enfrentan a múltiples riesgos y limitaciones, y la complejidad que se deriva de esa multiplicidad hace que sea difícil asistirlas con servicios laborales y sociales, por lo que requieren enfoques de servicios coordinados o integrados para ayudarlas a reducir sus riesgos sociales y reducir su distancia del mercado laboral.

Personas registradas. Individuos, familias u hogares que han facilitado sus datos durante la fase de recepción y registro de la cadena de implementación. Pueden haber proporcionado sus datos por iniciativa propia (por demanda; véase *solicitantes*) o por iniciativa de un organismo o programa público (como en el caso del registro masivo/barrido censal). En este último caso, no los llamamos solicitantes, porque técnicamente no «solicitaron» la concesión de beneficios y servicios.

Plan de acción individualizado (PAI). También denominado plan de servicios, plan de acción familiar, acuerdo de responsabilidades mutuas o plan de progresión personal, es un acuerdo entre el trabajador social y el beneficiario que suele incluir un resumen de la evaluación individual, incluidos los resultados del perfil; los objetivos y los pasos acordados para alcanzarlos; los beneficios (si los hay); la lista de servicios asignados o derivados; las acciones requeridas y los compromisos de ambas partes (el beneficiario y el trabajador social); las normas y los procedimientos relativos a las sanciones por incumplimiento de las acciones requeridas; los derechos y las responsabilidades del beneficiario; y la información sobre los procedimientos del mecanismo de quejas y reclamos (MQR). Durante la fase de inscripción e incorporación, el PAI será firmado por el beneficiario y el trabajador social.

Planificación de la implementación de punta a punta. Lleva el mapeo del proceso de la cadena de implementación a un nivel aún más exhaustivo mediante el mapeo de la secuencia de todos los pasos del proceso (detallado), además de los actores, inputs y recursos, y el tiempo necesario para cada paso, para todas las fases a lo largo de la cadena de implementación (de principio a fin).

Población objetivo. El grupo de personas, familias u hogares que se pretende incluir como beneficiarios potenciales de un programa. También se denomina «grupo objetivo».

Privacidad de los datos. El uso y la gestión adecuados y autorizados de los datos personales.

Procesamiento de la verificación del cumplimiento. El proceso de verificación de que los beneficiarios han cumplido con las condicionalidades del programa. Este proceso podría incluir la preparación y distribución de listas de beneficiarios; la recopilación, el registro, la introducción, el tratamiento y la transmisión de datos sobre el cumplimiento (o el incumplimiento); y la toma de decisiones sobre si los beneficiarios han cumplido las condicionalidades.

Programas activos del mercado laboral (PAML). Intervenciones destinadas a mejorar las perspectivas de los beneficiarios de encontrar un empleo remunerado, es decir, mejorar su empleabilidad. Suelen incluir capacitación, servicios e incentivos para promover el emprendimiento o la creación de empresas, la creación de puestos de trabajo (como las obras públicas), subvenciones salariales para incentivar la contratación de trabajadores desempleados, trabajadores en busca de su primer empleo, trabajadores en condición de discapacidad u otros grupos objetivo.

Programas de activación laboral (también conocidos como programas de empleo). Programas que normalmente proveen beneficios monetarios (como beneficios por desempleo o asistencia social) con seguimiento a los planes de acción individualizados y las corresponsabilidades (como disponibilidad para trabajar, búsqueda de empleo o participación en PAML).

Programas de empleo (similares a programas de activación laboral). Programas que ofrecen beneficios a personas (desempleadas o pobres) y que requieren alguna prueba de participación en trabajos o en actividades relacionadas con el trabajo (como la búsqueda de empleo, la capacitación, la intermediación o los cursos de preparación para el empleo).

Programas de ingreso mínimo garantizado (IMG). Programas de asistencia social que diferencian los montos de los beneficios según la diferencia entre los ingresos específicos de cada hogar beneficiario y un monto establecido, con el objetivo de asegurar al menos ese nivel de «ingreso mínimo garantizado».

Programas pasivos del mercado laboral. Programas que proveen un reemplazo de ingresos a los trabajadores desempleados sin requerir ningún esfuerzo de búsqueda de empleo o activación relacionada con el trabajo.

Protección de datos. El aseguramiento de la información recabada. La protección de datos es fundamental para garantizar su privacidad. La *privacidad de los datos*, un proceso y asunto legal, se centra en quién tiene acceso autorizado, mientras que la protección de datos es más un aspecto técnico.

Protección social. Sistemas que ayudan a las personas, las familias y los hogares, especialmente a los más pobres y vulnerables, a hacer frente a las crisis y los impactos, a encontrar empleo, a invertir en la salud y la educación de sus hijos, y a proteger a la población que envejece.

Proveedor de servicios de pago. La organización del sector público o privado encargada de realizar los pagos del programa de protección social, como un banco, una oficina de correos, un operador de redes móviles, una organización no gubernamental, una organización cooperativa de ahorro y crédito, o una institución de microfinanzas.

Provisión de pagos. Procesos de transferencia y entrega de beneficios a los destinatarios.

Provisión de servicios. Provisión de servicios sociales o de empleo a personas, familias u hogares, ya sea como servicios individuales o como un paquete integrado de servicios.

Prueba de identidad. Proceso para establecer que un sujeto es quien dice ser.[9]

Queja. Reclamos sobre la calidad o el tipo de procesos para proveer beneficios y/o servicios. Pueden deberse a retrasos, tiempos de espera, largas filas, excesivos requisitos de documentación, comportamiento del personal del programa, adecuación de las oficinas públicas, falta de información sobre las decisiones del programa, dificultad para acceder a los beneficios y/o servicios de protección social, entre otras.

Recaudación de contribuciones a la seguridad social. Proceso de recaudación de las cotizaciones pagadas por el trabajador o el empleador para la elegibilidad y la acumulación de los beneficios de seguridad social, como las pensiones de la seguridad social, el seguro de desempleo, las bajas por maternidad y enfermedad, etc.

En algunos países, la recaudación de las cotizaciones a la seguridad social está unificada con la recaudación de impuestos; en otros países, se lleva a cabo a través de un proceso y una agencia separada.

Recepción. El proceso de iniciar el contacto, relacionarse con el cliente o los clientes y recopilar información con el fin de evaluar sus necesidades y condiciones para ser elegibles para los beneficios o servicios. El punto de entrada puede ser a través de un programa específico o un punto de acceso multiprograma (como una agencia de bienestar social, un servicio público de empleo o un registro social).

Reclamo. Se refiere a dos categorías distintas: (1) quejas y (2) apelaciones, y cualquier otra retroalimentación de la población en general, de la población objetivo, de las personas registradas, de los solicitantes, de los beneficiarios, o de otras partes interesadas del programa de protección social.

Reducción de los beneficios por incumplimiento de las condicionalidades. Cuando un beneficiario incumple repetidamente las condicionalidades o corresponsabilidades en un programa de transferencias monetarias condicionadas, algunos países imponen una penalización sobre los beneficios, lo que significa que el beneficiario perderá todos o parte de los beneficios del hogar durante algún periodo hasta que se reanude el cumplimiento.

Registro. El proceso de registro y verificación de la información recogida en el proceso de recepción. También puede implicar la obtención de información adicional de otros sistemas administrativos. La recepción y el registro suelen ser simultáneos.

Registro civil. El registro continuo, permanente, obligatorio y universal de la ocurrencia y las características de los acontecimientos vitales (por ejemplo, los nacimientos vivos, las defunciones, las muertes fetales, los matrimonios y los divorcios) y otros acontecimientos del estado civil correspondientes a la población, según lo dispuesto por decreto, ley o reglamento, de conformidad con los requisitos legales de cada país.

Registro de beneficiarios. Una base de datos de beneficiarios de un programa de protección social. También es un componente del sistema de gestión de las operaciones de los beneficiarios. Estos registros contienen información sobre los beneficiarios de los programas. Los registros que contienen datos de los beneficiarios de múltiples programas se conocen como «registros integrados de beneficiarios».

Registro social. Sistemas de información que respaldan los procesos de difusión, recepción y registro, así como la evaluación de necesidades y condiciones, para determinar la posible elegibilidad para los programas sociales. Mantienen información sobre todos los hogares inscritos, independientemente de si se benefician de un programa social en algún momento. Por ello, no nos referimos a los hogares de los registros sociales como «beneficiarios», sino como «hogares registrados».

Seguridad de la información. La práctica de proteger la información electrónica o física frente al acceso, el uso, la divulgación, la interrupción, la modificación, el examen, la inspección, el registro o la destrucción no autorizados. La seguridad de la información se refiere a la preservación de la confidencialidad, la integridad y la disponibilidad de la información, además de otras propiedades como la autenticidad, la responsabilidad, el no repudio y la fiabilidad (ISO/IEC 27000:2009). La seguridad de la información garantiza que sólo los usuarios autorizados (confidencialidad) tengan acceso a la información precisa y completa (integridad) cuando sea necesario (disponibilidad).[10]

Seguridad social. Se compone de programas que minimizan el impacto negativo de las crisis económicas sobre las personas y las familias. Incluyen regímenes de seguros provistos por el Estado o planes obligatorios por vejez, discapacidad o muerte del principal proveedor del hogar. También incluyen beneficios monetarios por licencia de maternidad y enfermedad, y seguro social de salud. Los programas de seguros sociales son contributivos, y los beneficiarios reciben beneficios o servicios en razón de sus contribuciones a un plan de seguros.

Servicios. Actos, actividades o trabajos intangibles que se proveen a los beneficiarios, o con su participación, como una contribución a su bienestar (por ejemplo, para reducir la pobreza, ofrecer oportunidades, mejorar la empleabilidad, reducir los riesgos sociales, etc.). Pueden ser administrados por organismos públicos o subcontratados a terceros con financiación gubernamental. Véanse también las definiciones de *servicios de empleo, programas activos del mercado laboral* y *servicios sociales*.

Servicios de bienestar de menores. Servicios sociales para niños en situación de riesgo y sus familias, que incluyen los servicios de protección de menores, la adopción y la acogida, la preservación de la familia y los servicios de cuidado (a domicilio, en la comunidad, o en residencias o instituciones).

Servicios de búsqueda de empleo y ubicación. Clase de servicios de empleo que suele incluir asistencia para la búsqueda de empleo, habilidades para la búsqueda de empleo, elaboración de currículos/solicitud de empleo y habilidades para las entrevistas, ferias/clubes de empleo, contactos con empleadores y referencias laborales. Suelen ser prestados por los servicios públicos de empleo (SPE), pero a veces se contratan a proveedores de servicios de empleo privados.

Servicios de cuidado a domicilio. Servicios de cuidados de apoyo que se prestan a personas o familias en el hogar. Los cuidados pueden estar a cargo de cuidadores profesionales que proporcionan asistencia diaria para garantizar la realización de las actividades cotidianas, o por profesionales de la salud con licencia que satisfacen las necesidades de tratamiento médico.

Servicios de cuidado a largo plazo. Se refiere a la gama de servicios diseñados para apoyar a las personas que son incapaces de realizar funciones físicas y cognitivas, medidas por su capacidad de ejecutar actividades cotidianas y actividades instrumentales cotidianas. Las personas pueden necesitar servicios de cuidado a largo plazo debido a una capacidad funcional limitada, condiciones crónicas, traumas o enfermedades que les impiden llevar a cabo tareas básicas de autocuidado o personales rutinarias. Los cuidados a largo plazo se refieren a la atención familiar en el hogar y en la comunidad, así como a la atención institucional. Se diferencia de la atención sanitaria en que, mientras los servicios de salud tratan de cambiar el estado de salud (de malestar a bienestar), los servicios de cuidado a largo plazo tratan de hacer más soportable el estado actual (malestar).

Servicios de cuidado infantil. Cuidado infantil fuera del hogar, normalmente para niños que no han alcanzado la edad escolar obligatoria, o de niños en edad de escolarización primaria cuando la escuela no está operando. Los servicios de cuidado infantil incluyen el preescolar, las guarderías, las guarderías en los hogares de los proveedores, y los servicios antes y después de la escuela.

Servicios de cuidado institucional. Un tipo de tratamiento proporcionado a una persona en un entorno residencial formal por un instituto, otra familia u otra forma organizada con el objetivo de brindar servicios de cuidado (servicios sociales o de salud).

Servicios de empleo. Servicios prestados a los solicitantes de empleo, a personas desempleadas o inactivas, a los trabajadores en condición de discapacidad o a otras personas para ayudarlas a encontrar un trabajo remunerado. Suelen incluir: (1) herramientas de autoservicio en línea; (2) servicios de búsqueda y ubicación laboral; (3) servicios de acompañamiento y orientación profesional, a menudo guiados por Planes de Acción Individual (PAI); (3) servicios de orientación profesional y asesoramiento vocacional; (4) otros servicios especializados.

Servicios de protección a la infancia (SPI). Servicios prestados para la protección de los niños que corren el riesgo de sufrir abandono (físico o emocional) o abusos (físicos, sexuales o emocionales). La atención se centra en la seguridad del niño, pero también se puede brindar apoyo a los padres u otros miembros de la familia para fortalecerla, y promover hogares seguros y acogedores para los niños.

Servicios privados de empleo. Toda persona física o jurídica, independiente de los poderes públicos, que presta uno o varios de los siguientes servicios (1) servicios de casación de ofertas y demandas de empleo, sin que la agencia privada de colocación se convierta en parte de las relaciones laborales que puedan surgir de ellas; 2) servicios de contratación de trabajadores con el fin de ponerlos a disposición de un tercero; y 3) otros servicios relacionados con la búsqueda de empleo.

Servicios públicos de empleo. Véase *servicios de empleo*.

Servicios sociales. Una amplia variedad de programas ofrecidos por organismos públicos o privados para ayudar a las personas o familias a afrontar sus riesgos concretos y mejorar su bienestar general.

Sistema básico de identificación. Sistema para probar (o «autenticar») la identidad única de un individuo. Utiliza un conjunto mínimo de atributos, como datos biográficos y biométricos, para describir de forma exclusiva a una persona y, sobre esa base, proporcionar credenciales de identidad reconocidas por el Gobierno. Es «básico» en relación con los diversos sistemas funcionales y bases de datos (por ejemplo, educación, salud) en los que se apoya, pero es un componente paralelo y complementario (junto con, por ejemplo, el sistema de registro civil) del sistema más amplio.

Sistema de gestión de las operaciones de los beneficiarios (SGOB). Sistema de tecnología de la información que automatiza el procesamiento de los datos para las decisiones de elegibilidad e inscripción, la determinación del paquete de beneficios y servicios, la provisión de beneficios y servicios, y la gestión de las operaciones de los beneficiarios (incluida la gestión de los datos de los beneficiarios, el monitoreo del cumplimiento de las condicionalidades, la gestión de quejas y las decisiones de salida). A menudo se denomina «SIG (Sistema de Información de Gestión)». Véase el recuadro 2.1.

Sistemas de implementación. Véase *sistemas de implementación de la protección social.*

Sistemas de implementación de protección social. El entorno operativo para la implementación de los beneficios y servicios de protección social (incluidos los laborales), con las fases y procesos a lo largo de la cadena de implementación, los principales actores (personas e instituciones) y los factores facilitadores (comunicaciones, sistemas de información y tecnología).

Sistemas de información. Un conjunto diferenciado de recursos de información, como el personal, el equipo, los fondos y la tecnología de la información, organizados para la recopilación, el procesamiento, el mantenimiento, el uso, el intercambio, la difusión o la disposición de la información.

Solicitantes. Personas, familias u hogares que solicitan beneficios y servicios por iniciativa propia. Véase también *registrados.*

Subvenciones en bloque. Fondos del Gobierno federal o central concedidos a un Gobierno estatal o local que deben invertirse en un propósito general especificado por esa subvención. Las subvenciones en bloque no requieren la aprobación previa para proyectos o programas individuales, siempre y cuando se inviertan en el área acordada, como algunos aspectos de salud, educación, servicios sociales personales y, ahora, la asistencia pública a las personas pobres. (Los Gobiernos estatales también pueden dar fondos a los municipios u otras jurisdicciones locales en forma de subvenciones en bloque).

Subvenciones salariales. Pagos gubernamentales a las empresas que ofrecen trabajo a personas desempleadas y a otros grupos vulnerables del mercado laboral. Véase también *incentivos a la contratación.*

Supervisión y controles. Medidas, herramientas y sistemas para prevenir, detectar, disuadir y controlar los errores, el fraude y la corrupción (EFC).

Tecnología de la información. Cualquier equipo o sistema interconectado o subsistema de equipos que se utilicen en la adquisición, almacenamiento, manipulación, gestión, movimiento, control, visualización, conmutación, intercambio, transmisión o recepción automática de datos o información por parte de la agencia ejecutiva.

Tiempo, gastos y visitas (TGV). Un indicador de la cantidad de tiempo que las personas dedican al proceso, la cantidad de dinero que gastan para participar (como los gastos de transporte, los gastos de guardería, las faltas al trabajo y los gastos de notaría) y el número de visitas que deben hacer a la oficina local o a otros organismos.

Trabajadores desmotivados (también denominados potenciales buscadores de empleo disponibles). Personas que no están actualmente en el mercado laboral y que quieren trabajar pero no lo buscan activamente porque consideran que las oportunidades de empleo son limitadas, o porque tienen una movilidad laboral restringida, sufren discriminación, o tienen barreras estructurales, sociales o culturales. También se denominan «desempleados ocultos», y se consideran parte de la fuerza laboral potencial.[11]

Trabajador migrante. Una persona que va a ejercer, ejerce o ha ejercido una actividad remunerada en un Estado o país del que no es ciudadana.[12]

Trabajo social de activación laboral. Servicios de trabajo social individualizados provistos por agentes de empleo, consejeros laborales o especialistas, generalmente en las oficinas locales de empleo, a menudo con planes de acción individualizados (PAI), corresponsabilidades, y seguimiento de los avances en los PAI y del cumplimiento de las corresponsabilidades.

Transferencias monetarias. Dinero distribuido a personas, familias u hogares. Las transferencias monetarias son pagos no contributivos directos, regulares y predecibles que ayudan a los beneficiarios a aumentar y estabilizar sus ingresos. El término abarca una serie de instrumentos (por ejemplo, pensiones sociales, subsidios para niños, programas de empleo público, transferencias monetarias no condicionadas o condicionadas, etc.) y un espectro de opciones de diseño, implementación y financiación.

Transferencias monetarias condicionadas (TMC). Programas de asistencia social que condicionan la recepción de los beneficios a acciones de los beneficiarios (como la asistencia a la escuela o las visitas a los servicios de salud), normalmente con los objetivos de reducir la pobreza e incentivar la inversión en capital humano.

Transferencias monetarias no condicionadas (TMNC). Programas que proporcionan beneficios en forma de transferencia monetaria a personas, familias u hogares sin imponer ninguna condición a los beneficiarios.

Unidad de asistencia. El objetivo de una intervención. Puede ser una persona, una familia o un hogar.

Validación de datos. Procesos de control de calidad para garantizar que los datos sean válidos (completos, precisos y coherentes). Es el proceso de contrastar los datos con un conjunto de reglas para averiguar si son razonables. Hay muchos tipos de validación de datos, entre ellos, los siguientes:

- ***Comprobación de formato.*** Comprobar que los datos estén formateados correctamente (por ejemplo, formato de fecha dd/mm/aaaa).

- ***Comprobación de presencia.*** Comprobar que se han ingresado datos en un campo.

- ***Comprobación de rango.*** El valor está dentro del intervalo especificado (por ejemplo, las calificaciones del IB sólo pueden oscilar entre 0 y 7).

- ***Comprobación de tipo.*** Se ha ingresado el tipo de datos correcto (por ejemplo, la edad debe ser un número).

Ventanillas únicas/centros de servicios integrados. Es una forma de «provisión de servicios integrados» en la que todos los servicios están ubicados conjuntamente, de modo que la persona sólo tiene que acudir a un lugar para recibir asistencia. En algunos casos, pueden ser para beneficios y servicios laborales y sociales de forma conjunta. En otros casos, pueden ser para servicios laborales por separado (por ejemplo, centros de empleo). Otras modalidades combinan beneficios y servicios sociales y de salud (como el «departamento de salud y servicios humanos», que es común en Estados Unidos y Australia).

Verificación de datos. Procesos de control de calidad para garantizar que los valores de los datos coincidan con la información de otros sistemas administrativos (mediante cruces de bases de datos). Es el proceso de comprobar que los datos introducidos coincidan exactamente con la fuente original/autorizada para saber si los datos son precisos.

Referencias sobre TI

Análisis de datos, inteligencia empresarial. Ayuda a encontrar respuestas a un conjunto de preguntas definidas. Incluye la generación, la agregación, el análisis y la visualización de datos para informar y facilitar la administración y la estrategia empresarial. Incluye la visualización de datos, la minería de datos, la elaboración de informes, el análisis de series temporales (incluidas las técnicas predictivas), el procesamiento analítico en línea (OLAP) y el análisis estadístico.

- ***Científicos de datos.*** Personas expertas en estadística e informática que conocen los trucos para encontrar las señales ocultas en el ruido de los macrodatos.

- ***Datos masivos, macrodatos (Big data).*** Ayuda a encontrar las preguntas que uno no sabía que quería plantear. Es la tecnología que almacena y procesa los datos procedentes de fuentes internas y externas para una empresa. El término «big data» suele referirse al inmenso volumen de datos disponibles en línea y en la nube, el cual requiere cada vez más potencia computacional para su recopilación y análisis. Dado que las fuentes son tan diversas, y que probablemente se utilizarán estos datos para fines distintos a los previstos originalmente, a menudo, los datos están completamente en bruto y desestructurados, y tendrán que ser depurados antes de que se pueda extraer cualquier información útil.

- **Minería de datos.** Ayuda a encontrar respuestas que uno no sabía que buscaba de antemano. Un proceso analítico que intenta encontrar correlaciones o patrones en grandes conjuntos de datos con el fin de descubrir datos o conocimientos.[13] Una famosa historia dentro de la industria de comercio minorista fue el descubrimiento de que los hombres de entre 30 y 40 años que compraban pañales un viernes por la noche probablemente también tendrían cerveza en su carrito, lo que llevó a que los comercios acercasen los pañales y las cervezas. La minería de datos se ha transformado en lo que se llama «big data».

- **Procesamiento analítico en línea (OLAP).** Una estructura de datos que permite un procesamiento analítico rápido desde múltiples perspectivas, normalmente utilizando un esquema de estrella o de copo de nieve, almacenado como metadatos, a partir del cual se pivotan los datos de muchas maneras.

Arquitectura de sistemas

- **Arquitectura de microservicios.** O simplemente *microservicios*, es una variante de la arquitectura orientada a servicios que ha crecido en popularidad en los últimos años. Los microservicios son un enfoque arquitectónico y organizativo del desarrollo de software en el que este se compone de pequeños servicios independientes que se comunican a través de interfaces de programación de aplicaciones (API) bien definidas. Estos servicios están en manos de equipos pequeños y autónomos. Las arquitecturas de microservicios hacen que las aplicaciones sean más fáciles de escalar y más rápidas de desarrollar, lo que permite la innovación y acelera el tiempo de comercialización de nuevas características. Se trata de un método de desarrollo de aplicaciones de software como un conjunto de servicios modulares, libremente acoplados y desplegables de forma independiente, en el que cada servicio ejecuta un proceso único y se comunica a través de un mecanismo bien definido y liviano para servir a un objetivo empresarial. Su opuesto es el estilo arquitectónico monolítico. Por ejemplo, Amazon ha migrado a la arquitectura de microservicios. Amazon recibe innumerables solicitudes desde una variedad de aplicaciones —incluidas las que gestionan la API de servicios web, así como el propio sitio web— que habrían sido simplemente imposibles de manejar para su antigua arquitectura de dos niveles. En una aplicación de microservicios, cada servicio suele administrar su propia base de datos. Véase el video de Werner Vogels para más detalles.[21]

- **Arquitectura de tres niveles.** Una arquitectura cliente-servidor que se compone de tres capas: la capa de datos, la capa de lógica empresarial y la capa de presentación. También se conoce como arquitectura modelo-vista-controlador (MVC).

  - **Capa de datos.** La capa que contiene la base de datos donde se almacena y de donde se extrae la información. Los datos de esta capa son independientes de la lógica empresarial.

  - **Capa de lógica empresarial.** La capa que contiene los programas (líneas de código) que implementan la lógica de la funcionalidad principal de la aplicación.

  - **Capa de presentación.** La parte que constituye la capa frontal de la aplicación y contiene la interfaz con la que los usuarios finales interactúan a través de una aplicación web para acceder al sistema de información.

- **Arquitectura empresarial:** *Puede considerarse un superconjunto de arquitectura de negocio, datos, aplicaciones y tecnología.* Véase TOGAF para más detalles.[20]

  - **Arquitectura de aplicaciones.** Una descripción de la estructura e interacción de las aplicaciones como grupos de capacidades que proporcionan funciones empresariales clave y gestionan los activos de datos.

  - **Arquitectura de datos.** Una descripción de la estructura e interacción de los principales tipos y fuentes de datos de la empresa, activos de datos lógicos, activos de datos físicos y recursos de gestión de datos.

- *Arquitectura tecnológica.* Descripción de la estructura e interacción de los servicios tecnológicos y los componentes tecnológicos.

- *Arquitectura monolítica.* A diferencia de los microservicios, una aplicación monolítica siempre se construye como una unidad única y autónoma. En un modelo cliente-servidor, la aplicación del lado del servidor es un monolito que maneja las solicitudes HTTP, ejecuta la lógica y recupera/actualiza los datos en la base de datos subyacente. El problema de una arquitectura monolítica, sin embargo, es que todos los ciclos de cambio suelen terminar ligados entre sí. Una modificación realizada en una pequeña sección requiere construir y desplegar una versión completamente nueva. Si necesita escalar funciones específicas de una aplicación, es posible que tenga que escalar toda la aplicación en lugar de solo los componentes deseados. Los sistemas monolíticos utilizan una única base de datos lógica en diferentes aplicaciones.

- *Arquitectura orientada al servicio (SOA).* Un estilo arquitectónico basado en el uso de servicios para producir sistemas interoperables y modulares más fáciles de usar y mantener. Estos servicios llevan a cabo una pequeña función, como la validación de datos, que puede ser reutilizada por las aplicaciones de software o combinada con una serie de otros servicios para proporcionar la funcionalidad de una gran aplicación de software.

Base de datos. Una gran colección organizada de información a la que se accede mediante programas informáticos.

- *Almacén de datos.* Una colección de datos orientada a un tema, no volátil y que varía en el tiempo, para ayudar a las decisiones de gestión. Suele extraer su contenido de un gran número de bases de datos operativas y externas, y utiliza un enfoque de arquitectura federada para su implementación.

- *Base de datos distribuida (BDD).* Una colección integrada de bases de datos que se distribuye físicamente entre los sitios de una red informática. Un sistema de gestión de bases de datos distribuidas (SGBDD) es el sistema de software que gestiona una base de datos distribuida de manera que los aspectos de distribución sean transparentes para los usuarios.[15]

- *Base de datos virtual.* Los sistemas de información se desarrollan a lo largo del tiempo utilizando diferentes SGBD y son responsabilidad de diferentes sectores de una organización. En consecuencia, los datos se encuentran fragmentados entre varios sistemas y límites organizativos y geográficos. Una base de datos virtual es un tipo de sistema de gestión de bases de datos que sirve de contenedor para ver y consultar de forma transparente diferentes bases de datos a través de una interfaz de programación de aplicaciones (API) uniforme que se nutre de múltiples fuentes como si fueran una única entidad. Estas bases de datos se conectan a través de una red informática, y se accede a ellas como si se tratara de una única base de datos. El objetivo de una base de datos virtual es ver y acceder a los datos de forma unificada sin necesidad de copiarlos y duplicarlos en varias bases de datos o combinar manualmente los resultados de muchas consultas. También se conocen como bases de datos federadas.[17]

- *NoSQL.* Clase de sistemas de gestión de bases de datos (SGBD) que no siguen todas las reglas de un SGBD relacional y no pueden utilizar el SQL tradicional para consultar datos.[16] En el siglo XXI, los sistemas de gestión de bases de datos NoSQL han evolucionado, ya que los datos se modelan en medios distintos de las relaciones tabulares, lo que resulta especialmente útil para las aplicaciones web en tiempo real y para los datos masivos (big data). Los sistemas basados en NoSQL suelen utilizarse en bases de datos muy grandes, que son especialmente propensas a sufrir problemas de rendimiento causados por las limitaciones de SQL y el modelo relacional de las bases de datos. Para muchos, NoSQL es la base de datos moderna que se adapta a los requisitos de la web. Algunas implementaciones notables de NoSQL son la base de datos Cassandra de Facebook, BigTable de Google, y SimpleDB y Dynamo de Amazon.

- *Sistema de gestión de bases de datos (SGBD).* Un paquete de software diseñado para definir, manipular, recuperar y gestionar datos en una base de datos.[14] Tiene cuatro componentes: una interfaz de programación de aplicaciones (API, por sus siglas en inglés), una interfaz de consulta, una interfaz administrativa y un conjunto subyacente de programas y subrutinas de acceso a los datos. Los programas de aplicación nunca acceden directamente al almacén físico de datos, sino que indican a una interfaz adecuada del SGBD qué datos necesita leer y escribir utilizando nombres definidos en el esquema.

- **Sistema de gestión de bases de datos relacionales (SGBDR).** Se desarrolló por primera vez en los años setenta y es un SGBD que organiza los datos almacenados en estructuras llamadas tablas o relaciones. La diferencia común entre los SGBD y los SGBDR es que los SGBD se limitan a proporcionar un entorno donde se puede almacenar y recuperar información cómodamente con la presencia de datos redundantes. En cambio, los SGBDR utilizan la normalización para eliminar la redundancia de datos. Algunos ejemplos son MS SQL Server, IBM DB2, ORACLE, My-SQL y Microsoft Access.

Datos. Un valor o conjunto de valores que representan un concepto o conceptos específicos. Los datos pueden convertirse en «información» cuando se analizan y, posiblemente, se combinan con otros datos para extraer su significado y proporcionar un contexto. El significado del término «datos» puede variar en función de su contexto y a menudo se utiliza indistintamente con el de «información».

- **Datos dinámicos o datos transaccionales.** Datos que cambian como resultado de un evento (una transacción). Los datos tienen una dimensión temporal, un valor numérico y aluden a uno o varios objetos de datos de referencia, como pedidos, facturas y pagos.

- **Datos estructurados.** Información con un alto grado de organización, de forma que puede almacenarse en una base de datos relacional y es fácilmente accesible mediante algoritmos u operaciones. Un ejemplo son los datos dentro de hojas de cálculo.

- **Datos maestros.** Una única fuente de datos institucionales comunes que se acuerdan y comparten en toda la organización, y que se utilizan en múltiples sistemas, aplicaciones y procesos. Algunos ejemplos son los datos sobre clientes, productos, personal, proveedores, materiales, vendedores, etc.

- **Datos no estructurados.** Datos que no siguen un modelo de datos predefinido ni están organizados en un formato predefinido. Algunos ejemplos son los documentos de texto, video, audio, actividad móvil, actividad en redes sociales e imágenes satelitales.

- **Datos semiestructurados.** Forma de datos no estructurados que no se ajustan a la estructura formal de los modelos de datos, pero que contienen etiquetas, metadatos o marcadores para separar los elementos semánticos y reforzar las jerarquías de los registros y campos dentro de los datos. Algunos ejemplos son los datos XML (*eXtensible Markup Language* o lenguaje de marcado extensible) y JSON (*JavaScript Object Notation* o Notación de objetos de JavaScript).

- **Diccionario de datos.** Un repositorio que contiene descripciones de todos los objetos de datos consumidos o producidos por el software. Una lista organizada de todos los elementos de datos pertinentes para el sistema, con definiciones precisas y rigurosas para que el usuario y el analista del sistema tengan una comprensión común de las entradas, salidas, componentes de los almacenes e, incluso, cálculos intermedios.

- **Metadatos.** Datos que describen otros datos.

Integración e interoperabilidad

- **Integración.** La integración y la interoperabilidad se confunden a menudo, pero significan cosas diferentes. La integración es el proceso de vincular aplicaciones diseñadas de forma independiente para que operen juntas como un solo sistema, de modo que los datos contenidos en cada una de ellas pasen a formar parte de un sistema más amplio y completo que comparta datos de forma rápida y sencilla cuando sea necesario. La integración también permite el acceso a los datos y la funcionalidad de esas aplicaciones independientes a través de una interfaz o servicio único.

- **Integración de datos.** Combina datos de diferentes fuentes y proporciona a los usuarios una visión unificada de estos datos para la integración de servicios. Cuando los servicios son prestados por múltiples proveedores, el desafío de la integración de servicios consiste en integrarlos perfectamente en servicios de punta a punta que funcionen como un único modelo de implementación de servicios de TI. La integración de datos implica la práctica de emplear técnicas y herramientas de arquitectura para facilitar el acceso y la entrega de datos, de diversos tipos y estructuras, con el fin de satisfacer las necesidades de datos de las aplicaciones y procesos de negocio dentro de una organización.

- **Interfaz de programación de aplicaciones (API).** Conjunto de funciones y procedimientos para integrar componentes de aplicaciones. Las API permiten que las aplicaciones de software se comuniquen entre sí sin tener que saber cómo se implementan.

- **Interoperabilidad.** La capacidad de las organizaciones para interactuar hacia objetivos mutuamente beneficiosos, lo que implica compartir información y conocimientos entre organizaciones, a través de los procesos empresariales que apoyan y mediante el intercambio de datos con otros sistemas que utilizan normas comunes.[18] La interoperabilidad también implica la capacidad de los sistemas de brindar y recibir servicios de otros sistemas y de utilizar los servicios así intercambiados para que operen eficazmente en conjunto.

- **Marco de interoperabilidad.** Un enfoque acordado para la interoperabilidad de las organizaciones que desean trabajar juntas para la implementación conjunta de servicios públicos (sin tener que integrar todos sus subsistemas en un gran sistema).

Sistemas de información. Grupos interdependientes de elementos que operan juntos para lograr algún objetivo predefinido (o para resolver un problema organizativo) mediante la recopilación, organización, almacenamiento, procesamiento, creación y distribución de información. Para cumplir ese objetivo, un sistema de información usa una serie de elementos del sistema, en concreto, los siguientes:

- **Base de datos.** Una gran colección organizada de información a la que se accede mediante programas informáticos.

- **Documentación.** Manuales, formularios y otra información descriptiva que detalla el uso y/o el funcionamiento del sistema.

- **Hardware.** Término que engloba los dispositivos electrónicos y electromecánicos que componen las partes físicas de una computadora. Las partes internas de una computadora (CPU, disco duro, RAM) se denominan componentes, y las partes externas (ratón, teclado, impresoras, escáneres) se denominan periféricos.

- **Personas.** Usuarios u operadores de elementos del sistema.

- **Procedimientos.** Los pasos que definen el uso específico de cada elemento del sistema o el contexto procedimental en el que se encuentra el sistema.

- **Software.** Se caracteriza por (1) un conjunto de instrucciones legibles por la máquina (líneas de código) que, cuando se ejecutan, proporcionan las características, funciones y rendimiento deseados; (2) estructuras de datos que permiten a las instrucciones manipular la información; y (3) información descriptiva en forma impresa y virtual que describe el funcionamiento y el uso de las instrucciones. Los programas de aplicación son programas independientes que resuelven una necesidad empresarial específica. Estas aplicaciones procesan datos empresariales y técnicos de manera que facilitan las operaciones empresariales o la toma de decisiones técnicas o administrativas.

Software. Véase también la lista de «Sistemas de información», más arriba.

- **Aplicaciones móviles.** El término «aplicación» ha evolucionado para referirse específicamente a un software diseñado para residir en una plataforma móvil, como una tableta o un teléfono móvil. Incluye una interfaz de usuario que interactúa con recursos web que proporcionan acceso a una amplia gama de información relevante para la aplicación y capacidades de procesamiento local que recogen, analizan y dan formato a la información de la manera más adecuada para la plataforma móvil. Además, una aplicación móvil proporciona capacidades de almacenamiento persistente dentro de la plataforma. Las aplicaciones móviles suelen descargarse de plataformas de distribución de aplicaciones administradas por el propietario del sistema operativo móvil, como Apple App Store (iOS) o Google Play Store.

- **Comercialmente disponible (COTS).** Soluciones de software comercializadas y empaquetadas que se adaptan a los requisitos de la organización adquirente.

- **Mantenimiento.** Modificación de un programa informático después de su entrega para corregir fallos, mejorar el rendimiento u otros atributos, o adaptar la aplicación a un cambio en el entorno.

- **Personalización.** Incluye la configuración, la modificación y las mejoras realizadas en la aplicación de software.

  - **Configuración.** El proceso de seleccionar de una variedad de opciones, como la definición de los valores de los parámetros en un paquete de software, sin escribir un código específico para satisfacer los requisitos de la aplicación.

  - **Mejora.** El proceso de añadir código o módulos de programa para proporcionar funcionalidad adicional al software. No altera los procesos existentes, sino que los complementa.

  - **Modificación.** El proceso de cambiar el código del programa para alterar la forma de procesamiento existente. Las modificaciones pueden estar desaconsejadas y no contar con el apoyo de los proveedores del software, y en muchos casos, el código puede no ser accesible. Puede resultar problemático cuando la organización decide instalar una versión actualizada del software.

- **Sistema completo «llave en mano».** Una solución de sistema completa, que incluye el software y el hardware, la cual se vende a la organización compradora como un producto completo sin necesidad de configuración adicional y que puede utilizarse inmediatamente una vez instalada o implementada.

- **Software de código abierto.** Los programas informáticos desarrollados por redes informales de colaboración de programadores y que suelen ser gratuitos. Cualquiera puede utilizar, copiar, estudiar, distribuir y modificar el software de cualquier manera, y el código fuente se comparte abiertamente para animar a la gente a mejorar voluntariamente el diseño del software.[19] Para más detalles y ejemplos de software de código abierto, consulte https://opensource.com/resources/what-open-source.

  - **Código libre y abierto (FOSS).** Se refiere a la libertad del usuario para copiar y reutilizar el software.

  - **Software libre/de código abierto (FLOSS).** Su valor destacado es el de ser libre, es decir, tener pocas o ninguna restricción.

- **Software patentado o propietario.** Programas informáticos protegidos por derechos de propiedad intelectual; generalmente requieren la compra de una licencia de uso mediante el pago de una cuota única o de cuotas periódicas, y el código fuente suele estar oculto a los usuarios.

- **Software personalizado, desarrollado localmente (LDSW) o software «hecho en casa» o a medida.** Software desarrollado específicamente para una organización o usuario.

Notas

1. Según se define en la *Guía para profesionales de ID4D* del Banco Mundial, versión 1.0, Washington, DC, 2019, https://id4d.worldbank.org/guide.
2. Según se define en la *Guía para profesionales de ID4D* del Banco Mundial.
3. Según la definición del Instituto Nacional de Normas y Tecnología de EE. UU. (NIST).
4. Según se define en la *Guía para profesionales de ID4D* del Banco Mundial.
5. Según se define en la norma internacional ISO/IEC: Information technology-Vocabulary-Part 37, Biometrics, 2382-37, 2017, https://www.iso.org/standard/66693.html. Véase también *Introduction to Biometrics*, Anil Jain, Arun Ross y Karthik Nandakumar, Nueva York, Springer Publishing, 2011.
6. Según la definición de las Naciones Unidas.
7. Según la definición del Departamento de Trabajo de EE. UU.
8. ISACA (Information Systems Audit and Control Association), 2008.
9. Según la definición de la Organización Internacional del Trabajo.
10. Según la definición de las Naciones Unidas.
11. Según la definición de la Organización Internacional del Trabajo.
12. Según la definición de las Naciones Unidas.
13. Según se define en el Centro de Recursos de Seguridad Informática del NIST, https://csrc.nist.gov/glossary/term/data_mining (consultado en julio de 2020).
14. Según se define en Techopedia.com, https://www.techopedia.com/definition/24361/database-management-systems-dbms (consultada en julio de 2020).

15. Según se define en *Encyclopedia of Database Systems* (entrada «Sistemas de bases de datos distribuidas» de KL Tan), editada por L. Liu y M.T. Ozsu, Springer, Boston, MA, 2009.

16. Según se define en Techopedia.com.

17. Según se define en Techopedia.com.

18. Según se define en el «Nuevo Marco Europeo de Interoperabilidad» de la Unión Europea, 2017, https://ec.europa.eu/isa2/sites/isa/files/eif_brochure_final.pdf.

19. Véase *Open Source for Global Public Goods (inglés)*, Tina George (Karippacheril), Anita Mittal, Vasumathi Anandan y María Inés Rodríguez Caillava, Identification for Development, Grupo Banco Mundial, Washington, DC, 2019, http://documents.worldbank.org/curated/en/672901582561140400/Open-Source-for-Global-Public-Goods.20.

20. Norma TOGAF para la arquitectura empresarial, versión 9.2, https://pubs.opengroup.org/architecture/togaf9-doc/arch/index.html.

21. «Amazon, Microservices, and the Lean Cloud», de Werner Vogels, HackFwd Build 0.7, Berlín, https://vimeo.com/29719577.

www.ingramcontent.com/pod-product-compliance
Lightning Source LLC
Chambersburg PA
CBHW080018240326
41598CB00075B/41